U0916742

资治通鉴全本新注

（全十四册）

第十二册

卷二三二至卷二五四（唐纪四十八至唐纪七十）

［宋］司马光　编著
张大可　注释

华中科技大学出版社
http://press.hust.edu.cn
中国·武汉

第十二册目录

卷二三二　唐纪四十八

唐德宗贞元元年至三年（785—787 年）

【起旃蒙赤奋若（乙丑，785 年）八月，尽强圉单阏（丁卯，787 年）七月，凡二年】

【大事提要】

本卷记事起公元 785 年八月，讫公元 787 年七月，凡两年。当唐德宗贞元元年八月到贞元三年七月。这一时期，李怀光与李希烈两个叛臣被消灭。平定李怀光，马燧立首功。德宗采纳李泌之计，赦免李希烈以安天下反侧子之心，待其自毙，不久，李希烈果为部将所杀，淮西乱平。李晟功高受猜疑被罢兵权。吐蕃背盟，德宗诿过于马燧，亦被罢兵权。陕虢观察使李泌八面埋伏，奇计灭叛兵。官军久经战阵，锤炼出一批名将，李晟、马燧、浑瑊、李抱真等，他们讨逆平叛，才维系了唐王朝的政权。然而这些功臣良将，无端受到德宗的无妄猜疑，德宗两度出亡而不灭，实在是天幸。李泌入朝拜相，力保李晟、马燧，为国家护长城。李泌劝谏德宗释猜疑、清吏治、勘两税、免积欠、籍胡客，立于猜忌之朝而能推行一些利国利民的事，表现了他非凡的卓越才能。李泌借复府兵制为题实际推行寓兵于农，屯垦边地的政策，减轻国用而增强了边防。德宗拜李泌为相，是这个昏君屈指可数的善政之一。

德宗神武圣文皇帝七

贞元元年（乙丑，785 年）

八月，甲子[1]，诏凡不急之费及人冗食者[2]皆罢[3]之。

马燧至行营，与诸将谋曰："长春宫不下，则怀光不可得。长春宫守备甚严，攻之旷日持久，我当身往谕之。"遂径造城下，呼怀光守将徐庭光，庭光帅将士罗拜城上[4]。燧知其心屈，徐谓之曰："我自朝廷来，可西向受命。"庭光等复西向拜。燧曰："汝曹自禄山已来，徇国立功四十余年，何忽为灭族之计！从吾言，非止免祸，富贵可图也。"众不对。燧披襟曰："汝不信吾言，何不射我！"将士皆伏泣。燧曰："此皆怀光所为，汝曹无罪。弟[5]坚守勿出。"皆曰："诺。"

壬申[6]，燧与浑瑊、韩游瑰进军逼河中，至焦篱堡[7]；守将尉珪[8]以七百人降。是夕，怀光举火[9]，诸营不应。骆元光在长春宫下，使人招徐庭光；庭光素轻元光，遣卒骂之，又为优胡[10]于城上以侮之，且曰："我降汉将耳！"元光使白燧，燧还至城下，庭光开门降。燧以数骑入城慰抚，其众大呼曰："吾辈复为王人矣！"浑瑊谓僚佐曰："始吾谓马公用兵不吾远[11]也，今乃知吾不逮多矣[12]！"以庭光试[13]殿中监兼御史大夫。

甲戌[14]，燧帅诸军至河西，河中军士自相惊曰："西城擐甲矣！"又曰："东城[15]娖队矣！"，须臾，军士皆易其号为"太平"字，怀光不知所为，乃缢而死。

初，怀光之解奉天围也，上以其子璀为监察御史，宠待甚厚。及怀光屯咸阳不进，璀密言于上曰："臣父必负陛下，愿早为之备。臣闻君、父一也[16]；但今日之势[17]，陛下未能诛臣父，而臣父足以危陛下。陛下待臣厚，胡人性直，故不忍不言耳。"上惊曰："知卿大臣爱子，当为朕委曲弥缝[18]，而密奏之！"对曰："臣父非不爱臣，臣非不爱其父与宗族也；顾臣力竭[19]，不能回[20]耳。"上曰："然则卿以何策自免！"对曰："臣之进言，非苟求生；臣父败，则臣与之俱死矣，复有何策哉！使臣卖父求生，陛下亦安用之[21]！"上曰："卿勿死，为朕更至咸阳谕卿父，使君臣父子俱全，不亦善乎！"璀至咸阳而还，曰："无益也，愿陛下备之，勿信人言。臣今往，说谕万方[22]，臣父言：'汝小子何知！主上无信，吾非贪富贵也，直畏死耳[23]，汝岂可陷吾入死地邪！'"

及李泌赴陕。上谓之曰："朕所以再三欲全怀光者，诚惜璀也[24]；卿至陕，试为朕招之。"对曰："陛下未幸梁、洋，怀光犹可降[25]也。今则不然。岂有人臣迫逐其君[26]，而可复立于其朝乎！纵彼颜厚无惭，陛下每视朝[27]，何心见之！臣得入陕，借使[28]怀光请降，臣不敢受，况招之乎！李璀固贤者，必与父俱死矣；若其不死，则亦无足贵也。"及怀光死，璀先刃其二弟，乃自杀。

朔方将牛名俊断怀光首出降。河中兵犹万六千人，燧斩其将阎晏等[29]七人，余皆不问。燧自辞行至河中平，凡二十七日[30]。燧出[31]高郢、李鄘于狱，皆奏置幕下[32]。

韩游瑰之攻怀光也，杨怀宾战甚力，上命特原[33]其子朝晟；游瑰遂以朝晟为都虞候[34]。

（以上为第一段，写官军平定李怀光，马燧立首功。李怀光之子李璀尽忠朝廷而连坐受祸。）

【注释】

[1]甲子：八月二日。 [2]人冗食者：官府中吃闲饭的人。冗，闲散。 [3]罢：裁撤。[4]罗拜城上：在城头上列队向马燧下拜。 [5]弟：但，只是。 [6]壬申：八月十日。 [7]焦篱堡：地名。在河西县（县治在今陕西大荔县东，濒临黄河）西。 [8]尉珪：人名。本复姓尉迟，改单姓尉以从简易。 [9]举火：燃火报警。 [10]优胡：古代以歌舞为业者称优人。这里指徐庭光装扮成胡人以羞辱骆元光。因骆元光本安息胡人。 [11]不吾远：与我相差不远。 [12]吾不逮多矣：我差得远了。逮，及，赶得上。 [13]试：试官。外职带监察官荣衔称试官。殿中监、御史大夫两职为徐庭光荣衔，前者为试，后者为兼。 [14]甲戌：八月十二日。 [15]东城：河中府跨河两岸为城。西城即河西县，东城即河东县。 [16]君父一也：皇上与父亲一样重要。儒家道德，人生在世，对君、父、师三者要一体侍奉。 [17]今日之势：当前的形势。指德宗被困奉天时之形势。 [18]弥缝：弥合缝隙，调解。知卿三句意谓，朕知道你是父亲的爱子，你应当替朕婉转调解，而你却密奏你的父亲。 [19]力竭：心力用尽。 [20]回：挽回。 [21]安用之：怎么能用我。 [22]说谕万方：千方百计劝导。 [23]直畏死耳：但我也怕死啊！ [24]诚惜璀也：实在是为了爱惜李璀。 [25]犹可降：还可以接受投降。 [26]迫逐其君：指李怀光逼德宗自奉天出奔山南。 [27]视朝：上朝。 [28]借使：假使。 [29]燧斩其将阎晏等：阎晏等劝李怀光东保河中，引兵犯同州，故马燧诛杀阎晏等人。此举惩罚作乱者，因其罪不可赦也。[30]凡二十七日：马燧期以一月平怀光，七月戊申（十五日）出兵至八月甲戌（十二日）平定河中，总计二十七天。 [31]出：释放。李怀光囚高郢、李鄘于狱，事见《资治通鉴》卷二百三十一。[32]皆奏置幕下：马燧上奏朝廷，把高、李二人都安置在自己的幕府中。 [33]特原：特别赦免。李怀光囚杨朝晟，杨不与同恶，父又立功，故特原之。朝晟被囚事见《资治通鉴》卷二百三十德宗贞元元年（785）三月。 [34]都虞候：节度使佐吏，掌军纪纠察。

上使问陆贽：“河中既平，复有何事所宜区处[1]？”令悉条奏。贽以河中既平，虑必有希旨生事之人[2]，以为王师所向无敌，请乘胜讨淮西者。李希烈必诱谕[3]其所部及新附诸帅[4]曰："奉天息兵之旨[5]，乃因窘而言，朝廷稍安，必复诛伐。"如此，则四方负罪者[6]孰不自疑，河朔、青齐固当响应[7]，兵连祸结，赋役繁兴，建中之忧，行将复起。乃上奏，其略曰："福不可以屡徼，幸不可以常觊[8]。臣姑[9]以生祸为忧，未敢以获福为贺。"又曰："陛下怀悔过之深诚，降非常之大号[10]，所在宣扬[11]之际，闻者莫不涕流。假王叛换之夫[12]，削伪号以请罪[13]；观衅[14]首鼠之将[15]，一纯诚以效勤[16]。"又曰："曩讨之而愈叛，今释之而毕来[17]；曩以百万之师而力殚[18]，今以咫尺之诏而化洽[19]。是则圣王之敷理道[20]，服暴人[21]，任德而不任兵，明矣；群帅之悖臣礼[22]，拒天诛[23]，图活而不图王，又明矣。是则好生以及物者[24]，乃自生之方；施安以及物者，乃自安之术。挤彼[25]于死地而求此之久生也，措彼于危地而求此之久安也，从古及今，未之有焉。"又曰："一夫不率[26]，阖境罹殃；一境[27]不宁，普天致扰[28]。"又曰："亿兆汙人[29]，四三叛帅，感陛下自新之旨，悦陛下盛德之言，革面易辞[30]，且修臣礼，其于深言密议[31]固亦未尽坦然，必当聚心而谋，倾耳而听，观陛下所行之事，考陛下所誓之言。若言与事符，则迁善[32]之心渐固；傥事与言背，则虑祸[33]之态复兴。"又曰："朱泚灭而怀光戮，怀光戮而希烈征，希烈傥平[34]，祸将次及，则彼之蓄素疑而怀宿负者[35]，能不为之动心[36]哉！"又曰："今皇运中兴[37]，天祸将悔[38]，以逆泚之偷居上国[39]，以怀光之窃保中畿[40]，岁未再周[41]，相次枭殄[42]，实众慝[43]惊心[44]之日，群生改观之时[45]。威则已行，惠犹未洽。诚宜上副天眷[46]，下收物情[47]，布恤人之惠以济威[48]，乘灭贼之威以行惠[49]。"又曰："臣所未敢保其必从，唯希烈一人而已[50]。揆[51]其私心，非不愿从也；想其潜虑[52]，非不追悔也。但以猖狂失计，已窃大号，虽荷陛下全宥之恩，然不能不自靦[53]于天地之间耳。纵未顺命[54]，斯为独夫，内则无辞以起兵，外则无类以求助，其计不过厚抚部曲，偷容岁时[55]，心虽陆梁[56]，势必不致。陛下但敕诸镇各守封疆，彼既气夺算穷[57]，是乃狴牢之类[58]，不有人祸，则当鬼诛。古之不战而屈人之兵[59]者，此之谓欤！"

（以上为第二段，写德宗采纳陆贽建言，平定李怀光后，朝廷罢兵，赦免李希烈，待其自毙，以安天下反侧子之心。）

【注释】

[1]复有何事所宜区处：还有什么事应当处理。 [2]希旨生事之人：迎合圣旨，无端生事的人。 [3]诱谕：诱惑劝说。 [4]新附诸帅：指刚归附朝廷的李纳、王武俊、田绪等。 [5]奉天息兵之旨：指兴元大赦诏。 [6]负罪者：犯有罪过的人。 [7]河朔、青齐固当响应：河朔指王武俊、田绪、刘怦，青齐指李纳。诸人皆负罪之人，他们因惧疑必当起而响应。 [8]福不可以屡徼，幸不可以常觊：福缘不可以多次侥幸取得，幸运不可以经常希图。此谓德宗蒙尘侥幸返京，这样的事不可再次发生。徼，侥幸。觊，觊觎，希图。 [9]姑：姑且，宁可。“臣姑以”二句意谓我宁肯姑且认为今后将有祸患发生为陛下担忧，而不敢认为今后会获得福缘向陛下祝贺。此言德宗应不忘忧患。生祸，产生祸患。 [10]降非常之号：降下非常的号令。指兴元大赦诏。 [11]所在宣扬：在各地宣示。 [12]假王叛换之夫：指称王叛乱的人。假王，称王。 [13]削伪号以请罪：削去伪署的王号请求治罪。指王武俊、田悦、李纳等人去王号谢罪，事见《资治通鉴》卷二百二十九德宗兴元元年。伪号，僭疑之号。 [14]观衅：袖手旁观，伺机而动。 [15]首鼠之将：指马燧、韩滉、陈少游等从观望转而归诚。首鼠，即成语首鼠两端之省说。 [16]一纯诚以效勤：意谓首鼠两端看机会的将领，全都诚心诚意地效力勤王。一纯，一切，全都。 [17]曩讨之而愈叛，今释之而毕来：先前讨伐叛逆而叛乱更加严重，现在不对叛军使用武力反而都来归顺。曩，先前。 [18]曩以百万之师而力殚：先前用百万之师而力量使尽。力殚，用尽全力。谓朝廷讨叛兵穷财尽。 [19]今以咫尺之诏而化洽：现在只颁布了不满一尺长的诏书反而德化广被。咫尺，短尺，八寸长的竹简。唐时已用纸书，不用竹简，此为借用。洽，和谐，融洽。指德化广被而使社会和谐。 [20]敷理道：施行治国之道。 [21]服暴人：降服凶暴的人。 [22]悖臣礼：违背人臣的礼仪。 [23]拒天诛：抗拒朝廷的诛讨。 [24]好生以及物：希望生存之心，应推己及于万物。[25]挤彼：排斥，丢弃。“挤彼”与下句“措彼”为互文。措，丢弃，挤、措同义。从“挤彼于死地”至“未之有焉”五句，意谓将那一些人排斥于死地，而求得这一些人的长久生存，丢弃那一些人于危险之地，而求得这一些人的长久安宁，自古以来，没有这样的事。 [26]率：循规蹈矩，守法。[27]一境：一个地方，一个地区。[28]普天致扰：全天下都要招致骚扰。普天，全天下，全国。 [29]亿兆汗人：众多的人昏昧无知。汗人，汙秽无识之人。 [30]革面易辞：革面洗心，改变不敬的言辞。 [31]深言密议：深切的谈话，缜密的考虑。指兴元大赦诏的言论。 [32]迁善：改恶从善。 [33]虑祸：疑虑而生祸。 [34]傥平：如果被平定。 [35]蓄素疑而怀宿负者：一向抱着疑虑而又久怀野心的人。 [36]动心：思想波动。 [37]皇运中兴：国家气运重又兴起。[38]天祸将悔：上天降下的祸患行将过去。 [39]上国：指京都长安。 [40]中畿：指河中。玄宗开元八年（720）以河中为中都，河东、河西二县为次赤县，所属诸县为次畿县。 [41]岁未再周：

不到两年的时间。去年六月斩朱泚，今年八月平怀光，不足二年。[42]枭殄：枭其首而殄灭同党。[43]众慝：众恶。[44]惊心：失魂落魄。[45]群生改观之时：所有生灵改换面貌的时候。意谓普天思治，厌恶战乱。[46]上副天眷：对上要顺应上天的眷顾。[47]下收物情：对下要聚合人民的愿望。[48]布恤人之惠以济威：布散体恤民心的恩惠用以辅助威严。[49]乘灭贼之威以行惠：趁着荡平贼寇的威严用以施行恩惠。[50]臣所未敢保其必从，唯希烈一人而已：我不敢担保一定归顺朝廷的人，只有李希烈一个人罢了。必从，一定归顺朝廷。[51]揆：揣度。[52]想其潜虑：料想他暗中的考虑。其，指李希烈。兴元大赦诏，除朱泚之外，李希烈亦在赦中。[53]自靦：自觉无颜。[54]纵未顺命，斯为独夫：李希烈即使未肯归顺朝廷，此人已经成了一个独夫民贼。[55]偷容岁时：苟且偷生，拖延时日。[56]陆梁：任意横行。[57]气夺算穷：胆气已失，计谋算尽。[58]狴牢之类：指李希烈进不能取，退不能守，坐等待毙，如同一个囚犯。狴，又名犴，传说的神虎，像虎有威力，古代作为牢狱的门神。这里狴牢即牢狱的代称。[59]不战而屈人之兵：不用交战而使敌人屈服。《孙子兵法·谋攻篇》："不战而屈人之兵，善之善者也。"

丁卯[1]，诏以"李怀光尝有功，宥其一男，使续其后，赐之田宅，归其首及尸使葬。加马燧兼侍中，浑瑊检校司空；余将卒赏赉[2]各有差。诸道与淮西连接者，宜各守封疆，非彼侵轶[3]，不须进讨。李希烈若降，当待以不死；自余将士百姓，一无所问。"

初，李晟尝将神策军戍成都[4]，及还，以营妓[5]高洪[6]自随。西川节度使张延赏怒，追而还之，由是有隙。至是，刘从一有疾，上召延赏入相，晟表陈其过恶；上重违其意[7]，以延赏为左仆射[8]。

骆元光将杀徐庭光，谋于韩游瓌曰："庭光辱吾祖考[9]，吾欲杀之，马公必怒，公能救其死[10]乎！"游瓌曰："诺。"壬午[11]，遇庭光于军门之外，揖而数其罪[12]，命左右碎斩之[13]。入见马燧，顿首[14]请罪，燧大怒曰："庭光已降，受朝廷官爵，公不告辄杀之，是无统帅也！"欲斩之。游瓌曰："元光杀裨将[15]，公犹怒如此。公杀节度使，天子其谓何！"燧默然；浑瑊亦为之请，乃舍之。

浑瑊镇河中，尽得李怀光之众，朔方军自是分居邠、蒲[16]矣。

卢龙节度使刘怦疾病，九月，己亥[17]，诏以其子行军司马济[18]权知[19]节度使；怦寻薨。

己未[20]，中书侍郎、同平章事刘从一罢为户部尚书；庚申[21]，薨。

冬，十月，癸卯[22]，上祀圜丘[23]，赦天下。

十二月，甲戌[24]，户部奏今岁入贡者凡百五十州[25]。

于阗王曜上言："兄胜让国于臣[26]，今请复立胜子锐[27]。"上以锐检校光禄卿，还其国。胜固辞曰："曜久行国事，国人悦服。锐生长京华，不习其俗，不可往。"上嘉之，以锐为韶王[28]谘议[29]。

（以上为第三段，写李晟与张延赏结怨，骆元光因泄私愤而擅杀大将。）

【注释】

[1]丁卯：八月五日。[2]赏赉：赏赐。[3]侵轶：侵扰过界。[4]李晟戍成都：李晟救蜀击吐蕃，事见《资治通鉴》卷二百二十六代宗大历十四年（779）。[5]营妓：唐代官府供养的女乐即官妓，又称营妓。[6]高洪：西川节度使府属营妓，奉令陪侍李晟，李晟据为私有，故被张延赏追回。[7]上重违其意：德宗难以违背李晟的意愿。李晟以私恨干预天子用相，已经犯忌，为后来张延赏谗退李晟埋下了祸根。[8]左仆射：官名。唐代尚书省长官为尚书令，副职二人为左、右仆射。因唐太宗曾为尚书令，后不常置，左、右仆射即为尚书省长官，加平章事亦为宰相。德宗欲用张延赏为中书侍郎，因李晟之故改为左仆射。后德宗合和二人，贞元三年（787）加张延赏同中书门下平章事。[9]庭光辱吾祖考：指徐庭光为优胡戏侮之事。[10]救其死：救我免死吗！[11]壬午：八月二十日。[12]揖而数其罪：揖，拱手相见。骆元光与徐庭光拱手以后，列数他的罪状。[13]碎斩之：用乱刀砍死了徐庭光。[14]顿首：叩头。[15]裨将：副将。[16]朔方军自是分居邠、蒲：朔方军自郭子仪以来，分屯邠州、蒲州而统于一帅。现在居邠者韩游瑰统之，居蒲者浑瑊统之，从此一分为二。[17]己亥：九月七日。[18]济：即刘济，嗣父刘怦为卢龙节度使，宪宗时为次子刘总所杀。传见《旧唐书》卷一百四十三，《新唐书》卷二百一十二。[19]权知：代理。[20]己未：九月二十七日。[21]庚申：九月二十八日。[22]癸卯：十月癸亥朔，无癸卯。癸卯，十一月十一日。[23]祀圜丘：祭祀上天。圜丘，祭天之坛。[24]甲戌：十二月十三日。[25]入贡者凡百五十州：据《旧唐书·地理志》载，天宝十一载（752）统计，全国郡府（州）凡三百二十八，贞元时河朔诸镇及淄青、淮西皆不入贡，河、陇诸州又没于吐蕃，故入贡州郡只及盛唐之半，凡百五十州。[26]胜让国于臣：于阗国王尉迟胜让国于弟尉迟曜，事见《资治通鉴》卷二百二十一肃宗上元元年（760）。至德初，于阗国王尉迟胜闻安禄山反，于是以弟尉迟曜权知国事，自己率兵五千勤王，肃宗厚待之，不愿回国，上元元年正式由唐册封尉迟曜为于阗国王。尉迟胜传见《旧唐书》卷一百四十四，《新唐书》卷一百一十。[27]锐：尉迟锐，于阗国王尉迟胜之子，随父在唐。[28]韶王：名暹，代宗子。[29]谘议：亲王府参议，全称谘议参军，正五品上。

二年（丙寅，786年）

春，正月，壬寅[1]，以吏部侍郎刘滋[2]为左散骑常侍[3]，与给事中崔造[4]、中书舍人齐映并同平章事。滋，子玄之孙也。

造少居上元[5]，与韩会、卢东美、张正则为友，以王佐自许，时人谓之“四夔[6]”。上以造在朝廷敢言，故不次用之。滋、映多让事于造。造久在江外[7]，疾钱谷诸使罔上之弊，奏罢水陆运使、度支巡院、江·淮转运使等，诸道租赋悉委观察使、刺史遣官部送诣京师。令宰相分判尚书六曹[8]：齐映判[9]兵部，李勉判刑部，刘滋判吏部、礼部，造判户部、工部；又以户部侍郎元琇[10]判诸道盐铁、榷酒，吉中孚[11]判度支两税。

李希烈将杜文朝寇襄州；二月，癸亥[12]，山南东道节度使樊泽击擒之。

崔造与元琇善，故使判盐铁。韩滉奏论盐铁过失[13]，甲戌[14]，以琇为尚书右丞。陕州水陆运使李泌奏：“自集津至三门[15]，凿山开车道十八里，以避底柱[16]之险。”是月道成。

三月，李希烈别将寇郑州，义成[17]节度使李澄击破之。希烈兵势日蹙，会有疾，夏，四月，丙寅[18]，大将陈仙奇[19]使医陈山甫毒杀之；因以兵悉诛其兄弟妻子，举众来降。甲申[20]，以仙奇为淮西节度使。

关中仓廪竭，禁军或自脱巾呼于道曰：“拘吾于军而不给粮，吾罪人也！”上忧之甚，会韩滉运米三万斛至陕，李泌即奏之。上喜，遽至东宫，谓太子曰：“米已至陕，吾父子得生矣！”时禁中不酿[21]，命于坊市取酒为乐[22]。又遣中使谕神策六军，军士皆呼万岁。

时比岁[23]饥馑，兵民率皆瘦黑，至是麦始熟，市有醉人，当时以为嘉瑞。人乍饱食[24]，死者复伍之一。数月，人肤色乃复故。

以横海军[25]使程日华为节度使。

秋，七月，淮西兵马使吴少诚[26]杀陈仙奇，自为留后。少诚素狡险，为李希烈所宠任，故为之报仇。己酉[27]，以虔王谅[28]为申、光、随、蔡节度大使，以少诚为留后。

以陇右行营节度使曲环为陈许节度使[29]。陈许荒乱之余，户口流散。曲环以勤俭率下，政令宽简，赋役平均，数年之间，流亡复业，兵食皆足。

八月，癸未[30]，义成节度使李澄薨，其子士宁[31]谋总军务，秘不发丧。

丙戌[32]，吐蕃尚结赞大举寇泾、陇、邠、宁，掠人畜，芟禾稼[33]，西鄙骚然[34]，州县各城守。诏浑瑊将万人，骆元光将八千人屯咸阳以备之。

（以上为第四段，写德宗急躁，起用享有虚名的轻进少年崔造为相，贸然改革财赋机构，留下隐患。李希烈为其部将所杀。）

【注释】

[1]壬寅：正月十一日。[2]刘滋：唐代史学家、《史通》作者刘知几之孙。[3]左散骑常侍：谏官，属门下省。[4]崔造：字玄宰。以敢言为德宗不次登用，以本官给事中同平章事。传见《旧唐书》卷一百三十，《新唐书》卷一百五十。[5]上元：县名。县治在今江苏江宁。[6]四夔：夔为传说时代唐尧、虞舜时的贤臣。崔造、韩会、卢东美、张正则四人齐名，时人美誉之为“四夔”。[7]江外：江南。上元在江南，崔造久居于此，颇知诸使中饱弊端，故为相奏罢之。[8]尚书六曹：尚书省为政务机关，所属六部称六曹，即吏、户、礼、兵、刑、工等六部。[9]判：他官兼任某部主理政务称判。[10]元琇：代宗朝盐铁转运使刘晏部属。元琇判盐铁，国无横敛而军旅供应不乏。传附《新唐书》卷一四九《刘晏传》。[11]吉中孚：能诗，为“大历十才子”之一，官至户部尚书。[12]癸亥：二月三日。[13]论盐铁过失：据《旧唐书·崔造传》，韩滉为江淮转运使，元琇上奏，江南米自江至扬子凡十八里韩滉主之，江北转运由元琇主持。韩滉闻之怒，上奏元琇主持盐铁事务的过失。德宗不得已罢元琇官。[14]甲戌：二月十四日。[15]集津、三门：集津仓在三门峡东，三门仓在三门峡西。[16]底柱：屹立于三门峡河中的两座石山，为水运之险阻。[17]义成：方镇名。即滑亳节度使，代宗大历七年（772）赐号为水平军，贞元元年（785）更号为义成军。[18]丙寅：四月七日。[19]陈仙奇：李希烈部将，归朝后为淮西节度使，数月后为吴少诚所杀。传见《旧唐书》卷一百四十五。[20]甲申：四月二十五日。[21]酿：酿酒。[22]取酒为乐：买酒庆贺。[23]比岁：连年。[24]乍饱食：突然饱食。肠胃久饥而壁薄，突然暴食过度将使肠胃穿孔而死。[25]横海军：方镇名。德宗兴元元年（784）以沧州为横海军，刺史程华为副大使权知节度使，今为真节度使。程华赐名程日华。事见《资治通鉴》卷二三一。[26]吴少诚：李希烈大将，归顺后任申光蔡节度使。传见《旧唐书》卷一百四十五，《新唐书》卷二百一十四。[27]己酉：七月二十二日。[28]虔王谅：德宗第四子。

[29]曲环为陈许节度使：时曲环以陇右行营兵戍陈许，因授以镇。［30]癸未：八月二十七日。［31]士宁：李澄子为李克宁，见两《唐书》李澄本传。据章校，“士”亦作“克”。［32]丙戌：八月三十日。［33]芟禾稼：收割庄稼。［34]西鄙骚然：唐西部边疆骚动。

初，上与李泌议复府兵，泌因为上历叙府兵自西魏以来兴废之由[1]，且言："府兵平日皆安居田亩，每府有折冲[2]领之，折冲以农隙教习战陈。国家有事征发，则以符契下其州及府[3]，参验[4]发之，至所期处[5]。将帅按阅，有教习不精者，罪其折冲，甚者罪及刺史。军还，则赐勋加赏，便道罢之[6]。行者近不逾时[7]，远不经岁[8]。高宗以刘仁轨[9]为洮河镇守使以图吐蕃，于是始有久戍之役。武后以来，承平日久，府兵浸堕[10]，为人所贱；百姓耻之，至蒸熨手足[11]以避其役。又，牛仙客以积财得宰相[12]，边将效之；山东戍卒多赍缯帛自随，边将诱之寄于府库，昼则苦役，夜縶[13]地牢，利其死而没入其财。故自天宝以后，山东戍卒还者什无二三，其残虐如此。然未尝有外叛内侮，杀帅自擅者，诚以顾恋田园，恐累宗族故也。自开元之末，张说始募长征兵[14]，谓之彍骑[15]，其后益为六军[16]。及李林甫为相，奏诸军皆募人为之；兵不土著[18]，又无宗族，不自重惜，忘身徇利，祸乱遂生，至今为梗[19]。曏使府兵之法常存不废，安有如此下陵上替[20]之患哉！陛下思复府兵，此乃社稷之福，太平有日矣。"上曰："俟平河中，当与卿议之。"

（以上为第五段，写李泌以议恢复府兵制为话题，迂回实施北连回纥以抗吐蕃的战略，良苦用心深矣。）

【注释】

[1]府兵兴废之由：李泌向德宗讲述府兵制度兴起和废除的原因。西魏始置府兵，见《资治通鉴》卷一百六十三梁简文帝大宝元年（550）。府兵废除见《资治通鉴》卷二百一十二唐玄宗开元十年（722）。府兵制是分出军户，另立户籍，不输租赋，但世代为兵，农闲训练，战时从役，置军府统管。中唐藩镇兴起，府兵制于是崩溃。［2]折冲：唐代军府设折冲都尉与左、右果毅都尉统领，称折冲都尉府，又称折冲果毅府。［3]府：折冲府。［4]参验：验证调兵的符契。［5]至所期处：被征发的府兵自备兵器资粮，分期轮流宿卫京师或防卫边境，刻期到所会之地集中。［6]便道罢之：府兵戍役期满，即行遣散归农，不必还至京师而后还家。［7]不逾时：不超过一

个季度。一季三个月。［8］不经岁：不超过一年时间。［9］刘仁轨：历仕太宗、高宗两朝，官至尚书左仆射。传见《旧唐书》卷八十四，《新唐书》卷一百八。为洮河镇守使，事见《资治通鉴》卷二百二高宗仪凤二年（677）。［10］浸堕：逐渐败坏。［11］蒸熨手足：烫伤手脚。［12］牛仙客积财得宰相：事见《资治通鉴》卷二百一十四玄宗开元二十四年（736）。［13］絷（zhí）：绑缚。［14］张说募长征兵：事见《资治通鉴》卷一百一十二玄宗开元十年（722）、十三年（725）。张说，玄宗朝宰相。长征兵，长期服役的职业雇佣兵。［15］彍骑：即开元所征长征兵，原称长从宿卫兵，开元十三年更名彍骑。［16］六军：即北衙六军，分左右。为左右羽林军、左右龙武军、左右神武军。［17］募人为兵：指李林甫入相，募人为兵。事见《资治通鉴》卷二百一十六玄宗天宝八载（749）。李林甫，玄宗朝宰相。［18］兵不土著：士兵皆为招募，均不是本地人在本地当兵。［19］梗：阻塞。谓军人乱政如梗塞的腹心之疾。［20］下陵上替：上下乱了秩序。下犯上为陵，上欺下为替。

九月，丁亥[1]，诏十六卫[2]各置上将军，以宠功臣；改神策左、右厢为左、右神策军，殿前射生左、右厢为殿前左、右射生军，各置大将军二人、将军二人[3]。

庚寅[4]，李克宁始发父澄之丧，杀行军司马马铉，墨缞[5]出视事，增兵城门。刘玄佐出师屯境上以制之，且使告谕切至，克宁乃不敢袭位。丁酉[6]，以东都留守贾耽为义成节度使。克宁悉取府库之财夜出，军士从而剽之，比明殆尽[7]。淄青兵数千自行营[8]归，过滑州[9]，将佐皆曰："李纳虽外奉朝命，内蓄兼并之志，请馆[10]其兵于城外。"贾耽曰："奈何与人邻道而野处其将士乎！"命馆于城中。耽时引百骑猎于纳境，纳闻之，大喜，服其度量，不敢犯也[11]。

吐蕃游骑[12]及好畤[13]；乙巳[14]，京城戒严，复遣左金吾将军张献甫屯咸阳。民间传言上复欲出幸以避吐蕃，齐映见上言曰："外间皆言陛下已理装，具糗粮[15]，人情恟惧。夫大福不再[16]，陛下奈何不与臣等熟计之！"因伏地流涕，上亦为之动容。

李晟遣其将王佖[17]将骁勇三千伏于汧城[18]，戒之曰："虏过城下，勿击其首；首虽败，彼全军而至，汝弗能当也。不若俟前军已过，见五方旗，虎豹衣[19]，乃其中军也，出其不意击之，必大捷。"佖用其言，尚结赞败走。军士不识尚结赞，仅而获免。

尚结赞谓其徒曰："唐之良将，李晟、马燧、浑瑊而已。当以计[20]去之。"入凤翔境内，无所俘掠，以兵二万直抵城下曰："李令公[21]召我来，何不出犒我！"经宿[22]，乃引退。

冬，十月，癸亥[23]，李晟遣蕃落使野诗良辅[24]与王佖、将步骑五千袭吐蕃摧砂堡[25]；壬申[26]，遇吐蕃众二万，与战，破之，乘胜逐北，至堡下，攻拔之，斩其将扈屈律悉蒙[27]，焚其蓄积而还。尚结赞引兵自宁、庆北去[28]，癸酉[29]，军于合水[30]之北；邠宁节度使韩游瑰遣其将史履程夜袭其营，杀数百人。吐蕃追之，游瑰陈于平川，潜使人鼓于西山；虏惊，弃所掠而去。

十一月，甲午[31]，立淑妃王氏为皇后。

乙未[32]，韩滉入朝。

丁酉[33]，皇后崩。

辛丑[34]，吐蕃寇盐州[35]，谓刺史杜彦光曰："我欲得城，听尔率人去。"彦光悉众奔鄜州[36]，吐蕃入据之。

刘玄佐在汴，习邻道故事[37]，久未入朝。韩滉过汴，玄佐重其才望，以属吏礼谒之[38]。滉相约为兄弟，请拜玄佐母；其母喜，置酒见之。酒半，滉曰："弟何时入朝？"玄佐曰："久欲入朝，但力未办耳！"滉曰："滉力可及，弟宜早入朝。丈母[39]垂白[40]，不可使更帅[41]诸妇女往填宫也！"母悲泣不自胜[42]。滉乃遗玄佐钱二十万缗，备行装。滉留大梁三日，大出金帛赏劳，一军为之倾动。玄佐惊服，既而遣人密听之，滉问孔目吏[43]，"今日所费几何？"诘责甚细。玄佐笑曰："吾知之矣！"壬寅[44]，玄佐与陈许节度使曲环俱入朝。

崔造改钱谷法，事多不集。诸使[45]之职，行之已久，中外安之。元琇既失职[46]，造忧惧成疾，不视事。既而江、淮运米大至，上嘉韩滉之功，十二月，丁巳[47]，以滉兼度支、诸道盐铁、转运等使；造所条奏皆改之。

吐蕃又寇夏州[48]，亦令刺史托跋乾晖帅众去，遂据其城。又寇银州[49]，州素无城，吏民皆溃；吐蕃亦弃之，又陷麟州[50]。

韩滉屡短元琇于上；庚申[51]，崔造罢为右庶子[52]，琇贬雷州[53]司户[54]。以吏部侍郎[55]班宏为户部侍郎、度支副使。

韩游瑰奏请发兵攻盐州，吐蕃救之，则使河东袭其背。丙寅[56]，诏骆元光及陈许兵马使韩全义将步骑万二千人会邠宁军，趣盐州，又命马燧以河东军击吐蕃。燧至石州[57]，河曲六胡州[58]皆降，迁于云、朔[59]之间。

工部侍郎张彧，李晟之婿也。晟在凤翔，以女嫁幕客崔枢，礼重枢过于彧；彧怒，遂附于张延赏；给事中郑云逵尝为晟行军司马[60]，失晟意，亦附延赏；上亦忌晟功名。会吐蕃有离间之言，延赏等腾谤[61]于朝，无所不至[62]。晟闻之，昼夜泣，目为之肿[63]，悉遣子弟诣长安，表请削发为僧，上慰谕，不许。辛未[64]，入朝，见上，自陈足疾，恳辞方镇，上不许。韩滉素与晟善，上命滉与刘玄佐谕旨[65]于晟，使与延赏释怨。晟奉诏，滉等引延赏诣晟第谢[66]，结为兄弟，因宴饮尽欢；又宴于滉、玄佐之第，亦如之。滉因使晟表荐延赏为相。

（以上为第六段，写李晟功高受猜疑，吐蕃犯边，韩滉入朝恢复理财旧制，崔造所为，尽行罢之。）

【注释】

[1]丁亥：九月一日。[2]十六卫：南衙禁军，唐前期直属皇帝，中唐以后仅存空名。十六卫兵籍归兵部，皆领府兵。德宗因置十六卫上将军，故先与李泌议复府兵。十六卫亦分左右，为左右卫、左右骁卫、左右武卫、左右威卫、左右领军卫、左右金吾卫、左右监门卫、左右千牛卫。[3]大将军、将军：各卫置大将军二人，将军二人。十六卫大将军正三品，神策大将军正二品。将军从三品。[4]庚寅：九月四日。[5]墨缞：黑色丧服。[6]丁酉：九月十一日。[7]比明殆尽：等到天亮时，军士将李克宁取出的财物差不多抢光。[8]淄青兵行营：自李正己以来，朝廷未曾征调淄青兵赴行营，此乃李纳遣兵自成其境而称行营。[9]过滑州：经过义成节度使治所滑州。[10]馆：接待住宿。[11]不敢犯：李纳佩服贾耽的大度襟怀，不敢侵犯义成军。[12]游骑：前驱游动的侦察骑兵。[13]好畤：县名。县治在今陕西乾县西北。[14]乙巳：九月十九日。[15]糗粮：行军干粮。[16]大福不再：好运气不会再来。语出《左传》昭公十三年楚灵王之言。德宗出奔奉天、山南而得以返京师比为侥幸之福。齐映言此，劝德宗不可轻易出奔，擅离根本。[17]王佖：李晟甥，为凤翔、陇右节度兵马使。[18]汧城：指陇州汧阳县城，在今陕西千阳县。[19]虎豹衣：有虎豹纹饰的衣服，此吐蕃中军服饰。[20]计：离间计。[21]李令公：李晟加官中书令，故称。[22]经宿：过了一整夜。[23]癸亥：十月七

日。［24］野诗良辅：吐蕃人名。野诗复姓，良辅其名。［25］摧砂堡：吐蕃的边防戍镇，在今宁夏固原西北。［26］壬申：十月十六日。［27］扈屈律悉蒙：扈屈律，三字姓。悉蒙，其名。［28］自宁、庆北去：向北方宁、庆二州奔逃而去。摧砂堡在宁、庆二州之西的原州。此言吐蕃自宁、庆北去，当时战斗推移转换地位而言，并非宁、庆在摧砂堡之北。宁州治所在今甘肃宁县。庆州治所在今甘肃庆阳。［29］癸酉：十月十七日。［30］合水：县名，属庆州，在州东北四十五里，今甘肃合水之北。［31］甲午：十一月八日。［32］乙未：十一月九日。［33］丁酉：十一月十一日。［34］辛丑：十一月十五日。［35］盐州：州名，又在庆州之北。治所五原在今陕西定边。［36］鄜州：州名。治所在今陕西富县。［37］习邻道故事：效法邻道不遵臣职的先例。邻道，指淄青、淮西、河朔。［38］以属吏礼谒之：刘玄佐以下属礼节晋见韩滉。［39］丈母：伯母。［40］垂白：头发渐白，谓年事已高。［41］帅：带领家眷。此句意谓不能让高年的伯母带着家眷去充填后宫服役。唐制，凡叛者家属没入掖庭为徒役。［42］悲泣不自胜：禁不住悲伤地抽泣起来。［43］孔目吏：即孔目官，节度使府的属吏，掌文簿图籍，大小众事一孔一目无不经其手，故称。［44］壬寅：十一月十六日。［45］诸使：指盐铁、转运诸使。［46］元琇失职：指解元琇判盐铁而为尚书右丞。［47］丁巳：十二月二日。［48］夏州：州名。治所朔方，在今陕西靖边县。［49］银州：州名。治所在今陕西榆林南。［50］麟州：州名。治所在今陕西神木北。［51］庚申：十二月五日。［52］右庶子：东宫属官，掌侍从启奏。实为闲职。［53］雷州：州名。治所在今广东雷州半岛海康。［54］司户：州佐吏，对应中朝户部，掌户籍民事。常为安置朝廷贬逐的大臣。［55］侍郎：六部副主官。班宏以户部侍郎兼领户部度支司副使，掌理财政。［56］丙寅：十二月十一日。［57］石州：州名。治所在今山西离石。［58］河曲六胡州：河曲河南地，诸部酋长皆以州名带刺史，故有河西六胡州之称。其时已统括为宥州。［59］云、朔：皆州名。云州治所云中，在今山西大同。朔州治所善阳，在今山西朔州市。［60］行军司马：节度使属官。掌军籍符伍，号令印信。［61］腾谤：谣言四起。［62］无所不至：对李晟的攻击无所不用其极。［63］肿：哭肿了眼睛。［64］辛未：十二月十六日。［65］谕旨：传达德宗的圣旨。［66］谢：陪罪，道歉。

三年（丁卯，787年）

春，正月，壬寅[1]，以左仆射张延赏同平章事。李晟为其子请婚于延赏；延赏不许；晟谓人曰："武夫性快，释怨于杯酒间，则不复贮胸中矣。非如文士难犯[2]，外虽和解，内蓄憾如故，吾得无惧哉[3]！"

初，李希烈据淮西，选骑兵尤精者为左·右门枪、奉国四将[4]，步兵尤精者为左、右克平十将[5]。淮西少马，精兵皆乘骡，谓之骡军。

陈仙奇举淮西降，才数月，诏发其兵于京西防秋[6]。仙奇遣都知兵马使苏浦悉将淮西精兵五千人以行。会[7]仙奇为吴少诚所杀，少诚密遣人召门枪兵马使[8]吴法超等使引兵归；浦不之知。法超等引步骑四千自鄜州叛归，浑瑊使其将白娑勒[9]追之，反为所败。

丙午[10]，上急遣中使敕陕虢观察使李泌发兵防遏，勿令济河[11]。泌遣押牙[12]唐英岸将兵趣灵宝，淮西兵已陈于河南[13]矣。泌乃命灵宝给其食，淮西兵亦不敢剽掠。明日，宿陕西[14]七里。泌不给其食，遣将将选士[15]四百人分为二队，伏于太原仓[16]之隘道，令之曰："贼十队过，东伏则大呼击之[17]，西伏亦大呼应之[18]，勿遮道[19]，勿留行[20]，常让以半道，随而击之[21]。"又遣虞候[22]集近村少年各持弓、刀、瓦石蹑贼后，闻呼亦应而追之。又遣唐英岸将千五百人夜出南门，陈于涧北。明日四鼓[23]，淮西兵起行入隘，两伏发，贼众惊乱，且战且走，死者四之一；进遇唐英岸，邀[24]而击之，贼众大败，擒其骡军兵马使张崇献。泌以贼必分兵自山路南遁，又遣都将[25]燕子楚将兵四百自炭窦谷[26]趣长水[27]。贼二日不食，屡战皆败，英岸追至永宁[28]东，贼皆溃入山谷。吴法超果帅其众太半趣长水[29]，燕子楚击之，斩法超，杀其士卒三分之二。上以陕兵少，发神策军步骑五千往助泌，至赤水[30]，闻贼已破而还。上命刘玄佐乘驿归汴，以诏书缘道诱之，得百三十余人，至汴州，尽杀之。其溃兵在道，复为村民所杀，得至蔡者才四十七人。吴少诚以其少，悉斩之以闻；且遣使以币谢李泌，为其诛叛卒也。泌执张崇献等六十余人送京师，诏悉腰斩于鄜州军门，以令防秋之众。

（以上为第七段，写陕虢观察使李泌八面埋伏，奇计灭叛兵。）

【注释】

[1]壬寅：正月十七日。[2]难犯：难以冒犯。[3]吾得无惧哉：我怎么能不畏惧呢！[4]四将：淮西精骑分门枪、奉国，各有左右，共为四将。[5]克平十将：克平为精兵之号，分十将领之。[6]京西防秋：各镇选精兵于秋季到京西各边州戍守，以防吐蕃入寇，戍兵称防秋兵。[7]会：适逢。[8]门枪兵马使：总管门枪兵，位在都知兵马使之下。都知兵马使总领节度使兵马。[9]白娑勒：人名。[10]丙午：正月二十一日。[11]济河：渡过黄河。[12]押牙：武官名。掌节镇衙内警卫，为镇帅亲将。灵宝，县名，为虢州治所，在今河南灵宝市。

[13]已陈河南：陕州兵赶到灵宝，而淮西兵已经渡过黄河列阵于灵宝之郊。 [14]陕西：陕州之西，今河南三门峡以西。 [15]选士：精选的敢死队。 [16]太原仓：转运仓名，在陕州之西。 [17]东伏大呼击之：埋伏于隘道东的官军大声呐喊击杀淮西兵。 [18]应之：西边伏兵只是呼喊助势，让半道于敌人，不出击。 [19]勿遮道：不阻断道路，让敌人败逃溃乱。 [20]勿留行：不要猛追恋战，使敌人停留下来整队作战。 [21]常让以半道，随而击之：整个战斗过程中始终让出半道，官兵尾随追击。因陕州兵少，以四百埋伏之兵阻击五千淮西兵，故用此奇计分散贼势。 [22]虞候：军法官，纠察军纪。 [23]四鼓：四更，早晨二三点钟时，天将明未明之际。 [24]邀：拦击。唐英岸以一千五百之众迎击溃败之兵，故于此处邀击之。 [25]都将：即大将。都知兵马使、都押牙、都虞候等职，均可称都将。 [26]炭窦谷：山谷名，在今河南洛宁县东北。 [27]长水：县名，在唐代永宁县西南。县治在今河南洛宁县西洛水北岸。 [28]永宁：县名，在陕州东南。县治在今河南洛宁东北。 [29]太半趣长水：太半，三分之二。贼众由陕州败走永宁，遇阻挠而东南果然向长水而来。 [30]赤水：镇名，临赤水而得名。在今陕西渭南市东。神策军未出潼关而淮西兵已破，半道而还。币：重礼。

初，云南王阁罗凤陷嶲州[1]，获西泸[2]令郑回。回，相州人，通经术，阁罗凤爱重之。其子凤迦异及孙异牟寻、曾孙寻梦凑皆师事之，每授学，回得挞[3]之。及异牟寻为王[4]，以回为清平官[5]。清平官者，蛮相也，凡有六人，而国事专决于回。五人者事回甚卑谨，有过，则回挞之。

云南有众数十万，吐蕃每入寇，常以云南为前锋，赋敛重数[6]，又夺其险要立城堡，岁征兵助防，云南苦之。回因说异牟寻复自归于唐曰："中国尚礼义，有惠泽，无赋役。"异牟寻以为然，而无路自致，凡十余年。及西川节度使韦皋至镇，招抚境上群蛮，异牟寻潜遣人因群蛮求内附。皋奏："今吐蕃弃好，暴乱盐、夏，宜因云南及八国生羌[7]有归化之心招纳之，以离吐蕃之党，分其势。"上命皋先作边将书以谕之[8]，微观其趣[9]。

张延赏与齐映有隙，映在诸相中颇称敢言，上浸[10]不悦；延赏言映非宰相器。壬子[11]，映贬夔州[12]刺史。刘滋罢为左散骑常侍，以兵部侍郎柳浑同平章事。

韩滉性苛暴，方为上所任，言无不从；他相充位而已，百吏[13]救过不赡[14]。浑虽为滉所引荐，正色[15]让之曰："先相公[16]以褊察[17]为相，不满岁而罢，今公又甚焉。奈何榜吏于省[18]中，至有死者！且作福作威[19]，岂人臣所宜！”滉愧，为之少霁威严。

二月，壬戌[20]，以检校左庶子崔澣充入吐蕃使。

戊寅[21]，镇海节度使、同平章事、充江、淮转运使韩滉薨。滉久在二浙[22]，所辟僚佐，各随其长，无不得人。尝有故人子谒之，考其能，一无所长，滉与之宴，竟席，未尝左右视及与并坐交言。后数日，署为随军，使监库门。其人终日危坐，吏卒无敢妄出入者。

分浙江东、西道为三[23]：浙西，治润州；浙东，治越州；宣、歙、池，治宣州；各置观察使以领之。

上以果州刺史白志贞为浙西观察使，柳浑曰：“志贞，憸人[24]，不可复用。”会浑疾，不视事；辛巳[25]，诏下，用之。浑疾间[26]，遂乞骸骨；不许。

甲申[27]，葬昭德皇后[28]于靖陵[29]。

（以上为第八段，写张延赏为相受宠，排斥异己，为误导德宗结和吐蕃受欺张本。韩滉知人，理财有方，入朝拜相不久去世，朝廷一大损失。）

【注释】

[1]阁罗凤陷巂州：事见《资治通鉴》卷二百一十八肃宗至德元载（756）。巂州治所在今四川西昌市。 [2]西泸：县名。县治在今四川西昌西南。 [3]挞：鞭打。史言郑回有威严。 [4]异牟寻为王：事见《资治通鉴》卷二百二十六代宗大历十四年（779）。 [5]清平官：裁决国事轻重，如唐宰相平章事。有六人，坦绰、布燮、久赞等官皆为清平官。 [6]赋敛重数：征收几倍的重税。 [7]八国生羌：西川境内的八部生羌，为白狗君、哥邻君、逋租君、南水君、弱水君、悉董君、清远君、咄霸君。 [8]上命皋作边将书以谕之：德宗命韦皋以边将名义向南诏及八国生羌发布文书进行劝导。 [9]微观其趣：暗中观察动向。 [10]浸：日渐。 [11]壬子：正月二十七日。 [12]夔州：州名。治所奉节，在今重庆市奉节县。 [13]百吏：据章校，应为“百官群吏”。 [14]救过不赡：旧过未改，新过又犯，弥补没有个完。谓韩滉苛责百官太苛。 [15]正色：严肃地。 [16]先相公：指韩滉之父韩休，玄宗时为相不足岁而罢。事见《资治通鉴》卷二百一十三玄宗开元二十一年（733）。 [17]褊察：气量狭窄，苛察细事。 [18]榜吏于省：在中书省政事堂拷打官吏。 [19]作福作威：借用《书经·洪范》之语：“臣无有作威作福，其害于而家，凶于而国。”[20]壬戌：二月七日。 [21]戊寅：二月二十三日。 [22]久在二浙：韩滉大历十四年（779）为浙江东西道观察使，德宗建中二年（781）建节，至贞元二年（786）入

相，在二浙任政凡八年。［23］分浙江东、西道为三：唐初分十道，江南东西道与二浙总为江南道。乾元置浙江西道观察使，兼领宣、歙、饶三州。至此，分出宣、歙、池三州另为一道，是为三道。浙西治所润州，在今江苏镇江。浙东治所越州，在今浙江绍兴。宣、歙、池治所宣州，在今安徽宣城。［24］憸（xiān）人：奸佞的人。［25］辛巳：二月二十六日。［26］疾间：病情好转。［27］甲申：二月二十九日。［28］昭德皇后：德宗王皇后，顺宗母。传见《旧唐书》卷五十二，《新唐书》卷七十七。［29］靖陵：永贞元年（805）王皇后改祔崇陵（德宗陵，在今陕西泾阳北），于是靖陵后为僖宗陵，在今陕西乾县东北。

三月，丁酉[1]，以左庶子李铦充入吐蕃使。

初，吐蕃尚结赞得盐、夏州，各留千余人戍之，退屯鸣沙[2]；自冬入春，羊马多死，粮运不继，又闻李晟克摧砂[3]，马燧、浑瑊等各举兵临之，大惧，屡遣使求和，上未之许。乃遣使卑辞厚礼求和于马燧，且请修清水之盟[4]而归侵地，使者相继于路。燧信其言，留屯石州[5]，不复济河，为之请于朝。

李晟曰："戎狄无信，不如击之。"韩游瓌曰："吐蕃弱则求盟，强则入寇，今深入塞内而求盟，此必诈也！"韩滉曰："今两河无虞，若城原、鄯、洮、渭四州[6]，使李晟、刘玄佐之徒将十万众戍之，河、湟二十余州可复也。其资粮之费，臣请主办。"上由是不听燧计，趣使进兵。燧请与吐蕃使论颊热俱入朝论之[7]，会滉薨，燧、延赏皆与晟有隙，欲反其谋[8]，争言和亲便。上亦恨回纥[9]，欲与吐蕃和，共击之，得二人言，正会己意，计遂定。

延赏数言"晟不宜久典兵，请以郑云逵代之。"上曰："当令自择代者。"乃谓晟曰："朕以百姓之故，与吐蕃和亲决矣。大臣[10]既与吐蕃有怨，不可复之凤翔[11]，宜留朝廷，朝夕辅朕；自择一人可代凤翔者。"晟荐都虞候邢君牙[12]。君牙，乐寿人也。丙午[13]，以君牙为凤翔尹兼团练使。丁未[14]，加晟太尉、中书令，勋、封如故[15]；余悉罢之[16]。

晟在凤翔，尝谓僚佐曰："魏徵好直谏，余窃慕之。"行军司马李叔度曰："此乃儒者所为，非勋德所宜。"晟敛容曰："司马失言。晟任兼将相，知朝廷得失不言，何以为臣！"叔度惭而退。及在朝廷，上有所顾问，极言无隐；性沈密[17]，未尝泄于人。

辛亥[18]，马燧入朝。燧既来，诸军皆闭壁不战，尚结赞遽自鸣沙引归，其众乏马，多徒行者。

（以上为第九段，写德宗因猜疑而又偏狭，急欲结盟吐蕃以抗回纥，中吐蕃离间计罢李晟兵权。张延赏挟私愤排斥李晟，实为误国之罪臣。）

【注释】

[1]丁酉：三月十三日。 [2]鸣沙：县名，属灵州。此地人马行走，沙鸣有声，因以名县。县治在今宁夏吴忠西南临河。 [3]摧砂：即摧砂堡，为李晟将王泌所克，见上年十月。 [4]清水之盟：唐陇右节度使张镒与吐蕃盟于清水。事见《资治通鉴》卷二百二十八德宗建中四年（783）。[5]石州：州名。治所在今山西离石。 [6]城原、鄯、洮、渭四州：城，筑城，加固四州防务。原州治所高平，在今宁夏固原。鄯州治所湟水，在今青海乐都。洮州治所临潭，在今甘肃临潭。渭州治所襄武，在今甘肃陇西。陇右没，四州为唐西部边州。 [7]论之：辩论结和吐蕃的事。[8]反其谋：马燧、张延赏以个人私怨误国，故意反对李晟的计谋。 [9]上亦恨回纥：德宗不忘陕州之辱而恨回纥。德宗为雍王时兼天下兵马大元帅，在陕州会合回纥兵讨史朝义，回纥可汗强使雍王拜舞，故深恨之。事见《资治通鉴》卷二百二十二肃宗宝应元年（762）。 [10]大臣：德宗尊礼李晟，不名，呼为大臣。 [11]不可复之凤翔：不能再回到凤翔，即解李晟兵权。 [12]邢君牙：乐寿（在今河北献县西南）人。代李晟为凤翔节度使，耕讲战备，吐蕃不敢犯边。传见《旧唐书》卷一百四十四，《新唐书》卷一百五十六。 [13]丙午：三月二十二日。 [14]丁未：三月二十三日。 [15]勋封如故：李晟勋上柱国，封西平王，仍如故。 [16]余悉罢之：免除其余官职，即免除李晟凤翔、陇右节度使、神策军使等军职。 [17]性沈密：生性沉着细密。 [18]辛亥：三月二十七日。

崔瀚见尚结赞，责以负约。尚结赞曰："吐蕃破朱泚，未获赏，是以来，而诸州各城守，无由自达。盐、夏守将以城授我而遁，非我取之也。今明公来，欲践修旧好，固吐蕃之愿也。今吐蕃将相以下来者二十一人，浑侍中尝与之共事[1]，知其忠信。灵州节度使杜希全、泾原节度使李观皆信厚闻于异域，请使之主盟[2]。"

夏，四月，丙寅[3]，瀚至长安。辛未[4]，以瀚为鸿胪卿，复使入吐蕃语尚结赞曰："希全守灵，不可出境，李观已改官，今遣浑瑊盟于清水。"且令先归盐、夏二州。五月，甲申[5]，浑瑊自咸阳入朝；以为清水会盟使。戊子[6]，以兵部尚书崔汉衡为副使，司封员外郎[7]郑叔矩为判官，特进[8]宋奉朝为都监。己丑[9]，瑊将二万余人赴盟所。

乙巳[10]，尚结赞遣其属论泣赞来言：“清水非吉地，请盟于原州之土梨树；既盟而归盐、夏二州。”上皆许之。神策将马有麟奏：“土梨树多阻险，恐吐蕃设伏兵，不如平凉川[11]坦夷。”时论泣赞已还，丁未[12]，遣使追告之。

申蔡留后吴少诚，缮兵完城[13]，欲拒朝命，判官郑常、大将杨冀谋逐之，诈为手诏赐诸将申州刺史张伯元等；事泄，少诚杀常、冀、伯元。大将宋旻、曹济奔长安。

闰月，己未[14]，韦皋复与东蛮[15]和义王苴那时书，使诇伺[16]导达[17]云南。

庚申[18]，大省[19]州、县官员收其禄以给战士，张延赏之谋也。时新除官千五百人，而当减者千余人，怨嗟盈路[20]。

初，韩滉荐刘玄佐可使将兵复河、湟[21]，上以问玄佐，玄佐亦赞成之。滉薨，玄佐奏言：“吐蕃方强，未可与争。”上遣中使劳问玄佐，玄佐卧而受命[22]。张延赏知玄佐不可用，奏以河、湟事委李抱真；抱真亦固辞。皆由延赏罢李晟兵柄，故武臣皆愤怒解体[23]，不肯为用故也。

上以襄、邓扼[24]淮西冲要，癸亥[25]，以荆南节度使曹王皋为山南东道节度使，以襄、邓、复、郢、安、随、唐七州[26]隶之。

浑瑊之发长安也，李晟深戒之以盟所为备不可不严。张延赏言于上曰：“晟不欲盟好之成，故戒瑊以严备。我有疑彼之形，则彼亦疑我矣，盟何由成！”上乃召瑊，切戒以推诚待虏，勿自为猜贰以阻虏情[27]。

瑊奏吐蕃决以辛未盟[28]，延赏集百官，以瑊表称诏示之[29]曰：“李太尉谓吐蕃和好必不成，此浑侍中表也，盟日定矣。”晟闻之，泣谓所亲曰：“吾生长西陲[30]，备谙虏情[31]，所以论奏，但耻朝廷为犬戎[32]所侮耳！”

上始命骆元光屯潘原[33]，韩游瑰屯洛口[34]，以为瑊援。元光谓瑊曰：“潘原距盟所且七十里，公有急，元光何从知之！请与公俱。”瑊以诏指固止之。元光不从，与瑊连营相次[35]，距盟所三十余里。元光壕栅深固[36]，瑊壕栅皆可逾[37]也。元光伏兵于营西，韩游瑰亦遣五百骑伏于其侧，曰："若有变，则汝曹西趣柏泉[38]以分其势。"

尚结赞与瑊约，各以甲士[39]三千人列于坛之东西，常服[40]者四百人从至坛下。辛未[41]，将盟，尚结赞又请各遣游骑数十更相觇索[42]，瑊皆许之。吐蕃伏精骑数万于坛西，游骑贯穿唐军，出入无禁；唐骑入虏军，悉为所擒，瑊等皆不知，入幕[43]，易礼服。虏伐鼓[44]三声，大譟而至，杀宋奉朝等于幕中。瑊自幕后出，偶得他马乘之，伏鬣入其衔[45]，驰十余里，衔方及马口[46]，故矢过其背而不伤。唐将卒皆东走，虏纵兵追击，或杀或擒之，死者数百人，擒者千余人，崔汉衡为虏骑所擒。浑瑊至其营，则将卒皆遁去，营空矣。骆元光发伏成陈以待之，虏追骑愕眙[47]。瑊入元光营，追骑顾见邠宁军西驰[48]，乃还。元光以辎重资瑊，与瑊收散卒，勒兵整陈而还[49]。

（以上为第十段，写吐蕃背信结盟，给德宗的刚愎自用一记当头棒喝，大唐不堪其侮。）

【注释】

[1]浑侍中尝与之共事：浑瑊加官侍中，故称浑侍中。武亭川之役，吐蕃与浑瑊共破朱泚，故云与之共事。事见《资治通鉴》卷二百三十德宗贞元元年（785）四月。 [2]请使之主盟：请求大唐派遣灵州节度使杜希全、泾原节度使李观一同主持盟会。吐蕃欲劫持二镇帅以取灵、泾二州，故托言信厚使之盟。李观传见《旧唐书》卷一百四十四，《新唐书》卷一百五十六。 [3]丙寅：四月十二日。 [4]辛未：四月十七日。 [5]甲申：五月一日。 [6]戊子：五月五日。 [7]司封员外郎：官名。吏部第二司，即司封司副主官，掌封诰。 [8]特进：加官，正二品。 [9]己丑：五月六日。 [10]乙巳：五月二十二日。 [11]平凉川：平凉县的川地。据《新唐书·地理志》，在平凉西北五里有吐蕃会盟坛。 [12]丁未：五月二十四日。 [13]缮兵完城：修治兵器，坚固城池。 [14]己未：闰五月七日。 [15]东蛮：居于吐蕃东部之蛮，地当今四川西部、西南部，即成都以西、西南地区以氐羌为主的少数民族。 [16]诇伺：刺探情报。 [17]导达：引导。 [18]庚申：闰五月八日。 [19]省：裁省。 [20]怨嗟盈路：怨声载道。 [21]河、湟：黄河与湟水两河交流地区，即今青海省青海湖及其以东地区。湟水为黄河支流，湟水入黄河之口在今甘肃兰州西。 [22]卧而受命：睡卧床上接受圣旨。卧者，称病也。 [23]解体：精神涣散。张延赏妒功忌能，诸将不愿为之用。 [24]扼：控制。 [25]癸亥：闰五月十一日。 [26]襄、邓、复、郢、安、随、唐七州：当今湖北西北及河南西南一带地区，治所襄州，在今湖北襄阳市。 [27]勿自为猜贰以阻虏情：切不要自我怀疑而拒绝吐蕃的诚意。 [28]决以辛未盟：约定辛未（闰五月十九）日订盟。 [29]称诏示之：将浑瑊的表章以皇帝名义遍示百官，使大家知

晓。［30］西陲：西部边疆。李晟，洮州临潭（今属甘肃）人，故云西陲。［31］备谙虏情：完全熟悉吐蕃情况。［32］犬戎：自古称西戎为犬戎。［33］潘原：县名，属原州，其时已没于吐蕃。县治在今平凉东。［34］洛口：即水洛口，在瓦亭川（今葫芦河）东北，在今甘肃静宁东。［35］连营相次：两军营地相邻驻扎。［36］壕栅深固：壕沟深营寨坚固。［37］逾：可以跨越。［38］柏泉：县名，时已没入吐蕃。县治在今平凉西北。［39］甲士：披甲的战士。［40］常服：不穿戎装，即穿便服。［41］辛未：闰五月十九日。［42］更相觇索：互相视察。［43］入幕：进入帐幕。［44］伐鼓：击鼓。进军之号。［45］伏鬣入其衔：浑瑊伏在马背上给马口插嚼子。鬣，马颈上的长毛。［46］驰十余里，衔方及马口：奔驰了十多里才把嚼子插上了马口。情事危急而紧张，浑瑊伏在奔驰的马背上很长时间才插上了马嚼子，也正因如此，浑瑊没有直起腰来，故箭矢飞过其背而侥幸未受伤。［47］愕眙：惊异地看着骆元光的军阵。［48］邠宁军西驰：韩游瑰预伏之兵西趋柏泉。［49］勒兵整陈而还：检阅军队，结成阵列而回。

是日上临朝，谓诸相曰："今日和戎息兵，社稷之福！"马燧曰："然。"柳浑曰："戎狄，豺狼也，非盟誓可结。今日之事。臣窃忧之！"李晟曰："诚如浑言。"上变色曰："柳浑书生，不知边计；大臣亦为此言邪！"皆伏地顿首谢，因罢朝。是夕，韩游瑰表言"虏劫盟者，兵临近镇[1]。"上大惊，街递[2]其表以示浑。明旦，谓浑曰："卿书生，乃能料敌如此其审乎！"上欲出幸以避吐蕃，大臣谏而止。

李晟大安园多竹，复有为飞语者，云"晟伏兵大安亭[3]，谋因仓猝为变。"晟遂伐其竹。

癸酉[4]，上遣中使王子恒赍诏遗尚结赞，至吐蕃境，不纳而还。浑瑊留屯奉天。

甲戌[5]，尚结赞至故原州[6]，引见崔汉衡等曰："吾饰金械，欲械瑊以献赞普。今失瑊，虚致公辈。"又谓马燧之侄弇曰："胡以马为命，吾在河曲[7]，春草未生，马不能举足，当是时，侍中渡河掩之，吾全军覆没矣！所以求和，蒙侍中力。今全军得归，奈何拘其子孙！"命弇与宦官俱文珍、浑瑊将马宁俱归[8]。分囚崔汉衡等于河、廓、鄯州。上闻尚结赞之言，由是恶马燧。

六月，丙戌[9]，以马燧为司徒兼侍中，罢其副元帅、节度使。

初，吐蕃尚结赞恶李晟、马燧、浑瑊，曰："去三人，则唐可图也。"

于是离间李晟，因马燧以求和，欲执浑瑊以卖燧，使并获罪，因纵兵直犯长安，会失浑瑊而止。张延赏惭惧，谢病不视事。

以陕虢观察使李泌为中书侍郎、同平章事。

河东都虞侯李自良[10]从马燧入朝，上欲以为河东节度使，自良固辞曰："臣事燧日久，不欲代之为帅。"乃以为右龙武大将军[11]。明日，自良入谢，上谓之曰："卿于马燧，存军中事分，诚为得礼。然北门[12]之任，非卿不可。"卒以自良为河东节度使。

吐蕃之戍盐、夏者，馈运不继，人多病疫思归，尚结赞遣三千骑逆[13]之，悉焚其庐舍，毁其城，驱其民而去。灵盐节度使杜希全遣兵分守之。

韦皋以云南颇知书[14]，壬辰[15]，自以书招谕之，令趣遣使入见。

（以上为第十一段，写德宗昏悖，吐蕃背盟，委过于马燧，马燧继李晟之后被解除兵权。）

【注释】

[1]兵临近镇：吐蕃兵逼近韩游瑰所统之邠宁辖境。 [2]街递：德宗仓促之际，不及委派中使，就命值班街使递送警报给柳浑看。 [3]大安亭：李晟宅园大安园中亭。 [4]癸酉：闰五月二十一日。 [5]甲戌：闰五月二十二日。 [6]故原州：原州废墟，所以称故原州。 [7]河曲：指屯鸣沙县时。其时马燧屯石州，不渡河而主盟，堕入吐蕃尚结赞的圈套。 [8]命弁与宦官俱文珍、浑瑊将马宁俱归：吐蕃尚结赞释放三人，欲使俱文珍言之于德宗，马宁言之于浑瑊，释马弁则处马燧于危疑之地，用以离间马燧，昏君德宗果堕其术中。俱文珍，德宗朝擅权宦官。传见《旧唐书》卷一百八十四，《新唐书》卷二百七。 [9]丙戌：六月五日。 [10]李自良：河东名将，代马燧为河东节度使。传见《旧唐书》卷一百四十六，《新唐书》卷一百五十九。 [11]右龙武大将军：右龙武军，北衙六军之一，置大将军一人，正三品。 [12]北门：北方门户。指河东节镇太原形胜为北国之门。 [13]逆：迎接。 [14]知书：习文，懂礼节。 [15]壬辰：六月十一日。

李泌初视事[1]，壬寅[2]，与李晟、马燧、柳浑俱入见。上谓泌曰："卿昔在灵武[3]，已应为此官，卿自退让。朕今用卿，欲与卿有约，卿慎勿报仇，有恩者朕当为卿报之。"对曰："臣素奉道[4]，不与人为仇。李辅国、元载[5]皆害臣者，今自毙矣。素所善及有恩者，率已显达，或多零落[6]，臣无可报也。"上曰："虽然，有小恩者，亦当报之。"对曰："臣今日亦愿与陛下为约，可乎？”上曰：“何不可！”泌曰：“愿陛下勿害功臣。臣受陛下厚恩，固无形迹[7]。李晟、马燧有大功于国，闻有谗之者，虽陛下必不听，然臣今日对二人言之，欲其不自疑耳。陛下万一害之，则宿卫之士[8]，方镇之臣[9]，无不愤惋[10]而反仄[11]，恐中外之变不日复生也！人臣苟[12]蒙人主爱信则幸矣，官于何有！臣在灵武之日，未尝有官，而将相皆受臣指画[13]；陛下以李怀光为太尉而怀光愈惧，遂至于叛。此皆陛下所亲见也。今晟、燧富贵已足，苟陛下坦然待之，使其自保无虞[14]，国家有事则出从征伐；无事则入奉朝请，何乐如之！故臣愿陛下勿以二臣功大而忌之，二臣勿以位高而自疑，则天下永无事矣。”上曰：“朕始闻卿言，耸然[15]不知所谓。及听卿剖析，乃知社稷之至计也[16]！朕谨当书绅[17]，二大臣亦当共保之。”晟、燧皆起，泣谢。

（以上为第十二段，写李泌入朝为相，力保李晟、马燧，为国家护长城。）

【注释】

[1]视事：入中书省政事堂办公。 [2]壬寅：六月二十一日。 [3]灵武：代指肃宗即位于灵武。时李泌为天子幕宾。肃宗欲以为相，泌固辞。事见《资治通鉴》卷二百一十八肃宗至德元载（756）。 [4]臣素奉道：臣一向遵奉道家无为。李泌好谈论神仙怪异，此言奉道，不与人为仇，这是处乱世的一种智谋。胡三省称其效西汉张子房。张良功成身退，信奉道家，声称从赤松子之游，避免了韩信、彭越之祸。 [5]李辅国、元载：两人皆擅权奸巧人，曾加害李泌。李辅国，肃宗代宗两朝擅权宦官。元载，代宗朝权臣。 [6]零落：如花之凋落。死亡的委婉说法。 [7]固无形迹：当然不会有被忌疑的迹象。 [8]宿卫之士：禁卫将士。 [9]方镇之臣：地方上的方镇将帅。 [10]愤惋：怨恨叹息。 [11]反仄：反叛。 [12]苟：如果。 [13]受臣指画：听我的指教。 [14]无虞：不要有意外之事发生。指不要自疑而生事。 [15]耸然：突然。 [16]至计：根本大计。 [17]朕谨书绅：朕要慎重地写在腰带上作为座右铭。绅，礼服上的腰带。典出《论语》。子张问行，孔子曰云云，“子张书诸绅”。德宗引用，表示牢记李泌的话。

上因谓泌曰：“自今凡军旅粮储事，卿主之；吏、礼委延赏；刑法委浑。”泌曰：“不可。陛下不以臣不才，使待罪宰相。宰相之职，不可分也，非如给事[1]则有吏过、兵过，舍人则有六押[2]；至于宰相，天下之事咸共平章[3]。若各有所主，是乃有司，非宰相也。”上笑曰：“朕适失辞，卿言是也。”泌请复所减州、县官。上曰：“置吏以为人也，今户口减于承平之时[4]三分之二，而吏员更增，可乎？”对曰：“户口虽减，而事多于承平且十倍，吏得无增乎！且所减皆有职而冗官[5]不减，此所以为未当也。至德以来[6]置额外官[7]，敌[8]正官三分之一，若听使[9]计日得资[10]然后停[11]，加两选[12]授同类正员官[13]，如此，则不惟不怨，兼使之喜矣。”又请诸王未出阁者不除府官[14]，上皆从之。乙卯[15]，诏先所减官，并复故。

初，张延赏在西川，与东川节度使李叔明[16]有隙。上入骆谷，值霖雨，道途险滑，卫士多亡归朱泚，叔明之子昇及郭子仪之子曙、令狐彰之子建等六人，恐有奸人危乘舆，相与啮臂为盟[17]，著行縢[18]、钉鞵，更鞚上马[19]以至梁州，他人皆不得近。及还长安，上皆以为禁卫将军，宠遇甚厚。张延赏知昇私出入郜国大长公主[20]第[21]，密以白上。上谓李泌曰：“郜国已老，昇年少，何为如是！殆必有故，卿宜察之。”泌曰：“此必有欲动摇东宫者。谁为陛下言之？”上曰：“卿勿问，第为朕察之。”泌曰：“必延赏也。”上曰：“何以知之？”泌具为上言二人之隙，且曰：“昇承恩顾，典禁兵，延赏无以中伤，而郜国乃太子萧妃之母也，故欲以此陷[22]之耳，”上笑曰：“是也。”泌因请除昇他官，勿令宿卫以远嫌[23]。秋，七月，以昇为詹事[24]。郜国，肃宗之女也。

甲子[25]，割振武之绥、银二州，以右羽林将军韩潭为夏、绥、银节度使，帅神策之士五千、朔方、河东之士三千镇夏州。

时关东防秋兵大集，国用不充[26]，李泌奏：“自变两税[27]法以来，藩镇、州、县多违法聚敛。继以朱泚之乱，争榷率[28]、征罚[29]以为军资，点募自防[30]；泚既平，自惧违法，匿不敢言。请遣使以诏旨赦其罪，但令革正[31]，自非于法应留使[32]、留州[33]之外，悉输京师。其官典逋负[34]，可征者征之，难征者释之，以示宽大；敢有隐没者，重设告赏之科而罪之[35]。”上喜曰：“卿策甚长，然立法太宽，恐所得无几！”对曰：“兹事臣固熟思之，宽则获多而速，急[36]则获少而迟。盖以宽则人喜于免罪而乐输，急则竞为蔽匿，非推鞫[37]不能得其实，财不足济今日之急而皆入于奸吏矣。”上曰：“善！”以度支员外郎元友直为河南、江、淮南句勘两税钱帛使[38]。

初，河、陇既没于吐蕃[39]，自天宝以来[40]，安西、北庭奏事及西域使人在长安者，归路既绝，人马皆仰给于鸿胪[41]，礼宾委府、县供之[42]，于度支受直[43]。度支不时付直[44]，长安市肆不胜其弊[45]。李泌知胡客留长安久者，或四十余年，皆有妻子，买田宅，举质取利[46]，安居不欲归，命检括[47]胡客有田宅者停其给。凡得四千人，将停其给。胡客皆诣政府[48]诉之，泌曰："此皆从来宰相之过，岂有外国朝贡使者留京师数十年不听归[49]乎！今当假道[50]于回纥，或自海道各遣归国。有不愿归，当于鸿胪自陈，授以职位，给俸禄为唐臣。人生当乘时展用[51]，岂可终身客死邪！"于是胡客无一人愿归者，泌皆分隶神策两军，王子、使者为散兵马使或押牙，余皆为卒，禁旅益壮[52]。鸿胪所给胡客才十余人，岁省度支钱五十万缗；市人皆喜[53]。

（以上为第十三段，写李泌劝谏德宗释猜疑，清吏治，勘两税，免积欠，籍胡客，立于猜忌之朝，而能推行利国利民之政治，表现了卓越的才能。）

【注释】

[1]给事：指给事中。此句意谓宰相理政并不像在给事中那里分辨哪是吏部，哪是兵部的过失。唐制，凡奏拟经门下省，有违失，给事中有权驳正。 [2]舍人则有六押：中书省有中书舍人六员，佐宰相判事，分成六部签署画押。 [3]咸共平章：各位宰相对所有军国之事都要共同斟酌平衡。平章，平衡，权衡。故宰相之职称平章事。 [4]承平之时：指盛唐太平时。唐开元年间是极盛之时，户口及财赋收入三倍于今时。 [5]冗官：即额外官，超出定员以外的闲散官。"且所减皆有职而冗官不减"句，意谓何况所裁减的是有职任的职事官，而无职事的闲散官却没有裁减。显然这样裁减是不妥当的。 [6]至德以来：从肃宗以来，指安史之乱以来。至德是肃宗的第一个年号。 [7]置额外官：唐安史之乱以后，因酬劳军功，安置了许多闲散官，无职事，只拿俸薪。 [8]敌：相当于。增加的闲散官相当于定员职事官的三分之一。 [9]若听使：如果允许。 [10]计日得资：计算任官时间获得晋用的资历。 [11]停：停免。指停免闲散官的现有职名。 [12]加两选：增加文武两选职事官的定员。 [13]同类正员官：同类的正员职事官。若听使至同类正员官两句，意谓如果允许闲散冗官按得官时间计算资历，然后停免他们现任官职，增加职事官定员，将冗官转为同类的正员职事官。李泌的这一建议，是扩大职事官定额让闲散冗官有职事，平衡矛盾，稳定政治。 [14]诸王未出阁者不除府官：没有到任上去的诸王不设置府官。即不置闲散官。 [15]乙卯：六月壬午朔，无乙卯。乙卯，七月四日。 [16]李叔明：字晋卿，本姓鲜于，代宗赐姓李。传见《旧唐书》卷一百二十二，《新唐书》卷一百四十七。 [17]啮臂为盟：咬破手臂，立下血盟。 [18]著行縢，钉鞵：打绑腿，穿带钉的皮鞋。此为跋涉远行的束装。縢，

应作縢（téng），用布条缠脚，从足跟至膝关节，称行縢。［19］更鞚上马：轮番替德宗牵马。［20］郜国大长公主：肃宗之女，初嫁裴徽，又嫁萧升。［21］第：但，只是。［22］陷：陷害。［23］远嫌：避嫌。［24］詹事：太子府属官，唐代为清职。［25］甲子：七月十三日。［26］不充：不足。［27］变两税：实行两税。唐实行两税法，始于德宗建中元年（780），事见《资治通鉴》卷二百二十六。［28］榷率：官府垄断货物，获取专卖厚利。［29］惩罚：对有罪吏民进行重罚以积敛财物。句意谓藩镇、州、县通过专卖与任意罚款来筹措军费。［30］点募自防：检选和招募壮丁扩充武装自我防卫。［31］革正：改正。［32］留使：指按规定留给节度使、观察使的经费。［33］留州：留给本州的经费。［34］其官典逋负：各地方官要处理好拖欠的赋税。［35］重设告赏之科而罪之：重新颁布奖励告发者的条令，用以惩罚隐瞒实情的人。告赏之科，奖励告奸者的法令。［36］急：严苛。［37］推鞫：审讯。［38］句勘两税钱帛使：稽察两税钱帛的特使。句，读勾。［39］河陇没于吐蕃：河西走廊及陇右地区在代宗初陷没于吐蕃。［40］自天宝以来：指从安史之乱以来。安史之乱始于天宝十四载（755）。［41］仰给于鸿胪：依靠鸿胪寺供给。鸿胪寺，掌外事接待与凶丧之仪。［42］礼宾委府县供之：鸿胪寺礼宾院委托京兆府及所属县来负责供应。［43］于度支受直：在度支领受（即报销）费用。［44］度支不时付直：度支往往不能按时付出钱财。［45］长安市肆不胜其弊：使得京师商市店铺负担沉重。京兆府不能在度支取直则摊派给市肆，因此成为一大积弊。［46］举质取利：开典当铺取利钱。质者，以物质钱，计月而取其利。［47］检括：检核财产。［48］政府：相府。［49］不听归：不让回国去。［50］假道：借道。［51］乘时展用：利用时机施展才用。［52］禁旅益壮：禁兵更加盛壮。［53］市人皆喜：喜其不再被摊派供应胡客费用。

上复问泌以复府兵之策。对曰："今岁征关东卒戍京西者十七万人，计岁食粟二百四万斛。今粟斗直百五十，为钱三百六万缗。国家比遭饥乱，经费不充，就使有钱，亦无粟可籴[1]，未暇议[2]复府兵也。"上曰："然则奈何？亟减戍卒归之，何如？"对曰："陛下用臣之言[3]，可以不减戍卒，不扰百姓，粮食皆足，粟麦日贱[4]，府兵亦成[5]。"上曰："苟能如是，何为不用！"对曰："此须急为之，过旬日[6]则不及矣。今吐蕃久居原、会之间，以牛运粮，粮尽，牛无所用，请发左藏[7]恶缯[8]染为采缬[9]，因党项以市之，每头不过二三匹，计十八万匹，可致六万余头[10]。又命诸冶铸农器，籴麦种，分赐沿边军镇，募戍卒，耕荒田而种之，约明年[11]麦熟倍偿其种，其余据时价五分增一[12]，官为籴之[13]。来春种禾亦如之。关中土沃而久荒，所收必厚。戍卒获利，耕者浸多。

边地居人至少，军士月食官粮，粟麦无所售，其价必贱，名为增价，实比今岁所减多矣。”上曰：“善！”即命行之。

泌又言：“边地官多阙，请募[14]人入粟以补之，可足今岁之粮。”上亦从之，因问曰：“卿言府兵亦集，如何？”对曰：“戍卒因屯田致富，则安于其土，不复思归。旧制，戍卒三年而代[15]，及其将满，下令有愿留者，即以所开田为永业[16]。家人愿来者，本贯[17]给长牒[18]续食而遣之[19]。据应募之数，移报本道[20]，虽河朔诸帅得免更代之烦，亦喜闻矣[21]。不过数番[22]，则戍卒土著，乃悉以府兵之法理[23]之，是变关中之疲弊为富强也。”上喜曰：“如此，天下无复事矣。”泌曰：“未也。臣能不用中国之兵使吐蕃自困。”上曰：“计将安出？”对曰：“臣未敢言之，俟麦禾有效，然后可议也。”上固问[24]，不对[25]。泌意欲结回纥、大食、云南与共图吐蕃，令吐蕃所备者多；知上素恨回纥，恐闻之不悦，并屯田之议不行，故不肯言。既而戍卒应募，愿耕屯田者什五六。

壬申[26]，赐骆元光姓名李元谅。

左仆射、同平章事张延赏薨。

（以上为第十四段，写李泌寓兵于农，屯垦边地，减轻国用增强边防。）

【注释】

[1]籴：购粮。[2]未暇议：没时间来考虑。[3]陛下用臣之言：据章校，应为“陛下诚能用臣之言”，在“下”字下有“诚能”二字。[4]粟麦日贱：粮价一天天下降。[5]府兵亦成：府兵也能够办成。府兵制核心是兵农合一，李泌的办法是用戍兵种粮，收入归个人，也是一种兵农合一之法。[6]旬日：十日，喻时机短暂。[7]左藏：国库，有左右藏。唐制，左右藏隶属太府卿，置令、丞。左藏掌钱帛、杂采。右藏掌铜铁金玉。[8]恶缯：库存积久已变质的缯。[9]采缬：即彩缎。缬，指染色方法。用线结缯染色，然后解结，凡结处皆无色，未结处入色，于是成为色彩斑斓的彩缎。[10]可致六万余头：致，招至，换来。李泌建议调出左藏中已变质的丝帛，染成彩色绸缎，通过党项人购买吐蕃的耕牛，每头牛价值彩帛二三匹，用十八万匹彩帛可换回六万头耕牛。[11]约明年：约期一年。[12]五分增一：加价百分之二十。[13]官为籴之：政府收购粮食。约明年三句，此为李泌改变军屯为商屯，即用商业办法收购军屯之粮，鼓励屯兵生产积极性，以解决边粮。办法是由耕种者戍卒支付种子钱，明年麦熟加倍偿还其种，其余粮麦按高出市价的百分之二十由官府收购。卖粮收入归戍卒。[14]募：招标，招募。此句意谓，输粟之人可补边官。也就是将边地的缺员官位变相出卖，政府取粮。[15]旧制，戍卒三年

而代：按原有的规定，戍边士兵三年轮换。［16］永业：永业田。按旧时府兵制，等到戍兵三年期将满时，下令愿留居边地的，他所垦的田就分配给他做永业田。［17］本贯：原籍贯。这里指原籍贯的官府。［18］给长牒：发给官文书。［19］续食而遣之：指沿途不断供给饮食辗转遣送。李泌的办法是，留边垦土士兵的家属愿意到边地来定居的，原籍贯的官府发给官文书，沿途所经由官府供给饮食遣送他们到达目的地。［20］据应募之数，移报本道：屯垦所在地根据应募的人数，用公文上报本道。即应募垦边的士卒人数可代替原籍本道的更代人数。移，行文。［21］亦喜闻矣：也愿意这样做。指用重点驻守的河朔各镇，用应募屯垦的办法能免除更代派人的麻烦，也是愿意的。［22］番：轮番更替。戍边士卒三年轮蕃更替。如果戍兵土著，定居边地，就不须更替了。［23］理：治，管理。唐避高宗李治讳，凡“治”字皆用“理”字。［24］固问：再三强问。［25］不对：不回答。［26］壬申：七月二十一日。

【点评】

本卷点评李泌奇计灭叛兵、吐蕃劫盟、李泌拜相三件史事。

一、李泌奇计灭叛兵。淮西平定后，德宗征召淮西兵到西北防秋，抗御吐蕃入侵。陈仙奇精选五千淮西兵应命。李希烈旧将吴少诚趁机杀了陈仙奇，名义上为李希烈报仇，实质是夺取淮西地割据造反。吴少诚密令西行的五千淮西兵返回。德宗贞元三年（787）正月，淮西兵返回。此时，淮西兵已驻守在鄜州（今陕西富县）。淮西兵门枪兵马使吴法超得到吴少密令后，私自引兵回归，这是叛乱行为。淮西叛兵东归，经蒲州过黄河，穿晋西南再南下渡黄河进入陕州西界。浑瑊派兵追击，被淮西兵打得大败，由此可见这支淮西兵的战斗力。

陕虢观察使李泌奉命拦截。陕州守兵只有二千人，战斗力又弱，与淮西兵硬拼，肯定不敌。李泌用奇计，设下十面埋伏。太仓隘道是淮西兵必经之地，李泌用一千多士兵等在隘道出口埋伏，官用四百士兵分为两队埋伏于隘道东西两侧，并下令：“淮西兵过隘道，让前队通过，淮西兵全面进入隘道，东西伏兵轮番杀出，东边伏兵攻击，西边伏兵只呐喊助威；西边伏兵出击，东边伏兵只呐喊助威。”李泌又动员村中百姓组成上千民兵，各执弓刀、瓦石，只在淮西兵后面呐喊，追杀散兵。淮西兵走出太仓隘道，一定会从山路南逃窜，李泌派四百精兵在灵宝谷长水地方伏击。部署停当，只等淮西兵来钻入天网。

当淮西兵进入陕州界，李泌派专使迎接，供应酒食，晓谕淮西兵安静。淮西兵见了丰盛食物，放松了戒备，也约束自己不掳掠地方。这样过了两天，第三天淮西兵接近太仓隘道，李泌停止供食。黎明时分，淮西兵空着肚子进入太仓隘道，前队刚出隘道，一声呐喊，隘道东边伏兵杀出，淮西兵惊慌失措，夺路西边山脚，西边伏兵杀出，淮西兵掉头东边山脚。两边伏兵，一会让出西边，一会让出东边，不堵死淮西兵归路，避免淮西兵死战。李泌伏兵只是惊扰淮西兵，利用其归心似箭的心理，留出半道让他们逃命，打散淮西兵队形，截杀散兵。淮西兵果然中计，分头出逃，丧失了整体的战斗力。官军和民兵，以整体对散兵，歼灭一千多名淮西兵。

逃出太仓隘道的淮西兵，又饥又渴，且战且走，尚有四千之众。当他们惊魂未定之时，一千多埋伏的官兵杀出，埋伏于隘道出口的官军杀出，夹击淮西兵，民兵呐喊助威，淮西兵抵挡不住，全面溃散逃往山谷。还有一小部分在门枪将吴法超率领下转向长水方向。等在那里的是四百精锐官兵，一场战斗，淮西兵三分之二被杀死，一些落入长水，一些四散奔逃，吴法超战死。最后五千淮西兵，只有四十七人逃回淮西，吴少诚只见这几个人回来，为了掩盖自己的罪行，把逃回的四十七人全部杀死，诿过于吴法超。

李泌奇计，在淮西兵的归路上层层设伏，事先供给饮食，麻痹淮西兵不做战斗准备，突然断食，先在隘道惊扰，然后连续打击散乱之兵，分股消灭。官军兵力不足，动员用民兵，用训练有素的官兵正面击敌，用民兵助威，追歼散兵，民兵也成了劲旅，李泌用兵之妙，罕与其比。

二、吐蕃劫盟。德宗为了回纥，一心要与吐蕃和好。当时回纥衰落，要与唐朝和亲，联手抗击吐蕃。而吐蕃是唐朝西方劲敌，趁安史之乱，夺取了河西、陇右，又臣服南诏，从西川、西北两个方向侵扰唐朝。秋高马肥，吐蕃入侵，破坏唐朝秋收。唐朝每年东调各节度使官兵防秋，就是抗御吐蕃。德宗完全不顾敌我形势，为报个人受辱之耻，不顾国家利益，联吐蕃击回纥，完全是错误的。公元784年，德宗回到长安，吐蕃来索要安西、北庭两镇。德宗竟然要召回郭昕和李元忠，割两镇给吐蕃。李泌劝谏德宗说，两镇将士尽忠竭力，为国固守近二十年，一旦割弃，不但忠良将士寒心，人民怨恨，而且两镇士民痛恨朝廷，将被吐蕃驱赶报仇，岂不是唐朝的大害。再说，吐蕃大掠武功撤走，并没有进攻朱泚，没有理由索要两镇。朝臣赞助李泌，两镇才得以保留。吐蕃一计不成，又生一计。吐蕃认为，唐朝良将只有李晟、浑瑊、马燧三人，用计除掉三人，就可以夺取唐朝。公元786年，吐蕃派兵二万到凤翔城下，声称是李晟召来的，要求犒赏，第二天就退走。如此拙劣伎俩，德宗信以为真。这时李晟已被解除兵权，宰相张延赏乘机诽谤李晟，李晟朝不保夕，向德宗哭诉，请求出家为僧。公元787年，吐蕃又使人向马燧求和，马燧对李晟有嫌隙，附和张延赏，力主与吐蕃媾和。吐蕃指定浑瑊为会盟使，并按照吐蕃选定的原州土梨树地方会盟。浑瑊出行，德宗再三嘱咐浑瑊要对吐蕃"推诚"。李晟冒死劝谏，吐蕃狼子野心，不可不备，德宗不听。浑瑊会盟，果如李晟所料，遭吐蕃劫盟，浑瑊冒死逃回，打破了吐蕃杀害自己的计划。吐蕃才没有进兵长安。

德宗猜忌功臣，最不推诚，而对有狼子野心的吐蕃，却要推诚，如此荒谬，遭到吐蕃的侮弄，算是给昏君一个当头棒喝。

三、李泌拜相。会盟吐蕃几乎招来战争。但危机并没有结束。是非颠倒，李晟忠正，反遭猜忌，失去兵权，武臣们都愤怒解体，李抱真等名将不愿再为朝廷出力。君臣相疑，内外解体的态势隐约显现。德宗也感到了危险。他赶紧召李泌为相，消除危局。李泌也感到了非任职不可，他打破只为帝王布衣之交的自我约束，应诺出任宰相。李泌历事肃宗、代宗两代昏君，也早与德宗交往，深透了解德宗的内心，也自信有能力有智慧说透利害，自己年事已高，为苍生社稷解忧患，非做宰相不可。这时候，也确实只有李泌一人可以解救危局。陆贽洞察时务，虽能直言敢谏，但不幽默，不会委婉，德宗当作耳旁风，只有李泌的比譬设谕，才能调教刚愎自用的德宗做一些好事。

李泌入相，带着马燧、李晟去晋见德宗。德宗与李泌相互定约。德宗要李泌做相，不要报仇。李泌说："臣不与人结仇，也没有私恩要报。倒是陛下不要猜忌功臣。李晟、马燧有大功于国，一旦被害，恐怕内外愤怒，大乱立刻就会到来。希望陛下诚心对待两位功臣，国家有事，他们出征，无事在朝任职。李晟、马燧，两人也不要功高自疑。这样君臣和谐，天下无事，不是很好吗？"德宗答应，不害李晟、马燧，二人也涕泣拜谢，表示感戴。唐王朝一个紧要关头的危机，就这样被李泌化解了。

李泌用恢复府兵制为话题，巧计寓兵于农，屯垦边地，既减轻了国家负担，又增强了边防。更深层的意义是李泌迂回说服德宗北连回纥，南结云南王，孤立吐蕃，用心良苦，做到了别人不能做的事。公元 788 年，回纥可汗得唐朝许婚，非常喜悦，愿为唐朝牵制吐蕃。公元 793 年，南诏也脱离吐蕃，恢复与唐朝的亲善关系。吐蕃的两个盟国变成了敌国，唐朝得回纥、南诏之助，在西北、西南两条战线接连取胜，吐蕃迅速衰落，唐朝西疆没有了大害。李泌孤立吐蕃战略的实施与实现，对唐朝与吐蕃都有深远的影响，这也是李泌政治业绩最大的成功。

李泌与德宗经常进行有意义的争论，改善了中唐的政治。具体表现为释猜疑，清吏治，勘两税，免积欠，籍胡客等一系列施政方针。李泌立于猜忌之朝而能推行一些利国利民的政治，表现出他卓越的政治才能。

卷二三三　唐纪四十九

唐德宗贞元三年至七年（787—791 年）

【起强圉单阏（丁卯，787 年）八月，尽重光协洽（辛未，791 年），凡四年有奇】

【大事提要】

本卷记事起公元 787 年八月，讫公元 791 年，凡四年又五个月。当唐德宗贞元三年八月到贞元七年。此时期，李泌为相，政治平稳。李泌敢直言而善说理，护佑太子，化解妖僧李软奴谋反大案，保护李晟、韩游瓌等宿将，以及朝中大臣，挫败了幕后奸谋。李泌说服德宗放弃仇视回纥，拒绝吐蕃勒索，提出“北和回纥，南通云南，西结大食、天竺”以困吐蕃的计划，改变了一个昏君固执的偏见，实在不容易。德宗与李泌议论本朝宰相，各有长短，唯有李泌使德宗心服，德宗说李泌敢言而论理透彻，是最佳的良相。李泌是一个奇人，他摸透了猜疑心特强的昏君心理，又有说情喻理的本领，能够从昏君手里夺权，替国家和民众做了许多好事，维护了唐王朝的政权。李泌是李唐的功臣，也是国家和民族的功臣。吐蕃失掉回纥与南诏两个盟国，从此衰落，使唐朝西疆稳固，延长了寿命。这也是李泌政治生涯中的一大成功，值得大书特书。本卷载司马光两条评论，一条贬斥德宗是一个昏君，其言中肯；一条批评李泌限制德宗聚敛，反说为导诱德宗贪财，则迂腐不堪。

德宗神武圣文皇帝八

贞元三年（丁卯，787 年）

八月，辛巳朔[1]，日有食之。

吐蕃尚结赞遣五骑送崔汉衡归，且上表求和；至潘原，李观语之以“有诏不纳吐蕃使者”，受其表而却[2]其人。

初，兵部侍郎、同平章事柳浑与张延赏俱为相，浑议事数异同，延赏使所亲谓曰：“相公旧德，但节言[3]于庙堂，则重位[4]可久。”浑曰：

"为吾谢张公，柳浑头可断，舌不可禁！"由是交恶。上好文雅蕴藉[5]，而浑质直轻侻[6]，无威仪[7]，于上前时发俚语[8]。上不悦，欲黜为王府长史[9]，李泌言："浑褊直无他。故事，罢相无为长史者。"又欲以为王傅[10]，泌请以为常侍，上曰："苟得罢之，无不可者。"己丑[11]，浑罢为左散骑常侍。

初，郜国大长公主适驸马都尉[12]萧升[13]；升，复之从兄弟也。公主不谨，詹事李昇、蜀州别驾萧鼎、彭州司马李万、丰阳令韦恪，皆出入主第。主女为太子妃[14]，始者上恩礼甚厚，主常直乘肩舆抵东宫；宗戚皆疾之。或告主淫乱，且为厌祷[15]。上大怒，幽主于禁中，切责[16]太子；太子不知所对，请与萧妃[17]离婚。

上召李泌告之，且曰："舒王[18]近已长立，孝友温仁。"泌曰："何至于是！陛下惟有一子[19]，奈何一旦疑之，欲废之而立侄，得无失计乎！"上勃然怒曰："卿何得间人父子！谁语卿舒王为侄者？"对曰："陛下自言之。大历初，陛下语臣，'今日得数子'。臣请其故，陛下言'昭靖诸子，主上令吾子之。'今陛下所生之子犹疑之，何有于侄！舒王虽孝，自今陛下宜努力，勿复望其孝矣！"上曰："卿不爱家族乎？"对曰："臣惟爱家族，故不敢不尽言。若畏陛下盛怒而为曲从[20]，陛下明日悔之，必尤臣[21]云：'吾独任汝为相，不力谏，使至此；必复杀而子[22]。'臣老矣，余年不足惜，若冤杀臣子，使臣以侄为嗣，臣未知得歆其[23]祀乎！"因呜咽流涕[24]。上亦泣曰："事已如此，使朕如何而可？"对曰："此大事，愿陛下审图之[25]。臣始谓陛下圣德，当使海外蛮夷皆戴之如父母，岂谓自有子而疑之至此乎！臣今尽言，不敢避忌讳。自古父子相疑未有不亡国覆家者。陛下记昔在彭原，建宁何故而诛[26]？"上曰："建宁叔实冤，肃宗性急，谮之者深耳！"泌曰："臣昔以建宁之故，固辞官爵，誓不近天子左右；不幸今日复为陛下相，又睹兹事。臣在彭原，承恩无比，竟不敢言建宁之冤，及临辞[27]乃言之，肃宗亦悔而泣。先帝自建宁之死，常怀危惧，臣亦为先帝诵《黄台瓜辞》[28]以防谗构之端。"上曰："朕固知之。"意色稍解，乃曰："贞观、开元皆易太子[29]，何故不亡？"对曰："臣方欲言之。昔承乾屡尝监国[30]，托附者众，东宫甲士甚多，与宰相侯君集谋反[31]，事觉，太宗使其舅长孙无忌与朝臣数十人鞫[32]之，事状显白，然后集百官而议之。当时言者犹云：'愿陛下不失为慈父，使太子得终天年。'太宗从之，并废魏王泰[33]。陛下既知肃宗性急，以建宁为冤，臣不胜庆幸。愿陛下戒覆车之失，从容三日，究其端绪而思之，陛下必释然知太子之无他矣。若果有其迹，当召大臣知义理者二十人与臣鞫其左右，必有实状，愿陛下如贞观之法行之，并废舒王而立皇孙，则百代之后，有天下者犹陛下子孙也。至于开元之末，武惠妃谮太子瑛兄弟杀之[34]，海内冤愤，此乃百代所当戒，又可法乎！且陛下昔尝令太子见臣于蓬莱池[35]，观其容表，非有蜂目豺声商臣[36]之相也，正恐失于柔仁[37]耳。又，太子自贞元以来常居少阳院[38]，在寝殿[39]之侧，未尝接外人，预外事，安有异谋乎！彼谮人者巧诈百端[40]，虽有手书如晋愍怀[41]，衷甲如太子瑛[42]，犹未可信，况但以妻母有罪[43]为累乎！幸陛下语臣，臣敢以家族保太子必不知谋[44]。向使杨素、许敬宗、李林甫之徒承此旨，已就舒王图定策之功矣[45]！"上曰："此朕家事，何豫于卿，而力争如此？"对曰："天子以四海为家。臣今独任宰相之重，四海之内，一物失所，责归于臣。况坐视太子冤横而不言，臣罪大矣！"上曰："为卿迁延至明日思之。"泌抽笏叩头而泣曰："如此，臣知陛下父子慈孝如初矣！然陛下还宫，当自审思，勿露此意于左右；露之，则彼皆欲树功于舒王，太子危矣！"上曰："具晓卿意。"泌归，谓子弟曰："吾本不乐富贵，而命与愿违，今累汝曹矣。"

太子遣人谢泌曰："若必不可救，欲先自仰药[46]，何如？"泌曰："必无此虑。愿太子起敬起孝。苟泌身不存，则事不可知耳。"

间一日[47]，上开延英殿[48]独召泌，流涕阑干，抚其背曰："非卿切言，朕今日悔无及矣！皆如卿言，太子仁孝，实无他也。自今军国及朕家事，皆当谋于卿矣。"泌拜贺，因曰："陛下圣明，察太子无罪，臣报国毕矣[49]。臣前日惊悸亡魂[50]，不可复用[51]，愿乞骸骨。"上曰："朕父子赖卿得全，方属子孙[52]，使卿代代富贵以报德，何为出此言乎！"甲午[53]，诏李万不知避宗[54]，宜杖死。李昇等及公主五子，皆流岭南及远州[55]。

（以上为第一段，写柳浑忠直而被罢相，李泌亦直言护佑太子，临难不屈，竟获成功。）

【注释】

[1]辛巳朔：八月一日。[2]却：遣退吐蕃使者，不予接待。[3]节言：少说话。[4]重位：宰相高位。[5]文雅蕴藉：斯文儒雅，含蓄稳重。[6]质直轻倪（tuō）：朴实正直，轻率简易。[7]无威仪：无庄重的仪容举止。[8]时发俚语：经常说出一些粗俗话。[9]黜为王府长史：欲贬为亲王府的长史。王府长史，掌王府事，闲散官。[10]王傅：亲王府傅之省称。唐王府置傅一人，从三品，掌辅正过失。[11]己丑：八月九日。[12]驸马都尉：官名。汉时为皇帝近侍，奉车都尉之副，魏晋以后为公主夫婿称号，闲职。[13]萧升：郜国长公主的再嫁丈夫。[14]主女为太子妃：公主之女为皇太子李诵之妃。李诵后即位为顺宗皇帝。[15]厌祷：用巫术诅咒使人遭灾，又称厌胜之术。此指郜国长公主诅咒德宗。[16]切责：严厉申斥。[17]萧妃：太子妃萧氏。后太子病，萧妃被杀以厌灾。[18]舒王：原名李谟，更名谊，原是德宗弟昭靖太子李邈之子，德宗养以为子。[19]陛下惟有一子：德宗共有十一子，养子二人，亲子九人。惟有一子，指正宫皇后只生了太子李诵一人。[20]曲从：违背心意而顺从皇上。[21]尤臣：怪罪臣。[22]必复杀而子：一定也要把你的儿子杀死。而，汝。[23]歆其祀：享受养子的祭祀。[24]呜咽流涕：李泌以情感动德宗。顺宗为太子之所以不被废，实赖李泌之力。[25]审图之：审慎地对待废立太子之事。[26]建宁何故而诛：此指肃宗诛建宁王。建宁王李倓为肃宗第三子，扈卫肃宗即位灵武，甚有功，为宦官李辅国和肃宗宠妃张良娣所构，在彭原县被肃宗所杀。事见《资治通鉴》卷二百一十九肃宗至德二载（757）。建宁王李倓为德宗之叔，他的冤死，德宗了然于心中，故李泌言此以警之。[27]临辞：李泌告辞肃宗。[28]《黄台瓜辞》：武则天欲临朝，毒杀太子李弘，而立次子李贤。李弘、李贤皆武则天所生亲子。李贤忧恐，作《黄台瓜辞》欲以感动高宗及则天皇后。其辞曰："种瓜黄台下，瓜熟子离离。一摘使瓜好，再摘令瓜稀。三摘尚云可，四摘抱蔓归。"李泌为肃宗颂此辞，其后谗构不得行。李泌为德宗言其事，太子李诵得以不废。可谓善谏君矣。[29]贞观、开元皆易太子：贞观，指唐太宗在贞观十七年（643）废太子承乾。开元，指唐玄宗在开元二十五年（737）废太子瑛。[30]监国：皇帝出征或出巡，太子代理国政，称监国。[31]谋反：唐太宗时，太子李承乾惧废，与唐开国功臣侯君集等密谋，策划重演玄武门之变，事发，太子承乾被废，侯君集等被诛。[32]鞫：审讯。太子承乾谋反事发，由其舅宰相长孙无忌等会审。[33]并废魏王泰：魏王李泰，太宗第四子，与太子承乾和太宗第九子高宗李治为皇后长孙氏一母所生。魏王李泰阴谋夺嫡，逼使太子造反，故王位被废。事见《资治通鉴》卷一百九十七太宗贞观十七年。后李治为太子，即位为高宗。[34]武惠妃谮太子瑛兄弟杀之：武惠妃，玄宗宠妃，生寿王李瑁，日进谗言使玄宗废杀太子瑛，同时冤杀鄂王瑶，光王琚。唐玄宗易太子而并杀三子。事见《资治通鉴》卷二百一十四玄宗开元二十五年。玄宗长子琮早夭，第二

子太子瑛被废杀，后第三子李亨为太子即位为肃宗。［35］蓬莱池：在大明宫中蓬莱殿北，池中有蓬莱山，山上建蓬莱阁，为李泌所居。［36］商臣：即春秋时楚穆王，楚成王太子。成王将立太子商臣时，咨访令尹子上，子上曰："是人（指商臣）也，蜂目而豺声，忍人也，不可立也。"楚成王不听。其后商臣果以宫甲围弑成王。事见《左传》文公元年。蜂目豺声，指形貌凶恶，眼睛外突，声如豺狼鸣叫。［37］柔仁：优柔仁厚。［38］少阳院：在太明宫内，浴堂殿之东，温室殿西南。［39］寝殿：皇帝所居之殿。德宗常居浴堂殿。［40］彼谮人者巧诈百端：那些蓄谋诬陷别人的人，机巧奸诈，手段百出。［41］手书如晋愍怀：西晋惠帝贾后谗害愍怀太子，召入宫中，劝酒使醉，让照抄事先拟好的逼宫反书，成为废太子的罪证。事见《资治通鉴》卷八十三晋惠帝元康九年，公元299年。［42］衷甲如太子瑛：衷甲，裹甲。开元二十五年，武惠妃使人诡召太子瑛、鄂王瑶、光王琚，说"宫中有贼，请甲以入。"太子瑛等听从，武惠妃密告于唐玄宗，称"太子、二王谋反，甲而来！"玄宗受蒙蔽而废太子及二王。［43］妻母有罪：妻母，岳母。太子诵妻母郜国长公主有淫行之罪。李泌认为不足以牵累太子。［44］不知谋：指太子李诵不知妻母与李万等淫乱之事。［45］"向使"至"图定策之功矣"：意谓要是让从前的杨素、许敬宗、李林甫这班人得到陛下更替太子的圣旨，他们已经到舒王那里去谋划拥立新太子的功劳了。杨素，隋代大臣，支持隋炀帝夺嫡。许敬宗，高宗时大臣，支持武则天夺正宫。李林甫，玄宗时宰相，助武惠妃为逆谋。［46］仰药：饮药自杀。［47］间一日：隔了一天。［48］开延英殿：延英殿为皇帝在内廷议政的主要殿所。皇帝有特命，或中书省有重要公事，则通过一定的程式开延英殿，只由皇帝与宰辅议事，称"开延英殿"，或"延英殿召对"。［49］臣报国毕矣：臣报效国家就到此为止了。［50］惊悸亡魂：心惊胆战，失魂落魄。［51］不可复用：已没有办事能力了。［52］方属子孙：朕正要把子孙托付给你。［53］甲午：九月十四日。［54］避宗：回避同宗。李万与郜国长公主私通，皆为李姓，是不避宗，违犯礼教，罪至死。［55］李昪等流岭南及远州：李昪本姓鲜于，赐姓李，故与郜国长公主本不同宗，又有宿卫功，于是为流刑。萧鼎、韦恪及公主子皆为流刑。

戊申[1]，吐蕃帅羌、浑[2]之众寇陇州[3]，连营数十里，京城震恐。九月，丁卯[4]，遣神策将石季章戍武功[5]，决胜军使唐良臣戍百里城[6]。丁巳[7]，吐蕃大掠汧阳[8]、吴山、华亭，老弱者杀之，或断手凿目，弃之而去；驱丁壮万余悉送安化峡[9]西，将分隶羌、浑，乃告之曰："听尔东向哭辞乡国[10]！"众大哭，赴崖谷死伤者千余人。未几，吐蕃之众复至，围陇州，刺史韩清沔与神策副将苏太平夜出兵击却之。

上谓李泌曰："每岁诸道贡献，共直钱五十万缗，今岁仅得三十万缗。言此诚知失体[11]，然宫中用度殊不足[12]。"泌曰："古者天子不私求财，今请岁供[13]宫中钱百万缗，愿陛下不受诸道贡献及罢宣索[14]。必有所须[15]，请降敕折税，不使奸吏因缘诛剥[16]。”上从之。

回纥合骨咄禄可汗[17]屡求和亲，且请昏[18]；上未之许。会边将告乏马，无以给之，李泌言于上曰：“陛下诚用臣策，数年之后，马贱于今十倍矣！”上曰：“何故？”对曰：“愿陛下推至公之心，屈己徇人[19]，为社稷大计，臣乃敢言。”上曰：“卿何自疑若是！”对曰：“臣愿陛下北和回纥，南通云南，西结大食、天竺，如此，则吐蕃自困，马亦易致矣。”上曰：“三国当如卿言，至于回纥则不可！”泌曰：“臣固知陛下如此，所以不敢早言[20]。为今之计，当以回纥为先，三国差缓[21]耳。”上曰：“唯回纥卿勿言。”泌曰：“臣备位宰相，事有可否在陛下，何至不许臣言！”上曰：“朕于卿言皆听之矣，至于回纥[22]，宜待子孙；于朕之时，则固不可！”泌曰：“岂非以陕州之耻邪！”上曰：“然。韦少[23]华等以朕之故受辱而死，朕岂能忘之！属国家多难，未暇报之，和则决不可。卿勿更言！”泌曰：“害少华者乃牟羽可汗，陛下即位，举兵入寇，未出其境，今合骨咄禄可汗杀之。然则今可汗乃有功于陛下，宜受封赏，又何怨邪！其后张光晟杀突董[24]等九百余人，合骨咄禄竟不敢杀朝廷使[25]者，然则合骨咄禄固无罪矣。”上曰：“卿以和回纥为是，则朕固非邪[26]？”对曰：“臣为社稷而言，若苟合取容[27]，何以见肃宗、代宗于天上[28]！”上曰：“容朕徐思之[29]。”自是泌凡十五余对，未尝不论回纥事，上终不许。泌曰：“陛下既不许回纥和亲，愿赐臣骸骨。”上曰：“朕非拒谏，但欲与卿较理耳，何至遽欲去朕邪！”对曰：“陛下许臣言理，此固天下之福也。”上曰：“朕不惜屈己与之和，但不能负少华辈。”对曰：“以臣观之，少华辈负陛下，非陛下负之也。”上曰：“何故？”对曰：“昔回纥叶护将兵助讨安庆绪[30]，肃宗但令臣宴劳之于元帅府，先帝[31]未尝见也。叶护固邀臣至其营，肃宗犹不许。及大军将发，先帝始与相见[32]。所以然者，彼戎狄豺狼也，举兵入中国之腹，不得不过为之防也。陛下在陕，富于春秋，少华辈不能深虑，以万乘元子[33]径造其营[34]，又不先与之议相见之仪，使彼得肆其桀骜，岂非少华辈负陛下邪？死不足偿责矣。且香积之捷[35]，叶护欲引兵入长安，先帝亲拜之于马前[36]以止之，叶护遂不敢入城。当时观者十万余人，皆叹息曰：‘广平王真华、夷主也！’然则先帝所屈者少，所伸者多矣。叶护乃牟羽之叔父也。牟羽身为可汗，举全国之兵赴中原之难，故其志气骄矜，敢责礼于陛下；陛下天资神武，不为之屈[37]。当是之时，臣不敢言其他，若可汗留陛下于营中，欢饮十日，天下岂得不寒心[38]哉！而天威所临，豺狼[39]驯扰[40]，可汗母捧陛下于貂裘，叱退左右，亲送陛下乘马而归。陛下以香积之事[41]观之，则屈己[42]为是乎？不屈为是乎？陛下屈于牟羽乎？牟羽屈于陛下乎？”上谓李晟、马燧曰：“故旧不宜相逢。朕素怨回纥，今闻泌言香积之事，朕自觉少理。卿二人以为何如？”对曰：“果如泌所言，则回纥似可恕[43]。”上曰：“卿二人复不与朕[44]，朕当奈何！”泌曰：“臣以为回纥不足怨，向来宰相[45]乃可怨耳。今回纥可汗杀牟羽，其国人有再复京城之勋[46]，夫何罪乎！吐蕃幸国之灾[47]，陷河、陇数千里之地，又引兵入京城，使先帝蒙尘于陕[48]，此乃必报之仇，况其赞普尚存[49]，宰相不为陛下别白言此，乃欲和吐蕃以攻回纥，此为可怨耳。”上曰：“朕与之为怨已久，又闻吐蕃劫盟，今往与之和，得无复拒我，为夷狄之笑乎？”对曰：“不然。臣曩在彭原，今可汗为胡禄都督，与今国相白婆帝皆从叶护而来，臣待之颇亲厚，故闻臣为相而求和，安有复相拒乎！臣今请以书与之约；称臣[50]，为陛下子，每使来不过二百人，印马[51]不过千匹，无得携中国人及商胡出塞。五者[52]皆能如约，则主上必许和亲。如此，威加北荒，旁詟[53]吐蕃，足以快陛下平昔之心矣。”上曰：“自至德[54]以来，与为兄弟之国，今一旦欲臣之，彼安肯和乎？”对曰：“彼思与中国和亲久矣，其可汗、国相素信臣言[55]，若其未谐[56]，但应再发一书[57]耳。”上从之。

既而回纥可汗遣使上表称儿及臣，凡泌所与约五事，一皆听命。上大喜，谓泌曰：“回纥何畏服卿如此！”对曰：“此乃陛下威灵，臣何力焉！”上曰：“回纥则既和矣，所以招云南、大食、天竺奈何？”对曰：“回纥和，则吐蕃已不敢轻犯塞矣。次招云南，则是断吐蕃之右臂也。云南自汉以来臣属中国[58]，杨国忠无故扰之使叛，臣于吐蕃[59]，苦于吐蕃赋役重，未尝一日不思复为唐臣也。大食[60]在西域为最强，自葱岭尽西海，地几半天下[61]，与天竺[62]皆慕中国，代与吐蕃为仇，臣故知其可招也。”

癸亥[63]，遣回纥使者合阙将军归，许以咸安公主[64]妻可汗，归其马价绢五万疋。

（以上为第二段，写李泌劝谏德宗与回纥释嫌通好，重结和亲。）

【注释】

[1]戊申：八月二十八日。[2]羌、浑：西羌及吐谷浑。[3]陇州：治所在今陕西陇县。[4]丁卯：九月十七日。[5]武功：县治在今陕西武功西北。[6]百里城：又省称百城。遗址在今甘肃灵台西。[7]丁巳：九月七日。此处行文并非倒叙，疑丁巳为己巳之误。己巳，九月十九日。[8]汧阳、吴山、华亭：皆县名。汧阳、吴山两县在陇州东南。汧阳县治在今陕西千阳县。吴山县治在汧阳南。华亭县在陇州之北，今属甘肃省。[9]安化峡：山谷名。汧阳、吴山、华亭，三县在陇山之东，安化峡当在陇山之西清水县境内，为三县越陇山西行的总路口。[10]乡国：故乡之国，祖国。[11]失体：有失君王尊严的体统。皇帝向各道求索赋外贡献，此为唐代弊政之一，故李泌请罢之。[12]殊不足：很不够用。[13]岁供：每岁由度支供给宫中钱一百万缗。[14]宣索：皇帝派宦官向政府主管部门宣旨调取财物称宣索。即宣旨求索。[15]必有所须，请降敕折税：宫中所缺的必须物品，请陛下发出敕令按价折合成税钱。[16]因缘诛剥：借机搜刮盘剥钱财。罢除贡献，也就免除了奸吏的因缘诛剥。[17]合骨咄禄可汗：原回纥宰相顿莫贺达干，主张与唐和亲而与牟羽可汗发生政治分歧，于是杀牟羽可汗而自立。事在德宗建中元年，公元 780 年。在陕州辱德宗的可汗即牟羽可汗。[18]请昏：向唐求婚。昏，同婚。[19]屈己徇人：委屈自己，顺从别人。指德宗忘旧耻而允从回纥和亲。[20]不敢早言：不敢早劝陛下与回纥结和。李泌不敢早言之因，事见《资治通鉴》卷二三二贞元三年七月。[21]差缓：稍稍靠后。[22]至于回纥：据章校应作“至于和回纥”，在“于”下补“和”字，是。[23]韦少华：德宗为雍王兼天下兵马大元帅，韦少华时为中书舍人充元帅判官，在陕州为保护德宗被回纥牟羽可汗杖杀。事见《资治通鉴》卷二百二十二代宗宝应元年（762）。[24]张光晟杀突董：振武留后张光晟杀回纥使者突董等九百人，事见《资治通鉴》卷二百二十六德宗建中元年。张光晟杀回纥使希旨求荣。[25]合骨咄禄不杀唐使：张光晟杀突董后，德宗派源休为使送丧回纥，合骨咄禄不愿再与唐结仇，阻止宰相杀唐使。事见《资治通鉴》卷二百二十七德宗建中三年，公元 782 年。[26]朕固非邪：那当然就是朕不对了。[27]苟合取容：曲意迎合，以求容身。[28]天上：凡人死则应说见于地下，见于黄泉，尊称天子，则说见于天上，谓皇帝之灵在天上。[29]徐思之：慢慢思考这件事。[30]叶护助讨安庆绪：肃宗至德二年（757）请兵于回纥，回纥令叶护太子率兵四千助唐军讨安庆绪。[31]先帝：指代宗李俶，后更名李豫。李俶时为广平王，为讨贼大元帅。[32]大军将发，先帝始与相见：直到唐与回纥两军决定出击时，广平王才与叶护太子相见。

两国太子结为兄弟。［33］万乘元子：皇帝太子。［34］径造其营：未事先谈判礼节就直接到回纥营中。［35］香积之捷：指肃宗至德二载唐军收复长安之战。当时唐与回纥联军驻屯香积寺发起总攻，故称香积之战。香积寺在长安南神禾原上洋水之东。［36］先帝拜叶护于马前：肃宗与回纥约："克城之日，土地、士庶归唐，金帛、子女皆归回纥。"官军收复长安，叶护欲入城抢掠，广平王为长安士民请命，当众拜叶护于马前，叶护太子亦回拜，于是回纥军不入城而过。事见《资治通鉴》卷二百二十肃宗至德二年。［37］不为之屈：指德宗当年未屈服于牟羽可汗，没有向牟羽舞拜。［38］寒心：痛心。如果牟羽可汗强留雍王在军帐中欢饮十天，天下之人岂不寒心，这是委婉的说法，意谓牟羽劫持雍王，那才叫人痛心。［39］豺狼：喻指回纥。［40］驯扰：驯伏。［41］以香积之事：香积，佛寺名，在长安城南子午谷北。公元 757 年，德宗之父代宗李俶时为广平王，为天下兵马元帅，驻军香积寺收复长安。为了阻止回纥兵抢掠长安，广平王向回纥元帅叶护行跪拜礼。史称香积事件。［42］屈己：指广平王委屈下拜回纥叶护的举动。为了京师千万人的平安，屈己无疑是正确的选择。［43］恕：宽恕。［44］卿二人不复与朕：你们二人也不支持我。［45］向来宰相：近来的宰相。［46］再复京城之勋：再，两次。回纥于肃宗至德二载与广平王（代宗）收复两京，又于代宗宝应元年与雍王（德宗）收复东京，故云再复。［47］吐蕃幸国之灾：指吐蕃趁我国发生变乱时入寇。［48］先帝蒙尘于陕：代宗回避吐蕃，东走陕州，事见《资治通鉴》卷二百二十三代宗广德元年（763）。［49］此乃必报之仇，况其赞普尚存：必报之仇，子报父仇乃不共戴天之仇。何况回纥牟羽已死，新主可恕；吐蕃赞普尚存，国耻不可忘。据章校，应为"此乃百世必报之仇，况其赞普至今尚存"，增"百世"与"至今"四字，语气遒劲。［50］称臣，为陛下子：让回纥可汗向唐称臣，为陛下的儿子。回纥为唐子婿，故为子辈。［51］印马：互市的马匹，因在边市上加盖中国印章，故称印马。［52］五者：五条和约条件：一称臣，二为子，三遣使不过二百人，四互市马不过千匹，五不得携带汉人与西域胡商出塞。［53］詟：震慑，使之失气。［54］至德：肃宗第一个年号。肃宗引回纥兵平安史之乱，令太子广平王与回纥叶护太子结为兄弟，即两国为兄弟之国。［55］素信臣言：一向相信我的话。［56］未谐：未办妥和亲之事。［57］再发一书：再写一封信。［58］云南自汉以来臣属中国：南诏本汉时哀牢夷之后裔。汉武帝平西南夷，云南入中国版图。［59］臣于吐蕃：杨国忠用亲信鲜于仲通为剑南节度使，失和南诏，使南诏向吐蕃称臣，事见《资治通鉴》卷二百一十六玄宗天宝九年（750）。［60］大食：波斯文译音，即阿拉伯帝国。［61］地几半天下：地方差不多占了半个世界。当时人的地界概念，不知有环球，故认为万里之国的大食占天下之半。［62］天竺：指古代印度。［63］癸亥：九月十三日。［64］咸安公主：德宗第八女。

吐蕃寇华亭及连云堡[1]，皆陷之。甲戌[2]，吐蕃驱二城之民数千人及邠、泾人畜万计而去，置之弹筝峡[3]西。泾州恃连云为斥候[4]，连云既陷，西门不开，门外皆为虏境，樵采路绝。每收获，必陈兵以扞[5]之，多失时[6]，得空穗[7]而已。由是泾州常苦乏食。

冬，十月，甲申[8]，吐蕃寇丰义城[9]，前锋至大回原[10]，邠宁节度使韩游瑰击却之；乙酉[11]，复寇长武城[12]，又城故原州[13]而屯之。

妖僧[14]李软奴自言："本皇族，见岳、渎神[15]。命己为天子。"结殿前射生将韩钦绪等谋作乱。丙戌[16]，其党告之，上命捕送内侍省[17]推[18]之。李晟闻之，遽仆于地[19]曰："晟族灭矣！"李泌问其故。晟曰："晟新罹谤毁[20]，中外家人千余，若有一人在其党中，则兄亦不能救矣。"泌乃密奏："大狱一起，所连引[21]必多，外间人情恟惧，请出付台推[22]。"上从之。钦绪，游瑰之子也，亡抵邠州；游瑰出屯长武城，留后械送京师[23]。壬辰[24]，腰斩软奴等八人，北军之士坐死者八百余人，而朝廷之臣无连及者。韩游瑰委军诣阙谢[25]，上遣使止之，委任如初。游瑰又械送钦绪二子；上亦宥之。

吐蕃以苦寒不入寇，而粮运不继；十一月，诏浑瑊归河中，李元谅[26]归华州，刘昌分其众归汴州[27]，自余防秋兵退屯凤翔、京兆诸县以就食。

十二月，韩游瑰入朝。

（以上为第三段，写李泌化解妖僧李软奴谋反大案，护佑李晟、韩游瑰等宿将，以及朝中大臣，挫败了幕后的奸谋。）

【注释】

[1]连云堡：戍镇名。在泾州西境，在今甘肃泾川西。 [2]甲戌：九月二十四日。 [3]弹筝峡：在平凉西泾水上，水流声如弹筝而得名。 [4]斥候：哨所。 [5]扞：保卫。每当收获时，要布置军队来保卫。 [6]失时：不能按时收割。 [7]空穗：庄稼成熟，不能按时收割，籽落而剩空穗。 [8]甲申：十月四日。 [9]丰义城：丰义县城。在今甘肃镇原县东南。 [10]大回原：塬坂名。在丰义县西南。 [11]乙酉：十月五日。 [12]长武城：长武县城，在今陕西长武西北。 [13]城故原州：在原州城废墟上筑城。原州城在今宁夏固原。其时没入吐蕃。 [14]妖僧：兴风作浪的和尚。 [15]岳、渎神：岳神即五岳之神。渎神即河神。 [16]丙戌：十月六日。 [17]内侍省：主管宦官的官署。 [18]推：审讯。 [19]遽仆于地：突然仆倒于地。指李晟受到极度的惊吓。 [20]新罹谤毁：刚刚遭受过诽谤。指李晟伏兵大安亭欲为乱。事见上卷贞元三年闰五月。 [21]连引：牵引。 [22]出付台推：从内侍省交出，委托御史台来审讯。 [23]留后

械送京师：邠宁留后把韩钦绪押送回京师。［24］壬辰：十月十二日。［25］委军诣阙谢：留下军队，亲身赴京师宫阙请罪。［26］李元谅：即骆元光，赐姓李。［27］刘昌分其众归汴州：刘昌本汴州将，贞元三年入朝，诏以汴兵八千戍泾原。据章校"分其众"下有"五千"二字。刘昌不久拜为泾原节度使。传见《旧唐书》卷一百五十二，《新唐书》卷一百七十。

自兴元以来，是岁最为丰稔[1]，米斗直钱百五十、粟八十，诏所在和籴[2]。

庚辰[3]，上畋[4]于新店[5]，人民赵光奇家，问："百姓乐乎？"对曰："不乐。"上曰："今岁稔，何为不乐？"对曰："诏令不信。前云两税之外悉无他傜，今非税[6]而诛求者殆过于税。后又云和籴，而实强取之，曾不识一钱[7]。始云所籴粟麦纳于道次[8]，今则遣致京西行营，动数百里，车摧马毙[9]，破产不能支。愁苦如此，何乐之有！每有诏书优恤，徒空文耳！恐圣主深居九重[10]，皆未知之也！"上命复[11]其家。

臣光曰：甚矣唐德宗之难寤[12]也！自古所患者，人君之泽壅[13]而不下达，小民之情郁[14]而不上通；故君勤恤于上而民不怀，民愁怨于下而君不知，以至于离叛危亡，凡以此也。德宗幸以游猎得至民家，值光奇敢言而知民疾苦，此乃千载之遇也。固当[15]按有司之废格诏书[16]，残虐下民，横增赋敛[17]，盗匿公财[18]，及左右谄谀日称民间丰乐者而诛之；然后洗心易虑[19]，一新其政[20]，屏浮饰，废虚文[21]，谨号令，敦诚信，察真伪，辨忠邪，矜困穷，伸冤滞[22]，则太平之业可致矣。释此不为，乃复光奇之家；夫以四海之广，兆民之众，又安得人人自言于天子而户户复其傜赋乎！

李泌以李软奴之党犹有在北军未发者，请大赦以安之。

（以上为第四段，写德宗深居宫中不了解民情，不体恤百姓，既知民情却不禁暴惩贪，只做个案免除一个家庭的赋税徭役，受到司马光的批评。）

【注释】

［1］丰稔：丰熟，丰收。［2］和籴：用正常价收购粮食。［3］庚辰：十二月一日。［4］畋（tián）：打猎。［5］新店：唐京兆府咸阳县属村，在县西北。［6］非税：正税以外的苛取。［7］不识一钱：不见一钱。［8］纳于道次：在路旁交纳公粮。［9］马毙：据章校作"牛毙"。

[10]九重：指宫禁。[11]复：免征赋役。[12]难寤：难以开导醒悟。[13]壅：阻塞。[14]郁：郁结。[15]固当：本当，应当。[16]按有司之废格诏书：按查主管部门搁置诏书之罪。[17]横增赋敛：横暴地增加赋税。[18]盗匿公财：盗窃和隐没公家的资财。[19]洗心易虑：消除杂念，改变政令。[20]一新其政，屏浮饰：刷新朝政，摒弃浮华的文饰。[21]废虚文：废除空洞的号令。[22]伸冤滞：昭雪冤狱，处理积案。

四年（戊辰，788年）

春，正月，庚戌朔[1]，赦天下；诏两税等第，自今三年一定[2]。

李泌奏京官俸太薄，请自三师以下悉倍其俸；从之。

壬申[3]，以宣武行营节度使刘昌为泾原节度使。甲戌[4]，以镇国节度使李元谅为陇右节度使。昌、元谅，皆帅卒力田，数年，军食充羡[5]，泾、陇稍安。

韩游瑰之入朝也，军中以为必不返[6]，饯送甚薄[7]。游瑰见上，盛陈筑丰义城可以制吐蕃；上悦，遣还镇。军中忧惧者众，游瑰忌都虞候虞乡范希朝[8]有功名，得众心，求其罪，将杀之。希朝奔凤翔，上召之，置于左神策军。游瑰帅众筑丰义城，二版而溃[9]。

二月，元友直[10]运淮南钱帛二十万至长安，李泌悉输之大盈库[11]。然上犹数有宣索[12]，仍敕诸道勿令宰相知。泌闻之，惆怅而不敢言。

臣光曰："王者以天下为家，天下之财皆其有也。阜[13]天下之财以养天下之民，已必豫焉[14]。或乃更为私藏，此匹夫之鄙志[15]也。古人有言：贫不学俭。夫多财者，奢欲之所自来也。李泌欲弭[16]德宗之欲而丰其私财，财丰则欲滋[17]矣。财不称欲，能无求乎！是犹启其门而禁其出[18]也！虽德宗之多僻[19]，亦泌所以相之者非其道故也。

（以上为第五段写德宗背约，派中使向地方索取财物，司马光认为是李泌多给钱财，开启了德宗的私欲，不非君反责臣，非中肯之言。）

【注释】

[1]庚戌朔：正月一日。[2]三年一定：三年重定一次赋税的等差。[3]壬申：正月二十三日。[4]甲戌：正月二十五日。[5]充羡：充足。[6]不返：以为韩游瑰因子叛逆，

连坐受诛，回不了邠宁。［7］饯送甚薄：饯送宴礼，十分菲薄。［8］范希朝：河中虞乡（今山西永济市东）人。官至振武节度使。传见《旧唐书》卷一百五十一，《新唐书》卷一百七十。［9］二版而溃：筑城二尺为一版。因上下相疑，筑城敷衍，只四尺高就坍墙了。［10］元友直：元友直为勾勘东南两税钱帛使，见上卷贞元三年七月。勾勘所得钱帛二十万解送京师。［11］悉输之大盈库：全部交纳给宫中的大盈库，以充宫中之用。［12］宣索：下旨向诸道求索贡物。［13］阜：丰盈。这里作使动词用。［14］已必豫焉：君主自己也必然快乐。［15］鄙志：粗俗的志向。［16］弭：消弭，制止。［17］欲滋：欲望更加滋长。［18］启其门而禁其出：打开大门而禁止出行。喻南辕北辙，适得其反。［19］多僻：许多怪僻毛病，嗜财即其一。

咸阳人或上言："臣见白起[1]，令臣奏云：'请为国家扞御西陲[2]。正月，吐蕃必大下[3]，当为朝廷破之以取信。'"既而吐蕃入寇，边将败之，不能深入。上以为信然，欲于京城立庙，赠司徒[4]。李泌曰："臣闻'国将兴，听于人[5]。'将帅立功而陛下褒赏白起，臣恐边臣解体[6]矣！若立庙京城，盛为祈祷，流闻四方，将长巫风[7]。今杜邮[8]有旧祠：请敕府县葺之[9]，则不至惊人耳目矣。且白起列国之将，赠三公太重，请赠兵部尚书可矣。"上笑曰："卿于白起亦惜官乎！"对曰："人神一也。陛下傥不之惜，则神亦不以为荣矣。"上从之。

泌自陈衰老，独任宰相，精力耗竭，既未听其去，乞更除一相[10]；上曰："朕深知卿劳苦，但未得其人耳。"上从容与泌论即位以来宰相曰："卢杞忠清强介[11]，人言杞奸邪，朕殊不觉其然。"泌曰："人言杞奸邪而陛下独不觉其奸邪，此乃杞之所以为奸邪也。傥陛下觉之，岂有建中之乱乎！杞以私隙杀杨炎[12]，挤颜真卿于死地[13]，激李怀光使叛[14]，赖陛下圣明窜逐之[15]，人心顿喜，天亦悔祸。不然，乱何由弭！"上曰："杨炎以童子视朕[16]，每论事，朕可其奏则悦，与之往复论难，即怒而辞位；观其意以朕为不足与言故也。以是交不可忍[17]，非由杞也。建中之乱，术士豫请城奉天[18]，此盖天命，非杞所能致也！"泌曰："天命，他人皆可以言之，惟君相[19]不可言。盖君相所以造命[20]也。若言命，则礼乐刑政皆无所用矣。纣曰：'我生不有命在天[21]！'此商之所以亡也！"上曰："朕好与人较量理体：崔祐甫性褊躁[22]，朕难[23]之，则应对失次[24]，朕常知其短而护之[25]。杨炎论事亦有可采，而气色粗傲[26]，难之辄勃然怒，无复君臣之礼[27]，所以每见令人忿发[28]。余人则不敢复言。卢杞小心，朕所言无不从；又无学[29]，不能与朕往复[30]，故朕所怀常不尽[31]也。”对曰：“杞言无不从，岂忠臣乎！夫‘言而莫予违[32]’，此孔子所谓‘一言丧邦’者也！”上曰：“惟卿则异彼三人者。朕言当，卿有喜色；不当，常有忧色。虽时有逆耳之言，如向来纣及丧邦之类。朕细思之，皆卿先事而言[33]，如此则理安[34]，如彼则危乱，言虽深切而气色和顺[35]，无杨炎之陵傲[36]。朕问难往复，卿辞理不屈，又无好胜之志，直使朕中怀已尽屈服[37]而不能不从，此朕所以私喜于得卿也。”泌曰：“陛下所用相尚多，今皆不论，何也？”上曰：“彼皆非所谓相也。凡相者，必委以政事；如玄宗时牛仙客[38]、陈希烈，可以谓之相乎！如肃宗、代宗之任卿，虽不受其名，乃真相耳。必以官至平章事为相，则王武俊之徒皆相也。”

（以上为第六段，写德宗与李泌议论本朝各位宰相，德宗认为李泌事上，礼仪得体，敢言而说理透彻，是最佳良相。）

【注释】

［1］见白起：梦见白起。德宗欲抑诸将功，求之于神灵，故见利之徒希旨而奏见白起云。白起，战国时秦名将。［2］西陲：西部边疆。［3］大下：大举下山来犯。吐蕃从西藏高原出兵犯唐，故谓之曰下。［4］欲于京城立庙，赠司徒：打算在京师立白起庙，赠官司徒。［5］国将兴，听于人：语见《左传》庄公三十二年虢国史嚚之言。［6］边臣解体：守边将帅人心离散。［7］长巫风：助长迷信的巫祝风气。［8］杜邮：地名，在陕西咸阳东。秦将白起被赐死于杜邮，此处立有白起庙。［9］葺之：修整白起庙。［10］乞更除一相：请求再任命一名宰相。［11］忠清强介：忠诚清廉，强干而耿直。［12］杀杨炎：事见《资治通鉴》卷二百二十七德宗建中二年，公元781年。［13］挤颜真卿于死地：排挤颜真卿出使喻旨李希烈，事见《资治通鉴》卷二百二十八德宗建中二年。［14］激李怀光使叛：激怒李怀光背叛朝廷，事见《资治通鉴》卷二百二十九德宗建中四年，公元783年。［15］窜逐之：指流放卢杞。［16］杨炎以童子视朕：杨炎把朕看做孩童一样。［17］交不可忍：双方互相不容忍。交，互相。［18］豫城奉天：事见《资治通鉴》卷二百二十六德宗建中元年，公元780年。［19］君相：国君与宰相。［20］造命：指君相是制造命运的人。［21］我生不有命在天：殷纣王拒谏，自称生来有天命保佑。语见《尚书·西伯戡黎》。［22］性褊躁：性情狭隘急躁。［23］难：辩难，诘问。［24］应对失次：回答语无伦次。［25］朕常知其短而护之：朕知道他的短处而经常护佑他。［26］气色粗傲：态度粗率狂傲。［27］无复君臣之

礼：毫不顾忌君臣的礼节。［28］每见令人忿发：每次见到杨炎就使人生厌。［29］无学：没有学识。［30］往复：互相辩难。［31］朕所怀常不尽：朕想要说的话总是没能说完。［32］言而莫予违：我说的话没有谁敢违背。国君若拒谏如此，这句话就是可以丧邦。语出《论语·子路篇》孔子答定公之言。［33］先事而言：在事前提出忠告。［34］理安：治安。［35］言虽深切而气色和顺：说的话尽管深深切中朕的缺失，但脸色和蔼温顺。［36］陵傲：傲气凌人。陵，通“凌”。［37］怀已尽屈服：内心的想法完全被说透而理屈，不能不听从。屈，理屈。［38］牛仙客、陈希烈：玄宗朝备员宰相。牛仙客传见《旧唐书》卷一百三，《新唐书》卷一百三十三。陈希烈传见《旧唐书》卷九十七，《新唐书》卷二百二十三上。

刘昌复筑连云堡。

夏，四月，乙未[1]，更命殿前左、右射生曰神威军，与左、右羽林、龙武、神武、神策号曰十军。神策尤盛，多戍京西，散屯畿甸。

福建观察使吴诜轻其军士脆弱，苦役之。军士作乱，杀诜腹心十余人，逼诜牒[2]大将郝诫溢掌留务。诫溢上表请罪，上遣中使就赦以安之。

乙未[3]，陇右节度使李元谅筑良原[4]故城而镇之。

云南王异牟寻欲内附，未敢自遣使，先遣其东蛮鬼主骠旁、苴梦冲、苴乌星入见。五月，乙卯[5]，宴之于麟德殿，赐赉甚厚，封王[6]给印而遣之。

辛未[7]，以太子宾客[8]吴凑[9]为福建观察使，贬吴诜为涪州刺史。

吐蕃三万余骑寇泾、邠、宁、庆、鄜等州。先是，吐蕃常以秋冬入寇，及春多病疫而退。至是，得唐人，质其妻子，遣其将将之，盛夏入寇；诸州皆城守，无敢与战者，吐蕃俘掠人畜万计而去。

夏县人阳城[10]以学行著闻，隐居柳谷[11]之北，李泌荐之；六月，征拜谏议大夫。

韩游瑰以吐蕃犯塞，自戍宁州；病，求代归。秋，七月，庚戌[12]，加浑瑊邠宁副元帅，以左金吾将军张献甫为邠宁节度使，陈许兵马使韩全义为长武城行营节度使。献甫未至，壬子[13]夜，游瑰不告于众，轻骑归朝。戍卒裴满等惮献甫之严，乘无帅之际，癸丑[14]，帅其徒作乱。曰：“张公不出本军[15]，我必拒之。”因剽掠城市，围监军杨明义所居，使奏请范希朝为节度使。都虞侯杨朝晨避乱出城，闻之，复入，曰："所请甚契我心，我来贺也！"乱卒稍安。朝晟潜与诸将谋，晨勒兵，召乱卒谓曰："所请不行，张公已至邠州，汝辈作乱当死，不可尽杀，宜自推列唱帅者。"遂斩二百余人，帅众迎献甫。上闻军众欲得范希朝，将授之。希朝辞曰："臣畏游瑰之祸而来，今往代之，非所以防窥觎，安反仄也。"上嘉之，擢为宁州刺史，以副献甫。游瑰至京师，除右龙武统军。

振武节度使唐朝臣不严斥候[16]，己未[17]，奚、室韦寇振武，执宣慰中使[18]二人，大掠人畜而去。时回纥之众逆公主者在振武，朝臣遣七百骑与回纥数百骑追之，回纥使者为奚、室韦所杀。

九月，庚申[19]，吐蕃尚志董星[20]寇宁州，张献甫击却之；吐蕃转掠鄜、坊而去。

元友直句检诸道税外物[21]，悉输户部，遂为定制，岁于税外输百余万缗、斛，民不堪命。诸道多自诉于上，上意寤，诏："今年已入在官者输京师，未入者悉以与民；明年以后，悉免之。"于是东南之民复安其业。

回纥合骨咄禄可汗得唐许昏[22]，甚喜，遣其妹骨咄禄毗伽公主及大臣妻并国相、跌跌都督以下千余人来迎可敦[23]，辞礼甚恭，曰："昔为兄弟，今为子婿，半子也。若吐蕃为患，子当为父除之！"因詈辱[24]吐蕃使者以绝之。冬，十月，戊子[25]，回纥至长安，可汗仍表请改回纥为回鹘；许之。

（以上为第七段，写邠宁兵变，被及时平息。回纥与唐和亲，更名回鹘。）

【注释】

[1]乙未：四月十八日。[2]牒：发文、行文。福建军士迫使吴诜发令让郝诚溢职掌留后事务。[3]乙未：据严衍《资治通鉴补》作"丁未"。丁未，四月三十日。[4]良原：县名，属泾州。县治在今甘肃崇信东南。[5]乙卯：五月八日。[6]封王：德宗封骠旁为和义王，封苴梦冲为怀化王，封苴乌星为顺政王。[7]辛未：五月二十四日。[8]太子宾客：官名。掌侍从太子，规谏相礼。[9]吴凑：传见《旧唐书》卷一百八十三，《新唐书》卷一百五十九。[10]阳城：字亢宗，定州北平（今河北定州市）人，徙陕州夏县（今山西夏县），高尚士，官至谏议大夫。传见《旧唐书》卷一百九十二，《新唐书》卷一百九十四。[11]柳谷：中条山谷名，在山西夏县境。

［12］庚戌：七月五日。［13］壬子：七月七日。［14］癸丑：七月八日。［15］张公不出本军：指张献甫不出于朔方军。张献甫跟从河中节度使贾耽讨梁崇义有功，入京累迁至金吾将军，后替代韩游瑰为邠宁节度使。传见《旧唐书》卷一百二十二，《新唐书》卷一百三十三。［16］不严斥候：没有严密侦察敌情。斥候，哨兵。［17］己未：七月十四日。［18］宣慰中使：安抚振武军的宦官使者。［19］庚申：九月十一日。［20］尚志董星：尚志为官名，董星为人名。［21］税外物：在正税之外加征的地方特产物品。［22］昏：同“婚”。［23］可敦：回纥称可汗之妻为可敦。［24］詈（lì）：责骂。［25］戊子：十月十四日。

吐蕃发兵十万将寇西川，亦发云南兵；云南内虽附唐，外未敢叛吐蕃，亦发兵数万屯于泸北[1]。韦皋知云南计方犹豫，乃为书遗云南王，叙其叛吐蕃归化之诚，贮以银函[2]，使东蛮转致吐蕃。吐蕃始疑云南，遣兵二万屯会川[3]，以塞云南趣蜀之路。云南怒，引兵归国。由是云南与吐蕃大相猜阻[4]，归唐之志益坚；吐蕃失云南之助，兵势始弱矣。然吐蕃业已入寇，遂分兵四万攻两林、骠旁，三万攻东蛮，七千寇清溪关[5]，五千寇铜山[6]。皋遣黎州刺史韦晋等与东蛮连兵御之，破吐蕃于清溪关外。

庚子[7]，册命咸安公主，加回鹘可汗长寿天亲可汗。十一月，以刑部尚书关播为送咸安公主兼册回鹘可汗使。

吐蕃耻前日之败[8]，复以众二万寇清溪关，一万攻东蛮；韦皋命韦晋镇要冲城，督诸军以御之。嶲州经略使刘朝彩出关连战[9]，自乙卯至癸亥，大破之。

李泌言于上曰：“江、淮漕运以甬桥[10]为咽喉，地属徐州，邻于李纳，刺史高明应[11]年少不习事，若李纳一旦复有异图，窃据于徐州，是失江、淮也，国用何从而致！请徙寿、庐、濠都团练使张建封[12]镇徐州，割濠、泗以隶之；复以庐、寿归淮南，则淄青惕息[13]而运路常通，江、淮安矣[14]。及今明应幼騃[15]可代，宜征为金吾将军。万一使他人得之，则不可复制矣。”上从之。以建封为徐、泗、濠节度使。建封为政宽厚而有纲纪，不贷人以法[16]，故其下无不畏而悦之。

横海节度使程日华薨，子怀直自知留后[17]。

吐蕃屡遣人诱胁云南。

（以上为第八段，写吐蕃侵扰西川，为韦皋所败。德宗采纳李泌建言，加强徐州守备，维护漕运交通。）

【注释】

[1]泸北：泸水北，在今四川会理一带。泸水，即金沙江。[2]贮以银函：把信装在银匣中。[3]会州：县名。县治在今四川会理。[4]大相猜阻：互相大大的猜疑。[5]清溪关：关名。在今四川汉源南。[6]铜山：此处有要冲十一城，在今四川荥经县东北。[7]庚子：十月二十六日。[8]吐蕃耻前日之败：指被韦晋在清溪关外击败。[9]出关连战：出清溪关外连续进攻吐蕃。[10]甬桥：一作蛹桥，又名符离桥，又名永济桥。在今安徽宿州市城南，跨古汴水上。为江淮水路要冲，德宗初，李正己曾扼据甬桥以断江淮运路。[11]高明应：徐海沂密四州观察使高承中之子，继其父为观察史镇徐州，并为本州刺史。事见《资治通鉴》卷二百三十一德宗兴元元年，公元784年。[12]张建封（735—800）：字本立，邓州南阳（今属河南）人。为淮南寿州刺史，拒战李希烈，不受其伪署。代高明应为徐泗濠节度使凡十余年，一军大治。传见《旧唐书》卷一百四十，《新唐书》卷一百五十八。[13]惕息：恐惧收敛。[14]江淮安矣：徐泗濠三州连界，置节镇以健将镇之，则可屏卫江淮运路，故云江淮安矣。[15]幼騃：年幼不知事。[16]不贷人以法：对犯法者决不宽贷。[17]自知留后：程怀直不请朝命，擅自称留后。

五年（己巳，789年）

春，二月，丁亥[1]，韦皋遗异牟寻书，称："回鹘屡请佐天子共灭吐蕃，王不早定计，一旦为回鹘所先，则王累代功名虚弃矣。且云南久为吐蕃屈辱，今不乘此时依大国之势以复怨雪耻，后悔无及矣。"

戊戌[2]，以横海留后程怀直[3]为沧州观察使。怀直请分弓高、景城[4]为景州，仍请朝廷除刺史。上喜曰："三十年无此事[5]矣！"乃以员外郎徐伸[6]为景州刺史。

中书侍郎、同平章事李泌屡乞更命相。上欲用户部侍郎班宏，泌言宏虽清强而性多凝滞[7]，乃荐窦参[8]通敏，可兼度支盐铁；董晋方正，可处门下。上皆以为不可。参，诞之玄孙也，时为御史中丞兼户部侍郎；晋为太常卿。至是泌疾甚，复荐二人。庚子[9]，以董晋为门下侍郎，窦参为中书侍郎兼度支转运使，并同平章事。以班宏为尚书，依前度支转运副使。

参为人刚果峭刻[10]，无学术，多权数，每奏事，诸相出，参独居后，以奏度支事为辞，实专大政，多引亲党置要地[11]，使为耳目；董晋充位而已[12]。然晋为人重慎，所言于上前者未尝泄于人，子弟或问之，晋曰："欲知宰相能否，视天下安危。所谋议于上前者，不足道也。"

三月，甲辰[13]，李泌薨。泌有谋略而好谈神仙诡诞[14]，故为世所轻。

（以上为第九段，写西川节度使韦皋策动云南王归附唐朝共抗吐蕃。一代乱世贤相李泌去世。）

【注释】

[1]丁亥：二月十四日。 [2]戊戌：二月二十五日。 [3]程怀直：程日华之子，自知留后，德宗以日华故，拜怀直权知沧州。怀真惧，请分沧州置景州。传见《旧唐书》卷一百四十三，《新唐书》卷二百一十三。 [4]弓高、景城：两县名。时属沧州，程怀直请分置景州。弓高县治在今河北东光县西北。景城县治在今河北沧州市西。 [5]三十年无此事：河北诸镇自安史之乱以来，刺史皆节镇所署，故三十年来无朝廷委署之事。 [6]徐伸：又作徐申。京兆（今陕西西安市）人。官至岭南节度使。传见《新唐书》卷一百四十三。 [7]性多凝滞：性情拘泥拖拉。 [8]窦参：字时中，太宗朝刑部尚书窦诞之玄孙。为相专权被贬杀。传见《旧唐书》卷一百三十六，《新唐书》卷一百四十五。 [9]庚子：二月二十七日。 [10]刚果峭刻：刚强果断，严厉苛刻。 [11]要地：重要部门。 [12]充位：填补空缺的备员宰相。 [13]甲辰：三月二日。 [14]诡诞：指诡异怪诞之事。李泌以此为自保之术，非性好诡诞也。

初，上思李怀光之功，欲宥其一子，而子孙皆已伏诛；戊辰[1]，诏以怀光外孙燕八八为怀光后，赐姓名李承绪，除左卫率胄曹参军[2]，赐钱千缗，使养怀光妻王氏及守其墓祀。

冬，十月，韦皋遣其将曹有道将兵与东蛮、两林蛮及吐蕃青海、腊城二节度战于嶲州台登谷[3]，大破之，斩首二千级，投崖及溺死者不可胜数，杀其大兵马使乞藏遮遮。乞藏遮遮，虏之骁将也，既死，皋所攻城栅无不下；数年，尽复嶲州之境[4]。

易定节度使张孝忠兴兵袭蔚州[5]，驱掠人畜；诏书责之，逾旬还镇[6]。

琼州[7]自乾封中[8]为山贼[9]所陷，至是，岭南节度使李复[10]遣判官姜孟京与崖州刺史张少迁攻拔之。

十二月，庚午[11]，闻回鹘天亲可汗薨，戊寅[12]，遣鸿胪卿郭锋册命其子为登里罗没密施俱录忠贞毗伽可汗。先是，安西、北庭皆假道[13]于回鹘以奏事，故与之连和。北庭去回鹘尤近，诛求无厌[14]，又有沙陀[15]六千余帐[16]与北庭相依。及三葛禄、白服突厥[17]皆附于回鹘，回鹘数侵掠之。吐蕃因葛禄、白服之众以攻北庭，回鹘大相颉干迦斯将兵救之。

云南虽贰于吐蕃，亦未敢显与之绝。壬辰[18]，韦皋复以书招谕之。

（以上为第十段，写德宗为李怀光立后嗣。西川节度使韦皋大败吐蕃。吐蕃侵扰北庭，回鹘出兵助唐。）

【注释】

[1]戊辰：三月二十六日。[2]左卫率胄曹参军：武官名。左卫率为东宫十率府之一。胄曹参军为率所属诸曹参军之一。[3]台登谷：山谷名，在台登县（今四川冕宁）境。[4]尽复巂州之境：巂州相当今四川西昌地区，安史之乱后没于吐蕃，至是全境为韦皋所复。州治越巂，在今四川西昌。[5]蔚州：州名，属河东节镇。治所灵丘，在今山西灵丘。[6]逾旬还镇：过了十天才回归本镇。[7]琼州：州名。治所琼山，在今海南省海口。[8]乾封中：乾封年间。乾封为唐高宗第五个年号，共三年，即公元666至668年。[9]山贼：对海南岛土著黎族人的贬称。[10]李复：字初阳。历饶、苏二州刺史及岭南、郑滑节度使，所在称治。传见《旧唐书》卷一百一十二，《新唐书》卷七十八。[11]庚午：十二月三日。[12]戊寅：十二月十一日。[13]假道：借道。河陇没于吐蕃，通西域路断，故安西、北庭两都督府借道于回鹘以奏事。[14]厌：满足。[15]沙陀：西突厥别部，居于今新疆吐鲁番、伊吾一带。[16]六千余帐：六千余户。帐，即一帐，指一户幕帐。[17]三葛禄、白服突厥：在北庭西北，即在今俄罗斯巴尔喀什湖以北以西之地。[18]壬辰：十二月二十五日。

六年（庚午，790年）

春[1]，诏出岐山[2]无忧王寺佛指骨[3]迎置禁中，又送诸寺以示众，倾都瞻礼[4]，施财巨万；二月，乙亥[5]，遣中使复葬故处。

初，朱滔败于贝州[6]，其棣州刺史赵镐以州降于王武俊，既而得罪于武俊，召之不至。田绪残忍，其兄朝，仕李纳为齐州[7]刺史。或言纳欲纳朝于魏[8]，绪惧；判官孙光等为绪谋，厚赂纳，且说纳招赵镐取棣州以悦之，因请送朝于京师；纳从之。丁酉[9]，镐以棣州降于纳。三月，武俊使其子士真击之，不克。

回鹘忠贞可汗之弟弑忠贞而自立，其大相颉干迦斯西击吐蕃未还，夏，四月，次相帅国人杀篡者而立忠贞之子阿啜为可汗，年十五。

五月，王武俊屯冀州，将击赵镐，镐帅其属奔郓州[10]；李纳分兵据之[11]。田绪使孙光佐如郓州。矫诏以棣州隶纳；武俊怒，遣其子士清代贝州，取经城[12]等四县。

回鹘颉干迦斯与吐蕃战不利，吐蕃急攻北庭。北庭人苦于回鹘诛求[13]，与沙陀尊长朱邪尽忠[14]皆降于吐蕃。节度使杨袭古帅麾下二千人奔西州[15]。六月，颉干迦斯引兵还国，次相恐其有废立，与可汗皆出郊迎，俯伏自陈擅立之状，曰："今日惟大相死生之。"盛陈郭锋[16]所赍国信，悉以遗之。可汗拜且泣曰："儿愚幼，若幸而得立，惟仰食于阿多[17]，国政不敢豫也。"虏谓父为阿多，颉干迦斯感其卑屈，持之而哭，遂执臣礼，悉以所遗颁从行者，己无所受。国中由是稍安。

秋，颉干迦斯悉举国兵数万将复北庭，又为吐蕃所败，死者大半。袭古收余众数百，将还西州，颉干迦斯绐之曰："且与我同至牙帐[18]；"既而留不遣，竟杀之。安西由是遂绝[19]，莫知存亡[20]，而西州犹为唐固守。

（以上为第十一段，写回鹘内乱，仍全力助唐攻击吐蕃。）

【注释】

［1］春：正月。［2］岐山：隋设县，唐循之。无忧王寺即今扶风法门寺。当时属岐山县。［3］佛指骨：佛的手指骨。［4］倾都瞻礼：全京城的人都去瞻仰礼拜。［5］乙亥：二月八日。［6］朱滔败于贝州：王武俊与李抱真连兵破朱滔于贝州，事见《资治通鉴》卷二百三十一德宗兴元元年（784）。［7］齐州：州名。治所在今山东齐河。［8］纳欲纳朝于魏：李纳打算把田朝交回魏州。田朝为长，还魏州则危及田绪的节镇地位。［9］丁酉：二月三十日。［10］郓州：州名，淄青节度使巡属。治所须昌，在今山东省东平西北。［11］据之：李纳分兵据有棣州。［12］经城：县名。县治在今河北清河西北。经城等四县，贝州巡属。［13］诛求：苛求，无厌的搜刮。［14］朱邪尽忠：沙陀酋长。元和三年（808），朱邪尽忠率众归唐。［15］西州：州名，北庭巡属。治所在今新疆吐鲁番东南。［16］郭锋：唐所遣册忠贞可汗使者。［17］阿多：读阿爹。回鹘人呼父为阿爹。［18］牙帐：回鹘可汗所居大帐，在今蒙古乌兰巴托西。据章校，"牙帐"下有"当送君还朝"五字。［19］绝：道路断绝。［20］莫知存亡：音信不通，没有人知道安西的存亡。

葛禄乘胜取回鹘之浮图川[1]，回鹘震恐，悉迁西北部落于牙帐之南以避之；遣达北特勒梅录随郭锋偕来，告忠贞可汗之丧，且求册命[2]。先是，回鹘使者入中国，礼容骄慢[3]，刺史皆与之钧礼[4]。梅录至丰州[5]，刺史李景略欲以气加之[6]，谓梅录曰："闻可汗新没，欲申吊礼[7]。"景略先据高垄而坐[8]，梅录俯偻前哭[9]。景略抚[10]之曰："可汗弃代[11]，助尔哀慕[12]。"梅录骄容猛气，索然[13]俱尽。"自是回鹘使至，皆拜景略于庭，威名闻塞外。

冬，十月，辛亥[14]，郭锋始自回鹘还。

十一月，庚午[15]，上祀圜丘[16]。

上屡诏李纳以棣州归王武俊，纳百方迁延，请以海州易之于朝廷；上不许。乃请诏武俊先归田绪四县；上从之。十二月，纳始以棣州归武俊。

（以上为第十二段，写回鹘势衰，事唐恭顺。朝廷调停河北藩镇摩擦。）

【注释】

[1]浮图川：今俄罗斯境内的叶尼塞河。 [2]且求册命：同时请求册立新可汗的诏令。 [3]礼容骄慢：礼仪容色都十分骄横傲慢。 [4]钧礼：平礼。 [5]丰州：治所九原，在今内蒙五原南。丰州当回鹘入唐必由之路。 [6]李景略：历丰州刺史、太原少尹、西受降城都防御使等职，声雄北疆，回鹘畏之。传见《旧唐书》卷一百五十二，《新唐书》卷一百七十。 [7]申吊礼：举行吊唁的礼节。 [8]据高垄而坐：占据一处高丘上端然稳坐。 [9]俯偻前哭：指梅录弓着身子（偻），低着头（俯），一边向前走，一边哭泣。 [10]抚：安抚。 [11]弃代：离开人世。 [12]助尔哀慕：陪你哀悼表示怀念。 [13]索然：泄气的样子。 [14]辛亥：十月十九日。 [15]庚午：十一月八日。 [16]祀圜丘：在天坛举行祭天礼。

七年（辛未，791年）

春，正月，己巳[1]，襄王僙[2]薨。

二月，癸卯[3]，遣鸿胪少卿庾鋋册回鹘奉诚可汗。

戊戌[4]，诏泾原节度使刘昌筑平凉故城[5]，以扼[6]弹筝峡口；浃辰[7]而毕，分兵戍之。昌又筑朝谷堡[8]，甲子[9]，诏名其堡曰彰信；泾原稍安。

初，上还长安，以神策等军有卫从之劳，皆赐名兴元元从奉天定难功臣，以官领之，抚恤优厚。禁军恃恩骄横[10]，侵暴百姓，陵忽府县[11]，至诟辱[12]官吏，毁裂案牍[13]。府县官有不胜忿而刑之[14]者，朝笞[15]一人，夕贬万里，由是府县虽有公严之官[16]，莫得举其职[17]。市井[18]富民，往往行赂寄名军籍[19]，则府县不能制。辛巳[20]，诏：神威、六军[21]吏士与百姓讼者，委之府县，小事牒[22]本军，大事奏闻[23]。若军士陵忽府县，禁身[24]以闻，委御史台推覆[25]。县吏辄敢笞辱，必从贬谪。

癸未[26]，易定节度使张孝忠薨。

（以上为第十三段，写神策军恃恩骄横。）

【注释】

[1]己巳：正月八日。 [2]襄王僙：肃宗子。 [3]癸卯：二月十二日。 [4]戊戌：二月七日。 [5]平凉故城：平凉城毁于兵火，今重筑之，故言故城。在今甘肃平凉。 [6]扼：控制。 [7]浃辰：十二天。 [8]朝谷堡：戍镇名。在平凉城西三十五里，更名彰信堡。《旧唐书》作“胡谷堡”，更名彰义堡。 [9]甲子：二月壬辰朔，无甲子。甲子，三月四日。疑“甲子”二字上脱“三月”二字，以下干支同为“三月”。 [10]恃恩骄横：依恃恩宠而骄傲专横。 [11]陵忽府县：凌驾于府县官之上。陵，通“凌”。 [12]诟辱：谩骂凌辱。 [13]毁裂案牍：撕裂官府文书。[14]不胜忿而刑之：愤怒难忍而对骄横禁军士兵用刑。 [15]笞：拷打。 [16]公严之官：公正严明的官。 [17]莫得举其职：没有办法尽其职能。 [18]市井：街市。 [19]寄名军籍：挂名为禁军。 [20]辛巳：三月二十一日。 [21]神威、六军：唐德宗之前禁军为神策军与六军。六军为左右羽林、左右龙武、左右神武。贞元二年（786）神策军分为左右，贞元四年（788）又以殿前左右射生军为左右神威军。于是禁军共有十军。[22]牒：行文，发文。[23]奏闻：奏闻皇上。[24]禁身：拘禁。 [25]推覆：复查审核。 [26]癸未：三月二十三日。

安南[1]都护高正平重赋敛，夏，四月，群蛮酋长杜英翰等起兵围都护府，正平以忧死，群蛮闻之皆降。五月，辛巳[2]，置柔远军于安南。

端王遇[3]薨。

韦皋比年致书招云南王异牟寻，终未获报。然吐蕃每发云南兵，云南与之益少。皋知异牟寻心附于唐，讨击副使段忠义，本阁罗凤[4]使者也，六月，丙申[5]，皋遣忠义还云南，并致书敦谕[6]之。

秋，七月，戊寅[7]，以定州刺史张昇云[8]为义武留后。

庚辰[9]，以虔州刺史赵昌[10]为安南都护，群蛮遂安。

八月，丙午[11]，以翰林学士陆贽为兵部侍郎，余职皆解；窦参恶[12]之也。

吐蕃攻灵州，为回鹘所败，夜遁。九月，回鹘遣使来献俘[13]；冬，十二月，甲午[14]，又遣使献所获吐蕃酋长尚结心。

福建观察使吴凑[15]，为治有声，窦参以私憾毁之，且言其病风；上召至京师，使之步以察之，知参之诬，由是始恶参。丁酉[16]，以凑为陕虢观察使以代参党李翼。

睦王述[17]薨。

吐蕃知韦皋使者在云南，遣使让之。云南王异牟寻绐之曰："唐使，本蛮也，皋听其归耳，无他谋也。"因执以送吐蕃。吐蕃多取其大臣之子为质[18]，云南愈怨。

勿邓尊长苴梦冲，潜通吐蕃，扇诱群蛮，隔绝云南使者。韦皋遣三部落[19]总管苏嵬将兵至琵琶川[20]。

（以上为第十四段，写云南王欲附唐而不与吐蕃绝交，首鼠两端。）

【注释】

[1]安南：都护府。本交州，高宗调露二年（680）置。治所在今越南河内。[2]辛巳：五月二十二日。[3]端王遇：德宗弟。[4]阁罗凤：南诏今王异牟寻之祖。[5]丙申：六月七日。[6]敦谕：恳切劝导。[7]戊寅：七月十九日。[8]张昇云：张孝忠长子，继其父为义武军留后，德宗赐名茂昭，二年后升为节度使。传见《旧唐书》一百四十一，《新唐书》一百四十八。[9]庚辰：七月二十一日。[10]赵昌：字洪祚，天水（今甘肃天水）人，年七十余为安南都护，人心归服。传见《旧唐书》卷一百五十一，《新唐书》卷一百七十。[11]丙午：八月十八日。[12]恶：嫌恶。时窦参为相，嫌恶陆贽，于是解陆贽翰林等职。[13]献俘：回鹘向唐天子告捷献俘。[14]甲午：十二月八日。[15]吴凑：肃宗章敬吴皇后之弟，为官有政声。传见《旧唐书》卷一八三，《新唐书》卷一百五十九。[16]丁酉：十二月十一日。[17]睦王述：德宗弟。[18]质：人质。[19]三部落：指两林、勿邓、丰琶三部。[20]琵琶川：在巂州西南境外。巂州治所在今四川西昌。

【点评】

本卷点评李泌救太子、李软奴谋反案，以及司马光的两条评论。

一、李泌救太子。专制政体，废嫡立庶，乱了宗法制度，大都要引发动乱，尤其是大乱甫平的德宗之世，废嫡立庶更易引发动乱，要么就是奸人得逞。保持政治稳定，是李泌为相的重中之重。德宗所立太子李诵，是昭德皇后唯一所生的儿子。皇后和太子都无恶行，李诵以慈孝闻名，突然被废，将是一场政治地震，李泌要全力来避免。德宗有十一个儿子，亲子九人，养子二人。亲子中有八子皆庶出。养子二人，一为舒王李谟，后改为李谊，是德宗弟弟李邈的儿子，德宗喜爱，养以为子，年长。二是文敬太子李源，本是太子李诵之子，德宗喜爱，命以为子，年幼。太子李诵娶郜国长公主之女为妃。郜国长公主，肃宗之女，德宗之姑。郜国长公主寡居，与彭州司马李万等人奸乱事发，德宗幽囚郜国长公主，罪及太子，动了废嫡立庶的念头。德宗召问李泌，要立舒王李谟为太子。德宗性急，刚愎自用，往往感情用事，不计后果。李泌谏阻，要冒族诛的危险。太子向德宗提出与妃离婚，德宗不许。太子打算吞药自杀。李泌对太子说："你和往常一样起居，尽人子之孝，只要我李泌在，就有你的安全，如果老臣不在，事情就难说了。"这表明李泌以生死保太子。德宗召问李泌不是征询他的意见，而是通报李泌，这是朕的家事，只是要李泌同意、支持，如果李泌反对，不但有遭身诛的危险，而且可能要遭族诛。如果是杨素、许敬宗、李林甫遇上这等机会，早就唯命是从，去巴结新太子以图定策功了。杨素助隋炀帝夺位，废太子；许敬宗助武后夺正宫，废王皇后；李林甫助武惠妃夺嫡，使唐玄宗杀太子瑛及兄弟三人，故李泌有是言。李泌以社稷为重，冒死救太子。他不是直接替太子诉冤，那样会更激怒德宗，岂不是昭示父亲害儿子吗？俗话说："虎毒不食子。"李泌的办法是煽动父子亲情，让德宗自己醒悟。李泌开门见山地说："陛下怎么用侄儿来取代儿子呢？"言外之意，亲儿子都靠不住，侄儿靠得住吗？德宗愤怒，不准说舒王是侄儿。李泌话锋一转，哀哭自己要遭族诛，可能只能过继侄儿来奉祭香火了，越说越动情，招引德宗也感动而泣。李泌此法，效战国时触龙说赵太后，出长安君为质的办法，十分奏效。德宗气消，李泌娓娓道来废易太子覆国祸家的故事，慢慢消解德宗满耳的谗言。李泌不说太子李诵蒙冤，而说德宗所亲见的肃宗子建宁王蒙冤的事，用以启发德宗。李泌不要求德宗当面改主意，要他独自想一想事件的前因后果，三天后再拿定主意。德宗隔了一夜就想通了。太子丈母娘生活不检点，与太子有什么相干。其中必有奸人为非，是否舒王李谟在谋算呢？不久前宰相张延赏就借郜国长公主生活问题告刁状，被李泌揭穿，事才罢了。德宗不敢想，也再不追究，打消了更易太子的念头。但猜忌成性的德宗，又担心起太子妃怨恨，最终无辜地杀了太子妃，这事才算了结。

李泌保太子，也惊出了一身冷汗。他回家对子弟们说：“我本来就不乐富贵，命运偏偏让我做宰相，今天恐怕要连累你们了。”伴君如伴虎，大智大慧的李泌不免说出酸楚的话，使人听了不寒而栗。

二、李软奴谋反案。李软奴是一个不甘寂寞、兴风作浪的和尚，史称妖僧。《旧唐书·韩游瓌》传载，妖僧名李广弘。妖僧诡称五岳之神与河神托梦给他，说他当立为天子。邠宁节度使韩游瓌之子韩钦绪为禁军殿前射生将，他与妖僧两人同谋作乱。事发，李晟惊吓倒地，说：“李晟要被灭族了。”原来德宗与李泌相约，不害功臣李晟、马燧，但德宗的猜忌并没有消除，不时有流言蜚语攻击李晟。妖僧事发前，有蜚语说，李晟在后花园埋伏杀手发动政变。李晟后花园有一片竹林，李晟连忙砍伐了竹林。李晟合家主仆上千口，只要有一人卷入，奸险的人就可大做文章。李泌得知，马不停蹄，立即密奏德宗，要求把谋反大案交给国家司法机关审判。禁军属宫廷内政，应交内侍省审理。内侍省审理，直接由德宗掌控，奸邪会乘虚而入，德宗捕风捉影，又有权任意杀人，一场大案就不可避免了。李泌以谋反大案触犯最高国法为由，应当交给御史台审理也名正言顺。德宗听从，交御史台审理，李泌就可以掌控了，因此没有牵连外朝一个人。一场弥天大案，可能要株连功臣宿将，杀灭几千几万人的事，被李泌化解了。宿卫军被诛杀者八百人，其中大多数都应是冤死者。不如此，无以塞责。挽救禁军中的冤死者，李泌也无能为力。为了大局，牺牲一些禁军，也只能如此了。

三、司马光的两条评论。司马光的两条评论，一条贬君，评价德宗是一个昏君；一条贬臣，批评李泌行政不走正道，是引导德宗贪婪的纵欲者。贞元三年（787）十二月一日，德宗游猎，微服私访，希望听到百姓安居乐业的赞颂。被造访的人家叫赵光奇，他胆大说了真话，埋怨朝廷苛捐杂税繁重，优惠诏书是一纸空文，百姓生活困苦，天子身居九重，不恤民间疾苦。德宗就免了赵光奇这一家人的赋税徭役。司马光批评德宗，了解民情，没有形成改善政治的政策，而只是免除一家人苛税，天下千千万万的人，怎么可能家家户户向天子申诉呢？司马光的这一批评中肯而得体。德宗向李泌诉苦，以前各道进奉年收五十万缗，现在只有三十万绪，不够用度。李泌说，臣每年输大盈库一百万缗，请陛下停止收进奉钱。德宗得了一百万缗，仍然背着宰相向诸道索要进奉。贞元四年（788）二月，勾勘东南两税钱帛使元友直送淮南钱帛二十万缗到长安，李泌全部输给大盈库。德宗仍然向诸道求索，还嘱咐不要让宰相知道。李泌见德宗如此贪婪，也不敢劝谏。司马光批评李泌不走正道，加倍给德宗钱财，是在引导纵欲。司马光的逻辑是：“夫多财者，奢欲之所自来也。”就是说，钱越多越贪，俗话就有为富不仁的说法。可能人的私欲，大抵如此，特别是贪官污吏，更是如此。司马光的批评有一定道理。但他指责李泌不走正道就全错了。李泌想的是高薪养廉，这是一条现代文明的公理，特别是帝王以天下为家，怎能无限膨胀私欲呢！德宗的贪婪，是专制帝王的权力不受节制，这才是根源，并不是李泌诱导的。德宗贪婪，不听劝谏，司马光不责君反责臣，不只是迂腐，简直是痴人说梦。难道李泌少给德宗钱财，德宗就不贪了吗？表面看，是李泌多给德宗钱财，实质是在限制德宗用财，暗示德宗，君王用财也是有额度的。只有劝谏责任的人臣，除此没有别的办法。德宗不接受限制，表明劝谏无效，李泌也没有办法。德宗贪财的事例，生动地说明，一种缺乏制衡的权力，要消除贪污腐败，只能是天方夜谭。

卷二三四　唐纪五十

唐德宗贞元八年至十年（792—794 年）

【起玄黓涒滩（壬申，792 年），尽阏逢阉茂（甲戌，794 年）五月，凡二年有奇】

【大事提要】

本卷记事起公元 792 年，讫公元 794 年五月，凡两年又五个月。当唐德宗贞元八年到贞元十年五月。此时期陆贽拜相，继李泌推动政治改革步上正轨。陆贽建言，由各部门长官推举部属升迁，不由宰相包办，用人要考核实际才能，不凭巧言，要给被惩官吏留下自新之路。又奏政府赈济灾民要及时。国际贸易不宜征税，招徕商人繁荣经济。陆贽还提出均平赋税与节用开支共六条措施。陆贽还上奏边防体制六大失误，调整边防驻军，充实国家粮食储备。陆贽忧国忧民，有言必发，他的奏议直切明快，针砭与建言都能切中要害。陆贽缺乏李泌以柔克刚的手腕，所提善言大多不被采纳。陆贽只做了两年多的宰相，最终被贬逐。德宗信谗自用，本性不移。德宗能用李泌、陆贽，可是更信赖奸人卢杞、裴延龄等，所以政治清浊混流，时好时坏。

德宗神武圣文皇帝九

贞元八年（壬申，792 年）

春，二月，壬寅[1]，执梦冲[2]，数其罪而斩之；云南之路始通。

三月，丁丑[3]，山南东道节度使曹成王皋薨。

宣武节度使刘玄佐有威略[4]，每李纳使至，玄佐厚结之，故常得其阴事[5]，先为之备；纳惮之。其母虽贵，日织绢一匹，谓玄佐曰："汝本寒微，天子富贵汝[6]至此，必以死报之。"故玄佐始终不失臣节。庚午[7]，玄佐薨。

山南东道节度判官李实[8]知留后事，性刻薄，裁损[9]军士衣食。

鼓角将[10]杨清潭帅众作乱，夜，焚掠城中，独不犯曹王皋家；实逾城走免。明旦，都将徐诚缒而入，号令禁遏，然后止；收清潭等六人斩之。实归京师，以为司农少卿[11]。实，元庆[12]之玄孙也。丙子[13]，以荆南节度使樊泽为山南东道节度使。

初，窦参为度支转运使，班宏副之。参许宏，俟一岁[14]以使职归之，岁余，参无归意。宏怒。司农少卿张滂，宏所荐也，参欲使滂分主江、淮盐铁，宏不可；滂知之，亦怨宏。及参为上所疏，乃让度支使于宏，又不欲利权专归于宏，乃荐滂于上[15]；以滂为户部侍郎、盐铁转运使，仍隶于宏以悦之。

窦参阴狡而愎[16]，恃权而贪[17]，每迁除[18]，多与族子给事中申议之。申招权[19]受赂，时人谓之"喜鹊"[20]。上颇闻之，谓参曰："申必为卿累[21]，宜出之以息物议[22]。"参再三保其无他，申亦不悛[23]。左金吾大将军[24]虢王则之[25]，巨之子也，与申善，左谏议大夫[26]、知制诰吴通玄[27]与陆贽不叶[28]，窦申恐贽进用，阴与通玄、则之作谤书以倾[29]贽；上皆察知其状。夏，四月，丁亥[30]，贬则之昭州[31]司马，通玄泉州[32]司马，申道州[33]司马；寻赐通玄死。

刘玄佐之丧，将佐匿之，称疾请代，上亦为之隐，遣使即军中问"以陕虢观察使吴凑为代可乎？"监军孟介、行军司马卢瑗皆以为便，然后除之。凑行至汜水[34]，玄佐之柩将发，军中请备仪仗，瑗不许，又令留器用以俟新使；将士怒。玄佐之婿及亲兵皆被甲[35]，拥玄佐之子士宁[36]释衰绖[37]，登重榻[38]，自为留后。执城将[39]曹金岸、浚仪[40]令李迈，曰："尔皆请吴凑者！"遂剐之[41]；卢瑗逃免。士宁以财赏将士，劫孟介以请于朝。上以问宰相，窦参曰："今汴人[42]指[43]李纳以邀制命，不许，将合于纳。"庚寅[44]，以士宁为宣武节度使。士宁疑宋州刺史翟良佐不附己，托言巡抚，至宋州[45]，以都知兵马使刘逸准[46]代之。逸准，正臣[47]之子也。

（以上为第一段，写山南东道、宣武两镇节度易帅。宰相窦参贪黩、擅权、忌才，与班宏、陆贽不睦，为其被诛张本。）

【注释】

［1］壬寅：二月十七日。［2］梦冲：勿邓酋长苴梦冲，其暗通吐蕃，阻断云南使者，故韦皋发兵执之。［3］丁丑：三月二十三日。［4］有威略：既有威严，又有谋略。［5］阴事：隐秘事。刘玄佐用敌国之人了解敌国之事，《孙子兵法》称为因间。张预注云："因敌国人，知其底里，就而用之，可使伺候也。"［6］富贵汝：使你富贵。［7］庚午：三月十六日。［8］李实：官至司农卿、京兆尹。传见《旧唐书》卷一百三十五，《新唐书》卷一百六十七。［9］裁损：裁减，克扣。［10］鼓角将：掌军中战鼓号角用以报时传令之事。［11］司农少卿：官名。司农寺掌粮食仓储、禄米供应等事。其正副长官为卿、少卿。［12］李元庆（？—664）：唐高祖第十六子，始封汉王，贞观十年（636）改封道王。历官滑、徐、沁、卫四州刺史。传见《旧唐书》卷六十四，《新唐书》卷七十九。［13］丙子：三月二十二日。［14］俟一岁：等到一年以后。［15］荐滂于上：窦参向德宗推荐张滂。据章校，"上"字下有"以宏判度支"五字。［16］阴狡而愎（bì）：阴险狡诈而又执拗。［17］恃权而贪：依仗权势肆行贪贿。［18］迁除：升迁与任命官员。［19］招权：揽权。［20］时人谓之"喜鹊"：当时的人们送给窦申一个外号"喜鹊"。朝士每有迁除，窦申先行通报受赂，如同有喜事，喜鹊噪叫于门，以此讥讽窦申。［21］为卿累：成为你的牵累。［22］物议：众人的非议。［23］悛（quān）：改过。［24］左金吾大将军：左金吾的为唐代十六卫之一，置上将军、大将军各一人、将军二人为主管，掌京城巡警。［25］虢王则之：虢王李则之，为虢王李巨之子。李巨为唐高祖子虢王李凤之曾孙，历仕玄宗、肃宗两朝，出为方镇，入为判尚书省事，后贬遂州刺史，在肃宗上元二年（761）为叛臣梓州刺史段子璋所杀。李则之，官至左金吾卫大将军。父子同传，见《旧唐书》卷一百一十二，《新唐书》卷七十九。［26］左谏议大夫、知制诰：谏议大夫，言官，分左、右，左隶门下省。知制诰，掌起草诏令。［27］吴通玄：传见《旧唐书》卷一百九十下，《新唐书》卷一百四十五。［28］不叶：不协。［29］倾：陷害。［30］丁亥：四月三日。［31］昭州：州名。治所在今广西平乐西。［32］泉州：州名。治所在今福建泉州。［33］道州：州名。治所在今湖南道县南。［34］汜水：县治在今河南荥阳西北汜水镇。［35］被甲：穿上甲胄。［36］士宁：刘玄佐之子刘士宁，自为留后，朝命为宣武节度使。性残暴，为部将所逐，流配郴州。传见《旧唐书》卷一百四十五，《新唐书》卷二百一十四。［37］释衰绖（cuìdié）：脱去丧服。［38］登重榻：登上节镇主帅的座位。［39］城将：巡城武官。［40］浚仪：县名，为汴州治所。县治在今河南开封。［41］剐之：乱刀砍死曹金崖、李迈。［42］汴人：指宣武军将士。［43］指：指望。这里为挟持、依仗。句意谓汴人刘士宁将依仗李纳索求朝廷的任命。［44］庚寅：四月六日。［45］宋州：州名，宣武军巡属。在今河南商丘。［46］刘逸准：怀州武陟（今河南武陟县南）人。官至宣武节度使，赐名全谅。传见《旧唐书》卷一百四十五，《新唐书》卷一百五十一。［47］正臣：刘正臣，官至平卢节度使。事附《两唐书·刘全谅传》。

乙未[1]，贬中书侍郎、同平章事窦参为郴州[2]别驾，贬窦申锦州[3]司户。以尚书左丞赵憬[4]、兵部侍郎陆贽并为中书侍郎、同平章事。憬，仁本[5]之曾孙也。

张滂请盐铁旧簿[6]于班宏，宏不与。滂与宏共择巡院[7]官，莫有合者，阙官甚多。滂言于上曰："如此，职事必废，臣罪无所逃。"丙午[8]，上命宏、滂分掌天下财赋，如大历故事[9]。

壬子[10]，吐蕃寇灵州，陷水口[11]支渠，败营田[12]。诏河东、振武救之，遣神策六军二千戍定远、怀远城[13]；吐蕃乃退。

陆贽请令台省长官各举其属[14]，著其名于诏书，异日[15]考其殿最[16]，并以升黜举者[17]。五月，戊辰[18]，诏行贽议。

未几，或言于上曰："诸司[19]所举皆有情故[20]，或受货赂，不得实才。"上密谕贽[21]："自今除改，卿宜自择，勿任诸司。"贽上奏，其略曰："国朝[22]五品以上，制敕[23]命之，盖宰相商议奏可[24]者也。六品以下则旨授[25]，盖吏部铨材署职[26]，诏旨画闻而不可否也[27]。开元中，起居、遗、补、御史等官，犹并列于选曹[28]。其后倖臣专朝[29]，舍佥议而重己权[30]，废公举而行私惠，是使周行庶品[31]，苟不出时宰[32]之意，则莫致[33]也。"又曰："宣行[34]以来，才举十数[35]，议其资望，既不愧于班行[36]，考其行能，又未闻于阙败[37]。而议者遽以腾口[38]，上烦圣聪[39]。道之难行，亦可知矣！请使所言之人指陈其状，某人受贿，某举有情，付之有司，核其虚实[40]；谬举者必行其罚，诬善者亦反其辜[41]。何必贷其奸赃，不加辩诘[42]，私其公议[43]，不出主名[44]，使无辜[45]见疑，有罪获纵[46]，枉直同贯[47]，人何赖焉！又，宰相不过数人，岂能遍谙多士[48]！若令悉命群官[49]，理须展转询访[50]；是则变公举为私荐，易明扬以暗投[51]，情故必多，为弊益甚。所以承前命官，罕不涉谤[52]田。虽则秉钧不一[53]，或自行情[54]，亦由私访所亲，转为所卖[55]。其弊非远，圣鉴明知[56]。"又曰："今之宰相则往日台省长官，今之台省长官乃将来之宰相，但是职名暂异，固非行举顿殊[57]。岂有为长官之时不能举一二属吏，居宰相之位则可择千百具僚[58]；物议悠悠，其惑斯甚[59]。盖尊者领其要[60]，卑者任其详[61]，是以人主择辅臣，辅臣择庶长[62]，庶长择佐僚[63]，将务得人，无易于此。夫求才贵广，考课贵精。往者则天[64]欲收人心，进用不次[65]，非但人得荐士，亦得自举其才。然而课责[66]既严，进退皆速，是以当代谓知人之明，累朝赖多士之用[67]。"又曰："则天举用之法伤易[68]而得人，陛下慎简[69]之规太精而失士。"上竟追前诏不行[70]。

（以上为第二段，写陆贽拜相，建言台省长官推举部属升迁，不由宰相包办，因遭物议，未能推行。）

【注释】

［1］乙未：四月十一日。［2］郴州：州名。治所郴县，在今湖南郴州市。［3］锦州：州名。治所卢阳县，在今湖南麻阳西南。［4］赵憬（735—796）：字退翁，天水陇南（今甘肃陇西东南）人。历任湖南观察使、给事中、尚书左丞，官终宰相。传见《旧唐书》卷一百三十八，《新唐书》卷一百五十。［5］赵仁本：太宗时任殿中侍御史，高宗朝官至同东西台三品。后为右相许敬宗所构陷，降为尚书左丞，罢知政事。传见《旧唐书》卷八十一。［6］旧簿：往年财务账簿。［7］巡院：官署名。唐于诸道设置盐铁巡院，主持该道盐铁事务，隶属于盐铁转运使。［8］丙午：四月二十二日。［9］如大历故事：大历元年（766），分天下财赋置转运、盐铁二使，东都畿内、河南、淮南、江东西、湖南、荆南、山南东道，以转运使刘晏领之；京畿、河东、剑南、山南西道，以判度支第五琦领之。事见《资治通鉴》卷二百二十四代宗大历元年。［10］壬子：四月二十八日。［11］水口：水名，当在灵州境内。［12］营田：屯田。［13］定远、怀远城：皆城名。定远城今宁夏平罗南。怀远城即怀远县城，在今宁夏银川。［14］属：属官。［15］异日：他日。［16］殿最：犹言优劣。考核政绩上等为最，下等为殿。［17］升黜举者：所举得人，则升举荐之人；所举非人，则黜降举主。［18］戊辰：五月十四日。［19］诸司：各主管部门，指台省长官。［20］有情故：有人情请托，弄虚作假。［21］密谕：暗中晓示。［22］国朝：本朝，即唐朝。［23］制敕：诏书。［24］宰相商议奏可：唐制，五品以上官员，是通过诏书来任命的，先由宰相商议后上奏，皇帝认可，下诏任命。［25］旨授：由皇上批转公文授官。［26］铨材署职：权衡选取，量才授职。［27］诏旨画闻而不可否也：六品以下的官员由批转的圣旨授官，也就是由吏部铨选人才，署任职务，圣上在诏旨上写一个"闻"字，而不写可否字样。［28］选曹：指由吏部铨选。此句谓在开元年间起居郎及起居舍人、拾遗、补阙、御史，皆由吏部铨选上报。［29］倖臣专朝：宠臣专擅朝政。［30］舍佥议而重己权：抛开众人的议论而扩大自己的权力。佥，众。［31］是使周行庶品：这样一来，使宰相奏任官员的办法遍及各级官员。［32］时宰：当时宰相。［33］莫致：不能任命。指任人授官，如果不经过当时宰相同意，就不能任命。［34］宣行：指由各台省长官各举其属的办法举荐官员。［35］才举十数：才举荐十几个人。［36］班行：班列，

官位。［37］阙败：过失。［38］遽以腾口：突然间众口沸腾，议论纷纷。［39］上烦圣聪：向上打扰皇上的视听。［40］覆其虚实：核实反映情况的真假。［41］反其辜：指对诬告的人，反过来也要治他的罪。［42］何必贷其奸脏，不加辩诘：为什么一定要宽大那些奸佞与贪赃的人，而不加以分辨与追究呢！贷，宽大。奸脏，指奸佞贪脏的人。辩诘，问难，追究。辩，通“辨”。［43］私其公议：对贪官奸吏不审理追究，依靠揭举揭发定案，等于是把公论变成了私议。陆贽不赞成这种办法。［44］不出主名：不揭出举告人的姓名。主名，举告者之名。此指诬告人之名。［45］无辜：无罪的人。指被诬告的人。［46］有罪获纵：诬陷别人有罪反被放纵。［47］枉直同贯：枉，无理。直，正直，有理。此句谓，对无理与有理的人都一样对待，人们还有什么依靠！［48］遍谙多士：一一了解众多的士人。［49］群官：百官。［50］展转询访：反复的询问访求。［51］是则变公举为私荐，易明扬以暗投：这样一来，便将公开举用变成私下推荐，变察举贤良换成了暗中投靠。明扬，指公开推荐的察举制度，而不是请托。［52］所以承前命官，罕不涉谤：因此，沿用过去宰相议选的办法任命官员，很少不涉嫌受指责。谤，指责。［53］秉钧不一：指也有宰相把握标准不一的时候。秉，把持，掌握。［54］行情：徇私作弊。［55］卖：指被蒙蔽捉弄。虽则至转为所卖四句，意谓虽然宰相也有把握标准不一的时候，有时也会自己作弊，但也由于私访多是自己的亲故，反而被他们捉弄了。［56］其弊非远，圣鉴明知：这样的弊端，并不是很久以前的事，圣明的皇上视察一下就可明白。［57］职名暂异，固非行举顿殊：谓台省长官与宰相只是职务分工与名称的暂时区别，本来并不是推举任用官员有天差地别。行举，指任用与举荐官员。［58］具僚：各种职任的官员。［59］物议悠悠，其惑斯甚：众人的议论连绵不绝，其实最大的疑惑为此最大。［60］尊者领其要：在高位的人统领事物的纲要。［61］卑者任其详：在下位的人负责具体事宜。［62］庶长：众官之长。“是以人主”二句谓因此人主要选择宰相，宰相要选择各部门的长官。［63］佐僚：部门长官的下属官员。［64］则天：指武则天。［65］进用不次：不依官阶破格选用人才。［66］课责：对官员的考核与督责。［67］是以当代谓知人之明，累朝赖多士之用：因此当代认为武则天有知人之明，以后连续几代都依赖她选出的众多士人为朝廷效力。［68］伤易：伤，伤害，引申为失误，弊端。易，太随便，指随便任用与罢退，即前文进退皆速。［69］慎简：慎重地简选人才。“则天与陛下”二句，意谓武则天用人，失误之处在于进退太快，但能够得到人才；陛下用人，慎重地选择过于精严，反而失去了人才。［70］上竟追前诏不行：指德宗最终还是追回前令，不让台省长官举荐属官。

癸酉[1]，平卢节度使李纳薨，军中推其子师古[2]知留后。

六月，吐蕃千余骑寇泾州，掠田军[3]千余人而去。

岭南节度使奏：“近日海舶珍异，多就安南市易，欲遣判官就安南收市[4]，乞命中使一人与俱。”上欲从之。陆贽上言，以为：“远国商贩，惟利是求，缓之斯来[5]，扰之则去。广州素为众舶所凑，今忽改就安南，若非侵刻过深，则必招携失所[6]，曾不内讼[7]，更荡上心。况岭南、安南，莫非王土，中使、外使，悉是王臣，岂必信岭南而绝安南，重中使以轻外使。所奏望寝不行。”

秋，七月，甲寅朔[8]，户部尚书判度支班宏薨。陆贽请以前湖南观察使李巽[9]权判度支，上许之。既而复欲用司农少卿裴延龄[10]，贽上言，以为：“今之度支，准平[11]万货，刻吝则生患，宽假则容奸。延龄诞妄小人，用之交骇物听[12]。尸禄[13]之责，固宜及于微臣[14]；知人之明，亦恐伤于圣鉴。”上不从。己未[15]，以延龄判度支事。

河南、北、江、淮、荆、襄、陈、许[16]等四十余州大水，溺死者二万余人，陆贽请遣使赈抚。上曰：“闻所损殊少，即议优恤，恐生奸欺。”贽上奏，其略曰：“流俗之弊，多徇谄谀，揣所悦意则侈其言[17]，度所恶闻则小其事，制备[18]失所，恒病于斯。”又曰：“所费者财用，所收者人心，苟不失人，何忧乏用！”上许为遣使，而曰：“淮西贡赋既阙，不必遣使。”贽复上奏，以为：“陛下息师含垢，宥彼渠魁[19]，惟兹下人，所宜矜恤。昔秦、晋仇敌，穆公犹救其饥[20]，况帝王怀柔[21]万邦，唯德与义，宁人负我，无我负人[22]。”八月，遣中书舍人京兆奚陟[23]等宣抚诸道水灾。

以前青州刺史李师古为平卢节度使。

韦皋攻维州[24]，获其大将论赞热。

（以上为第三段，写陆贽奏请对国际贸易，不宜征税，又奏请德宗赈济灾民。）

【注释】

[1]癸酉：五月十九日。[2]师古：李纳长子，继任淄青节度使。传见《旧唐书》卷一百二十四，《新唐书》卷二百一十三。[3]田军：屯田士兵。[4]收市：收买。[5]斯来：就来。斯，就。[6]招携失所：招抚远人的办法不对头才使之离去的。携，离。[7]内讼：内省，自责。[8]甲寅朔：七月一日。[9]李巽（746—809）：字合叔，赵州赞皇（今河北赞皇）人。历仕德宗、顺宗、宪宗三朝，官至吏部尚书、盐铁转运使。传见《旧唐书》卷一百二十三，《新唐书》卷一白四十九。[10]裴延龄（727—796）：河中河东（今山西永济）人。官至户部侍郎、判度支。传见《旧唐书》卷一百三十五，《新唐书》卷一百六十七。[11]准平：即平准。平抑物

价。［12］交骇物听：震惊舆论。［13］尸禄：受禄而不尽职。［14］微臣：小臣。陆贽自喻。［15］己未：七月六日。［16］荆、襄、陈、许：皆州名。荆州，治所江陵，在今湖北江陵。襄州，治所襄阳，在今湖北襄阳市。陈州，治所宛丘，在今河南淮阳。许州，治所长社，在今河南许昌。［17］侈其言：夸大其辞。［18］制备：制定事宜而预为准备。制备失所二句谓，朝廷制定事宜若无预备措施，问题就经常出在这里。［19］渠魁：大头目，首领。指淮西节度使吴少诚。［20］秦晋仇敌，穆公犹救其饥：事见《左传》僖公十五年。晋饥，秦输之粟。秦饥，晋闭之籴。晋又饥，秦穆公复输之粟，曰："吾怨其君，而矜其民。"［21］怀柔：招抚。［22］宁人负我，无我负人：《三国志·武帝纪》裴注引孙盛《杂记》载，曹操东归，误杀故人吕伯奢，既而凄怆曰："宁我负人，毋人负我。"陆贽此奏反其意而用之。［23］奚陟（744—799）：字殷卿，亳州（今安徽亳州市）人。官至刑、吏二部侍郎。为官公正，所任称职。传见《旧唐书》卷一百四十九，《新唐书》一百六十四。［24］攻维州：据章校，应作"攻吐蕃维州"。代宗广德元年（763），维州没入吐蕃。

陆贽上言，以边储不赡[1]，由措置失当，蓄敛乖宜[2]，其略曰："所谓措置失当者，戍卒不隶于守臣，守臣[3]不总[4]于元帅。至有一城之将，一旅之兵，各降中使监临[5]，皆承别诏委任[6]。分镇[7]亘千里之地，莫相率从；缘边列十万之师，不设谋主[8]。每有寇至，方从中覆[9]，比蒙征发赴援，寇已获胜罢归。吐蕃之比中国，众寡不敌，工拙不侔[10]，然而彼攻有余，我守不足。盖彼之号令由将，而我之节制在朝[11]，彼之兵众合并而我之部分离析故也。所谓蓄敛乖宜者，陛下顷设[12]就军、和籴之法以省运，制与人加倍之价以劝农，此令初行，人皆悦慕。而有司竞为苟且[13]，专事纤啬[14]，岁稔[15]则不时敛藏，艰食[16]则抑使收籴。遂使豪家、贪吏，反操利权[17]，贱取于人以俟公私之乏。又有势要[18]、近亲[19]、羁游之士[20]，委贱籴于军城，取高价于京邑，又多支绵[21]纻[22]充直[23]。穷边寒不可衣，鬻无所售，上既无信于下，下亦以伪应之，度支物估转高[24]，军城谷价转贵。度支以苟售[25]滞货为功利，军城以所得加价为羡馀。虽设巡院，转成囊橐[26]。至有空申簿账[27]，伪指囷仓[28]，计其数则亿万有余，考其实则百十不足。"

又曰："旧制以关中用度之多，岁运东方租米，至有斗钱运斗米之言。习闻见而不达时宜者，则曰：'国之大事，不计费损，虽知劳烦，不可废也。’习近利[29]而不防远患者，则曰：‘每至秋成之时，但令畿内和籴[30]，既易集事[31]，又足劝农。’臣以两家之论，互有长短，将制国用，须权重轻。食不足而财有余，则弛于积财而务实仓廪[32]；食有余而财不足，则缓于积食而啬用[33]货泉[34]。近岁关辅屡丰，公储委积[35]，足给数年；今夏江、淮水潦[36]，米贵加倍，人多流庸[37]。关辅以谷贱伤农，宜加价以籴而无钱；江、淮以谷贵人困，宜减价以粜[38]而无米。而又运彼所乏，益此所余，斯所谓习见闻而不达时宜者也。今江、淮斗米直百五十钱，运至东渭桥，僦直[39]又约二百，米糙且陈[40]，尤为京邑所贱。据市司[41]月估，斗粜三十七钱。耗其九而存其一[42]，馁彼人而伤此农，制事若斯，可谓深失矣！顷者每年自江、湖、淮、浙运米百一十万斛，至河阴[43]留四十万斛，贮河阴仓[44]，至陕州[45]又留三十万斛，贮太原仓[46]，余四十万斛输东渭桥。今河阴、太原仓见米[47]犹有三百二十余万斛，京兆诸县斗米不过直钱七十，请令来年江、淮止运三十万斛至河阴，河阴、陕州以次运[48]至东渭桥，其江、淮所停运米八十万斛[49]，委转运使每斗取八十钱于水灾州县粜之，以救贫乏，计得钱六十四万缗，减僦直六十九万缗。请令户部先[50]以二十万缗付京兆，令籴米以补渭桥仓之缺数，斗用百钱以利农人[51]；以一百二万六千缗付边镇，使籴十万人一年之粮，余十万四千缗以充来年和籴之价。其江、淮米钱、僦直并委转运使折市[52]绫、绢、絁[53]、绵以输上都，偿先贷户部钱。”

九月，诏西北边贵籴以实仓储，边备浸充。

（以上为第四段，写陆贽上奏调整边防驻军，充实国家粮食储备。）

【注释】

[1]赡：足。[2]蓄敛乖宜：储蓄和征收粮食的办法不合时宜。[3]守臣：守边大臣。[4]总：统领。[5]各降中使监临：对各城各军，都派宦官监察。[6]承别诏委任：指中使监军，按不同的诏旨委以重任。[7]分镇：划分的各个军镇，此指防边节度使。[8]谋主：主谋人物。[9]方从中覆：才从朝中降旨。[10]工拙不侔：工巧与笨拙不相等。工，指兵精谋广，谓唐军。拙，指兵钝少谋，谓吐蕃军。[11]我之节制在朝：我军的调度管束由朝廷控制。[12]顷设：不久前制定的办法。此李泌所建议，由边兵屯田，政府出钱在屯田边军中就地加价购粮，既劝农，

又省运费以充边储。事见《资治通鉴》卷二百三十二德宗贞元三年（787）。［13］苟且：得过且过，不作长远打算。［14］专事纤啬：专干琐屑悭吝的搜刮事情。［15］岁稔：丰年。［16］艰食：欠收缺食的年份。［17］反操利权：反而给他们提供了操纵财利的权柄。［18］势要：权势之家。［19］近亲：亲近宠幸之臣。［20］羁游之士：游食之人。［21］絺：细葛布。［22］纻：纻麻。指麻布。［23］直：又有四句意谓，势要、近亲、游食等人，委托军镇低价收购粮食，再运往京城高价出售，又往往用葛布麻布来支付粮价。［24］度支物估转高：指度支规定提高换粮物品的价格。［25］苟售：采用不正当的手段出售。“度支苟售”二句谓度支利用不正当手段出售滞销货物得利，军镇则从粮食加价中获取高额利润。［26］虽设巡院，转成囊橐：虽然设有巡院监察，实际上巡院倒成了填不满的大口袋。巡院，巡回访察诸使征收及转运的监察机关，刘晏所置。囊橐，口袋，喻藏奸纳污之所。［27］空申簿账：凭空申报账目。即伪造收支账簿。［28］囷（qún）仓：粮仓。［29］习近利：只顾眼前利益。［30］和籴：政府以平价收购粮食以从军用，称和籴。［31］集事：办成事。［32］弛于积财而务实仓廪：指国家放慢积聚钱财而多储粮食。弛，放慢。［33］啬用：节约使用。［34］货泉：钱币。［35］公储委积：公家储粮积聚起来。［36］潦（lào）：同“涝”。［37］流庸：流亡在外，为人佣作。［38］粜：卖粮。［39］僦直：运费。［40］米糙且陈：米糙，指米磨碾不精。且陈，而且是陈粮。江南水涝，所征之米，多往年陈粮。米粗而陈，售价更低。［41］市司：官署名。掌市场物价，按月奏闻。［42］耗其九而存其一：耗费了米价的十分之九而仅得十分之一。江南米一斗为钱一百五十，加运价二百，合计三百五十，在京师售出只值三十七钱，是耗其九而存其一也。［43］河阴：县名。县治在今河南郑州西北。［44］河阴仓：建于河阴的粮仓。漕运自江淮溯运河而入于此，再转运至太原仓。［45］陕州：州名。河阴仓在其东，太原仓在其西。陕州是节制漕运黄河段的重要军镇，治所陕县，在今河南三门峡西。［46］太原仓：仓名，隋代所置常平仓，在陕州西。［47］见米：现存粮米。见，通“现”。［48］以次运：按站转运。［49］停运米八十万斛：停运，指停止向京师运送，而调出八十万斛至水灾区按平价出售。［50］先：先支付。即让京兆府向户部借钱二十万缗用以就地购粮。［51］斗用百钱以利农人：斗米原价七十，现增至百钱收购，故曰利农。［52］折市：折合市价购买。［53］絁（shī）：粗绸。

冬，十一月，壬子朔［1］，日有食之。

吐蕃、云南日益相猜，每云南兵至境上，吐蕃辄亦发兵，声言相应，实为之备。辛酉［2］，韦皋复遗云南王书，欲与共袭吐蕃，驱之云岭［3］之外，悉平吐蕃城堡，独与云南筑大城于境上，置戍［4］相保，永同一家。

左庶子姜公辅久不迁官，诣陆贽求迁，贽密语之曰：“闻窦相屡奏拟，上不允，有怒公之言。”公辅惧，请为道士。上问其故，公辅不敢泄赞语，以闻参言为对。上怒参归怨于君；己巳[5]，贬公辅为吉州[6]别驾[7]，又遣中使责参。

庚午[8]，山南西道节度使严震奏败吐蕃于芳州[9]及黑水堡[10]。

初，李纳以棣州蛤蜾[11]有盐利，城而据之；又戍德州之南三汊城[12]，以通田绪之路。及李师古袭位，王武俊以其年少，轻之，是月，引兵屯德、棣，将取蛤蜾及三汊城；师古遣赵镐将兵拒之。上遣中使谕止之，武俊乃还。

初，刘怦[13]薨，刘济在莫州，其母弟澭在父侧，以父命召济而以军府授之。济以澭为瀛州[14]刺史，许他日代己。既而济用其子为副大使[15]，澭怨之，擅通表朝廷，遣兵千人防秋。济怒，发兵击澭，破之。

左神策大将军柏良器[16]，募才勇之士以易[17]贩鬻者[18]，监军窦文场恶之。会良器妻族[19]饮醉，寓宿宫舍[20]。十二月，丙戌[21]，良器坐[22]左迁[23]右领军[24]。自是宦官始专军政。

（以上为第五段，写云南与吐蕃离心，河北诸镇之间争利矛盾，宦官始专军政。）

【注释】

[1]壬子朔：十一月一日。[2]辛酉：十一月十日。[3]云岭：山名。主峰在今云南大理西北。[4]戍：营垒。[5]己巳：十一月十八日。[6]吉州：州名。治所庐陵，在今江西吉安。[7]别驾：官名。州刺史佐吏，掌理州务。[8]庚午：十一月十九日。[9]芳州：州名。治所常芬，在今甘肃迭部县东南。[10]黑水堡：戍镇名。在今四川松潘县境。[11]蛤蜾：城名。淄青节度使李纳置，在今山东惠民县南。胡三省认为，“蜾”字，应作“垛”。[12]三汊城：李纳置于德州南（今山东德州）黄河上的军戍城，名曰三汊以交通魏博田绪。[13]刘澭：刘怦次子，刘济同母弟，归唐后官至秦州刺史。传见《旧唐书》卷一百四十三，《新唐书》卷一百四十八。[14]瀛州：州名。治所在今河北河间。[15]副大使：节度使之副，节度使缺位即代为留后。河朔三镇及淄青，均以子为副大使，节度使也就成了世袭之职。刘济许以弟刘澭代节镇而用子为副大使，自食其言，故刘澭怒而归款于朝廷。[16]柏良器：字公亮，魏州（今河北大名县）人。官至右领军卫大将军。传见《新唐书》卷一百三十六。[17]易：代替。[18]贩鬻者：做买卖的商人。当时政治腐败，商人贿赂宦官，挂名神策军，柏良器募才勇之士以取代之。[19]妻族：妻家族人，一般指妻兄弟。[20]寓于宫舍：住宿在宫中禁军值宿的房舍中。[21]丙戌：十二月五日。[22]坐：牵连受罪。[23]左迁：降职。[24]右领军：十六卫之一，为南衙诸卫。南衙禁军为仪仗之设，充位而已，北衙禁军权重。故柏良器由北衙神策军调南衙为左迁。

九年（癸酉，793 年）

春，正月，癸卯[1]，初税茶[2]。凡州、县产茶及茶山外要路[3]，皆估其直，什税一，从盐铁使张滂之请也。滂奏："去岁水灾减税，用度不足，请税茶以足之。自明年以往，税茶之钱，令所在别贮，俟有水旱，以代民田税。"自是岁收茶税钱四十万缗，未尝以救水旱也。

滂又奏："奸人销[4]钱为铜器以求赢[5]，请悉禁铜器。铜山听人开采[6]，无得私卖[7]。"

二月，甲寅[8]，以义武留后张昇云[9]为节度使。

初，盐州既陷[10]，塞外无复保障；吐蕃常阻绝灵武，侵扰鄜坊。辛酉[11]，诏发兵三万五千人城[12]盐州，又诏泾原、山南、剑南各发兵深入吐蕃以分其势，城之二旬而毕；命盐州节度使杜彦光[13]戍之，朔方都虞候杨朝晟戍木波堡[14]，由是灵、夏、河西获安[15]。

上使人谕陆贽，以"要重之事，勿对赵憬[16]陈论，当密封手疏以闻；"又"苗粲[17]以父晋卿往年摄政，尝有不臣之言[18]，诸子皆与古帝王同名[19]，今不欲明行斥逐，兄弟亦各除外官，勿使近屯兵之地；"又"卿清慎[20]太过，诸道馈遗，一皆拒绝，恐事情不通[21]，如鞭靴[22]之类，受亦无伤[23]。"贽上奏，其略曰："昨臣所奏，惟赵憬得闻，陛下已至劳神，委曲防护[24]。是于心膂[25]之内，尚有形迹之拘[26]，迹同事殊[27]，鲜克以济[28]。恐爽[29]无私之德，且伤不吝之明[30]。"又曰："爵人必于朝，刑人必于市[31]，惟恐众之不睹，事之不彰。君上行之无愧心[32]，兆庶[33]听之无疑议，受赏安之无怍色[34]，当刑居之无怨言，此圣王所以宣明典章，与天下公共者也。凡是谮诉[35]之事，多非信实之言，利于中伤，惧于公辩。或云岁月已久，不可究寻；或云事体有妨[36]，须为隐忍；或云恶迹未露，宜假他事为名；或云但弃其人，何必明言责辱。词皆近于情理，意实苞于矫诬[37]，伤善售奸，莫斯为甚！若晋卿父子实有大罪，则当公议典宪[38]；若被诬枉，岂令阴受播迁[39]。

夫听讼辨谗，必求情辨迹，情见迹著，辞服理穷，然后加刑罚焉，是以下无冤人，上无谬听。"又曰："监临[40]受贿，盈尺有刑[41]，至于士吏之微，尚当严禁，矧[42]居风化之首[43]，反可通行！贿道一开，展转滋甚，鞭靴不已，必及金玉。目见可欲[44]，何能自窒于心[45]！已与交私[46]，何能中绝其意[47]！是以涓流[48]不绝，溪壑成灾矣。”又曰：“若有所受，有所却，则遇却者疑乎见拒而不通矣；若俱辞不受，则咸知不受者乃其常理，复何嫌阻[49]之有乎！”

（以上为第六段，写陆贽上奏德宗，宰相议事要透明，惩罚臣下要按制度，主政的长官，尤其是宰相不得收礼，防微杜渐以拒贪。）

【注释】

[1]癸卯：正月二十四日。[2]初茶税：始征茶税。榷茶之税，建中三年（782）赵赞始倡其议，令成于张滂，以救水旱之名而征之。[3]要路：交通要道。[4]销：销毁。[5]赢：赢利。[6]听人开采：铜山任凭人去开采。[7]无得私卖：开采铜山所得铜不得私卖而输于官。[8]甲寅：二月五日。[9]张昇云：义武节度使张孝忠之子，父死为留后，见《资治通鉴》卷二三三。[10]盐州既陷：事见《资治通鉴》卷二百三十二德宗贞元二年（786）。盐州城在今陕西定边。灵武在其西，鄜坊在其东。故盐州陷落，既阻绝灵武之路，又侵扰鄜坊之民。[11]辛酉：二月十二日。[12]城：筑城。[13]杜彦光：又名杜彦先。[14]木波堡：戍镇名。在今甘肃环县东南。[15]灵、夏、河西获安：据章校，“灵”字下有“武银”二字，则句为“灵武、银夏、河西获安”。银夏，银州、夏州。河西，地区名。即河套南黄河以西灵、盐、银、夏等州。[16]赵憬：字退翁。时为中书侍郎，同中书门下平章事，与陆贽议政常相左，故德宗云尔。传见《旧唐书》卷一百三十八，《新唐书》卷一百五十。[17]苗粲：肃宗朝左相苗晋卿之子，时为给事中。传见《新唐书》卷一百四十。[18]不臣之言：不忠于君之言。[19]诸子与古帝王同名：苗晋卿有十子，其中有苗发、苗丕、苗坚、苗垂。古帝王有周武王姬发、魏文帝曹丕、前秦苻坚、后燕慕容垂。故云苗氏诸子与古帝王同名，德宗忌之。[20]清慎：清谦谨慎。[21]事情不通：拒之太过，人情上讲不通。[22]鞭靴：马鞭和皮靴。喻一般生活用品。[23]受亦无伤：接受了也无害大体。[24]委曲防护：辗转曲折地多方提防。[25]心膂：心脏与脊梁骨。比喻亲近的腹心之臣。[26]形迹之拘：行为举止还有某种拘束。此为对德宗亲此疏彼猜忌心的委婉批评。[27]迹同事殊：表面一样，遇事对待不同。[28]鲜克以济：少能成功。[29]爽：失。[30]伤不吝之名：有损改过的明智。不吝，指“改过不吝”，语出《尚书·仲虺之诰》。[31]爵人必于朝，刑人必于市：授人爵位一定要在朝廷上宣布，加刑于人一定要在闹市中执行。[32]君上行之无愧心：君主要问心无愧地实行赏罚。[33]兆庶：天下万民。[34]怍（zuò）色：惭愧的脸色。[35]谮诉：暗中进谗言。俗称打小报告。[36]事体有妨：因有各种妨碍，事体不宜公开。这是进谗者以莫须有罪名加害于人时，往往借此为遁辞，不让事情落实以售其奸。[37]意实苞于矫诬：心意所在实为包藏着是非不明的诬陷。苞，同“包”。矫诬，假托的

罪名。［38］公议典宪：公开审议按法律论处。典宪，典章，法令。［39］播迁：流离迁徙。不明不白地降职外放，实质相当于流放播迁。［40］监临：指负有监察临视责任的官员。［41］盈尺有刑：监临官受贿，财物长度满一尺，要受刑法制裁。［42］矧：况。［43］风化之首：指宰相。［44］可欲：满意之物。［45］自窒于心：自己把可欲压抑在心中。窒，堵塞，压抑。［46］交私：私下交通，指受贿。［47］何能中绝其意：怎能中途断绝行贿人的请托而不满足他的要求呢！意谓既受其贿，则难以绝其私请。［48］涓流：细小水流。［49］嫌阻：疑惑。

初，窦参恶左司郎中李巽，出为常州[1]刺史。及参贬郴州，巽为湖南观察使。汴州节度使[2]刘士宁遗参绢五十匹，巽奏参交结藩镇。上大怒，欲杀参，陆贽以为参罪不至死，上乃止，既而复遣中使谓贽曰："参交结中外[3]，其意难测，社稷事重，卿速进文书处分[4]。"贽上言："参朝廷大臣，诛之不可无名。昔刘晏之死，罪不明白，至今众议为之愤邑，叛臣得以为辞[5]。参贪纵[6]之罪，天下共知；至于潜怀异图，事迹暧昧。若不推鞫[7]，遽加重辟[8]，骇动不细[9]。窦参于臣无分[10]，陛下所知，岂欲营救其人，盖惜典刑不滥。"三月，更贬参驩州[11]司马，男女皆配流。

上又命理其亲党，贽奏："罪有首从[12]，法有重轻，参既蒙宥，亲党亦应末减[13]；况参得罪之初，私党并已连坐，人心久定，请更不问。"从之。上又欲籍其家赀[14]，贽曰："在法，反逆者尽没其财，赃污者止征所犯，皆须结正[15]施刑，然后收籍[16]。今罪法未详，陛下已存惠贷[17]，若簿录其家[18]，恐以财伤义。"时宦官左右恨参尤深，谤毁不已。参未至驩州，竟赐死于路。窦申杖杀，货财、奴婢悉传送京师[19]。

海州[20]团练使[21]张昇璘，昇云之弟，李纳之婿也，以父大祥[22]归于定州[23]，尝于公座骂王武俊，武俊奏之。夏，四月，丁丑[24]，诏削其官，遣中使杖而囚之。定州富庶，武俊常欲之，因是遣兵袭取义丰[25]，掠安喜、无极[26]万余口，徙之德、棣。昇云闭城自守，屡遣使谢之，乃止。

上命李师古毁三汉城，师古奉诏；然常招聚亡命，有得罪于朝廷者，皆抚而用之。

（以上为第七段，写德宗信谗，违制处死已贬宰相窦参。）

【注释】

[1]常州：州名。治所在今江苏常州市。 [2]汴州节度使：即宣武节度使，以其驻节汴州，故名。 [3]中外：中央和地方官吏。 [4]进文书处分：呈进公文，提出处分意见。 [5]叛臣得以为辞：指平卢节度使李正己多次上表请朝廷宣布刘晏被诛的罪状。事见《资治通鉴》卷二百二十六德宗建中二年（781）。 [6]贪纵：贪赃放纵。 [7]推鞫：审问。 [8]重辟：重刑，指死刑。 [9]不细：不小。 [10]分：契分，相交情分。 [11]驩州：州名。治所在今越南境内。 [12]首从：首恶与从犯。 [13]末减：从轻论罪或减等处刑。 [14]籍其家赀：没收其家财入官。 [15]结正：结案判定。 [16]收籍：籍没家产。 [17]惠贷：施恩宽大。 [18]簿录其家：即上文的收籍，就是登录其家财于文簿，抄家没收。 [19]传（zhuàn）送：用官家驿站车马递送。 [20]海州：州名。治所在今江苏连云港西南。 [21]团练使：掌所部军事，位于节度使、观察使之下。 [22]大祥：父母去世两周年的祭礼。 [23]定州：州名。治所在今河北定州市。 [24]丁丑：四月二十九日。 [25]义丰：县名。县治在今河北安国市。 [26]安喜、无极：皆县名。安喜县治在今河北定州市。无极县治在今河北无极。

五月，甲辰[1]，以中书侍郎赵憬为门下侍郎、同平章事；义成节度使贾耽为右仆射，右丞卢迈[2]守本官，并同平章事。迈，翰之族子也。憬疑陆贽恃恩[3]，欲专大政，排己置之门下[4]，多称疾不豫[5]事，由是与贽有隙。

陆贽上奏论备边六失，以为："措置乖方，课责亏度，财匮于兵众，力分于将多，怨生于不均，机失于遥制。"

关东[6]戍卒，不习土风[7]，身苦边荒[8]，心畏戎虏。国家资奉若骄子[9]，姑息如倩人[10]。屈指计归，张颐待哺[11]；或利王师之败，乘扰攘而东溃[12]；或拔弃[13]城镇，摇远近之心。岂惟无益，实亦有损。复有犯刑谪徙者[14]，既是无良[15]之类，且加怀土之情，思乱幸灾，又甚戍卒。可谓措置乖方矣。

自顷[16]权移于下，柄失于朝[17]，将之号令既鲜克[18]行之于军，国之典常[19]又不能施之于将，务相遵养[20]，苟度岁时。欲赏一有功，翻虑[21]无功者反仄[22]；欲罚一有罪，复虑[23]同恶者忧虞[24]。罪以隐忍而不彰，功以嫌疑[25]而不赏，姑息之道，乃至于斯。故使忘身效节[26]者获诮[27]于等夷[28]，率众先登者取怨于士卒，偾[29]军蹙国[30]者不怀于愧畏，缓救失期者自以为智能。此义士所以痛心，勇夫所以解体[31]。可谓课责亏度矣。

虏[32]每入寇，将帅递相推倚[33]，无敢谁何[34]，虚张贼势上闻，则曰兵少不敌。朝廷莫之省察，唯务征发益师，无裨[35]备御之功，重增供亿[36]之弊。闾井[37]日耗，征求日繁，以编户[38]倾家、破产之资，兼有司榷盐[39]、税酒[40]之利，总其所入，岁以事边。可谓财匮于兵众矣。

吐蕃举国胜兵之徒[41]，才当中国十数大郡而已，动则中国惧其众而不敢抗，静则中国惮其强而不敢侵，厥理何哉[42]？良[43]以中国之节制多门，蕃丑之统帅专一故也。夫统帅专一，则人心不分，号令不贰，进退可济，疾徐[44]如意，机会靡愆[45]，气势自壮。斯乃以少为众，以弱为强者也。开元、天宝之间，控御西北两蕃[46]，唯朔方、河西、陇右三节度[47]。中兴以来[48]，未遑外讨，抗两蕃[49]者亦朔方、泾原、陇右、河东四节度而已。自顷分朔方之地，建牙拥节[50]者凡三使[51]焉，其余镇军，数且四十，皆承特诏委寄[52]，各降中贵[53]监临，人得抗衡[54]，莫相禀属。每俟边书告急，方令计会用兵[55]，既无军法下临，惟以客礼相待。夫兵，以气势为用者也；气聚则盛，散则消；势合则威，析则弱。今之边备，势弱气消，可谓力分于将多矣。

理戎[56]之要，在于练核优劣之科[57]以为衣食等级之制，使能者企及[58]，否者息心[59]，虽有厚薄之殊而无觖望[60]之衅。今穷边之地，长镇[61]之兵，皆百战伤夷之余[62]，终年勤苦之剧，然衣粮所给，唯止当身[63]，例为妻子所分，常有冻馁之色。而关东戍卒，怯于应敌，懈于服劳，衣粮所颁，厚逾数等[64]。又有素非禁旅[65]，本是边军，将校诡为媚词[66]，因请遥隶神策，不离旧所，唯改旧名[67]，其于廪赐之饶，遂有三倍之益。夫事业未异而给养有殊，苟未忘怀，孰能无愠！可谓怨生于不均矣。

凡欲选任将帅，必先考察行能，可者遣之，不可者退之，疑者不使，使者不疑，故将在军[68]，君命有所不受。自顷边军去就，裁断多出宸衷[69]，选置戎臣[70]，先求易制，多其部[71]以分其力，轻其任[72]以弱其心，遂令爽于军情亦听命[73]，乖于事宜亦听命[74]。戎虏驰突，迅如风飚，驲书[75]上闻，旬月方报。守土者以兵寡不敢抗敌，分镇者以无诏不肯出师，贼既纵掠退归[76]，此乃[77]陈功告捷。其败丧则减百而为一[78]，其捃获[79]则张百而成千。将帅既幸于总制在朝，不忧罪累[80]，陛下又以为大权由己，不究事情。可谓机失于遥制矣。

臣愚谓宜罢诸道将士防秋之制，令本道但供衣粮[81]，募戍卒愿留及蕃、汉子弟以给[82]之。又多开屯田，官为收籴，寇至则人自为战，时至[83]则家自力农[84]，与夫倏来忽往者，岂可同等而论哉！又宜择文武能臣为陇右、朔方、河东三元帅，分统缘边[85]诸节度使，有非要者，随所便近而并之[86]。然后减奸滥虚浮之费[87]以丰财[88]，定衣粮等级之制以和众[89]，弘[90]委任之道以宣其用，悬赏罚之典以考其成。如是，则戎狄威怀[91]，疆埸[92]宁谧[93]矣！”上虽不能尽从，心甚重之。

（以上为第八段，写陆贽上奏论边防体制六大失误，德宗只是赞赏，而没有认真采纳。）

【注释】

[1]甲辰：五月二十七日。[2]卢迈：字子玄，河南府（今河南洛阳市）人。历任谏议大夫、给事中，以守尚书右丞本官，并同平章事。德宗兴元年间宰相卢翰之族子。传见《旧唐书》卷一百三十六，《新唐书》卷一百五十。[3]恃恩：依仗恩宠。[4]排己置之门下：将自己排挤到门下省。[5]豫：参与。[6]关东：泛指潼关以东广大中原地区。[7]土风：当地风俗习惯。此指关东戍卒，不熟悉边地风俗习惯。[8]边荒：边地荒寒，缺衣少食。[9]骄子：娇生惯养的儿子。[10]倩人：女婿。[11]张颐待哺：张开嘴巴等待喂饭。比喻骄兵懒惰而需索多。[12]东溃：向东逃散。[13]拔弃：突然放弃。[14]犯刑谪徒者：因犯罪而被流放戍边的人。[15]无良：不良。[16]自顷：近来。[17]柄失于朝：朝廷失去了权柄。[18]鲜克：很少能够。[19]典常：常法，常制。[20]务相遵养：上下互相姑息。[21]翻虑：反而考虑。[22]反仄：即反侧，动荡不安。[23]复虑：还要考虑。[24]忧虞：忧虑不安。[25]嫌疑：猜嫌疑惑。[26]效节：效忠尽节。[27]诮：嘲讽。[28]等夷：同辈。[29]偾（fèn）：败。[30]蹙国：逼迫、要挟朝廷。[31]解体：人心涣散。[32]虏：泛指周边各少数民族。德宗时，主要指吐蕃。[33]递相推倚：互相推脱依赖。[34]无敢谁何：没人敢查问。谁何，谁呵。[35]无裨（bì）：无补。[36]供亿：供应。[37]闾井：乡村。[38]编户：有户籍的平民。[39]榷盐：专卖食盐。[40]税酒：征酒税。[41]举国胜兵之徒：全国能够拿起武器当兵的人。[42]厥理何哉：这是什么道理？厥，其。[43]良：实在是。此句指军队要接受许多部门的指挥调度，以致政令不一。[44]疾徐：快慢。[45]靡愆：不失。[46]两蕃：指吐蕃、突厥两邦。[47]三节度：指防御西北的三个节度使。朔方节度使，镇灵州（今宁夏灵武市西南）；河西

节度使，镇甘州（今甘肃张掖市）；陇右节度使，镇鄯州（今青海海东市乐都区）。［48］中兴以来：指肃宗平定安史之乱以来。［49］两蕃：中兴以来两蕃，北方回纥，西方吐蕃。［50］建牙拥节：建立衙门拥有节度使的旌节。［51］三使：指分朔方置河中、振武、邠宁三节度使。事见《资治通鉴》卷二二五代宗大历十四年（779）。［52］委寄：委任。［53］中贵：指宦官。［54］人得抗衡，莫相禀属：指中贵监军与节镇统帅，互相抗衡，没有隶属。［55］计会用兵：议谋盘算用兵方略。［56］理戎：治军。［57］练核优劣之科：精细地考核优劣的等级。［58］企及：赶上，够得上。［59］息心：安心。指不能者安心于劣等地位，［60］觖（jué）望：怨望。［61］长镇：长期戍边。［62］百战伤夷之余：百战后遍体鳞伤的幸存者。［63］当身：本身。［64］厚逾数等：给予关东的优厚粮饷超过边兵好几倍。［65］素非禁旅：本来不是禁军。［66］诡为媚词：耍花招编造迎逢之词。［67］唯改旧名：只是改变了原来边兵的名称而名禁旅。［68］将在军，君命有所不受：语出《孔子·九变篇》，原文作“将受命于君，……君命有所不受”。［69］宸衷：皇帝的意志。［70］戎臣：武将。［71］多其部：多置军队番号。［72］轻其任：降低他们的职任。［73］爽于军情亦听命：不符合军情的命令也要听从。爽，失。与下句“乖”字为同义互文。［74］乖于事宜亦听命：违反实际的事情也要遵守。乖，违离。［75］驲（rì）书：驿马传递的公文。［76］纵掠退归：放纵士兵抢掠以后退还。［77］此乃：这才。［78］减百而为一：把败亡的损失隐瞒下来，减少到百分之一。［79］捃（jùn）获：收获。［80］罪累：罪责及身。［81］令本道但供衣粮：停止关东各道秋季派兵戍边的防秋制度，让各道只提供衣服与口粮。［82］给：供给。［83］时至：农时到来。［84］力农：致力农事。［85］缘边：沿边。［86］有非要者，随所便近而并之：对无必要设置节度使的地区，就近予以合并。非要，不重要，不必要。陆贽所言，要裁撤合并一些边防军镇。［87］奸滥虚浮之费：用不正当手段虚报滥支的费用。［88］丰财：增加财政经费。［89］和众：使军队谐和。［90］弘：弘扬、扩大。［91］威怀：感威而怀安。［92］疆埸（yì）：疆场。［93］宁谧（mì）：宁静。

韦皋遣大将董勔等将兵出西山[1]，破吐蕃之众，拔堡栅五十余。

丙午[2]，门下侍郎、同平章事董晋罢为礼部尚书。

云南王异牟寻遣使者三辈，一出戎州[3]，一出黔州[4]，一出安南[5]，各赍生金[6]、丹砂[7]诣韦皋，金以示坚，丹砂以示赤心，三分皋所与书[8]为信，皆达成都。异牟寻上表请弃吐蕃归唐[9]，并遗皋帛书，自称唐云南王孙、吐蕃赞普义弟日东王[10]。皋遣其使者诣长安，并上表贺。上赐异牟寻诏书，令皋遣使慰抚之。

贾耽、陆贽、赵憬、卢迈为相，百官白事，更让[11]不言。秋，七月，奏请依至德故事[12]，宰相迭秉笔[13]以处政事，旬日一易；诏从之。

其后日一易之。

剑南、西山诸羌女王汤立志、哥邻王董卧庭、白狗王罗陀忽、弱水王董辟和、南水王薛莫庭、悉董王汤悉赞、清远王苏唐磨、咄霸王董邈蓬及逋租王，先皆役属吐蕃，至是各帅众内附。韦皋处之于维、保、霸州[14]，给以耕牛种粮。立志、陀忽、辟和入朝，皆拜官，厚赐而遣之。

癸卯[15]，户部侍郎裴延龄奏："自判度支以来，检责[16]诸州欠负钱[17]八百余万缗，收诸州抽贯钱[18]三百万缗，呈样物[19]三十余万缗，请别置欠负[20]耗剩[21]季库[22]以掌之，染练物[23]则别置月库以掌之。"诏从之。欠负皆贫人无可偿，徒存其数者，抽贯钱给用随尽，呈样、染练皆左藏[24]正物。延龄徙置别库，虚张名数以惑上。上信之，以为能富国而宠之，于实无所增也，虚费吏人簿书[25]而已。

京城西污湿地生芦苇数亩，延龄奏称长安、咸阳有陂泽数百顷，可牧厩马[26]。上使有司阅视，无之，亦不罪也。

左补阙权德舆[27]上奏，以为："延龄取常赋支用未尽者充羡余以为己功。县官先所市物，再给其直，用充别贮。边军自今春以来并不支粮。陛下必以延龄孤贞独立[28]，时人丑正[29]流言，何不遣信臣覆视，究其本末，明行赏罚。今群情众口喧于朝市[30]，岂京城士庶皆为朋党邪！陛下亦宜稍回圣虑而察之。"上不从。

八月，庚戌[31]，太尉、中书令、西平忠武王李晟薨。

冬，十月，甲子[32]，韦皋遣其节度巡官[33]崔佐时赍诏书诣云南，并自为帛书答之。

十一月，乙酉[34]，上祀圜丘[35]，赦天下。

（以上为第九段，写云南王遣使入朝，德宗宠信佞臣户部侍郎裴延龄。）

【注释】

[1]西山：山名。即大雪山，在今四川马尔康西部。 [2]丙午：五月二十九日。 [3]戎州：州名。治所僰道，在今四川宜宾市。 [4]黔州：州名。治所彭水，在今重庆市彭水县。 [5]安南：指道经安南都护府。 [6]生金：未经炼制的黄金。 [7]丹砂：朱砂矿。 [8]三分皋所与书：韦皋于贞元五年（789）三次致函云南，如今，云南王异牟寻派三批使者回报韦皋，各携一份以为凭信。 [9]唐：据章校，"唐"下有"故"字。 [10]义弟日东王：吐蕃以云南王为义弟，事

见《资治通鉴》卷二百一十玄宗天宝十载（751）。封日东王，事见《资治通鉴》卷二百二十六代宗大历十四年（779）。［11］更（gēng）让：互相推让。［12］依至德故事：事见《资治通鉴》卷二百一十九肃宗至德元载（756）。［13］迭秉笔：轮流执笔。即宰相轮流在政事堂执政，处理公文。［14］保、霸州：皆州名，保州治所在今四川理县北。霸州治所在今四川汶川县西北。［15］癸卯：七月二十七日。［16］检责：检查督责，即查收。［17］欠负钱：贫民拖欠官府的税钱或贷款。［18］抽贯钱：按一定比例抽取的商业税钱。［19］样物：贡品样物。［20］欠负：指征收的欠负钱。［21］耗剩：指上交来的耗损赢余。［22］季库：按季入库，称季库。下文，月库，即按月入物，称月库。［23］染练物：经过煮练和染色的布帛。［24］左藏：太府寺所属署名，分左、右，均为国家财货总管。左藏署掌钱货、绢帛、杂彩。全国赋调上供中央皆入左藏，正物即指此。［25］虚费吏人簿书：白白地浪费管理人员和账簿。［26］厩马：皇家马苑中的马。厩，马棚。［27］权德舆（758—818）：字载之，天水略阳（今甘肃秦安东北）人。历任中书舍人、礼部侍郎、宰相，官终山南西道节度使。有文集五十卷行于世。传见《旧唐书》卷一百四十八，《新唐书》一百六十五。［28］孤贞独立：独守节操，出类拔萃。［29］丑正：指奸邪与正直的人。丑，奸邪，丑陋。［30］朝市：朝廷与市肆。［31］庚戌：八月四日。［32］甲子：十月十八日。［33］巡官：官名。节度、观察、团练、防御诸使，其属下皆有巡官，位于判官、推官之下，衙推之上。［34］乙酉：十一月十日。［35］上祀圜丘：德宗在天坛祭天。

刘士宁既为宣武节度使，诸将多不服。士宁淫乱残忍，出畋[1]辄数日不返，军中苦之。都知兵马使李万荣[2]得众心，士宁疑之，夺其兵权，令摄汴州事。十二月，乙卯[3]，士宁帅众二万畋于外野[4]；万荣晨入使府，召所留亲兵千余人，诈之曰："敕征大夫入朝，以吾掌留务[5]，汝辈人赐钱三十缗。"众皆拜。又谕外营兵，皆听命。乃分兵闭城门，使驰白士宁曰："敕征大夫，宜速即路[6]，少或迁延，当传首以献。"士宁知众不为用，以五百骑逃归京师，比至东都，所余仆妾而已。至京师，敕归第行丧[7]，禁其出入。

淮西节度使吴少诚闻变，发兵屯郾城[8]，遣使问故，且请战。万荣以言戏[9]之，少诚惭而退。

上闻万荣逐士宁，使问陆贽，贽上奏，以为今军州已定，宜且遣朝臣宣劳，徐察事情，冀免差失[10]，其略曰："今士宁见逐，虽是众情，万荣典军[11]，且非朝旨。此安危强弱之机也，愿陛下审之慎之。"上复使谓贽："若更淹迟[12]，恐于事非便。今议除一亲王充节度使，且令万荣知留后，其制即从内出[13]。"贽复上奏，其略曰："臣虽服戎角力谅匪克堪[14]，而经武伐谋[15]或有所见。夫制置之安危由势，付授[16]之济否[17]由才。势如器焉，惟在所置，置之夷地[18]则平；才如负[19]焉，唯在所授，授逾其力则踣[20]。万荣今所陈奏，颇涉张皇[21]，但露[22]徼求[23]之情，殊无退让之礼，据兹鄙躁[24]，殊异循良。又闻本是滑人[25]，偏厚当州[26]将士，与之相得，才止三千，诸营之兵已甚怀怨。据此颇僻[27]，亦非将材，若得志骄盈，不悖则败，悖则犯上，败则偾军[28]。"又曰："苟邀[29]则不顺，苟允[30]则不诚，君臣之间，势必嫌阻[31]。与其图之于滋蔓[32]，不若绝之于萌芽。"又曰："为国之道[33]，以义训人[34]，将教事君，先令顺长[35]。"又曰："方镇之臣，事多专制，欲加之罪，谁则无辞！若使倾夺之徒便得代居其任，利之所在，人各有心，此源潜滋[36]，祸必难救。非独长乱之道，亦关谋逆之端[37]。"又曰："昨逐士宁，起于仓卒[38]，诸郡守将固非连谋，一城师人亦未协志。各计度于成败之势，迴遑[39]于逆顺之名，安肯捐躯与之同恶！"又曰："陛下但选文武群臣一人命为节度，仍降优诏，慰劳本军。奖万荣以抚定之功，别加宠任，褒将士以辑睦[40]之义，厚赐资装，揆[41]其大情，理必宁息。万荣纵欲跋扈，势何能为！"又曰："傥后事有愆素[42]，臣请受败桡[43]之罪。"上不从。壬戌[44]，以通王[45]谌为宣武节度使，以万荣为留后。

丁卯[46]，纳故驸马都尉郭暧女为广陵王[47]淳妃。淳，太子之长子。妃母，即昇平公主也。

（以上为第十段，写德宗姑息宣武都知兵马使李万荣驱逐主帅而委任为留后。）

【注释】

[1]畋（tián）：打猎。[2]李万荣：原为宣武节度使刘玄佐部将。玄佐死，子士宁继任。李万荣逐士宁，遂被任为节度使。不久病死。传见《新唐书》卷二百一十四。[3]乙卯：十二月十日。[4]外野：野外。[5]掌留务：掌管留后事务，即留后。[6]即路：就路，上路。[7]衍丧：即服丧。父死，子服丧三年。刘玄佐贞元八年卒，士宁此时尚在服丧期中。[8]郾城：县名。县治在今河南漯河市郾城区。[9]戏：嘲讽。[10]冀免差失：希能免于差错失误。

[11]典军：指掌宣武军务。[12]淹迟：迟缓、拖延。[13]内出：从内廷发出。[14]服戎角力谅匪克堪：披挂戎装去战斗自料不能胜任。[15]经武伐谋：筹划军事，破坏敌人谋略。[16]付授：指授任，授官。[17]济否：成功与失败。[18]夷地：平地。[19]负：背负重物。[20]踣：跌倒。[21]张皇：张狂，猖狂。[22]露：显露。[23]徼求：要求。[24]鄙躁：指李万荣行为鄙陋浮躁。[25]滑人：李万荣为滑州匡城（今河南长垣市西南）人，与刘玄佐同乡里。[26]当州：本州。[27]颇僻：偏颇不公正。[28]偾军：使军队倾覆。[29]苟邀：非所求而求之为苟邀。[30]苟允：非所从而从之为苟允。[31]嫌阻：嫌疑阻隔。[32]滋蔓：滋长蔓延。[33]为国之道：治理国家的原则。[34]以义训人：用正义教诲人。[35]先令顺长：先让他顺从长上。[36]此源潜滋：这种念头一旦在暗中滋长。[37]亦关谋逆之端：还牵涉谋逆的发端。谋逆，指朱泚称帝一类谋逆。[38]仓卒：仓促，突然。[39]迴遑：彷徨、徘徊。[40]辑睦：和睦、和谐。[41]揆（kuí）：揣度、估量。[42]愆素：超出原先的估计而失误。[43]败桡：败坏阻挠。桡，同挠。[44]壬戌：十二月十七日。[45]通王：李谌，德宗第三子。传见《旧唐书》卷一百五十，《新唐书》卷八十二。[46]丁卯：十二月二十二日。[47]广陵王：李淳，“淳”一作“纯”。德宗太子李诵之长子。德宗死，李诵继位，是为顺宗。李淳册为太子。永贞元年（805）顺宗禅位于太子，是为宪宗。

十年（甲戌，794年）

春，正月，剑南、西山羌、蛮二万余户来降；诏加韦皋押近界羌、蛮及西山八国[1]使。

崔佐时至云南所都羊苴咩城[2]，吐蕃使者数百人先在其国，云南王异牟寻尚不欲吐蕃知之，令佐时衣牂柯服[3]而入。佐时不可，曰：“我大唐使者，岂得衣小夷之服！”异牟寻不得已，夜迎之。佐时大宣诏书[4]，异牟寻恐惧，顾左右失色；业已归唐，乃歔欷[5]流涕，俯伏受诏。郑回密见佐时教之[6]，故佐时尽得其情，因劝异牟寻悉斩吐蕃使者，去吐蕃所立之号，献其金印[7]，复南诏旧书；异牟寻皆从之。仍刻金契以献。异牟寻帅其子寻梦凑等与佐时盟于点苍山[8]神祠。

先是，吐蕃与回鹘争北庭[9]，大战，死伤甚众，征兵万人于云南。异牟寻辞以国小，请发三千人，吐蕃少之[10]；益至五千，乃许之。异牟寻遣五千人前行，自将数万人踵其后，昼夜兼行，袭击吐蕃，战于神川[11]，大破之，取铁桥[12]等十六城，虏其五王，降众十余万。戊戌[13]，遣使来献捷。

瀛州刺史刘澭为兄济所逼，请西扞陇坻[14]，遂将部兵千五百人、男女万余口诣京师，号令严整，在道无一人敢取人鸡犬者。上嘉之，二月，丙午[15]，以为秦州刺史、陇右经略军使[16]，理普润。军中不击柝[17]，不设音乐。士卒病者，澭亲视之，死者哭之。

乙丑[18]，义成节度使李融[19]薨。丁卯[20]，以华州刺史李复[21]为义成节度使。复，齐物[22]之子也。复辟[23]河南尉[24]洛阳卢坦[25]为判官。监军薛盈珍数侵军政，坦每据理以拒之。盈珍常曰："卢侍御所言公，我固不违也。"

横海节度使程怀直入朝，厚赐遣归。

夏，四月，庚午[26]，宣武军乱，留后李万荣讨平之。先是，宣武亲兵三百人素骄横，万荣恶之，遣诣京西防秋；亲兵怨之。大将韩惟清、张彦琳诱亲兵作乱，攻万荣；万荣击破之。亲兵掠而溃，多奔宋州，宋州刺史刘逸准[27]厚抚之。惟清奔郑州，彦琳奔东都。万荣悉诛乱者妻子数千人。有军士数人呼于市曰："今夕兵大至，城当破。"万荣收斩之，奏称刘士宁所为。五月，庚子[28]，徙士宁于郴州[29]。

钦州[30]蛮酋黄少卿[31]反，围州城，邕管[32]经略使孙公器[33]奏请发岭南兵救之；上不许，遣中使谕解之。

（以上为第十一段，写云南王附唐，大败吐蕃军。李万荣讨平宣武兵变。）

【注释】

[1]西山八国：即上文羌女、哥邻、白狗、南水、悉董、清远、咄霸、逋租等八国。弱水最小，不在八国之中。 [2]羊苴哶咩城：南诏都城，在今云南大理。 [3]衣牂（zāng）柯服：穿牂柯族的衣服，让唐使装扮成夷人。牂柯：指牂柯蛮，居于今贵州思南、瓮安、黄平县一带。 [4]大宣诏书：崔时佐大声宣读诏书，让吐蕃使者知道，皆郑回教之。 [5]歔欷（xūxī）：抽泣。 [6]郑回密见佐时教之：郑回时为南诏执政清平官，他劝导异牟寻归唐事见《资治通鉴》卷二百三十二德宗贞元三年（787）。崔佐时不衣牂柯服，大声宣读诏书，皆是郑回暗中教导的。 [7]献其金印：将吐蕃所赐金印献呈唐使。玄宗天宝十一载（752），南诏臣于吐蕃，赐金印。 [8]点苍山：山名。即今云南大理点苍山。 [9]争北庭：事见上卷德宗贞元五年（789）、六年（790）。 [10]少之：以三千人为少。 [11]神川：水名。即今云南之金沙江。 [12]铁桥：即铁桥城，在今云南中甸西南。城北有铁桥跨金沙江，是南诏、吐蕃间交通要道。 [13]戊戌：正月二十四日。 [14]陇坻：一名陇阪，在今陕西陇县、宝鸡与甘肃清水、张家川之间，北

入沙漠，南止渭河，为关中平原西部屏障。［15］丙午：二月三日。［16］陇右经略军：军镇名。贞元三年（787）置，以秦州刺史兼任陇右经略军使。治所普润，在今陕西麟游西北万家城。［17］柝（tuò）：敲击以报更的木梆。［18］乙丑：二月二十二日。［19］李融：恒山王李承乾五世孙，官至义成节度使。传见《旧唐书》卷九十九。［20］丁卯：二月二十四日。［21］李复：字初阳，历任岭南节度使、宗正卿、华州刺史、义成节度使。传见《旧唐书》卷一百一十二，《新唐书》卷七十八。［22］齐物：即李齐物，字道用，唐高祖五世孙。历官京兆尹、太子太傅，兼宗正卿，传同李复。［23］辟：举用。［24］河南尉：河南府尉，掌府中军事。［25］卢坦（748—817）：字保衡，河南洛阳人。历任御史中丞、宣歙池观察使、户部侍郎、判度支。终官剑南东川节度使。传见《旧唐书》卷一百五十三，《新唐书》卷一百五十九。时为节度判官，寄禄侍御史，故下文薛盈珍称为“卢侍御”。［26］庚午：四月二十八日。［27］刘逸准：怀州武陟（在今河南武陟）人。事刘玄佐为牙将，刘士宁用为宋州刺史。官至宣武节度使，赐名刘全谅。传见《旧唐书》卷一百四十五，《新唐书》卷一百五十一。［28］庚子：五月十六日。［29］郴州：州名。治所郴县，在今湖南郴州市。［30］钦州：州名。治所在今广西钦州东北。［31］黄少卿：西原黄蛮洞酋长。［32］邕管：方镇名。玄宗天宝十四载（755）置邕管经略使，领邕、贵、横、钦等十三州，后有变动。治所邕州，在今广西南宁市。［33］孙公器：潞州涉县（今河北涉县）人。祖孙逖、玄宗朝任考功员外郎、集贤修撰、中书舍人等职。其所选贡士，如颜真卿、李华、萧颖士等皆一时名士。公器官至福州刺史、邕管经略使。传附《旧唐书》卷二百九十中，《新唐书》卷二百零二《孙逖传》。

陵贽上言：“郊礼赦下［1］已近半年，而窜谪者［2］尚未霑恩。”乃为三状拟进［3］。上使谓之曰：“故事，左降官［4］准赦量移［5］，不过三五百里，今所拟稍似超越，又多近兵马及当路州县［6］，事恐非便。”贽复上言，以为：“王者待人以诚，有责怒而无猜嫌［7］，有惩沮而无怨忌［8］。斥远以儆［9］其不恪［10］，甄恕［11］以勉其自新；不儆则浸及威刑［12］，不勉而复加黜削［13］，虽屡进退，俱非爱憎［14］。行法乃暂使左迁［15］，念材而渐加进叙［16］，又知复用，谁不增修［17］！何忧乎乱常，何患乎蓄憾［18］！如或以其贬黜，便谓奸凶，恒处防闲之中［19］，长从摈弃［20］之例，则是悔过者无由自补［21］。蕴才者终不见伸［22］。凡人之情，穷则思变，含凄贪乱［23］，或起于兹。今若所移不过三五百里，则有疆域不离于本道，风土反恶于旧州［24］。徒有徙家之劳，实增移配之扰［25］。又，当今郡府，多有军兵，所在封疆，少无馆驿，示人疑虑，体又非弘［26］。”乞更赐裁审［27］。”

上性猜忌，不委任臣下，官无大小，必自选而用之，宰相进拟[28]，少所称可[29]；及群臣一有谴责，往往终身不复收用；好以辩给取人[30]，不得敦实[31]之士！艰于进用[32]，群材滞淹[33]。贽上奏谏，其略曰："夫登进[34]以懋庸[35]，黜退以惩过，二者迭用[36]，理如循环[37]。进而有过则示惩，惩而改修则复进，既不废法，亦无弃人，虽纤介必惩[38]而用材不匮；故能使黜退者克励以求复，登进者警饬[39]而恪居[40]，上无滞疑[41]，下无蓄怨。"又曰："明主不以辞尽人[42]，不以意选士[43]，如或好善而不择所用，悦言而不验所行，进退随爱憎之情，离合[44]系异同之趣，是由舍绳墨[45]而意裁曲直[46]，弃权衡[47]而手揣重轻，虽甚精微，不能无谬。"又曰："中人以上，迭有所长[48]，苟区别得宜，付授当器[49]，各适其性，各宜其能，及乎合以成功，亦与全才无异。但在明鉴大度[50]，御之有道[51]而已。"又曰："以一言称惬为能[52]而不核虚实，以一事违忤[53]为咎而不考忠邪，其称惬则付任逾涯[54]，不思其所不及，其违忤则罪责过当，不恕其所不能，是以职司之内无成功，君臣之际无定分[55]。"上不听。

（以上为第十二段，写陆贽上奏德宗，惩罚官吏应给予自新机会，用人要考核实际才能，不能只凭巧言善辩，德宗不听。）

【注释】

[1]郊礼赦下：指贞元九年十一月十日德宗祀圜丘，赦天下。[2]窜谪者：被贬谪流放的人。[3]乃为三状拟进：于是写了三道奏状，打算上呈。[4]左降官：左迁降职官。[5]准赦量移：移，徙。被贬远徙之官，遇赦徙移近地。[6]当路州县：进京的要道州县上。[7]有责怒而无猜嫌：君王可以责备臣下，也可发怒斥责，但不要猜疑。有，可以。[8]有惩沮而无怨忌：君王可以惩罚臣下，处治他们败坏事功的罪行，但不要怨恨。怨忌，结下仇怨。[9]儆：警告。[10]不恪：不敬的行为。[11]甄恕：宽恕。[12]不儆则浸及威刑：不加警告就会使臣下逐渐触犯刑法。儆，告诫。浸，逐渐。[13]不勉而复加黜削：不加劝勉就会使臣下再次受到贬黜。勉，劝勉，奖励。[14]虽屡进退，俱非爱憎：君王虽然对臣下多次进用或贬黜，都不是出于个人的爱与恨。[15]左迁：降职。此句谓：执行法规，这是使臣下暂时降职。[16]念材而渐加进叙：爱惜人才就要逐渐加以提拔任用。念材，考虑、爱惜人才。进叙，按次进用。[17]又知复用，谁不增修：降职的人知道还能再起用，谁还不努力加强修养呢！增修，加强修养，争取上进。[18]何忧乱常，何患乎蓄憾：何必顾虑打破了常规，何必怕留下遗憾而担心！[19]恒处

防闲之中：永远把他们置于防备禁阻之中。恒，长期，永远。防闲，防备猜疑。此谓禁锢。今语言之，叫政治管制。［20］长从摈弃：长期被废免。［21］自补：自我弥补，自新。［22］蕴才者终不见伸：使内蓄才华的人始终没有施展的机会。伸，展开，指个人才能伸展，得到任用的机会。［23］含凄贪乱：身处凄苦之境，就会想到图谋作乱。［24］旧州：还是原来的州，指被贬之州。上文“今若所移”至“反恶于旧州”三句，意谓现在如果内迁被贬官员不得超过三五百里，那有的仍留在所贬的本道本州疆域内，甚至风土人情比原来的还要恶劣。［25］徒有徙家之劳，实增移配之扰：空有迁徙家室的恩劳，实际增加了迁徙流配的骚扰。徒，只，空，白白地。移配，指内移流人。移，内移。配，被发配的流人。［26］体又非弘：指国全法制不够宽宏。［27］乞更赐裁审：请求皇上再予以酌情审核。［28］进拟：进呈所拟用的官员人选。［29］称可：称许批准。皇帝认同则批曰“可”。［30］以辩给取人：用口才敏捷为标准选取人才。［31］敦实：敦厚诚实。［32］艰于进用：难于提拔。［33］滞淹：滞留，积压。［34］登进：进用，提升。［35］懋庸：奖励功绩。［36］迭用：交替使用。［37］理如循环：这道理就如同转圜，周而复始。［38］纤介必惩：细小的过失必定惩处。［39］警饬：警惕整饬。［40］恪居：恪守官职。［41］上无滞疑，下无蓄怨：皇上没有难解的疑虑，臣下没有积蓄的怨恨。［42］不以辞尽人：不应依据能言善辩来使用人才。［43］不以意选士：不要用主观的臆想去选拔士人。［44］离合：指疏远或亲近。［45］舍绳墨：丢废法度标准。绳墨，木匠用以取直的墨线工具，喻法度标准。［46］意裁曲直：以个人意志来评断是非曲直。［47］权衡：称重量的工具。权，秤砣，衡，秤杆。［48］迭有所长：互有长短。［49］付授当器：委任的官职应与其才能相当。［50］明鉴大度：善于识人而又胸襟豁达。［51］御之有道：驾驭有方。［52］以一言称惬为能：因为一句话中意就认为能干。称惬，使人愉快，中意。［53］违忤：违背自己的心意。［54］付任逾涯：交给的重任，超过了他能力的极限。涯，边远，极限。［55］定分（fèn）：固定的名分。此指确定的责任。

贽又请均节财赋[1]，凡六条：

其一，论两税之弊，其略曰：“旧制赋役之法，曰租、调、庸[2]。丁男一人受田百亩[3]，岁输粟二石，谓之租。每户各随土宜出绢若绫[4]若絁[5]共二丈，绵[6]三两，不蚕之土输布二丈五尺，麻三斤，谓之调。每丁岁役，则收其庸，日准[7]绢三尺，谓之庸。天下为家，法制均一，虽欲转徙[8]，莫容其奸，故人无摇心[9]而事有定制。及羯胡乱华[10]，黎庶云扰[11]，版图堕于避地[12]，赋法坏于奉军[13]。建中之初，再造百度[14]，执事者[15]知弊之宜革而所作兼失其原，知简之可从而所操不得其要。凡欲拯其弊，须穷致弊之由，时弊则但理其时，法弊则全革其法，所为必当，其悔乃亡[16]。兵兴以来，供亿无度，此乃时弊，非法弊也。而遽更租、庸、调法，分遣使者，搜擿[17]郡邑，校验簿书[18]，每州取大历中一年科率[19]最多者以为两税定额[20]。夫财之所生，必因人力，故先王之制赋人，必以丁夫[21]为本。不以务穑[22]增其税，不以辍稼[23]减其租，则播种多[24]；不以殖产厚其征[25]，不以流寓免其调[26]，则地著固[27]；不以饬励[28]重其役，不以窳怠[29]蠲其庸，则功力勤[30]。如是，故人安其居，尽其力矣。两税之立，惟以资产为宗[31]，不以丁身为本；曾不寤[32]资产之中，有藏于襟怀囊箧，物虽贵而人莫能窥[33]；其积于场圃囷仓[34]，直虽轻而众以为富[35]。有流通蕃息之货[36]，数虽寡而计日收赢[37]；有庐舍器用之资[38]，价虽高而终岁无利。如此之比，其流实繁[39]，一概计估算缗[40]，宜其失平长伪[41]。由是务轻资而乐转徙者[42]，恒脱于徭税[43]；敦本业而树居产者，每困于征求[44]。此乃诱之为奸，驱之避役，力用不得不弛[45]，赋入不得不阙。复以创制之首[46]，不务齐平[47]，供应有烦简之殊，牧守有能否之异，所在徭赋，轻重相悬，所遣使臣，意见各异，计奏一定，有加无除[48]。又大历中供军[49]、进奉[50]之类，既收入两税，今于两税之外，复又并存，望稍行均减，以救凋残[51]。”

其二，请二税以布帛为额[52]，不计钱数，其略曰：“凡国之赋税，必量人之力，任土之宜，故所入者惟布、麻、缯[53]、纩[54]与百谷而已。先王惧物之贵贱失平，而人之交易难准，又定泉布之法以节轻重之宜[55]，敛散弛张[56]，必由于是。盖御财[57]之大柄，为国之利权[58]，守之在官，不以任下。然则谷帛者，人之所为也；钱货者，官之所为也。是以国朝著令，租出谷，庸出绢，调出缯、纩、布，曷尝有禁人铸钱而以钱为赋者也！今之两税，独异旧章[59]，但估资产为差[60]，便以钱谷定税，临时折征杂物[61]，每岁色目[62]颇殊，唯计求得之利宜，靡论[63]供办之难易。所征非所业，所业非所征[64]，遂或增价以买其所无，减价以卖其所有，一增一减，耗损已多。望勘会[65]诸州初纳两税年绢布，定估[66]比类[67]当今时价，加贱减贵[68]，酌取其中[69]，总计合税之钱，折为布帛之数[70]。”又曰：“夫地力之生物[71]有大限[72]，取之有度，用之有节，则常足。取之无度，用之无节，则常不足。生物之丰败由天，用物之多少由人，是以圣王立程[73]，量入为出，虽遇灾难，下无困穷。理化[74]既衰，则乃反是，量出为入，不恤所无。桀用天下而不足，汤用七十里而有余[75]，是乃用之盈虚[76]在节与不节耳。”

其三，论长吏[77]以增户、加税、辟田为课绩[78]，其略曰：“长人[79]者罕能推忠恕易地[80]之情，体[81]至公徇国[82]之意，迭行小惠[83]，竞诱奸甿[84]，以倾夺[85]邻境为智能，以招萃逋逃[86]为理化，舍彼适此者[87]既为新收而有复[88]，倏往忽来者[89]又以复业而见优[90]。唯怀土安居，首末不迁者，则使之日重，敛之日加[91]。是令地著之人恒代惰游[92]赋役，何异驱之转徙，教之浇讹[93]。此由牧宰[94]不克弘通[95]，各私所部之过也。”又曰：“立法齐人[96]，久无不弊[97]，理之者若不知维御损益之宜[98]，则巧伪萌生，恒因沮劝[99]而滋矣。请申命有司[100]，详定考绩[101]。若当管之内[102]，人益阜殷[103]，所定税额有余，任其据户口均减，以减数多少为考课等差[104]。其当管税物通比[105]，每户十分减三者为上课[106]，减二者次焉，减一者又次焉。如或人多流亡，加税见户[107]，比校[108]殿罚[109]亦如之。”

其四，论税限迫促[110]，其略曰：“建官立国，所以养人[111]也；赋人取财，所以资国[112]也。明君不厚其所资而害其所养，故必先人事[113]而借其暇力[114]，先家给[115]而敛其余财[116]。”又曰：“蚕事方兴，已输缣税[117]，农功未艾，遽敛谷租[118]。上司之绳责既严，下吏之威暴愈促，有者急卖而耗其半直[119]，无者求假[120]而费其倍酬[121]。望更详定征税期限。”

其五，请以税茶钱置义仓以备水旱[122]，其略曰：“古称九年、六年之蓄[123]者，率土臣庶[124]通为之计耳，固非独丰公庾[125]，不及编甿[126]也。近者有司奏请税茶，岁约得五十万贯[127]，元[128]敕令贮户部，用救百姓凶饥。今以蓄粮，适副前旨[129]。”

其六，论兼并之家[130]，私敛[131]重于公税，其略曰：“今京畿之内，每田一亩，官税五升，而私家收租殆[132]有亩至一石[133]者，是二十倍于官税也。降级中等，租犹半之[134]。夫土地王者之所有，耕稼农夫之所为，而兼并之徒，居然[135]受利。”又曰：“望凡所占田，约所条限[136]，裁减租价，务利贫人。法贵必行，慎在深刻[137]，裕其制[138]以便俗，严其令以惩违，征损有余[139]，稍优不足[140]。失不损富[141]，优可赈穷[142]。此乃安富恤穷[143]之善经，不可舍也。”

（以上为第十三段，写陆贽上奏建言均平赋税与节用开支六条议案。）

【注释】

[1]均节财赋：平均赋税，节省财用。 [2]租、调、庸：按田亩所征之税叫租，按户所征之赋叫调，按丁所征之役以钱物折代叫庸。租调庸是伴随均田制实行的赋役制度。 [3]丁男：成人男子。唐制，二十一至五十九岁为丁男。 [4]绫：轻薄的绸。 [5]絁（shī）：粗绸。 [6]绵：丝絮。 [7]准：标准。每天交纳三尺绢为标准代役，称为庸。 [8]虽欲转徙，莫容其奸：即使有人辗转迁徙，也没有办法施展奸谋。奸，指逃避租庸调。因天下一家，法令均一，无所售其奸，找不到逃避租庸调的借口。 [9]摇心：动荡不安之心。 [10]羯胡乱华：指胡人安禄山、史思明叛乱。 [11]云扰：乱云纷扰，喻动乱。 [12]版图堕于避地：指唐玄宗幸蜀，避于一隅，因而使户籍与地图沦丧。 [13]赋法坏于奉军：因供应军需而使正常的税法受到破坏。 [14]再造百度：重新建立各种制度。 [15]执事者：指主持变革法度的宰相杨炎。 [16]其悔乃亡：即没有悔恨。语见《周易·革卦·彖辞》：“革而当，其悔乃亡。” [17]搜擿：搜刮。 [18]校验簿书：核实校验赋役簿籍。 [19]科率：税率。 [20]两税定额：杨炎实行两税法，确定定额，事见《资治通鉴》卷二百二十六唐德宗建中元年（780）。 [21]丁夫：即丁男。 [22]务穑：尽力务农而多收谷物。 [23]辍稼：停止种地。 [24]则播种多：这样人们才愿意垦植土地多种多收。 [25]不以殖产厚其征：不因产业扩大而加重征税。殖产，增殖产业。厚，加重税额。 [26]不以流寓免其调：不因流寓他乡而免收户调。 [27]则地著固：这样人们就牢固地附著在土地上。 [28]饬励：勤勉自励。此句谓不因勤勉自励而加重徭役。 [29]窳（yǔ）怠：懒惰懈怠。此句谓也不因懒惰懈怠而免除纳庸。 [30]功力勤：指农民致力于辛勤劳作。 [31]宗：根本，依据。 [32]寤：推想，懂得。寤，通“悟”。 [33]窥：查看。指商贾囤积宝货而深藏，人们无法查看。“曾不寤至莫能窥”三句，意谓人们竟不想一想，在资产之中，有的可以收藏在怀里、口袋里或箱子里，物品虽然贵重，但人们无法查看。 [34]积于场圃囷仓：指农人耕田而积谷，屯储于场院、田圃和谷仓中的收获物。场圃，堆积收获农作物的场院。囷，储粮的围屯。仓，粮仓。 [35]直虽轻而众以为富：价值很轻而众人都说他很富有。直，价值。 [36]流通蕃息之货：便于流通与增值的财货。蕃息，生息，增值。例如钱币，可放贷而增值。 [37]计日收赢：按日收取利息。赢，利息。[38]庐舍器用之资：房屋和器用等固定资产。 [39]如此之比，其流实繁：像这样作一番比较，可见万物类别实在繁多。比，比较。流，物流，物类。 [40]计估算缗：统计估算，折其纳税的

缗钱。［41］失平长伪：失去公平，增长巧伪。［42］务轻资而乐转徙者：专门致力于细软的财货而乐于辗转迁徙的人。即商人。轻资，金银珠宝布帛等细软货物。［43］恒脱于徭税：经常摆脱徭役和赋税。由于商人转徙无常，既有钱却逃避了徭役和税收。［44］困于征求：蒙受苛重的徭役赋税。指农民因土著而成为征求的对象。［45］弛：指徭役力用松弛。［46］创制之首：立法之初。［47］齐平：指立法制度整齐划一。［48］有加无除：只有增加，没有减除。指朝廷征求，总是就高不就低。［49］供军：供应军用的专税。［50］进奉：进贡皇上的专征。［51］凋残：凋零残破。［52］额：税收额定物。［53］缯：丝织品总称。［54］纩：丝绵。［55］又定泉布之法以节轻重之宜：又制定了用钱币作为交易中衡量轻重的调节物。泉布，即钱币。［56］敛散弛张，必由于是：货物的聚积与扩散，废弛与兴盛，必定遵守轻重平衡的规律。［57］御财：控制财货，治理财利。［58］利权：财政大权。［59］旧章：旧典。［60］差（cī）：等级。［61］折征杂物：将钱谷之价折合成所征的其他杂物。杂物，指国家所征各种土产。［62］色目：指所征杂物的种类、名目。［63］靡论：不论，不管。［64］所征非所业，所业非所征：国家所征收的不是农民所生产的，农民所生产的不是国家所要征收的。业，生产之业。［65］勘会：审核。［66］定估：切实估价。［67］比类：比照。［68］加贱减贵：有的地方布帛太贱应加价定估，有的地方太贵要减价定估。［69］酌取其中：斟酌取适中的平价。［70］折为布帛之数：将以钱计征的税额折算成征收布帛的总额。［71］生物：出产物。［72］大限：极限。［73］立程：建立法度。此指征税限额。［74］理化：治理国家，教化人民。［75］汤用七十里而有余：商汤王只用七十里地方的物资还有剩余。《孟子·公孙丑上》孟子说："王不待大，汤以七十里。"［76］盈虚：盈余与亏损。此句谓使用物资是否有盈余或亏损，在于有无节制罢了。［77］长（zhǎng）吏：主事的长官。［78］课绩：考核科目的成绩。［79］长人：即长吏。［80］易地：变化所处的地位，交换位置。指长官变换位置站在平民位置考虑问题。［81］体：体谅。［82］至公徇国：大公无私为国献身。［83］迭行小惠：不断施加小恩小惠。［84］奸甿：奸民。［85］倾夺：倾，排挤。夺，争夺。［86］招萃逋逃：招集流亡。［87］舍彼适此者：离开旧土而迁到新地的人。彼，指故土。此，指新居地。［88］复：免除赋税徭役。［89］倏往忽来者：迁徙无定的流民。［90］复业而见优：恢复故业而受到优待。这是一项鼓励归农土著的政策，优待新编户，复故业的人，往往被游民钻空子。［91］敛之日重：敛，指沉重的赋税。唯怀土至敛之日重四句，意谓只有那些依恋故土安心定居，自始至终都不迁徙的人，他们被役使的徭役一天天加重，被征收的赋税也一天天加多。［92］惰游：懒惰游走之人。［93］浇讹：浮薄诈讹。［94］"是令"三句：这是让长期定居的人代替懒惰游走的人交纳赋税，代服徭役，好比是驱赶人们辗转迁徙，唆使人们浮薄诈伪有什么两样！［95］牧宰：泛指州县长官。州官称牧，县官称宰。［96］不克弘通：缺少宏大通达的见识。不克，不能。［97］齐人：治民。［98］久无不弊：时间一久，没有不产生弊端的。［99］沮劝：阻止恶行，勉励善事。［100］申命有司：向主管部门发布命令。［101］详定考绩：详细制定考核成绩的办法。［102］当管之内：辖境之内。［103］阜殷：兴旺殷盛。

[104]以减数多少为考课等差：以减少老百姓负担的税额多少来评定考绩的等差。[105]通比：全盘比较，全面衡量。指把征收的各种税额全部加起来与以往作比较。[106]上课：考绩上等。[107]加税见户：在现成户口上增加税收。见，通“现”。[108]比校：考核。[109]殿罚：考绩劣等而受罚。殿，最末等。[110]论税限迫促：议论征税限期紧迫的问题。[111]养人：养民。[112]资国：供给国用。[113]先人事：首先安排好人事，即做好老百姓的事。[114]借其暇力：借用他的余力。暇，空闲的，多余的，指老百姓的余力。[115]家给：家家丰给。[116]敛其余财：征收他多余的财物。[117]蚕事方兴，已输缣税：养蚕的事刚刚开始，就要立即交纳缣帛之税。已输，立即交纳。[118]农功未艾，遽敛谷租：农活还没有干完，就要紧迫征收谷租。遽敛，紧迫征收。[119]耗其半直：损失一半价值，即半价售出。[120]求假：告债。[121]费其倍酬：花费高出一倍的价钱来偿还。即借高出本钱一倍的高利贷。[122]义仓：储粮备荒的公共粮仓。[123]九年、六年之蓄：语见《礼记·王制》曰：“三年耕必有一年之食，九年耕必有三年之食。以三十年之通制国用，量入以为出。国无九年之蓄曰不足；无六年之蓄曰急；无三年之蓄曰国非其国也。”[124]率土臣庶：全国全境的臣民。[125]公庾：公家粮仓。[126]编甿：编户平民。[127]贯：缗。五十万贯，即五十万缗。[128]元：原。[129]今以蓄粮，适副前旨：现在用茶税这笔钱来储备粮食，正好符合立茶税时所下的旨意。[130]兼并之家：占有大量土地的豪民之家。[131]私敛：指地主所收的田租。[132]殆：差不多。[133]一石：为十斗，一百升。官税每亩五升，是私租的二十分之一，即百分之五。[134]降及中等，租犹半之：降低田租至中等土地，私租还保有一半，即半石。[135]居然：竟然。[136]望凡所占田，约所条限：希望对一切被占有的田地，预先规定一个限制性的条例。约，制定。[137]深刻：苛刻严峻。[138]裕其制：法令制度要有宽松精神。裕，宽松。[139]损有余：抑制富有的人。语出《老子》第七十七章：“天之道损有余而补不足。”[140]稍优不足：稍微损伤一点富有人家的收入，而略微照顾一下贫穷人家的利益。[141]失不损富：语义不通。据章校，应作“损不失富”，意谓损伤一点富有人家的收入，并不影响他们的富足。[142]优可赈穷：照顾一下贫穷人家却可以赈济困穷。[143]安富恤穷：安定富人，照顾贫穷。语出《周礼·地官司徒》：“以保息六养万民：一曰慈幼，二曰养老，三曰振穷，四曰恤贫，五曰宽疾，六曰安富。”据章校，“安”上有“古者”二字。

【点评】

本卷专题点评陆贽，评说陆贽拜相、不收礼品、上奏边防积弊、上奏均节财赋六条，以及各种超前的思想与建议。陆贽是一个优秀的政治家。

一、陆贽拜相。德宗贞元八年（792）四月十一日，德宗罢李泌所荐宰相窦参，陆贽入相。早在德宗蒙尘奉天、山南之时，陆贽就很受器重。当时政务艰难而繁重，德宗狼狈，六神无主，引陆贽为翰林，事无巨细，都依靠陆贽筹办谋划。德宗从奉天逃往山南，君臣二人行止都在一起。有一天，两人在山路上失散，德宗像丢了魂一样，整夜涕泣不眠，悬赏千金寻找陆贽。第二天，陆贽赶到，德宗大喜，太子以下都来庆贺。但是陆贽好直谏，德宗只是依靠陆贽办事，表面亲近，内心不喜欢，所以陆贽只有宰相之实，而无宰相之名，时人称之为内相。嗣后李泌入相，陆贽受冷落。李泌病重，德宗要李泌推荐继任者，李泌推荐窦参。窦参贪黩，又阴狡而自用，被德宗罢官，一时没有更好的人选，才勉强用陆贽为相。李泌为何没有推荐陆贽？以李泌之明，为何推荐非人？德宗认为窦参不宜为相，李泌两次力荐，窦参才被任职为宰相。李泌固执地推荐一个不称职的宰相，是否用此办法给陆贽留相位呢，这是一个谜，史不细载，如今已无法考究。总之，陆贽迟迟才被拜相，德宗只是借陆贽的声望来稳定政局罢了，所以很少采纳陆贽的建议。

二、陆贽不收礼品。德宗贪财，求索诸道进奉。地方进奉，稍带一点土特产给宰相，也在情理之中。陆贽一概不受。君贪臣廉，德宗在面子上很不好受，就手诏陆贽说："卿太廉洁谨慎，不通人情，像马鞭靴子之类小物品，收一点有什么关系。"陆贽上奏说："按法律，各监察官和各部门长官，接受贿赂折合成一尺布，就要受到惩罚，而位居移风化俗的宰相，怎么可以受贿呢？接受贿赂之门一打开，那就不是皮鞭、靴子这类小东西，送金送玉的都来了。接受了贿赂，怎么能拒绝别的请托呢！如果不阻断行贿的涓涓细流，那就会泛滥成溪成壑而为灾了。"陆贽义正词严，很不合德宗心意，难怪德宗念念不忘卢杞了。

三、陆贽上奏边防积弊。吐蕃与大唐相比，敌寡我众，策略敌低我高，势力相差悬殊，敌弱我强。但是吐蕃进攻，总有余力，大唐防守，疲于奔命，这是什么原因呢？陆贽总结边防积弊有六。其一，边疆防备部署不当。沿边军镇各守一方，绵延千里的边防，没有统一的指挥。不仅神策军与地方军队互不统属，而且同一座城，同一个编制的军队，朝廷却分别派宦官去监军，按不同的诏书委任，命令不一。边将手脚被绑束。其二，考核赏罚没有法度。有功不得奖，有罪不受罚，姑息怠惰，军队丧失战斗力。其三，边兵过多，耗尽财税。特别关东士兵到西北防秋，水土不服，军无斗志。战斗一来，就败溃东逃。其四，将领众多，兵力分散。其五，神策军与地方兵待遇不均而使士卒心怀怨恨，涣散斗志。其六，朝廷遥控兵权而使战机丧失。每当敌人入侵，要由朝廷商议对策，调派援兵。等到朝廷命令到达，援兵到来，敌人早已大掠而去。陆贽建议，废除每年由各道派兵防秋的制度，下令各道只供应衣服和粮食，招募自愿兵戍守，带家属屯田边地，官府供给衣粮，屯兵生产的粮食由政府收购。这样，戍边士兵，农忙耕种，敌人入侵，拿起武器抗击。设立统一指挥的将领，严格考核制度，奖有功，罚有罪。这样一来，胡人就会畏惧大唐而不敢入侵，边疆就会安然无事了。陆贽奏议的核心是废除监军与朝廷遥控，德宗自然不会答应。陆贽的办法虽好，却只是空谈。

四、陆贽上奏均节财赋六条。战争期间，施行各种苛捐杂税，搜刮民财以足军用，尚可理解。战争结束，各种苛捐杂税成了惯例，民贫财尽，应当立即刹车，停止搜刮，使民休养生息。陆贽上奏提出均节财赋六条建议。其一，改进两税法，消除其弊端。其二，请求两税征收布帛，不征钱币。其三，不以户口增加、税额增加，垦田多为官吏考核标准，而改为征税总额不变，每户减少纳税多少为考核标准。每户比原来减税十分之三的为上等，减税十分之二的为中等，减税十分之一的为下等。人口逃亡流散的地区，官吏考核为劣等。其四，放宽收税时限，不要过于迫促。其五，征收的茶叶税，专用于购粮，设置义仓，以备水旱之灾。其六，限制土地兼并，限制富人收取田租。陆贽的六条建议，有的不合时宜。陆贽留恋租庸调制度，批评两税制度，不合时宜，租庸调制度已经一去不复返，两税法以财户多少征税是时代的进步，不可否定。苛捐杂税应当免除，但与两税法无关，不容混为一谈。有的无法操作，例如以减少每户税收为考绩之法，只能是一种理想。限制土地兼并，限制田租，历朝历代都没有行得通。陆贽的均节财赋六条建议，只能流于空论。

陆贽确实是一位忧国忧民的宰相。他时时处处都在关心民瘼，关心社会，不停地上奏德宗提建议。陆贽主张国际贸易不征税，招徕外商，繁荣经济；陆贽主张及时赈济灾民，防止民众流失；陆贽主张由各级行政长官推荐人才，反对宰相包办，实质是反对德宗包办用人；陆贽主张用人要考核实绩，不能只凭巧言；陆贽还主张要给受惩罚的人留一条自新之路，珍惜人才。今天来看，陆贽有许多超前的思想，可以说他是一个有思想的政治家。

卷二三五　唐纪五十一

唐德宗贞元十年至十六年（794—800年）

【起阏逢阉茂（甲戌，794年）六月，尽上章执徐（庚辰，800年），凡六年有奇】

【大事提要】

本卷记事起公元794年六月，讫公元800年，凡六年又七个月。当唐德宗贞元十年六月到贞元十六年。此时期是德宗的晚年政治，陆贽被逐，朝中再无贤相，德宗贪婪本性肆无忌惮。德宗还京施行两大弊政：一是宠信宦官，不断加重护军中尉军权，宦官权倾朝野，为唐代后期皇权受制于家奴埋下祸根；二是聚敛财货，大盈库向户部索要巨资，又向藩镇求索贡奉，开宫市强夺民财。德宗回报地方贡奉，滥授加官，所用多为奸佞，裴延龄、李齐运等大受诟病。淮西吴少诚反叛，德宗竟用一个被士兵逐走的夏绥银宥节度使韩全义为帅，官军惨败可想而知。这时只有一个叫阳城的谏官，平时慎言慎行，危难时挺身而出，阳城为陆贽辩护，揭发奸人裴延龄，被贬外任，造福一方。韩弘镇宣武，尽诛倡乱者，安定了一镇。而德宗放任诸镇监军为所欲为，各地兵变不断。个别官吏的清廉，无补昏君带来的满朝混浊。

德宗神武圣文皇帝十

贞元十年（甲戌，794年）

六月，壬寅朔[1]，昭义节度使李抱真薨。其子殿中侍御史缄[2]与抱真从甥元仲经谋，秘不发丧，诈为抱真表，求以职事[3]授缄；又诈为其父书，遣裨将陈荣诣王武俊假货财[4]。武俊怒曰："吾与乃公[5]厚善，欲同奖王室[6]耳，岂与汝同恶邪！闻乃公已亡，乃敢不俟朝命而自立，又敢告我，况有求也！"使荣归，寄声质责缄[7]。

昭义步军都虞候王延贵[8]，汝州梁人也，素以义勇闻。上知抱真已薨，遣中使第五守进往观变，且以军事委王延贵。守进至上党[9]，缄称抱真有疾不能见。三日，缄乃严兵[10]诣守进，守进谓之曰："朝廷已知相公捐馆[11]，令王延贵权知军事。侍御宜发丧行服[12]。"缄愕然，出，谓诸将曰："朝廷不许缄掌事，诸君意如何？"莫对。缄惧，乃归发丧，以使印[13]及管钥[14]授监军。守进召延贵，宣口诏令视事[15]，趣缄赴东都[16]。元仲经出走[17]，延贵悉归罪于仲经，捕斩之。诏以延贵权知昭义军事。

云南王异牟寻遣其弟凑罗楝献地图、土贡及吐蕃所给金印，请复号南诏[18]。癸丑[19]，以祠部郎中袁滋[20]为册南诏使，赐银窠金印[21]，文曰："贞元册南诏印"。滋至其国，异牟寻北面跪受册印，稽首再拜，因与使者宴，出玄宗所赐银平脱马头盘二以示滋。又指老笛工、歌女曰："皇帝所赐《龟兹乐》，惟二人在耳。"滋曰："南诏当深思祖考，子子孙孙尽忠于唐。"异牟寻拜曰："敢不谨承使者之命！"

赐义武节度使张昇云名茂昭。

御史中丞穆赞[22]按度支吏赃罪[23]，裴延龄欲出之[24]，赞不从；延龄谮之，贬饶州[25]别驾，朝士畏延龄侧目[26]。赞，宁[27]之子也。

韦皋奏破吐蕃于峨和城[28]。

秋，七月，壬申朔[29]，以王延贵为昭义留后，赐名虔休。

昭义行军司马、摄洺州刺史元谊闻虔休为留后，意不平，表请以磁、邢、洺别为一镇。昭义精兵多在山东[30]，谊厚赉以悦之。上屡遣中使谕之，不从。

临洺守将夏侯仲宣以城归虔休，虔休遣磁州刺史马正卿督裨将石定蕃等将兵五千击洺州；定蕃帅其众二千叛归谊，正卿退还。诏以谊为饶州刺史，谊不行；虔休自将兵攻之，引洺水以灌城。

黄少卿陷钦、横、浔、贵等州，攻孙公器于邕州。

九月，王虔休破元谊兵，进拔鸡泽[31]。

（以上为第一段，写昭义军节度使李抱真死后，洺州刺史不听朝命发动叛乱。）

【注释】

[1]壬寅朔：六月一日。 [2]缄：即李缄，李抱真子，寄禄殿中侍御史。抱真死欲袭节度使，不果，归东都私第。传附其父李抱真传，见《旧唐书》卷一百三十二，《新唐书》卷一百三十八。

［3］求以职事：请求朝廷授给昭义节度使之职任。［4］假货财：借用钱财。［5］乃公：你父亲。乃，同“尔”，你。［6］同奖王室：共同辅佐朝廷。［7］寄声质责缄：寄声，口头带信。指王武俊托陈荣带口信质问责备李缄所为不义。［8］王延贵：汝州梁（今河南汝州市）人，原名延贵，赐名虔休，官至昭义节度使。传见《旧唐书》卷一百三十二，《新唐书》卷一百四十七。［9］上党：潞州治所，亦为昭义军节镇。县治在今山西长治市。［10］严兵：指警卫森严。［11］捐馆：死亡的委婉说法。捐，弃也。捐馆，弃其馆舍而逝。［12］行服：服丧服守孝。［13］使印：节度使之印。［14］管钥：府库钥匙。［15］宣口诏令视事：宣达口谕，让王延贵主持军务。口诏，口头诏令。视事，上任办事。［16］趣缄赴东都：催促李缄回东都洛阳私宅。［17］出走：出逃。［18］复号南诏：恢复南诏称号。夷语“诏”即为王。［19］癸丑：六月十二日。［20］袁滋：字德深，陈郡汝南（今河南汝南县西）人，宪宗朝宰相，官终湖南观察使。其时任礼部第二司祠部郎中。传见《旧唐书》卷一百八十五下，《新唐书》卷一百五十一。［21］银窠金印：以银作托底的金印。［22］穆赞：字相明，怀州河内（今河南沁阳市）人，宪宗时官至宣歙观察使。传见《旧唐书》卷一百五十五，《新唐书》卷一百六十三。［23］赃罪：贪赃之罪。［24］出之：开脱罪责。［25］饶州：州名。治所在今江西鄱阳县。［26］侧目：畏惧而不敢正眼相看的样子。［27］宁：即穆宁，穆赞父，天宝末起兵讨安禄山，官至太子右庶子。［28］峨和城：即峨和县城，在今四川松潘县境永桥镇。［29］壬申朔：七月一日。［30］山东：指磁、邢、洺三州地，在太行山之东。［31］鸡泽：县名，属洺州。县治在今河北鸡泽县南。

裴延龄奏称官吏太多，自今缺员请且勿补，收其俸以实府库。上欲修神龙寺，须五十尺松，不可得，延龄曰：“臣近见同州[1]一谷，木数千株，皆可八十尺。”上曰：“开元、天宝间[2]求美材于近畿犹不可得，今安得有之？”对曰：“天生珍材，固待圣君乃出，开元、天宝，何从得之！”

延龄奏：“左藏库司多有失落，近因检阅使置薄书，乃于粪土之中得银十三万两，其匹段杂货[3]百万有余。此皆已弃之物，即是羡余[4]，悉应移入杂库以供别敕支用[5]。”太府少卿[6]韦少华不伏[7]，抗表[8]称：“此皆每月申奏见在之物[9]，请加推验[10]。”执政请令三司详复[11]；上不许，亦不罪少华。延龄每奏对，恣为诡谲[12]，皆众所不敢言亦未尝闻者，延龄处之不疑。上亦颇知其诞妄，但以其好诋毁人[13]，冀闻外事，故亲厚之。

群臣畏延龄有宠，莫敢言，惟盐铁转运使张滂、京兆尹李充、司农卿李锘以职事相关[14]，时证其妄[15]，而陆贽独以身当之，日陈其不可用[16]。十一月，壬申[17]，贽上书极陈延龄奸诈，数其罪恶，其略曰："延龄以聚敛为长策[18]，以诡妄[19]为嘉谋，以掊克敛怨为匪躬[20]，以靖谮服谗为尽节[21]，总典籍之所恶以为智术[22]，冒圣哲之所戒以为行能[23]，可谓尧代之共工[24]，鲁邦之少卯[25]也。迹其奸蠹[26]，日长月滋，阴秘者固未尽彰，败露者尤难悉数。"又曰："陛下若意其负谤[27]，则诚宜亟为辩明[28]。陛下若知其无良[29]，又安可曲加容掩[30]！"又曰："陛下姑欲保持，曾无诘问[31]，延龄谓能蔽惑[32]，不复惧思[33]；移东就西，便为课绩[34]，取此适彼，遂号羡余[35]，愚弄[36]朝廷，有同儿戏。"又曰："矫诡之能[37]，诬罔之辞[38]，遇事辄行，应口便发，靡日不有[39]，靡时不为，又难以备陈也。"又曰："昔赵高指鹿为马[40]，臣谓鹿之与马，物理犹同；岂若延龄掩有为无，指无为有。"又曰："延龄凶妄[41]，流布寰区[42]，上自公卿近臣，下逮舆台贱品[43]，喧喧谈议[44]，亿万为徒[45]，能以上言，其人有几[46]！臣以卑鄙，任当台衡[47]，情激于衷[48]，虽欲罢而不能自默也。"书奏，上不悦，待延龄益厚。

十二月，王虔休乘冰合度壕[49]，急攻洺州。元谊出兵击之，虔休不胜而返；日暮冰解，士卒死者太半。

中书侍郎、同平章事陆贽以上知待之厚，事有不可，常力争之。所亲或规其太锐[50]，贽曰："吾上不负天子，下不负所学，他无所恤[51]。"裴延龄日短贽于上。赵憬之入相也，贽实引之，既而有憾[52]于贽，密以贽所讥弹[53]延龄事告延龄，故延龄益得以为计[54]，上由是信延龄而不直贽。贽与憬约至上前极论延龄奸邪，上怒形于色，憬默而无言。壬戌[55]，贽罢为太子宾客[56]。

初，勃海[57]文王钦茂卒，子宏临早死，族弟元义立。元义猜虐，国人杀之，立宏临之子华屿，是为成王，改元中兴。华屿卒，复立钦茂少子嵩邻，是为康王，改元正历。

（以上为第二段，写德宗宠信佞臣裴延龄，陆贽被罢相。陆贽贞元八年四月拜相，任职两年又八个月罢相。）

【注释】

［1］同州：今陕西大荔。［2］开元、天宝间：开元、天宝年间，指代唐玄宗。开元为唐代盛世，裴延龄故意抑彼扬此来讨好德宗。八十尺高木，须上百年间生成，岂能为圣君从天而降，由此可见德宗之昏愚。［3］匹段杂货：各种布帛绸缎。胡三省曰："匹段杂货，使在粪土之中，已应腐烂不可用，虽甚愚之人亦知其妄诞也。德宗不加之罪，延龄复何所忌惮乎！"［4］羡余：额外收入。［5］以供别敕支用：拿来供皇上额外的颁敕支用。［6］太府少卿：官名。太府寺次官。太府寺与司农寺分掌金谷之事。京都四市、左藏、右藏、常平署等，均属太府寺。［7］伏：服之借字。不伏，即不服，不认同裴延龄的说法。［8］抗表：针对裴延龄的奏章，直言驳斥，写成表章上奏。［9］此皆每月申奏见在之物：这些都是每月申报上奏的现存库物。即并非弃于粪土之中的羡余。［10］推验：推究查验。［11］执政请令三司详复：主持政务的宰相请求三司会同详加复查。三司，指由中书省、门下省、御史台联合组成的合议庭。［12］恣为诡谲：任意瞎编胡说。［13］好诋毁人：喜欢说人坏话。［14］职事相关：职内事务与裴延龄有联系。裴氏掌判度支，主要财政大臣，而张滂、李充、李铦三人亦分掌财务，故职事相关。［15］时证其妄：三人时常指证裴延龄虚妄。［16］陆贽独以身当之，日陈其不可用：陆贽独自挺身而出与裴延龄对抗，每天都向德宗陈说他不可任用。［17］壬申：十一月三日。［18］长策：最好最高的策略。［19］诡妄：诡诈妄为。［20］以掊克敛怨为匪躬：以搜刮民财、聚集怨恨当作不顾自身。掊克，巧取豪夺，苛敛民财。匪躬，不是为自己打算。［21］以靖谮服谗为尽节：以惯于诬陷、进献谗言当作尽臣节。靖谮，致力于谮言。靖，治。引申为专力，致力。服谗，进献谗言，打小报告。服，事，从事，致力于。靖与服，皆同义互文。［22］总典籍之所恶以为智术：汇总书籍中所有恶行用来作为自己的智谋权术。［23］冒圣哲之所戒以为行能：敢于违犯圣贤哲人的告诫作为自己的品行才能。冒，违犯，反其道而行之。［24］共工：传说尧时的奸人。［25］少卯：即少正卯，春秋时鲁国邪佞人，被孔子当司寇时所诛杀。［26］迹其奸蠹：考察他的奸恶行为。迹，追寻其迹，即考察，调查。［27］负谤：蒙受诽谤。［28］宜亟为辩明：应当赶快替裴延龄分辩明白。亟，赶快，立即。［29］无良：不是一个善良的人。［30］安可曲加容掩：怎么可以替裴延龄曲意容忍掩饰。［31］诘问：责问。［32］蔽惑：指蒙蔽迷惑皇上。［33］惧思：畏惧之心。［34］课绩：考核官吏的成绩。［35］羡余：盈余，额外收入。［36］愚弄朝廷：愚惑、玩弄朝廷。［37］矫诡之能：伪装和诡诈的才能。［38］诬罔之辞：诬蔑不实的言辞。［39］靡日不有：没有哪一天没有。［40］赵高指鹿为马：秦朝宦官赵高为了欺罔秦二世，控制朝臣，故意把鹿说成马，强使群臣随声附和。事见《资治通鉴》卷八秦二世三年。［41］凶妄：凶顽虚妄。［42］流布寰区：流传到全宇宙，全国。［43］舆台贱品：底层的平民百姓。舆，古代制车的匠人，又指官奴。台，在台下服役的官奴。这里舆、台皆泛指普通平民。贱品，贱类。［44］喧喧谈议：吵吵嚷嚷议论纷纷。［45］亿万为徒：在全国范围内大声宣言裴延龄罪恶的人有千千万万。亿，小数十万为亿，大数万万为亿。这里亿万，泛言其多。［46］其人有几：谓敢于进言皇上揭发裴延龄罪恶的人却

没有几个。［47］台衡：喻宰辅大臣。台，三台星；衡，至衡，北杓二星。三者皆位于紫微宫帝座前。［48］情激于衷：激荡之情冲动在内心。［49］冰合度壕：因冰冻而越过护城河。冰合，指整个水面皆冰冻合盖。［50］太锐：太尖锐，即锋芒毕露。［51］他无所恤：顾惜不了其他的事。［52］有憾：有矛盾而不满。贞元九年（793）赵憬以中书侍郎左迁为门下侍郎，他怀疑是陆贽排挤他，因而怀恨。事见《资治通鉴》卷二三四贞元九年。［53］讥弹：讽刺弹劾。［54］益得以为计：更加得到了短毁陆贽的设计。［55］壬戌：十二月二十三日。［56］太子宾客：东宫属官，掌侍从规谏太子，为闲散官。［57］勃海：国名。唐武后时靺鞨人大祚荣所建，初号震国，唐玄宗册拜为渤海郡王，代宗升为渤海王。

十一年（乙亥，795 年）

春，二月，乙巳[1]，册拜嵩邻为忽汗州都督、勃海王。

陆贽既罢相，裴延龄因谮京兆尹李充、卫尉卿张滂、前司农卿李铦党于贽。会旱，延龄奏言："贽等失势怨望，言于众曰，'天下旱，百姓且流亡，度支多欠诸军刍粮，军中人马无所食，其事奈何[2]！'以动摇众心，其意非止[3]欲中伤臣而已。"后数日，上猎苑中，适有神策军士诉云："度支不给马刍。"上意延龄言为信，遽还宫。夏，四月，壬戌[4]，贬贽为忠州[5]别驾，充为涪州[6]长史，滂为汀州[7]长史，铦为邵州[8]长史。

初，阳城自处士征为谏议大夫[9]，拜官不辞。未至京师，人皆想望风采[10]，曰："城必谏诤，死职下。"乃至，诸谏官纷纷言事细碎，天子益厌苦之。而城方与二弟及客日夜痛饮，人莫能窥其际[11]，皆以为虚得名耳。前进士河南韩愈[12]作《争臣论》以讥之，城亦不以屑意[13]。有欲造城[14]而问者，城揣知其意，辄强与酒。客或时先醉仆席上[15]，城或时先醉卧客怀中，不能听客语。及陆贽等坐贬，上怒未解，中外[16]惴恐，以为罪且不测[17]，无敢救者。城闻而起曰："不可令天子信用奸臣，杀无罪人。"即帅拾遗[18]王仲舒[19]、归登[20]、右补阙熊执易[21]、崔邠[22]等守延英门[23]，上疏论延龄奸佞，贽等无罪。上大怒，欲加城等罪。太子为之营救，上意乃解，令宰相谕遣之。于是金吾将军[24]张万福[25]闻谏官伏阁谏，趋往至延英门，大言贺[26]曰："朝廷有直臣，天下必太平矣！"遂遍拜城与仲舒等，已而连呼"太平万岁！太平万岁！"

万福，武人，年八十余，自此名重天下。登，崇敬之子也。时朝夕相延龄，阳城曰："脱以延龄为相，城当取白麻[27]坏之，恸哭于庭。"有李繁者，泌之子也，城尽疏延龄过恶，欲密论之，以繁故人子，使之缮写，繁径以告延龄。延龄先诣上，一一自解。疏入，上以为妄，不之省[28]。

（以上为第三段，写谏议大夫阳城，平时装糊涂，在危急时刻挺身而出，犯颜揭发裴延龄奸佞，疏救陆贽。）

【注释】

[1]乙巳：二月七日。[2]其事奈何：这样下去怎么办才好！事，事势。[3]非止：不仅仅是到此为止。意谓陆贽不仅仅是中伤裴延龄，其意在动摇社稷。[4]壬戌：四月二十五日。[5]忠州：州名。治所临江县，在今重庆市忠县。[6]涪州：州名。治所涪陵，在今重庆市涪陵区。[7]汀州：州名。治所长汀，在今福建汀州。[8]邵州：州名。治所邵阳，在今湖南邵阳。[9]阳城自处士征为谏议大夫：阳城为李泌所荐。事见《资治通鉴》卷二三二德宗贞元二年（786）。[10]风采：风度文采。[11]人莫能窥其际：朝中的人没有能够看透他的心思，即摸不着边际。[12]韩愈（768—824）：唐文学家、哲学家。字退之，河南河阳（今山西孟县南）人，自谓郡望昌黎，世称韩昌黎。贞元中进士，时为监察御史。历仕德宗、顺宗、宪宗、穆宗四朝，好直谏，数度遭贬。终官吏部侍郎。有《韩昌黎文集》行于世。传见《旧唐书》卷一百六十，《新唐书》卷一百七十六。[13]不以屑意：不以为意。不屑，轻视而不予计较。[14]造城：登门拜访阳城。[15]醉仆席上：醉倒在酒席上。[16]中外：朝廷内外。中，指宫中；外，指朝中。[17]罪且不测：对言事者加罪不可测度，意谓罪至死。[18]拾遗：又称左拾遗，与右补阙均为谏官。左拾遗隶门下省，右补阙隶中书省。拾遗、补阙均可上封事驳议，也可当皇帝之面言得失，称为廷争。[19]王仲舒：历任德、顺、宪、穆四朝，终官江西观察使。传见《旧唐书》卷一百九十下，《新唐书》卷一百六十一。[20]归登：历仕玄、肃、代、德四朝，礼学家归崇敬之子。代宗大历年间举孝廉高第，贞元初策贤良为右拾遗，宪宗时官至工部尚书。传见《旧唐书》卷一百四十九，《新唐书》卷一百六十四。[21]熊执易：两唐书无传。以上四人因疏论裴延龄奸而知名于世。[22]崔邠：官至吏部侍郎。传见《旧唐书》卷一百五十五，《新唐书》卷一百六十三。[23]守延英门：守候在延英殿门疏救陆贽。[24]金吾将军：禁军十六卫之一左右金吾卫将领。[25]张万福：时为右金吾将军。传见《旧唐书》卷一百五十二，《新唐书》卷一百七十。[26]大言贺：大声祝贺。[27]白麻：唐制诏书用白、黄两种麻纸书写，重大事件用白麻书写，如册立皇后、太子、施赦、讨伐、除免宰相、三公等皆用白麻。下白麻诏书，先宣示于朝。阳城声言，若德宗委任裴延龄为相，他要当众撕毁诏书。[28]不之省：不阅视，束之高阁。

丙寅[1]，幽州奏破奚[2]王啜利等六万余众。

回鹘奉诚可汗卒，无子，国人立其相骨咄禄为可汗。骨咄禄本姓映跌氏，辩慧有勇略，自天亲[3]时，典兵马用事，大臣诸酋长皆畏服之。既为可汗，冒姓乐葛罗氏，遣使来告丧。自天亲可汗以上子孙幼稚者，皆内之阙庭[4]。

五月，丁丑[5]，以宣武留后李万荣、昭义左司马领留后王虔休皆为节度使。

甲申[6]，河东节度使李自良薨[7]。戊子，监军王定远奏请以行军司马李说[8]为留后。说，神通之五世孙也。

庚寅[9]，遣秘书监[10]张荐[11]册拜回鹘可汗骨咄禄为腾里逻羽录没密施合胡禄毗伽怀信可汗。

癸巳[12]，以李说为河东留后，知府事。说深德王定远，请铸监军印。监军有印自定远始。

秋，七月，丙寅朔[13]，阳城改国子司业[14]，坐言裴延龄故也。

王定远自恃有功于李说，专河东军政，易置诸将；说不能尽从，由是有隙。定远以私怒拉杀大将彭令茵，埋马矢中[15]，将士皆愤怒。说奏其状，定远闻之，直诣说，拔刀刺之；说走免。定远召诸将，以箱贮敕[16]及告身[17]二十余通，示之曰："有敕，今说诣京师，以行军司马李景略[18]为留后，诸君皆迁官。"众皆拜。大将马良辅窃视箱中，皆定远告身及所受敕也，乃麾众曰："敕告皆伪，不可受也。"定远走登乾阳楼[19]，呼其麾下，莫应，逾城而坠，为枯枿[20]所伤而死。

八月，辛亥[21]，司徒兼侍中北平庄武王马燧薨。

闰月，戊辰[22]，元谊以洺州诈降；王虔休遣裨将将二千人入城，谊皆杀之。

九月，丁巳[23]，加韦皋云南安抚使。

横海节度使程怀直，不恤士卒，猎于野，数日不归。怀直从父兄怀信[24]为兵马使，因众心之怨，闭门拒之；怀直奔归京师。冬，十月，丁丑[25]，以怀信为横海留后。

南诏攻吐蕃昆明城[26]，取之；又虏施、顺二蛮王[27]。

（以上为第四段，写阳城直谏被贬官，河东监军王定远跋扈自毙。）

【注释】

[1]丙寅：四月二十九日。 [2]奚：东胡之一，居于今辽宁西部与内蒙古东部一带，在唐幽州之北。 [3]天亲：回鹘天亲可汗。 [4]内之阙庭：送交给唐朝。内，通“纳”。 [5]丁丑：五月十一日。 [6]甲申：五月十八日。 [7]李自良：传见《旧唐书》卷一百四十六，《新唐书》卷一百五十九。 [8]李说：官至河东节度使，唐高祖从弟淮安王李神通第五代孙。传见《旧唐书》卷一百四十六，《新唐书》卷七十八。 [9]庚寅：五月二十四日。 [10]秘书监：秘书省长官。掌著作、图籍。 [11]张荐：历官左拾遗、秘书监，至工部侍郎，三次出使回鹘、吐蕃。传见《旧唐书》卷一百四十九，《新唐书》卷一百六十一。 [12]癸巳：五月二十七日。 [13]丙寅朔：七月一日。 [14]国子司业：国子监（京师太学）副长官，从四品下。阳城为谏议大夫，正五品上，改国子司业是左迁。 [15]埋马矢中：埋在马粪堆中。 [16]敕：皇帝手诏。 [17]告身：赐官的委任文书。 [18]李景略：始见《资治通鉴》卷二百三十。原为朔方节度使李怀光巡官，不从怀光反唐，为河东节度使马燧所救。李说忌李景略始于此。 [19]乾阳楼：晋阳宫城南门楼。[20]枯枿：枯树桩。 [21]辛亥：八月十七日。 [22]戊辰：闰八月四日。 [23]丁巳：九月二十三日。 [24]怀信：程怀直堂兄，夺怀直横海节镇，初为留后，一年后转为节度使。传见《新唐书》卷二百一十三。 [25]丁丑：十月十四日。 [26]昆明城：在今四川盐源。 [27]施、顺二蛮：施蛮居于铁桥城西北，在今云南香格里拉西。顺蛮居于施蛮之南。

十二年（丙子，796年）

春，正月，庚子[1]，元谊、石定蕃等帅洺州兵五千人及其家人万余口奔魏州；上释不问，命田绪安抚之。

乙丑[2]，以浑瑊、王武俊并兼中书令。己巳[3]，加[4]严震、田绪、刘济、韦皋并同平章事；天下节度、观察使，悉加检校官[5]以悦其意。

三月，甲午[6]，韦皋奏降西南蛮高万唐等二万余口。

乙巳[7]，以闲厩、宫苑使[8]李齐运为礼部尚书，户部侍郎裴延龄为户部尚书，使职如故[9]。齐运无才能学术，专以柔佞[10]得幸于上，每宰相对罢，则齐运次进决其议[11]；或病卧家，上欲有所除授，往往遣中使就问之。

丙子[12]，韶王暹[13]薨。

魏博节度使田绪尚嘉诚公主[14]；有庶子三人，季安最幼，公主子之[15]，以为副大使。夏，四月，庚午[16]，绪暴薨；左右匿之，使季安领军事，年十五。乙亥[17]；发丧，推季安为留后[18]。

庚辰[19]，上生日，故事，命沙门[20]、道士讲论于麟德殿[21]，至是，始命以儒士参之。四门博士[22]韦渠牟[23]嘲谈辩给[24]，上悦之，旬月，迁右补阙，始有宠。

五月，丙申[25]，邠宁节度使张献甫暴薨，监军杨明义请都虞候杨朝晟权知留后。甲辰[26]，以朝晟为邠宁节度使。

（以上为第五段，写德宗对地方各道诸使滥授加官，在朝中则又偏爱巧言令色之徒李齐运、裴延龄等六部长官置于宰相之上，荒悖如此。）

【注释】

[1]庚子：正月七日。 [2]乙丑：正月甲子朔，无乙丑。乙丑，二月三日。 [3]己巳：在乙丑日之后，当为二月七日。 [4]加：加官。严震，山南西道节度使。田绪，魏博节度使。刘济，幽州节度使。韦皋，西川节度使。并加官同平章事，带宰相衔。 [5]检校官：地方节镇带台省官，并不在中央任职称检校官。 [6]甲午：三月二日。 [7]乙巳：三月十三日。 [8]闲厩、宫苑使：闲厩使，掌宫马。宫苑使，掌宫苑，二职为李齐运所兼。李齐运，太宗子蒋王李恽之孙。 [9]使职如故：仍兼原有的判度支使。 [10]柔佞：柔媚谄谀。 [11]次进决其议：在宰相之后进言裁断是非。 [12]丙子：三月无丙子，据章校，应为丙辰，三月二十四日。 [13]韶王暹：德宗弟。 [14]嘉诚公主：代宗女。 [15]公主子之：嘉诚公主养以为子。 [16]庚午：四月九日。 [17]乙亥：四月十四日。 [18]推季安为留后：军中因公主子季安，故推为留后。朝廷因授节度使。田季安传见《旧唐书》卷一百四十一，《新唐书》卷二百一十。 [19]庚辰：四月十七日。 [20]沙门：和尚。 [21]麟德殿：大明宫内殿名。 [22]四门博士：四门馆学博士教官，正七品上。 [23]韦渠牟：巧佞人，官至太常卿。传见《旧唐书》卷一百三十五，《新唐书》卷一百六十七。 [24]嘲谈辩给：善于诙谐，机敏有口才。 [25]丙申：五月六日。 [26]甲辰：五月十四日。

六月，乙丑[1]，以监句当左神策窦文场、监句当右神策霍仙鸣皆为护军中尉[2]，监左神威军使张尚进、监右神威军使焦希望[3]皆为中护军。初，上置六统军[4]，视六尚书[5]，以处节度使罢镇[6]者，相承[7]用麻纸写制。至是，文场讽宰相比统军降麻[8]。翰林学上郑絪[9]奏言：“故事惟封王、命相用白麻，今以命中尉，不识[10]陛下特以宠文场邪，遂为著令[11]也？”上乃谓文场曰：“武德、贞观时[12]，中人不过员外将军同正耳，衣绯[13]者无几。自辅国[14]以来，堕坏制度。朕今用尔，不谓无私。若复以麻制宣告天下，必谓尔胁我为之矣。”文场叩头谢。遂焚其麻，命并统军自今中书降敕[15]。明日，上谓絪曰：“宰相不能违拒[16]中人，朕得卿言方悟耳。”是时窦、霍势倾中外，藩镇将帅多出神策军，台省清要亦有出其门者矣。

宣武节度使李万荣病风，昏不知事，霍仙鸣荐宣武押牙刘沐可委军政。辛巳[17]，以沐为行军司马。

宣歙观察使刘赞[18]卒。

初，上以奉天窘乏，故还宫以来，尤专意聚敛。藩镇多以进奉市恩[19]，皆云“税外方圆[20]”，亦云“用度羡余”，其实或割留常赋，或增敛百姓，或减刻利禄[21]，或贩鬻蔬果，往往私自入，所进才什一二。李兼[22]在江西有月进，韦皋在西川有日进。其后常州刺史济源裴肃[23]以进奉迁浙东观察使，刺史进奉自肃始。及刘赞卒，判官严绶[24]掌留务，竭府库以进奉，征为刑部员外郎，幕僚进奉自绶始。绶，蜀人也。

（以上为第六段，写德宗还京两大弊政：其一，宠信宦官，加重护军中尉权势，倾动朝野；其二，聚敛财货，向藩镇求索贡奉。两大弊政，留下无穷后患。）

【注释】

[1]乙丑：六月六日。 [2]护军中尉：分左、右，以宦官窦文场、霍仙鸣分领之。德宗以窦、霍护驾山南功始置中尉以宠之。仿西汉谒者随何下淮南拜中尉故事。从此，护军中尉成为唐代宦官最权重的幸臣。中尉下又置中护军。 [3]张尚进、焦希望：神策军左右中护军，宦官。两人传见《新唐书》卷二百零七。 [4]六统军：即左右羽林、左右龙武、左右神武六军统军。统军，官名，设置统军事见《资治通鉴》卷二百二十九德宗兴元元年（784）。 [5]视六尚书：比同六部尚书。 [6]罢镇：免除节度使之职，则安置为六军统军。 [7]相承：相沿。 [8]比统军降麻：即任命护军中尉与中护军，也比照六军统军的任命用白麻纸书写诏书。 [9]郑絪：字文明。德宗时为翰林学士、中书舍人，宪宗时拜宰相，出为岭南、河中节度使，文宗时入为御史大夫。传见《旧唐书》一百五十九，《新唐书》卷一百六十五。 [10]不识：不知。 [11]著令，定著为法令。 [12]武德、贞观时：指唐高祖、唐太宗时。 [13]衣绯：穿红色三品官服。 [14]辅国：指李辅国，肃宗朝擅权宦官。 [15]中书降敕：通过中书省宣布皇帝敕书，不用白麻。 [16]违拒：违抗。 [17]辛巳：六月二十二日。 [18]刘赞：刘知几之孙，官至宣歙观察使。传见《旧唐书》卷

一百三十六，《新唐书》卷一百三十二。［19］市恩：换取恩宠。［20］税外方圆：巧立名目在税外加征的贡奉钱。意谓，折则成分，转则成圆，在常税之外转折而致货财。［21］减刻利禄：削减官吏俸禄。据章校，“利禄”应作“吏禄”。［22］李兼：时任江西观察使。［23］裴肃：宣宗朝宰相裴休之父，因进奉由刺史迁浙东观察使。传附《旧唐书》卷一百七十七《裴休传》。［24］严绶：历宣歙、荆南、山南三镇观察使、节度使。传见《旧唐书》一百四十六，《新唐书》卷一百二十九。

李万荣疾病，其子迺为兵马使。甲申[1]，迺集诸将责李湛、伊娄说、张丕[2]以不忧军事，斥之外县。上遣中使第五守进至汴州，宣慰始毕，军士十余人呼曰；“兵马使勤劳无赏；刘沐何人，为行军司马！”沐惧，阳中风[3]，舁出[4]。军士又呼曰：“仓官刘叔何给纳有奸。”杀而食之。又欲斫守进，迺止之。迺又杀伊娄说、张丕。都虞候匡城邓惟恭[5]与万荣乡里相善，万荣常委以腹心，迺亦倚之。至是，惟恭与监军俱文珍谋，执迺，送京师。秋，七月，乙未[6]，以东都留守董晋同平章事，兼宣武节度使，以万荣为太子少保[7]，贬迺虔州[8]司马。丙申[9]，万荣薨。

邓惟恭既执李迺，遂权军事，自谓当代万荣，不遣人迎董晋。晋既受诏，即与傔从[10]十余人赴镇，不用兵卫。至郑州[11]，迎者不至，郑州人为晋惧，或劝晋且留观变。有自汴州出者，言于晋曰：“不可入。”晋不对，遂行。惟恭以晋来之速，不及谋；晋去城十余里，惟恭乃帅诸将出迎。晋命惟恭勿下马，气色甚和，惟恭差自安[12]。既入，仍委惟恭以军政。

初，刘玄佐增汴州兵至十万，遇之厚，李万荣、邓惟恭每加厚焉。士卒骄，不能御[13]，乃置腹心之士，幕于公庭庑下[14]，挟弓执剑以备之，时劳赐酒肉。晋至之明日，悉罢之。

戊戌[15]，韩王迥[16]薨。

壬子[17]，诏以宣武将士邓惟恭等有执送李迺功，各迁官赐钱[18]；其为迺所胁[19]，邀逼制使者[20]，皆勿问。

八月，乙未朔[21]，日有食之。

己巳[22]，以田季安为魏博节度使。

丙子[23]，以汝州刺史陆长源[24]为宣武行军司马。朝议以董晋柔仁多可[25]，恐不能集事[26]，故以长源佐之。长源性刚刻，多更张旧事[27]；晋初皆许之，案成[28]则命且罢，由是军中得安。

丙戌[29]，门下侍郎、同平章事赵憬薨。

初，上不欲生代节度使[30]，常自择行军司马以为储帅[31]。李景略为河东行军司马，李说忌之。回鹘梅录[32]入贡，过太原，说与之宴，梅录争坐次[33]，说不能遏。景略叱之，梅录识其声，趋前拜之曰："非丰州李端公[34]邪"又拜，遂就下坐。座中皆属目于景略。说益不平，乃厚赂中尉窦文场，使去之。会有传回鹘将入寇者，上忧之，以丰州当虏冲，择可守者；文场因荐景略。九月，甲午[35]，以景略为丰州都防御使。穷边气寒，土瘠民贫，景略以勤俭帅众，二岁之后，储备完实，雄于北边。

卢迈得风疾，庚子[36]，贾耽私忌[37]，宰相绝班[38]，上遣中使召主书[39]承旨[40]。

丙午[41]，户部尚书、判度支裴延龄卒；中外相贺，上独悼惜之。

壬子[42]，吐蕃寇庆州。

冬，十月，甲戌[43]，以谏议大夫崔损[44]、给事中赵宗儒[45]并同平章事。损，玄暐之弟孙也，尝为裴延龄所荐，故用之。

十一月，乙未[46]，以右补阙韦渠牟为左谏议大夫。上自陆贽贬官，尤不任宰相，自御史、刺史、县令以上皆自选用，中书行文书而已。然深居禁中，所取信者裴延龄、李齐运、户部郎中王绍、司农卿李实、翰林学士韦执谊[47]及渠牟，皆权倾宰相，趋附盈门。绍谨密无损益；实狡险掊克；执谊以文章与上唱和，年二十余，自右拾遗召入翰林；渠牟形神恌躁[48]，尤为上所亲狎[49]，上每对执政，漏不过三刻[50]，渠牟奏事率至六刻，语笑款狎往往闻外；所荐引咸不次迁擢[51]，率皆庸鄙之士。

宣武都虞候邓惟恭内不自安，潜结将士二百余人谋作乱；事觉，董晋悉捕斩其党，械惟恭送京师。己未[52]，诏免死，汀州[53]安置。

（以上为第七段，写宣武镇的动荡。）

【注释】

[1]甲申：六月二十五日。 [2]李湛、伊娄说、张丕：宣武大将。李万荣病，故忌杀诸将。

[3]阳中风：假装中风病倒。[4]舁出：抬出。[5]邓惟恭：宣武大将都虞候，与李万荣同乡里，故得亲任。传见《新唐书》卷二百一十四。据《新唐书》，李迺欲杀李湛、伊娄说、张丕等未果。万荣死，是夜邓惟恭与监军俱文珍共谋执李迺械送京师，杖死于京兆府，与此记载略异。[6]乙未：七月六日。[7]太子少保：此为加官，检校太子少保。[8]虔州：州名。治所在今江西赣州。[9]丙申：七月七日。[10]傔从：亲近随从。[11]郑州：在汴州西一百五十里。[12]差自安：大体自我安定了下来。[13]御：控制。[14]幕于公庭庑下：在官府走廊里扎下卫队的帐篷。[15]戊戌：七月九日。[16]韩王迥：德宗弟。[17]壬子：七月二十三日。[18]迁官赐钱：升官并颁赏钱。[19]胁：强力胁迫。[20]邀逼制使者：那些阻截威逼朝廷使者的人。制使，钦差使者。[21]乙未朔：八月一日。[22]己巳：八月十一日。[23]丙子：八月十八日。[24]陆长源：吴（今江苏苏州市）人，字泳。为宣武行军司马，董晋死后继任留后。欲以法绳骄兵，仅八日为乱兵所杀。传见《旧唐书》卷一百四十五，《新唐书》卷一百五十一。[25]多可：遇事多迁就赞同。[26]集事：办好事。[27]多更张旧事：往往改变惯例。[28]案成：改变旧制度的新方案制定出来。[29]丙戌：八月二十八日。[30]生代节度使：在节度使生前就确定继任的人。[31]择行军司马以为储帅：行军司马掌军籍部伍，号令印信，其权往往重于副使。德宗自择节镇，多以行军司马代之。[32]梅录：回鹘将军，人名。[33]争坐次：争上座，即争首席。[34]李端公：唐人呼侍御为端公。李景略前拜侍御史，领丰州刺史。梅录入朝路过丰州，为李景略所折服。事见《资治通鉴》卷二百三十三德宗贞元六年（790）。[35]甲午：九月六日。[36]庚子：九月十二日。[37]私忌：父母、祖父母、曾祖父母死日为私忌。[38]绝班：无人值班。[39]主书：官名。尚书省主书，从八品下，中书省主书，从七品上，值勤官员。[40]承旨：承接诏令。[41]丙午：九月十八日。[42]壬子：九月二十四日。[43]甲戌：十月十七日。[44]崔损：崔玄時之弟崔升之孙，德宗朝备员宰相。传见《旧唐书》卷一百三十六，《新唐书》卷一百六十七。[45]赵宗儒（746—832）：字秉文，历任德、顺、宪、穆、敬、文诸朝，出为方镇，入为台省。传见《旧唐书》卷一百六十七，《新唐书》卷一百五十一。[46]乙未：十一月八日。[47]韦执谊：京兆（今陕西西安市）人，顺宗朝官至宰相。传见《旧唐书》卷一百三十五，《新唐书》卷一百六十八。[48]形神恌躁：形貌神态轻薄而浮躁。[49]亲狎：亲昵。[50]漏不过三刻：古代用铜壶滴漏记时，每昼夜为一百刻。德宗与宰相大臣论政事，每次不过三刻。[51]不次迁擢：不按台阶迁升，即破格晋升。[52]己未：十一月戊子朔，无己未。己未，十二月二日。[53]汀州：州名。治所在今福建长汀。

十三年（丁丑，797年）

春，正月，壬寅[1]，吐蕃遣使请和亲；上以吐蕃数负约，不许。

上以方渠[2]、合道[3]、木波[4]皆吐蕃要路，欲城之，使问邠宁节度使杨朝晟:"须几何[5]兵?"对曰:"邠宁兵足以城之,不烦他道。"上复使问之曰:"向城盐州,用兵七万,仅能集事。今三城尤逼虏境,兵当倍之,事更相反,何也?"对曰;"城盐州之众,虏皆知之。今发本镇兵,不旬日至塞下,出其不意而城之,虏谓吾众亦不减七万,其众未集,不敢轻来犯我。不过三旬,吾城已毕,留兵戍之,虏虽至,无能为也。城旁草尽,不能久留,虏退则运刍[6]粮[7]以实之,此万全之策也。若大集诸道兵,逾月始至,虏亦集众而来,与我争战,胜负未可知,何暇筑城哉!"上从之。二月,朝晟分军为三,各筑一城。军吏曰:"方渠无井,不可屯军。"判官孟子周曰:"方渠承平之时,居人成市,无井何以聚人乎!"命浚智井[8],果得甘泉。三月,三城成。夏,四月,庚申[9],杨朝晟军还至马岭[10],吐蕃始出兵追之,相拒数日而去。朝晟遂城马岭而还,开地[11]三百里,皆如其素[12]。

庚午[13],义成节度使李复薨。庚辰[14],以陕虢观察使姚南仲[15]为义成节度使。监军薛盈珍方大会,闻之,言曰:"姚大夫书生,岂将才也!"判官卢坦私谓人曰:"姚大夫外虽柔,中甚刚,监军侵之,必不受。军府之祸,自此始矣,吾恐为所留[16]。"遂自他道潜去。南仲果以牒请之[17],不遇[18],得免。既而盈珍与南仲有隙,幕府多以罪贬,有死者。

吐蕃赞普乞立赞卒,子足之煎立。

六月,壬午[19],韦皋奏吐蕃入寇,嶲州刺史曹高仕破之于台登城[20]下。

光禄少卿同正[21]张茂宗[22],茂昭之弟也,许尚义章公主[23];未成婚,茂宗母卒,遗表请终嘉礼[24],上许之。秋,八月,癸酉[25],起复[26]茂宗左卫将军同正。左拾遗义兴蒋乂[27]上疏谏,以为:"兵革之急,古有墨衰从事者,未闻驸马起复尚主也。"上遣中使谕之,不止,乃特召对于延英,谓曰:"人间[28]多借吉成婚[29]者,卿何执此之坚?"对曰:"婚姻、丧纪,人之大伦,吉凶不可渎[30]也。委巷之家[31],不知礼教,其女孤贫无恃,或有借吉从人,未闻男子借吉娶妇者也。"太常博士[32]韦彤[33]、裴堪复上疏谏;上不悦,命趣[34]下嫁之期,辛巳[35],成婚。

九月，己丑[36]，中书侍郎、同平章事卢迈以病罢为太子宾客。

（以上为第八段，写邠宁节度使杨朝晟用智计筑边城，不战而推进边塞数百里，有力地抑制了吐蕃势力。德宗违礼嫁公主。）

【注释】

［1］壬寅：正月十五日。［2］方渠：县名。县治在今甘肃环县。［3］合道：镇名。在今甘肃环县西南。［4］木波：堡名。在今甘肃环县东南。［5］几何：几多，多少。［6］刍：马料。［7］粮：军粮。［8］浚眢井：疏浚枯井。［9］庚申：四月五日。［10］马岭：县名。县治在今甘肃环县东南。［11］开地：拓地，扩展土地。［12］皆如其素：完全实现了预期的计划。［13］庚午：四月十五日。［14］庚辰：四月二十五日。［15］姚南仲（729—803）：华州下邽（今陕西渭南市）人。四迁御史中丞，出镇陕虢、义成二镇，终官尚书右仆射。传见《旧唐书》卷一百五十三，《新唐书》卷一百六十二。［16］留：留任。［17］南仲果以牒请之：姚南仲果然发出公文请卢坦留任。［18］不遇，得免：由于公文迟到没遇上卢坦，卢坦得以不受征召。［19］壬午：六月二十八日。［20］台登城：州治所在今四川西昌市。台登城在州城之北。［21］光禄少卿同正：官名。光禄寺掌祭祀及朝会供馔，长官为卿，次官为少卿，员外官称同正。［22］张茂宗：义武节度使张孝忠次子，茂昭之弟。敬宗时终官左龙武统军。传见《旧唐书》卷一百四十一，《新唐书》卷一百四十八。［23］义章公主：德宗女。［24］嘉礼：完婚。［25］癸酉：八月二十日。［26］起复：守丧期间被起用，称起复，夺情。［27］蒋乂：字德源，常州义兴（今江苏宜兴南市）人。历官左拾遗、起居舍人、秘书监。传见《旧唐书》卷一百四十九，《新唐书》卷一百三十二。［28］人间：民间。［29］借吉成婚：丧为凶礼，婚为吉礼，在丧期中成婚称为借吉。［30］渎：亵渎，轻视。［31］委巷之家：贫民家庭。委，曲。委巷，弯曲小巷。［32］太常博士：太常寺属官，定员四人，掌祭祀及大礼司仪。［33］韦彤：传见《新唐书》卷一百四十一。［34］趣：催促。［35］辛巳：八月十八日。［36］己丑：九月七日。

冬，十月，淮西节度使吴少诚擅开刀沟入汝[1]，上遣中使谕止之，不从。命兵部郎中卢群[2]往诘之，少诚曰："开此水，大利于人。"群曰："君令臣行，虽利，人臣敢专乎！公承天子之令而不从，何以使下吏从公之令乎！"少诚遽为之罢役。

十二月，徐州节度使张建封入朝。先是，宫中市外间物，令官吏主之，随给其直[3]。比岁以宦者为使，谓之宫市[4]，抑买人物，稍不如本估[5]。其后不复行文书，置白望[6]数百人于两市及要闹坊曲，阅人所卖物[7]，但称宫市，则敛手付与[8]，真伪不复可辨，无敢问所从来[9]及论价之高下者，率用直百钱物买人直数千[10]物，多以红紫染故衣[11]、败缯[12]，尺寸裂而给之，仍索进奉门户[13]及脚价钱[14]。人将物诣市[15]，至有空手而归[16]者，名为宫市，其实夺之。商贾有良货，皆深匿[17]之；每敕使出，虽沽浆[18]、卖饼者皆撤业闭门。尝有农夫以驴负柴，宦者称宫市取之，与绢数尺，又就索门户[19]，仍邀驴送柴至内[20]夫啼泣，以所得绢与之[21]不肯受，曰："须得尔驴[22]"农夫曰："我有父母妻子，待此然后食[23]今以柴与汝，不取直而归[24]汝尚不肯，我有死[25]而已。"遂殴[26]宦者。街吏擒以闻[27]，诏黜宦者[28]，赐农夫绢十匹。然宫市亦不为之改，谏官御史数谏，不听。建封入朝，具奏之[29]，上颇嘉纳；以问户部侍郎判度支苏弁[30]，弁希[31]宦者意，对曰"京师游手万家，无土著生业[32]，仰宫市取给。"上信之，故凡言宫市者皆不听。

（以上为第九段，写德宗兴宫市之弊。）

【注释】

[1]开刀沟入汝：开凿刀沟渠，与汝水相连。汝水，淮水支流，在河南境内流经宝义、襄城、上蔡、汝南等地。吴少诚镇蔡州，治所即今汝南。刀沟渠当在汝南县境。 [2]卢群：字载初，范阳人。官至郑滑节度使。传见《旧唐书》卷一百四十，《新唐书》卷一百四十七。 [3]随给其直：随物议价。 [4]宫市：宫廷采办。 [5]抑贸人物，稍不如本估：压价购买人们的物品，逐渐低于本钱。估，价也。本估，本钱，成本，原价。 [6]白望：使人于市中左选右挑，白取其物，不给本价。 [7]阅人所卖物：到处查看别人所卖的物品。 [8]敛手付与：拱手相送。 [9]无敢问所从来：没人敢问宫市购货人的由来。 [10]率用直百钱物买人直数千：他们大都用价值一百钱的物品换取他人价值数千钱的物品。率，大体，大都。直，价值。 [11]以红紫染故衣：用红色紫色给旧衣染上色彩冒充新衣。故衣，旧衣。 [12]败缯：变质的丝帛。 [13]进奉门户：索取进奉门户钱，即收取入门费。 [14]脚价钱：脚力费，即运送费。 [15]将物诣市：带货物到市场上去。[16]空手而归：货物被宫市宦官所夺。[17]深匿：暗中隐藏。[18]沽浆：卖茶水。[19]索门户：即上文索以进奉门户钱。凡入宫经由门户皆要抽钱。 [20]仍邀驴送柴至内：还要农夫用驴把柴送到宫内。 [21]与之：退还给宦官。 [22]须得尔驴：必须要你的驴。 [23]待此然后食：依靠这头驴贩运货物吃饭。 [24]不取直而归：不收柴的本钱而空手回去。 [25]死：指拼命而死。 [26]殴：殴打。 [27]街吏擒以闻：巡街士兵捉拿农夫并报告到内廷。街吏，指金吾卫的巡街士兵。 [28]诏黜宦者：下诏废免了强取农夫柴薪的宦官。 [29]具奏之：将宫市扰民的情况详细报告德宗。 [30]苏弁：字元容，由奉天主簿累官至户部侍郎判度支。终官滁州

刺史。传见《旧唐书》卷一百八十九下，《新唐书》卷一百零三。［31］希：迎合。［32］无土著生业：没有固定住所和生计的职业。

十四年（戊寅，798年）

春，二月，乙亥[1]，名申、光、蔡军曰彰义[2]。

夏，闰五月，庚申[3]，以神策行营节度使韩全义[4]为夏、绥、银、宥节度使。全义时屯长武城[5]，诏帅其众赴镇。士卒以夏州碛卤[6]，又盛夏，不乐徙居；辛酉[7]，军乱，杀大将王栖岩，全义逾城走[8]。都虞候高崇文[9]诛首乱者，众然后定。崇文，幽州人也。丙子[10]，以崇文为长武城都知兵马使，不降敕，令中使口宣授之[11]。

秋，七月，壬申[12]，给事中、同平章事赵宗儒罢为右庶子[13]，以工部侍郎郑余庆[14]为中书郎、同平章事。

八月，初置左、右神策统军。时禁军戍边，禀赐优厚，诸将多请遥隶神策军，称行营，皆统于中尉，其军遂至十五万人。

京兆尹吴凑屡言宫市之弊[15]。宦者言凑屡奏宫市，皆右金吾都知赵洽、田秀嵓之谋也[16]；丙午[17]，洽、秀嵓坐流天德军[18]。

九月，丙申[19]，以陕虢观察使于頔[20]为山南东道节度使。

丁卯[21]，杞王倕[22]薨。

彰武[23]节度使吴少诚遣兵掠寿州霍山[24]，杀镇遏使谢详，侵地五十余里，置兵镇守。

太学生薛约师事司业阳城，坐言事，徙连州[25]；城送之郊外。上以城党罪人，己巳[26]，左迁城道州[27]刺史。城治民如治家，州之赋税不登[28]，观察使数加诮让[29]，城自署其考[30]曰："抚字心劳，征科政拙，考下下[31]。"观察使遣判官督其赋[32]，至州，城先自囚于狱。判官大惊，驰入，谒城于狱曰："使君何罪！某奉命来候安否耳。"留一二日未去，城不复归[33]；馆门外[34]有故门扇[35]横地，城昼夜坐卧其上，判官不自安，辞去。其后又遣他判官往按[36]之，他判官载妻子中道逸去[37]。

冬，十月，丁酉[38]，通王谌[39]薨。

庚子[40]，夏州节度使韩全义奏破吐蕃于盐州[41]西北。

明州[42]镇将栗锽杀刺史卢云，诱山越[43]作乱，攻陷浙东州县[44]。

（以上为第十段，写韩全义不武，就任夏绥银宥节度使为士兵所逐，为讨吴少诚兵败张本。阳城为官，在朝危言直行，外任为官，造福一方。）

【注释】

[1]乙亥：二月二十四日。[2]彰义：方镇名，即淮西。肃宗至德元载（756）置，代宗大历十四年（779）赐号淮宁军，至是改彰义军。治所蔡州。[3]庚申：闰五月十一日。[4]韩全义：传见《旧唐书》卷一百六十二，《新唐书》卷二百四十一。[5]长武城：长武城在邠州，在今陕西长武西北。[6]夏州碛卤：夏州地方为沙碛盐碱地。夏州治所朔方城，为夏绥银宥四州节度使镇所，在今内蒙乌审旗南。[7]辛酉：闰五月十二日。[8]逾城走：翻城墙逃走。史言韩全义懦弱无御众的才略。[9]高崇文（745—809）：宪宗时官至邠宁节度使。传见《旧唐书》卷一百五十一，《新唐书》卷一百七十。[10]丙子：闰五月二十七日。[11]令中使口宣授之：派宦官宣谕口诏任命高崇文为长武城都知兵马使。史言德宗信重宦官而轻诏命。[12]壬申：七月二十五日。[13]右庶子：东宫属官，掌侍从启奏。[14]郑余庆（745—820）：字居业，荥阳（今河南荥阳东北）人，仕德、顺、宪、穆四朝。出镇山南、凤翔两镇。终官太子少师。传见《旧唐书》卷一百五十八，《新唐书》卷一百六十五。[15]京兆尹吴凑：京兆尹，京师行政长官。吴凑，唐肃宗吴皇后之弟，故能为言宫市之弊。[16]“宦者言”二句：宦官不便为言给吴凑加罪，故以巡警京都的金吾都知赵洽、田秀嵓二人为替罪羊。[17]丙午：八月二十九日。[18]坐流天德军：判处流放天德军。天德军，边防军镇，故城在今山西大同东北。[19]丙申：九月丁未朔，无丙申，疑为丙寅，九月二十日。[20]于頔：字允元。传见《旧唐书》卷一百五十六，《新唐书》卷一百七十二。[21]丁卯：九月二十一日。[22]杞王倕：唐肃宗第十子。[23]彰武：胡三省注，“彰武”应作“彰义”，从之。[24]寿州霍山：寿州所属霍山县。县治在今安徽霍山。德宗兴元元年（784）寿州别置观察使。[25]连州：州名。治所桂阳，在今广东连州市。[26]己巳：九月二十三日。[27]道州：州名。治所营道，在今湖南道县西。[28]赋税不登：赋税收不上来。[29]诮让：申斥。[30]城自署其考：阳城自己给自己写上考绩鉴定。[31]抚字心劳，征科政拙，考下下：此为阳城自我调侃的考评语。意谓抚养百姓劳费心神，征收科税办法拙劣，考绩为下下等。抚字，抚养。[32]督其赋：督责征税。[33]城不复归：判官不离州，阳城就不回归府舍。[34]馆门外：判官居馆门外。[35]故门扇：旧门板。即阳城在判官下榻的馆门外放一块旧门板，他日夜睡在门板上。[36]按：审核惩治。[37]中道逸去：半路逃走。[38]丁酉：十月二十一日。[39]通王谌：德宗第三子。[40]庚子：十月二十四日。[41]盐州：州名。治所九原，在今陕西定边县。[42]明州：州名。治所鄮县，在今浙江宁波市。[43]山越：古代越人后裔，喜居山林，史称山越，为当地主要的土著居民。[44]攻陷浙东州县：攻破浙江东道许多州县。

十五年（己卯，799 年）

春，正月，甲寅[1]，雅王逸[2]薨。

二月，丁丑[3]，宣武节度使董晋薨；乙酉[4]，以其行军司马陆长源为节度使。长源性刻急，恃才傲物[5]。判官孟叔度，轻佻淫纵[6]，好慢侮[7]将士，军中皆恶之。董晋薨，长源知留后[8]，扬言曰："将士弛慢[9]日久，当以法齐之[10]耳！"众皆惧。或劝之发财以劳军[11]，长源曰："我岂河北贼，以钱买健儿求节钺邪[12]！"故事，主帅薨，给军士布以制服[13]，长源命给其直[14]；叔度高盐直[15]，下布直，人不过得盐三二斤。军中怨怒，长源亦不为之备。是日，军士作乱，杀长源、叔度，脔食之[16]。立尽。监军俱文珍以宋州刺史刘逸准久为宣武大将，得众心，密书召之；逸准引兵径入汴州，乱众乃定。

以常州[17]刺史李锜[18]为浙西观察使、诸道盐铁转运使。锜，国贞之子也。闲厩、宫苑使李齐运受其赂数十万，荐之于上，故用之。锜刻剥以事进奉[19]，上由是悦之。

庚辰[20]，浙东观察使裴肃擒栗锽于台州[21]，斩之。

己丑[22]，以刘逸准为宣武节度使，赐名全谅。

三月，甲寅[23]，吴少诚遣兵袭唐州[24]，杀监军邵国朝、镇遏使张嘉瑜，掠百姓千余人而去。

戊午[25]，昭义节度使王虔休薨；戊辰[26]，以河阳、怀州节度使[27]李元淳为昭义节度使。

夏，四月，癸未[28]，以安州刺史伊慎为安、黄等州节度使。

癸巳[29]，山南西道节度使严震薨。

南诏异牟寻遣使与韦皋约共击吐蕃，皋以兵粮未集，请俟他年[30]。

山南西道都虞候严砺[31]谄事严震，震病，使知留后，遗表荐之。秋，七月，乙巳[32]，以砺为山南西道节度使。

（以上为第十一段，写宣武换帅再度发生兵变。浙西观察使李锜、山南西道节度使严砺，不择手段向上爬，德宗所用非人。）

【注释】

［1］甲寅：正月九日。［2］雅王逸：代宗第二十子。［3］丁丑：二月三日。［4］乙酉：二月十一日。［5］傲物：傲视别人，看不起别人。［6］轻佻淫纵：行为轻佻，不稳重，淫虐放纵。［7］慢侮：轻视欺侮。［8］知留后：代理留后。［9］弛慢：指军纪松弛怠慢。［10］以法齐之：用法整顿弛慢。［11］发财以劳军：发放钱财慰劳全军，安定军心。［12］我岂河北贼，以钱买健儿求节钺邪：此为陆长源的豪言。意谓：我怎能效法河北诸贼帅，用钱财收买勇士向朝廷求索节度使呢！健儿，勇士。据章校，“岂”下有“效”字。节钺，符节和大斧，方镇大臣持有专方面的凭证。［13］给军士布以制服：发给军士布匹用以制作丧服。实即以制丧服为名义，犒赏士兵。［14］给其直：发给价值相当于布匹的食盐等物。［15］高盐直，下布直：提高盐价，压低布价。［16］脔食之，立尽：切成肉块吞食，顷刻吃完。［17］常州：州名。治所晋陵，在今江苏常州市。［18］李锜：肃宗末河中节度使、都统处置使李国贞之子。以贪残贿赂得为浙西观察使，迁镇海军节度使，宪宗元和二年（807）谋反，被部属所杀。传见《旧唐书》卷一百一十二，《新唐书》卷二百二十四上。［19］锜刻剥以事进奉：李锜苛酷地刻剥百姓用来进奉皇上。［20］庚辰：二月六日。［21］台州：州名。治所临海，在今浙江临海。［22］己丑：二月十五日。［23］甲寅：三月十日。［24］唐州：州名。治所在今河南泌阳。［25］戊午：三月十四日。［26］戊辰：三月二十四日。［27］河阳怀州节度使：即河阳节度使。［28］癸未：四月九日。［29］癸巳：四月十九日。［30］请俟他年：请等到来年。韦皋未知南诏是否真心助唐，故以兵粮未集为辞，不贸然与之合兵。［31］严砺：梓州盐亭（今四川盐亭）人，官至山南西道节度使，贪残无比，人不堪其苦。传见《旧唐书》卷一百一十七，《新唐书》卷一百四十四。［32］乙巳：七月三日。

八月[1]，陈许节度使曲环薨。乙未[2]，吴少诚遣兵掠临颍，陈州刺史上官涚知陈许留后，遣大将王令忠将兵三千救之，皆为少诚所虏。丙午[3]，以涚为陈许节度使，少诚遂围许州[4]。涚欲弃城走，营田副使[5]刘昌裔[6]止之曰：“城中兵足以办贼，但闭城勿与战，不过数日，贼气自衰，吾以全制其弊，蔑不克矣[7]。”少诚昼夜急攻，昌裔募勇士千人凿城出击[8]少诚，大破之，城由是全。昌裔，兖州[9]人也。少诚又寇西华[10]，陈许大将军孟元阳[11]拒却之。陈许都知兵马使安国宁与上官涚不叶，谋翻城应少诚；刘昌裔以计斩之。召其麾下，人给二缣；伏兵要巷[12]，见持缣者悉斩之，无得脱者。

庚辰[13]，宣武节度使刘全谅薨。军中思刘玄佐之恩，推其甥都知兵马使匡城韩弘[14]为留后。弘将兵，识其材鄙勇怯[15]，指顾必堪其事[16]。

丙辰[17]，诏削夺吴少诚官爵，令诸道进兵讨之。

辛酉[18]，以韩弘为宣武节度使。先是，少诚与刘全谅约共攻陈许，以陈州归宣武。使者数辈犹在馆，弘悉驱出斩之；选卒三千，会诸军击少诚于许下。少诚由是失势。

冬，十月，乙丑[19]，邕王谅[20]薨。太子之子也，上爱而子之，及薨，谥曰文敬太子。

山南东道节度使于頔、安黄节度使伊慎、知寿州事王宗与上官况、韩弘进击吴少诚，屡破之。十一月，壬子[21]，于頔奏拔吴房、朗山[22]。

十二月，辛未[23]，中书令、咸宁王浑瑊薨于河中。瑊性谦谨，虽位穷将相，无自矜大之色；每贡物必躬自阅视，受赐如在上前[24]，由是为上所亲爱。上还自兴元，虽一州一镇有兵者，皆务姑息。瑊每奏事，不过[25]，辄私喜曰："上不疑我。"故能以功名终。

六州党项自永泰[26]以来居于石州，永安镇[27]将阿史那思暕浸渔不已，党项部落悉逃奔河西[28]。

诸军讨吴少诚者既无统帅，每出兵，人自规利，进退不壹。乙未[29]，诸军自溃于小溵水[30]，委弃器械、资粮，皆为少诚所有。于是始议置招讨使。

吐蕃众五万分击南诏及嶲州，异牟寻与韦皋各发兵御之；吐蕃无功而还。

（以上为第十二段，写朝廷大发兵征讨淮西吴少诚。诸镇官兵不设统帅，溃败于小溵水。）

【注释】

[1]八月：据章校，"月"下有"丙申"二字。丙申，八月二十五日。 [2]乙未：八月二十四日。 [3]丙午：据张敦仁《资治通鉴刊本识误》，前脱"九月"二字。九月丙午，九月五日。 [4]许州：州名。治所在今河南许昌市。 [5]营田副使：官名。屯田使副长官。 [6]刘昌裔：字光后，太原阳曲（在今山西阳曲西南）人。官至陈许节度使。传见《旧唐书》卷一百五十一，《新唐书》卷一百七十。 [7]蔑不克矣：没有不取胜的。 [8]凿城出击：从城墙穿洞出击。 [9]兖州：州名。治所瑕丘县，在今山东济宁市兖州区。两《唐书》刘昌裔本传皆云太原阳曲人，此言兖

州，不知何据。［10］西华：县名。县治在今河南西华西。西华，陈州巡县。［11］孟元阳：宪宗时官至河阳节度使。传见《旧唐书》卷一百五十一，《新唐书》卷一百七十。［12］要巷：交通必经的街巷。［13］庚辰：上文“丙午”前脱“九月”二字，而九月壬寅朔，无“庚辰”，疑“庚辰”为“庚戌”之误。庚戌，九月九日。庚辰，八月九日。并存以待考。依上下行文，应以庚戌为是。［14］韩弘：滑州匡城（今河南长垣市）人，历仕德宗、宪宗两朝，终官河中节度使。传见《旧唐书》卷一百五十六，《新唐书》卷一百五十八。［15］识其材鄙勇怯：能识别军人有才与无才，勇敢与懦弱。［16］指顾必堪其事：韩弘所委派的人都能胜任委付的工作。［17］丙辰：九月十五日。［18］辛酉：九月二十日。［19］乙丑：十月辛未朔，无乙丑。疑“十月”二字为衍文，当删。乙丑，九月二十四日。［20］邕王謜：本太子李诵（即唐顺宗）之子，德宗孙，因德宗爱而子之。［21］壬子：十一月十二日。［22］吴房、朗山：皆县名，淮西蔡州巡县。吴房县治在今河南遂平县。朗山县治在今河南确山县。［23］辛未：十二月二日。［24］受赐如在上前：受到赏赐如同在德宗跟前一样恭谨接纳。［25］不过：唐制，节镇奏事，皆转发中书、门下二省。浑瑊奏事，德宗置于宫中不下转发，称为不过。浑瑊认为这是德宗对他的信任，完全相信他的奏事。［26］永泰：代宗的第二个年号，公元765至766年。六州党项，即野利越诗、野利龙儿、野利厥律、儿黄、野海、野窣等六部党项，原居于庆州、夏州等六州。自永泰以后移居于石州。石州治所在今山西省离石，大河之东。［27］永安镇：唐置永安镇将于石州，控制六州党项。［28］河西：地区名。指今陕北黄河西岸地区。［29］乙未：十二月二十六日。［30］小溵水：溵，又作“濦”。颍水东至今河南临颍县西，分为大、小二溵水，小溵水在大溵水之北，东流至郾城东入大溵水，久湮。官军溃于小溵水，当在临颍一带。此为官军的后勤基地。

十六年（庚辰，800年）

春，正月，恒冀、易定、陈许、河阳四军与吴少诚战，皆不利而退。夏绥节度使韩全义本出神策军，中尉窦文场爱厚之，荐于上，使统诸军讨吴少诚。二月，乙酉[1]，以全义为蔡州四面行营招讨使，十七道兵皆受全义节度。

宣武军自刘玄佐薨，凡五作乱[2]，士卒益骄纵，轻其主帅。韩弘视事数月，皆知其主名[3]；有郎将刘锷，常为唱首。三月，弘陈兵牙门[4]，召锷及其党三百人，数之以“数预于乱，自以为功”，悉斩之，血流丹道[5]。自是至弘入朝二十一年[6]，士卒无一人敢谨呼于城郭者。

义成监军薛盈珍为上所宠信，欲夺节度使姚南仲军政，南仲不从，由是有隙。盈珍谮其幕僚马总[7]，贬泉州[8]别驾。福建观察使柳冕[9]谋害总以媚盈珍，遣幕僚宝鼎薛戎[10]摄泉州事，使按致总罪，戎为辩析其无辜；冕怒，召戎，囚之，使守卒恣为侵辱。如此弥月，徐诱之使诬总，戎终不从；总由是获免。冕，芳之子也。

盈珍屡毁南仲于上，上疑之。盈珍乃遣小吏程务盈乘驿诬奏南仲罪。牙将曹文洽亦奏事长安，知之，晨夜兼行，追及务盈于长乐驿[11]，与之同宿，中夜[12]，杀之，沈盈珍表于厕中；自作表雪南仲之冤，且首专杀[13]之罪，亦作状白南仲[14]，遂自杀。明旦，门不启[15]，驿吏排[16]之入，得表、状[17]于文洽尸旁。上闻而异之，征盈珍入朝；南仲恐盈珍谗之益深，亦请入朝。夏，四月，丙子[18]，南仲至京师，待罪于金吾[19]；诏释之，召见。上问："盈珍扰[20]卿邪？"对曰："盈珍不扰臣，但乱陛下法耳。且天下如盈珍辈，何可胜数！虽使羊、杜[21]复生，亦不能行恺悌之政[22]，成攻取之功也。"上默然，竟不罪盈珍，仍使掌机密。

盈珍又言于上曰："南仲恶政，皆幕僚马少微赞之也。"诏贬少微江南官，遣中使送之。推坠江中[23]而死。

（以上为第十三段，写韩弘镇宣武尽诛倡乱者，一方始安。德宗放纵各镇中使监军为所欲为，义成军监军薛盈珍罪恶昭著，德宗释而不问。）

【注释】

［1］乙酉：二月十七日。［2］凡五作乱：贞元八年（792）刘玄佐薨，至贞元十四年（798）七年之间总计有五次兵变。贞元八年玄佐薨时，汴兵拒吴凑而立其子士宁，此其一；接着李万荣逐士宁，十年（794），韩惟青等乱，此其二；十二年（796）李万荣死，其子迺以兵乱，此其三；董晋入汴，邓惟恭复谋乱，此其四；十四年，董晋薨，兵又乱杀留后陆长源，此其五。［3］主名：为首闹兵变的人名。［4］牙门：节镇衙门。［5］血流丹道：流血染红了道路。［6］二十一年：韩弘贞元十五年（799）主汴，至宪宗元和十四年（819）入朝，凡二十一年。［7］马总：字会元，扶风（今陕西扶风）人。历官岭南都护、桂管观察使，淮西、忠武、天平等节度使。传见《旧唐书》卷一百五十七，《新唐书》卷一百六十三。［8］泉州：州名。治所在今福建泉州。［9］柳冕：字敬叔。肃宗朝史官，集贤殿学士柳芳之子。传见《旧唐书》卷一百四十九，《新唐书》卷一百三十二。［10］薛戎：字元夫，河中宝鼎（今山西万荣西南）人，官至浙东观察使。传见《旧唐书》一百五十五，《新唐书》卷一百六十四。［11］长乐驿：在长安城东浐水西岸。［12］中夜：半夜。［13］专杀：擅自杀人。［14］作状白南仲：写下情由禀报姚南仲。［15］门不启：门不开。［16］排：撞开馆门。［17］表、状：表，指上奏朝廷的奏章。状，指写给姚南仲的报告。［18］丙子：四月八日。［19］待罪于金吾：在金吾仗院等候治罪。唐制，凡内外官待罪者，

皆诣金吾仗院。金吾仗院在西京大明宫丹凤门内，含元殿前，分左、右。［20］扰：干扰政事。［21］羊、杜：西晋名将羊祜、杜预。［22］恺悌之政：和乐平易的政治。恺悌，语出《诗经·大雅·旱麓》："恺悌君子，福禄攸降"。《左传》僖公十二年传引用为："《诗》云：'恺悌君子，神所劳矣。'"［23］江中：长江中。

黔中[1]观察使韦士宗[2]，政令苛刻；丁亥[3]，牙将傅近等逐之，出奔施州[4]。

新罗王敬则卒，庚寅[5]，册命其嫡孙俊邕为新罗王。

韩全义素无勇略，专以巧佞货赂结宦官得为大帅，每议军事，宦者为监军者数十人坐帐中争论，纷然莫能决而罢。天渐暑，士卒久屯沮洳之地[6]，多病疫[7]，人有离心。五月，庚戌[8]，与吴少诚将吴秀、吴少阳[9]等战于溵南[10]广利原，锋镝才交，诸军大溃；秀等乘之，全义退保五楼[11]。少阳，沧州清池人也。

山南东道节度使于頔因讨吴少诚，大募战士，缮甲厉兵，聚敛货财，恣行诛杀，有据汉南之志，专以慢上陵下为事。上方姑息藩镇，知其所为，无如之何。頔诬邓州[12]刺史元洪赃罪，朝廷不得已流洪端州[13]，遣中使护送至枣阳[14]。頔遣兵劫取归襄州，中使奔归。頔表洪责太重，上复以洪为吉州[15]长史；乃遣之。又怒判官薛正伦，奏贬峡州[16]长史；比敕下，頔怒已解，复奏留为判官。上一一从之。

（以上为第十四段，写官军招讨使韩全义无勇无谋，被吴少诚叛军大败于溵水南。山南东道节度使于頔以讨逆为名大募战士以图割据，德宗姑息不问。）

【注释】

［1］黔中：方镇名。代宗大历十二年（777）置黔中观察使。治所黔州，在今重庆市彭水县。［2］韦士宗：原名韦士伋，贞元十六年改名士宗，又名士及。［3］丁亥：二月十九日。［4］施州：州名。治所清江县，在今湖北恩施。［5］庚寅：二月二十二日。［6］沮洳之地：低洼潮湿之地。［7］多病疫：据章校，此句下有"全义不存恤"五字。［8］庚戌：五月十三日。［9］吴少阳：沧州清池（今河北沧州东南）人，吴少诚养弟。少诚死，吴少阳杀其子，自称留后，朝廷遂命为淮西节度使。传见《旧唐书》卷一百四十五，《新唐书》卷二百一十四。［10］溵南：溵水之南。［11］五楼：地名。在今河南商水县西南。［12］邓州：州名。治所在今河南邓州。［13］端州：州名。治所在今广东肇庆市。［14］枣阳：县名。县治在今湖北枣阳市。［15］吉州：州名。治

所在今江西吉安市。［16］峡州：州名。治所在今河南三门峡市陕州区。

徐、泗、濠节度使张建封镇彭城十余年[1]，军府称治，病笃，请除代人。辛亥[2]，以苏州[3]刺史韦夏卿[4]为徐、泗、濠行军司马。敕下，建封已薨。夏卿，执谊之从祖[5]兄也。徐州判官郑通诚知留后，恐军士为变，会浙西兵过彭城，通诚欲引入城为援。军士怒，壬子[6]，数千人斧库门，出甲兵擐执之，围牙城，劫建封子前虢州参军愔[7]令知军府事，杀通诚及大将段伯熊等数人，械系监军。上闻之，以吏部员外郎李鄘[8]为徐州宣慰使[9]。鄘直抵其军，召将士宣朝旨，谕以祸福，脱监军械，使复其位，凶党不敢犯。愔上表称兵马留后，鄘以非朝命，不受[10]，使削去，然后受之以归[11]。

灵州破吐蕃于乌兰桥[12]。

丙寅[13]，韦士宗[14]复入黔中。

湖南观察使河中吕渭[15]奏发永州[16]刺史阳履赃贿；履表称所敛物皆备进奉，上召诣长安，丁丑[17]，命三司使鞫之[18]，诘其物费用所归[19]，履曰："已市马进之矣[20]。"又诘"马主为谁？马齿几何？"对曰："马主，东西南北之人，今不知所之；按《礼》，齿路马[21]有诛，故不知其齿[22]。"所对率如此。上悦其进奉之言，释之，但免官而已。

丙戌[23]，加淄青节度使李师古同平章事。

徐州乱兵为张愔表求旄节，朝廷不许；加淮南节度使杜佑[24]同平章事，兼徐、濠、泗节度使，使讨之。佑大具舟舰，遣牙将孟准为前锋；济淮而败，佑不敢进。泗州刺史张伾[25]出兵攻埇桥[26]，大败而还。朝廷不得已除愔徐州团练使，以伾为泗州留后，濠州刺史杜兼[27]为濠州留后，仍加佑兼濠泗观察使。

（以上为第十五段，写徐泗濠军镇因换帅而引发动乱，德宗不得已任命张愔为留后，杜佑只为名义观察使。）

【注释】

［1］张建封镇彭城十余年：贞元四年（788）德宗置徐泗濠节度使，以张建封为节镇，至此十二年。［2］辛亥：五月十四日。［3］苏州：州名。治所吴县，在今江苏省苏州市。［4］韦

夏卿：字云客，翰林学士韦执谊堂兄。授徐泗濠行军司马，因徐州军乱，召还为吏部侍郎。官至东都留守。传见《旧唐书》卷一百六十五，《新唐书》卷一百六十二。［5］从祖：叔祖或伯祖。［6］壬子：五月十五日。［7］愔：即张愔，张建封子，以荫补虢州参军。建封死后，徐州军拥为留后，德宗宣慰失效，割濠、泗分治，以张愔为徐州留后，接着进为武宁军节度使，领徐一州。传见《旧唐书》卷一百四十，《新唐书》卷一百五十八。［8］李鄘：字建侯，性刚直，德宗拜为宣慰使。顺宗时进御史中丞，宪宗时为京兆尹，出为凤翔陇右、淮南节度使，历二镇。传见《旧唐书》卷一百五十七，《新唐书》卷一百四十六。［9］宣慰使：朝廷派出大臣巡抚灾区或乱兵地区恢复秩序的特使，全称宣慰安抚使，省称宣慰使，或安抚使。［10］不受：李鄘不接受张愔自署"兵马留后"的奏表。［11］受之以归：李鄘接受张愔删去"兵马留后"的奏表回到朝廷。［12］乌兰桥：浮桥名。在今甘肃靖远西北黄河上。［13］丙寅：五月二十九日。［14］韦士宗：本年四月为牙将傅近所逐。［15］吕渭：字君载，河中府（今山西永济市西）人，官至礼部侍郎，终官潭州刺史兼湖南观察使。传见《旧唐书》卷一百三十七、《新唐书》卷一百六十。［16］永州：州名。治所零陵县，在今湖南永州市零陵区。［17］丁丑：五月戊戌朔，无丁丑。严衍《通鉴补》改为丁卯，五月三十日。下文有丙戌，上下对照，疑丁丑前脱"六月"二字。丁丑，六月十日。［18］命三司使鞫之：命中书、门下、御史台三司会审阳履。［19］诘其物费用所归：责问阳履征收的物资费用到哪里去了。［20］市马进之矣：买成马匹进奉宫中了。［21］路马：为天子拉路车之马，即御马。"齿路马有诛"，语出《礼记·曲礼上》按礼：依据《礼记》，打听君主用马的年龄应判死罪。阳履引此拒绝回答三司的会审。［22］不知其齿：不知道马的年龄。［23］丙戌：六月十九日。［24］杜佑（735—812）：字君卿，京兆万年（今陕西西安市东）人。历任岭南、淮南等节度使，入为宰相。顺宗时任度支盐铁使。精通典故，著《通典》行于世。传见《旧唐书》卷一百四十七，《新唐书》卷一百六十六。［25］张伾：本为泽潞将，以功迁泗州刺史。传见《旧唐书》卷一百八十七下，《新唐书》卷一百九十三。［26］埇桥：即符离桥，在今安徽宿县城南，跨古汴水上，当江淮运路要冲。［27］杜兼：字处弘，杜正伦五世孙（杜正伦相太宗、高宗）。宪宗时官至河南尹。传见《旧唐书》卷一百四十六，《新唐书》卷一百七十二。

兼，正伦五世孙也，性狡险强忍[1]。建封之疾亟也，兼阴图代之，自濠州疾驱至府。幕僚李藩[2]与同列，入问建封疾，出见之，泣曰："仆射[3]疾危如此，公宜在州防遏，今弃州此来，欲何为也！宜速去，不然，当奏之。"兼错愕[4]出不意，遂径归。建封薨，藩归扬州[5]，兼诬奏藩于建封之薨摇动军情，上大怒，密诏杜佑使杀之；佑素重藩，怀诏旬日[6]不忍发，因引藩论佛经曰，"佛言果报[7]，有诸？"藩曰："有之。"佑曰："审如此[8]，君宜遇事无恐。"因出诏示藩。藩神色不变，曰："此真报也[9]。"佑曰："君慎勿出口，吾已密论[10]，用百口保君[11]矣。"上犹疑之，召藩诣长安，望见藩仪度安雅，乃曰："此岂为恶者邪！"即除秘书郎[12]。

新罗王俊邕卒，国人立其子重熙。

秋，七月，吴少诚进击韩全义于五楼，诸军复大败，全义夜遁，保溵水县[13]城。

卢龙节度使刘济弟源为涿州刺史，不受济命；济引兵击擒之。

九月，癸卯[14]，义成节度使卢群薨；甲戌[15]，以尚书左丞[16]李元素[17]代之。贾耽曰："凡就军中除节度使，必有爱憎向背，喜惧者相半，故众心多不安。自今愿陛下只自朝廷除人，庶无他变。"上以为然。

中书侍郎、同平章事郑余庆与户部侍郎、判度支于頔素善[18]，頔所奏事，余庆多劝上从之。上以为朋比[19]，庚戌[20]，贬余庆郴州[21]司马，頔泉州司户。頔，頔之兄也。

癸丑[22]，吴少诚进逼溵水数里置营，韩全义复帅诸军退保陈州。宣武、河阳兵私归本道，独陈许将孟元阳、神策将苏光荣帅所部留军溵水。全义以诈诱昭义将夏侯仲宣、义成将时昂、河阳将权文变、河中将郭湘等，斩之，欲以威众。全义至陈州，刺史刘昌裔登城谓之曰："天子命公讨蔡州，今乃来此，昌裔不敢纳，请舍于城外。"既而昌裔赍牛酒入全义营犒师，全义惊喜，心服之。己未[23]，孟元阳等与吴少诚战，杀二千余人。

庚申[24]，以太常卿齐抗为中书舍人、同平章事。

癸亥[25]，以张愔为徐州留后。

冬，十月，吴少诚引兵还蔡州。先是，韦皋闻诸军讨少诚无功，上言"请以浑瑊、贾耽为元帅[26]，统诸军。若重烦元老[27]，则臣请以精锐万人下巴峡，出荆楚以翦凶逆。不然，因其请罪而赦之，罢两河诸军以休息公私，亦策之次也。若少诚一旦罪盈恶稔[28]，为麾下所杀，则又当以其位授之，是除一少诚，生一少诚，为患无穷矣。"贾耽言于上曰："贼意盖亦望恩贷[29]，恐须开其生路[30]。"上从之。会少诚致书币于监官军者求昭洗[31]，监军奏之。戊子[32]，诏赦少诚及彰义将士，复其官爵。

己丑[33]，河东节度使李说薨；甲午[34]，以其行军司马郑儋为节度使。上择可以代儋者，以刑部员外郎严绶尝以幕僚进奉，记其名，即用为行军司马[35]。

吐蕃数为韦皋所败，是岁，其曩贡、腊城等九节度婴、笼官马定德帅其部落来降。定德有智略，吐蕃诸将行兵，皆禀其谋策，常乘驿计事，至是以兵数不利，恐获罪，遂来奔。

（以上为第十六段，写德宗讨叛无恒心，少信心，吴少诚兵败上书朝廷宽大，德宗借势发布赦令，朝廷征讨淮西，无功而终。）

【注释】

[1]性狡险强忍：生性狡黠阴险，强悍残忍。 [2]李藩：字叔翰。时为张建封幕僚，宪宗时官至宰相。传见《旧唐书》卷一百四十八，《新唐书》卷一百六十九。 [3]仆射：张建封加官检校尚书右仆射，故称。 [4]错愕：惊恐不知所措。 [5]藩归扬州：李藩家于扬州。 [6]旬日：十日。 [7]果报：因果报应。 [8]审如此：真有因果报应。 [9]此真报也：这是真正的报应啊。语意双关，指杜兼挟嫌报私仇。 [10]密论：秘密上奏分辩陈说。 [11]百口保君：用全家为你担保。百口，言其多，满门的代用语。 [12]秘书郎：秘书省属官，定员四人，分掌图书经史子集。 [13]溵水县：县治在今河南商水县。 [14]癸卯：九月八日。 [15]甲戌：九月丙申朔，无甲戌。甲戌，十月九日。疑为甲辰之误，九月九日。 [16]尚书左丞：尚书省佐吏，分左、右，职掌省内礼仪，弹劾御史所举不当。 [17]李元素：代卢群为义成（即郑滑）节度使。宪宗时召为御史大夫。终官户部尚书、判度支。传见《旧唐书》卷一百三十二，《新唐书》卷一百四十七。 [18]素善：一向友好。 [19]朋比：互相勾结。 [20]庚戌：九月十五日。 [21]郴州：州名。治所在今湖南郴州市。 [22]癸丑：九月十八日。 [23]己未：九月二十四日。 [24]庚申：九月二十五日。 [25]癸亥：九月二十八日。 [26]以浑瑊为元帅：浑瑊死于去年十二月，韦皋上言在浑瑊未死之前，故云“先是”。 [27]重烦元老：烦，难，不轻易，不愿。元老，对浑瑊、贾耽的尊称。此句意谓，不愿惊动元老。 [28]稔：熟，亦满盈之意。罪盈恶稔，即罪恶满盈。 [29]恩贷：开恩宽大。 [30]开其生路：留一条生路。 [31]昭洗：洗刷冤诬。 [32]戊子：十月二十三日。 [33]己丑：十月二十四日。 [34]甲午：十月二十九日。 [35]为行军司马：据章校，应为“为河东行军司马”，补“河东”二字。

【点评】

本卷点评三事：陆贽罢相、阳城谏诤、德宗还京兴弊政。

一、陆贽罢相。陆贽于贞元八年四月拜相，到贞元十年十二月罢相，任职两年又八个月。不久，再贬为忠州别驾。德宗自逐陆贽出京，不再设用宰相。十年无赦，陆贽死于贬所。

户部侍郎、判度支裴延龄，是一个不懂财务的奸佞小人，他是由奸相卢杞、窦参提拔起来的奸臣。裴延龄的奸佞之术，青出于蓝而胜于蓝，卢杞、窦参皆难以望其项背。裴延龄造假账，声称国库年年有余额，另造新库储藏余额以供德宗挥霍。裴延龄转移库藏，甲库转乙库，乙库转丙库，转移中扣出白银布帛，妄称从垃圾中拾得，另立杂库供德宗调用。裴延龄还对德宗说："《礼经》上说，天下财赋都是天子的私产。财赋分为三份，一份供宗庙，一份充宾客，一份为庖厨生活费用。"德宗说："经义如此，为什么没人对朕说过。"裴延龄说："愚儒不通经术，只有臣一人懂得，陛下有事问臣就对了。"如此狂愚之言，德宗迷惑地点头而已。德宗要造神龙寺，发愁找不到五十尺长的松木，裴延龄说："同州有一条山谷，有数千株长八十尺的松木。"德宗说："开元、天宝时要找这样的松木，都是到岚州、胜州采购，近处并没有这等松木。"裴延龄说："高大树木是圣君出现才生长，开元、天宝时不配有这样的高大树木。"裴延龄的荒诞大多如此，德宗却宠遇日隆。群臣敢怒不敢言。只有陆贽一个人揭露裴延龄奸佞，德宗反以为陆贽妒忌，更加信任裴延龄。陆贽左右亲近的人劝陆贽不要太露锋芒。陆贽说："我上不辜负天子，下不辜负平生所学，其他的事顾不上了。"于是上了一道痛陈裴延龄的奏章，德宗十分恼怒，罢了陆贽的相位。裴延龄乘机妄奏陆贽怨望，有非常举动。德宗为了耳根清净，当然不察虚实，贬陆贽出京，远放为忠州别驾。

忠州刺史李吉甫，是陆贽当政时被贬的。陆贽的亲人对陆贽的安危捏了一把汗，陆贽也有愧对之心。李吉甫却用宰相礼迎接陆贽，两人成了好朋友，陆贽的安全得到了保障。公理自在人心。陆贽伴昏君，是他的不幸。陆贽能得善终，则是有幸。

二、阳城谏诤。阳城，字亢宗，北平（今河北满城）人。家贫不能得书，自求为集贤院抄书手，偷读官书，昼夜不出房，苦读六年，自学成才，成为通儒，隐居于中条山。李泌为相，荐为著作郎，不就。德宗以谏议大夫征召，阳城不再推辞。人们寄予厚望，都认为阳城会极言时务，恐怕要死在谏臣职位上。阳城到京，整日与宾客饮酒，不过问政事，人们大失所望。等到陆贽遭贬，盐铁转运使张滂、京兆尹李充、司农卿李铦等耿正财务大臣，裴延龄不能容，被诬为陆贽同党亦遭贬，事态还在扩大有兴大狱之势。这时阳城拍案而起，说："不可令天子信用奸臣，杀无罪人。"阳城为首与左拾遗王仲舒、归登、右补阙熊执易、崔邠等守延英门，上疏痛陈裴延龄奸恶，陆贽无罪。阳城被降职，最终亦被贬出京。不久，裴延龄死，朝野相庆，只有德宗一个人哀痛。

德宗是一个昏君，却又有一些小聪明。昏愚如三国蜀汉阿斗刘禅，安于昏愚，还好治理，德宗昏而好自用，难以侍候。危难时用忠臣，这是德宗之明，他知道只有忠臣才能救驾，安定下来，德宗就只信用奸佞，排斥忠良，因为奸佞在位，皇帝才可为所欲为。所以德宗安定时，唐王朝就是一个危邦。昏君与奸佞一个鼻孔出气，忠贞之臣就要遭殃。所以孔子说："天下有道则见，无道则隐。"又说："邦有道，危言危行；邦无道，危行言逊。"德宗是一个无道之君，所以阳城学成而归隐，以待天下清。李泌亲自造访阳城，推荐他为著作郎，阳城不就征。召他为谏官，阳城立即上道，到了任上却无所事事。实际阳城是在韬晦，他已经修养到"邦无道，危行言逊"的境界。可是到了最关键的时刻，阳城挺身而出，弹劾奸臣，大造声势，阻止了裴延龄拜相，化解了大案的发生。鸡毛蒜皮的事，阳城不去争辩。大是大非，阳城当仁不让。人们这才看清了阳城就征谏议大夫的意义了。

三、德宗还京兴弊政。德宗返回京师，没有吸取蒙尘的教训，反而变本加厉地推行弊政。总其要，有三大弊政。其一，宦官专军权。朱泚之乱，李怀光反叛，并不是他们手中有军权，而是君不君，御臣不以道，忠奸不分，才搬起石头砸自己的脚。猜忌良将，是导致骄兵悍将叛乱的根源。昏君总是反向吸取经验和教训，德宗返京，更加猜忌功臣宿将，李晟等被解除兵权，而宦官却被授以兵权。公元784年，德宗使宦官窦文场、霍仙鸣监左、右神策军，公元796年，提升二人直接任左、右神策军中尉。从此，宦宦掌军权，为唐代后期宦官挟兵权主宰废立的局面奠定了基础，贻害无穷。其二，信用奸佞，斥逐忠良。皇帝亲理小事，直接用人。一个县令的任免，德宗都要亲自过问，而对一州一镇拥有兵权的悍将，德宗却一味姑息，要留后给留后，要节度给节度，用兵河北时的进取心，一丝也不存在。其三，贪进奉，兴宫市。李泌为相，岁入大盈库一百万缗，希望德宗罢进奉。德宗不但不罢进奉，反而变本加厉，又兴起了宫市。所谓宫市，就是宫廷采购。德宗派宦官到京师市场上采购宫中用品，用一百文钱强买价值几千文的物品，或者用宫中霉烂之物，在市场强行换取价贵质好的物品。宫市，实质就是用皇上的招牌明火执仗地抢夺细民百姓的财物。一个皇帝如此贪财，难怪中国历代贪官污吏成堆了。国家最高领袖都在贪财，怎么能有一个廉洁的政府呢？

综上三大弊政，可以看出德宗猜忌功臣、信用奸佞、贪婪财货、愚而好自用的昏君嘴脸。

卷二三六　唐纪五十二

唐德宗贞元十七年至唐顺宗永贞元年（801—805 年）

【起重光大荒落（辛巳，801 年），尽旃蒙作噩（乙酉，805 年），凡五年】

【大事提要】

本卷记事起公元 801 年，讫公元 805 年，凡五年。当唐德宗贞元十七年到唐顺宗永贞元年。此时期为德宗、顺宗、宪宗交接之际，五年间朝廷轮番换了三个皇帝。浙东判官齐总巧取盘剥百姓资财进奉，德宗诏命升迁齐总为衢州刺史，给事中许孟容封还诏命，受到德宗嘉奖，这是德宗晚年闪烁的一丝霞光。其间顺宗皇帝于永贞元年正月二十四日即位，八月初九日退位，在位不足八个月，任用王叔文、王伾施行一场改革，史称永贞革新。顺宗得中风病不能说话，王叔文等受器重主政，赦天下，蠲免积欠，罢进奉，罢宫市，取缔五坊小儿，减盐价，平反和量移前朝被贬大臣，召回陆贽和阳城。又起用老将范希朝为左右神策、京西诸城行营节度使，欲夺宦官军权，遭到宦官和反对派大臣的反扑，他们釜底抽薪，拥立顺宗长子李纯即位，是为宪宗。顺宗退位为太上皇。宪宗全面贬逐永贞革新之臣，王叔文被贬杀，王伾病死。同一天被贬的名士大臣柳宗元、刘禹锡等八人为地方州司马，史称八司马。宪宗忌惮太上皇而尽逐先帝之臣，从此开了一个恶例，其后继位的皇帝均把自己用的人当作私党，把先帝用的人当作异己，不分功过是非，一概斥逐。军镇换帅，事故层出不穷，刘南金之死与来希皓之让，反映弱肉强食的军纪风气。

德宗神武圣文皇帝十一

贞元十七年（辛巳，801 年）

春，正月，甲寅[1]，韩全义至长安，窦文场为掩其败迹；上礼遇甚厚。全义称足疾，不任朝谒[2]，遣司马崔放入对。放为全义引咎[3]，谢无功，上曰："全义为招讨使，能招来少诚，其功大矣，何必杀人然后为功邪！"闰月，甲戌[4]，归夏州。

韦士宗既入黔州[5]，妄杀长吏，人心大扰。士宗惧，三月，脱身亡走。夏，四月，辛亥[6]，以右谏议大夫裴佶[7]为黔州观察使。

五月，壬戌朔[8]，日有食之。

朔方邠、宁、庆节度使杨朝晟防秋于宁州[9]，乙酉[10]，薨。

初，浑瑊遣兵马使李朝寀将兵戍定平[11]。瑊薨，朝寀请以其众隶神策；诏许之。

杨朝晟疾亟，召僚佐谓曰："朝晟必不起，朔方命帅多自本军，虽徇众情[12]，殊非国体。宁州刺史刘南金，练习军旅，宜使摄行军[13]，且知军事[14]，比朝廷择帅，必无虞矣。"又以手书授监军刘英倩，英倩以闻。军士私议曰："朝廷命帅，吾纳之，即命刘君，吾事之；若命帅于他军，彼必以其麾下来，吾属被斥矣，必拒之。"

己丑[15]，上遣中使往察军情，军中多与[16]南金。辛卯[17]，上复遣高品[18]薛盈珍赍诏诣宁州。六月，甲午[19]，盈珍至军，宣诏曰："朝寀所将本朔方军，今将并之，以壮军势，威戎狄，以李朝采为使，南金副之，军中以为何如？"诸将皆奉诏。

丙申[20]，都虞侯史经言于众曰："李公命收弓刀而送甲胄[21]二千。"军士皆曰："李公欲内[22]麾下二千为腹心，吾辈妻子其可保乎！"夜，造刘南金，欲奉以为帅[23]，南金曰："节度使固我所欲，然非天子之命则不可；军中岂无他将乎！"众曰："弓刀皆为官所收，惟军事府[24]尚有甲兵，欲因以集事。"南金曰："诸君不愿朝采为帅，宜以情告敕使。若操甲兵，乃拒诏也。"命闭门不内。军士去，诣兵马使高固[25]，固逃匿；搜得之，固曰："诸君能用吾言则可。"众曰："惟命。"固曰："毋杀人，毋掠金帛。"众曰："诺。"乃共诣监军，请奏之。众曰："刘君既得朝旨为副帅，必挠吾事。"诈称监军命，召计事，至而杀之。

戊戌[26]，制以李朝采为邠宁节度使。是日，宁州告变者至，上追还制书，复遣薛盈珍往调[27]军情。壬寅[28]，至军，军中以高固为请，盈珍即以上旨命固知军事。

或传戊戌制书至邠州，邠军惑[29]，不知所从，奸人乘之，且为变。留后孟子周悉内精甲于府廷，日享[30]士卒，内以悦众心，外以威奸党[31]。邠军无变，子周之谋也。

李锜既执天下利权[32]，以贡献固主恩，以馈遗结权贵[33]，恃此骄纵，无所忌惮，盗取县官财[34]，所部官属无罪受戮者相继。浙西布衣崔善贞诣阙上封事[35]，言宫市、进奉及盐铁之弊，因言锜不法事。上览之，不悦，命械送锜。锜闻其将至，先凿坑于道旁；己亥[36]，善贞至，并锁械内坑中，生瘗之[37]。远近闻之，不寒而栗。锜复欲为自全计，增广兵众，选有材力善射者谓之挽强[38]，胡、奚杂类谓之蕃落[39]，给赐十倍他卒。转运判官卢坦屡谏不悛[40]，与幕僚李约[41]等皆去之。约，勉之子也。

己酉[42]，以高固为邠宁节度使。固，宿将[43]，以宽厚得众，节度使忌之，置于散地[44]，同列多轻侮之；及起为帅，无所报复，军中遂安。

丁巳[45]，成德节度使王武俊薨。

秋，七月，戊寅[46]，吐蕃寇盐州。

辛巳[47]，以成德节度副使王士真[48]为节度使。

（以上为第一段，写邠宁换帅发生兵变，宁州刺史刘南金守法而少谋被乱兵杀害。诸道盐铁转运使李锜骄纵不法。）

【注释】

[1]甲寅：正月二十一日。 [2]不任朝谒：不能胜任上朝拜谒。 [3]引咎：承担败军的过失。 [4]甲戌：闰正月十一日。 [5]韦士宗入黔州：韦士宗为黔州观察使，为政苛酷，为牙将傅近所逐，寻又复入。事见《资治通鉴》卷二百三十五贞元十六年（800）四月、五月。 [6]辛亥：四月二十日。 [7]裴佶：字弘正。历任中书舍人、尚书右丞、吏部侍郎等职。时以右谏议大夫出任黔州观察使。传见《旧唐书》卷九十八，《新唐书》卷一百二十七。 [8]壬戌朔：五月一日。 [9]宁州：时朔方兵分为二，一镇邠州，一镇河中，均号朔方军。杨朝晟只统邠、宁、庆三州。宁州治所在今甘肃宁县。 [10]乙酉：五月二十四日。 [11]定平：县名。县治在今甘肃正宁县西南。 [12]徇众情：顺从大家的意愿。 [13]摄行军：代理行军司马。 [14]知军事：暂时管理军务。 [15]己丑：五月二十八日。 [16]与：亲附。 [17]辛卯：五月三十日。 [18]高品：高品级的官员。唐内侍省有高品一千九百六十六人。 [19]甲午：六月三日。 [20]丙申：六月五日。 [21]李公命收弓刀而送甲胄：李公，指宁州刺史李朝采。此句意谓李朝采命邠州兵收缴弓刀而送甲胄，相当于解除了邠州军的武装，故生疑。收弓刀，收缴弓箭刀枪。甲

胄，衣甲和头盔。［22］内：读“纳”。［23］奉以为帅：拥立为节度使。［24］军事府：指知军事刘南金所掌府库。［25］高固：德宗朝官至邠宁庆节度使，宪宗时为右羽林统军。传见《旧唐书》一百五十二，《新唐书》卷一百七十。［26］戊戌：六月七日。［27］诇：探察。［28］壬寅：六月十一日。［29］邠军惑，不知所从：时两诏书，一为任命李朝寀为节度使，一为薛盈珍命高固知军事，不知所从，故惑。［30］享：宴赏。［31］威奸党：威慑欲作乱的那一伙奸人。［32］执天下利权：掌天下财权。贞元十五年（799）李锜为诸道盐铁转运使。［33］以贡献固主恩，以馈遗结权贵：用进奉来巩固恩宠，用贿赂来结交权贵。贡献，向皇帝进奉。馈遗，以赠礼名义贿赂权贵。［34］盗取县官财：盗窃官家财物。［35］上封事：越过中书省直接上奏皇帝的秘密奏章。［36］己亥：六月八日。［37］生瘗之：活埋崔善贞。［38］挽强：以此为军号，言其能力挽强弓。［39］蕃落：蕃营。在战争中被俘的胡、奚人，发配为官奴，李锜收养之以为己用。［40］不悛：不改。［41］李约：李勉之子。李勉事肃、代、德三朝，贞元中为相。［42］己酉：六月十八日。［43］宿将：老将。［44］置于散地：安置在闲散职务上。［45］丁巳：六月二十六日。［46］戊寅：七月十八日。［47］辛巳：七月二十一日。［48］王士真：王武俊之子。父死，继为成德节度使。传见《旧唐书》卷一百四十二，《新唐书》卷二百一十一。

己丑[1]，吐蕃陷麟州[2]，杀刺史郭锋[3]，夷其城郭[4]，掠居人及党项部落而去。锋，曜之子也。

僧延素为虏所得。虏将有徐舍人[5]者，谓延素曰：“我英公[6]五代孙也。武后时，吾高祖[7]建义不成，子孙流播异域，虽代居禄位典兵，然思本之心不忘，顾宗族大，无由自拔耳。今听汝归。”遂纵之。

上遣使敕韦皋出兵深入吐蕃以分其势，纾北边患[8]。皋遣将将兵二万分出九道，攻吐蕃维、保、松[9]州及栖鸡、老翁城[10]。

河东节度使郑儋暴薨，不及命后事，军中喧哗，将有他变。中夜，十余骑执兵召掌书记[11]令狐楚[12]至军门，诸将环[13]之，使草遗表。楚在白刃之中，操笔立成。楚，德棻[14]之族也。八月，戊午[15]，以河东行军司马严绶为节度使。

九月，韦皋奏大破吐蕃于雅州[16]。

左神策中尉窦文场致仕，以副使杨志廉代之。

韦皋屡破吐蕃，转战千里，凡拔城七，军镇五，焚堡百五十，斩首万余级，捕虏六千，降户三千，遂围维州及昆明城[17]。冬，十月，庚子[18]，加皋检校司徒兼中书令，赐爵南康郡王。南诏王异牟寻虏获尤多，上遣中使慰抚之。

戊午[19]，盐州刺史杜彦先弃城奔庆州[20]。

（以上为第二段，写唐西北州郡屡遭吐蕃侵犯，由于南诏归附唐朝，韦皋在西南深入吐蕃，多次大获全胜。）

【注释】

[1]己丑：七月二十九日。 [2]麟州：州名。州城在今陕西神木北。 [3]郭锋：唐中兴功臣郭子仪之孙，父郭曜。 [4]夷其城郭：平毁城墙。 [5]徐舍人：吐蕃将。自称唐初开国功臣李勣第五代孙。武则天称帝，李勣子徐敬业起兵反抗，兵败，子孙流窜异域。 [6]英公：李勣本姓徐，即徐勣，字茂公，封英国公，赐姓李。 [7]高祖：指徐敬业。 [8]纾北边患：缓解北方的危难。吐蕃攻盐州、麟州，当长安之北。 [9]维、保、松：皆州名。在成都西北，本唐疆域，安史之乱后没入吐蕃。维州治所薛城，在今四川理县东北。保州治所天宝军城，在今四川理县北。松州治所嘉城，在今四川松潘县。 [10]栖鸡、老翁城：两城在维州之东，茂州境内。 [11]掌书记：节度使属官，掌表奏书檄。 [12]令狐楚：字殼士，宪宗时官至宰相。传见《旧唐书》卷一百七十二，《新唐书》卷一百六十六。 [13]环：包围。 [14]德棻：令狐德棻，唐初史臣，仕太宗、高宗两朝。传见《旧唐书》卷七十三，《新唐书》卷一百二。 [15]戊午：八月二十八日。 [16]雅州：州名。治所在今四川雅安市。 [17]昆明城：城名。在今四川盐源。 [18]庚子：十月十一日。 [19]戊午：十月二十九日。 [20]盐州、庆州：盐州城在今陕西定边。庆州在盐州之南，州城在今甘肃庆阳市。

十八年（壬午，802 年）

春，正月，骠王摩罗思那遣其子悉利移入贡。骠国[1]在南诏西南六千八百里，闻南诏内附而慕之，因南诏入见，仍献其乐。

吐蕃遣其大相兼东鄙五道节度使论莽热将兵十万解维州之围，西川兵据险设伏以待之。吐蕃至，出千人挑战，虏悉众追之，伏发，虏众大败，擒论莽热，士卒死者太半。维州、昆明竟不下，引兵还。乙亥[2]，皋遣使献论莽热，上赦之。

浙东观察使裴肃既以进奉得进，判官[3]齐总代掌后务，刻剥以求媚又过之。三月，癸酉[4]，诏擢总为衢州[5]刺史。给事中[6]长安许孟容[7]封还诏书[8]，曰："衢州无他虞，齐总无殊绩，忽此超奖，深骇群情[9]。若总必有可录，愿明书劳课[10]，然后超资改官，以解众疑。"诏遂留中[11]。己亥[12]，上召孟容，慰奖之。

秋，七月，辛未[13]，嘉王[14]府谘议高弘本正牙[15]奏事，自理逋债。乙亥[16]，诏“公卿庶僚自今勿令正牙奏事，如有陈奏，宜延英门请对。”议者以为：“正牙奏事，自武德[17]以来未之或改，所以达群情，讲政事；弘本无知，黜之可也，不当因人而废事。”

淮南节度使杜佑累表求代，冬，十月，丁亥[18]，以刑部尚书王锷[19]为淮南副节度使兼行军司马。

己酉[20]，鄜坊节度使王栖曜[21]薨，中军将何朝宗谋作乱，夜，纵火；都虞候裴玢[22]潜匿不救火，旦，擒朝宗，斩之。以同州刺史刘公济为鄜坊节度使，以玢为行军司马。

（以上为第三段，写西川节度使韦皋再次大败吐蕃。给事中许孟容封还对奸佞之臣齐总的任命诏书，受到德宗嘉奖。）

【注释】

[1]骠国：古国名，又称朱波，在今缅甸伊洛瓦底江流域。是年国王雍光遣其弟舒难陀由南诏介绍来长安献乐。德宗封舒难陀为太仆卿，遣还。[2]乙亥：正月十八日。[3]判官：据张敦仁《资治通鉴刊本识误》，“判官”上有“肃卒”二字。[4]癸酉：三月十七日。[5]衢州：州名。治所在今浙江衢州市。[6]给事中：官名。门下省要职，职掌封驳及人事审议。[7]许孟容：字公范，京兆长安（今西安市西）人。为给事中敢正言。宪宗时官至吏部侍郎。传见《旧唐书》卷一百五十四，《新唐书》卷一百六十二。[8]封还诏书：给事中复审诏书，凡执行的写上“读”字，宣示于朝；凡不当的则封合退回宫中，并上奏原委。[9]深骇群情：使舆论震惊。[10]明书劳课：明确地写出劳绩与考课。[11]诏遂留中：奖拔齐总的诏书被搁置。[12]己亥：三月丁巳朔，无己亥，疑为乙亥，三月十九日。[13]辛未：七月十七日。[14]嘉王：代宗子李运。[15]正牙：正殿。[16]乙亥：七月二十一日。[17]武德：唐高祖年号，公元618至626年。此代指唐高祖。[18]丁亥：十月四日。[19]王锷：字昆吾。本湖南团练营将，为嗣曹王李皋所荐，先后任容管经略使、岭南节度使，善聚敛，私财富于公藏，贿赂权要保官。终河东节度使。传见《旧唐书》卷一百五十一，《新唐书》卷一百七十。[20]己酉：十月十六日。[21]王栖曜：濮州濮阳（今河南濮阳市西南）人。贞元初拜左龙武大将军，出镇鄜坊，卒于镇。传见《旧唐书》卷一百五十二，《新唐书》卷一百七十。[22]裴玢：本西域人，五代祖裴纠为疏勒国王，唐高祖时来朝，拜鹰扬大将军，留居京师不愿归，子孙遂为京兆人。裴玢官至鄜坊、山南西道节度使。为政清廉，军民安业。传见《旧唐书》卷一百四十六，《新唐书》卷一百一十。

十九年（癸未，803 年）

春，二月，丁亥[1]，名安黄军曰奉义[2]。

己亥[3]，安南牙将王季元逐其观察使裴泰，泰奔朱鸢[4]。明日，左兵马使赵匀斩季元及其党，迎泰而复之。

甲辰[5]，杜佑入朝。三月，壬子朔[6]，以佑检校司空、同平章事；以王锷为淮南节度使。

鸿胪卿[7]王权请迁献、懿二祖[8]于德明、兴圣庙[9]，每禘祫[10]，正太祖[11]东向之位；从之[12]。

乙亥[13]，以司农卿李实兼京兆尹。实为政暴戾，上爱信之。实恃恩骄傲，许人荐引[14]，不次拜官，及诬谮斥逐，皆如期而效[15]，士大夫畏之侧目。

夏，四月，泾原节度使刘昌奏请徙原州治平凉[16]；从之。

乙亥[17]，吐蕃遣其臣论颊热入贡。

六月，辛卯[18]，以右神策中尉副使孙荣义为中尉，与杨志廉皆骄纵招权[19]，依附者众，宦官之势益盛。

壬辰[20]，遣右龙武大将军薛伾[21]使于吐蕃。

陈许节度使上官说薨，其婿田偁欲胁其子使袭军政；牙将王沛，亦说之婿也，知其谋，以告监军范日用，讨擒之。乙未[22]，以陈许行军司马刘昌裔为节度使。沛，许州人也。

自正月不雨至于秋七月。

己未[23]，中书侍郎、同平章事齐抗以疾罢为太子宾客。

（以上为第四段，写吐蕃与唐朝廷互相遣使通好。宦官为神策军中尉，朝官依附者众，势力益炽。）

【注释】

[1]丁亥：二月六日。[2]安黄军：统安州、黄州。赐号奉义军。[3]己亥：二月十八日。[4]朱鸢：县名。在今越南境内。[5]甲辰：二月二十三日。[6]壬子朔：三月一日。[7]鸿胪卿：鸿胪寺主官。掌外事接待与凶丧之仪。[8]献、懿二祖：献祖李熙，唐高祖第五世祖；懿祖李天锡，李熙之子，高祖第四世祖。唐建立后追尊为皇帝，进庙号。[9]德明、兴圣庙：玄宗天宝二载（743），尊古代贤臣皋陶为德明皇帝，尊唐始祖晋时西凉武昭王李暠为兴圣皇帝，并立庙

京师。［10］禘祫：隆重地合祭祖先众神于太庙之礼。［11］太祖：李虎，唐高祖之祖。唐德宗建中二年（781）祫祭太庙，太祖的灵位已正东向，而献、懿二祖仍藏于西夹室。事见《资治通鉴》卷二十七建中二年。至是，献、懿二祖皆移位庙中。［12］从之：指以上鸿胪卿四句，意谓鸿胪卿王权奏请将献、懿二祖的神主迁到德明皇帝、兴圣皇帝神主的庙中，每当合祭祖先大礼时，将太祖的神主安置在朝正东的方向上，德宗一一依从。［13］乙亥：三月二十四日。［14］许人荐引：应许为人荐引。［15］如期而效：按期生效。［16］徙原州治平凉：原州旧治在平高县（今宁夏固原市），今移至平凉县，今甘肃平凉市。［17］乙亥：五月二十六日。［18］辛卯：六月十二日。［19］招权：揽权。［20］壬辰：六月十三日。［21］薛伾：胜州刺史薛涣之子，官至鄜坊观察使。传见《旧唐书》卷一百四十六。［22］乙未：六月十六日。［23］己未：七月十日。

初，翰林待诏王伾[1]善书，山阴王叔文[2]善棋，俱出入东宫，娱侍太子。伾，杭州人也。

叔文谲诡多计，自言读书知治道，乘间常为太子言民间疾苦。太子尝与诸侍读及叔文等论及宫市事，太子曰："寡人方欲极言之。"众皆称赞，独叔文无言。既退，太子自留叔文，谓曰："向者君独无言，岂有意邪！"叔文曰："叔文蒙幸太子，有所见，敢不以闻。太子职当视膳问安[3]，不宜言外事。陛下在位久，如疑太子收人心，何以自解！"太子大惊，因泣曰："非先生，寡人无以知此。"遂大爱幸，与王伾相依附[4]。

叔文因为太子言："某可为相，某可为将，幸异日用之。"密结翰林学士韦执谊及当时朝士有名而求速进者陆淳[5]、吕温[6]、李景俭[7]、韩晔、韩泰、陈谏[8]、柳宗[9]元、刘禹锡[10]等，定为死友[11]。而凌准[12]、程异[13]等又因其党以进，日与游处，踪迹诡秘，莫有知其端者。藩镇或阴进资币，与之相结。淳，吴人，尝为左司郎中；温，渭[14]之子，时为左拾遗[15]；景俭，瑀[16]之孙，进士及第；晔，滉之族子；谏，尝为侍御史；宗元、禹锡，时为监察御史。

左补阙[17]张正一上书，得召见。正一与吏部员外郎王仲舒、主客员外郎[18]刘伯刍[19]等相亲善，叔文之党疑正一言己阴事，令执谊反谮正一等于上，云其朋党，游宴无度。九月，甲寅[20]，正一等皆坐远贬，人莫知其由。伯刍，迺之子也。

盐夏节度判官崔文先权知盐州，为政苛刻。冬，闰十月，庚戌[21]，部将李庭俊作乱，杀而脔食之。左神策兵马使李兴幹戍盐州，杀庭俊以闻。

丁巳[22]，门下侍郎、同平章事崔损薨。

十一月，戊寅朔[23]，以李兴幹为盐州刺史，得专奏事；自是盐州不隶夏州。

十二月，庚申，以太常卿[24]高郢[25]为中书侍郎，吏部侍郎郑珣瑜[26]为门下侍郎，并同平章事。珣瑜，余庆之从父兄弟[27]也。

建中初，敕京城诸使及府县系囚，每季终委御史巡按，有冤滥者以闻；近岁，北军移牒而已[28]。监察御史崔薳遇下严察，下吏欲陷之[29]，引以入右神策军。军使以下骇惧，具奏其状。上怒，杖薳四十，流崖州[30]。

京兆尹嗣道王实[31]务征求以给进奉[32]，言于上曰："今岁虽旱而禾苗甚美。"由是租税皆不免，人穷至坏屋卖瓦木、麦苗以输官。优人成辅端为谣嘲之[33]；实奏辅端诽谤朝政，杖杀之。

监察御史韩愈上疏，以"京畿百姓穷困，应今年税钱及草粟等征未得者，请俟来年蚕麦。"愈坐贬阳山[34]令。

（以上为第五段，写王叔文、王伾受到太子宠信，联结成一股新兴政治势力。监察御史韩愈直谏缓征贫民赋税，被贬为县令。）

【注释】

[1]王伾：杭州人。初待诏翰林，东宫侍读。顺宗即位为左散骑常侍，出入宫中为王叔文言事。王叔文败，贬开州司马，死于贬所。传见《旧唐书》卷一百三十五，《新唐书》卷一百六十八。[2]王叔文（753—805）：越州山阴（今浙江绍兴市）人。德宗时侍读东宫。顺宗即位，为翰林学士。叔文为永贞革新主将，罢贪官京兆尹李实及宫市，停止盐铁使月进钱及地方进奉。执政一百四十六天而失败，贬渝州司户，次年被害。传见《旧唐书》卷一百三十五，《新唐书》卷一百六十八。 [3]视膳问安：指太子之职责是尽孝为先，省视进食，问候平安。 [4]相依附：相互依托。 [5]陆淳：字伯冲，吴郡（今江苏苏州）人。顺宗立，任给事中，赐名质。传见《旧唐书》卷一百八十九下，《新唐书》卷一百六十八。 [6]吕温：官至刑部郎中。传见《旧唐书》卷一百三十七，《新唐书》卷一百六十。 [7]李景俭：字宽中，累官谏议大夫。传见《旧唐书》卷一百七十一，《新唐书》卷八十一。 [8]韩晔、韩泰、陈谏：三人同传，见《旧唐书》卷一百三十五，《新唐书》卷一百六十八。韩晔，贞元中宰相韩滉之族子，有俊才，官至司封郎中。

王叔文败，贬饶州司马。韩泰，字安平，官至户部郎中。王叔文败，贬虔州司马。陈谏，官至河中少尹。王叔文败，贬台州司马。［9］柳宗元（773—819）：唐代著名文学家、哲学家。字子厚，河东解（今山西运城市人）。永贞革新主将之一，任礼部员外郎。贬永州司马。传见《旧唐书》卷一百六十，《新唐书》卷一百六十八。［10］刘禹锡（772—842）：唐文学家、哲学家。字梦得，洛阳人。支持王叔文革新，为监察御史。王叔文失败，贬朗州司马。传见《旧唐书》卷一百六十，《新唐书》卷一百六十八。［11］死友：生死相托之友。［12］凌准：翰林学士。王叔文败，贬连州司马，卒于贬所。传见《旧唐书》卷一百三十五，《新唐书》卷一百六十八。［13］程异：京兆长安（今陕西西安市西）人。贞元末任监察御史。王叔文败，贬郴州司马。元和初复起用，官至御史大夫、盐铁使。传见《旧唐书》卷一百三十五，《新唐书》卷一百六十八。［14］渭：即吕渭，见上卷贞元十六年（800）。［15］时为左拾遗：指吕温在贞元末任左拾遗。［16］瑀：李瑀，为睿宗子宁王李宪之子。［17］左补阙：谏官，隶门下省。［18］主客员外郎：礼部第四司主客司副主官。主客司掌诸王朝见之礼。［19］刘伯刍：兵部侍郎刘迺之子，字素之。官至刑部侍郎、左散骑常侍。传见《旧唐书》卷一百五十三，《新唐书》卷一百六十。［20］甲寅：九月六日。［21］庚戌：闰十月三日。［22］丁巳：闰十月十日。［23］戊寅朔：十一月一日。［24］太常卿：太常寺主官。唐九寺中，以太常卿职位最高。掌祭祀医卜。［25］高郢：字公楚，卫州（今河南卫辉市）人。德宗贞元末拜相。宪宗朝官拜兵部尚书。传见《旧唐书》卷一百四十七，《新唐书》卷一百六十五。［26］郑珣瑜：字元白，郑州荥泽（今河南郑州北）人。传见《新唐书》卷一百六十五。［27］从父兄弟：堂兄弟。郑庆余贞元十四年（798）为相，十六年（800）被贬。［28］北军移牒而已：禁军只例行转发一道公文了事。指御史不再按察禁军。［29］陷之：设置圈套陷害崔薳（wěi）。［30］崖州：州名。治所金城，在今海南海口东南。［31］嗣道王实：唐高祖子道王李元庆继嗣四世孙李实。为京兆尹，贪残掊克。顺宗即位，贬死虢州。传见《旧唐书》卷一百三十五，《新唐书》卷一百六十七。［32］务征求以给进奉：是年京师旱，李实仍一味征收财赋以为贡献。［33］为谣嘲之：将李实苛刻百姓的事编成顺口溜讽喻给德宗听。［34］阳山：县名。县治在今广东阳山。

二十年（甲申，804 年）

春，正月，丙戌[1]，天德军都防御团练使、丰州刺史李景略卒。初，景略尝宴僚佐，行酒者误以醯进[2]。判官京兆任迪简[3]以景略性严，恐行酒者得罪，强饮之，归而呕血；军士闻之泣下。及李景略卒，军士皆曰判官仁者，欲奉以为帅。监军抱置别室，军士发扃[4]取之。监军以闻，诏以代景略。

吐蕃赞普死，其弟嗣立。

夏，四月，丙寅[5]，名[6]陈许军曰忠武。

左金吾大将军李昇云将禁兵镇咸阳，疾病，其子政譓与虞候上官望等谋效山东藩镇，使将士奏摄父事。六月，壬子[7]，昇云卒。甲寅[8]，诏追削昇云官爵，籍没其家。

昭义节度使李长荣薨，上使中使以手诏[9]授本军大将，但军士所附者即授。时大将来希皓为众所服，中使将以手诏付之。希皓言于众曰："此军取人，合是希皓[10]，但作节度使不得。若朝廷以一束草来，希皓亦必敬事[11]。"中使言："面奉进止[12]，只令此军取大将拔与节钺[13]，朝廷不别除人[14]。"希皓固辞[15]。兵马使卢从史[16]其位居四，潜与监军相结，起出伍曰："若来大夫不肯受诏，从史请且句当此军。"监军曰："卢中丞若如此，此亦固合圣旨。"中使因探怀取诏以授之。从史捧诏，再拜舞蹈[17]。希皓亟回挥同列，北而称贺。军士毕集，更无一言。秋，八月，己未，诏以从史为节度使。

九月，太子[18]始得风疾，不能言。

（以上为第六段，写天德军、昭义军换帅，从本镇遴选众所服者，平稳顺利没有兵变。昭义大将来希皓谦让，为史所称。）

【注释】

[1]丙戌：正月十日。 [2]醯：即醋。 [3]任由简：京兆万年（今西安市西）人。历任丰州刺史、天德军使、易定节度使。传见《旧唐书》卷一百八十五下，《新唐书》卷一百七十。 [4]发扃：打开门栓。 [5]丙寅：四月二十二日。 [6]名：改名。改陈许军为忠武军。 [7]壬子：六月九日。 [8]甲寅：六月十一日。 [9]手诏：德宗的亲笔手谕。 [10]此军取人，合是希皓：意谓只在本军中选拔，应当是我来希皓。此军，本军。取人，指选用节度使人选。合，应当。 [11]若朝廷以一束草来，希皓亦必敬事：如果朝廷用一个草人来作节度使，我也一定恭敬听从。来希皓表明服从朝命所委署的任何人。 [12]面奉进止：我当面接受圣上旨意。 [13]拔与节钺：选拔做节度使。节与钺，象征节度使权力。 [14]不别除人：不另外任命别人。 [15]固辞：坚决推辞。 [16]卢从史：继李长荣为昭义节度使。后阴与王承宗通谋，贬死。传见《旧唐书》卷一百三十二，《新唐书》卷一百四十二。 [17]再拜舞蹈：再拜，拜了两次。舞蹈，遥向京师德宗朝拜。 [18]太子：即顺宗李诵。

顺宗至德弘道大圣大安孝皇帝[1]

永贞元年[2]（乙酉，805年）

春，正月，辛未朔[3]，诸王、亲戚入贺德宗，太子独以疾不能来，德宗涕泣悲叹，由是得疾，日益甚。凡二十余日，中外不通[4]，莫知两宫[5]安否。

癸巳[6]，德宗崩；苍猝[7]召翰林学士郑絪、卫次公[8]等至金銮殿草遗诏。宦官或曰："禁中[9]议所立尚未定。"众莫敢对。次公遽言曰："太子虽有疾，地居冢嫡[10]，中外属心。必不得已，犹应立广陵王[11]；不然，必大乱。"絪等从而和[12]之，议始定。次公，河东人也。太子知人情忧疑，紫衣麻鞋[13]，力疾出九仙门[14]，召见诸军使，人心粗安。

甲午[15]，宣遗诏于宣政殿[16]，太子縗服见百官；丙申[17]，即皇帝位于太极殿[18]。卫士尚疑之，企足引领[19]而望之，曰："真太子也！"乃喜而泣。

时顺宗失音[20]，不能决事[21]，常居宫中施帘帷，独宦者李忠言、昭容牛氏[22]侍左右；百官奏事，自帷中可其奏。自德宗大渐[23]，王伾先入，称诏召王叔文，坐翰林中使决事。伾以叔文意入言于忠言，称诏行下，外初无知者。以杜佑摄冢宰[24]。二月，癸卯[25]，上始朝百官于紫宸门[26]。

己酉[27]，加义武节度使张茂昭同平章事。

辛亥[28]，以吏部郎中韦执谊为尚书左丞、同平章事。王叔文欲掌国政，首引执谊为相，己用事于中[29]，与相唱和[30]。

壬子[31]，李师古发兵屯西境以胁滑州。时告哀使[32]未至诸道，义成牙将有自长安还得遗诏者，节度使李元素以师古邻道，欲示无外[33]，遣使密以遗诏示之。师古欲乘国丧侵噬邻境，乃集将士谓曰："圣上万福，而元素忽传遗诏，是反也，宜击之。"遂杖元素使者，发兵屯曹州，且告假道于汴[34]。宣武节度使韩弘使谓曰："汝能越吾界而盗邪！有以相待，无为空言！"元素告急，弘使谓曰："吾在此，公安无恐。"或告："翦棘夷道[35]，兵，且至矣，请备之。"弘曰："兵来，不除道也。"不为之应。

师古诈穷变索[36]，且闻上即位，乃罢兵。元素表请自贬，朝廷两慰解之[37]。元素，泌之族弟也。

吴少诚以牛皮鞋材[38]遗师古，师古以盐资少诚，潜过宣武界，事觉，弘皆留，输之库[39]，曰："此于法不得以私相馈。"师古等皆惮之。

辛酉[40]，诏数京兆尹道王实残暴掊敛[41]之罪，贬通州长史；市井欢呼，皆袖瓦砾遮道[42]伺[43]之，实由间道获免。

（以上为第七段，写德宗崩，顺宗即位。宣武军韩弘威镇一方，李师古、吴少诚不敢因国丧而轻举妄动。）

【注释】

[1]顺宗皇帝：德宗长子，讳诵。唐朝第十代皇帝，公元805年在位，不足一年。顺宗任王叔文革新政治，宦官俱文珍勾结权贵发动政变，立顺宗太子李纯即位，是为宪宗。永贞革新半道夭折。［2］永贞元年：是年为贞元二十一年，八月始改元永贞。［3］辛未朔：正月一日。［4］中外不通：内宫与外朝失去了联系，因德宗不能上朝。［5］两宫：指德宗与东宫太子。［6］癸巳：正月二十三日。［7］苍猝：同"仓猝"，匆忙地。［8］卫次公：字从周，河中府河东县（今山西永济）人。历官翰林学士、中书舍人、兵部侍郎，出镇陕虢、淮南。传见《旧唐书》卷一百五十九，《新唐书》卷一百六十四。［9］禁中：宫中内廷。实权为禁军中尉掌握。此指宦官们尚未议定人选。［10］冢嫡：嫡长子。［11］广陵王：太子长子李纯，即顺宗李诵长子。［12］和：附和，赞同。［13］紫衣麻鞋：紫衣，非丧服，而麻鞋为丧鞋。当时事急，太子著丧服未毕而出宫劳军。［14］九仙门：在宫内西苑东北角。禁军列营在九仙门外。［15］甲午：正月二十四日。［16］宣政殿：大明宫内第二大殿，位于含元殿之北。［17］丙申：正月二十六日。［18］太极殿：西内正前殿。［19］企足引领：抬起脚后跟，伸长脖子。［20］失音：无法讲话。［21］决事：处理朝事。［22］昭容牛氏：牛昭容，史失其名。昭容，后妃之号，九嫔之一。［23］大渐：病危。［24］摄冢宰：冢宰，周代官名，为佐天子、总百官之职。唐代仿周制，于天子驾崩后置"摄冢宰"，代新即位的皇帝在服丧期间名义上总揽国事。［25］癸卯：二月三日。［26］紫宸门：在宣政殿北。门内为紫宸殿，即内衙之正殿。［27］己酉：二月九日。［28］辛亥：二月十一日。［29］用事于中：在内廷（翰林学士院）当权。［30］与相唱和：互相配合。［31］壬子：二月十二日。［32］告哀使：朝廷派出宣谕皇帝驾崩的特使。［33］欲示无外：李师古淄青节度使，李元素郑滑节度使，两镇相邻。李元素不把李师古当外人，故将所得德宗驾崩消息告知他。无外，不以夷狄视之。语出《春秋公羊传》隐公元年："王者无外"。［34］假道于汴：借道汴州。汴州，即宣武节度使镇所，在淄青与义成之间。［35］翦棘夷道：指李师古铲除草棘，平整道地，作进兵准备。［36］诈穷变索：穷与索同义，尽也，散也。指李师古机谋诈变的手腕用完了。［37］朝廷两慰解

之：朝廷两次派使者宣谕宽解李元素。［38］牛皮鞋材：制作牛皮鞋的材料。即牛皮。［39］输之库：没收入官库。［40］辛酉：二月二十一日。［41］掊敛：掊克聚敛。［42］遮道：拦截道路。［43］伺：等待。此言京兆民众痛恨李实，皆袖藏瓦砾乱石，等在道路上拦击他。

壬戌[1]，以殿中丞[2]王伾为左散骑常侍，依前翰林待诏，苏州司功[3]王叔文为起居舍人、翰林学士。

伾寝陋、吴语[4]，上所亵狎[5]；而叔文颇任事自许[6]，微知文义，好言事，上以故稍敬之，不得如伾出入无阻。叔文入至翰林，而伾入至柿林院[7]，见李忠言、牛昭容计事。大抵叔文依伾，伾依忠言，忠言依牛昭容，转相交结。每事先下翰林，使叔文可否，然后宣于中书[8]，韦执谊承而行之。外党则韩泰、柳宗元[9]等主采听外事[10]。谋议唱和，日夜汲汲[11]如狂，互相推奖，曰伊、曰周、曰管、曰葛，僩然自得[12]，谓天下无人；荣辱进退[13]，生于造次，惟其所欲[14]，不拘程式。士大夫畏之，道路以目[15]。素与往还者[16]，相次拔擢[17]，至一日除数人。其党或言曰，“某可为某官，”不过一二日，辄已得之。于是叔文及其党十余家之门，昼夜车马如市。客候见叔文、伾者，至宿其坊中饼肆[18]、酒垆[19]下，一人得千钱，乃容之[20]。伾尤阘茸[21]，专以纳贿为事，作大匮贮金帛，夫妇寝其上。

甲子[22]，上御丹凤门，赦天下，诸色逋负[23]，一切蠲免，常贡之外[24]，悉罢进奉。贞元之末政事为人患者，如宫市[25]、五坊小儿[26]之类，悉罢之。

先是，五坊小儿张捕鸟雀于闾里者，皆为暴横以取人钱物，至有张罗网于门不许人出入者，或张井上使不得汲者，近之，辄曰“汝惊供奉鸟雀！”即痛殴之，出钱物求谢，乃去。或相聚饮食于酒食之肆，醉饱而去，卖者或不知，就索其直[27]，多被殴詈[28]；或时留蛇一囊为质[29]，曰：“此蛇所以致鸟雀而捕之者，今留付汝，幸善饲之，勿令饥渴。”卖者愧谢求哀，乃携挈而去。上在东宫，皆知其弊，故即位首禁之。

乙丑[30]，罢盐铁使月进钱。先是，盐铁月进羡余[31]而经入益少[32]；至是，罢之。

三月，辛未[33]，以王伾为翰林学士。

德宗之末，十年无赦，群臣以微过谴逐者皆不复叙用，至是始得量移[34]。壬申[35]，追[36]忠州别驾陆贽、郴州别驾郑余庆、杭州刺史韩皋、道州刺史阳城赴京师。

贽之秉政也，贬驾部员外郎李吉甫[37]为明州长史，既而徙忠州刺史。贽昆弟门人咸以为忧，至而吉甫忻然以宰相礼事之。贽初犹惭惧，后遂为深交。吉甫，栖筠[38]之子。韦皋在成都，屡上表请以贽自代。贽与阳城皆未闻追诏而卒。

（以上为第八段，写永贞革新，顺宗罢进奉，罢宫市，取缔五坊小儿，平反和量移前朝贬逐之臣。）

【注释】

[1]壬戌：二月二十二日。 [2]殿中丞：殿中省属官，从正品上。殿中省掌天子服御之事。仍兼翰林待诏。左散骑常侍，隶门下省。掌侍从规谏。 [3]司功：州佐吏，全称司功参军，掌考选。王叔文起自苏州司功。 [4]伾寝陋、吴语：王伾形貌丑陋，只会说家乡土话。王伾杭州人。吴语，泛指古吴国地方语，即江苏、浙江土语。 [5]亵狎：亲近宠幸。 [6]任事自许：自认为能办大事。 [7]柿林院：宫内院名。 [8]宣于中书：向中书省宣布。 [9]柳宗元：据章校，此下有“刘禹锡”三字。 [10]主采听外事：柳宗元等人主持搜集朝廷上的情报。外，宫外，指朝廷。 [11]汲汲：急急趋进的样子。日夜汲汲三句意谓，王叔文之党夜以继日地急切奔竞像疯子一般，互相抬举提拔，称某是伊尹、是周公、是管仲、是诸葛亮。 [12]倜然自得：昂扬而自鸣得意。倜然，刚强豪壮的样子。 [13]荣辱进退，生于造次：荣华、屈辱、晋升、贬斥，他们随便来对待。造次，匆忙催促。 [14]惟其所欲，不拘程式：他们只要想干什么，便可不受法规章程的约束。 [15]道路以目：人们只能在道路上以目示意，喻敢怒而不敢言。语出《国语·周语》，“周厉王监谤，国人莫敢言，道路以目。”韦昭注云：“不敢发言，以目相眄而已。” [16]素与往还者：一向与他们相交的人。 [17]相次拔擢：一个接一个被提升。 [18]饼肆：小食店，卖饼之家。 [19]酒垆：卖酒之家，酒店。 [20]一人得千钱，乃容之：饭店、酒店，每人每天收一千钱，才允许留宿。 [21]阘茸：猥琐卑下。阘，踏板，喻低下。茸，细绒毛，喻细小。阘茸，人品卑下非豪杰之士。 [22]甲子：二月二十四日。 [23]诸色逋负，一切蠲免：各种各样的拖欠租税，一概免除。 [24]常贡之外，悉罢进奉：按例正常贡品之外，停止一切进奉。 [25]宫市：宫市之弊见上卷贞元十三年（797）。 [26]五坊小儿：五坊，一曰鹏坊，二曰鹘坊，三曰鹞坊，四曰鹰坊，五曰狗坊。此皆养猎鹰猎犬等供皇上出游助兴之物，扰民伤财，亦罢之。小儿，对给役

健儿的称呼。［27］就索其直：靠近他们当面索取酒饭钱。［28］殴詈：卖酒者不知他们为五坊小儿，索取饭钱，反遭痛打臭骂。［29］质：抵押品，留下一篓蛇作抵押品。［30］乙丑：二月二十五日。［31］羡余：正税之外的杂税，额外收入。实际乃截割正税以为羡余。［32］经入益少：归入国库的正常税收日益减少。［33］辛未：三月二日。［34］量移：遇赦酌量甄别内迁或还京，称量移。［35］壬申：三月三日。［36］追：召被贬诸大臣还京师。陆贽被贬，见上卷贞元十一年（795）；阳城贬见贞元十四年（798）；郑庆余贬见贞元十六年（800）；韩皋为京兆尹，贞元十四年贬抚州司马，未几徙杭州。［37］李吉甫：字弘宪，宪宗朝宰相，著有《元和郡县图志》行于世。传见《旧唐书》卷一百四十八，《新唐书》卷一百四十六。［38］栖筠：历官给事中，浙西观察使，代宗朝为御史大夫。

丙戌[1]，加杜佑度支及诸道盐铁转运使。以浙西观察使李锜为镇海[2]节度使，解其盐铁转运使。锜虽失利权而得节旄，故反谋亦未发。

戊子[3]，名徐州军曰武宁，以张愔为节度使。

加彰义节度使吴少诚同平章事。

以王叔文为度支、盐铁转运副使。先是叔文与其党谋，得国赋在手，则可以结诸用事人[4]，取军士心[5]，以固其权，又惧[6]骤使重权[7]，人心不服，借[8]杜佑雅有会计之名，位重而务自全，易可制，故先令佑主其名[9]，而自除为副以专之[10]。叔文虽判两使，不以簿书为意，日夜与其党屏人窃语，人莫测其所为。

以御史中丞武元衡[11]为左庶子。德宗之末，叔文之党多为御史，元衡薄[12]其为人，待之莽卤[13]。元衡为山陵仪仗使[14]，刘禹锡求为判官，不许。叔文以元衡在风宪[15]，欲使附己，使其党诱以其利，元衡不从，由是左迁。元衡，平一之孙也。

侍御史窦群奏屯田员外郎[16]刘禹锡挟邪乱政，不宜在朝。又尝谒叔文，揖之曰："事固有不可知者。"叔文曰："何谓也？"群曰："去岁李实怙恩挟贵[17]，气盖一时，公当此时，逡巡路旁，乃江南一吏[18]耳。今公一旦复据其地[19]，安知路旁无如公者乎！"其党欲逐之，韦执谊以群素有强直名[20]，止之。

上疾久不愈，时扶御殿[21]，群臣瞻望而已，莫有亲奏对者，中外危惧[22]；思早立太子，而王叔文之党欲专大权，恶闻之。宦官俱文珍、刘光琦、薛盈珍皆先朝任使旧人，疾叔文、忠言等朋党专恣，乃启上召翰林学士郑𬘡、卫次公、李程[23]、王涯[24]入金銮殿，草立太子制。时牛昭容辈以广陵王淳英睿，恶之；𬘡不复请，书纸为“立嫡以长”字呈上；上颔之[25]。癸巳[26]，立淳为太子，更名纯。程，神符五世孙也。

贾耽以王叔文党用事，心恶之，称疾不出，屡乞骸骨。丁酉[27]，诸宰相会食中书[28]。故事，宰相方食，百寮无敢谒见者。叔文至中书，欲与执谊计事，令直省通之，直省[29]以旧事[30]告，叔文怒，叱[31]直省。直省惧，入白。执谊逡巡惭赧[32]，竟起迎叔文，就其阁[33]语良久。杜佑、高郢、郑珣瑜皆停箸以待[34]，有报者云：“叔文索饭，韦相公已与之同食阁中矣。”佑、郢心知不可，畏叔文、执谊，莫敢出言。珣瑜独叹曰：“吾岂可复居此位！”顾左右，取马径归，遂不起[35]。二相[36]皆天下重望，相次归卧[37]，叔文、执谊益无所顾忌，远近大惧。

（以上为第九段，写王叔文、王伾等专权用事。）

【注释】

[1]丙戌：三月十七日。[2]镇海：德宗置镇海军于润州（今江苏镇江），后移治杭州。[3]戊子：三月十九日。[4]结诸用事人：交结各部门的当权人物。[5]取军士心：争取将士的拥护。[6]惧：恐惧，担忧人心不服。[7]骤使重权：突然间掌握重权。度支盐铁使掌国家财政，为重权之官。[8]借：借重，依靠。[9]主其名：挂名任度支盐铁使。[10]专之：专擅财政实权。[11]武元衡：字伯苍。曾祖载德，武则天族弟。祖父武平一，武后时避事隐嵩山，中宗时官至考功员外郎。元衡在德宗时官至御史中丞，遭王叔文忌贬。后宪宗元和二年（807）拜相，出为西川节度使。传见《旧唐书》卷一百五十八，《新唐书》卷一百五十二。[12]薄：鄙视，看不起。[13]待之莽卤：指武元衡对待王叔文态度粗鲁，随随便便，不以为意。[14]山陵仪仗使：主管皇陵仪卫。[15]风宪：指御史中丞之职。[16]屯田员外郎：官名。工部第二司次官。屯田司掌全国屯田及京师文武职田。[17]怙恩挟贵：怙、挟，皆凭恃，依仗之义。仗恃恩宠尊贵的地位。[18]江南一吏：指王叔文不过是苏州司功，一州吏罢了。[19]据其地：占有恩宠尊贵的地位。[20]强直名：强项耿直的名声。[21]时扶御殿：不时让人扶着登上大殿。[22]中外危惧：宫中及外朝百官深为担忧。[23]李程：字表臣，唐宗室襄邑王李神符五世孙。敬宗时官至宰相。出镇河东、河中、宣武、山南东道等节度使。传见《旧唐书》卷一百六十七，《新唐书》卷一百三十一。[24]王涯：字广津。宪宗、文宗两朝宰相。与李训谋诛宦官，事败被腰

斩。传见《旧唐书》卷一百六十九，《新唐书》卷一百七十九。［25］颔之：点头赞同。［26］癸巳：三月二十四日。［27］丁酉：三月二十八日。［28］会食中书：在中书省共餐。［29］直省：中书省的值班吏员。［30］旧事：即故事，惯例。指宰相会食时不接见百官。［31］叱：呵斥。［32］逡巡惭赧：迟疑徘徊，脸色羞红。［33］阁：办公房中。［34］停箸以待：放下筷子等待韦执谊。箸，筷子。［35］遂不起：于是称病不起，不入阁办公。［36］二相：指贾耽、郑珣瑜二相。［37］相次归卧：二相一个接一个归家退卧。卧，称病卧床。

夏，四月，壬寅[1]，立皇弟谔为钦王，諴为珍王；子经为郯王，纬为均王，纵为溆王，纾为莒王，绸为密王，总为郇王，约为邵王，结为宋王，缃为集王，綵为冀王，绮为和王，绚为衡王，纁为会王，绾为福王，紘为抚王，绲为岳王，绅为袁王，纶为桂王，缂为翼王。

乙巳[2]，上御宣政殿，册太子。百官睹太子仪表，退，皆相贺，至有感泣者，中外大喜。而王叔文独有忧色，口不敢言，但吟杜甫题《诸葛亮祠堂》诗曰："出师未捷身先死，长使英雄泪满襟。"闻者哂[3]之。

先是，太常卿杜黄裳[4]为裴延龄所恶，留滞台阁[5]，十年不迁，及其婿韦执谊为相，始迁太常卿。黄裳劝执谊帅群臣请太子监国，执谊惊曰："丈人甫[6]得一官，奈何启口议禁中事！"黄裳勃然曰："黄裳受恩三朝[7]，岂得以一官相买乎！"拂衣起出。

戊申[8]，以给事中陆淳为太子侍读，仍更名质。韦执谊自以专权，恐太子不悦，故以质为侍读，使潜伺太子意，且解之。及质发言，太子怒曰："陛下令先生为寡人讲经义耳，何为预他事！"质惶惧而出。

五月，辛未[9]，以右金吾大将军范希朝[10]为左、右神策京西诸城镇行营节度使。甲戌[11]，以度支郎中[12]韩泰为其行军司马。王叔文自知为内外所憎疾，欲夺取宦官兵权以自固，藉希朝老将，使主其名，而实以泰专其事；人情不测其所为，益疑惧。

辛卯[13]，以王叔文为户部侍郎，依前充度支、盐铁转运副使。俱文珍等恶其专权，削去翰林之职。叔文见制书，大惊，谓人曰："叔文日时[14]至此商量公事，若不得此院职事[15]，则无因而至矣。"王伾即为疏请[16]，不从。再疏，乃许三五日一入翰林，去学士名。叔文始惧。

六月，己亥[17]，贬宣歙巡官[18]羊士谔为汀州[19]宁化尉。士谔以公事至长安，遇叔文用事，公言其非。叔文闻之，怒，欲下诏斩之，执谊不可；则令杖煞[20]之，执谊又以为不可；遂贬焉。由是叔文始大恶执谊，往来二人门下者皆惧。

先时，刘辟[21]以剑南支度副使[22]将韦皋之意[23]于叔文，求都领[24]剑南三川[25]，谓叔文曰："太尉使辟致微诚[26]于公，若与某三川，当以死相助；若不与，亦当有以相酬[27]。"叔文怒，亦将斩之，执谊固执不可。辟尚游长安未去，闻贬士谔，遂逃归。执谊初为叔文所引用，深附之，既得位，欲掩其迹，且迫于公议，故时时为异同；辄使人谢叔文曰；"非敢负约，乃欲曲成兄事耳！"叔文诟怒，不之信，遂成仇怨。

癸丑[28]，韦皋上表，以为："陛下哀毁成疾[29]，重劳万机[30]，故久而未安，请权令皇太子亲监庶政[31]，候皇躬痊愈，复归春宫[32]。臣位兼将相，今之所陈，乃其职分。"又上太子笺[33]，以为："圣上远法高宗，亮阴不言[34]，委政臣下，而所付非人。王叔文、王伾、李忠言之徒，辄当重任，赏罚任情[35]，堕纪紊纲[36]。散府库之积[37]以赂权门[38]。树置心腹；遍于贵位[39]；潜结左右，忧在萧墙[40]。窃恐倾太宗盛业，危殿下家邦，愿殿下即日奏闻，斥逐群小，使政出人主，则四方获安。"皋自恃重臣，远处西蜀，度王叔文不能动摇，遂极言其奸。俄而[41]荆南节度使裴均[42]、河东节度使严绶笺表继至，意与皋同，中外皆倚以为援，而邪党震惧。均，光庭之曾孙也。

（以上为第十段，写王叔文与韦执谊交恶，革新派发生内讧而势分，王叔文刚愎自用，内结怨于众朝臣，外受韦皋等重镇之逼，危如累卵，朝不保夕。）

【注释】

[1]壬寅：四月三日。[2]乙巳：四月六日。[3]哂：嘲笑。[4]杜黄裳：字遵素，京兆（今陕西西安市）人。宪宗朝拜宰相。出为河中节度使。传见《旧唐书》卷一百四十七，《新唐书》卷一百六十九。[5]台阁：汉代指尚书台，后泛指中央政府机构。[6]甫：刚刚。[7]三朝：指肃、代、德三朝。[8]戊申：四月九日。[9]辛未：五月二日。[10]范希朝：字致君，河中府虞乡县（今山西永济市）人。历官振武、朔方、河东节度使。传见《旧唐书》卷一百五十一，《新唐书》卷一百七十。[11]甲戌：五月六日。[12]度支郎中：户部第二司度支主官。

[13]辛卯：五月二十三日。[14]日时：日日时时。[15]此院职事：指翰林院学士。[16]王伾即为疏请：王伾上疏替王叔文请求留为翰林学士。[17]己亥：六月二日。[18]巡官：节度使、观察使之下佐吏，掌巡察事务。[19]汀州：州名。治所在今福建长汀。[20]杖煞：用刑杖打死。煞，杀之借字。[21]刘辟：宪宗初任剑南西川节度使，胁制朝廷求三川都统，被朝廷用兵讨杀。传见《旧唐书》卷一百四十，《新唐书》卷一百五十八。[22]支度使：唐制，天下边镇皆有支度使，度计军资粮仗。[23]将韦皋之意：转达剑南西川节度使韦皋的意图。[24]都领：总领。[25]剑南三川：剑南东川、西川及山南西道三镇。[26]致微诚：致以谦微的诚意。[27]亦当有以相酬：也有办法加以回报。[28]癸丑：六月十六日。[29]哀毁成疾：哀痛亲人谢世而成重病。[30]重劳万机：又因每天处理繁重的事务而加重了。[31]皇太子亲监庶政：由皇太子亲自料理国政。监，皇帝因病或出巡，由太子代理国政称监国。庶政，众多的事务。[32]春宫：东宫。此句谓待顺宗病愈，皇太子重回东宫。[33]笺：上呈太子的奏章。[34]远法高宗，亮阴不言：效法殷代的高宗，守丧不说话。高宗，殷朝中兴之主武丁。他居丧时三年不言。亮阴，又作谅阴，凉阴，天子守丧的草庐。此为对顺宗哑病的委婉语，说他效法高宗不说话。[35]赏罚任情：奖惩全凭个人好恶。[36]堕纪紊纲：败坏法纪，扰乱纲常。[37]积：积储之财。[38]权门：权贵。[39]遍于贵位：把持了各个重要的部门、职位。[40]潜结左右，忧在萧墙：指王叔文等暗中交结太子的左右人员，恐怕祸患就要在宫室之内发生。韦皋暗示太子，王叔文等要废立太子以挑拨之。萧墙，语出《论语·季氏》孔子之言。季氏欲伐颛臾，孔子说：“吾恐季孙之忧，不在颛臾，而在萧墙之内也。”萧墙是鲁君所用屏风。[41]俄而：不久。[42]裴均：字君齐。玄宗朝宰相裴光庭之曾孙。宪宗时入为尚书右仆射、判度支。终官山南节度使。为政荒纵，谄事宦官。传见《新唐书》卷一百零八。

王叔文既以范希朝、韩泰主京西神策军，诸宦者尚未寤。会边上诸将各以状辞中尉[1]，且言方属希朝。宦者始寤兵柄为叔文等所夺，乃大怒曰：“从其谋，吾属必死其手。”密令其使归告诸将曰：“无以兵属人。”希朝至奉天，诸将无至者。韩泰驰归白之，叔文计无所出，唯曰：“奈何！奈何！”无几，其母病甚。丙辰[2]，叔文盛具酒馔[3]，与诸学士及李忠言、俱文珍、刘光琦等饮于翰林。叔文言曰：“叔文母病，以身任国事之故，不得亲医药，今将求假归侍[4]。叔文比竭心力[5]，不避危难，皆为朝廷之恩。一旦去归[6]，百谤交至[7]，谁肯见察[8]以一言相助乎？”文珍随其语辄折[9]之，叔文不能对，但引满相劝，酒数行而罢。丁巳[10]，叔文以母丧去位。

秋，七月，丙子[11]，加李师古检校侍中。

王叔文既有母丧，韦执谊益不用其语。叔文怒，与其党日夜谋起复[12]，必先斩执谊而尽诛不附己者，闻者恟惧。

自叔文归第，王伾失据[13]，日诣宦官及杜佑[14]请起叔文为相，且总北军[15]；既不获，则请以为威远军[16]使、平章事，又不得；其党皆忧悸不自保。是日，伾坐翰林中，疏三上，不报[17]，知事不济，行且卧[18]，至夜，忽叫曰："伾中风矣！"明日，遂舆归不出[19]。己丑[20]，以仓部郎中、判度支案陈谏[21]为河中少尹[22]；伾、叔文之党至是始去。

癸巳[23]，横海军节度使程怀信薨，以其子副使执恭[24]为留后。

乙未[25]，制以"积疢[26]未复，其军国政事，权令皇太子纯句当[27]。"时内外共疾王叔文党与专恣，上亦恶之；俱文珍屡启上请令太子监国，上固厌倦万机，遂许之。又以太常卿杜黄裳为门下侍郎，左金吾大将军袁滋为中书侍郎，并同平章事。俱文珍等以其旧臣[28]，故引用之。又以郑珣瑜为吏部尚书，高郢为刑部尚书，并罢政事。太子见百官于东朝堂，百官拜贺；太子涕泣，不答拜。

八月，庚子[29]，制"令太子即皇帝位，朕称太上皇，制敕称诰。"

辛丑[30]，太上皇徙居兴庆宫[31]，诰改元永贞，立良娣王氏为太上皇后。后，宪宗之母也。

壬寅[32]，贬王伾开州[33]司马，王叔文渝州[34]司户。伾寻病死贬所。明年，赐叔文死。

（以上为第十一段，写王叔文因母丧离职，革新派倒了支柱。顺宗禅位宪宗，王叔文等立即遭斥逐。永贞革新历八个月而失败。）

【注释】

[1]以状辞中尉：用公文向中尉报告。中尉，神策军护军中尉，用宦官任之，权倾天下。[2]丙辰：六月十九日。[3]盛具酒馔：备办了丰盛的酒食。[4]求假归侍：告假回家侍奉母亲。[5]比竭心力：近来竭尽心力。[6]一旦去归：一旦离开朝廷，回到家乡。[7]百谤交至：各种各样的诽谤纷纷到来。[8]见察：体谅我，看到我内心的苦衷。[9]折：抢白，驳斥。[10]丁巳：六月二十日。[11]丙子：七月九日。[12]起复：守丧去职称丁忧，不居丧而任职称起复。[13]失据：失去依靠。[14]诣杜佑：登杜佑之门。时杜佑为首相。[15]总北军：

总领禁军。［16］威远军：肃宗时所置。德宗时隶鸿胪卿。宪宗以后以宦官为使。［17］不报：不回复，即不批准。［18］行且卧：坐卧不宁。行，站立。卧，坐下。［19］舆归不出：用人抬出宫中，回家称病不出门上朝。［20］己丑：七月二十二日。［21］陈谏：王叔文之党。引身退避。［22］河中少尹：河中府副长官。［23］癸巳：七月二十六日。［24］执恭：即程执恭。历官横海、邠宁节度使。［25］乙未：七月二十八日。［26］疢（chèn）：病。［27］句当：办理。［28］旧臣：老臣。杜黄裳，曾历官给事中、河南尹。袁滋，建中初已位于朝，历官校书郎、侍御史、工部员外郎。袁滋后出镇剑南东、西川、山南东道、荆南等节度使，终官湖南观察使。传见《旧唐书》卷一百八十五下，《新唐书》卷一百五十一。［29］庚子：八月四日。［30］辛丑：八月五日。［31］兴庆宫：在皇城东外郭城兴庆坊。［32］壬寅：八月六日。［33］开州：州名。治所开江，在今重庆市开州区。［34］渝州：州名。治所巴县。在今重庆市南岸区。

乙巳[1]，宪宗即位于宣政殿[2]。

丙午[3]，昇平公主[4]献女口五十。上曰："上皇不受献，朕何敢违！"遂却之。庚戌[5]，荆南献毛龟二，上曰："朕所宝惟贤。嘉禾、神芝，皆虚美耳，所以《春秋》不书祥瑞。自今凡有嘉瑞，但准令申有司[6]，勿复以闻[7]。及珍禽奇兽，皆毋得献。"

癸丑[8]，西川节度使南康忠武王韦皋薨。皋在蜀二十一年，重加赋敛，丰贡献以结主恩，厚给赐以抚士卒，士卒婚嫁死丧，皆供其资费，以是得久安其位而士卒乐为之用，服南诏，摧吐蕃。幕僚岁久官崇者[9]则为刺史，已复还幕府，终不使还朝，恐泄其所为故也。府库既实，时宽其民，三年一复租[10]赋，蜀人服其智谋而畏其威，至今画像以为土神，家家祀之。

支度副使刘辟自为留后。

朗州武陵[11]、龙阳[12]江涨[13]，流万余家。

壬午[14]，奉义节度使伊慎入朝。

辛卯[15]，夏绥节度使韩全义入朝。全义败于溵水而还，不朝觐而去，上在藩邸，闻其事而恶之；全义惧，乃请入朝。

刘辟使诸将表求节钺，朝廷不许；己未[16]，以袁滋为剑南东、西川、山南西道安抚大使。

度支奏裴延龄所置别库，皆减正库之物别贮之。请并归正库，从之。

辛酉[17]，遣度支、盐铁转运副使潘孟阳[18]宣慰江、淮，行视租赋、榷税利害[19]，因察官吏否臧，百姓疾苦。

癸亥[20]，以尚书左丞郑余庆同平章事。

九月，戊辰[21]，礼仪使奏："曾太皇太后沈氏[22]岁月滋深，迎访理绝[23]。按晋庾蔚之议，寻求三年之外，俟中寿[24]而服之。伏请以大行皇帝[25]启攒宫日[26]，皇帝帅百官举哀，即以其日为忌[27]。"从之。

壬申[28]，监修国史韦执谊奏，始令史官撰《日历》[29]。

己卯[30]，贬神策行军司马韩泰为抚州刺史，司封郎中韩晔为池州刺史，礼部员外郎柳宗元为邵州刺史，屯田员外郎刘禹锡为连州刺史。

冬，十月，丁酉[31]，右仆射、同平章事贾耽薨。

戊戌[32]，以中书侍郎、同平章事袁滋同平章事，充西川节度使；征刘辟为给事中。

舒王谊[33]薨。

太常议曾太皇太后谥曰睿真皇后[34]。

山人[35]罗令则自长安如普润，矫称太上皇诰，征兵于秦州刺史刘澭，且说澭以废立；澭执送长安，并其党杖杀之。

己酉[36]，葬神武孝文皇帝于崇陵，庙号德宗。

十一月，己巳[37]，祔[38]睿真皇后、德宗皇帝主于太庙。礼仪使杜黄裳等议，以为："国家法周制，太祖犹后稷，高祖犹文王，太宗犹武王，皆不迁。高宗在三昭三穆之外，请迁主于西夹室。"从之。

壬申[39]，贬中书侍郎、同平章事韦执谊为崖州司马。执谊以尝与王叔文异同，且杜黄裳婿，故独后贬。然叔文败，执谊亦自失形势[40]，知祸将至，虽尚为相，常不自得，奄奄无气[41]，闻人行声，辄惶悸失色，以至于贬。

戊寅[42]，以韩全义为太子少保，致仕。

刘辟不受征，阻兵自守；袁滋畏其强，不敢进。上怒，贬滋为吉州刺史。

复以右庶子武元衡为御史中丞。

朝议[43]谓王叔文之党或自员外郎出为刺史，贬之太轻；己卯[44]，再贬[45]韩泰为虔州司马，韩晔为饶州司马，柳宗元为永州司马，刘禹锡为朗州司马；又贬河中少尹陈谏为台州司马，和州刺史凌准为连州司马，岳州刺史程异为郴州司马。

回鹘怀信可汗卒，遣鸿胪少卿孙杲临吊，册其嗣为腾里野合俱录毗伽可汗。

十二月，甲辰[46]，加山南东道节度使于頔同平章事。

以奉义节度使伊慎为右仆射。

己酉[47]，以给事中刘辟为西川节度副使、知节度使。上以初嗣位，力未能讨故也。右谏议大夫韦丹[48]上疏，以为："今释辟不诛，则朝廷可以指臂而使者，惟两京耳。此外谁不为叛！"上善其言。壬子[49]，以丹为东川节度使。丹，津之五世孙也。

辛酉[50]，百官请上上皇尊号曰应乾圣寿太上皇；上尊号曰文武大圣孝德皇帝。上许上上皇尊号而自辞不受。

壬戌[51]，以翰林学士郑絪为中书侍郎、同平章事。

以刑部郎中杜兼为苏州刺史。兼辞行[52]，上书称李锜且反，必奏族臣[53]；上然之[54]，留为吏部郎中[55]。

（以上为第十二段，写宪宗即位，葬德宗，调整太庙祖宗神位，全面贬逐永贞革新之臣，被贬重臣为司马者八人，故史有八司马之称。）

【注释】

[1]乙巳：八月九日。 [2]即位于宣政殿：时德宗大行在殡，太上皇在兴庆宫，故宪宗不在正殿即位。正殿在太极城太极殿。宣政殿在大明宫前殿含元殿后。 [3]丙午：八月十日。 [4]昇平公主：代宗女，下嫁郭子仪之子郭暧。其女为宪宗郭皇后。 [5]庚戌：八月十四日。 [6]但准令申有司：只准申报主管部门。有司，指礼部，掌祥瑞。 [7]勿复以闻：不得再上奏宫中。 [8]癸丑：八月十七日。 [9]岁久官崇者：供职多年而幕僚之位已高的人。此三句谓，韦皋对多年供职的高级幕僚如判官、巡官等，外任为刺史，期满仍还镇为幕僚，不推荐到朝廷。 [10]三年一复租：每三年免征一年。 [11]武陵：朗州治所，在今湖南常德。 [12]龙阳：县名。县治在今湖南汉寿。两县均位于洞庭湖岸。 [13]江涨：长江水涨泛滥武陵、龙阳等县。 [14]壬午：八月丁酉朔，无壬午。壬午，九月十六日。 [15]辛卯：八月亦无辛卯。辛卯，九月二十五日。 [16]己未：八月二十三日。 [17]辛酉：八月二十五日。 [18]潘孟阳：刘晏外孙。官至左散骑常侍。传见《旧唐书》卷一百六十二，《新唐书》卷一百六十。 [19]利害：利

弊。［20］癸亥：八月二十七日。［21］戊辰：九月二日。［22］沈氏：代宗皇后，德宗母，宪宗的曾祖母，故尊为"曾太皇太后"。安史之乱，沈皇后没入贼，德宗屡访不获。［23］迎访理绝：按理迎访多年不获，应当停止。［24］中寿：八十岁。古人以一百岁为上寿，八十岁为中寿，六十岁为下寿。［25］大行皇帝：指德宗。皇帝死未葬称大行皇帝。［26］启攒宫日：开启攒宫之日，即下葬之日。皇帝死，未葬之前，先殡，架木屋盖棺，称攒宫。［27］为忌：作为忌日。忌日，死难之日。［28］壬申：九月六日。［29］《日历》：史官按日记载的大事记称《日历》。［30］己卯：九月十三日。［31］丁酉：十月二日。［32］戊戌：十月三日。［33］舒王谊：代宗第三子昭靖太子李邈之子，德宗之侄，因李邈早死，德宗养之为子。［34］睿真皇后：即德宗之母，代宗沈皇后。因访寻不获，至是发丧立忌日而议谥号。［35］山人：山野之人，即布衣平民。［36］己酉：十月十四日。［37］己巳：十一月四日。［38］祔：后死者合祭于先祖。此指睿真皇后、德宗神主奉入太祖，享受祭礼。［39］壬申：十一月七日。［40］自失形势：已失去依赖的势力。［41］奄奄无气：无精打采。［42］戊寅：十一月十三日。［43］朝议：朝廷评议、决议。员外郎，六部各司副司长，从六品。州刺史，上州从三品，中、下州正四品下。故朝议以员外郎贬州刺史为轻。［44］己卯：十一月十四日。［45］再贬：第二次贬官。韩泰，神策军司马，贬抚州刺史，再贬为虔州司马；韩晔，司封郎中，贬为池州刺史，再贬为饶州司马；柳宗元，礼部员外郎，贬为邵州刺史，再贬为永州司马；刘禹锡，屯田员外郎，贬为连州刺史，再贬为朗州司马：以上四人为再贬。陈谏，仓部郎中，出为河中府少尹，贬为台州司马；凌准，翰林学士，出为和州刺史，贬为连州司马；程异，监察御史，出为岳州刺史，贬为郴州司马：以上三人，见王叔文失势，见机先出，至是亦遭贬黜。加上韦执谊贬崖州司马，共八司马。王叔文、王伾与八司马，史称"二王八司马"。［46］甲辰：十二月九日。［47］己酉：十二月十四日。［48］韦丹：字文明，京兆万年（今陕西西安市东）人。颜真卿外孙，有政声。传见《新唐书》卷一百九十七。［49］壬子：十二月十七日。［50］辛酉：十二月二十六日。［51］壬戌：十二月二十七日。［52］辞行：京官外任，向皇帝辞行谢恩。［53］必奏族臣：指李锜一定上奏胁制朝廷族诛杜兼，盖正邪不两立。［54］上然之：宪宗认为杜兼说得对。［55］留为吏部郎中：留下杜兼，升迁为吏部郎中。郎中为六部各司的长官。吏部为六部之首，同官尊于他部。杜兼从刑部郎中转吏部郎中是升迁。因其直言而嘉之。

【点评】

本卷点评永贞革新和八司马之贬。

一、永贞革新。公元805年，唐顺宗永贞元年。正月二十三日，德宗崩，二十六日皇太子李诵即位，是为唐顺宗。当年八月九日，顺宗禅位皇太子李纯，是为唐宪宗。顺宗即位时，已得中风病。口不能言，在位只有八个月。一个不能说话的而在位又只有几个月的皇帝，却干了一件惊天动地的大事，改革德宗弊政，吹响了反宦官、反割据的号角，虽然失败了，但这场革新的政治运动在中唐，乃至在中国政治史上产生深远影响，史称永贞革新。主持革新的领袖人物为王伾、王叔文，赞助革新的有韦执谊、韩晔、韩泰、陈谏、柳宗元、刘禹锡、凌准、程异等八人。革新失败，十人全都遭贬，都为远州司马。史又称永贞革新为二王八司马之变。

永贞革新的最高目的是打击宦官和藩镇割据。顺宗为皇太子二十余年，亲身参加奉天保卫战，经历过艰难困苦，对宦官专权和藩镇割据深恶痛绝。对宦官祸国的认识尤深，“未尝以颜色假借宦官”。所以顺宗即位伊始，立即引用王伾、王叔文等人推行改革。永贞革新首先从革除弊政入手。罢进奉、罢宫市、取缔五坊小儿、平反和量移前朝被贬大臣。召陆贽、阳城还京。不过陆贽、阳城还没有等到还京追诏，永贞革新就失败了，陆贽最终死于贬所忠州。

藩镇割据与宦官专政是革新最要害的两个课题。西川节度使韦皋在王叔文当政后，派刘辟到京师威胁利诱王叔文，要求朝廷授命韦皋兼任东川和山南节度使，想领有剑南三川，即西川、东川、山南广大地盘，扩张割据势力。王叔文毫不假借，下令斩杀刘辟，刘辟狼狈逃跑。为了铲除宦官专权，王叔文启用朔方老将范希朝为左右神策、京西诸城镇行营节度使，以韩泰为行军司马，接管宦官手中的兵权。此举被宦官觉察，密令各镇诸将抗拒范希朝、韩泰，事情未果。宦官集团立即发动反扑，与藩镇勾结，内外攻击革新派。西川节度使韦皋、荆南节度使裴均、河东节度严绶，纷纷上表朝廷施压，称顺宗久病，防止王叔文等奸人窃国，要求立太子，让皇太子监国。许多守旧官僚站到宦官集团一边，四月初六日立皇太子，八月初六日皇太子李纯即位，顺宗禅让。宦官集团首领是俱文珍，他釜底抽薪，用宫廷政变废了顺宗。永贞革新宣告失败。

俱文珍发动的宫廷政变，以和平手段冠冕为“禅让”，实际上已开了唐代宦官挟兵权擅废立的恶例。

二、八司马之贬。被打为王叔文同党遭贬的八司马是：贬韦执谊为崖州司马，贬韩晔为饶州司马，贬韩泰为虔州司马，贬陈谏为台州司马，贬柳宗元为永州司马，贬刘禹锡为朗州司马，贬凌准为连州司马，贬程异为郴州司马。点评八司马之贬，旨在说明永贞革新失败的原因。

永贞革新失败最根本的原因是基础薄弱。表现在两个方面，其一，是顺宗不幸得病，中风相当严重，口不能言，皇帝权威大打折扣，宦官集团发动宫廷政变也以此为借口。其二，是革新集团缺少有名望的文武重臣，也许德宗的猜忌影响太子过于谨慎，未与朝中大臣结缘，只在太子侍读宾友小圈子中培植革新势力，可以说是先天不足。二王八司马资望都不高。王伾，翰林待诏。王叔文，太子侍书。韦执谊，吏部郎中。韩泰，户部郎中。陈谏、柳宗元、刘禹锡、程异，监察御史。凌准，侍御史。韩晔，无职名。比拟于现今官员，多数为司局级，最高副部级。由于革新集团成员资望低，他们主政后官位也不高。王伾为左散骑常侍。王叔文为户部侍郎、判度支盐铁转运副使。韩晔，尚书省司封郎中。韩泰，神策行营节度使行军司马，未到任。陈谏，河中少尹。柳宗元，礼部员外郎。刘禹锡，屯田员外郎。程异，虞部员外郎。凌准，翰林学士。只有韦执谊入相，为中书令。这样一个班底，运转不了朝廷行政机构，只好采取非常手段。革新集团的主将是王叔文，他只能入翰林决策，由王伾入居宫中柿林院，再通过宦官李忠言、嫔妃牛昭容与顺宗联系。新政推行，由王叔文决断，王伾转授，韦执谊在中书为文诰执行。如此运转，极容易被攻击为朋党。根基薄弱是革新集团的致命伤。此外，王叔文躁急，夺宦官兵权，为时太早，甚至与韦执谊发生内讧。策略也不周密，王叔文胸无韬略，既没有去争取太子，也没有利用韦皋做策略性联盟。关键时候，王叔文又丁母忧，革新派倒了大将，没有了主心骨。失败也就是必然的了。

卷二三七　唐纪五十三

唐宪宗元和元年至四年（806—809年）

【起柔兆阉茂（丙戌，806年），尽屠维赤奋若（己丑，809年）六月，凡三年有奇】

【大事提要】

本卷记事起公元806年，讫公元809年六月，凡三年又六个月。当唐宪宗元和元年到元和四年六月。唐宪宗在唐代算是一位有为之君。他在位十五年，最大的贡献是削弱了藩镇的割据势力，朝廷一度收回了节度使的任免权力，振兴朝纲，出现了新气象。宪宗为皇太孙时，就对藩镇跋扈，切齿于心。即位伊始就把注意力集中在如何削弱藩镇势力上。宪宗初即位，剑南西川节度使韦皋病死，支度副使刘辟自称留后，并要求兼领三川，朝廷拒绝，刘辟乃发兵攻打东川，反叛朝廷。宪宗采用宰相杜黄裳、翰林学士李吉甫的建议，坚定地用武力征讨，活捉了刘辟。接着讨平夏绥兵变，第二年又平定了镇海节度使李锜的叛乱。元和三年（808），又解决了山南东道节度使于頔的割据倾向，使其入朝，长留京师。这些成绩的取得是因为此时宪宗能纳谏用贤。杜黄裳为首辅，正气立于朝，翰林学士白居易、李吉甫等敢直言进谏。宪宗又举贤良言时政，牛僧孺、李宗闵等多有诤言。宪宗又因天旱，下诏降天下系囚，蠲租税，出宫人，绝进奉，禁掠卖，还推倒了宦官吐突承璀迎逢所立的圣德碑，禁边将邀功，结和吐蕃。沙陀人降唐，设置阴山都督府安置之。李师道抗拒朝命得节度，此为策略性姑息。

宪宗昭文章武大圣至神孝皇帝[1]上之上

元和元年（丙戌，806年）

春，正月，丙寅朔[2]，上帅群臣诣兴庆宫上上皇尊号。

丁卯[3]，赦天下，改元。

辛未[4]，以鄂岳观察使韩皋[5]为奉义节度使。癸酉[6]，以奉义留后伊宥为安州刺史兼安州留后。宥，慎之子也。壬午[7]，加成德节度使王士真同平章事。

甲申[8]，上皇崩于兴庆宫。

刘辟既得旌节，志益骄；求兼领三川[9]，上不许。辟遂发兵围东川节度使李康于梓州[10]，欲以同幕卢文若为东川节度使。推官[11]莆田林蕴[12]力谏辟举兵，辟怒，械系于狱[13]，引出[14]，将斩之，阴戒[15]行刑者使不杀，但数砺刃于其颈[16]，欲使屈服而赦之。蕴叱之曰："竖子[17]，当斩即斩，我颈岂汝砥石邪！"辟顾左右曰："真忠烈之士也！"乃黜为唐昌尉[18]。

上欲讨辟而重于用兵[19]，公卿议者亦以为蜀险固难取，杜黄裳独曰："辟狂戆书生[20]，取之如拾芥[21]耳！臣知神策军使高崇文[22]勇略可用，愿陛下专以军事委之，勿置监军，辟必可擒。"上从之。翰林学士李吉甫亦劝上讨蜀，上由是器之。戊子[23]，命左神策行营节度使高崇文将步骑五千为前军，神策京西行营兵马使李元奕将步骑二千为次军[24]，与山南西道节度使严砺[25]同讨辟。时宿将名位素重者甚众，皆自谓当征蜀之选；及诏用崇文，皆大惊。

上与杜黄裳论及藩镇，黄裳曰："德宗自经忧患[26]，务为姑息，不生除节帅[27]；有物故者，先遣中使察军情所与则授之。中使或私受大将赂，归而誉之，即降旌钺，未尝有出朝廷之意者。陛下必欲振举纲纪[28]，宜稍[29]以法度裁制藩镇，则天下可得而理也。"上深以为然，于是始用兵讨蜀，以至威行两河，皆黄裳启之也。

（以上为第一段，写唐宪宗振举朝纲，裁制藩镇，发兵讨西川。）

【注释】

[1]宪宗皇帝：顺宗李诵长子，名淳，改名纯，唐朝第十一代帝王，公元806至820年在位。本谥为"圣神章武孝皇帝"，唐宣宗大中三年（849）平河湟，追崇谥号为"昭文章武大圣至神孝皇帝"。[2]丙寅朔：正月一日。[3]丁卯：正月二日。[4]辛未：正月六日。[5]韩皋：韩滉子，历仕德、顺、宪、穆四朝，有政声。传见《旧唐书》卷一百二十九，《新唐书》卷一百二十六。[6]癸酉：正月八日。[7]壬午：正月十七日。[8]甲申：正月十九日。[9]三川：剑南东、西川及山南西道三镇，合称三川。[10]梓州：东川节度使治所，在今四川三台。[11]推官：节度使佐吏，掌狱讼。[12]林蕴：字复梦。泉州莆田（今福建莆田市）人。韦皋辟为推官。

传见《新唐书》卷二百。［13］械系于狱：带枷关进监狱。［14］引出：从狱中拖出。［15］阴戒：暗中告诫。戒，通诫。［16］数砺刃于其颈：用刀在颈上磨几下。砺，磨刀石。以颈为砺，喻刀加于颈而不真断颈的样子。［17］竖子：小子，骂人语。［18］唐昌尉：唐昌，县名。县治在今四川郫都区西北。尉，县尉，掌一县治安。［19］重于用兵：不想轻易用兵。重，看重，为难，不轻易。［20］狂戆书生：狂傲而又愚笨无谋的一介书生。［21］芥：细微之物。拾芥，喻其容易。［22］高崇文（745—809）：少籍平卢军，贞元中从韩全义镇长武城，破吐蕃功升为都知兵马使。平蜀后为邠宁节度使，兼京西诸军都统。传见《旧唐书》卷一百五十一，《新唐书》卷一百七十。［23］戊子：正月二十三日。［24］次军：后军。［25］严砺：伐蜀为东川节度使。为官贪赃，士民苦之。传见《旧唐书》卷一百一十七，《新唐书》卷一百五十八。［26］忧患：指受朱泚之乱。［27］不生除节帅：不能在节度使生前任免新的节度使。［28］振举纲纪：振兴法律制度。［29］稍：逐渐。对节镇逐渐用法律制度加以约束。

高崇文屯长武城[1]，练卒五千，常如寇至[2]，卯时受诏，辰时即行[3]，器械糗粮[4]，一无所阙。甲午[5]，崇文出斜谷，李元奕出骆谷，同趣梓州。崇文军至兴元[6]，军士有食于逆旅，折人匕箸者，崇文斩之以徇。

刘辟陷梓州，执李康。二月，严砺拔剑州[7]，斩其刺史文德昭。

奚王诲落可入朝。丁酉[8]，以诲落可为饶乐郡王，遣归。

癸丑[9]，加魏博节度使田季安同平章事。

戊午[10]，上与宰相论“自古帝王，或勤劳庶政，或端拱无为，互有得失，何为而可？”杜黄裳对曰：“王者上承天地宗庙[11]，下抚百姓四夷，夙夜忧勤[12]，固不可自暇自逸[13]。然上下有分[14]，纪纲有叙[15]；苟慎选天下贤材而委任之，有功则赏，有罪则刑，选用以公[16]，赏刑以信[17]，则谁不尽力，何求不获哉！明主劳于求人[18]而逸于任人[19]，此虞舜所以能无为而治[20]者也。至于狱市[21]烦细之事，各有司存，非人主所宜亲也。昔秦始皇以衡石程书[22]，魏明帝自按行[23]尚书事，隋文帝卫士传餐[24]，皆无补于当时，取讥于后来，其耳目形神非不勤且劳也，所务非其道也。夫人主患不推诚[25]，人臣患不竭忠。苟上疑其下，下欺其上，将以求理[26]，不亦难乎！”上深然其言。

（以上为第二段，写唐宪宗与杜黄裳论治国之道，人君有为不在劳逸，关键是任贤而不疑，人主推诚，人臣尽忠，国无不治。）

【注释】

[1]屯长武城：高崇文为长武城都知兵马使，屯驻以防吐蕃。故城在今陕西长武西北。[2]常如寇至：经常保持着高度的戒备，如同寇至一样。[3]卯时受诏，辰时即行：早晨七八点钟接到命令，九十点钟就出发。卯辰二时相连，意谓受命后立即出发。[4]糗粮：行军干粮。[5]甲午：正月二十九日。[6]兴元：府名，山南西道治所，在今陕西汉中市。[7]剑州：州名。治所普安县，在今四川剑阁。[8]丁酉：二月三日。[9]癸丑：二月十九日。[10]戊午：二月二十四日。[11]王者上承天地宗庙：帝王对上承受着天地与宗庙赋予的使命，即承担着国家使命，天地宗庙，指代国家。[12]夙夜忧勤：朝夕忧心劳苦。夙夜，早晚，指从早到晚。[13]固不可自暇自逸：本来就不可以自图清闲，自求安逸。固，本来，原本。暇，清闲。逸，安乐。[14]上下有分（fèn）：在上位的君与在下位的臣各有自己的职分。分，本职事务。[15]纪纲有叙：法律制度有一定程序。[16]选用以公：选拔任用出以公心。[17]赏刑以信：奖赏与惩罚要有信用。[18]劳于求人：选求人才的时候是辛劳的。求人，寻求贤才。[19]逸于任人：但在任用了人才以后却是安闲的，谓任人得当，则君主安乐。[20]无为而治：古人提倡的一种治国理念和策略，指君主安闲，不要搞人为运动。这是道家的思想，老子曰："治大国若烹小鲜。"就是无为治国思想。西汉初接秦朝苛暴之弊，实行与民休息政策，称无为而治。传说虞舜垂拱无为而天下治，这只是一种理想的寄托。[21]狱市：诉讼与交易等细节。[22]衡石程书：衡，秤。石，重量单位，一百二十斤。程，每日定量。书，文书。秦时簿书用简牍，体积大，量重，以至用重量计多少。秦始皇亲自校阅簿书，每天阅读一百二十斤重的简牍文书。事详《史记·秦始皇本纪》。[23]按行：查验公文执行情况。魏明帝曹叡到尚书省去按验文书发行，被尚书令陈矫劝阻。事见《资治通鉴》卷七十二魏明帝太和六年（232）。[24]卫士传餐：隋文帝临朝，日过中午还不退朝，宫卫之士不能下班坐食，只好一边值勤，一边站立传递便餐，称卫士传餐。事见《资治通鉴》卷一百九十三唐太宗贞观四年（630），房玄龄、萧瑀对太宗问。[25]推诚：推心竭诚信任臣下。[26]求理：求治。

三月，丙寅[1]，以神策行营京西[2]节度使范希朝为右金吾大将军。

高崇文引兵自阆州[3]趣梓州，刘辟将邢泚引兵遁去，崇文入屯梓州。辟归李康于崇文以求白雪，崇文以康败军失守，斩之。

丙子[4]，严砺奏克梓州。丁丑[5]，制削夺刘辟官爵。

初，韩全义入朝，以其甥杨惠琳知夏绥留后。杜黄裳以全义出征无功[6]，骄蹇不逊[7]，直令致仕[8]；以右骁卫将军李演为夏绥节度使。惠琳勒兵拒之，表称"将士逼臣为节度使。"河东节度使严绶表请讨之，诏河东、天德军合击惠琳，绶遣牙将阿跌光进及弟光颜[9]将兵赴之。光进本出河曲步落稽，兄弟在河东军，皆以勇敢闻。辛巳[10]，夏州兵马使张承金斩惠琳，传首京师。

东川节度使韦丹[11]至汉中，表言“高崇文客军远斗，无所资，若与梓州，缀其士心，必能有功。”夏，四月，丁酉[12]，以崇文为东川节度副使、知节度事。

潘孟阳所至，专事游晏，从仆三百人，多纳贿赂，上闻之，甲辰[13]，以孟阳为大理卿[14]，罢其度支、盐铁转运副使。

丙午[15]，策试制举之士[16]，于是校书郎[17]元稹[18]、监察御史独孤郁[19]、校书郎下邽白居易[20]、前进士[21]萧俛[22]、沈传师[23]出焉。郁，及之子；俛，华之孙；传师，既济之子也。

杜佑请解财赋之职，仍举兵部侍郎、度支使、盐铁转运副使李巽[24]自代。丁未[25]，加佑司徒，罢其盐铁转运使，以巽为度支、盐铁转运使。自刘晏之后，居财赋之职者，莫能继之。巽掌使一年，征课所入，类晏之多，明年过之，又一年加一百八十万缗。

（以上为第三段，写唐宪宗讨平夏绥军乱，李巽善理财，比肩刘晏。）

【注释】

[1]丙寅：三月二日。 [2]行营京西：据章校，应作“京西行营”。 [3]阆州：州名。治所在今四川阆中市。 [4]丙子：三月十二日。 [5]丁丑：三月十三日。 [6]出征无功：指讨淮西吴少诚，败兵而还。 [7]骄蹇不逊：傲慢不恭顺。 [8]直令致仕：唐制，节镇罢官归京，安置为六军都将。韩全义则令其致仕。直，但，只是。韩全义入朝见上卷永贞元年（805）。[9]阿跌光进及弟光颜：其先为河曲诸部，姓阿跌氏。兄弟二人历官节镇，兼御史大夫，军中呼为“大小大夫”，因功赐姓李以宠之。李光进加官至检校工部尚书，李光颜加官至同中书门下平章事。兄弟同传，见《旧唐书》卷一百六十一，《新唐书》卷一百七十一。 [10]辛巳：三月十七日。 [11]韦丹：代李康为东川节度使。传见《新唐书》卷一百九十七。 [12]丁酉：四月四日。 [13]甲辰：四月十一日。 [14]大理卿：大理寺主管，掌刑狱。 [15]丙午：四月十三日。[16]策试制举之士：宪宗亲自考试选择科举士人。策试，出题考试，多为议论政治得失称策试。唐制，天子亲自举行策试称制举，以选拔非常之士。 [17]校书郎：秘书省属官，典校图籍。[18]元稹：中唐大诗人，与白居易齐名。字微之，历官中书舍人、武昌节度使。传见《旧唐书》卷一百六十六，《新唐书》卷一百七十四。 [19]独孤郁：中唐文章家、代宗朝太常博士独孤及之子，官至翰林学士。传见《旧唐书》卷一百六十八，《新唐书》卷一百六十二。 [20]白居易：中唐大诗

人。字乐天，下邽（今陕西渭南市东北）人。历仕宪、穆、敬、文四朝，历官中书舍人、刑部侍郎。传见《旧唐书》卷一百六十六，《新唐书》卷一百一十九。［21］前进士：萧、沈二人为上年登科进士故称前进士。［22］萧俛：字思谦，肃宗朝宰相萧华之孙。穆宗朝官至宰相。传见《旧唐书》卷一百七十二，《新唐书》卷一百一。［23］沈传师：字子言。德宗朝左拾遗、史馆修撰沈既济之子。宪宗朝官至中书舍人、翰林承旨。敬宗朝终官江西观察使。传见《旧唐书》卷一百四十九，《新唐书》卷一百三十二。［24］李巽：善理财，官至吏部尚书。传见《旧唐书》卷一百二十三，《新唐书》卷一百四十九。［25］丁未：四月十四日。

戊申[1]，加陇右经略使、秦州刺史刘澭[2]保义军节度使。

辛酉[3]，以元稹为左拾遗，白居易为盩厔尉、集贤校理，萧俛为右拾遗，沈传师为校书郎。

稹上疏论谏职[4]，以为："昔太宗以王珪[5]、魏徵为谏官，宴游寝食未尝不在左右，又命三品以上入议大政，必遣谏官一人随之，以参得失[6]，故天下大理[7]。今之谏官，大不得豫[8]召见，次不得参时政[9]，排行就列，朝谒而已。近年以来，正牙不奏事[10]，庶官罢巡对[11]，谏官能举职者，独诰命有不便则上封事耳。君臣之际[12]，讽谕于未形[13]，筹画于至密[14]，尚不能回至尊之盛意[15]，况于既行之诰令，已命之除授，而欲以咫尺之书[16]收丝纶之诏[17]，诚亦难矣[18]。愿陛下时于延英召对，使尽所怀，岂可置于其位而屏弃疏贱之哉！"

顷之，复上疏，以为："理乱之始，必有萌象。开直言，广视听，理之萌[19]也。甘谄谀，蔽近习，乱之象也。自古人君即位之初，必有敢言之士，人君苟受而赏之[20]，则君子乐行其道[21]，小人亦贪得其利，不为回邪[22]矣。如是，则上下之志通[23]，幽远之情达[24]，欲无理得乎！苟拒而罪之[25]，则君子卷怀括囊以保其身[26]，小人阿意迎命[27]以窃其位矣。如是，则十步之事，皆可欺也，欲无乱得乎！昔太宗初即政，孙伏伽以小事谏，太宗喜，厚赏之[28]。故当是时，言事者惟患不深切，未尝以触忌讳为忧也。太宗岂好逆意[29]而恶从欲哉？诚以顺适[30]之快小，而危亡之祸大故也。陛下践阼[31]，今以周岁[32]，未闻有受伏伽之赏者。臣等备位谏列，旷日弥年[33]，不得召见，每就列位，屏气鞠躬，不敢仰视，又安暇议得失，献可否哉！供奉官[34]尚尔，况疏远之臣乎！此盖群下因循之罪也。”因条奏请次对百官、复正牙奏事、禁非时贡献[35]等十事。

稹又以贞元中王伾、王叔文以伎术[36]得幸东宫，永贞之际几乱天下，上书劝上早择修正之士[37]使辅导诸子，以为：“太宗自为藩王，与文学清修之士十八人[38]居。后代太子、诸王，虽有僚属，日益疏贱，至于师傅之官[39]，非眊聩废疾[40]不任事者，则休戎罢帅不知书[41]者为之。其友谕赞议[42]之徒，尤为冗散[43]之甚，搢绅[44]皆耻由之。就使时得僻老儒生[45]，越月逾时，仅获一见[46]，又何暇傅之德义，纳之法度哉！夫以匹士爱其子，犹知求明哲之师而教之，况万乘之嗣，系四海之命乎！”上颇嘉纳其言，时召见之。

壬戌[47]，邵王约[48]薨。

（以上为第四段，写新科制举进士元稹任左拾遗，连上数奏言事，论谏臣职责，论皇子教育，唐宪宗嘉纳其言。）

【注释】

[1]戊申：四月十五日。 [2]刘澭：卢龙节度使刘怦之次子。归京师授陇右经略使。方士罗令则妄言废立事游说刘澭，澭不为所动，械送京师斩之，故加号保义军。 [3]辛酉：四月二十八日。 [4]上疏论谏职：上奏专论谏官的职位。 [5]王珪、魏徵：两人为唐太宗时著名谏臣，同为谏议大夫。王珪传见《旧唐书》卷七十，《新唐书》卷九十八。魏徵，太宗朝著名谏官。传见《旧唐书》卷七十一，《新唐书》卷九十七。 [6]谏官随之，以参得失：唐太宗令谏官随同中书、门下及三品官入阁办事，以检核各种议论的得失。参，检核。事见《资治通鉴》卷一百九十二唐太宗贞观元年（627）。 [7]大理：大治。 [8]豫：参预。 [9]参时政：参验时政得失。 [10]正牙不奏事：皇帝不在正殿接纳朝官奏事。正牙，正殿，指宫城中太极殿，大明宫中含元殿。重大国政，皇帝上正殿理事。宪宗不在正殿听朝。 [11]庶官罢巡对：皇上召见百官轮流问对的制度也被宪宗停止了。庶官，众官，百官。巡对，轮流引见，咨询政事。 [12]君臣之际：君臣之间的关系。 [13]讽谕于未形：讽谕，劝谏。未形，不当之事还未办之时。谏官应在未形之时进谏。[14]至密：极为周到。 [15]回至尊之盛意：扭转皇上所坚执的己见。 [16]咫尺之书：指臣下奏章。在秦汉时奏章用八寸简书写，此以代奏章。 [17]丝纶之诏：指皇帝圣旨，用丝帛书写，比臣奏尊贵。 [18]诚亦难矣：真是困难啊！元稹之意为谏臣在皇上未形之先劝谏，尚难回转己意，何况在诏书已颁，官吏任免已行之后，再上一道奏章来改变，那就更困难了。 [19]理之萌：政治开明的征兆。 [20]苟受而赏之：如果接受谏言并奖赏进言的人。 [21]君子乐行其道：人君纳谏，则有德君子就乐意奉行他们的理想，争相为忠臣。据章校，“道”字下应补“竞为忠说”四

字。［22］回邪：奸邪。回，曲。“小人至回邪”二句意谓人君纳谏，奸邪小人也乐于进言得利而不做奸邪的事了。［23］上下之志通：君臣上下的心意得到交流贯通。［24］幽远之情达：幽深遥远的感情得以通达，即隔阂之情得以消失。［25］苟拒而罪之：如果人君拒谏而又加罪于进言的人。苟，假如，如果。拒谏，君主不接受臣下的进言叫拒谏。拒谏者，必刚愎自用，不承认错误，国之大害。君主听谏则明，拒谏则昏。［26］则君子卷怀括囊以保其身：那么君子就把意见藏起来，闭上嘴巴明哲保身。卷怀，把意见埋藏在心里。典出《易经·坤卦》“括囊，无咎无誉。”《正义》曰：括，结也。囊，隐也。《方言》云：结，闭也。括囊，即闭隐，谨慎说话，没有灾祸。［27］阿意迎命：阿谀奉承，迎合君意。［28］厚赏之：指贞观初唐太宗厚赏谏言者。孙伏伽谏元帅罪不当死，太宗赏以兰陵公主园，值百万。事见《资治通鉴》卷一百九十九唐太宗贞观十二年（638）。［29］逆意：违忤自己心意。从欲，顺随心意。此句以反问作肯定：难道唐太宗喜欢别人违忤自己心意而厌恶人们顺从自己的意望吗？［30］诚以顺适：诚以顺适至大故两句，意思是说：这实在是认识到随顺心意得到的快乐太小，而国家危亡的祸殃太大的缘故啊！诚，真的，实在。以，以为，认识到。顺适，顺心适意。［31］践阼：即帝位。［32］以周岁：已整年。以，通“已”。［33］旷日弥年：虚度时日已整年。［34］供奉官：皇帝近侍官。中书、门下两省拾遗、补阙以上官称供奉官。［35］禁非时贡献：禁止不按常例而进献的贡物。［36］伎术：方技权术，喻小小伎俩。［37］修正之士：道德学问有修养的正直士人。［38］清修之士十八人：唐太宗为秦王时，府中有清廉修养之士杜如晦、房玄龄等十八人为文学馆学士，号十八学士。事见《资治通鉴》卷一百八十九唐高祖武德四年（621）。［39］师傅之官：指太子太师、太傅、太保、少师、少傅、少保等负责太子教育与生活的官员。［40］眊聩废疾：眼花、耳聋、身残。［41］休戎罢帅不知书：指战事结束免去帅职中不识字的武人。休戎，战事结束。［42］友谕赞议：均指太子东官闲散冗官。如太子宾客（友）、谕德（谕）、司议郎（议）、赞善大夫（赞）等。此外，诸王府有：友、文学、咨议参军等闲散官。［43］冗散：清职，闲散之官。［44］搢绅：指代士大夫。［45］僻老儒生：孤陋寡闻的老儒生。僻，偏狭的知识。［46］越月逾时，仅获一见：历时数月，才能与太子见一次面。时，一季，三个月。［47］壬戌：四月二十九日。［48］邵王约：宪宗之弟李约，封邵王。

五月，丙子[1]，以横海留后程执恭[2]为节度使。

庚辰[3]，尚书左丞、同平章事郑余庆罢为太子宾客。

辛卯[4]，尊太上皇后为皇太后。

刘辟城鹿头关[5]，连八栅，屯兵万余人以拒高崇文。六月，丁酉[6]，崇文击败之。辟置栅于关东万胜堆。戊戌[7]，崇文遣骁将范阳高霞寓[8]攻夺之，下瞰关城；凡八战皆捷。

加卢龙节度使刘济兼侍中。己亥[9]，加平卢节度使李师古兼侍中。

庚子[10]，高崇文破刘辟于德阳；癸卯[11]，又破之于汉州[12]；严砺遣其将严秦破辟众万余人于绵州[13]石碑谷[14]。

初，李师古有异母弟曰师道，常疏斥在外，不免贫窭。师古私谓所亲曰："吾非不友[15]于师道[16]也，吾年十五拥节旄，自恨不知稼穑之艰难。况师道复减吾数岁，吾欲使之知衣食之所自来，且以州县之务付之，计诸公必不察[17]也。"及师古疾笃[18]，师道时知密州[19]事，好画[20]及觱篥[21]。师古谓判官高沐[22]、李公度曰："迨吾之未乱也，欲有问于子。我死，子欲奉谁为帅乎？"二人相顾未对。师古曰："岂非师道乎？人情谁肯薄骨肉而厚他人，顾置帅不善，则非徒[23]败军政也，且覆吾族。师道为公侯子孙，不务训兵理人[24]，专习小人贱事以为己能，果堪为帅乎？幸诸公审图之[25]！"闰月，壬戌朔[26]，师古薨。沐、公度秘不发丧，潜逆[27]师道于密州，奉以为节度副使。

秋，七月，癸丑[28]，高崇文破刘辟之众万人于玄武[29]。甲午[30]，诏："凡西川继援之兵，悉取崇文处分[31]。"

壬寅[32]，葬至德大圣大安孝皇帝于丰陵[33]，庙号顺宗。

八月，壬戌[34]，以妃郭氏为贵妃。

丁卯[35]，立皇子宁为邓王，宽为澧王，宥为遂王，察为深王，寰为洋王，寮为绛王，审为建王。

李师道总军务，久之，朝命未至。师道谋于将佐，或请出兵掠四境；高沐固止之，请输两税[36]；申官吏，行盐法，遣使相继奉表诣京师。杜黄裳请乘其未定而分之[37]；上以刘辟未平，己巳[38]，以师道为平卢留后、知郓州事。

堂后主书[39]滑涣久在中书，与知枢密[40]刘光琦相结[41]；宰相议事有与光琦异者，令涣达意[42]，常得所欲，杜佑、郑絪等皆低意善视之[43]。郑余庆与诸相议事，涣从旁指陈是非[44]，余庆怒叱之；未几，罢相。四方赂遗无虚日[45]，中书舍人李吉甫言其专恣，请去之。上命宰相阖中书[46]四门搜掩[47]，尽得其奸状，九月，辛丑[48]，贬涣雷州[49]司户，寻赐死；籍没，家财凡数千万。

壬寅[50]，高崇文又败刘辟之众于鹿头关；严秦败刘辟之众于神泉[51]。河东将阿跌光颜将兵会高崇文于行营，愆期一日，惧诛，欲深入自赎，军于鹿头之西，断其粮道，城中忧惧。于是辟、绵江栅将李文悦、鹿头守将仇良辅皆以城降于崇文；获辟婿苏强，士卒降者万计。崇文遂长驱直指成都，所向崩溃，军不留行[52]；辛亥[53]，克成都。刘辟、卢文若帅数十骑西奔吐蕃，崇文使高霞寓等追之，及于羊灌田[54]；辟赴江[55]不死，擒之。文若先杀妻子，乃系石自沉。崇文入成都，屯于通衢[56]，休息士卒，市肆不惊[57]，珍货山积[58]，秋毫不犯，槛刘辟送京师。斩辟大将邢泚、馆驿巡官沈衍，余无所问。军府事无巨细，命一遵韦南康[59]故事，从容指㧑[60]，一境皆平。

初，韦皋以西山运粮使崔从[61]知邛州[62]事，刘辟反，从以书谏辟；辟发兵攻之，从婴城固守；辟败，乃得免。从，融之曾孙也。

韦皋参佐房式[63]、韦乾度、独孤密、符载、郗士美[64]、段文昌[65]等素服麻屦，衔土请罪；崇文皆释而礼之，草表荐式等，厚赆[66]而遣之。目段文昌曰："君必为将相，未敢奉荐。"载，庐山人；式，琯之从子[67]；文昌，志玄之玄孙也。

辟有二妾，皆殊色，监军请献之，崇文曰："天子命我讨平凶竖，当以抚百姓为先，遽献妇人以求媚，岂天子之意邪！崇文义不为此。"乃以配将吏之无妻者。

杜黄裳建议征蜀及指受高崇文方略[68]，皆悬合事宜[69]。崇文素惮刘澭[70]，黄裳使谓之曰："若无功，当以刘澭相代。"故能得其死力。及蜀平，宰相入贺，上目黄裳曰："卿之功也！"

辛巳[71]，诏征少室山人李渤[72]为左拾遗；渤辞疾不至，然朝政有得失，渤辄附奏陈论。

冬，十月，甲子[73]，易定节度使张茂昭入朝。

制割资、简、陵、荣、昌、泸六州隶东川。房式等未至京师，皆除省寺官[74]。丙寅[75]，以高崇文为西川节度使。戊辰[76]，以严砺为东川节度使。

庚午[77]，以将作监[78]柳晟[79]为山南西道节度使。晟至汉中[80]，府兵[81]讨刘辟还，未至城[82]诏复遣戍梓州[83]军士怨怒，胁监军，谋作乱。晟闻之，疾驱入城，慰劳之，既而问曰："汝曹何以得成功？"对曰："诛反者刘辟耳。"晟曰："辟以不受诏命，故汝曹得以立功，岂可复使他人诛汝以为功邪？"众皆拜谢，请诣戍所如诏书。军府由是获安。

壬申[84]以平卢留后李师道为节度使。

戊子[85]，刘辟至长安，并族党诛之。

武宁[86]节度使张愔[87]有疾，上表请代。十一月，戊申[88]，征愔为工部尚书，以东都留守王绍代之，复以濠、泗二州隶武宁军[89]。徐人喜得二州，故不为乱。

丙辰[90]，以内常侍吐突承璀[91]为左神策中尉。承璀事上于东宫，以干敏[92]得幸。

是岁，回鹘入贡，始以摩尼[93]偕来，于中国置寺处之。其法日晏乃食[94]，食荤而不食湩酪[95]。回鹘信奉之，可汗或与议国事。

（以上为第五段，写平卢节度使李师道抗拒朝命得节度，为其失败张本。高崇文平定西川。）

【注释】

[1]丙子：五月十三日。[2]程执恭：横海节度使程怀信之子。终官邠宁节度使。初名程权，元和六年（811）入朝，加检校尚书右仆射，改名执恭。传见《旧唐书》卷一百四十三，《新唐书》卷二百一十三。[3]庚辰：五月十七日。[4]辛卯：五月二十八日。[5]鹿头关：因鹿头山得名。在今四川绵竹市东南。[6]丁酉：六月五日。[7]戊戌：六月六日。[8]高霞寓：代高崇文为长武城使，历镇唐邓随、振武、邠宁等节度使。传见《旧唐书》卷一百六十二，《新唐书》卷一百四十一。[9]己亥：六月七日。[10]庚子：六月八日。[11]癸卯：六月十一日。[12]汉州：州名。治所在今四川广汉市。[13]绵州：州名。治所在今四川绵阳。[14]石碑谷：山谷名。在绵州西界与汉州东北界相交处。其地有石碑镇，在汉州属县绵竹之北。[15]友：指兄弟相爱。[16]师道：李纳次子，李师古异母弟。淄青诸将背师古之言拥为留后，果反朝廷被诛。传见《旧唐书》卷一百二十四，《新唐书》卷二百一十三。[17]不察：不了解我的用心。指李师古斥逐师道体察下情的良苦用心。[18]疾笃：病重。[19]密州：州名，淄青巡属。治所在今山东诸城。[20]好画：喜绘画。[21]觱篥（bìlì）：一名悲篥，唐名笳管。胡人所用竹管乐器。[22]高沐：后谏李师道归顺，受奸人所间被杀。两唐书入忠义传。见《旧唐书》卷一百八十七下，《新唐书》卷一百九十三。[23]非徒：不只是。[24]训兵理人：训练士

卒，治理民事。［25］审图之：审慎地考虑拥立师道为节镇这件事。［26］壬戌朔：闰六月一日。［27］潜逆：暗中迎接。［28］癸丑：七月二十二日。下文有甲午，疑癸丑为癸巳之误。癸巳，七月二日。［29］玄武：县名，属梓州。县治在今四川中江。［30］甲午：七月三日。［31］处分：处置分配，即指挥。［32］壬寅：七月十一日。［33］丰陵：顺宗陵。在今陕西富平东北。［34］壬戌：八月二日。［35］丁卯：八月七日。［36］输两税，申官吏，行盐法：向朝廷输纳两税，申报所用官吏，实行盐政专卖。淄青近海产盐。盐政由盐铁使专管。［37］分之：将平卢分而治之。［38］己巳：八月九日。［39］主书：中书省属官，定员四人。给事后堂者称堂后主书。［40］知枢密：官名。代宗永泰中置内枢密使，以宦官为之，掌表奏，时常干预中书政务。［41］相结：主书滑涣与宦官刘光琦相交，狼狈为奸。［42］达意：传达意图，此指宰相通过滑涣来疏通与刘光琦的关系。［43］低意善视之：小心谨慎，友好地对待滑涣。低意，犹下意，谓屈意，虚心和顺。［44］指陈是非：说长道短，指点是非。［45］四方赂遗无虚日：各地贿赂财物给滑涣，没有一天间断过。［46］阖中书：关闭中书省院门。［47］搜掩：突然搜查。［48］辛丑：九月十一日。［49］雷州：州名。治所在今广东雷州半岛。［50］壬寅：九月十二日。［51］神泉：县名，属绵州。县治在今四川绵阳市西。［52］军不留行：官军一路势如破竹，在行进中未受阻留。［53］辛亥：九月二十一日。［54］羊灌田：守捉哨卡名。在彭州（治所在今四川成都西北）境内。［55］赴江：投岷江。［56］通衢：四通八达的道路。［57］市肆不惊：集市店铺不受惊扰。［58］珍货山积：指市肆上的百货堆积如山。［59］韦南康：指西川节度使韦皋，封南康郡王。高崇文入蜀，军府事务，一切按韦皋时的旧例处置。［60］从容指㧑：从容不迫指挥。［61］崔从（761—832）：字子义。武后时凤阁舍人崔融之曾孙。拒刘辟有功，入为殿中侍御史。历仕宪、穆、敬、文四朝。官至户部尚书。传见《旧唐书》卷一百七十七，《新唐书》卷一百一十四。［62］邛州：州名。治所在今四川邛崃。［63］房式：肃宗朝宰相房琯侄子。蜀平，高崇文保荐入朝，终官宣歙观察使。传见《旧唐书》卷一百一十一，《新唐书》卷一百三十九。［64］郗士美：两唐书本传，郗士美于贞元十八年（802）已为安黄节度使，未载入蜀经历。疑此为同名之人。［65］段文昌：字墨卿，唐初开国功臣段志玄之玄孙。两《唐书》皆载文昌由韦皋推荐入仕，不载为刘辟幕僚之事。文昌又为武元衡之子婿，穆宗时官至宰相。传见《旧唐书》卷一百六十七，《新唐书》卷八十九。［66］厚赆：赠送丰厚的盘费。［67］从子：侄子。此从《旧唐书》。《新唐书》房式本传谓式为房琯之从孙。［68］指受方略：授意谋略。［69］悬合事宜：悬，远，此指后来。杜黄裳所建议崇文征蜀及指受方略，与后来实际的进程完全相合，十分得宜。［70］刘澭：卢龙节度使刘济之弟，时镇秦州，为保义军节度使。在京西诸将中，刘澭持军严整，高崇文敬惮之。［71］辛巳：九月辛卯朔，无辛巳。辛巳，十月二十二日。上文有辛亥，下文有甲子，之间有辛酉。疑辛巳当辛酉之误。辛酉，十月二日。［72］李渤：字濬之，隐居少室山（在今河南登封市），虽处外而关心时政，上疏言事。穆宗时出仕考功员外郎。传见《旧唐书》卷一百七十一，《新唐书》卷一百一十八。［73］甲子：十月五日。［74］除省寺官：授予六省九寺之官。［75］丙寅：十月七日。［76］戊辰：

十月九日。［77］庚午：十月十一日。［78］将作监：官署名，五监之一。长官亦称监。掌宫殿陵寝及官衙土木工程。［79］晟：官至山南西道节度使。传见《旧唐书》卷一百八十三、《新唐书》卷一百五十九。［80］汉中：兴元府之古称，其地秦汉时为汉中郡。在今陕西汉中。［81］府兵：指兴元府之兵。随严砺征蜀。［82］未至城：征蜀还，尚未到达汉中城。［83］诏复遣戍梓州：诏旨重派兴元府之兵去四川戍守梓州。梓州为东川节度使治所。［84］壬申：十月十三日。［85］戊子：十月二十九日。［86］武宁：即徐州军，号武宁。［87］张愔：张建封之子。［88］戊申：十一月十九日。［89］复以濠、泗隶武宁军：德宗于贞元四年（788）置徐濠泗节度使，以张建封为镇帅，牵制李纳。贞元十六年（800）张建封卒，其子张愔自为留后，于是德宗将三州分治，武宁军只领本州徐州。至是三州复归于一镇。［90］丙辰：十一月二十七日。［91］吐突承璀：宪宗朝擅权宦官。传见《旧唐书》卷一百八十四、《新唐书》卷二百零七。［92］干敏：办事干练机敏。［93］摩尼：宗教名。［94］日晏乃食：日暮时才进食。［95］湩（dòng）酪：奶酪。

二年（丁亥，807年）

春，正月，辛卯[1]，上祀圜丘；赦天下。

上以杜佑高年重德，礼重之，常呼司徒而不名。佑以老疾，请致仕；诏令佑每月入朝不过再三，因至中书议大政；他日听归樊川[2]。

门下侍郎、同平章事杜黄裳，有经济大略[3]而不修小节[4]，故不得久在相位。乙巳[5]，以黄裳同平章事，充河中、晋、绛、慈、隰节度使。己酉[6]，以户部侍郎武元衡为门下侍郎，翰林学士李吉甫为中书侍郎，并同平章事。吉甫闻之感泣，谓中书舍人裴垍[7]曰："吉甫流落江、淮，逾十五年[8]，一旦蒙恩至此。思所以报德，惟在进贤，而朝廷后进，罕所接识[9]，君有精鉴[10]，愿悉为我言之。"垍取笔疏[11]三十余人；数月之间，选用略尽。当时翕然称吉甫为得人。

二月，癸酉[12]，邕州[13]奏破黄贼，获其酋长黄承庆。

夏，四月，甲子[14]，以右金吾大将军范希朝为朔方、灵、盐节度使，以右神策、盐州、定远兵隶焉，以革旧弊[15]，任边将也。

（以上为第六段，写杜黄裳因不修小节而失相位，继任者李吉甫用人举贤。）

【注释】

［1］辛卯：正月三日。［2］樊川：地名。在唐长安城南三十五里，即今西安市长安区韦曲、杜曲一带。唐代达官贵人多建别墅于樊川。［3］经济大略：经邦济世的人才。［4］不修小节：

仪表与生活小事不加检点。[5]乙巳：正月十七日。[6]己酉：正月二十一日。[7]裴垍：字弘中，绛州闻喜（在今山西闻喜东北）人，官至宰相。传见《旧唐书》卷一百四十八，《新唐书》卷一百六十九。[8]逾十五年：德宗贞元八年（792）三月贬窦参，陆贽为相。陆贽疑李吉甫为窦参同党，贬李吉甫为明州长史，后迁忠州长史，至是为相。[9]接识：接触认识。[10]精鉴：精明而洞察一切。[11]疏：开列上呈。[12]癸酉：二月十五日。[13]邕州：州名。治所在今广西南宁市。[14]甲子：四月七日。[15]旧弊：指节镇由军中所推。现在朝廷用范希朝为朔方灵盐节度使，直接任命边将，革除旧弊。

秋，八月，刘济、王士真、张茂昭争私隙，迭相表请加罪[1]。戊寅[2]，以给事中房式为幽州、成德、义武[3]宣慰使，和解之。

九月，乙酉[4]，密王绸[5]薨。

夏、蜀既平，藩镇惕息[6]，多求入朝。镇海节度使李锜亦不自安，求入朝；上许之，遣中使至京口慰抚，且劳其将士。锜虽署判官王澹为留后，实无行意，屡迁行期[7]，澹与敕使数劝谕[8]之；锜不悦，上表称疾，请至岁暮入朝。上以问宰相，武元衡曰："陛下初即政，锜求朝得朝，求止得止，可否在锜，将何以令四海！"上以为然，下诏征之[9]。锜诈穷[10]，遂谋反。

王澹既掌留务，于军府颇有制置[11]，锜益不平，密谕亲兵使杀之。会颁冬服，锜严兵[12]坐幄[13]中，澹与敕使入谒[14]，有军士数百噪于庭[15]曰："王澹何人，擅主军务！"曳下[16]，脔食之[17]；大将赵琦出慰止，又脔食之；注刃于敕使之颈[18]，诟詈[19]，将杀之；锜阳惊[20]，救之。

冬，十月，己未[21]，诏征锜为左仆射，以御史大夫李元素为镇海节度使。庚申[22]，锜表言军变，杀留后、大将。先是锜选腹心五人为所部五州[23]镇将，姚志安处苏州，李深处常州，赵惟忠处湖州，丘自昌处杭州，高肃处睦州，各有兵数千，伺察刺史动静。至是，锜各使杀其刺史，遣牙将庾伯良将兵三千治石头[24]。常州刺史颜防用客李云计，矫制[25]称招讨副使[26]，斩李深，传檄[27]苏、杭、湖、睦，请同进讨。湖州刺史辛笔潜募乡闾子弟数百，夜袭赵惟忠营，斩之。苏州刺史李素为姚志安所败，生致于锜[28]，具桎梏[29]钉于船舷，未及京口[30]，会锜败，得免。

乙丑[31]，制削李锜官爵及属籍[32]。以淮南节度使王锷统诸道兵为招讨处置使；征宣武、义宁、武昌兵并淮南、宣歙兵俱出宣州，江西兵出信州，浙东兵出杭州，以讨之。

高崇文在蜀期年，一旦谓监军曰："崇文，河朔一卒，幸有功，致位至此。西川乃宰相回翔[33]之地，崇文叨居[34]日久，岂敢自安！"屡上表称"蜀中安逸，无所陈力[35]，愿效死边陲。上择可以代崇文者而难其人[36]。"丁卯[37]，以门下侍郎、同平章事武元衡同平章事，充西川节度使。

李锜以宣州富饶，欲先取之，遣兵马使[38]张子良、李奉仙、田少卿将兵三千袭之。三人知锜必败，与牙将裴行立[39]同谋讨之。行立，锜之甥也，故悉知锜之密谋。三将营[40]于城外，将发[41]，召士卒谕之曰："仆射反逆，官军四集，常、湖二将[42]继死，其势已蹙[43]。今乃欲使吾辈远取宣城，吾辈何为随之族灭！岂若去逆效顺[44]，转祸为福乎！"众悦，许诺，即夜[45]，还趋城。行立举火鼓噪，应之于内，引兵趋牙门。锜闻子良等举兵，怒，闻行立应之，抚膺[46]曰："吾何望矣！"跣[47]走，匿楼下。亲将李钧引挽强[48]三百趋山亭，欲战；行立伏兵邀[49]斩之。锜举家皆哭，左右执锜，裹之以幕[50]，缒[51]于城下，械送京师[52]。挽强、蕃落[53]争自杀，尸相枕藉[54]。癸酉[55]，本军[56]以闻。乙亥[57]，群臣贺于紫宸殿。上愀然[58]曰："朕之不德，致宇内数有干纪[59]者，朕之愧也，何贺之为[60]！"

宰相议诛锜大功以上亲[61]，兵部郎中蒋乂曰："锜大功亲，皆淮安靖王[62]之后也。淮安有佐命之功[63]，陪陵[64]、享庙[65]，岂可以末孙[66]为恶而累之乎！"又欲诛其兄弟，乂曰："锜兄弟，故都统国贞[67]之子也，国贞死王事，岂可使之不祀乎！"宰相以为然。辛巳[68]，锜从父弟宋州刺史铦等皆贬官流放。

十一月，甲申朔[69]，锜至长安，上御兴安门[70]，面诘之[71]。对曰："臣初不反，张子良等教臣耳。"上曰："卿为元帅，子良等谋反，何不斩之，然后入朝？”锜无以对。乃并其子师回腰斩[72]之。

有司[73]请毁锜祖考家庙，中丞卢坦上言：“李锜父子受诛，罪已塞[74]矣。昔汉诛霍禹[75]，不罪霍光；先朝诛房遗爱，不及房玄龄。《康诰》曰：‘父子兄弟，罪不相及[76]。’况以锜为不善而罪及五代祖乎！”乃不毁。

有司籍[77]锜家财输京师。翰林学士裴垍、李绛[78]上言，以为：“李锜僭侈[79]，割剥六州之人以富其家，或枉杀其身而取其材。陛下闵[80]百姓无告，故讨而诛之，今辇金帛以输上京，恐远近[81]失望。愿[82]以逆人资财赐浙西百姓，代今年租赋。”上嘉叹[83]久之，即从其言。

昭义[84]节度使卢从史，内与王士真、刘济潜通[85]，而外献策请图山东[86]，擅引兵东出。上召令还[87]，从史托言[88]就食邢、洺，不时奉诏[89]；久之，乃还。

（以上为第七段，写镇海节度使李锜叛乱，旋即被讨灭。）

【注释】

[1]迭相表请加罪：交相上奏，请求朝廷给对方加罪。[2]戊寅：四月二十三日。[3]幽州、成德、义武：幽州，刘济所镇。成德，王士真所镇。义武，张茂昭所镇。[4]乙酉：九月一日。[5]密王绸：宪宗弟李绸，封密王。[6]惕息：恐惧屏息。[7]屡迁行期：多次推迟进京上朝的行期。[8]劝谕：劝李锜入朝，晓谕祸福。[9]征之：征召李锜入朝。[10]诈穷：欺诈的伎俩用尽。[11]制置：规划，处理。[12]严兵：森严警卫。[13]幄：帷幄，此指军府办事堂。[14]入谒：进帐参见。[15]军士数百噪于庭：数百士兵在办事堂前高声叫嚷。[16]曳下：拉下公堂。[17]脔食之：将人活活切块吞食。又谓凌迟处死。[18]注刃于敕使之颈：军士把刀刃加在朝廷特使的脖子上。[19]诟詈：辱骂。[20]阳惊：佯惊，假意吃惊。[21]己未：十月五日。[22]庚申：十月六日。[23]所部五州：镇海节度使领苏、常、湖、杭、睦、润六州，节镇在润州，故巡属为五州。部，统辖。[24]石头：石头城，在今江苏南京市。据章校，“头”下有“城”字。[25]矫制：假称奉有诏旨。[26]称招讨副使：自称为招讨副使。[27]传檄：传示檄文。檄，声讨文书。[28]生致于锜：指李素被姚志安活捉送交李锜。[29]具桎梏：带上刑具。[30]京口：即润州治所，也是镇海节镇所在。在今江苏镇江。[31]乙丑：十月十一日。[32]属籍：李锜为唐宗室淮安王李神通之子，淄川王李孝同五世孙，故著于宗室族籍。今反叛，从宗谱中予以削除。[33]回翔：盘旋飞翔。喻西川多为宰相出镇之地。[34]叨居：惭愧据有此位。[35]陈力：施展才力。[36]难其人：难以找到合适的人选。[37]丁卯：十

月十三日。［38］兵马使：节镇所属执掌兵马的大将称兵马使。位在都虞候之上。［39］裴行立：李锜之甥。归朝后历官安南经略使、桂管观察使、安南都护。传见《新唐书》卷一百二十九。［40］营：驻扎。［41］将发：将要发动攻打李锜。［42］常、湖二将：指李锜心腹常州镇将李深、湖州镇将赵惟忠。［43］蹙：穷迫。［44］去逆效顺：离开逆贼，归顺朝廷。［45］即夜：当夜。［46］抚膺：用手捶胸口。［47］跣：赤着脚。［48］挽强：李锜所建亲卫军名，有材力，善射击。［49］邀：拦截。［50］裹之以幕：用毡毯包着李锜。［51］缒：用绳索绑住身垂于下。［52］械送京师：带上刑具，送到长安。［53］蕃落：李锜收养的胡、奚等少数民族俘虏，使之为亲卫军。［54］尸相枕藉：尸体互相积压，极言其多。［55］癸酉：十月十九日。［56］本军：指李锜所领镇海军。［57］乙亥：十月二十一日。［58］愀（qiǎo）然：凄怆的样子。［59］干纪：冒犯国法。［60］何贺之为：有什么可庆贺呢？［61］大功以上亲：大功，指从父兄、弟、姊、妹；大功以上亲为期亲。指长辈为祖父母、伯叔父母、在家姑等，平辈为兄弟、姊妹、妻。小辈为侄、嫡孙等。［62］淮安靖王：李渊从父弟李神通，封淮安王，卒谥靖。［63］佐命之功：帮助平定天下的功劳。［64］陪陵：陪葬唐高祖献陵。［65］享庙：配享唐高祖庙廷。［66］末孙：指李锜。［67］国贞：李国贞。字南华。李锜之父，官户部尚书，治军严，为王元振所杀，事见《资治通鉴》二百二十二卷肃宗宝应元年（762）。［68］辛巳：十月二十七日。［69］甲申朔：十一月一日。［70］兴安门：唐大明宫南面有五门，西来第一门为兴安门。［71］面诘之：当面责问他。［72］腰斩：死刑的一种。［73］有司：主管执行机关。宗庙礼仪属太常寺。［74］塞：抵偿。［75］汉诛霍禹：西汉霍光之子谋反，不株连霍光。事见《资治通鉴》卷二十五汉宣帝地节四年。［76］父子兄弟，罪不相及：今本《尚书·康诰》无此语。此转引《左传》昭公二十年晋胥臣之言所引《康诰》逸文。［77］籍：籍没。将财产没收登记簿册。［78］李绛（764—830）：字深之，赵郡赞皇（今河北保定市）人，官至山南西道节度使。传见《旧唐书》卷一百六十四。［79］僭侈：违礼僭越，奢侈靡费。［80］闵：通"悯"，怜惜。［81］远近：指老百姓。［82］愿：希望。［83］嘉叹：嘉许、感叹。［84］昭义：方镇名。唐代宗大历元年（766）相卫州六节度赐号昭义军，治所相州，在今河南安阳市。［85］潜通：暗中勾结。［86］山东：地域名，泛指太行山以东之地。［87］上召令还：宪宗召卢从史还京。据章校，"还"下有"上党"二字。［88］托言：借口。［89］不时奉诏：不按时接受诏令。

他日，上召李绛对于浴堂[1]，语之曰："事有极异者[2]，朕比[3]不欲言之。朕与郑䌹议敕从史归上党，续征入朝[4]。䌹乃泄之于从史，使称上党乏粮，就食山东。为人臣负朕乃尔[5]，将何以处之？"对曰："审如此[6]，灭族有余矣！然䌹、从史必不自言，陛下谁从得之[7]？"上曰："吉甫密奏。"绛曰："臣窃闻搢绅之论，称䌹为佳士[8]，恐必不然。或者同列欲专朝政，疾宠忌前，愿陛下更熟察之，勿使人谓陛下信谗也！”上良久曰：“诚然，絪必不至此。非卿言，朕几误处分[9]。”

上又尝从容问绛曰：“谏官多谤讪朝政，皆无事实，朕欲谪其尤者[10]一二人以儆[11]其余，何如？”对曰：“此殆[12]非陛下之意，必有邪臣以壅蔽[13]陛下之聪明者。人臣死生，系人主喜怒，敢发口谏者有几！就有谏者，皆昼度夜思[14]，朝删暮减[15]，比[16]得上达，什无二三。故人主孜孜[17]求谏，犹惧不至，况罪之乎！如此，杜[18]天下之口，非社稷之福也。”上善其言而止。

群臣请上尊号曰睿圣文武皇帝；丙申[19]，许之。

盩厔[20]尉、集贤校理[21]白居易作乐府及诗[22]百余篇，规讽时事[23]，流闻禁中[24]；上见而悦之，召入翰林为学士。

十二月，丙辰[25]，上谓宰相曰：“太宗以神圣之资，群臣进谏者犹往复数四[26]，况朕寡昧[27]，自今事有违[28]，卿当十论，无但[29]一二而已。”

丙寅[30]，以高崇文同平章事，充邠宁节度、京西诸军都统。

（以上为第八段，写李绛善应对，劝宪宗纳谏，宪宗心悦而从之。）

【注释】

[1]浴堂：大明宫便殿之一，位于紫宸殿之东。德宗以后君主常居于此。[2]事有极异者：有一件非常奇怪的事。[3]比：每每、屡屡、常常。[4]续征入朝：接着下诏征召卢从史入朝。[5]乃尔：竟然这样。[6]审如此：确实这样。[7]谁从得之：从谁口中得到这消息。[8]佳士：品德优良之士。[9]几误处分：几乎作出错误的处分。[10]谪其尤者：贬斥其中最严重的人。[11]儆：儆戒，教训。[12]殆：大概，恐怕。[13]壅蔽：堵塞，蒙蔽。[14]昼度夜思：日夜思考。[15]朝删暮减：对奏章早上删削晚上再修改削减。[16]比：等到。[17]孜孜：努力不懈的样子。[18]杜：堵塞。[19]丙申：十一月十三日。[20]盩厔（zhōuzhì）：县名。在今陕西周至县。[21]集贤校理：集贤殿书院属官。掌校理经籍，位在修撰下。[22]乐府诗：白居易依民歌体所作的新诗，称新乐府诗。[23]规讽时事：规劝讽喻时事。[24]流闻禁中：流传到宫廷中。[25]丙辰：十二月三日。[26]数四：指次数甚多。[27]寡昧：孤陋寡闻而愚昧无知。皇帝自谦的惯用套语。[28]有违：不合法度、礼制。[29]但：只、仅。[30]丙寅：十二月十三日。

山南东道节度使于頔惮上英威，为子季友求尚主；上以皇女普宁公主妻之。翰林学士李绛谏曰；“頔，虏族，季友，庶孽，不足以辱帝女，宜更择高门美才。”上曰：“此非卿所知。”己卯[1]，公主适季友，恩礼甚盛；頔出望外[2]，大喜。顷之，上使人讽[3]之入朝谢恩，頔遂奉诏。

是岁，李吉甫撰《元和国计簿》[4]上之，总计天下方镇四十八，州府二百九十五，县千四百五十三。其凤翔、鄜坊、邠宁、振武、泾原、银夏、灵盐、河东、易定、魏博、镇冀、范阳、沧景、淮西、淄青等十五道七十一州不申户口[5]外，每岁赋税倚办止于浙江东·西、宣歙、淮南、江西、鄂岳、福建、湖南八道四十九州，一百四十四万户，比天宝税户四分减三。天下兵仰给县官[6]者八十三万余人，比天宝三分增一，大率二户资[7]一兵。其水旱所伤，非时调发[8]，不在此数。

（以上为第九段，写宪宗时，唐王朝户口减四分之三，而常备兵三分增一，大率两户养一兵，民不堪命。）

【注释】

[1]己卯：十二月二十六日。 [2]望外：希望之外。 [3]讽：劝谕。 [4]《元和国计簿》：书名。记唐宪宗时户口、赋税、兵籍。 [5]不申户口：不申报户口。凤翔、鄜坊、邠宁、振武、泾原、银夏、灵盐、河东等八镇其时为唐边境地，而易定、魏博、镇冀、范阳、沧景、淮西、淄青等七镇为世袭藩镇，唐中央无力控制。故均不申户口，不纳赋税。 [6]县官：国家，政府。[7]资：供养。 [8]非时调发：常赋之外的临时税收。

三年（戊子，808 年）

春，正月，癸巳[1]，群臣上尊号曰睿圣文武皇帝；赦天下。“自今长吏[2]诣阙，无得进奉。”知枢密[3]刘光琦奏分遣诸使赍赦诣诸道，意欲分其馈遗，翰林学士裴垍、李绛奏“敕使所至烦扰，不若但附急递[4]。”上从之。光琦称旧例，上曰：“例是则从之，苟为非是，奈何不改！”

临泾[5]镇将郝玼[6]以临泾地险要，水草美，吐蕃将入寇，必屯其地，言于泾原节度使段祐[7]，奏而城之，自是泾原获安。

二月，戊寅[8]，咸安大长公主[9]薨于回鹘。三月，回鹘腾里可汗卒。

癸巳[10]，郇王总薨[11]。

辛亥[12]，御史中丞卢坦奏弹前山南西道节度使柳晟[13]、前浙东观察使阎济美[14]违赦进奉。上召坦褒慰之，曰："朕已释其罪，不可失信。"坦曰："赦令宣布海内，陛下之大信也。晟等不畏陛下法，奈何存小信弃大信乎！"上乃命归所进于有司。

夏，四月，上策试贤良方正直言极谏[15]举人，伊阙[16]尉牛僧孺[17]、陆浑[18]尉皇甫湜[19]、前进士李宗闵[20]皆指陈时政之失，无所避；吏部侍郎杨於陵[21]、吏部员外郎韦贯之[22]为考策官，贯之署为上第。上亦嘉之，诏中书优与处分[23]。李吉甫恶其言直，泣诉于上，且言"翰林学士裴垍、王涯[24]覆策。湜，涯之甥也，涯不先言；垍无所异同[25]。"上不得已，罢垍、涯学士，垍为户部侍郎，涯为都官员外郎[26]，贯之为果州[27]刺史。后数日，贯之再贬巴州[28]刺史，涯贬虢州[29]司马。乙亥[30]，以杨於陵为岭南[31]节度使，亦坐考策无异同也。僧孺等久之不调，各从辟于藩府[32]。僧孺，弘[33]之七世孙；宗闵，元懿[34]之玄孙；贯之，福嗣[35]之六世孙；湜，睦州新安人也。

丁丑[36]，罢五月朔宣政殿朝贺[37]。

以荆南[38]节度使裴均为右仆射。均素附宦官得贵显，为仆射，自矜大[39]。尝入朝，逾位而立；中丞卢坦揖而退之[40]，均不从。坦曰："昔姚南仲[41]为仆射，位在此。"均曰："南仲何人？"坦曰："是守正不交权倖者。"坦寻改右庶子[42]。

五月，翰林学士、左拾遗[43]白居易上疏，以为："牛僧孺等直言时事，恩奖登科，而更遭斥逐，并出为关外官[44]。杨於陵等以考策敢收直言，裴垍等以覆策不退直言，皆坐谴谪[45]。卢坦以数举职事黜庶子。此数人皆今之人望[46]，天下视其进退以卜时之否臧[47]者也。一旦无罪悉疏弃之，上下杜口[48]，众心汹汹，陛下亦知之乎？且陛下既下诏征之直言，索之极谏[49]，僧孺等所对如此，纵未能推而行之，又何忍罪而斥之乎！昔德宗初即位，亦征直言极谏之士，策问天旱，穆质[50]对云：'两汉故事，三公当免；卜式著议，弘羊[51]可烹。'德宗深嘉之，自畿尉擢为左补阙。今僧孺等所言未过于穆质，而遽斥之，臣恐非嗣祖宗之道也！”质，宁[52]之子也。

（以上为第十段，写牛僧孺、李宗闵等举贤良，直言时政，宰臣李吉甫忌疑之。）

【注释】

[1]癸巳：正月十一日。 [2]长吏：此处指节度使、观察使。 [3]知枢密：掌枢密使之职。知，主，掌管。枢密，枢密使之省称。代宗永泰年间始置内枢密使，由宦官充任，承受表奏，宣布诏命，介于宰相与皇帝之间的传达使职。逐渐演变为枢密权在宰相之上，尤其宰相任免，枢密成为皇帝的咨询顾问。 [4]急递：古代传递公文，急件驰驿兼程而行，称急递。 [5]临泾：县名。县治在今甘肃镇原。 [6]郝玼：宪宗时守边名将。传见《新唐书》卷一百七十。 [7]段祐：又作段佐、段佑。以勇敢知名，少事郭子仪为牙将。终官右神策大将军。传见《旧唐书》卷一百五十二。 [8]戊寅：二月二十六日。 [9]咸安大长公主：德宗之女，下嫁回鹘。 [10]癸巳：三月十一日。 [11]郇王总：原名湜，后改名总。顺宗第七子。 [12]辛亥：三月二十九日。[13]柳晟（？—818）：肃宗皇后之甥，官至左金吾卫大将军。传见《旧唐书》卷一百八十三。[14]阎济美：有长者之誉，简澹为理，官至秘书监。传见《旧唐书》卷一百八十五下。 [15]贤良方正直言极谏：制科名称，意谓选取贤良人士，敢于直言极谏的人。 [16]伊阙：县名。治所在今河南洛阳南。 [17]牛僧孺（779—847），字思黯，安定鹑觚（今甘肃灵台）人，贞元进士。穆宗、文宗时两度入相。唐代“牛李党争”牛派首领。传见《旧唐书》卷一百七十二，《新唐书》卷一百七十四。 [18]陆浑：县名。县治在今河南嵩县。 [19]皇甫湜：字持正，睦州新安（今浙江衢州市）人。中唐文学家。传附《新唐书》卷一百七十六《韩愈传》。 [20]李宗闵（？—846）：字损之。贞元进士。元和三年（808）对策，指陈时政，为宰相李吉甫所斥。李吉甫死，入朝为监察御史。与牛僧孺相结，排斥李吉甫之子李德裕，为“牛李党争”牛派主将。文宗朝入相。传见《旧唐书》卷一百七十六，《新唐书》卷一百七十四。 [21]杨於陵（753—830）：字达夫，弘农（今河南灵宝市）人。器度弘雅。穆宗时官至户部尚书。传见《旧唐书》卷一百六十四，《新唐书》卷一百六十三。 [22]韦贯之（760—821）：本名纯，避宪宗李纯讳，以字行。官至宰相。传见《旧唐书》卷一百五十八，《新唐书》卷一百六十九。 [23]中书优与处分：颁令中书省从优安置李宗闵等人的职任。 [24]王涯：字广津，太原人，时为主考官。官至宰相。传见《旧唐书》卷一百六十九，《新唐书》卷一百七十九。覆策，复查对策。 [25]无所异同：没有不同意见。李吉甫认为，韦贯之作主考官，取人不当；王涯、裴垍复查，王涯为皇甫湜之舅，应予回避，不先说明，裴垍也装聋作哑，一同作弊。 [26]都官员外郎：官名。刑部第二司都官司次官。都官掌理官奴婢。 [27]果州：州名。治所在今四川南充北。 [28]巴州：州名。治所在今四川巴中。[29]虢州：州名。治所在今河南灵宝北。 [30]乙亥：四月二十三日。 [31]岭南：方镇名。唐肃宗至德元年（756）升五府经略讨击使为岭南节度使。治所广州，在今广东广州市。 [32]各从辟于藩府：牛增孺等各自应藩镇辟举为幕僚。[33]弘：牛弘，隋朝宰相。[34]元懿：唐高祖子，

封郑王。［35］韦福嗣：官至隋内史舍人。见《新唐书》卷七十四上《宰相世系表》。［36］丁丑：四月二十五日。［37］罢五月朔宣政殿朝贺：唐德宗贞元七年（791），敕每年五月一日御宣政殿与文武百官相见。至本年罢废。［38］荆南：方镇名。唐肃宗至德二载（757）置荆南节度，治所荆州，在今湖北江陵城。［39］自矜大：骄矜自大。［40］揖而退之：向他打招呼，请他退回到自己的序位上去。［41］姚南仲（730—803）：华州下邽（今陕西渭南市）人。官至尚书右仆射。其事始见《资治通鉴》卷二百三十五德宗贞元十三年，公元797年。［42］右庶子：官名。东宫太子属官。［43］左拾遗：官名，门下省属官掌供奉讽谏，从八品上。［44］关外官：指边远的藩镇属官。［45］谴谪：谴责、贬谪。［46］人望：为人所景仰的人。［47］否臧：坏和好。［48］杜口：闭口不言。［49］征之直言，索之极谏：征召索求的就是要直言极谏之士。［50］穆质：德宗初即位，穆质对策擢官左补阙，历官给事中。宪宗时奏劾宦官吐突承璀被贬太子左庶子。传见《旧唐书》卷一百五十五，《新唐书》卷一百六十三。［51］卜式、弘羊：均汉武帝时大臣。两人均官至御史大夫。［52］宁：即穆宁，肃宗时与颜真卿同起兵讨安禄山，德宗朝官秘书少监、右庶子。

丙午[1]，册回鹘新可汗为爱登里啰汨密施合毗伽保义可汗。

西原蛮[2]酋长黄少卿[3]请降；六月，癸亥[4]，以为归顺州刺史。

沙陀劲勇[5]冠诸胡，吐蕃置之甘州[6]，每战，以为前锋。回鹘攻吐蕃，取凉州[7]；吐蕃疑沙陀贰于回鹘，欲迁之河外。沙陀惧，酋长朱邪尽忠[8]与其子执宜[9]谋复自归于唐，遂帅部落三万，循乌德鞬山[10]而东。行三日，吐蕃追兵大至，自洮水[11]转战至石门[12]，凡数百合；尽忠死，士众死者太半。执宜帅其余众近万人，骑三千，诣灵州[13]降。灵盐节度使范希朝闻之，自帅众迎于塞上，置之盐州，为市牛羊，广其畜牧，善抚之。诏置阴山府[14]，以执宜为兵马使。未几，尽忠弟葛勒阿波又帅众七百诣希朝降；诏以为阴山府都督。自是，灵盐每有征讨，用之所向皆捷[15]，灵盐军益强。

秋，七月，辛巳朔[16]，日有食之。

以右庶子卢坦为宣歙观察使。苏强[17]之诛也，兄弘在晋州[18]幕府，自免归，人莫敢辟[19]。坦奏："弘有才行，不可以其弟故废之，请辟为判官。"上曰："向使苏强不死，果有才行，犹可用也，况其兄乎！"坦到官，值旱饥，谷价日增，或请抑其价。坦曰："宣、歙土狭谷少，所仰四方之来者；若价贱，则商船不复来，益困矣。”既而米斗二百，商旅辐凑[20]。

九月，庚寅[21]，以于頔为司空，同平章事如故；加右仆射裴均同平章事，为山南东道节度使。

淮南节度使王锷入朝。锷家巨富，厚进奉及赂宦官，求平章事。翰林学士白居易以为[22]：“宰相人臣极位，非清望大功不应授。昨除裴均，外议已纷然，今又除锷，则如锷之辈皆生冀望[23]。若尽与之，则典章大坏，又不感恩；不与，则厚薄有殊，或生怨望。倖门[24]一启，无可奈何。且锷在镇五年，百计诛求，货财既足，自入进奉。若除宰相，四方藩镇皆谓锷以进奉得之，竞为刻剥，则百姓何以堪[25]之！”事遂寝。

壬辰[26]，加宣武节度使韩弘同平章事。

丙申[27]，以户部侍郎裴垍为中书侍郎、同平章事。上虽以李吉甫故罢垍学士，然宠信弥厚[28]，故未几复擢为相。

初，德宗不任宰相，天下细务皆自决之，由是裴延龄辈得用事。上在藩邸[29]，心固非之；及即位，选擢宰相，推心委之，尝谓垍等曰：“以太宗、玄宗之明，犹藉辅佐以成其理[30]，况如朕不及先圣万倍[31]者乎！”垍亦竭诚辅佐。上尝问垍：“为理之要何先？”对曰：“先正其心。”旧制，民输税有三[32]：一曰上供；二曰送使；三曰留州。建中初定两税[33]，货重钱轻[34]；是后货轻钱重[35]，民所出已倍其初；其留州、送使者，所在又降省估就实估[36]，以重敛于民[37]。及垍为相，奏：“天下留州、送使物，请一切用省估；其观察使，先税所理之州以自给，不足，然后许税于所属之州。”由是江、淮之民稍苏息[38]。先是，执政多恶谏官言时政得失，垍独赏之。垍器局峻整[39]，人不敢干[40]以私。尝有故人自远诣之，垍资给优厚，从容款狎[41]。其人乘间求京兆判司[42]，垍曰：“公不称此官，不敢以故人之私伤朝廷至公。他日有盲宰相怜公者，不妨得之，垍则必不可。”

戊戌[43]，以中书侍郎、同平章事李吉甫同平章事，充淮南节度使。

河中[44]、晋绛[45]节度使邠宣公杜黄裳薨。

冬，十二月，庚戌[46]，置行原州[47]于临泾，以镇将郝玼为刺史。

南诏王异牟寻卒，子寻阁劝立。

（以上为第十一段，写沙陀部众降唐，置阴山都督府以安置之。翰林学士白居易、宰辅裴垍尽职直言，宪宗推心采纳。）

【注释】

[1]丙午：五月二十五日。[2]西原蛮：西原黄洞蛮，居于今广西钦州市。[3]黄少卿：西原黄洞蛮酋长。德宗贞元十年(794)反叛。[4]癸亥：六月十二日。[5]劲勇：猷劲、勇敢。[6]甘州：州名，治所在今甘肃张掖市。[7]凉州：州名，治所在今甘肃武威市。[8]朱邪尽忠（？—808)：沙陀酋长骨咄支子。骨咄支从肃宗平安禄山，朱邪尽忠累迁金吾卫大将军、酒泉县公。贞元年间附吐蕃。事见《新唐书》卷二百一十八。[9]执宜：朱邪尽忠子，归唐，官阴山府都督、代北行营招抚使。事见《新唐书》卷二百一十八。[10]乌德鞬山：回鹘语。即蒙古三音诺颜境内之杭爱山北山。[11]洮水：流经甘肃境内的黄河支流，在兰州西入河。[12]石门：关名，在石门水（今清水河）上。在今宁夏固原西北。[13]灵州：州名，为灵盐节度使治所。州城在今宁夏灵武市西南。[14]阴山府：羁縻府。置于盐州境内，在今内蒙古乌审旗境内。[15]所向皆捷：灵盐军无往而不胜。[16]辛巳朔：七月一日。[17]苏强：刘辟之婿，元和元年(806)坐逆党诛。[18]晋州：州名。治所在今山西临汾。苏弘仕于晋州，自免回乡里。[19]人莫敢辟：没有人敢聘用他。辟，征召，聘用。[20]商旅辐凑：商人四方云集。据章校，句下有“民赖以生”四字。[21]庚寅：九月十一日。[22]白居易以为：据章校，句应为：“白居易上言，以为”，补“上言”二字。[23]冀望：非分之望。[24]倖门：奸邪小人进身的门户。[25]堪：忍受，承受。[26]壬辰：九月十三日。[27]丙申：九月十七日。[28]弥厚：更加深厚。[29]藩邸：藩王府邸。指宪宗为广陵王时之府第。[30]理：治。[31]不及先圣万倍：不及先皇万分之一，差一万倍。先圣，指唐太宗、唐玄宗。[32]输税有三：交税有三种。一为上供，送京师国库；二为送使，送给节度使，观察使；三为留州，留在本州、本县支用。[33]建中初定两税：德宗建中元年（780）定两税法，农民纳租税要将实物折成钱计算，起初物贵钱轻，后来物轻（价贱）钱贵，农民交钱要多用一倍的货物来换钱交税。农民实际负担加重了一倍。[34]货重钱轻：物贵价高，货币贬值。[35]货轻钱重：物贱价低，货币升值。[36]降省估就实估：指送使、留州的部分不按官价而按市价，又加重了盘剥。省估，朝廷所定的物价，即官价。省，指尚书省。实估，市场实价。[37]重敛于民：加重对百姓的赋税征收。[38]稍苏息：略有了生气，稍微喘了一口气。[39]垍器局峻整：裴垍的才气严正而庄重。[40]干：求取。[41]从容款狎：大方地款待显得十分亲切。[42]京兆判司：请求任职京兆府的佐吏。凡州府诸曹参军佐吏，皆称判司。[43]戊戌：九月十九日。[44]河中：方镇名。唐肃宗至德二载（757)，升河中防御为河中节度，治所蒲州，在今山西永济市。[45]晋绛：方镇名。唐德宗兴元元年（784）置晋慈隰节度使，治所晋州，在今山西临汾市。[46]庚戌：十二月三日。[47]行原州：行，置治所

于他州。唐原州，本治平高县（在今宁夏固原市），代宗广德元年（763）没于吐蕃，后置行原州于灵台，贞元十九年（803）徙治平凉，今徙治临泾。临泾属泾州，在今甘肃镇原县。

四年（己丑，809 年）

春，正月，戊子[1]，简王遘[2]薨。

渤海康王嵩璘[3]卒，子元瑜立，改元永德。

南方旱饥。庚寅[4]，命左司郎中郑敬德等为江、淮、二浙、荆、湖、襄、鄂等道宣慰使[5]，赈恤之。将行，上戒之曰："朕宫中用帛一匹，皆籍其数，惟赒救百姓，则不计费，卿辈宜识[6]此意，勿效潘孟阳饮酒游山而已。"

给事中李藩[7]在门下，制敕有不可者，即于黄纸后批之。吏请更连素纸，藩曰："如此，乃状也，何名批敕！"裴垍荐藩有宰相器。上以门下侍郎、同平章事郑细循默取容[8]，二月，丁卯[9]，罢细为太子宾客，擢藩为门下侍郎、同平章事。藩知无不言，上甚重之。

河东节度使严绶，在镇九年[10]，军政补署一出监军李辅光，绶拱手而已。裴垍具奏其状，请以李鄘[11]代之。三月，乙酉[12]，以绶为左仆射，以凤翔节度使李鄘为河东节度使。

成德节度使王士真薨，其子副大使承宗[13]自为留后。河北三镇，相承各置副大使，以嫡长为之，父没则代领军务。

上以久旱，欲降德音[14]，翰林学士李绛、白居易上言，以为"欲令实惠及人，无如减其租税。"又言"宫人驱使之余，其数犹广，事宜省费，物贵徇情[15]。"又请"禁诸道横敛以充进奉。"又言"岭南、黔中、福建风俗，多掠良人卖为奴婢，乞严禁止。"闰月，己酉[16]，制降天下系囚，蠲租税，出宫人，绝进奉，禁掠卖，皆如二人之请。己未[17]，雨。绛表贺曰："乃知忧先于事[18]，故能无忧；事至而忧，无救于事。"

初，王叔文之党既贬，有诏，虽遇赦无得量移。吏部尚书、盐铁转运使李巽[19]奏："郴州[20]司马程异[21]，吏才明辨，请以为扬子留后[22]。"上许之。巽精于督察，吏人居千里之外，战栗如在巽前。异句检簿籍[23]，又精于巽，卒获其用。

魏徵玄孙稠贫甚，以故第[24]质[25]钱于人，平卢节度使李师道请以私财赎出之。上命白居易草诏，居易奏言："事关激劝[26]，宜出朝廷。师道何人，敢掠斯美！望敕有司以官钱赎还后嗣。"上从之，出内库钱二千缗赎赐魏稠，仍禁质卖。

（以上为第十二段，写宪宗因旱求直言，特诏降天下系囚，蠲租税，出宫人，绝进奉，禁掠卖。）

【注释】

[1]戊子：正月十一日。 [2]简王遘：代宗第八子李遘。德宗建中四年（783）封简王。 [3]嵩璘：渤海郡王钦茂子，德宗贞元十一年（795）册嵩璘为渤海郡王。十四年（798）加银青光禄大夫、检校司空，进封渤海国王。谥康王。事见《旧唐书》卷一百九十九下，《新唐书》卷二百一十九。 [4]庚寅：正月十三日。 [5]宣慰使：临时由中央派出执行赈济、慰抚等事的特使，事毕即还。 [6]识（zhì）：知道。 [7]李藩（755—812）：字叔翰，性忠谨，直言无隐。传见《旧唐书》卷一百四十八，《新唐书》卷一百六十九。 [8]循默取容：循规蹈矩看皇帝脸色行事。 [9]丁卯：二月二十一日。 [10]在镇九年：严绶贞元十七年（801）出镇河东。至今凡九年。 [11]李鄘：字建侯。强直无私，猛决少思。历官京兆尹、凤翔、陇右、淮南等镇节度使。传见《旧唐书》卷一百五十七，《新唐书》卷一百四十六。 [12]乙酉：三月九日。 [13]承宗：王士真子。继为成德节度使，叛服无常。传见《旧唐书》卷一百四十二，《新唐书》卷二百一十一。 [14]德音：诏旨。 [15]物贵徇情：凡事要遵行情理。意谓，简放宫女，令其择婿成家，即省费用，又顺物情。 [16]己酉：闰三月三日。 [17]己未：闰三月十三日。 [18]忧先于事：事前忧心，作周密考虑。 [19]李巽（747—809）：字令叔，赵州赞皇（今河北保定）人。长于吏事，忌刻强狠。传见《旧唐书》卷一百二十三，《新唐书》卷一百四十九。 [20]郴州：州名，治所郴县，在今湖南郴州市。 [21]程异：永贞元年（805）坐王叔文之党贬郴州司马。 [22]扬子留后：扬州扬子县，自唐代宗大历以来，盐铁转运使置巡院于此，故置留后。 [23]句检簿籍：检索、核对账目。 [24]故第：老屋、旧宅。魏徵宅在丹凤坊，直出南面永兴坊内。元和四年宪宗嘉魏徵谏诤，诏访故第，已典卖数姓，析为九家。 [25]质：典卖。 [26]事关激劝：为忠臣赎房这件事，关系到对臣下的激励劝勉。

王承宗叔父士则以承宗擅自立，恐祸及宗[1]，与幕客刘栖楚俱自归京师；诏以士则为神策大将军。

翰林学士李绛等奏曰："陛下嗣膺大宝[2]，四年于兹，而储闱[3]未立，典册不行，是开窥觎之端，乖重慎之义，非所以承宗庙、重社稷也。

伏望抑㧑谦之小节，行至公之大典。”丁卯[4]，制立长子邓王宁[5]为太子。宁，纪美人之子也。

辛未[6]，灵盐节度使范希朝奏以太原兵[7]六百人衣粮给沙陀；许之。

夏，四月，山南东道节度使裴均恃有中人之助[8]，于德音后[9]进[10]银器千五百余两。翰林学士李绛、白居易等上言：“均欲以此尝[11]陛下，愿却之[12]。”上遽命出银器付度支[13]。既而有旨谕进奏院[14]：“自今诸道进奉，无得申[15]御史台；有访问者，辄以名闻。”白居易复以为言，上不听。

上欲革[16]河北诸镇世袭之弊，乘王士真死，欲自朝廷除人[17]；不从则兴师讨之。裴垍曰：“李纳[18]跋扈不恭[19]，王武俊有功于国[20]，陛下前许师道，今夺承宗，沮劝违理[21]，彼必不服。”由是议久不决。上以问诸学士，李绛等对曰：“河北不遵声教[22]，谁不愤叹[23]，然今日取之，或恐未能[24]。成德自武俊以来，父子相承四十余年[25]，人情贯习[26]，不以为非。况承宗已总军务，一旦易之，恐未必奉诏。又范阳、魏博、易定、淄青以地相传，与成德同体，彼闻成德除人，必内不自安，阴相党助[27]，虽茂昭有请[28]，亦恐非诚。今国家除人[29]代承宗，彼邻道劝成，进退有利。若所除之人得入，彼则自以为功；若诏令有所不行，彼因潜相交结；在于国体，岂可遽休！须兴师四面攻讨，彼将帅则加官爵，士卒则给衣粮，按兵玩寇，坐观胜负，而劳费之病尽归国家矣。今江、淮水，公私困竭，军旅之事，殆未可轻议也。”

左军中尉[30]吐突承璀欲希[31]上意，夺裴垍权，自请将兵讨之[32]。宗正少卿[33]李拭[34]奏称：“承宗不可不讨。承璀亲近信臣，宜委以禁兵，使统诸军，谁敢不服！”上以拭状示诸学士曰：“此奸臣也，知朕欲将承璀，故上此奏。卿曹记之，自今勿令得进用。”

昭义节度使卢从史遭父丧，朝廷久未起复[35]；从史惧，因[36]承璀说上，请发本军讨承宗。壬辰[37]，起复从史左金吾大将军，余如故。

初，平凉之盟[38]，副元帅判官路泌[39]、会盟判官郑叔矩皆没于吐蕃。其后吐蕃请和，泌子随[40]三诣阙号泣上表[41]，乞从其请；德宗以吐蕃多诈，不许。至是，吐蕃复请和，随又五上表，诣执政泣请，裴垍、李藩亦言于上，请许其和；上从之。五月，命祠部郎中[42]徐复使吐蕃。

六月，以灵盐节度使范希朝为河东节度使。朝议[43]以沙陀在灵武，迫近吐蕃，虑其反复，又部落众多，恐长谷价[44]，乃命悉从希朝诣河东。希朝选其骁骑千二百，号沙陀军，置使以领之，而处其余众于定襄川[45]。于是执宜始保神武川[46]之黄花堆[47]。

左军中尉[48]吐突承璀领功德使[49]，盛修安国寺[50]，奏立圣德碑，高大一准[51]《华岳碑》[52]，先构碑楼，请敕学士撰文，且言“臣已具钱万缗，欲酬之。”上命李绛为之，绛上言：“尧、舜、禹、汤，未尝立碑自言圣德，惟秦始皇于巡游所过，刻石高自称述，未审陛下欲何所法[53]！且叙修寺之美，不过壮丽观游，岂所以光益圣德！”上览奏，承璀适在旁，上命曳倒碑楼。承璀言：“碑楼甚大，不可曳，请徐毁撤[54]。”冀得延引[55]，乘间再论，上厉声曰：“多用牛曳之！”承璀乃不敢言。凡用百牛曳之，乃倒。

（以上为第十三段，写唐宪宗结和吐蕃，推倒圣德碑，表现明主风采。）

【注释】

[1]恐祸及宗：恐怕祸祟涉及到宗族。 [2]嗣膺大宝：继承皇位。 [3]储闱：指太子。 [4]丁卯：闰三月二十一日。 [5]邓王宁（793—811）：宪宗长子，纪美人所生。元和元年（806）进封邓王。立为皇太子，元和六年（811）十二月卒。传见《旧唐书》卷一百七十五，《新唐书》卷八十二。 [6]辛未：闰三月二十五日。 [7]太原兵：据章校作“太原防秋兵”，补“防秋”二字。以太原防秋兵衣粮给沙陀人，即以沙陀人防秋，代太原之兵。 [8]中人之助：有宦官之助。裴均谄事宦官窦文场。 [9]于德音后：在禁绝进奉的诏令之后。 [10]进：进奉。 [11]尝：试探。 [12]却之：退还给他。 [13]上遽命出银器付度支：宪宗立即命令，将银器送出宫中交付给度支司。 [14]进奏院：官署名。唐制：诸州以本州将吏为进奏官驻京城，置进奏院接纳其事。犹今之各地方政府在京所设办事处。[15]申：申报。[16]革：革除。[17]除人：选择人授予官职。[18]李纳：李正己子，李师道之父，据淄青，自称齐王。兴元大赦，后方归顺。 [19]跋扈不恭：专横暴戾而不恭顺朝廷。 [20]有功于国：指与李抱真破朱滔。 [21]沮劝违理：指跋扈者许，有功者夺，不合常理。沮，败坏，此指阻止王承宗袭成德节镇之位。劝，勉励，此指授李师道青淄节镇。 [22]河北不遵声教：河北，指范阳、魏博、易定、淄青等藩镇，不遵奉朝廷的声威与教化。 [23]愤叹：愤恨叹息。 [24]未能：指朝廷还没有这个能力。 [25]四十余年：德宗建中

三年（782）置恒冀，王武俊始镇，王士真继之，至元和四年，父子相承实际二十八年。［26］贯习：习惯成俗。贯，通“惯”。［27］阴相党助：暗中结党相助。［28］茂昭有请：张茂昭为易定节度使，曾上奏请代承宗。［29］除人：委派成德节镇的人选。［30］左军中尉：左神策军护军中尉。［31］希：迎合。［32］将兵讨之：据章校，句下有“上疑未决”四字，则该句应为“自请将兵讨之，上疑未决”。［33］宗正少卿：官名。宗正寺副贰，从四品上。［34］李拭：历官宗正卿、京兆尹、河东、凤翔节度使。李鄘之子。事附《新唐书》卷一百四十六《李鄘传》。［35］起复：臣下在守丧期被起用，称起复。［36］因：通过，依靠。［37］壬辰：四月十七日。［38］平凉之盟：浑瑊为唐使，与吐蕃盟于平凉，吐蕃背约劫盟。事见《资治通鉴》卷二百三十二德宗贞元三年（787）。［39］路泌：副元帅浑瑊之判官，从盟平凉被吐蕃所劫，死于异域。［40］随：即路随，路泌之子，文宗时官至宰相。传见《旧唐书》卷一百五十九，《新唐书》卷一百四十二。路泌与子路随同传。［41］诣阙号泣上表：路随到宫阙哭泣上表请唐与吐蕃结和，以便讨回父亲尸骨。［42］祠部郎中：礼部第二司祠部司主官。职掌祭祀。［43］朝议：重大事件，百官集议称朝议。［44］长谷价：沙陀众多，聚居于灵盐，恐使谷价上涨。长，通“涨”，指谷价上涨。［45］定襄川：在今山西定襄。［46］神武川：在今山西山阴县境。［47］黄花堆：故城在今山阴东北。［48］左军中尉：右神策军护军中尉。［49］功德使：贞元四年（788）置，在京师为左、右街大功德使，东都为功德使。掌僧尼道士。［50］安国寺：在朱雀街东第四街长乐坊。原为睿宗在藩旧宅，景云元年（710）舍为寺。以其本封安国相王为寺名。［51］高大一准：指为宪宗所立圣德碑高宽完全依华岳碑为标准。［52］华岳碑：唐玄宗立华岳碑于华岳祠前，高五十余尺。［53］欲何所法：想要效法谁？意谓效法尧舜，还是效法秦始皇？［54］徐毁撤：慢慢地撤毁。［55］延引：拖延时间。

【点评】

本卷点评五事：高崇文建功、潘孟阳任大理卿、李锜反叛、宪宗下嫁普宁公主、宪宗推倒圣德碑。

一、高崇文建功。永贞元年（805）八月六日，宪宗即皇帝位。八月十七日，西川节度使韦皋病死，支度副使刘辟自为留后。宪宗认为自己初即位，西川路途艰险，出兵不易，姑且任命刘辟为西川留后，代理节度使之职。刘辟得寸进尺，要求兼领三川，即要求朝廷把东川、山南两镇也划归西川，遭到王叔文的拒绝，如今刘辟如此嚣张，此乃螳臂当车，自不量力。右谏议大夫韦丹上疏，如果不诛讨刘辟，全国各节度使将争相效法，恐怕朝廷的号令只能行用于两京了。宪宗不想轻易用兵，交给朝廷议论，公卿大臣都认为蜀险难取。宰相杜黄裳独持异议，认为刘辟不过是一个疯狂而呆笨的书生，讨伐他就像捡拾东西一样容易。杜黄裳认为神策军使高崇文有勇有谋，可以担当重任。但要求宪宗做到两条，一不要遥控，二不要设置监军，全权交给高崇文，平叛之事一定成功。事情的发展，完全如杜黄裳所料，高崇文一路势如破竹，三月进兵，九月就讨平了西川。宪宗乘势，又讨平了夏绥兵变。高崇文建功如此顺利，刘辟不懂兵略，此为原因之一。西川兵在西南镇守防御吐蕃，惯于征战，高崇文征讨使之迅速瓦解，更重要的原因，是宪宗不遥控，不设监军，官兵义正，奋勇杀敌，此其二。西川广大将士不愿背叛，不似河北诸镇，长期割据养成习惯，此其三。嗣后宪宗用兵河北，用宦官吐突承璀征讨，官军以众临寡却遭败北。宪宗用兵淮西，宰相裴度坐镇，李愬建功，如同高崇文征西川，没有宦官掣肘才取得的。成功与失败，对比是这样的鲜明，宪宗又号称英明，为什么成功于前，失败于后呢？因为宪宗骨子里仍然信用宦官，昏君基因的遗传不可救药。宪宗之后，唐室政权，如同日落西山，由中唐进入了晚唐。

二、潘孟阳任大理卿。潘孟阳，刘晏外孙，礼部侍郎潘炎之子，以门荫入仕。德宗末，官至户部侍郎。宪宗即位，盐铁转运使请潘孟阳为副，任盐铁转运副使。宪宗委派潘孟阳为宣慰使，巡察江淮财赋，并考察地方官吏善恶。潘孟阳生活豪侈，他带领随从三百多人，一路观山玩景，达旦欢宴。走一路，贪赃一路，不惩贪官，只是委任新官。回到京师，宪宗罢了潘孟阳财税官盐铁转运副使之职，改任大理卿，相当于现今的最高法院院长，负责中央百官犯罪的审理，以及由刑部转来地方死刑犯的复审。官僚腐败，根源是惩治不力，在刑不上大夫的时代，根本就不惩贪。秦汉以后，法律健全，甚至有朱元璋剥贪官人皮的惩治手段，也不能禁绝贪赃。只有法律健全，而无制衡机制与透明的监察手法，法律、法官都是摆设品。贪官出任法官，欲使政治清廉，简直是缘木求鱼，南辕北辙，其结果可想而知。此外，潘孟阳贪赃未受惩罚而改任大理卿，这也是官僚政治的一种积弊，历朝历代都没有改变。换个部门，或易地做官，代替惩贪，这一做法，恰恰是腐败的温床。

三、李锜反叛。李锜，唐皇室亲族，是唐高祖堂弟开国功臣李神通玄孙，其父李国贞，官至河中节度使，为官清正廉洁，死于兵乱。李锜以父荫入仕，德宗时累官润州刺史，兼盐铁使。李锜利用掌盐铁的赋入，用重金贿赂宫人、宦官，大量钱物进奉德宗，蒙受恩宠。浙西人崔善贞到京师上奏封事，揭发李锜贪赃欺压民众罪行，德宗用囚车送赐李锜，李锜活埋了崔善贞。李锜用重金招募一批善射弓箭手，为随身警卫，称为“挽硬随身”，又招募一批善斗的胡人、奚人，名为“蕃落健儿”，这两种警卫各一个营。德宗晚年在润州置镇海军，辖苏、杭、湖、睦、润五州。宪宗即位，诸镇入朝，李锜也上表请入朝，只是试探宪宗，并不真心入朝。宪宗准奏征李锜入朝，李锜不肯，于是发兵反叛。未等朝廷征讨大军到达，李锜被其部将张子良等擒获。去逆效顺的主谋人正是李锜的外甥裴行立，由此可见李锜不得人心如此。李锜被擒，他的两营警卫“挽硬”、“蕃落”，表示效忠，纷纷自杀，或投井而死。李锜被押送京城，宪宗亲自审问，责问李锜为何反叛。李锜诿过部属，说张子良等逼他造反。宪宗说："你身为主帅，部属造反，为什么不杀掉造反的部属，到朝廷来报告。"李锜无言以对，与其子一门被腰斩于市。

李锜反叛，只掀起一个小小的风波，却有非常典型的意义，有多方面的教训。其一，李锜无德无行，他的野心是德宗一手培养起来的。李锜犯国法，德宗不但没有惩罚，反而把举报人员交给李锜报复。其二，德宗为何不惩贪，反而提升贪官，因为德宗吃人嘴短，拿人手软，他吃了进奉，无可奈何。官僚政治的贪黩腐败，亦如是也。其三，李锜靠两个营的贴心警卫就敢造反，可见唐朝自安史之乱以后政风的败坏。

四、宪宗下嫁普宁公主。普宁公主，宪宗最亲爱的女儿。山南东道节度使于頔想巩固自己的地位，替自己的儿子于季友向宪宗求娶公主为妻，宪宗应允，许嫁普宁公主。翰林学士李绛劝宪宗，普宁公主应嫁给汉族高门的优秀子弟，怎么可能嫁给胡人的庶出儿子呢？于季友没有资格娶普宁公主。宪宗说："朕下嫁公主有原因，李学士你不懂。"元和二年（807）十二月二十六日，宪宗下嫁普宁公主给于季友，婚礼隆重举行，嫁妆丰厚，于頔大喜过望。过不多久，宪宗使人暗示于頔入朝，于頔听从。于頔主动入朝，为诸镇节度使表率。这一桩政治婚姻，宪宗用心良苦。

五、宪宗推倒圣德碑。元和四年（809），吐突承璀任功德使，大肆修建安国寺，树了一座高大的圣德碑，称颂宪宗。吐突承璀用一万缗的重金征求碑文，上奏宪宗令翰林学士李绛来写碑文。李绛借机谏奏，说："尧、舜、禹、汤，都没有立碑来夸耀功德，他们是圣王；只有秦始皇到处刻石颂功，不知陛下想效法哪一种人。"宪宗批阅这份奏章时，正好吐突承璀在身旁。宪宗命吐突承璀推倒碑楼。吐突承璀想拖延时间，找机会游说，就诡称碑楼重，难以推倒。宪宗厉声呵斥说："多用些牛拉倒碑楼。"吐突承璀不敢再说话，用了一百头牛才把碑楼拉倒。这一年，宪宗因天旱不雨，下诏求直言。翰林学士李绛和白居易上奏说，求直言，还不如办一些实事。奏疏陈述了蠲租税，出宫人，绝进奉，禁掠卖人口为奴仆。宪宗一一采纳。史称宪宗嗣位之初，捧读先帝实录，立志效法太宗、玄宗贞观与开元之治，重开延英殿议政，要求辅臣同心辅助，放权宰相。元稹、李绛、白居易等，一批新进，敢言、直言，宪宗择善而从，唐王朝出现了中兴气象。可惜宪宗持志不坚，刚一安定就服食仙丹求长生。宪宗宠信宦官而被宦官所害，英年早逝。元和中兴，昙花一现。

卷二三八　唐纪五十四

唐宪宗元和四年至七年（809—812 年）

【起屠维赤奋若（己丑，809 年）七月，尽玄黓执徐（壬辰，812 年）九月，凡三年有奇】

【大事提要】

本卷记事起公元 809 年七月，讫公元 812 年九月，凡三年又两个月。当唐宪宗元和四年七月到元和七年九月。此时期宪宗施政，最大的失败是违众用兵河北，无功而返，朝廷威信大失。亦有最大的成功是外出吐突承璀，用李绛为相。吐突承璀，字仁贞，闽人，即今福建人，少小入宫，给事皇太子李诵，即顺宗李诵，为东宫小黄门。吐突承璀聪明机灵，年纪与皇太孙，即宪宗李纯相仿，两人关系自小密切。宪宗即位，便任吐突承璀为内常侍，知内侍省事，总领宦官。不久，又任命吐突承璀为神策军中尉，掌管禁军。元和四年（809），成德节度使王士真死，长子王承宗自为留后。河北三镇相沿成习，以节度使嫡长子为副大使，父死便称留后，朝廷正式任命即为节度使。宪宗要革除这一藩镇世袭的积弊。宪宗想借官军平定西川和镇海两节度之乱，乘胜用兵河北。朝臣都不赞同，认为河北三镇世袭节度，蔓延连势，已成积习，革除要等待时机。当时淮西吴少阳自为留后，朝臣主张讨伐，杜绝世袭积弊在内地蔓延，且淮西地少势孤，容易建功。唐宪宗忌刻朝臣建功，用吐突承璀为主将用兵河北，诸道并进，动员官军达二十万之众，十倍于成德叛军，结果劳而无功。此时宪宗还算清醒，他明白欲要建功必须起用朝官。吐突承璀败军，又受赂案发，李绛弹劾，宪宗不得已外出吐突承璀，任用李绛为相，后果收李绛善谋之效，王承宗、田兴，不待加兵而自服。宪宗又纳李吉甫之言，淘汰冗官。又尝与宰臣论宽严之政，盛暑而不知倦。

宪宗昭文章武大圣至神孝皇帝上之下

元和四年（己丑，809 年）

秋，七月，壬戌[1]，御史中丞[2]李夷简[3]弹京兆尹杨凭[4]，前为江西观察使贪污僭侈；丁卯[5]，贬凭临贺[6]尉。夷简，元懿之玄孙也。上命尽籍[7]凭资产，李绛谏曰："旧制，非反逆不籍其家。"上乃止。

凭之亲友无敢送者，栎阳[8]尉徐晦[9]独至蓝田与别。太常卿[10]权德舆[11]素与晦善，谓之曰："君送杨临贺，诚为厚矣，无乃为累乎！"对曰："晦自布衣蒙杨公知奖，今日远谪，岂得不与之别！借如明公他日为谗人所逐，晦敢自同路人[12]乎！"德舆嗟叹，称之于朝。后数日，李夷简奏为监察御史。晦谢曰："晦平生未尝得望公颜色[13]，公何从而取之！"夷简曰："君不负杨临贺[14]，肯负国乎！"

上密问诸学士曰："今欲用王承宗为成德留后，割德、棣二州更为一镇以离其势[15]，并使承宗输二税，请官吏，一如师道，何如？"李绛等对曰："德、棣之隶成德，为日已久，今一旦割之，恐承宗及其将士忧疑怨望，得以为辞。况其邻道情状一同，各虑他日分割，或潜相构扇[16]；万一旅拒[17]，倍难处置，愿更三思。所是二税、官吏，愿因[18]吊祭使[19]至彼，自以其意谕承宗，令上表陈乞如师道例，勿令知出陛下意。如此，则幸而听命，于理固顺，若其不听，体亦无损。"

上又问："今刘济、田季安皆有疾，若其物故[20]，岂可尽如成德付授其子，天下何时当平！议者皆言'宜乘此际代之，不受则发兵讨之，时不可失。'如何？"对曰："群臣见陛下西取蜀[21]，东取吴[22]，易于反掌[23]，故谄谀躁竞之人[24]，争献策画，劝开河北[25]，不为国家深谋远虑，陛下亦以前日成功之易而信其言。臣等夙夜思之，河北之势与二方异。何则？西川、浙西皆非反侧之地，其四邻皆国家臂指之臣[26]。刘辟、李锜独生狂谋，其下皆莫之与，辟、锜徒以货财啖之，大军一临，则涣然离耳。故臣等当时亦劝陛下诛之，以其万全故也。成德则不然，内则胶固岁深[27]，外则蔓连势广[28]，其将士百姓怀其累代煦妪之恩[29]，不知君臣逆顺之理，谕之不从[30]，威之不服[31]，将为朝廷羞。又，邻道平居[32]或相猜恨，及闻代易，必合为一心，盖各为子孙之谋，亦虑他日及此故也。万一余道或相表里[33]，兵连祸结，财尽力竭，西戎[34]、北狄[35]乘间窥窬[36]，其为忧患可胜道哉！济、季安与承宗事体不殊[37]，若物故之际，有间可乘，当临事图之；于今用兵，则恐未可。

太平之业，非朝夕可致，愿陛下审处之[38]。”

时吴少诚病甚，绛等复上言：“少诚病必不起。淮西[39]事体与河北不同，四旁皆国家州县，不与贼邻，无党援相助；朝廷命帅[40]，今正其时，万一不从，可议征讨。臣愿舍恒冀难致[41]之策，就申蔡易成之谋。脱或[42]恒冀连兵，事未如意，蔡州有衅，势可兴师，南北之役俱兴，财力之用不足。傥事不得已，须赦承宗，则恩德虚施，威令顿废[43]。不如早赐处分[44]，以收镇冀[45]之心，坐待机宜，必获申蔡之利。”既而承宗久未得朝命，颇惧，累表自诉。八月，壬午[46]，上乃遣京兆少尹裴武诣真定[47]宣慰，承宗受诏甚恭，曰：“三军见迫，不暇俟朝旨，请献德、棣二州以明悬款[48]。”

丙申[49]，安南都护[50]张舟奏破环王[51]三万众。

九月，甲辰朔[52]，裴武复命。庚戌[53]，以承宗为成德节度使、恒、冀、深、赵州观察使，德州刺史薛昌朝[54]为保信军节度、德·棣二州观察使。昌朝，嵩之子，王氏之婿也，故就用之。田季安得飞报[55]，先知之，使谓承宗曰：“昌朝阴[56]与朝廷通，故受节钺。”承宗遽[57]遣数百骑驰入德州，执昌朝，至真定，囚之。中使送昌朝节[58]过魏州，季安阳[59]为宴劳，留使者累日，比至德州，已不及矣。

上以裴武为欺罔[60]，又有谮之者曰：“武使还，先宿裴垍家，明旦乃入见。”上怒甚，以语李绛，欲贬武于岭南，绛曰：“武昔陷李怀光军中，守节不屈，岂容今日遽为奸回！盖贼多变诈，人未易尽其情。承宗始惧朝廷诛讨，故请献二州；既蒙恩贷，而邻道皆不欲成德开分割之端，计必有[61]间说诱而胁之，使不得守其初心者，非武之罪也。今陛下选武使入逆乱之地，使还，一语不相应，遽窜之遐荒[62]，臣恐自今奉使贼庭者以武为戒，苟求便身，率为依阿两可[63]之言，莫肯尽诚[64]具陈利害，如此，非国家之利也。且垍、武久处朝廷，谙练[65]事体[66]，岂有使还未见天子而先宿宰相家乎！臣敢为陛下必保其不然，此殆有谗人欲伤[67]武及垍者，愿陛下察之。”上良久[68]曰：“理或有此[69]。”遂不问。

（以上为第一段，写河北三镇世袭节度使，蔓连势广，已成积弊，宪宗度察形势，不得已而授王承宗节钺。）

【注释】

[1]壬戌：七月十八日。 [2]御史中丞：都史台御史大夫副贰，正四品下。 [3]李夷简（756—822）：字易之。唐高祖子郑王元懿之玄孙。官至宰相。虽职位显要，而家无余财。传见《新唐书》卷一百三十一。 [4]杨凭：字虚受，弘农（今河南灵宝）人。为官贪婪。传见《旧唐书》卷一百四十六，《新唐书》卷一百六十。 [5]丁卯：七月二十三日。 [6]临贺：县名。县治在今广西贺州市。 [7]籍：抄没。 [8]栎阳：县名，京兆府属县，治所在今陕西西安市临潼区北。 [9]徐晦：字大章，官至中书舍人。传见《旧唐书》卷一百六十五，《新唐书》卷一百六十。 [10]太常卿：官名，太常寺长官，掌宗庙礼仪。 [11]权德舆（759—818）：字载之，天水略阳（今甘肃秦安东北）人，四岁能作诗。官至宰相，有文集五十卷行世。传见《旧唐书》卷一百四十八，《新唐书》卷一百六十五。 [12]自同路人：把自己当作路人一样。路人，喻彼此不相关的人。 [13]平生未尝得望公颜色：平生从来与您不相识。 [14]杨临贺：杨凭贬为临贺县尉，以新官职衔称之，故为杨临贺。 [15]以离其势：用来削弱它的势力。 [16]潜相构扇：暗中互相煽动。 [17]旅拒：挟众而抗拒朝命。 [18]因：乘。 [19]吊祭使：派往成德吊祭王士真的使者。 [20]物故：死亡的代称。 [21]西取蜀：指平定刘辟。 [22]东取吴：指平定李锜。 [23]易于反掌：像反转手掌那样容易。 [24]谄谀躁竞之人：阿谀奉迎，轻率争先的人。 [25]开河北：与河北成德等藩镇作战。 [26]臂指之臣：语出《汉书·贾谊传》，指郡县之官，中央容易控制，如身之使臂，臂之使指。 [27]胶固岁深：盘踞年代久远，像胶胶合那样坚固。 [28]蔓连势广：像蔓草那样蔓延广阔。 [29]煦妪之恩：抚育长养的恩德。 [30]谕之不从：教育他不服从。 [31]威之不服：威吓他不屈服。 [32]平居：平时。 [33]或相表里：互相配合，联结在一起。 [34]西戎：指吐蕃。 [35]北狄：指回鹘。 [36]乘间窥窬：乘着间隙入侵。 [37]不殊：没有区别。 [38]审处之：审慎地处理这件事。之，指废除河北诸镇传子这件事。 [39]西：指吴少诚。 [40]朝廷命帅：吴少诚死，中央直接任命淮西节度使。 [41]难致：难取得成效。 [42]脱或：假使。 [43]则恩德虚施，威令顿废：那就使陛下的恩惠仁德白白施行，朝廷的威信命令立即废弛。 [44]早赐处分：指早早地赐王承宗以节钺。 [45]镇冀：此时恒州未改为镇州，史以后来所改名以书之。 [46]壬午：八月九日。 [47]真定：县名，恒州治所，在今河北正定县。 [48]以明恳款：用以表明忠诚于朝廷的心迹。 [49]丙申：八月二十三日。 [50]安南都护：方镇名。唐玄宗天宝十载（751）置安南管内经略使。治所交州。在今越南河内附近。 [51]环王：本林邑国，亦叫占婆，即占城。在今越南东南部。传见《新唐书》卷二百二十二。 [52]甲辰朔：九月一日。 [53]庚戌：九月七日。 [54]薛昌朝：安、史旧将薛嵩之子，王士真之婿。 [55]飞报：快投。 [56]阴：暗地。 [57]遽：立即。 [58]节：任命薛昌朝为保信军节度使的节钺、印信。 [59]阳：假装。 [60]欺罔：罪名。专指大臣欺骗朝廷之罪。 [61]必有：据章校"有"下有"阴行"两字。 [62]窜之遐荒：把他流放到边远的地区。[63]依阿两可：依顺别人，无所可否。[64]尽诚：尽心。[65]谙练：熟悉。[66]事体：规矩，

制度。［67］伤：中伤，暗害。［68］良久：过了好久。［69］理或有此：按道理或许应是这样。

丙辰[1]，振武奏吐蕃五万余骑至拂梯泉[2]。辛未[3]，丰州[4]奏吐蕃万余骑至大石谷，掠回鹘入贡还国者。

左神策军吏李昱贷长安富人钱八千缗，满三岁不偿，京兆尹许孟容[5]收捕械系，立期使偿[6]，曰："期满不足，当死。"一军大惊。中尉[7]诉于上，上遣中使宣旨，付本军，孟容不之遣。中使再至，孟容曰："臣不奉诏，当死。然臣为陛下尹京畿，非抑制豪强，何以肃清辇下[8]！钱未毕偿，昱不可得。"上嘉其刚直而许之，京城震栗[9]。

上遣中使谕王承宗，使遣薛昌朝还镇[10]；承宗不奉诏[11]。冬，十月，癸未[12]，制削夺承宗官爵，以左神策中尉吐突承璀为左·右神策、河中、河阳、浙西、宣歙等道行营兵马使、招讨处置等使[13]。

翰林学士白居易上奏，以为："国家征伐，当责成将帅，近岁始以中使[14]为监军。自古及今，未有征天下之兵，专令中使统领者也。今神策军既不置行营节度使，则承璀乃制将[15]也；又充诸军招讨处置使，则承璀乃都统[16]也。臣恐四方闻之，必窥[17]朝廷；四夷闻之，必笑中国。陛下忍令后代相传云以中官为制将、都统自陛下始乎！臣又恐刘济、茂昭及希朝、从史乃至诸道将校皆耻受承璀指麾[18]，心既不齐，功何由立！此是资承宗之计而挫诸将之势也。陛下念承璀勤劳，贵之可也；怜其忠赤，富之可也。至于军国权柄，动关理乱[19]，朝廷制度，出自祖宗，陛下宁忍徇下之情而自隳[20]法制，从人之欲而自损圣明，何不思于一时之间而取笑于万代之后乎！"时谏官、御史论承璀职名[21]太重者相属，上皆不听。戊子[22]，上御延英殿，度支使李元素[23]、盐铁使李鄘、京兆尹许孟容、御史中丞李夷简、给事中吕元膺[24]、穆质、右补阙独孤服等极言其不可[25]；上不得已，明日，削承璀四道兵马使，改处置为宣慰而已。

李绛尝极言[26]宦官骄横，侵害政事，谗毁忠贞，上曰："此属[27]安敢为谗！就使为之，朕亦不听。"绛曰："此属大抵不知仁义，不分枉直[28]，惟利是嗜，得赂则誉跖、蹻[29]为廉良，怫意[30]则毁龚、黄为贪暴，能用倾巧之智，构成疑似之端[31]，朝夕左右浸润[32]以入之，陛下必有时而信之矣。自古宦官败国者，备载方册[33]，陛下岂得不防其渐[34]乎！”

己亥[35]，吐突承璀将神策发长安，命恒州[36]四面藩镇各进兵招讨。

初，吴少诚宠其大将吴少阳[37]，名以从弟，署为军职，出入少诚家如至亲，累迁申州[38]刺史。少诚病，不知人，家僮鲜于熊儿诈以少诚命召少阳摄[39]副使知军州事。少诚有子元庆，少阳杀之。十一月，己巳[40]，少诚薨，少阳自为留后。

是岁，云南王寻阁劝[41]卒，子劝龙晟[42]立。

（以上为第二段，写唐宪宗违众任用宦官吐突承催征讨成德王承宗。淮西吴少阳自为留后。）

【注释】

[1]丙辰：九月十三日。 [2]拂梯泉：地名，又作“鹏鹈泉”，在今内蒙古杭锦后旗西北。[3]辛未：九月二十八日。 [4]丰州：州名。治所九原，在今内蒙古五原西南。 [5]许孟容：字公范，京兆长安（今西安市东）人，方正有礼学，好提掖后进，官至东都留守。传见《旧唐书》一百五十四，《新唐书》卷一百六十二。 [6]立期使偿：规定期限责令偿还。 [7]中尉：神策军护军中尉。 [8]辇下：指首都。 [9]京城震栗：指京师权贵、宦竖们震惊而发抖。 [10]还镇：回到保信军节度使及德州刺史任上。 [11]不奉诏：不接受朝廷命令。 [12]癸未：十月十一日。[13]招讨处置使：开元二十年（732），置请道采访处置使，专以观省风俗，黜陟幽明。其后伐叛讨有罪，则置招讨处置使。 [14]中使：宦官。 [15]制将：节制诸军进退的将领。 [16]都统：统领诸军。唐中叶以后，专任征伐之责。 [17]必窥：据章校，“窥”作“轻”。 [18]指麾：指挥。 [19]动关理乱：一举一动关系到国家的治乱。 [20]隳（huī）：毁坏。 [21]职名：职务和名分。即官称。 [22]戊子：十月十六日。 [23]李元素：字大朴。时官户部尚书、判度支。传见《旧唐书》卷一百三十二，《新唐书》卷一百四十七。 [24]吕元膺：字景夫。官至吏部尚书。传见《旧唐书》卷一百五十四，《新唐书》卷一百六十二。 [25]极言其不可：认为对吐突承璀连续委任的高职是不妥当的。据章校，在“李夷简”下补“谏议大夫孟简”六字，即孟简亦召对延英殿。[26]极言：竭力建言。 [27]此属：他们。 [28]枉直：曲直。 [29]跖、跻：春秋时秦盗跖、楚庄跻，均为奴隶起义领袖。 [30]佛意：违反他们的意愿。龚、黄，西汉龚遂、黄霸，均为良吏。 [31]构成疑似之端：造成似是而非的迹象。 [32]浸润：逐渐渗透。 [33]方册：典籍。[34]渐：逐渐浸润。 [35]己亥：十月二十七日。 [36]恒州：指王承宗所据成德镇。朝命四周节镇皆出兵助官军征讨成德。 [37]吴少阳（？—814）：沧州清池（今河北沧州）人，淮西节度

使吴少诚养为弟。少诚病重，少阳杀少诚子元庆自为留后。传见《旧唐书》卷一百四十五，《新唐书》卷二百一十四。［38］申州：州名。故治在今河南信阳南。［39］摄：暂代。［40］己巳：十一月二十七日。《南诏传》。［41］寻阁劝：南诏国王，自称“骠信”，即“君王”之意，元和三年（808）立，事见两唐书南诏传。［42］劝龙晟：寻阁劝之子。继位为南诏王，淫肆不道，上下怨疾，元和十一年（816），为弄栋节度使王嵯岭所杀。事见两唐书《南诏传》。

田季安闻吐突承璀将兵讨王承宗，聚其徒[1]曰：“师[2]不跨河二十五年矣，今一旦越魏伐赵；赵虏[3]，魏亦虏矣，计为之奈何？”其将有超伍[4]而言者，曰：“愿借骑五千以除君忧。”季安大呼曰：“壮哉！兵决出，格沮[5]者斩！”

幽州牙将绛[6]人谭忠为刘济使魏，知其谋[7]，入谓季安曰：“如某之谋，是引[8]天下之兵也。何者？今王师越魏伐赵，不使耆臣宿将[9]而专付中臣[10]，不输天下之甲而多出秦甲[11]，君知谁为之谋？此乃天子自为之谋，欲将夸服[12]于臣下也。若师未叩赵[13]而先碎于魏[14]，是上之谋反不如下，且能不耻于天下[15]乎！既耻且怒，必任智士[16]画长策[17]，仗[18]猛将练精兵，毕力[19]再举涉河，鉴前之败，必不越魏而伐赵，校[20]罪轻重，必不先赵而后魏，是上不上，下不下，当魏而来也。”季安曰：“然则若之何[21]？”忠曰：“王师入魏，君厚犒[22]之。于是悉甲压境[23]，号曰伐赵；而可阴遗[24]赵人书曰：‘魏若伐赵，则河北义士[25]谓魏卖友；魏若与赵，则河南忠臣[26]谓魏反君。卖友反君之名，魏不忍受。执事[27]若能阴解陴障[28]，遗魏一城，魏得持之奏捷天子以为符信[29]，此乃使魏北得以奉赵，西[30]得以为臣，于赵有角尖之耗[31]，于魏获不世之利[32]，执事岂能无意于魏乎！’赵人脱[33]不拒君，是魏霸基安矣。”季安曰：“善！先生之来，是天眷[34]魏也。”遂用忠之谋，与赵阴计，得其堂阳[35]。

忠归幽州，谋欲激[36]刘济讨王承宗；会[37]济合诸将言曰：“天子知我怨赵，今命我伐之，赵亦必大备我[38]。伐与不伐孰利？”忠疾[39]对曰：“天子终不使我伐赵，赵亦不备燕。”济怒曰：“尔何不直言济与承宗反乎！”命系忠狱[40]。使人视成德之境，果不为备；后一日，诏果来，令济“专护北疆，勿使朕复挂胡忧[41]，而得专心于承宗。”济乃解狱[42]召忠曰：“信如子断矣[43]；何以知之？”忠曰：“卢从史外亲燕，内实忌之；外绝赵，内实与之[44]。此为赵画[45]曰：‘燕以赵为障[46]，虽怨赵，必不残赵[47]，不必为备。’一且示赵不敢抗燕，二且使燕获疑天子[48]。赵人既不备燕，潞人[49]则走告于天子曰：‘燕厚怨赵，赵见伐而不备燕，是燕反与赵也[50]。’此所以知天子终不使君伐赵，赵亦不备燕也。”济曰：“今则奈何？”忠曰：“燕、赵为怨[51]，天下无不知。今天子伐赵，君坐全燕之甲[52]，一人未济[53]易水[54]，此正使潞人以燕卖恩于赵，败忠于上[55]，两皆售也。是燕贮忠义之心，卒染私赵之口，不见德于赵人，恶声徒嘈嘈[56]于天下耳。惟君熟思之！”济曰：“吾知之矣。”乃下令军中曰：“五日毕出，后者醢以徇[57]！”

（以上为第三段，写幽州牙将谭忠，效忠朝廷，以纵横术离间魏博、卢龙两镇不与成德合谋一体反叛，使成德孤立无援。）

【注释】

[1]徒：部下。[2]师：指唐中央军队。[3]虏：被征服。[4]超伍：越出队列。议事按级别列队，越出队列，即越过级别。[5]格沮：劝阻、阻止。[6]绛：州名，治所在今山西新绛县。[7]知其谋：知田季安欲出兵邀击唐军之谋。[8]引：吸引。[9]耆臣宿将：老臣、老将。[10]中臣：宦官。[11]秦甲：关中之兵。[12]夸服：欲炫耀自己策略高明，以服臣下之心。[13]叩赵：指攻打成德。[14]碎于魏：指官军被魏博打败。[15]耻于天下：被天下人所耻笑。[16]任智士：任用能谋善算的高明人士。[17]画长策：筹划长远的计策。[18]仗：依靠。[19]毕力：全力。[20]校：衡量。[21]若之何：怎么办？[22]厚犒：丰厚地犒劳。[23]悉甲压境：率领全部军队直指赵境。[24]阴遗（wèi）：暗地送信。遗，送。[25]河北义士：此指河北割据诸藩镇。[26]河南忠臣：泛指河南忠于朝廷的藩镇。[27]执事：对对方的敬称。此处指王承宗。[28]阴解陴障：暗暗地解除守卫。[29]符信：凭信。[30]西：指长安。长安在魏西。[31]尖角之耗：极小的损失。[32]不世之利：长远的利益。[33]脱：假使。[34]眷：眷恋，帮助。[35]堂阳：县名。县治在今河北新河县。[36]激：激励。[37]会：刚好。[38]大备我：对我大为戒备。[39]疾：即速、迅速。[40]命系忠狱：命令将谭忠囚禁起来。[41]复挂胡忧：再担心北方少数民族的侵犯。[42]解狱：释放。[43]信如子断矣：真像你所判断那样。[44]与之：内心向着他。卢从史镇潞州，欲与河北诸镇

连横叛朝廷，故谭忠借此说他拒燕附赵。燕，指幽州刘济；赵，指恒州王承宗。［45］画：谋划。［46］障：屏障。［47］残赵：攻击而残破成德。［48］获疑天子：被天子所怀疑。［49］潞人：指卢从史，因其镇潞州。［50］是燕反与赵也：是燕反与赵勾结在一起。［51］燕赵为怨：自朱滔以来，燕赵变恶。［52］君坐全燕之甲：你统率全燕的军队。［53］济：渡。［54］易水：水名，有中易水、北易水、南易水，在河北易县与定兴县境内。［55］败忠于上：在天子面前败坏燕人忠于朝廷之心。［56］嘈嘈：播扬。［57］醢以徇：斩成肉酱示众。

五年（庚寅，810年）

春，正月，刘济自将兵七万人击王承宗，时诸军皆未进，济独前奋击，拔饶阳[1]、束鹿[2]。

河东、河中、振武、义武四军为恒州北面招讨，会于定州。会望夜[3]，军吏以有外军，请罢张灯。张茂昭曰："三镇[4]，官军也，何谓外军！"命张灯，不禁行人，不闭里门，三夜如平日，亦无敢喧哗[5]者。

丁卯[6]，河东将王荣拔王承宗洄湟镇。吐突承璀至行营，威令不振，与承宗战，屡败；左神策大将军郦定进[7]战死。定进，骁将也，军中夺气[8]。

河南尹房式有不法事，东台[9]监察御史元稹[10]奏摄[11]之，擅令停务[12]；朝廷以为不可，罚一季俸，召还西京。至敷水驿[13]，有内侍[14]后至，破驿门呼骂而入，以马鞭击稹伤面；上复引稹前过[15]，贬江陵士曹[16]。翰林学士李绛、崔群[17]言稹无罪。白居易上言："中使陵辱朝士，中使不问而稹先贬，恐自今中使出外益暴横，人无敢言者。又，稹为御史，多所举奏，不避权势，切齿者众，恐自今无人肯为陛下当官执法，疾恶绳愆[18]，有大奸猾，陛下无从得知。"上不听。

（以上为第四段，写唐宪宗袒护宦官而压抑朝士，元稹被贬官。）

【注释】

［1］饶阳：县名，县治在今河北辛集市。［2］束鹿：县名。县治在今河北辛集市。［3］望夜：正月十五，元宵节。［4］三镇：指河中、河东、振武三镇。张茂昭为义武军节度使，领易、定二州。［5］喧哗：大声说笑或喊叫。唐制，两京及诸州、县街巷，皆置巡逻打更的士兵，早晚传呼，禁止夜行。但元宵节张灯，前后解除夜禁三天。定州城大军在境，元宵节仍如同平日，也无人敢喧哗闹事。［6］丁卯：正月二十六日。［7］郦定进：神策军中勇将，从高崇文征蜀而擒刘辟的将

军。［8］夺气：丧失锐气。［9］东台：唐制，御史分司东都，叫做东台。［10］元稹（779—831）：字微之，洛阳（今河南洛阳）人。唐诗人，与白居易友善，世称“元白”。著有《元氏长庆集》等。传见《旧唐书》卷一百六十六，《新唐书》卷一百七十四。［11］摄：逮捕。［12］擅令停务：元稹擅自让房式停职。务，职任事务。［13］敷水驿：地名，在陕西华阴市。［14］内侍：宦官。据《元稹传》《白居易传》皆为“刘士元”。［15］前过：指擅令河南尹房式停职之过。［16］士曹：士曹参军。［17］崔群：字敦诗，贝州武城（今山东武城）人，官至吏部尚书。传见《旧唐书》卷一百五十九，《新唐书》卷一百六十五。［18］绳愆：纠正错误，惩治罪恶。

上以河朔方用兵，不能讨吴少阳。三月，己未[1]，以少阳为淮西留后。

诸军讨王承宗者久无功，白居易上言，以为：“河北本不当用兵，今既出师，承璀未尝苦战，已失大将[2]，与从史两军入贼境，迁延进退，不惟意在逗留，亦是力难支敌[3]。希朝、茂昭至新市镇[4]，竟不能过；刘济引全军攻围乐寿[5]，久不能下。师道、季安元[6]不可保，察其情状，似相计会[7]，各收一县，遂不进军。陛下观此事势，成功有何所望！以臣愚见，须速罢兵，若又迟疑，其害有四：可为痛惜者二，可为深忧者二。何则[8]？

若保有成[9]，即不论用度多少；既的知[10]不可，即不合虚费赀粮[11]。悟[12]而后行，事亦非晚。今迟校一日则有一日之费，更延旬月，所费滋多[13]，终须罢兵，何如早罢！以府库钱帛、百姓脂膏资助河北诸侯，转令强大。此臣为陛下痛惜者一也。

臣又恐河北诸将见吴少阳已受制命[14]，必引事例轻重，同词请雪[15]承宗。若章表继来，即义无不许[16]。请而后舍[17]，体势[18]可知，转令承宗胶固同类[19]。如此，则与夺[20]皆由邻道，恩信不出朝廷，实恐威权尽归河北[21]。此为陛下痛惜者二也。

今天时已熟，兵气相蒸[22]，至于饥渴疲劳，疾疫暴露，驱以就战，人何以堪[23]！纵不惜身，亦难忍苦。况神策乌杂[24]城市之人，例皆不惯如此，忽思生路[25]，一人若逃，百人相扇[26]，一军若散，诸军必摇，事忽至此，悔将何及！此为陛下深忧者一也。

臣闻回鹘、吐蕃皆有细作[27]，中国之事，小大尽知。今聚天下之兵，唯讨承宗一贼，自冬及夏，都未立功，则兵力之强弱，资费之多少，岂宜使西戎[28]、北虏[29]一一知之！忽见利生心，乘虚入寇，以今日之势力，可能救其首尾哉！兵连祸生，何事不有！万一及此，实关安危[30]。此其为陛下深忧者二也。

（以上为第五段，写白居易上奏请罢河北征讨之军，若不及时撤军当有四害。）

【注释】

[1]己未：三月十九日。［2］已失大将：指郦定进战死。［3］力难支敌：难以与敌人相抗衡。［4］新市镇：地名。在今河北新乐市境内。［5］乐寿：县名。治所在今河北献县西南。［6］元：通“原”。［7］似相计会：好像互相事先约好。［8］何则：为什么这样说呢？先提振，以下分条剖析痛惜者二，深忧者二的具体内容。［9］若保有成：如果保证能取得成功。［10］的知：确实知道。［11］虚费赀粮：白白地浪费钱财、粮食。［12］悟：省悟。［13］滋多：甚多，更多。［14］制命：皇帝的命令。即指以吴少阳为淮西留后的任命。［15］雪：昭雪、雪理。［16］义无不许：按道义来说不能不答应。［17］请而后舍：指朝廷接受河北诸镇挟制之请，而后舍弃成德不加征讨。［18］体势：国体和威势。［19］胶固同类：与河北不顺服的诸镇紧密勾结。［20］与夺：指君王专制权力，给予和剥夺，即任免之权。［21］威权尽归河北：国家法纪权柄完全掌握在河北藩镇手里。［22］兵气相蒸：热浪和战争气氛互相蒸腾。［23］人何以堪：人们怎么能够忍受。［24］乌杂：掺杂着。［25］忽思生路：一旦想到要找条生路。据章校，“路”下有“或有奔逃”四字。［26］扇：通“煽”，煽惑、煽动。［27］细作：间谍人员。［28］西戎：指吐蕃。［29］北虏：指回鹘。［30］实关安危：实在关系到国家的安全和危殆。

卢从史首建伐王承宗之谋[1]，及朝廷兴师，从史逗留[2]不进，阴[3]与承宗通谋，令军士潜怀承宗号[4]；又高刍粟之价以败度支[5]，讽[6]朝廷求平章事，诬奏诸道与贼通，不可进兵。上甚患之。

会从史遣牙将王翊元入奏事，裴垍引与语，为言为臣之义，微动其心，翊元遂输诚[7]，言从史阴谋及可取之状。垍令翊元还本军经营[8]，复来京师，遂得其都知兵马使乌重胤[9]等款要[10]。垍言于上曰：“从史狡猾骄很，必将为乱。今闻其与承璀对营，视承璀如婴儿，往来都不设备；失今不取，后虽兴大兵，未可以岁月平也。”上初愕然，熟思良久，乃许之。

从史性贪，承璀盛陈奇玩[11]，视其所欲[12]，稍以遗之[13]；从史喜，益相昵狎[14]。甲申[15]，承璀与行营兵马使李听谋，召从史入营博[16]，伏壮士于幕下，突出，擒诣帐后缚之，内[17]车中，驰诣[18]京师。左右惊乱，承璀斩十余人，谕以诏旨。从史营中士[19]闻之，皆甲以出[20]，操兵趋哗[21]。乌重胤当[22]军门叱[23]之曰："天子有诏，从者赏，敢违者斩！"士卒皆敛兵还部伍[24]。会夜，车疾驱，未明，已出境。重胤，承洽之子；听，晟之子也。

丁亥[25]，范希朝、张茂昭大破承宗之众于木刀沟[26]。

上嘉乌重胤之功，欲即授以昭义节度使；李绛以为不可，请授重胤河阳，以河阳节度使孟元阳镇昭义。会吐突承璀奏，已牒[27]重胤句当[28]昭义留后，绛上言："昭义五州[29]据山东要害，魏博、恒、幽诸镇蟠结[30]，朝廷惟恃此以制之。邢、磁、洺入其腹内[31]，诚国之宝地，安危所系也。向为从史所据，使朝廷旰食[32]，今幸而得之，承璀复以与重胤，臣闻之惊叹，实所痛心！昨国家诱执从史，虽为长策，已失大体[33]。今承璀又以文牒差人为重镇留后，为之求旌节，无君之心，孰甚于此！陛下昨日得昭义，人神同庆，威令再立；今日忽以授本军牙将[34]，物情顿沮[35]，纪纲大紊。校计[36]利害，更不若从史为之。何则？从史虽蓄奸谋，已是朝廷牧伯[37]。重胤出于列校[38]，以承璀一牒代之，窃恐河南、北诸侯闻之，无不愤怒，耻与为伍；且谓承璀诱重胤逐从史而代其位，彼人人[39]麾下[40]各有将校，能无自危乎！傥刘济、茂昭、季安、执恭、韩弘、师道继有章表陈其情状，并指[41]承璀专命之罪，不知陛下何以处之？若皆不报[42]，则众怒益甚，若为之改除[43]，则朝廷之威重去矣。"上复使枢密使梁守谦[44]密谋于绛曰："今重胤已总军务，事不得已，须应与节[45]。"对曰："从史为帅不由朝廷[46]，故启[47]其邪心，终成逆节。今以重胤典兵，即授之节，威福之柄不在朝廷，何以异于从史乎！重胤之得河阳，已为望外之福[48]，岂敢更为旅拒[49]！况重胤所以能执从史，本以杖顺成功[50]；一旦自逆诏命，安知同列[51]不袭其迹而动乎！重胤军中等夷[52]甚多，必不愿重胤独为主帅。移之他镇，乃惬众心[53]，何忧其致乱乎！"上悦，皆如其请。壬辰[54]，以重胤为河阳节度使，元阳为昭义节度使。

戊戌[55]，贬卢从史驩州[56]司马。

（以上为第六段，写裴垍巧计除掉卢从史，李绛妥善酬功乌重胤。）

【注释】

[1]首建：首先建议。[2]逗留：停滞不前。[3]阴：暗暗地。[4]潜怀承宗号：暗中带着王承宗的军队番号。凡行军各有番号，以相识别。[5]又高刍粟之价以败度支：又提高马草和粮食的价格，扰乱中央财政。因吐突承璀统帅行营兵驻屯赵、邢地区，中央度支马草和粮食不能及时运达，就近在邢州购买，故卢从史得以提高价格牟取暴利。[6]讽：暗示、讽喻。[7]输诚：表达诚意，归顺朝廷。[8]经营：策划。[9]乌重胤：字保君，潞州牙将。因擒卢从史擢河阳节度使。文宗时官至司徒。传见《旧唐书》卷一百六十一，《新唐书》卷一百七十一。[10]款要：款，忠诚。要，得其要领，即得到了乌重胤忠诚于朝廷的保证。[11]盛陈奇玩：把众多的珍奇玩物陈列出来。[12]欲：喜欢。[13]遗之：送给卢从史。[14]益相昵狎：与吐突承璀更加亲昵、接近。[15]甲申：四月十五日。[16]博：赌博。[17]内：通“纳”，塞进。[18]诣：往，到。[19]营中士：据章校，“士”下有“卒”字。[20]皆甲以出：都全付武装出来。[21]操兵趋哗：拿着武器一边走，一边大声呼叫。[22]当：通挡。挡住。[23]叱：大声叱责。[24]敛兵还部伍：收起武器回到自己的队列里。[25]丁亥：四月十八日。[26]木刀沟：地名。在今河北新乐市东南。因沟旁住有居民姓木刀而名之。[27]已牒：已发出公文。[28]句当：办理。[29]昭义五州：昭义节度所属五州为：泽、潞、邢、洺、磁。据，控制。指昭义辖地控制着太行山以东的要害。要害者，于我为要，于敌为害。[30]蟠结：盘根错节。[31]腹内：指邢州与赵州相邻，磁、洺与魏州相邻，犬牙相交，深入魏博、恒冀腹内。[32]旰食：因忧心国事而延迟到晚上才吃饭。[33]失大体：指诱执卢从史，不能明罪捕执，有损国家法制。[34]本军牙将：指昭义军乌重胤。[35]物情顿沮：人们的情绪立即沮丧。[36]校计：比较，权衡。[37]牧伯：地方大员，此指节度使高官。[38]列校：中下级军官。[39]人人：各个节度使，即指幽州刘济、义武张茂昭、成德田季安，横海程执恭、淄青李师道。[40]麾下：部下。[41]指：指责。[42]不报：不回答。指对河北诸镇指责承璀专命之罪的奏章置之不理。[43]改除：指朝廷若接受河北诸镇压力之后重新任命乌重胤的官职。[44]梁守谦：擅权宦官。[45]节：指昭义节度使印信、符节。[46]从史为帅不由朝廷：事见《资治通鉴》卷二百三十六德宗贞元二十年（804）。[47]启：启发，煽起。[48]望外之福：超过希望的幸福。[49]旅拒：恃众抗拒。[50]杖顺成功：依靠效忠朝廷才取得成功。[51]同列：同僚。[52]等夷：同等地位的人。[53]乃惬众心：才能满足众人之心。指使同僚心理平衡。[54]壬辰：四月二十三日。[55]戊戌：四月二十九日。[56]驩州：州名，治所在今越南北部。

五月，乙巳[1]，昭义军三千余人夜溃[2]，奔魏州。刘济奏拔安平[3]。

庚申[4]，吐蕃遣其臣论思邪热入见，且归路泌、郑叔矩之柩[5]。

甲子[6]，奚寇灵州[7]。

六月，甲申[8]，白居易复上奏，以为："臣比[9]请罢兵，今之事势，又不如前，不知陛下复何所待！"是时，上每有军国大事，必与诸学士谋之；尝逾月不见学士，李绛等上言："臣等饱食不言，其自为计则得矣，如陛下何！陛下询访理道[10]，开纳直言，实天下之幸，岂臣等之幸！"上遽令"明日三殿[11]对来[12]"。

白居易尝[13]因论事，言"陛下错"，上色庄而罢[14]，密召承旨[15]李绛，谓"白居易小臣不逊[16]，须令出院[17]。"绛曰："陛下容纳直言，故群臣敢竭诚无隐。居易言虽少思[18]，志在纳忠[19]。陛下今日罪之，臣恐天下各思箝口[20]所以广聪明，昭[21]圣德也。"上悦，待居易如初[22]。

上尝欲近猎苑中[23]，至蓬莱池[24]西，谓左右曰："李绛必谏，不如且止。"

秋，七月，庚子[25]，王承宗遣使自陈为卢从史所离间[26]，乞输贡赋，请官吏，许其自新[27]。李师道等数上表请雪承宗，朝廷亦以师久无功，丁未[28]，制洗雪[29]承宗，以为成德军节度使，复以德、棣二州与之；悉罢诸道行营将士，共赐布帛二十八万端匹[30]；加刘济中书令[31]。

刘济之讨王承宗也，以长子绲[32]为副大使，掌幽州留务[33]。济军瀛州，次子总[34]为瀛州刺史，济署行营都知兵马使，使屯饶阳。济有疾，总与判官张玘、孔目官成国宝谋，诈使人从长安来，曰："朝廷以相公逗留无功，已除副大使为节度使矣。"明日，又使人来告曰："副大使旌节[35]已至太原。"又使人走而呼曰："旌节已过代州。"举军惊骇[36]。济愤怒，不知所为[37]，杀大将素与绲厚者数十人，追绲诣行营[38]，以张玘兄皋代知留务。济自朝至日昃[39]不食，渴索饮，总因置毒而进之。乙卯[40]，济薨。绲行至涿州[41]，总矫以父命杖杀之，遂领军务。

（以上为第七段，写朝廷征讨成德无功而罢军，幽州刘总弑父杀兄自领军务。）

【注释】

［1］乙巳：五月六日。［2］夜溃：乘夜溃散。［3］安平：县名。在今河北安平县。［4］庚申：五月二十一日。［5］柩：棺材。［6］甲子：五月二十五日。［7］灵州：州名。治所在今宁夏灵武西南。［8］甲申：六月十五日。［9］比：近来。［10］理道：治道。治理的方略。［11］三殿：指麟德殿。殿有三面，故称三殿。殿西即翰林学士院。［12］对来：言明日当召对，可以前来。唐宫中习惯用语。［13］尝：曾经。［14］色庄而罢：面色庄重而停止议事。［15］承旨：翰林学士承旨，以久任翰林学士者充任。永贞元年（805）始命郑细为承旨。凡大诰令、大废置、承相之密画，内外之密奏，皇帝甚为注意大事，无不专受专对。［16］不逊：无礼貌。［17］出院：逐出翰林学士院。［18］少思：欠周密思考。［19］志在纳忠：目的在于向皇帝表示忠诚。［20］箝口：闭口不言。［21］昭：昭明。［22］如初：像过去一样。［23］苑中：自蓬莱池西出玄武门，入重元门，即苑中。［24］蓬莱池：蓬莱池在蓬莱殿之北，一曰太液池，池中有蓬莱山。［25］庚子：七月二日。［26］离间：挑拨。［27］自新：改过自新。［28］丁未：七月九日。［29］洗雪：赦免。［30］端匹：唐制，布帛六丈为端，四丈为匹。［31］中书令：中书省长官，正二品。中书令带“平章事”即为宰相。中唐后多给节镇加官中书令，是一种荣衔，以赏其功。［32］绲：刘绲，刘济长子。为其弟刘总所杀。事见《新唐书》卷二百一十二。［33］留务：留守事务。即为留后。［34］总：刘济次子，性阴贼、险谲，毒父，杀兄，为幽州节度使。后削发为僧。传见《旧唐书》卷一百四十三，《新唐书》卷一百一十二。［35］旌节：指赐给幽州节度使的印信符节。［36］惊骇：惊怕。［37］不知所为：不知怎么办才好。［38］追绲诣行营：派人传刘绲到刘济行营。［39］日昃（zè）：太阳西斜。［40］乙卯：七月十七日。［41］涿州：州名。治所在今北京市南河北涿州市。

岭南监军许遂振以飞语毁节度使杨於陵于上［1］，上命召于陵还，除冗官［2］。裴垍曰：“于陵性廉直，陛下以遂振故黜藩臣，不可。”丁巳［3］，以于陵为吏部侍郎。遂振寻自抵罪。

八月，乙亥［4］，上与宰相语及神仙，问：“果有之乎？”‘李藩对曰：“秦始皇、汉武帝学仙之效，具载前史，太宗服天竺僧长年药［5］致疾，此古今之明戒［6］也。陛下春秋鼎盛［7］，方励志太平，宜拒绝方士［8］之说。苟［9］道盛德充，人安国理，何忧无尧、舜之寿［10］乎！”

九月，己亥［11］，吐突承璀自行营还，辛亥［12］，复为左卫上将军，充左军中尉，裴垍曰：“承璀首唱用兵［13］，疲弊天下，卒无成功，陛下纵以旧恩不加显戮［14］，岂得全不贬黜以谢［15］天下乎！”给事中段平仲［16］、吕元膺言承璀可斩。李绛奏称：“陛下不责承璀，他日复有败军之将，何以处之？若或诛之，则同罪异罚，彼必不服；若或释之，则谁不保身而玩寇[17]乎！愿陛下割[18]不忍之恩，行不易之典[19]，使将帅有所惩劝[20]。”间[21]二日，上罢承璀中尉。降为军器使[22]；中外相贺。

裴垍得风疾[23]，上甚惜之，中使候问旁午[24]于道。

丙寅[25]，以太常卿权德舆为礼部尚书、同平章事。

义武节度使张茂昭请除代人[26]，欲举族入朝。河北诸镇互遣人说止之[27]，茂昭不从，凡四上表；上乃许之。以左庶子任迪简[28]为义武行军司马[29]。茂昭悉以易、定二州簿书管钥授迪简，遣其妻子先行，曰：“吾不欲子孙染于污俗[30]。”

茂昭既去，冬，十月，戊寅[31]，虞候[32]杨伯玉作乱，囚迪简。辛巳[33]，义武将士共杀伯玉。兵马使张佐元又作乱，囚迪简，迪简乞归朝。既而将士复杀佐元，奉迪简主军务。时易定府库罄竭[34]，闾阎[35]亦空，迪简无以犒士[36]，乃设粝饭[37]与士卒共食之，身居戟门[38]下经月[39]，将士感之[40]，请迪简还寝[41]；后得安其位[42]。上命以绫绢十万匹赐易定将士；壬辰[43]以迪简为义武节度使。甲午[44]，以张茂昭为河中、慈、隰、晋、绛节度使，从行将校皆拜官。

右金吾大将军[45]伊慎以钱三万缗赂右军中尉第五从直，求河中节度使；从直恐事泄，奏之。十一月，庚子[46]，贬慎为右卫将军，坐死者三人。

初，慎自安州[47]入朝；留其子宥主留事，朝廷因以为安州刺史，未能去也。会宥母卒于长安，宥利于兵权，不时发丧[48]。鄂岳[49]观察使郗士美[50]遣僚属以事过其境，宥出迎，因告以凶问[51]，先备篮舆[52]，即日遣之。

甲辰[53]，会王纁[54]薨。

庚戌[55]，以前河中节度使王锷[56]为河东节度使。上左右受锷厚赂，多称誉[57]之，上命锷兼平章事，李藩固执[58]以为不可。权德舆曰：“宰相非序进[59]之官。唐兴以来，方镇非大忠大勋，则跋扈者，朝廷或不得已而加之。今锷既无忠勋，朝廷又非不得已，何为遽以此名假之！”上乃止。

锷有吏才，工于完聚[60]。范希朝以河东全军出屯河北，耗散[61]甚众；锷到镇之初，兵不满三万人，马不过六百匹，岁余，兵至五万人，马有五千匹，器械精利[62]，仓库充实。又进家财[63]三十万缗，上复欲加锷平章事，李绛谏曰："锷在太原，虽颇著绩效，今因献家财而命之，若后世何[64]！"上乃止。

中书侍郎[65]裴垍数以疾辞位；庚申[66]，罢为兵部尚书。

十二月，戊寅[67]，张茂昭入朝，请迁祖考之骨于京兆[68]。

壬午[69]，以御史中丞吕元膺为鄂岳观察使。元膺尝欲夜登城，门已锁，守者不为开。左右曰："中丞也。"对曰："夜中难辩[70]真伪，虽中丞亦不可。"元膺乃还。明日，擢为重职[71]。

翰林学士、司勋郎中[72]李绛面陈吐突承璀专横，语极恳切[73]。上作色[74]曰："卿言太过！"绛泣曰："陛下置臣于腹心耳目[75]之地，若臣畏避左右，爱身不言，是臣负陛下；言之而陛下恶闻[76]，乃陛下负臣也。"上怒解，曰："卿所言皆人所不能言，使朕闻所不闻[77]，真忠臣也。他日尽言，皆应如是。"己丑[78]，以绛为中书舍人，学士如故。

绛尝从容谏上聚财[79]，上曰："今两河[80]数十州，皆国家政令所不及，河、湟[81]数千里，沦于左衽[82]，朕日夜思雪祖宗之耻，而财力不赡[83]，故不得不蓄聚耳。不然，朕宫中用度极俭薄，多藏何用邪！"

（以上为第八段，写李绛直言敢谏善谏，唐宪宗能黜抑吐突承催者，李绛之力也。又写王锷有干练之才而品德不济。）

【注释】

[1]飞语：流言蜚语。［2]冗官：闲散官，无所职事。［3]丁巳：七月十九日。［4]乙亥：八月七日。［5]长年药：长生不老之药。唐太宗服用长生药，事见《资治通鉴》卷二百一，高宗总章二年（669）。［6]明戒：明明白白的历史教训。［7]春秋鼎盛：年富力强。［8]方士：古代好讲神仙方术的人。［9]苟：如果。［10]尧、舜之寿：传说尧舜均长寿。《史记·五帝本纪》载，尧在位七十年，命舜摄政二十八年，即在位九十八年，寿一百余岁。舜三十岁被举代尧摄政二十八年，守丧三年，又执政三十九年，共在位七十年，寿一百岁。［11]己亥：九月二日。［12]辛亥：九月十四日。［13]首唱用兵：第一个建议出兵征讨王承宗。［14]显戮：明正典刑，当众杀戮。［15]谢：表示歉意。［16]段平仲：字秉庸，武威（今甘肃武威）人，性狷直，官至尚书左丞。传见《旧唐书》卷一百五十三，《新唐书》卷一百六十二。［17]玩寇：消极

对敌。［18］割：割舍、抛弃。［19］行不易之典：实行有功必赏，败军必诛的不可改动的制度。［20］惩劝：惩戒和劝勉。［21］间：隔。［22］军器使：官名，军器库主管，属内诸司，以宦官充任。［23］风疾：患中风。［24］旁午：交错、纷繁，络绎不绝。［25］丙寅：九月二十九日。［26］请除代人：请求任命代替他的人。［27］说止之：劝说阻止他。［28］任迪简：代茂昭为义武节度使。传见《旧唐书》卷十三，《新唐书》卷一百七十。［29］行军司马：节度使府高级佐官，协助掌理军政，实权往往高于副大使。节镇传子或自推新节度使，先为留后，继为朝廷任命；而朝廷委任新节度使，往往先为行军司马。［30］污俗：指节度使传子的习俗。［31］戊寅：十月十一日。［32］虞候：节度使佐官，掌军法。［33］辛巳：十月十四日。［34］罄竭：空虚。［35］闾阎：百姓人家。［36］犒士：犒赏士兵。［37］粝饭：糙米饭。粝，粗米。［38］戟门：指节度使官署大门。因藩镇府门列戟，故谓之戟门。［39］经月：整整一月。［40］感之：感戴他。［41］还寝：入居内府。［42］安其位：巩固了节度使的地位。［43］壬辰：十月二十五日。［44］甲午：十月二十七日。［45］右金吾大将军：右金吾及下文右卫，均为唐禁军十六卫之一。大将军高于将军。伊慎以右金吾大将军转为右卫将军，即从大将军降为将军，故下文云“贬”。［46］庚子：十一月三日。［47］安州：州名。治所安陆县，在今湖北安陆市。伊慎为安黄节度使，入朝任右金吾卫大将军。宪宗即位，伊慎入朝。事见《资治通鉴》卷二百三十六顺宗永贞元年（805）。［48］不时发丧：不按时发丧。［49］鄂岳：方镇名。唐代宗永泰元年（765）升鄂州都团练使为观察使。治鄂州，在今湖北武汉市武昌区。［50］郗士美（756—819）：字和夫，高平金乡（今山东金乡）人，少好学，善记览。官至忠武军节度使。传见《旧唐书》卷一百五十七，《新唐书》卷一百四十三。［51］凶问：母死之消息。［52］篮舆：轿子。［53］甲辰：十一月七日。［54］会王纁（？—810）：顺宗第十四子，宪宗弟。［55］庚戌：十一月十三日。［56］王锷（740—815）：字昆吾，太原（今山西太原）人。官至河东节度使，传见《旧唐书》卷一百五十一，《新唐书》卷一百七十。［57］称誉：赞扬。［58］固执：坚持。［59］序进：循次序迁升。［60］工于完聚：善于修缮城郭，聚集财物人众。［61］耗散：损失、离散。［62］器械精利：武器精良。［63］进家财：进奉家财于朝廷。［64］若后世何：对于后代留下什么教训呢？即怎样向后代作交待呢？［65］中书侍郎：据章校，“郎”下有“同平章事”四字，是。［66］庚申：十一月二十三日。［67］戊寅：十二月十二日。［68］京兆：唐长安及其京畿地区为京兆府辖境，即今陕西西安周围。［69］壬午：十二月十六日。［70］辩：通“辨”。［71］重职：重要的职务。［72］司勋郎中：吏部第三司主管。掌官吏勋级。从五品上。［73］恳切：至诚恳切。［74］作色：变色。不悦而改变脸色。［75］腹心耳目：指翰林学士之职，为皇帝近侍。［76］恶闻：不愿意听。［77］闻所不闻：从来没有听说过。［78］己丑：十二月二十三日。［79］谏上聚财：谏阻唐宪宗聚积财赋。［80］两河：指河南、河北，皆为藩镇所割据。［81］河、湟：黄河与湟水流域地区，今青海东部及甘肃兰州以西地域。［82］左衽：指吐蕃。衽，衣襟。少数民族衣襟向左开合，故称左衽。［83］不赡：不足。

六年（辛卯，811 年）

春，正月，甲辰[1]，以彰义留后吴少阳为节度使。

庚申[2]以前淮南节度使李吉甫为中书侍郎、同平章事。二月，壬申[3]，李藩罢为太子詹事[4]。

己丑[5]，忻王造[6]薨。

宦官恶李绛在翰林，以为户部侍郎，判本司[7]。上问："故事，户部侍郎皆进羡余[8]，卿独无进，何也？"对曰："守土之官[9]，厚敛[10]于人以市[11]私恩[12]，天下犹共非之；况户部所掌，皆陛下府库之物，给纳有籍[13]，安得羡余[14]！若自左藏[15]输之内藏[16]以为进奉，是犹东库移之西库，臣不敢踵[17]此弊也。"上嘉其直，益重之。

乙巳[18]，上问宰相："为政宽猛[19]何先？"权德舆对曰："秦以惨刻[20]而亡，汉以宽大而兴。太宗观《明堂图》[21]，禁抶[22]人背，是故安、史以来，屡有悖逆[23]之臣，皆旋踵[24]自亡，由祖宗仁政结于人心，人不能忘故也。然则宽猛之先后可见矣。"上善其言。

夏，四月，戊辰[25]，以兵部尚书裴垍为太子宾客，李吉甫恶之也。

庚午[26]，以刑部侍郎、盐铁转运使卢坦为户部侍郎、判度支。或告泗州[27]刺史薛謇为代北水运使，有异马不以献；事下度支，使巡官往验，未返，上迟之，使品官[28]刘泰昕按其事。卢坦曰："陛下既使有司验之，又使品官继往，岂大臣不足信于品官乎！臣请先就黜免[29]。"上召泰昕还。

五月，前行营[30]粮料使[31]于皋谟、董溪坐赃数千缗，敕贷[32]其死；皋谟流春州[33]，溪流封州[34]，行到潭州[35]，并追遣中使赐死。权德舆上言，以为："皋谟等罪当死，陛下肆诸市朝[36]，谁不惧法！不当已赦而杀之。"溪，晋之子也。

庚子[37]，以金吾大将军李惟简[38]为凤翔节度使。陇州[39]地与吐蕃接，旧常朝夕相同，更入攻抄，人不得息。惟简以为边将当谨守备，蓄财谷以待寇，不当睹小利，起事盗恩[40]，禁不得妄入其[41]地；益市[42]耕牛，铸农器，以给农之不能自具[43]者，增垦田数十万亩。属岁屡稔[44]，公私有余，贩者[45]流及他方。

（以上为第九段，写唐宪宗与宰臣论宽严之政，李惟简出镇凤翔，和好吐蕃，不邀边功，社会安定，人口增长。）

【注释】

[1]甲辰：正月九日。[2]庚申：正月二十五日。[3]壬申：二月七日。[4]太子詹事：官名。东宫属官，詹事府主管，正三品，掌统三寺、十率府之政。[5]己丑：二月二十四日。[6]忻王造（？—811）：代宗第十三子。李造，封忻王。[7]判本司：户部第二司度支司掌理财政。唐制，多以户部外大臣兼理度支称判度支，若以户部侍郎兼理称判本司。[8]羡余：唐官员以赋税盈余为名向皇室进贡的税款。[9]守土之官：指郡、县等地方官员。[10]厚敛：加重对人民的搜刮。[11]市：收买。[12]私恩：指取得皇帝的恩宠。[13]给纳有籍：收支有账册记载。[14]安有羡余：哪有多余财物。[15]左藏：户部所掌国家仓库。[16]内藏：皇帝私有仓库。[17]踵：跟着。[18]乙巳：三月十一日。[19]宽猛：宽，指德治，猛，指法治。[20]惨刻：残酷刻剥。[21]太宗观《明堂图》：唐太宗读《明堂针灸书》说："人五藏之系，咸附于背。"下令今后不得打犯人的脊背。事见《资治通鉴》卷一百九十三唐太宗贞观四年（630）。[22]抶（zhì）：鞭打。[23]悖逆：背理叛逆。[24]旋踵：旋转脚跟。形容时间短暂。踵，脚后跟。[25]戊辰：四月四日。[26]庚午：四月六日。[27]泗州：州名，治所在今江苏盱眙西北。[28]品官：唐内侍省有品官，白身，二千九百三十二人。[29]黜免：贬黜、免职。[30]前行营：指前讨王承宗行营。[31]粮料使：管理军粮的官员。[32]贷：宽免。[33]春州：州名，治所在今广东阳春市。[34]封州：州名。治所在今广东封开县东南。[35]潭州：州名。治所在今湖南长沙市。[36]肆诸市朝：刑而陈尸于市集示众。[37]庚子：五月七日。[38]李惟简：李惟岳弟。官至凤翔节度使。传见《新唐书》卷二百一十一。[39]陇州：州名，治所在今陕西陇县东南。[40]盗恩：生事邀功，窃取官赏。[41]其：指吐蕃。[42]市：买。[43]自具：自己备办。[44]属岁屡稔：连年丰收。[45]贩者：商人。

赐振武节度使阿跌光进姓李氏。

六月，丁卯[1]，李吉甫奏："自秦至隋十有三代[2]，设官之多，无如国家[3]者。天宝以后，中原宿兵，见在可计者八十余万，其余为商贾、僧、道不服田亩[4]者什有五六，是常以三分劳筋苦骨之人[5]奉七分待衣坐食之辈[6]也。今内外官以税钱给俸者[7]不下万员，天下[千]三百余县，或以一县之地而为州，一乡之民而为县者甚众，请敕有司详定[8]废置，吏员[9]可省者省之，州县可并者并之，入仕之涂[10]可减者减之。又，国家旧章[11]，依品制俸[12]，官一品月俸钱十三缗；职田[13]禄米不过千斛。艰难以来[14]，增置使额[15]，厚给俸钱，大历中，权臣月俸至九千缗，州无大小，刺史皆千缗。常衮为相，始立限约[16]，李泌又量其闲剧[17]，随事增加，时谓通济，理难减削。然犹有名存职废，或额去俸存，闲剧之间，厚薄顿异。请敕有司详考俸料、杂给，量定以闻。"于是命给事中段平仲、中书舍人韦贯之、兵部侍郎许孟容、户部侍郎李绛同详定[18]。

秋，九月，富平[19]人梁悦报父仇，杀秦杲，自诣县请罪。敕："复仇，据《礼经》则义不同天[20]，征法令则杀人者死。礼、法二事，皆王教之大端[21]，有此异同，固资论辩，宜令都省[22]集议闻奏。"职方员外郎[23]韩愈议。以为："律无其条[24]，非阙文也。盖以不许复仇，则伤孝子之心而乖先王之训；许复仇，则人将倚法专杀[25]，无以禁止其端[26]矣。故圣人丁宁其义于经[27]，而深没其文于律[28]，其意将使法吏一断于法[29]，而经术之士得引经而议[30]也。宜定其制曰：'凡复父仇者，事发，具申尚书省集议奏闻，酌其宜而[31]处之。'则经律无失其指矣。"敕："梁悦杖一百，流循州[32]。"

甲寅[33]，吏部奏准敕并省内外官计八百八员，诸司流外[34]一千七百六十九人。

黔州[35]大水坏城郭，观察使窦群[36]发溪洞蛮以治之；督役太急，于是辰、溆二州蛮反，群讨之，不能定。戊午[37]，贬群开州[38]刺史。

冬，十一月，弓箭库使[39]刘希光受羽林大将军孙琇钱二万缗，为求方镇[40]，事觉，赐死。事连左卫上将军、知内侍省事吐突承璀，丙申[41]，以承璀为淮南监军。上问李绛："朕出承璀何如？"对曰："外人不意陛下遽能如是。"上曰："此家奴耳，向以其驱使之久，故假以恩私；若有违犯，朕去之轻如一毛耳！"

十六宅诸王[42]既不出阁[43]，其女嫁不以时[44]，选尚者皆由宦官，率以厚赂自达。李吉甫上言："自古尚主[45]必择其人，独近世不然。"十二月，壬申[46]，诏封恩王[47]等六女为县主[48]，委中书、门下、宗正、吏部选门地人才称可者嫁之。

己丑[49]，以户部侍郎李绛为中书侍郎、同平章事。李吉甫为相，多修旧怨[50]，上颇知之，故擢绛为相。吉甫善逢迎上意，而绛鲠直，数争论于上前；上多直绛而从其言，由是二人有隙[51]。

闰月，辛卯朔[52]，黔州奏：辰、溆贼帅张伯靖寇播州[53]、费州[54]。

试[55]太子通事舍人[56]李涉知上于吐突承璀恩顾未衰[57]，乃投匦上疏[58]，称"承璀有功，希光无罪。承璀久委心腹，不宜遽弃。"知匦使、谏议大夫孔戣[59]见其副章[60]，诘责不受；涉乃行赂，诣光顺门通之[61]。戣闻之，上疏极言"涉奸险欺天，请加显戮。"戊申[62]，贬涉峡州[63]司仓。涉，渤[64]之兄；戣，巢父之子也。

辛亥[65]，惠昭太子宁[66]薨。

是岁，天下大稔[67]，米斗有直二钱者。

（以上为第十段，写宪宗纳李吉甫之奏沙汰冗官，听李绛之言外出吐突承催，采韩愈之奏，朝议复仇杀人刑事案，表现明主风采。）

【注释】

[1]丁卯：六月四日。[2]自秦至隋十有三代：从秦到隋十三代，为：秦、西汉、东汉、魏、晋、宋、齐、梁、陈、北魏、北齐、周、隋。[3]国家：指唐朝。[4]不服田亩：不从事农业生产的人。[5]劳筋苦骨之人：指劳动人民，主要是农民。[6]待衣坐食之辈：不从事农业生产而吃饭的社会各阶层的人，即士卒、商贾、僧道等等。[7]内外官以税钱给俸者：内官，指京官；外官，指地方官。内外官靠人民的赋税作薪俸。此亦为待衣坐食之人。给俸者，领取俸禄的人。[8]详定：调查研究后重新确定。[9]吏员：官员。[10]涂：同"途"。[11]旧章：旧的章程、制度。[12]依品制俸：依照品级高下制定俸禄。[13]职田：职分田。唐制，给职官以职分田，一品为六十顷，逐品递减五顷，离职时缴还。[14]艰难以来：指安、史之乱以来。[15]增置使额：增设如招讨使、宣慰使等名额，增加了开支。[16]常衮立限约：代宗朝宰相常衮制定了中外官有标准的俸禄。事见《资治通鉴》卷二百二十五代宗大历十二年（777）。[17]闲剧：指职事的轻闲与繁重。李泌增俸，事见《资治通鉴》卷二百三十三德宗贞元四年（788）。[18]详定：详加校阅而量定。[19]富平：县名，县治在今陕西富平。[20]义不同天：《礼记·曲礼上》说："父之仇不与共戴天。"不能与仇人在同一个天穹之下生存。[21]王教之大端：指礼与法是帝王实行教化的重大依据。[22]都省：尚书省之别称。[23]职方员外郎：兵部第二司职方司副主管。掌地图、城隍、镇戍、烽候、防人道路之远近及四夷归化之事。从六品上。[24]律无其条，非阙文也：法律中没有子报父仇的条文，并不是出现了疏漏而缺条文。

[25]倚法专杀：依据法律随便杀人。谓若法律也明文规定子可报父仇，那就会出依法杀人合理而随意杀人。[26]端：开端，发生。无以禁其端，谓法律无法禁止杀人事件的发生。[27]圣人丁宁其义于经：圣人在经书里反复叮咛子报父仇的道理。《礼记·曲礼上》曰："父之仇，弗与共戴天。"丁宁，通"叮咛"。[28]深没其文于律：在法律条文中则深深地埋没。即法律条文中没有子报父仇的规定。[29]一断于法：依法律条文判决。按律，杀人有罪，子报父仇杀人也应有罪。[30]经术之士得引经而议：谓子报父仇只可在经学之士中援经讲论，不能是法官判案的依据。[31]酌其宜：根据具体情况。[32]循州：州名。治所在今广东惠州东。[33]甲寅：九月二十二日。[34]流外：不入九品的职官。唐时诸司员吏大都由流外官充任。[35]黔州：州名。治所在今重庆彭水县。[36]窦群：字丹列，京兆（今陕西西安）人。以诗闻名。传见《旧唐书》卷一百五十五，《新唐书》卷一百七十五。[37]戊午：九月二十六日。[38]开州：州名。治所盛山，在今重庆市开州区。[39]弓箭库使：官名。管弓箭，由宦官担任，位在军器库使之下。[40]求方镇：请求节度使之职。[41]丙申：十一月五日。[42]十六宅诸王：开元以来，皇子多居禁中，分院而居，先为十王，后又就封六王，均入内宅，号十六宅诸王。[43]出阁：走出京师藩王宅，指出外到任就职。[44]不以时：不按时。[45]尚主：娶公主。此指尚公主之人。[46]壬申：十二月十一日。[47]恩王：李连，代宗子。[48]县主：诸王公主封爵品级。[49]己丑：十二月二十八日。[50]多修旧怨：对过去有怨仇的人加以报复。[51]有隙：有矛盾。[52]辛卯朔：闰十二月一日。[53]播州：州名。治所在今贵州遵义。[54]费州：州名。故治在今贵州德江东南。[55]试：唐制，担任某一官职而未正式任命称试。[56]太子通事舍人：东宫官属。属右春坊，掌导官臣辞见，承令劳问。正七品下。李涉以五品试职。[57]恩顾未衰：宠信未减退。[58]投匦上疏：唐武后时，置匦四枚，共为一室，列于朝堂，供人投诉。设知匦使掌其事。匦，即今之检举箱。[59]孔戣（kuí）：德宗朝御史大夫孔巢父之子。唐宪宗时官知匦使、谏议大夫。传见《旧唐书》卷一百五十四、《新唐书》卷一百六十三。[60]副章：副本。[61]诣光顺门通之：到光顺门投状。唐制，除投轨上疏外，还可至光顺门上疏，由阎门使收进。[62]戊申：闰十二月十八日。[63]峡州：州名。治所夷陵，在今湖北宜昌西北。[64]渤：隐士李渤，仕于穆、敬、文三朝。传见《旧唐书》卷一百七十一，《新唐书》卷一百八十一。[65]辛亥：闰十二月二十一日。[66]太子宁：宁立为太子，见《资治通鉴》卷二百三十七宪宗元和四年（809）三月。[67]大稔：大丰收。

七年（壬辰，812 年）

春，正月，辛未[1]，以京兆尹元义方[2]为鄜坊[3]观察使。初，义方媚事吐突承璀，李吉甫欲自托于承璀，擢义方为京兆尹。李绛恶义方为人，故出之。义方入谢，因言"李绛私其同年许季同，除京兆少尹，出臣鄜坊，专作威福，欺罔聪明[4]。”上曰：“朕谙李绛不如是。明日，将问之。”义方惶愧[5]而出。明日，上以诘绛曰：“人于同年固有情乎！”对曰：“同年，乃九州四海之人偶同科第，或登科然后相识，情于何有[6]！且陛下不以臣愚，备位宰相，宰相职在量才授任，若其人果才，虽在兄弟子侄之中犹将用之，况同年[7]乎！避嫌而弃才，是乃便身，非徇公[8]也。”上曰：“善，朕知卿必不尔[9]。”遂趣[10]义方之[11]官。

振武河溢[12]，毁东受降城[13]。

三月，丙戌[14]，上御延英殿，李吉甫言“天下已太平，陛下宜为乐。”李绛曰：“汉文帝时兵木无刃[15]，家给人足，贾谊犹以为厝火积薪之下[16]，不可谓安。今法令所不能制[17]者，河南、北五十八州；犬戎腥膻[18]，近接泾、陇，烽火[19]屡惊；加之水旱时作[20]，仓廪空虚，此正陛下宵衣旰食[21]之时，岂得谓之太平，遽为乐哉！”上欣然曰：“卿言正合朕意。”退，谓左右曰：“吉甫专为悦媚[22]；如李绛，真宰相也！”

上尝问宰相：“贞元中政事不理[23]，何乃至此？”李吉甫对曰：“德宗自任圣智[24]，不信宰相而信他人，是使奸臣得乘间弄威福[25]。政事不理，职此故也[26]。”上曰：“然此亦未必皆德宗之过。朕幼在德宗左右，见事有得失，当时宰相亦未有再三执奏[27]者，皆怀禄偷安[28]，今日岂得专归咎于德宗邪！卿辈宜用此为戒，事有非是，当力陈不已[29]，勿畏朕谴怒而遽止[30]也。”

李吉甫尝言：“人臣不当强谏，使君悦臣安，不亦美乎！”李绛曰：“人臣当犯颜苦口[31]，指陈得失，若陷君于恶，岂得为忠！”上曰：“绛言是也。”吉甫至中书[32]，卧不视事[33]，长吁而已。李绛或久不谏，上辄诘[34]之曰：“岂朕不能容受邪，将无事可谏也？”

李吉甫又尝[35]言于上曰：“赏罚，人主之二柄，不可偏废。陛下践阼[36]以来，惠泽深矣[37]；而威刑未振[38]，中外懈惰，愿加严以振之。”上顾李绛曰：“何如？”对曰：“王者之政，尚德不尚刑[39]，岂可舍成、康、文、景而效秦始皇父子乎！”上曰：“然。”后旬余，于頔入对，亦劝上峻刑[40]。又数日，上谓宰相曰：“于頔大是奸臣，劝朕峻刑，卿知其意乎？”皆对曰：“不知也。”上曰：“此欲使朕失人心耳。”吉甫失色，退而抑首[41]不言笑竟日[42]。

夏，四月，丙辰[43]，以库部郎中[44]、翰林学士崔群为中书舍人，学士如故。上嘉群谠直[45]，命学士“自今奏事，必取崔群连署[46]，然后进之。”群曰：“翰林举动皆为故事。必如是，后来万一有阿媚之人为之长，则下位直言无从而进矣。”固不奉诏[47]。章三上，上乃从之。

五月，庚申[48]，上谓宰相曰：“卿辈屡言淮、浙去岁水旱，近有御史自彼还，言不至为灾，事竟如何？”李绛对曰：“臣按淮南、浙西、浙东奏状，皆云水旱，人多流亡，求设法招抚[49]，其意似恐朝廷罪之者，岂肯无灾而妄言有灾邪！此盖御史欲为奸谀[50]以悦上意耳，愿得其主名[51]，按致其法[52]。”上曰：“卿言是也。国以人为本，闻有灾当亟救之，岂可尚复疑之邪！朕适者[53]不思，失言耳。”命速蠲[54]其租赋。上尝与宰相论治道于延英殿，日旰[55]，暑甚，汗透御服，宰相恐上体倦，求退。上留之曰：“朕入禁中，所与处者独宫人、宦官耳，故乐与卿等且共谈为理[56]之要，殊不知倦也。”

（以上为第十一段，写唐宪宗思治，与宰臣论治，虽盛暑而不知倦。李吉甫逢迎上意，李绛耿直正言，二人每议必急，于是有隙。）

【注释】

[1]辛未：正月十日。[2]元义方：媚事吐突承璀。李吉甫欲结援吐突承璀，用为京兆尹；李绛恶其人，出为鄜坊观察使。传见《新唐书》卷二百零一。[3]鄜坊：方镇名。唐肃宗上元元年(760)，置渭北鄜坊节度使。治所坊州，在今陕西黄陵县东南。[4]聪明：指皇上。[5]惶愧：惊慌而惭愧。[6]情于何有：有什么交情呢？[7]同年：唐人谓同榜进士为同年。[8]徇公：以身为公。[9]不尔：不这样。[10]趣：通“促”。[11]之：通“至”。[12]河溢：黄河暴涨漫溢。[13]东受降城：唐张仁愿所筑。受降城有三，东受降城在今内蒙古托克托西黄河东岸。[14]丙戌：三月二十八日。[15]兵木无刃：兵器不尖利，借指天下太平，无战事。[16]厝火积薪之下：语出《汉书·贾谊传》中《治安策》，将火放置在堆积的柴草之下，比喻潜伏着极大的危机。[17]制：制约。[18]腥膻：诬蔑少数民族之词。[19]烽火：报警烽烟，借指战争。[20]时作：时时发生。[21]宵衣旰食：天不亮就穿衣起身，天晚了才吃饭。指皇帝勤于政事。[22]悦媚：取悦，讨好于人。[23]不理：不治。[24]自任圣智：凭恃个人的智力办事。实即刚愎自用的委婉语。[25]乘间弄威福：钻空子作威作福。[26]职此故也：失政的责任由此造成。职，责。[27]再三执奏：不断地坚持上奏。[28]怀禄偷安：贪恋禄位，苟且偷

安。［29］力陈不已：尽力奏谏不止。［30］遽止：立即停止进谏。［31］犯颜苦口：冒犯人君发怒的脸色而苦口婆心地进谏。［32］中书：中书省。［33］卧不视事：躺倒不办事。［34］诘：责问。［35］尝：曾经。［36］践阼：即位。［37］惠泽深矣：恩惠是很深厚了。［38］振：振兴。［39］尚德不尚刑：崇尚德政而不崇尚刑罚。［40］峻刑：严峻的刑法。［41］抑首：低着头。［42］竟日：整整一天。［43］丙辰：四月二十九日。［44］库部郎中：兵部第四司库部司主官，掌戎器，卤簿、仪仗等。正五品上。［45］谠直：正直。［46］连署：一起具名。［47］固不奉诏：坚决不接受连署的诏命。［48］庚申：五月三日。［49］设法招抚：设置法制，招抚流亡的人民。［50］奸谀：奸诈阿谀。［51］主名：主事者的姓名。［52］按致其法：按问得实后给予法律制裁。［53］适者：刚才。［54］蠲：免除。［55］日旰：太阳西斜。［56］为理：为治。唐因避高宗李治讳，故改“治”为“理”。

六月，癸巳[1]，司徒、同平章事杜佑以太保致仕[2]。

秋，七月，乙亥[3]，立遂王宥[4]为太子，更名恒。恒，郭贵妃之子也。诸姬子澧王宽[5]，长于恒，上将立恒，命崔群为宽草让表，群曰：“凡推己之有以与人谓之让。遂王，嫡子也，宽何让焉！”上乃止。

八月，戊戌[6]，魏博节度使田季安薨。

初，季安娶洺州刺史元谊女，生子怀谏[7]，为节度副使。牙内兵马使[8]田兴[9]，庭玠之子也，有勇力，颇读书，性恭逊。季安淫虐[10]，兴数规谏，军中赖之[11]。季安以为收众心，出为临清镇将[12]，将欲杀之。兴阳[13]为风痹，灸灼满身[14]，乃得免。季安病风，杀戮无度[15]，军政废乱，夫人元氏召诸将立怀谏为副大使，知军务，时年十一；迁季安于别寝[16]，月余而薨。召田兴为步射都知兵马使[17]。

辛亥[18]，以左龙武大将军薛平为郑滑[19]节度使，欲以控制魏博。

上与宰相议魏博事，李吉甫请兴兵讨之，李绛以为魏博不必用兵，当自归朝廷。吉甫盛陈[20]不可不用兵之状，上曰：“朕意亦以为然。”绛曰：“臣窃观两河藩镇之跋扈者，皆分兵以隶诸将[21]，不使专在一人，恐其权任太重，乘间而谋己[22]故也。诸将势均力敌，莫能相制[23]，欲广相连结，则众心不同，其谋必泄；欲独起为变，则兵少力微，势必不成。加以购赏既重，刑诛又峻[24]，是以诸将互相顾忌，莫敢先发，跋扈者恃此以为长策[25]。然臣窃思之，若常得严明主帅能制诸将之死命者[26]以临之，则粗能自固矣。今怀谏乳臭子，不能自听断[27]，军府大权必有所归，诸将厚薄不均，怨怒必起，不相服从，则向日分兵之策，适足为今日祸乱之阶也。田氏不为屠肆[28]，则悉为俘囚矣，何烦天兵[29]哉！彼自列将[30]起代主帅，邻道所恶[31]，莫甚于此[32]。彼不倚朝廷之援以自存，则立[33]为邻道所齑粉[34]矣。故臣以为不必用兵，可坐待魏博之自归也。但愿陛下按兵养威[35]，严敕诸道选练士马以须后敕[36]。使贼中知之，不过数月，必有自效于军中者[37]矣。至时，惟在朝廷应之敏速，中其机会[38]，不爱爵禄[39]以赏其人，使两河藩镇闻之，恐其麾下[40]效之以取朝廷之赏，必皆恐惧，争为恭顺[41]矣。此所谓不战而屈人兵[42]者也。"上曰："善！"

他日，吉甫复于延英盛陈用兵之利，且言刍粮金帛[43]皆已有备。上顾问[44]绛，绛对曰："兵[45]不可轻动。前年讨恒州，四面发兵二十万，又发两神策兵自京师赴之[46]，天下骚动，所费七百余万缗，讫无成功，为天下笑。今疮痍未复，人皆惮战[47]；若又以敕命驱之，臣恐非直[48]无功，或生他变。况魏博不必用兵，事势明白，愿陛下勿疑。"上奋身抚案[49]曰："朕不用兵决矣。"绛曰："陛下虽有是言，恐退朝之后，复有荧惑[50]圣听者。"上正色[51]厉声曰："朕志已决，谁能惑之！"绛乃拜贺曰："此社稷[52]之福也。"

既而田怀谏幼弱，军政皆决于家僮[53]蒋士则，数以爱憎移易诸将[54]，众皆愤怒。朝命[55]久不至，军中不安。田兴晨入府，士卒数千人大噪[56]，环[57]兴而拜，请为留后。兴惊仆于地，众不散；久之，兴度不免[58]，乃谓众曰："汝肯听吾言乎！"皆曰："惟命[59]。"兴曰："勿犯[60]副大使[61]，守朝廷法令，申版籍[62]，请官吏[63]，然后可。"皆曰"诺。"兴乃杀蒋士则等十余人，迁[64]怀谏于外[65]。

（以上为第十二段，写李绛识大局，善应对，朝廷不用兵戈而魏博归顺。）

【注释】

［1］癸巳：六月七日。［2］以太保致仕：给杜佑以太保的荣衔退休。太保，三师之一，名义为皇上之师，正一品，无实权，是加给元老重臣的荣衔。［3］乙亥：七月十九日。［4］遂王宥（795—824）：名恒，宪宗第二子，即唐穆宗。［5］澧王宽：宪宗第二子。元和元年（806）封澧王。［6］戊戌：八月十二日。［7］怀谏：田季安子。季安风病，其妻召诸将立怀谏，年十一，政决于

私奴蒋士则，后被推翻。传见《旧唐书》卷一百四十一，《新唐书》卷二百一十。［8］牙内兵马使：官名，节度使属官，掌亲军。［9］田兴：即田弘正。［10］淫虐：荒淫暴虐。［11］赖之：信赖他。［12］临清镇将：镇守临清县的将领。［13］阳：假装。［14］灸灼满身：满身都是针灸、艾灼的痕迹。［15］无度：没有节制。［16］别寝：另外的房间。［17］步射都知兵马使：节度使属官，统率马、步军。［18］辛亥：八月二十五日。［19］郑滑：方镇名。治所郑州，在今河南郑州市。［20］盛陈：大力陈述。［21］分兵以隶诸将：用分散兵力的办法来统辖部下将领。［22］乘间谋己：乘机会算计自己。［23］莫能相制：不能互相制服。［24］峻：严厉。［25］长策：好办法。［26］制诸将之死命者：制服诸将并能掌握他们命运的人。［27］自听断：自己决断政务。［28］屠肆：肉铺。喻全家遭诛灭。［29］天兵：天子之兵。［30］列将：部将。［31］恶：厌恨。［32］莫甚于此：没有比这更严重的了。［33］立：立即。［34］齑（jī）粉：切碎。比喻粉身碎骨。［35］按兵养威：按兵不动，提高军威。［36］以须后敕：等待调令。［37］自效于军中者：自有在藩镇军中发难的人。［38］中其机会：抓住机会。［39］不爱爵禄：不吝惜官爵禄位，即不吝重赏。［40］麾下：部下。［41］争为恭顺：争先恐后归附朝廷。［42］不战而屈人兵：语出《孙子兵法》，不使用武力而使敌人屈服。［43］刍粮金帛：马草军粮财用布帛。［44］顾问：回顾头来询问。［45］兵：军队。［46］赴之：参加。［47］惮战：害怕战争。［48］非直：非但。［49］奋身抚案：跳起身来，拍着台子。［50］荧惑：用花言巧语，蛊惑别人。［51］正色：脸色严重、严肃。［52］社稷：国家。［53］家僮：仆人。［54］数以爱憎移易诸将：多次以自己的爱憎调动将领。［55］朝命：朝廷的任命。［56］大噪：大声呼叫。［57］环：包围。［58］兴度不免：田兴估计免不了要被推戴为节度使留后。［59］惟命：惟你之命是从。［60］犯：侵犯。［61］副大使：指田怀谏。［62］申版籍：申报土地、户口。［63］请官吏：请求朝廷任命官吏。［64］迁：迁移。［65］外：节度府衙之外。

【点评】

本卷点评三事：吐突承璀兵败河北、李绛入相、宪宗问宰臣宽严之政。

一、吐突承璀兵败河北。当初，元和元年（806），宪宗兵征西川刘辟，这时淄青节度使李师古去世。李师古异母弟李师道自为留后，宰相杜黄裳主张讨伐，宪宗认为刘辟还没有平定，不愿两线用兵，姑息李师道，任命为节度使。嗣后王士真的儿子王承宗自为留后，此时宪宗意欲革除军镇世袭的弊政，打算用兵征讨。宰相裴垍和翰林学士李绛都认为河北三镇世袭节度已相沿成习，三镇又唇齿相依，不易征讨。淮西吴少诚当年自为留后而被朝廷任命，现已患病，朝廷派人去取代，若不受命，派兵征讨，因环绕淮西诸镇皆为朝廷控制，淮西得不到邻镇的援助，官军可以取胜，阻止军镇世袭蔓延到内地。这一正确方针，宪宗不予采纳。神策军中尉吐突承璀请命征讨河北，宪宗听从。吐突承璀自小入宫，给事东宫侍奉顺宗，年纪与宪宗相当，两人自幼交好。宪宗即位，用为神策军中尉。吐突承璀还掌控内侍省，是宦官的总头领，宪宗宠信无比。既然朝官反对用兵河北，宪宗索性任用吐突承璀为统帅，任命吐突承璀为左、右神策，河中、河阳、浙西、宣歙等道行营兵马使、招讨处置使，统兵讨伐王承宗。白居易等朝臣群起反对任用宦官为兵马统帅，各镇将领以受宦官指挥为耻辱，不肯用命。宪宗固执己见，他只是在名义上取消吐突承璀行营兵马使的头衔，改招讨使为宣慰使，仍用吐突承璀为统帅，集中官军二十余万十倍于王承宗的优势讨伐成德，果如朝臣所料，各镇官兵互相观望，河北三镇联合对抗，久不建功。朝廷花了七百多万缗军费，财力不支，只好接受王承宗的归顺，任命他为节度使，朝廷罢兵。

元和五年（810），吐突承璀回朝，宪宗不追究吐突承璀的败军之罪，仍用为神策军中尉，李绛等朝官力争，宪宗不得已贬吐突承璀为军器使。第二年，吐突承璀贪赃事发，出为淮南监军。宪宗对李绛说，吐突承璀只是一个家奴，无论给他多大权力，去掉他就像去掉一根毛。宪宗违众任用吐突承璀为统帅，认为军队在家奴手中就是在自己手中，吐突承璀胜利了，就是皇上英明，使群臣畏服。宪宗的心理深处，仍是猜忌朝官和诸将，自己站到宦官一边。宦官从小在宫中，不知稼穑之艰难，哪能体恤人民的疾苦。宦官多不读书，不明礼义。宦官身为刑余之人，身心遭受严重摧残，整日目睹皇上与嫔妃花天酒地的豪侈生活，颐指气使家奴的威风，日久天长，怎不染上权力之欲。所以宦官一旦擅权，十之八九皆为祸患，唐宪宗视为一根毛，大错特错。正是这一错误观念，让很多君主疏远朝官，信用家奴，最终失控，受制于家奴。宪宗最终死于宦官之手，这是他做梦也想不到的，悲哉，惜也。

二、李绛入相。河北用兵的失败，使唐宪宗认识到，不信用朝官，想有一番作为是不可能的。唐宪宗当时还有进取心，这是他的英明处，为了任用李绛为相，唐宪宗才贬吐突承璀为淮南监军，当唐宪宗要一脚踢开李绛时，吐突承璀又被召还为相，这是后话，按下不提。

李绛，字深之，赵郡赞皇（今河北赞皇）人。历仕德宗、顺宗、宪宗、穆宗、敬宗、文宗六朝，清正廉直。居官庙堂，以匡谏为己任，外任地方，恪尽职守。终官山南西道节度使，死于监军煽动的乱兵之手。贞元末，李绛任监察御史，宪宗即位，拜李绛为翰林学士，策划军国事务。诛李锜，推倒圣德碑，皆李绛之力。李绛是当时朝官耿直派的代表，深恶宦官。宪宗用兵河北失败，转而起用李绛为相，贬吐突承璀出京，标志朝官耿直派得势，朝廷政治出现了振兴的气象。元和七年（812），魏博镇内讧，将士拥立田弘正为留后。田弘正举魏博六州地归顺朝廷。其经始营创，也是李绛之力。宪宗曾与李绛讨论玄宗一朝，为什么开元大治，天宝大乱，一个人前后治乱相反。李绛说，开元之时，任用姚崇、宋璟贤才辅政，玄宗皇帝纳谏思治，君臣同心，中外安宁。开元后朝，奸人李林甫、杨国忠为相，诱以兴利，武夫说以开边，玄宗皇帝听不到直言，骄侈逸乐，导致天宝大乱。治乱安危，全取决于皇上的所作所为。宪宗说，人主怎样办才好呢？李绛说，只要人主不吝改过，从善如流，臣等敢言，什么事情都能办好。宪宗说，朕任用卿等，就是希望卿等直言，不要有什么保留，以弥补朕的不足。唐宪宗只是这样说，时间一长就动摇了立场。唐宪宗和德宗一样，宠信宦官且贪财。宪宗罢免了进奉，不久又恢复了进奉。宪宗贬逐了吐突承璀，时时想到召回，而且李绛之言，只要涉及宦官，就不采用。宪宗仍然是腐朽势力的代表，而非真正的中兴之主。局势好转，宪宗的感情就倒向了与宦官勾结的宰相李吉甫一边。李绛与李吉甫道不同不相为谋，两人在宪宗面前总是争执。宪宗心知李绛忠直，总是采纳李绛的论奏。元和九年（814），宪宗终于沉不住气了，罢了李绛的相职，召吐突承璀还朝，李吉甫得势。李绛只做了三年的宰相，也是唐宪宗为明君的时期。

三、宪宗问宰臣宽严之政。元和六年（811）三月十一日，宪宗问宰臣，治理国家，宽和与威严，哪一个应当放在首位。宰相权德舆回答说："秦王朝施政威严而灭亡，汉朝施政宽和而兴盛。本朝太宗皇帝，禁止用刑时鞭打人的背。因此，安史之乱以来，叛乱不断发生，但转眼间反叛的人都灭亡了。这是因为列祖列宗施行宽和的仁政，凝聚了天下人心，唐室总是转危为安。这样看来，治理天下，宽和与威严，哪个在先，不是很清楚了吗。"鞭刑杖臀，只伤皮肉，若杖人之背，往往打死人。权德舆以此为喻，刑杖为的是治病救人，不是把人打死，就是宽和，打死人就是苛严。德宗后期政治，十年不赦。宪宗即位，不问是非轻重，所谓王叔文同党，一概贬逐。德宗、宪宗，深恶朝臣朋党，因此，朝臣是不是朋党，只要认定，一概斥逐，施以苛严。权德舆主张用政尚宽，回答宪宗之问，宪宗认为有道理。被贬八司马之程异等，得到了重新任用。

有一天李吉甫劝宪宗要施威严整顿纲纪。宪宗问李绛："卿的意见如何？"李绛回答说："圣明君主的政治，崇尚道德而不崇尚刑罚。怎么能够放弃周成王、周康王、汉文帝、汉景帝的做法，而效法秦始皇、秦二世呢？"周与汉行仁政，有成康之治与文景之治，秦政苛酷，二世而亡。这次谈话过了十多天，山南东道节度使于頔入朝，劝宪宗用严刑。于是宪宗对宰臣们说："于頔是个大奸臣，他劝朕用严刑峻法，卿等知道于頔的用心吗？"宰臣们回答："不知道。"宪宗说："于頔的用意是让朕丧失人心。"李吉甫惊了一身冷汗。此事表明，宪宗清醒时还是能明辨是非。

卷二三九　唐纪五十五

唐宪宗元和七年至十一年（812—816年）

【起玄黓执徐（壬辰，812年）十月，尽柔兆涒滩（丙申，816年），凡四年有奇】

【大事提要】

本卷记事起公元812年十月，讫公元816年，凡四年又三个月。当唐宪宗元和七年十月到元和十一年。此时期是唐宪宗执政取得辉煌成绩的时期，李绛为相，直言敢谏，又善策划。元和七年（812），魏博节度使田季安死，其子田怀谏，年十一，被军士立为留后，宰相李吉甫主张用兵，李绛认为，只要朝廷不派中使慰问，不受节钺，魏博镇当自归于朝。事势发展果如李绛之策。魏博效顺，重赏将士，处置事宜，皆为李绛所策。李吉甫善逢迎，和柔自媚，排挤李绛。唐宪宗思念吐突承璀，元和九年（814），唐宪宗召吐突承璀回京师，官复原职，为左神策军中尉，李绛罢相。淮西节度使吴少阳死，其子吴元济自领军务，朝廷大发十六道兵征讨。淄青节度使李师道出兵阳为讨贼，暗助淮西。李师道还派刺客到京师暗杀宰相武元衡，伤裴度，又欲血洗东都，为东都留守李元膺挫败。韩愈上平淮西之策。柳宗元著政论《梓人传》《种树郭橐驼传》讽喻时政。成德王承宗再叛助贼，唐宪宗违众开辟河北第二战场，志在表明讨逆决心。

宪宗昭文章武大圣至神孝皇帝中之上

元和七年（壬辰，812年）

冬，十月，乙未[1]，魏博监军以状闻[2]，上亟[3]召宰相，谓李绛曰："卿揣魏博若符契[4]。"李吉甫请遣中使宣慰[5]以观其变，李绛曰："不可。今田兴奉其土地兵众，坐待诏命，不乘此际推心抚纳[6]，结以大恩，必待敕使至彼，持将士表来为请节钺，然后与之，则是恩出于下，非出于上，将士为重，朝廷为轻，其感戴[7]之心亦非今日之比也。机会一失，悔之无及！”吉甫素与枢密使梁守谦相结，守谦亦为之言于上曰：“故事，皆遣中使宣劳，今此镇独无，恐更不谕。”上竟遣中使张忠顺如魏博宣慰，欲俟其还而议之。癸卯[8]，李绛复上言：“朝廷恩威得失，在此一举[9]，时机可惜，奈何弃之[10]！利害[11]甚明，愿圣心勿疑。计忠顺之行，甫[12]应过陕[13]，乞明旦即降白麻[14]除兴节度使，犹可及也[15]。”上且欲除留后，绛曰：“兴恭顺如此，自非恩出不次[16]，则无以使之感激殊常[17]。”上从之。甲辰[18]，以兴为魏博节度使。忠顺未还，制命已至魏州。兴感恩流涕，士众无不鼓舞。

庚戌[19]，更名皇子宽曰恽[20]，察曰悰[21]，寰曰忻[22]，寮曰悟[23]，审曰恪[24]。

李绛又言：“魏博五十余年不沾皇化[25]，一旦举六州之地来归，刳[26]河朔之腹心，倾叛乱之巢穴，不有重赏过其所望[27]，则无以慰士卒之心，使四邻劝慕。请发内库钱百五十万缗以赐之。”左右宦官以为“所与太多，后有此比，将何以给之？”上以语绛，绛曰：“田兴不贪专地之利，不顾四邻之患，归命圣朝，陛下奈何爱小费而遗大计，不以收一道人心！钱用尽更来，机事[28]一失不可复追。借使国家发十五万兵以取六州，期年[29]而克之，其费岂止百五十万缗而已乎！”上悦，曰：“朕所以恶衣菲食[30]，蓄聚货财，正为欲平定四方[31]；不然，徒贮之府库何为！”十一月，辛酉[32]，遣知制诰[33]裴度[34]至魏博宣慰，以钱百五十万缗赏军士，六州百姓给复一年[35]。军士受赐，欢声如雷。成德、兖郓[36]使者数辈见之，相顾失色[37]，叹曰：“倔强者果何益乎！”

度为兴陈君臣上下之义[38]，兴听之，终夕不倦，待度礼极厚，请度遍至所部州县[39]，宣布朝命。奏乞除节度副使于朝廷，诏以户部郎中河东胡证[40]为之。兴又奏所部缺官九十员，请有司注拟[41]，行朝廷法令，输赋税。田承嗣以来室屋僭侈[42]者，皆避不居。

郓[43]、蔡[44]、恒[45]遣游客间说[46]百方，兴终不听。李师道使人谓宣武[47]节度使韩弘[48]曰：“我世与田氏约相保援，今兴非田氏族，又首变两河事[49]，亦公之所恶[50]也！我将与成德合军讨之。”弘曰：“我不知利害[51]，知奉诏行事耳。若兵北渡河，我则以兵东取曹州[52]！”

师道惧，不敢动。

田兴既葬田季安，送田怀谏于京师。辛巳[53]，以怀谏为右监门卫将军[54]。

（以上为第一段，写唐宪宗重赏魏博归顺将士，处置事宜皆为李绛所策划。）

【注释】

[1]乙未：十月十日。[2]以状闻：以魏兵废田怀谏而立田兴的奏章上闻。[3]亟：立即，急。[4]符契：喻料事如神。[5]宣慰：宣抚慰问。[6]推心抚纳：推诚招抚接纳。[7]感戴：感恩戴德。[8]癸卯：十月十八日。[9]在此一举：在这一次行动之中。[10]奈何弃之：为什么抛弃它呢？[11]利害：利益和弊害。[12]甫：刚。[13]陕：陕州。唐常置节度使、观察使、防御使于陕州。治所在今河南三门峡市陕州区。[14]白麻：任命书。唐制，有关立后妃、封亲王、建储君、拜将相、枢密使、三公、三少、节度使等高级官员，以及大赦、曲赦、德音、或宣布重大战事诏令皆用白麻纸书写，每行四字，不盖印。俗称白麻。[15]犹可及也：还来得及。[16]不次：不按常规。[17]殊常：异于平常。[18]甲辰：十月十九日。[19]庚戌：十月二十五日。[20]恽：宪宗第二子，元和元年（806）封澧王。[21]悰：宪宗第四子，元和元年封深王。[22]忻：宪宗第五子，元和元年封洋王。[23]悟：宪宗第六子，元和元年封绛王。[24]恪：宪宗第十子，元和元年封建王。传均见《旧唐书》卷一百七十五，《新唐书》卷八十二。[25]不沾皇化：不受到皇家的雨露化育。此割据跋扈的委婉语。[26]刳：挖。[27]过其所望：超过他自己的希望。[28]机事：机会。[29]期年：一周年。[30]恶衣菲食：指穿着差、吃得差。[31]四方：全国。[32]辛酉：十一月六日。[33]知制诰：官名。唐开元以后，以他官掌起草诏令者称知制诰。时裴度本官为司封郎中。[34]裴度（765—839）：字中立，河东闻喜（今山西闻喜）人，力主削藩，督师破蔡州，擒吴元济。官至宰相。传见《旧唐书》卷一百七十，《新唐书》卷一百七十三。[35]给复一年：免除赋税一年。[36]兖郓：方镇名。即淄青、平卢军节度使。[37]相顾失色：互相对视，脸变色。[38]义：道理。[39]所部州县：所管辖的州县。[40]胡证（758—828）：字启中，河东（今山西永济）人，官至岭南节度使。传见《旧唐书》卷一百六十三，《新唐书》卷一百六十四。[41]注拟：唐制，考试合格后，由吏部拟定官职，叫注拟。[42]室屋僭侈：超越礼制的豪华住宅。指仿造的宫室。[43]郓：李师道。[44]蔡：吴少阳。[45]恒：王承宗。[46]间说：游说。[47]宣武：方镇名。唐德宗建中二年（781），置宋亳颍节度使、寻号宣武军节度使，治所汴州，在今河南开封市。[48]韩弘：滑州匡城（今河南长垣市）人。庄重寡言，沉谋勇断。传见《旧唐书》卷一百五十六，《新唐书》卷一百五十八。[49]首变两河事：指田兴悉心尊奉唐朝廷，首次改变两河藩镇割据独立局面。[50]恶：厌恨。[51]不知利害：不知成败利钝。[52]曹州：州名，在今山东曹县，为李师道巡属。[53]辛巳：十一月二十六日。[54]右监门卫将军：唐禁卫军官名，掌诸门禁卫及门籍。

李绛奏振武、天德[1]左右良田可[2]万顷，请择能吏开置营田[3]，可以省费足食，上从之。绛命度支使卢坦经度[4]用度，四年之间，开田四千八百顷，收谷四千余万斛，岁省度支钱二十余万缗，边防赖之[5]。

上尝于延英谓宰相曰："卿辈当为朕惜官[6]，勿用之私亲故。"李吉甫、权德舆皆谢不敢。李绛曰："崔祐甫有言，'非亲非故，不谙[7]其才。'谙者尚不与官，不谙者何敢复与！但问其才器与官相称否耳。若避亲故之嫌，使圣朝亏[8]多士之美[9]，此乃偷安之臣，非至公之道也。苟所用非其人，则朝廷自有典刑，谁敢逃之！"上曰："诚如卿言[10]。"

是岁，吐蕃寇泾州[11]，及[12]西门[13]之外，驱掠人畜而去。上患之，李绛上言："京西[14]、京北[15]皆有神策镇兵[16]，始，置之欲以备御吐蕃，使与节度使掎角[17]相应也。今则鲜衣美食，坐耗县官[18]，每有寇至，节度使邀与俱进，则云申取中尉[19]处分；比其得报，虏去远矣。纵有果锐[20]之将，闻命奔赴，节度使无刑戮以制之，相视如平交，左右前却，莫肯用命，何所益乎！请据所在之地士马及衣粮、器械皆割隶当道节度使，使号令齐一[21]，如臂之使指，则军威大振，虏不敢入寇矣。"上曰："朕不知旧事如此，当亟行之。"既而神策军骄恣[22]日久，不乐隶节度使，竟为宦者所沮而止。

（以上为第二段，写唐宪宗宠信宦官重于朝士，李绛之言，只要事及宦官，则不得施行。）

【注释】

[1]天德：方镇名。本为安德都护。唐代宗大历十四年（779）置天德军，治所在今内蒙古乌拉特旗西北。[2]可：大约。[3]营田：屯田。[4]经度：计算、规划。[5]赖之：依靠它。[6]惜官：珍惜官员编制，应人尽其才。[7]谙：熟悉、了解。[8]亏：损失、失去。[9]多士之美：盛用人才的美誉。[10]诚如卿言：的确像你所说的那样。[11]泾州：州名。治所泾川，在今甘肃泾川。[12]及：到。[13]西门：泾州城西门。[14]京西：指凤翔、秦、陇、原、泾、渭。[15]京北：指邠、宁、丹、延、鄜、坊、庆、灵、盐、夏、绥、银、宥。[16]神策镇兵：中央派禁军神策兵在上述地区镇守称神策镇兵。[17]掎角：分兵于不同处所，以便牵制敌人或互相支持。[18]县官：国家。[19]中尉：唐神策镇兵分屯于外，皆属左、右神策护军中尉。[20]果锐：果敢勇锐。[21]号令齐一：统一号令。[22]骄恣：骄纵恣肆。

八年（癸巳，813 年）

春，正月，癸亥[1]，以博州[2]刺史田融为相州刺史。融，兴之兄也。融、兴幼孤；融长，养而教之。兴尝于军中角射[3]，一军莫及。融退而抶之[4]曰："尔不自晦[5]，祸将及矣[6]！"故兴能自全于猜暴之时[7]。

勃海定王元瑜[8]卒，弟言义[9]权知国务。庚午[10]，以言义为勃海王。

李吉甫、李绛数争论于上前，礼部尚书、同平章事权德舆居中无所可否；上鄙之。辛未[11]，德舆罢守本官。

辛卯[12]，赐魏博节度使田兴名弘正[13]。

司空、同平章事于頔久留长安[14]，郁郁不得志。有梁正言者，自言与枢密使梁守谦同宗，能为人属请[15]，頔使其子太常丞敏重赂正言，求出镇。久之，正言诈[16]渐露，敏索其赂不得，诱其奴，支解[17]之，弃溷[18]中。事觉，頔帅其子殿中少监季友[19]等素服诣建福门[20]请罪，门者不内[21]；退，负南墙而立[22]，遣人上表，閤门[23]以无印引[24]不受，日暮方归，明日，复至。丁酉[25]，頔左授[26]恩王傅，仍绝朝谒；敏流雷州，季友等皆贬官，僮奴死者数人；敏至秦岭[27]而死。

事连[28]僧鉴虚。鉴虚自贞元以来，以财交权倖[29]，受方镇赂遗[30]，厚自奉养，吏不敢诘[31]。至是，权倖争为之言，上欲释之，中丞薛存诚[32]不可。上遣中使诣台[33]宣旨曰："朕欲面诘此僧，非释之也。"存诚对曰："陛下必欲面释此僧，请先杀臣，然后取之，不然，臣期[34]不奉诏。"上嘉而从之。三月，丙辰[35]，杖杀鉴虚，没其所有之财。

甲子[36]，征前西川节度使、同平章事武元衡入知政事。

夏，六月，大水。上以为阴盈之象[37]，辛丑[38]，出宫人二百车。

（以上为第三段，写唐宪宗惩治请托，贬于頔，杖杀僧人鉴虚。）

【注释】

[1]癸亥：正月九日。 [2]博州：州名，治所聊城，在今山东聊城市。 [3]角射：竞争射击，以中者为胜。 [4]抶（chì）之：鞭打他。 [5]自晦：自为韬晦之计。 [6]祸将及矣：祸

祟将降临到你头上了。［7］猜暴之时：指田季安残暴统治时期。［8］元瑜（？—813）：渤海国王，年号永德，死后谥定王。［9］言义：元瑜弟。袭王位，改元朱雀。［10］庚午：正月十六日。［11］辛未：正月十七日。［12］辛卯：二月七日。辛卯前脱“二月”二字。［13］弘正（764—821）：即田兴，字安道，幼通兵法，善骑射。官魏博节度使，归附朝廷，屡立战功。传见《旧唐书》卷一百四十一，《新唐书》卷一百四十八。［14］久留长安：于任山南东道节度使，在元和二年入朝，任司空、同平章事。頔入朝事见《资治通鉴》卷二百三十七。［15］属请：请托。［16］诈：欺骗。［17］支解：分割肢体。［18］溷：厕所。［19］季友：于頔之子，尚宪宗女普宁公主。［20］建福门：唐大明宫端门叫丹凤门，其西为建福门。［21］内：通“纳”。［22］负南墙而立：背靠着南墙立着。［23］阁门：东、西上阁门的简称，大明宫宣政殿殿东、西两侧通向内廷的阁门。戒备甚严，中唐以后特设阁门使，由宦官充任。日常奏表由东上阁门奉进。［24］无印引：于頔无职印，又无内引。［25］丁酉：二月十三日。［26］左授：降职。［27］秦岭：即长安城南之终南山。于敏未出京畿而死。［28］事连：于敏行贿事牵连到和尚鉴虚。［29］权倖：地位高、有权势而又被皇帝宠幸的人。［30］赂遗：贿赂。［31］诘：盘问、讯问。［32］薛存诚：字子明，河东（今山西永济）人。官至御史中丞。传见《旧唐书》卷一百五十三，《新唐书》卷一百六十二。［33］诣台：到御史台。［34］期：语出《史记·张丞相列传》周昌廷争汉高祖欲立如意为太子事。“臣期期不奉诏”。期期，形容口吃，说话艰涩。这里指态度坚决。［35］丙辰：三月三日。［36］甲子：三月十一日。［37］阴盈之象：阴气充盈的征象。［38］辛丑：六月二十日。

秋，七月，振武节度使李光进请修受降城[1]，兼理河防。时受降城为河所毁，李吉甫请徙其徒于天德故城[2]，李绛及户部侍郎卢坦以为：“受降城，张仁愿所筑，当碛口[3]，据虏要冲，美水草，守边之利地。今避河患，退二三里可矣，奈何舍万代永安之策，徇[4]一时省费之便乎！况天德故城僻处确瘠[5]，去河绝远，烽候[6]警急不相应接，虏忽唐突[7]，势无由知，是无故而蹙国[8]二百里也。”及城使周怀义奏利害，与绛、坦同。上卒[9]用吉甫策，以受降城骑士隶天德军。

李绛言于上曰：“边军徒有其数而无其实，虚[10]费衣粮，将帅但缘私[11]役使，聚货财以结权倖而已，未尝训练以备不虞[12]，此不可不于无事之时豫留圣意[13]也。”时受降城兵籍旧四百人，及天德军交兵，止有五十人，器械止有一弓，自余称是。故绛言及之。上惊曰：“边兵乃如是其虚邪！卿曹当加按阅[14]。”会绛罢相而止。

乙巳[15]，废天威军[16]，以其众隶神策军。

丁未[17]，辰、溆贼帅张伯靖请降。辛亥[18]，以伯靖为归州司马，委[19]荆南军前驱使[20]。

（以上为第四段，写唐宪宗惜小费，李吉甫顺适圣意排挤李绛，不纳李绛策，以至于受降城失修缩地二百里，边兵空缺，不加按阅。）

【注释】

[1]受降城：唐受降城有三，张仁愿所筑。事见《资治通鉴》卷二百九中宗景龙元年（707）。中受降城，在今内蒙古五原黄河北面。东受降城，在今内蒙托克托黄河东岸。西受降城，在今内蒙古临河乌拉托中后旗西南黄河北岸。 [2]天德故城：地名，在西受降城东二百里大同川。 [3]碛口：沙漠的口子上。碛，浅水中的沙石，引申为沙漠。 [4]徇：从。 [5]僻处确瘠：处在偏僻而瘠薄的地方。 [6]烽候：烽火、斥候。均边防侦察、报警设施。 [7]唐突：突然袭击。 [8]蹙国：减少国土。 [9]卒：结果。 [10]虚：空，白白地。 [11]缘私：借公役之名为其私人服役。 [12]不虞：意想不到的事发生。 [13]豫留圣意：在意外事端（指外敌入侵）发生之前，请陛下事先留意。 [14]按阅：核查。 [15]乙巳：八月二十五日。乙巳前脱“八月”二字。[16]天威军：元和初，并左、右神威军为一军，号天威军。至此废除。 [17]丁未：八月二十七日。 [18]辛亥：九月二日。据章校，“辛亥”前有“九月”二字。 [19]委：属。 [20]驱使：差遣。

初，吐蕃欲作乌兰桥[1]，先贮材于河侧[2]，朔方常潜遣人投之于河，终不能成。虏知朔方、灵盐节度使王佖[3]贪，先厚赂之，然后并力成桥，仍筑月城[4]守之。自是朔方御寇不暇[5]。

冬，十月，回鹘发兵度碛南[6]，自柳谷[7]西击吐蕃。壬寅[8]，振武、天德军奏回鹘数千骑至鸊鹈泉[9]，边军戒严。

振武节度使李进贤，不恤[10]士卒；判官严澈，绶之子也，以刻核[11]得幸于进贤。进贤使牙将杨遵宪将五百骑趣东受降城以备回鹘，所给资装多虚估[12]；至鸣沙[13]，遵宪屋处[14]而士卒暴露[15]；众发怒，夜，聚薪[16]环其屋而焚之，卷甲[17]而还。庚寅[18]夜，焚门，攻进贤，进贤逾城走，军士屠其家，并杀严澈。进贤奔靖边军[19]。

群臣累表请立德妃郭氏[20]为皇后。上以妃门宗强盛，恐正位之后，后宫莫得进[21]，托以岁时禁忌[22]，竟不许。

丁酉[23]，振武监军骆朝宽奏乱兵已定，请给将士衣。上怒，以夏绥[24]节度使张煦为振武节度使，将夏州兵二千赴镇，仍命河东节度使王锷以兵二千纳之，听以便宜从事[25]。骆朝宽归罪于其将苏若方而杀之。

发郑滑、魏博卒凿黎阳古河[26]十四里，以纾滑州水患。

上问宰相："人言外间朋党[27]大盛，何也？"李绛对曰："自古人君所甚恶[28]者，莫若人臣为朋党，故小人谮[29]君子必曰朋党。何则？朋党言之则可恶，寻之则无迹[30]故也。东汉之末，凡天下贤人君子，宦官皆谓之党人而禁锢[31]之，遂以亡国。此皆群小欲害善人之言，愿陛下深察之！夫君子固与君子合，岂可必使之与小人合，然后谓之非党邪！"

（以上为第五段，写边将贪暴，或受赂吐蕃，或不恤士卒以致兵变，而朝廷惩治不力，宪宗却忌刻朋党。）

【注释】

[1]乌兰桥：桥名。在今甘肃靖远县。吐蕃在河上所造之桥。 [2]河侧：河边。 [3]王佖（？——823）：李晟之甥，雄武善骑射，性贪，接受吐蕃贿赂，使其造成乌兰桥，常寇振武。传见《旧唐书》卷一百三十三，《新唐书》卷一百五十四。 [4]月城：半圆形小城。 [5]不暇：没有空闲的时间。 [6]碛南：沙漠南。 [7]柳谷：在古交河县，即在今新疆吐鲁番西。 [8]壬寅：十月二十三日。 [9]鸊鹈泉：地名，在今内蒙古杭锦后旗西北。 [10]不恤：不爱惜、体谅。 [11]刻核：以长于克扣士卒。 [12]虚估：物资装备不给实物，虚估其价，给以其他物资。[13]鸣沙：县治在今宁夏中卫南。人马行经此地沙漠，随路有声，故称鸣沙。 [14]屋处：住在屋里。 [15]暴露：露宿在野外。 [16]聚薪：堆积柴草。 [17]卷甲：卷起行装。 [18]庚寅：十二月十一日。 [19]靖边军：唐置靖边都督府，在今陕西米脂西。 [20]德妃郭氏：郭子仪孙女，郭暧之女。传见《旧唐书》卷五十二，《新唐书》卷七十七。[21]后宫莫得进：不能再纳妃子。[22]岁时禁忌：借口时日忌讳。 [23]丁酉：十二月十八日。 [24]夏绥：唐德宗贞元三年（787）置夏州节度观察处置押蕃落使。治所岩绿，在今陕西靖边县北面。 [25]便宜从事：授以自主处事的权力。 [26]黎阳古河：黄河古道经黎阳山之东，称黎阳古河，后南徙，威胁滑州。故仍开凿黎阳古河。以缓解滑州水患。 [27]朋党：指同类的人为自私目的而互相勾结。 [28]甚恶：最厌恨的。 [29]谮：诋毁。 [30]迹：踪迹、痕迹。 [31]禁锢：禁止做官或参与政治活动。

九年（甲午，814年）

春，正月，甲戌[1]，王锷遣兵五千会张煦于善羊栅[2]。乙亥[3]，煦入单于都护府[4]，诛乱者苏国珍等二百五十三人。二月，丁丑[5]，贬李进贤为通州[6]刺史。甲午[7]，骆朝宽坐[8]纵乱者，仗之八十，夺色[9]，配役定陵[10]。

李绛屡以足疾辞位；癸卯[11]，罢为礼部尚书。

初，上欲相绛[12]，先出吐突承璀为淮南监军，至是，上召还承璀，先罢绛相。甲辰[13]，承璀至京师，复以为弓箭库使、左神策中尉。

李吉甫奏："国家旧置六胡州[14]于灵、盐之境，开元中废之，更置[15]宥州[16]以领降户；天宝中，宥州寄理[17]于经略军[18]，宝应以来，因循遂废。今请复之，以备回鹘，抚党项。"上从之。夏，五月，庚申[19]，复置宥州，理经略军，取鄜城[20]神策屯兵九千以实之[21]。

先是，回鹘屡请昏[22]，朝廷以公主出降[23]，其费甚广，故未之许。礼部尚书李绛上言，以为："回鹘凶强，不可无备，淮西穷蹙[24]，事要经营[25]。今江、淮大县，岁所入赋有二十万缗者，足以备降主之费，陛下何爱一县之赋，不以羁縻[26]劲虏！回鹘若得许昏，必喜而无猜[27]，然后可以修城堑，蓄甲兵，边备既完，得专意淮西，功必万全。今既未降公主而虚弱西城[28]；碛路[29]无备，更修天德[30]以疑虏心。万一北边有警，则淮西遗丑[31]复延岁月之命矣！傥虏骑南牧[32]，国家非步兵三万，骑五千，则不足以抗御！借使[33]一岁而胜之，其费岂特[34]降主之比哉！"上不听。

乙丑[35]，桂王纶[36]薨。

六月，壬寅[37]，以河中节度使张弘靖[38]为刑部尚书、同平章事。弘靖，延赏之子也。

翰林学士独孤郁，权德舆之婿也。上叹郁之才美曰："德舆得婿郁，我反不及邪！"先是尚主[39]皆取贵戚及勋臣之家，上始命宰相选公卿、大夫子弟文雅可居清贯[40]者；诸家多不愿，惟杜佑孙司议郎悰[41]不辞。秋，七月，戊辰[42]，以悰为殿中少监、驸马都尉，尚岐阳公主。公主，上长女，郭妃所生也。八月，癸巳[43]，成昏。公主有贤行，杜氏大族，尊行[44]不翅[45]数十人，公主卑委怡顺[46]，一同家人礼度[47]，二十年间，人未尝以丝发间指为贵骄。始至，则与悰谋曰："上所赐奴婢，卒不肯穷屈[48]，奏请纳之，悉自市[49]寒贱可制指者[50]。"自是闺门落然[51]不闻人声[52]。

（以上为第六段，写唐宪宗召吐突承璀入朝复任中尉，李绛罢相。宪宗长女岐阳公主贤淑。）

【注释】

[1]甲戌：正月二十六日。［2］善羊栅：地名，在朔州善阳县境内，善阳县在今山西朔州市。［3］乙亥：正月二十七日。［4］单于都护府：振武节度使治所在单于都护府。［5］丁丑：二月己卯朔，无丁丑。丁未，正月二十九日。［6］通州：州名，治所在今四川达州市。［7］甲午：二月十六日。［8］坐：处置。［9］夺色：削夺其品官服色。即降职。［10］配役定陵：发配去守护定陵。定陵，唐中宗陵，在今陕西富平县西北。［11］癸卯：二月二十五日。［12］相绛：以李绛为宰相。［13］甲辰：二月二十六日。［14］六胡州：即在灵州、夏州地区置鲁州、丽州、含州、塞州、依州、契州，以唐人为刺史，安置投降的突厥人，叫六胡州。［15］更置：改置。［16］宥州：此时宥州侨居经略军治所，元和十五年（820）移治长泽县，在今内蒙古鄂托克旗东南城川古城。［17］寄理：即寄治，地方官属侨居他地。［18］经略军：天宝中置，治所在今内蒙古鄂托克旗东北。［19］庚申：五月十四日。［20］鄜城：县治在今陕西洛川县东南。［21］实之：充实它。［22］昏：通婚。［23］出降：出嫁。［24］穷蹙：指处境艰困。［25］经营：谋划。［26］羁縻：笼络。［27］无猜：对我没有猜疑。［28］西城：指西受降城。此前天德军治所在西受降城。［29］碛路：指北方通沙漠之路。［30］天德：天德军故城。在今内蒙古乌拉特前旗北。上年七月，西受降城为水所毁，令西受降城的天德军治所移于天德故城。为此而更修天德故城。［31］遗丑：贬词。指淮西藩镇吴少阳等。［32］南牧：向南方进攻。［33］借使：假使。［34］岂特：岂但。［35］乙丑：五月十九日。［36］桂王纶（？—814）：顺宗第二十子。［37］壬寅：六月二十七日。［38］张弘靖（760—824）：字元理。德宗朝宰相张延赏之子。雅厚信直，官至宰相。传见《旧唐书》卷一百二十九，《新唐书》卷一百二十七。［39］尚主：此指公主出嫁。［40］文雅可居清贯：有文学儒雅的风度，可以位居清列之选，如翰林学士、谏官、史馆等职。［41］悰：杜佑孙，尚宪宗女岐阳公主。官至宰相，无才学，尸位而已。传见《旧唐书》卷一百四十七，《新唐书》卷一百六十六。［42］戊辰：七月二十三日。［43］癸巳：八月十九日。［44］尊行：尊长辈，即长辈。［45］不翅：不啻，不少于。［46］卑委怡顺：谦逊随和。怡顺，和颜随顺。［47］一同家人礼度：一概如同家人礼数，即不摆公主架子。［48］穷屈：终究不肯屈从。［49］自市：自买。［50］可制指者：可以控制听指挥的人。［51］落然：安静的样子。［52］不闻人声：谓无人说闲话。

闰月，丙辰[1]，彰义节度使吴少阳薨。少阳在蔡州，阴聚亡命[2]，牧养马骡，时抄掠寿州[3]茶山以实其军。其子摄[4]州刺史元济[5]，匿丧，以病闻，自领军务。

上自平蜀，即欲取淮西。淮南节度使李吉甫上言："少阳军中上下携离[6]，请徙理寿州[7]以经营之。"会朝廷方讨王承宗，未暇[8]也。及吉甫入相，田弘正以魏博归附[9]。吉甫以为汝州[10]扞蔽[11]东都，河阳宿兵[12]，本以制魏博，今弘正归顺，则河阳为内镇，不应屯重兵以示猜阻[13]。辛酉[14]，以河阳节度使乌重胤为汝州刺史，充河阳、怀、汝节度使，徙理汝州。己巳[15]，弘正检校右仆射，赐其军钱二十万缗，弘正曰："吾未若移河阳军之为喜[16]也。"

九月，庚辰[17]，以洺州刺史李光颜为陈州刺史，充忠武[18]都知兵马使；以泗州刺史令狐通[19]为寿州防御使。通，彰之子也。丙戌[20]，以山南东道节度使袁滋[21]为荆南节度使，以荆南节度使严绶为山南东道节度使。

吴少阳判官苏兆、杨元卿、大将侯惟清皆劝少阳入朝；元济恶之，杀兆，囚惟清。元卿先奏事在长安，具以淮西虚实及取元济之策告李吉甫，请讨之。时元济犹匿丧，元卿劝吉甫，凡蔡使入奏者，所在[22]止之。少阳死近四十日，不为辍朝，但易环蔡[23]诸镇将帅，益兵[24]为备。元济杀元卿妻及四男以圬射堋[25]。淮西宿将[26]董重质，吴少诚之婿也，元济以为谋主。

戊戌[27]，加河东节度使王锷同平章事。

李吉甫言于上曰："淮西非如河北，四无党援[28]，国家常宿[29]数十万兵以备之，劳费[30]不可支也。失今不取，后难图矣。"上将讨之，张弘靖请先为少阳辍朝、赠官[31]，遣使吊赠，待其有不顺之迹，然后加兵，上从之，遣工部员外郎李君何吊祭。元济不迎敕使，发兵四出，屠舞阳[32]，焚叶[33]，掠鲁山[34]、襄城[35]，关东[36]震骇。君何不得入而还。

冬，十月，丙午[37]，中书侍郎、同平章事赵公李吉甫薨。

壬戌[38]，以忠武节度副使李光颜为节度使。甲子[39]，以严绶为申、光、蔡招抚使，督诸道兵招讨吴元济；乙丑[40]，命内常侍知省事崔潭峻监其军[41]。戊辰[42]，以尚书左丞吕元膺为东都留守。

党项寇振武。

十二月，戊辰[43]，以尚书右丞韦贯之同平章事。

（以上为第七段，写淮西节度使吴少阳死，其子吴元济不发丧，自领军务，唐宪宗与宰臣决策征讨。）

【注释】

[1]丙辰：闰八月十二日。 [2]阴聚亡命：暗暗地招募亡命之徒。 [3]寿州：治所在今安徽寿县。 [4]摄：暂代。 [5]元济（791—817）：吴少阳长子，淮西节度使，为李愬所擒，处死。传见《旧唐书》卷一百四十五，《新唐书》卷二百一十四。 [6]上下携离：上下离心。 [7]徙理寿州：把淮南节镇迁移到寿州。淮南节度使治扬州，请迁寿州便于经略淮西。 [8]未暇：没有时间考虑。 [9]归附：归顺唐朝廷。 [10]汝州：治所梁县，在今河南汝州市。 [11]扞蔽：捍卫、屏蔽。 [12]河阳宿兵：河阳节度使境内所驻守的宿卫军。 [13]以示猜阻：用以表示对魏博的猜疑。 [14]辛酉：闰八月十七日。 [15]己巳：闰八月二十五日。 [16]喜：指朝廷移河阳军不猜防魏博。 [17]庚辰：九月七日。 [18]忠武：方镇名，即陈许。德宗贞元三年（787）置，贞元十年（794）赐号忠武军。李光颜当时名将，守河北洺州，今迁陈州，为进攻淮西的部署。 [19]令狐通：为肃宗时归顺朝廷的安史旧将令狐彰之子。父子同传。见《旧唐书》卷一百二十四，《新唐书》卷一百二十八。 [20]丙戌：九月十三日。 [21]袁滋：字德深，传见《旧唐书》卷一百八十五下，《新唐书》卷一百五十一。 [22]所在：当地。 [23]环蔡：蔡州周围。 [24]益兵：增兵。 [25]以圬（wū）射堋（péng）：用泥墁为射垛，埋在土坑里。圬，涂墙用的工具。堋，射箭垛。 [26]宿将：老将。 [27]戊戌：九月二十五日。 [28]党援：同党相援助。 [29]常宿：经常驻扎的宿卫兵，即常备兵。 [30]劳费：费用。 [31]辍朝、赠官：表示对吴少阳的哀悼而罢朝，并给吴少阳加官。 [32]舞阳：县名，县治在今河南舞阳县。 [33]叶（shè）：县名，治所在今河南叶县。 [34]鲁山：县名，治所在今河南鲁山县。 [35]襄城：县名，治所在今河南襄城县。 [36]关东：泛指函谷关以东地域。 [37]丙午：十月三日。 [38]壬戌：十月十九日。 [39]甲子：十二月二十一日。 [40]乙丑：十月二十二日。 [41]内常侍知省事：内常侍，唐内侍省属官，正五品下。知省事，兼通判内侍省事。 [42]戊辰：十月二十五日。 [43]戊辰：十二月二十五日。

十年（乙未，815年）

春，正月，乙酉[1]，加韩弘守司徒。弘镇宣武，十余年不入朝，颇以兵力自负[2]，朝廷亦不以忠纯[3]待之。王锷加平章事[4]，弘耻班[5]在其下，与武元衡书，颇露不平之意。朝廷方倚其形势[6]以制吴元济，故迁官使居锷上[7]以宠慰之。

吴元济纵兵侵掠，及于东畿[8]。己亥[9]，制削元济官爵，命宣武等十六道进军讨之。严绶击淮西兵，小胜，不设备[10]，淮西兵夜还袭之；二月，甲辰[11]，绶败于磁丘[12]，却五十余里，驰入唐州[13]而守之。寿州团练使令狐通为淮西兵所败，走保州城，境上诸栅尽为淮西所屠。癸丑[14]，以左金吾大将军李文通代之，贬通昭州[15]司户。

诏鄂岳观察使柳公绰[16]以兵五千授安州刺史李听[17]，使讨吴元济，公绰曰："朝廷以吾书生不知兵邪！"即奏请自行，许之。公绰至安州，李听属櫜鞬[18]迎之。公绰以鄂岳都知兵马使、先锋行营兵马都虞候二牒[19]授之，选卒六千以属[20]听，戒其部校曰："行营之事，一决都将[21]。"听感恩畏威，如出麾下。公绰号令整肃，区处[22]军事，诸将无不服。士卒在行营者，其家疾病死丧，厚给之，妻淫泆[23]者，沉之于江，士卒皆喜曰："中丞[24]为我治家，我何得不前死！"故每战皆捷。公绰所乘马，踶杀圉人[25]，公绰命杀马以祭之，或曰："圉人自不备耳，此良马，可惜！"公绰曰："材良性驽[26]，何足惜也！"竟杀之。

（以上为第八段，写唐宪宗大发兵十六道讨淮西。鄂岳观察使柳公绰公忠体国顾大局，虽为文士，而带兵有方，士兵乐为死战。）

【注释】

［1］乙酉：正月十三日。［2］颇以兵力自负：依仗军力，自以为很是了不起。［3］忠纯：忠诚、纯正。［4］平章事：据章校，作"同平章事"，补"同"字。［5］班：班序，品级。［6］形势：指宣武军地势及兵力，宣武在淮西之北，军力盛强，借其以制淮西。［7］使居锷上：时王锷官检校司空，加同平章事；而韩弘已官检校司空、同平章事，王锷始与韩弘官相同，韩弘即不满。《新唐书·韩弘传》云"弘以官与太原王锷等，诒书宰相，耻为锷下。宪宗方用兵淮西，借其重，更授检校司徒，班锷上。"［8］东畿：东都洛阳近郊。［9］己亥：正月二十七日。［10］不设备：不严加防备。［11］甲辰：二月二日。［12］磁丘：地名，在今河南泌阳。［13］唐州：治所在今河南泌阳县。［14］癸丑：二月十一日。［15］昭州：州名。治所在今广西平乐县。［16］柳公绰（？—830）：字起之，又字宽，京兆华原（今陕西铜川市耀州区）人。登贤良方正科，官兵部尚书。传见《旧唐书》卷一百六十五，《新唐书》卷一百六十三。［17］李听：字正思，仕宪、穆、敬、文四朝，终官河中节度使。传见《旧唐书》卷一百三十三，《新唐书》卷一百五十四。［18］属櫜鞬：带着弓箭，即着戎装。櫜，马上盛箭器。鞬，马上盛弓器。［19］二牒：二张任命

书。[20]属：归。[21]都将：总诸部之军，此指李听。[22]区处：处理。[23]淫泆（yì）：放荡、荒淫。[24]中丞：柳公绰官兼御史中丞，故称之。[25]踶杀圉人：指柳公绰坐骑踢杀养马人。[26]材良性驽：虽是千里马，但性情顽劣。

河东[1]将刘辅杀丰州[2]刺史燕重旰，王锷诛之，及其党。

王叔文之党坐谪官者，凡十年不量移[3]，执政有怜其才欲渐进之者，悉召至京师；谏官争言其不可，上与武元衡亦恶之，三月，乙酉[4]，皆以为远州刺史，官虽进[5]而地益远。永州[6]司马柳宗元为柳州[7]刺史，朗州[8]司马刘禹锡为播州[9]刺史。宗元曰："播非人所居，而梦得亲在堂[10]，万无母子俱往理。"欲请于朝，愿以柳易播[11]。会[12]中丞裴度亦为禹锡言曰："禹锡诚有罪，然母老，与其子为死别[13]，良可伤[14]！"上曰："为人子尤当自谨，勿贻亲忧，此则禹锡重可责[15]也。"度曰："陛下方侍太后，恐禹锡在所宜矜[16]。"上良久，乃曰："朕所言，以责为人子者耳；然不欲伤其亲心。"退，谓左右曰："裴度爱我终切。"明日，禹锡改连州[17]刺史。

宗元善为文[18]，尝作《梓人传》[19]，以为："梓人不执斧斤[20]刀锯之技，专以寻引[21]、规矩、绳墨[22]度群木之材[23]，视栋宇之制[24]，相[25]高深、圆方、短长之宜，指麾[26]众工，各趋其事[27]，不胜任者退之。大夏[28]既成，则独名其功[29]，受禄三倍[30]。亦犹相[31]天下者，立纲纪、整法度，择天下之士使称其职，居天下之人使安其业，能者进之，不能者退之，万国既理，而谈者独称伊、傅、周、召[32]，其百执事[33]之勤劳不得纪焉。或者[34]不知体要[35]，衒能矜名，亲小劳，侵众官，听听[36]于府庭，而遗其大者远者，是不知相道[37]者也。"

又作《种树郭橐驼传》[38]曰："橐驼之所种，无不生且茂[39]者。或问之，对曰：'橐驼非能使木寿且孳[40]也。凡木之性，其根欲舒[41]，其土欲故，既植之，勿动勿虑，去不复顾。其莳[42]也若子，其置也若弃，则其天全而性得[43]矣。他植者则不然，根拳[44]而土易，爱之太恩，忧之太勤，旦视而暮抚，已去而复顾，甚者爪其肤以验其生枯，摇其本以观其疏密，而木之性日以离矣[45]。虽曰爱之，其实害之；虽曰忧之，其实仇之。故不我若也！为政亦然[46]。吾居乡见长人者[47]，好烦其令，若甚怜焉而卒以祸之。旦暮吏来，聚民而令之，促其耕获，督其蚕织，吾小人辍飧饔[48]以劳吏[49]之不暇，又何以蕃吾生[50]而安吾性[51]邪！凡病且怠，职此故[52]也。'" 此其文之有理[53]者也。

（以上为第九段，摘引柳宗元论时政的讽喻散文，认为执政者要用人唯才，垂拱无为，如梓人之使能，如种树人之植树一样，任人办事而拱手无为，没有不能治理的。）

【注释】

[1]河东：唐玄宗开元十八年（730），更太原府以北诸州节度为河东节度，治所太原，在今山西太原市。[2]丰州：州名，治所九原，今内蒙古五原县西。[3]量移：酌情内移。[4]乙酉：三月十四日。[5]进：提升。[6]永州：治所在今湖南永州市零陵区。[7]柳州：治所在今广西柳州市。按唐时里程，永州距京师3274里，柳州距京师5470里。柳宗元以永州司马升柳州刺史，而迁移距京师更远。[8]朗州：州名。治所武陵，在今湖南常德市。[9]播州：治所在今贵州遵义市。刘禹锡以朗州司马升播州刺史，实际亦更远。朗州距京师2159里，播州距京师4450里。[10]亲在堂：有母亲健在。[11]柳易播：柳州调换播州。[12]会：恰好。[13]死别：生离死别。[14]伤：哀伤。[15]重可责：正应加重责罚。[16]矜：可怜，宽大。[17]连州：州名，治所桂阳，在今广东连州市。[18]善为文：善于写文章。[19]《梓人传》：柳宗元作。以工匠作比喻，说明宰相应抓大事。[20]斧斤：刀斧。[21]寻引：测量。[22]绳墨：规划。[23]材：材质。[24]视栋宇之制：观察房屋的规制结构。[25]相：观察。[26]指麾：指挥。[27]各趋其事：各自做他们的本职工作。[28]大夏：大厦。夏，通"厦"。[29]独名其功：梓人独居其功，而书其名，此屋某某建造。[30]受禄三倍：接受比平常人多三倍的俸禄。[31]相：宰相。[32]伊、傅、周、召：指商代贤相伊尹、傅说，周代贤相周公、召公。[33]执事：一般普通执事官员。[34]或者：有的宰相。[35]不知体要：不识大体。[36]听听：斤斤计较，争辩不休。[37]相道：做宰相的原则。[38]《种树郭橐驼传》：亦柳宗元作，又称《郭橐驼种树书》。借郭橐驼种树比喻郡守县令应让人民自然发展。[39]生且茂：不但成活而且繁茂。[40]寿且孳：长久活着而且茂盛。[41]舒：舒张。[42]莳：移栽。[43]天全而性得：完全而任自然之性发展。[44]拳：卷曲。[45]木之性日以离矣：树木自然的本性一天比一天脱离。[46]为政亦然：处理政务也是一样。[47]长人者：统治人民的人。人，通民，避李世民讳改。[48]辍飧饔：放下饭碗。[49]劳吏：招待官吏。[50]蕃吾生：使我的生计得以繁息增长。[51]安吾性：使我的天性得到安然。[52]职此故：原因在此。[53]文之有理：文章深含的哲理。

庚子[1]，李光颜奏破淮西兵于临颍[2]。

田弘正遣其子布[3]将兵三千助严绶讨吴元济。

甲辰[4]，李光颜又奏破淮西兵于南顿[5]。

吴元济遣使求救于恒[6]、郓[7]；王承宗、李师道数上表请赦元济，上不从。是时发诸道兵讨元济而不及淄青[8]，师道使大将将二千人趣[9]寿春，声言助官军讨元济，实欲为元济之援也。

师道素养刺客奸人数十人，厚资给之，其人说[10]师道曰："用兵所急，莫先粮储。今河阴院[11]积江、淮租赋，请潜往焚之。募东都恶少年数百，劫都市，焚宫阙，则朝廷未暇讨蔡，先自救腹心。此亦救蔡一奇也。"师道从之。自是所在盗贼窃发[12]。辛亥[13]暮，盗数十人攻河阴转运院，杀伤十余人，烧钱帛三十余万缗匹，谷三万余斛，于是人情恇惧[14]。群臣多请罢兵，上不许。

诸军讨淮西久未有功，五月，上遣中丞裴度诣行营宣慰[15]，察用兵形势[16]。度还，言淮西必可取之状[17]，且曰："观诸将，惟李光颜勇而知义[18]，必能立功。"上悦。

考功郎中[19]、知制诰韩愈上言，以为："淮西三小州[20]，残弊困剧[21]之余，而当天下之全力[22]，其破败可立而待。然所未可知者，在陛下断与不断[23]耳。"因条陈[24]用兵利害，以为："今诸道发兵各二三千人，势力单弱，羁旅异乡[25]，与贼不相谙委[26]，望风慑惧。将帅以其客兵[27]，待之既薄，使[28]之又苦；或分割队伍，兵将相失，心孤意怯，难以有功。又其本军[29]各须资遣，道路辽远，劳费倍多[30]。闻陈、许、安、唐、汝、寿等州与贼连接处，村落百姓悉[31]有兵器，习于战斗[32]，识贼深浅[33]，比来[34]未有处分[35]，犹愿自备衣粮，保护乡里。若令召募，立可成军。贼平之后，易使归农[36]。乞悉罢诸道军，募土人[37]以代之。"又言："蔡州士卒皆国家百姓，若势力穷不能为恶者，不须过[38]有杀戮。"

（以上为第十段，写淄青节度使李师道暗助淮西吴元济，烧官军给养，扰乱东都。韩愈上奏平淮西之策。）

【注释】

[1]庚子：三月二十九日。[2]临颍：县名，在今河南临颍。[3]布（784—821）：田弘正子田布，字敦礼，幼机悟，官至河阳节度使，魏博军乱自杀。传见《旧唐书》卷一百四十一，《新唐书》卷一百四十八。[4]甲辰：四月三日。甲辰前脱“四月”二字。[5]南顿：县名，县治在今河南项城西。[6]恒：指王承宗。[7]郓：指李师道。[8]不及淄青：发兵事未涉及淄青平卢军。[9]趣：到。[10]说：劝说。[11]河阴院：河阴，县名，治所在今河南孟州市。唐玄宗开元二十二年（734），为便利东南漕运，筑河阴仓，即河阴转运院，并置河阴县，将粮食转运长安。[12]窃发：暗暗地发生。[13]辛亥：四月十日。[14]恇（kuāng）惧：惊慌惧怕。[15]宣慰：宣谕慰劳。[16]形势：局势。[17]状：情况。[18]勇而知义：勇敢而明白道理。[19]考功郎中：吏部第四司考功司主管，掌文武百官功过，善恶之考法及其行状。从五品上。[20]三小州：指申、光、蔡三州。[21]残弊困剧：残破困弊到极点。[22]天下之全力：指唐中央大兵。[23]断与不断：指有没有决心。[24]条陈：分析。[25]羁旅异乡：居留在他乡。[26]不相谙委：不相熟悉、了解。[27]客兵：指诸道来的兵。[28]使：役使。[29]本军：指派出军队诸道。[30]劳费倍多：劳力和费用加倍增多。[31]悉：都。[32]习于战斗：熟悉战斗。[33]识贼深浅：了解敌人的情况。[34]比来：近来。[35]处分：处置。[36]易使归农：容易使他们回乡务农。[37]土人：当地民居，此指陈、许、安、唐、汝、寿诸州人民。[38]过：过分。

丙申[1]，李光颜奏败淮西兵于时曲[2]。淮西兵晨压其垒而陈[3]，光颜不得出，乃自毁其栅之左右，出骑以击之。光颜自将[4]数骑冲其陈，出入数四，贼皆识之[5]，矢集其身如猬毛[6]；其子揽辔[7]止之，光颜举刃叱去[8]。于是人争致死[9]，淮西兵大溃，杀数千人。上以裴度为知人。

上自李吉甫薨，悉以用兵事委[10]武元衡。李师道所养客说李师道曰：“天子所以锐意[11]诛蔡者，元衡赞之也，请密往刺之。元衡死，则他相不敢主其谋，争劝天子罢兵矣。”师道以为然，即资给遣之[12]。

王承宗遣牙将尹少卿奏事，为吴元济游说。少卿至中书，辞指不逊[13]，元衡叱[14]出之；承宗又上书诋毁元衡。

六月，癸卯[15]，天未明，元衡入朝，出所居靖安坊东门；有贼自暗中突出射之，从者皆散走，贼执[16]元衡马行十余步而杀之，取其颅骨[17]而去。又入通化坊击裴度，伤其首，坠沟中，度毡帽厚，得不死；

傔人[18]王义自后抱贼大呼，贼断义臂而去。京城大骇[19]，于是诏宰相出入，加金吾骑士张弦露刃[20]以卫之，所过坊门呵索[21]甚严。朝士[22]未晓[23]不敢出门。上或[24]御殿久之，班犹未齐[25]。

贼遗纸[26]于金吾及府、县，曰："毋急捕我，我先杀汝。"故捕贼者不敢甚急。兵部侍郎许孟容见上言："自古未有宰相横尸路隅[27]而盗不获者，此朝廷之辱[28]也！"因涕泣。又诣[29]中书挥涕言："请奏起裴中丞[30]为相，大索贼党，穷其奸源[31]。"戊申[32]，诏中外所在搜捕，获贼者赏钱万缗，官五品；敢庇匿者，举族诛之。于是京城大索[33]，公卿家有复壁[34]、重橑[35]者皆索之。

成德军进奏院有恒州卒张晏等数人，行止无状[36]，众多疑之。庚戌[37]，神策将军王士则等告王承宗遣晏等杀元衡。吏捕得晏等八人，命京兆尹裴武、监察御史陈中师鞫之[38]。癸亥[39]，诏以王承宗前后三表[40]出示百僚，议其罪。

裴度病疮[41]，卧二旬，诏以卫兵宿其第[42]，中使问讯不绝。或[43]请罢度官以安恒、郓之心，上怒曰："若罢度官，是奸谋得成，朝廷无复纲纪。吾用度一人，足破二贼[44]。"甲子[45]，上召度入对。乙丑[46]，以度为中书侍郎、同平章事。度上言："淮西，腹心之疾[47]，不得不除；且朝廷业已讨之，两河藩镇跋扈者，将视此为高下[48]，不可中止。"上以为然，悉以用兵事委度，讨贼甚急。初，德宗多猜忌，朝士有相过从[49]者，金吾皆伺察以闻，宰相不敢私第[50]见客。度奏："今寇盗未平，宰相宜招延四方贤才与参谋议"，始请于私第见客，许之。

陈中师按[51]张晏等，具服[52]杀武元衡；张弘靖疑其不实，屡言于上，上不听。戊辰[53]，斩晏等五人，杀其党十四人，李师道客竟潜匿亡去[54]。

（以上为第十一段，写淄青刺客杀宰相武元衡于京师，宪宗任裴度为相，矢志讨淮西。）

【注释】

[1]申：五月二十六日。[2]曲：在今河南漯河境。[3]压其垒而陈：指淮西兵直逼官军

营垒列阵。压，迫近。陈，列阵。[4]自将：亲自领兵。[5]识之：认识他。[6]猬毛：像刺猬的毛一样密集。[7]揽辔：拉住马缰绳。[8]举刃叱去：举起刀来，大声叱责他离开。[9]人争致死：人人奋勇向前死战。[10]委：委任、委托。[11]锐意：立意。[12]资给遣之：给他们路费，遣他们上路去行刺武元衡。[13]辞指不逊：说话不客气。[14]叱：叱责。[15]癸卯：六月三日。[16]执：抓住。[17]颅骨：头顶骨。[18]傔人：随身侍从。[19]大骇：大为恐惧。[20]张弦露刃：拉满弓，刀出鞘。即全副武装。[21]呵索：呵斥搜索。[22]朝士：朝臣。[23]未晓：天未亮。指朝士不敢早行。[24]或：有时。[25]班犹未齐：上朝百官还没有到齐。[26]遗纸：送匿名信。金吾，指左右金吾卫，掌逻捕盗贼，治安京师。[27]路隅：路边。[28]辱：耻辱。[29]诣：到。[30]裴中丞：指裴度。当时裴度任御史中丞。[31]穷其奸源：彻底追究暗杀的罪魁祸首。[32]戊申：六月八日。[33]大索：大肆搜索。[34]复壁：夹壁，用以隐藏人、物。[35]重橑：大屋覆小屋，上下施椽，其间可以藏物。[36]行止无状：行为不良善。[37]庚戌：六月十日。[38]鞫之：审问他们。[39]癸亥：六月二十三日。[40]三表：三封奏章。[41]疮：疮伤。[42]宿其第：住宿在他家里，加以保护。[43]或：有人。[44]二贼：指王承宗、李师道。[45]甲子：六月二十四日。[46]乙丑：六月二十五日。[47]腹心之疾：指足以制人死命的疾病。淮西地当江南运道。中唐以后，京师仰给江南，故称淮西不平为腹心之疾。[48]高下：标准。[49]过从：交往。[50]私第：自己家里。[51]按：按问。[52]具服：承认。[53]戊辰：六月二十八日。[54]潜匿亡去：暗暗地逃亡。

秋，七月，庚午朔[1]，灵武[2]节度使李光进薨。光进与弟光颜友善，光颜先娶，其母委以家事。母卒，光进后娶，光颜使其妻奉管钥[3]，籍财物[4]，归于其姒[5]。光进反[6]之曰：“新妇逮事先姑，先姑命主家事，不可易也。”因相持而泣。

甲戌[7]，诏数[8]王承宗罪恶，绝其朝贡，曰：“冀其翻然改过，束身[9]自归。攻讨之期，更俟后命[10]。”

八月，己亥朔[11]，日有食之。

李师道置留后院[12]于东都[13]，本道人[14]杂沓[15]往来，吏不敢诘[16]。时淮西兵犯东畿，防御兵悉屯伊阙[17]；师道潜内兵[18]于院中，至数十百人，谋焚宫阙，纵兵杀掠，已烹牛享士[19]，明日，将发。其小卒诣留守[20]吕元膺告变，元膺亟追[21]伊阙兵围之；贼众突出，防御兵踵[22]其后，不敢迫[23]，贼出长夏门[24]，望山而遁。是时都城震骇，留守兵寡弱；元膺坐皇城门[25]，指使部分[26]，意气自若，都人赖以安。

东都西南接邓[27]、虢[28]，皆高山深林，民不耕种，专以射猎[29]为生，人皆趫勇[30]，谓之山棚。元膺设重购[31]以捕贼。数日，有山棚鬻鹿[32]，贼遇而夺之，山棚走召其侪类[33]，且引官军共围之谷中，尽获之[34]。按验[35]，得其魁[36]，乃中岳寺[37]僧圆净；故尝为史思明将，勇悍过人，为师道谋，多买田于伊阙、陆浑[38]之间，以舍[39]山棚而衣食之。有訾嘉珍[40]、门察者，潜部分[41]以属圆净，圆净以师道钱千万，阳[42]为治佛光寺，结党定谋，约令嘉珍等窃发[43]城中，圆净举火[44]于山中，集二县[45]山棚入城助之。圆净时年八十余，捕者既得之，奋锤[46]击其胫[47]，不能折。圆净骂曰："鼠子[48]，折人胫且不能，敢称健儿！"乃自置其胫，教使折之。临刑[49]，叹曰："误我事，不得使洛城流血！"党与[50]死者凡数千人。留守、防御将二人[51]及驿卒八人皆受其职名[52]，为之耳目[53]。

元膺鞫[54]訾嘉珍、门察，始知杀武元衡者乃师道也，元膺密以闻[55]；以槛车[56]送二人诣京师。上业已讨王承宗，不复穷治[57]。元膺上言："近日藩镇跋扈不臣[58]，有可容贷[59]者。至于师道谋屠都城，烧宫阙，悖逆[60]尤甚，不可不诛。"上以为然；而方讨吴元济，绝王承宗，故未暇[61]治师道也。

（以上为第十二段，写东都留守吕元膺挫败李师道血洗东都的阴谋。）

【注释】

[1]庚午朔：七月一日。[2]灵武：治所在今宁夏灵武市。[3]奉管钥：捧着钥锁。即交出钥锁。[4]籍财物：清点登记好财物。[5]姒：妯娌相称，本以年龄长少为名，长曰姒，少曰娣。俗以嫂为姒，弟媳曰娣。这里正称嫂为姒。[6]反：送回。[7]甲戌：七月五日。[8]数：历数。开列。[9]束身：缚着身子，待罪的意思。[10]更俟后命：等待以后的命令。[11]己亥朔：八月一日。[12]留后院：诸道在都城设置的办事机关。[13]东都：洛阳。[14]本道人：指兖、郓、淄、青人。[15]杂沓：纷至沓来。[16]诘：盘问。[17]伊阙：地名，在今河南洛阳南。[18]内兵：藏兵。内，通"纳"。[19]烹牛享士：煮牛犒赏士兵。[20]留守：东都最高长官。告变，报告变故。[21]亟追：急调。[22]踵：跟在后面。[23]不敢迫：不敢迫近。[24]长夏门：东都洛阳南面三门，左叫长夏门。[25]皇城门：在

皇城南面，有三门，中为端门，左为左掖门。右为右掖门。吕元膺坐于左掖门下。［26］指使部分：指挥、布置。部分，布置，部署，与指使同义。［27］邓：邓州，治所穰县，在今河南邓州市。［28］虢：虢州。治所弘农，在今河南灵宝市。［29］射猎：打猎。［30］趫（qiáo）勇：行动轻捷、勇敢。［31］重购：重金招募。［32］鬻鹿：卖鹿。［33］侪类：同伴。［34］尽获之：将盗贼全部擒捉。［35］按验：审讯。［36］魁：首领。［37］中岳寺：寺院名，在中岳嵩山。［38］陆浑：县名。县治在今河南嵩县东北。［39］舍：居住，居住在山棚中。［40］訾嘉珍、门察：皆人名。［41］潜部分：暗中组织的部属。［42］阳：表面。［43］窃发：暗中举事。［44］举火：放火为号。［45］二县：指伊阙、陆浑。［46］奋锤：用力举起铁锤。［47］胫：胫骨，在小腿部分。［48］鼠子：骂人的话。含蔑视意。［49］临刑：将被处死时。［50］党与：党羽。［51］留守、防御将二人：留守兵之将与防御兵之将各一人，共二将。［52］受其职名：接受李师道授予的军职。［53］为之耳目：替李师道通风报信。［54］鞫：审讯。［55］密以闻：秘密告之宪宗。［56］槛车：囚车。［57］穷治：深入追究。［58］不臣：无臣子之心。［59］容贷：宽容。［60］悖逆：背理谋逆。［61］未暇：没有时间。

乙丑[1]，李光颜败于时曲[2]。

初，上以严绶在河东，所遣裨将[3]多立功，故使镇襄阳[4]，且督诸军讨吴元济。绶无他材能，到军之日，倾府库，赉[5]士卒，累年之积，一朝而尽；又厚赂宦官以结声援[6]，拥八州[7]之众万余人屯境上，闭壁经年[8]，无尺寸功。裴度屡言其军无政[9]。

九月，癸酉[10]，以韩弘为淮西诸军都统[11]。弘乐于自擅[12]，欲倚贼自重[13]，不愿淮西速平。李光颜在诸将中战最力[14]，弘欲结其欢心，举大梁城索[15]得一美妇人，教之歌舞丝竹[16]，饰以珠玉金翠，直数百万钱，遣使遗[17]之。使者先致书[18]。光颜大飨将士[19]，使者进妓，容色绝世[20]，一座尽惊。光颜谓使者曰："相公[21]愍[22]光颜羁旅[23]，赐以美妓，荷德诚深。然战士数万，皆弃家远来，冒犯白刃[24]，光颜何忍[25]独以声色自娱悦乎！"因流涕，座者皆泣；即于席上厚以缯帛[26]赠使者，并妓返之[27]，曰："为光颜多谢相公，光颜以身许国，誓不与逆贼同戴日月，死无贰矣[28]！"

冬，十月，庚子[29]，始分山南东道为两节度，以户部侍郎李逊[30]为襄、复、郢、均、房节度使；以右羽林大将军高霞寓[31]为唐、随、邓节度使。朝议以唐与蔡接，故使霞寓专事攻战[32]，而逊调五州之赋以饷[33]之。

辛丑[34]，刑部侍郎权德舆奏："自开元二十五年修《格式律令事类》[35]后，至今《长行敕》[36]，近删定为三十卷，请施行。"从之。

（以上为第十三段，写李光颜尽心讨贼。）

【注释】

[1]乙丑：八月二十七日。[2]时曲：地名，在今河南漯河境。[3]裨将：副将。[4]襄阳：山南东道节度使治所，在今湖北襄阳市。[5]赉：奖赏。[6]声援：援助。[7]八州：指襄、邓、唐、随、均、房、郢、复八州。[8]闭壁经年：守住壁垒不出战一年。[9]无政：无政绩。无指挥才能。[10]癸酉：九月五日。[11]淮西诸军都统：淮西各军的统帅。[12]乐于自擅：喜欢自己专权。[13]倚贼自重：倚凭敌人的存在而保存自己的都统地位。[14]战最力：作战最为出力。[15]索：搜索。[16]歌舞丝竹：唱歌、跳舞、拉弹、吹奏。[17]遗（wèi）：送。[18]致书：写信给李光颜。[19]大飨将士：举行盛大宴会招待将士。据章校，"大"字上有"乃"字。[20]绝世：当代最出色的。[21]相公：指韩弘。[22]愍：可怜。[23]羁旅：流寓在外。[24]白刃：指武器。[25]何忍：怎么忍心。[26]缯帛：绸缎布匹。[27]并妓返之：连同歌妓一起退了回去。[28]死无贰矣：决死而无贰心。表明态度坚决。[29]庚子：十月三日。[30]李逊（约761—823）：字友道。为政抑强扶弱，贫富均一。官终凤翔节度使。传见《旧唐书》卷一百五十五，《新唐书》卷一百六十二。[31]高霞寓（？—约826）：幽州范阳（今河北定兴）人，诡谲多变，官至右金吾卫大将军。传见《旧唐书》卷一百六十二，《新唐书》卷一百四十一。[32]专事攻战：专门从事攻打吴元济。[33]饷：供应。[34]辛丑：十月四日。[35]《格式律令事类》：属法律制度类编的书。[36]《长行敕》：属诏旨汇编。

上虽绝王承宗朝贡，未有诏讨之。魏博节度使田弘正屯兵于其境，承宗屡败之；弘正忿，表[1]请击之，上不许。表十上，乃听[2]至贝州。丙午[3]，弘正军于贝州。

庚戌[4]，东都奏盗焚柏崖仓[5]。

十一月，寿州刺史李文通奏败淮西兵。

壬申[6]，韩弘请命众军合攻淮西；从之。

李光颜、乌重胤败淮西兵于小溵水[7]，拔其城。

乙亥[8]，以严绶为太子少保。

盗焚襄州佛寺军储。尽徙京城积草于四郊以备火[9]。

丁丑[10]，李文通败淮西兵于固始[11]。

戊寅[12]，盗焚献陵[13]寝宫、永巷[14]。

诏发振武[15]兵二千，会义武军[16]以讨王承宗。

己丑[17]，吐蕃款[18]陇州塞，请互市[19]，许之。

初，吴少阳闻信州人吴武陵[20]名，邀以为宾友[21]，武陵不答。及元济反，武陵以书谕之曰："足下勿谓部曲不我欺[22]；人情与足下一也。足下反天子，人亦欲反足下。易地而论[23]，则其情可知矣。"

丁酉[24]，武宁[25]节度使李愿[26]奏败李师道之众。时师道数遣兵攻徐州，败萧[27]、沛[28]数县，愿悉以步骑委都押牙[29]温人王智兴[30]，击破之。十二月，甲辰[31]，智兴又破师道之众，斩首二千余级，逐北[32]至平阴[33]而还。愿，晟之子也。

东都防御使吕元膺请募山棚以卫宫城，从之。

乙丑[34]，河东节度使王锷薨。

王承宗纵兵[35]四掠，幽、沧、定三镇皆苦之，争上表请讨承宗。上欲许之，中书侍郎、同平章事张弘靖以为两役并兴[36]，恐国力所不支，请并力平淮西，乃征恒冀。"上不为之止，弘靖乃求罢。

（以上为第十四段，写淄青李师道、成德王承宗公开助贼反叛朝廷，李师道寇徐州，王承宗纵兵四掠。）

【注释】

[1]表：上奏章。[2]听：听任，允许。[3]丙午：十月九日。[4]庚戌：十月十三日。[5]柏崖仓：在今河南孟县柏崖城，储粮之所。[6]壬申：十一月五日。[7]小溵（yīn）水：即溵水，为北汝河之下游，汝水支流。[8]乙亥：十一月八日。[9]备火：防火。[10]丁丑：十一月十日。[11]固始：县治在今河南固始县。[12]戊寅：十一月十一日。[13]献陵：唐高祖李渊墓。在今陕西三原县北。[14]寝宫、永巷：陵墓后殿及长巷。[15]振武：驻防朔州之兵。[16]义武军：易定节度使之兵。[17]己丑：十一月二十二日。[18]款：纳款归附。[19]互市：互相通商贸易。[20]吴武陵：信州（今江西上饶市）人。有文才。传见《新唐书》卷二百零三。[21]宾友：客友。[22]不我欺：不欺骗我。宾语前置。[23]易地而论：换个位置来说。[24]丁酉：十一月三十日。[25]武宁：方镇名。唐宪宗元和二年（807），置

武宁节度使，治所徐州，在今江苏徐州市。［26］李愿：李晟子，政简而严，官至河中节度使。传见《旧唐书》卷一百三十三，《新唐书》卷一百五十四。［27］萧：萧县，县治在今安徽萧县。［28］沛：沛县，县治在今江苏沛县。［29］都押牙：官名。节度使府掌牙兵长官。［30］王智兴：历官武宁、忠武、河中、宣武等节度使，加官至太傅。传见《旧唐书》卷一百五十六，《新唐书》卷一百七十二。［31］甲辰：十二月七日。［32］逐北：追赶。［33］平阴：县治在今山东平阴县。［34］乙丑：十二月二十八日。［35］纵兵：放纵士兵。［36］两役并兴：指既讨淮西，又讨恒冀。

十一年（丙申，816年）

春，正月，己巳[1]，以弘靖同平章事，充河东节度使。

幽州节度使刘总奏败成德兵，拔武强[2]，斩首千余级。

庚辰[3]，翰林学士、中书舍人钱徽[4]，驾部郎中、知制诰萧俛[5]，各解职[6]，守本官[7]。时群臣请罢兵者众，上患之，故黜徽、俛以警其余。徽，吴人也。

癸未[8]，制削王承宗官爵，命河东、幽州、义武、横海、魏博、昭义六道进讨。韦贯之屡请先取吴元济、后讨承宗，曰："陛下不见建中之事[9]乎？始于讨魏及齐[10]，而蔡[11]、燕[12]、赵[13]皆应，卒致朱泚之乱[14]，由德宗不能忍数年之愤邑[15]，欲太平之功速成故也。"上不听。

甲申[16]，盗断建陵门戟四十七枝。

二月，西川奏吐蕃赞普卒，新赞普可黎可足立。

乙巳[17]，以中书舍人李逢吉[18]为门下侍郎、同平章事。逢吉，玄道[19]之曾孙也。

乙卯[20]，昭义节度使郗士美[21]奏破成德兵，斩首千余级。

南诏劝龙晟淫虐不道，上下怨疾，弄栋[22]节度王嵯巅弑之，立其弟劝利。劝利德嵯巅，赐姓蒙氏，谓之"大容"。容，蛮言兄也。

己未[23]，刘总破成德兵，斩首千余级。

荆南[24]节度使袁滋[25]父祖墓在朗山[26]，请入朝，欲劝上罢兵。行至邓州，闻萧俛、钱徽贬官；及见上，更以必克劝之，仅得还镇。

辛酉[27]，魏博奏败成德兵，拔其固城[28]；乙丑[29]，又奏拔其鸦城[30]。

三月，庚午[31]，太后[32]崩。辛未[33]，敕以国哀[34]，诸司公事权取中书门下处分[35]，不置摄冢宰[36]。

寿州团练使李文通奏败淮西兵于固始，拔𨫼山[37]。己卯[38]，唐邓节度使高霞寓奏败淮西兵于朗山，斩首千余级，焚二栅。

幽州节度使刘总围乐寿[39]。

夏，四月，庚子[40]，李光颜、乌重胤奏败淮西兵于陵云栅[41]，斩首三千级。

辛亥[42]，司农卿皇甫镈[43]以兼中丞权判度支。镈始以聚敛得幸。

乙卯[44]，刘总奏破成德兵于深州[45]，斩首二千五百级。乙丑[46]，义武节度使浑镐[47]奏破成德兵于九门[48]，杀千余人。镐，瑊之子也。

宥州军乱，逐刺史骆怡；夏州节度使田进讨平之。

五月，壬申[49]，李光颜、乌重胤奏败淮西兵于陵云栅，斩首二千余级。

六月，甲辰[50]，高霞寓大败于铁城[51]，仅以身免。时诸将讨淮西者，胜则虚张杀获，败则匿之[52]；至是，大败不可掩，始上闻，中外[53]骇愕。宰相入见，将劝上罢兵，上曰："胜负兵家之常，今但当论用兵方略，察将帅之不胜任者易之，兵食不足者助之耳。岂得以一将失利，遽议罢兵邪！"于是独用裴度之言，他人言罢兵者亦稍息矣。己酉[54]，霞寓退保唐州。

（以上为第十五段，写唐宪宗违众开辟第二条战线，诏命六道进兵讨成德。两线作战，官军势分，讨淮西兵失利，罢兵之声再起，宪宗不听，独用裴度之言，坚决征讨。）

【注释】

[1]己巳：正月三日。[2]武强：县治在今河北武强县。[3]庚辰：正月十四日。[4]钱徽（约756—830）：字蔚章，官至吏部尚书。传见《旧唐书》卷一百六十八，《新唐书》卷一百七十七。[5]萧俛（？一837）：字思谦，性介独，持法守正，官至宰相。传见《旧唐书》卷一百七十二，《新唐书》卷一百一。[6]各解职：各免去翰林学士职。[7]守本官：仍担任中书舍人、驾部郎中本官。[8]癸未：正月十七日。[9]建中之事：指德宗建中削藩失利，酿成朱泚之乱事。[10]魏及齐：魏，指田承嗣、田悦。齐，指李正己、李纳。[11]蔡：指李希烈。

[12]燕：指朱滔。[13]赵：指王武俊。[14]朱泚之乱：事见《资治通鉴》卷二百二十六至卷二百二十八德宗建中元年（780）至四年（783）。[15]愤邑：愤怒、郁悒。邑，通“悒”。[16]甲申：正月十八日。[17]乙巳：二月九日。[18]李逢吉（758—835）：字虚舟，陇西（今甘肃陇西）人，性奸谲、妒贤伤善。官至宰相。传见《旧唐书》卷一百六十七、《新唐书》卷一百七十四。[19]李玄道：仕隋，入唐终官常州刺史。传见《旧唐书》卷七十二，《新唐书》卷一百二。[20]乙卯：二月十九日。[21]郗士美（756—819）：字和夫，高平金乡（今山东济宁）人，少好学，喜记览，官至忠武节度使。传见《旧唐书》卷一百五十七，《新唐书》卷一百四十三。[22]弄栋：城名。在今云南姚安。南诏置节度使。[23]己未：二月二十三日。[24]荆南：方镇名。唐肃宗至德二载（757），置荆南节度，治荆州，在今湖北荆州市江陵城。[25]袁滋：字德深，数为节度，皆畏懦无功。官至宰相，死于湖南观察使任所。传见《旧唐书》卷一百八十五下。[26]朗山：县治在今河南确山县。[27]辛酉：二月二十五日。[28]固城：地名，在今河北南宫境。[29]乙丑：二月二十九日。[30]鸦城：地名，亦在今河北南宫境。[31]庚午：三月四日。[32]太后（？—816）：顺宗庄宪皇后王氏，宪宗生母。顺宗内禅，册为太上皇后。传见《旧唐书》卷五十二，《新唐书》卷七十七。[33]辛未：三月五日。[34]国哀：国丧。[35]处分：处理、办理。[36]摄冢宰：唐中世以来，天子崩，置摄冢宰，仿古者百官总已以听于冢宰之制。[37]鏉山：在今河南固始县东。[38]己卯：三月十三日。[39]乐寿：治所在今河北献县西南。[40]庚子：四月五日。[41]陵云栅：在今河南郾城东北。吴元济立栅于此，以陵云为名。[42]辛亥：四月十六日。[43]皇甫镈：安定朝那（今甘肃平凉）人，聚敛媚上，刻削希恩，官至宰相。传见《旧唐书》卷一百三十五、《新唐书》卷一百六十七。[44]乙卯：四月二十日。[45]深州：治所在今河北深州市。[46]乙丑：四月三十日。[47]浑镐（？—约818）：浑瑊第二子，性谦谨。官义武军节度使。传见《旧唐书》卷一百三十四，《新唐书》卷一百五十五。[48]九门：在今河北石家庄藁城区西北。[49]壬申：五月七日。[50]甲辰：六月十日。[51]铁城：在今河南遂平县西南。[52]匿之：隐瞒起来。[53]中外：朝廷内外。[54]己酉：六月十五日。

上责高霞寓之败，霞寓称李逊应接不至。秋，七月[1]，贬霞寓为归州[2]刺史，逊亦左迁[3]恩王[4]傅[5]。以河南尹郑权[6]为山南东道节度使。以荆南节度使袁滋为彰义节度、申·光·蔡·唐·随·邓观察使，以唐州为理所。

壬午[7]，宣武军奏破郾城[8]之众二万，杀二千余人，捕虏千余人。

田弘正奏破成德兵于南宫[9]，杀二千余人。

中书侍郎、同平章事韦贯之，性高简[10]，好甄别流品[11]，又数请罢用兵；左补阙张宿毁[12]之于上，云其朋党，八月，壬寅[13]，贯之罢为吏部侍郎。

诸军讨王承宗者互相观望，独昭义节度使郗士美引精兵压[14]其境；己未[15]，士美奏大破承宗之众于柏乡[16]，杀千余人，降者亦如之[17]，为三垒[18]以环[19]柏乡。

庚申[20]，葬庄宪皇后于丰陵[21]。

九月，乙亥[22]，右拾遗独孤朗[23]坐请罢兵，贬兴元府仓曹[24]。朗，及[25]之子也咀。

饶州[26]大水，漂失四千七百户。

丙子[27]，以韦贯之为湖南观察使，犹坐前事也。辛巳[28]，以吏部侍郎韦顗、考功员外郎韦处厚等皆为远州刺史，张宿谗之，以为贯之之党也。顗，见素[29]之孙；处厚，夐[30]之九世孙也。

乙酉[31]，李光颜、乌重胤奏拔吴元济陵云栅。丁亥[32]，光颜又奏拔石、越二栅；寿州奏败殷城[33]之众，拔六栅。

冬，十一月，壬戌朔[34]，容管[35]奏黄洞蛮[36]为寇。乙丑[37]，邕管[38]奏击黄洞蛮，却之，复宾、蛮等州。

丙寅[39]，加幽州节度使刘总同平章事。

李师道闻拔陵云栅而惧，诈请输款[40]；上以力未能讨，加师道检校司空。

王锷家二奴告锷子稷[41]改父遗表，匿所献家财，上命鞫[42]于内仗[43]，遣中使诣东都检括[44]锷家财。裴度谏曰："王锷既没，其所献之财已为不少。今又因奴告检括其家，臣恐诸将帅闻之，各以身后为忧[45]。"上遽[46]止使者。己巳[47]，以二奴付京兆，杖杀之。

庚午[48]，以给事中柳公绰为京兆尹。公绰初赴府[49]，有神策小将跃马横冲前导[50]，公绰驻马[51]，杖杀之。明日，入对延英，上色甚怒，诘其专杀[52]之状，对曰："陛下不以臣无似[53]，使待罪[54]京兆。京兆为辇毂师表[55]，今视事之初，而小将敢尔唐突[56]，此乃轻陛下诏命，非独慢臣[57]也。臣知杖无礼之人，不知其为神策军将也。"上曰："何不奏？"对曰："臣职当杖之，不当奏。"上曰："谁当奏者？"对曰："本军[58]当奏；若死于街衢，金吾街使[59]当奏；在坊内，左右巡使[60]当奏。”上无以罪之，退，谓左右曰：“汝曹[61]须作意[62]此人，朕亦畏之。”

讨淮西诸军近九万，上怒诸将久无功，辛巳[63]，命知枢密梁守谦宣慰，因留监其军，授以空名告身[64]五百通[65]及金帛，以劝死事[66]。庚寅[67]，先加李光颜等检校官，而诏书切责[68]，示以无功必罚。

辛卯[69]，李文通奏败淮西兵于固始，斩首千余级。

十二月，壬寅[70]，程执恭奏败成德兵于长河[71]，斩首千余级。

义武节度使浑镐与王承宗战屡胜，遂引全师压其境，距恒州三十里而军[72]。承宗惧，潜遣兵入镐境[73]，焚掠城邑，人心始内顾而摇[74]。会中使[75]督其战，镐引兵进薄[76]恒州，与承宗战，大败，奔还定州。丙午[77]，诏以易州刺史陈楚为义武节度使，军中闻之，掠镐及家人衣，至于倮露[78]。陈楚驰入定州，镇遏[79]乱者，敛军中衣[80]以归镐，以兵卫送还朝。楚，定州人，张茂昭之甥也。

丁未[81]，以翰林学士王涯为中书侍郎、同平章事。

袁滋至唐州，去斥候[82]，止其兵不使犯吴元济境，元济围其新兴栅[83]，滋卑辞以请之，元济由是不复以滋为意。朝廷知之，甲寅[84]，以太子詹事李愬[85]为唐、随、邓节度使。愬，听之兄也。

初置淮、颍水运使[86]。杨子院[87]米自淮阴[88]溯[89]淮入颍，至项城[90]入溵，输于郾城，以馈[91]讨淮西诸军，省汴运之费七万余缗。

己未[92]，容管奏黄洞蛮屠岩州[93]。

（以上为第十六段，写两线讨逆官军均连连告捷。柳公绰为京兆尹，当街杖杀犯禁的神策军将官。）

【注释】

[1]七月：据章校，“七月”下有“丁丑”二字。丁丑，七月十三日。 [2]归州：州名，治所在今湖北秭归县。 [3]左迁：降职。 [4]恩王：名连，代宗第六子。 [5]傅：亲王府官，掌传相赞道，匡正过失。 [6]郑权（？—824）：荥阳开封（今河南开封市）人，官至岭南节度使。传见《旧唐书》卷一百六十二，《新唐书》卷一百五十九。 [7]壬午：七月十八日。 [8]郾城：县名，治所在今河南漯河市郾城区。 [9]南宫：县名。治所在今河北南宫市。 [10]高简：高

雅简约。［11］好甄别流品：喜欢考核人们的门第高下。［12］毁：诋毁。［13］壬寅：八月九日。［14］压：迫近。［15］己未：八月二十六日。［16］柏乡：县名。治所在今河北邢台市柏乡县。［17］如之：降者如死者之众，亦一千余人。［18］三垒：筑三个堡垒。［19］环：包围。［20］庚申：八月二十七日。［21］丰陵：唐顺宗陵墓，在今陕西富平县东北。［22］乙亥：九月十三日。［23］独孤朗（？—827）：官至福建观察使。传见《旧唐书》卷一百六十八，《新唐书》卷一百六十二。［24］仓曹：即仓曹参军，诸府属官。掌兵粮储备、赋税征收等事务。［25］及：独孤及，代宗朝太常博士。［26］饶州：州名，治所鄱阳，在今江西鄱阳县。［27］丙子：九月十四日。［28］辛巳：九月十九日。［29］见素：韦见素，玄宗朝天宝末宰相。［30］夐：韦夐，北周韦孝宽之兄。［31］乙酉：九月二十三日。［32］丁亥：九月二十五日。［33］殷城：在今河南固始县境。［34］壬戌朔：十一月一日。［35］容管：方镇名。唐玄宗天宝十四载（755）置容州管内经略使，治所容州，在今广西玉林市容县。［36］黄洞蛮：居住在广西容县地区的少数民族。［37］乙丑：十一月四日。［38］邕管：与容管置于同一年。邕管经略使治所邕州，在今广西南宁市。［39］丙寅：十一月五日。［40］输款：投诚。［41］稷（？—822）：王锷子。常留京师，以家财奉权要。官至德州刺史。传见《旧唐书》卷一百五十一。［42］鞫：审讯。［43］内仗：皇宫中仪卫。［44］检括：搜索。［45］身后为忧：死后的担忧。［46］遽：立即。［47］己巳：十一月八日。［48］庚午：十一月九日。［49］赴府：到京兆尹府任上。［50］前导：开路仪仗队。［51］驻马：停下马来。［52］专杀：未请旨擅自杀人。［53］无似：不肖。［54］待罪：任职京兆的自谦语。［55］辇毂师表：帝王所在，为全国榜样。［56］唐突：乱闯。［57］慢臣：轻视我。［58］本军：指神策军。［59］金吾街使：金吾左右街使各一人，掌分察六街徼巡。［60］左右巡使：官名，掌左右街百坊之内谨启闭徼巡。［61］汝曹：你们，指神策军等禁卫军士。［62］作意：留意。［63］辛巳：十一月二十日。［64］告身：授官凭信，即委任状。［65］通：张、份。［66］以劝死事：用来激励为国牺牲的人。［67］庚寅：十一月二十九日。［68］切责：严厉责备。［69］辛卯：十一月三十日。［70］壬寅：十二月十一日。［71］长河：县名，治所在今山东德州市。［72］军：驻扎。［73］镐境：指义成军定州境内。［74］内顾而摇：指义成军有内顾之忧而动摇。［75］中使：宦官。［76］薄：临近。［77］丙午：十二月十五日。［78］倮露：裸体。［79］镇遏：镇压、遏止。［80］敛军中衣：收缴军士掳掠浑镐家的衣服。［81］丁未：十二月十六日。［82］斥候：侦察瞭望设施。［83］新兴栅：原立于唐州东北边界，以防备吴元济。［84］甲寅：十二月二十三日。［85］李愬（733—821）：字元直，德宗朝神策军名将李晟之子，有筹略，雪夜下蔡州擒吴元济，官至太子少保。传见《旧唐书》卷一百三十三，《新唐书》卷一百五十四。［86］水运使：掌漕运。［87］杨子院：度支转运使设在扬州的办事机构。［88］淮阴：治所在今江苏淮安市淮阴区西南。［89］溯：逆水而上。杨子院米自淮阴通淮河而上，运至寿州，入颍口。［90］项城：治所在今河南沈丘县，自颍口溯流至项城。［91］馈：供应。［92］己未：十二月二十八日。［93］岩州：当为严州，治所来宾县，在今广西来宾市东南。

【点评】

本卷点评三事：宪宗惩治请托、柳公绰杖杀神策军小将、柳宗元著文讽喻时政。

一、宪宗惩治请托。请托，今谓之“走后门”，就是运用各种手段，疏通人际关系，给个人捞好处。元和八年（813），于頔居留京师，担任检校司空、同平章事的闲职，闷闷不乐。于頔的儿太常丞于敏找了一个叫梁正言的人，用厚礼托梁正言疏通大宦官枢密使梁守谦的关系，替于頔谋节度使的职位。梁正言是个骗子，疏通不了这个关系。于敏损失了许多钱财要不回来，就杀了梁正言。事发后，于頔降职为恩王傅，于敏被流放到雷州，走出京师不远，到秦岭就死了。这件事牵连了僧人鉴虚。鉴虚是当时的一个政治掮客，用贿赂与权贵宠臣和地方各镇将帅交结。许多权贵替鉴虚说话，宪宗准备赦免他。御史中丞薛存诚抗旨，坚决不放鉴虚，宪宗很赞赏，最终用军棍打杀鉴虚，没收了鉴虚的财产。

二、柳公绰杖杀神策军小将。柳公绰，字起之，唐代著名书法家柳公权之兄，京兆华原（今陕西铜川耀州区）人。历仕德宗、顺宗、宪宗、穆宗、敬宗、文宗六朝，唐代著名的耿正大臣，能文能武，不畏强暴，深受朝野敬重。元和十一年（816），柳公绰以给事中为京兆尹。柳公绰初上任出行，就有神策军一个下级军官，跑马横冲直撞，冒犯了柳公绰的前行卫队。柳公绰立即下马，当场擒拿神策军小将，杖杀在路边。第二天，宪宗怒气冲冲地传召柳公绰，亲自责问他擅自杀人的过错。打狗还看主人面，神策军驾前卫队，主子就是皇帝，柳公绰没有请旨就把他杀了，是大不敬。柳公绰没有被宪宗的满面怒气所吓倒，而是从容不迫地说：“臣职为京兆尹，一举一动要为全国做表率。臣刚上任就遭这个下级军官的冒犯，不仅是侮辱大臣，而且是蔑视诏令，臣杀的是一个无礼之人，不知道他是神策军将领。”宪宗明知柳公绰是有意借神策军小将的头来立威，整治纲纪，没有理由加罪柳公绰。宪宗退朝，对身边的人说：“你们见了柳公绰要小心谨慎，朕也惧怕他三分。”

柳公绰杖杀神策军小将，冒了杀头的危险，不如此不能整肃京师风气，惩治豪强就要敢打老虎，拍几个苍蝇无济于事。柳公绰敢摸老虎屁股，表现了一个尽忠职守的大臣的风采。唐宪宗折服于理，不护短神策军，也表现了明君的风采。唐宪宗时昏时明，是一个多面性的人物。

三、柳宗元著文讽喻时政。柳宗元，字子厚，河东解县（今山西运城柳州镇）人。唐代著名文学家、哲学家，世称柳河东，贞元进士。柳宗元参与永贞革新被贬为永州司马，后量移柳州刺史，故又称柳柳州。与韩愈倡导古文运动，同列入“唐宋八大家”，并称“韩柳”。柳宗元的散文峭拔矫健，说理透彻，关切时政，尖锐有力。司马光引的《梓人传》和《种树郭橐驼传》两文就是柳氏散文中典型的时政论，用通俗的类比，把深奥的政治说得通透明白。柳宗元认为宰相，其实是指君主，讽喻唐宪宗，劝谏君主治理国家，要像一个建筑师和种树人一样，任用贤才，无为而治。梓人，木工头，今称之建筑师。建筑师本人并不使用刀锯斧刨，只是指挥百工劳作，可是大厦建成，只留下建筑师的姓名，百工没有份。人君就应当是一个政治梓人，任使贤才治国，而不是事事亲为。人君还应当像一个种树人一样，不要拔苗助长，而是让树木自然生长。人君治政，应当无为而治，少干预老百姓，让百姓休养生息。柳宗元正如范仲淹在《岳阳楼记》中所说的那样："居庙堂之高，则忧其民；处江湖之远，则忧其君。"柳宗元长期处于远州贬所，仍然在忧国忧民，写出《梓人传》、《种树郭橐驼传》这样精彩的散文，所以司马光才大段引入史中。在《资治通鉴》全书中是不多见的。

卷二四〇　唐纪五十六

唐宪宗元和十二年至十四年（817—819年）

【起强圉作噩（丁酉，817年），尽屠维大渊献（己亥，819年）正月，凡二年有奇】

【大事提要】

本卷记事起公元817年，讫公元819年正月，凡两年又一个月。当唐宪宗元和十二年到元和十四年一月。此时期唐宪宗为政之要，仍是征讨不服朝命的藩镇，裴度为相，李愬为将，取得讨平淮西的成绩，又移兵淄青，取得决定性的胜利。当高霞寓和袁滋两路官军为淮西所败，停战之声大起。唐宪宗起用李愬为将，代袁滋领军。李愬智勇双全，至军存抚士卒，先计后战，战则必胜，积小胜为大胜，一个一个攻取淮西外围据点，连战皆捷，提振官军士气。李愬不杀俘虏，用恩信和大义诱降，使淮西勇将丁士良、吴秀琳战败请降。唐宪宗增兵李愬，又移河北之师于淮西，裴度又自请督师，奏罢中使监军，由诸将自专军事，故所战皆捷。淮西震恐，李愬雪夜进兵，智破蔡州，擒吴元济，淮西平定。李师道、王承宗恐惧，皆上表请罪自新。唐宪宗恢复王承宗官爵，集中全力讨淄青，官军节节进逼，李师道旦夕覆灭，已成定局。胜利冲昏了宪宗的头脑，猜忌功臣，以朋党为名压抑朝官，又一头扎进宦官的怀抱，任用奸邪小人皇甫镈为相，五坊使作威作福，宪宗还求神拜佛，服食金丹求长生，大做佛教功德，迎佛骨入京。韩愈上表谏迎佛骨，被贬潮州。

宪宗昭文章武大圣至神孝皇帝中之下

元和十二年（丁酉，817年）

春，正月，甲申[1]，贬袁滋为抚州[2]刺史。

李愬至唐州[3]，军中承丧败之余[4]，士卒皆惮战[5]，愬知之，有出迓[6]者，愬谓之曰："天子知愬柔懦，能忍耻，故使来拊循尔曹[7]。至于战攻进取，非吾事也。"众信而安之。

愬亲行视[8]士卒，伤病者存恤[9]之，不事威严[10]。或以军政不肃[11]为言，愬曰："吾非不知也。袁尚书[12]专以恩惠怀贼[13]，贼易之[14]，闻吾至，必增备，吾故示之以不肃。彼必以吾为懦而懈惰[15]，然而可图也。"淮西人自以尝败高、袁二帅[16]，轻愬名位素微[17]，遂不为备。

遣盐铁副使程异督财赋于江、淮。

回鹘屡请尚公主[18]，有司[19]计其费近五百万缗，时中原方用兵，故上未之许[20]。二月，辛卯朔[21]，遣回鹘摩尼僧[22]等归国；命宗正少卿李诚使回鹘谕意[23]，以缓其期。

李愬谋袭[24]蔡州，表请益兵[25]；诏以昭义、河中、鄜坊[26]步骑二千给之。丁酉[27]，愬遣十将[28]马少良将十余骑巡逻，遇吴元济捉生虞候[29]丁士良，与战，擒之。士良，元济骁将[30]，常为东边患；众请刳[31]其心，愬许之。既而召诘之，士良无惧色。愬曰："真丈夫也！"命释其缚。士良乃自言[32]："本非淮西士，贞元中隶安州，与吴氏战，为其所擒，自分死矣[33]，吴氏释[34]我而用之，我因吴氏而再生，故为吴氏父子竭力。昨日力屈[35]，复为公所擒，亦分死矣，今公又生之，请尽死以报德。"愬乃给其衣服器械，署[36]为捉生将。

己亥[37]，淮西行营奏克蔡州古葛伯城[38]。

丁士良言于李愬曰："吴秀琳拥三千之众，据文城栅[39]，为贼左臂，官军不敢近者，有陈光洽为之谋主[40]也。光洽勇而轻[41]，好[42]自出战，请为公先擒光洽，则秀琳自降矣。"戊申[43]，士良擒光洽以归[44]。

鄂岳观察使李道古[45]引兵出穆陵关[46]；甲寅[47]，攻申州[48]，克其外郭[49]，进攻子城[50]。城中守将夜出兵击之，道古之众惊乱，死者甚众。道古，皋之子也。

淮西被兵[51]数年，竭[52]仓廪以奉战士，民多无食，采菱芡[53]鱼鳖鸟兽食之，亦尽，相帅[54]归官军者前后五千余户；贼亦患其耗粮食，不复禁。庚申[55]，敕置行县[56]以处之，为择县令，使之抚养，并置兵[57]以卫之。

三月，乙丑[58]，李愬自唐州徙屯宜阳栅[59]。

郗士美败于柏乡[60]，拔营而归，士卒死者千余人。

戊辰[61]，赐程执恭名权。

戊寅[62]，王承宗遣兵二万入东光[63]，断白桥[64]路；程权不能御，以众归沧州[65]。

吴秀琳以文城栅降于李愬。戊子[66]，愬引兵至文城西五里，遣唐州刺史李进诚将甲士八千至城下，召秀琳，城中矢石如雨，众不得前。进诚还报："贼伪降，未可信也。"愬曰；"此待我至耳。"即前至城下，秀琳束兵投身马足下[67]；愬抚其背慰劳之，降其众三千人。秀琳将李宪有材勇[68]，愬更其名曰忠义而用之，悉迁妇女于唐州。于是唐、邓军气复振，人有欲战之志。贼中降者相继于道，随其所便[69]而置之；闻有父母者，给粟帛[70]遣之[71]，曰："汝曹皆王人[72]，勿弃亲戚[73]。"众皆感泣。

官军与淮西兵夹溵水而军[74]，诸军相顾望[75]，无敢渡溵水者。陈许兵马使王沛先引兵五千渡溵水，据要地为城，于是河阳、宣武、河东、魏博等军相继皆渡，进逼郾城[76]。丁亥[77]，李光颜败淮西兵三万于郾城，走[78]其将张伯良，杀士卒什二三。

己丑[79]，李愬遣山河十将[80]董少玢等分兵攻诸栅；其日，少玢下[81]马鞍山，拔路口栅。夏，四月，辛卯[82]，山河十将马少良下嵖岈山，擒淮西将柳子野。

吴元济以蔡人董昌龄为郾城令[83]，质[84]其母杨氏。杨氏谓昌龄曰："顺死贤[85]于逆生，汝去逆而吾死，乃孝子也；从逆而吾生，是戮[86]吾也。"会官军围青陵[87]，绝郾城归路，郾城守将邓怀金谋于昌龄，昌龄劝之归国[88]。怀金乃请降于李光颜曰："城人[89]之父母妻子皆在蔡州，请公来攻城，吾举烽[90]求救，救兵至，公逆击[91]之，蔡兵必败，然后吾降，则父母妻子庶免[92]矣。"光颜从之。乙未[93]，昌龄、怀金举城降，光颜引兵入据之。吴元济闻郾城不守，甚惧。时董重质将骡军[94]守洄曲[95]，元济悉发亲近及守城卒诣重质以拒之。

李愬山河十将[96]妫雅、田智荣下冶炉城[97]。丙申[98]，十将阎士荣下白狗、汶港[99]二栅。癸卯[100]，妫雅、田智荣破西平[101]。丙午[102]，游弈兵马使[103]王义破楚城[104]。

五月，辛酉[105]，李愬遣柳子野、李忠义袭朗山[106]，擒其守将梁希果。

六镇讨王承宗者兵十余万，回环[107]数千里，既无统帅，又相去远[108]，期约难一[109]，由是历二年无功，千里馈运[110]，牛驴死者什四五。刘总既得武强[111]，引兵出境才五里，留屯不进，月给度支钱十五万缗。李逢吉及朝士多言“宜并力先取淮西，俟淮西平，乘其胜势，回取恒冀，如拾芥[112]耳！”上犹豫，久乃从之。丙子[113]，罢河北行营，各使还镇。

丁丑[114]，李愬遣方城[115]镇遏使李荣宗袭青喜城[116]，拔之。

（以上为第一段，写李愬代袁滋为将讨淮西。李愬抚巡士卒，励其斗志，连战皆捷，官军士气大振。唐宪宗又移讨成德之军增益李愬，集中全力讨淮西。）

【注释】

[1]甲申：正月二十四日。[2]抚州：治所临川，在今江西抚州市临川区。[3]唐州：州名，为唐随邓节度使治所。州城在今河南泌阳县。[4]丧败之余：丧乱失败的残军。官军讨淮西，先后有严绶败于慈丘，高霞寓败于铁城，袁滋代之又败。李愬之来，已四易其帅。[5]惮战：惧战。[6]迓：迎接。[7]拊循尔曹：领导你们。[8]行视：探望。[9]存恤：慰问抚恤。[10]不事威严：不摆军帅威严的架子。[11]军政不肃：军纪不整肃，作风拖踏。[12]袁尚书：对前任袁滋的尊称。袁滋加检校兵部尚书。[13]恩惠怀贼：袁滋临镇不进讨吴元济，反撤去斥候，卑辞与淮西结和，因而以无功被罢免。恩惠怀贼指此。实为柔懦畏敌的委婉语。[14]贼易之：敌人十分轻视他。[15]懈惰：放松戒备。[16]高、袁二帅：指高霞寓、袁滋。[17]名位素微：名声和地位向来低微。李愬自荐讨淮西，在这之前仅出任坊、晋二州刺史，进太子詹事，宫苑闲厩使；出任唐随邓节度使亦只加官检校左散骑常侍，故名位素微。[18]尚公主：娶唐室公主。[19]有司：有关职能部门。[20]未之许：未允许回鹘请婚。[21]辛卯朔：二月一日。[22]摩尼僧：随回鹘使者于元和初入唐的回鹘僧人。[23]谕意：宣谕意旨。[24]袭：偷偷地攻打。[25]益兵：增兵。[26]鄜坊：唐肃宗上元元年（760），置渭北鄜坊节度使，治所坊州，在今陕西黄陵县东南。[27]丁酉：二月七日。[28]十将：军校名，下级军官。[29]捉生虞候：军官名。[30]骁将：骁勇善战的将领。[31]刳：剖，挖。[32]自言：自己说明。[33]自分死矣：自己认为必死无疑了。[34]释：放。[35]力屈：力气不足。[36]署：任命。[37]己亥：二月九日。[38]葛伯城：古葛伯国，在今河南宁陵北葛乡。[39]文城栅：城堡名。在今河南汝南西南。[40]谋主：出谋划策的参谋人员。[41]勇而轻：勇敢而轻率。[42]好：

喜欢。［43］戊申：二月十八日。［44］以归：而归。回来。［45］李道古：太宗子曹王明之孙，嗣曹王皋之子。曹王皋历镇江西、山南等镇，多有功。道古驭军无方，攻淮西无功。传见《旧唐书》卷一百三十一，《新唐书》卷八十。［46］穆陵关：关名。在今湖北麻城市的西北穆陵山上。［47］甲寅：二月二十四日。［48］申州：州名，治所在今河南信阳市南。［49］外郭：外城。［50］子城：内城、小城。［51］被兵：经受战争。［52］竭：尽其所有。［53］菱芡：菱角，芡实。［54］相帅：互相率领。［55］庚申：二月三十日。［56］行县：暂时设置的县，用以安置来归附的人民。［57］置兵：设置军队。［58］乙丑：三月五日。［59］宜阳栅：在今河南遂平县西南。［60］柏乡：县治在今河北柏乡县。［61］戊辰：三月八日。［62］戊寅：三月十八日。［63］东光：县治在今河北东光县。［64］白桥：架设在永济渠上的桥梁。永济渠在东光县西。［65］沧州：州名。治所在今河北沧州。［66］戊子：三月二十八日。［67］束兵投身马足下：收起武器，将身子伏在马脚下，表示投降。［68］材勇：勇敢而有才智。［69］随其所便：悉听投降者的意愿，根据他们的方便。［70］粟帛：粮食和布匹。［71］遣之：送他们回去。［72］王人：唐王朝的百姓。［73］亲戚：亲人和戚属。［74］军：驻扎。［75］顾望：互相观望。［76］郾城：县名，县治在今河南漯河市郾城区。［77］丁亥：三月二十七日。［78］走：使敌将逃走。［79］己丑：三月二十九日。［80］山河十将：军校名。山河，当时诸将常募有勇力者当兵攻吴元济，号为山河子弟。十将，率领山河子弟的下级军官。［81］下：攻克。［82］辛卯：四月二日。［83］郾城令：郾城县令。故城在今河南漯河市郾城区东南。［84］质：人质。［85］贤：好、优。［86］戮：杀。［87］青陵：地名。在河南漯河市郾城区西南。［88］归国：归降唐朝。［89］城人：指郾城中的将士、官吏。［90］举烽：燃烧烽火。［91］逆击：迎头痛击。［92］庶免：大概可以免死了。［93］乙未：四月六日。［94］骡军：淮西精兵，以骡为骑。［95］洄曲：即时曲。［96］十将：淮西军中的低级。［97］冶炉城：战国韩国铸剑之地。在今河南西平县嵖岈山之东。［98］丙申：四月七日。［99］白狗、汶港：在今河南正阳境内。［100］癸卯：四月十四日。［101］西平：县治在今河南西平县。［102］丙午：四月十七日。［103］游弈兵马使：军官名，掌道骑。［104］楚城：地名。在今河南汝南县西南。［105］辛酉：五月二日。［106］朗山：县治在今河南确山县。［107］回环：周围。［108］相去远：互相距离太远。［109］难一：难以一致行动。［110］馈运：运输粮食、装备。［111］武强：县治在今河北武强县。［112］拾芥：像拾取小草那样，比喻极容易。［113］丙子：五月十七日。［114］丁丑：五月十八日。［115］方城：治所在今河南方城县。［116］青喜城：为青台城之误。即今河南社旗县青台镇。

愬每得降卒，必亲引问委曲[1]，由是贼中险易远近虚实尽知之。愬厚待吴秀琳，与之谋取蔡。秀琳曰："公欲取蔡，非李祐[2]不可，秀琳无能为也。"祐者，淮西骑将[3]，有勇略，守兴桥栅[4]，常陵暴[5]官军。庚辰[6]，祐率士卒刈麦[7]于张柴村[8]，愬召厢虞候[9]史用诚，戒[10]

之曰："尔以三百骑伏彼林[11]中，又使人摇帜于前[12]，若[13]将焚[14]其麦积[15]者。祐素易官军[16]，必轻骑来逐之。尔乃发骑掩之[17]，必擒之。"用诚如言而往，生擒祐以归。将士以祐向日[18]多杀官军，争请杀之；愬不许，释缚，待以客礼。

时愬欲袭蔡，而更密其谋，独召祐及李忠义屏[19]人语，或至夜分[20]，他人莫得预闻。诸将恐祐为变[21]，多谏愬；愬待祐益厚。士卒亦不悦，诸军日有牒[22]称祐为贼内应，且言得贼谍者[23]具言其事。愬恐谤[24]先达于上[25]，已不及救，乃持[26]祐泣曰："岂天不欲平此贼邪！何吾二人相知[27]之深而不能胜[28]众口也。"因谓众曰："诸君既以祐为疑，请令归死[29]于天子。"乃械[30]祐送京师，先密表其状[31]，且曰[32]："若杀祐，则无以成功。"诏释之，以还愬。愬见之喜，执其手曰："尔之得全[33]，社稷之灵也！"乃署散兵马使[34]，令佩刀巡警，出入帐中；或与之同宿，密语不寐达曙[35]，有窃听于帐外者，但闻祐感泣[36]声。时唐、随牙队[37]三千人，号六院兵马，皆山南东道之精锐也。愬又以祐为六院兵马使[38]。

旧军令[39]，舍贼谍者[40]屠其家。愬除其令，使厚待之，谍反以情告愬，愬益知贼中虚实。乙酉[41]，愬遣兵攻朗山，淮西兵救之，官军不利；众皆怅恨[42]，愬独欢然曰："此吾计也！"乃募敢死士三千人，号曰突将，朝夕自教习之[43]，使常为行备[44]，欲以袭蔡。会久雨，所在[45]积水，未果[46]。

闰月，己亥[47]，程异还自江、淮，得供军钱[48]百八十五万缗。

谏议大夫韦绶[49]兼太子侍读，每以珍膳[50]饷太子，又悦太子以谐谑[51]，上闻之，丁未[52]，罢绶侍读，寻出为虔州[53]刺史。绶，京兆人。

吴元济见其下数叛[54]，兵势日蹙[55]，六月，壬戌[56]，上表谢罪，愿束身[57]自归。上遣中使赐诏，许以不死；而为左右及大将董重质所制[58]，不得出。

秋，七月，大水，或平地二丈。

（以上为第二段，写李愬以恩信招降，迅速攻下淮西外围防线，吴元济始惧。）

【注释】

[1]委曲：情况。[2]李祐（？—829）：本蔡州牙将，降李愬，破蔡州，官至沧景节度使。传见《旧唐书》卷一百六十一，《新唐书》卷二百一十四。[3]骑将：骑军将领。[4]兴桥栅：在张柴村东。[5]陵暴：欺凌暴害。[6]庚辰：五月二十一日。[7]刈麦：割麦。[8]张柴村：地名，在文城栅东六十里。[9]厢虞候：军官名。掌左、右厢之兵。[10]戒：嘱咐。[11]彼林：那片树林。[12]摇帜于前：在前面摇着旗子。[13]若：好像。[14]焚：烧。[15]麦积：麦垛。[16]素易官军：一向以为唐军容易对付。[17]掩之：突然袭击他。[18]向日：从前。[19]屏：屏退。[20]夜分：半夜。[21]为变：有变化。[22]牒：文书。[23]谍者：情报人员。[24]谤：毁谤。[25]先达于上：先通到皇帝耳朵里。[26]持祐：抱着李祐。[27]相知：了解。[28]胜：超过。[29]归死：送尸体。语出《左传》魏绛曰："请归死于司寇。"[30]械：加上刑具。[31]密表其状：秘密先上表言与祐密谋袭蔡之状。[32]且曰：进一步说。[33]尔之得全：你能够保全。[34]散兵马使：军官名。系散员，不统兵。[35]不寐达曙：不睡觉到天亮。[36]感泣：感恩而涕泣。[37]牙队：节度使警卫队。[38]六院兵马使：军官名。节度使警卫军统领官。[39]旧军令：过去军队命令。[40]舍贼谍者：窝藏敌人情报人员。[41]乙酉：五月二十六日。[42]怅恨：不满意而愤恨。[43]自教习之：亲自训练他们。[44]行备：作出发的准备。[45]所在：到处。[46]未果：没有结果。指计划暂时没有实施。[47]己亥：闰五月十日。[48]供军钱：供给军队使用的钱。[49]韦绶（？—822）：字子章，京兆（今陕西西安市）人。御事无术。传见《旧唐书》卷一百六十二，《新唐书》卷一百六十。[50]珍膳：珍贵的菜饭。[51]谐谑：不庄重而开玩笑的话。[52]丁未：闰五月十八日。[53]虔州：治所在今江西赣州市赣县区。[54]数叛：常常叛变。[55]日蹙：日益穷迫。[56]壬戌：六月四日。[57]束身：自缚其身。表示归顺。[58]制：控制。

初，国子祭酒孔戣[1]为华州[2]刺史，明州[3]岁贡蚶[4]、蛤、淡菜，水陆递夫[5]劳费，戣奏疏罢之。甲辰[6]，岭南节度使崔詠薨，宰相奏拟代詠者数人，上皆不用，曰："顷[7]有谏进蚶、蛤、淡菜者为谁，可求其人与之。"庚戌[8]，以戣为岭南节度使。

诸军讨淮、蔡，四年不克，馈运疲弊[9]，民至[10]有以驴耕者。上亦病[11]之，以问宰相。李逢吉等竞言[12]师老财竭[13]，意欲罢兵；裴度独无言，上问之，对曰："臣请自往督战[14]。"乙卯[15]，上复谓度曰："卿真能为朕行乎！"对曰："臣誓不与此贼[16]俱生。臣比[17]观吴元济表，势实窘蹙[18]，但诸将心不一，不并力迫之，故未降耳。若臣自诣行营[19]，诸将恐臣夺其功，必争进破贼矣。”上悦，丙戌[20]，以度为门下侍郎、同平章事、兼彰义节度使，仍充淮西宣慰招讨处置使。又以户部侍郎崔群为中书侍郎、同平章事。制下，度以韩弘已为都统，不欲更为招讨，请但称[21]宣慰处置使；仍奏刑部侍郎马总[22]为宣慰副使，右庶子韩愈为彰义行军司马，判官、书记，皆朝廷之选[23]，上皆从之。度将行，言于上曰：“臣若贼灭，则朝天[24]有期；贼在，则归阙无日。”上为之流涕。

八月，庚申[25]，度赴淮西，上御通化门[26]送之。右神武将军张茂和，茂昭弟也，尝以胆略自衒[27]于度；度表为都押牙，茂和辞以疾，度奏请斩之。上曰：“此忠顺之门[28]，为卿远贬。”辛酉[29]，贬茂和永州司马。以嘉王[30]傅高承简[31]为都押牙。承简，崇文之子也。

李逢吉不欲讨蔡，翰林学士令狐楚[32]与逢吉善，度恐其合中外之势[33]以沮军事，乃请改制书数字，且言其草制失辞；壬戌[34]，罢楚为中书舍人。

李光颜、乌重胤与淮西战；癸亥[35]，败于贾店[36]。

裴度过襄城[37]南白草原[38]，淮西人以骁骑七百邀之[39]；镇将[40]楚丘曹华[41]知而为备，击却之。度虽辞招讨名，实行元帅事，以郾城为治所。甲申[42]，至郾城。先是，诸道皆有中使监陈，进退不由主将，胜则先使献捷，不利则陵挫百端[43]；度悉奏去之，诸将始得专军事，战多有功。

（以上为第三段，写裴度自请督师，奏罢中使监军，诸将始专军事，战多有功。）

【注释】

[1]孔戣：字君严。官至岭南节度使。传见《旧唐书》卷一百五十四，《新唐书》卷一百六十三。 [2]华州：州名，治所在今陕西渭南市华州区。 [3]明州：州名，治所在今浙东宁波市。 [4]蚶（hán）、蛤（gè）、淡菜：均为海产贝类食品，味极鲜美。蚶，食用贝类，有泥蚶等。蛤，食用贝类，即蛤蜊。淡菜，贻贝的肉经煮熟后晒干而成。 [5]递夫：传递运送人员。[6]甲辰：七月十七日。 [7]顷：不久前、近来。 [8]庚戌：七月二十三日。 [9]疲弊：疲乏。[10]至：甚至。 [11]病：忧虑。 [12]竞言：争先恐后地说。 [13]师老财竭：军队疲困，财政枯竭。 [14]督战：亲临前线，督促战斗。 [15]乙卯：七月二十八日。 [16]此贼：指吴元

济。［17］比：近来。［18］势实窘蹙：形势实在窘迫危蹙。［19］自诣行营：亲自到元帅行营督促。［20］丙戌：七月戊子朔，无丙戌。疑为丙辰，七月二十九日，后乙卯一日。［21］但称：只称。［22］马总（？—823）：字会元，扶风（今陕西扶风）人。少孤贫，好学，性刚直，清廉不挠，官至户部尚书。著有《奏议集》《年历》《通历》《子钞》等书。传见《旧唐书》卷一百五十七，《新唐书》卷一百六十三。［23］皆朝廷之选：都是从朝官中选拔出来的人才。［24］朝天：朝见皇帝。［25］庚申：八月三日。［26］通化门：长安城东面北来第一门。［27］自衒：自己夸耀。［28］忠顺之门：指张茂和之父孝忠、兄茂昭镇易定，比河朔诸镇为忠顺。［29］辛酉：八月四日。［30］嘉王：李运，代宗之子，贞元十七（801）年卒。此指嗣嘉王李运子孙。［31］高承简（？—827）：官至邠宁庆等州节度观察处置使。传见《旧唐书》卷一百五十一，《新唐书》卷一百七十。［32］令狐楚（766—837）：字殼士，才思俊丽，风仪严重，累居重任，贞操如初。官山南西道节度使。传见《旧唐书》卷一百七十二，《新唐书》卷一百六十六。［33］合中外之势：中，内朝，指翰林学士令狐楚；外，朝官，指宰相李逢吉，二人将内外朝势力结合起来阻遏讨淮西。沮，败坏，阻遏。［34］壬戌：八月五日。［35］癸亥：八月六日。［36］贾店：地名。在今河南漯河市郾城区东南。［37］襄城：县名。治所在今河南襄城县。［38］白草原：地名。在河南襄城县东二十五里。［39］邀之：拦截他。［40］镇将：指襄城镇将。［41］曹华：宋州楚丘（今山东曹县东南）人。官至义成军节度使。传见《旧唐书》卷一百六十二，《新唐书》卷一百七十一。［42］甲申：八月十五日。［43］陵挫百端：百般凌辱。

九月，庚子[1]，淮西兵寇溵水镇[2]，杀三将，焚刍藁[3]而去。

初，上为广陵王，布衣张宿以辩口[4]得幸；及即位，累官至比部员外郎[5]。宿招权受赂于外，门下侍郎、同平章事李逢吉恶之[6]。上欲以宿为谏议大夫，逢吉曰："谏议重任，必能可否[7]朝政，始宜为之。宿小人，岂得窃[8]贤者之位！必欲用宿，请去臣乃可。"上由是不悦。逢吉又与裴度异议[9]，上方倚[10]度以平蔡；丁未[11]，罢逢吉为东川节度使。

甲寅[12]，李愬将攻吴房[13]，诸将曰："今日往亡[14]。"愬曰："吾兵少，不足战，宜出其不意。彼以往亡不吾虞[15]，正可击也。"遂往，克其外城，斩首千余级。余众保子城，不敢出，愬引兵还以诱之，淮西将孙献忠果以骁骑五百追击其背[16]；众惊，将走[17]，愬下马据胡床[18]，令曰："敢退者斩！"返旆力战[19]，献忠死，淮西兵乃退。或劝愬乘胜攻其子城，可拔[20]也。愬曰："非吾计也。"引兵还营。

李祐言于李愬曰："蔡之精兵皆在洄曲[21]，及四境拒守，守州城者皆羸老之卒，可以乘虚直抵[22]其城。比[23]贼将闻之，元济已成擒[24]矣。"愬然之。冬，十月，甲子[25]，遣掌书记[26]郑澥至郾城，密白[27]裴度。度曰："兵非出奇不胜，常侍[28]良图[29]也。"

上竟用张宿为谏议大夫，崔群、王涯固谏[30]，不听；乃请以为权知谏议大夫，许之。宿由是怨执政及端方之士[31]，与皇甫镈[32]相表里[33]，谮去之[34]。

裴度帅僚佐观筑城于沱口[35]，董重质帅骑出五沟[36]，邀之[37]，大呼而进，注弩挺刃[38]，势将及度[39]。李光颜与田布力战，拒之，度仅得[40]入城。贼退，布扼[41]其沟中归路，贼下马逾沟[42]，坠压死者千余人。

辛未[43]，李愬命马步都虞候、随州刺史史旻留镇文城，命李祐、李忠义帅突将[44]三千为前驱，自与监军将三千人为中军，命李进诚将三千人殿其后。军出，不知所之[45]；愬曰："但东行[46]！"行六十里，夜，至张柴村，尽杀其戍卒[47]及烽子[48]。据其栅，命士少休[49]，食干糒[50]，整羁靮[51]，留义成军五百人镇之，以断洄曲及诸道桥梁，复夜引兵出门；诸将请所之，愬曰："入蔡州取吴元济！"诸将皆失色[52]。监军[53]哭曰："果落李祐奸计！"时大风雪，旌旗裂[54]，人马冻死者相望[55]。天阴黑，自张柴村以东道路，皆官军所未尝行[56]，人人自以为必死；然畏愬，莫敢违[57]。夜半，雪愈甚，行七十里，至州城[58]；近城有鹅鸭池[59]，愬令击之[60]以混军声[61]。

自吴少诚拒命[62]，官军不至蔡州城下三十余年，故蔡人不为备[63]。壬申[64]，四鼓[65]，愬至城下，无一人知者。李祐、李忠义镢其城[66]，为坎[67]以先登，壮士从之；守门卒方熟寐[68]，尽杀之，而留击柝[69]者，使击柝如故[70]。遂开门纳众[71]，及里城[72]，亦然[73]，城中皆不之觉。鸡鸣，雪止，愬入居[74]元济外宅[75]。或[76]告元济曰："官军至矣！"元济尚寝，笑曰："俘囚[77]为盗耳！晓当尽戮之。"又有告者曰："城陷矣！"元济曰："此必洄曲子弟就吾[78]求寒衣也。"起，听于廷[79]，闻愬军号令曰："常侍传语。"应者近万人。元济始惧，曰："何等常侍[80]，能至于此！”乃帅左右登牙城拒战[81]。

时董重质拥[82]精兵万余人据洄曲。愬曰：“元济所望者，重质之救耳！”乃访[83]重质家，厚抚之，遣其子传道持书谕重质；重质遂单骑诣愬降。

愬遣李进诚攻牙城，毁其外门，得甲库[84]，取器械。癸酉[85]，复攻之，烧其南门，民争负薪刍[86]助之，城上矢如猬毛[87]。晡时[88]，门坏，元济于城上请罪[89]，进诚梯而下之[90]。甲戌[91]，愬以槛车[92]送元济诣[93]京师，且[94]告于裴度。是日，申、光二州及诸镇兵二万余人相继来降。

自元济就擒，愬不戮一人[95]，凡元济官吏、帐下[96]、厨厩之卒[97]，皆复其职，使之不疑，然后屯于鞠场[98]以待裴度。

（以上为第四段，写李愬雪夜取蔡州。）

【注释】

[1]庚子：九月十四日。[2]溵水镇：地名，在今河南郾城境内。[3]刍藁：马草。[4]辩口：口才很好。[5]比部员外郎：官名，刑部第三司比部司副长官。掌句覆内外赋敛、经费等，从六品上。[6]恶之：厌恨他。[7]可否：判断是非。[8]窃：窃居。[9]异议：议论平淮西事意见不同。[10]倚：倚靠、倚仗。[11]丁未：九月二十一日。[12]甲寅：九月二十八日。[13]吴房：县名。县治在今河南遂平县。[14]往亡：迷信的习俗。据阴阳家说，八月以白露后十八日为“往亡”。九月以寒露后十七日为“往亡”。[15]不吾虞：不防备我。[16]背：指李愬军的背后。[17]走：逃跑。[18]据胡床：坐在胡床上，表示无后退意。胡床，从少数民族传入，用绳为之，古称交床，今称马扎。[19]返旆力战：回身竭力接战。旆，旗。[20]拔：攻破。[21]洄曲：一名时曲，在今河南漯河市境。溵水到此回曲，故名。[22]抵：到、达。[23]比：比及，等到。[24]成擒：擒获。[25]甲子：十月八日。[26]掌书记：节度使府幕职官。掌簿书、案牍等。[27]密白：秘密禀告。[28]常侍：李愬官称。因李愬带检校散骑常侍。[29]良图：好计谋。[30]固谏：坚决谏阻。[31]端方之士：正派的人士。[32]皇甫镈：以刻剥媚上得宰相，穆宗立，贬镈崖州司户，死贬所。传见《旧唐书》卷一百三十五，《新唐书》卷一百六十七。[33]相表里：互相勾结。[34]谮去之：诋毁崔群、王涯，使他们离位而去。[35]沱口：在今河南郾城区沱口镇。[36]五沟：地名，在洄曲之北。[37]邀之：突然拦击裴度。[38]注弩挺刃：张着弓、挺着刀，气势汹汹。[39]势将及度：将要靠近裴度。[40]仅得：仅仅能够。[41]扼：控扼。[42]逾沟：越过沟去。[43]辛未：

十月十五日。［44］突将：李愬招募的敢死士。［45］不知所之：不知到哪里去。［46］但东行：只向东面行进。［47］戍卒：防守士兵。［48］烽子：烽火兵。唐制，烽火台设烽帅、烽副、烽子。［49］少休：稍事休息。［50］干糒：干饭，干粮。［51］整羁靮（dí）：整顿系缚马络头。［52］失色：惊慌而变了脸色。［53］监军：宦官充任。［54］旌旗裂：旗帜被凛冽的寒风刮破。［55］相望：指冻死的人马到处都有。［56］未尝行：未曾走过。［57］莫敢违：不敢违背。［58］至州城：到蔡州城下。［59］鹅鸭池：养鹅鸭的池塘。［60］击之：打击鹅鸭使之叫唤。［61］以混军声：用来掩盖行军的脚步声。［62］拒命：不接受朝廷命令。［63］不为备：不作准备。［64］壬申：十月十六日。［65］四鼓：四更。［66］镢其城：用大锄挖蔡州城墙。［67］为坎：挖成踏脚的洞坎。［68］熟寐：熟睡。［69］击柝（tuò）：敲更的人。［70］如故：像以前一样击柝。［71］纳众：接纳其他士兵。［72］及里城：到内城。［73］亦然：亦同进外城一样。［74］居：占据。［75］外宅：节度使府外宅。［76］或：有人。［77］俘囚：俘虏的囚徒。［78］就吾：到我这里来。［79］听于廷：在庭院倾听。［80］何等常侍：什么样的常侍。［81］登牙城拒战：上节度使衙城抗拒。［82］拥；拥有，率领。［83］访：访问。［84］甲库：武器仓库。［85］癸酉：十月十七日。［86］薪刍：柴草。［87］矢如猬毛：愬军集中射击，箭集城上如刺猬的毛。［88］晡时：太阳偏西时。［89］请罪：投降。［90］梯而下之：用梯子叫吴元济从城上下来。［91］甲戌：十月十八日。［92］槛车：囚车。［93］诣：到。［94］且：并且。［95］不戮一人：不杀一个人。［96］帐下：部下士兵。［97］厨厩之卒：厨子、马夫。［98］鞠场：鞠球场。

以淮南节度使李鄘为门下侍郎、同平章事。

己卯[1]，淮西行营奏获吴元济，光禄少卿[2]杨元卿[3]言于上曰：“淮西大有珍宝，臣能[4]知之，往取必得。”上曰：“朕讨淮西，为人除害，珍宝非所求也[5]。”

董重质之去[6]洄曲军也，李光颜驰入其壁[7]，悉降其众。庚辰[8]，裴度遣马总先入蔡州慰抚[9]。辛巳[10]，度建彰义军节[11]，将降卒万余人入城，李愬具櫜鞬[12]出迎，拜于路左[13]。度将避之，愬曰；“蔡人顽悖[14]，不识上下之分，数十年矣，愿公因而示之[15]，使知朝廷之尊。”度乃受之。

李愬还军文城[16]，诸将请曰：“始公败于朗山而不忧，胜于吴房而不取，冒[17]大风甚雪[18]而不止，孤军深入而不惧，然卒以成功，皆众人所不谕[19]也，敢问其故？”愬曰；“朗山不利，则贼轻我而不为备矣。

取吴房，则其众奔蔡，并力[20]固守，故存之以分其兵。风雪阴晦，则烽火不接，不知吾至。孤军深入，则人皆致死[21]，战自倍矣[22]。夫视远者不顾近，虑大者不详细，若矜小胜，恤小败，先自挠矣[23]，何暇立功乎！”众皆服。愬俭于奉己[24]而丰于待士[25]，知贤不疑[26]，见可能断[27]，此其所以成功也。

（以上为第五段，写李愬智勇，与诸将论取胜之道。）

【注释】

[1]己卯：十月二十三日。[2]光禄少卿：官名。光禄寺次长官。掌祭祀、朝会的酒礼供馔。[3]杨元卿（752—831）：慷慨有才略。官至太子太保。传见《旧唐书》卷一百六十一，《新唐书》卷一百七十一。[4]能：据张敦仁《通鉴刊本识误》“能”作“素”，是。[5]非所求也：不是我所追求的。[6]去：离开。[7]壁：壁垒。即营盘。[8]庚辰：十月二十四日。[9]慰抚：慰谕安抚老百姓。[10]辛巳：十月二十五日。[11]建彰义军节：执持彰义军旌节。彰义为淮西节度军号。[12]櫜鞬（gāojiàn）：箭囊，李愬背负弓箭出郊迎接裴度，表示为先导，古时极隆重的礼节。[13]拜于路左：在道路左面拜迎。古时乘辎左，故拜迎于道左以示尊敬。[14]顽悖：愚顽悖逆，不知礼数。[15]示之：做个榜样显示给他们看。[16]文城：文城栅。[17]冒：顶着。[18]甚雪：大雪。[19]不谕：不明白。[20]并力：合力。[21]致死：拼死命作战。[22]战自倍矣：加倍努力作战，死里求生。[23]自挠：自己首先丧气。[24]俭于奉己：对于自己非常节俭。[25]丰于待士：对于军士非常丰厚。[26]知贤不疑：对于贤士，用之不怀疑。[27]见可能断：见到可以执行便敢于决断。

裴度以蔡卒[1]为牙兵[2]，或[3]谏曰：“蔡人反仄[4]者尚多，不可不备。”度笑曰：“吾为彰义节度使，元恶既擒，蔡人则吾人也，又何疑焉！”蔡人闻之感泣[5]。先是吴氏父子阻兵，禁人偶语于涂[6]，夜不然烛[7]，有以酒食相过从[8]者罪死。度既视事，下令惟禁盗贼，余皆不问，往来者不限昼夜，蔡人始知有生民之乐[9]。

甲申[10]，诏韩弘、裴度条列[11]平蔡将士功状及蔡之将士降者，皆差第[12]以闻。淮西州县百姓，给复[13]二年；近贼四州[14]，免来年夏税。官军战亡者，皆为收葬，给其家衣粮五年；其因战伤残废者，勿停衣粮[15]。

十一月[16]，上御兴安门[17]受俘[18]，遂以吴元济献庙社[19]，斩于独柳[20]之下。

初，淮西之人劫[21]于李希烈、吴少诚之威虐，不能自拔[22]，久而老者衰，幼者壮，安于悖逆[23]，不复知有朝廷矣。自少诚以来，遣诸将出兵，皆不束以法制[24]，听各以便宜[25]自战，故人人得尽其才。韩全义之败于溵水也，于其帐中得朝贵[26]所与问讯书[27]，少诚束[28]以示众曰："此皆公卿属全义书，云破蔡州日，乞一将士妻女为婢妾。"由是众皆愤怒，以死为贼用；虽居中土[29]，其风俗犷戾[30]过于夷貊[31]。故以三州之众，举天下之兵环而攻之，四年然后克之。

官军之克元济也，李师道募人通使于蔡，察[32]其形势，牙前虞候刘晏平应募，出汴、宋间，潜行[33]至蔡。元济大喜，厚礼而遣之。晏平还至郓，师道屏人[34]而问之，晏平曰："元济暴兵[35]数万于外，阽危[36]如此，而日与仆妾游戏博弈[37]于内，晏然[38]曾无忧色。以愚观之，殆[39]必亡，不久矣！"师道素倚淮西为援，闻之惊怒，寻[40]诬[41]以他过，杖杀之。

戊子[42]，以李愬为山南东道节度使，赐爵凉国公；加韩弘兼侍中；李光颜、乌重胤等各迁官有差[43]。

旧制，御史二人知驿[44]；壬辰[45]，诏以宦者为馆驿使。左补阙裴潾[46]谏曰："内臣[47]外事，职分各殊[48]，切在塞[49]侵官之源，绝出位之渐。事有不便，必戒于初[50]；令或有妨，不必在大。"上不听。

甲午[51]，恩王连[52]薨。

辛丑[53]，以唐、随兵马使李祐为神武将军，知军事[54]。

裴度以马总为彰义留后；癸丑[55]，发[56]蔡州。上封二剑以授梁守谦，使诛吴元济旧将；度至郾城，遇之，复[57]与俱入蔡州，量罪施刑[58]，不尽如诏旨[59]，仍上疏言之。

十二月，壬戌[60]，赐裴度爵晋国公，复入知政事[61]。以马总为淮西节度使。

初，吐突承璀方贵宠用事，为淮南监军；李鄘为节度使，性刚严[62]，与承璀互相敬惮[63]，故未尝相失。承璀归，引鄘为相；鄘耻由宦官进，及将佐出祖[64]，乐作[65]，鄘泣下曰："吾老安外镇[66]，宰相非吾任也！”戊寅[67]，鄜至京师，辞疾[68]，不入见，不视事，百官到门，皆辞不见。

庚辰[69]，贬淮西降将董重质为春州[70]司户。重质为元济谋主，屡破官军；上欲杀之，李愬奏先许重质以不死。

（以上为第六段，写裴度优抚淮西士民，处置善后事宜。）

【注释】

[1]蔡卒：原淮西军士兵。[2]牙兵：警卫士兵。[3]或：有人。[4]反仄：即反侧。指谋叛者。[5]感泣：感激之深而流泪。[6]偶语于涂：在路上交谈。涂，通“途”。[7]然烛：点蜡烛。然，通“燃”。[8]酒食相过从：在一起饮酒吃饭的。[9]生民之乐：做人的快乐。[10]甲申：十月二十八日。[11]条列：逐条开列。[12]差第：分析不同情况，列出等差次第。[13]给复：免除赋役。[14]四州：指陈、许、颍、唐四州。[15]勿停衣粮：即国家发放津贴，养其终身。[16]十一月：据章校，“月”下有“丙戌朔”三字，即十一月一日。[17]兴安门：大明宫南面有五门，兴安门在最西面。[18]受俘：接受所献淮西俘虏吴元济。[19]庙社：宗庙社稷。[20]独柳：唐代在京师处决罪犯行刑的地方。[21]劫：受劫持。[22]不能自拔：不能自己解救自己。[23]安于悖逆：对于无理违逆的统治，心安理得，习惯成自然。[24]不束以法制：不用法令约束。[25]便宜：自己自由处置。[26]朝贵：朝廷中地位崇高的官员。[27]问讯书：书信。[28]束：集在一起。[29]中土：中原土地。[30]犷戾：粗犷暴戾。[31]夷貊（mò）：泛指少数民族。[32]察：窥探。[33]潜行：暗地里赶路。[34]屏人：屏退旁人。[35]暴兵：动用军队。[36]阽（diàn）危：临近危亡。[37]博弈：下围棋。[38]晏然：太平无事的样子。[39]殆：大概。[40]寻：不久。[41]诬：诬陷。[42]戊子：十一月三日。[43]迁官有差：根据功劳大小，升任不同等级的官职。[44]知驿：掌管馆驿事务。唐开元中，令监察御史兼巡传驿，至二十五年（737），以监察御史检校两京馆驿。大历十四年（779），两京以御史一人知馆驿，号馆驿使。[45]壬辰：十一月七日。[46]裴潾：穆宗时官至集贤殿学士、刑部侍郎。传见《旧唐书》卷一百七十一，《新唐书》卷一百一十八。[47]内臣：指宦官。[48]各殊：各不相同。[49]塞：堵塞。[50]必戒于初：在开始的时候就引以为戒。[51]甲午：十一月九日。[52]恩王连（？—817）：代宗第六子。[53]辛丑：十一月十六日。[54]知军事：掌禁卫兵兵权。[55]癸丑：十一月二十八日。[56]发：出发。[57]复：再。[58]量罪施刑：根据罪行施以刑罚。[59]不尽如诏旨：不完全按诏旨所说那样做。[60]壬戌：十二月七日。[61]入知政事：入朝担任宰相。[62]刚严：刚毅严肃。[63]敬惮：尊敬而害怕。[64]出祖：饯别。[65]乐作：奏乐。[66]吾老安外镇：我安心于外镇到老。[67]戊寅：十二月二十三日。[68]辞疾：以疾辞位。[69]庚辰：十二月二十五日。[70]春州：州名。治所在今广东阳春。

十三年（戊戌，818 年）

春，正月，乙酉朔[1]，赦天下。

初，李师道谋逆命[2]，判官高沐与同僚郭昈[3]、李公度屡谏之。判官李文会、孔目官林英素为师道所亲信，涕泣言于师道曰："文会等尽心[4]为尚书[5]忧家事，反为高沐等所疾，尚书奈何不爱十二州[6]之土地，以成沐等之功名乎！"师道由是疏沐等，出沐知莱州[7]。会林英入奏事，令进奏吏[8]密申师道云："沐潜输款于朝廷。"文会从而构之，师道杀沐，并囚郭昈，凡军中劝师道效顺[9]者，文会皆指为高沐之党而囚之。

及淮西平，师道忧惧，不知所为[10]。李公度及牙将李英昙因其惧而说之，使纳质献地[11]以自赎[12]。师道从之，遣使奉表，请使长子入侍，并献沂、密、海三州。上许之。乙巳[13]，遣左常侍李逊诣郓州宣慰。

上命六军[14]修麟德殿；右龙武统军张奉国、大将军李文悦以外寇初平，营缮[15]太多，白宰相，冀有论谏；裴度因奏事言之。上怒，二月，丁卯[16]，以奉国为鸿胪卿[17]，壬申[18]，以文悦为右武卫[19]大将军，充威远营使。于是浚[20]龙首池，起承晖殿，土木浸兴矣[21]。

李愬奏请判官、大将以下官凡百五十员；上不悦，谓裴度曰："李愬诚有奇功[22]，然奏请过多。使如李晟、浑瑊，又何如哉！"遂留中[23]不下。

李鄘固辞相位，戊戌[24]，以鄘为户部尚书。以御史大夫李夷简为门下侍郎、同平章事。

初，渤海僖王言义卒，弟简王明忠立，改元太始；一岁卒，从父仁秀立，改元建兴。乙巳[25]，遣使来告丧。

横海[26]节度使程权[27]自以世袭沧景，与河朔三镇无殊[28]，内不自安[29]；己酉[30]，遣使上表，请举族入朝，许之。横海将士乐自擅[31]，不听权去，掌书记林蕴谕以祸福，权乃得出。诏以蕴为礼部员外郎。

（以上为第七段，写朝廷平定淮西，淄青李师道恐惧，假意效顺，称将派长子入朝为质。）

【注释】

[1]乙酉朔：正月一日。[2]逆命：违背朝廷。[3]郭昈（hù）：人名，任淄青节度使判官。[4]尽心：全心竭力。[5]尚书：指李师道，因李师道曾加检校工部尚书。[6]十二州：指李师道所占郓、兖、曹、濮、淄、青、齐、海、登、莱、沂、密十二州。[7]莱州：州名，治所在今山东莱州市。[8]进奏吏：李师道派驻京师进奏院的官员。[9]效顺：顺从唐王朝。[10]不知所为：不知道怎么办才好。[11]纳质献地：送人质，献土地。[12]自赎：自己赎罪。[13]乙巳：正月二十一日。[14]六军：即左右龙武、左右神武、左右羽林军。[15]营缮：修建。[16]丁卯：二月十三日。[17]鸿胪卿：鸿胪寺长官，掌宾客及凶仪之事，从三品。[18]壬申：二月十八日。[19]右武卫：属南衙十六卫之一。[20]浚：疏浚。[21]土木浸兴：渐渐地大兴土木了。[22]诚有奇功：确实有奇特功勋。[23]留中：留李愬奏章在禁中。[24]戊戌：三月十五日。戊戌上脱"三月"二字。[25]乙巳：三月二十二日。[26]横海：方镇名。唐德宗贞元三年（787）置横海节度使，治所沧州，在今河北沧州市。[27]程权：程怀信子，袭横海军节度使。[28]无殊：没有两样。[29]内不自安：内心不安稳。[30]己酉：三月二十六日。[31]乐自擅：乐于自己专擅一方。

裴度之在淮西也，布衣[1]柏耆以策干[2]韩愈曰："吴元济既就擒，王承宗破胆[3]矣，愿得奉丞相书往说之，可不烦兵而服。"愈白度，为书遣之。承宗惧，求哀[4]于田弘正，请以二子为质[5]，及献德、棣二州，输租税[6]，请官吏[7]。弘正为之奏请，上初不许；弘正上表相继[8]，上重违[9]弘正意，乃许之。夏，四月，甲寅朔[10]，魏博遣使送承宗子知感、知信及德、棣二州图印[11]至京师。

幽州大将谭忠说[12]刘总曰："自元和以来，刘辟、李锜、田季安、卢从史、吴元济，阻兵凭险[13]，自以为深根固蒂[14]，天下莫能危也。然顾盼之间[15]，身死家覆，皆不自知，此非人力所能及，殆天诛也。况今天子神圣威武，苦身焦思[16]，缩衣节食，以养战士，此志岂须臾[17]忘天下哉！今国兵[18]骎骎[19]北来，赵人[20]已献城十二[21]，忠深为公忧之。"总泣且拜曰："闻先生言，吾心定矣。"遂专意归朝廷。

戊辰[22]，内出废印二纽[23]，赐左、右三军辟仗使[24]。旧制，以宦官为六军辟仗使，如方镇之监军，无印。及张奉国得罪，至是始赐印，得纠绳军政[25]，事任专达[26]矣。

庚戌[27]，诏洗雪[28]王承宗及成德将士，复其官爵。

（以上为第八段，写成德效顺，朝廷恢复王承宗官爵。）

【注释】

[1]布衣：没有出身、没有官职的人。[2]干：求取。此指献计。[3]破胆：吓破胆。[4]求哀：请求怜恤。[5]质：人质。[6]输租税：向朝廷缴纳租税。[7]请官吏：由朝廷任命官员。[8]相继：一份接着一份不断。[9]重违：难以违背、拂逆。[10]甲寅朔：四月一日。[11]图印：地图和印信。[12]说：劝说。[13]阻兵凭险：仗恃军队，凭借险要。[14]深根固蒂：语出《庄子》五十九章。说明地位巩固。[15]顾盼之间：回头一看的时间里。指时间短暂。[16]苦身焦思：身体受苦，思虑忧患。指皇帝勤于政事。[17]须臾：一会儿，指时间短暂。[18]国兵：指唐朝廷军队。[19]骎骎：马疾行的样子。[20]赵人：指王承宗。[21]十二：指德州领地安德、长河、平原、平昌、将陵、安陵六县；棣州领地厌次、滴河、阳信、蒲台、渤海五县。加上东光，共十二县献给朝廷。[22]戊辰：四月十五日。[23]二纽：二盒、二组。[24]辟仗使：官名，北衙六军的监军，称辟仗使，由宦官充任。无印。[25]纠绳军政：军事、政治任务有权加以纠正。[26]事任专达：由宦官任事，专达于皇帝。[27]庚戌：四月甲寅朔，无庚戌。庚戌，应为庚辰之误。庚辰，四月二十七日。[28]洗雪：洗清、昭雪。

李师道暗弱[1]，军府大事[2]，独与妻魏氏、奴胡惟堪、杨自温、婢蒲氏、袁氏及孔目官王再升谋之，大将及幕僚莫得预[3]焉。魏氏不欲其子入质，与蒲氏、袁氏言于师道曰："自先司徒[4]以来，有此十二州，奈何无故割而献之！今计境内之兵不下数十万，不献三州，不过以兵相加[5]。若力战不胜，献之未晚[6]。"师道乃大悔，欲杀李公度，幕僚贾直言谓其用事奴[7]曰："今大祸将至，岂非高沐冤气所为！若又杀公度，军府[8]其危哉！"乃囚之[9]。迁李英昙于莱州，未至，缢杀[10]之。

李逊至郓州，师道大陈兵迎之[11]，逊盛气正色[12]，为陈祸福[13]，责其决语[14]，欲白天子[15]。师道退，与其党谋之，皆曰："弟[16]许之，他日正烦一表解纷[17]耳。"师道乃谢[18]曰："向以父子之私，且迫于将士之情，故迁延[19]未遣[20]。今重烦朝使，岂敢复有二三[21]！"逊察[22]师道非实诚，归，言于上曰："师道顽愚反覆[23]，恐必须用兵。"既而师道表言军情，不听纳质割地[24]。上怒，决意讨之。

贾直言冒刃谏师道者二[25]，舆榇谏者一[26]，又画缚载槛车妻子系累者以献[27]；师道怒，囚之。

五月，丙申[28]，以忠武节度使李光颜为义成节度使，谋讨师道也。以淮西节度使马总为忠武节度使、陈·许·溵·蔡州观察使。以申州[29]隶鄂岳，光州[30]隶淮南。

辛丑[31]，以知勃海国务大仁秀为勃海王。

以河阳都知兵马使曹华为棣州[32]刺史，诏以河阳兵[33]送至滴河[34]。会县为平卢[35]兵所陷，华击却之，杀二千人，复其县以闻；诏加横海节度副使。

六月，癸丑朔[36]，日有食之。

丁丑[37]，复以乌重胤领怀州[38]刺史，镇河阳。

秋，七月，癸未朔[39]，徙李愬为武宁节度使[40]。

乙酉[41]，下制罪状李师道，令宣武、魏博、义成、武宁、横海兵共讨之，以宣歙观察使王遂[42]为供军使[43]。遂，方庆之孙也。

上方委[44]裴度以用兵，门下侍郎、同平章事李夷简自谓才不及度，求出镇。辛丑[45]，以夷简同平章事，充淮南节度使。

八月，壬子朔[46]，中书侍郎、同平章事王涯罢为兵部侍郎。

（以上为第九段，写李师道反复无常，唐宪宗用兵淄青。）

【注释】

[1]暗弱：愚昧而懦弱。[2]军府大事：节度使府的重大事情。[3]预：参与。[4]司徒：指李纳。[5]以兵相加：指朝廷派兵来讨伐。[6]未晚：不迟。[7]用事奴：李师道主事的奴仆。[8]军府：指淄青李师道节度使。[9]囚之：将李公度囚禁起来。[10]缢杀：用绳子勒死。[11]大陈兵迎之：布列大量的军队迎接李逊。[12]盛气正色：理直气壮，颜色庄重。[13]为陈祸福：为李师道分析利害关系。[14]责其决语：责令李师道明确表白。[15]欲白天子：打算回复皇帝。[16]弟：姑且。[17]一表解纷：用一张奏表解决问题。[18]谢：致歉意。[19]迁延：耽搁时间。[20]未遣：未曾派出质子。[21]二三：指三心二意。[22]察：观察。[23]反覆：反复无常，不守信用。[24]纳质割地：进人质，割领地。[25]冒刃谏者二：冒着刀锋环列被杀的危险劝谏了两次。[26]舆榇谏者一：抬着棺材示必死之心进谏了一次。[27]画缚载槛车妻子系累者以献：贾直言又画了一幅李师道被捆缚在囚车、妻子儿女也一同被囚禁的图画献给了李师道。槛车，有栅栏的囚车。系累，捆缚。[28]丙申：五月十三日。

[29]申州：治所在今河南信阳市。[30]光州：治所在今河南潢川县。淮西申、光、蔡三州，自是分而治之，划归忠武、鄂岳、淮南三镇。[31]辛丑：五月十八日。[32]棣州：治所在今山东惠民县东南。[33]河阳兵：据章校，“兵”下有“二千”两字。[34]滴河：县名。县治在今山东商河县。[35]平卢兵：指李师道之兵。[36]癸丑朔：六月一日。[37]丁丑：六月二十五日。[38]怀州：州名。治所在今河南泌阳县。[39]癸未朔：七月一日。[40]徙李愬为武宁节度使：李愬平淮西领彰义节度使。因申光蔡分治即彰义节度使被裁撤，故徙李愬为徐濠泗节度使，即武宁军。[41]乙酉：七月三日。[42]王遂：武后圣历中宰相王方庆之孙。官至沂兖海观察使。传见《旧唐书》一百六十二、《新唐书》卷一百一十六。[43]供军使：即行营粮料使。掌供应前线军队粮秣，事罢即省。[44]委：委任。[45]辛丑：七月十九日。[46]壬子朔：八月一日。

吴元济既平，韩弘惧，九月，自将兵击李师道，围曹州[1]。

淮西既平，上浸骄侈[2]。户部侍郎判度支皇甫镈、卫尉卿[3]、盐铁转运[4]程异晓其意[5]，数进羡余[6]以供其费，由是有宠。镈又以厚赂结吐突承璀。甲辰[7]，镈以本官[8]、异以工部侍郎并同章事，判使如故[9]。制下，朝野骇愕[10]，至于市井负贩者[11]亦嗤之[12]。

裴度、崔群极陈[13]其不可，上不听。度耻与小人同列[14]，表求自退；不许。度复上疏，以为：“镈、异皆钱谷吏[15]，佞巧小人[16]，陛下一旦置之相位，中外无不骇笑[17]。况镈在度支，专以丰取刻与[18]为务[19]，凡中外仰给度支之人无不思食其肉；比者[20]裁损淮西粮料[21]，军士怨怒；会[22]臣至行营晓谕慰勉，仅无溃乱。今旧将旧兵悉向淄青[23]，闻镈入相，必尽惊忧，知无可诉之地矣。程异虽人品庸下，然心事和平，可处烦剧[24]，不宜为相。至如镈，资性狡诈，天下共知，唯能上惑圣聪[25]，足见奸邪之极[26]。臣若不退[27]，天下谓臣不知廉耻；臣若不言，天下谓臣有负恩宠[28]。今退既不许，言又不听，臣如烈火烧心，众镝丛体[29]。所可惜者，淮西荡定[30]，河北底宁[31]，承宗敛手[32]削地，韩弘舆疾讨贼[33]，岂朝廷之力能制其命哉？直[34]以处置得宜，能服其心耳。陛下建升平之业[35]，十已八九，何忍还自堕坏，使四方解体[36]乎！”上以度为朋党，不之省[37]。

镈自知不为众所与[38]，益为巧谄[39]以自固，奏减内外官俸以助国用；给事中崔植[40]封还敕书[41]，极论之，乃止。植，祐甫之弟子也。

时内出[42]积年[43]缯帛付度支令卖，镈悉以高价买之，以给边军。其缯帛朽败[44]，随手破裂，边军聚而焚之[45]。度因奏事言之，镈于上前引[46]其足曰："此靴亦内库所出，臣以钱二千买之，坚完可久服[47]。度言不可信。"上以为然。由是镈益无所惮[48]。程异亦自知不合众心，能廉谨谦逊[49]，为相月余，不敢知印秉笔[50]，故终免于祸。

五坊使[51]杨朝汶妄捕系人[52]，迫以考捶，责其息钱[53]，遂转相诬引，所系近千人。中丞萧俛劾奏其状，裴度、崔群亦以为言。上曰："姑与卿论用兵事，此小事朕自处[54]之。"度曰："用兵事小，所忧不过山东耳；五坊使暴横，恐乱辇毂[55]。"上不悦，退，召朝汶责之曰："以汝故，令吾羞见宰相！"冬，十月，赐朝汶死，尽释系者[56]。

（以上为第十段，写唐宪宗骄侈，宦官得势，奸邪小人为相，五坊使擅作威福。）

【注释】

[1]曹州：州名，治所在今山东曹县。[2]上浸骄侈：宪宗慢慢地骄傲侈奢起来。[3]卫尉卿：卫尉寺长官，掌器械文物，从三品。[4]盐铁转运：据章校，"运"下有"使"字。[5]晓其意：了解宪宗的思想。[6]数进羡余：多次进奉租赋的积余款。[7]甲辰：九月二十三日。[8]本官：指户部侍郎。[9]判使如故：判度支、判盐铁转运使职务依旧。[10]骇愕：惊惧疑惑。[11]市井负贩者：街市上的小贩。[12]嗤之：嘲笑他、蔑视他。[13]陈：陈述。[14]同列：一起为相。同事。[15]钱谷吏：管财务的小官。[16]佞巧小人：奸佞巧伪的小人。[17]骇笑：惊异耻笑。[18]丰取刻与：多取于民，刻括剥削。[19]为务：为自己职责。[20]比者：不久前。[21]裁损淮西粮料：指讨吴元济时任意减少淮西行营诸军粮食、草料。[22]会：刚好。[23]淄青：指讨蔡之兵。全部去讨伐李师道。[24]可处烦剧：可以让他担任繁重的工作。[25]惑圣聪：迷惑皇上的视听。[26]奸邪之极：奸佞邪恶到极点。指宪宗英明，皇甫镈亦能惑之，可见奸佞之甚。[27]退：退出朝廷，即辞职，致仕。[28]有负恩宠：辜负皇帝的宠信。[29]众镝丛体：好像万箭集中射在身体上一样。[30]荡定：扫荡平定。[31]底宁：安宁。[32]敛手：束手。[33]舆疾讨贼：用轿子抬着带病之体，讨伐李师道。[34]直：正因为。[35]升平之业：天下太平，歌舞升平的功业。[36]解体：分崩离析。[37]不之省：不觉悟。[38]不为众所与：不被大家欢迎。[39]益为巧谄：更加用巧言令色，谄媚奉承的方法。[40]崔植：德宗朝宰相崔祐甫之侄，字公修。穆宗时官至宰相。传见《旧唐书》卷一百一十九，《新唐书》卷一百四十二。[41]封还敕书：退还皇帝的敕令。唐制，门

下省给事中有“封驳”之权。可以退还敕书，请求复议，称为“途归”。［42］内出：从皇宫内藏库拿出。［43］积年：多年。［44］朽败：霉烂。［45］聚而焚之：堆积起来焚烧掉。［46］引：拉。［47］坚完可久服：牢固可以长久穿着。［48］益无所惮：更加没有什么惧怕。［49］廉谨谦逊：廉洁小心，谦虚辞让。［50］知印秉笔：掌印、判事。唐制，当时宰相隔日知印秉笔。［51］五坊使：内官名。掌狩猎禽兽。五坊为鹏坊、鹘坊、鹞坊、鹰坊、狗坊。［52］妄捕系人：随便逮捕、关押人。［53］息钱：利息钱。［54］自处：自己处置。［55］恐乱辇毂：恐怕京都发生变乱。［56］尽释系者：把所有被关押的人放掉。

上晚节[1]好[2]神仙，诏天下求方士[3]。宗正卿[4]李道古先为鄂岳观察使，以贪暴[5]闻，恐终获罪，思所以自媚于上，乃因[6]皇甫镈荐山人[7]柳泌，云能合长生药。甲戌[8]，诏泌居兴唐观[9]炼药。

十一月，辛巳朔[10]，盐州奏吐蕃寇河曲[11]、夏州。灵武奏破吐蕃长乐州[12]，克其外城。

柳泌言于上曰：“天台山[13]神仙所聚，多灵草[14]，臣虽知之，力不能致，诚得为彼长吏[15]，庶几可求。”上信之。丁亥[16]，以泌权知台州[17]刺史，仍赐服金紫[18]。谏官争论奏，以为：“人主喜方士，未有使之临民[19]赋政者。”上曰：“烦一州之力而能为人主致长生[20]，臣子亦何爱[21]焉！”由是群臣莫敢言。

甲午[22]，盐州奏吐蕃遁去。

（以上为第十一段，写唐宪宗因骄侈而昏庸，好神仙，妄求长生，任用方士为刺史。）

【注释】

［1］晚节：晚年。［2］好：喜欢，迷信。［3］方士：好讲神仙方术炼丹的人。［4］宗正卿：官名。宗正寺长官，掌皇室宗族事务。从三品。［5］贪暴：贪污暴虐。［6］因：通过。［7］山人：方士。［8］甲戌：十月二十四日。［9］兴唐观：在长乐坊，开元十八年（730）造。［10］辛巳朔：十一月一日。［11］河曲：地名，在灵州以西。约今宁夏灵武市黄河以西。［12］长乐州：州名。吐蕃所占，约在今宁夏灵武市黄河西。［13］天台山：山名，在今浙江临海市。［14］灵草：仙草。［15］长吏：长官。［16］丁亥：十一月七日。［17］台州：州名。治所在今浙江临海市。［18］服金紫：指穿紫色衣、佩金带，为三品以上服饰。［19］临民：担任地方州郡官吏。赋政：施政。赋，布也。［20］致长生：达到长生不老。［21］何爱：何必爱惜

这一州之地。［22］甲午：十一月十四日。

壬寅[1]，以河阳节度使乌重胤为横海节度使。丁未[2]，以华州刺史令狐楚为河阳节度使。重胤以河阳精兵三千赴镇，河阳兵不乐去乡里[3]，中道[4]溃归，又不敢入城，屯于城北，将大掠。令狐楚适至[5]，单骑出，慰抚之，与俱归[6]。

先是，田弘正请自黎阳[7]渡河，会义成节度使李光颜讨李师道，裴度曰："魏博军既渡河，不可复退，立须进击[8]，方有成功。既至滑州，即仰给度支[9]，徒有供饷之劳，更生观望[10]之势。又或与李光颜互相疑阻[11]，益致迁延。与其渡河而不进，不若养威[12]于河北。宜且使之秣马厉兵[13]，俟霜降水落，自杨刘[14]渡河，直指郓州，得至阳谷[15]置营，则兵势自盛，贼众摇心矣。"上从之。是月，弘正将全师[16]自杨刘渡河，距郓州[17]四十里筑垒[18]；贼中大震[19]。

功德使[20]上言："凤翔[21]法门寺[22]塔有佛指骨，相传三十年一开[23]，开则岁丰人安。来年应开，请迎之。"十二月，庚戌朔[24]，上遣中使[25]帅僧众迎之。

戊辰[26]，以春州司户董重质为试太子詹事，委武宁军驱使[27]，李愬请之也。

戊寅[28]，魏博、义成军送所获李师道都知兵马使夏侯澄等四十七人，上皆释弗诛，各付所获行营驱使，曰："若有父母欲归者，优给遣之。朕所诛者，师道而已。"于是贼中闻之，降者相继[29]。

初，李文会与兄元规皆在李师古幕下[30]。师古薨，师道立，元规辞去，文会属[31]师道亲党请留。元规将行，谓文会曰："我去，身退而安全；汝留，必骤贵[32]而受祸。"及[33]官军四临[34]，平卢[35]兵势日蹙，将士喧然[36]，皆曰："高沐、郭昈、李存为司空[37]忠谋，李文会奸佞[38]，杀沐，囚昈、存，以致此祸。"师道不得已，出文会摄登州刺史，召昈、存还幕府。

上常语宰相，人臣当力为善，何乃[39]好立朋党[40]！朕甚恶之。裴度对曰："方以类聚，物以群分[41]，君子、小人志趣同者，势必相合。君子为徒[42]，谓之同德；小人为徒，谓之朋党；外虽相似，内实悬殊，在圣主辨其所为邪正耳。”

武宁节度使李愬与平卢兵十一战，皆捷。乙卯晦[43]，进攻金乡[44]，克之。李师道性懦怯，自官军致讨，闻小败及失城邑，辄忧悸成疾[45]，由是左右皆蔽匿[46]，不以实告。金乡，兖州之要地也，既失之，其刺史驿骑[47]告急，左右不为通[48]，师道至死竟不知也。

（以上为第十一段，写诸镇讨李师道，节节进逼。唐宪宗深忌朋党。）

【注释】

[1]壬寅：十一月二十二日。 [2]丁未：十一月二十七日。 [3]去乡里：离开故乡。[4]中道：半路。 [5]适至：刚到。 [6]与俱归：与令狐楚一起回到河阳。 [7]黎阳：县名。县治在今河南浚县东北。 [8]立须进击：立即必须组织进攻。 [9]仰给度支：依靠国家供给。唐制，命藩镇兵征讨，已出境，刍粮皆仰给于度支。 [10]观望：坐观成败，停留不进。[11]疑阻：互相猜忌。 [12]养威：养精蓄锐。 [13]秣马厉兵：喂壮军马、磨快武器，指积极准备战斗。 [14]杨刘：镇名，在黄河岸边，属济州。在今山东东阿县北。因黄河改道，旧迹已不可考。 [15]阳谷：县名。县治在今山东阳谷东北。 [16]将全师：率领魏博全军。 [17]郓州：州名。治所在今山东东平西北。 [18]筑垒：构筑堡垒。 [19]大震：大大地震恐。 [20]功德使：官名。掌僧尼属籍及事务。 [21]凤翔：府名，治所在今陕西凤翔。 [22]法门寺：寺名。在今陕西扶风。法门寺有护骨真身塔，塔内放置释迦牟尼佛指骨一节。 [23]开：开塔。 [24]庚戌朔：十二月一日。 [25]中使：宦官。 [26]戊辰：十二月十九日。 [27]驱使：效力。 [28]戊寅：十二月二十九日。 [29]降者相继：投降的人不断。 [30]幕下：节度使幕府内。 [31]属：通“嘱”。 [32]骤贵：骤然得到富贵。 [33]及：等到。 [34]四临：四面包围。 [35]平卢：指李师道。 [36]喧然：纷纷抗议。 [37]司空：指李师道。因李师道加检校司空。 [38]奸佞：奸猾佞人。 [39]何乃：为什么。 [40]好立朋党：喜欢建立朋党。 [41]方以类聚，物以群分：语出《易·系辞上》。 [42]为徒：成为同类。 [43]乙卯晦：十二月庚戌朔，晦日十二月三十日为己卯。 [44]金乡：县治在今山东金乡县。 [45]忧悸成疾：忧愁惊恐而生病。 [46]蔽匿：隐瞒军情。 [47]驿骑：驿站的骑卒。 [48]不为通：不替他通报。

十四年（己亥，819 年）

春，正月，辛巳[1]，韩弘拔考城[2]，杀二千余人。

丙戌[3]，师道所署[4]沭阳[5]令梁洞以县降于楚州刺史李听。

吐蕃遣使者论短立藏等来修好，未返[6]，入寇河曲。上曰：“其国失信，其使何罪！”庚寅[7]，遣归国。

壬辰[8]，武宁节度使李愬拔鱼台[9]。

中使迎佛骨至京师，上留禁中[10]三日，乃历送诸寺[11]，王公士民瞻奉舍施[12]，惟恐弗及[13]，有竭产[14]充施者，有然香臂顶[15]供养者。

刑部侍郎韩愈上表切谏[16]，以为：“佛者，夷狄之一法[17]耳。自黄帝以至禹、汤、文、武，皆享寿考，百姓安乐，当是时，未有佛也。汉明帝时，始有佛法。其后乱亡相继，运祚不长[18]。宋、齐、梁、陈、元魏已下，事佛渐谨[19]，年代尤促[20]。惟梁武帝在位四十八年，前后三舍身为寺家奴[21]，竟为侯景所逼，饿死台城[22]，国亦寻灭[23]。事佛求福，乃更得祸。由此观之，佛不足信亦可知矣！百姓愚冥[24]，易惑难晓[25]，苟见陛下如此，皆云‘天子犹一心敬信[26]，百姓微贱，于佛岂可更惜身命[27]。’佛本夷狄之人[28]，口不言先王之法言，身不服先王之法服，不知君臣之义[29]、父子之恩。假如其身尚在[30]，奉国命来朝京师[31]，陛下容而接之，不过宣政[32]一见，礼宾一设[33]，赐衣一袭[34]，卫而出之于境[35]，不令惑众[36]也。况其身死已久，枯朽之骨，岂宜以入宫禁！古之诸侯行吊于国[37]，尚先以桃茢祓除不祥[38]，今无故取朽秽之物亲视[39]之，巫祝不先，桃茢不用，群臣不言其非，御史不举其罪，臣实耻之！乞以此骨付有司[40]，投诸水火[41]，永绝根本，断天下之疑，绝后代之惑，使天下之人知大圣人之所作为，出于寻常万万[42]也，岂不盛哉！佛如有灵，能作祸福，凡有殃咎[43]，宜加臣身[44]。”

上得表，大怒，出示宰相，将加愈极刑[45]。裴度、崔群为言：“愈虽狂，发于忠恳[46]，宜宽容以开言路。”癸巳[47]，贬愈为潮州[48]刺史。

自战国之世，老、庄[49]与儒者争衡[50]，更相是非。至汉末，益之以佛[51]，然好者尚寡[52]。晋、宋以来，日益繁炽[53]，自帝王至于士民，莫不尊信。下者畏慕罪福[54]，高者论难空有[55]。独愈恶其蠹财惑众[56]，力排之[57]，其言多矫激太过[58]。惟《送文畅师序》最得其要，曰：“夫鸟俯而啄[59]，仰而四顾[60]，兽深居而简出，惧物之为己害也[61]，犹且不免焉[62]。弱之肉，强之食。今吾与文畅安居而暇食[63]，优游以生死，与禽兽异者，宁可不知其所自[64]邪！”

丙申[65]，田弘正奏败淄青兵于东阿[66]，万余人。

沧州刺史李宗奭与横海节度使郑权不叶[67]，不受其节制；权奏之。上遣中使追之[68]，宗奭使其军中留己，表称惧乱未敢离州。诏以乌重胤代权，将吏惧[69]，逐宗奭，宗奭奔京师，辛丑[70]，斩于独柳之下。

丙午[71]，田弘正奏败平卢兵于阳谷。

（以上为第十三段，写韩愈上表谏阻唐宪宗迎佛骨，被贬潮州。）

【注释】

[1]辛巳：正月二日。[2]考城：县名，县治在今河南民权县东北。[3]丙戌：正月七日。[4]署：任命。[5]沭阳：县名。县治在今江苏沭阳县。[6]未返：尚未回国。[7]庚寅：正月十一日。[8]壬辰：正月十三日。[9]鱼台：县名。县治在今山东鱼台县西。[10]禁中：宫中。[11]历送诸寺：遍送到各寺院传观。[12]瞻奉舍施：瞻仰、奉祀、布施钱财。[13]惟恐弗及：只恐怕来不及。[14]竭产：破产。[15]然香臂顶：然，通“燃”。左手臂上、头顶上点燃香烛，以示忠诚。[16]切谏：激切谏诤。[17]夷狄之一法：外国的一种术法。[18]运祚不长：国运不长。[19]事佛渐谨：信奉佛教，渐渐虔诚起来。[20]促：短促。指宋、齐、梁、陈享国短促。[21]三舍身为寺家奴：指梁武帝萧衍三次舍身同泰寺。[22]台城：南朝京师金陵宫城。[23]寻灭：不久就灭亡。[24]愚冥：愚暗。[25]易惑难晓：容易被佛所迷惑而难以觉悟。[26]敬信：敬奉信仰。[27]身命：身家性命。[28]佛本夷狄之人：释迦牟尼本是外国人。[29]君臣之义：为君和为臣的道理。[30]其身尚在：佛还活着的话。[31]奉国命来朝京师：奉国家命令来唐朝京都朝见。[32]宣政：宣政殿。唐时外国人贡使者，均在宣政殿引见。[33]礼宾一设：在礼宾院设一宴款待。[34]一袭：一套。[35]卫而出之于境：护卫着他走出国境。[36]惑众：迷惑群众。[37]行吊于国：前往别国吊丧。[38]尚先以桃茢祓除不祥：据章校，“尚”下有“令巫祝”三字。句意谓尚且要让巫祝先用桃剑与苕帚去驱逐不吉祥的鬼魂。桃，桃枝，削以为剑，可以驱鬼。茢，苕帚，用以扫不祥之气。祓，祈祷。[39]亲视之：指皇帝亲自观视佛骨。[40]有司：有关部门。[41]投诸水火：掷到水里、火里去。[42]出于寻常万万：高出于平常之人万万倍。[43]殃咎：灾祸。[44]宜加臣身：可以加在我的身上。[45]将加愈极刑：将给韩愈以最严厉的杀头处分。[46]发于忠恳：从忠诚恳切出发。[47]癸巳：正月十四日。[48]潮州：州名。治所在今广东潮州市。[49]老、庄：指由老子、庄子倡导的道家学派。[50]争衡：争论抗衡。[51]益之以佛：增加了佛教。[52]好者尚寡：喜欢佛教的还比较少。[53]繁炽：兴旺。[54]畏慕罪福：畏有

罪，慕得福。［55］论难空有：佛教谈空而难有，儒教谈有而责空，互相争辩。［56］蠹财惑众：损害财物，惑乱群众。［57］力排之：全力排斥佛教。［58］矫激太过：矫正之言激切而说过了头。［59］俯而啄：低着头啄食。［60］仰而四顾：仰起头四面张望。［61］惧物之为己害也：害怕其他事物危害自己。［62］犹且不免焉：如此小心，还免不了要被害。［63］暇食：闲暇地进食。［64］所自：其原因何在。［65］丙申：正月十七日。［66］东阿：县名，在今山东东阿。［67］不叶：不协调。［68］追之：召回李宗奭。［69］将吏惧：沧州将士惧怕陷于不义被治罪。［70］辛丑：正月二十二日。［71］丙午：正月二十七日。

【点评】

本卷点评三事：裴度督师讨淮西、李愬雪夜取蔡州、韩愈谏阻宪宗迎佛骨。

一、裴度督师讨淮西。吴元济割据淮西，地处南北漕运交通线之侧，正当唐王朝的心脏地区，威胁朝廷的生命线，征讨吴元济，势在必行。淮西处在中原朝廷控制的各镇包围之中，取胜应在情理之中。宪宗意志坚决，起用主战的裴度为相，主持征讨大局。裴度，字中立，河东闻喜县（今属山西）人，贞元进士，由监察御史升为御史中丞。裴度力主削除藩镇，宪宗任为宰相。淮西只有申、光、蔡三小州，朝廷动员了数倍于敌的十余万大军，征讨四年，不见成功。官军众不敌寡，有多种原因。其一，诸镇出兵，总量多于敌，而各镇分散，每一路官军则少于敌，故常败北。其二，神策军与各镇官兵待遇悬殊，影响士气。其三，诸镇互相观望，莫肯先进。宣武镇韩弘，兵力最强，又为行营都统，但韩弘不愿速胜，存敌以为己功，作战不肯卖力。其四，淄青、成德两镇为淮西声援。李师道用游击战骚扰东都，派刺客杀害宰相武元衡，刺伤了裴度，企图挫伤朝廷的作战决心。其五，宪宗违众，征讨成德，两线用兵，分散了力量。其六，朝廷遥控，监军掣肘，将帅离心，这是官军怠惰的根本原因。征讨淮西，四年不决，双方疲困。吴元济请降。宰相三人，李逢吉、王涯力主罢兵，趁势下坡，裴度坚决主战，自请督师。裴度对宪宗说："臣与贼势不两立。从吴元济奏章看，贼已势困，只是各镇官军主帅心不齐，吴元济得以苟安。臣自请督师，集中力量进攻，定能取胜。如果臣消灭了吴元济，那就回来见陛下，吴元济不灭，臣就不会回朝。"裴度被刺，头部受重伤，不但没有被叛臣的刺刀吓倒，而且更坚定了灭贼的决心。裴度自请督师，誓死效忠。宪宗这次做出了英明的决策，征讨计划，一一听从裴度之请，撤了前线各镇官兵监军，齐心合力，一战功成。其中李愬直捣叛贼巢穴，擒获吴元济，立下大功。吴元济被灭，结束了淮西李希烈以来四十余年的割据，河北藩镇大惧，多表示效顺朝廷。唐朝藩镇割据的局面，受到抑制，暂告结束。唐宪宗一朝的中兴气象达于鼎盛。裴度也以名臣垂名汗青。晚年因宦官专权，裴度辞官退居东都。

二、李愬雪夜取蔡州。李愬，字元直，唐洮州临潭县（今属甘肃）人，中唐名将李晟之子，在朝做太子詹事，一个闲差小京官。李愬有筹略，胸怀壮志，他在等待时机，为国展力。宪宗元和八年（813），官军分东西南北四道征讨淮西吴元济。征战四年，官军南北两路略有收获，东西两路都吃败仗。西路军为主力，由山南东道节度使严绶统领。严绶连吃败仗，元和十年（815），西路军改由唐随邓节度使高霞寓指挥，也被吴元济打败。元和十一年（816），由袁滋接替高霞寓，袁滋更是一个窝囊废，他不敢打仗，讨好吴元济。这年冬，李愬请缨，宰相李逢吉推荐，宪宗委任李愬为唐邓随节度使。唐西路军，两年内四易其帅，加之李愬素无名望，受到吴元济的轻视。这时官军加强了北路进攻。元和十二年（817），宰相裴度继李愬之后，也是主动请缨到淮西督师，坐镇北路。主战场转移到了北面，西路唐军成为牵制淮西军的侧翼。

李愬到镇，他利用吴元济轻视自己，不用重兵防备的时机，进一步示弱麻痹敌人。李愬故意对迎接的人说："皇上知道我能忍让，派我来慰问你们，打仗，我是外行，皇上也没有给我这个任务。"当时西路官军连吃败仗，士气低落，论敌色变，害怕打仗，李愬的一席话，给官军吃了定心丸，大家安下心来。李愬亲自劳问将士，抚恤伤病，受到大家的拥戴。

军心安定以后，李愬利用淮西后防空虚的机会，大胆策划深入巢穴、奇计破敌的战略方针。达此目的，要有两个条件，一是先打小仗，战则必胜，提高士气。二是"以敌制敌"，擒获敌人勇将反为我用。淮西军队中有两员勇将，一个低级军官丁士良，一个中级军官李祐，两人作战勇敢，生性残暴，抓了官军将士就加以杀害。官军恨之入骨，又十分害怕。李愬用计擒获了两人，特地奏本宪宗赦免李祐。两人感恩，决定改邪归正，反戈一击报效国家。丁士良，原本不是淮西人，十年前是安州的官兵，与淮西作战被擒，吴少阳没有杀他，他于是为吴氏父子卖命。如今被李愬擒获，回到了官军，李愬给他重新做人的机会，打仗更是勇气倍增。

李愬接连攻占了几座淮西前哨敌栅，官军士气高涨，不害怕打仗，还争先杀敌，立功受赏。李愬俘获了几千淮西兵，他们长年打仗，有很强的战斗力。李愬安抚他们，从中挑选三千精兵，进行强化训练，称为"突将"。做好这一切准备，奇袭蔡州的条件成熟。李祐了解蔡州部署，在李祐引导下，李愬选择了一个大风雪的夜晚强行军到蔡州城下，官军已无后退之路，必须死战取胜求活。这就是西汉名将韩信破赵置背水阵的策略，兵法上叫"置之死地而后生"。李愬，名将之后，不仅熟读兵法，而且家风熏染，有谋略，有勇气，在实战中学习，先集小胜为大胜，打仗一次次升级，创造条件，然后奇袭。李愬不像赵括那样纸上谈兵，"以敌制敌"，活用兵法知彼知己，所以一战功成。可以说李愬请缨，是"受任于败军之际，奉命于危难之间”，不负宪宗皇帝重托，奇袭蔡州，生擒吴元济，结束了淮西数十年的割据，在中国军事史上创造了雪夜奔袭，深入虎穴，出奇制胜的光辉战例。

淮西乱平，宪宗进授李愬山南东道节度使，封凉国公。

三、韩愈谏阻宪宗迎佛骨。韩愈，字退之，唐代文学家，哲学家，河南河阳县（今河南孟州市）人，自称郡望昌黎，世称韩昌黎，贞元进士，任监察御史，宪宗朝官至刑部侍郎，卒谥文，世称韩文公。政治上，韩愈反对藩镇割据，思想上尊儒排佛，文学上主张散文，反对六朝以来的骈体文风。韩愈提倡古文运动，以先秦两汉散文为基础，创新发展，为文气势雄健，被尊为唐宋八大家之首，有《昌黎先生集》行于世。

唐宪宗取得淮西军事胜利之后，河北诸镇纷纷效顺，逐渐产生了骄侈心，修道求长生不死。元和十五年（820），宪宗服药中毒，被宦官杀死，享年四十三岁。一个本应大有作为之君，由于愚昧妄诞，英年被家奴所弑，黯然谢幕，出人意料，令人深思。

用兵淮西胜利以前，唐宪宗尚能纳谏，依靠朝官和忠臣良将取得消灭藩镇割据的胜利，由于长期战争，国穷民困，胜利后的要务是改善政治，抒缓民困，休养生息，巩固统一。唐宪宗却不是这样，自以为立了大功，开始对朝官猜疑，回到宠信家奴的老路上，把一切权力都交给宦官，在宦官导引下享乐，再也不听劝谏，由一个明君转化为一个昏君，中唐政治急转直下，唐宪宗死后，唐王室步入了晚唐。

元和十三年（818）十二月一日，唐宪宗派宦官带领一批僧人到凤翔法门寺迎接佛祖的手指骨。功德使上奏宪宗，说：“法门寺塔中的佛指骨，每隔三十年打开一次，迎来京师供人观览供奉，可保年丰人安。”元和十四年（819）正月十三日，佛指骨迎回京城，在皇宫中摆放了三天，然后送到各寺庙巡回展放。王公大臣、士绅百姓瞻仰膜拜，唯恐落后。有的人把全部家产施舍给佛寺，有的人在手臂和头顶上燃香供佛。把整个京城闹得乌烟瘴气。宪宗以此为升平景气，替自己求福。

时任刑部侍郎的韩愈，拍案而起，奋笔疾书，上奏宪宗，极力陈词佞佛祸国殃民，南朝宋齐梁陈，以及北魏佞佛而国运短祚，禹汤文武时没有佛教，国君高寿，国运昌盛。百姓佞佛，是愚昧无知，如果天子也一心敬佛，上行下效，整个社会，就更加愚昧荒唐。韩愈请求宪宗把佛指骨交给有关部门销毁，或投入水中，或用火化，永除祸患。佛祖果真有灵，降下灾难，臣韩愈一人承担。宪宗览奏，大为恼怒，他把奏章给宰臣们传观，要处韩愈以极刑。裴度和崔群，两位宰相极力劝解，说韩愈狂悖，一片忠心用错了地方，请皇上宽容，以广开言路。此时的宪宗已听不进劝谏了，碍于立大功的裴度的情面，韩愈才保住了性命，被贬为潮州刺史。

卷二四一　唐纪五十七

唐宪宗元和十四年至唐穆宗长庆元年（819—821 年）

【起屠维大渊献（己亥，819 年）二月，尽重光赤奋若（辛丑，821 年）六月，凡二年有奇】

【大事提要】

本卷记事起公元 819 年二月，讫公元 821 年六月，凡两年又四个月，即唐宪宗元和十四年二月至唐穆宗长庆元年六月。两年多的时间是短暂的，但唐代政治却发生了重大转折。表现在两个方面：第一，唐宪宗之死和唐穆宗之立，不是正常的两代皇帝交替，而是突发事件，宦官梁守谦、陈弘志、王守澄等杀唐宪宗，朝官不敢追问，王守澄等立穆宗，杀澧王李浑，朝官亦无反映。皇帝废立完全操纵于宦官之手，从此唐政权旁落宦官，皇帝成了傀儡。第二，伴随宪宗之死，中唐中兴的曙光戛然而止，此后藩镇割据，农民起义，边患不断，战乱不止，直到唐朝之灭，社会没有一天安宁。用一句话概括，唐代政治由中唐步入了晚唐。唐宪宗元和十四年，官军杀李师道，朝廷收复淄、青等十二州，接着横海镇节度使程权自请离镇做朝官，幽州镇节度使刘总上表归顺，成德镇王承宗上表求自新，中唐时期的藩镇割据基本被消灭，唐朝实现了全国统一，唐宪宗的事业达于巅峰，进尊号，赦天下，庆成功，唐朝政治呈现中兴气象。唐宪宗毕竟不是一个真正的中兴之君，他宠信宦官而猜疑朝官。他依靠朝官，依靠贤相裴度取得了削藩的胜利，不采纳李翱上奏修德政，而是反其道，不信朝官信家奴，排斥裴度，权移宦官，又求长生服仙丹中毒，性情乖张，被宦官毒杀。继立者穆宗是一个昏君，嬉戏玩乐无度，政权完全被宦官把持，唐朝的衰落无可避免。

宪宗昭文章武大圣至神孝皇帝下

元和十四年（己亥，819 年）

二月，李听[1]袭海州[2]，克东海[3]、朐山[4]、怀仁[5]等县。李愬[6]败平卢兵[7]于沂州[8]，拔丞县[9]。

李师道[10]闻官军侵逼，发民治郓州[11]城堑，修守备，役及妇人，民益惧且怨。

都知兵马使[12]刘悟[13]，正臣之孙也，师道使之将兵万余人屯阳谷[14]以拒官军。悟务为宽惠，使士卒人人自便，军中号曰刘父。及田弘正[15]渡河，悟军无备，战又数败。或谓师道曰："刘悟不修[16]军法，专收众心，恐有他志[17]，宜早图之。"师道召悟计事，欲杀之。或谏曰："今官军四合，悟无逆状，用一人言杀之，诸将谁肯为用！是自脱其爪牙[18]也。"师道留悟旬日[19]，复遣之，厚赠金帛以安其意。悟知之，还营，阴为之备。师道以悟将兵在外，署[20]悟子从谏[21]门下别奏[22]。从谏与师道诸奴[23]日游戏，颇得其阴谋，密疏[24]以白父。

又有谓师道者曰："刘悟终为患，不如早除之。"丙辰[25]，师道潜[26]遣二使赍帖[27]授行营兵马副使张暹，令斩悟首献之，勒[28]暹权领[29]行营。时悟方据高丘张幕[30]置酒，去营二三里。二使至营，密以帖授暹。暹素与悟善，阳[31]与使者谋曰："悟自使府[32]还，颇为备，不可匆匆，暹请先往白之[33]，云'司空[34]遣使存问[35]将士，兼有赐物，请都头[36]速归，同受传语[37]'。如此，则彼不疑，乃可图也。"使者然之，暹怀帖走诣悟，屏人[38]示之。悟潜遣人先执二使，杀之。

时已向暮[39]，悟按辔徐行[40]还营，坐帐下，严兵[41]自卫。召诸将，厉色谓之曰："悟与公等不顾死亡以抗官军，诚无负于司空。今司空信谗言，来取悟首。悟死，诸公其次矣。且天子所欲诛者独司空一人，今军势日蹙[42]，吾曹[43]何为随之族灭[44]！欲与诸公卷旗束甲[45]，还入郓州，奉行天子之命[46]，岂徒[47]免危亡，富贵可图也。诸公以为何如？"兵马使赵垂棘立于众首，良久，对曰："事果济[48]否？"悟应声骂曰："汝与司空合谋邪！"立[49]斩之。遍问其次，有迟疑未言者，悉斩之，并斩军中素[50]为众所恶者，凡三十余，尸[51]于帐前。余皆股栗[52]，曰："惟都头命，愿尽死！"

乃令士卒曰："入郓，人赏钱百缗[53]，惟不得近军帑[54]。其使宅及[55]逆党家财[56]，任自掠取；有仇者报之。"使士皆饱食执兵，夜半听鼓[57]三声绝即行，人衔枚，马缚口，遇行人，执留之[58]，人无知者。

距城数里，天未明，悟驻军，使听城上柝[59]声绝，使十人前行，宣言“刘都头奉帖追入城。”门者请俟写简[60]白使，十人拔刃拟[61]之，皆窜匿[62]；悟引大军继至，城中噪哗动地。比[63]至，子城[64]已洞开，唯牙城[65]拒守，寻[66]纵火斧其门[67]而入。牙[68]中兵不过数百，始犹有发弓矢者，俄[69]知力不支[70]，皆投于地[71]。

悟勒兵升听事[72]，使捕索师道。师道与二子伏厕床[73]下，索得之，悟命置牙门外隙地[74]，使人谓曰：“悟奉密诏送司空归阙[75]，然司空亦何颜复见天子！”师道犹有幸生[76]之意，其子弘方仰曰：“事已至此，速死为幸！”寻皆斩之。自卯至午[77]，悟乃命两都虞候[78]巡坊市[79]，禁掠者，即时皆定。大集兵民于球[80]场，亲乘马巡绕，慰安之。斩赞[81]师道逆谋者二十余家，文武将吏且惧且喜[82]。悟见李公度[83]，执手歔欷[84]；出贾直言[85]于狱，置之幕府。

（以上为第一段，写官军压境，平卢都知兵马使刘悟火并李师道，割据六十年的平卢被平定。）

【注释】

[1]李听（？—839）：字正思，洮州临潭（今甘肃临潭）人。名将李晟之子，官拜太子少保。传见《旧唐书》卷一百三十三，《新唐书》卷一百五十四。 [2]海州：州名。治所朐山，在今江苏连云港西南。 [3]东海：县名。县治在今江苏连云港东南。 [4]朐山：县名。县治即今江苏连云港。 [5]怀仁：县名。属海州，县治在今江苏连云港市赣榆区西北。 [6]李愬（778—839）：字元直，李听兄。平定淮西叛乱，生擒吴元济，官至昭义、魏博等节度使，封凉国公。传见《旧唐书》卷一百三十三，《新唐书》卷一百五十四。 [7]平卢兵：指李师道军队。 [8]沂州：州名。治所临沂，在今山东临沂市。 [9]丞县：县名。县治在今山东兰陵西南。 [10]李师道（？—820）：李纳之子，李师古之弟。李纳父李正己割据平卢淄青等十二州，历李纳、李师古、李师道三世四任节度使达六十余年，至李师道而灭。李氏三代同传，见《旧唐书》卷一百二十四，《新唐书》卷二百一十三。 [11]郓州：州名。治所须昌，在今山东东平县西北。 [12]兵马使：官名。藩镇自置之统兵官。其权尤重者称都知兵马使。 [13]刘悟：怀州武陟（今河南武陟）人，刘正臣之孙、刘全谅之子，官至义成节度使。传见《旧唐书》卷一百六十一，《新唐书》卷二百一十四。刘正臣，玄宗时任平卢节度使。刘全谅，德宗时为宣武节度使。父子同传，见《旧唐书》卷一百四十五，《新唐书》卷一百五十二。 [14]阳谷：县名。县治在今山东阳谷县东北。 [15]田弘正（763—821）：字安道，平州卢龙（今河北卢龙）人。官至魏博节度使。曾参与平定吴元济、

李师道等叛乱。传见《旧唐书》卷一百四十二，《新唐书》卷一百四十八。［16］修：整饬、整顿。［17］他志：异心。［18］爪牙：爪和牙，是鸟兽攻击和防御的武器，引申指武将。［19］旬日：十日。［20］署：暂任。［21］从谏：刘从谏，刘悟之子。刘悟死，继任昭义节度使。文宗太和初年，封沛国公。武宗立，兼太子太师。传见《旧唐书》卷一百六十一，《新唐书》卷二百一十四。［22］门下别奏：官名。署于衙门之下，俟别奏补官，故名。［23］师道诸奴：李师道左右亲随仆从。［24］密疏：秘密地记录。［25］丙辰：二月八日。［26］潜：暗中。［27］赍帖（jītiě）：携带书信。赍，携带。帖，主帅给部将下达的手谕称帖。［28］勒：部署。［29］权领：暂且统领。［30］张幕：设置帐幕。［31］阳：同“佯”，假装。［32］使府：此指李师道之府。［33］白之：通告刘悟。［34］司空：官名，三公之一。唐之三公，不置府，不署事，多为加官，只是荣衔。李师道于元和十一年（816）拜检校司空，故称之。［35］存问：慰问。［36］都头：军中对直属统兵官之泛称，亦称都将。此指刘悟。［37］传语：使者传达李师道之言语。［38］屏（bǐng）人：使左右之人避退。［39］向暮：将近黄昏。［40］按辔徐行：勒紧马缰绳，从容不迫地缓缓行进。［41］严兵：加强警卫。［42］日蹙（cù）：日渐紧迫。［43］吾曹：我辈，我等。［44］族灭：灭族。古代酷刑之一。［45］卷旗束甲：卷起战旗，捆起铠甲。即不再与官军对抗。［46］奉行天子之命：谓执行天子命令诛李师道。［47］徒：仅、只。［48］济：成功。［49］立：立刻。［50］素：平时。［51］尸：陈列尸体。［52］股栗：两腿发抖。［53］缗：量词，一千钱为一缗。［54］惟不得近军帑：严禁入城士兵抢掠军资府库。帑（tǎng），库金。［55］使宅：指节度使李师道住宅。［56］逆党家财：指李师道的家庭财产。［57］鼓：谓击鼓报更。鼓三声，即三更。［58］执留之：拘留行人，以防止走漏风声。［59］柝（tuò）：巡夜报更所击之木梆。［60］简：书简。［61］拟：作击杀的样子。［62］窜匿：四散藏伏。［63］比：及。［64］子城：内城。［65］牙城：内城中之城，即第三重城。直接护卫节度使衙门及住宅的城。［66］寻：旋即。［67］斧其门：以斧破其门。［68］牙：同“衙”。［69］俄：霎时，顷刻间。［70］不支：不敌。［71］皆投于地：皆投兵于地，即放下武器。［72］听事：厅堂。听，同“厅”。［73］厕床：厕所。［74］隙地：空地。［75］阙：宫阙，指代朝廷。［76］幸生：侥幸生存。［77］自卯至午：从早晨五时至午后一时。［78］都虞候：官名。唐代为军中执法主官。［79］坊市：城中集贸街市。［80］球：古代的蹴鞠。［81］赞：助。［82］且喜：据章校，“喜”字下有“皆入贺”三字，应单独为句。［83］李公度：李师道幕僚，曾劝李师道归顺朝廷。［84］歔欷：抽噎声。［85］贾直言（？—835）：李师道幕僚，屡谏李师道归顺朝廷，被囚。后为刘悟行军司马。传见《旧唐书》卷一百八十七下，《新唐书》卷一百九十。

悟之自阳谷还兵趋郓也，潜使人以其谋告田弘正：“事成[1]，当举烽相白；万一城中有备不能入，愿公引兵为助。功成之日，皆归于公，悟何敢有之。”且使弘正进据己营。弘正见烽，知得城，遣使往贺。悟函[2]师道父子三首遣使送弘正营，弘正大喜，露布以闻[3]。淄、青等十二州[4]皆平。

弘正初得师道首，疑其非真，召夏侯澄[5]使识之。澄熟视其面，长号陨绝[6]者久之，乃抱其首，舐其目中尘垢，复恸哭[7]。弘正为之改容[8]，义而不责。

壬戌[9]，田弘正捷奏至。乙丑[10]，命户部侍郎[11]杨於陵[12]为淄青宣抚使[13]。己巳[14]，李师道首函至。自广德[15]以来，垂[16]六十年，藩镇跋扈[17]河南、北三十余州，自除[18]官吏，不供贡赋，至是尽遵朝廷约束。

上命杨於陵分李师道地，於陵按图籍[19]，视土地远迩，计士马众寡，校仓库虚实，分为三道[20]，使之适均[21]：以郓、曹、濮[22]为一道，淄、青、齐、登、莱[23]为一道，兖、海、沂、密[24]为一道；上从之。

刘悟以初讨李师道诏云："部将有能杀师道以众降者，师道官爵悉以与之。"意谓尽得十二州之地，遂补署文武将佐，更易州县长吏[25]；谓其下曰："军府之政，一切循旧。自今但与诸公抱子弄孙，夫复何忧！"

上欲移悟他镇，恐悟不受代，复须用兵，密诏田弘正察之。弘正日遣使者诣悟，托言修好[26]，实观其所为。悟多力，好手搏[27]，得郓州三日，则教军中壮士手搏，与魏博使者庭观之，自摇肩攘臂[28]，离坐[29]以助其势。弘正闻之，笑曰："是闻除改[30]，登[31]即行矣，何能为哉！"庚午[32]，以悟为义成[33]节度使[34]。悟闻制[35]下，手足失坠[36]；明日，遂行。弘正已将数道，比至城西二里，与悟相见于客亭[37]，即受旌节，驰诣滑州，辟[38]李公度、李存、郭旼、贾直言以自随。

悟素与李文会[39]善，既得郓州，使召之，未至。闻将移镇，旼、存谋曰："文会佞人，败乱淄青一道，灭李司空之族，万人所共雠[40]也！不乘此际诛之，田相公[41]至，务施宽大，将何以雪三齐[42]之愤怨乎！"乃诈为悟帖，遣使即[43]文会所至，取其首以来。使者遇文会于丰齐驿[44]，斩之。比还，悟及旰、存已去，无所复命矣。文会二子，一亡去，一死于狱，家赀[45]悉为人所掠，田宅没官。

（以上为第二段，写唐宪宗徙置刘悟为义成节度使，是稳定平卢局势最为妥善的善后措施。）

【注释】

[1]事成：事已办成。指以点燃烽火的方式，告诉田弘正事已成功。 [2]函：匣。此处用作动词，以匣装人。 [3]露布以闻：魏晋以来，将捷报悬于漆竿之上，使大众知晓，称露布。唐代将奏捷文书申报尚书省兵部而奏闻天子，谓露布以闻。 [4]淄、青等十二州：即郓、曹、濮、淄、青、齐、登、莱、兖、海、沂、密十二州。 [5]夏侯澄：原为李师道都知兵马使，被俘，宪宗赦其罪，在田弘正行营供职。 [6]陨绝：倒地气绝，即昏死、休克。 [7]恸哭：大声悲号痛哭。[8]改容：脸色肃穆，以示尊重。 [9]壬戌：二月十四日。 [10]乙丑：二月十七日。 [11]户部侍郎：官名。户部掌天下土地，百姓、钱谷、贡赋。其正副长官为户部尚书、侍郎。 [12]杨於（wū）陵（752—830）：字达夫，弘农（今河南灵宝市北）人。官至吏部尚书，封弘农郡公。传见《旧唐书》卷一百六十四，《新唐书》卷一百六十三。 [13]宣抚使：官名。朝廷派往宣慰安抚战乱或灾区的官员称为宣抚使。 [14]己巳：二月二十一日。 [15]广德：唐代宗年号，公元763—764年。 [16]垂：将近。 [17]跋扈：强横霸道。 [18]除：任命。 [19]图籍：地图。 [20]分为三道：以郓、曹、濮为一道，设节度使；以淄、青、齐、登、莱为一道，号淄青平卢节度使；以兖、海、沂、密为一道，设观察使，后改为兖海节度使。 [21]适均：恰当均匀，此指三道实力平衡。 [22]曹、濮：均州名。曹州，治所济阴，在今山东菏泽市定陶区西。濮州，治所鄄城，在今山东鄄城县北。 [23]淄、青、齐、登、莱：皆州名。淄州，治所淄川，在今山东淄博市。青州，治所益都，在今山东青州市。齐州，治所历城，在今山东济南市。登州，治所蓬莱，在今山东烟台市蓬莱区。莱州，治所掖县，在今山东莱州市。 [24]兖、海、沂、密：皆州名。兖州，治所瑕丘，在今山东济宁市兖州区。海州，治所朐山，在今江苏连云港市西南。兖州，治所瑕丘，在今山东济宁市兖州区。密州，治所诸城，在今山东诸城市。 [25]长吏：指州县主政长官。 [26]修好：建立友好关系。 [27]手搏：徒手格斗。 [28]攘臂：捋袖伸臂。[29]坐：同“座”。 [30]除改：谓除书改授别镇。除，指除书，授官之诏书。 [31]登：登时，立刻。 [32]庚午：二月二十二日。 [33]义成：方镇名。唐德宗建中二年（781）置郑滑节度使，贞元元年（785）改名义成军。治所滑州，在今河南滑县东。 [34]节度使：官名。总揽军民两政之地方大员，辖境不等，少则二三州，多则十余州。 [35]制：皇帝的命令。命为制、令为诏。[36]手足失坠：受惊瘫软，手足无措。 [37]客亭：驿亭。迎送使者及行人休息之所。 [38]辟：征聘。 [39]李文会：原李师道判官，助其反叛，将士恨之，出为登州刺史。 [40]雠：仇。[41]田相公：即田弘正。弘正检校司徒、同平章事，故称。 [42]三齐：地区名。今山东省，古

为齐国，自项羽分齐为三，置三齐王田市、田都、田安，于是后世称齐地为三齐。［43］即：就。［44］丰齐驿：驿亭名。在今山东禹城市东北。［45］赀：同“资”。

诏以淄青行营副使张暹为戎州[1]刺史[2]。

癸酉[3]，加田弘正检校司徒[4]、同平章事[5]。

先是，李师道将败数月，闻风动鸟飞，皆疑有变，禁郓人亲识宴聚及道路偶语[6]，犯者有刑。弘正既入郓，悉除苛禁，纵人游乐，寒食[7]七昼夜不禁行人。或谏曰：“郓人久为寇敌，今虽平，人心未安，不可不备。”弘正曰：“今为暴者既除，宜施以宽惠，若复为严察，是以桀[8]易桀也，庸何[9]愈[10]焉！”

先是，贼数遣人入关，截陵戟[11]，焚仓场，流矢飞书，以震骇京师，沮挠官军。有司[12]督察甚严，潼关[13]吏至发人囊箧[14]以索之，然终不能绝。及田弘正入郓，阅李师道簿书，有赏杀武元衡[15]人王士元等及赏潼关、蒲津[16]吏卒案[17]，乃知向者[18]皆吏卒受赂于贼，容其奸也。

裴度[19]纂述[20]蔡[21]、郓用兵以来上之忧勤机略[22]，因侍宴献之，请内印[23]出付史官。上曰：“如此，似出朕志，非所欲也。”弗许。

三月，戊子[24]，以华州[25]刺史马总[26]为郓、曹、濮等州节度使。己丑[27]，以义成节度使薛平[28]为平卢[29]节度，淄、青、齐、登、莱等州观察使[30]。以淄青四面行营供军使[31]王遂[32]为沂、海、兖、密等州观察使。

横海[33]节度使乌重胤[34]奏：“河朔[35]藩镇所以能旅拒[36]朝命六十余年者，由诸州县各置镇将[37]领事，收刺史、县令[38]之权，自作威福。向使[39]刺史各得行其职，则虽有奸雄如安、史[40]，必不能以一州独反也。臣所领德、棣、景三州[41]，已举牒[42]各还刺史职事，应在州兵并令刺史领之。”夏，四月，丙寅[43]，诏诸道节度、都团练[44]、都防御[45]、经略[46]等使所统支郡[47]兵马，并令刺史领之。自至德[48]以来，节度使权重，所统诸州各置镇兵，以大将主之，暴横为患，故重胤论之。其后河北诸镇，惟横海最为顺命，由重胤处之得宜故也。

辛未[49]，工部[50]侍郎、同平章事程异[51]薨。

（以上为第三段，写唐宪宗调任节度使，削弱领兵权，加强中央对地方的控制。）

【注释】

[1]戎州：州名。治所僰道，在今四川宜宾市。[2]刺史：官名。唐武德元年（618），改太守曰刺史，职同牧尹，成为州的行政长官。[3]癸酉：二月二十五日。[4]司徒：官名。三公之一，参议国事。加检校，则非正职，而系加官。[5]同平章事：官名。即同中书门下平章事。朝官加此衔，即为宰相。节度使加此衔，则为荣誉称号。[6]偶语：相对私语。[7]寒食：节令名。清明前一日（一说二日）禁火冷食，故名。[8]桀：名履癸，夏朝末代国君，以残暴著称。[9]庸何：怎能。[10]愈：超过。[11]截陵戟：指李师道派人“断建陵门戟四十七枝”，事见本书《资治通鉴》卷二百三十九宪宗元和十年。[12]有司：主管官吏。[13]潼关：关名。在今陕西潼关北，陕、晋、豫三省要冲，历来为军事重地。[14]箧（qiè）：小箱。[15]武元衡（756—814）：字伯苍，河南缑氏（今河南洛阳市偃师区东南）人。宪宗朝两度入相。传见《旧唐书》卷一百五十八，《新唐书》卷一百五十二。[16]蒲津：黄河渡口名。在今山西永济市，为陕晋间交通要津，古来兵家必争之地。[17]案：文案，亦称案牍。[18]向者：先前。[19]裴度（764—839）：字中立，河东闻喜（今山西闻喜）人。中唐时期著名宰相，佐宪宗削藩，收复淮西等藩镇。传见《旧唐书》卷一百七十，《新唐书》卷一百七十三。[20]纂述：编写。[21]蔡：州名。治所汝阳，在今河南汝南县。[22]忧勤机略：谓记述宪宗忧心勤劳于国事，在讨平藩镇叛乱中显示了不平凡的机权谋略。[23]请内印：请求加盖皇帝印鉴。[24]戊子：三月十日。[25]华州：州名。治所郑县，在今陕西渭南市华州区。[26]马总（？—823）：字会元，扶风（今陕西宝鸡市凤翔区）人。官至户部尚书。传见《旧唐书》卷一百五十七，《新唐书》卷一百六十三。[27]己丑：三月三十一日。[28]薛平（752—832）：字坦涂，名将薛仁贵曾孙。历任郑滑、平卢、河中等节度使。传见《新唐书》卷一百一十一。[29]平卢：方镇名。唐玄宗开元七年（719）置，治所营州。肃宗上元二年（761）移治青州，称淄青平卢节度使。[30]观察使：官名。掌一道诸州之政务。不设节度使地区，则以观察使为最高长官。[31]供军使：官名。亦称粮料使，掌军队粮饷供应。[32]王遂：官至宣歙、沂海等观察使。传见《旧唐书》卷一百六十二，《新唐书》卷一百一十六。[33]横海：方镇名。唐德宗贞元三年（787）置，治所沧州，在今河北沧州市东南。长期领有沧、德、景三州，故又称沧景节度使。文宗太和五年（831）号义昌军。[34]乌重胤（760—827）：字保君，张掖（今甘肃张掖）人。历任河阳、横海、天平等节度使。传见《旧唐书》卷一百六十一，《新唐书》卷一百七十一。[35]河朔：泛指黄河以北地区。[36]旅拒：拥兵割据。[37]镇将：泛指职掌一方州县守备之武官。[38]县令：官名。一县之行政长官。[39]向使：假使。[40]安、史：即安史之乱的祸首安禄山、史思明。二传皆见《旧唐书》卷二百上，《新唐书》卷二百二十五。[41]德、棣、景三州：德州，治所安德，在今山东陵城。棣

州，治所厌次，在今山东惠民县东南。景州，治所弓高，在今河北东光县西北。［42］举牒：行文。［43］丙寅：四月十九日。［44］都团练：即都团练使，官名。掌军事，大者领十州，小者二、三州。［45］都防御使：官名。掌本区军事。于大都要地置之。［46］经略使：官名。掌边州军防。［47］支郡：边郡。［48］至德：唐肃宗第一个年号，公元756年至758年。［49］辛未：四月二十四日。［50］工部：掌天下百工、屯田、山泽之政令。正副长官为工部尚书、侍郎。［51］程异：字师举，京兆长安（今陕西西安）人。官至工部侍郎、同平章事、领盐铁转运使。传见《旧唐书》卷一百三十五，《新唐书》卷一百六十八。

裴度在相位，知无不言，皇甫镈[1]之党阴挤之。丙子[2]，诏度以门下侍郎[3]、同平章事，充河东[4]节度使。

皇甫镈专以掊克[5]取媚，人无敢言者，独谏议大夫[6]武儒衡[7]上疏言之。镈自诉于上，上曰："卿以儒衡上疏，将报怨邪！"镈乃不敢言。儒衡，元衡之从父弟[8]也。

史馆修撰[9]李翱[10]上言，以为："定祸乱[11]者，武功也；兴太平者，文德也。今陛下既以武功定海内[12]，若遂革弊事，复高祖、太宗[13]旧制[14]；用忠正而不疑，屏邪佞而不迩[15]；改税法[16]，不督钱而纳布帛；绝进献[17]，宽百姓租赋；厚边兵，以制戎狄侵盗；数访问待制官[18]，以通塞蔽；此六者[19]，政之根本，太平之所以兴也。陛下既已能行其难[20]，若何不为其易乎！以陛下天资上圣，如不惑近习[21]容悦之辞，任骨鲠正直之士，与之兴大化，可不劳而成也。若不以此为事，臣恐大功之后，逸欲[22]易生。进言者必曰：'天下既平矣，陛下可以高枕[23]自安逸'，如是，则太平未可期矣！"

秋，七月，丁丑朔[24]，田弘正送杀武元衡贼王士元等十六人，诏使内[25]京兆府[26]、御史台[27]遍鞫之[28]；皆款服[29]。京兆尹崔元略[30]以元衡物色[31]询之，则多异同。元略问其故，对曰："恒、郓[32]同谋遣客刺元衡，而士元等后期，闻恒[33]人事已成，遂窃以为己功，还报受赏耳。今自度为罪均，终不免死，故承之。"上亦不欲复辨正，悉杀之。

戊寅[34]，宣武[35]节度使韩弘[36]始入朝，上待之甚厚。弘献马三千，绢五千[37]，杂缯三万，金银器千，而汴[38]之库厩[39]尚有钱百余万缗，绢百余万匹，马七千匹，粮三百万斛[40]。

己丑[41]，群臣上尊号曰元和圣文神武法天应道皇帝；赦天下。

（以上为第四段，写史馆修撰李翱上奏唐宪宗修德政。唐宪宗进尊号，赦天下，庆成功。）

【注释】

[1]皇甫镈：泾州临泾（今甘肃镇原）人。以聚敛为宪宗宠信，依附宦官，官至宰相。传见《旧唐书》卷一百三十五，《新唐书》卷一百六十七。[2]丙子：四月二十九日。[3]门下侍郎：官名。门下省掌出纳帝命，审查奏章，与中书省同掌朝政。其正副长官为侍中、侍郎。[4]河东：方镇名。唐玄宗开元十八年（730）置，驻节太原，在今山西太原。[5]掊克：聚敛。[6]谏议大夫：官名。分左右，左隶门下省，右隶中书省，掌规谏过失，侍从顾问。[7]武儒衡：字廷硕，中唐名臣。官至兵部侍郎。传见《旧唐书》卷一百五十八，《新唐书》卷一百五十二。[8]从父弟：叔伯兄弟，即堂弟。[9]修撰：官名。贞观三年（629）置史馆于门下省，有修撰四人，掌修国史。[10]李翱：字习之，长期任史职，进位谏议大夫、知制诰，终官山南东道节度使。有文名。传见《旧唐书》卷一百六十，《新唐书》卷一百七十七。[11]定祸乱：平定战乱。[12]定海内：统一全国。[13]高祖、太宗：即唐开国二君，唐高祖李渊（618—626年在位）、唐太宗李世民（627—649年在位）。[14]旧制：主要指唐太宗贞观之治中所施行的善政。[15]迩：接近。[16]改税法：德宗时杨炎行两税法，下令民输其土之所产而用钱纳税。后钱重物轻，民不堪命，故李翱上言，欲改变两税法，以布帛实物代钱纳税。[17]进献：地方官于正赋之外加派的钱粮或贡物，输纳入宫，称进献，是唐代的一大弊政。[18]待制官：官名。轮值宫省，从备顾问。[19]此六者：上文所疏陈的六政，即循旧制，辨忠奸，改税法，绝进献，厚边兵，咨询谏。[20]行其难：指宪宗讨平叛乱，办了很难办的事。[21]近习：君王左右亲幸之人。[22]逸欲：图安逸而思淫侈之欲。[23]高枕：典出《战国策·魏策一》："无楚韩之患，则大王高枕而卧，国必无忧矣。"[24]丁丑朔：七月一日。[25]内：同"纳"，交付。[26]京兆府：府名。治所设京师，在今陕西西安市，长官为京兆尹。[27]御史台：官署名，御史大夫及其属员治事之所。[28]遍鞫之：一一审问王士元等十六人。[29]款服：诚心服罪。[30]崔元略（？—831）：博陵（今河北蠡县南）人，历官京兆尹、御史大夫、户部尚书。传见《旧唐书》卷一六三，《新唐书》卷一六〇。[31]物色：形貌。[32]恒、郓：指代成德节度使王承宗、平卢淄青节度使李师道。[33]恒：州名。治所真定，在今河北正定县。[34]戊寅：七月二日。[35]宣武：方镇名。唐德宗建中二年（781）置，亦称汴宋节度使，治所汴州，在今河南开封。[36]韩弘（764—822）：滑州匡城（今河南睢县）人。原为宣武节度使，李师道被诛，弘惧，请入朝，拜司徒、中书令。传见《旧唐书》卷一百五十六，《新唐书》卷一百五十八。[37]绢五千：张敦仁《通鉴刊本识误》校作"绢五十万"。[38]汴：州名。治所浚仪，在今河南开封市。[39]厩：马圈。[40]斛：容量单位，十斗为一斛。[41]己丑：七月十三日。

兖、海、沂、密观察使王遂，本钱谷吏，性狷急[1]，无远识。时军府草创[2]，人情未安，遂专以严酷为治，所用杖[3]绝大于常行者；每詈[4]将卒，辄曰“反虏”；又盛夏役士卒[5]营府舍[6]，督责峻急；将卒愤怨。

辛卯[7]，役卒王弁与其徒四人浴于沂水[8]，密谋作乱，曰：“今服役触罪亦死，奋命[9]立事亦死，死于立事[10]，不犹愈乎！明日，常侍[11]与监军[12]、副使[13]有宴，军将皆在告[14]，直兵[15]多休息，吾属乘此际[16]出其不意取之，可以万全。”四人皆以为然，约事成推弁为留后[17]。

壬辰[18]，遂方宴饮，日过中，弁等五人突入，于直房[19]前取弓刀，径前[20]射副使张敦实，杀之。遂与监军狼狈起走，弁执遂，数之以盛暑兴役，用刑刻暴，立斩之。传声[21]勿惊监军，弁即自称留后，升厅号令，与监军抗礼[22]，召集将吏参贺，众莫敢不从。监军具以状闻[23]。

甲午[24]，韩弘又献绢二十五万匹，絁[25]三万匹，银器二百七十；左右军[26]中尉[27]各献钱万缗。自淮西[28]用兵以来，度支[29]、盐铁[30]及四方争进奉，谓之“助军”；贼平又进奉，谓之“贺礼”；后又进奉，谓之“助赏”；上加尊号又进奉，亦谓之“贺礼”。

丁酉[31]，以河阳[32]节度使令狐楚[33]为中书侍郎[34]、同平章事。楚与皇甫镈同年进士，故镈引以为相。

朝廷闻沂州军乱，甲辰[35]，以棣州刺史曹华[36]为沂、海、兖、密观察使。

韩弘累表请留京师，八月，己酉[37]，以弘守司徒，兼中书令。癸丑[38]，以吏部尚书[39]张弘靖[40]同平章事，充宣武节度使。弘靖，宰相子，少有令闻[41]，立朝简默[42]；河东、宣武阙[43]帅，朝廷以其位望素重，使镇之。弘靖承王锷[44]聚敛之余”，韩弘严猛之后，两镇喜其廉谨宽大，故上下安之。

己未[45]，田弘正入朝，上待之尤厚。

戊辰[46]，陈许[47]节度使郗士美[48]薨，以库部员外郎[49]李渤[50]

为吊祭使[51]。渤上言："臣过渭南[52]，闻长源乡旧四百户，今才百余户，閿乡县[53]旧三千户，今才千户。其他州县大率[54]相似。迹其所以然，皆由以逃户税摊于比邻[55]，致驱迫俱逃，此皆聚敛之臣剥下媚上，惟思竭泽，不虑无鱼。乞降诏书，绝摊逃之弊；尽逃户之产偿税，不足者乞免之。计不数年，人皆复于农矣。"执政见而恶之，渤遂谢病，归东都[56]。

癸酉[57]，吐蕃[58]寇庆州[59]，营[60]于方渠[61]。

朝廷议兴兵讨王弁，恐青、郓相扇[62]继变，乃除弁开州[63]刺史，遣中使[64]赐以告身[65]。中使给[66]之曰："开州计已有人迎候道路，留后宜速发。"弁即日发沂州，导从尚百余人，入徐州[67]境，所在减之，其众亦稍逃散。遂加以杻[68]械，乘驴入关[69]。九月，戊寅[70]，腰斩东市。

先是，三分郓兵以隶三镇，及王遂死，朝廷以为师道余党凶态未除，命曹华引棣州兵赴镇以讨之。沂州将士迎候者，华皆以好言抚之，使先入城，慰安其余，众皆不疑。华视事三日，大飨[71]将士，伏甲士千人于幕下，乃集众而谕之曰："天子以郓人有迁徙之劳，特加优给，宜令郓人处左，沂人处右。"既定，令沂人皆出，因阖[72]门，谓郓人曰："王常侍以天子之命为帅于此，将士何得辄害之！"语未毕，伏者出，围而杀之，死者千二百人，无一得脱者。门屏间赤雾高丈余，久之方散。

臣光曰：《春秋》书"楚子虔诱蔡侯般杀之于申[73]"。彼列国也，孔子犹深贬之，恶其诱讨也，况为天子而诱匹夫乎！

王遂以聚敛之才，殿[74]新造之邦，用苛虐致乱。王弁庸夫，乘衅[75]窃发，苟沂帅得人，戮之易于犬豕耳，何必以天子诏书为诱人之饵乎！且作乱者五人耳，乃使曹华设诈，屠千余人，不亦滥乎！然则自今士卒孰不猜其将帅，将帅何以令其士卒！上下盻盻[76]，如寇仇聚处，得间[77]则更相鱼肉[78]，惟先发者为雄耳，祸乱何时而弭[79]哉！

惜夫！宪宗削平僭[80]乱，几致升平，其美业所以不终。由苟徇[81]近功不敦[82]大信故也。

（以上为第五段，写唐宪宗计除兖海沂密王弁之乱，使用诈计滥杀无辜，受到司马光的严厉批评。）

【注释】

[1]狷急：急躁。[2]时军府草创：是年三月，始分四州置观察使。草创，初创。[3]杖：刑杖。按唐制，凡杖皆长三尺五寸，削去节余。常行杖，大头二分七厘，小头一分七厘。[4]詈(lì)：斥骂。[5]役士卒：役使士卒。以士兵作劳役。[6]营府舍：修建府衙。[7]辛卯：七月十五日。[8]沂水：水名。今名沂河，流经沂州、临沂市。[9]奋命：铤而走险，奋起拼命。[10]立事：举大事。指刺杀王遂，夺取观察使之位。[11]常侍：即王遂。王遂为检校左散骑常侍、兼御史大夫。后出为沂海兖等州观察使，为乱兵王弁所杀。传见《旧唐书》卷一六二，《新唐书》卷一一六。[12]监军：官名。唐中期以宦官为之，称监军使，掌监督军事、稽核功罪。[13]副使：谓观察副使。[14]在告：在休假中。[15]直兵：值卫之兵。直，同“值”。[16]乘此际：趁这个机会。[17]留后：官名。唐中世以后，节度使自择将吏，或父死子继，留主后务者，称留后。事后多由朝廷补任为节度使。[18]壬辰：七月十六日。[19]直房：值卫士兵所宿之室。[20]径前：直接向前。[21]传声：传语，向军中下达命令，相互转告。[22]抗礼：平礼。[23]具以状闻：将军乱情况一一呈报朝廷。[24]甲午：七月十八日。[25]絁(shī)：粗帛。[26]左右军：即左右神策军，为禁军中之主力部队。[27]中尉：官名，即护军中尉，以宦者为之，统领神策军。[28]淮西：方镇名。淮南西道简称。唐肃宗至德元年（756）置。治所屡有变迁，大历十四年（779）定治蔡州，在今河南汝南县。元和十三年（818）废。[29]度支：官名。即度支使，掌财政收支。[30]盐铁：官名，即盐铁使。掌盐铁专卖及其税收。[31]丁酉：七月二十一日。[32]河阳：方镇名。唐德宗建中二年（781）置。驻节孟州。在今河南孟市。[33]令狐楚（765—837)：字壳士，京兆华原（今陕西铜川市耀州区东南）人。宪宗时宰相、文宗时任尚书左仆射。传见《旧唐书》卷一百七十二，《新唐书》卷一百六十六。[34]中书侍郎：官名。中书省掌军国之政令，其正副长官为中书令、中书侍郎。[35]甲辰：七月二十八日。[36]曹华（754—823)：宋州楚丘（今山东曹县）人。历任宪、穆二朝观察、节度等使。传见《旧唐书》卷一百六十二，《新唐书》卷一百七十一。[37]己酉：八月三日。[38]癸丑：八月七日。[39]吏部尚书：官名。吏部掌官吏选拔、勋封、考绩等事。其正副长官为吏部尚书、侍郎。[40]张弘靖（759—824)：字元理，德宗时宰相张延赏之子，官至卢龙节度使。传见《旧唐书》卷一百二十九，《新唐书》卷一百二十七。[41]令闻：美名。[42]立朝简默：上朝沉静少言。[43]阙：同“缺”。[44]王锷（739—815)：字昆吾，官至河东节度使。传见《旧唐书》卷一百五十一，《新唐书》卷一百七十。[45]己未：八月十三日。[46]戊辰：八月二十二日。[47]陈许：方镇名。唐德宗贞元三年（787）置，治所许州，在今河南许昌市。[48]郗士美（755—819)：字和夫，官至忠武节度使。传见《旧唐书》卷一百五十七，《新唐

书》卷一百四十三。［49］库部员外郎：官名。库部为兵部四司之一，掌戎器、仪仗。正副长官为郎中、员外郎。［50］李渤（772—831）：官至桂管观察使。传见《旧唐书》卷一百七十一，《新唐书》卷一百一十八。［51］吊祭使：朝廷派遣吊丧之专使。［52］渭南：县名。县治在今陕西渭南市。［53］阌乡县：县名。县治在今河南灵宝市。［54］大率：大抵、大略。［55］比邻：近邻。［56］东都：唐以洛阳为东都。［57］癸酉：八月二十七日。［58］吐蕃（bō）：藏族政权名。本为西羌属，唐初建立吐蕃国，定都逻些（suò），即今西藏拉萨市。［59］庆州：州名。治所安化，在今甘肃庆阳市。［60］营：驻扎。［61］方渠：县名，县治在今甘肃环县。［62］扇：同"煽"，煽动。［63］开州：州名。治所开江，在今重庆市开州区。［64］中使：宫中派出的使者，以宦官为之。［65］告身：委任官职的证书。［66］绐（dài）：欺骗。［67］徐州：州名。治所彭城，在今江苏徐州市。［68］杻（chǒu）械：刑具，即手铐脚镣。［69］关：指潼关。［70］戊寅：九月三日。［71］飨（xiǎng）：以酒食款待。［72］阖：关闭。［73］《春秋》书"楚子虔诱蔡侯般杀之于申"：事详《春秋》及三传，鲁昭公十一年。楚子虔，即楚灵王，名虔。蔡侯般，即蔡灵侯，名般，杀父而自立。楚灵王设诈谋，召蔡灵侯于申会盟而杀之，故孔子书其事，直称其名曰"虔"，贬斥之为"诱"杀。《公羊传》曰："怀恶而讨不义，君子不予也。"故下文云："孔子犹深贬之，恶其诱讨也。"申，西周时诸侯国名，时为楚所并。［74］殿：镇抚。［75］乘衅：钻空子。衅，同"隙"。［76］盻（xì）盻：冷眼敌视。形容互相仇恨的样子。［77］得间：得到机会。［78］更相鱼肉：互相以对方为鱼肉，互相吞噬。［79］弭：消除、停止。［80］僭（jiàn）：超越名分。［81］徇：贪求。［82］敦：厚，笃信。

甲辰[1]，以田弘正兼侍中，魏博[2]节度使如故。弘正三表请留，上不许。弘正常恐一旦物故[3]，魏人犹以故事[4]继袭，故兄弟子侄皆仕诸朝，上皆擢[5]居显列，朱紫[6]盈庭，时人荣之。

乙巳[7]，上问宰相："玄宗之政，先理[8]而后乱，何也？"崔群对曰："玄宗用姚崇、宋璟、卢怀慎、苏颋、韩休、张九龄则理，用宇文融、李林甫、杨国忠则乱。故用人得失，所系非轻。人皆以天宝十四年安禄山反为乱之始，臣独以为开元二十四年罢张九龄相，专任李林甫，此理乱之所分也。愿陛下以开元初为法，以天宝末为戒，乃社稷无疆[9]之福！"皇甫镈深恨之。

冬，十月，壬戌[10]，容管[11]奏安南[12]贼杨清陷都护府，杀都护李象古[13]及妻子、官属、部曲千余人。象古，道古[14]之兄也，以贪纵苛刻失众心。清世为蛮酋，象古召为牙将，清郁郁不得志。象古命清将兵三千讨黄洞蛮[15]，清因人心怨怒，引兵夜还，袭府城，陷之。

初，蛮贼黄少卿，自贞元[16]以来数反覆，桂管[17]观察使裴行立[18]、容管经略使阳旻[19]欲徼[20]幸立功，争请讨之；上从之。岭南[21]节度使孔戣[22]屡谏曰："此禽兽耳，但可自计利害，不足与论是非。"上不听，大发江、湖兵会容、桂二管入讨，士卒被瘴疠，死者不可胜计。安南乘之，遂杀都护。行立、旻竟无功，二管凋弊[23]，惟戣所部晏然[24]。

丙寅[25]，以唐州[26]刺史桂仲武为安南都护；赦杨清，以为琼州[27]刺史。

是岁，吐蕃节度论三摩等将十五万众围盐州[28]，党项[29]亦发兵助之。刺史李文悦竭力拒守，凡二十七日，吐蕃不能克。灵武[30]牙将[31]史奉敬[32]言于朔方[33]节度使杜叔良，请兵三千，赍三十日粮，深入吐蕃以解盐州之围。叔良以二千五百人与之。奉敬行旬余，无声问，朔方人以为俱没矣。无何，奉敬自他道[34]出吐蕃背，吐蕃大惊，溃去。奉敬奋击，大破，不可胜计[35]。奉敬与凤翔[36]将野诗良辅[37]、泾原[38]将郝玼[39]皆以勇著名于边，吐蕃惮之。

（以上为第六段，写南疆安南蛮夷反叛、西疆吐蕃犯边。）

【注释】

[1]甲辰：八月二十九日。［2］魏博：方镇名。唐代宗广德元年（763）置。治所魏州，在今河北大名县东北。［3］物故：死亡。［4］故事：成例，旧例。此指节度使传子继袭的旧例。［5］擢（zhuó）：提升。［6］朱紫：高级官员之代称。唐制，三品以上衣紫，五品以上衣朱。［7］乙巳：八月三十日。［8］理：治。唐代避高宗李治讳，凡"治"字，改用"理"字。［9］无疆：无限。［10］壬戌：十月十七日。［11］容管：即容管经略使。治所北流，在今广西北流市。［12］安南：即安南都护府。唐高宗调露元年（679）置，治所宋平，在今越南河内市。都护府长官为都护、副都护，掌边防及行政。［13］象古（？—819）：唐宗室，历官衡州刺史、安南都护。传见《旧唐书》卷一百三十一，《新唐书》卷八十。［14］道古：李道古，宪宗时官至宗正卿、左金吾将军。穆宗即位，贬循州司马，两唐书与李象古合传。［15］黄洞蛮：即西原蛮，在今广西南部及越南境内的古代少数民族。酋长黄姓，故称黄洞蛮。西原蛮居西原州，州治在今广西大新县西北。［16］贞元：唐德宗第三个年号，公元785—805年。［17］桂管：即桂管经略使，或置观察使，辖桂、柳等十五个边州，在今广西境。治所始安，在今广西桂林市。［18］裴行立：

绛州稷山（今山西稷山县）人，官至安南都护。传见《新唐书》卷一百二十九。［19］阳旻：平州（今河北卢龙县）人，官至容管经略史。传见《新唐书》卷五十六。［20］徼：同“侥”。侥幸。［21］岭南：方镇名。唐肃宗至德元年（756）置，治所广州，在今广东广州市。直辖广管，兼领桂、容、邕、安南四管。［22］孔戣（751—824）：字君严，叔父孔巢父乃孔子三十七世孙。官至尚书左丞。传见《旧唐书》卷一百五十四，《新唐书》卷一百六十三。［23］凋弊：衰败。［24］晏然：安然。［25］丙寅：十月二十一日。［26］唐州：州名。治所比阳，在今河南泌阳县。［27］琼州：州名。治所琼山，在今海南海口市琼山区。［28］盐州：州名。治所五原，在今陕西定边县。［29］党项：古族名。汉西羌别种，唐时居青海、甘肃、四川边界。［30］灵武：郡名。治所回乐，在今宁夏灵武市西南。［31］牙将：官名。为藩镇亲信武将。［32］史奉敬：两唐书均作史敬奉，为朔方军牙将。传见《旧唐书》卷一百五十二，《新唐书》卷一百七十。［33］朔方：方镇名。唐玄宗开元九年（721）置，驻节灵州，在今宁夏灵武市西南。［34］他道：另道、别道。［35］不可胜计：指杀获多得计算不过来。［36］凤翔：府名。治所天兴，在今陕西宝鸡市凤翔区。［37］野诗良辅：官至陇州刺史，事附两唐书《史敬奉传》。［38］泾原：方镇名。唐代宗大历三年（768）置，驻节泾州，在今甘肃泾川县北。［39］郝玼：官至泾原行营节度使。传见《旧唐书》卷一百五十二，《新唐书》卷一百七十。

柳泌[1]至台州[2]，驱吏民采药，岁余，无所得而惧，举家[3]逃入山中；浙东[4]观察使捕送京师。皇甫镈、李道古保护之，上复使待诏[5]翰林；服其药，日加躁渴。

起居舍人[6]裴潾[7]上言，以为：“除天下之害者受天下之利，同天下之乐者飨[8]天下之福，自黄帝[9]至于文、武[10]，享国寿考[11]，皆用此道也。自去岁以来，所在多荐方士[12]，转相汲引[13]，其数浸[14]繁。借令[15]天下真有神仙，彼必深潜岩壑，惟畏人知。凡候伺权贵之门，以大言自炫[16]奇技惊众者，皆不轨[17]徇利之人，岂可信其说而饵其药邪！夫药以愈疾，非朝夕常饵之物；况金石酷烈有毒，又益以火气，殆非人五藏之所能胜也。古者君饮药，臣先尝之，乞令献药者先自饵一年，则真伪自可辨矣。”上怒，十一月，己亥[18]，贬潾江陵[19]令。

初，群臣议上尊号，皇甫镈欲增“孝德”字，中书侍郎、同平章事崔群曰：“言圣则孝在其中矣。”镈谮[20]于上曰：“群于陛下惜‘孝德’二字。”上怒。时镈给边军赐与，多不时得，又所给多陈败[21]，不可服用，军士怨怒，流言欲为乱。李光颜[22]忧惧，欲自杀；遣人诉于上，上不信。京师恟惧[23]，群具以中外人情上闻。镈密言于上曰："边赐皆如旧制，而人情忽如此者，由群鼓扇，将以卖直[24]，归怨于上也。"上以为然。十二月，乙卯[25]，以群为湖南[26]观察使，于是中外切齿于镈矣。

中书舍人[27]武儒衡，有气节，好直言，上器之，顾待甚渥[28]，人皆言且入相。令狐楚忌之，思有以沮[29]之者，乃荐山南东道[30]节度推官[31]狄兼謩[32]才行。癸亥[33]，擢兼謩左拾遗内供奉[34]。兼謩，仁杰[35]之族曾孙也。楚自草制辞，盛言"天后窃位[36]，奸臣擅权[37]，赖仁杰保佑中宗，克复明辟[38]。"儒衡泣诉于上，且言："臣曾祖平一[39]，在天后朝，辞荣终老[40]。"上由是薄楚之为人。

（以上为第七段，写唐宪宗受奸相皇甫镈蛊惑，迷恋方士服金丹，贬谪直臣。）

【注释】

［1］柳泌：方士，求为台州刺史，以采天台山灵药。宪宗服其药，躁怒，宦者惧而弑之。穆宗立，诛泌。［2］台州：州名。治所临海，在今浙江临海市。［3］举家：全家。［4］浙东：方镇名。浙江东道简称，唐肃宗乾元元年（758）置。治所越州，今浙江绍兴市。［5］待诏：官名。凡文学方技之士，均置于翰林院待命侍从，称待诏。［6］起居舍人：官名。掌记天子言论及草制诏令。［7］裴潾（？—838）：河东闻喜（今山西闻喜县）人，官至兵部侍郎。传见《旧唐书》卷一百七十一，《新唐书》卷一百一十八。［8］飨：同"享"。［9］黄帝：姓公孙，名轩辕。相传为华夏各族共同始祖，有土德之瑞，故号黄帝。［10］文、武：指西周开国之主周文王、武王。［11］享国寿考：在位长久。寿考，长寿。［12］方士：求神、炼丹、制不死之药的方术之士。［13］汲引：引荐。［14］浸：逐渐。［15］借令：假使。［16］炫：炫耀。［17］不轨：不守法纪。［18］己亥：十一月二十五日。［19］江陵：县名。县治在今湖北江陵县。［20］谮（qén）：进谗言。［21］陈败：陈旧腐烂。［22］李光颜（760—826）：时为京师西屏邠宁节度使。传见《旧唐书》卷一百六十一，《新唐书》卷一百七十一。［23］恟惧：恐惧。［24］卖直：谓崔群以直言为手段，沽名钓誉。此乃皇甫镈诬陷之言。［25］乙卯：十二月十一日。［26］湖南：方镇名。唐代宗广德二年（764）置，治所衡州，在今湖南衡阳市。大历四年（769）移治潭州，在今湖南长沙市。［27］中书舍人：官名。掌起草诏令，参议表章。［28］渥：厚。［29］沮：阻止。［30］山南东道：方镇名。唐肃宗至德中置，治所襄州，在今湖北襄阳市。［31］推官：官名。掌狱讼刑罚。［32］狄兼謩：字汝谐，官至河东节度使。传见《旧唐书》卷八十九，《新唐书》卷一百一十五。［33］癸亥：十二月十九日。［34］左拾遗内供奉：在左拾遗班内供职。拾遗，官名，分左右，掌讽谏。［35］仁杰（629—700）：狄仁杰，字怀英，并州太原（今山西太原市）人。武则天时名臣，官至宰相。传见《旧唐书》卷八十九，《新唐书》卷一百一十五。［36］天后窃位：指武则天称帝。

[37]奸臣擅权：指武则天时武氏外戚擅权。这里暗中攻击武儒衡曾祖武平一为奸臣。[38]克复明辟：还政于明君。辟，君。[39]平一：即武平一，中宗时任起居舍人，修文馆直学士。传见《新唐书》卷一百一十九。[40]辞荣终老：指武平一在武后时隐居不仕，得以避祸，用以驳辩“奸臣擅权”。

十五年（庚子，820年）

春，正月，沂、海、兖、密观察使曹华请徙理兖州[1]；许之。

义成节度使刘悟入朝。

初，左军中尉吐突承璀[2]谋立澧王恽[3]为太子，上不许。及上寝疾[4]，承璀谋尚未息；太子闻而忧之，密遣人问计于司农卿[5]郭钊[6]，钊曰：“殿下但尽孝谨以俟之，勿恤[7]其他。”钊，太子之舅也。

上服金丹，多躁怒，左右宦官往往获罪，有死者，人人自危；庚子[8]，暴崩[9]于中和殿。时人皆言内常侍[10]陈弘志弑逆，其党类讳之，不敢讨贼，但云药发，外人莫能明也。

中尉梁守谦[11]与诸宦官马进潭、刘承偕、韦元素、王守澄[12]等共立太子，杀吐突承璀及澧王恽，赐左、右神策军[13]士钱人五十缗，六军[14]、威远[15]人三十缗，左、右金吾[16]人十五缗。

（以上为第八段，写宦官梁守谦发动宫廷政变，弑宪宗，立穆宗。）

【注释】

[1]徙理兖州：将观察使治所从沂州移治兖州。[2]吐突承璀：宦官，任神策军护军中尉。传见《旧唐书》卷一百八十四，《新唐书》卷二百零七。[3]澧王恽：宪宗次子。传见《旧唐书》卷一百八十四，《新唐书》卷八十二。[4]寝疾：卧疾。[5]司农卿：官名。司农寺长官，掌粮政。[6]郭钊：郭子仪孙，官至剑南西川节度使，太子之舅，故太子急，求救于舅。传见《旧唐书》卷一百二十，《新唐书》卷一百三十七。[7]恤：忧虑、担心。[8]庚子：正月二十七日。[9]暴崩：突然死亡。宪宗之死，是一桩疑案。后唐宣宗追究，认为郭太后与郭钊参与了宦官谋杀宪宗一事。[10]内常侍：内官名。属内侍省，掌供奉并通判省事。[11]梁守谦：擅权宦官。[12]王守澄：宦官，与陈弘志弑宪宗。穆宗时王守澄知枢密事，文宗时任骠骑大将、神策军中尉，后被鸩死。传见《旧唐书》卷一百八十四，《新唐书》卷二百零八。[13]神策军：禁军名。平时宿卫京畿，战时出兵征伐，势力在诸军之上。[14]六军：即左右羽林、左右龙武、左右神武军。[15]威远：不在六军、十六卫之列，或系唐中期以后所置之军队。[16]左、右金吾：禁卫军名。

即左、右金吾卫。掌京城、宫中巡警。

闰月，丙午[1]，穆宗[2]即位于太极殿东序[3]。是日，召翰林学士[4]段文昌[5]等及兵部郎中[6]薛放[7]、驾部员外郎[8]丁公著[9]对于思政殿。放，戎[10]之弟；公著，苏州人；皆太子侍读也。上未听政，放、公著常侍禁中，参预机密，上欲以为相，二人固辞。

丁未[11]，辍西宫朝临[12]，集群臣于月华门[13]外。贬皇甫镈为崖州[14]司户[15]；市井[16]皆相贺。

上议命相，令狐楚荐御史中丞[17]萧俛[18]；辛亥[19]，以俛及段文昌皆为中书侍郎、同平章事。楚、俛与皇甫镈皆同年进士，上欲诛镈，俛及宦官救之，故得免。

壬子[20]，杖杀柳泌及僧大通[21]，自余方士皆流岭表[22]；贬左金吾将军李道古循州[23]司马[24]。

癸丑[25]，以薛放为工部侍郎，丁公著为给事中[26]。

乙卯[27]，尊郭贵妃为皇太后。

丁卯[28]，上与群臣皆释服从吉[29]。

二月，丁丑[30]，上御丹凤门楼，赦天下。事毕，盛陈倡优杂戏于门内而观之。丁亥[31]，上幸左神策军观手搏杂戏。

庚寅[32]，监察御史[33]杨虞卿[34]上疏，以为："陛下宜延[35]对群臣，周遍顾问，惠以气色，使进忠若趋利，论政若诉冤，如此而不致升平者，未之有也。"衡山[36]人赵知微亦上疏谏上游畋[37]无节。上虽不能用，亦不罪也。

（以上为第九段，写穆宗即位，逐杀方士，罢皇甫镈相位。）

【注释】

[1]丙午：闰正月三日。 [2]穆宗（795—824）：李恒，宪宗第三子，公元821—824年在位。穆宗本纪见《旧唐书》卷十五，《新唐书》卷八。 [3]东序：东厢。 [4]翰林学士：官名。以文学之士为之，值宿内廷、掌制诰，书命。 [5]段文昌（？—835）：齐州临淄（今山东淄博市）人。穆宗即位为宰相，文宗时御史大夫，传见《旧唐书》卷 百六十七，《新唐书》卷八十九。 [6]兵部郎中：官名。兵部本司之长官，掌武官阶品及军队调遣。 [7]薛放：河中宝鼎（今山西万荣县

西南）人。官至江西观察使。传见《旧唐书》卷一百五十五，《新唐书》卷一百六十四。［8］驾部员外郎：官名。驾部为兵部第三司，掌车乘、传驿、马政，正、副长官为郎中、员外郎。［9］丁公著：字平子，苏州吴（今江苏苏州市）人。官至太常卿。传见《旧唐书》卷一百八十五，《新唐书》卷一百六十四。［10］戎（？—821）：薛戎，字元夫，官至浙东观察使。传见《旧唐书》卷一百五十五，《新唐书》卷一百六十四。［11］丁未：闰正月四日。［12］临（lìn）：哭吊。［13］月华门：唐宫东内、西内皆有日华门和月华门。此指西内月华门。［14］崖州：州名。治所舍城，在今海南海口市琼山区东南。［15］司户：官名。全称为司户参军事，州郡之僚属，掌户籍、婚姻等。［16］市井：市街，此指市街之人，即市民。［17］御史中丞：官名。御史台副长官，协助御史大夫监察百官。［18］萧俛：字思谦，穆宗时任宰相，敬宗时以少保分司东都。传见《旧唐书》卷一百七十二，《新唐书》卷一百零一。［19］辛亥：闰正月八日。［20］壬子：闰正月九日。［21］僧大通：法号大通的和尚。自言能致长生，皇甫镈荐之于宪宗。宪宗崩，与柳泌同被处死。［22］岭表：指五岭以南地区，即岭南。［23］循州：州名。治所归善，在今广东惠州市东。［24］司马：官名。唐为州郡佐吏，中期以后仅存其名，安置贬官。［25］癸丑：闰正月十日。［26］给事中：官名。属门下省，掌分判省事，驳正违失，并参与审理冤狱。［27］乙卯：闰正月十二日。［28］丁卯：闰正月二十四日。［29］释服从吉：脱去丧服，穿上吉服，即除丧。［30］丁丑：二月五日。［31］丁亥：二月十五日。［32］庚寅：二月十八日。［33］监察御史：官名。御史大夫属官，掌分察百僚，巡按州县。［34］杨虞卿：字师皋，虢州弘农（今河南灵宝市）人。官至工部侍郎、京兆尹。传见《旧唐书》卷一百七十六，《新唐书》卷一百七十五。［35］延：召见。［36］衡山：县名。县治在今湖南湘潭市北。［37］游畋：游猎。

壬辰[1]，废邕管[2]，命容管经略使阳旻兼领之。

安南都护桂仲武至安南，杨清拒境不纳。清用刑惨虐，其党离心；仲武遣人说其酋豪，数月间，降者相继，得兵七千余人。朝廷以仲武为逗遛[3]，甲午[4]，以桂管观察使裴行立为安南都护。乙未[5]，以太仆卿[6]杜式方[7]为桂管观察使。丙申[8]，贬仲武为安州[9]刺史。

丹王逾[10]薨。

吐蕃寇灵武[11]。

宪宗之末，回鹘[12]遣合达干来求昏[13]尤切；宪宗许之。三月，癸卯朔[14]，遣合达干归国。

上见夏州[15]观察判官[16]柳公权[17]书迹，爱之。辛酉[18]，以公权为右拾遗、翰林侍书学士[19]。上问公权："卿书何能如是之善？"对曰：

“用笔在心，心正则笔正。”上默然改容，知其以笔谏也。公权，公绰[20]之弟也。

辛未[21]，安南将士开城纳桂仲武，执杨清，斩之。裴行立至海门[22]而卒；复以仲武为安南都护。

吐蕃寇盐州。

（以上为第十段，写安南再乱，吐蕃犯边。）

【注释】

[1]壬辰：二月二十日。 [2]邕管：即邕管经略使。治所邕州，在今广西南宁市。 [3]逗遛：迟误。遛，同“留”。 [4]甲午：二月二十二日。 [5]乙未：二月二十三日。 [6]太仆卿：官名。太仆寺长官，掌厩牧、车舆之政令。 [7]杜式方：名相杜佑长子，官至桂管观察使。传见《旧唐书》卷一百四十七，《新唐书》卷一百六十六。 [8]丙申：二月二十四日。 [9]安州：州名。治所安陆，在今湖北安陆市。 [10]丹王逾：代宗子李逾。大历十年（775）封郴王，领渭北鄜坊节度大使。建中四年（783）改封丹王。传见《旧唐书》卷一百一十六，《新唐书》卷八十二。 [11]灵武：县名。隋置，在今宁夏灵武市西南。 [12]回鹘：古族名，亦称回纥。唐天宝三年（744），在今蒙古人民共和国鄂尔浑河流域建立政权。 [13]昏：同“婚”。 [14]癸卯朔：三月一日。 [15]夏州：州名。治所朔方，在今陕西靖边县白城子。 [16]判官：官名。为节度、观察等使僚属，佐理政事，位于副使之下。 [17]柳公权：京兆华原（今陕西铜川市耀州区）人，字诚悬，著名书法家，官至太子少师。传见《新唐书》卷一百六十三。 [18]辛酉：三月十九日。 [19]翰林侍书学士：官名。掌书法及删定字书等事。 [20]公绰：柳公绰，字宽，历仕宪、穆、敬、文四朝，位九卿。传见《旧唐书》卷一百六十五，《新唐书》卷一百六十三。 [21]辛未：三月二十九日。 [22]海门：镇名。在今越南海防。

初，膳部员外郎[1]元稹[2]为江陵[3]士曹[4]，与监军崔潭峻善。上在东宫，闻宫人诵稹歌诗而善之；及即位，潭峻归朝，献稹歌诗百余篇。上问“稹安在？”对曰：“今为散郎[5]。”夏，五月，庚戌[6]，以稹为祠部郎中[7]、知制诰[8]；朝论鄙之。会同僚食瓜于阁[9]下，有青蝇集其上，中书舍人武儒衡以扇挥之曰：“适从何来，遽集于此！”同僚皆失色，儒衡意气自若。

庚申[10]，葬神圣章武孝皇帝于景陵[11]；庙号宪宗。

六月，以湖南观察使崔群为吏部侍郎，召对别殿。上曰：“朕升储副[12]，知卿为羽翼。”对曰：“先帝之意，久属圣明，臣何力之有！”

太后居兴庆宫，每朔望[13]，上帅[14]百官诣宫上寿[15]。上性侈，所以奉养太后尤为华靡。

秋，七月，乙巳[16]，以郓、曹、濮节度为天平军[17]。

门下侍郎、同平章事令狐楚坐为山陵使[18]，部吏盗官物，又不给工人佣直[19]，收其钱十五万缗为羡余[20]献之，怨诉盈路，丁卯[21]，罢为宣、歙、池[22]观察使。

八月，癸巳[23]，发神策兵二千浚鱼藻池[24]。

戊戌[25]，以御史中丞崔植[26]为中书侍郎、同平章事。

己亥[27]，再贬令狐楚衡州[28]刺史。

上甫[29]过公除[30]，即事游畋声色，赐与无节[31]。九月，欲以重阳大宴，拾遗李珏[32]帅其同僚上疏曰：“伏以元朔未改[33]，园陵尚新，虽陛下就易月[34]之期，俯从人欲；而《礼经》著三年之制，犹服心丧[35]。遵同轨之会始离京[36]，告远夷[37]之使未复命。遏密弛禁[38]，盖为齐人[39]；合乐后庭[40]，事将未可。”上不听。

戊午[41]，加邠宁[42]节度使李元颜、武宁[43]节度使李愬并同平章事。

冬，十月，王承宗[44]薨；其下秘不发丧，子知感、知信皆在朝，诸将欲取帅于属内诸州。参谋崔燧以承宗祖母凉国夫人[45]命，告谕诸将及亲兵，立承宗之弟观察支使承元[46]。

承元时年二十，将士拜之，承元不受，泣且拜；诸将固请不已，承元曰：“天子遣中使监军，有事当与之议。”及监军至，亦劝之。承元曰：“诸公未忘先德[47]，不以承元年少，欲使之摄军务，承元请尽节[48]以遵忠烈[49]之志，诸公肯从之乎！”众许诺。承元乃视事于都将听事[50]，令左右不得谓己为留后，委事于参佐，密表请朝廷除帅。

庚辰[51]，监军奏承宗疾亟，弟承元权知留后，并以承元表闻。

党项复引吐蕃寇泾州[52]，连营五十里。

辛巳[53]，遣起居舍人柏耆[54]诣镇州[55]宣慰。

壬午[56]，群臣入阁。谏议大夫郑覃[57]、崔郾[58]等五人进言：“陛下宴乐过多，畋游无度。今胡寇压境[59]，忽有急奏，不知乘舆[60]所在。又晨夕与倡优狎昵[61]，赐与过厚。夫金帛皆百姓膏血，非有功不可与。虽内藏[62]有余，愿陛下爱[63]之，万一四方有事，不复使有司重敛百姓。”时久无阁中论事[64]者，上始甚讶[65]之，谓宰相曰：“此辈何人？”对曰：“谏官。”上乃使人慰劳之，曰：“当依卿言。”宰相皆贺，然实不能用也。覃，珣瑜[66]之子也。

上尝谓给事中丁公著曰：“闻外间人多宴乐，此乃时和人安，足用[67]为慰。”公著对曰：“此非佳事，恐渐劳圣虑。”上曰：“何故？”对曰：“自天宝[68]以来，公卿大夫竞为游宴，沈酣昼夜，优杂子女[69]，不愧左右。如此不已[70]，则百职皆废，陛下能无独忧劳乎！愿少加禁止，乃天下之福也。”

（以上为第十一段，写唐穆宗初即位，游畋声色无度。）

【注释】

［1］膳部员外郎：官名。膳部为礼部第三司，掌陵庙祭器、酒膳等事。其正副长官为郎中、员外郎。［2］元稹（799—813）：字微之，著名诗人。早年敢于言事，穆宗时依附宦官而拜相。宪宗元和五年（810）贬江陵士曹。传见《旧唐书》卷一百六十六，《新唐书》卷一百七十四。［3］江陵：府名。治所江陵，在今湖北江陵县。［4］士曹：州郡属官，掌桥梁、舟车、舍宅及百工众艺之事。［5］散郎：员外郎称散郎。［6］庚戌：五月九日。［7］祠部郎中：官名。祠部为礼部第二司，掌祭祀，其长官为祠部郎中。［8］知制诰：官名。本官为中书舍人。唐制，中书舍人六人，一人知制诰，掌起草诏令。开元初，以他官掌诏敕，称兼知制诰。［9］阁：指中书省。武则天曾改中书省为凤阁。故有此称。［10］庚申：五月十九日。［11］景陵：宪宗陵，在今陕西蒲城县。［12］储副：储君，即太子。［13］朔望：阴历初一为朔日，十五为望日。［14］帅：同“率”。［15］上寿：祝酒，颂健康长寿。［16］乙巳：七月五日。［17］天平军：方镇名。元和十四年分淄青节度使置郓曹濮节度使，至是改称天平军。仍治郓州，在今山东东平县西北。［18］山陵使：负责营建皇陵的专使。［19］佣直：工钱。直，同“值”。［20］羡余：常赋之外，搜刮钱财进献天子，名曰羡余。［21］丁卯：七月二十七日。［22］宣、歙、池：皆州名。宣州，治所宣城，在今安徽宣城市宣州区。歙州，治所歙县，在今安徽歙县。池州，治所秋浦，在今安徽池州市贵池区。［23］癸巳：八月二十四日。［24］鱼藻池：禁苑中的池名。［25］戊戌：八月二十九日。［26］崔植（771—829）：字公修，京兆长安（今陕西西安市）人。穆宗时官至宰相。传见《旧唐书》卷一百一十九，《新唐书》卷一百四十二。［27］己亥：八月三十日。［28］衡州：州名。治所衡阳，在今湖南衡阳市。［29］甫：方、始。［30］公除：指除丧服。按礼，子为父

应服丧三年，天子因公早日除服，谓之公除。其具体日期见下“易月”条注。［31］无节：无节制。［32］李珏（784—853）：字待价，文宗时宰相。传见《旧唐书》卷一百七十三，《新唐书》卷一百八十二。［33］元朔未改：元谓年始，朔谓月始，新君即位，当于次年改元。穆宗即位尚未逾年，故曰元朔未改。［34］易月：指天子服丧以日易月。穆宗用汉文帝遗制，“三年之丧，其实二十七月”（见《汉书·文帝纪》注），以日易月，故二十七日公除。［35］心丧：不穿丧服，内心哀悼，谓之心丧。［36］遵同轨之会始离京：谓诸侯会葬京师后方始离开。典出《左传》隐公元年：“天子七月而葬，同轨毕至。”同轨，指华夏同文之国，即诸侯国。［37］告远夷：唐制，国有大丧，遣使宣遗诏于四夷，称为告哀使。［38］遏密弛禁：先帝去世不久即解除致哀的各种禁令。遏密，禁绝。语出《尚书·舜典》：“帝乃殂落，……三载，四海遏密八音。”［39］齐人：齐民、百姓。［40］合乐后庭：即上文所说：“欲以重阳大宴”。后庭，指后宫。［41］戊午：九月十九日。［42］邠宁：方镇名。唐肃宗乾元二年（759）置，治所邠州，在今陕西彬州市。［43］武宁：方镇名。唐德宗贞元十六年（800）置。治所徐州，在今江苏徐州市。［44］王承宗：成德节度使王武俊之孙、王士真之子。父死，继镇成德。传见《旧唐书》卷一百四十二，《新唐书》卷二百一十一。［45］凉国夫人：王武俊之妻。［46］承元：王承元，承宗之弟，兄死，不袭节度，接受朝命镇义成。传见《旧唐书》卷一百四十二，《新唐书》卷一百四十八。［47］先德：祖先之德。指王武俊镇成德时甚有恩惠。［48］尽节：谓效忠天子。据章校，“节”字下有“天子”二字。［49］忠烈：即王武俊，武俊封清河郡王，谥忠烈。据章校，“烈”字下有“王”字。［50］都将听事：即都知兵马使之厅堂。在此办公，谓不敢以留后自居。［51］庚辰：十月十一日。［52］泾州：州名。治所安定，在今甘肃泾川北。［53］辛巳：十月十二日。［54］柏耆：善纵横术，曾游说王承宗而止成德军叛。文宗时官谏议大夫。因争功遭流放爱州，寻赐死。传见《旧唐书》卷一百五十四，《新唐书》卷一百七十五。［55］镇州：即恒州，因避穆宗李恒讳改。［56］壬午：十月十三日。［57］郑覃（？—824）：郑州荥泽（今河南郑州西北）人，官至宰相。党同李德裕。传见《旧唐书》卷一百七十四，《新唐书》卷一百六十五。［58］崔郾（767—836）：字广略，贝州武城（今山东武城县）人。官至浙江西道都团练观察使。传见《旧唐书》卷一百五十五，《新唐书》卷一百六十三。［59］胡寇压境：指吐蕃入寇。［60］乘（shèng）舆：皇帝的车驾，亦指代皇帝。［61］狎昵：戏耍，亲近。［62］内藏（zàng）：宫中府库。［63］爱：爱惜。［64］阁中论事：谏官入阁论事，太宗之制。［65］讶：惊异。［66］珣瑜（737—805）：郑珣瑜，乃郑覃之父，字元伯。德宗朝宰相。顺宗立，郑珣瑜不满王叔文专权，卧家不出，罢为吏部尚书。传见《新唐书》卷一百六十五。［67］用：以。［68］天宝：唐玄宗第三个年号，公元742—756年。［69］优杂子女：谓舞戏时，男女混杂无别，有如猿猴一般。优，同“犹”，猿属。［70］已：止。

癸未[1]，泾州奏吐蕃进营距州三十里，告急求救；以右军中尉梁守谦为左、右神策京西、北行营都监[2]，将兵四千人，并发八镇[3]全军救之；赐将士装钱[4]二万缗。以郯王[5]府长史[6]邵同为太府少卿[7]兼御史中丞，充[8]答吐蕃请和好使[9]。

初，秘书少监[10]田洎入吐蕃为吊祭使[11]，吐蕃请与唐盟于长武城[12]下，洎恐吐蕃留之不得还，唯阿[13]而已。既而吐蕃为党项[14]所引入寇，因以为辞曰："田洎许我将兵赴盟。"于是贬洎郴州[15]司户[16]。

成德军[17]始奏王承宗薨。乙酉[18]，徙田弘正为成德节度使，以王承元为义成节度使，刘悟为昭义[19]节度使，李愬为魏博节度使。又以左金吾将军田布[20]为河阳节度使。

渭州[21]刺史郝玼数出兵袭吐蕃营，所杀甚众。李光颜发邠宁兵救泾州。邠宁兵以神策受赏厚，皆愠[22]曰："人给五十缗而不识战斗者，彼何人邪！常额衣资不得而前冒白刃者，此何人邪！"汹汹[23]不可止。光颜亲为开陈大义以谕之，言与涕俱，然后军士感悦而行。将至泾州，吐蕃惧而退。丙戌[24]，罢神策行营[25]。

西川[26]奏吐蕃寇雅州；辛卯[27]，盐州奏吐蕃营于乌、白池[28]，寻亦皆退。

十一月，癸卯[29]，遣谏议大夫郑覃诣镇州宣慰，赐钱一百万缗以赏将士。王承元既请朝命，诸将及邻道争以故事劝之；承元皆不听。及移镇义成，将士喧哗[30]不受命，承元与柏耆召诸将以诏旨谕之，诸将号哭不从。承元出家财以散之，择其有劳者擢之，谓曰："诸公以先代之故，不欲承元去，此意甚厚。然使承元违天子之诏，其罪大矣。昔李师道之未败也，朝廷尝赦其罪，师道欲行，诸将固留之；其后杀师道者亦诸将也。诸将勿使承元为师道，则幸矣。"因涕泣不自胜，且拜之。十将[31]李寂等十余人固留承元；承元斩以徇，军中乃定。丁未[32]，承元赴滑州[33]。将吏或以镇州器用财货行，承元悉命留之。

（以上为第十二段，写成德留后王承元遵奉朝命。）

【注释】

[1]癸未：十月十四日。[2]都监：官名。亦称都监使，即监军。[3]八镇：左、右神策军分屯近畿，凡八镇：长武、兴平、好畤、普闰、郃阳、良原、定平、奉天。[4]装钱：服装费。[5]郯（tán）王：李经，顺宗子。[6]长史：官名。为诸缘史之长，总管府中事务。

[7]太府少卿：官名。为少府寺长官太府卿之佐，掌财货、禀藏等事。[8]充：出任。[9]答吐蕃请和好使：办理和好吐蕃事务的特派专使。[10]秘书少监：秘书省副长官，掌图籍、修撰。[11]吊祭使：应为告哀使，告吐蕃宪宗崩。《新唐书》卷二百一十六下《吐蕃传下》载："穆宗即位，遣秘书少监田洎往告。"据此，《资治通鉴》误。[12]长武城：城名。在今陕西长武县西北，为吐蕃入侵必由之路。[13]唯阿：应诺声。[14]党项：汉西羌别种。唐时居于古析支地，当今青海东南部海南州、果洛州地区。[15]郴（chēn）州：州名。治所郴县，在今湖南郴州市。[16]司户：州级行政佐吏诸判司之一，掌户口、籍帐、婚姻、田宅、杂徭等事务。[17]成德军：方镇名。唐代宗宝应元年（762）置，治所恒州，在今河北正定县。[18]乙酉：十一月十六日。[19]昭义：方镇名。唐代宗广德元年（763）置相卫节度使，治所相州，在今河南安阳市。大历元年（766）号昭义军，十二年与泽潞节度使合为一镇。德宗建中元年（780）移治潞州，在今山西长治市。[20]田布：田弘正之子，官至魏博节度使，传见《旧唐书》卷一百四十一，《新唐书》卷一百四十八。[21]渭州：州名。治所襄武，在今甘肃陇西县东南。[22]愠：怨怒。[23]汹汹：喧闹，骚动。[24]丙戌：十月十七日。[25]罢神策行营：裁撤中尉梁守谦所领的神策军。[26]西川：方镇名。剑南西川节度使的简称。唐肃宗至德二年（757）置。治所成都，在今四川成都市。[27]辛卯：十月二十二日。[28]乌、白池：乌池、白池。盐池名、地名。在今宁夏盐池县。[29]癸卯：十一月五日。[30]喧哗：哄闹。[31]十将：严衍《通鉴补》"十"改为"牙"。[32]丁未：十一月九日。[33]滑州：州名。治所白马，在今河南滑县东。

上将幸华清宫[1]，戊午[2]，宰相率两省[3]供奉官[4]诣延英门[5]，三上表切[6]谏，且言："如此，臣辈当扈从[7]。"求面对，皆不听。谏官伏门下[8]，至暮，乃退。己未[9]，未明，上自复道出城[10]，幸华清宫，独公主、驸马、中尉、神策六军使帅禁兵千余人扈从，晡时[11]还宫。

十二月，己巳朔[12]，盐州奏：吐蕃千余人围乌、白池。

庚辰[13]，西川奏南诏[14]二万人入界，请讨吐蕃。

癸未[15]，容管奏破黄少卿万余众，拔营栅三十六。时少卿久未平，国子祭酒[16]韩愈[17]上言："臣去年贬岭外[18]，熟知黄家贼事。其贼无城郭可居，依山傍险，自称洞主，寻常亦各营生，急则屯聚相保。比缘[19]邕管经略使多不得人，德既不能绥怀[20]，威又不能临制[21]，侵欺虏缚，以致怨恨；遂攻劫州县，侵暴平人，或复[22]私仇，或贪小利，或聚或散，终亦不能为事[23]。近者征讨本起裴行立、阳旻，此两人者本无远虑深谋，意在邀功求赏。亦缘见贼未屯聚之时，将谓单弱，争献谋计。自用兵以来，已经二年，前后所奏杀获计不下二万余人，傥[24]皆非虚，贼已寻尽。至今贼犹依旧，足明欺罔朝廷。邕、容两管，经此凋弊，杀伤疾疫，十室九空，如此不已[25]，臣恐岭南一道未有宁息之时。自南讨已来，贼徒亦甚伤损，察其情理，厌苦必深。贼所处荒僻，假如尽杀其人，尽得其地，在于国计不为有益。若因改元大庆[26]，赦其罪戾[27]，遣使宣谕，必望风降伏。仍为选择有威信者为经略使，苟处置得宜，自然永无侵叛之事。”上不能用。

（以上为第十三段，写韩愈上奏安抚岭南之策，穆宗不纳。）

【注释】

[1]华清宫：宫名。在今陕西西安市临潼区骊山北麓。[2]戊午：十一月二十日。[3]两省：指中书、门下两省。[4]供奉官：自左右常侍以下，至拾遗、补阙、起居郎、舍人等，皆为供奉官。[5]延英门：即延英殿门。[6]切：恳切。[7]扈从：侍从。[8]伏门下：拜伏在延英殿门下。[9]己未：十一月二十一日。[10]自复道出城：从复道至位于长安城内南端的兴庆宫而出城，以免群臣知而扈从。[11]晡时：申时，下午三点至五点。[12]己巳朔：十二月一日。[13]庚辰：十二月十二日。[14]南诏：古国名。唐时在今云南境内以乌蛮为主体所建立的少数民族地方政权，贞元十年（794）国号南诏。[15]癸未：十二月十五日。[16]国子祭酒：官名。国子监（太学）的主管。[17]韩愈（767—824）：字退之，著名文学家，唐代古文运动领导者。官至吏部侍郎。传见《旧唐书》卷一百六十，《新唐书》卷一百七十六。[18]岭外：即岭南。此指韩愈贬所潮州，在今广东潮州市。[19]比缘：近因。[20]绥怀：安抚关怀。[21]临制：管理控制。[22]复：报复。[23]不能为事：指不能为大患。[24]傥：如果。[25]如此不已：谓继续征讨而不停止。[26]改元大庆：指穆宗即位明年改元，大赦天下。[27]罪戾：罪过。

穆宗睿圣文惠孝皇帝上

长庆元年（辛丑，821年）

春，正月，辛丑[1]，上礼圜丘[2]；赦天下，改元。河北诸道各令均定两税[3]。

门下侍郎、同平章事萧俛，介洁[4]疾恶，为相，重惜官职，少所引拔。西川节度使王播[5]大修贡奉，且以赂结宦官，求为相，段文昌复左右之[6]；诏征播诣京师。俛屡于延英[7]力争，言：“播纤邪[8]，物论[9]沸腾，不可以污台司[10]。”上不听，俛遂辞位。己未[11]，播至京师。壬戌[12]，俛罢为右仆射。俛固辞仆射，二月，癸酉[13]，改吏部尚书。

卢龙[14]节度使刘总[15]既杀其父兄，心常自疑，数见父兄为祟[16]；常于府舍饭僧数百，使昼夜为佛事，每视事退则处其中，或处他室，则惊悸[17]不敢寐。晚年，恐惧尤甚；亦见河南、北皆从化，己卯[18]，奏乞弃官为僧；仍乞赐钱百万缗以赏将士。

上面谕西川节度使王播令归镇，播累表乞留京师。会中书侍郎、同平章事段文昌请退，壬申[19]，以文昌同平章事，充西川节度使；以翰林学士杜元颖[20]为户部侍郎、同平章事；以播为刑部尚书，充盐铁转运使。元颖，淹[21]之六世孙也。

回鹘保义可汗卒。

三月，癸丑[22]，以刘总兼侍中，充天平节度使；以宣武节度使张弘靖为卢龙节度使。

乙卯[23]，以权知[24]京兆尹卢士玫[25]为瀛莫[26]观察使。

丁巳[27]，诏刘总兄弟子侄皆除官，大将僚佐亦宜超擢，百姓给复[28]一年，军士赐钱一百万缗。

戊午[29]，立皇弟憬为鄜王，悦为琼王，惇为沔王，怿为婺王，愔为茂王，怡为光王，协为淄王，憺为衢王，惋为澶王；皇子湛为景王，涵为江王，凑为漳王，溶为安王，瀍为颍王。

刘总奏恳乞为僧，且以其私第为佛寺；诏赐总名大觉，寺名报恩，遣中使以紫僧服及天平节钺[30]、侍中告身并赐之，惟其所择。

诏未至，总已削发为僧，将士欲遮留[31]之，总杀其唱帅[32]者十余人，夜，以印节授留后张玘，遁去；及明，军中始知之。玘奏总不知所在；癸亥[33]，卒于定州之境[34]。

（以上为第十四段，写刘氏割据幽州历三世，至刘聪而灭。）

【注释】

[1]辛丑：正月四日。 [2]圜丘：即天坛，圆形，建于京师南郊。圜，同“圆”。 [3]“河北诸道”句：河北各藩镇此时皆已归顺朝廷，奉图请吏，输租税，故令行两税法。 [4]介洁：耿介高洁。 [5]王播（758—839）：太原（今山西太原）人。累官盐铁转运使，以善赋敛，穆宗、文宗两朝任宰相。传见《旧唐书》卷一百六十九，《新唐书》卷一百六十七。 [6]左右之：指段文

昌在穆宗身边为王播延誉。［7］延英：指延英殿。［8］纤邪：鄙劣邪佞。［9］物论：舆论。［10］台司：宰相之位。［11］己未：正月二十二日。［12］壬戌：正月二十五日。［13］癸酉：二月六日。［14］卢龙：方镇名。唐代宗宝应元年（762）以幽州节度使兼卢龙节度使，治所幽州，在今北京市。［15］刘总：幽州昌平（今北京昌平区）人。卢龙节度使刘济第二子，杀其父兄而自领节度。后弃官为僧死于途中。传见《旧唐书》卷一百四十三，《新唐书》卷二百一十二。［16］祟：鬼神为祸。［17］惊悸：心惊胆战。［18］己卯：二月十二日。［19］壬申：二月五日。［20］杜元颖（768—832）：京兆杜陵（今陕西西安东南）人。唐太宗宰相杜如晦五世孙。穆宗时宰相，文宗时贬循州司马。传见《旧唐书》卷一六三，《新唐书》卷九十六。［21］淹（？—628）：杜淹，杜如晦之叔，杜元颖六世从祖，亦唐太宗朝宰相。杜元颖、杜淹二人传附《杜如晦传》，见《旧唐书》卷六十六，《新唐书》卷九十六。［22］癸丑：三月十七日。［23］乙卯：三月十九日。［24］权知：代理。［25］卢士玫（？—825）：历任京兆少尹、权知京兆尹、瀛莫观察使、太子宾客等。传见《旧唐书》卷一百六十二，《新唐书》卷一百四十七。［26］瀛莫：方镇名。穆宗长庆元年置瀛莫观察使，治所瀛州，在今河北河间市。长庆二年撤销。［27］丁巳：三月二十一日。［28］给复：免除徭役。［29］戊午：三月二十二日。［30］节钺：符节和斧钺。［31］遮留：遮道留行，阻止刘总为僧。［32］唱帅：首唱遮留的诸将。［33］癸亥：三月二十七日。［34］卒于定州之境：刘总祖父刘怦，割据幽州的朱滔的姑母之子，德宗贞元元年（785）朱滔死，刘怦得幽州，历刘怦、刘济、刘总三世，三十六年而灭。定州，州名。治所安喜，在今河北定州市。

翰林学士李德裕[1]，吉甫[2]之子也，以中书舍人李宗闵[3]尝对策讥切[4]其父，恨之。宗闵又与翰林学士元稹争进取有隙。右补阙[5]杨汝士[6]与礼部侍郎[7]钱徽[8]掌贡举，西川节度使段文昌、翰林学士李绅[9]各以书属所善进士[10]于徽；及榜出，文昌、绅所属皆不预[11]，及第者，郑朗[12]，覃之弟；裴撰，度之子；苏巢，宗闵之婿；杨殷士，汝士之弟也。

文昌言于上曰："今岁礼部殊不公，所取进士皆子弟无艺[13]，以关节[14]得之。"上以问诸学士，德裕、稹、绅皆曰："诚如文昌言。"上乃命中书舍人王起[15]等复试[16]。夏，四月，丁丑[17]，诏黜朗等十人，贬徽江州[18]刺史，宗闵剑州[19]刺史，汝士开江[20]令。

或劝徽奏文昌、绅属书[21]，上必悟，徽曰："苟无愧心，得丧一致[22]，奈何奏人私书，岂士君子所为邪！"取而焚之，时人多[23]之。绅，敬玄[24]之曾孙；起，播之弟也。自是德裕、宗闵各分朋党，更相倾轧[25]，垂四十年。

（以上为第十五段，写唐牛宗闵、李德裕党争，史称牛李党争，长庆元年贡举案，此是第一回合。）

【注释】

[1]李德裕（787—850）：字文饶，李吉甫之子，文宗、武宗二朝宰相，后被牛党排挤，贬死崖州。传见《旧唐书》卷一百七十四，《新唐书》卷一百八十。 [2]吉甫（757—814）：李吉甫，字弘宪，赵郡（治今河北赵县）人。宪宗时两度拜相。著有《元和郡县志》。传见《旧唐书》卷一百四十八，《新唐书》卷一百四十六。 [3]李宗闵（？—847）：唐宗室，文宗时宰相。依附宦官，牛党主将。后死于贬所。传见《旧唐书》卷一百七十六，《新唐书》卷一百七十四。 [4]讦切：讽刺指责。宪宗元和三年，李宗闵、牛僧孺应贤良方正科。对策讦切时政，触犯宰相李吉甫，不得重用。由是种下牛李党斗的恶果。事见《资治通鉴》卷二百三十七宪宗元和三年。 [5]补阙：官名。分左右，掌规谏。 [6]杨汝士：文宗时官至刑部尚书。传见《旧唐书》卷一百七十六，《新唐书》卷一百七十五。 [7]礼部侍郎：官名。掌礼仪、祭礼、贡举等事的官员。 [8]钱徽（754—829）：官至华州刺史。传见《旧唐书》卷一百六十八，《新唐书》卷一百七十七。 [9]李绅（？—846）：润州无锡（今江苏无锡市）人。武宗时宰相。传见《旧唐书》卷一百七十三，《新唐书》卷一百八十一。 [10]进士：引荐士人。 [11]不预：不及第，指榜上无名。 [12]郑朗，覃之弟：郑朗（？—857），字有融，宣宗时为相。郑覃，故相郑珣瑜之子，以父荫补弘文校理，长庆元年时任谏议大夫，唐文宗时官至宰相，清正廉直，时人重之。两人同传，见《旧唐书》卷一百七十三，《新唐书》卷一百六十五。 [13]子弟无艺：谓皆公卿子弟，无才能。 [14]关节：指暗中行贿，讲人情。 [15]王起（759—847）：字举之，宰相王播之弟。官至尚书左仆射、山南西道节度使。传见《旧唐书》卷一百六十四，《新唐书》卷一百六十七。 [16]复试：指审查钱徽等所取进士，进行复考。 [17]丁丑：四月十一日。 [18]江州：州名。治所浔阳，在今江西九江市。 [19]剑州：州名。治所普安，在今四川剑阁县。 [20]开江：县名。县治在今重庆市开州区。 [21]属书：托请之信。属，同“嘱”。 [22]得丧一致：得与失均一样。 [23]多：称赞。 [24]敬玄（614—682）：李敬玄，亳州谯（今安徽亳州）人。高宗朝宰相。传见《旧唐书》卷八十一，《新唐书》卷一百零六。 [25]各分朋党，更加倾轧：牛、李各自拉帮结派，交相争斗。按：牛李党争是唐朝后期政治中的一件大事，它虽起源于个人恩怨，却因长期水火不容而致使政局动荡，是加速唐亡的一个重要原因。大体上说，李德裕为相，力主削藩，维护国家统一，抑制宦官，对边患抚剿并用，谋求长期安定，王室几中兴；而牛僧孺、李宗闵借宦官之力居台阁，引纳同党，专事排除异己，姑息幽州节度拥兵自重，对外丧失西蜀扼控吐蕃之要地，几倾王室。故范祖禹说：“牛李之党多小人，德裕之党多君子。”（《困学纪闻》引《唐鉴》卷十九）

丙戌[1]，册[2]回鹘嗣君为登啰羽录没密施句主毗伽崇德可汗。

五月，丙申朔[3]，回鹘遣都督、宰相等五百余人来逆[4]公主。

壬子[5]，盐铁使王播[6]奏：约榷茶额[7]，每百钱加税五十。右拾遗李珏等上疏，以为“榷茶近起贞元多事之际，今天下无虞[8]，所宜宽横敛之目[9]；而更增之，百姓何时当得息肩[10]！”不从。

丙辰[11]，建王恪薨。

癸亥[12]，以太和长公主[13]嫁回鹘。公主，上之妹也。吐蕃闻唐与回鹘婚，六月，辛未[14]，寇青塞堡；盐州刺史李文悦击却之。戊寅[15]，回鹘奏：“以万骑出北庭[16]，万骑出安西[17]，拒吐蕃以迎公主。”

初，刘总奏分所属为三道：以幽、涿、营[18]为一道，请除张弘靖为节度使；平、蓟、妫、檀[19]为一道，请除平卢节度使薛平为节度使；瀛、莫为一道，请除权知京兆尹卢士玫为观察使。

弘靖先在河东，以宽简得众，总与之邻境，闻其风望，以燕人桀骜[20]日久，故举弘靖自代以安辑[21]之。平，嵩[22]之子，知河朔风俗，而尽诚于国，故举之。士玫，则总妻族之亲也。

总又尽择麾下伉健[23]难制者都知兵马使朱克融[24]等送之京师，乞加奖拔，使燕人有慕羡朝廷禄位之志。又献征马万五千匹，然后削发委去[25]。克融，滔[26]之孙也。

是时上方酣宴，不留意天下之务，崔植、杜元颖无远略，不知安危大体，苟欲崇重弘靖，惟割瀛、莫二州，以士玫领之，自余皆统于弘靖。朱克融等久羁旅[27]京师，至假匄[28]衣食，日诣中书求官，植、元颖不之省。及除弘靖幽州，勒克融辈归本军驱使，克融辈皆愤怨。

先是，河北节度[29]使皆亲冒寒暑，与士卒均劳逸。及弘靖至，雍容骄贵，肩舆[30]于万众之中，燕人讶之。弘靖庄默自尊，涉旬乃一出坐决事，宾客将吏罕得闻其言，情意不接，政事多委之幕僚。而所辟判官韦雍[31]辈多年少轻薄之士，嗜酒豪纵，出入传呼甚盛，或夜归烛火满街，皆燕人所不习也。诏以钱百万缗赐将士，弘靖留其二十万缗充军府杂用，雍辈复裁刻[32]军士粮赐，绳之以法，数以反虏诟责[33]吏卒，谓军士曰：“今天下太平，汝曹能挽两石弓，不若识一丁字！”由是军中人人怨怒。

（以上为第十六段，写穆宗游宴，辅臣无远略，丧失抚慰幽州最佳时机，朱克融回镇，乱将再起。）

【注释】

[1]丙戌：四月二十日。[2]册：册封。[3]丙申朔：五月一日。[4]逆：迎。[5]壬子：五月十七日。[6]王播：字明敬，进士及第，历仕德宗、顺宗、宪宗、穆宗、敬宗、文宗六代皇帝，历官监察御史、京兆尹、盐铁转运使、入相官终尚书左仆射同平章事，文宗太和四年卒。播有吏才，交结宦官王守澄，四度领盐铁使，聚财进奉以固其位。传见《旧唐书》卷一六四，《新唐书》卷一六七。[7]约榷茶额：规定征收茶税的税额。[8]无虞：无忧，即太平之意。[9]宽横敛之目：减少横征暴敛的名目。[10]息肩：免除徭役负担，休养生息。[11]丙辰：五月二十一日。[12]癸亥：五月二十八日。[13]太和长公主：宪宗女，传见《新唐书》卷八十三。[14]辛未：六月七日。[15]戊寅：六月十四日。[16]北庭：都护府名。武后长安二年（702）置，治所庭州，在今新疆奇台县西北。[17]安西：都护府名。唐太宗贞观十四年（640）置，初治西州，在今新疆吐鲁番市东。唐高宗显庆三年（658）移治龟兹，在今新疆库车市。[18]幽、涿、营：皆州名。幽州，治所蓟县，在今北京市。涿州，治所范阳，在今河北涿州。营州，治所柳城，在今辽宁朝阳市。[19]平、蓟、妫、檀：皆州名。平州，治所卢龙，在今河北卢龙县。蓟州，治所渔阳，在今天津市蓟州区。妫州，治所清夷军城，在今河北怀来县东南。檀州，治所密云，在今北京市密云区。[20]桀骜：倔强。[21]安辑：安抚。[22]嵩（？—773）：薛嵩，绛州龙门（今山西河津）人，名将薛仁贵之孙。史思明部将，唐代宗初降唐，官至昭义节度使。传见《旧唐书》卷一百二十四，《新唐书》卷一百一十一。[23]伉健：强健。[24]朱克融：穆宗长庆元年十二月任平卢节度使。传见《旧唐书》卷一百八十，《新唐书》卷二百一十二。[25]委去：弃官离去。[26]滔（745—785）：朱滔，幽州昌平（今北京昌平区）人。代宗大历九年（774）为卢龙节度留后，德宗建中三年（782）反叛，僭称冀王。兴元元年（784）兵败，归附朝廷。传见《旧唐书》卷一百四十三，《新唐书》卷二百一十二。[27]羁旅：寄居作客。[28]假匄（gài）：借贷乞求。匄，同“丐”。[29]河北：道名，治所魏州，在今河北大名县东北。[30]肩舆：轿子。[31]韦雍：宪宗宰相韦贯之之子。官至尚书郎、卢龙节度使判官。事附《旧唐书》卷一百八十五《韦贯之传》。[32]裁刻：削减。[33]诟责：辱骂。

【点评】

唐宪宗靖乱，削平藩镇割据，高奏凯歌，又正当英年，当大有作为之时，突发政变，有为之君却死于竖臣之手，唐王室亦由此衰落不振。伴随唐宪宗之死，唐王朝由中唐政治步入了晚唐政治。如何评价宪宗功过，透视当时的各种社会矛盾，这是本卷点评的重点。

一、宪宗之功。宪宗是中唐政治的终结者。中唐时期，从唐玄宗天宝元年（742）起到唐宪宗元和十五年（820）止，共78年，历玄宗后期、肃宗、代宗、德宗、顺宗、宪宗六代皇帝。中唐是唐王朝的乱世，前期是安史之乱，中后期是藩镇割据，与朝廷对立，统一与割据成为压倒一切的主要矛盾。唐宪宗28岁即位，年轻有为，雄心勃勃，有振作朝廷的意愿，也有掌控执政的能力。唐德宗不委政宰相，人间细务，都要亲自过问，宰相备位，实际大权旁落。自贞元十年以后，朝廷威福日削，方镇权重，无视朝廷。宪宗慕唐太宗创业之为人，尊为先圣。从太子监国，以至临御，讫于元和，军国枢机，尽归之于宰相。宪宗所用宰相杜黄裳、武元衡、裴垍、李绛、裴度等，皆一时之选，李吉甫善逢迎，还不是奸佞。后期用皇甫镈，皇甫镈是依附宦官的奸佞小人，但为时不长，未造成大害。宪宗有纳谏的雅量，也多少做了一些改革，因此在政治上出现中兴的新气象，军事上获得了讨伐叛逆的成功，朝廷重新控制了河北三镇，扫平淮西、淄青的割据，全国统一于中央。唐宪宗是安史之乱以来六代帝王中最有为的一代明君，他胜过了肃宗、代宗、德宗、顺宗这些先辈，更超过了晚唐穆宗、敬宗、文宗、武宗、宣宗等后辈。《旧唐书·宪宗本纪》史臣蒋系评价说："中外咸理，纪律再张，果能剪削乱阶，诛除群盗。睿谋英断，近古罕俦，唐室中兴，章武而已。"这个评价是符合实际的。

二、宪宗之过。但是宪宗没有成为中兴之主，唐王朝没有像西汉那样出现昭宣中兴，宪宗死于宦官之手，既是他个人的悲剧，也是唐王朝的悲剧。宪宗死后，不过三年，河朔再失，统一局面丧失，宪宗一朝经过十余年的统一战争成就，顿时化为乌有。主要责任是继任者穆宗、敬宗两代皇帝误国，而祸乱之端也是宪宗一手制造的，这就是宪宗之过。

晚唐政治有三大社会主要矛盾：一是藩镇跋扈，无视中央；二是宦官专政，为祸朝野；三是朋党倾轧，南北司对立。穆宗长庆二年（822），朝廷放弃统一河朔，藩镇与朝廷对立的矛盾退居次要，宦官擅权与朋党倾轧上升为主要的两个矛盾，其中宦官擅权是最主要的矛盾。这两大矛盾都在宪宗朝表面化。宦官之祸不自宪宗始，而宪宗的宠信，强化了宦官之祸的体制，使皇帝的家奴骑在了主子的头上。唐代宦官得势，始于唐玄宗宠信高力士，宦官监军也是唐玄宗开的恶例。肃宗朝的李辅国、程元振，代宗朝的鱼朝恩，都是跋扈一时的大宦官。德宗任用宦官为中尉掌控神策军，宦官掌握了军权。代宗设枢密二人凌驾于宰相之上，出纳章奏与传达诏令，代皇帝立言。宰相的任用，先由皇帝与枢密商量，听取枢密意见。这样，宦官既掌握了军权，又掌握了宰辅的任用之权，于是宦官擅权凌驾在皇权之上。宫中左右枢密与左右神策军中尉被称为"四贵"，是最有权势的宦官。而且从唐代宗时起，节度使多从禁军将领派出，宦官势力从朝内扩大到了地方。唐宪宗忌惮功臣与朝士大夫，而宠信宦官，认为宦官是家奴好控制，他没有削弱宦官权力，反而强化了“四贵”的权力，导致宪宗被宦官弑杀，朝官不敢追问。晚唐宦官掌控皇帝废立，追根溯源，宪宗的前代皇帝有责任，宪宗也难辞其咎。

宪宗讨逆，本可大有为而无大为，则是他刚愎的个性和猜忌心理造成的。唐肃宗平定安史之乱，德宗用兵河朔，都派宦官监军，控制诸将不得自专。用兵将领，战败要承担责任，战胜功归监军，因此消极作战，官军总是在优势状态中打败仗，几乎败坏国事。宪宗讨逆，高崇文平定西川之乱，李愬平定淮西之乱，田弘正平定淄青之乱，都是由宰相掌控大政，撤除监军或削弱监军职权取得的。唐宪宗明明知道这才是用兵的正轨，但他却违众用吐突承璀为统帅，更违众加给吐突承璀诸道行营兵马使、招讨处置使之职，用兵河朔讨王承宗。朝官群起反对，宪宗仍固执己见，用吐突承璀为主帅，只是名义上改为宣慰使。官军动员二十万以上，十倍于叛军，耗费军资七百余万缗，无功而返，使朝廷威信大损为天下笑。唐玄宗逃蜀，马嵬兵变，使以后的各代皇帝错误地吸取教训，猜忌功臣，信用家奴。吐突承璀的失败，严酷的现实给唐宪宗上了一课，他认识到与割据势力做斗争，要想有成就，必须任用李绛等朝官。李绛是一个直臣，与宦官势不两立。用李绛就得抑制宦官。元和五年（810），唐宪宗出吐突承璀为淮南监军，李绛为相，一群直臣得势，朝廷才颇有振作气象。按照李绛的策划，朝廷不用兵而魏博归服。对于李绛的才智，唐宪宗不是重用，反而猜疑，于是元和九年（814），李绛罢相，吐突承璀还朝，重任神策军中尉，宦官势力上升，朝官势力下降。当元和十五年（820），宦官杀唐宪宗，立唐穆宗，朝官不敢过问，开了宦官废立皇帝的先例，从此宦官掌握唐政权，皇帝成了傀儡。唐宪宗以家奴待宦官，任其权力扩张，中尉掌禁军，枢密定宰相，宦官势力尾大不掉，这是唐宪宗施政的最大失败，也是唐宪宗的最大之过。

三、宪宗之短。短与过有别。过是指犯错误，短是指缺失，有局限。唐宪宗刚愎而固执，小气无大量，这是他的短，从而障蔽了他的明识与决断，是以建功不深。史馆修撰李翱上奏宪宗兴文德，即革新政治，提出六条主张：其一，恢复唐高祖、唐太宗之旧制，指武德、贞观年间的善政；其二，用忠直，远邪佞；其三，改税法，以布帛代钱缴纳，减轻民众负担；其四，绝进献，宽百姓租赋；其五，厚边兵，以制戎狄侵盗；其六，访问待制官，以通塞蔽。这些政治主张如果得以施行，唐朝中兴有望。唐宪宗能用忠直，但不远邪佞；唐宪宗尚能纳谏，但用心不专，更信用宦官，唐宪宗在六条中做到了两个半条，取得了显著成绩。其他各条，唐宪宗能做也不做。各道州府进献，实质是变相卖官，这一弊政，皇帝心知肚明，但就是割舍不下。皇帝贪财怎能明？厚边兵，以制戎狄侵盗，在圣明之朝，三尺童子都明白的道理，但是政治腐败，触及既得利益者，这一至关国防的善政，也就推不动了。例如驻京西、京北的神策军，本是加强边防以御回鹘、吐蕃。由于神策军掌握在宦官手中，平时给养优厚，战时不听边将指挥，引起边兵不满，反而削弱了战斗力。边将吃空额，兵不满员，武备废弛。李绛提出，把驻防京西、京北的神策军划归节度使统率。李绛又提出检阅边兵，革除边将吃空额的积弊。如受降城，额定四百名守军，实际只有五十人，武器只有弓一张。这些具体建议，触犯宦官和边将利益，都被唐宪宗搁置。像这样边防要事而只是涉及局部人利益的事唐宪宗都做不到，那涉及全国民生国计的大政，当然就更做不到了。

宪宗无容人之量，为朋党倾轧树立了坏的榜样。朋党比周，就是不分是非，排斥异己。永贞革新，有许多利国利民的善政，唐宪宗统统取消，二王八司马全都一棍子打死。唐宪宗以市井小民报私仇的心态来处置不同政见的朝士，从此开了一个恶例，皇帝用人，当作自己的奴仆，后任皇帝把前任皇帝所用的人看作是前任皇帝的奴仆，不分功过是非，一律排斥。朋党倾轧在宪宗朝方兴未艾。宪宗本意也是忌惮朋党比周，但自己行事却党同伐异，欲要臣属坦坦荡荡，自然是不可能了。

此外，唐宪宗处置沂州兵变，派中使授予兵变头目王弁开州刺史，在半道设伏捕拿，用欺诈手段行法，又滥杀无辜，五人作乱，杀了一千多人。堂堂皇帝，处置一个小州的兵变，采用下流手段，食言不信，受到司马光严厉批评，说唐宪宗开了中兴事业的头，却不能完成中兴的事业，就是由于只追求眼前功利而丢了长远大信的缘故。司马光的批评是中肯的，但没有触及根本。专制帝王不受制衡力的约束，没有几个不食言的，因此我们也就不能苛责古人了。

“性格决定成败”，这句话也适用于唐宪宗。

卷二四二　唐纪五十八

唐穆宗长庆元年至二年（821—822 年）

【起重光赤奋若（辛丑，821 年），七月，尽玄黓摄提格（壬寅，822 年），凡一年有奇】

【大事提要】

本卷记事起公元 821 年，讫公元 822 年，凡一年又六个月。当唐穆宗长庆元年至二年。穆宗李恒继位，河北三镇归服，应是安史之乱以来形势最好的时候，即使是一个中庸之君也可有一番作为。无奈李恒是一个典型的花花太岁，只知吃喝玩乐，即位伊始就游宴无度，放手宦官恣意妄为，逐走贤相裴度，政治急转直下。幽州、成德、相州、瀛州、武宁、宣武接二连三地发生兵变，朱克融据幽州，王庭凑据成德，河北复乱。穆宗发诸镇兵讨成德，虽然起用裴度为招讨使，又有乌重胤、李光颜等当时名将助阵，但由于朝政不肃、宰相庸劣、宦官监军，使得裴度及各镇主将受多方牵制，官军虽然十倍于叛军，以十五万之众讨一万余之叛军，却屡战不胜，屯围逾年，竟无成功，财竭力尽。白居易上奏靖乱良策，穆宗不纳，而是姑息，授节朱克融与王庭凑，各为节度使，朝廷再失河朔，直至灭亡，不能复取。兵部侍郎韩愈宣慰成德，不辱君命。

穆宗睿圣文惠孝皇帝中

长庆元年（辛丑，821 年）

秋，七月，甲辰[1]，韦雍出，逢小将策马冲其前导，雍命曳下，欲于街中杖之。河朔军士不贯[2]受杖，不服。雍以白弘靖，弘靖命军虞候[3]系治之。是夕，士卒连营呼噪作乱，将校不能制，遂入府舍，掠弘靖货财、妇女，囚弘靖于蓟门馆[4]，杀幕僚韦雍、张宗元、崔仲卿、郑埙、都虞候刘操、押牙[5]张抱元。明日，军士稍稍[6]自悔，悉诣馆谢[7]弘靖，请改心事之，凡三请，弘靖不应，军士乃相谓[8]曰："相公无言，是不赦吾曹。军中岂可一日无帅！”乃相与迎旧将朱洄，奉以为留后。洄，克融之父也，时以疾废[9]卧家，自辞老病，请使克融为之；众从之。众以判官张彻长者，不杀。彻骂曰：“汝何敢反，行且[10]族灭！”众共杀之。

壬子[11]，群臣上尊号曰文武孝德皇帝；赦天下。

甲寅[12]，幽州监军奏军乱；丁巳[13]，贬张弘靖为宾客[14]、分司[15]；己未[16]，再贬吉州[17]刺史。庚申[18]，以昭义节度使刘悟为卢龙节度使。悟以朱克融方强，奏请“且授克融节钺[19]，徐图之。”乃复以悟为昭义节度使[20]。

（以上为第一段，写幽州军变起，朱克融据幽州。）

【注释】

[1]甲辰：七月十日。 [2]贯：同“惯”。 [3]军虞候：军法官。唐中叶以后，藩镇皆置都虞候，主不法。 [4]蓟门馆：幽州驿馆。 [5]押牙：藩镇所置亲信武官，出入衙内，与闻军政，可直接统军。主官为都押牙。 [6]稍稍：渐渐。 [7]谢：道歉，请罪。 [8]相谓：相互商议。 [9]疾废：即废疾，神经不健全，或身体残废。 [10]行且：行将，即将。 [11]壬子：七月十八日。 [12]甲寅：七月二十日。 [13]丁巳：七月二十三日。 [14]宾客：官名，即太子宾客。掌侍从规谏，赞相礼仪。 [15]分司：即分司东都，在东都洛阳执行职务。 [16]己未：七月二十五日。 [17]吉州：州名。治所庐陵，在今江西吉安市。 [18]庚申：七月二十六日。[19]且授克融节钺：权宜封拜朱克融为节度使。 [20]乃复以悟为昭义节度使：唐宪宗改授刘悟为卢龙节度使，乃是接管幽州，因朱克融势盛，刘悟不愿赴任，故仍留原任。

辛酉[1]，太和公主[2]发长安[3]。

初，田弘正受诏镇成德，自以久与镇人战，有父兄之仇[4]，乃以魏兵二千从赴镇，因留以自卫，奏请度支供其粮赐[5]。户部侍郎、判度支崔倰[6]，性刚褊[7]，无远虑，以为魏、镇各自有兵，恐开事例，不肯给。弘正四上表，不报；不得已，遣魏兵归。倰，沔之孙也。

弘正厚于骨肉，兄弟子侄在两都[8]者数十人，竞为侈靡，日费约二十万，弘正辇[9]魏、镇之货以供之，相属[10]于道；河北将士颇不平。诏以钱百万缗赐成德军，度支辇运不时[11]至，军士益不悦。

都知兵马使王庭凑[12]，本回鹘阿布思之种也，性果悍阴狡[13]，潜谋作乱，每抉[14]其细故以激怒之，尚以魏兵故，不敢发。及魏兵去，壬戌[15]夜，庭凑结牙兵[16]噪[17]于府署，杀弘正及僚佐、元从[18]将吏并家属三百余人。廷凑自称留后，逼监军宋惟澄奏求节钺。八月，癸巳[19]，惟澄以闻，朝廷震骇。崔倰崔植为再从兄[20]，故时人莫敢言其罪。

初，朝廷易置魏、镇帅臣，左金吾将军杨元卿[21]上言，以为非便，又诣宰相深陈利害；及镇州乱，上赐元卿白玉带。辛未[22]，以元卿为泾原节度使。

瀛莫将士家属多在幽州，壬申[23]，莫州都虞候张良佐潜引朱克融兵入城，刺史吴晖不知所在。

癸酉[24]，王庭凑遣人杀冀州[25]刺史王进岌，分兵据其州。

魏博节度使李愬闻田弘正遇害，素服[26]令将士曰“魏人所以得通圣化，至今安宁富乐者，田公之力也。今镇人不道，辄敢害之，是轻魏以为无人也。诸君受田公恩，宜如何报之？”众皆恸哭。深州[27]刺史牛元翼[28]，成德良将也，愬使以宝剑、玉带遗[29]之，曰：“昔吾先人以此剑立大勋[30]，吾又以之平蔡州，今以授公，努力剪庭凑。”元翼以剑、带徇于军，报曰：“愿尽死！”愬将出兵，会疾作，不果。元翼，赵州人也。

乙亥[31]，起复[32]前泾原节度使田布为魏博节度使，令乘驿[33]之镇。布固辞不获，与妻子宾客诀曰：“吾不还矣！”悉屏[34]去旌节导从[35]而行，未至魏州[36]三十里，被发徒跣[37]，号哭而入，居于垩室[38]；月俸千缗，一无所取，卖旧产，得钱十余万缗，皆以颁士卒，旧将老者兄事之。

丙子[39]，瀛州军乱，执观察使卢士玫及监军僚佐送幽州，囚于客馆。

王庭凑遣其将王立攻深州，不克。

丁丑[40]，诏魏博、横海、昭义、河东、义武[41]诸军各出兵临成德之境，若王庭凑执迷不复，宜即进讨。成德大将王俭[42]等五人谋杀王庭凑，事泄，并部兵三千人皆死。

己卯[43]，以深州刺史牛元翼为深冀节度使。

丁亥[44]，以殿中侍御史[45]温造[46]为起居舍人，充镇州四面诸军宣慰使[47]，历泽潞、河东、魏博、横海、深冀、易定[48]等道，谕以军期。造，大雅[49]之五世孙也。己丑[50]，以裴度为幽、镇两道招抚使[51]。

癸巳[52]，王庭凑引幽州兵围深州。

（以上为第二段，写成德都知兵马使王庭凑杀田弘正叛据镇州。）

【注释】

[1]辛酉：七月二十七日。［2］太和公主：穆宗妹，下嫁回鹘崇德可汗和亲，会昌三年回唐，改封定安长公主。传见《新唐书》卷八十三。［3］发长安：远嫁从长安出发。［4］有父兄之仇：宪宗之世，成德镇叛，田弘正两度出讨，久与镇人战。宪宗元和十一年（816），田弘正讨王承宗，破其兵于南宫，杀二千余人，故与成德镇人有杀父杀兄之仇。事见《资治通鉴》宪宗元和十一年，及两唐书《田弘正传》。［5］度支供其粮赐：唐制，诸镇兵出镜，度支给其衣粮。度支，户部第二司，掌财政。［6］崔倰：字德长，唐玄宗时中书侍郎崔沔之孙，德宗时宰相崔祐甫之子，官至户部侍郎、判度支。田弘正遇害是因为崔倰不提供田弘正魏博亲兵给养，田弘正失亲兵而遇害。崔倰，出为凤翔节度使，以户部尚书致仕。传见《旧唐书》卷一百一十九，《新唐书》卷一百四十二。［7］刚褊：性格刚强，心胸狭窄。［8］两都：西都长安，东都洛阳。［9］辇：以车载运。［10］属（zhǔ）：连接不断。［11］不时：未能及时。［12］王庭凑：回鹘人。曾祖五哥之，骁勇善战，成德节度使王武俊养为子，故冒姓王。王庭凑原为王武俊之孙承元兵马使，后田弘正为成德节度使，庭凑杀弘正，自立为节度使。传见《旧唐书》卷一百四十二，《新唐书》卷二百一十一。［13］果悍阴狡：果敢强悍，阴险狡猾。［14］抉：挑。［15］壬戌：七月二十八日。［16］结牙兵：集结亲兵。［17］噪：呐喊、起哄或鼓噪。［18］元从（zòng）：自始相随从的人员。［19］癸巳：八月三十日。据严衍《通鉴补》校正为“己巳”。己巳，八月六日。［20］再从兄：堂祖父之孙互称再从兄弟。崔倰之祖崔涛，乃崔植之祖崔沔之弟，故倰与植为再从兄弟。时崔植为相，故时人莫敢言崔倰之罪。［21］杨元卿（763—833）：历任泾原、河阳、宣武等节度、观察使。传见《旧唐书》卷一百六十一，《新唐书》卷一百七十一。［22］辛未：八月八日。［23］壬申：八月九日。［24］癸酉：八月十日。［25］冀州：州名。治所信都，在今河北衡水市冀州区。［26］素服：穿着白色丧服。［27］深州：州名。治所陆泽，在今河北深州市西。［28］牛元翼：赵州（今河北赵县）人。原为成德节度使大将，王庭凑叛，穆宗任为深冀节度使，旋为山南东道节度使。传见《旧唐书》卷一百四十八。［29］遗（wèi）：赠送。［30］立大勋：指平朱泚叛乱。［31］乙亥：八月十二日。［32］起复：田布，弘正子，任泾原节度使。弘正遇害，服丧

居家。穆宗召布，解缞拜魏博节度使，故曰起复。［33］驿：指驿车。［34］屏（bǐng）：除去。［35］导从（zóng）：官员出行，前驱者称导，后随者称从。［36］魏州：州名。治所贵乡，在今河北大名县东北。［37］徒跣（xiǎn）：赤脚步行。［38］垩（è）室：白土涂刷之室，守丧居所。［39］丙子：八月十三日。［40］丁丑：八月十四日。［41］义武：方镇名。唐德宗建中三年（782）置，治所定州，在今河北定州市。［42］王俭：严衍《通鉴补》校作"王位"。［43］己卯：八月十六日。［44］丁亥：八月二十四日。［45］殿中侍御史：官名。掌殿廷供奉之仪式及京城之纠察。［46］温造（765—835）：字简舆，官至礼部尚书。传见《旧唐书》卷一百六十五，《新唐书》卷九十一。［47］宣慰使：官名。朝廷所派宣慰巡视战地及军队之使臣。［48］泽潞、深冀、易定：皆方镇名。泽潞即昭义军，领泽、潞、邢、铭、磁五州，故简称泽潞。深冀本成德军所辖二州，成德叛乱，遂置深冀节度使以离析其军。易定即义武军节度使，领易、定、沧三州，故简称易定。［49］大雅：温大雅，字彦弘，太原祁（今山西祁县）人。仕唐高祖、唐太宗二朝，官至礼部尚书。传见《旧唐书》卷六十一，《新唐书》卷九十一。［50］乙丑：八月二十六日。［51］招抚使：官名。朝廷所派掌招抚归顺事宜之使臣。［52］癸巳：八月三十日。

九月，乙巳[1]，相州[2]军乱，杀刺史邢濋。

吐蕃遣其礼部尚书论纳罗来求盟。庚戌[3]，以大理卿[4]刘元鼎为吐蕃会盟使[5]。

壬子[6]，朱克融焚掠易州[7]、涞水、遂城、满城[8]。

自定两税[9]以来，钱日重[10]，物日轻，民所输三倍其初，诏百官议革其弊。户部尚书杨於陵以为："钱者所以权[11]百货，贸迁[12]有无，所宜流散[13]，不应蓄聚。今税百姓钱藏之公府；又，开元中天下铸钱七十余炉[14]，岁入百万，今才十余炉，岁入十五万，又积于商贾之室及流入四夷。又，大历以前淄青、太原、魏博贸易杂用铅铁，岭南杂用金、银、丹砂、象齿，今一用钱[15]。如此，则钱焉得不重，物焉得不轻！今宜使天下输税课[16]者皆用谷、帛，广铸钱而禁滞积[17]及出塞[18]者，则钱日滋矣。"朝廷从之，始令两税皆输布、丝、纩[19]；独盐、酒课用钱。

冬，十月，丙寅[20]，以盐铁转运使、刑部尚书王播为中书侍郎、同平章事，使职如故[21]。播为相，专以承迎为事，未尝言国家安危。

以裴度为镇州四面行营都招讨使[22]。左领军大将军杜叔良，以善事权倖[23]得进；时幽、镇兵势方盛，诸道兵未敢进，上欲功速成，宦官荐叔良，以为深州诸道行营节度使。以牛元翼为成德节度使。

癸酉[24]，命宰相及大臣凡十七人与吐蕃论讷罗盟于城西；遣刘元鼎与讷罗入吐蕃，亦与其宰相以下盟。

乙亥[25]，以沂州刺史王智兴[26]为武宁节度副使。先是，副使皆以文吏为之，上闻智兴有勇略，欲用之于河北，故以是宠之。

丁丑[27]，裴度自将兵出承天军[28]故关[29]以讨王庭凑。

朱克融遣兵寇蔚州[30]。

戊寅[31]，王庭凑遣兵寇蔚州[32]。

己卯[33]，易州刺史柳公济败幽州兵于白石岭，杀千余人。

庚辰[34]，横海军节度使乌重胤奏败成德兵于饶阳[35]。

辛巳[36]，魏博节度使田布将全军三万人讨王庭凑，屯于南宫[37]之南，拔其二栅。

翰林学士元稹与知枢密[38]魏弘简深相结，求为宰相，由是有宠于上，每事咨访焉。稹无怨于裴度，但以度先达[39]重望，恐其复有功大用，妨己进取，故度所奏画军事，多与弘简从中沮坏[40]之。度乃上表极陈其朋比奸蠹[41]之状，以为："逆竖[42]构乱，震惊山东；奸臣[43]作朋，挠败[44]国政。陛下欲扫荡幽、镇，先宜肃清朝廷。何者？为患有大小，议事有先后。河朔逆贼，只乱山东；禁闱[45]奸臣，必乱天下；是则河朔患小，禁闱患大。小者臣与诸将必能剪灭，大者非陛下觉寤[46]制断[47]无以驱除。今文武百寮[48]，中外万品，有心者无不愤惋，有口者无不咨嗟，直[49]以奖用方深，不敢抵触，恐事未行而祸已及，不为国计，且为身谋。臣自兵兴以来，所陈章疏，事皆要切，所奉书诏，多有参差[50]，蒙陛下委付之意不轻，遭奸臣抑损之事不少。臣素与佞倖[51]亦无仇嫌，正以臣前请乘传[52]诣阙，面陈军事，奸臣最所畏惮，恐臣发其过，百计止臣。臣又请与诸军齐进，随便攻讨，奸臣恐臣或有成功，曲加阻碍，逗遛日时；进退皆受羁牵[53]，意见悉遭蔽塞。但欲令臣失所，使臣无成，则天下理乱，山东胜负，悉不顾矣。为臣事君，一至于此！若朝中奸臣尽去，则河朔逆贼不讨自平；若朝中奸臣尚存，则逆贼纵平无益。陛下倘[54]未信臣言，乞出臣表，使百官集议，彼不受责，臣当伏辜[55]。”表三上，上虽不悦，以度大臣，不得已，癸未[56]，以弘简为弓箭库使[57]，稹为工部侍郎。稹虽解翰林，恩遇如故。

宿州[58]刺史李直臣坐赃当死，宦官受其赂，为之请，御史中丞牛僧孺[59]固请诛之。上曰："直臣有才，可惜！"僧孺对曰："彼不才者，无过温衣饱食以足妻子，安足虑！本设法令，所以擒制有才之人。安禄山、朱泚[60]皆才过于人，法不能制者也。"上从之。

横海节度使乌重胤将全军救深州，诸军倚重胤独当幽、镇东南，重胤宿将，知贼未可破，按兵观衅[61]。上怒[62]，以杜叔良为横海节度使，徙重胤为山南西道[63]节度使。

灵武[64]节度使李进诚奏败吐蕃三千骑于大石山[65]下。

十一月，辛酉[66]，淄青节度使薛平奏突将[67]马廷崟作乱，伏诛。时幽、镇兵攻棣州，平遣大将李叔佐将兵救之。刺史王稷[68]供馈稍薄，军士怨怒，宵溃，推廷崟为主，行且收兵至七千余人，径逼青州。城中兵少，不敌，平悉发府库及家财召募，得精兵二千人，逆[69]战，大破之，斩廷崟，其党死者数千人。

横海节度使杜叔良将诸道兵与镇人战，遇敌辄北；镇人知其无勇，常先犯之。十二月，庚午[70]，监军谢良通奏叔良大败于博野[71]，失亡七千余人。叔良脱身还营，丧其旌节。

丁丑[72]，义武节度使陈楚[73]奏败朱克融兵于望都及北平[74]，斩获万余人。

戊寅[75]，以凤翔[76]节度使李光颜为忠武[77]节度使、兼深州行营节度使，代杜叔良。

自宪宗征伐四方，国用已虚，上即位，赏赐左右及宿卫诸军无节，及幽、镇用兵久无功，府藏空竭，势不能支。执政乃议："王庭凑杀田弘正而朱克融全张弘靖，罪有重轻，请赦克融，专讨庭凑。"上从之。乙酉[78]，以朱克融为平卢[79]节度使。

戊子[80]，义武奏破莫州清源[81]等三栅，斩获千余人。

（以上为第三段，写唐穆宗发诸镇兵讨成德，朝政不肃，招讨使裴度受诸多牵制，官军多于贼而屡战不胜。）

【注释】

［1］乙巳：九月十二日。［2］相州：州名。治所安阳，在今河南安阳市。［3］庚戌：九月十七日。［4］大理卿：官名。大理寺内掌刑狱的官署，其正、副长官为大理寺卿、少卿。［5］会盟使：官名。朝廷临时派遣主持会见结盟事宜之专使。［6］壬子：九月十九日。［7］易州：州名。治所易县，在今河北易县。［8］涞水、遂城、满城：皆县名。涞水县治在今河北涞水县。遂城县治在今河北保定市徐水区西。满城县治在今河北保定市满城区西。［9］两税：建中元年（780）杨炎废租庸调制，改行两税法。事见《资治通鉴》卷二百二十六德宗建中元年。［10］钱日重，物日轻：钱一天天增值，布帛谷粮等生活物资一天比一天降价。［11］权：衡量。［12］贸迁：贩运。［13］流散：流通。［14］天下铸钱七十余炉：全国拥有制造铜钱的铸钱炉七十余座。［15］今一用钱：现今专一用铜钱作货币。［16］税课：赋税。［17］禁滞积：禁止囤积铜钱不用于流通。［18］塞：边关。出塞，谓流入夷狄。［19］纩（kuàng）：丝绵。［20］丙寅：十月三日。［21］使职如故：指王播拜相后，原任盐铁转运使，依然如故。［22］招讨使：官名。掌招收讨杀盗贼之事，位在宣抚使之下，制置使之上。四面行营都招讨使，即各路讨伐军的总指挥。［23］权倖：权贵亲幸。倖，同“幸”。［24］癸酉：十月十日。［25］乙亥：十月十二日。［26］王智兴（757—836）：字匡谏，怀州温（今河南温县）人。历仕宪宗、穆宗、文宗三朝，先后任武宁、河中、宣武等节度使。传见《旧唐书》卷一百五十六，《新唐书》卷一百七十二。［27］丁丑：十月十四日。［28］承天军：军镇名。治所在今山西平定县东北。［29］故关：即娘子关，在今山西平定县东北，与河北省交界，历为军事要隘。［30］蔚州：州名。治所灵丘，在今山西灵丘县。［31］戊寅：十月十五日。［32］蔚州：据章校，“蔚州”应作“贝州”。［33］己卯：十月十六日。［34］庚辰：十月十七日。［35］饶阳：县名。县治在今河北饶阳县。［36］辛巳：十月十八日。［37］南宫：县名。县治在今河北南宫市西北。［38］知枢密：官名。即知枢密事，亦称枢密使，掌承受表奏，参与机密，权势很重。以宦者任之。［39］先达：先辈。［40］沮坏：败坏、毁坏。［41］朋比奸蠹：相互勾结，为非作歹。［42］逆竖：指王庭凑、朱克融等。［43］奸臣：指元稹、魏弘简等。［44］挠败：阻挠破坏。［45］禁闱：宫中。［46］觉寤：觉察。［47］制断：专断。［48］寮：同“僚”。［49］直：仅、只。［50］参差：不一致。［51］佞倖：谄媚而成为亲信之人。［52］乘传：乘驿车。［53］羁牵：牵制。［54］傥：同“倘”，倘若。［55］伏辜：甘当受罪。［56］癸未：十月二十日。［57］弓箭库使：官名。掌内廷弓矢，以宦者为之。［58］宿州：州名。治所埇桥，在今安徽宿州市西。［59］牛僧孺（778—847）：字思黯，安定鹑觚（今甘肃灵台县）人。穆宗、文宗两朝宰相。牛李党争牛派首领。传见《旧唐书》卷一百七十二，《新唐书》卷一百七十四。［60］朱泚：朱滔兄，任卢龙节度使，后出镇凤翔，德宗时祸乱京师，一度称帝。事详《资治通鉴》卷二百二十九德宗建中四年。传见《旧唐书》卷二〇〇下，《新唐书》卷二二五中。［61］观衅：窥伺间隙。［62］上怒：据章校，“怒”下有“丙戌”二字。丙戌，十月二十三日。［63］山南西道：方镇名。唐代宗广德元年（763）置，治所梁州，在

今陕西汉中。［64］灵武：方镇名。即朔方节度使，又称灵州、灵盐节度使。唐玄宗开元九年（721）置，治所灵州，在今宁夏灵武市西南。［65］大石山：地名。在今宁夏灵武市。［66］辛酉：十一月二十八日。［67］突将：冲锋陷阵的猛将。［68］王稷：宪宗朝河中节度使王锷之子，官至棣州刺史。（两唐书本传均作德州刺史，《旧唐书·李全略传》作棣州刺史）。传见《旧唐书》卷一百五十一，《新唐书》卷一百七十。［69］逆：迎。［70］庚午：十二月八日。［71］博野：县名。县治在今河北蠡县。［72］丁丑：十二月十五日。［73］陈楚：定州（今河北定州市）人。官至河阳三城节度使。传见《旧唐书》卷一百四十一，《新唐书》卷一百四十八。［74］望都及北平：望都，县治在今河北望都县。北平，县治在今河北顺平县东南。［75］戊寅：十二月十六日。［76］凤翔：方镇名。唐肃宗上元元年（760）置，治所凤翔府，在今陕西宝鸡市凤翔区。［77］忠武：方镇名。唐德宗贞元三年（787）置陈许节度使，治许州，在今河南许昌市。十年（794）赐号忠武军。［78］乙酉：十二月二十三日。［79］平卢：当作卢龙。《旧唐书·穆宗纪》记，乙酉，以幽州都知兵马使朱克融检校右散骑常侍，充幽州卢龙军节度使。［80］戊子：十二月二十七日。［81］清源：地名。在今河北任丘市西南。

二年（壬寅，822年）

春，正月，丁酉[1]，幽州兵陷弓高[2]。先是，弓高守备甚严，有中使[3]夜至，守将不内[4]，旦，乃得入，中使大诟[5]怒。贼谍知之，他日，伪遣人为中使，投[6]夜至城下，守将遽内之；贼众随之，遂陷弓高。又围下博[7]。中书舍人白居易[8]上言，以为："自幽、镇逆命，朝廷征诸道兵，计十七八万，四面攻围，已逾半年，王师无功，贼势犹盛。弓高既陷，粮道不通，下博、深州，饥穷日急。盖由节将太众，其心不齐，莫肯率先，递相顾望。又，朝廷赏罚，近日不行，未立功者或已拜官，已败衄[9]者不闻得罪；既无惩劝，以至迁延[10]，若不改张[11]，必无所望。请令李光颜将诸道劲兵约三四万人从东速进，开弓高粮路[12]，解深、邢重围[13]，与元翼合势。令裴度将太原全军兼招讨旧职，西面压境[14]，观衅而动。若乘虚得便，即令同力翦除；若战胜贼穷，亦许受降纳款[15]。如此，则夹攻以分其力，招谕以动其心，必未及诛夷，自生变故。又请诏光颜选诸道兵精锐者留之，其余不可用者悉遣归本道，自守土疆。盖兵多而不精，岂唯虚费衣粮，兼恐挠败军陈[16]故也。今既只留东、西二帅[17]，请各置都监一人，诸道监军，一时停罢。如此，则众齐令一，必有成功。又，朝廷本用田布，令报父仇，今领全师出界，供给度支[18]，数月已来，都不进讨，非田布固欲如此，抑有其由。闻魏博一军，屡经优赏，兵骄将富，莫肯为用。况其军一月之费，计实钱二十八万缗，若更迁延，将何供给？此尤宜早令退军者也。若两道[19]止共留兵六万，所费无多，既易支持，自然丰足。今事宜日急，其间变故远不可知。苟兵数不抽，军费不减，食既不足，众何以安！不安之中，何事不有！况有司迫于供军，百端敛率[20]，不许即[21]用度交阙[22]，尽许则人心无憀[23]。自古安危皆系于此，伏乞圣虑察而念之。"疏奏，不省。

（以上为第四段，写中书舍人白居易上奏靖乱良策，唐穆宗不纳。）

【注释】

[1]丁酉：正月五日。 [2]弓高：县名。县治在今河北东光县西北。东至沧州一百二十里，西北至深州二百里，为深州后援的军事重镇。弓高陷落，深州孤危。 [3]中使：皇帝宫中派出的宦官使者。 [4]内：同"纳"。 [5]诟（gòu）：辱骂。 [6]投：临、至。 [7]下博：县名。县治在今河北深州市东南。 [8]白居易（771—846）：字乐天，太原（今山西太原）人。著名诗人。历苏、杭二州刺史，太子少傅等，有文集七十五卷传世。传见《旧唐书》卷一百六十六，《新唐书》卷一百一十九。 [9]败衄（nìu）：战败。 [10]迁延：拖延。 [11]改张：即改弦更张。 [12]开弓高粮路：收复弓高，打开救援深州的粮运路线。据章校，"路"下有"合下博诸军"五字。 [13]解深、邢重围："深邢"当作"深州"。 [14]西面压境：指压镇州之境。 [15]纳款：接受投诚。 [16]陈：同"阵"。 [17]东、西二帅：东帅指李光颜，西帅指裴度。 [18]供给度支：军资仰杖于度支。 [19]两道：指裴度所领河东军、李光颜所领横海军。 [20]百端敛率：多方聚敛。 [21]即：则。 [22]交阙：俱缺。 [23]憀（liáo）：依赖、依托。

己亥[1]，度支馈沧州[2]粮车六百乘，至下博，尽为成德军所掠。时诸军匮乏，供军院[3]所运衣粮，往往不得至院，在途为诸军邀夺，其悬军[4]深入者，皆冻馁无所得。

初，田布从其父弘正在魏，善视牙将史宪诚[5]，屡称荐，至右职[6]；及为节度使，遂寄以腹心，以为先锋兵马使，军中精税，悉以委之。宪诚之先，奚人也，世为魏将；魏与幽、镇本相表里，及幽、镇叛，魏人固摇心。布以魏兵讨镇，军于南宫，上屡遣中使督战，而将士骄惰，无斗志，又属[7]大雪，度支馈运不继。布发六州[8]租赋以供军，将士不悦，曰："故事，军出境，皆给朝廷[9]，今尚书[10]刮六州肌肉以奉军，虽尚书瘠[11]已肥国，六州之人何罪乎！"宪诚阴蓄异志，因众心不悦，离间鼓扇之。会有诏分魏博军与李光颜，使救深州，庚子[12]，布军大溃，多归宪诚；布独与中军八千人还魏，壬寅[13]，至魏州。

癸卯[14]，布复召诸将议出兵，诸将益偃蹇[15]，曰："尚书能行河朔旧事[16]，则死生以之；若使复战，则不能也！"布无如之何，叹曰："功不成矣！"即日，作遗表具其状[17]，略曰："臣观众意，终负国恩；臣既无功，敢忘即[18]死。伏愿陛下速救光颜、元翼，不然者，忠臣义士皆为河朔屠害矣！"奉[19]表号哭，拜授幕僚李石，乃入启[20]父灵[21]，抽刀而言曰："上以谢君父，下以示三军。"遂刺心而死。宪诚闻布已死，乃谕其众，遵河北故事[22]。众悦，拥宪诚还魏，奉为留后。戊申[23]，魏州奏布自杀。己酉[24]，以宪诚为魏博节度使。宪诚虽喜得旄钺[25]，外奉朝廷，然内实与幽、镇连结。

庚戌[26]，以德州刺史王日简[27]为横海节度使。日简，本成德牙将也。壬子[28]，贬杜叔良为归州[29]刺史。

王庭凑围牛元翼于深州，官军三面救之[30]，皆以乏粮不能进，虽李光颜亦闭壁自守而已。军士自采薪刍，日给不过陈米一勺。深州围益急，朝廷不得已，二月，甲子[31]，以庭凑为成德节度使，军中将士官爵皆复其旧；以兵部侍郎韩愈为宣慰使。

上之初即位也，两河[32]略定，萧俛、段文昌以为"天下已太平，渐宜消兵，请密诏天下，军镇有兵处，每岁百人之中限八人逃、死。"上方荒宴[33]，不以国事为意，遂可其奏。军士落籍[34]者众，皆聚山泽为盗；及朱克融、王庭凑作乱，一呼而亡卒皆集。诏征诸道兵讨之，诸道兵既少，皆临时召募，乌合之众；又，诸节度既有监军，其领偏军者亦置中使监陈[35]，主将不得专号令，战小胜则飞驿奏捷，自以为功，不胜则迫胁主将，以罪归之；悉择军中骁勇以自卫，遣羸[36]懦者就战，故每战多败。又凡用兵，举动皆自禁中授以方略，朝令夕改，不知所从；不度[37]可否，惟督令速战。中使道路如织，驿马不足，掠行人马以继之，人不敢由驿路行。故虽以诸道十五万之众，裴度元臣宿望[38]，乌重胤、李光颜皆当时名将，讨幽、镇万余之众，屯守逾年，竟无成功，财竭力尽。

崔植、杜元颖为相[39]，皆庸才，无远略。史宪诚既逼杀田布，朝廷不能讨，遂并朱克融、王庭凑以节授之。由是再失河朔，迄于唐亡，不能复取。

朱克融既得旌节，乃出张弘靖及卢士玫。

丙寅[40]，以牛元翼为山南东道节度使，以左神策行营乐寿镇[41]兵马使清河傅良弼[42]为沂州刺史，以瀛州博野镇遏使[43]李寰[44]为忻州[45]刺史。良弼、寰所戍在幽、镇之间，朱克融、王庭凑互加诱胁，良弼、寰不从，各以其众坚壁，贼竟不能取，故赏之。

（以上为第五段，写穆宗姑息，庸臣当道，宦官监军，主将不得专号令，是以官军无功，朝廷再失河朔，直至唐亡，不能复取。）

【注释】

[1]己亥：正月七日。 [2]沧州：州名。治所清池，在今河北沧州市东南。 [3]供军院：穆宗因幽、镇用兵，置南北供军院，供应军队粮饷衣物。其置于行营者，谓之北供军院，度支自南供军院运给之。 [4]悬军：深入敌境之孤军。 [5]史宪诚（？—829）：其祖先奚族人，内徙灵武，为建康（今甘肃高台东南）人。本魏博兵马使，田布死，自立为帅。后徙河东节度使，未及赴任，为军众所杀。传见《旧唐书》卷一百八十一，《新唐书》卷二百一十。 [6]右职：重要职位。 [7]属（zhǔ）：适值。 [8]六州：指魏博镇所辖魏、博、贝、卫、澶、相六州。 [9]皆给朝廷：按唐制，凡镇兵出境，军需皆仰仗朝廷给予。 [10]尚书：指田布，时为检校工部尚书。 [11]瘠：瘦。 [12]庚子：正月八日。 [13]壬寅：正月十日。 [14]癸卯：正月十一日。 [15]偃蹇：骄傲。 [16]河朔旧事：指河朔成德、魏博、卢龙三镇拥兵割据，不听朝命，父死子继，或牙将杀帅自立。 [17]具其状：将情况一一作了陈述。 [18]即：就。 [19]奉：同“捧”。 [20]启：省视。 [21]灵：指灵位。 [22]遵河北故事：即行河朔旧事。 [23]戊申：正月十六日。 [24]己酉：正月十七日。 [25]旄钺：旗帜和斧钺，借指节度使官职。 [26]庚戌：正月十八日。 [27]王日简：原为镇冀牙将，后任代州、德州刺史。杜叔良兵败，遂代杜叔良为横海节度使。赐名李全略。传见《旧唐书》卷一百四十七，《新唐书》卷二百一十三。 [28]壬子：正月二十日。 [29]归州：州名。治所秭归，在今湖北秭归县，旧县城已没入三峡库区。 [30]官军三面救之：裴度以河东军临其西，李光颜以横海诸军营其东，陈楚以易定军逼其北，三面救深州。 [31]甲子：二月二日。 [32]两河：指河南、河北两道，为藩镇割据集中之地，如平卢、

魏博、义昌、成德、卢龙等节度使。［33］荒宴：荒废政事，迷于逸乐。［34］落籍：除去名籍。［35］陈：同“阵”。［36］羸（léi）：瘦弱。［37］度（duó）：考虑。［38］元臣宿望：老臣重望。［39］崔植、杜元颖为相：据章校，“为”上有“王播”二字。［40］丙寅：二月四日。［41］乐寿镇：军镇名。置于深州乐寿县，在今河北献县。［42］傅良弼：字道安，清河（今河北清河县）人。官至横海节度使。事附《新唐书》卷一百四十八。［43］镇遏使：官名。位于节度使之下的军镇长官。［44］李寰：官至夏绥银节度使。事附《新唐书》卷一百四十八。［45］忻州：州名。治所秀容，在今山西忻州。

丙子[1]，赐横海节度使王日简姓名为李全略。

辛巳[2]，中书侍郎、同平章事崔植罢为刑部尚书，以工部侍郎元稹同平章事。

癸未[3]，加李光颜横海节度、沧景观察使，其忠武、深州行营节度如故。以横海节度使李全略为德棣节度使[4]。时朝廷以光颜悬军深入，馈运难通，故割沧景以隶之。

王庭凑虽受旌节，不解深州之围。丙戌[5]，以知制诰东阳冯宿[6]为山南东道节度副使，权知留后，仍遣中使入深州督牛元翼赴镇。裴度亦与幽，镇书，责以大义；朱克融即解围去，王庭凑虽引兵少退，犹守之不去。

元稹怨裴度，欲解其兵柄，故劝上雪廷凑[7]而罢兵。丁亥[8]，以度为司空、东都留守，平章事如故。谏官争上言：“时未偃兵[9]，度有将相全才，不宜置之散地[10]。”上乃命度入朝，然后赴东都。

以灵武节度使李听为河东节度使。初，听为羽林将军，有良马，上为太子，遣左右讽[11]求之，听以职总亲军[12]，不敢献。及河东缺帅，上曰：“李听不与朕马[13]，是必可任。”遂用之。

昭义监军刘承偕恃恩[14]，陵轹[15]节度使刘悟，数众辱之，又纵其下乱法。阴与磁州[16]刺史张汶谋缚悟送阙下，以汶代之；悟知之，讽其军士作乱，杀汶。围承偕，欲杀之，幕僚贾直言入，责悟曰：“公所为如是，欲效李司空[17]邪！此军中安知无如公者[18]，使李司空有知，得无笑公于地下乎！”悟遂谢直言，救免承偕，囚之府舍。

初，上在东宫[19]，闻天下厌苦宪宗用兵，故即位，务优假[20]将卒以求姑息[21]。三月，壬辰[22]，诏："神策六军使及南牙常参武官[23]具由历[24]、功绩，牒送中书，量加奖擢。其诸道大将久次[25]及有功者，悉奏闻，与除官。应天下诸军，各委本道据守旧额，不得辄有减省。"于是商贾、胥吏[26]争赂藩镇，牒补列将而荐之，即升朝籍[27]。奏章委积[28]，士大夫皆扼腕[29]叹息。

武宁节度副使王智兴将军中精兵三千讨幽、镇，节度使崔群忌之，奏请即用智兴节度使，不[30]则召诣阙，除以他官。事未报，智兴亦自疑；会有诏赦王庭凑，诸道皆罢兵；智兴引兵先期入境。群惧，遣使迎劳，且使军士释甲[31]而入；智兴不从。乙巳[32]，引兵直进，徐人开门待之，智兴杀不同己者十余人，乃入府牙，见群及监军，拜伏曰："军众之情，不可如何！"为群及判官、从吏具人马及治装，皆素[33]所办也，遣兵卫从群，至埇桥[34]而返。遂掠盐铁院钱帛，及诸道进奉在汴中者[35]，并商旅之物，皆三分取二。

（以上为第六段，写穆宗昏庸，削裴度之权，又处置失宜，逼反武宁军镇。）

【注释】

[1]丙子：二月十四日。[2]辛巳：二月十九日。[3]癸未：二月二十一日。[4]德棣节度使：方镇名。穆宗长庆元年（821）置德棣观察使。二年二月升为节度使，同年三月罢德棣节度使，复合沧、景二州为横海节度使。[5]丙戌：二月二十四日。[6]冯宿（766—836）：字拱之，婺州东阳（今浙江金华市）人。历工、刑二部侍郎、东川节度使。传见《旧唐书》卷一百六十八，《新唐书》卷一百七十七。[7]雪廷凑：为王庭凑昭雪，不再追究杀田弘正之事。[8]丁亥：二月二十五日。[9]偃兵：息兵。[10]置之散地：使居闲散官职，指以裴度为司空、东都留守。[11]讽：暗示。[12]职总亲军：职务是统领天子禁卫军队。天子亲军有左右羽林军、左右神武军、左右龙武军等六军。[13]李听不与朕马：谓李听忠于职守，不徇私阿谀取容。[14]刘承偕恃恩：指元和十五年（820），宪宗崩，刘承偕等宦官杀左军中尉吐突承璀及其谋立为太子的丰王恽，而拥立穆宗即位，故以功恃恩。[15]陵轹：欺压。[16]磁州：州名，治所滏阳，在今河北磁县。[17]李司空：指李师道，曾加官检校司空。贾直言为其旧属，故仍尊称其官而不呼名。[18]安知无如公者：言李师道叛乱，刘悟倒戈取而代之。今刘悟效李师道所为，昭义军中亦将有倒戈取悟而代之者。[19]上在东宫：指穆宗为太子之时。[20]优假：宽容、宽待。[21]姑息：苟容取安。[22]壬辰：三月一日。据章校，"辰"下有"朔"字。[23]南牙常参武官：有十六卫上将军、大将军、将军。常参，定时入朝。[24]由历：履历。[25]久次：久未升迁。次，

滞留。［26］胥吏：小吏。［27］升朝籍：藩镇列将带朝衔者著录于朝籍。［28］委积：积聚。［29］扼腕：握腕。［30］不：同“否”。［31］释甲：解甲、不带武器。［32］乙巳：三月十四日。［33］素：平时。［34］埇桥：桥名、地名。在今安徽宿州。唐于此地置盐铁巡院，缉捕私盐。［35］诸道进奉在汴中者：谓停在汴河中的装载诸道进奉给朝廷的物品的船只。

丙午[1]，加朱克融、王庭凑检校工部尚书。上闻其解深州之围，故褒之，然庭凑之兵实犹在深州城下。

韩愈既行，众皆危之；诏愈至境更观事势，勿遽入，愈曰：“止，君之仁；死，臣之义。”遂往。至镇，庭凑拔刃弦弓[2]以逆之，及馆，甲士罗[3]于庭。庭凑言曰：“所以纷纷[4]者，乃此曹所为，非庭凑心。”愈厉声曰：“天子以尚书[5]有将帅材，故赐之节钺，不知尚书乃不能与健儿[6]语邪！”甲士前曰：“先太师[7]为国击走朱滔，血衣犹在，此军何负朝廷，乃以为贼乎！”愈曰：“汝曹尚能记先太师则善矣。夫逆顺之为祸福岂远邪！自禄山、思明以来，至元济[8]、师道，其子孙有今尚存仕宦者乎！田令公[9]以魏博归朝廷，子孙虽在孩提，皆为美官；王承元以此军归朝廷，弱冠[10]为节度使；刘悟、李祐[11]，今皆为节度使；汝曹亦闻之乎！”庭凑恐众心动，麾之使出；谓愈曰：“侍郎[12]来，欲使庭凑何为？”愈曰：“神策六军之将如牛元翼者不少，但朝廷顾大体，不可弃之耳！尚书何为围之不置[13]？”庭凑曰：“即当出之。”因与愈宴，礼而归之。未几，牛元翼将十骑突围出，深州大将臧平等举城降，庭凑责其久坚守，杀平等将吏百八十余人。

戊申[14]，裴度至长安，见上，谢讨贼无功。先是，上诏刘悟送刘承偕诣京师，悟托以军情，不时奉诏。上问度：“宜如何处置？”度对曰：“承偕在昭义，骄纵不法，臣尽知之，悟在行营与臣书，具论其事。时有中使赵弘亮在军中，持悟书去，云‘欲自奏之’，不知尝奏不？”上曰：“朕殊不知也，且悟大臣，何不自奏！”对曰：“悟武臣，不知事体。然今事状籍籍[15]如此，臣等面论，陛下犹不能决，况悟当日单辞[16]，岂能动圣听哉！”上曰：“前事勿论，直言此时如何处置？”对曰：“陛下必欲收天下心，止应下半纸诏书，具陈承偕骄纵之罪，令悟集将士斩之，则藩镇之臣，孰不思为陛下效死！非独悟也。”上俛首良久[17]，曰：“朕不惜承偕，然太后以为养子，今兹囚縶[18]，太后尚未知之，况杀之乎！卿更思其次。”度乃与王播等奏请“流承偕于远州，必得出。”上从之。后月余，悟乃释承偕。

李光颜所将兵闻当留沧景[19]，皆大呼西走[20]，光颜不能制，因惊惧成疾。己酉[21]，上表固辞横海节，乞归许州[22]；许之。

壬子[23]，以裴度为淮南[24]节度使，余如故[25]。

加刘悟检校司徒，余如故。自是悟浸[26]骄，欲效河北三镇[27]，招聚不逞[28]，章表多不逊。

裴度之讨幽、镇也，回鹘请以兵从；朝议以为不可，遣中使止之。回鹘遣其臣李义节将三千人已至丰州[29]北，却之，不从；诏发缯帛七万匹以赐之，甲寅[30]，始还。

王智兴遣轻兵二千袭濠州[31]；丙辰[32]，刺史侯弘度弃城奔寿州[33]。

言事者皆谓裴度不宜出外，上亦自重之。戊午[34]，制留度辅政；以中书侍郎、同平章事王播同平章事，代度镇淮南，仍兼诸道盐铁转运使。

李寰帅其众三千出博野，王庭凑遣兵追之；寰与战，杀三百余人，庭凑兵乃还，余众二千犹固守博野。

朝廷以新罢兵，力不能讨徐州，己未[35]，以王智兴为武宁节度使。

复以德棣节度使李全略为横海节度使。

夏，四月，辛酉朔[36]，日有食[37]之。

甲戌[38]，以傅良弼、李寰为神策都知兵马使。

（以上为第七段，写韩愈宣抚成德，不辱君命，裴度再被任用为宰相。）

【注释】

[1]丙午：三月十五日。 [2]弦弓：张弓、拉弓。弦，用如动词。 [3]罗：罗列、排列。 [4]纷纷：扰乱不安。 [5]尚书：指王庭凑，加官检校工部尚书。 [6]健儿：指士卒。 [7]先太师：指王武俊。王武俊任成德节度使，死后赠太师。其击朱滔事见《资治通鉴》卷二百三十一德宗兴元元六年。 [8]元济（782—817）：吴元济，沧州清池（今河北沧县东南）人，淮西节度使吴少阳之子。父死，袭位未准，叛乱。后被李愬所擒，斩于京师。传见《旧唐书》卷一百四十五，《新

唐书》卷二百一十四。［9］田令公：即田弘正，加官中书令，故称。［10］弱冠：《礼记·典礼上》云，二十曰弱，冠。后泛指年少。王承元十八岁为义成节度使，故曰弱冠。［11］李祐：字庆之。本吴元济部将，为李愬擒获，遂为李愬谋划，竟破蔡。以功授夏绥银宥节度使。传见《旧唐书》卷一百六十一，《新唐书》卷二百一十四。［12］侍郎：韩愈时为兵部侍郎，故称。［13］围之不置：谓不解深州之围。不置，指不解围。［14］戊申：三月十七日。［15］籍籍：纷乱。［16］单辞：单方面的言辞。［17］俛首良久：低头想了很久。俛，同“俯”。［18］囚縶：拘系囚禁。［19］沧景：方镇名。即横海节度使，唐德宗贞元三年（787）置。治所沧州，在今河北沧县东南。唐文宗太和五年（831）号义昌军。［20］西走：指西归许州。［21］己酉：三月十八日。［22］乞归许州：许州，治所长社，又为忠武军治所，在今河南许昌市。李光颜本忠武帅，因军心思许，故乞归之。［23］壬子：三月二十一日。［24］淮南：方镇名。唐肃宗至德六年（756）置，治所扬州，在今江苏扬州市。［25］余如故：即原任官职如故。［26］浸（jìn）：渐渐。［27］河北三镇：即黄河以北的成德、魏博、卢龙三镇。［28］不逞：指不逞之徒。［29］丰州：州名。治所九原，在今内蒙古五原县南。［30］甲寅：三月二十三日。［31］濠州：州名。治所钟离，在今安徽凤阳县东北。［32］丙辰：三月二十五日。［33］寿州：州名。治所寿春，在今安徽寿县。［34］戊午：三月二十七日。［35］己未：三月二十八日。［36］辛酉朔：四月一日。［37］食：同“蚀”。［38］甲戌：四月十四日。

户部侍郎、判度支张平叔上言：“官自粜盐，可以获利一倍；”又请“令所由[1]将盐就村粜易”；又乞“令宰相领盐铁使”；又请“以粜盐多少为刺史、县令殿最[2]”；又乞“检责所在实户，据口团保[3]，给一年盐，使其四季输价[4]”；又“行此策后，富商大贾或行财贿，邀截[5]喧诉[6]，其为首者所在杖杀，连状人[7]皆杖脊”。诏百官议其可否。

兵部侍郎韩愈上言，以为：“城郭之外，少有见[8]钱籴盐，多用杂物贸易。盐商则无物不取，或赊贷徐还，用此取济，两得利便。今令吏人坐铺[9]自粜，非得见钱，必不敢受。如此，贫者无从得盐，自然坐失常课[10]，如何更有倍利！又若令人吏将[11]盐家至而户粜[12]，必索百姓供应[13]，骚扰极多。又，刺史、县令职在分忧[14]，岂可惟以盐利多少为之升黜，不复考其理行[15]！又，贫家食盐至少，或有淡食动经旬月，若据户给盐，依时征价，官吏畏罪，必用威刑，臣恐因此所在不安，此尤不可之大者也。”

中书舍人韦处厚[16]议，以为：“宰相处论道[17]之地，杂以鹾[18]

务，实非所宜。窦参、皇甫镈[19]皆以钱谷为相，名利难兼，卒蹈祸败。又欲以重法禁人喧诉[20]，夫强人之所不能，事必不立；禁人之所必犯，法必不行矣。”事遂寝。

平叔又奏征远年逋欠[21]。江州刺史李渤上言：“度支征当州[22]贞元二年逃户所欠钱四千余缗，当州今岁旱灾，田损什九。陛下奈何于大旱中征三十六年前逋负！”诏悉免之。

（以上为第八段，写唐穆宗罢盐铁专卖和三十六年前欠赋。）

【注释】

［1］所由：主管物资的官吏。事必经由其手，故称所由。［2］殿最：考核政绩的等次，第一为最，倒数第一为殿。［3］团保：犹如实行商鞅什伍之法，使邻户相聚为团，互相保识。［4］输价：交纳价款。［5］邀截：阻拦。［6］喧诉：喊冤申诉。［7］连状人：连名告状者。［8］见（xiàn）：同“现”。［9］坐铺：设置门市，陈物而卖，谓之坐铺。［10］常课：正常税额。［11］将：携、带领。［12］户粜：按户摊派，强行推销。［13］供应：百姓各供其物以应官吏所需。［14］分忧：谓置官治民，其职就是抚养百姓以分担人君忧民之责。［15］理行：治绩。［16］韦处厚（772—828）：字德载，京兆（今陕西西安）人。文宗时任宰相，封灵昌郡公。撰《德宗实录》五十卷、《六经法言》二十卷。传见《旧唐书》卷一百五十九，《新唐书》卷一百四十二。［17］论道：语出《尚书·周官》，“三公论道经邦”。［18］鹾（cuó）：盐。［19］窦参、皇甫镈：唐代两名聚敛大臣。［20］以重法禁人喧诉：用严刑禁止聚众申诉。重法，指为首者用刑杖打死，连名者打背脊。［21］逋欠：逋负、拖欠。［22］当州：刺史称所守之州为当州，即本州。

邕州[1]人不乐属容管，刺史李元宗以吏人状授御史，使奏之。容管经略使严公素闻之，遣吏按元宗擅以罗阳县[2]归蛮酋黄少度。五月，壬寅[3]，元宗将兵百人并州印奔黄洞[4]。

王庭凑之围牛元翼也，和王[5]傅于方[6]欲以奇策干进[7]，言于元稹，请“遣客王昭、于友明间说贼党，使出元翼。仍[8]赂兵、吏部令史[9]伪出告身[10]二十通[11]，令以便宜给赐。”稹皆然之。有李赏者，知其谋，乃告裴度，云方为稹结客刺度，度隐而不发。赏诣左神策告其事。丁巳[12]，诏左仆射韩皋[13]等鞫[14]之。

戊午[15]，幽州节度使朱克融进马万匹，羊十万口，而表云先请其直充犒赏。

三司[16]按于方刺裴度事，皆无验。六月，甲子[17]，度及元稹皆罢相，度为右仆射，稹为同州[18]刺史；以兵部尚书李逢吉[19]为门下侍郎、同平章事。

党项寇灵州[20]、渭北，掠官马。

谏官上言："裴度无罪，不当免相。元稹与于方为邪谋，责之太轻。"上不得已，壬申[21]，削稹长春宫使[22]。

吐蕃寇灵武。

庚辰[23]，盐州奏党项都督拔跋万诚[24]请降。

壬午[25]，吐蕃寇盐州。

戊子[26]，复置邕管经略使。

初，张弘靖为宣武节度使，屡赏以悦军士，府库虚竭。李愿[27]继之，性奢侈，赏劳既薄于弘靖时，又峻威刑，军士不悦。愿以其妻弟窦瑗典宿直兵[28]，瑗骄贪；军中恶之。牙将李臣则等作乱，秋，七月，壬辰[29]夜，即帐中斩瑗头，因大呼，府中响应。愿与一子逾城奔郑州[30]。乱兵杀其妻，推都押牙李㝏为留后。

丙申[31]，宋王[32]结薨。

戊戌[33]，宣武监军奏军乱。庚子[34]，李㝏自奏已权知留后。

乙巳[35]，诏三省官[36]与宰相议汴州事[37]，皆以为宜如河北故事，授李㝏节。李逢吉曰："河北之事，盖非获已。今若并汴州弃之，则是江、淮以南皆非国家有也。"杜元颖、张平叔争之曰："奈何惜数尺之节，不爱一方之死乎！"议未决，会宋、亳、颍三州[38]各上奏，请别命帅。上大喜，以逢吉议为然，遣中使诣三州宣慰。逢吉因请"以将军征㝏入朝，以义成节度使韩充[39]镇宣武。充，弘之弟，素宽厚得众心。脱[40]㝏旅拒[41]，则命徐、许两军[42]攻其左右而滑军[43]蹙[44]其北，充必得入矣。"上皆从之。

丙午[45]，贬李愿为随州[46]刺史，以韩充为宣武节度兼义成节度使。征李㝏为右金吾将军，㝏不奉诏。宋州刺史高承简[47]斩其使者，㝏遣兵二千攻之，陷宁陵、襄邑[48]。宋州有三城，贼已陷其南城，承简保北二城，与贼十余战。癸丑[49]，忠武节度使李光颜将兵二万五千讨李㝏，屯尉氏[50]。兖海[51]节度使曹华闻岕作乱，不俟诏，即发兵讨之。岕遣兵三千人攻宋州，适至城下，丙辰[52]，华逆击，破之。丁巳[53]，李光颜败宣武兵于尉氏，斩获二千余人。

八月，辛酉[54]，大理卿刘元鼎自吐蕃还。

甲子[55]，韩充入汴境，军于千塔[56]。武宁节度使王智兴与高承简共破宣武兵，斩首千余级，余从遁去。壬申[57]，韩充败宣武兵于郭桥[58]，斩首千余级，进军万胜[59]。

初，李岕既为留后，以都知兵马使李质为腹心；及岕除将军，不奉诏，质屡谏不听。会岕疽发于首，遣李臣则等将兵拒李光颜于尉氏。既而官军四集，后屡败，岕疾甚，悉以军事属李质[60]，卧于家。丙子[61]，质与监军姚文寿擒岕，杀之；诈为岕牒，追臣则等，至，皆斩之；执岕四子送京师。

韩充未至，质权知军务，时牙兵三千人，日给酒食，物力不能支。质曰："若韩公始至而罢之，则人情大去矣！不可留此弊以遗吾帅。"既命罢给而后迎充。丁丑[62]，充入汴。

癸未[63]，以韩充专为宣武节度使，以曹华为义成节度使，高承简为兖、海、沂、密节度使，加李光颜兼侍中，以李质为右金吾将军。

韩充既视事，人心粗定，乃密籍[64]军中为恶者千余人，一朝，并父母妻子悉逐之，曰："敢少[65]留境内者斩。"于是军政大治。

九月，戊子朔[66]，浙西[67]观察使京兆窦易直[68]奏大将王国清作乱，伏诛。初，易直闻汴州乱而惧，欲散金帛以赏军士，或曰："赏之无名，恐益生疑。"乃止。而外已有知之者，故国清作乱；易直讨擒之，并杀其党二百余人。

德州刺史王稷，承父锷[69]余赀[70]，家富厚；横海节度使李景略[71]利其财，丙申[72]，密教军士杀稷，屠其家，纳其女为妾，以军乱闻。

朝廷之讨李岕也，遣司门郎中[73]韦文恪宣慰魏博，史宪诚表请授岕旌节，又于黎阳[74]筑马头[75]，为渡河之势，见文恪，辞礼倨慢[76]；及闻岕死，辞礼顿[77]恭，曰："宪诚，胡人，譬如狗，虽被捶击，终不离主耳。"

冬，十一月，庚午[78]，皇太后幸华清宫。辛未[79]，上自复道幸华清宫，遂畋于骊山[80]，即日还宫。太后数日乃返。

丙子[81]，集王[82]缃薨。

庚辰[83]，上与宦者击球[84]于禁中，有宦者坠马，上惊，因得风疾，不能履地[85]，自是人不闻上起居；宰相屡乞入见，不报。裴度三上疏请立太子，且请入见。十二月，辛卯[86]，上见群臣于紫宸殿，御大绳床[87]，悉去左右卫官，独宦者十余人侍侧，人情稍安。李逢吉进言："景王[88]已长，请立为太子。"裴度请速下诏，副[89]天下望。既而[90]两省官亦继有请立太子者。癸巳[91]，诏立景王湛为皇太子。上疾浸瘳[92]。

是岁，初行《宣明历》[93]

（以上为第九段，写宣武兵变被韩充抚定。穆宗册立景王李湛为太子。）

【注释】

[1]邕州：州名。治所宣化，在今广西南宁市南。亦为邕管治所，邕管罢置，隶属容管。[2]罗阳县：县名。当在安南都护府西原州，今广西大新县西北。本为黄洞蛮之地，元和中裴行立攻黄洞蛮得之。[3]壬寅：五月十二日。[4]黄洞：地名。黄洞蛮所居，在罗阳县。[5]和王：李绮，唐顺宗第十一子，太和七年（833）薨。传见《旧唐书》卷一百五十，《新唐书》卷八十二。[6]于方：宪宗宰相于頔之子。事附《旧唐书》卷一百五十六，《新唐书》卷一百七十二《于頔传》。[7]干进：谋求晋升。[8]仍：乃。[9]令史：原为低级办事人员，属流外官。[10]伪出告身：伪造文武官的委任状告身。文官告身，贿赂吏部令史作伪；武官告身，贿赂兵部令史作伪。[11]通：份。[12]丁巳：五月二十七日。[13]韩皋（745—824）：字仲闻，京兆长安（今陕西西安）人。历官兵部侍郎、京兆尹、忠武节度使、吏部尚书、尚书左仆射。传见《旧唐书》卷一百二十九，《新唐书》卷一百二十六。[14]鞫（jū）：查问。[15]戊午：五月二十八日。[16]三司：唐以御史大夫、中书、门下为三司，主刑狱。[17]甲子：六月五日。[18]同州：州名。治所冯翊，在今陕西大荔县。[19]李逢吉（759—824）：宪宗、穆宗两朝宰相。传见《旧唐书》卷一百六十七，《新唐书》卷一百七十四。[20]灵州：州名。治所回乐，在今宁夏灵武市西南。[21]壬申：六月十三日。[22]长春宫使：官名。宫观使多为大臣兼领，亦安置闲散或降黜官员。长春宫在今陕西大荔朝邑镇西北。元稹出刺同州兼之，今削。[23]庚辰：六月二十一日。[24]拔跋万诚：人名。"拔跋"当作"拓跋"。[25]壬午：六月二十三日。[26]戊子：六月二十九日。[27]李愿（？—825）：洮州临潭（今甘肃临潭）人。名将李晟之子，李愬、李听之兄。官至河中节度使。传见《旧唐书》卷一百三十三，《新唐书》卷一百五十四。[28]宿直兵：即帐中兵、亲兵。[29]壬辰：七月四日。[30]郑州：州名。治所管城，在今

河南郑州市。［31］丙申：七月八日。［32］宋王：李结，唐顺宗第九子，贞元二十一年（805）封。传见《旧唐书》卷一百五十，《新唐书》卷八十二。［33］戊戌：七月十日。［34］庚子：七月十二日。［35］乙巳：七月十七日。［36］三省官：指中书、门下、尚书三省自拾遗、补阙、舍人、丞、郎以上官员。［37］议汴州事：讨论宣武节度使都押牙李㝏为留后事。［38］宋、亳、颍三州：宋州治所宋城，在今河南商丘市南。亳州治所谯县，在今安徽亳州市。颍州治所汝阴，在今安徽阜阳市。据章校，"州"下有"刺史"二字。［39］韩充（769—824）：滑州匡城（今河南封丘东北）人。历官鄜坊、义成、宣武等节度使。传见《旧唐书》卷一百五十六，《新唐书》卷一百五十八。［40］脱：倘若。［41］旅拒：不从。［42］徐、许两军：即武宁、忠武两镇之兵。［43］滑军：即义成节度之军。［44］蹙：迫近。［45］丙午：七月十八日。［46］随州：州名。治所随县，在今湖北随州市。［47］高承简：邠宁节度使高崇文之子，历任兖海、义成、邠宁等节度使。传见《旧唐书》卷一百五十一，《新唐书》卷一百七十。［48］宁陵、襄邑：皆县名。宁陵县治在今河南宁陵。襄邑县治在今河南睢县。［49］癸丑：七月二十五日。［50］尉氏：县名。县治在今河南尉氏县。［51］兖海：方镇名。唐宪宗元和十四年（819）置，治所兖州，在今山东济宁市兖州区。［52］丙辰：七月二十八日。［53］丁巳：七月二十九日。［54］辛酉：八月三日。［55］甲子：八月六日。［56］千塔：地名。当在今河南开封市北。［57］壬申：八月十四日。［58］郭桥：镇名。属祥符县，在今河南开封市北。［59］万胜：镇名。属中牟县，在今河南中牟县北。［60］李质（？—823）：本宣武军牙将，官至金吾将军。事附两唐书《韩充传》。［61］丙子：八月十八日。［62］丁丑：八月十九日。［63］癸未：八月二十五日。［64］密籍：暗中访察登记。［65］少：稍。［66］戊子朔：九月一日。［67］浙西：方镇名。即浙江西道的简称，唐肃宗乾元元年（758）置，治所润州，在今江苏镇江市。［68］窦易直（？—833）：字宗玄，京兆始平（今陕西兴平）人。官至宰相，封晋阳郡公。传见《旧唐书》卷一百六十七，《新唐书》卷一百五十一。［69］锷（739—815）：王锷，字昆吾，自言太原（今山西太原）人。官至河中、河东等节度使。传见《旧唐书》卷一百五十一，《新唐书》卷一百七十。［70］赀：同"资"，资财。［71］李景略：当作李全略，即王日简。［72］丙申：九月九日。［73］司门郎中：官名。刑部第四司长官，掌天下诸门及关之出入往来。［74］黎阳：即黎阳津，为魏博至宣武途经的黄河渡口，在今河南浚县东南古黄河上。［75］马头：即码头。［76］辞礼倨慢：言谈与礼仪十分倨傲简慢。［77］顿：顿时、立刻。［78］庚午：十一月十四日。［79］辛未：十一月十五日。［80］骊山：山名。在今陕西西安市临潼区东南。［81］丙子：十一月二十日。［82］集王：李缃，唐顺宗子，贞元二十一年（805）封。传见《旧唐书》卷一百五十，《新唐书》卷八十二。［83］庚辰：十一月二十四日。［84］球：古代足球。［85］不能履地：瘫痪在床，不能下地。履，鞋，此作动词用，踩踏、站立。［86］辛卯：十二月五日。［87］绳床：一种可折叠的轻便坐具。其座以横木列孔，穿绳成平面，使之可坐，故称绳床。因其足相交，而从胡人中传入，故亦名交床、交椅、胡床。［88］景王：李湛，唐穆宗长子。长庆元年（821）封景王，穆宗崩，即位，是为敬宗。敬宗纪见《旧唐书》卷十七，《新唐书》卷八。［89］副：符合。［90］既而：一会儿。据章校，“既”上有“上无言”三字。“上无言”三字后应施句号，属上句。［91］癸巳：十二月七日。［92］浸瘳（chōu）：逐渐好转。［93］宣明历：唐朝历法之一。依据开元中僧一行所作《大衍历》增减而成。从穆宗长庆三年至僖宗，皆遵用之。

【点评】

本卷点评河朔再失、白居易上奏靖乱良策、韩愈宣慰成德。

一、河朔再失。唐穆宗李恒昏庸懦弱，只知游乐嬉戏，根本不懂治国为何物。穆宗是依靠大宦官王守澄发动宫廷政变上的台，甘心做傀儡。宦官势力抬头，以裴度为首的耿直派朝官受到压迫。见风使舵的朝官则投靠宦官来争权。中唐著名诗人元稹，宪宗朝进士，元和五年贬为江陵士曹，于是得以与监军崔潭峻交结，他写的诗歌为穆宗所称善。崔潭峻归朝，向穆宗献元稹诗百余首，元稹因之得官为祠部郎中知制诰。元稹走宦官门路，被朝官们鄙视。有一次同僚相聚吃瓜，有苍蝇飞来，中书舍人武儒衡挥扇驱蝇，随口指桑骂槐说：“这东西从哪里来的，也到此凑热闹。”朝官们把依附宦官的朝官视作苍蝇，双方积怨很深，把个人斗气凌驾于国家大政之上。河北战事重起，元稹帮助宦官破坏裴度对叛镇的用兵计划，穆宗长庆二年（822），河北战事结束，官军无功，裴度被宦官排挤出朝，元稹入相，达到个人的目的，朝廷却丢掉了河北三镇。

河北战事重启，起于成德节度使王承宗之死，朝廷错误调防节度，引起战乱。元和十五年（820）宪宗死，穆宗立，新君威望不孚。河北三镇，骄兵悍将，不听朝廷号令，积习日久。三镇归顺以后，朝廷应慎择主将以便控驭。元和十五年十月，成德节度使王承宗死，朝廷趁此调换节度，以王承宗之弟王承元为义成节度使，徙义成节度使刘悟为昭义节度使，徙昭义节度使李愬为魏博节度使，徙魏博节度使田弘正为成德节度使。朝廷调换节度使，目的有二：一是不让王承元留在成德，杜绝世袭，二是各镇换帅避免兵将长期结合形成一体的割据势力。初衷是好的，也显示朝廷的威望。由于田弘正是讨伐成德最卖力的主将，成德骄兵悍将视田弘正为仇人。田弘正要求带领二千魏博士兵赴任，朝廷不供给养，田弘正只好让魏博士兵回镇。徙田弘正为成德节度就是一个错误，不让田弘正带魏博士兵赴任又是一个错误。幽州节度使刘总弑父杀兄自为留后，良心受到谴责，夜不能寐，主动辞官出家，朝廷派张延赏为幽州镇节度使，处事不当激起兵变。成德都知兵马使王庭凑趁机杀田弘正，发动叛乱。唐穆宗发六镇兵讨成德，招讨使裴度受诸多牵制，元稹与枢密使魏弘简狼狈为奸，唯恐裴度建功，破坏裴度奏划的军事，是以无功。又不幸的是，魏博节度使李愬病死，朝廷任命田弘正之子田布为魏博节度使。魏博先锋兵马使史宪诚暗中与成德相勾结。田布悉以精兵委史宪诚。史宪诚阴蓄异志，煽动士兵离心，田布大败自杀，史宪诚自为留后，朝廷授以节钺。史宪诚外奉朝廷，内实与幽镇连结。河北三镇于是再叛。

唐宪宗征伐四方，国库已虚，穆宗即位，游宴无度，又赏赐宿卫禁军没有节制，河朔再次用兵，国库不能支撑。河朔战事引发连锁变乱。相州军乱，瀛州军乱，武宁、宣武也发生兵变。长庆二年（822），朝廷放弃河朔三镇，罢兵停战，姑息割据，直至唐亡。

二、白居易上奏靖乱良策。白居易，字乐天，太原人，中唐大诗人。德宗贞元十四年（798），白居易进士及第入仕，为秘书省校书郎。唐宪宗元和元年（806），白居易应策试制举为第四等，授盩厔县尉、集贤校理。白居易所著诗歌，皆意存讽喻，针砭时弊，补政之缺，受到士大夫的称赞。白居易上百篇诗文流入禁中，宪宗纳谏思治，非常欣赏。元和二年（807）十一月，宪宗召白居易入翰林为学士，三年五月拜左拾遗，元和十年（815）授太子左赞善大夫。白居易守官正直，敢直言切谏，能言人之难言者，宪宗多有采纳。执政恶白居易言直，一度贬白居易为江州司马。元和十三年（818）冬，白居易任忠州刺史，元和十四年（819）冬，召还京师，拜司门员外郎。穆宗即位，转主客郎中，知制诰，加朝散大夫。长庆元年（821）十月，转中书舍人。白居易仕进二十余年，因其言直，才未尽其用。当河朔战事再起，穆宗荒纵，宰执非其人，白居易上奏靖乱良策。指出官军十七八万，四面围攻，已过半年，还没有成功。白居易总结原因有四：一是节度将领太多，没有统一指挥；二是赏罚不明；三是供应短缺；四是官军人数虽众而不精。如不改变现状，没有人带头进攻，互相观望，恐有军溃之虞。白居易建议，裁撤各道官军回本镇，只留李光颜和裴度两支军队夹攻镇州，留下各道精兵五六万人，也易于供应，减轻财政负担。再用招降办法动摇敌人军心。这样士众一心，军令统一，一定能取得成功。白居易奏疏呈上，穆宗根本就不看。从白居易奏议的内容，以及所遭冷遇，可见当时政治已腐败到极点，将士怎能用命打仗。宦官不愿看到裴度取胜，南司望重，元稹不愿看到裴度取胜，深恐阻碍自己的仕途。穆宗长庆二年（822）二月，元稹进言穆宗罢兵，解除了裴度的兵权，元稹达到了入相的目的。

元稹，字微之，与白居易同科进士，两人友善，诗才与白居易齐名，并称元白。白居易为官守正仕途不显，元稹党附宦官而得宰相。故两人品德不可同日而语。

三、韩愈宣慰成德。韩愈，字退之，河北昌黎人。唐代大文学家，古文运动的发起者，被尊为唐宋八大家之首。韩愈亦进士出身，德宗朝官至监察御史。德宗晚年，韩愈上奏极言宫市之弊，被贬为连州阳山令，量移江陵府掾曹。元和初召为国子博士，迁都官员外郎。裴度督师淮西，兼彰义军节度使，请韩愈为行军司马。淮西平，韩愈随裴度还朝，授刑部侍郎。元和十四年（819），宪宗迎佛骨入宫，韩愈上疏谏迎佛骨，谓东汉奉佛以来，信佛帝王“乱亡相继，运祚不长”，“事佛求佛，乃更得祸”。宪宗太怒，要对韩愈处以极刑，宰相裴度、崔群，乃至国戚诸贵交章救护，减刑贬为潮州刺史，量移袁州刺史。元和十五年（820），穆宗即位，征韩愈为国子祭酒，转兵部侍郎。河朔再度用兵，王庭凑围深州，上表效顺。穆宗加王庭凑检校工部尚书，令韩愈往镇州宣慰。王庭凑阳奉阴违，实际未解深州之围。朝臣忧虑韩愈的安全，穆宗诏命韩愈到了镇州，观察形势，不要贸然进入。韩愈慷慨陈词曰：“诏令臣停止，是皇上的仁爱；不畏死而立即进入，是臣子应当做的。”韩愈视死如归，毫不迟疑入镇州宣尉。韩愈意气轩昂，义正辞严责王庭凑以大义，谕以顺逆祸福，辞情恳切，王庭凑敬畏有加，以礼相待。韩愈奉使叛军贼臣，不辱君命，是士人的脊梁。

韩愈奉使回京，改吏部侍郎，长庆四年（824）十二月，韩愈卒于官，享年五十七岁，赠礼部尚书，谥曰文。

卷二四三　唐纪五十九

唐穆宗长庆三年至唐文宗太和二年（823—828 年）

【起昭阳单阏（癸卯，823 年），尽著雍涒滩（戊申，828 年），凡六年】

【大事提要】

本卷记事起公元 823 年，讫公元 828 年，凡六年。当唐穆宗长庆三年至唐文宗太和二年。一卷书记事，仅六年时间，历穆宗、敬宗至文宗初年，说明此时期乃多事之秋。穆宗、敬宗都是昏庸皇帝，共同的特点是都在宦官手下做傀儡，他们只要求奢侈放纵得到满足，根本不关心朝政。穆宗、敬宗又都懦弱无能，穆宗识李逢吉之奸，却畏而用之，敬宗明李绅之冤，容忍李逢吉排挤李绅出朝，只是嗟叹而已。裴度再度入相，曾巧谏敬宗罢游幸东都，但无大的作为。惩治宦官扰乱市井的县令崔发遭系狱，以致牛僧孺畏惧宦官而主动离相位。穆宗服食长生药而死，敬宗竟被宦官刘克明所杀。枢密使王守澄等四贵拥立文宗即位，杀了已经接见过朝官的绛王李悟，朝官们只能噤若寒蝉。宦官权力凌驾在皇权之上，唐文宗感到自身危险，想要诛除宦官。名士刘蕡应贤良方正科，对策公开反对宦官，主考官不敢录取，刘蕡虽然落第，却发出了清流朝官反击宦官的信号。南衙北司之争在文宗朝表面化，潜伏着重大的政治危机。

穆宗睿圣文惠孝皇帝下

长庆三年（癸卯，823 年）

春，正月，癸未[1]，赐两军[2]中尉[3]以下钱。二月，辛卯[4]，赐统军[5]、军使[6]等绵彩[7]、银器各有差[8]。

户部侍郎牛僧孺，素为上所厚。初，韩弘之子右骁卫将军[9]公武[10]为其父谋，以财结中外。及公武卒，弘继薨，稚[11]孙绍宗嗣，主藏奴与吏讼于御史府。上怜之，尽取弘财簿自阅视，凡中外主权[12]，多纳弘货，独朱句细字曰："某年月日，送户部牛侍郎钱千万，不纳。"上大喜，以示左右曰："果然，吾不缪知人！"三月，壬戌[13]，以僧孺为中书侍郎、同平章事。

时僧孺与李德裕皆有入相之望[14]；德裕出为浙西观察使，八年不迁[15]，以为李逢吉排己[16]，引僧孺为相。由是牛、李之怨愈深。

夏，四月，甲午[17]，安南奏陆州獠[18]攻掠州县。

丙申[19]，赐宣徽院[20]供奉官钱，紫衣者[21]百二十缗，下至承旨[22]各有差。

（以上为第一段，写牛僧孺不受贿而得相，李德裕疑是李逢吉引援牛僧孺，由是牛李之怨益深。）

【注释】

[1]癸未：正月二十七日。[2]两军：即南、北衙兵。南衙为十二卫；北衙为禁军，有左右羽林军、左右龙武军、左右神武军等六军。安史之乱起，北衙禁军扩张，最著者为左右神策军。[3]中尉：护军中尉之省称，统领神策军。[4]辛卯：二月六日。[5]统军：统领北衙六军的武官，位次大将军。[6]军使：武官名。唐代在冲要之地屯兵戍守，置军镇，统兵官称军使。[7]绵彩：当作"锦彩"，即绸缎。据章校，"绵"字应作"锦"。[8]差：差别，等级。[9]右骁卫将军：官名，掌统领宫廷警卫。[10]公武：韩公武字从偃，历官鄜坊节度使、右金吾将军、骁骑大将军等。传见《旧唐书》卷一百五十六，《新唐书》卷一百五十八。[11]穉：同"稚"，意幼。[12]主权：掌权者。[13]壬戌：三月七日。[14]皆有入相之望：御史中丞牛僧孺与翰林学士李德裕两人，都具有做宰相的资历与声望。[15]八年不迁：长庆三年李德裕出为浙西观察使，至文宗三年因裴度推荐征入京师，前后七年。又为李宗闵所排，出帅郑滑节度使。[16]以为李逢吉排己：认为李逢吉引牛僧孺为相，恐李德裕在禁中（翰林）阻挠，故使李德裕出镇浙西。[17]甲午：四月十日。[18]陆州獠：居于陆州的蛮族，即今之仡佬族。陆州，治所乌雷，在今广西钦州市南。[19]丙申：四月十二日。[20]宣徽院：官署名。总领宫内诸司及三班内侍之名籍，以及郊祀朝会宴享供帐等事。其主官为南北院使，以宦者为之。[21]紫衣者：指三品以上官员，着紫衣。[22]承旨：官名。翰林院、枢密院均置，参预重要公事。

初，翼城人郑注[1]，眇小[2]，目下视，而巧谲[3]倾谄[4]，善揣人意，以医游四方，羁[5]贫甚。尝以药术干徐州牙将，牙将悦之，荐于节度使李愬。愬饵其药颇验，遂有宠，署为牙推[6]，浸预军政[7]，妄作威福，军府患之。监军王守澄以众情白愬，请去之，愬曰："注虽如是，然奇才也，将军试与之语，苟无[8]可取，去之未晚。”乃使注往谒守澄，守澄初有难色，不得已见之，坐语未久，守澄大喜，延[9]之中堂，促膝笑语，恨相见之晚。明日，谓愬曰：“郑生诚如公言。”自是又有宠于守澄，权势益张，愬署为巡官，列于宾席。注既用事，恐牙将荐己者泄其本末，密以他罪谮[10]之于愬，愬杀之。及守澄入知枢密，挈[11]注以西，为立居宅，赡给之；遂荐于上，上亦厚遇之。

自上有疾，守澄专制国事，势倾中外；注日夜出入其家，与之谋议，语必通夕[12]，关通赂遗[13]，人莫能窥其迹。始则有微贱巧宦[14]之士，或因以求进，数年之后，达官车马满其门矣。工部尚书郑权[15]，家多姬妾，禄薄不能赡，因注通于守澄以求节镇；己酉[16]，以权为岭南节度使。

五月，壬申[17]，以尚书左丞[18]柳公绰为山南东道节度使。公绰过邓县[19]，有二吏，一犯赃，一舞文[20]，众谓公绰必杀犯赃者。公绰判曰：“赃吏犯法，法在；奸吏乱法，法亡。”竟诛舞文者。

（以上为第二段，写王守澄、郑注两人狼狈为奸，专擅弄权。）

【注释】

[1]郑注（？—835）：翼城（今山西翼城）人，奸佞小人，善医术，依附宦官王守澄而飞黄腾达。官至凤翔节度使，诛死。传见《旧唐书》卷一百六十九，《新唐书》卷一百七十九。 [2]眇小：瘦弱矮小。 [3]巧谲（jué）：诡诈。 [4]倾谄：肉麻地阿谀逢迎。 [5]羇：同“羁”。 [6]牙推：官名。为节使、观察、团练等使属官，位在节度推官、巡官之下。牙，同“衙”。 [7]浸预军政：逐渐染指军务活动。 [8]苟无：如果没有。 [9]延：邀请。 [10]谮（zèn）：进谗言。 [11]挈（qiè）：带领。 [12]通夕：通宵。 [13]关通赂遗（wèi）：交往勾结，赠送财物。 [14]巧宦：钻营求官。 [15]郑权（？—824）：汴州开封（今河南开封）人。官至岭南节度使。传见《旧唐书》卷一百六十二，《新唐书》卷一百五十九。 [16]己酉：四月二十五日。 [17]壬申：五月十八日。 [18]尚书左丞：官名。在尚书令、仆射之下设左、右丞，左丞总辖吏、户、礼三部，右丞总辖兵、刑、工三部。 [19]邓县：县名。县治在今湖北襄阳市北。 [20]舞文：玩弄法律条文以作弊。

丙子[1]，以晋、慈二州[2]为保义军，以观察使李寰为节度使。

六月，己丑[3]，以吏部侍郎韩愈为京兆尹；六军不敢犯法，私相谓曰："是尚欲烧佛骨[4]，何可犯也！"

秋，七月，癸亥[5]，岭南奏黄洞蛮寇邕州，破左江镇[6]。丙寅[7]，邕州奏黄洞蛮破钦州[8]千金镇[9]，刺史杨屿奔石南砦[10]。

南诏劝利卒，国人请立其弟丰祐。丰祐勇敢，善用其众，始慕中国，不与父连名[11]。

八月，癸巳[12]，邕管奏破黄洞蛮。

丙申[13]，上自复道幸兴庆宫，至通化门楼，投绢二百匹施山僧。上之滥赐皆此类，不可悉纪[14]。

癸卯[15]，以左仆射裴度为司空、山南西道节度使，不兼平章事。李逢吉恶度，右补阙张又新[16]等附逢吉，竞流谤毁伤度，竟出之。又新，荐[17]之子也。

九月，丙辰[18]，加昭义节度使刘悟同平章事。

李逢吉为相，内结知枢密王守澄，势倾朝野。惟翰林学士李绅每承顾问，常排抑之，拟状至内庭，绅多所臧否[19]；逢吉患之，而上待遇方厚，不能远也。会御史中丞缺，逢吉荐绅清直，宜居风宪[20]之地；上以中丞亦次对官[21]，不疑而可之。会绅与京兆尹、御史大夫韩愈争台参[22]及他职事，文移往来，辞语不逊；逢吉奏二人不协，冬，十月，丙戌[23]，以愈为兵部侍郎，绅为江西[24]观察使。

己丑[25]，以中书侍郎、同平章事杜元颖同平章事、充西川节度使。

辛卯[26]，安南奏黄洞蛮为寇。

韩愈、李绅入谢，上各令自叙其事，乃深寤。壬辰[27]，复以愈为吏部侍郎，绅为户部侍郎。

（以上为第三段，写李逢吉挑动韩愈与李绅二人相争以排之，唐穆宗优柔，识李逢吉之奸，仍用之不疑。）

【注释】

[1]丙子：五月二十二日。 [2]晋、慈二州：晋州治所临汾市，在今山西临汾。慈州治所吉昌，在今山西吉县。 [3]己丑：六月六日。 [4]烧佛骨：元和十四年（819），宪宗遣使于凤翔法门寺迎佛骨至京师。刑部侍郎韩愈上表切谏，请烧佛骨，绝后代之惑。宪宗怒，贬韩愈为潮州刺史。 [5]癸亥：七月十一日。 [6]左江镇：地名。在今广西南宁市。 [7]丙寅：七月

十四日。［8］钦州：州名。治所钦江，在今广西钦州市东北。［9］千金镇：地名。在广西钦州市西南。［10］砦：同“寨”。［11］连名：南诏父子以名相连属。如异牟寻生寻阁劝，寻阁劝生劝利。［12］癸巳：八月十一日。［13］丙申：八月十四日。［14］纪：同“记”。［15］癸卯：八月二十一日。［16］张又新：字孔昭，宰相李逢吉鹰犬，官终左司郎中。传见《旧唐书》卷一百四十九，《新唐书》卷一百七十五。［17］荐（743—804）：张荐，字孝举，深州陆泽（今河北深州市西）人，著名文学家张鷟之孙。官至工部侍郎。传见《旧唐书》卷一百四十九，《新唐书》卷一百六十一。［18］丙辰：九月五日。［19］臧否（pǐ）：褒贬。［20］风宪：指御史台。［21］次对官：皇帝于延英殿召问，先宰相，其他常参官以次俟对，谓之次对官。［22］会绅与京兆尹、御史大夫韩愈争台参：唐制，京兆尹上任，按例须至御史台参谒。李逢吉想排挤李绅出朝，运用权谋，挑动韩愈与之相争。李逢吉荐李绅为御史中丞，随后荐韩愈为京兆尹兼御史大夫。因御史大夫位高于御史中丞，故不台参，于是李绅、韩愈果相争。据章校，“御”上有“兼”字。［23］丙戌：十月五日。［24］江西：方镇名。即江南西道，唐代宗广德二年（764）置，治所洪州，在今江西南昌市。［25］己丑：十月八日。［26］辛卯：十月十日。［27］壬辰：十月十一日。

四年（甲辰，824 年）

春，正月，辛亥朔[1]，上始御含元殿[2]朝会。

初，柳泌等既诛，方士稍复因左右以进，上饵[3]其金石之药。有处士张皋者上疏，以为：“神虑澹则血气和，嗜欲胜则疾疢[4]作。药以攻疾，无疾不可饵也。昔孙思邈[5]有言，‘药势有所偏助，令人藏[6]气不平，借使有疾用药，犹须重慎。’庶人尚尔，况于天子！先帝信方士妄言，饵药致疾，此陛下所详知也，岂得复循其覆辙乎！今朝野之人纷纭窃议，但畏忤旨，莫敢进言。臣生长蓬艾[7]，麋鹿与游，无所邀求，但粗知忠义，欲裨万一耳！”上甚善其言，使求之，不获。

丁卯[8]，岭南奏黄洞蛮寇钦州，杀将吏。

庚午[9]，上疾复作；壬申，大渐[10]，命太子监国。宦官欲请郭太后临朝称制，太后曰：“昔武后称制，几危社稷。我家世守忠义，非武氏之比也。太子虽少，但得贤宰相辅之，卿辈勿预朝政，何患国家不安！自古岂有女子为天下主而能致唐、虞之理乎！”取制书手裂之。太后兄太常卿[11]钊闻有是议，密上笺曰：“苟果徇[12]其请，臣请先帅诸子纳官爵归田里。”太后泣曰：“祖考[13]之庆[14]，钟[15]于吾兄。”是夕，上崩于寝殿。癸酉[16]，以李逢吉摄冢宰[17]。丙子[18]，敬宗即位于太极东序。

初，穆宗之立，神策军士人赐钱五十千，宰相议以太厚难继，乃下诏称："宿卫之勤，诚宜厚赏，属[19]频年[20]旱歉，御府空虚，边兵尚未给衣，沾恤[21]期于均济。神策军士人赐绢十匹、钱十千，畿内诸镇又减五千。仍出内库绫二百万匹付度支，充边军春衣。"时人善之。

自戊寅至庚辰[22]，上赐宦官服色及锦彩金银甚众，或今日赐绿[23]，明日赐绯[24]。

（以上为第四段，写唐穆宗步宪宗后尘，食金丹而亡，敬宗即位。）

【注释】

[1]辛亥朔：正月一日。 [2]上始御含元殿：谓穆宗即位已四年，至是始于正殿会见群臣。含元殿，东内正殿。 [3]饵：吞服。 [4]疢（chèn）：病。 [5]孙思邈（？—682）：京兆华原（今陕西铜川市耀州区）人。名医，著有《千金方》三十卷。传见《旧唐书》卷一百九十一，《新唐书》卷一百九十六。 [6]藏：同"脏"。 [7]生长蓬艾：谓生长于乡间。蓬艾，两种草本植物，此处泛指野草，喻乡间。 [8]丁卯：正月十七日。 [9]庚午：正月二十日。 [10]渐：加剧。[11]太常卿：官名。太常寺掌宗庙礼乐祭祀之事，其正、副长官为卿、少卿。 [12]徇：曲从。[13]祖考：祖先。 [14]庆：善。 [15]钟：集聚。 [16]癸酉：正月二十三日。 [17]冢宰：宰相。 [18]丙子：正月二十六日。 [19]属（zhǔ）：适值。 [20]频年：连年。 [21]沾恤：得益。 [22]自戊寅至庚辰：正月二十八日至三十日。 [23]赐绿：谓赐六、七品官位。六品服深绿，七品服浅绿。 [24]赐绯：谓赐四、五品官位。四品服深绯，五品服浅绯。

初，穆宗既留李绅，李逢吉愈忌之。绅族子虞颇以文学知名，自言不乐仕进，隐居华阳川[1]。及从父耆为左拾遗，虞与耆书求荐，误达于绅；绅以书诮[2]之，且以语于众人。虞深怨之，乃诣逢吉，悉以绅平日密论逢吉之语告之。逢吉益怒，使虞与补阙张又新及从子前河阳掌书记[3]仲言[4]等伺求绅短，扬之于士大夫间；且言"绅潜察士大夫有群居议论者，辄指为朋党，白之于上"。由是士大夫多忌之。

及敬宗即位，逢吉与其党快绅失势，又恐上复用之，日夜谋议，思所以害绅者。楚州[5]刺史苏遇谓逢吉之党曰；"主上初听政，必开延英，有次对官，惟此可防。"其党以为然，亟白逢吉曰："事迫矣，若俟听政，悔不可追！"逢吉乃令王守澄言于上曰："陛下所以为储贰，臣备知之，皆逢吉之力也。如杜元颖、李绅辈，皆欲立深王[6]。"度支员外郎[7]李续之等继上章言之。上时年十六，疑未信。会逢吉亦有奏，言“绅不利于上，请加贬谪”。上犹再三覆问[8]，然后从之。二月，癸未[9]，贬绅为端州[10]司马。逢吉仍帅百官表贺，既退，百官复诣中书贺，逢吉方与张又新语，门者弗内；良久，又新挥汗而出，旅揖[11]百官曰：“端溪[12]之事，又新不敢多让。”众骇愕辟易[13]，惮之。右拾遗内供奉吴思独不贺，逢吉怒，以思为吐蕃告哀使。丙戌[14]，贬翰林学士庞严[15]为信州[16]刺史，蒋防为汀州[17]刺史。严，寿州人，与防皆绅所引也。给事中于敖[18]，素与严善，封还敕书；人为之惧，曰：“于给事为庞、蒋直冤，犯宰相怒，诚所难也！”及奏下，乃言贬之太轻。逢吉由是奖之。

张又新等犹忌绅，日上书言贬绅太轻，上许为杀之；朝臣莫敢言，独翰林侍读学士[19]韦处厚上疏，指述“绅为逢吉之党所谗，人情叹骇。绅蒙先朝奖用，借使[20]有罪，犹宜容假[21]，以成三年无改之孝[22]，况无罪乎！”于是上稍开寤[23]，会阅禁中文书，有穆宗所封文书一箧，发之，得裴度、杜元颖、李绅疏请立上为太子，上乃嗟叹，悉焚人所上谮绅书，虽未即召还，后有言者，不复听矣。

（以上为第五段，写唐敬宗优柔寡断，既识奸相李逢吉排挤李绅出朝，只是嗟叹而不敢召还。）

【注释】

[1]华阳川：地名。在虢州（今河南灵宝市）华阳山南。 [2]诮（qiào）：责问。 [3]掌书记：官名。节度、观察等使的属官，掌文书，位在判官之下。 [4]仲言：即李训（？—835）。文宗太和九年（835），从流配之人一年即跃升为宰相。谋诛宦官，事败被杀。传见《旧唐书》卷一百六十九，《新唐书》卷一百七十九。 [5]楚州：州名。治所山阳，在今江苏淮安市。 [6]深王：李察，宪宗第四子。元和元年（806）封，改名悰。传见《旧唐书》卷一百七十五、《新唐书》卷八十二。 [7]度支员外郎：官名。为户部第二司副长官，长官为郎中，掌财政收支。 [8]覆问：察问。 [9]癸未：二月三日。 [10]端州：州名。治所高要，在今广东肇庆市。 [11]旅揖：接连拱手作揖。 [12]端溪：县名。属端州，县治在今广东德庆。以产砚闻名，故以代端州。 [13]辟易：惊退。 [14]丙戌：二月六日。 [15]庞严：字子肃，寿州（今安徽寿县）人。官至太常少卿，权知京兆尹。传见《旧唐书》卷一百六十六，《新唐书》卷一百零四。 [16]信州：州名。治所上饶，在今江西上饶。 [17]汀州：州名。治所长汀，在今福建长汀。 [18]于敖（764—830）：字蹈中，长庆四年，以迎合丞相李逢吉，自给事中迁工、刑、户等部侍郎。传见《旧唐书》

卷一百四十九，《新唐书》卷一百零四。［19］翰林侍读学士：官名。掌解答经史疑义。［20］借使：假使、如果。［21］容假：宽容。［22］三年无改之孝：语出《论语·学而》，三年无改于父之道，可谓孝矣。［23］开寤：觉悟、醒悟。寤，同“悟”。

己亥[1]，尊郭太后为太皇太后。

乙巳[2]，尊上母王妃为皇太后。太后，越州[3]人也。

丁未[4]，上幸中和殿击球，自是数游宴、击球、奏乐，赏赐宦官、乐人，不可悉纪。

三月，壬子[5]，赦天下；诸道常贡之外，毋得进奉。

甲寅[6]，上始对宰相于延英殿。

初，牛元翼在襄阳[7]，数赂王庭凑以请其家，庭凑不与；闻元翼薨，甲子[8]，尽杀之。

上视朝每晏[9]，戊辰[10]，日绝高尚未坐，百官班于紫宸门外，老病者几至僵踣[11]。谏议大夫李渤白宰相曰：“昨日疏论坐晚[12]，今晨愈甚，请出阁待罪于金吾仗[13]。”既坐班退，左拾遗刘栖楚[14]独留，进言曰：“宪宗及先帝皆长君，四方犹多叛乱。陛下富于春秋，嗣位之初，当宵衣求理[15]；而嗜寝乐色，日晏方起，梓宫[16]在殡，鼓吹[17]日喧，令闻[18]未彰，恶声遐布。臣恐福祚之不长，请碎首玉阶以谢谏职之旷。”遂以额叩龙墀[19]，见血不已，响闻阁外。李逢吉宣曰：“刘栖楚休叩头，俟进止[20]！”栖楚捧首而起，更论宦官事，上连挥令出。栖楚曰：“不用臣言，请继以死。”牛僧孺宣曰：“所奏知，门外俟进止！”栖楚乃出，待罪于金吾仗，于是宰相赞成其言。上命中使就仗，并李渤宣慰令归。寻擢栖楚为起居舍人，仍赐绯。栖楚辞疾不拜，归东都。

庚午[21]，赐内教坊[22]钱万缗，以备行幸[23]。

夏，四月，甲午[24]，淮南节度使王播罢盐铁转运使。

乙未[25]，以布衣姜洽为补阙，试大理评事[26]陆洿、布衣李虞、刘坚为拾遗。时李逢吉用事，所亲厚者张又新、李仲言、李续之、李虞、刘栖楚、姜洽及拾遗张权舆、程昔范，又有从而附丽[27]之者，时人恶逢吉者，目之为八关、十六子[28]。

卜者苏玄明与染坊供人[29]张韶善，玄明谓韶曰："我为子卜，当升殿坐，与我共食。今主上昼夜球猎，多不在宫中，大事可图也。"韶以为然，乃与玄明谋结染工无赖者百余人，丙申[30]，匿兵于紫草[31]，车载以入银台门，伺夜作乱。未达所诣，有疑其重载而诘之者，韶急，即杀诘者，与其徒易服挥兵，大呼趣[32]禁庭。

上时在清思殿击球，诸宦者见之，惊骇，急入闭门，走白上；盗寻斩关而入。先是右神策中尉梁守谦有宠于上，每两军角伎艺，上常佑右军。至是，上狼狈欲幸右军，左右曰："右军远，恐遇盗，不若幸左军近。"上从之。左神策中尉河中马存亮[33]闻上至，走出迎，捧上足涕泣，自负[34]上入军中，遣大将康艺全将骑卒入宫讨贼。上忧二太后[35]隔绝，存亮复以五百骑迎二太后至军。

张韶升清思殿，坐御榻，与苏玄明同食，曰："果如子言！"玄明惊曰："事止此邪！"韶惧而走。会康艺全与右军兵马使尚国忠引兵至，合击之，杀韶、玄明及其党，死者狼藉。逮夜始定，余党犹散匿禁苑中；明日，悉擒获之。

时宫门皆闭，上宿于左军，中外不知上所在，人情恇骇[36]。丁酉[37]，上还宫，宰相帅百官诣延英门贺，来者不过数十人。盗所历诸门，监门宦者三十五人法当死；己亥[38]，诏并杖之，仍不改职任。壬寅[39]，厚赏两军立功将士。

五月，乙卯[40]，以吏部侍郎李程[41]、户部侍郎、判度支窦易直并同平章事。上问相于李逢吉，逢吉列上当时大臣有资望者，程为之首，故用之。上好治宫室，欲营别殿，制度甚广，李程谏，请以所具木石回奉山陵，上即从之。

六月，己卯朔[42]，以左神策大将军康艺全为鄜坊[43]节度使。

（以上为第六段，写唐敬宗好游宴击球，日晏方起，刘栖楚强谏不听，招致宫廷变乱。）

【注释】

[1]己亥：二月十九日。 [2]乙巳：二月二十五日。 [3]越州：州名。治所山阴，在今浙江绍兴市。 [4]丁未：二月二十七日。 [5]壬子：三月三日。 [6]甲寅：三月五日。 [7]襄

阳：县名。县治在今湖北襄阳市。牛元翼为山南东道节度使驻节于此。［8］甲子：三月十五日。［9］晏：晚。［10］戊辰：三月十九日。［11］踣（bó）：扑倒。［12］坐晚：指穆宗很晚才上朝。［13］金吾仗：金吾卫左、右仪仗，在宣政殿前。［14］刘栖楚（？—827）：原为镇州小吏，李逢吉擢为左拾遗。曾为李逢吉中伤裴度、李绅。官至桂管观察使。传见《旧唐书》一百五十四，《新唐书》卷一百七十五。［15］宵衣求理：谓勤于政事。宵衣，天未亮而着衣。理，治。［16］梓宫：皇帝的棺材，梓木为之，故称。［17］鼓吹（chuì）：一种乐曲，即鼓吹乐，以鼓钲箫笳等演奏。亦指演奏这种音乐的乐队。［18］令闻：美誉。［19］龙墀（chí）：宫殿台阶，中间刻有龙形，两边供人行走，故称。［20］进止：犹言处分。［21］庚午：三月二十一日。［22］教坊：官署名。禁中有内教坊，京师置左右教坊，教习演唱俗乐。［23］行幸：皇帝出巡称作行幸。［24］甲午：四月十五日。［25］乙未：四月十六日。［26］评事：官名。为大理寺属官，与司直同掌出使、推按。［27］附丽：依附。［28］八关、十六子：自张又新至程昔范八人，附丽者又有八人，共十六个关子。关子，谓能通关节者。［29］染坊供人：即染工。［30］丙申：四月十七日。［31］紫草：草名。其根可作染料。［32］趣（qū）：同“趋”。［33］马存亮：字季明，河中（今山西永济市）人。以忠谨著称，为宦官中之贤者。官至淮南监军使、内飞龙使。传见《新唐书》卷二百零七。［34］负：背。［35］二太后：敬宗祖母太皇太后郭氏、敬宗母皇太后王氏。两太后传见《旧唐书》卷五十二，《新唐书》卷七十七。［36］恇（kuāng）骇：惊慌。［37］丁酉：四月十八日。［38］己亥：四月二十日。［39］壬寅：四月二十三日。［40］乙卯：五月七日。［41］李程：字表臣，唐宗室。历仕穆宗、敬宗、文宗、武宗四朝，官至宰相、仆射。传见《旧唐书》卷一百六十七，《新唐书》卷一百三十一。［42］己卯朔：六月一日。［43］鄜坊：方镇名。肃宗上元二年（761）分邠宁节度使所辖鄜、坊等州而置，治所坊州。德宗建中四年（783），徙治鄜州，在今陕西富县。

上闻王庭凑屠牛元翼家，叹宰辅非才，使凶贼纵暴。翰林学士韦处厚因上疏曰：“裴度勋高中夏[1]，声播外夷，若置之岩廊[2]，委其参决，河北、山东必禀朝算[3]。管仲曰[4]：‘人离而听之则愚，合而听之则圣。’理乱之本，非有他术，顺人则理，违人则乱。伏承陛下当食叹息，恨无萧、曹[5]，今有裴度尚不能留，此冯唐[6]所以谓汉文得廉颇、李牧不能用也。夫御宰相，当委之，信之，亲之，礼之，于事不效，于国无劳，则置之散寮[7]，黜之远郡，如此，则在位者不敢不厉[8]，将进者不敢苟求。臣与逢吉素无私嫌，尝为裴度无辜贬官。今之所陈，上答圣明，下达群议耳。”上见度奏状无平章事，以问处厚。处厚具言李逢吉排沮之状。上曰："何至是邪！"李程亦劝上加礼于度。丙申[9]，加度同平章事。张韶之乱，马存亮功为多，存亮不自矜，委权[10]求出；秋，七月，以存亮为淮南监军使。

夏绥[11]节度使李祐入为左金吾大将军，壬申[12]，进马百五十匹；上却之。甲戌[13]，侍御史温造于阁内奏弹祐违敕[14]进奉，请论如法，诏释之。祐谓人曰："吾夜半入蔡州[15]城取吴元济，未尝心动，今日胆落于温御史矣！"

八月，丁卯朔[16]，安南奏黄蛮入寇。

龙州[17]刺史尉迟锐上言："牛心山[18]素称神异，有掘断处，请加补塞。"从之。役数万人于绝险之地，东川为之疲弊。

九月，丁未[19]，波斯[20]李苏沙献沉香亭子材。左拾遗李汉[21]上言："此何异瑶台、琼室！"上虽怒，亦优容之。汉，道明[22]之六世孙也。

冬，十月，戊戌[23]，翰林学士韦处厚谏上宴游曰："先帝以酒色致疾损寿，臣是时不死谏者，以陛下年已十五故也。今皇子才一岁，臣安敢畏死而不谏乎！"上感其言，赐锦彩百匹、银器四。

十一月，戊午[24]，安南奏：黄蛮与环王[25]合兵攻陷陆州，杀刺史葛维。

庚申[26]，葬睿圣文惠孝皇帝于光陵[27]；庙号穆宗。

王播以钱十万缗赂王守澄，求复领利权[28]，十二月，癸未[29]，谏议大夫独孤朗[30]、张仲方[31]、起居郎[32]柳公权、起居舍人宋申锡[33]、拾遗李景让[34]、薛廷老[35]请开延英论其奸邪。上问："前廷争者不在中邪？"即日，除刘栖楚谏议大夫。景让，憕[36]之曾孙；廷老，河中人也。

十二月，庚寅[37]，加天平节度使乌重胤同平章事。

乙未[38]，徐泗观察使[39]王智兴以上生日[40]，请于泗州[41]置戒坛[42]，度僧尼以资福[43]；许之。自元和以来，敕禁此弊，智兴欲聚货，首请置之，于是四方辐凑[44]，江、淮尤甚，智兴家资由此累钜万。浙西观察使李德裕上言："若不钤制[45]，至降诞日[46]方停，计两浙、福建当失六十万丁[47]。”奏至，即日罢之。

是岁，回鹘崇德可汗卒，弟曷萨特勒立。

（以上为第七段，写唐敬宗纳韦处厚之谏，起用裴度，听王智兴之请，剃度僧尼，是一个与善人处则为善，与恶人处则为恶的中庸之君。）

【注释】

[1]中夏：中国。［2］廊：朝廷。［3］朝算：朝廷谋划。［4］管仲曰：所引管仲曰二句，语出《管子》卷十《君臣上》。［5］萧、曹：萧何、曹参，皆西汉开国功臣。［6］冯唐：此指冯唐谏说汉文帝用贤，史称冯唐论将。事详《资治通鉴》卷十五汉文帝十四年。［7］散寮：散官。［8］厉：勉励。厉，同“励”。［9］丙申：六月十八日。［10］委权：放弃权势。［11］夏绥：方镇名。唐德宗贞元三年（787）置，治所夏州，在今陕西靖边县北。［12］壬申：七月二十五日。［13］甲戌：七月二十七日。［14］违敕：指违背三月壬子之敕：“诸道常贡之外，毋得进奉。”［15］夜半入蔡州：李愬雪夜破蔡州擒吴元济，时李祐为愬将。事详《资治通鉴》卷二百四十宪宗元和十二年。［16］丁卯朔：八月一日。［17］龙州：州名。治所江油，在今四川平武县东南。［18］牛心山：山名。在龙州江油县西一里。［19］丁未：九月二日。［20］波斯：国名。即今伊朗。［21］李汉：字南纪，唐宗室，韩愈子婿。官至吏部侍郎，坐牛党，贬汾州司马。传见《旧唐书》卷一百七十一，《新唐书》卷七十八。［22］道明：李道明，唐高祖从兄之子，淮阳王道玄之弟。道玄死，无子，道明嗣王，官终郓州刺史。事附《旧唐书》卷六十，《新唐书》卷七十八。［23］戊戌：十月二十三日。［24］戊午：十一月八日。［25］环王：古国名。即林邑，亦称占婆、占不劳。故址在今越南中南部。［26］庚申：十一月十日。［27］光陵：穆宗陵墓，在同州奉先县（今陕西蒲城县北）北十五里尧山。［28］复领利权：公元824年四月，王播罢盐铁转运使，今欲复领此职。［29］癸未：十一月二十四日。［30］独孤朗：文学家独孤及之子，官至工部侍郎。传见《旧唐书》卷一百六十八，《新唐书》卷一百六十二。［31］张仲方：历官京兆尹、秘书监等。传见《旧唐书》卷九十九，《新唐书》卷一百二十六。［32］起居郎：官名。掌录天子起居法度。［33］宋申锡：文宗朝任宰相，谋除宦官，未果，贬开州司马。传见《旧唐书》卷一百六十七，《新唐书》卷一百五十一。［34］李景让：官至御史大夫。传见《旧唐书》卷一百八十七下，《新唐书》卷一百七十七。［35］薛廷老（？—838）：字商叟，河中宝鼎（今山西万荣西南）人。宝历中为右拾遗、史馆修撰，因论宰相李逢吉党人张权舆、程昔范不宜任谏官，李逢吉怒，出薛廷老为临晋县令。文宗立，召为侍御史、拜翰林学士，迁给事中。传见《旧唐书》传一百五十三，《新唐书》卷一百六十二。［36］憕，即李憕，太原文水（今山西文水东）人，玄宗天宝时官至礼部尚书、东都留守。安禄山陷洛阳，不屈，被害死。传见《旧唐书》卷一百八十七下，《新唐书》卷一百九十一。［37］庚寅：十二月十六日。［38］乙未：十二月二十一日。［39］徐泗观察使：王智兴时为武宁节度使，领徐、泗、濠、宿四州，故兼徐泗观察使。［40］上生日：唐敬宗生于

元和四年六月九日，今王智兴于十二月请置戒坛，预请之也。［41］泗州：州名。治所临淮，在今江苏盱眙县淮水北岸。［42］戒坛：剃度僧尼的法坛。［43］资福：祈福。指专为唐敬宗祈福而剃度僧尼，为之诵经。［44］辐凑：聚集。［45］钤制：控制。［46］降诞日：即生日。当时至敬宗六月九日降诞日尚有半年。［47］当失六十万丁：出家为僧，可逃避赋税，免除徭役，故人争剃度。

敬宗[1]睿武昭愍孝皇帝

宝历元年（乙巳，825年）

春，正月，辛亥[2]，上祀南郊[3]；还，御丹凤楼，赦天下，改元。

先是鄠[4]令崔发闻外喧嚣，问之，曰："五坊[5]人殴百姓。"发怒，命擒以入，曳之于庭。时已昏黑，良久，诘之，乃中使也。上怒，收发，系御史台。是日，发与诸囚立金鸡[6]下，忽有品官[7]数十人执梃乱捶发，破面折齿，绝气[8]乃去；数刻而苏，复有继来求击之者，台吏以席蔽之，仅免。上命复系发于台狱[9]而释诸囚。

中书侍郎、同平章事牛僧孺以上荒淫，嬖幸[10]用事，又畏罪不敢言，但累表求出。乙卯[11]，升鄂岳[12]为武昌军，以僧孺同平章事、充武昌节度使。中旨[13]复以王播兼盐铁转运使，谏官屡争之；上皆不纳。

牛僧孺过襄阳，山南东道节度使柳公绰服櫜鞬[14]候于馆舍，将佐谏曰："襄阳地高于夏口[15]，此礼太过！"公绰曰："奇章公[16]甫离台席[17]，方镇重宰相，所以尊朝廷也。"竟行之。

上游幸无常，昵比[18]群小，视朝月不再三[19]，大臣罕得进见。

二月，壬午[20]，浙西观察使李德裕献《丹扆[21]六箴》：一曰《宵衣》，以讽视朝希[22]晚，二曰《正服》，以讽服御乖异；三曰《罢献》，以讽征求玩好；四曰《纳诲》，以讽侮弃谠言[23]；五曰《辨邪》，以讽信任群小；六曰《防微》，以讽轻出游幸。其《纳诲箴》略曰："汉骜[24]流湎[25]，举白[26]浮钟[27]；魏叡侈汰[28]，陵霄作宫[29]。忠虽不忤，善亦不从。以规为瑱[30]，是谓塞聪[31]。"《防微箴》曰："乱臣猖獗，非可遽数[32]。玄服莫辨[33]，触瑟始仆[34]。柏谷微行[35]，豺豕[36]塞路。睹[37]貌献餐，斯可戒惧[38]！"上优诏答之。

上既复系崔发于狱，给事中李渤上言："县令不应曳中人，中人不应殴御囚[39]，其罪一也。然县令所犯在赦前，中人所犯在赦后。中人横暴，一至于此。若不早正刑书[40]，臣恐四方藩镇闻之，则慢易之心生矣。谏议大夫张仲方上言，略曰："鸿恩将布于天下而不行御前，霈泽[41]遍被于昆虫而独遗崔发。"自余谏官论奏甚众，上皆不听。戊子[42]，李逢吉等从容言于上曰："崔发辄[43]曳中人，诚大不敬[44]，然其母，故相韦贯之[45]之姊也，年垂八十，自发下狱，积忧成疾。陛下方以孝理天下，此所宜矜念[46]。"上乃愍然[47]曰："比谏官但言发冤，未尝言其不敬，亦不言有老母。如卿所言，朕何为不赦之！"即命中使释其罪，送归家，仍慰劳其母。母对中使杖发四十。

（以上为第八段，写唐敬宗荒淫，嬖幸用事，惩治中人的县令崔发遭系狱。牛僧孺畏懦离朝，李德裕献箴言讽谏。）

【注释】

[1]敬宗：讳湛，穆宗长子。公元825—827年在位。[2]辛亥：正月七日。[3]祀南郊：一种祭祀大典，正月上辛（上旬的辛日），祭天地于南郊以祈谷。[4]鄠（hù）：县名。县治在今陕西西安市鄠邑区北。[5]五坊：官署名。一曰雕坊，二曰鹘坊，三曰鹞坊，四曰鹰坊，五曰狗坊。闲厩使掌之，属殿中省。[6]金鸡：按唐制，大赦之日，刑部先集合囚徒于阙下，卫尉在宫城门之右设金鸡于竿，以示吉辰。囚徒至此受杖刑，然后宣布赦令。因鸡以黄金饰首，故名金鸡。[7]品官：内侍省中有品级的宦官。[8]绝气：休克断气。[9]台狱：御史台牢狱。[10]嬖幸：帝王宠幸之人。[11]乙卯：正月十一日。[12]鄂岳：方镇名。唐代宗永泰元年（765）置鄂岳观察使，宪宗元和元年（806）升为武昌军节度使，五年（810）罢，现复置。治所鄂州，在今湖北武汉市武昌区。[13]中旨：不由朝官请奏，直接由皇帝发出的诏书称中旨。[14]櫜（gāo）鞬：指代戎装。櫜，弓衣。鞬，箭袋。柳公绰戎装迎候，表示为之先驱。[15]襄阳地高于夏口：山南东道节度使治所襄阳，地势高于武昌节度使治所夏口（即湖北鄂州市），意思是柳公绰为大镇节度使，地位高于牛僧孺，不应戎装迎候。[16]奇章公：牛僧孺先祖牛弘相隋封奇章公，故以此称牛僧孺。[17]台席：相位。[18]昵比：亲近偏袒。[19]不再三：不过两三次。再，两次。[20]壬午：二月八日。[21]丹扆（yǐ）：天子视朝处所立之赤色屏风。[22]希：稀少。[23]谠（dǎng）言：正直的言论。[24]汉骜：指汉成帝刘骜。[25]流湎：沉溺于酒。[26]举白：干杯。[27]浮钟：罚酒。事见《资治通鉴》卷三十一汉成帝永始二年。[28]魏叡侈汰：指魏明帝曹叡。奢靡淫侈。[29]陵霄作宫：喻宫殿宏伟，高入云霄。事见《资治通鉴》

卷七十三魏明帝青龙三年。［30］以规为瑱（tiàn）：把规谏当作塞耳之玉。瑱，冠冕上垂在两侧用以塞耳的玉。［31］聪：听、听觉。［32］非可遽数：不是一下子能数得完的。遽，急遽。［33］玄服莫辨：汉宣帝时，霍光外孙任宣坐谋反诛，任宣之子任章亡在渭城，夜，玄服入庙，装扮成守门卫士。帝至，欲为逆，被发觉，诛死。玄服，黑色衣服。莫辨，不可辨认，即认不出来。［34］触瑟始仆：汉武帝时，侍中马何罗欲为逆，袖藏白刃欲入天子卧内，触瑟而倒，行刺未果。事见《资治通鉴》卷二十二汉武帝后元元年。［35］柏谷微行：汉武帝微服出行，夜至柏谷，投宿旅店。店主疑帝为盗，聚少年欲攻之。主人妪睹帝状貌而异之，止其翁，杀鸡而为之食。事见《资治通鉴》卷十七汉武帝建元三年。［36］豕：野猪。［37］靓：同“睹”。［38］戒惧：敬畏地引以为戒。［39］御囚：敕旨囚系的罪犯。［40］刑书：即刑法。［41］霈泽：恩泽。［42］戊子：二月十四日。［43］辄：妄。［44］大不敬：不敬皇帝的罪名，唐律把它列为十恶之一。［45］韦贯之（759—821）：名纯，避宪宗讳，以字行。京兆（今陕西西安）人。宪宗朝宰相。传见《旧唐书》卷一百五十八，《新唐书》卷一百六十九。［46］矜（jīn）念：怜悯顾念。［47］愍然：哀伤。

三月，辛酉[1]，遣司门郎中于人文册回鹘[2]曷萨特勒为爱登里啰汨没密于合[3]毗伽昭礼可汗。

夏，四月，癸巳[4]，群臣上尊号曰文武大圣广孝皇帝；赦天下。赦文但云：“左降官已经量移[5]者，宜与量移。”不言未量移者。翰林学士韦处厚上言：“逢吉恐李绅量移，故有此处置。如此，则应[6]近年流贬官，因李绅一人皆不得量移也。”上即追赦文改之。绅由是得移江州长史。

秋，七月，甲辰[7]，盐铁使王播进羡余[8]绢百万匹。播领盐铁，诛求严急，正入[9]不充而羡余相继。

己未[10]，诏王播造竞渡船[11]二十艘，运材于京师造之，计用转运半年之费。谏议大夫张仲方等力谏，乃减其半。

谏官言京兆尹崔元略以诸父事内常侍崔潭峻；丁卯[12]，元略迁户部侍郎。

昭义节度使刘悟之去郓州也，以郓兵二千自随为亲兵。八月，庚戌[13]，悟暴疾薨，子将作监主簿[14]从谏匿其丧，与大将刘武德及亲兵谋，以悟遗表求知留后。司马贾直言入责从谏曰：“尔父[15]提十二州地归朝廷，其功非细，只以张汶之故[16]，自谓不洁[17]淋头，竟至羞死。尔孺子，何敢如此！父死不哭，何以为人！”从谏恐悚不能对，乃发丧。

初，陈留[18]人武昭罢石州[19]刺史，为袁王[20]府长史，郁郁怨执政。李逢吉与李程不相悦，水部郎中[21]李仍叔，程之族人，激怒之云，程欲与昭官，为逢吉所沮。昭因酒酣，对左金吾兵曹[22]茅汇言欲刺逢吉，为人所告；九月，庚辰[23]，诏三司鞫之。前河阳掌书记李仲言谓汇曰：“君言李程与昭谋则生，不然必死。”汇曰：“冤死甘心！诬人自全，汇不为也！”狱成，冬，十月，甲子[24]，武昭杖死，李仍叔贬道州[25]司马，李仲言流象州[26]，茅汇流崖州。

上欲幸骊山温汤[27]，左仆射李绛[28]、谏议大夫张仲方等屡谏不听，拾遗张权舆伏紫宸殿下，叩头谏曰：“昔周幽王幸骊山，为犬戎所杀[29]；秦始皇葬骊山，国亡；玄宗宫骊山[30]而禄山乱；先帝幸骊山，享年不长。”上曰：“骊山若此之凶邪？我宜一往以验彼言。”十一月，庚寅[31]，幸温汤，即日还宫，谓左右曰：“彼叩头者之言，安足信哉！”

丙申[32]，立皇子普为晋王[33]。

朝廷得刘悟遗表，议者多言上党[34]内镇，与河朔异，不可许。左仆射李绛上疏，以为：“兵机尚速，威断贵定，人情未一，乃可伐谋。刘悟死已数月，朝廷尚未处分，中外人意，共惜事机。今昭义兵众，必不尽与从谏同谋，纵使其半叶[35]同，尚有其半效顺。从谏未尝久典兵马，威惠未加于人。又此道[36]素贫，非时必无优赏。今朝廷但速除近泽潞一将充昭义节度使，令兼程赴镇，从谏未及布置，新使已至潞州，所谓‘先人夺人之心[37]也’。新使既至，军心自有所系；从谏无位，何名主张，设使谋挠朝命，其将士必不肯从。今朝廷久无处分，彼军不晓朝廷之意，欲效顺则恐忽授从谏，欲同恶则恐别更除人，犹豫之间，若有奸人为之画策，虚张赏设[38]钱数，军士觊望，尤难指挥。伏望速赐裁断，仍先下明敕[39]，宣示军众，奖其从来忠节，赐新使缯五十万匹，使之赏设；续除刘从谏一刺史。从谏既粗有所得，必且择利而行，万无违拒。设不从命，臣亦以为不假攻讨。何则？臣闻从谏已禁山东三州军士不许自畜兵刀，足明群心殊未得一，帐下之事[40]亦在不疑。熟计利害，决无即授从谏之理。”时李逢吉、王守澄计议已定，竟不用绛等谋。十二月，辛丑[41]，以从谏为昭义留后。刘悟烦苛，从谏济以宽厚，众颇附之。

李绛好直言，李逢吉恶之。故事，仆射上日[42]，宰相送之，百官立班，中丞列位于廷，尚书以下每月当牙[43]，元和中，伊慎[44]为仆射，太常博士韦谦上言旧仪太重，削去之。御史中丞王播恃逢吉之势，与绛相遇于涂，不之避。绛引故事上言："仆射，国初为正宰相[45]，礼数至重。傥人才忝位，自宜别授贤良；若朝命守官，岂得有亏法制。乞下百官详定。”议者多从绛议。上听行旧仪。甲子[46]，以绛有足疾，除太子少师、分司。

言事者多称裴度贤，不宜弃之藩镇，上数遣使至兴元[47]劳问[48]度，密示以还期；度因求入朝，逢吉之党大惧。

（以上为第九段，写唐敬宗偏听亲信，不纳忠言，轻授刘从谏节度，李绛反遭贬黜。）

【注释】

[1]辛酉：三月十七日。[2]册回鹘：是年，登啰羽录没蜜施句主毗崇德可汗卒，唐册封其弟曷萨特勒为毗伽昭礼可汗。[3]于合：张敦仁《通鉴识误》校作“施合”。[4]癸巳：四月二十日。[5]量移：贬谪远方之官吏，遇赦，可酌情移至近于京师之处的州县处任职。[6]应：当是。[7]甲辰：七月二日。[8]羡余：正税以外所搜刮的财物，以赋税盈余的名义进贡朝廷，谓之羡余。[9]正入：常赋收入。[10]己未：七月十七日。[11]竞渡船：即端午节所划龙舟。[12]丁卯：七月二十五日。[13]庚戌：八月十日。[14]将作监主簿：官名。将作监掌宫室、宗庙、陵园、官署等土木建筑，其长官为监、少监。主簿为其属官，掌监内官吏粮料、俸食等。[15]“尔父”句：指刘悟杀李师道，以淄青十二州归朝廷事。事见《资治通鉴》卷二百四十一宪宗元和十四年。[16]以张汶之故：昭义监军刘承偕与磁州刺史张汶密谋逐刘悟，以张汶代之。谋泄，张汶为刘悟所杀。事见《资治通鉴》卷二百四十二穆宗长庆二年。[17]不洁：谓屎。[18]陈留：县名。县治在今河南开封东市陈留城。[19]石州：州名。治所离石，在今山西吕梁市离石区。[20]袁王：李绅，唐顺宗第十九子。贞元二十一年（805）封，咸通元年（860）薨。传见《旧唐王》卷一百五十，《新唐书》卷八十二。[21]水部郎中：官名。水部为工部第四司，掌天下川渎陂池之政令。其正、副长官为郎中、员外郎。[22]左金吾兵曹：左金吾，指左金吾卫，十六卫之一。兵曹为其属官，兵曹参军事之省称，掌翊府、外府武官，兼掌田猎的猎师。[23]庚辰：九月十日。[24]甲子：十月二十五日。[25]道州：州名。治所营道，在今

湖南道县西。［26］象州：州名。治所武化，在今广西象州东北。［27］温汤：温泉。［28］李绛（763—830）：字深之，赞皇（今河北赞皇）人。唐宪宗朝宰相，官终山南西道节度使。传见《旧唐书》卷一百六十四，《新唐书》卷一百五十二。［29］为犬戎所杀：西周亡国之君周幽王，被犬戎所杀。［30］宫骊山：在骊山修筑宫室。宫，动词用，指修建宫室。事见《史记·周本纪》。［31］庚寅：十一月二十一日。［32］丙申：十一月二十七日。［33］晋王：李普，敬宗长子，太和二年（828）薨，年五岁。传见《旧唐书》卷一百七十五，《新唐书》卷八十二。［34］上党：县名。县治在今山西长治市。为潞州及昭义节度使治所，此指代昭义。［35］叶（xié）：同“协”。［36］此道：指昭义节度使。［37］先人夺人之心：先发制人，首先要在气势上压倒敌人。语出《左传》文公七年，“先人有夺人之心。”［38］赏设：犒赏。［39］明敕：明诏。即鲜明地阐明朝廷主张的诏书。［40］帐下之事：言帐下必有图谋从谏以立功朝廷的人。［41］辛丑：十二月三日。［42］上日：朔日，每月一日。［43］当牙：即牙参。在衙门排班，参见上司。［44］伊慎：字寡悔，兖州（今山东济宁市兖州区）人。官至尚书右仆射。传见《旧唐书》卷一百五十一，《新唐书》卷一百七十。［45］仆射，国初为正宰相：唐太宗未即位前，曾任尚书令，自是此官不授人，而以左右仆射为尚书省长官，其任为正宰相。以后他官加参议朝政、同平章事等虽皆宰相之职，然非正宰相。［46］甲子：十二月二十六日。［47］兴元：府名。治所南郑，在今陕西汉中市。兴元又为山南西道节度使治所。［48］劳问：慰劳问候。

二年（丙午，826年）

春，正月，壬辰[1]，裴度自兴元入朝，李逢吉之党百计毁之。先是民间谣云：“绯衣[2]小儿坦其腹，天上有口被驱逐。”又，长安城中有横亘六冈，如乾象，度宅偶居第五冈[3]。张权舆上言：“度名应图谶[4]，宅占冈原[5]，不召而来，其旨可见。”上虽年少，悉察其诬谤，待度益厚。

度初至京师，朝士填门，度留客饮。京兆尹刘栖楚附度耳语，侍御史崔咸[6]举觞罚度曰：“丞相不应许所由官[7]呫嗫[8]耳语。”度笑而饮之。栖楚不自安，趋出。

二月，丁未[9]，以度为司空、同平章事。度在中书，左右忽白失印，闻者失色。度饮酒自如；顷之，左右白复于故处得印，度不应。或问其故，度曰：“此必吏人盗之以印书券耳，急之则投诸水火，缓之则复还故处。”人服其识量。

上自即位以来，欲幸东都，宰相及朝臣谏者甚众，上皆不听，决意必行，已令度支员外郎卢贞按视，修东都宫阙及道中行宫[10]。裴度从容言于上曰："国家本设两都以备巡幸，自多难以来，兹事遂废。今宫阙、营垒、百司廨舍[11]率已荒阤[12]，陛下傥欲行幸，宜命有司岁月间徐加完葺[13]，然后可往，"上曰："从来言事者皆云不当往，如卿所言，不往亦可。"会朱克融、王庭凑皆请以兵匠助修东都。三月丁亥[14]，敕以修东都烦扰，罢之，召卢贞还。

先是，朝廷遣中使赐朱克融时服，克融以为疏[15]恶，执留敕使[16]；又奏"当道今岁将士春衣不足，乞度支给三十万端匹[17]"；又奏"欲将兵马及丁匠五千助修宫阙"。上患之，以问宰相，欲遣重臣宣慰，仍索敕使。裴度对曰："克融无礼已甚，殆将毙矣！譬如猛兽，自于山林中咆哮跳踉[18]，久当自困，必不敢辄离巢穴。愿陛下勿遣宣慰，亦勿索敕使，旬日之后，徐赐诏书云：'闻中官至彼，稍失去就，俟还，朕自有处分。时服，有司制造不谨，朕甚欲知之，已令区处[19]。其将士春衣，从来非朝廷征发，皆本道自备。朕不爱数十万匹物，但素无此例，不可独与范阳[20]。'所称助修宫阙，皆是虚语，若欲直挫其奸，宜云'丁匠宜速遣来，已令所在排比供拟[21]。'彼得此诏，必苍黄失图[22]。若且示含容[23]，则云'修宫阙事在有司，不假于匠远来'。如是而已。不足劳圣虑也。"上悦，从之。

立才人[24]郭氏为贵妃。妃，晋王普之母也。

横海节度使李全略薨；其子副大使同捷[25]擅领留后，重赂邻道，以求承继。

夏，四月，戊申[26]，以昭义留后刘从谏为节度使。

五月，幽州军乱，杀朱克融及其子延龄，军中立其少子延嗣主军务。

（以上为第十段，写裴度入朝重执相印，巧谏唐敬宗罢游幸东都，裴度又筹策拒绝幽州求索，朱克融果自毙。）

【注释】

[1]壬辰：正月二十四日。 [2]绯衣：喻"裴"字。天上有口：为"吴"字。谓裴度能擒吴元济，其才可用。 [3]长安三句：谓长安城中有六条平行高坡，象乾卦六爻，而裴度宅第坐落于第五条山坡，即在第五爻上。九五之位是"飞龙在天，利见大人"（见《周易·乾卦》），非常人可居，居则将有非常之事。 [4]名应图谶：谓裴度姓名符应谣谶，有非常之相。图谶，方术之士制作的

图符预言，此指绯衣小儿之谣。［5］宅占冈原：谓裴度住宅在高亢平原上，风水有圣人之位。［6］崔咸（？—834）：字重易，博州博平（今山东高唐西南）人。官至秘书监。传见《新唐书》卷一百七十七。［7］所由官：指刘栖楚。唐人谓府县官为所由官。［8］呫嗫（chènié）：形容唧唧咕咕的细语声。［9］丁未：二月九日。［10］道中行宫：自长安经华州、陕州至洛阳，沿道皆有行宫，如华阴之琼岳宫、金城宫，郑县之神台宫，陕县之绣岭宫，渑池之芳桂宫，福昌之福昌宫，永宁之崎岫宫、兰峰宫，寿安之连昌宫、兴泰宫等。［11］廨（xiè）舍：官署。［12］阤（zhì）：废。［13］完葺（qì）：修整。［14］丁亥：三月二十日。［15］疏：粗。［16］执留敕使：拘留宣读诏书的中使。［17］端匹：量词。布帛六丈为端，四丈为匹。端匹连用，即匹。［18］跳踉：跳跃。［19］区处：分别处置。［20］范阳：方镇名。即幽州节度使。唐玄宗开元二年（714）置，天宝元年（742）更名范阳节度使。治所蓟县，在今北京市。［21］排比供拟：安排供给食宿等。［22］苍黄失图：即仓皇失措，突然间无应变之策。苍黄，同“仓皇”。［23］含容：宽容大度。［24］才人：妃嫔称号。位于贵人、贵妃、贵嫔之下。［25］同捷：李同捷横海节度使李全略之子。父死，擅领留后事。文宗立，拜兖海节度使，拒命。朝廷令武宁、义成等节度使出兵讨伐，降，传首京师。传见《旧唐书》卷一百四十三，《新唐书》卷二百一十三。［26］戊申：四月十一日。

六月，甲子[1]，上御三殿[2]，令左右军[3]、教坊[4]、内园[5]为击毬、手搏、杂戏。戏酣[6]，有断臂、碎首者，夜漏数刻乃罢[7]。

己卯[8]，上幸兴福寺，观沙门[9]文溆俗讲[10]。

癸未[11]，衡王[12]绚薨。

壬辰[13]，宣索左藏[14]见在银十万两金七千两，悉贮内藏[15]，以便赐与。

道士赵归真说上以神仙，僧惟贞、齐贤、正简说上以祷祠求福，皆出入宫禁，上信用其言。山人杜景先请遍历江、岭，求访异人。有润州[16]人周息元，自言寿数百岁，上遣中使迎之。八月，乙巳[17]，息元至京师，上馆之禁中山亭。

朱延嗣既得幽州，虐用其人；都知兵马使李载义[18]与弟牙内兵马使载宁共杀延嗣，并屠其家三百余人。载义权知留后，九月，数延嗣之罪以闻。载义，承乾[19]之后也。

庚申[20]，魏博节度使史宪诚妄奏李同捷为军士所逐，走归本道，请束身[21]归朝；寻奏同捷复归沧州。

壬申[22]，以中书侍郎、同平章事李程同平章事、充河东节度使。

冬，十月，己亥[23]，以李载义为卢龙节度使。

十一月，甲申[24]，以门下侍郎、同平章事李逢吉同平章事、充山南东道节度使。

上游戏无度，狎昵[25]群小[26]，善击毬，好手搏，禁军及诸道争献力士，又以钱万缗付内园令召募力士，昼夜不离侧；又好深夜自捕狐狸。性复褊急，力士或恃恩不逊，辄配流[27]、籍没[28]；宦官小过，动遭捶挞，皆怨且惧。十二月，辛丑[29]，上夜猎还宫，与宦官刘克明[30]、田务澄、许文端及击球军将苏佐明、王嘉宪、石从宽、阎惟直等二十八人饮酒。上酒酣，入室更衣，殿上烛忽灭，苏佐明等弑上于室内。刘克明等矫称上旨，命翰林学士路隋[31]草遗制，以绛王[32]悟权句当[33]军国事。

壬寅[34]，宣遗制，绛王见宰相百官于紫宸外庑[35]。

（以上为第十一段，写唐敬宗好神仙，食金丹，喜怒无常，被宦官刘克明弑杀。）

【注释】

[1]甲子：六月二十八日。[2]三殿：宫殿名。麟德殿之别名。[3]左右军：左右神策军。[4]教坊：此为内教坊。[5]内园：宫内园圃，有内园小儿种植蔬菜瓜果。此指内园小儿。[6]戏酣：游戏高潮时。[7]夜漏数刻乃罢：直到夜间过了数刻才停止。铜壶滴漏计时，故称夜间时刻为夜漏。其计单位为刻，一昼夜共一百刻。[8]己卯：七月十二日。[9]沙门：僧人。[10]俗讲：佛经的通俗讲解，即变文。[11]癸未：七月十八日。[12]衡王：李绚，唐顺宗第十二子，贞元二十一年（805）封。传见《旧唐书》卷一百五十，《新唐书》卷八十二。[13]壬辰：七月二十七日。[14]左藏：府库名。唐太府寺有左、右藏。左藏掌钱帛、杂彩；右藏掌金玉、珠宝等。[15]内藏：府库名。皇室仓库。[16]润州：州名。治所丹徒，在今江苏镇江市。[17]乙巳：八月十日。[18]李载义（787—837）：字方谷，官至河东节度使。传见《旧唐书》卷一百八十，《新唐书》卷二百一十二。[19]承乾（？—645）：李承乾，太宗长子，贞观十七年（643）谋反，废为庶人。传见《旧唐书》卷七十六，《新唐书》卷八十。[20]庚申：九月乙丑朔，无庚申。疑为庚午，即九月六日。[21]束身：归顺。[22]壬申：九月八日。[23]己亥：十月五日。[24]甲申：十一月二十一日。[25]狎昵：亲昵。[26]群小：众小儿，指为击球、手搏、杂戏的左右军、教坊、内园诸人及内侍等。[27]配流：即流放、发配。流放、发配有罪之人于边远荒僻之地。[28]籍没：没收财产入官。[29]辛丑：十二月八日。[30]刘克明

（？—826）：宦官，得幸敬宗。后与苏佐明弑帝，矫诏绛王即位。枢密使王守澄等迎立江王，克明投井死。传见《新唐书》卷二百〇八。［31］路隋（775—835）：字南式，唐文宗太和二年（828）拜相，辅政七年。传见《旧唐书》卷一百五十九，《新唐书》卷一百四十二。［32］绛王：李悟，宪宗第六子，元和元年（806）封，宝历二年（826）被杀。传见《旧唐书》卷一百七十五，《新唐书》卷八十二。［33］句（gòu）当：办理。［34］壬寅：十二月九日。［35］庑：廊屋。

克明等欲易置内侍之执权者，于是枢密使王守澄、杨承和、中尉魏从简、梁守谦定议，以卫兵迎江王[1]涵入宫，发左、右神策、飞龙兵进讨贼党，尽斩之。克明赴井，出而斩之。绛王为乱兵所害。

时事起苍猝，守澄以翰林学士韦处厚博通古今，一夕处置，皆与之共议。守澄等欲号令中外，而疑所以为辞。处厚曰："正名讨罪，于义何嫌；安可依违，有所讳避！"又问："江王当如何践阼[2]？"处厚曰："诘朝[3]，当以王教布告中外以已平内难。然后群臣三表劝进，以太皇太后令册命即皇帝位。"当时皆从其言，时不暇复问有司，凡百仪法，皆出于处厚，无不叶宜。

癸卯[4]，以裴度摄冢宰。百官谒见江王于紫宸外庑，王素服涕泣。甲辰[5]，见诸军使于少阳院[6]。赵归真等诸术士及敬宗时佞幸者，皆流岭南或边地。

乙巳[7]，文宗即位，更名昂。戊申[8]，尊母萧氏为皇太后，王太后为宝历太后。是时，郭太后居兴庆宫，王太后居义安殿，萧太后居大内。上性孝谨，事三宫如一，每得珍异之物，先荐郊庙[9]，次奉三宫，然后进御。萧太后，闽人也。

庚戌[10]，以翰林学士韦处厚为中书侍郎、同平章事。

上自为诸王，深知两朝[11]之弊，及即位，励精求治，去奢从俭。诏宫女非有职掌者皆出之，出三千余人。五坊鹰犬，准[12]元和故事，量留校猎[13]外，悉放之。有司供宫禁年支物，并准贞元故事。省教坊、翰林[14]、总监[15]冗食千二百余员[16]，停诸司新加衣粮[17]。御马坊场及近岁别贮钱谷、所占陂田，悉归之有司。先宣索组绣、雕镂之物，悉罢之。敬宗之世，每月视朝不过一二，上始复旧制，每奇日[18]未尝不视朝，对宰相群臣延访政事，久之方罢。待制官[19]旧虽设之，未尝召对，至是屡蒙延问。其辍朝、放朝皆用偶日，中外翕然[20]相贺，以为太平可冀。

（以上为第十二段，写宦官王守澄拥立唐文宗，唐文宗初即位励精求治，去奢从俭，中外翕然望治。）

【注释】

[1]江王：李涵，唐穆宗第二子，即文宗，即位更名昂。[2]践阼（zuò）：即位。阼，东阶。[3]诘朝：朝晨。[4]癸卯：十二月十日。[5]甲辰：十二月十一日。[6]少阳院：在皇城东北，太子所居，亦谓之东宫。[7]乙巳：十二月十二日。[8]戊申：十二月十五日。[9]荐郊庙：祭祀天地宗庙。[10]庚戌：十二月十七日。[11]两朝：谓穆宗、敬宗两朝。[12]准：依照。[13]校（jiǎo）猎：本指以木栏围圈野兽而猎取之，此处泛指狩猎。[14]翰林：即翰林院，职掌枢要的秘书机构。[15]总监：诸苑总管。[16]冗食千二百余员：裁减超额人员一千二百余人。冗食，吃闲饭的超额人员。[17]停诸司新加衣粮：敬宗滥施恩赐，新增宫内诸司之衣粮，文宗即位初，悉停发。诸司，宫内二十四司宦官机构。[18]奇（jī）日：单日。[19]待制官：翰林院属官，备顾问应对。[20]翕（xī）然：一致。

文宗[1]元圣昭献孝皇帝上之上

太和元年（丁未，827年）

春，二月，乙巳[2]，赦天下，改元。

李同捷擅据沧景，朝廷经岁不问。同捷冀易世之后或加恩贷[3]，三月，壬戌朔[4]，遣掌书记崔从长奉表与其弟同志、同巽俱入见，请遵朝旨。

上虽虚怀听纳而不能坚决，与宰相议事已定，寻复中变。夏，四月，丙辰[5]，韦处厚于延英极论之，因请避位[6]；上再三慰劳之。

忠武节度使王沛[7]薨。庚申[8]，以太仆卿高瑀[9]为忠武节度使。

自大历以来，节度使多出禁军，其禁军大将资高者，皆以倍称之息[10]贷钱于富室，以赂中尉，动逾亿万，然后得之，未尝由执政；至镇，则重敛以偿所负。及沛薨，裴度、韦处厚始奏以瑀代之。中外相贺曰："自今债帅鲜矣！"

五月，丙子[11]，以天平节度使乌重胤为横海节度使，以前横海节度副使李同捷为兖海节度使。朝廷犹虑河南、北[12]节度使构扇[13]同捷使拒命，乃加魏博史宪诚同平章事。丁丑[14]，加卢龙李载义、平卢康志睦[15]、成德王庭凑检校官[16]。

盐铁使王播自淮南入朝，力图大用，所献银器以千计，绫绢以十万计。六月，癸巳[17]，以播为左仆射、同平章事。

秋，七月，癸酉[18]，葬睿武昭愍孝皇帝于庄陵[19]；庙号敬宗。

李同捷托为将士所留，不受诏；乙酉[20]，武宁节度使王智兴奏请将本军三万人，自备五月粮以讨同捷，许之。八月，庚子[21]，削同捷官爵，命乌重胤、王智兴、康志睦、史宪诚、李载义与义成节度使李听、义武节度使张璠各帅本军讨之。

同捷遣其子弟以珍玩、女妓赂河北诸镇。戊午[22]，李载义执其侄，并所赂献之。

史宪诚与李全略为婚姻[23]，及同捷叛，密以粮助之。裴度不知其所为，谓宪诚无贰心。宪诚遣亲吏至中书请事，韦处厚谓曰："晋公[24]于上前以百口[25]保尔使主[26]；处厚则不然，但仰俟所为，自有朝典[27]耳！"宪诚惧，不敢复与同捷通。

王庭凑为同捷求节钺不获，乃助之为乱，出兵境上以挠[28]魏师[29]；又遣使厚赂沙陀[30]酋长朱邪执宜，欲与之连兵，执宜拒不受。

冬，十月，天平、横海节度使乌重胤击同捷，屡破之。十一月，丙寅[31]，重胤薨。庚辰[32]，以保义[33]节度使李寰为横海节度使。从王智兴之请也。

十二月，庚戌[34]，加王智兴同平章事。

（以上为第十三段，写李同捷据沧景叛乱。）

【注释】

[1]文宗：唐穆宗第二子，敬宗之弟，本名涵，即位更名昂。公元827—840年在位。 [2]乙巳：二月十三日。 [3]恩贷：恩泽。 [4]壬戌朔：三月一日。 [5]丙辰：四月二十五日。 [6]避位：让位。 [7]王沛（？—827）：许州许昌（今河南许昌市）人。历官兖海、忠武等节度使。传见《旧唐书》卷一百六十一，《新唐书》卷一百七十一。 [8]庚申：四月二十九日。 [9]高瑀（？—834）：渤海蓨（今河北景县）人。历官忠武、武宁等节度使。传见《旧唐书》卷一百六十二，

《新唐书》卷一百七十一。[10]倍称(chèn)之息：一倍于本金的利息。[11]丙子：五月十五日。[12]河南、北：泛指黄河以南、以北地区。[13]构扇：勾结煽动。[14]丁丑：五月十六日。[15]康志睦：字得众，灵州（今宁夏灵武市西南）人。康日知子，历官平卢、泾原等节度使。传见《新唐书》卷一百四十八。[16]检校官：加官名。唐代后期，为了笼络方镇，往往加官三公、宰相等荣衔，带检校二字，省称检校官。[17]癸巳：六月三日。[18]癸酉：七月十三日。[19]庄陵：敬宗陵墓，在京兆三原县西北五里，在今陕西富平县西北。[20]乙酉：七月二十五日。[21]庚子：八月十一日。[22]戊午：八月二十九日。[23]婚姻：亲家。[24]晋公：裴度封晋国公，故称。[25]百口：全家。[26]使主：节度使为一道之主，故对其属吏，称之为使主。[27]朝典：朝廷典章。此谓将依法惩治。[28]挠：阻遏。[29]魏师：魏博之师。[30]沙陀：部族名。西突厥别部，唐贞观中居于北庭蒲类之东（今新疆奇台东南），其地有大碛，名沙陀，因取以为名。贞元初，该部族徙至盐州，太和中迁至河东道北部。[31]丙寅：十一月八日。[32]庚辰：十一月二十二日。[33]保义：方镇名。唐穆宗长庆三年（823）割河中节度使所辖晋、慈二州置保义军，唐文宗太和元年(827)废。治所晋州，在今山西临汾市。[34]庚戌：十二月二十三日。

二年（戊申，828年）

春，三月，己卯[1]，王智兴攻棣州，焚其三门。

自元和之末，宦官益横，建置天子在其掌握，威权出人主之右，人莫敢言。上亲策制举人[2]，贤良方正[3]昌平刘蕡[4]对策，极言其祸，其略曰："陛下宜先忧者，宫闱将变、社稷将危、天下将倾、海内将乱。"又曰："陛下将杜篡弑之渐，则居正位而近正人，远刀锯之贱[5]，亲骨鲠之直，辅相得以专其任，庶职[6]得以守其官，奈何以亵近五六人总天下大政！祸稔萧墙[7]，奸生帷幄，臣恐曹节[8]、侯览[9]复生于今日。"又曰："忠贤无腹心之寄，阍寺[10]持废立之权，陷先君不得正其终，致陛下不得正其始[11]。"又曰："威柄[12]陵夷[13]，藩臣跋扈。或有不达人臣之节，首乱者以安君为名；不究《春秋》之微[14]，称兵者以逐恶为义[15]。则政刑不由乎天子，征伐必自于诸侯。"又曰："陛下何不塞[16]阴邪之路，屏[17]亵狎之臣，制侵陵[18]迫胁之心，复门户扫除之役，戒其所宜戒，忧其所宜忧！既不能治于前，当治于后；既不能正其始，当正其终，则可以虔奉典谟[19]，克承[20]丕构[21]矣。昔秦之亡也失于强暴，汉之亡也失于微弱。强暴则贼臣[22]畏死而害上，微弱则奸臣[23]窃权而震主。伏见敬宗皇帝不虞[24]亡秦之祸，不剪其萌。伏惟陛下深轸[25]亡汉之忧，以杜其渐，则祖宗之鸿业[26]可绍[27]，三、五之遐轨[28]可追矣。”又曰：“臣闻昔汉元帝即位之初，更制七十余事，其心甚诚，其称甚美，然而纪纲日紊[29]，国祚日衰，奸宄[30]日强，黎元[31]日困者，以其不能择贤明而任之，失其操柄也。”又曰：“陛下诚能揭[32]国权以归相，持兵柄以归将，则心无不达，行无不孚[33]矣。”又曰：“法宜画一[34]，官宜正名。今分外官、中官之员，立南司、北司[35]之局，或犯禁于南则亡命于北，或正刑于外则破律于中，法出多门，人无所措，实由兵农势异而中外法殊也。”又曰：“今夏官[36]不知兵籍，止于奉朝请；六军[37]不主兵事，止于养勋阶[38]。军容[39]合中官之政，戎律[40]附内臣之职。首一戴武弁[41]，疾文吏如仇雠；足一蹈军门，视农夫如草芥。谋不足以剪除凶逆而诈足以抑扬威福[42]，勇不足以镇卫社稷而暴足以侵轶里闾[43]。羁绁藩臣[44]，干陵宰辅[45]，隳裂王度[46]，汩乱朝经[47]。张武夫之威[48]，上以制君父；假天子之命，下以御英豪。有藏奸观衅[49]之心，无伏节[50]死难之义。岂先王经文纬武之旨邪！”又曰：“臣非不知言发而祸应[51]，计行而身戮，盖痛社稷之危，哀生人之困，岂忍姑息时忌，窃陛下一命[52]之宠哉！”

闰月，丙戌朔[53]，史宪诚奏遣其子副大使唐[54]、都知兵马使亓志绍[55]将兵二万五千趣[56]德州讨李同捷。时宪诚欲助同捷，唐泣谏，且请发兵讨之！宪诚不能违。

甲午[57]，贤良方正裴休、李郃、李甘、杜牧、马植、崔玙、王式、崔慎由等二十二人中第，皆除官[58]。考官左散骑常侍[59]冯宿[60]等见刘蕡策，皆叹服，而畏宦官，不敢取。诏下，物论[61]嚣然[62]称屈。谏官、御史欲论奏，执政抑之。李郃曰：“刘蕡下第，我辈登科，能无厚颜！”乃上疏，以为：“蕡所对策，汉、魏以来无与为比。今有司以蕡指切左右，不敢以闻，恐忠良道穷，纲纪遂绝。况臣所对不及蕡远甚，乞回臣所授以旌蕡直[63]。”不报。蕡由是不得仕于朝，终于使府御史[64]。牧[65]，佑之孙；植[66]，勋之子；式[67]，起之子；慎由[68]，融之玄孙也。

（以上为第十四段，写刘蕡对策，直言宦官之祸，主考不敢取，刘蕡落第。）

【注释】

[1]己卯：三月二十三日。[2]上亲策制举人：唐文宗发制书亲自策问应试之人。据章校，“上”有“辛巳”二字。辛巳，三月二十五日。[3]贤良方正：制科名，此指应该科考试。[4]刘蕡：字去华，昌平（今北京市昌平区西南）人。太和二年（828）应贤良方正科，论宦官危害，考官以为对策超过西汉的晁错、董仲舒，但畏宦官而不敢录取。终柳州司户。传见《旧唐书》卷一百九十下，《新唐书》卷一百七十八。[5]刀锯之贱：宦官乃刑余之人，故称。[6]庶职：百官。[7]祸稔萧墙：祸乱起于宫室。萧墙，屏风。语出《论语·子路》：“吾恐季孙之忧，不在颛臾，而在萧墙之内也。”[8]曹节（？—181）：汉恒帝、灵帝时中常侍。曾矫诏诛太傅陈蕃、大将军窦武，诬汉恒帝弟勃海王悝谋反等。[9]侯览（？—172）：汉恒帝、灵帝时中常侍。挟持灵帝收捕党人司隶校尉李膺、太仆杜密等百余人下狱处死。曹、侯传见《后汉书》卷七十八《宦者列传》。[10]阍寺：即宦官。[11]陷先君不得正其终，致陛下不得正其始：谓宦官弑敬宗而立今上。不得正其终，指唐敬宗之死非善终；不得正其始，指唐文宗之立不是正常继位。二句语出《穀梁传》定公元年：“昭公之终，非正终也；定之始，非正始也。昭无正终，故定无正始。”[12]威柄：威势权柄。[13]陵夷：衰颓。[14]微：微旨。[15]兵者以逐恶为义：言强藩首乱举兵，往往以安定君位，逐君侧恶臣为借口。[16]塞：杜绝。[17]屏（bǐng）：同“摒”，斥退。[18]陵：同“凌”。[19]虔奉典谟：恭谨地遵奉纲纪。典谟，《尚书》有典、谟、誓、诰、训，用以指代文化图籍，国家纲纪。[20]克承：能够承继大业。克，能。[21]丕构：大厦，喻国家机构。[22]贼臣：谓赵高，喻赵高式的弑主宦官。[23]奸臣：汉代专国奸臣为外戚、宦官，此处专指宦官。[24]虞：忧虑。[25]轸：悲痛。[26]鸿业：大业。[27]绍：继承。[28]三、五之遐轨：三皇五帝之远古法则。[29]纪纲日紊：法纪日益混乱、败坏。[30]奸宄（guǐ）：犯法作乱之人。[31]黎元：众民百姓。[32]揭：举。[33]孚：诚信。[34]画一：一致。[35]分外官、中官之员，立南司、北司：唐代三省官署中书、门下、尚书位于宫城之南，谓之南司、南衙，其官员称外官。内侍省设在皇宫之北，谓之北司，北司皆宦官，亦称中官。[36]夏官：即兵部尚书。[37]六军：唐制，六军为左右羽林军、左右龙武军、左右神武军。这里泛指上将军、大将军、将军、统军等各级武官职位，有职无权，只不过用来安排人事，安置各种闲散人员罢了。[38]勋阶：勋爵、官阶。[39]军容：观军容使之省称。职掌神策军的最高长官，以宦官充任。这里系泛指宦官充任的军容使，以及诸镇监军使。[40]戎律：军法。[41]首一戴武弁：头上一戴上军官帽。武弁，武士帽，这里指武职。[42]抑扬威福：肆意作威作福。指专擅朝政。[43]侵轶里闾：扰害乡里。[44]羁绁藩臣：控制藩镇大臣。羁，马络头。绁，缰绳。[45]干陵宰辅：干预凌驾于执政大臣之上。[46]隳（huī）裂王度：毁坏王法。[47]汩（gǔ）乱朝经：扰乱朝纲。[48]张武夫之威：指宦官凭借方镇之势，以控制朝廷。张，发扬，引申为凭借，假借。[49]观衅：伺机而动。[50]伏节：殉节。[51]言发而祸应：话一出口，祸患随之而来。[52]一命：最低品级的官。命，官阶。[53]丙戌朔：闰三月

一日。［54］副大使唐：节度副使史唐。史唐（800—839）：字得仁，史宪诚之子，后改名史孝章，官至邠宁节度使。曾谏其父尽忠朝廷，史宪诚终为乱军所害，史孝章得以善终。传见《旧唐书》卷一百八十一，《新唐书》卷一百四十八。［55］亓（qī）志绍：魏博镇大将。《通鉴考异》："《实录》或作'于志沼'，或作'亓志沼'，或作'亓志绍'，《旧纪》作'开志绍'。《新纪·传》作'亓志绍'，今从之。"［56］趣：同"趋"。［57］甲午：闰三月九日。［58］二十二人中第，皆除官：裴休等二十二人对策后被选中为高第，全都拜授官职。裴休，字公美，宣宗时宰相，官终吏部尚书。传见《旧唐书》卷一百七十七，《新唐书》卷一百八十二。李甘，字和鼎，太和中任侍御史，因反对郑注为相，被贬封州司马。传见《旧唐书》卷一百七十一。崔玙，字朗士，官至兵部侍郎。传见《旧唐书》卷一百七十七。李郃，两唐书无传。杜牧、马植、王式、崔慎由，皆权臣之子孙，注详后。［59］散骑常侍：官名。备顾问应对，预闻要政。唐代左散骑常侍隶门下省，右散骑常侍隶中书省。［60］冯宿：字拱之，时为左散骑常侍兼集贤殿学士。历官工部、刑部二侍郎，终官东川节度使。传见《旧唐书》卷一百六十八，《新唐书》卷一百七十七。［61］物论：舆论。［62］嚣然：哗然，纷纷激愤为刘蕡鸣不平。［63］乞回臣所授以旌蕡直：李郃上疏请求朝廷收回授予他的职位，改授给刘蕡以表彰他的正直。旌，表彰。［64］使府御史：以御史官阶寄禄于节度府为僚属。［65］牧，佑之孙：杜牧，为德宗宰相杜佑之孙，字牧之，官至中书舍人。杜牧为晚唐著名文学家，有《樊川集》二十卷行于世。传见《旧唐书》卷一百四十七，《新唐书》卷一百六十六。［66］植，勋之子：马植，为德宗时凤州刺史马勋之子，字存之，唐宣宗时宰相，终官宣武节度使。马植传见《旧唐书》卷一百七十六，《新唐书》卷一百八十四。马勋事迹散见《旧唐书》卷一百一十七，《新唐书》卷一百五十八，一百四十四。［67］式，起之子：王式、王起两人为历仕宪、穆、敬、文四朝的元老大臣王播亲族，传附王播传。王起为王播之弟，历任穆、敬、文、武四朝，终官山南西道节度使。王式历文、武、宣、懿四朝，累历方任，终官左金吾大将军。《旧唐书》载王式为王播之子，则为王起之侄，《新唐书》载王式为王起之子。《资治通鉴》从《新唐书》。王播传见《旧唐书》卷一百六十四，《新唐书》卷一百六十七。［68］慎由，融之玄孙也：崔慎由，崔融之玄孙，字敬止，宣宗朝宰相，传见《旧唐书》卷一百七十七，《新唐书》卷一百一十四。崔融，仕武后、唐中宗两朝，终官国子司业。传见《旧唐书》卷九十四，《新唐书》卷一百一十四。

夏，六月，晋王普[1]薨；辛酉[2]，谥悼怀太子[3]。

初，萧太后幼去乡里，有弟一人；上即位，命福建[4]观察使求访，莫知所在。有茶纲役人[5]萧洪，自言有姊流落，商人赵缜引之见太后近亲吕璋之妻，亦不能辨，与之俱见太后。上以为得真舅[6]，甲子，以为太子洗马[7]。

峰州[8]刺史王升朝叛；庚辰[9]，安南都护武陵[10]韩约讨斩之。

王庭凑阴以兵及盐粮助李同捷，上欲讨之；秋，七月，甲辰[11]，诏中书集百官议其事。宰相以下莫敢违，卫尉卿[12]殷侑[13]独以为：“庭凑虽附凶徒，事未甚露，宜且含容，专讨同捷。”己巳[14]，下诏罪状庭凑，命邻道各严兵守备，听其自新。

九月，丁亥[15]，王智兴奏拔棣州。

李寰自晋州引兵赴镇，不戢[16]士卒，所过残暴，至则拥兵不进，但坐索供馈。庚寅[17]，以寰为晋绥节度使。

甲午[18]，诏削夺王庭凑官爵，命诸军四面进讨。

加王智兴守司徒，以前夏绥节度使傅良弼为横海节度使。

岳王绲[19]薨。

庚戌[20]，容管奏安南军乱，逐都护韩约。

冬，十月，洋王忻[21]薨，

魏博败横海兵于平原[22]，遂拔之。

十一月，癸未朔[23]，易定节度使柳公济奏攻李同捷坚固寨[24]，拔之；又破其兵于寨东。时河南、北诸军讨同捷久未成功，每有小胜，则虚张首虏以邀厚赏，朝廷竭力奉之，江、淮为之耗弊。

傅良弼至陕[25]而薨。乙酉[26]，以左金吾大将军李祐为横海节度使。

甲辰[27]，禁中昭德寺火，延及宫人所居，烧死者数百人。

十二月，丁巳[28]，王智兴奏兵马使李君谋将兵济河，破无棣[29]。

壬申[30]，中书侍郎、同平章事韦处厚薨。

李同捷军势日蹙，王庭凑不能救，乃遣人说魏博大将亓志绍，使杀史宪诚父子取魏博；志绍遂作乱，引所部兵二万人还逼魏州。丁丑[31]，命谏议大夫柏耆宣慰魏博，且发义成、河阳兵以讨志绍。

戊寅[32]，以翰林学士路隋为中书侍郎、同平章事。

辛巳[33]，史宪诚奏亓志绍兵屯永济[34]，告急求援；诏义成节度使李听帅沧州行营诸军以讨志绍。

（以上为第十五段，写唐文宗诏命讨贼王庭凑，河北战事又起。）

【注释】

[1]晋王普：晋王李普，敬宗长子，宝历元年封。薨年仅五岁，文宗恻念不能自已，故赠悼怀太子。传见《旧唐书》卷一百七十五，《新唐书》卷八十二。［2］辛酉：六月七日。［3］谥悼怀太子：据章校，"谥"作"赠"。［4］福建：方镇名。唐肃宗上元元年（760）置，治所福州，在今福建福州市。［5］茶纲役人：征茶税的差人。茶纲，茶商贩运茶叶，以一定数额为一纲计征赋税，称茶纲。[6]真舅：亲舅舅。［7］太子洗（xiǎn）马：官名，东宫属官。掌经籍，出入侍从。[8]峰州：州名，属安南都护府，治所嘉宁，在今越南河内西北。［9］庚辰：六月二十六日。[10]武陵：县名，县治在今湖南常德市。［11］甲辰：七月二十日。［12］卫尉卿：官名。卫尉寺掌兵器、仪仗等事。其正、副长官为卿、少卿。［13］殷侑（766—838）：历官义昌、山南东道、忠武等节度使。传见《旧唐书》卷一百六十五，《新唐书》卷一百六十四。［14］己巳：七月乙酉朔，无己巳。己巳，八月十六日。按，己巳，疑为乙巳之误。乙巳，七月二十一日。盖甲辰廷议王庭凑罪状，而于乙巳下诏。［15］丁亥：九月四日。［16］戢（jí）：约束。［17］庚寅：九月七日。［18］甲午：九月十一日。［19］岳王绲：岳王李绲，顺宗第十八子，贞元二十一年（805）封。传见《旧唐书》卷一百五十，《新唐书》卷八十二。［20］庚戌：九月二十七日。［21］洋王忻：洋王李忻，宪宗第五子，元和元年（806）封。传见《旧唐书》卷一百七十五，《新唐书》卷八十二。［22］平原：县名。县治在今山东平原县。［23］癸未朔：十一月一日。［24］坚固寨：寨名。在沧州西，李同捷所筑，以抗官军，命名坚固以取吉祥。［25］陕：州名。治所陕县，在今河南三门峡市。［26］乙酉：十一月三日。［27］甲辰：十一月二十二日。［28］丁巳：十二月六日。［29］无棣：县名。沧州属县，在其东南一百七十里。县治在今山东庆云县北河北省境内。[30]壬申：十二月二十一日。[31]丁丑：十二月二十六日。[32]戊寅：十二月二十七日。[33]辛巳：十二月三十日。［34］永济：县名。县治在今河北馆陶县北。

【点评】

本卷点评穆、敬二宗昏庸误国，宦官专皇权，刘蕡对策反对宦官三大史事。

一、穆、敬二宗昏庸误国。宪宗用武，削平藩镇割据，收功实在穆宗即位之初。头一年，李师道授首，平卢平；穆宗即位当年，王承宗死，承元归命，成德平；明年刘总尽纳其土地兵马，为僧以去，卢龙平。至是，河北三镇归朝廷，割据跋扈之风，消尽无余。穆宗赶上了旷世澄清的时代，当励精图治，重振唐室雄风，但穆宗却游宴无节度，君不像君；所用之臣崔植、杜元颖等庸懦不知远略，臣不像臣；张弘靖出镇卢龙，骄贵不明政事，帅不像帅。未几，朱克融首乱，囚张弘靖，穆宗则授以卢龙节钺；史宪诚逼迫忠孝之田布以死，而授以魏博节钺；王庭凑杀忠诚平贼之田弘正，而授以成德节钺，于是河朔三镇再失，唐之不可以复兴而至灭亡，这是一个先兆。穆宗如此，敬宗更如此，比穆宗还要骄恣而狂愚，成天与嬖幸打闹在一起，击球、酗酒，晏睡不早朝。历仕宪宗、穆宗、敬宗、文宗、武宗五朝的大宦官仇士良，在会昌三年（843）致仕时告诫宦官们说："侍奉天子，不能让他有闲暇时间，一有闲暇，他就要看书，会见儒臣，就会纳谏，这样天子就会增长见识，深谋远虑，就不会再去追求享受、游山玩水，那么我们这些人就不会受到宠信，就掌控不了大权了。"穆、敬二宗正是在仇士良及其同伙的掌控之中，不问国事，不知创业之艰难，不恤黎庶之疾苦，错误地认为只要威权在手，就可任意胡为，就可控驭万方。敬宗整夜在殿中踢球，卜者苏玄明与染坊杂役张韶轻易地发动了一场入宫坐御榻的闹剧，敬宗仍不知省，最后在酗酒游宴中遭到宦官的毒手。穆宗二十七岁即位，三十一岁食金丹中毒而亡，在位四年。敬宗十五岁即位，十八岁被宦官杀害，在位仅三年。一个是青年皇帝，一个是少年天子，都正当盛年而横死，完全是咎由自取。两代皇帝的荒淫，不但害了自身，因其为皇帝，更害了国家。敬宗之早死不幸，实乃唐王室社稷之福。设若敬宗不早死，唐王室将有可能毁于他之手。

二、宦官专皇权。唐宪宗元和十五年（820），宪宗死，穆宗立，中唐政治结束，进入了晚唐政治。宦官专皇权与朋党之争交织，是晚唐政治的特点。宪宗之死，为宦官所杀；穆宗之立，为宦官拥戴。事后，朝官无人声讨，由是宦官专权，以至于专皇权，开了宦官废立皇帝的先例。

宦官专皇权，有一个渐进的过程。唐宪宗尊宠宦官，四贵权力足以与朝官争衡。主管宦官的内侍省在大内之北，称北司。唐宰相办公的尚书省在大内之南，称南衙或南省。习惯上以北司为宦官之代称，南衙为宰相和朝官之代称。正常情况下，太子之立是皇帝与宰辅大臣商定，按宗法制度是立嫡长子。太子之废立，皇帝即位，是国家大政，宦官没有插嘴的地方。中唐自肃宗以后，宦官权力日增，由于皇帝的宠信，宦官插足，但没有朝官的支持，宦官不具有单独废立的权力。宪宗元和六年（811）十二月，宪宗之惠昭太子死，第二年七月，宪宗召群臣商议另立太子，当时有两个人选。一是澧王李恽，年长，但非嫡子；二是遂王李恒，年次李恽，但为嫡子。朝官按宗法，主张立遂王李恒。但这时宦官已有能力插手，分为两派。最受宪宗宠信的吐突承璀与澧王李恽关系友好，主张立李恽。另一派大宦官梁守谦、王守澄想通过拥立太子与吐突承璀争权，支持朝官拥立李恒。当吐突承璀外出为淮南监军时，梁守谦与朝官联合确立李恒为太子。但是吐突承璀不死心，他回朝后极力主张更换太子。元和十五年（820）正月，宪宗食金丹染疾，梁守谦、王守澄先下手为强，发动宫廷政变，杀了唐宪宗，立太子李恒为帝，是为穆宗。穆宗立，杀吐突承璀及澧王李恽。由于李恒是合法储君，又是朝官拥立的，投鼠忌器，不敢追究唐宪宗之死，于是开了宦官废立皇帝的恶例。敬宗宝历三年（827），宦官刘克明杀敬宗，拥立绛王李悟，还以唐敬宗遗诏名义向百官宣布，以绛王李悟主持军国事务，李悟又在紫宸殿外厅接见宰相与百官，算是已经准备登位的皇帝了。枢密使王守澄、杨承和，中尉魏从简、梁守谦等四贵合议，紧急发动兵变，用禁军迎立江王李涵即皇帝位，杀宦官刘克明和绛王李悟。江王即位，是为文宗，更名李昂。这一次废立完全由宦官一手导演，还翻了朝官的案，没有一个人敢吭声。这一事件，巩固了宦官专皇权的体制，直至唐亡，唐王室的皇帝逃不出宦官的掌控。

宦官专权，带来了两个严重的后果。一是皇帝感到自身难保，唐文宗就不甘心做傀儡，想从朝官方面取得一些力量来和宦官对抗，皇帝有了这一倾向，朝官也就敢和宦官对抗。唐文宗发动了两次诛灭宦官的行动，虽然失败了，但鼓励了南衙对抗北司，皇帝一得势就宠信宦官，用内朝控制外朝。皇帝在宦官与朝官之间摇摆，激起南北司的斗争，南北司势同水火。二是宦官权重，吸引奸佞小人依附，分化朝官对立，加剧朋党斗争。朋党之争的实质是争夺仕途职位。唐高祖定制，“工商杂类，无预士流”。宦官的出身属于杂类，宦官权势扩张，朝官的职位遭侵夺，宦官的权力一直在上升，职官被侵夺的范围也一直在扩大。宦官统率神策军，给工商杂类大开方便之门，长安富家子弟贿赂宦官，便可入神策军籍。穆宗即位，重奖神策军士。随后又开禁，非正式取消杂类不得入仕的限制，允许神策军及京外各镇保荐有功将士，因此大批商贾、胥吏用贿赂取得朝官资格，士流无法抵制。宦官是工商杂类在政治上的代表，朝官是士流的代表，也就是宦官一方是官职的侵夺者，朝官一方是被侵夺者，南北司水火不容，其根本原因就在这里。三是宦官贪婪纳贿，政治腐败，激化社会矛盾。自唐代宗时起，节度使多从禁军派出。禁军大将用高利向富家借款，送给中尉，然后出朝作节度使，到镇后，加紧敲剥搜刮民财来还本付息，利息一般是本钱的三倍。时人称这种贿买来的节度使为“债帅”。节度使要入朝为相，或得到加官荣衔，地方刺史等要入朝做京官，奸佞小人依附宦官，都要行贿赂。以上就是宦官专权带来的社会三害，造成唐统治集团内部纷争不断，各方势力为争夺官位而狂斗，已得职位的官吏敲骨吸髓刻剥民众。这就是晚唐宦官专权带来的黑暗政治。穆、敬二宗之得位大宝与横死，确立了宦官专权的体制。

三、刘蕡对策反对宦官。文宗太和二年（828），文宗下诏求言，开举贤良方正科。名士刘蕡在对策中，旗帜鲜明地反对宦官。刘蕡说：法律应该统一，官位应该正名。现在官员分为外官、内官，政权分为南司、北司，在南司犯法，跑到北司就没有事，有的外官判了刑，内官认为无罪。法出多门，是非混乱，根源就是兵与农地位悬殊，中官外官各自有法。刘蕡还说：现在兵部不管军政，六军将领只存空名，军政大权，全归中官掌控。头一戴武士帽，便把文官看作仇敌，脚一踏进军门，便把农夫看作草芥。这些武夫，依靠宦官势力，只会作威作福，欺压民众。宦官却依靠武夫的骄横挟制皇帝，再利用皇帝的名义驱使朝官。这难道是先王经文纬武的治国原则吗？刘蕡要求文宗远离宦官，信任朝官，政权交给宰相，兵权交给将帅，这样才能拯救国家，维护皇权。刘蕡还说，要是考虑个人安危，就不说这些话了。为了国家，他是不能不说了。刘蕡对策，大长朝士志气，吐发人所难言之言，考官非常欣赏，但不敢录取。许多人替刘蕡抱不平，反映到宰相裴度那里，裴度为了局势稳定，没有上奏文宗，也保护了刘蕡免遭迫害。刘蕡虽然落第，但他却代表了朝士大夫郁结于心中的怨愤，也是朝官发动对宦官反击的信号。文宗达到了火力侦察的目的。他要依靠朝官来打击宦官，诛灭宦官。这次开举贤良方正科，吹响了文宗反击宦官的号角。

卷二四四　唐纪六十

唐文宗太和三年至七年（829—833 年）

【起屠维作噩（己酉，829 年），尽昭阳赤奋若（癸丑，833 年），凡五年】

【大事提要】

本卷记事起公元 829 年，讫公元 833 年，凡五年。当唐文宗太和三年至七年，是唐文宗执政的前期。唐文宗优于穆宗、敬宗两代皇帝，欲有一番作为，要摆脱宦官的控制，又厌恶朝官结朋党。太和三年（829），文宗召浙西观察使李德裕入朝任兵部侍郎，裴度推荐他做宰相。不到二十天，李德裕就被李宗闵、牛僧孺排挤出朝，后任西川节度使，西疆稳固。吐蕃边将降唐，李德裕上安边之策，李宗闵、牛僧孺妒忌李德裕建功，不顾国家利益，败坏其事，迫令李德裕送还吐蕃降人，使数千吐蕃降人遭屠。李宗闵、牛僧孺勾结宦官，文宗恶之。太和六年（832），牛僧孺被罢相，李德裕回朝任兵部尚书，第二年任相。李宗闵被李德裕排挤出朝，李党得势，牛党失势，这是牛李党争的第二回合。太和五年（831），文宗任命宋申锡为相，第一次谋诛宦官，宋申锡办事不密败下阵来。宦官王守澄使人诬告宋申锡谋立皇弟漳王李凑，欲兴大狱，文宗竟信以为真，把宋申锡交给王守澄治罪，朝官力争，宋申锡才免一死。这一冤案表明文宗也是一个昏聩之君，猜忌朝官甚于厌恶宦官，这注定了他办不了大事。文宗又平定沧景节度使李同捷之乱，遇强镇则姑息，容忍何进滔犯上自立为魏博节度，成德王庭凑假意效顺复其官爵，卢龙兵马使杨志诚逐帅得节度，强化了河朔三镇的割据，受到司马光的批评。杜牧上奏《罪言》《原十六卫》《守论》等政论，论藩镇割据，切中时弊。

文宗元圣昭献孝皇帝上之下

太和三年（己酉，829 年）

春，正月，亓志绍与成德合兵掠贝州[1]。

义成行营兵三千人先屯齐州，使之禹城[2]，中道溃叛；横海节度使李祐讨诛之。

李听、史唐合兵击亓志绍，破之；志绍将其众五千奔镇州[3]。

李载义奏攻沧州长芦[4]，拔之。

甲辰[5]，昭义奏亓志绍余众万五千人诣本道降，置之洺州[6]。

二月，横海节度使李祐帅诸道行营兵击李同捷，破之，进攻德州。

武宁捉生兵马使[7]石雄，勇敢，爱士卒；王智兴残虐，军中欲逐智兴而立雄[8]，智兴知之，因雄立功，奏请除刺史。丙辰[9]，以雄为壁州[10]刺史。

史宪诚闻沧景将平而惧，其子唐劝之入朝。丙寅[11]，宪诚使唐奉表请入朝，且请以所管听命。

石雄既去武宁，王智兴悉杀军中与雄善者百余人。夏，四月，戊午[12]，智兴奏雄摇动军情，请诛之。上知雄无罪，免死，长流白州[13]。

戊辰[14]，李载义奏攻沧州，破其罗城[15]。李祐拔德州，城中将卒三千余人奔镇州。李同捷与祐书请降，祐并奏其书，谏议大夫柏耆受诏宣慰行营，好张大击势以威制诸将，诸将已恶之矣；及李同捷请降于祐，祐遣大将万洪代守沧州；耆疑同捷之诈，自将数百骑驰入沧州，以事诛洪，取同捷及其家属诣京师。乙亥[16]，至将陵[17]，或言王庭凑欲以奇兵篡[18]同捷，乃斩同捷，传首，沧景悉平。

五月，庚寅[19]，加李载义同平章事。诸道兵攻李同捷，三年，仅能下之，而柏耆径入城，取为己功，诸将疾之，争上表论列。辛卯[20]，贬耆为循州司户。李祐寻薨。

（以上为第一段，写官军平定沧景李同捷之乱。）

【注释】

[1]贝州：州名，治所清河，在今河北清河县西。 [2]禹城：县名，县治在今山东禹城市东北。 [3]镇州：州名。治所真定府，在今河北正定县。 [4]长芦：县名，县治在今河北沧州市。 [5]甲辰：正月二十三日。 [6]洺州：章校：十二行本“洺”作沼；沼州，州名，治所永年，在今河北邯郸市永年区东南。 [7]捉生兵马使：官名。军镇牙将之一，谓能活捉敌人。又有捉生将、捉生指挥使等。 [8]雄：石雄本徐州牙将，以战功屡升壁州刺史，河中、凤翔等节度使。传见《旧唐书》卷一百六十一，《新唐书》卷一百七十一。 [9]丙辰：二月六日。 [10]壁州：州名，

治所诸水，在今四川通江县。［11］丙寅：二月十六日。［12］戊午：四月九日。［13］白州：州名。治所博白，在今广西博白县。［14］戊辰：四月十九日。［15］罗城：外城。［16］乙亥：四月二十六日。［17］将陵：县名。县治在今山东德州市陵城区北。［18］篡：夺，指劫囚。［19］庚寅：五月十二日。［20］辛卯：五月十三日。

壬寅[1]，摄[2]魏博副使史唐奏改名孝章。

六月，丙辰[3]，诏："镇州四面行营各归本道休息，但务保境，勿相往来；惟庭凑效顺，为达章表，余皆勿受。"

辛酉[4]，以史宪诚为兼侍中、河中节度使；以李听兼魏博节度使。分相、卫、澶三州[5]，以史孝章为节度使。

初，李枯闻柏耆杀万洪，大惊，疾遂剧。上曰："祐若死，是耆杀之也！"癸酉[6]，赐耆自尽。

河东节度使李程奏得王庭凑书，请纳景州[7]；又奏亓志绍自缢。

上遣中使赐史宪诚旌节，癸酉，至魏州。时李听自贝州还军馆陶[8]，迁延未进，宪诚竭府库以治行[9]。甲戌[10]，军乱，杀宪诚，奉牙内都知兵马使灵武何进滔[11]知留后。李听进至魏州，进滔拒之，不得入。秋，七月，进滔出兵击李听；听不为备，大败，溃走，昼夜兼行，趋浅口[12]，失亡过半，辎重兵械尽弃之。昭义兵救之，听仅而得免，归于滑台[13]。

河北久用兵，馈运不给，朝廷厌苦之。八月，壬子[14]，以进滔为魏博节度使，复以相、卫、澶三州归之。

沧州承丧乱之余，骸骨蔽地，城空野旷，户口存者什无三四。癸丑[15]，以卫尉卿殷侑为齐、德、沧、景节度使[16]。侑至镇，与士卒同甘苦，招抚百姓，劝之耕桑，流散者稍稍复业。先是，本军三万人皆仰给度支，侑至一年，租税自能赡其半；二年，请悉罢度支给赐；三年之后，户口滋殖，仓廪充盈。

王庭凑因邻道微露请服之意；壬申[17]，赦庭凑及将士，复其官爵。

（以上为第二段，写唐文宗姑息，容忍何进滔犯上自立为魏博节度，王庭凑阳奉阴违效顺，而复其官爵，于是魏博、成德两镇叛臣得以授节。）

【注释】

[1]壬寅：五月二十四日。[2]摄：代理。[3]丙辰：六月八日。[4]辛酉：六月十三日。[5]分相、卫、澶三州：即分魏博镇的相、卫、澶三州置相卫澶三州节度使，治所相州，在今河南安阳市。当时魏博为河北大镇，领魏、博、洺、贝、相、卫、澶七州之地。唐文宗为了控制史宪诚，将其调离魏博为河中节度使，又分小魏博，置相、卫、澶三州节度使，以史宪诚之子史孝章为第一任节度使，以安其心。[6]癸酉：六月二十五日。[7]纳景州：景州本隶横海，因李同捷之乱，王庭凑据有之。同捷既平，王庭凑惧而交出。[8]馆陶：县名。县治在今河北馆陶县。[9]竭府库以治行：治行，治办行装。这里指史宪诚将魏博府库财物全部调出欲转运到河中。据章校，"行"下有"将士怒"三字。[10]甲戌：六月二十六日。[11]何进滔（？—840）：灵武（今宁夏灵武市西北）人，为魏博牙内都知兵马使。史宪诚死，何进滔为众拥戴，诛为乱者，因留镇魏博十余年，民安之。传见《旧唐书》卷一百八十一，《新唐书》卷二百一十。[12]浅口：镇名。在今河北馆陶县西北。[13]滑台：城名。在今河南滑县东。[14]壬子：八月五日。[15]癸丑：八月六日。[16]齐、德、沧、景节度使：德沧景节度使即横海军。是年，姑以齐州隶横海。[17]壬申：八月二十五日。

征浙西观察使李德裕为兵部侍郎，裴度荐以为相。会吏部侍郎李宗闵有宦官之助，甲戌[1]，以宗闵同平章事。

上性俭素，九月，辛巳[2]，命中尉以下毋得衣纱縠[3]绫罗；听朝之暇，惟以书史自娱，声乐游畋未尝留意。驸马韦处仁尝著夹罗巾[4]，上谓曰："朕慕卿门地清素，故有选尚[5]。如此巾服，听[6]其他贵戚为之，卿不须尔。"

壬辰[7]，以李德裕为义成节度使。李宗闵恶其逼己，故出之。

冬，十月，丙辰[8]，以李听为太子少师。

路隋言于上曰："宰相任重，不宜兼金谷琐碎之务，如杨国忠、元载、皇甫镈皆奸臣[9]，所为不足法也。"上以为然。于是裴度辞度支；上许之。

十一月，甲午[10]，上祀圜丘；赦天下。四方毋得献奇巧之物，其纤丽布帛皆禁之，焚其机杼[11]。

（以上为第三段，写唐文宗昏庸，李德裕入朝为相，不到二十天，又被牛党李宗闵排挤出京。此牛李党争第二回合。）

【注释】

［1］甲戌：八月二十七日。［2］辛巳：九月四日。［3］纱縠（hú）：一种轻薄起绉的丝织品。［4］夹罗巾：一种高贵的丝织头巾。［5］选尚：指韦处仁尚穆宗女。胡注："处仁尚穆宗女新丰公主"，《新唐书》卷八"诸帝公主"作"义丰公主"。［6］听：任凭。［7］壬辰：九月十五日。［8］丙辰：十月九日。［9］杨国忠、元载、皇甫镈皆奸臣：杨国忠，唐玄宗时宰相；元载，肃、代二朝宰相；皇甫镈，唐宪宗朝宰相。三人皆唐代权臣，以宰相而兼度支，后皆不得善终。故路隋以为"所为不足法也"。［10］甲午：十一月十八日。［11］机杼（zhù）：织布机。

丙申[1]，西川[2]节度使杜元颖奏南诏入寇。元颖以旧相，文雅自高，不晓军事，专务蓄积，减削士卒衣粮。西南戍边之卒，衣食不足，皆入蛮境钞[3]盗以自给，蛮人反以衣食资之；由是蜀中虚实动静，蛮皆知之。南诏自嵯颠[4]谋大举入寇，边州屡以告，元颖不之信；嵯颠兵至，边城一无备御。蛮以蜀卒为乡导，袭陷巂[5]、戎二州。甲辰[6]，元颖遣兵与战于邛州[7]南，蜀兵大败；蛮遂陷邛州。

武宁节度使王智兴入朝。

诏发东川[8]、兴元[9]、荆南[10]兵以救西川；十二月，丁未朔[11]，又发鄂岳[12]、襄邓[13]、陈许[14]等兵继之。

以王智兴为忠武节度使。

己酉[15]，以东川节度使郭钊为西川节度使，兼权东川节度事。

嵯颠自邛州引兵径抵[16]成都[17]，庚戌[18]，陷其外郭。杜元颖帅众保牙城以拒之，欲遁者数。壬子[19]，贬元颖为邵州[20]刺史。

己未[21]，以右领军大将军[22]董重质[23]为神策、诸道西川行营节度使，又发太原、凤翔兵[24]赴西川。南诏寇东川，入梓州西川[25]。钊兵寡弱不能战，以书责嵯颠。嵯颠复书曰："杜元颖侵扰我，故兴兵报之耳。"与钊修好而退。

蛮留成都西郭十日，其始慰抚蜀人，市肆安堵[26]；将行，乃大掠子女、百工数万人及珍货而去。蜀人恐惧，往往赴江，流尸塞江而下。嵯颠自为军殿[27]，及大度水[28]，嵯颠谓蜀人曰："此南吾境也，听汝哭别乡国。"众皆恸哭，赴水死者以千计。自是南诏工巧埒[29]于蜀中。

嵯颠遣使上表，称："蛮比修职贡，岂敢犯边，正以杜元颖不恤军士，怨苦元颖，竞为乡导，祈我此行以诛虐帅。诛之不遂，无以慰蜀士之心，愿陛下诛之。"丁卯[30]，再贬元颖循州司马。诏董重质及诸道兵皆引还。郭钊至成都，与南诏立约，不相侵扰。诏遣中使以国信赐嵯颠。

（以上为第四段，写南诏侵扰西川。）

【注释】

[1]丙申：十一月二十日。[2]西川：方镇名。西川节度使治所成都，今四川成都市。[3]钞：掠夺。[4]嵯颠：本为南韶弄栋节度王，元和十一年（816）杀其王劝龙晟，立其弟劝利，遂专国政。[5]嶲州：州名。治所越嶲，在今四川西昌市。[6]甲辰：十一月三十日。[7]邛州：州名。治所临邛，在今四川邛崃市。[8]东川：方镇名。东川节度使，唐肃宗置。治所在梓川，在今四川三台县。[9]兴元：即山南西道，因驻节兴元府，故称。府治南郑县，在今陕西汉中市。[10]荆南：方镇名。唐肃宗至德二年（757）置，治所荆州，在今湖北江陵县。[11]丁未朔：十二月一日。[12]鄂岳：即武昌军，辖鄂、岳、蕲、黄、安、申等州，省称鄂岳。[13]襄邓：即山南东道，辖襄、邓、均、房、安、复、隋、唐等州，省称襄邓。[14]陈许：即忠武军辖陈、许、蔡三州，省称陈许。[15]己酉：十二月三日。[16]径抵：径直抵达。[17]成都：都邑名。为成都府治所，在今四川成都市。[18]庚戌：十二月四日。[19]壬子：十二月六日。[20]邵州：州名。治所邵阳，在今湖南邵阳市。[21]己未：十二月十三日。[22]右领军大将军：官名。掌宫禁宿卫及仪仗。置上将军、大将军、将军等。[23]董重质（？—834）：本淮西牙将，李愬擒吴元济，董重质请降。官至夏绥银宥节度使。传见《旧唐书》卷一百六十一。[24]发太原、凤翔兵：调发河东、凤翔两镇兵驰援。河东节度使驻节太原，故称。[25]入梓州西川：南诏兵攻入梓州西城。梓州，东川节度使治所，在今四川三台县。据章校，"川"作"郭"。又严衍《通鉴补》校改"西川"为"西郭"，知"川"乃"郭"之误。[26]市肆安堵：市中商店平安无事。[27]自为军殿：即走在队伍最后。[28]大度水：水名。即大渡河，在今四川西南部。[29]埒（liè）：相等。[30]丁卯：十二月二十一日。

四年（庚戌，830年）

春，正月，辛巳[1]，武昌节度使牛僧孺入朝。

戊子[2]，立子永为鲁王[3]。

李宗闵引荐牛僧孺；辛卯[4]，以僧孺为兵部尚书、同平章事。于是二人相与排摈李德裕之党，稍稍逐之。

南诏之寇成都也，诏山南西道发兵救之，兴元兵少，节度使李绛募兵千人赴之，未至，蛮退而还。

兴元兵有常额，诏新募兵悉罢之。二月，乙卯[5]，绛悉召新军，谕以诏旨而遣之，仍赐以廪麦，皆怏怏[6]而退。往辞监军，监军杨叔元素恶绛不奉己，以赐物薄激之。众怒。大噪，掠库兵，趋使牙[7]。绛方与僚佐宴，不为备，走登北城。或劝缒而出，绛曰："吾为元帅，岂可逃去！"麾推官赵存约[8]令去。存约曰："存约受明公知，何可苟免！"牙将王景延与贼力战死，绛、存约及观察判官薛齐皆为乱兵所害，贼遂屠绛家。

戊午[9]，叔元奏绛收新军募直[10]以致乱。庚申[11]，以尚书右丞温造为山南西道节度使。是时，三省官上疏共论李绛之冤；谏议大夫孔敏行[12]具呈叔元激怒乱兵，上始悟。

三月，乙亥朔[13]，以刑部尚书柳公绰为河东节度使。先是，回鹘入贡及互市，所过恐其为变，常严兵[14]迎送防卫之。公绰至镇，回鹘遣梅录[15]李畅以马万匹互市，公绰但遣牙将单骑迎劳于境，至则大辟牙门，受其礼谒。畅感泣，戒其下，在路不敢驰猎，无所侵扰。

陉[16]北沙陀素骁勇，为九姓[17]、六州胡所畏伏。公绰奏以其酋长朱邪执宜为阴山[18]都督、代北行营招抚使，使居云、朔[19]塞下，捍御北边。执宜与诸酋长入谒，公绰与之宴。执宜神彩[20]严整，进退有礼，公绰谓僚佐曰："执宜外严而内宽，言徐而理当，福禄人也。"执宜母妻入见，公绰使夫人与之饮酒，馈遗之。执宜感恩，为之尽力。塞下旧有废府[21]十一，执宜修之，使其部落三千人分守之！自是杂虏[22]不敢犯塞。

温造行至褒城[23]，遇兴元都将卫志忠征蛮归，造密与之谋诛乱者，以其兵八百人为牙队，五百人为前军，入府，分守诸门。己卯[24]，造视事，飨将士于牙门，造曰："吾欲问新军去留之意，宜悉使来前。"既劳问，命坐，行酒。志忠密以牙兵围之，既合，唱"杀！"[25]新军八百余人皆死。杨叔元起，拥造靴求生，造命囚之。其手杀绛者，斩之百段，余皆斩首，投尸汉水，以百首祭李绛，三十首祭死事者，具事以闻。己丑[26]，流杨叔元于康州[27]。

癸卯[28]，加淮南节度使段文昌同平章事、为荆南节度使。

（以上为第五段，写河东节度使柳公绰诚信依礼待胡人，得其效力，山南西道节度使温造巧计诛乱兵。）

【注释】

[1]辛巳：正月六日。[2]戊子：正月十三日。[3]鲁王：李永，文宗长子。太和四年封鲁王，六年立为太子。开成三年（838）薨，谥曰庄恪。传见《旧唐书》卷一百七十五，《新唐书》卷八十二。[4]辛卯：正月十六日。[5]乙卯：二月十日。[6]怏怏：不快的样子。[7]使牙：节度使衙门。[8]赵存约（？—830）：懿宗朝宰相赵隐之父，事附《旧唐书》卷一百七十八《赵隐传》。[9]戊午：二月十三日。[10]收新军募直：收回当初招募新兵时所付的费用。[11]庚申：二月十五日。[12]孔敏行（？—835）：字至之，越州山阴（今浙江绍兴）人。历任右拾遗、左补阙、司勋郎中、集贤殿学士、吏部郎中，官终谏议大夫。及杨叔元激怒乱卒，杀李绛，人不敢发其事，敏行上书极谏，时论称美。传见《旧唐书》卷一百九十二，《新唐书》卷一百九十六。[13]乙亥朔：三月一日。[14]严兵：保持戒备之兵。[15]梅录：回鹘官名，军队中高级将领。[16]陉（xíng）：即陉岭，又名句（góu）注山，在今山西代县北。元和中沙陀徙居陉北。[17]九姓：指居于漠南，今内蒙古境内的回纥九大部落种姓：药罗葛、胡咄葛、咄罗勿、貊歌息讫、阿勿嘀、葛隆、斛嗢素、药勿葛、奚耶勿。[18]阴山：山名。此指阴山府，初置于盐州（今陕西定边县），以安顿内徙的沙陀，以酋长朱邪执宜为府兵马使。后沙陀迁至陉北神武川黄花堆（今山西山阴县北），以朱邪执宜为阴山府都督，隶河东节度。故此时阴山府当在今山西北部云、朔二州一带。代北，泛指代州以北地区。代州治所雁门，在今山西代县。[19]云、朔：皆州名。云州治所云中，在今山西大同市。朔州治所善阳，在今山西朔州。[20]彩：同“采”。[21]废府：两唐书《柳公绰传》皆作“废栅”，当是。胡注：“盖考之《唐志》，云、朔塞下无十一府也。”[22]杂虏：谓浑、回纥、鞑靼、奚、室韦等少数民族。[23]褒城：县名。县治在今陕西汉中市西北。[24]己卯：三月五日。[25]唱“杀”：大声喊“杀”，以此为诛乱号令。[26]己丑：三月十五日。[27]康州：州名。治所端溪，在今广东德庆县。[28]癸卯：三月二十九日。

奚[1]寇幽州，夏，四月，丁未[2]，卢龙节度使李载义击破之；辛酉[3]，擒其王茹羯以献。

裴度以高年多疾，恳辞机政[4]。六月，丁未[5]，以度为司徒、平章军国重事[6]，俟疾损[7]，三五日一入中书。

上患宦者强盛，宪宗、敬宗弑逆之党犹有在左右者；中尉王守澄尤专横，招权纳贿，上不能制。尝密与翰林学士宋申锡言之，申锡请渐除其偪[8]。上以申锡沈[9]厚忠谨，可倚以事，擢为尚书右丞；七月，癸未[10]，以申锡同平章事。

初，裴度征淮西，奏李宗闵为观察判官，由是渐获进用。至是，怨度荐李德裕，因其谢病，九月，壬午[11]，以度兼侍中，充山南东道节度使。

西川节度使郭钊以疾求代，冬，十月，戊申[12]，以义成节度使李德裕为西川节度使。

蜀自南诏入寇，一方残弊，郭钊多病，未暇完补[13]。德裕至镇，作筹边楼，图蜀地形[14]，南入南诏，西达吐蕃。日召老于军旅、习边事者[15]，虽走卒蛮夷无所间[16]，访以山川、城邑、道路险易广狭远近，未逾月，皆若身尝涉历。

上命德裕修塞清溪关[17]以断南诏入寇之路，或无土，则以石垒之。德裕上言："通蛮细路至多，不可塞，惟重兵镇守，可保无虞；但黎[18]、雅以来得万人，成都得二万人，精加训练，则蛮不敢动矣。边兵又不宜多，须力可临制。崔旰之杀郭英乂[19]，张朏之逐张延赏[20]，皆镇兵也。"时北兵皆归本道，惟河中、陈许三千人在成都，有诏来年三月亦归，蜀人恼惧[21]。德裕奏乞郑滑[22]五百人、陈许[23]千人以镇蜀；且言："蜀兵脆弱，新为蛮寇所困，皆破胆，不堪征戍。若北兵尽归，则与杜元颖时无异，蜀不可保。恐议者云蜀经蛮寇以来，已自增兵，向者蛮寇已逼，元颖始募市人为兵，得三千余人，徒有其数，实不可用。郭钊募北兵仅得百余人，臣复召募得二百余人，此外皆元颖旧兵也。恐议者又闻一夫当关之说[24]，以为清溪可塞[25]。臣访之蜀中老将，清溪之旁，大路有三，自余小径无数，皆东蛮临时为之开通，若言要塞，则是欺罔朝廷。要须大度水北更筑一城，迤逦接黎州[26]，以大兵守之方可。况闻南诏以所掠蜀人二千及金帛赂遗吐蕃，若使二虏知蜀虚实，连兵入寇，诚可深忧。其朝臣建言者，盖由祸不在身，望人责一状，留入堂案[27]，他日败事，不可令臣独当国宪[28]。"朝廷皆从其请。德裕乃练士卒，葺堡鄣，积粮储以备边，蜀人粗安。

是岁，勃海宣王[29]仁秀卒，子新德早死，孙彝震立，改元咸阳。

（以上为第六段，写李德裕镇西川，西疆稳固。）

【注释】

[1]奚：少数族名。本东胡别种，汉时为匈奴所破，退保乌桓山，因称乌桓。隋、唐时称奚。贞观中内附，置饶乐都督府，在今内蒙老哈河上游及河北滦河中上游一带。贞元中徙至幽州界。[2]丁未：四月三日。[3]辛酉：四月十七日。[4]机政：机要的国家政务。[5]丁未：六月五日。[6]以度为司徒，平章军国重事：权宜所加官名，用以优礼裴度，裴度仍主持军国大政，而不预烦苛细务。裴度为司徒、平章军国重事，位在丞相之上。[7]疾损：病情减轻。[8]偪：指宦官以权势侵迫皇帝。偪，同“逼”。[9]沈：同“沉”。[10]癸未：七月十一日。[11]壬午：九月十一日。[12]戊申：十月七日。[13]完补：修补。[14]图蜀地形：绘制蜀地军事地图。[15]老于军旅，习边事者：长期在军中服役而精通边防守卫之术的人。老，此指长时间。[16]无所间：不嫌弃。此指李德裕不耻下问于习边事者，即便是走卒蛮夷亦不嫌弃。[17]清溪关：关名。自四川进入云南的重要关卡，在今四川汉源县西南。[18]黎：州名。治所汉源，在今四川汉源县北。[19]崔旰之杀郭英乂：崔旰，代宗时为西山兵马使，与西川节度使郭英乂有隙，率兵攻成都。郭英乂败走简州，被杀。事见《资治通鉴》卷二百二十四代宗永泰元年。崔旰官至灵州大都督，朔方节度使，传见《旧唐书》卷一百一十七，《新唐书》卷一百四十四。郭英乂传见《旧唐书》卷一百一十七，《新唐书》卷一百三十三。[20]张朏之逐张延赏：张延赏（726—787），德宗时为西川节度使，部将西山兵马使张朏率兵入成都为乱，延赏奔汉州，遣将讨之，斩朏，复归成都。事见《资治通鉴》卷二百二十九德宗建中四年。张延赏官至宰相，传见《旧唐书》卷一百二十九，《新唐书》卷一百二十七。[21]蜀人恟惧：蜀中人心惶惶，害怕中原之兵撤走，南诏复来入寇。[22]郑滑：即义成军。[23]陈许：即忠武军。[24]一夫当关之说：此指人言蜀道艰险，一夫当关，万夫莫开。[25]可塞：可以设关为要塞。[26]迤逦接黎州：黎州，在今四川汉源县北，南距大渡河约百里，在大渡河边筑城，使之绵延相接，遥相呼应，以固边防。迤逦，绵延相连，此为遥相呼应。[27]人责一状，留入堂案：凡言蜀中无虞者，须立下军令状，记录在政事堂文卷中以备案。[28]独当国宪：独自承担责任，受国法惩处。宪，法。[29]勃海宣王：姓大，名仁秀，勃海第十代王。死，谥曰宣王。勃，亦作“渤”。

五年（辛亥，831年）

春，正月，丁巳[1]，赐沧、齐、德节度名义昌军[2]。

庚申[3]，卢龙监军奏李载义与敕使宴于球场后院，副兵马使杨志诚[4]与其徒呼噪作乱，载义与子正元奔易州；志诚又杀莫州刺史张庆初。上召宰相谋之，牛僧孺曰："范阳自安、史以来，非国所有，刘总暂[5]献其地，朝廷费钱八十万缗而无丝毫所获。今日志诚得之，犹前日载义得之也；因而抚之，使捍北狄，不必计其逆顺。"上从之。载义自易州赴京师，上以载义有平沧景之功，且事朝廷恭顺；二月，壬辰[6]，以载义为太保[7]，同平章事如故。以杨志诚为卢龙留后。

臣光曰：昔者圣人顺天理、察人情，知齐民[8]之莫能相治也，故置师长以正之；知群臣之莫能相使也，故建诸侯以制之；知列国之莫能相服也，故立天子以统之。天子之于万国，能褒善而黜恶[9]，抑强而扶弱[10]，抚服而惩违[11]，禁暴而诛乱[12]，然后发号施令而四海之内莫不率从[13]也。《诗》曰[14]："勉勉我王，纲纪四方。"载义藩屏大臣，有功于国，无罪而志诚逐之，此天子所宜治也。若一无所问，因以其土田爵位授之，则是将帅之废置杀生皆出于士卒之手，天子虽在上，何为哉！国家之有方镇，岂专利其财赋而已乎！如僧孺之言，姑息偷安之术耳，岂宰相佐天子御天下之道哉！

（以上为第七段，写司马光批评唐文宗姑息卢龙副兵马使杨志诚犯上逐帅得留后，只责相而不责君，非中肯之论。）

【注释】

[1]丁巳：正月十八日。 [2]义昌军：方镇名。唐文宗太和三年（829）置沧德齐节度使，五年赐号义昌军。治所沧州，在今河北沧州市东南。 [3]庚申：正月二十一日。 [4]杨志诚（？—834）：本为卢龙牙将，逐李载义而为节度使。因私制天子服饰，图谋不轨，被诛。传见《旧唐书》卷一百八十，《新唐书》卷二百一十二。 [5]暂：暂时。 [6]壬辰：二月二十三日。 [7]太保：官名。三师之一，无所总职，仅为大臣加官。 [8]齐民：平民。 [9]褒善而黜恶：表彰善人，贬斥群小。 [10]抑强而扶弱：压制强暴，扶助弱小。 [11]抚服而惩违：安抚守法良民，惩治违法的人。 [12]禁暴而诛乱：禁绝暴力，诛除逆乱。 [13]率从：遵循服从。 [14]"《诗》曰"句：谓周文王治理天下勤勉不倦。诗见《诗经·大雅·棫朴》。

新罗[1]王彦升卒，子景徽立。

上与宋申锡谋[2]诛宦官，申锡引吏部侍郎王璠[3]为京兆尹，以密旨谕之。璠泄其谋，郑注、王守澄知之，阴为之备。

上弟漳王[4]凑贤，有人望，注令神策都虞候豆卢著诬告申锡谋立漳王。戊戌[5]，守澄奏之，上以为信然，甚怒。守澄欲即遣二百骑屠申锡家，飞龙使[6]马存亮固争曰："如此，则京城自乱矣！宜召他相与议其事。"守澄乃止。

是日，旬休[7]，遣中使悉召宰相至中书东门。中使曰："所召无宋公名。"申锡知获罪，望延英，以笏扣头而退。宰相至延英，上示以守澄所奏，相顾愕眙[8]。上命守澄捕豆卢著所告十六宅[9]宫市品官[10]晏敬则及申锡亲事[11]王师文等，于禁中鞫[12]之；师文亡命。三月，庚子[13]，申锡罢为右庶子[14]。自宰相大臣无敢显言其冤者，独京兆尹崔琯[15]、大理卿王正雅[16]连上疏请出内狱付外廷核实，由是狱稍缓。正雅，翃[17]之子也。晏敬则等自诬服[18]，称申锡遣王师文达意于王，结异日[19]之知。

狱成，壬寅[20]，上悉召师保以下及台省府寺大臣面询之。午际[21]，左常侍[22]崔玄亮[23]、给事中李固言[24]、谏议大夫王质[25]、补阙卢钧[26]、舒元褒[27]、蒋系[28]、裴休、韦温[29]等复请对于延英，乞以狱事付外覆按。上曰："吾已与大臣议之矣。"屡遣之出，不退。玄亮叩头流涕曰："杀一匹夫犹不可不重慎，况宰相乎！"上意稍解，曰："当更与宰相议之。"乃复召宰相入，牛僧孺曰："人臣不过[30]宰相，今申锡已为宰相，假使如所谋，复与何求[31]！申锡殆不至此！"郑注恐覆按诈觉，乃劝守澄请止[32]行贬黜。癸卯[33]，贬漳王凑为巢县[34]公，宋申锡为开州司马。存亮即日请致仕[35]。玄亮，磁州人；质，通[36]五世孙；系，乂[37]之子；元褒，江州人也。晏敬则等坐死及流窜者数十百人，申锡竟卒于贬所。

（以上为第八段，写唐文宗欲诛宦官王守澄，宰相宋申锡办事不密，败下阵来。）

【注释】

[1]新罗：国名。位于朝鲜半岛东南，后被北方邻国高丽所灭。 [2]宋申锡：字庆臣，少孤贫，有文学，进士出身，长庆初拜监察御史，宝历三年转礼部员外郎，寻充翰林侍讲学士，供职内廷。文宗用以为相，谋诛王守澄，被宦官诬以谋反罪被贬开州司马。宋申锡死后，文宗于开成

元年为其平反昭雪。传见《旧唐书》卷一六七，《新唐书》卷一五二。［3］王璠：字鲁玉，官至户部尚书、判度支。李训事败，璠亦坐斩。传见《旧唐书》卷一百六十九，《新唐书》卷一百七十九。［4］漳王：李凑，唐穆宗第六子，长庆元年（821）封。太和五年被诬勾结宋申锡图谋自立，贬巢县公。太和八年薨，赠齐王。开成三年（838）追赠怀懿太子。传见《旧唐书》卷一百七十五、《新唐书》卷八十二。［5］戊戌：二月二十九日。［6］飞龙使：官名。掌飞龙院养马事，以宦者为之。［7］旬休：十天一旬，遇旬则休假一日，谓之旬休。［8］愕眙（chì）：惊视。［9］十六宅：诸王住宅。［10］宫市品官：此指十六宅市肆主管官吏。品官，有品位的官员。［11］亲事：宰相左右侍从官，参预机要之事。［12］鞫：审讯。［13］庚子：三月五日。［14］右庶子：官名。太子属官有左、右庶子，主管左、右春坊。左春坊比门下省，左庶子比侍中，掌侍从赞相，驳正启奏；右春坊比中书省，右庶子比中书令，掌献纳、启奏。［15］崔琯（？—834）：字从津。历官京兆尹、兵部侍郎、山南西道节度使等。传见《旧唐书》卷一百七十七，《新唐书》卷一百八十二。［16］王正雅：字光谦，官至大理卿。传见《旧唐书》卷一百六十五，《新唐书》卷一百四十三。［17］翃（？—802）：王翃，字宏肱，太原晋阳（今山西太原市）人。官至福建观察使、东都留守。传见《旧唐书》卷一百五十七，《新唐书》卷一百四十三。［18］诬服：无辜服罪。［19］异日：他日。［20］壬寅：三月四日。［21］午际：将近正午的时候，即午漏初刻。［22］左常侍：官名。即左散骑常侍，隶门下省；右散骑常侍隶中书省。［23］崔玄亮（767—833）：字晦叔，磁州（今河北磁县）人。官至谏议大夫、虢州刺史。传见《旧唐书》卷一百六十五，《新唐书》卷一百六十四。［24］李固言：字仲枢，唐文宗朝两度为相，唐宣宗初拜太子太傅，分司东都。传见《旧唐书》卷一百七十三，《新唐书》卷一百八十二。［25］王质（768—836）：字华卿，历官谏议大夫、宣州刺史。传见《旧唐书》卷一百六十三，《新唐书》卷一百六十四。［26］卢钧：字子和，历官岭南等六节度使。传见《旧唐书》卷一百七十七，《新唐书》卷一百八十二。［27］舒元褒：江州（今江西九江）人。官至司封员外郎。事附《新唐书》一百七十九《舒元舆传》。［28］蒋系：官至山南东道节度使，预修《宪宗实录》。传见《旧唐书》卷一百四十九，《新唐书》卷一百三十二。［29］韦温：字弘育，韦贯之之侄，官至宣歙观察使。传见《旧唐书》卷一百六十八，《新唐书》卷一百六十九。［30］不过：不超过。［31］复与何求：还想谋求什么。据章校，“与”作“欲”。［32］止：只。［33］癸卯：三月二十五日。［34］巢县：县名，县治在今安徽巢湖市。［35］致仕：辞官。［36］通：王通，隋绛州龙门（今山西河津市）人。王勃祖父，古代著名思想家，世称王通子，著《中说》传于世。传见《陈书》卷十七，《南史》卷二十三。［37］乂：蒋乂，字德源，常州义兴（今江苏宜兴市）人。官至秘书监，预修《德宗实录》。传见两唐书，与蒋系同卷。

夏，四月，己丑[1]，以李载义为山南西道节度使，杨志诚为幽州节度使。

五月，辛丑[2]，上以太庙两室破漏，逾年不葺，罚将作监[3]、度支判官、宗正卿[4]俸；亟命中使帅工徒，辍禁中营缮之材以葺之。左补阙韦温谏，以为："国家置百官，各有所司，苟为堕旷[5]，宜黜其人，更择能者代之。今旷官[6]者止于罚俸，而忧轸所切[7]即委内臣，是以宗庙为陛下所私而百官皆为虚设也。"上善其言，即追止中使，命有司葺之。

丙辰[8]，西川节度使李德裕奏遣使诣南诏索所掠百姓，得四千人而还。

秋，八月，戊寅[9]，以陕虢[10]观察使崔郾为鄂岳观察使。鄂岳地囊山带江，处百越[11]、巴[12]、蜀[13]、荆[14]、汉[15]之会，土多群盗，剽行舟[16]，无老幼必尽杀乃已。郾至，训卒治兵，作蒙冲[17]追讨，岁中，悉诛之。郾在陕，以宽仁为治，或经月不笞一人，及至鄂，严峻刑罚；或问其故，郾曰："陕土瘠民贫，吾抚之不暇，尚恐其惊；鄂地险民杂，夷俗慓狡[18]为奸，非用威刑，不能致治。政贵知变[19]，盖谓此也。"

西川节度使李德裕奏："蜀兵羸疾老弱者，从来终身不简[20]，臣命立五尺五寸之度，简去四千四百余人，复简募少壮者千人以慰其心。所募北兵已得千五百人，与土兵参居[21]，转相训习，日益精练。又，蜀工所作兵器，徒务华饰不堪用；臣今取工于别道以治之，无不坚利。"

九月，吐蕃维州[22]副使悉怛谋请降，尽帅其众奔成都；德裕遣行[23]维州刺史虞藏俭将兵入据其城。庚申[24]，具奏其状，且言"欲遣生羌三千，烧十三桥，捣西戎[25]腹心，可洗久耻，是韦皋[26]没身恨不能致者也！"事下尚书省，集百官议，皆请如德裕策。牛僧孺曰："吐蕃之境，四面各万里，失一维州，未能损其势。比来修好，约罢戍兵，中国御戎，守信为上。彼若来责曰：'何事失信？'养马蔚茹川[27]，上平凉阪[28]，万骑缀回中[29]，怒气直辞[30]，不三日至咸阳桥[31]。此时西南数千里外，得百维州何所用之！徒弃诚信，有害无利。此匹夫所不为，况天子乎！"上以为然，诏德裕以其城归吐蕃，执悉怛谋及所与偕来者悉归之。吐蕃诛之于境上，极其惨酷。德裕由是怨僧孺益深。

冬，十月，戊寅[32]，李德裕奏南诏寇嶲州，陷三县。

（以上为第九段，写董郾善为政，宽严相济，所镇无不安定。牛僧孺沮败李德裕安边之策，致使吐蕃降人遭屠戮。）

【注释】

[1]己丑：四月二十一日。 [2]辛丑：五月四日。 [3]将作监：官名、官署名。掌土木工匠之政，副长官为少监。 [4]宗正卿：官名。宗正寺掌天子族亲属籍及陵园宗庙之事。其正、副长官为卿、少卿。 [5]堕旷：旷废懈怠。 [6]旷官：荒废职守。 [7]忧轸所切：忧痛急迫。[8]丙辰：五月十九日。 [9]戊寅：八月十三日。 [10]陕虢：方镇名。唐肃宗至德元载（756）置，治所陕州，在今河南三门峡市陕州区。 [11]百越：此指百越所居之地，计今江、浙、闽、粤等省。 [12]巴：郡名，治所巴县，在今重庆市。 [13]蜀：郡名。治所成都，在今四川成都市。巴蜀连用，指今四川全境与重庆市。[14]荆：荆州，治所江陵，在今湖北江陵县。[15]汉：汉水，从陕西流入湖北，至汉口汇入长江。 [16]剽行舟：抢劫江中行船。 [17]蒙冲：战船名。亦作艨艟。以生牛皮蒙船覆背，矢石不能败。 [18]慓（piào）狡：强悍轻捷。 [19]政贵知变：为政最重要的是通晓变化。 [20]简：选择。 [21]参居：参杂居住。 [22]维州：州名，治所薛城，在今四川理县东北。 [23]行：兼摄、兼任。 [24]庚申：九月二十五日。 [25]西戎：泛指西北少数民族，包括吐蕃和西域诸国。 [26]韦皋（744—805）：字城武，京兆万年（今陕西西安市长安区）人。唐德宗时，官至剑南西川节度使。多次出兵攻维州，不克，故曰“没身恨不能致”。传见《旧唐书》卷一百四十，《新唐书》卷一百五十八。 [27]蔚茹川：水名，亦称蔚茹水、蔚茹河。源出宁夏固原，流经中宁县，入黄河。 [28]平凉阪：即今甘肃平凉陇东高原。[29]回中：地名。在今陕西陇县。古道路名，回中道自蔚茹川入萧关，经甘肃平凉至咸阳，为陇东高原与关中平原的交通要道。 [30]怒气直辞：理直气壮。怒气，指愤怒之气，激成高昂士气。直辞，理直。 [31]咸阳桥：桥名。又名西渭桥，在今陕西咸阳市南。 [32]戊寅：十月十四日。

六年（壬子，832 年）

春，正月，壬子[1]，诏以水旱降系囚[2]。群臣上尊号曰太和文武至德皇帝；右补阙韦温上疏，以为：“今水旱为灾，恐非崇饰徽[3]称之时。”上善之，辞不受。

三月，辛丑[4]，以武宁节度使王智兴兼侍中，充忠武节度使；以邠宁节度使李听[5]为武宁节度使[6]。

回鹘昭礼可汗[7]为其下所杀，从子胡特勒[8]立。

李听之前镇武宁也，有苍头为牙将[9]；至是，听先遣亲吏[10]至徐州慰劳将士，苍头不欲听复来，说军士杀其亲吏，脔食[11]之。听惧，以疾固辞。辛酉[12]，以前忠武节度使高瑀[13]为武宁节度使。

夏，五月，甲辰[14]，李德裕奏修邛崃关[15]及移嶲州理台登城[16]。

秋，七月，原王逵[17]薨。

冬，十月，甲子[18]，立鲁王永[19]为太子。初，上以晋王普，敬宗长子，性谨愿，欲以为嗣；会薨，上痛惜之，故久不议建储，至是始行之。

十一月，乙卯[20]，以荆南节度使段文昌为西川节度使。西川监军王践言入知枢密，数为上言："缚送悉怛谋以快虏心，绝后来降者，非计也。"上亦悔之，尤[21]中书侍郎、同平章事牛僧孺失策。附李德裕者因言"僧孺与德裕有隙，害其功。"上益疏之。僧孺内不自安，会上御延英，谓宰相曰："天下何时当太平，卿等亦有意于此乎！"僧孺对曰："太平无象[22]。今四夷不至交侵，百姓不至流散，虽非至理[23]，亦谓小康[24]。陛下若别求太平，非臣等所及。"退，谓同列曰：主上责望如此，吾曹岂得久居此地乎！"因累表请罢。十二月，乙丑[25]，以僧孺同平章事，充淮南节度使。

臣光曰：君明臣忠，上令下从，俊良在位，佞邪黜远，礼修乐举[26]，刑清政平，奸宄消伏[27]，兵革偃戢[28]，诸侯顺附，四夷怀服[29]，家给人足，此太平之象也。于斯之时，阍寺专权，胁君于内[30]，弗能远[31]也；藩镇阻兵[32]，陵慢于外[33]，弗能制[34]也；士卒杀逐主帅，拒命自立[35]，弗能诘[36]也；军旅岁兴[37]，赋敛日急，骨血纵横于原野，杼轴空竭于里闾[38]，而僧孺谓之太平，不亦诬乎！当文宗求治之时，僧孺任居承弼[39]，进而偷安取容以窃位，退则欺君诬世以盗名，罪孰不焉！

（以上为第十段，写牛僧孺遭文宗问责而辞仕，受到司马光的严厉批评，称牛僧孺"偷安取容以窃位，欺君诬世以盗名"，是一罪臣。）

【注释】

[1]壬子：正月十八日。 [2]降系囚：给服刑罪犯减刑。死罪降（减刑）为流放，流放以下

降刑一等。［3］徽：美。［4］辛丑：三月八日。［5］李听：唐德宗朝名将李晟之子，历官灵盐、义成等镇节度使，多立战功。讨王庭凑兵败魏博，罢官。复起为邠宁节度使，至是转武宁节度使，遭拒未赴任。终官太子太保。传见《旧唐书》卷一三三，《新唐书》卷一五四。［6］武宁节度使：徐泗濠三州节度使，宪宗元和二年（807）改为武宁军节度使，治所徐州。［7］昭礼可汗：名曷萨特勒，公元825—831年在位。［8］胡特勒：继位后为彰信可汗，公元832—839年在位。［9］李听之前镇武宁也，有苍头为牙将：苍头，管家头奴。据两唐书，在文宗太和六年之前，李听未曾任武宁节度使。故胡三省注，疑此苍头牙将，乃李听兄李愿之苍头，升为牙将，故拒绝李听赴任。李愿素镇武宁。［10］亲吏：亲信部属。［11］脔（luán）食：切成肉块而食之。［12］辛酉：三月二十八日。［13］高瑀：传见《旧唐书》卷一百六十二，《新唐书》卷一百七十一。［14］甲辰：五月十二日。［15］邛崃关：关名。在今四川荥经县西南，距黎州六十里。［16］台登城：城名。在今四川西昌市北。［17］原王逵：代宗第十九子，大历十年（775）封。传见《旧唐书》卷一百十六，《新唐书》卷八十二。［18］甲子：十月五日。［19］鲁王永：文宗长子，开成三年（838）暴薨，谥庄恪太子。传见《旧唐书》卷一百七十五，《新唐书》卷八十二。［20］乙卯：十一月二十七日。［21］尤：怨尤，责怪。［22］太平无象：天下太平没有止境。象，形象，标准。［23］至理：大治。［24］小康：小安。［25］乙丑：十二月七日。［26］礼修乐举：礼乐教化。［27］奸宄消伏：违法作乱的分子消失。［28］兵革偃戢：战争停止。［29］四夷怀服：四方周边民族归附。［30］胁君于内：胁迫皇帝于朝内。［31］远：斥逐。指斥逐擅权的宦竖。［32］阻兵：拥兵割据。［33］陵慢于外：对外欺凌、傲慢。［34］制：制裁。指制裁跋扈不顺的藩镇。［35］拒命自立：拒绝朝命，自立为藩镇。［36］诘：责备，问罪。［37］军旅岁兴：军事活动（战争）连年兴起。［38］杼轴空竭于里闾：百姓积蓄被征敛一空。杼轴，即机杼，指代纺织物，引申为百姓积蓄。杼，梭。轴，滚筒。［39］承弼：辅弼，宰相。

珍王诚[1]薨。

乙亥[2]，昭义节度使刘从谏入朝。

丁未[3]，以前西川节度使李德裕为兵部尚书。

初，李宗闵与德裕有隙，及德裕还自西川，上注意甚厚，朝夕且为相，宗闵百方沮之不能。京兆尹杜悰[4]，宗闵党也，尝诣宗闵，见其有忧色，曰："得非以大戎[5]乎？"宗闵曰："然。何以相救？"悰曰："悰有一策，可平宿憾[6]，恐公不能用。"宗闵曰："何如？"悰曰："德裕有文学而不由科第，常用此为慊慊[7]，若使之知举[8]，必喜矣。"宗闵默然有间[9]，曰："更思其次。"悰曰："不则[10]用为御史大夫。"宗闵曰："此则可矣。"悰再三与约，乃诣德裕。德裕迎揖曰："公何为访此寂寥[11]？"悰曰："靖安相公[12]令悰达意[13]。"即以大夫之命告之[14]。"德裕惊喜泣下，曰："此大门官[15]，小子何足以当之！"寄谢重沓[16]。宗闵复与给事中杨虞卿谋之，事遂中止。虞卿，汝士之从弟也。

（以上为第十一段，写牛僧孺被贬出朝，李德裕还朝任兵部尚书。）

【注释】

[1]珍王诚：德宗第十一子，永贞元年（805）封。传见《旧唐书》卷一百五十，《新唐书》卷八十二。《新唐书》"诚"作"諴"。 [2]乙亥：十二月十七日。 [3]丁未：十二月己未朔，无丁未，丁未，太和七年一月十九日。疑丁未为丁亥之误。丁亥，十二月二十九日。 [4]杜悰：字永裕，杜佑之子。武、宣二朝皆居相位。传见《旧唐书》卷一百四十七，《新唐书》卷一百六十六。[5]大戎：隐语，指李德裕，兵部掌戎政，尚书其长，故称。 [6]宿憾：旧怨。 [7]慊慊：不快。[8]知举：即知贡举，主持进士考试。 [9]有间：片刻。 [10]不则：读"否则"。 [11]寂寥：冷落，犹言寒舍。此李德裕自谦，意为自己是闲散冷落之人。 [12]靖安相公：李宗闵居靖安坊，时为宰相，故有此称。 [13]达意：传达心意。 [14]即以大夫之命告之：把李宗闵打算任用李德裕为御史大夫的意思告知李德裕。 [15]大门官：指御史大夫。唐制，大朝会，御史大夫正百官之班序列于两观，故称大门官。 [16]寄谢重沓：一再请转致谢意。

七年（癸丑，833年）

春，正月，甲午[1]，加昭义节度使刘从谏同平章事，遣归镇。初，从谏以忠义自任，入朝，欲请他镇；既至，见朝廷事柄不一[2]，又士大夫多请托，心轻朝廷，故归而益骄。

徐州承王智兴之后，士卒骄悖，节度使高瑀不能制；上以为忧。甲寅[3]，以岭南节度使崔珙[4]为武宁节度使，珙至镇，宽猛适宜，徐人安之。珙，琯之弟也。

二月，癸亥[5]，加卢龙节度使、检校工部尚书杨志诚检校吏部尚书。进奏官[6]徐迪诣宰相言："军中不识朝廷之制[7]，唯知尚书改仆射为迁，不知工部改吏部为美，敕使往，恐不得出[8]。"辞气甚慢，宰相不以为意。

丙戌[9]，以兵部尚书李德裕同平章事。德裕入谢，上与之论朋党事，对曰："方今朝士三分之一为朋党。"时给事中杨虞卿与从兄中书舍人汝士、弟户部郎中汉公[10]、中书舍人张元夫[11]、给事中萧澣等善交结，依附权要[12]，上干执政[13]，下挠[14]有司[15]，为士人求官及科第[16]，无不如志，上闻而恶之，故与德裕言首及之；德裕因得以排其所不悦者。初，左散骑常侍张仲方尝驳李吉甫谥[17]，及德裕为相，仲方称疾不出。三月，壬辰[18]，以仲方为宾客分司[19]。

杨志诚怒不得仆射，留官告使魏宝义并春衣使焦奉鸾、送奚·契丹使[20]尹士恭；甲午[21]，遣牙将王文颖来谢恩并让官。丙申[22]，复以告身[23]并批答[24]赐之，文颖不受而去。

和王绮[25]薨。

庚戌[26]，以杨虞卿为常州[27]刺史，张元夫为汝州[28]刺史。他日，上复言及朋党，李宗闵曰："臣素知之，故虞卿辈臣皆不与美官。"李德裕曰："给、舍[29]非美官而何！"宗闵失色。丁巳[30]，以萧澣为郑州刺史。

夏，四月，丙戌[31]，册回鹘新可汗为爱登里啰汨没密施合句禄毗伽彰信可汗。

六月，乙巳[32]，以山南西道节度使李载义为河东节度使。先是，回鹘每入贡，所过暴掠，州县不敢诘，但严兵防卫而已。载义至镇，回鹘使者李畅入贡，载义谓之曰："可汗遣将军入贡以固舅甥之好，非遣将军陵践上国也。将军不戢[33]部曲[34]，使为侵盗；载义亦得杀之，勿谓中国之法可忽也。"于是悉罢防卫兵，但使二卒守其门。畅畏服，不敢犯令。

壬申[35]，以工部尚书郑覃为御史大夫。初，李宗闵恶覃在禁中数言事，奏罢其侍讲[36]。上从容谓宰相曰："殷侑经术颇似郑覃。"宗闵对曰："覃、侑经术诚可尚，然论议不足听。"李德裕曰："覃、侑议论，他人不欲闻，惟陛下欲闻之。"后旬日，宣出[37]，除覃御史大夫。宗闵谓枢密使崔潭峻曰："事一切宣出，安用中书！"潭峻曰："八年天子[38]，听其自行事亦可矣！"宗闵愀然[39]而止。

乙亥[40]，以中书侍郎、同平章事李宗闵同平章事、充山南西道节度使。

秋，七月，壬寅[41]，以右仆射王涯[42]同平章事、兼度支、盐铁转运使。

宣武节度使杨元卿有疾，朝廷议除代，李德裕请徙刘从谏于宣武，因拔出上党，不使与山东连结；上以为未可。癸丑[43]，以左仆射李程为宣武节度使。

（以上为第十二段，写李德裕入相，斥逐牛党，李宗闵被罢相出朝。此牛李党争第三回合。）

【注释】

[1]甲午：正月六日。[2]事柄不一：谓政出多门。[3]甲寅：正月二十六日。[4]崔珙：武宗会昌初任宰相，宣宗时官至东都留守。传见《旧唐书》卷一百七十七，《新唐书》卷一百八十二。[5]癸亥：二月五日。[6]进奏官：官名。藩镇置邸京师，大历起称上都知进奏院，置进奏官，掌章奏、诏令及文书的投递、承转。[7]军中不识朝廷之制：此为卢龙节度使进奏官徐迪所发狂言，意谓藩镇军中，只知道改尚书为仆射是升官，不知道改工部尚书为吏部尚书是美称，恐怕朝廷使臣去卢龙宣布这一更改，就回不来了。[8]恐不得出：指杨志诚不满升迁为检校吏部尚书而拘留朝使。按，仆射为尚书省长官，故诸部尚书改仆射为升迁；而诸部尚书，自晋、宋以来，吏部为大尚书，其他诸部尚书不能与之平列，所以改工部尚书为吏部尚书也是升迁。但徐迪不以此为满足，故对宰相发狂言，此乃朝纲不振，以下凌上之事例。[9]丙戌：二月二十八日。[10]汉公：杨汉公，字用乂，唐文宗朝累官荆南节度使、工部尚书，被劾，降秘书监。唐宣宗时官至宣武、天平节度使。传见《旧唐书》卷一百七十六，《新唐书》卷一百七十五。[11]张元夫：官至汝州刺史。事附《旧唐书》卷一百六十二《张正甫传》。[12]权要：掌握要害的权贵。[13]执政：指决策机关及其长官。[14]挠：与上文“干”为互文，即阻挠。[15]有司：具体的执行部门。[16]科第：科举进士及第。这里指朋党为子弟亲朋游说考官，求取科举及第。[17]张仲方尝驳李吉甫谥：张仲方，直臣，传见《新唐书》卷一百二十六。李吉甫，宪宗朝宰相，李德裕之父。李吉甫卒，有司谥曰敬宪。时张仲方为度支郎中，驳其谥太优。宪宗改谥李吉甫曰忠懿，而贬仲方为遂州司马，敬宗立，张仲方入朝为谏议大夫。今李德裕为相，故张仲方称疾不出。其时，张仲方为左散骑常侍。[18]壬辰：三月五日。[19]宾客分司：官名。乃太子宾客分司东都省称。[20]官告使、春衣使、送奚·契丹使：三使皆朝廷以职事权设之官，时同至幽州，皆为杨志诚所留。[21]甲午：三月七日。[22]丙申：三月九日。[23]告身：任命文书，即委任状。[24]批答：对让官不允的回文。此句指文宗不允杨志诚让官，同时赐以委任文书及驳文。[25]和王绮：和王李绮，顺宗之子。传见《旧唐书》卷一百五十，《新唐书》卷八十二。

[26]庚戌：三月二十三日。［27]常州：州名。治所晋陵，在今江苏常州市。［28]汝州：州名。治所梁县，在今河南汝州市。［29]给、舍：指给事中、中书舍人。［30]丁巳：三月三十日。［31]丙戌：四月二十九日。［32]乙巳：六月丁巳朔，无乙巳。乙巳为乙丑之误。乙丑，六月九日。［33]戢：约束。［34]部曲：士兵。［35]壬申：六月十六日。［36]侍讲：翰林侍讲学士的省称，时郑覃兼任此官。［37]宣出：不由宰相提请，皇帝直接颁布任命诏书，谓之宣出。［38]八年天子：唐文宗即位，至是已八年。［39]愀（qiǎo）然：悲伤。［40]乙亥：六月十九日。［41]壬寅：七月十七日。［42]王涯：字广津，唐宪宗、文宗二朝宰相。贪权固位，苟合取容。李训败，株连及祸，冤死。传见《旧唐书》卷一百六十九，《新唐书》卷一百七十九。［43]癸丑：七月二十八日。

上患近世文士不通经术，李德裕请依杨绾[1]议，进士试论议，不试诗赋。德裕又言："昔玄宗以临淄王定内难[2]，自是疑忌宗室，不令出阁[3]；天下议皆以为幽闭骨肉[4]，亏伤人伦。向使天宝之末、建中之初，宗室散处方州，虽未能安定王室，尚可各全其生；所以悉为安禄山、朱泚所鱼肉者，由聚于一宫故也。陛下诚因册太子，制书听宗室年高属疏者出阁，且除诸州上佐[5]，使携其男女出外婚嫁；此则百年弊法，一旦因陛下去之，海内孰不欣悦！"上曰："兹事朕久知其不可，方今诸王岂无贤才，无所施耳！"八月，庚寅[6]，册命太子，因下制：诸王自今以次出阁，授紧、望[7]州刺史、上佐；十六宅县主[8]，以时出适[9]；进士停试诗赋。诸王出阁，竟以议所除官不决而罢。

（以上为第十三段，写李德裕建言唐文宗，革除圈禁皇室子孙的制度，未能彻底施行。）

【注释】

[1]杨绾：字公权，华州华阴（今陕西华阴市）人。唐代宗朝宰相。以德行著闻，世比之杨震、谢安。传见《旧唐书》卷一百一十九，《新唐书》卷一百四十二。其奏议见《资治通鉴》卷二百二十二代宗广德元年。［2]定内难：指临淄王李隆基诛韦皇后、安乐公主等，恢复唐睿宗帝位。事见《资治通鉴》卷二百零九睿宗景云元年。［3]出阁：皇子离开朝廷到封邑，或至外地任官曰出阁。［4]幽闭骨肉：软禁亲属。［5]上佐：州郡属官之别驾、长史、司马，谓上佐。［6]庚寅：八月七日。［7]紧、望：州的等级之称。开元中，按地理、面积、人口、出产划分天下州府，除京都和都督、都护府外，有四畿（同、华、岐、蒲四州）、十望（宋、亳、滑、许、汝、

晋、洺、虢、魏、相十州)、十紧(秦、延、泾、邠、陇、汾、隰、慈、唐、邓十州),以及上、中、下州。[8]县主:诸王之女称县主。[9]出适:出阁嫁人。

壬寅[1],加幽州节度使杨志诚检校右仆射;仍别遣使慰谕之。

杜牧愤河朔三镇[2]之桀骜,而朝廷议者专事姑息,乃作书,名曰《罪言》[3],大略以为:"国家自天宝盗起,河北百余城不得尺寸,人望之若回鹘、吐蕃,无敢窥者。齐、梁、蔡[4]被其风流,因亦为寇。未尝五年间不战,焦焦然[5]七十余年矣。今上策莫如先自治,中策莫如取魏;最下策为浪战[6],不计地势,不审攻守是也。"

又伤府兵废坏[7],作《原十六卫》[8],以为:"国家始踵隋制,开十六卫[9],自今观之,设官言无谓[10]者,其十六卫乎!本原事迹[11],其实天下之大命也。贞观中,内[12]以十六卫蓄养武臣,外开折冲、果毅府五百七十四[13],以储兵伍,有事则戎臣[14]提兵居外[15],无事则放兵居内[16]。其居内也,富贵恩泽以奉其身;所部之兵散舍诸府[17]。上府[18]不越[19]千二百人,三时[20]耕稼,一时[21]治武[22],籍藏将府[23],伍散田亩,力解势破,人人自爱,虽有蚩尤[24]为帅,亦不可使为乱耳。及其居外也,缘部之兵被檄乃来[25],斧钺在前,爵赏在后,飘暴交捽[26],岂暇异略[27]!虽有蚩尤为帅,亦无能为叛也。自贞观至于开元百三十年间,戎臣兵伍未始逆篡,此大圣人所以能柄统轻重,制鄣表里[28],圣算神术[29]也。至于开元末,愚儒奏章曰:'天下文胜[30]矣,请罢府兵。'武夫奏章曰,'天下力强[31]矣,请搏四夷[32]。'于是府兵内铲[33],边兵外作[34],戎臣兵伍,湍奔矢往[35],内无一人矣。尾大中干[36],成燕偏重[37],而天下掀然[38],根萌烬然[39],七圣[40]旰食[41],求欲除之且不能也。由此观之,戎臣兵伍,岂可一日使出落钤键[42]哉!然为国者不能无兵,居外则叛,居内则篡。使外不叛,内不篡,古今以还,法术最长,其置府立卫乎!近代以来,于其将也,弊复为甚,率皆市儿辈,多赍金玉、负倚幽阴[43]、折券[44]交货[45]所能致也;绝不识父兄礼义之教,复无慷慨之气。百城千里,一朝得之,其强杰愎勃[46]者则挠削法制,不使缚己,斩族忠良[47],不使违己,力一势便[48],罔不为寇；其阴泥巧狡[49]者，亦能家算口敛[50]，委于邪倖，由卿市公[51]，去郡得都[52]，四履所治[53]，指为别馆；或一夫不幸而寿，则戛割生人[54]，略匝天下[55]。是以天下兵乱不息，齐人干耗[56]，靡不由是矣。呜呼！文皇帝[57]十六卫之旨，其谁原而复之乎！”

（以上为第十四段，写杜牧论时政，在《罪言》与《原十六卫》两篇政论中讨论藩镇割据之祸形成的原因，一是朝廷姑息，二是府兵制败坏。）

【注释】

[1]壬寅：八月十九日。[2]河朔三镇：即成德、魏博、卢龙三镇。[3]《罪言》：杜牧所写文章名，收入《樊川文集》。罪言，意谓论祸害的形成。[4]齐、梁、蔡：齐指淄青节度使李正己，梁指汴宋都虞候李灵曜，蔡指淮西节度使李希烈和吴少诚等，这些人割据一方，反叛朝廷。[5]焦焦然：焦急的样子。[6]浪战：轻率作战。[7]府兵废坏：府兵制度废弃不行。府兵，一种寓兵于农的制度，平日务农，有事征调。[8]《原十六卫》：杜牧所写文章名，收入《樊川集》。[9]开十六卫：设置十六卫军事指挥系统。开，设置。十六卫为左右卫、左右骁卫、左右武卫、左右威卫、左右领军卫、左右金吾卫、左右监门卫、左右千牛卫。每卫有上将军、大将军各一人，将军二人。[10]设官言无谓：贞元二年（786）后，十六卫虽设官而无兵可掌，所以说“无谓”。[11]本原事迹：追本溯源。[12]内：指朝廷。十六卫属皇帝统管，故称内。[13]外开折冲、果毅府五百七十四：在地方设置折冲、果毅府五百七十四，每府各置长官折冲都尉一人，副长官左右果毅都尉各一人，掌府兵操练、宿卫、戍边、作战等事。[14]戎臣：带兵的武将。[15]提兵居外：领兵出征。[16]放兵居内：分散居于内地。[17]散舍诸府：分散驻扎在各都尉府。[18]上府：大的都尉府。[19]越：超过。[20]三时：春、夏、秋三季。[21]一时：指冬季。[22]治武：练兵。[23]籍藏将府：府兵军籍注册于都尉府。[24]蚩尤：传说中的九黎族首领，能呼风唤雨，与黄帝战于涿鹿，败死。[25]缘部之兵被檄乃来：本部之兵亦需公文调遣才能来。[26]飘暴交捽：风吹日晒，交替侵人。[27]岂暇异略：哪里有空闲图谋不轨。异略，他图。[28]制鄣表里：控制内外。鄣，同“障”。[29]圣算神术：谋划神机妙算。术，张敦仁《通鉴识误》校作“谟”，义为长。[30]文胜：文治鼎盛。[31]力强：武力强盛。[32]搏四夷：征伐四夷。[33]铲：铲除，消除。[34]边兵外作：在外的边兵被发动起来。作，兴起。[35]戎臣兵伍，湍奔矢往：谓军情紧急，将领与士兵调动频繁，如同急流飞矢一般。[36]尾大中干：尾大不掉，外强中干。[37]成燕偏重：谓形成安禄山偏重之势。燕，范阳节度使所辖为古燕国之地，故以此指代。[38]掀然：翻扰。[39]根萌烬然：树根发芽，死灰复燃。然，同“燃”。[40]七圣：指肃、代、德、顺、宪、穆、敬七世皇帝。[41]旰食：晚食，谓因心烦事扰而延误吃饭。[42]出落钤键：脱离控制。钤，据章校，应作“钤”。钤，锁。钤键即核

心，关键。引申为约束、控制。［43］幽阴：指宦官。［44］折券：毁弃债券，谓赊欠买官，到任付钱。［45］交货：即交纳钱财。［46］愎勃：违法悖乱。勃，同“悖”。［47］不使缚已，斩族忠良：为了不使自己受束缚，不惜斩灭忠良之臣。［48］力一势便：力量划一，形势便利。［49］阴泥巧狡：阴险狡猾。泥，同“昵”。［50］家算口敛：户税和人头税。［51］由卿市公：从卿大夫到三公的官位都可以买到。［52］去郡得都：离开了州郡，得到了都城。郡谓列郡，都谓五都，即长安、洛阳、凤翔、江陵、太原。［53］四履所治：谓辖境之内。四履，四境。语出《左传》僖公四年：“赐我先君履，东至海，西至于河，南至于穆陵，北至于无棣。”此召陵之盟，齐国管仲对楚军主帅之言，指齐国受天子之命，管理的范围。［54］戛割生人：宰割百姓。［55］略匝（zā）天下：掠遍天下。［56］齐人干耗：人民消耗殆尽。［57］文皇帝：即唐太宗，谥曰文。

又作《战论》[1]，以为：“河北视天下，犹珠玑也；天下视河北，犹四支[2]也。河北气俗浑厚，果于战耕，加以土息[3]健马，便于驰敌，是以出则胜，处则饶，不窥天下之产，自可封殖[4]；亦犹大农之家，不待珠玑然后以为富也。国家无河北，则精甲、锐卒、利刀、良弓、健马无有也，是一支[5]，兵去矣。河东、盟津[6]、滑台[7]、大梁[8]、彭城[9]、东平[10]，尽宿厚兵以塞虏冲，不可他使，是二支，兵去矣。六镇之师，厥数三亿[11]，低首仰给，横拱不为[12]，则沿淮已北，循河之南，东尽海，西叩洛[13]，赤地尽取[14]，才能应费[15]，是三支，财去矣。咸阳西北，戎夷大屯[16]，尽铲吴、越、荆、楚之饶以啖兵戍[17]；是四支，财去矣。天下四支尽解，头腹兀然[18]，其能以是久为安乎！今者诚能治其五败，则一战可定，四支可生。夫天下无事之时，殿寄大臣[19]偷安奉私，战士离落，兵甲钝弊，是不蒐练[20]之过，其败一也。百人荷戈，仰食县官，则挟千夫之名，大将小裨[21]，操其余赢，以虏壮为幸，以师老[22]为娱，是执兵者常少，縻食常多，此不责实料食[23]之过，其败二也。战小胜则张皇[24]其功，奔走献状[25]以邀上赏，或一日再赐，或一月累封，凯还未歌[26]，书品已崇[27]，爵命极矣，田宫[28]广矣，金缯溢矣[29]，子孙官矣，焉肯搜奇出死[30]，勤于我矣！此厚赏之过，其败三也。多丧兵士，颠翻大都，则跳身而来，刺邦而去[31]，回视刀锯[32]，气色甚安，岁未更[33]，旋已立于坛墀之上[34]矣，此轻罚之过，其败四也。大将兵柄不得专，恩臣、敕使迭来挥之[35]，堂然[36]将陈[37]，殷然[38]将鼓，一则曰必为偃月[39]，一则曰必为鱼丽[40]，三军万夫，环旋翔羊[41]愰骇[42]之间，虏骑乘之，遂取吾之鼓旗，此不专任责成之过，其败五也。今者诚欲调持干戈[43]，洒扫垢汙[44]，而乃踵前非，是不可为也。”

（以上为第十五段，摘要杜牧《战论》，指出朝廷用兵有五弊，以致河朔不守，加之征讨河朔耗费双倍国家的兵源与财富，形成恶性循环而争战无宁日。）

【注释】

[1]《战论》：杜牧所写文章名，收入《樊川集》。[2]“河北视天下”句：从河北地方的立场来看国家，如同一颗宝珠；从国家的立场来看河北地方，如同身体的四肢。支，同“肢”。犹，如同。[3]息：生。[4]封殖：富强。[5]支：同“肢”。此以国之兵与财喻人的手足四肢。[6]盟津：津渡名。又名孟津，河阳三城筑于附近，此指代河阳军。[7]滑台：城名。为滑州及义成节度使治所，此指代义成军。[8]大梁：城名。为汴州及宣武节度使治所，此指代宣武军。[9]彭城：县名。为徐州及武宁节度使治所，此指代武宁军。[10]东平：县名。为郓州及天平节度使治所，此指代天平军。[11]厥数三亿：谓每岁耗费多达三亿。[12]横拱不为：谓六镇之师除了横肱拱手侍奉其主帅之外，其他什么事也不作。[13]洛：洛阳，都名。在今河南洛阳市。[14]赤地尽取：连灾区亦征敛竭尽。[15]才能应费：才可以应付军费开支。才，仅仅。[16]戎夷大屯：大量屯兵，以防戎夷。[17]尽铲吴、越、荆、楚之饶以啖兵戍：刮尽江南之财用以供养边境的屯兵。啖（dàn），给食。[18]兀然：昏沉。[19]殿寄大臣：受朝廷寄托而独镇一方的大臣，指节度使。[20]蒐（sōu）练：训练。[21]小裨：即裨将，副将。[22]师老：军队疲惫厌战。[23]责实料食：按军队的实际人数核计粮饷。[24]张皇：夸张炫耀。[25]献状：奏捷。[26]凯还未歌：即未奏凯歌，没有打胜仗。还，同“旋”。[27]书品已崇：谓授予高官。书品，书其官品。崇，高。[28]田宫：田宅。[29]金缯溢矣：赏赐的金银绸缎充满私宅。[30]搜奇出死：绞尽脑汁出奇制胜，拼死立功。[31]跳身而来，刺邦而去：此二句意谓对战败将领处罚很轻，只是贬官而已。跳身而来，谓逃至京师；刺邦而去，谓贬为刺史。[32]刀锯：刑具。[33]一岁未更：未满一年。更，过。[34]立于坛墀之上：谓复登大将之坛。[35]恩臣、敕使迭来挥之：宦官轮番掌握兵权。恩臣，指得恩宠的宦官。[36]堂然：整齐的样子。[37]陈：同“阵”。[38]殷然：充实的样子。[39]偃月：阵名。半月形的营阵。[40]鱼丽：阵名。以二十五乘兵车居前，以五人承其后以弥补缺漏，若鱼之相附而进。丽，附。[41]翔羊：徜徉、徘徊。[42]愰骇：惊骇不安。[43]调持干戈：倒过来掌握兵权。指朝廷从权臣宦官手中夺回兵柄。[44]洒扫垢汙：喻朝廷重振朝纲，洗雪受权臣及藩镇武夫凌上的耻辱。汙，同“污”。据章校，“汙”下应有“以为万世安”五字。

又作《守论》[1]，以为："今之议者皆曰：夫倔强之徒，吾以良将劲兵为衔策，高位美爵充饱其肠，安而不挠[2]，外而不拘[3]，亦犹豢扰[4]虎狼而不拂[5]其心，则忿气不萌[6]；此大历、贞元所以守邦也，亦何必疾战，焚煎吾民，然后以为快也！愚曰：大历、贞元之间，适以此为祸也。当是之时，有城数十，千百卒夫[7]，则朝廷别待之，贷[8]以法度。于是阔视大言，自树一家，破制削法，角[9]为尊奢，天子养威而不问，有司守恬而不呵[10]。王侯通爵[11]，越录[12]受[13]之；觐聘[14]不来，几杖扶之[15]；逆息虏胤[16]，皇子嫔之[17]；装缘采饰，无不备之。是以地益广，兵益强，僭拟益甚，侈心益昌。于是土田名器[18]，分划殆尽，而贼夫贪心，未及畔岸[19]，遂有淫名[20]越号，或帝或王，盟诅[21]自立，恬淡不畏[22]，走兵四略以饱其志[23]者也。是以赵、魏、燕、齐，卓起大唱；梁、蔡、吴、蜀，蹑而和之[24]，其余混澒轩嚣[25]，欲相效者，往往而是。运遭孝武[26]，宵旰[27]不忘，前英后杰，夕思朝议，故能大者诛锄，小者惠来。不然，周、秦之郊[28]，几为犯猎[29]哉！大抵生人[30]油然[31]多欲，欲而不得则怒，怒则争乱随之，是以教笞于家，刑罚于国，征伐于天下，此所以裁其欲而塞其争也。大历、贞元之间，尽反此道，提区区之有[32]而塞无涯[33]之争，是以首尾指支，几不能相运掉[34]也。今者不知非此，而反用以为经[35]。愚见为盗者非止于河北而已，呜呼！大历、贞元守邦之术，永戒之哉！"

又注《孙子》[36]，为之序，以为："兵者，刑也；刑者，政事也；为夫子之徒，实仲由、冉有之事[37]也。不知自何代何人分为二道曰文、武，离而俱行，因使缙绅之士不敢言兵，或耻言之；苟有言者，世以为粗暴异人，人不比数[38]。呜呼！亡失根本，斯最为甚！《礼》曰[39]：'四郊多垒，此卿大夫之辱也。'历观自古，树立其国，灭亡其国，未始不由兵也。主兵者必圣贤、材能、多闻博识之士乃能有功，议于廊庙之上，兵形已成，然后付之于将。汉祖言[40]'指踪者人也，获兔者犬也'，此其是也。彼为相者曰：'兵非吾事，吾不当知。'君子曰：'勿居其位可也！'"

（以上为第十六段，摘要杜牧《守论》与《孙子》注序论，指出朝廷姑息使藩镇坐大成尾大不掉之势，消除之法唯有坚决打击，不知兵者不应为宰相。）

【注释】

［1］《守论》：杜牧所写文章名，收入《樊川集》。［2］挠：打扰、扰乱。［3］拘：约束、限制。［4］豢扰：驯养。［5］拂：违背。［6］忿气不萌：不生怒气。［7］千百卒夫：成百上千的武夫。［8］贷：宽。［9］角：竞。［10］守恬而不呵：保持安宁而不斥责。［11］通爵：即爵位。［12］越录：无功而越级授爵，谓之越录。［13］受：同“授”。［14］觐聘：诸侯朝见天子曰觐，诸侯之间修好曰聘。觐聘连用，即朝见。［15］几杖扶之：赐之几杖以供靠身扶持之用。此言对不朝者不斥责，反赐几杖以安其心。典出《史记·吴王濞列传》：汉文帝“赐吴王几杖，老，不朝。”［16］逆息虏胤：叛臣藩将之子嗣。息，子。胤，继嗣。［17］皇子嫔（pín）之：嫁以皇女。皇帝之女出嫁曰嫔。［18］名器：名分、称号及车服仪制。［19］畔岸：边际。［20］淫名：越级妄称的名号。［21］盟诅：盟誓。［22］恬淡不畏：安然不惧。［23］饱其志：满足其贪欲之心。［24］“是以”二句：赵、魏、燕、齐，分别指王武俊、田悦、朱滔、李纳相立为王；梁、蔡、吴、蜀，分别指李希烈、吴元济、李锜、刘辟先后叛乱。卓，高。蹑，追随。和（hè），应和。［25］混澒轩嚣：混同喧嚣。［26］孝武：即唐宪宗，谥号圣神章武孝皇帝。［27］宵旰：谓勤于政事。宵，夜。此指宵衣，天未亮就穿衣；旰，日落时，此指旰食，很晚才吃饭。［28］周秦之郊：指河南、关内京畿之地。［29］犯猎：遭兵火洗劫。［30］生人：生民、人民。［31］油然：自然。油，同“由”。［32］提区区之有：朝廷只握有数量很少的爵命。提，掌握。区区，微少。［33］无涯：无边无际、无穷无尽。［34］运掉：运转摆动。［35］经：常。［36］《孙子》：书名，即《孙子兵法》，春秋孙武撰。历代作注者甚多，宋人吉天保集有《孙子十家注》，杜牧为其中一家。［37］仲由、冉有之事：指习武用兵，也应是儒者之事，即不能将文治与武事对立起来。仲由，字子路；冉有，名冉求，字子有，皆孔子弟子，长于戎阵。两人事详《史记》卷六十七《仲尼弟子列传》。［38］比数：同“列”。［39］《礼》曰：“《礼》曰”下的两句引语见《礼记·曲礼上》。［40］汉祖言：汉祖，指汉高祖刘邦。言，指刘邦对功臣的评论语。引语见《史记》卷五十三《萧相国世家》，文字略有不同：“追杀兽兔者，狗也；而发踪指示兽处者，人也。”指踪，指示野兽出没的踪迹。

前邠宁行军司马郑注，依倚王守澄，权势熏灼[1]，上深恶之。九月，丙寅[2]，侍御史李款[3]阁内[4]奏弹注：“内通敕使，外连朝士，两地往来[5]，卜射[6]财贿，昼伏夜动，干窃化权[7]，人不敢言，道路以目；请付法司。”旬日之间，章数十上。守澄匿注于右军[8]，左军中尉韦元素、枢密使杨承和、王践言皆恶注。左军将李弘楚说元素曰："郑注奸猾无双；卵鷇[9]不除，使成羽翼，必为国患。今因御史所劾匿军中，弘楚请以中尉意，诈为有疾，召使治之，来则中尉延与坐，弘楚侍侧，伺中尉举目，擒出杖杀之。中尉因见上叩头请罪，具言其奸，杨、王必助中尉进言。况中尉有翼戴之功[10]，岂以除奸而获罪乎！"元素以为然，召之。注至，蠖屈鼠伏[11]，佞辞泉涌[12]；元素不觉执手款曲[13]，谛听忘倦。弘楚诇伺[14]再三，元素不顾，以金帛厚遗注遣之。弘楚怒曰："中尉失今日之断，必不免他日之祸矣！"因解军职去；顷之，疽发背卒。王涯为相，注有力焉，且畏王守澄，遂寝李款之奏。守澄言注于上而释之；寻奏为侍御史，充右神策判官，朝野骇叹。

甲寅[15]，以前忠武节度使王智兴为河中节度使。

群臣以上即位八年，未受尊号，冬，十二月，甲午[16]，上尊号曰太和文武仁圣皇帝。会有五坊中使[17]薛季稜自同、华[18]还，言闾阎凋弊。上叹曰："关中小稔，百姓尚尔，况江、淮比年大水，其人如何！吾无术以救之，敢崇虚名乎！"因以通天带[19]赏季稜。群臣凡四上表，竟不受。

庚子[20]，上始得风疾，不能言。于是王守澄荐昭义行军司马郑注善医；上征注至京师，饮其药，颇有验，遂有宠。

（以上为第十七段，写王守澄牢牢控制唐文宗，把同党奸佞小人郑注以治病为由安插在唐文宗身边为耳目。）

【注释】

［1］熏灼：喻气焰逼人。［2］丙寅：九月十三日。［3］李款：字言源，历侍御史、江西观察使、澶王傅。传见《新唐书》卷一百四十二，附见《旧唐书》卷一百七十一《李中敏传》。［4］阁内：便殿之内。［5］两地往来：谓郑注往来于南牙、北司之间。［6］卜射：追逐。［7］干窃化权：窃柄弄权。［8］右军：神策军分左、右二军，亦称左、右护军，长官为中尉，是最有权势的宦官。其时王守澄为右军中尉。［9］卵鷇（kòu）：未出壳的雏鸟。［10］翼戴之功：韦元素是拥立穆宗即位的宦官之一，事见《资治通鉴》卷二百四十一宪宗元和十五年。翼戴，辅佐拥戴。［11］蠖屈鼠伏：形容卑躬屈节的样子。蠖屈，语出《易·系辞下》："尺蠖之屈，以求信也。"蠖，即尺蠖，行时屈伸其身，像尺量物。［12］佞辞泉涌：阿谀之辞如泉水喷涌。［13］款曲：殷

勤。［14］诇（xiòng）伺：守候窥伺。据章校，“伺”下有“往复”二字。有此二字，属下读为句，“弘楚诇伺，往复再三”。［15］甲寅：九月一日。［16］甲午：十二月十二日。［17］五坊中使：为五坊采购鹰犬的宦官。［18］同、华：同州、华州。［19］通天带：以通天犀制作的革带。［20］庚子：十二月十八日。

【点评】

本卷点评宋申锡冤案、司马光论牛僧孺致仕、杜牧政论三事。

一、宋申锡冤案。大宦官王守澄拥立唐文宗，因护驾之功，被拜为骠骑大将军，并由枢密转为神策军中尉，权势更盛，骄横跋扈，不可一世。朝廷内外对王守澄是重足而立，侧目而视。唐文宗目睹宪宗、敬宗两帝所遭宦官之祸，王守澄都是背后的罪魁祸首。现在王守澄走到了台前，唐文宗感到自身不安全，他想除掉王守澄，太和二年（828），举贤良方正求言，试探朝士态度，得到回应。太和三年（829），浙西观察使李德裕被召入朝，任兵部尚书，裴度推荐李德裕做宰相，不到二十天就被李宗闵排挤出朝，做义成节度使。李宗闵又引牛僧孺为相，二人合力斥逐朝中拥护李德裕的朝官，再迁转李德裕为西川节度使，使他离朝廷更远一些。太和四年（830），裴度也被排挤出朝。牛僧孺、李宗闵这一朋党与宦官合势，唐文宗深感孤立，起用内廷的侍讲学士宋申锡为相，谋诛宦官。宋申锡联络京兆尹王璠，御史中丞宇文鼎，密谋策划。王璠受命捕拿郑注，王璠欲附宦官，反而向王守澄泄密。于是郑注策划先下手为强，由王守澄指使神策军小吏状告宋申锡谋反。罪证是宋申锡与文宗之弟、穆宗第六子漳王李凑友善，而李凑一向名声很好，遭到文宗的猜忌；王守澄借此诬告宋申锡谋反。唐文宗心知肚明这是一桩冤案，他恼恨宋申锡办事不密露了馅，为了向王守澄表白，又为了除掉漳王李凑，竟下令处死宋申锡、李凑，以谋反罪抄斩满门。宰相们缄口无言。只有飞龙使马存亮、京兆尹崔琯、大理卿王正雅、左常侍崔玄亮、给事中李固言、谏议大夫王质，补缺卢钧、舒元褒、蒋系、裴休、韦温等，冒死相争，要求立案由朝官审察。这时宰相牛僧孺也说了一句公道话。牛僧孺说：“宰相是人臣的最高官职，宋申锡已做了宰相，他造反还想得到什么呢，宋申锡决不会谋反。”义正理顺，唐文宗没有话可说。郑注害怕追究下去，奸谋败露，就劝王守澄奏请改宋申锡、李凑的死刑为贬逐。宋申锡被贬为开州司马，李凑被贬为巢县公。唐文宗的第一次反宦官行动就这样以失败收场。

俗话说“伴君如伴虎”。宋申锡奉文宗之命谋诛宦官，事情败露，唐文宗为了推卸责任，又因一己猜忌之心，排除臆想的政敌，就要杀害同父之弟，竟以莫须有的罪名，兴大狱，昏庸无能的皇帝，比老虎还要凶恶。马存亮、崔琯、王正雅、崔玄亮、李固言等，也包括牛僧孺，他们良心未泯，冒犯龙颜，不顾自身的安危，制止了一场大冤狱，才使得宋申锡、李湊满门男女老少，合家数百口从刀下脱险。这些人是值得敬仰的英雄，他们的品德和高风亮节与那些落井下石的人，有天壤之别，是应该发扬光大的。

二、司马光论牛僧孺致仕。唐文宗太和元年（827），文宗在延英殿召见大臣，责问何时可致太平。牛僧孺回答："治理达到太平的条件还不成熟，也不是臣等的能力，现今边境安宁，百姓没有四处漂流，可以算小康。"退朝后，牛僧孺多次请求辞位，唐文宗允准，出牛僧孺为淮南节度使，召西川节度使李德裕入朝为相。其背景是李德裕被牛僧孺、李宗闵排斥出朝，李德裕为义成节度使，再斥逐为西川节度使。李德裕镇西川，打败吐蕃侵扰，西疆稳固。文宗后悔，想召李德裕入朝，故以太平责问牛僧孺。牛僧孺也识时务，回答臣的才能只能治理天下达到小康，没能力达到太平，主动请辞，避免文宗做出罢相的激烈举动，君臣之间相处和谐，牛僧孺进退得当，不应受批评。可是司马光指责牛僧孺上进入相是苟且偷安，窃取官位，辞职是蒙蔽百姓，博取美名，是罪大恶极。司马光如此激烈，是说牛僧孺无能力治国，还自称达"太平"。恰恰是牛僧孺说臣无能力达到太平才提出辞职的，牛僧孺只说他的能力让百姓达到了小康。司马光捏造证据来批评牛僧孺，另有隐情，他把自己卷入的与王安石之间的党争，借牛李党争来指桑骂槐。大概是以牛僧孺比喻王安石无能力治国到太平，却搞改革，最后下台，罪大恶极。如果不是这样，以司马光之才德为何要给受批评的对象捏造证据呢！

三、杜牧政论。杜牧，字牧之，晚唐著名文学家。京兆万年（今陕西西安）人，杜佑之孙。太和进士，授宏文馆校书郎，曾任江西、宣歙观察使、淮南节度使幕府。历任监察御史、湖州刺史，后入朝为司勋员外郎，官终中书舍人。杜牧生活在唐帝国走下坡路的晚唐时期，内忧外患使杜牧忧心如焚。他以济世之才自负，认真研究了"治乱兴亡之迹，财富甲兵之事，地形之险夷远近，古人之长短得失"（《上李中丞书》）。杜牧喜欢论政谈兵，主张削藩御敌，革除弊政，针砭朝廷腐败。《罪言》《原十六卫》《战论》《守论》等，就是杜牧留下的论治乱守战的政论。又注曹操所定《孙子兵法》十三篇，该书序言也是一篇政论。司马光极为重视，摘引入《资治通鉴》。

《罪言》批评朝廷对河北三镇用兵采取了最下策，不研究地形与攻守形势，盲目用兵，给国家和社会带来深重灾难。上策是朝廷革新自强，中策是集中力量攻取河北南部的魏博一镇。从地理上看，魏博镇靠近朝廷，得魏博，外御卢龙、成德两镇，内屏河南诸镇，加强朝廷势力。

《原十六卫》，慨叹府兵制被破坏，代之以招募的雇佣兵而祸害无穷。杜牧认为府兵制，朝廷中央禁军十六卫用来储备武臣，即领兵将领，全国折冲与果毅府五百七十四处，用来储备兵员，有了战事，武臣领兵作战，战争结束，兵员散归卫府。农闲训练，农忙耕作。国家负担轻，指挥灵便。募兵制雇佣兵成为常备兵，国家负担沉重。武臣邀功，轻启边衅，重兵屯于边境，朝内空虚，河北三镇势力庞大，尾大不掉，形成藩镇割据。杜牧认为战乱是府兵制被破坏造成的，要使天下安宁，就应恢复府兵制。

《战论》《守论》批评朝廷丢失河朔三镇，好比一个人丢了四肢。杜牧把兵员和财赋比喻为支撑国家的四肢。丢失河北三镇，不仅河北的兵员、财赋没有了，朝廷动员全国的兵力讨伐，财赋支持，又等于全国的兵员、财赋没有了，如同国家没有了四肢。杜牧批评朝廷姑息养奸，承认藩镇割据的防守政策，又批评盲目用兵有五弊。杜牧认为，朝廷整治官军的五弊，一战便可成功，重整朝纲了。

杜牧在《孙子注》的序言中，明确提出国家要重视武备，不懂军事的人，不能做宰相。

统观杜牧的政论，充满忧国忧民的爱国热情。杜牧对于时弊的批评、政治腐败的看法、用兵方略都切中要害。但是得不到执行。因为杜牧没有揭示根本。最大的祸根是皇帝专制体制，个人意志大于法制。唐代的最大政治积弊是宦官专权，奸邪小人成了皇帝的代言人。宦官掌枢密，掌禁军，监军安插在各个方镇，这一特殊体制造成了宦官专权。宪宗、武宗对宦官稍加抑制，让贤明宰相发挥作用，政治军事均见效果。皇权专制当时除不了，希望寄托在贤明君王上，宦官掌控皇帝废立，就产生不了圣明君主，晚唐皇帝一代不如一代，只是在等待灭亡。我们不能苛求杜牧提出废皇权，但我们今天要体悟杜牧建言为何不能施行的根本原因，专制独裁是万恶之源。此外，任何一种好制度，一旦被废坏，不可能恢复。唐初的府兵制被破坏，并不是如杜牧所说，不懂军事的文官一纸错误的奏言就破坏了府兵制。时过境迁，形势变化，改变原有制度，再走回头路是不可能的。所以杜牧主张恢复府兵制，也只能是一番空言。

卷二四五　唐纪六十一

唐文宗太和八年至开成二年（834—837年）

【起阏逢摄提格（甲寅，834年），尽强圉大荒落（丁巳，837年），凡四年】

【大事提要】

本卷记事起公元834年，讫公元837年，凡四年。当唐文宗太和八年至开成二年。这是唐文宗当政的中期，朝政的昏暗达到新高，宫中宦官主宰，外朝小人当道，郑注、李训两个奸诈小人垄断朝政，清流直臣尽数被驱出朝。宋申锡谋诛宦官失败，宦官王守澄安插郑注、李训两个奸佞监视唐文宗，郑注为医官，李训为文宗讲《易经》。两小人探知文宗欲诛除宦官，二人认为有大利可图，转过身来以诛宦官为己任。文宗猜忌朝官，厌恶朋党，二人投文宗之好，内得皇帝之宠，外得宦官之助，以朋党之名斥逐清正朝官，凡不利于己者，皆以牛李之朋党斥逐。李宗闵、李德裕、路隋三相皆被二人斥逐，又用暗杀手段诛宦官陈弘志、王守澄，二人炙手可热，威震朝廷。重要朝官都是二人的党徒，宰相王遂、贾餗，阿附取容。太和九年（835），李训为相，郑注出任凤翔节度使，欲内外合势尽诛宦官，李训中途制造甘露之变，想独占功劳，并顺带除掉郑注，两小人同床异梦，势分而失败。宦官仇士良大杀朝官，朝廷半空。唐文宗成了宦官俘虏，朝廷大权尽归北司，宰相以下朝官都被宦官仇视。开成元年（836），昭义节度使刘从谏上奏声讨仇士良等罪恶，声言入朝清君侧，宦官才有所收敛，南衙才有了稍许权力。从此，唐文宗被宦官监视，只能借酒浇愁，自谓受制于家奴，比周赧王、汉献帝两个亡国之君还不如，整天郁闷忧愁直到死，再没有什么作为了。

文宗元圣昭献孝皇帝中

太和八年（甲寅，834年）

春，正月，上疾小瘳；丁巳[1]，御太和殿见近臣，然神识耗减[2]，不能复故。

二月，壬午朔[3]，日有食之。

夏，六月，丙戌[4]，莒王纾[5]薨。

上以久旱，诏求致雨之方。司门员外郎[6]李中敏[7]上表，以为："仍岁[8]大旱，非圣德不至，直以宋申锡之冤滥[9]，郑注之奸邪。今致雨之方，莫若斩注而雪申锡。"表留中；中敏谢病归东都。

郯王经薨。

初，李仲言流象州[10]，遇赦，还东都。会留守李逢吉思复入相，仲言自与郑注善，逢吉使仲言厚赂之。注引仲言见王守澄，守澄荐于上，云仲言善《易》；上召见之。时仲言有母服[11]，难入禁中，乃使衣民服，号王山人。仲言仪状秀伟，倜傥尚气[12]，颇工文辞，有口辩，多权数。上见之，大悦，以为奇士，待遇日隆[13]。

仲言既除服[14]，秋，八月，辛卯[15]，上欲以仲言为谏官，置之翰林。李德裕曰："仲言向所为，计陛下必尽知之，岂宜置之近侍？"上曰："然岂不容其改过？"对曰："臣闻惟颜回能不贰过[16]。彼圣贤之过，但思虑不至，或失中道[17]耳。至于仲言之恶，著于心本[18]，安能悛改[19]邪！"上曰："李逢吉荐之，朕不欲食言。"对曰："逢吉身为宰相，乃荐奸以误国，亦罪人也。"上曰："然则别除一官。"对曰："亦不可。"上顾王涯，涯对曰："可。"德裕挥手止之，上回顾适见，色殊不怿[20]而罢。始，涯闻上欲用仲言，草谏疏极愤激；既而见上意坚，且畏其党盛，遂中变[21]。

寻以仲言为四门助教[22]，给事中郑肃[23]、韩佽[24]封还敕书[25]。德裕将出中书，谓涯曰："且喜给事中封敕[26]！涯即召肃、佽谓曰："李公适[27]留语[28]，令二阁老[29]不用封敕。"二人即行下[30]，明日，以白德裕，德裕惊曰："德裕不欲封还，当面闻，何必使人传言！且有司封驳，岂复禀宰相意邪！"二人怅恨而去。

（以上为第一段，写唐文宗信用奸佞，宰相王涯见风使舵。）

【注释】

[1]丁巳：正月五日。[2]神识耗减：记忆衰退。[3]壬午朔：二月一日。[4]丙戌：六

月七日。［5］莒王纾：莒王李纾，唐顺宗第五子，贞元二十一年（805）封。传见《旧唐书》卷一百五十，《新唐书》卷八十二。［6］司门员外郎：官名。为刑部第四司司门司副主官。［7］李中敏：字藏之。传见《旧唐书》卷一百七十一，《新唐书》卷一百一十八。［8］仍岁：连年。［9］冤滥：冤枉。［10］李仲言流象州：李仲言，前河阳掌书记，李逢吉同党，他教唆左金吾兵曹茅彙诬陷李程谋害李逢吉，茅彙不从，李仲言流放象州。事见《资治通鉴》卷二百四十三敬宗宝历元年。［11］母服：为母守丧，着丧服。［12］倜傥（tìtǎng）尚气：洒脱不拘，崇尚气概。［13］待遇日隆：恩宠一天天加厚。［14］除服：守丧期满，脱去孝服。［15］辛卯：八月十三日。［16］颜回能不贰过：语出《论语·雍也》。鲁哀公问，弟子孰为好学，孔子回答说："有颜回者好学，不迁怒，不贰过。"颜回，孔子弟子。事见《史记》卷六十七《仲尼弟子列传》。不贰过，不重犯同一过错。［17］中道：中庸之道。［18］心本：心根、心底。［19］悛（quān）改：悔改。［20］色殊不怿：脸色变得很不高兴。［21］中变：中途改变主意。［22］四门助教：官名。唐有六学，分别为国子、太学、四门、律、书、算。四门博士掌教七品以上及侯伯子男之子弟，以及有才学之庶人子弟。助教协助博士讲学。［23］郑肃：字义敬，荥阳（今河南荥阳市）人。唐文宗时累官吏部侍郎、河中节度使。唐武宗时官至宰相。传见《旧唐书》卷一百七十六，《新唐书》卷一百一十八。［24］韩佽（？—837）：字相之，京兆长安（今陕西西安市）人。官至桂管观察使。传见《旧唐书》卷一百零一，《新唐书》卷一百一十八。［25］封还敕书：驳回任命李仲言为四门助教的敕书。唐制，凡诏令须经门下省覆按，给事中认为诏令不当，则驳正封还。［26］封敕：即封驳，指郑肃、韩佽封还敕书。［27］适：方才，刚才。［28］留语：谓李德裕将出中书之时留下话语。这里王涯故意颠倒李德裕之言，以取悦于上。［29］阁老：中书、门下两省官员相互称呼为阁老。［30］二人即行下：郑肃、韩佽立即下达任命李仲言为四门助教的敕令。

九月，辛亥[1]，征昭义节度副使郑注至京师。王守澄、李仲言、郑注皆恶李德裕，以山南西道节度使李宗闵与德裕不相悦，引宗闵以敌[2]之。壬戌[3]，诏征宗闵于兴元。

冬，十月，辛巳[4]，幽州军乱，逐节度使杨志诚及监军李怀仵，推兵马使史元忠[5]主留务。

庚寅[6]，以李宗闵为中书侍郎、同平章事。甲午[7]，以中书侍郎、同平章事李德裕同平章事，充山南西道节度使。是日，以李仲言为翰林侍讲学士。给事中高铢[8]、郑肃、韩佽、谏议大夫郭承嘏[9]、中书舍人权璩[10]等争之，不能得。承嘏，晞[11]之孙；璩，德舆[12]之子也。

乙巳[13]，贡院[14]奏进士复试诗赋，从之。

李德裕见上自陈，请留京师。丙午[15]，以德裕为兵部尚书。

杨志诚过太原，李载义自殴击，欲杀之，幕僚谏救得免，杀其妻子及从行将卒；朝廷以载义有功，不问。载义母兄[16]葬幽州，志诚发取其财。载义奏乞取志诚心以祭母，不许。

十一月，成德节度使王庭凑薨，军中奉其子都知兵马使元逵知留后。元逵[17]改父所为，事朝廷礼甚谨。

史元忠献杨志诚所造衮衣及诸僭物。丁卯[18]，流志诚于岭南，道杀之。

李宗闵言李德裕制命已行，不宜自便[19]。乙亥[20]，复以德裕为镇海[21]节度使，不复兼平章事。时德裕、宗闵各有朋党，互相挤援[22]。上患之，每叹曰："去河北贼易，去朝廷朋党难！"

臣光曰：夫君子小人之不相容，犹冰炭之不可同器而处也。故君子得位则斥小人，小人得势则排君子，此自然之理也。然君子进贤退不肖，其处心也公，其指事也实[23]；小人誉其所好，毁其所恶，其处心也私，其指事也诬。公且实者谓之正直，私且诬者谓之朋党，在人主所以辨之耳。是以明主在上，度德而叙位，量能而授官[24]；有功者赏，有罪者刑；奸不能惑，佞不能移。夫如是，则朋党何自而生哉！彼昏主则不然。明不能烛[25]，强不能断；邪正并进，毁誉交至；取舍不在于己[26]，威福潜移于人[27]。于是谗慝得志[28]而朋党之议兴矣。

夫木腐而蠹生，醯[29]酸而蜹[30]集，故朝廷有朋党，则人主当自咎而不当以咎群臣也。文宗苟患群臣之朋党，何不察其所毁誉者为实，为诬，所进退者为贤，为不肖，其心为公，为私，其人为君子，为小人！苟实也，贤也，公也，君子也，匪徒用其言，又当进之[31]；诬也，不肖也，私也，小人也，匪徒弃其言，又当刑[32]之。如是，虽驱之使为朋党，孰敢哉！释是不为，乃怨群臣之难治，是犹不种不芸[33]而怨田之芜也。朝中之党且不能去，况河北贼乎！

（以上为第二段，写李宗闵入朝为相，李德裕罢相出朝，此牛李党争第四回合。司马光抨击朋党之起，缘于人君昏庸，忠奸不分。）

【注释】

[1]辛亥：九月三日。[2]敌：对抗、抵拒。[3]壬戌：九月十四日。[4]辛巳：十月十四日。[5]史元忠：原为卢龙军兵马使，太和八年逐其节度使杨志诚，自称留后。九年拜副大使，知节度事。唐武宗会昌元年（841）为偏将陈行泰所杀。其事附见《旧唐书》卷一百八十，《新唐书》卷二百一十二《杨志诚传》。[6]庚寅：十月十三日。[7]甲午：十月十七日。[8]高铢：字权仲，累官至给事中，为李训、郑注所恶，出为浙东观察使。开成三年（838）入为刑部侍郎。武宗时任吏部侍郎，传见《旧唐书》卷一百六十八，《新唐书》卷一百七十七。[9]郭承嘏：字复卿，官至刑部侍郎。传见《旧唐书》卷一百六十五，《新唐书》卷一百三十七。[10]权璩：字大圭，官至中书舍人。后为李宗闵贬官辩解，贬阆州刺史。传见《新唐书》卷一百六十五。[11]晞：（？—794）：郭晞，华州郑县（今陕西渭南市华州区）人，郭子仪第三子。唐德宗时官至太子宾客。传见《旧唐书》卷一百二十，《新唐书》卷一百三十七。[12]德舆（758—818）：权德舆，字载之，天水略阳（今甘肃天水市东北）人。唐宪宗朝宰相。传见《旧唐书》卷一百四十八，《新唐书》卷一百六十五。[13]乙巳：十月二十八日。[14]贡院：主管科举考试的机构及其场所，隶属礼部。[15]丙午：十月二十九日。[16]载义母兄：张敦仁《通鉴识误》："兄"作"死"。据《新唐书·李载义传》，当是。[17]元逵：王元逵官至成德节度使。传见《旧唐书》卷一百四十二，《新唐书》卷二百一十一。[18]丁卯：十一月二十一日。[19]不宜自便：指李德裕自请留京师事。[20]乙亥：十一月二十九日。[21]镇海：方镇名。元和二年（807）升浙江西道观察使为镇海军节度使。[22]互相挤援：非其党则相挤，同党则相援。[23]指事也实：指陈之事实实在在。[24]度德而叙位，量能而授官：典出《荀子·致士》："德以叙位，能以授官。"叙位，排列尊卑的次序。[25]明不能烛：有眼力而不能洞悉曲直。[26]取舍不在于己：谓昏主优柔寡断，决断之权旁落于他人。[27]威福潜移于人：帝王的赏罚之权无形中转移于旁人。[28]谗慝得志：奸邪之人得行其志。[29]醯（xī）：醋。[30]蜹（ruì）：同"蚋"，蚊。[31]匪徒用其言，又当进之：不仅仅是采纳他的进言，还应当提升奖赏。[32]刑：惩罚。[33]不种不芸：不种下种子，不除杂草。

丙子[1]，李仲言请改名训。幽州奏莫州军乱，刺史张元汎不知所在。

十二月，己卯[2]，以昭义节度副使郑注为太仆卿。郭承嘏累上疏言其不可，上不听。于是注诈上表固辞，上遣中使再以告身赐之，不受。

癸未[3]，以史元忠为卢龙留后。

初，宋中锡与御史中丞宇文鼎受密诏诛郑注，使京兆尹王璠掩捕[4]之。璠密以堂帖[5]示王守澄，注由是得免，深德璠。璠又与李训善，于是训、注共荐之，自浙西观察使征为尚书左丞。

（以上为第三段，写王璠出卖机密与宦竖相结。）

【注释】

[1]丙子：十一月三十日。 [2]己卯：十二月三日。 [3]癸未：十二月七日。 [4]掩捕：出其不意而逮捕。 [5]堂帖：宰相所下文书，由政事堂发出，故谓之堂帖。按两唐书，王播交结王守澄，而于太和四年七月病逝，不预宋申锡事，与《资治通鉴》异，存疑待考。

九年（乙卯，835年）

春，正月，乙卯[1]，以王元逵为成德节度使。

巢公凑薨，追赠齐王。

郑注上言秦地有灾，宜兴役以禳之[2]。辛卯[3]，发左、右神策千百人浚曲江[4]及昆明池[5]。

三月，冀王絿[6]薨。

丙辰[7]，以史元忠为卢龙节度使。

初，李德裕为浙西观察使，漳王傅母[8]杜仲阳坐宋申锡事放归金陵[9]，诏德裕存处[10]之。会德裕已离浙西，牒[11]留后李蟾使如诏旨。至是，左丞王璠、户部侍郎李汉奏德裕厚赂仲阳，阴结漳王，图为不轨。上怒甚，召宰相及璠、汉、郑注等面质之。璠、汉等极口诬之，路隋曰："德裕不至有此。果如所言，臣亦应得罪！"言者稍息。夏，四月，以德裕为宾客分司。

癸巳[12]，以郑注守太仆卿，兼御史大夫，注始受之，仍举仓部员外郎[13]李款自代曰："加臣之罪，虽于理而无辜；在款之诚，乃事君而尽节。"时人皆哂[14]之。

丙申[15]，以门下侍郎、同平章事路隋充镇海节度使，趣之赴镇，不得面辞；坐救李德裕故也。

初，京兆尹河南贾餗[16]，性褊躁轻率，与李德裕有隙，而善于李宗闵、郑注。上巳[17]，赐百官宴于曲江，故事，尹于外门下马，揖御史。餗恃其贵势，乘马直入，殿中侍御史杨俭、苏特与之争，餗骂曰："黄面儿敢尔！"坐罚俸。餗耻之，求出，诏以为浙西观察使；尚未行，戊戊[18]，以悚为中书侍郎、同平章事。

庚子[19]，制以向日[20]上初得疾[21]，王涯呼李德裕奔问起居，德裕竟不至；又在西蜀征逋悬[22]钱三十万缗，百姓愁困；贬德裕袁州[23]长史。

（以上为第四段，写郑注等群小诬陷李德裕，必欲置之死地，赖宰相路隋相救，李德裕得免于祸，再次遭贬。）

【注释】

[1]乙卯：正月九日。 [2]兴役以禳之：谓用兴修水利的办法来祈福消灾。役，劳作之事。 [3]辛卯：二月十六日。 [4]曲江：池名。故址在今陕西西安市东南，唐时为都中第一胜景。唐末水枯池废。 [5]昆明池：湖名。故址在今西安市西南。原为汉武帝准备出征昆明国训练水军而开凿，唐太和以后干涸。 [6]冀王絿：冀王李絿，唐顺宗第十子，贞元二十一年（805）封。传见《旧唐书》卷一百五十，《新唐书》卷八十二。 [7]丙辰：三月十一日。 [8]傅母：保姆。《旧唐书·李德裕传》作“养母”。 [9]金陵：指丹徒县，为润州及浙西治所，在今江苏镇江市。[10]存处：存养安置。[11]牒：书札，用如动词。[12]癸巳：四月十八日。[13]仓部员外郎：官名。仓部为户部第四司，掌天下仓储出纳之政令。长官为郎中、员外郎。 [14]哂（shěn）：讥笑。 [15]丙申：四月二十一日。 [16]贾悚（？—835）：字子美，官至宰相。是年李训、郑注败，被诛。传见《旧唐书》卷一百六十九，《新唐书》卷一百七十九。 [17]上巳：节日名。阴历三月上旬巳日，魏晋以后习为三月三日。是日修禊、踏青。[18]戊戌：四月二十三日。[19]庚子：四月二十五日。[20]向日：往日。[21]初得疾：指太和七年十二月文宗患病事。[22]逋（bǔ）悬：拖欠。 [23]袁州：州名。治所宜春，在今江西宜春市。

初，宋申锡获罪，宦官益横；上外虽包容，内不能堪。李训、郑注既得幸，揣知上意，训因进讲，数以微言动上。上见其才辨，意训可与谋大事；且以训、注皆因王守澄以进，冀宦官不之疑，遂密以诚告之。训、注遂以诛宦官为己任，二人相挟[1]，朝夕计议，所言于上无不从，声势烜赫[2]。注多在禁中，或时休沐，宾客填门，赂遗山积。外人但知训、注倚宦官擅作威福，不知其与上有密谋也。

上之立也，右领军将军兴宁仇士良[3]有功；王守澄抑之，由是有隙。训、注为上谋，进擢士良以分守澄之权。五月，乙丑[4]，以士良为左神策中尉，守澄不悦。

戊辰[5]，以左丞王璠为户部尚书，判度支。

（以上为第五段，写唐文宗宠信奸佞小人郑注、李训，二度谋诛宦官王守澄。）

【注释】

[1]相挟：相互依仗。[2]炟(dá)赫：盛大。炟，一作“烜”。[3]仇士良：循州兴宁（今广东兴宁市）人，宦官。官至右骁卫大将军。先后杀二王（陈王、安王）、一妃（安王母杨贵妃）、四丞相（王涯、贾悚、舒元舆、李训），贪酷二十余年。传见《新唐书》卷二百○七。[4]乙丑：五月二十一日。[5]戊辰：五月二十四日。

京城讹言郑注为上合金丹，须小儿心肝，民间惊惧，上闻而恶之。郑注素恶京兆尹杨虞卿，与李训共构之，云此语出于虞卿家人。上怒，六月，下虞卿御史狱。注求为两省官，中书侍郎、同平章事李宗闵不许，注毁之于上。会宗闵救杨虞卿，上怒，叱出之；壬寅[1]，贬明州[2]刺史。

左神策中尉韦元素、枢密使杨承和、王践言居中用事，与王守澄争权不叶，李训、郑注因之出承和于西川，元素于淮南，践言于河东，皆为监军。

秋，七月，甲辰朔[3]，贬杨虞卿虔州[4]司马。

庚戌[5]，作紫云楼于曲江。

辛亥[6]，以御史大夫李固言为门下侍郎、同平章事。

李训、郑注为上画太平之策，以为当先除宦官，次复河、湟[7]，次清河北，开陈方略，如指诸掌。上以为信然，宠任日隆。

初，李宗闵为吏部侍郎，因驸马都尉沈𫍽结女学士[8]宋若宪、知枢密杨承和得为相。及贬明州，郑注发其事，壬子[9]，再贬处州[10]长史。

著作郎[11]、分司[12]舒元舆[13]与李训善，训用事，召为右司郎中[14]，兼侍御史知杂[15]，鞫杨虞卿狱；癸丑[16]，擢为御史中丞。元舆，元褒之兄也。

贬吏部侍郎李汉为汾州[17]刺史，刑部侍郎萧澣为遂州[18]刺史，皆坐李宗闵之党。

是时李训、郑注连逐三相[19]，威震天下，于是平生丝恩发怨[20]无不报者。

（以上为第六段，写郑注、李训连逐李德裕、路隋、李宗闵三相，威震天下。）

【注释】

[1]壬寅：六月二十八日。[2]明州：州名。治所鄮县，在今浙江宁波市。[3]甲辰朔：七月一日。[4]虔州：州名。治所赣县，在今江西赣州市。[5]庚戌：七月七日。[6]辛亥：七月八日。[7]复河、湟：收复河、湟之地，即从吐蕃手中夺回河湟流域的鄯州、廓州等地，其地安史之乱陷于吐蕃。河，指黄河。湟，指湟水，源出今青海海晏县包呼图山，东南流经西宁、乐都，汇合大通河，注入黄河。[8]女学士：贝州清阳（今河北清河）人李廷芬，有女五人，长若莘、次若昭、若伦、若宪、若荀，皆善属文，有名当世。德宗时召入宫中，不以妾侍命之，呼为学士，故称女学士。若莘、若昭、若宪先后掌管宫禁图籍。太和中，李训、郑注用事，恶宰相李宗闵，谮言宗闵因驸马都尉沈𪸩厚赂若宪求为宰相。帝怒，赐若宪死。训、注败，帝悟其谗，追恨不已。若宪事附《新唐书》卷七十七《宋若昭传》。[9]壬子：七月九日。[10]处州：州名。治所括苍，在今浙江丽水市东南。[11]著作郎：官名。主管著作局事及撰拟文字，属秘书省。[12]分司：分设于东都洛阳的中央官员称分司。[13]舒元舆：婺州东阳（今浙江东阳市）人。因依附李训、郑注而官至宰相。训、注败，被诛。传见《新唐书》卷一百七十九。[14]右司郎中：官名。尚书省置左、右司郎中，掌佐左、右丞处理省务。[15]知杂：即知杂事。唐例，侍御史六人，以任职长久的一人主台内事务，称为知杂。[16]癸丑，七月十日。[17]汾州：州名，治所隰城，在今山西汾阳市。[18]遂州：州名。治所方义，在今四川遂宁市。[19]三相：指李德裕、路隋、李宗闵。[20]丝恩发怨：细微的恩怨。丝与发，皆细微。着重指细小的仇怨，皆要报复。

李训奏僧尼猥多[1]，耗蠹[2]公私。丁巳[3]，诏所在试僧尼诵经不中格者，皆勒归俗[4]；禁置寺及私度人[5]。

时人皆言郑注朝夕且为相，侍御史李甘[6]扬言于朝曰："白麻[7]出，我必坏之于庭！"癸亥[8]，贬甘封州[9]司马。然李训亦忌注，不欲使为相，事竟寝[10]。

甲子[11]，以国子博士[12]李训为兵部郎中、知制诰，依前侍讲学士。

贬左金吾大将军[13]沈𪸩[14]为邵州[15]刺史。八月，丙子[16]，又贬李宗闵潮州[17]司户。赐宋若宪死。

丁丑[18]，以太仆卿郑注为工部尚书，充翰林侍讲学士。注好服鹿裘，以隐沦[19]自处，上以师友待之。注之初得幸，上尝问翰林学士、户部侍郎李珏[20]曰："卿知有郑注乎？亦尝与之言乎？"对曰："臣岂特知其姓名，兼深知其为人。其人奸邪，陛下宠之，恐无益圣德。臣忝[21]在近密[22]，安敢与此人交通！"戊寅[23]，贬珏江州刺史。再贬沈𧦬柳州[24]司户。

丙申[25]，诏以杨承和庇护宋申锡，韦元素、王践言与李宗闵、李德裕中外连结，受其赂遗。承和可驩州[26]安置，元素可象州安置，践言可恩州[27]安置，令所在锢送[28]。杨虞卿、李汉、萧澣为朋党之首，贬虞卿虔州司户，汉汾州司马，澣遂州司马。寻遣使追赐承和、元素、践言死。时崔潭峻已卒，亦剖棺鞭尸。

己亥[29]，以前庐州[30]刺史罗立言[31]为司农少卿。立言赃吏，以赂结郑注而得之。

郑注之入翰林也，中书舍人高元裕[32]草制，言以医药奉君亲，注衔之；奏元裕尝出郊送李宗闵，壬寅[33]，贬元裕阆州[34]刺史。元裕，士廉之六世孙也。

时注与李训所恶朝士，皆指目为二李[35]之党，贬逐无虚日[36]，班列殆空，廷中恟恟[37]，上亦知之。训、注恐为人所摇，九月，癸卯朔[38]，劝上下诏："应与德裕、宗闵亲旧及门生故吏，今日以前贬黜之外，余皆不问。"人情稍安。

（以上为第七段，写郑注、李训两小人得志，大肆排斥异己，凡贬逐朝士，则指目为李德裕、李宗闵之党。）

【注释】

[1]猥多：众多。 [2]耗蠹：损耗。 [3]丁巳：七月十四日。 [4]皆勒归俗：一概勒令还俗。 [5]禁置寺及私度人：禁止建立新的寺院及僧尼私自剃度平民。按，剃度有户籍的平民为僧尼，须申报主管部门批准。 [6]李甘：字和龙，穆宗朝进士，官至侍御史，李甘倡言反对郑注为相被贬官。传见《旧唐书》卷一七一，《新唐书》卷一一八。 [7]白麻：凡立后、建储、施赦、拜免将相等，诏书用白麻纸。此指任命诏书。 [8]癸亥：七月二十日。 [9]封州：州名。治所封川，在今广西梧州市东南。 [10]事竟寝：郑注入相的事终于被搁置。 [11]甲子：七月二十一日。 [12]国子博士：学官名。掌经学传授。 [13]左金吾大将军：即左金吾卫大将军，十六卫之一。掌宫中、京城巡警及京烽候道路、正三品。 [14]沈𧦬：官至驸马都尉、左金

吾大将军，李宗闵之党，遭郑注、李训排斥而贬官。［15］邵州：州名。治所在今湖南邵阳市。［16］丙子：八月三日。［17］潮州：州名。治所海阳，在今广东潮州市。［18］丁丑：八月四日。［19］隐沦自处：指以隐士自居。［20］李珏：字待价，赵郡人，进士及第，穆宗朝官至左拾遗，直言敢谏。太和五年（831），李宗闵、牛僧孺为相，与李珏亲厚，提升李珏官职，官至工部尚书、充翰侍讲学士。传见《旧唐书》卷一七三，《新唐书》卷一八二。［21］忝（tiǎo）：自谦语。惭愧。［22］在近密：作为亲密之臣。［23］戊寅：八月五日。［24］柳州：州名。治所马平，在今广西柳州市。［25］丙申：八月二十三日。［26］驩州：州名。治所安南九德，在今越南荣市。［27］恩州：州名。治所齐安，在今广东恩平市。［28］锢送：带上枷锁送往安置的地方。［29］己亥：八月二十六日。［30］庐州：州名。治所合肥，在今安徽合肥市。［31］罗立言：历任庐州刺史、司农少卿，以财结交郑注、亦与李训交厚，训用为京兆少尹。训败，族诛。传见《旧唐书》卷一百六十九，《新唐书》卷一百七十九。［32］高元裕（777—853）：字景圭，唐太宗宰相高士廉之六世孙。官至山南东道节度使。传见《旧唐书》卷一百七十一，《新唐书》卷一百七十七。［33］壬寅：八月二十九日。［34］阆州：州名。治所阆中，在今四川阆中。［35］二李：指李德裕、李宗闵。［36］虚日：空闲之日。［37］恟恟：同“汹汹”，纷扰不安。［38］癸卯朔：九月一日。

盐铁使王涯奏改江淮、岭南茶法，增其税。

庚申[1]，以凤翔节度使李听为忠武节度使，代杜悰。

宪宗之崩也，人皆言宦官陈弘志所为。时弘志为山南东道监军。李训为上谋召之，至青泥驿[2]，癸亥[3]，封杖[4]杀之。

郑注求为凤翔节度使，门下侍郎、同平章事李固言不可。丁卯[5]，以固言为山南西道节度使，注为凤翔节度使。李训虽因注得进，及势位俱盛，心颇忌注。谋欲中外协势以诛宦官，故出注于凤翔。其实俟既诛宦官，并图注也。

注欲取名家才望之士为参佐[6]，请礼部员外郎韦温为副使，温不可。或曰：“拒之必为患。”温曰：“择祸莫若轻。拒之止于远贬，从之有不测之祸。”卒辞之。

戊辰[7]，以右神策中尉、行[8]右卫上将军[9]、知内侍省[10]事王守澄为左、右神策观军容使[11]，兼十二卫统军。李训、郑注为上谋，以虚名尊守澄，实夺之权也。

己巳[12]，以御史中丞兼刑部侍郎舒元舆为刑部侍郎，兵部郎中知制诰、充翰林侍讲学士李训为礼部侍郎，并同平章事。仍命训三二日一入翰林讲《易》。元舆为中丞，凡训、注所恶者，则为之弹击[13]，由是得为相。又上惩李宗闵、李德裕多朋党，以贾悚及元舆皆孤寒新进，故擢为相，庶其无党耳。

训起流人[14]，期年[15]致位宰相，天子倾意任之。训或在中书，或在翰林，天下事皆决于训。王涯辈承顺其风指[16]，惟恐不逮；自中尉、枢密、禁卫诸将，见训皆震慑[17]，迎拜叩首。

壬申[18]，以刑部郎中兼御史知杂李孝本[19]权知御史中丞。孝本，宗室之子，依训、注得进。

李听自恃勋旧，不礼于郑注。注代听镇凤翔，先遣牙将丹骏[20]至军中慰劳，诬奏听在镇贪虐。冬，十月，乙亥[21]，以听为太子太保、分司，复以杜悰为忠武节度使。

郑注每自负经济之略，上问以富人之术，注无以对，乃请榷茶。于是以王涯兼榷茶使，涯知不可而不敢违，人甚苦之[22]。

郑注欲收僧尼之誉，固请罢沙汰[23]，从之。

李训、郑注密言于上，请除王守澄。辛巳[24]，遣中使李好古就第赐酖[25]，杀之，赠扬州大都督。训、注本因守澄进，卒谋而杀之，人皆快守澄之受佞而疾训、注之阴狡，于是元和之逆党略尽矣。

（以上为第八段，写郑注、李训用卑劣手段助唐文宗诛杀元和逆党宦官陈弘志、王守澄及其党羽。）

【注释】

[1]庚申：九月十八日。[2]青泥驿：地名。在今陕西蓝田县。[3]癸亥：九月二十一日。[4]封杖：密赐杖刑。[5]丁卯：九月二十五日。[6]参佐：僚属、部下。[7]戊辰：九月二十六日。[8]行：高官兼低职曰行。[9]右卫上将军：官名。左、右卫属十六卫，设上将军、大将军、将军，掌宫禁宿卫。[10]内侍省：官署名。掌宫廷内部事务，为宦官之职。其长官为监、少监、内侍。又有内常侍，通判省事。[11]观军容使：官名。为监军之最高职务。[12]己巳：九月二十七日。[13]弹击：弹劾抨击。[14]训起流人：李训从流放之人中兴崛起。[15]期（jī）年：一年之间。[16]风指：神色意旨。指，同“旨”。[17]震慑：震惊恐惧。[18]壬申：九月三十日。[19]李孝本：宗室子，累官刑部郎中，依李训得进，权知御

史中丞。训败，族诛。传见《旧唐书》卷一百六十九，《新唐书》卷一百七十九。［20］丹骏：人名。［21］乙亥：十月三日。［22］人甚苦之：文宗问郑注，怎样使老百姓富有，郑注回答种茶征税，茶未种而税先有，百姓是以苦之。加征苛税使人穷，这与使人富背道而驰，由此可见文宗之荒唐昏聩，郑注之凶狡。君臣如此，国何以治？［23］罢沙汰：停止淘汰。指解除裁减僧尼的诏令。裁减僧尼为李训所奏请，见前七月十四日的丁巳诏。此言李训与郑注互相倾轧而造成政令屡变。［24］辛巳：十月九日。［25］酖：以鸩鸟羽毛浸泡的毒酒。酖，同“鸩”（zhèn）。

乙酉[1]，郑注赴镇。

庚子[2]，以东都留守、司徒兼侍中裴度兼中书令，余如故。李训所奖拔，率皆狂险之士，然亦时取天下重望以顺人心，如裴度、令孤楚、郑覃皆累朝耆俊[3]，久为当路[4]所轧[5]，置之散地，训皆引居崇秩[6]。由是士大夫亦有望其真能致太平者，不惟天子惑之也。然识者见其横甚，知将败矣。

十一月，丙午[7]，以大理卿郭行余[8]为邠宁节度使。癸丑[9]，以河东节度使、同平章事李载义兼侍中。丁巳[10]，以户部尚书、判度支王璠为河东节度使。戊午[11]，以京兆尹李石[12]为户部侍郎、判度支；以京兆少尹罗立言权知府事。石，神符[13]之五世孙也。己未[14]，以太府卿韩约为左金吾卫大将军。

始，郑注与李训谋，至镇，选壮士数百，皆持白棓[15]，怀其斧[16]，以为亲兵。是月，戊辰[17]，王守澄葬于浐水[18]，注奏请入护葬事[19]，因以亲兵自随。仍奏令内臣[20]中尉以下尽集浐水送葬，注因阖门[21]，令亲兵斧之，使无遗类。约既定，训与其党谋：“如此事成，则注专有其功，不若使行余、璠以赴镇为名，多募壮士为部曲，并用金吾、台府[22]吏卒，先期[23]诛宦者，已而并注去之。”行余、璠、立言、约及中丞李孝本，皆训素所厚也，故列置要地，独与是数人及舒元舆谋之，他人皆莫之知也。

壬戌[24]，上御紫宸殿。百官班定，韩约不报平安[25]，奏称：“左金吾听事后石榴夜有甘露，臣递门奏讫[26]。”因蹈舞再拜，宰相亦帅百官称贺。训、元舆劝上亲往观之，以承天贶[27]，上许之。百官退，班于含元殿[28]。日加辰[29]，上乘软舆[30]出紫宸门，升含元殿。先命宰相及两省官诣左仗[31]视之，良久而还。训奏："臣与众人验之，殆非真甘露，未可遽宣布，恐天下称贺。"上曰："岂有是邪！"顾左、右中尉仇士良、鱼志弘帅诸宦者往视之。宦者既去，训遽召郭行余、王璠曰："来受敕旨！"璠股栗[32]不敢前，独行余拜殿下。时二人部曲数百，皆执兵立丹凤门外；训已先使人召之，令人受敕。独东兵[33]人，邠宁兵竟不至。

仇士良等至左仗视甘露，韩约变色流汗，士良怪之曰，"将军何为如是？"俄风吹幕起，见执兵者甚众，又闻兵仗声。士良等惊骇走出，门者欲闭之，士良叱之，关[34]不得上。士良等奔诣上告变。训见之，遽呼金吾卫士曰："来上殿卫乘舆者，人赏钱百缗！"宦者曰："事急矣，请陛下还宫！"即举软舆，迎上扶升舆，决[35]殿后罘罳[36]，疾趋北出。训攀舆呼曰："臣奏事未竟，陛下不可入宫！"金吾兵已登殿；罗立言帅京兆逻卒三百余自东来，李孝本帅御史台从人二百余自西来，皆登殿纵击，宦官流血呼冤，死伤者十余人。乘舆迤逦[37]入宣政门，训攀舆呼益急，上叱之，宦者郗志荣奋拳殴其胸，偃[38]于地。乘舆既入，门随阖，宦者皆呼万岁，百官骇愕散出。训知事不济，脱从吏绿衫衣之，走马而出，扬言于道曰："我何罪而窜谪[39]！"人不之疑。王涯、贾悚、舒元舆还中书，相谓曰："上且开延英，召吾属议之。"两省官诣宰相请其故，皆曰："不知何事，诸公各自便！"士良等知上豫[40]其谋，怨愤，出不逊语，上惭惧不复言。

士良等命左、右神策副使刘泰伦、魏仲卿等各帅禁兵五百人，露刃出阁门讨贼。王涯等将会食[41]，吏白："有兵自内出，逢人辄杀！"涯等狼狈步走，两省及金吾吏卒千余人填门争出；门寻阖，其不得出者六百余人皆死。士良等分兵闭宫门，索诸司，捕贼党。诸司吏卒及民酤贩[42]在中者皆死，死者又千余人，横尸流血，狼藉涂地，诸司印及图籍、帷幕、器皿俱尽。又遣骑各千余出城追亡者，又遣兵大索城中。舒元舆易服单骑出安化门[43]，禁兵追擒之。王涯徒步至永昌里茶肆，禁兵擒入左军。涯时年七十余，被以桎梏，掠治不胜苦，自诬服[44]，称与李训谋行大逆，尊立郑注。王璠归长兴里私第，闭门，以其兵[45]自防。神策将至门，呼曰："王涯等谋反，欲起尚书为相[46]，鱼护军[47]令致意！"璠喜，出见之。将趋贺再三，璠知见绐[48]，涕泣而行；至左军，见王涯曰："二十兄[49]自反，胡为见引[50]？"涯曰："五弟昔为京兆尹，不漏言[51]于王守澄，岂有今日邪！"璠俯首不言。又收罗立言于太平里，及涯等亲属奴婢，皆入两军系之。户部员外郎李元皋，训之再从弟也，训实与之无恩，亦执而杀之。故岭南节度使胡证[52]，家钜富，禁兵利其财，托以搜贾悚入其家，执其子溵，杀之。又入左常侍罗让[53]、詹事[54]浑镠、翰林学士黎埴等家，掠其赀财，扫地无遗。镠[55]，瑊之子也。坊市恶少年因之报私仇，杀人，剽掠[56]百货，互相攻劫，尘埃蔽天。

（以上为第九段，写唐文宗谋诛宦官的甘露之变失败，宦官仇士良、鱼弘志大杀朝官，功臣半空。）

【注释】

[1]乙酉：十月十三日。[2]庚子：十月二十八日。[3]耆（qí）俊：年高卓越之人。[4]当路：当权的人。[5]轧：排挤。[6]崇秩：高位。[7]丙午：十一月五日。[8]郭行余：历官楚、汝二州刺史、大理卿。李训与之善，故擢为邠宁节度使。令其募兵，以诛宦官。训败，族诛。传见《旧唐书》卷一百六十九，《新唐书》卷一百七十九。[9]癸丑：十一月十二日。[10]丁巳：十一月十六日。[11]戊午：十一月十七日。[12]李石：字中玉，唐文宗时宰相。为仇士良刺客所伤，出为荆南节度使。武宗时为河东节度使、东都留守。传见《旧唐书》卷一百七十二，《新唐书》卷一百三十一。[13]神符（578—651）：李神符，唐高祖从父弟，官至扬州大都督，封襄邑王。传见《旧唐书》卷六十，《新唐书》卷七十八。[14]己未：十一月十八日。[15]白棓（bàng）：不施兵刃的棍棒。棓，同"棒"。[16]怀其斧：怀中藏着利斧。[17]戊辰：十一月二十七日。[18]浐水：水名。源出秦岭，至西安入灞水，此指浐水流经的陕西蓝田县白鹿原，有汉文帝霸陵，王守澄葬于原之西南。[19]请入护葬事：请求入京师护送王守澄灵柩入葬。[20]内臣：指宦官。[21]阖门：关门。[22]金吾、台府：金吾卫和御史台官署。[23]先期：在约定期限之前。[24]壬戌：十一月二十一日。[25]报平安：按唐制，凡朝，皇帝既升御座，金吾将军奏："左右厢内外平安。"[26]递门奏讫：言夜中闻奏，禁门已闭，隔门递入以奏。[27]天贶（kuàng）：天赐。[28]班于含元殿：紫宸乃内殿，含元为前殿；帝欲往观甘露，故百官自紫宸退出，立班于含元殿。[29]日加辰：时间已过辰时。[30]软舆：软座轿子。[31]左仗：左金吾卫。[32]股栗：大腿颤抖。[33]东兵：河东兵。"东"上脱"河"字。

据章校，孔本正有“河”字。［34］关：门栓。［35］决：冲决、打开。［36］罘罳（fúsí）：用丝线或铜丝织成的网，置于檐窗，防止鸟雀飞入。［37］迤逦（yǐlǐ）：曲折而行。［38］偃：仰倒。［39］窜谪：流放贬黜。［40］豫：参与。［41］会食：相聚而食。诸宰相每日会食于政事堂。［42］酤贩：酒贩。［43］安化门：长安城南西侧门。［44］诬服：无罪枉称有罪招供。诬，此为自诬。服，认罪。宰相王涯不愿受苦刑而自诬。［45］其兵：河东节度之兵。［46］欲起尚书为相：谓天子欲擢王璠为宰相。［47］鱼护军：即鱼弘志，时为右神策护军中尉。［48］见绐（dài）：被骗。［49］二十兄：王涯排行第二十。唐人惯以排行称人。下文“五弟”，类同。［50］胡为见引：王璠责备王涯为什么牵连自己。王涯指责王璠投靠王守澄而出卖宋申锡，才有今日的报应，王璠无言以对。［51］漏言：指宋申锡欲诛宦官，王璠泄其谋。事见《资治通鉴》太和五年。［52］胡证（757—828）：字启中，河中河东（今山西永济市）人。累官至户部尚书、判度支，岭南节度使。传见《旧唐书》卷一百六十三，《新唐书》卷一百六十四。［53］罗让：字景宣，苏州吴郡（今江苏苏州）人。官至福建、江西等观察使。传见《旧唐书》卷一百八十八，《新唐书》卷一百九十七。［54］詹事：官名。东宫官属之长，掌统三寺、十率府。［55］锷：即浑锷，德宗时名将浑瑊之第三子。官终诸卫大将军。传附《旧唐书》卷一百三十四，《新唐书》卷一百五十五《浑瑊传》。［56］剽掠：抢劫。

癸亥[1]，百官入朝，日出，始开建福门[2]，惟听以从者一人自随，禁兵器刃夹道。至宣政门，尚未开。时无宰相御史知班，百官无复班列。上御紫宸殿，问：“宰相何为不来？”仇士良曰：“王涯等谋反系狱。”因以涯手状呈上，召左仆射令狐楚、右仆射郑覃等升殿示之。上悲愤不自胜，谓楚等曰：“是涯手书乎？”对曰：“是也！”“诚如此，罪不容诛[3]！”因命楚、覃留宿中书，参决机务。使楚草制宣告中外。楚叙王涯、贾悚反事浮汎[4]，仇士良等不悦，由是不得为相。

时坊市剽掠者犹未止，命左、右神策将杨镇、靳遂良等各将五百人分屯通衢[5]，击鼓以警之，斩十余人，然后定。

贾悚变服潜民间经宿[6]，自知无所逃，素服乘驴诣兴安门[7]，自言：“我宰相贾悚也，为奸人所污，可送我诣两军[8]！”门者执送西军[9]。李孝本改衣绿，犹服金带，以帽障面，单骑奔凤翔，至咸阳西，追擒之。

甲子[10]，以右仆射郑覃同平章事。

李训素与终南僧宗密善，往投之。宗密欲剃其发而匿之，其徒不可。

训出山，将奔凤翔，为盩厔[11]镇遏使宋楚所擒，械送京师。至昆明池，训恐至军中更受酷辱，谓送者曰："得我则富贵矣！闻禁兵所在搜捕，汝必为所夺，不若取我首送之！"送者从之，斩其首以来。

乙丑[12]，以户部侍郎、判度支李石同平章事，仍判度支。前河东节度使李载义复旧任。

左神策出兵三百人，以李训首引王涯、王璠、罗立言、郭行余，右神策出兵三百人，拥贾悚、舒元舆、李孝本献于庙社[13]，徇于两市[14]。命百官临视，腰斩于独柳之下，枭其首于兴安门外。亲属无问亲疏皆死，孩稚[15]无遗，妻女不死者没为官婢。百姓观者怨王涯榷茶，或诟詈[16]，或投瓦砾击之。

臣光曰：论者皆谓涯、竦有文学名声，初不知训、注之谋，横罹覆族之祸[17]。臣独以为不然。夫颠危不扶，焉用彼相[18]！涯、竦安高位，饱重禄；训、注小人，穷奸究险[19]，力取将相。涯、竦与之比肩[20]，不以为耻；国家危殆，不以为忧。偷合苟容[21]，日复一日，自谓得保身之良策，莫我如也。若使人人如此而无祸，则奸臣孰不愿之哉！一旦祸生不虞[22]，足折刑剭[23]，盖天诛之也，士良安能族之哉！"

（以上为第十段，写宦官仇士良怨愤唐文宗而滥杀宰相王涯、贾竦等朝官，司马光评论认为王涯、贾竦尸位素歺，与郑注、李训等奸佞小人为伍，偷合苟容，罪有应得。）

【注释】

[1]癸亥：九月二十二日。[2]建福门：宫门名。在大明宫丹凤门的右侧。[3]诚如此，罪不容诛：真是王涯亲自招供，罪该万死。唐文宗竟把宰相自诬，当做真事，这正是中国法律几千年来重口供制造冤狱的积弊。在政治斗争中，更是司空见惯。[4]浮汎：证明似是而非，不落实。汎，同"泛"。[5]通衢：交通要道。[6]经宿：过了一夜。[7]兴安门：大明宫南面西头第一门。[8]两军：左、右神策军。[9]西军：右神策军。[10]甲子：十一月二十三日。[11]盩厔（zhōuzhì）：县名。县治在今陕西周至县。[12]乙丑：十一月二十四日。[13]庙社：太庙与太社。太庙在朱雀街东第一街东北第二坊。太社在朱雀街西第一街西北第二坊，东西相对。[14]两市：东市与西市。[15]孩稚：孩提，小孩。[16]诟詈（lì）：即诟骂。[17]横罹（hènglí）覆族之祸：突然遭受灭族之祸。据章校，"祸"下有"愤叹其冤"四字。[18]颠危不

扶，焉用彼相：语出《论语·季氏》："危而不持，颠而不扶，则将焉用相矣？"［19］穷奸究险：极端奸险。［20］比肩：并肩。［21］偷合苟容：苟且迎合，以求容身。［22］不虞：不测。［23］足折刑剭：谓不能胜任，以致事败，而受刑戮。语出《易·鼎卦》，字、义略有不同："鼎折足，覆公餗，其形渥，凶。"餗（sù），鼎中食物。渥，浸湿。温公作"剭"，即剭刑，诛大臣于屋下，不斩首示众。

王涯有再从弟[1]沐，家于江南，老且贫。闻涯为相，跨驴诣之，欲求一簿、尉[2]。留长安二岁余，始得一见，涯待之殊落莫[3]。久之，沐因嬖奴[4]以道所欲，涯许以微官，自是旦夕造[5]涯之门以俟命[6]；及涯家被收，沐适在其第，与涯俱腰斩。

舒元舆有族子守谦，愿[7]而敏，元舆爱之，从元舆者十年，一旦忽以非罪怒之，日加谴责，奴婢辈亦薄之。守谦不自安，求归江南，元舆亦不留，守谦悲叹而去。夕，至昭应[8]，闻元舆收族，守谦独免[9]。

是日，以令狐楚为盐铁转运使，左散骑常侍张仲方权知京兆尹。时数日之间，杀生除拜，皆决于两中尉[10]，上不豫知。

初，王守澄恶宦者田全操、刘行深、周元稹、薛士幹、似先义逸、刘英諓等，李训、郑注因之遣分诣盐州、灵武、泾原、夏州、振武[11]、凤翔巡边，命翰林学士顾师邕[12]为诏书赐六道，使杀之。会训败，六道得诏，皆废不行。丙寅[13]，以师邕为矫诏，下御史狱。

先是，郑注将亲兵五百，已发凤翔，至扶风[14]。扶风令韩辽知其谋，不供具[15]，携印及吏卒奔武功[16]。注知训已败，复还凤翔。仇士良等使人赍密敕授凤翔监军张仲清令取注，仲清惶惑，不知所为。押牙李叔和说仲清曰："叔和为公以好召注，屏其从兵，于坐取之，事立定矣！"仲清从之，伏甲以待注。注恃其兵卫，遂诣仲清。叔和稍引其从兵，享之于外，注独与数人入。既啜[17]茶，叔和抽刀斩注，因闭外门，悉诛其亲兵。乃出密敕，宣示将士，遂灭注家，并杀副使钱可复[18]、节度判官卢简能[19]、观察判官萧杰[20]、掌书记卢弘茂等及其枝党，死者千余人。可复，徽之子；简能，纶[21]之子；杰，俛之弟也。朝廷未知注死，丁卯[22]诏削夺注官爵，令邻道按兵观变。以左神策大将军陈君奕为凤翔节度使。戊辰[23]夜，张仲清遣李叔和等以注首入献，枭于兴安门，人情稍安，京师诸军始各还营。

诏将士讨贼有功及娖队[24]者，官爵赐赉[25]各有差。右神策军获韩约于崇义坊，己巳[26]，斩之。仇士良等各进阶迁官有差。自是天下事皆决于北司，宰相行文书而已。宦官气益盛，迫胁天子，下视宰相，陵暴朝士如草芥。每延英议事，士良等动[27]引训、注折[28]宰相。郑覃、李石曰："训、注诚为乱首，但不知训、注始因何人得进？"宦者稍屈，搢绅赖之。

（以上为第十一段，写郑注、李训以谋杀宦官受宠，以被宦官所杀而终，两人共谋大敌而同床异梦，其败也固宜。）

【注释】

[1]再从弟：从祖兄弟。[2]簿、尉：主簿，丞、尉一类的官职。[3]落莫：冷落。[4]嬖奴：指王涯的受宠家奴。[5]造：至。[6]俟命：等待任命。[7]愿：忠厚老实。[8]昭应：县名。县治在今陕西西安市临潼区。[9]守谦独免：舒元舆遭族灭，舒守谦一人免于难。胡三省将舒守谦之得以生，王沐被株连受祸两相对照评论说："王沐轻躁钻营，自己找死，舒元舆老实巴交，避免了横祸。这是老天爷的报应，丝毫没有差错。"胡三省的苍天有眼之说是中国传统文化中的糟粕。王沐只不过是出来讨口饭吃，胡三省的冷嘲热讽不应该，舒守谦只不过是侥幸得活。一个人只要老实就得福，乃是统治者的愚民思维。[10]两中尉：指仇士良、鱼弘志。[11]泾原、振武：皆方镇名。泾原，大历三年（768）置，治所泾州，在今甘肃泾川县北。乾宁元年（894）赐号彰义军。振武，乾元元年（758）置，治所单于都护府，在今内蒙古和林格尔县西北。[12]顾师邕：字睦之，官至翰林学士。受李训命拟诏书，训败，以矫诏罪，流放，赐死。传见《新唐书》卷一百七十九。[13]丙寅：十一月二十五日。[14]扶风：县名。县治在今陕西扶风县。[15]供具：陈设食具，即供应食物。[16]武功：县名。县治在今陕西武功县西北。[17]啜（chuò）：饮。[18]钱可复：累官至礼部郎中、凤翔节度副使。传见《旧唐书》卷一百六十八，事附《新唐书》卷一百七十七《钱徽传》。[19]卢简能：累官至监察御史。凤翔节度判官。传见《旧唐书》卷一百六十三。[20]萧杰：累官至主客员外郎、凤翔观察判官。传见《旧唐书》卷一百七十三。[21]纶：卢纶，字允言，河中蒲（今山西蒲县西南）人。以诗知名，大历十才子之一。唐德宗曾召于禁中，令和御制诗，拜户部郎中。方欲委之掌诰，会卒。传见《新唐书》卷二百零三，事附《旧唐书》卷一百六十三《卢简辞传》。[22]丁卯：十一月二十六日。[23]戊辰：十一月二十七日。[24]娖队：捉拿逃亡的人。娖，同"捉"。队，同"坠"。[25]赐赉（lài）：赏赐。[26]己巳：十一月二十八日。[27]动：往往、每每。[28]折：指责。

时中书惟有空垣破屋，百物皆阙。江西、湖南献衣粮百二十分，充宰相召募从人[1]。辛未[2]，李石上言："宰相若忠正无邪，神灵所佑，纵遇盗贼，亦不能伤。若内怀奸罔[3]，虽兵卫甚设，鬼得而诛之。臣愿竭赤心以报国，止循故事，以金吾卒导从足矣；其两道所献衣粮，并乞停寝[4]。"从之。

十二月，壬申朔[5]，顾师邕流儋州[6]，至商山[7]，赐死。

榷茶使令狐楚奏罢榷茶，从之。

度支奏籍郑注家赀，得绢百余万匹，他物称是[8]。

庚辰[9]，上问宰相："坊市安未？"李石对曰："渐安。然比日寒冽[10]特甚，盖刑杀太过所致。"郑覃曰："罪人周亲[11]前已皆死，其余殆不足问。"时宦官深怨李训等，凡与之有瓜葛亲[12]，或暂[13]蒙奖引者，诛贬不已，故二相言之。

李训、郑注既诛，召六道巡边使[14]。田全操追忿训、注之谋，在道扬言："我入城，凡儒服者，无贵贱当尽杀之！"癸未[15]，全操等乘驿疾驱入金光门[16]，京城讹言有寇至，士民惊噪纵横走，尘埃四起。两省诸司官闻之，皆奔散，有不及束带袜[17]而乘马者。

郑覃、李石在中书，顾吏卒稍稍逃去。覃谓石曰："耳目[18]颇异，宜且出避之！"石曰：宰相位尊望重，人心所属，不可轻也！今事虚实未可知，坚坐镇之，庶几[19]可定。若宰相亦走，则中外乱矣。且果有祸乱，避亦不免！"覃然之。石坐视文案，沛然[20]自若。

敕使[21]相继传呼："闭皇城[22]诸司门！"左金吾大将军陈君赏帅其众立望仙门[23]下，谓敕使曰："贼至，闭门未晚，请徐观其变，不宜示弱！"至晡[24]后乃定。是日，坊市恶少年皆衣绯皂[25]，持弓刀北望，见皇城门闭，即欲剽掠，非石与君赏镇之，京城几再乱矣。时两省官应入直[26]者，皆与其家人辞诀[27]。

甲申[28]，敕罢修曲江亭馆。

丁亥[29]，诏："逆人亲党，自非前已就戮及指名收捕者，余一切不问。诸司官[30]虽为所胁从，涉于诖误[31]，皆赦之。他人无得相告言及相恐惕[32]。见亡匿者，勿复追捕，三日内各听自归本司。”

时禁军暴横，京兆尹张仲方不敢诘，宰相以其不胜任，出为华州刺史，以司农卿薛元赏[33]代之。元赏常诣李石第，闻石方坐听事与一人争辩甚喧，元赏使觇[34]之，云有神策军将诉事。元赏趋入，责石曰：“相公辅佐天子，纪纲四海。今近不能制一军将，使无礼如此，何以镇服四夷！”即趋出上马，命左右擒军将，俟于下马桥[35]，元赏至，则已解衣跽[36]之矣。其党诉于仇士良，士良遣宦者召之曰：“中尉屈大尹[37]。”元赏曰：“属有公事，行当继至。”遂杖杀之。乃白服[38]见士良，士良曰：“痴书生何敢杖杀禁军大将！”元赏曰：“中尉大臣也，宰相亦大臣也，宰相之人若无疑于中尉，如之何？中尉之人无礼于宰相，庸可恕乎！中尉与国同体[39]，当为国惜法，元赏已囚服而来，惟中尉死生之！”士良知军将已死，无可如何，乃呼酒与元赏欢饮而罢。

初，武元衡之死，诏出内库弓矢、陌刀[40]给金吾仗，使卫从宰相，至建福门而退。至是，悉罢之。

（以上为第十二段，写宰相李石、京兆尹薛元赏以正气裁抑宦官，遏制滥杀，维护了京师秩序。）

【注释】

[1]充宰相召募从人：作为宰相召募护卫亲兵的费用。从人，指随从护卫之人。[2]辛未：十一月三十日。[3]奸罔：奸诈。[4]停寝：停止。[5]壬申朔：十二月一日。[6]儋州：州名。治所义伦，在今海南儋州西北。[7]商山：山名。在今陕西商洛市商州区东。[8]称是：价值相等。[9]庚辰：十二月九日。[10]寒冽：寒冷。[11]周亲：至亲。[12]瓜葛亲：谓中表及同族兄弟子侄等。[13]暂：暂且、暂时。[14]六道巡边使：即李训、郑注所遣至盐州等六道的中使田全操等六人。巡边使，指随事任命的专使。[15]癸未：十二月十二日。[16]金光门：长安城西面北头第二门。[17]束带袜：保护足弓的袜子。[18]耳目：犹言听闻。[19]庶几：或许。[20]沛然：安然。[21]敕使：皇帝使者。[22]皇城：唐京师长安有三重城墙。最外一道城墙即京城；内第二道城墙即皇城；再内第三道城墙即宫城，又名子城。[23]望仙门：宫城南门之一，即大明宫南面第五门，在丹凤门的左侧。[24]晡：即申时，下午三点至五点。[25]衣绯皂：穿浅红色制服，打扮成公差的模样。[26]入直：入门下、中书两省办公。[27]辞诀：告别、永别。[28]甲申：十二月十三日。[29]丁亥：十二月十六日。[30]诸司官：据章校，“官”下应有“吏”字。[31]诖（guà）误：连累。[32]恐愒（hè）：恐

吓。［33］薛元赏：太和初，任司农少卿、汉州刺史。以政绩迁司农卿、京兆尹。出为武宁节度使，罢泗口杂税，人以为便。后徙邠宁节度使。会昌中，复拜京兆尹。元赏长于吏事，能针砭时弊，进工部尚书，领诸道盐铁转运使。官终昭义节度使。传见《新唐书》卷一百九十七。［34］觇（chān）：窥视，探看。［35］下马桥：桥名。在宫城建福门北。［36］跽：长跪，即直身而跪。［37］中尉屈大尹：谓中尉仇士良有要事相商，委屈京兆尹去一趟。［38］白服：素服，以示待罪。［39］同体：犹言一体，喻关系密切。［40］陌刀：长刀。

开成元年（丙辰，836年）

春，正月，辛丑朔[1]，上御宣政殿，赦天下，改元。仇士良请以神策仗卫殿门，谏议大夫冯定[2]言其不可，乃止。定，宿之弟也。

二月，癸未[3]，上与宰相语，患四方表奏华而不典，李石对曰："古人因事为文，今人以文害事。"

昭义节度使刘从谏上表请王涯等罪名，且言："涯等儒生，荷国荣宠[4]，咸欲保身全族，安肯构逆！训等实欲讨除内臣，两中尉自为救死之谋，遂至相杀；诬以反逆，诚恐非辜。设若[5]宰相实有异图[6]，当委之有司，正其刑典，岂有内臣擅领甲兵，恣行剽劫，延及士庶，横被杀伤！流血千门[7]，僵尸万计，搜罗枝蔓，中外恫疑[8]。臣欲身诣阙庭[9]，面陈臧否[10]，恐并陷孥戮[11]，事亦无成。谨当修饰封疆[12]，训练士卒，内为陛下心腹，外为陛下藩垣[13]。如奸臣难制，誓以死清君侧[14]！"丙申[15]，加从谏检校司徒。

天德军[16]奏吐谷浑三千帐诣丰州降。

三月，壬寅[17]。以袁州长史李德裕为滁州[18]刺史。

左仆射令狐楚从容奏"王涯等既伏辜，其家夷灭[19]，遗骸弃捐[20]。请官[21]为收瘗[22]，以顺阳和之气[23]。"上惨然久之，命京兆收葬涯等十一人于城西，各赐一袭[24]。仇士良潜使人发之，弃骨于渭水[25]。

丁未[26]，皇城留守郭皎奏："诸司仪仗有锋刃者，请皆输军器使[27]，遇立仗[28]别给仪刀[29]！"从之。

刘从谏复遣牙将焦楚长上表让官，称："臣之所陈，系国大体。可听则涯等宜蒙湔洗[30]，不可听则赏典不宜妄加！安有死冤不申而生者荷禄！"因暴扬[31]仇士良等罪恶。辛酉[32]，上召见楚长，慰谕遣之。时士良等恣横，朝臣日忧破家。及从谏表至，士良等惮之。由是郑覃、李石粗[33]能秉政，天子倚之亦差[34]以自强。

夏，四月，己卯[35]，以潮州司户李宗闵为衡州司马。凡李训指为李德裕、宗闵党者，稍收复[36]之。

淄王协[37]薨。

甲午[38]，以山南西道节度使李固言为门下侍郎、同平章事，以左仆射令狐楚代之。

戊戌[39]，上与宰相从容论诗之工拙，郑覃曰："诗之工者，无若三百篇[40]，皆国人作之以刺美时政，王者采之以观风俗耳，不闻王者为诗也。后代辞人之诗，华而不实，无补于事。陈后主[41]、隋炀帝[42]皆工于诗，不免亡国，陛下何取焉！"覃笃于经术，上甚重之。

己酉[43]，上御紫宸殿，宰相因奏事拜谢，外间因讹言："天子欲令宰相掌禁兵，已拜恩矣。"由是中外[44]复有猜阻[45]，人情恟恟，士民不敢解衣寝者数日。乙丑[46]，李石奏请召仇士良等面释其疑。上为召士良等出，上及石等共谕释之，使毋疑惧，然后事解。

（以上为第十三段，写昭义节度使刘从谏上表请王涯罪名，暴扬仇士良的罪行，声言清君侧，宦官气焰稍稍收敛。）

【注释】

［1］辛丑朔：正月一日。［2］冯定（？—846）：字介夫，婺州东阳（今浙江东阳市）人。与兄冯宿俱以文学知名。历官国子司业、谏议大夫、卫尉卿。其作品《黑水碑》《画鹤记》流传至新罗等国。传见《旧唐书》卷一百六十八，《新唐书》卷一百七十七。［3］癸未：二月十三日。［4］荷（hè）国荣宠：身受国家给予的官位和恩宠。［5］设若：假若、假如。［6］异图：非分的谋划，指反叛。［7］千门：指称宫门。［8］中外恫（dòng）疑：中央和地方都感到恐惧怀疑。［9］阙庭：指朝廷。［10］臧否（zāngpǐ）：善恶、好坏。［11］孥戮：戮及子孙。［12］修饰封疆：整饬疆界。［13］藩垣：喻卫国的重臣。［14］清君侧：清除君王身边的奸佞亲信。［15］丙申：二月二十六日。［16］天德军：军镇名。治所在今内蒙古乌拉特前旗东北。［17］壬寅：三月三日。［18］滁州：州名。治所清流，在今安徽滁州。［19］夷灭：诛灭、消灭。［20］弃捐：抛弃。［21］请官：请求官府。请官两句是化用《礼记·月令》："孟春之月，天气下降，地气上腾"，"是月也，掩骼埋胔。"意为春天阳气上升，要掩埋地上的尸骨。［22］收瘗（yì）：收尸埋葬。［23］阳和之气：春天的暖气。［24］一袭：一套。据章校，"一"上有"衣"字。［25］渭水：水

名。源出甘肃渭源，入陕，横贯渭河平原，至潼关入黄河。［26］丁未：三月八日。［27］军器使：官名。即军器库使，掌内廷武器，宦官之职。［28］立仗：陈设仪仗。［29］仪刀：仪仗所用之刀，以木为之，饰以金银，用于仪武，故名。［30］湔（jiān）洗：洗涤。［31］暴（pù）扬：宣扬。［32］辛酉：三月二十二日。［33］粗：略微、稍微。［34］差（chā）：尚可。［35］己卯：四月十日。［36］收复：召回复职。［37］淄王协：淄王李协，宪宗第十四子，长庆元年（821）封。传见《旧唐书》卷一百七十五，《新唐书》卷八十二。［38］甲午：四月二十五日。［39］戊戌：四月二十九日。［40］三百篇：即《诗经》，共三百零五篇，此以成数称之。［41］陈后主（553—604）：即陈叔宝，南朝陈的末代皇帝。公元582—589年在位。［42］隋炀帝（569—618）：隋朝的末代皇帝杨广，公元604—618年在位。［43］己酉：五月十一日。［44］中外：中，内官、宦官。外，外朝百官。［45］猜阻：猜疑。［46］乙丑：五月二十七日。

闰月，乙酉[1]，以太子太保、分司李听为河中节度使。上尝叹曰：“付之兵不疑，置之散地不怨，惟听为可以然。”

乙未[2]，李固言荐崔球[3]为起居舍人，郑覃再三以为不可，上曰：“公事勿相违！”覃曰：“若宰相尽同，则事必有欺陛下者矣！”

李孝本二女配没右军[4]，上取之入宫。秋，七月，右拾遗魏謩[5]上疏，以为：“陛下不迩[6]声色，屡出宫女以配鳏夫。窃闻数月以来，教坊选试以百数，庄宅[7]收市犹未已；又召李孝本女入宫，不避宗姓，大兴物论，臣窃惜之。昔汉光武一顾列女屏风[8]，宋弘犹正色抗言，光武即撤之。陛下岂可不思宋弘之言，欲居光武之下乎！”上即出孝本女。擢謩为补阙，曰：“朕选市女子，以赐诸王耳。怜孝本女髫龀[9]孤露[10]，故收养宫中。謩于疑似之间皆能尽言，可谓爱我，不忝厥祖[11]矣！”命中书优为制辞以赏之。謩，征之五世孙也。

鄜坊节度使萧洪[12]诈称太后弟，事觉；八月，甲辰[13]，流驩州，于道赐死。赵缜、吕璋等皆流岭南。

初，李训知洪之诈，洪惧，辟训兄仲京[14]置幕府。先是，自神策军出为节度使者，军中皆资其行装，至镇，三倍偿之。有自左军[15]出镇鄜坊未偿而死者，军中征之于洪，洪恃训之势，不与；又征于死者之子，洪教其子遮宰相自言，训判绝之。仇士良由是恨洪。

太后有异母弟在闽中，孱弱不能自达[16]。有闽人萧本从之得其内外族讳，因士良进达于上，且发洪之诈，洪由是得罪。上以本为真太后弟，戊申[17]，擢为右赞善大夫[18]。

九月，丁丑[19]，李石为上言宋申锡忠直，为谗人所诬，窜死遐荒[20]，未蒙昭雪，上俛首久之，既而流涕泫然[21]曰："兹事朕久知其误，奸人逼我，以社稷大计，兄弟几不能保[22]，况申锡，仅全腰领[23]耳。非独内臣，外廷亦有助之者。皆由朕之不明，向使遇汉昭帝，必无此冤[24]矣！"郑覃、李固言亦共言其冤，上深痛恨，有惭色。庚辰[25]，诏悉复申锡官爵，以其子慎微为成固[26]尉。

李石用金部员外郎[27]韩益判度支桉，益坐赃三千余缗，系狱；石曰："臣始以益颇晓钱谷，故用之，不知其贪乃如是！"上曰："宰相但知人则用，有过则惩，如此则人易得，卿所用人不掩其恶，可谓至公。从前宰相用人好曲蔽其过，不欲人弹劾，此大病也！"冬，十一月，丁巳[28]，贬益梧州[29]司户。

上自甘露之变，意忽忽不乐，两军球鞠[30]之会什减六七，虽宴享音伎杂沓[31]盈庭，未尝解颜；闲居或徘徊眺望，或独语叹息。壬午[32]，上于延英谓宰相曰："朕每与卿等论天下事，则不免愁。"对曰："为理[33]者不可以速成。"上曰："朕每读书，耻为凡主。"李石曰："方今内外之臣，其间小人尚多疑阻，愿陛下更以宽御之，彼有公清奉法如刘弘逸、薛季稜者，陛下亦宜褒赏以劝为善。"甲申[34]，上复谓宰相曰："我与卿等论天下事，有势未得行者，退但饮醇酒求醉耳！"对曰："此皆臣等之罪也。"

有司以左藏[35]积弊日久，请行检勘，且言官典[36]罪在赦前者，请宥之，上许之。既而果得缯帛妄称渍污者，敕赦之，给事中狄兼谟封还敕书曰："官典犯赃，理不可赦"上谕之曰："有司请检之初，朕既许之矣。与其失信，宁失罪人。卿能奉职，朕甚嘉之！"

十二月，庚戌[37]，以华州刺史卢钧[38]为岭南节度使。李石言于上曰："卢钧除岭南，朝士皆相贺。以为岭南富饶之地，近岁皆厚赂北司而得之；今北司不挠朝权，陛下亦宜有以褒之。庶几内外奉法，此致理之本也。"上从之。钧至镇，以清惠著名。

己未[39]，淑王纵[40]薨。

（以上为第十四段，写甘露之变后唐文宗纳谏思治，对受制于宦官与奸佞有所醒悟而又无可奈何。）

【注释】

[1]乙酉：闰五月十七日。［2］乙未：闰五月二十七日。［3］崔球：字叔休，崔珙之弟。武宗会昌中任凤翔节度判官，入朝为尚书郎。传见《旧唐书》卷一百七十七。［4］右军：右神策军。［5］魏謩（792—858）：字申之，钜鹿（今河北巨鹿）人，为唐初名相魏征第五世孙。文宗朝官至谏议大夫，宣宗朝宰相。传见《旧唐书》卷一百七十六，《新唐书》卷九十七。［6］迩：近。［7］庄宅：唐内诸司之一。此句指其主管教坊使、庄宅使。［8］顾列女屏风：宋弘，汉光武帝大司空。一日，宋弘进宫，见御座有新制屏风，图画一群美女，光武帝观赏不已。宋弘谏曰："未见好德如好色者。"光武帝立即撤去屏风。事详《后汉书》卷二十六《宋弘传》。［9］髫龀（tiáochèn）：童年。髫，小儿垂发。龀，小儿换齿。［10］孤露：父亡，或父母双亡称孤露。［11］不忝厥祖：不有愧于其祖。［12］萧洪：即福建茶纲役人。事见《资治通鉴》卷二百四十三唐文宗太和二年。［13］甲辰：八月七日。［14］仲京：李仲京，李训之兄，为萧洪府判官，擢监察御史。训败，投奔刘从谏。唐武宗会昌四年（844）处斩。事附《新唐书》卷二百一十四《刘从谏传》。［15］左军：左神策军。［16］孱弱不能自达：懦弱而不敢自荐于朝廷。［17］戊申：八月十一日。［18］赞善大夫：官名。太子属官，分左右，职掌传令、礼仪，以及规谏过失。［19］丁丑：九月十一日。［20］遐荒：边远之地。［21］泫然：泪流满面的样子。［22］兄弟几不能保：指漳王凑，文宗之弟，被贬为巢县公。［23］全腰领：谓免于刑戮。［24］向使遇汉昭帝，必无此冤：指昭帝兄燕王旦、姊盖主及左将军上官桀共谋，告霍光谋反，昭帝识其诈，奸计遂不得行。事见《汉书》卷六十八《霍光传》。［25］庚辰：九月十四日。［26］成固：县名。县治在今陕西城固县。［27］金部员外郎：官名。金部为户部第三司，掌全国库藏钱帛出纳账簿的审核及度量衡事。正、副长官为郎中、员外郎。［28］丁巳：十一月丙寅朔，无丁巳，疑为丁丑。丁丑，十一月十二日。［29］梧州：州名。治所苍梧，在今广西梧州市。［30］球鞠：即蹋球。［31］杂沓：众多纷乱的样子。［32］壬午：十一月十七日。［33］理：治。［34］甲申：十一月十九日。［35］左藏：国库之一，掌钱帛、天下赋调。［36］官典：主管。［37］庚戌：十二月十五日。［38］卢钧：字子和，历仕唐文宗、唐武宗、唐宣宗三朝，先后任岭南、昭义、宣武、河东、山南东、西道节度使。官终太子太师。传见《旧唐书》卷一百七十七，《新唐书》卷一百八十二。［39］己未：十二月二十四日。［40］淑王纵：淑王李纵，顺宗第四子，贞元二十一年（805）封。传见《旧唐书》卷一百五十，《新唐书》卷八十二。

二年（丁巳，837年）

春，二月，己未[1]，上谓宰相："荐人勿问亲疏。朕闻窦易直[2]为相，未尝用亲故。若亲故果才[3]，避嫌而弃之，是亦不为至公[4]也。"

均王纬[5]薨。

三月，有彗星出于张[6]，长八丈余。壬申[7]，诏撤乐减膳，以一日之膳分充十日。

夏，四月，甲辰[8]，上对中书舍人、翰林学士兼侍书柳公权于便殿，上举衫袖示之曰："此衣已三浣[9]矣！"众皆美上之俭德；公权独无言，上问其故，对曰："陛下贵为天子，富有四海，当进贤退不肖，纳谏诤，明赏罚，乃可以致雍熙[10]。服浣濯之衣，乃末节耳。"上曰："朕知舍人不应复为谏议[11]，以卿有诤臣[12]风采，须屈卿为之。"乙巳[13]，以公权为谏议大夫，余如故。

戊戌[14]，以翰林学士、工部侍郎陈夷行[15]同平章事。

六月，河阳军乱，节度使李泳奔怀州；军士焚府署，杀泳二子，大掠数日方止。泳，长安市人，寓籍禁军，以赂得方镇，所至恃所交结，贪残不法，其下不堪命，故作乱。丁未[16]，贬泳澧州[17]长史。戊申[18]，以左金吾将军李执方为河阳节度使。

秋，七月，癸亥[19]，振武奏党项三百余帐剽掠逃去。

给事中韦温为太子侍读[20]，晨诣东宫，日中乃得见，温谏曰："太子当鸡鸣而起，问安视膳[21]，不宜专事宴安[22]！"太子不能用其言，温乃辞侍读；辛未[23]，罢守本官。

振武突厥百五十帐叛，剽掠营田；戊寅[24]，节度使刘沔[25]击破之。

八月，庚戌[26]，以昭仪王氏为德妃，昭容[27]杨氏为贤妃[28]。立敬宗之子休复为梁王，执中为襄王，言杨为杞王，成美为陈王。癸丑[29]，立皇子宗俭为蒋王。

河阳军士既逐李泳，日相扇，欲为乱。九月，李执方索得首乱者七十余人，悉斩之，余党分隶外镇，然后定。

冬，十月，国子监《石经》[30]成。

福建奏晋江[31]百姓萧弘称太后族人，诏御史台按之。

戊申[32]，以门下侍郎、同平章事李固言同平章事，充西川节度使。

甲寅[33]，御史台奏萧弘诈妄；诏递归[34]乡里，不之罪，冀得其真[35]。

（以上为第十五段，写唐文宗节俭，河阳军乱，太子李永贪睡不成器，为太子暴毙张本。）

【注释】

[1]己未：二月二十五日。[2]窦易直：字宗玄，京兆人。穆宗朝官至宰相，清廉正直，不用亲党。传见《旧唐书》卷一六七，《新唐书》卷一五一。[3]果才：果然有才，真有才。[4]至公：最公正、公平。[5]均王纬：均王李纬，顺宗第三子，贞元二十一年封。传与溆王纵同。[6]张：星宿名。二十八宿之一，位于南方。[7]壬申：三月九日。[8]甲辰：四月十一日。[9]浣：洗濯。[10]雍熙：和乐，喻天下太平。[11]舍人不应复为谏议：舍人，指中书舍人；谏议，指谏议大夫。中书舍人职位高于谏议大夫，为文士之美官。柳公权已为中书舍人，无故不应降为谏议大夫。唐文宗欲其兼任此职以备拾遗补过，故有此言。[12]诤臣：直言敢谏之臣。[13]乙巳：四月十二日。[14]戊戌：四月五日。[15]陈夷行（？—844）：字周道，颍川（今河南许昌市）人。历仕唐文宗、唐武宗，两朝宰相。传见《旧唐书》卷一百七十三，《新唐书》卷一百八十一。[16]丁未：六月十五日。[17]澧（lǐ）州：州名。治所澧阳，在今湖南澧县东南。[18]戊申：六月十六日。[19]癸亥：七月二日。[20]太子侍读：官名。无定员，掌讲导经学。[21]问安视膳：谓太子应早起向父皇问安，陪侍吃早饭。典出《礼纪》卷二十《文王世子》："文王之为世子……鸡初鸣而衣服，至于寝门外，问内竖之御者曰：'今日安否何如？'内竖曰：'安。'文王乃喜。"又"食上，必在视寒暖之节；食下，问所膳。"[22]宴安：逸乐。[23]辛未：七月十日。[24]戊寅：七月十七日。[25]刘沔：字子汪，徐州彭城（今江苏徐州市）人。文宗太和末，累官泾原、振武节度使。唐武宗会昌时先后任河东、义成、忠武节度使。沔骁勇善战，曾破党项、败回鹘，在西北边境屡立战功。传见《旧唐书》卷一百六十一，《新唐书》卷一百七十一。[26]庚戌：八月十九日。[27]昭仪、昭容：皆内官名。为妃嫔，位次夫人。[28]德妃、贤妃：亦内官名。为夫人，位次皇后。[29]癸丑：八月二十二日。[30]《石经》：郑覃以宰相判国子祭酒，仿东汉蔡邕刊刻《石经》故事，命于国子监两廊刻《石壁九经》，又加《孝经》《论语》《尔雅》为十二经（无《孟子》），作为定本。这就是历史上著名的唐刻《开成石经》。[31]晋江：县名。县治在今福建泉州市。[32]戊申：十月十八日。[33]甲寅：十月二十四日。[34]递归：令所过驿站给食，乘驿车而归。[35]冀得其真：希望访得太后真正的弟弟。

【点评】

本卷点评牛李党争与甘露之变两件大事。

一、牛李党争。唐中央官僚主要由两种人组成，一是门荫出身，二是进士及第出身。门荫靠祖上的功德，是士族和累世官宦之后。门荫官僚用人主要倾向于没落的门阀士族。进士出身，是科举入仕，多出身庶族。科举同榜进士称同年，进士对主考官称座主，主考官称被录取的进士为门生。同科进士与主考官，以及推荐的公卿，很容易结成亲密关系，互相援引，形成一个小圈子，共同排斥圈外的人，被称为朋党。门荫出身与进士出身两种官员之间明争暗斗，由来已久。宦官专权，宦官代表工商杂类人入仕，奸佞小人依附宦官入仕，挤占朝官的位子，因此在唐代形成了很复杂的朋党斗争与南北司斗争。其中历时最长、斗争最为激烈的就是牛李党争。牛党领袖为牛僧孺、李宗闵，李党领袖为李德裕、郑覃。双方领军人物都历仕宪宗、穆宗、敬宗、文宗、武宗五朝，多次轮番入主相位，牛党得势，排斥李党，李党得势，排斥牛党。

牛党领军牛僧孺，系牛仙客之后，牛仙客出身胥吏，目不知书，玄宗朝贵为宰相，仍受人冷眼，故牛僧孺冒称隋吏部尚书牛弘之后。牛僧孺、李宗闵、杨嗣复三人都是德宗贞元二十一年进士，权德舆的门生，因此三人“情义相得，进退取舍，多与之同”(《旧唐书·杨嗣复传》)。牛党核心人物是李宗闵，牛僧孺居其次，因其最为寒庶，故举为牛党代表。李德裕系赵郡士族之后，祖李栖筠，御史大夫，父李吉甫，元和初宰相。李德裕年轻时，“耻与诸生从乡赋，不喜科试”(《旧唐书》本传)，以门荫入仕。

牛李两党的分歧主要表现在两个方面。一是用人。牛党重辞藻文章，主张科举入仕，代表庶族利益。李党主张门荫用公卿子弟，郑覃多次向文宗建议废科举，代表门阀士族利益。在用人上，李党是倒退的。二是对待藩镇，牛党主张姑息，李党主张平叛。武宗朝强力平叛，是李党最得势的时期。

牛李结怨始于唐宪宗元和三年（808），宪宗诏举贤良方正科，牛僧孺、李宗闵同登榜首，两人在对策中讥评时政，宰相李吉甫恨之，泣诉于宪宗说主考不公，李宗闵、牛僧孺遭贬官，被冷落七年之久，直到李吉甫死后才被起用。杨嗣复之父杨於陵，第一主考，由户部侍郎贬为岭南节度。李德裕，李吉甫之子。两党结怨，互斗，直到武宗会昌六年（846）结束，前后四十年，历经了六个回合。穆宗长庆元年，右补阙杨汝士与礼部侍郎钱徽掌贡举，李宗闵之婿苏巢、杨汝士之弟杨殷士被录用，翰林学士李德裕联合元稹、李绅上奏考官受请托，李宗闵、杨汝士、钱徽遭贬逐，这是第一回合。李德裕排斥李宗闵出朝。当时李宗闵任中书舍人。二李结怨。长庆三年（823），李德裕与牛僧孺二人皆有入相之望，穆宗自择牛僧孺为相，李德裕认为是宰相李逢吉援引牛僧孺排斥自己，由是，牛李之怨加深。文宗太和三年（829），李德裕、李宗闵同时入相，李宗闵依附宦官，二十天后就把李德裕排挤出朝。第二年，李宗闵引牛僧孺再入相，共同清洗李党，这是第二回合。文宗太和六年（832），牛僧孺罢相，李德裕还京任兵部尚书，李宗闵与杨汝士从弟杨虞卿共同阻挡李德裕入相失败，太和七年（833），李德裕入相，李宗闵被罢出朝，这是第三回合。太和八年（834），唐文宗信用郑注，又引李宗闵入相，李德裕被罢出朝，这是第四回合。牛李两党在朝互相排挤，争斗不断升级，唐文宗时时长叹："去河北贼易，去朝廷朋党难。"司马光评论说："朋党之起，缘于君主昏庸，忠奸不分。"有一定道理。唐文宗不分忠奸，用李宗闵朋党斥逐李德裕朋党就是一个错误。李宗闵依附宦官，李德裕与宦官有距离，又有贤才，李党得势对朝廷有利。郑注、李训，这两个凶狡之徒，依附宦官入朝，最后唐文宗重用这两个人，既谋诛宦官，又统统排斥牛李两党，文宗想的是一箭双雕，既杀宦官，又逐朋党，如此昏聩，怎能不偾事。唐文宗把自己玩完，成了宦官的傀儡，抱憾离世。武宗即位，用兵藩镇，起用李德裕为相，李党得势，大力排斥牛党。从会昌元年（841）到会昌四年（844），牛党五位宰相李宗闵、牛僧孺、崔珙、杨嗣复、李珏不断遭贬逐，这是第五回合。会昌六年（846），武宗死，宣宗立，李德裕立即遭贬逐，武宗所逐牛党五相，同日量移，这是第六回合。不久，两党领袖李德裕、牛僧孺、李宗闵均死于贬所。至此，牛李党争结束。前后历四十年。但朝廷的朋党之争并没有结束，而是日益加剧，直至唐亡。

牛李党争，从总体上看，是君子与君子之争，朝士庶族官僚与士族官僚之间争官位，尤其是争宰辅执政大臣之位。李宗闵依附宦官较深，牛党多奸邪之士，而牛僧孺本人还较为清正。李德裕不依附宦官，以才能赢得皇帝信任，但李德裕在文宗朝入相仍得力于枢密杨钦义。李德裕在方镇任上用秉正品德与权谋交好监军，也是他入相的资本。在宦官专权的唐代，任何贤士大夫完全脱离宦官的影响是不可能的。会昌年间，李德裕处理藩镇和边境事件都收到功效，南司威望提高，北司相对退缩。这时，唐朝声威有再展之势，由于武宗在位短暂，再展之势夭折，李德裕以悲剧告终，一贬再贬，死于崖州（今海南三亚市）。

二、甘露之变。所谓甘露之变，是唐文宗第二次谋诛宦官引发的政治事件。文宗所用非人，郑注、李训两个凶狡人谋事，两人同床异梦，以失败告终。

郑注，绛州翼城人，以医术游长安权贵之门。本姓鱼，冒姓郑氏士族，故时人称之为鱼郑，隆贵时，人们目之为"水族"，水为阴，以郑注为阴险人。郑注依附宦官王守澄，谋害宋申锡，挫败唐文宗第一次诛宦官的就是这个郑注。李训，字子垂，初名仲言，陇西成纪（在今甘肃秦安县）士族。肃宗时宰相李揆之族孙，敬宗朝宰相李逢吉之侄。进士及第入仕，阴险善谋，曾因事被流放，回京后通过贿赂郑注投靠王守澄，得以东山再起。郑注精通医术，李训精通《易经》，王守澄将两人荐之于唐文宗，目的是安插两人在文宗身边为自己的耳目。两人都是野心家，认为投靠宦官，不如投靠皇帝。文宗拜郑注为太仆卿，兼御史大夫，时时入宫侍疾。李训被拜为四门助教，迁国子《周易》博士，充翰林侍讲学士。两人倒戈，反被唐文宗任用来反击宦官。两人为唐文宗策划太平盛世的方略，先除宦官，次复河湟，再次清河北，说得头头是道，唐文宗深信不疑，对两人宠遇日隆。两人先拿牛李的两党人物开刀，既扫清宦官在朝中的势力，又培植自己的朋党。郑注引李宗闵入相逐走李德裕、路隋，随后逐走李宗闵，连逐三相，威震天下。郑、李两人对不合心意的人都指目为牛党李党的人，尽行驱逐，而安插自己的同伙。同时引荐谋诛宦官的舒元舆、郭行余、王璠、罗立言、韩约、贾悚、裴度等人，博取声誉，赢得人心，所以当时“天下之人，有冀训以致太平者”的赞誉。(《旧唐书·李训传》)

接着两人又利用宦官内部争权的矛盾，把反对王守澄的韦元素、杨承和、王践言三人外出到方镇为监军，不久处死。追究宪宗之死，把当年毒杀宪宗的宦官陈弘志处死。再利用仇士良与王守澄争权的矛盾，郑李二人劝文宗升任王守澄为左右神策军观军容使，明升暗降解除王守澄神策军中尉的职务，剥夺了王守澄的军权，而任用仇士良为中尉抗衡王守澄。太和九年（835）十月，免去王守澄观军容使之职，赐死王守澄，秘不发丧。郑注和李训的这一系列行动，表现出十分干练的政治才能，“自中尉、枢密、禁卫诸将都十分敬畏李训”。

郑注、李训谋诛全部宦官。其时李训为相，出郑注任凤翔节度使，原计划内外合谋诛宦官。郑注到凤翔选凤翔兵数百人，作为亲兵，等下葬王守澄时，唐文宗令全部宦官去会葬，郑注纵亲兵全诛宦官。李训靠郑注引荐得势，这时他的野心是要独占大功，诛了宦官，再除郑注。李训不让郑注抢功，他上奏文宗，称左金吾大厅后石榴树上有甘露。十一月二十一日，唐文宗在紫宸殿接见百官，文宗令李训率众官去察看。李训回来说不像是真甘露，文宗故作惊讶，令左右中尉仇士良、鱼弘志率领众官再去察看。仇士良到了左金吾大厅，发现李训事先埋伏的甲士，立即逃回殿上，劫夺唐文宗入宫，派出神策军血洗朝官。宰相贾悚、王涯以及中书、门下两省和各部官吏被杀的有一千多人，朝廷为之一空。李训出逃被捕杀，郑注也在军中被杀。这一场反宦官的宫廷血案，史称“甘露之变”。

唐文宗有灭宦官之志，却无灭宦官的能力。他忠奸不分，是非不明，既恨宦官，又猜忌功臣宿将，放着裴度、李德裕不用，却任用出尔反尔的凶狡人李训、郑注。唐文宗又意气用事，诛杀王守澄以后，如果外出仇士良去做监军，一个一个地诛杀元恶，不宠信宦官，此事也就了结了。文宗要全灭宦官，而宦官掌握军权，监军布满方镇，成了一个体系，代表一种政治势力，看不到宦官与神策的关系，全灭宦官是愚笨的行为。郑注、李训合谋，中途变卦，同床异梦，文宗急于求成，出尔反尔，赞同李训的阴谋，采用冒险行为，也是失败的原因。甘露之变以后，朝廷大权全归北司，唐文宗被宦官看管。文宗临终前，感叹自己受制于家奴，还不如周赧王、汉献帝两个亡国之君，算是他悲苦的自省。

卷二四六　唐纪六十二

唐文宗开成三年至唐武宗会昌二年（838—842 年）

【起著雍敦牂（戊午，838 年），尽玄黓阉茂（壬戌，842 年），凡五年】

【大事提要】

本卷记事起公元 838 年，讫公元 842 年，凡五年。当唐文宗开成三年至唐武宗会昌二年。五年间史事，前三年载唐文宗晚年执政，后二年载唐武宗即位初带来政治的新气象。唐文宗在甘露之变以后，受宦官监视，形同于被软禁，但文宗并不甘心做家奴的羔羊，他还想有一番作为，念念不忘诛除宦官，这是文宗强于穆宗、敬宗两代皇帝的地方。故文宗晚年思贤治国，任用李石、薛延赏为相，稳定了局面。此时文宗还能纳谏改过，罢祥瑞，放郭旼二女出宫。但文宗过分切齿朋党，刚愎而愚，往往忠奸不分，是非不明，为惩治朋党站在了奸人一边。宰相不睦，杨嗣复与李珏为一党，他们与宦官勾结，是真朋党，郑覃与陈夷行二人清正廉直，不似杨嗣复阿谀柔顺，结果唐文宗贬抑了郑覃、陈夷行，助长了奸人气焰，最终在宦官的压抑下遗恨辞世。武宗即位，任用李德裕为相，信任专一，颇有成效。武宗能纳谏收回成命。仇士良敌视枢密刘弘逸、薛季稜，进谗言于武宗下令赐死二人，李德裕等宰臣强谏，武宗收回成命，并下诏诛杀大臣应由御史台按问。此时西域黠戛斯兴起，打败回鹘，唐边将欲趁机打击回鹘邀功，唐武宗支持李德裕安抚的主张，分化回鹘，打击乌介可汗，一战成功。武宗倚重外朝，削弱宦官权力，政治出现了新气象。

文宗元圣昭献孝皇帝下

开成三年（戊午，838 年）

春，正月，甲子[1]，李石入朝，中涂[2]有盗射之，微伤，左右奔散，石马惊，驰归第。又有盗邀击[3]于坊门[4]，断其马尾，仅而得免。上闻之大惊，命神策六军[5]遣兵防卫，敕中外捕盗甚急，竟[6]无所获。乙丑[7]，百官入朝者九人而已。京城数日方安。

丁卯[8]，追赠故齐王凑为怀懿太子。

戊申[9]，以盐铁转运使、户部尚书杨嗣复[10]，户部侍郎、判户部[11]李珏并同平章事，判、使如故[12]。嗣复，於陵之子也。

中书侍郎、同平章事李石，承甘露之乱，人情危惧，宦官恣横，忘身徇国[13]，故纪纲粗立[14]。仇士良深恶之，潜遣盗杀之，不果。石惧，累表[15]称疾辞位；上深知其故而无如之何。丙子[16]，以石同平章事，充[17]荆南节度使。

陈夷行性介直[18]，恶杨嗣复为人，每议政事，多相诋斥。壬辰[19]，夷行以足疾辞位，不许。

上命起居舍人魏謩献其祖文贞公[20]笏。郑覃曰："在人不在笏。"上曰："亦甘棠之比[21]也。"

杨嗣复欲援进[22]李宗闵，恐为郑覃所沮，乃先令宦官讽上，上临朝，谓宰相曰："宗闵积年在外[23]，宜与一官。"郑覃曰："陛下若怜宗闵之远，止可移近北数百里，不宜再用；用之，臣请先避位。"陈夷行曰："宗闵向以朋党乱政，陛下何爱此纤人[24]！"杨嗣复曰："事贵得中[25]，不可但徇爱憎。"上曰："可与一州。"覃曰："与州太优，止可洪州[26]司马耳。"因与嗣复互相诋讦[27]以为党。上曰："与一州无伤。"覃等退，上谓起居郎周敬复、舍人魏謩曰："宰相喧争[28]如此，可乎？"对曰："诚为不可。然覃等尽忠愤激，不自觉耳。"丁酉[29]，以衡州司马李宗闵为杭州[30]刺史。李固言与杨嗣复、李珏善，故引居大政以排郑覃、陈夷行，每议政之际，是非锋起[31]，上不能决也。

（以上为第一段，写唐文宗思贤治国，却又忠奸不明，是非不辨。）

【注释】

[1]甲子：正月五日。 [2]涂：同"途"。 [3]邀击：拦击。 [4]坊门：长安城内居住处有一百零六坊，坊皆有门，按时启闭。 [5]神策六军：左右羽林军、左右龙武军、左右神策军，皆为禁军，统称神策六军。 [6]竟：终究、最终。 [7]乙丑：正月六日。 [8]丁卯：正月八日。 [9]戊申：二月二十日。 [10]杨嗣复：字继之，杨于陵之子。文宗朝宰相，武宗时贬潮州刺史。传见《旧唐书》卷一百七十六，《新唐书》卷一百七十四。 [11]判户部：主持户部政务。户部长官为尚书，正三品，侍郎为副职正四品。李珏以侍郎之职掌理户部，故加判字。 [12]判、使如故：判，指李珏所任判户部；使，指杨嗣复所任盐铁转运使。两人现为宰相，原任官如故。 [13]徇国：尽心国事。徇，疾，尽心尽职。 [14]纪纲粗立：国纪朝纲，即法律制度，从混乱中走上正

轨。粗立，大体建立起来。［15］累表：多次上奏。［16］丙子：正月十七日。［17］充：实任职务。高官实任低级职务叫充。［18］介直：耿直，正直。［19］壬辰：二月四日。［20］文贞公：魏征谥曰文贞。［21］甘棠之比：喻爱人及物。甘棠，周武王时，召公奭巡行南国，憩于甘棠树下，后人思其德，爱之而不敢剪伐。见《诗·召南·甘棠》。［22］援进：援引荐进。［23］积年在外：李宗闵自太和九年贬为明州刺史，至此已三年。［24］纤（xiān）人：小人。［25］中：谓中道。［26］洪州：州名。治所豫章，在今江西南昌市。［27］诋讦（jié）：抵毁揭发。［28］喧争：喧哗争执。［29］丁酉：二月九日。［30］杭州：州名。治所钱塘。即今浙江杭州。［31］锋起：像群蜂并飞，纷纷而起。锋，同“蜂”。

三月，牂柯[1]寇涪州[2]清溪镇，镇兵击却之。

初，太和之末，杜悰为凤翔节度使，有诏沙汰僧尼。时有五色云见于岐山[3]，近法门寺[4]，民间讹言佛骨[5]降祥，以僧尼不安之故。监军欲奏之，悰曰：“云物变色，何常之有！佛若果爱僧尼，当见于京师。”未几，获白兔，监军又欲奏之，曰：“此西方之瑞也。”悰曰：野兽未驯，且宜畜之。”旬日而毙；监军不悦，以为掩蔽圣德，独画图献之。及郑注代悰镇凤翔，奏紫云见，又献白雉[6]。是岁，八月，有甘露降于紫宸殿前樱桃之上，上亲采而尝之，百官称贺。其十一月，遂有金吾甘露之变。

及悰为工部尚书、判度支，河中奏驺虞[7]见，百官称贺。上谓悰曰：“李训、郑注皆因瑞以售其乱，乃知瑞物非国之庆。卿前在凤翔，不奏白兔，真先觉也。”对曰：“昔河出图[8]，伏羲以画八卦；洛出书，大禹以叙九畴，皆有益于人，故足尚也。至于禽兽草木之瑞，何时无之！刘聪[9]桀逆，黄龙三见；石季龙[10]暴虐，得苍麟十六、白鹿七，以驾芝盖[11]。以是观之，瑞岂在德！玄宗尝为潞州[12]别驾[13]，及即位，潞州奏十九瑞，玄宗曰：‘朕在潞州，惟知勤职业，此等瑞物，皆不知也。’愿陛下专以百姓富安为国庆，自余不足取也。”上善之。他日，谓宰相曰：“时和年丰，是为上瑞；嘉禾灵芝，诚何益于事！”宰相因言：“《春秋》记灾异以儆[14]人君，而不书祥瑞，用此故也！”

夏，五月，乙亥[15]，诏：“诸道有瑞，皆无得以闻，亦勿申牒所司[16]。其腊[17]享太庙及享太清宫[18]，元日[19]受朝奏祥瑞，皆停。”

（以上为第二段，写唐文宗纳谏罢祥瑞。）

【注释】

［1］牂（zàng）柯：指牂柯国，其族，则牂柯蛮，在今贵州中西部。［2］涪州：治所涪陵，在今重庆市涪陵区。［3］岐山：山名。在今陕西岐山县东北。［4］法门寺：唐代著名大寺，在今陕西扶风县。［5］佛骨：即佛牙，相传是释迦牟尼的牙齿。在法门寺护国真身塔内。［6］雉：野鸡。［7］驺虞：传说中不杀生的义兽，白色黑斑，状似虎。［8］河出图：相传上古，有龙马负图出于黄河，谓之河图；有神龟负文出于洛水，谓之洛书。伏羲据河图而作八卦，大禹据洛书而成九畴。九畴，九项治国法则。［9］刘聪（？—318）：十六国汉国第二代皇帝，公元310—318年在位。传见《晋书》卷一百零二，《魏书》卷九十五。［10］石季龙（295—349）：即石虎，十六国后赵第三位皇帝，公元335—349年在位。传见《晋书》卷一百零六，《魏书》卷九十五。［11］芝盖：车盖，指帝王之车。［12］潞州：治所上党，在今山西长治市。［13］别驾：官名，州刺史佐吏，位于司马之上，掌佐州务。［14］儆：警戒。［15］乙亥：五月十九日。［16］申牒所司：具表呈报有司。［17］腊：祭名。唐制：孟春、孟夏、孟秋、孟冬四季举行腊祭，享于太庙。［18］太清宫：唐玄宗命两京及诸州各置玄元皇帝（老子的尊号）庙，在西京者称太清宫，在诸州者称太微宫。［19］元日：正月一日。

初，灵武节度使王晏平[1]自盗赃七千余缗[2]，上以其父智兴有功，免死，长流康州。晏平密请于魏、镇、幽三节度使[3]，使上表雪己；上不得已，六月，壬寅[4]，改永州[5]司户。

八月，己亥[6]，嘉王运[7]薨。

太子永之母王德妃无宠，为杨贤妃所谮而死。太子颇好游宴，昵近[8]小人，贤妃日夜毁之。九月，壬戌[9]，上开延英，召宰相及两省、御史、郎官，疏太子过恶，议废之，曰："是宜为天子乎？"群臣皆言："太子年少，容有改过。国本至重，岂可轻动！"御史中丞狄兼謩论之尤切，至于涕泣。给事中韦温曰："陛下惟一子，不教，陷之至是，岂独太子之过乎！"癸亥[10]，翰林学士六人、神策六军军使十六人复上表论之，上意稍解。是夕，太子始得归少阳院；如京使[11]王少华等及宦官宫人坐流死者数十人。

义武节度使张璠在镇十五年，为幽、镇所惮；及有疾，请入朝，朝廷未及制置，疾甚，戒其子元益举族归朝，毋得效河北故事。及薨，军中欲立元益，观察留后李士季不可，众杀之，又杀大将十余人。壬申[12]，以易州刺史李仲迁为义武节度使。义武马军都虞候何清朝自拔归朝，癸酉[13]，以为仪州[14]刺史。

朝廷以义昌节度使李彦佐在镇久[15]，甲戌[16]，以德州刺史刘约为节度副使，欲以代之。

开成以来，神策将吏迁官，多不闻奏，直牒中书令覆奏施行[17]，迁改殆无虚日。癸未[18]，始诏神策将吏改官皆先奏闻，状至中书，然后检勘[19]施行。

冬，十月，易定[20]监军奏军中不纳李仲迁，请以张元益为留后。

太子永犹不悛[21]，庚子[22]，暴薨，谥曰庄恪。

乙巳[23]，以左金吾大将军郭旼为邠宁节度使。

宰相议发兵讨易定。上曰："易定地狭人贫，军资半仰度支。急之则靡所不为，缓之则自生变。但仅备四境以俟之。"乃除张元益代州刺史。顷之，军中果有异议，乃上表以不便李仲迁为辞，朝廷为之罢仲迁。十一月[24]，诏俟元益出定州；其义武将士始谋立元益者，皆赦不问。

以义昌节度使李彦佐为天平节度使，以刘约为义昌节度使。

丁卯[25]，张元益出定州。

（以上为第三段，写唐文宗太子李永游宴不悛而暴薨。义武节度换帅不听朝命。）

【注释】

［1］王晏平：自幼随父从军，以讨横海李同捷叛乱之功，任灵武节度使。传见《旧唐书》卷一百五十六，《新唐书》卷一百七十二。［2］自盗赃七千余缗：《新唐书·王晏平传》云："父丧，擅取马四百、兵械七千自卫归洛阳，御史劾之。"《旧唐书》大略同。［3］三节度使：指魏帅何进滔、镇帅王元逵、幽帅史元忠。［4］壬寅：六月十六日。［5］永州：治所零陵，在今湖南永州市零陵区。［6］己亥：八月十四日。［7］嘉王运：嘉王李运，代宗第十五子，大历十年（775）封。传见《旧唐书》卷一百一十六，《新唐书》卷八十二。两唐书本传皆作"贞元十七年薨"，存疑待考。［8］昵（nì）近：亲近。［9］壬戌：九月七日。［10］癸亥：九月八日。［11］如京使：官名。职事不详。一说以朝官转内职，用文士以通晓政事。参见《职官分纪》卷四十四《如京师副使》。一说以武臣为之，为例转之官。参见《宋史》卷十二《职官志九》。［12］壬申：九月十七日。［13］癸酉：九月十八日。［14］仪州：州名。治所辽山，在今山西左权县。［15］在镇久：太和六年李彦佐代殷侑镇义昌，至是已六年。［16］甲戌：九月十九日。［17］直牒中书令覆奏施行：神策军将吏升迁，不先奏请，直接以公文形式通令中书省执行，只不过由中书上奏备案而已。甘露事变之后，宦官专横如此。［18］癸未：九月二十八日。［19］检勘：谓检查核对履历。

[20]易定：即义武军，辖易、定二州，故称。[21]悛（quān）：悔改。[22]庚子：十月十六日。[23]乙巳：十月二十一日。[24]十一月：据章校，“月”下有“壬戌”二字。壬戌，十一月八日。[25]丁卯：十一月十三日。

庚午[1]，上问翰林学士柳公权以外议，对曰：“郭旼除邠宁，外间颇以为疑。”上曰：“旼，尚父[2]之侄，太后[3]叔父，在官无过，自金吾作小镇，外间何尤焉？”对曰：“非谓旼不应为节度使也。闻陛下近取旼二女入宫，有之乎？”上曰：“然，入参太皇太后耳。”公权曰：“外间不知，皆云旼纳女后宫，故得方镇。”上俯首良久[4]曰：“然则奈何？”对曰，：“独有自南内[5]遣归其家，则外议自息矣！”是日，太皇太后遣中使送二女还旼家。

上好诗，尝欲置诗学士；李珏曰：“今之诗人浮薄[6]，无益于理。”乃止。

甲戌[7]，以蔡州刺史韩威为义武节度使。

河东节度使、司徒、中书令裴度以疾求归东都[8]，十二月，辛丑[9]，诏度入知政事，遣中使敦谕上道[10]。

郑覃累表辞位，丙午[11]，诏：三五日一入中书。

是岁，吐蕃彝泰赞普卒，弟达磨立。彝泰多病，委政大臣，由是仅能自守，久不为边患。达磨荒淫残虐，国人不附，灾异[12]相继，吐蕃益衰。

（以上为第四段，写唐文宗自省，闻过则改。）

【注释】

[1]庚午：十一月十六日。[2]尚父：即郭子仪，唐德宗尊为尚父。郭旼是郭子仪的侄儿。[3]太后：即唐宪宗懿安皇后郭氏，郭子仪孙女，穆宗之母。穆宗尊为皇太后，敬宗尊为太皇太后。[4]俯首良久：低头思考很长一段时间。[5]南内：即兴庆宫，太后所居，在大明宫之南，故名。[6]浮薄：轻浮浅薄。[7]甲戌：十一月二十日。[8]求归东都：裴度有宅第于东都集贤里，号绿野堂。[9]辛丑：十二月十七日。[10]敦谕上道：敦促吩咐裴度登程入京。[11]丙午：十二月二十二日。[12]灾异：指自然灾害和某些反常的自然现象。如火灾、地震、日蚀、月蚀等。

四年（己未，839 年）

春，闰正月，己亥[1]，裴度至京师，以疾归第[2]，不能入见。上劳问赐赉，使者旁午[3]。三月，丙戌[4]，薨，谥曰文忠。上怪度无遗表，问其家，得半藁[5]，以储嗣未定为忧，言不及私。度身貌不逾中人，而威望远达四夷，四夷见唐使，辄问度老少用舍[6]；以身系国家轻重如郭子仪者，二十余年。

夏，四月，戊辰[7]，上称判度支杜棕之才，杨嗣复、李珏因请除悰户部尚书，陈夷行曰："恩旨当由上出，自古失其国未始不由权在臣下也。"珏曰："陛下尝语臣云，人主当择宰相，不当疑宰相。"五月，丁亥[8]，上与宰相论政事，陈夷行复言不宜使威福在下，李珏曰："夷行意疑宰相中有弄陛下威权者耳。臣屡求退，苟得王傅，臣之幸也。"郑覃曰："陛下开成元年、二年政事殊美，三年、四年渐不如前。"杨嗣复曰："元年、二年郑覃、夷行用事，三年、四年臣与李珏同之，罪皆在臣！"因叩头曰；"臣不敢更入中书[9]！"遂趋出。上遣使召还，劳之曰："郑覃失言，卿何遽尔！"覃起谢曰："臣愚拙，意亦不属嗣复；而遽如是，乃嗣复不容臣耳。"嗣复曰："覃言政事一年不如一年，非独臣应得罪，亦上累圣德。"退，三上表辞位，上遣中使召出之，癸巳[10]，始入朝。丙申[11]，门下侍郎、同平章事郑覃罢为右仆射，陈夷行罢为吏部侍郎。覃性清俭，夷行亦耿介，故嗣复等深疾之。

上以盐铁推官、检校礼部员外郎姚勖[12]能鞫疑狱[13]，命权知[14]职方员外郎[15]，右丞韦温不听，上奏称："郎官朝廷清选[16]，不宜以赏能吏。"上乃以勖检校[17]礼部郎中，依前盐铁推官。六月，丁丑[18]，上以其事问宰相杨嗣复，对曰："温志在澄清流品[19]。若有吏能者皆不得清流，则天下之事孰为陛下理之！恐似衰晋之风。"然上素重温，终不夺其所守。

（以上为第五段，写宰相不睦，唐文宗分不清贤愚，总是倒向奸诈的一方。）

【注释】

[1]己亥：闰正月十六日。 [2]归第：此为长安平乐里宅第。 [3]旁午：交错。指劳问使

者一批批交错而来。［4］丙戌：三月四日。［5］藁：同槀，即稿。［6］老少用舍：犹言年龄几何，天子用否。［7］戊辰：四月十七日。［8］丁亥：五月七日。［9］入中书：指入政事堂，堂在中书省。［10］癸巳：五月十三日。［11］丙申：五月十六日。［12］姚勖：字斯勤，陕州硖石（今河南三门峡市东南）人。名相姚崇曾孙。累官湖、常二州刺史，终夔王傅。传见《新唐书》卷一百二十四。［13］鞫疑狱：审决疑案。［14］权知：有职有权的实官。［15］职方员外郎：职方为兵部第二司，掌疆域图籍及四夷归化事。正长官为郎中、副长官为员外郎。［16］清选：清贵之官，下文“清流”亦此义。［17］检校：唐制，凡带检校二字，皆为加官荣衔，有职无权。故姚勖为检校礼部郎中，韦温不再争。［18］丁丑：六月二十七日。［19］流品：品类。

秋，七月，癸未［1］，以张元益为左骁卫将军，以其母侯莫陈氏为赵国太夫人，赐绢二百匹。易定之乱，侯莫陈氏说谕将士，且戒元益以顺朝命，故赏之。

甲辰［2］，以太常卿崔郸［3］同中书门下平章事。郸，郾之弟也。

八月，辛亥［4］，鄜王憬［5］薨。

癸酉［6］，昭义节度使刘从谏上言：“萧本诈称太后弟，上下皆称萧弘是真，以本来自左军［7］，故弘为台司所抑［8］。今弘诣臣，求臣上闻。乞追弘赴阙，与本对推，以正真伪。”诏三司鞫之。

冬，十月，乙卯［9］，上就起居舍人魏謩取记注［10］观之，謩不可，曰：“记注兼书善恶，所以儆戒人君。陛下但力为善，不必观史！”上曰：“朕向尝观之。”对曰：“此向日史官之罪也。若陛下自观史，则史官必有所讳避，何以取信于后！”上乃止。

杨妃请立皇弟安王溶为嗣，上谋于宰相，李珏非之。丙寅［11］，立敬宗少子陈王成美［12］为皇太子。

丁卯［13］，上幸会宁殿作乐，有童子缘橦［14］，一夫来往走其下如狂。上怪之，左右曰：“其父也。”上泫然流涕曰：“朕贵为天子，不能全一子［15］！”召教坊刘楚材等四人，宫人张十十等十人责之曰：“构会［16］太子，皆尔曹也，今更立太子，复欲尔邪？”执以付吏，己巳［17］，皆杀之。上因是感伤，旧疾遂增。

十一月，三司按萧本、萧弘皆非真太后弟。本除名，流爱州［18］，弘流儋州。而太后真弟在闽中，终不能自达。

乙亥[19]。上疾少间，坐思政殿，召当直学士周墀[20]，赐之酒，因问曰："朕可方[21]前代何主？"对曰："陛下尧、舜之主也。"上曰："朕岂敢比尧、舜！所以问卿者，何如周赧[22]、汉献[23]耳？"墀惊曰："彼亡国之主，岂可比圣德！"上曰："赧、献受制于强诸侯，今朕受制于家奴，以此言之，朕殆不如！"因泣下霑[24]襟，墀伏地流涕，自是不复视朝。

是岁，天下户口四百九十九万六千七百五十二。

回鹘相安允合、特勒[25]柴革谋作乱，彰信可汗杀之。相掘罗勿[26]将兵在外，以马三百赂沙陀朱邪赤心，借其兵共攻可汗。可汗兵败，自杀，国人立㕎馺特勒为可汗。会岁疫，大雪，羊马多死，回鹘遂衰。赤心，执宜之子也。

（以上为第六段，写唐文宗在宦官压抑下带着遗恨辞世。）

【注释】

[1]癸未：七月四日。[2]甲辰：七月二十五日。[3]崔郸：历官兵部侍郎、宰相，终淮南节度使。传见《旧唐书》卷一百五十五，《新唐书》卷一百六十三。[4]辛亥：八月二日。[5]鄜王憬：鄜王李憬，唐宪宗子，长庆元年（821）封。传见《旧唐书》卷一百七十五，《新唐书》卷八十二。[6]癸酉：八月二十四日。[7]以本来自左军：萧本由左军中尉仇士良引进给皇上。事见《资治通鉴》卷二百四十五开成元年。[8]弘为台司所抑：指御史台查验萧弘欺诈假冒。事见《资治通鉴》卷二百四十五开成二年。台司，指御史台官员。[9]乙卯：十月七日。[10]记注：即起居注。[11]丙寅：十月十八日。[12]陈王成美：陈王李成美，唐敬宗少子，文宗之侄。开成二年封。四年立为太子，典册未具而敬宗崩，仇士良立武宗，杀陈王于邸。二王传见《旧唐书》卷一百七十五，《新唐书》卷八十二。[13]丁卯：十月十九日。[14]缘橦：杂技名，爬竿。[15]不能全一子：指太子永死于非命。宫省事秘，外人莫知其详。[16]构会：设计陷害。[17]己巳：十月二十一日。[18]爱州：州名。治所安南都护府九真郡，在今越南清化。[19]乙亥：十月二十七日。[20]周墀：字德升，汝南（今河南汝南县西）人。唐文宗时官至翰林学士、中书舍人，唐武宗时任义成节度使，宣宗时拜宰相。传见《旧唐书》卷一七六，《新唐书》卷一八二。[21]方：比拟。[22]周赧王（？—前256）：名延，东周末代国君。[23]汉献帝（181—234）：刘协，东汉末代皇帝。曹丕篡汉被废为山阳公。[24]霑：同"沾"。[25]特勒：突厥、回鹘称亲王为特勒，位次可汗，以可汗子弟充任。特勒，一作"特勤"。[26]掘罗勿：回鹘相，因杀彰信可汗导致回鹘破败。

五年（庚申，840年）

春，正月，己卯[1]，诏立颍王瀍[2]为皇太弟，应军国事权令句当[3]。且言太子成美年尚冲幼[4]，未渐师资[5]，可复封陈王[6]。时上疾甚，命知枢密刘弘逸、薛季稜引杨嗣复、李珏至禁中，欲奉太子监国。中尉仇士良、鱼弘志以太子之立，功不在己，乃言太子幼，且有疾，更议所立。李珏曰；"太子位已定，岂得中变！"士良、弘志遂矫诏[7]立瀍为太弟。是日，士良、弘志将兵诣十六宅，迎颍王至少阳院，百官谒见于思贤殿。瀍沈毅有断，喜愠不形于色。与安王溶皆素为上所厚，异于诸王。

辛巳[8]，上崩于太和殿。以杨嗣复摄冢宰[9]。

癸未[10]，仇士良说太弟赐杨贤妃、安王溶[11]、陈王成美死。敕大行[12]以十四日殡[13]，成服。谏议大夫裴夷直[14]上言期日太远，不听。时仇士良等追怨文宗[15]，凡乐工及内侍得幸于文宗者，诛贬相继。夷直复上言："陛下自藩维[16]继统，是宜俨然在疚[17]，以哀慕为心，速行丧礼，早议大政，以慰天下。而未及数日，屡诛戮先帝近臣，惊率土[18]之视听，伤先帝之神灵，人情何瞻！国体至重，若使此辈无罪，固不可刑；若其有罪，彼已在天网之内，无所逃伏，旬日之外行之何晚！"不听。

辛卯[19]，文宗始大敛[20]。武宗即位。甲午[21]，追尊[22]上母韦妃为皇太后。

二月，乙卯[23]，赦天下。

丙寅[24]，谥韦太后曰宣懿。

夏，五月，己卯[25]，门下侍郎、同平章事杨嗣复罢为吏部尚书，以刑部尚书崔珙同平章事兼盐铁转运使。

秋，八月，壬戌[26]，葬元圣昭献孝皇帝于章陵[27]，庙号文宗。

（以上为第七段，写宦官仇士良易置皇储，唐文宗崩，武宗立，杀文宗所立皇储及亲近者。）

【注释】

[1]己卯：正月二日。 [2]颍王瀍：颍王李瀍，后改名炎，唐穆宗第五子。长庆元年（821）

封，开成五年文宗崩，颍王瀍以皇太弟即位，是为唐武宗。［3］句当：办理。句，读勾。［4］冲幼：幼小。［5］未渐师资：未经师傅疏导。［6］可复封陈王：以上为仇士良、鱼弘志矫诏内容，以下为当时事情真相。［7］矫诏：假传圣旨。［8］辛巳：正月四日。［9］摄冢宰：临时首辅，全权处理军国大事。［10］癸未：正月六日。［11］安王溶：安王李溶，唐穆宗第八子，母杨贤妃，长庆元年封。开成四年，杨贤妃请立安王为嗣，以故被杀。［12］大行：帝死未葬称大行皇帝。［13］殡：将死者放入棺材称殡殓。［14］裴夷直：历宫中书舍人，杭、江、华等州刺史、终散骑常侍。事附《新唐书》卷一百四十八《张孝忠传》。［15］追怨文宗：以甘露之事，怨恨文宗。［16］藩维：犹言藩国、藩王。［17］俨然在疚：对先帝应恭敬地保持内心的忧伤。［18］率土：谓四海，语出《诗·小雅·北山》“率土之滨，莫非王臣”。率，循。［19］辛卯：正月十四日。［20］始大敛：皇帝死十一天而始大敛，不合礼仪。大敛，尸体入棺曰大敛。［21］甲午：正月十七日。［22］追尊：武宗之母韦氏，穆宗之妃。武宗立，韦妃已追封尊崇为皇太后，加谥曰宣懿。［23］乙卯：二月八日。［24］丙寅：二月十九日。［25］乙卯：五月四日。［26］壬戌：八月七日。［27］章陵：唐文宗陵墓，在今陕西富平县北。

庚午[1]，门下侍郎、同平章事李珏坐为山陵使龙輴[2]陷，罢为太常卿。贬京兆尹敬昕为郴州司马。

义武军乱，逐节度使陈君赏。君赏募勇士数百人，复入军城，诛乱者。

初，上之立非宰相意，故杨嗣复、李珏相继罢去，召淮南节度使李德裕入朝；九月，甲戌朔[3]，至京师，丁丑[4]，以德裕为门下侍郎、同平章事。

庚辰[5]，德裕入谢[6]，言于上曰：“致理[7]之要，在于辨群臣之邪正。夫邪正二者，势不相容，正人指邪人为邪，邪人亦指正人为邪，人主辨之甚难。臣以为正人如松柏，特立不倚；邪人如藤萝，非附他物不能自起。”故正人一心事君，而邪人竞为朋党。先帝深知朋党之患，然所用卒皆朋党之人，良由执心不定，故奸人得乘间[8]而入也。夫宰相不能人人忠良，或为欺罔；主心始疑，于是旁询小臣以察执政。如德宗末年，所听任者惟裴延龄[9]辈，宰相署敕[10]而已，此致事所以日乱也。陛下诚能慎择贤才以为宰相，有奸罔者立黜去，常令政事皆出中书，推心委任，坚定不移，则天下何忧不理哉！”又曰：“先帝于大臣好为形迹[11]，小过皆含容[12]不言，日累月积，以至祸败。兹事大误，愿陛下以为戒！臣等有罪，陛下当面诘之。事苟无实，得以辩明；若其有实，辞理自穷。小过则容其悛改，大罪则加之诛谴，如此，君臣之际无疑间矣。”上嘉纳之。

初，德裕在淮南，敕召监军杨钦义[13]，人皆言必知枢密[14]，德裕待之无加礼，钦义心衔[15]之。一旦，独延钦义，置酒中堂，情礼极厚；陈珍玩数床，罢酒，皆以赠之，钦义大喜过望。行至汴州，敕复还淮南，钦义尽以所饷[16]归之。德裕曰：“此何直[17]！”卒以与之。其后钦义竟知枢密；德裕柄用[18]，钦义颇有力焉。

（以上为第八段，写李德裕论奸邪之分及识别之法，以及权谋。）

【注释】

[1]庚午：八月十五日。 [2]龙輴（chūn）：车辕上绘有龙形的天子柩车。 [3]甲戌朔：九月一日。 [4]丁丑：九月四日。 [5]庚辰：九月七日。 [6]入谢：入朝为相，借谢恩之表奏极言政事，申说用人之道。 [7]致理：致治，达到太平盛世。 [8]乘间：钻空子。 [9]裴延龄（727—796）：官至户部侍郎、判度支。专剥下附上，唐德宗用之不疑。传见《旧唐书》卷一百三十五，《新唐书》卷一百六十七。 [10]署敕：在诏令上签署执行。 [11]好为形迹：对人爱憎藏于心，喜怒不形于色。指唐文宗为了照顾臣下面子，臣下有过深藏于心，积久而发，招致祸败。 [12]含容：包含容忍。 [13]杨钦义：唐德宗贞元末中尉杨志廉之子，文宗时任淮南监军，武宗立入朝任枢密使，至宣宗朝任中尉，一位极有权势的宦官。事见《旧唐书》卷一八四杨复恭传。杨复恭，杨钦义之孙，唐末擅权大宦官。 [14]知枢密：任职枢密使。枢密使，宦官充任，始置于唐宪宗朝，在内廷出纳章奏，往往参与宰相人选的确立。 [15]衔：含怨。 [16]饷：馈赠。 [17]此何直：言此物所值能几何。 [18]柄用：被皇帝信用而掌权柄。

初，伊吾[1]之西，焉耆[2]之北，有黠戛斯[3]部落，即古之坚昆，唐初结骨也，后更号黠戛斯，乾元中为回鹘所破，自是隔阂不通中国。其君长曰阿热，建牙[4]青山[5]，去回鹘牙，橐驼[6]行四十日。其人悍勇，吐蕃、回鹘常赂遗之，假以官号。回鹘既衰，阿热始自称可汗。回鹘遣相国将兵击之，连兵二十余年，数为黠戛斯所败，詈回鹘曰，“汝运尽矣，我必取汝金帐！”金帐者，回鹘可汗所居帐也。

及掘罗勿杀彰信，立𫘝馺[7]，回鹘别将句录莫贺引黠戛斯十万骑攻回鹘，大破之，杀𩽾馺及掘罗勿，焚其牙帐荡尽，回鹘诸部逃散。其相馺职、特勒庞等十五部西奔葛逻禄[8]，一支奔吐蕃，一支奔安西。可汗兄弟嗢没斯等及其相赤心、仆固、特勒那颉啜各帅其众抵天德[9]塞下，就杂虏贸易谷食，且求内附。冬，十月，丙辰[10]，天德军使温德彝奏："回鹘溃兵侵逼西城[11]，亘六十里，不见其后。边人以回鹘猥至，恐惧不安。"诏振武节度使刘沔屯云迦关[12]以备之。

魏博节度使何进滔薨，军中推其子都知兵马使重顺[13]知留后。

萧太后[14]徙居兴庆宫积庆殿，号积庆太后。

十一月，癸酉朔[15]，上幸云阳[16]校猎。

故事，新天子即位，两省[17]官同署名。上之即位也，谏议大夫裴夷直漏名，由是出为杭州刺史。

开府仪同三司、左卫上将军兼内谒者监[18]仇士良请以开府荫其子为千牛[19]，给事中李中敏判曰："开府阶诚宜荫子[20]，谒者监何由有儿？"士良惭恚。李德裕亦以中敏为杨嗣复之党，恶之，出为婺州刺史。

十二月，庚申[21]，以何重顺知魏博留后事。

立皇子峻为杞王。

（以上为第九段，写北方黠戛斯兴起，回鹘衰败。）

【注释】

[1]伊吾：古地名，在今新疆哈密。 [2]焉耆：西域国名、军镇名。在今新疆焉耆西南。[3]黠戛斯：上古称坚昆，唐初称结骨，后更号黠戛斯。主要分布在剑河流域（今俄罗斯叶尼尼塞河）。唐贞观二十二年（648）内附，唐以其地置坚昆都督府。 [4]建牙：建立牙帐，即王庭。[5]青山：在今俄罗斯叶尼塞河西。 [6]橐驼：即骆驼。 [7]及掘罗勿杀彰信，立𩽾馺：事见前开成四年。 [8]葛罗禄：部族名。分布在金山西南、北庭西北，在今新疆准噶尔盆地以北。唐高宗显庆二年（657）于其地置阴山州、玄池州、大漠州三都督府。 [9]天德：军镇名。即天德军，治所在今内蒙古乌拉特前旗东北。 [10]丙辰：十月十四日。 [11]西城：即西受降城，在今内蒙古杭锦后旗北乌加河北岸。 [12]云迦关：关名。在单于都护府，约今内蒙古和林格尔一带。 [13]重顺（？—866）：何重顺，魏博节度使何进滔之子。父死，继任，赐名弘敬，唐懿宗初封楚国公。传见《旧唐书》卷一百八十一，《新唐书》卷二百一十。 [14]萧太后：唐文宗之母。[15]癸酉朔：十一月一日。 [16]云阳：县名。县治在今陕西淳化县东南。 [17]两省：指中书省、门下省。两省均有谏官，谏议大夫为谏官之一。 [18]内谒者监：内官名。内侍省属官，掌

仪法、宣奏、承敕令等。［19］千牛：官名。即千牛备身，为十六卫之左、右千牛卫属官，掌执弓箭宿卫。［20］开府阶诚宜荫子：唐制，五品以上皆得荫子。开府仪同三司为文臣散官第一阶，从一品，宜得荫子。［21］庚申：十二月十八日。

武宗[1]至道昭肃孝皇帝上

会昌元年（辛酉，841 年）

春，正月，辛巳[2]，上祀圜丘，赦天下，改元。

刘沔奏回鹘已退，诏沔还镇[3]。

二月，回鹘十三部近牙帐者立乌希特勒为乌介可汗，南保错子山[4]。

三月，甲戌[5]，以御史大夫陈夷行为门下侍郎、同平章事。

初，枢密刘弘逸、薛季稜有宠于文宗，仇士良恶之。上之立，非二人及宰相意，故杨嗣复出为湖南观察使，李珏出为桂管观察使。士良屡谮弘逸等于上，劝上除之，乙未[6]，赐弘逸、季稜死，遣中使就潭、桂[7]州诛嗣复及珏。户部尚书杜悰奔马见李德裕曰："天子年少，新即位，兹事不宜手滑[8]！丙申[9]，德裕与崔珙、崔郸、陈夷行三上奏，又邀枢密使至中书，使入奏。以为："德宗疑刘晏[10]动摇东宫而杀之，中外咸以为冤，两河不臣者由兹恐惧，得以为辞；德宗后悔，录其子孙[11]。文宗疑宋申锡交通藩邸，窜谪[12]至死；既而追悔，为之出涕。嗣复、珏等若有罪恶，乞更加重贬；必不可容，亦当先行讯鞫，俟罪状著白[13]，诛之未晚。今不谋于臣等，遽遣使诛之，人情莫不震骇。愿开延英赐对！"至晡时，开延英，召德裕等入。

德裕等泣涕极言[14]："陛下宜重慎此举，毋致后悔！"上曰："朕不悔。"三命之坐，德裕等曰："臣等愿陛下免二人于死，勿使既死而众以为冤。今未奉圣旨，臣等不敢坐。"久之，上乃曰："特为卿等释之。"德裕等跃下阶舞蹈。上召升坐，叹曰："朕嗣位之际，宰相何尝比数[15]！李珏、季稜志在陈王，嗣复、弘逸志在安王。陈王犹是文宗遗意，安王则专附杨妃。嗣复仍与妃书云：'姑何不效则天临朝[16]！'向使安王得志，朕那复有今日？"德裕等曰："兹事暧昧，虚实难知。"上曰："杨妃尝有疾，文宗听[17]其弟玄思入侍月余，以此得通指[18]意。朕细询内人，情状皎然[19]，非虚也。”遂追还二使[20]，更贬嗣复潮州刺史，李珏为昭州[21]刺史，裴夷直为驩州司户。

夏，六月，乙巳[22]，诏：“自今臣下论人罪恶，并应请付御史台按问，毋得乞留中[23]，以杜谗邪。”

（以上为第十段，写唐武宗能纳谏更改诏命，下诏诛杀大臣应由御史台按问。）

【注释】

[1]武宗：讳炎，唐穆宗第五子，公元841—846年在位。[2]辛巳：正月九日。[3]还镇：谓从云迦关回振武军。[4]错子山：山名。在释迦泊西三百里。释迦泊在中受降城（今内蒙古包头市西南）西北塞外。[5]甲戌：三月三日。[6]乙未：三月二十四日。[7]潭、桂：皆州名。潭州治所长沙，在今湖南长沙市。桂州治所始安，在今广西桂林市。[8]手滑：任意放手行事称为手滑。[9]丙申：三月二十五日。[10]刘晏（715—780）：字士安，曹州南华（今山东东明）人。唐肃宗时任户部侍郎、判度支。唐代宗立，任宰相。唐德宗即位，杨炎诬晏谋立韩王为太子，以摇东宫。赐死。传见《旧唐书》卷一二三，《新唐书》卷一四九。[11]录其子孙：录，著籍叙用。德宗冤杀刘晏，后悔，录其二子：其一刘执经为太常博士，其二刘宗经为秘书郎。[12]窜谪：流放。[13]著白：暴露无遗。[14]极言：竭力进言、尽情说出。[15]何尝比数：何曾与我站在一起。比数，同列。[16]临朝：当朝处理政事。[17]听：听任、任凭。[18]指：同旨。[19]皎然：清楚。[20]二使：指二中使，一往潭州，一往桂州。[21]昭州：州名。治所平乐，在今广西平乐县。[22]己巳：六月六日。[23]留中：把奏章留在禁中不批示、不参议。

以魏博留后何重顺为节度使。

上命道士赵归真等于三殿[1]建九天道场，亲授法箓[2]。右拾遗王哲上疏切谏，坐贬河南府[3]士曹[4]。

秋，八月，加仇士良观军容使。

天德军使田牟[5]、监军韦仲平欲击回鹘以求功[6]，奏称：“回鹘叛将嗢没斯等侵逼塞下，吐谷浑、沙陀、党项皆世与为仇，请自出兵驱逐。”上命朝臣议之，议者皆以为嗢没斯叛可汗而来，不可受，宜如牟等所请，击之便。上以问宰相，李德裕以为：“穷鸟入怀，犹当活之。况回鹘屡建大功[7]，今为邻国所破，部落离散，穷无所归，远依天子，无秋毫犯塞，奈何乘其困而击之！宜遣使者镇抚，运粮食以赐之，此汉宣帝所以服呼韩邪[8]也。”陈夷行曰:“此所谓借寇兵资盗粮[9]也，不如击之。”德裕曰:“彼吐谷浑等各有部落，见利则锐敏争进，不利则鸟惊鱼散，各走巢穴，安肯守死为国家用！今天德城兵才千余，若战不利，城陷必矣。不若以恩义抚而安之，必不为患。纵使侵暴边境，亦须征诸道大兵讨之，岂可独使天德击之乎！”

时诏以鸿胪卿[10]张贾为巡边使，使察回鹘情伪[11]，未还。上问德裕曰;“嗢没斯等请降，可保信乎？”对曰:“朝中之人，臣不敢保，况敢保数千里外戎狄之心乎！然谓之叛将，则恐不可。若可汗在国，嗢没斯等帅众而来，则于体[12]固不可受，今闻其国败乱无主，将相逃散，或奔吐蕃，或奔葛逻禄，惟此一支远依大国。观其表辞，危迫恳切，岂可谓之叛将乎！况嗢没斯等自去年九月至天德，今年二月始立乌介[13]，自无君臣之分。愿且诏河东、振武严兵保境以备之，俟其攻犯城镇，然后以武力驱除。或于吐谷浑等部中少有抄掠，听自仇报，亦未可助以官军。仍诏田牟、仲平毋得邀功生事，常令不失大信，怀柔得宜，彼虽戎狄，必知感恩。”辛酉[14]，诏田牟约勒[15]将士及杂虏[16]，毋得先犯回鹘。九月，戊辰朔[17]，诏河东、振武严兵以备之。牟，布之弟也。

癸巳[18]，卢龙军乱，杀节度使史元忠，推陈行泰[19]主留务。

李德裕请遣使慰抚回鹘，且运粮三万斛以赐之，上以为疑；闰月，己亥[20]，开延英，召宰相议之。陈夷行于候对之所[21]，屡言资盗量不可。德裕曰:“今征兵未集，天德孤危。傥不以此粮啖[22]饥虏，且使安静，万一天德陷没，咎将谁归！”夷行至上前，遂不敢言。上乃许以谷二万斛赈之。

（以上为第十一段，写李德裕安抚回鹘。）

【注释】

［1］三殿：唐麟德殿三面有门，故又称三殿。方镇及外国使者来朝，宴请在三殿进行。［2］法箓：即符箓，道教的秘文。“授”，当作“受”。［3］河南府：治所洛阳，在今河南洛阳东北。［4］士曹：即士曹司士参军事，掌津梁、舟车、舍宅、百工众艺之事。［5］田牟：田弘正之子，田布之弟。历官武宁、兖海、天平等节度使。传见《旧唐书》卷一百四十一，《新唐书》卷一百四十八。［6］求功：立功。［7］屡建大功：指回鹘助唐室收复两京，平定安史之乱。

[8]服呼韩邪：南匈奴呼韩邪单于率众归附汉朝。事见《资治通鉴》卷二十七汉宣帝甘露三年。服，使动用法，指使呼韩邪归服。［9］借寇兵资盗粮：把武器和粮食送给敌人。语出《史记》卷八十七《李斯列传》："藉寇兵而赍盗粮。"［10］鸿胪卿：官名。鸿胪寺掌四夷朝会册封及凶礼丧葬之事。其长官为卿，副长官为少卿。［11］察回鹘情伪：谓张贾名为巡视边境，实仍侦察回鹘虚实真伪。［12］体：规矩。［13］乌介：人名。回鹘部落大人，被立为可汗。［14］辛酉：八月二十四日。［15］约勒：约束。［16］杂虏：指吐谷浑、沙陀、党项等部落。［17］戊辰朔：九月一日。［18］癸巳：九月二十六日。［19］陈行泰：卢龙军牙将。据章校，"陈"上有"牙将"二字。［20］己亥：闰九月三日。［21］候对之所：等候召对之处所。［22］啖：吃，给吃的。

以前山南东道节度使、同平章事牛僧孺为太子太少[1]师。先是汉水溢，坏襄州[2]民居。故李德裕以为僧孺罪而废之[3]。卢龙军复乱，杀陈行泰，立牙将张绛。

初，陈行泰逐史元忠，遣监军傔[4]，似军中大将表来求节钺。李德裕曰："河朔事势，臣所熟谙。比来朝廷遣使赐诏常太速，故军情遂固。若置之数月不问，必自生变。今请留监军傔，勿遣使以观之。"既而军中果杀行泰，立张绛，复求节钺，朝廷亦不问。会雄武军[5]使张仲武[6]起兵击绛，且遣军吏吴仲舒奉表诣京师，称绛惨虐，请以本军讨之。

冬，十月，仲舒至京师。诏宰相问状，仲舒言："行泰、绛皆游客[7]，故人心不附。仲武幽州旧将，性忠义，通书，习戎事，人心向之。向者张绛初杀行泰，召仲武，欲以留务让之，牙中一二百人不可；仲武行至昌平[8]，绛复却之。今计仲武才发雄武，军中已逐绛矣。"李德裕问："雄武士卒几何？"对曰："军士八百，外有土团[9]五百人"德裕曰："兵少，何以立功？"对曰："在得人心。苟人心不从，兵三万何益？"德裕又问："万一不克，如何？"对曰："幽州粮食皆在妫州及北边七镇[10]，万一未能入，则据居庸关[11]，绝其粮道，幽州自困矣"

德裕奏："行泰、绛皆使大将上表，胁朝廷，邀节钺，故不可与。今仲武先自[12]发兵为朝廷讨乱，与之则似有名。"乃以仲武知卢龙留后。仲武寻克幽州。

（以上为第十二段，写李德裕借水灾罢牛僧孺山南东道节度使，夺其兵权。李德裕善处置，讨平卢龙军乱。）

【注释】

[1]太子少师：东宫官属，三少之一。东宫掌教谕太子之官有三师、三少。三师为太师、太傅、太保，从一品。三少为少师、少傅、少保，正二品。 [2]襄州：州名。治所襄阳，在今湖北襄阳市。 [3]废之：谓使任散职太子少师，居官无权。 [4]傔（qiàn）：即慊从。指监军的侍从。 [5]雄武军：军镇名。在今天津市蓟州区北。 [6]张仲武：范阳（今河北涿州市北）人，范阳旧将张光朝之子，历任雄武军使，卢龙节度副大使。传见《旧唐书》卷一百八十，《新唐书》卷二百一十二。 [7]游客：谓陈行泰、张绛皆游宦之人，非幽州旧将。 [8]昌平：县名。县治在今北京市昌平区。 [9]土团：召集当地人组成的武装团体。 [10]北边七镇：幽州北边为檀州，有大王、北来、保要、鹿固、赤城、邀虏、石子航七镇，在今北京市密云区、平谷区二区境内。[11]居庸关：关名。在今北京市昌平区西北。 [12]先自：据章校，“自”下有“表请”二字。

上校猎[1]咸阳[2]。

十一月，李德裕上言：“今回鹘破亡，太和公主[3]未知所在。若不遣使访问，则戎狄必谓国家降主虏庭，本非爱惜，既负公主，又伤虏情。请遣通事舍人[4]苗缜赍诏诣嗢没斯，令转达公主，兼可卜嗢没斯逆顺之情。”从之。

上颇好田猎及武戏[5]，五坊小儿得出入禁中，赏赐甚厚。尝谒郭太后[6]，从容问为天子之道，太后劝以纳谏。上退，悉取谏疏阅之，多谏游猎。自是上出畋稍稀，五坊无复横赐[7]。

癸亥[8]，以中书侍郎、同平章事崔郸同平章事，充西川节度使。

初，黠戛斯既破回鹘，得太和公主；自谓李陵[9]之后，与唐同姓，遣达干[10]十人奉公主归之于唐。回鹘乌介可汗引兵邀击达干，尽杀之，质公主[11]，南度碛[12]，屯天德军境上。公主遣使上表，言可汗已立，求册命。乌介又使其相颉干伽斯等上表，借振武一城以居公主、可汗。十二月，庚辰[13]，制遣右金吾大将军王会等慰问回鹘，仍赈米二万斛。又赐乌介可汗敕书，谕以“宜帅部众渐复旧疆，漂寓塞垣[14]，殊非良计。”又云：“欲借振武一城，前代未有此比[15]。或欲别迁善地，求大国声援，亦须于漠南驻止。朕当许公主入觐[16]，亲问事宜。傥须应接[17]，必无所吝。”

（以上为第十三段，写李德裕羁縻回鹘。）

【注释】

[1]校猎：以打猎形式检阅军队。[2]咸阳：县名。县治在今陕西咸阳市东北。[3]太和公主：唐宪宗之女、唐穆宗之妹。长庆元年（821）嫁回鹘崇德可汗，会昌三年（843）归汉。传见《新唐书》卷八十三。[4]通事舍人：官名。中书省属官，掌朝见引纳、殿庭通奏。[5]武戏：指蹋球、骑射、手搏等。[6]郭太后：即唐宪宗懿安皇后。郭子仪孙女、唐穆宗之母、唐武宗祖母。[7]横赐：遍赐、广赐。[8]癸亥：十一月二十七日。[9]李陵（？—前74）：字少卿，汉名将李广之孙，官至骑都尉。汉武帝天汉二年（前99），李陵率步卒五千出居延击匈奴，战败投降。单于以女妻之，立为右校王。[10]达干：突厥大臣称谓之一，回鹘、黠戛斯等因之。[11]质公主：以公主为人质，即劫持。[12]碛：沙漠。[13]庚辰：十二月十四日。[14]漂寓塞垣：漂泊流寓在边塞地带。[15]此比：此例。[16]覲：朝见。[17]应接：照应、救援。

二年（壬戌，842年）

春，正月，以张仲武为卢龙节度使。

朝廷以回鹘屯天德、振武北境，以兵部郎中李拭[1]为巡边使，察将帅能否。拭，鄘[2]之子也。

二月，淮南节度使李绅入朝。丁丑[3]，以绅为中书侍郎、同平章事、判度支。

河东节度使苻澈修杷头烽[4]旧戍以备回鹘。李德裕奏请增兵镇守，及修东、中二受降城[5]以壮天德形势，从之。

右散骑常侍柳公权素与李德裕善，崔珙奏为集贤学士[6]、判院事。德裕以恩非己出，因事左迁公权为太子詹事。

回鹘复奏求粮，及寻勘[7]吐谷浑、党项所掠，又借振武城；诏遣内使杨观赐可汗书，谕以城不可借，余当应接处置。

三月[8]，李拭巡边还，称振武节度使刘沔有威略，可任大事。时河东节度苻澈疾病，庚申[9]，以沔代之；以金吾上将军李忠顺为振武节度使。遣将作少监苗缜册命乌介可汗，使徐行[10]，驻于河东，俟可汗位定，然后进。既而可汗屡侵扰边境，缜竟不行。

回鹘嗢没斯以赤心桀黠难知[11]，先告田牟云，赤心谋犯塞；乃诱赤心并仆固杀之，那颉啜收赤心之众七千帐东走。河东奏："回鹘兵至横水[12]，杀掠兵民，今退屯释迦泊[13]东。"李德裕上言："释迦泊西距可汗帐三百里，未知此兵为那颉[14]所部；为可汗遣来。宜且指此兵云不受可汗指挥，擅掠边鄙。密诏刘沔、仲武先经略此兵，如可以讨逐，事亦有名。摧此一支，可汗必自知惧。”

夏，四月，庚辰[15]，天德都防御使田牟奏：“回鹘侵扰不已，不俟朝旨，已出兵三千拒之。”壬午[16]，李德裕奏：“田牟殊不知兵。戎狄长于野战[17]，短于攻城。牟但应坚守以待诸道兵集，今全军出战，万一失利，城中空虚，何以自固！望亟遣中使止之。如已交锋，即诏云、朔、天德以来羌[18]、浑各出兵奋击回鹘，凡所虏获，并令自取。回鹘羁旅[19]二年，粮食乏绝，人心易动。宜诏田牟招诱降者，给粮转至太原，不可留于天德。嗢没斯情伪虽未可知，然要早加官赏。纵使不诚，亦足为反间。且欲奖其忠义，为讨伐之名，令远近诸蕃知但责可汗犯顺，非欲尽灭回鹘。石雄善战无敌，请以为天德都团练副使，佐田牟用兵。”上皆从其言。

初，太和中，河西党项扰边，文宗召石雄于白州[20]，隶振武军为裨将，屡立战功，以王智兴故，未甚进擢。至是，德裕举用之。

甲申[21]，嗢没斯帅其国特勒、宰相等二千二百余人来降。

上信任李德裕，观军容使仇士良恶之。会上将受尊号，御丹凤楼宣赦。或告士良，宰相与度支议草制减禁军衣粮及马刍粟，士良扬言于众曰：“如此，至日，军士必于楼前喧哗！”德裕闻之，乙酉[22]，乞开延英自诉。上怒，遽遣中使宣谕两军：“赦书初无此事。且赦书皆出朕意，非由宰相，尔安得此言！”士良乃惶愧称谢。丁亥[23]，群臣上尊号曰仁圣文武至神大孝皇帝；赦天下。

五月，戊申[24]，遣鸿胪卿张贾安抚嗢没斯等，以嗢没斯为左金吾大将军、怀化郡王；其次酋长官赏有差。赐其部众米五千斛，绢三千匹。

那颉啜帅其众自振武、大同[25]，东因室韦[26]、黑沙[27]，南趣[28]雄武军，窥幽州。卢龙节度使张仲武遣其弟仲至将兵三万迎击，大破之，斩首捕虏不可胜计，悉收降其七千帐，分配诸道。那颉啜走，乌介可汗获而杀之。

（以上为第十四段，写唐军破灭回鹘那颉啜部。）

【注释】

[1]拭：即李拭，历官河东、凤翔节度使。事附《新唐书》卷一百四十六。[2]李鄘（？—820）：字建侯，历任京兆尹、凤翔、河东、淮南等节度使。传见《旧唐书》卷一百五十七，《新唐书》卷一百四十六。[3]丁丑：二月十二日。[4]杷头烽：烽火台名。据胡注，杷头峰东望云、朔，西望振武。[5]东、中二受降城：皆城名。东受降城在今内蒙古托克托南。中受降城在今内蒙古包头西南。二城皆筑于唐中宗景龙二年（708），此次为整修。[6]集贤学士：官名。即集贤殿书院学士，其下有直学士。掌图书秘籍。元和四年（809）起，以年高资重的学士判院事。[7]寻勘：查找。[8]三月：据章校，“月”下有“戊申”二字。戊申，三月十三日。[9]庚申：三月二十五日。[10]使徐行：令苗缜缓行，拖延时间。[11]桀黠难知：凶悍狡猾，难以捉摸。[12]横水：水名。故道在今山西大同市西北，清代已湮没。[13]释迦泊：地名。在中受降城（今内蒙古包头西南）西北塞外。[14]那颉：人名。回鹘部落大人，即前文那颉啜的省称。[15]庚辰：四月十六日。[16]壬午：四月十八日。[17]野战：在野外打阵地战。[18]羌：即党项，又称党项羌。[19]羁旅：客居在外。此指回鹘离开故土，流窜在外。[20]召石雄于白州：石雄与王智兴不睦，被流放于白州，事见《资治通鉴》卷二四四唐文宗太和三年。[21]甲申：四月二十日。[22]乙酉：四月二十一日。[23]丁亥：四月二十三日。[24]戊申：五月十四日。[25]大同：军镇名。即大同军，治所马邑，在今山西朔州东。[26]室韦：部族名。契丹之别种，主要分布在黑龙江上游及额尔古纳河一带，有二十余部。此指迁至幽州塞外的黑车子室韦。[27]黑沙：城名。在今山西大同市西北。[28]趣：同“趋”，趋进。

时乌介众虽衰减，尚号十万，驻牙于大同军北闾门山。杨观自回鹘还，可汗表求[1]粮食、牛羊，且请执送[2]嗢没斯等。诏报以“粮食听自以马价于振武籴三千石；牛，稼墙之资，中国禁人屠宰；羊，中国所鲜，出于北边杂虏，国家未尝科调[3]。嗢没斯自本国初破，先投塞下，不随可汗已及二年，虑彼[4]猜嫌，穷迫归命。前可汗正以猜虐无亲，致内离外叛。今可汗失地远客，尤宜深矫前非。若复骨肉相残，则可汗左右信臣谁敢自保！朕务在兼爱，已受其降。于可汗不失恩慈，于朝廷免亏信义，岂不两全事体，深叶[5]良图。”

嗢没斯入朝。六月，甲申[6]，以嗢没斯所部为归义军，以嗢没斯为左金吾大将军，充军使。

门下侍郎、同平章事陈夷行罢为左仆射。秋，七月，以尚书右丞李让夷[7]为中书侍郎、同平章事岚州[8]人田满川据州城作乱，刘沔讨诛之。

嗢没斯请置家太原，与诸弟竭力捍边[9]；诏刘沔存抚[10]其家。

乌介可汗复遣其相上表，借兵助复国，又借天德城，诏不许。

初，可汗往来天德、振武之间，剽掠羌、浑，又屯杷头烽北。朝廷屡遣使谕之，使还漠南，可汗不奉诏。李德裕以为"那颉啜屯于山北[11]，乌介恐其与奚、契丹连谋邀遮[12]，故不敢远离塞下。望敕张仲武谕奚、契丹[13]与回鹘共灭那颉啜，使得北还。"及那颉啜死，可汗犹不去。议者又以为回鹘待马价；诏尽以马价给之，又不去。八月，可汗帅众过杷头烽南，突入大同川[14]，驱掠河东杂虏牛马数万，转斗至云州城门。刺史张献节闭城自守，吐谷浑、党项皆挈家入山避之。庚午[15]，诏发陈[16]、许、徐、汝、襄阳[17]等兵屯太原及振武、天德，俟来春驱逐回鹘。

丁丑[18]，赐嗢没斯与其弟阿历支、习勿啜、乌罗思皆姓李氏，名思忠、思贞、思义、思礼；爱邪勿姓爱，名弘顺；仍以弘顺为归义军副使。

上遣回鹘石戒直[19]还其国，赐可汗书，谕以"自彼国为纥吃斯[20]所破，来投边境，抚纳无所不至。今可汗尚此近塞，未仪还蕃，或侵掠云、朔等州，或钞击羌、浑诸部。遥揣深意，似恃姻好之情[21]；每观踪由[22]，实怀驰突[23]之计。中外将相咸请诛剪，朕情深屈己，未忍幸灾。可汗宜速择良图，无贻后悔！"

上又命李德裕代刘沔答回鹘相颉干迦斯书，以为："回鹘远来依投，当效呼韩邪遣子入侍[24]，身自入朝。及令太和公主入谒太皇太后，求哀乞怜，则我之救恤[25]，无所愧怀[26]。而乃睥睨[27]边城，桀骜自若，邀求过望，如在本蕃，又深入边境，侵暴不已，求援继好，岂宜如是！来书又云胡人易动难安，若令忿怒，不可复制。回鹘为纥吃斯所破，举国将相遗骸弃于草莽，累代可汗坟墓，隔在天涯，回鹘忿怒之心，不施于彼[28]，而蔑弃[29]仁义，逞志中华，天地神祇[30]岂容如此！昔郅支不事大汉，竟自夷灭[31]，往事之戒，得不在怀！"

戊子[32]，李德裕等上言，"若如前诏，河东等三道[33]严兵守备，俟来春驱逐，乘回鹘人困马羸[34]之时，又官军免盛寒之苦，则幽州兵宜令止屯本道以俟诏命。若虑河冰既合，回鹘复有驰突，须早驱逐，则当及天时未寒，决策于数月[35]之间。以河朔兵益河东兵，必令收功于两月之内。今闻外议纷纭，互有异同，傥不一询群情，终为浮辞所挠。望令公卿集议！”诏从之。时议者多以为宜俟来春。

九月，以刘沔兼招抚回鹘使，如须驱逐，其诸道行营兵权令指挥；以张仲武为东面招抚回鹘使，其当道[36]行营兵及奚、契丹、室韦等并自指挥。以李思忠为河西[37]党项都将回鹘西南面招讨使；皆会军于太原。令沔屯雁门关[38]。

（以上为第十五段，写李德裕运筹帷幄，谋划围歼回鹘乌介可汗。）

【注释】

［1］表求：因杨观还朝而上表请求。［2］执送：囚送。今语谓之引渡。［3］科调：分派征调。［4］彼：指乌介可汗。［5］叶（xié）：合。［6］甲申：六月二十一日。［7］李让夷：字达心。唐文宗时历任谏议大夫、中书舍人。唐武宗时官至宰相。唐宣宗时官终淮南节度使。传见《旧唐书》卷一百七十六，《新唐书》卷一百八十一。［8］岚州：州名。治所宜芳，在今山西岚县北。［9］捍边：保卫边境。［10］存抚：存问安抚。［11］山北：当为阴山之北。［12］邀遮：拦遮、阻遮。［13］契丹：部族名。东胡别种。居黄水及土护真水一带，在今内蒙古西拉木伦河及老哈河一带。贞观二十二年（648）于此置松漠都督府，治所在今内蒙古巴林左旗西南，唐肃宗上元以后废。［14］大同川：水名。在今内蒙古乌梁素海东。［15］庚午：八月九日。［16］陈州：州名。治所宛丘，在今河南周口市淮阳区。［17］襄阳：郡名。天宝、至德间改襄州为襄阳郡，故襄州、襄阳互称。治所襄阳，在今湖北襄阳市。［18］丁丑：八月十六日。［19］石戒直：回鹘人，久在长安，熟悉京师之事，此时自行请求奉使回国，武宗令其将诏书交给乌介可汗。《旧唐书·武宗纪》云：“石戒直久在京城，备知人实愤惋，发于诚恳，固请自行，嘉其深见事机，不能违阻。可汗审自问遂，速择良图，无至不悛，以贻后悔。”［20］纥吃斯：即黠戛斯，音译之名。［21］恃姻好之情：谓以太和公主为人质来要挟中国。［22］踪由：踪迹由来。［23］驰突：奔驰突击。［24］呼韩邪遣子入侍：汉宣帝甘露元年（前53）呼韩邪遣子入侍，三年亲自入朝拜见天子。［25］救恤：救济。［26］无所愧怀：无所愧对于心怀。［27］睥睨：斜视，打主意。［28］彼：指纥吃斯。［29］蔑弃：蔑视抛弃。［30］神祇（qí）：神灵。［31］昔郅支不事大汉，竟自夷灭：汉元帝建昭三年（前36）郅支单于被诛，传首京师。［32］戊子：八月二十七日。［33］三道：指河东、卢龙、振武三节度使。［34］羸（léi）：瘦。［35］数月：据章校，“月”作“日”。［36］当道：本道。［37］河西：此为北河之西。黄河自内蒙古磴口以下，分为南北两支，北支称本河，即今乌加河，时为黄河正流。［38］雁门关：关名。亦名陉岭关、西陉关，故址在今山西

代县西北雁门关西雁门山上。

初，奚、契丹羁属[1]回鹘，各有监使，岁督其贡赋，且诇[2]唐事。张仲武遣牙将石公绪统二部，尽杀回鹘监使等八百余人。仲武破那颉啜，得室韦酋长妻子。室韦以金帛羊马赎之，仲武不受，曰："但杀监使[3]则归之！"

癸卯[4]，李德裕等奏："河东奏事官孙俦适至，云回鹘移营近南四十里。刘沔以为此必契丹不与之同，恐为其掩袭[5]故也。据此事势，正堪驱除。臣等问孙俦，若与幽州合势，追逐回鹘，更须益几兵。俦言不须多益兵，唯大同兵少，得易定千人助之足矣。"上皆从之。诏河东、幽州、振武、天德各出大兵，移营稍前，以迫回鹘。

上闻太子少傅白居易名，欲相之，以问李德裕。德裕素恶居易[6]，乃言居易衰病，不任[7]朝谒。其从父弟左司员外郎敏中[8]，辞学不减居易，且有器识。甲辰[9]，以敏中为翰林学士。

李思忠请与契苾[10]、沙陀、吐谷浑六千骑合势击回鹘。乙巳[11]，以银州[12]刺史何清朝、蔚州刺史契苾通分将河东蕃兵诣振武，受李思忠指挥。通，何力[13]之五世孙。

冬，十月，丁卯[14]，立皇子岘为益王，岐为兖王。

黠戛斯遣将军踏布合祖等至天德军，言"先遣都吕施合等[15]奉公主归之大唐，至今无声问[16]，不知得达[17]，或为奸人所隔。今出兵求索，上天入地，期于必得[18]。"又言"将徙就合罗川[19]，居回鹘故国[20]，兼已得安西、北庭鞑靼[21]等五部落。"

十一月，辛卯朔[22]，昭义节度使刘从谏上言，请出部兵五千讨回鹘，诏不许。

上遣使赐太和公主冬衣，命李德裕为书赐公主，略曰："先朝割爱降婚[23]，义宁家国[24]，谓回鹘必能御侮[25]，安静塞垣[26]。今回鹘所为，甚不循理[27]，每马首南向，姑[28]得不畏高祖、太宗之威灵！欲侵扰边疆，岂不思太皇太后[29]之慈爱！为其国母，足得指挥；若回鹘不能禀命，则是弃绝姻好[30]，今日已[31]后，不得以姑为词[32]！

上幸泾阳[33]校猎。乙卯[34]，谏议大夫高少逸[35]、郑朗[36]于阁中谏曰："陛下比来游猎稍频，出城太远，侵星夜归[37]，万机旷废[38]。"上改容谢之。少逸等出，上谓宰相曰："本置谏官使之论事，朕欲时时闻之。"宰相皆贺。己未[39]，以少逸为给事中，郎为左谏议大夫。

刘沔、张仲武固称盛寒未可进兵，请待岁首[40]，李忠顺独请与李思忠俱进。十二月，丙寅[41]，李德裕奏请遣思忠进屯保大栅[42]，从之。

（以上为第十六段，写李德裕受命赐书回鹘太和公主，责以大义。）

【注释】

[1]羁属：附属。[2]诇（xiòng）：刺探。[3]但杀监使：据章校，"杀"下有"回鹘"二字，即"但杀回鹘监使"。[4]癸卯：九月十二日。[5]掩袭：乘人不备，突然袭击。[6]素恶居易：白居易与李宗闵友善，并非朋党，而李德裕以朋党视居易而素恶，荐其弟白敏中入翰林。后李德裕失势，白敏中为相，落井下石。[7]不任：不堪。[8]敏中：白敏中，字用晦，会昌初任侍御史，转左司员外郎。及李德裕执政，举荐为翰林学士，迁中书舍人。宣宗、懿宗时两度入相。传见《旧唐书》卷一百六十六，《新唐书》卷一百一十九。[9]甲辰：九月十三日。[10]契苾：部族名。位于多览葛之南（今蒙古乌兰巴托以南）。原为铁勒属部，贞观六年（632）内附，永徽四年（653）以其部为贺兰都督府。[11]乙巳：九月十四日。[12]银州：州名。治所儒林，在今陕西榆林市南。[13]何力（？—677）：即契苾何力，其先铁勒别部之酋长，贞观六年（632）率众千余内附，置其部于甘、凉二州，本人入卫京师。先后讨平吐谷浑、突厥叛乱及出征高丽。官至镇军大将军、行左卫大将军，封凉国公。传见《旧唐书》卷一百零九，《新唐书》卷一百一十。[14]丁卯：十月七日。[15]都吕施合等：即被乌介可汗所杀之黠戛斯十达干。[16]声问：音信。[17]得达：已经到达。[18]期于必得：希望必定能够找到。[19]合罗川：水名。在乌德鞬山（今蒙古杭爱山）西北。[20]回鹘故国：原在薛延陀北娑陵水（今蒙古色楞河）一带，开元中徙至乌德同鞬山（今蒙古杭爱山）一带。[21]鞑靼：部族名。又名塔塔尔，本靺鞨别部。曾先后被突厥、回鹘所役属，回鹘破灭，鞑靼在其故地崛起。[22]辛卯朔：十一月一日。[23]先朝割爱降婚：先朝，指太和公主出嫁之朝，即穆宗朝。割爱降婚，割舍手足之恩爱，下嫁回鹘。[24]义宁家国：顾全大义，安宁国家。[25]御侮：抵抗外敌入侵。[26]安静塞垣：保卫边境。[27]循理：遵守理义。[28]姑：指太和公主。公主乃宪宗之女，穆宗之妹，于武宗为姑，故称。[29]太皇太后：即宪宗懿安皇后郭氏。[30]姻好：姻亲之好。[31]已：同"以"。[32]为词：作为托词、借口。[33]泾阳：县名。县治在今陕西泾阳县。[34]乙卯：十一月二十五日。[35]高少逸：山南东道节度使高元裕之兄，官至工部尚书。传见《旧唐书》卷一百七十一，《新唐书》卷一百七十七。[36]郑朗（？—857）：字有融。父珣瑜、兄覃皆任宰相。朗，唐宣宗时亦

居相位。传见《旧唐书》卷一百七十三，《新唐书》卷一百六十五。［37］侵星夜归：早出晚归。侵，渐近。［38］万机旷废：国家大事延误未理。［39］己未：十一月二十九日。［40］请待岁首：等待来年正月，即第二年正月。［41］丙寅：十二月七日。［42］保大栅：寨垒名。在振武军之北，今内蒙古托克托之北。

丁卯[1]，吐蕃遣其臣论普热来告达磨赞普之丧，命将作少监李璟为吊祭使。

刘沔奏移军云州。

李忠顺奏击回鹘，破之。

丙戌[2]，立皇子峄为德王，嵯为昌王。

初，吐蕃达磨赞普有佞幸之臣，以为相；达磨卒，无子，佞相立其妃琳氏兄尚延力之子乞离胡为赞普，才三岁，佞相与妃共制国事，吐蕃老臣数十人皆不得预政事。首相结都那见乞离胡不拜，曰：“赞普宗族甚多，而立琳氏子，国人谁服其令，鬼神谁飨其祀！国必亡矣；比年灾异之多，乃为此也。老夫无权，不得正其乱以报先赞普之德，有死而已！”拔刀剺面[3]，恸哭而出。佞相杀之，灭其族，国人愤怒。又不遣使诣唐求册立。

洛门川[4]讨击使论恐热，性悍忍，多诈谋，乃属其徒告之曰：“贼舍国族立綝氏，专害忠良以胁众臣，且无大唐册命，何名赞普！吾当与汝属举义兵，入诛綝妃及用事者以正国家。天道助顺，功无不成。”遂说三部落[5]，得万骑。是岁，与青海节度使[6]同盟举兵，自称国相。

至渭州，遇国相尚思罗屯薄寒山[7]，恐热击之，思罗弃辎重西奔松州[8]。恐热遂屠渭州。思罗发苏毗[9]、吐谷浑、羊同[10]等兵，合八万，保洮水[11]，焚桥拒之。恐热至，隔水语苏毗等曰：“贼臣乱国，天遣我来诛之，汝曹奈何助逆！我今已为宰相，国内兵我皆得制之，汝不从，将灭汝部落！”苏毗等疑不战，恐热引骁骑涉水，苏毗等皆降。思罗西走，追获，杀之。恐热尽并其众，合十余万。自渭川[12]至松州，所过残灭，尸相枕藉[13]。

（以上为第十七段，写吐蕃内乱。）

【注释】

［1］丁卯：十二月八日。［2］丙戌：十二月二十七日。［3］剺（lí）面：以刀划脸流血，表示哀痛，回鹘、吐蕃等部族之风俗。［4］洛门川：水名。即落门水，在今甘肃武山县东。［5］三部落：指吐蕃分居在河西、陇右的部落。一说指吐谷浑、党项、嗢末。［6］青海节度使：吐蕃所置，治所西海城，在今青海。［7］薄寒山：山名。在今甘肃陇西西南。［8］松州：治所嘉城，在今四川松潘县。［9］苏毗：本西羌族，位于鹘莽峡（今青海唐古拉山口）以东，牦牛河（今通天河）以西。后为吐蕃所并。［10］羊同：部族名。本西羌族，入西藏后居住在后藏阿里一带。后为吐蕃所灭。［11］洮水：水名。源出青海、甘肃交界的西倾山，流经甘肃临潭、临洮等县，北入黄河。［12］渭川：据章校。"川"作"州"。［13］尸相枕藉：尸体堆积，纵横相枕。

【点评】

本卷点评李石辞仕、太子李永之死、仇士良杀二王一妃四宰相、李德裕入相等史事，从细微侧面点评晚唐宦官专皇权的政治特点。

一、李石辞仕。李石，字中玉，陇西人，元和十三年进士及第。甘露之变时，李石任户部侍郎，判度支事。甘露之变，仇士良大杀朝官，朝廷半空。李石与郑覃于危难之际，受命为相收拾乱局。此时仇士良目空一切，连文宗都不放在眼里。每逢君臣在延英殿议事，仇士良趾高气扬地训斥朝官，动辄以李训、郑注事来讥讽宰臣。李石、郑覃毫不示弱，反唇相讥说："李训、郑注确实是乱贼之首，但不知这两个奸人是依靠何人进用的。"仇士良理亏，气焰有所收敛。李训、郑注被诛灭后，六道巡边使奉召回朝，巡边使之一田全操在回京路上扬言，说："我回到京城，把穿儒服的人，无论贵贱，全都杀光。"田全操等入城之日，京城谣传强盗来了，百姓奔跑，中书、门下两省的官员也跑光了。郑覃、李石在中书省办公，部属卫士都跑光了。郑覃招呼李石快躲避。李石说："宰相位尊望重，人心所系，不可轻动。宰相一走，全城可真要大乱了。再说，祸乱真的来了，躲避也没有用。"李石、郑覃端坐办公，十分镇定。宫中传出文宗皇帝敕令，关闭宫门。左金吾大将军陈君赏也沉着地站在皇宫望仙门，对敕使说："强盗来了再关门也不晚，不能示弱。"午后晡时，全城安静下来。当天，城中坊市无赖之徒，手拿武器，只要宫城门关闭就动手抢劫。由于李石、陈君赏的镇定，使京城避免了一场大混乱。李石之勇，胜于两军。

李石在仇士良气焰熏灼时，能做到不同宦官同流合污，面临乱局如磐石坚稳安定民心，稳定了局势，是一位难得的宰相。仇士良对他恨之入骨，派刺客暗杀他，刺客的箭射偏了，刀砍断了马尾，李石侥幸死里逃生。李石被迫辞相，出朝为荆南节度使。李石在京师生命不保的情况下，回避仇士良，是明智之举。这只能说明当时宦官的专横，不能苛责李石胆怯。司马光说：李石"忘身殉国，故纪纲粗立"。王夫之评论说，武宗定祸乱，是李石、郑覃奠定的基础，称赞李石是“静正诚笃之大臣”(《读通鉴论》卷二十八)，无疑是中肯的。

二、太子李永之死。唐文宗有两个儿子，太子李永和蒋王李宗俭。李永，王德妃所生，文宗太和四年（830）被立为鲁王，太和六年（832）被立为太子。这时杨贤妃得宠，排斥太子，说太子坏话，文宗一度引见大臣要废太子。大臣固争，保住了太子。没多久，太子突然死了，连文宗也不清楚是怎么回事。时在开成三年（838)。有一天，文宗在会宁殿观看杂技表演，看到一个小演员表演爬木杆，一个男子围着木杆团团转，像发疯一样。文宗感到奇怪，左右的人解释说，木杆下转圈的那个人，是在保护表演的小演员，他是小演员的父亲。文宗大受感动，悲楚地说：“朕贵为天子，却不能保护儿子。”文宗把说太子坏话的十几个宫人全召集起来训话说：“你们陷害太子，朕的另一个太子，你们还敢陷害吗！”文宗杀了这些宫人。仇士良仇视文宗，更担心太子即位后算自己的账，必欲置之死地而安心。文宗太子李永之死，一方面是文宗的昏庸糊涂，不能辨是非，一方面是宦官完全掌控了皇权，把暗杀施加到了皇太子头上，皇帝破不了案。由此可见宦官的横行暴虐与唐王朝政治的腐败昏暗。唐文宗晚年能纳谏改过，与杜悰问对罢祥瑞，听柳公权之说让郭旼二女出宫回家。此时文宗思贤治国，后悔没有汉昭帝之明，让宋申锡蒙冤。文宗是一个有进取心的皇帝，可惜觉悟为时太晚，他已经成了家奴宦官的囚犯，被软禁在皇宫动弹不得。太子死后一年多，文宗也郁郁而终。

三、仇士良杀二王一妃四宰相。仇士良，字匡美，循州兴宁（今广东兴宁市）人。永贞元年（805）入宫，历仕顺宗、宪宗、穆宗、敬宗、文宗、武宗六代皇帝，死于会昌三年（843)，前后四十年。历官平卢、凤翔监军、内外五坊使、左神策军中尉、左街功德使、右骁卫大将军、骠骑大将军、楚国公、观军容使兼统左右神策军，知内侍省，死赠扬州大都督。仇士良是唐代最凶恶的大宦官，他挟帝杀王废相，恶贯满盈，却得善终。史称仇士良“杀二王一妃四宰相，贪酷二十余年，亦有术自将，恩礼不衰”。

仇士良借甘露之变，肆意杀戮朝官，杀宰相四人：王涯、贾悚、舒元舆、李孝本。大臣有罪，一般是皇帝赐死，四宰相并没有参与甘露之变，仇士良却在闹市腰斩他们，悬首兴安门示众，前史所未有。仇士良把唐文宗视为囚虏，出言不逊，文宗被囚于深宫，不得自由。一天深夜，仇士良派小宦官宣召值班的翰林学士崔慎由进宫，逼使崔慎由草诏废掉文宗。崔慎由誓死不从，仇士良不能勉强。仇士良打开后门，带崔慎由进入一座小殿，文宗正坐在里面，惊恐万状。仇士良恶狠狠地数落文宗的“过失”，对文宗说：“今天要不是崔学士，你就不能坐在这儿了。”文宗垂着脑袋，不敢说一句话。仇士良送出崔慎由，告诉说：“你要泄露出去，小心你全家的性命。”崔慎由回到家，还惊魂不定，立刻把刚才发生的事记录下来，藏于箱底，临终才告诉儿子崔胤。所以崔胤最恨宦官，最后将宦官一网打尽，这是后话。

开成五年（840）正月初二，文宗病重，命枢密使刘弘逸、薛季棱引宰相杨嗣复、李珏至皇宫，商议欲奉太子李成美监国。李成美是敬宗的少子，文宗之侄。文宗太子李永死后，杨贵妃请立文宗之弟安王李溶，宰相李珏反对，才改立陈王李成美。仇士良认为太子之立不是自己的功劳，得知文宗要太子监国，以太子李成美年幼为借口，改封陈王，另立太子。仇士良不听宰相李珏的意见，擅自假传圣旨，立穆宗子颍王李瀍为皇太弟，带领神策军从十六宅迎请李瀍到少阳院与百官见面，监管军国事务。正月四日文宗去世，正月初六仇士良处死杨贤妃、安王李溶、陈王李成美。仇士良还大杀亲近文宗的内侍和供奉文宗的乐工，用以泄愤。仇士良还以枢密使和宰相反对立武宗为由，劝武宗诛杀。由于李德裕的力谏泣请，宰相杨嗣复、李珏免死，两枢密使刘弘逸、薛季棱仍被处死。

武宗即位，改名李昂。仇士良自以为立武宗有功，还想继续为所欲为。这一次仇士良的算盘打错了。武宗聪明睿智，他想振兴唐室，在位期间注意抑制藩镇、削弱宦官，立即起用西川节度使李德裕入朝为相。仇士良感到恐惧，但他并不死心，想找一个机会给这一对君臣出难题，进行火力侦察。仇士良得知李德裕草诏削减禁军衣粮及马刍粟的事，于是趁武宗在丹凤楼接受尊号的时间，企图煽动禁军闹事，他对禁军说：“宰相要削减你们的钱粮，赶快到丹凤楼前向皇上请愿。”李德裕把消息报告给了武宗。武宗立即派中使宣谕神策军：“削减钱粮是谣言，不要听信。如果是诏书下达，也是皇上的旨意，与宰相不相干。”禁军知道了真相，安定下来，纷纷散去。仇士良又羞又愧，拜谢而去。这一事件给仇士良敲了警钟，皇帝英明，宰相贤能，不好玩弄。老奸巨猾的仇士良还算识时务，以老病为由致仕，武宗批准。仇士良临别，向送行的宦官传授掌控皇帝的方法，就是引诱皇帝游宴好色，只知玩乐不知读书，不上朝，不见大臣，最后就只能依靠宦官了。

仇士良的一席话道出了历史上宦官专权的秘密。宦官的地位是皇帝家奴，是朝士大夫看不上眼的人。但宦官可以假皇权以肆虐。仇士良贪酷有术。穆宗、敬宗，包括文宗，被仇士良的奉迎游乐击倒，迷了心智，成了昏庸皇帝，宦官就得势了。仇士良假皇权杀二王一妃四宰相，不可一世。武宗正襟危坐，耳聪目明，不听信谗言，皇权不旁落，宦官的家奴本色就露出了。仇士良的沉浮，揭示了宦官制度是封建社会的一个毒瘤，宦官毒瘤依附皇权，是专制制度的产物。专制不除，杀灭了宦官，还会产生新宦官。皇帝开明，宦官制度是良性肿瘤；皇帝昏聩，宦官必然是恶性肿瘤。完全切除恶性肿瘤，这个人的生命就结束。东汉末，袁绍杀灭宦官，东汉亡。唐末，崔胤杀灭宦官，唐亡。

仇士良死后第二年，会昌四年（844），其丑行被一一揭发出来，在他家里找出了数千件兵器和万贯家财。武宗下令削去仇士良官爵，籍没家资。仇士良这个名字被钉在历史的耻辱柱上。

四、李德裕入相。南衙与北司对立，朝官与宦官争斗，两者都是唐政权的基础，不可断然决裂。宰相依附宦官，不得士人心，宰相触犯宦官，势必丢相位。在宦官专权的情况下，入相的人要洁身自好是不可能的。如何与宦官打交道是复杂的政治难题，既有品德的问题，又有策略技术问题。李德裕制约宦官，显示了高超的才能。李德裕任淮南节度使，监军杨钦义奉召还京，风传杨钦义回朝做枢密使，李德裕和平时一样，并不加礼，杨钦义很不满意。等到临行时，李德裕送别，赠送重礼，杨钦义喜出望外。杨钦义回到汴州，得到朝廷新敕令，杨钦义仍返淮南做监军。杨钦义把重礼退还给李德裕，李德裕不接受。不久，杨钦义果然被任用为枢密使。李德裕不因杨钦义将作枢密使而特意巴结，也不因杨钦义没做枢密使就收回礼物。临行送礼表示同僚的情谊。李德裕表现的坦荡胸怀使杨钦义感动，其实这也是李德裕的一种权术。归根结底，是李德裕的才干与人格魅力使杨钦义心服，不敢用炎凉态度来对待李德裕。李德裕做西川节度使，他的人格魅力也征服了崔潭峻、王践言两位监军，崔与王都能支持李德裕的用兵，并向皇上报告李德裕的忠心正直。李德裕能够入相，杨钦义出了力，但不是李德裕的请托，与依附宦官的朝官有很大的区别。李德裕入相后，敢于上奏武宗请求政事要出于中书，逼使仇士良称病致仕。李德裕也没提出要杀尽宦官，做冒险的事，而是以正义临之，利用形势对与宦官之间的矛盾加以适当的抑制，不激化矛盾，和衷共事，这是高明的办法。范文澜指出："这样对待宦官，在唐后期，应该说是较为适当的态度。"（《中国通史简编》）当然，李德裕也免不了被政敌以朋党为口实攻击。正如王夫之所说：李德裕"虽欲辞托身宦竖之丑而不可得"了。但"唐自肃宗以来，宦竖之不得专政者，仅见于会昌"，极力称赞李德裕的能力。李德裕为了发挥自己的才能为国尽力，在宦官炙手可热的形势下，搞好与宦官的关系，也就不能免俗了。用王夫之的话说是由于"唐之积弊，已成积重难返之势"（《读通鉴论》卷二十六）。皇帝都要向宦官低头，又怎能苛责李德裕呢！有人说，李德裕为君子而不纯，这话是中肯的。

卷二四七　唐纪六十三

唐武宗会昌三年至四年（843—844 年）

【起昭阳大渊献（癸亥，843 年），尽阏逢困敦（甲子，844 年）七月，凡一年有奇】

【大事提要】

本卷记事起公元 843 年，讫公元 844 年七月，凡一年又七个月，当唐武宗会昌三年至会昌四年七月。这一年多的短暂时间，却是晚唐政治振兴最有成绩的一个时期。显著成绩有三个方面。第一，武宗信任李德裕，让其放手作为，于是得以倚重外朝，相对削弱了宦官的权力。会昌三年，武宗不与枢密使商量，直接任命崔铉为宰相，破坏了老规矩。不久又逼令大宦官仇士良致仕，第二年籍没了他的家资。第二，武宗御边，大败回鹘，羁縻黠戛斯，安抚党项，削弱吐蕃，做得有声有色，大展国威。第三，强力裁制藩镇，坚决用兵泽潞，不接受刘稹归降，取得全面胜利，杜绝了内地军镇自立节度的行为。会昌年间的这一短暂振兴，给衰败的唐王朝打了一剂强心针，延续了唐王朝国祚。李德裕富有政治军事才能，他又善于听取有识之士的建言，深得武宗信任，故能取得成功，李德裕用兵泽潞，杜牧上书献平强藩之策，李德裕多用其策。李德裕既不依附宦官，又能与宦官和谐相处，缓和了上层统治集团的斗争，显示了李德裕高超的政治才能。

武宗至道昭肃孝皇帝中

会昌三年（癸亥，843 年）

春，正月，回鹘乌介可汗帅众侵逼振武，刘沔遣麟州刺史石雄、都知兵马使王逢[1]帅沙陀朱邪赤心[2]三部及契苾、拓跋三千骑袭其牙帐，沔自以大军继之。雄至振武，登城望回鹘之众寡，见毡车[3]数十乘，从者皆衣朱碧[4]，类华人[5]；使谍[6]问之，曰："公主帐也。"雄使谍告之曰："公主至此，家也，当求归路！今将出兵击可汗，请公主潜与侍从相保[7]，驻车勿动！雄乃凿城为十余穴[8]，引兵夜出，直攻可汗牙帐，至其帐下，虏乃觉之。可汗大惊，不知所为，弃辎重走，雄追击之；庚子[9]，大破回鹘于杀胡山[10]，可汗被疮[11]，与数百骑遁去，雄迎太和公主以[12]归。斩首万级，降其部落二万余人。丙午[13]，刘沔捷奏至[14]。

李思忠[15]入朝，自以回鹘降将，惧边将猜忌，乞并弟思贞[16]等及爱弘顺[17]皆归阙庭[18]。

庚戌[19]，以石雄为丰州都防御使。

乌介可汗走保[20]黑车子[21]族。其溃兵多诣幽州降。

二月，庚申朔[22]，日有食之。

诏停归义军[23]，以其士卒分隶诸道为骑兵，优给粮赐。

（以上为第一段，写官军大破回鹘乌介可汗。）

【注释】

[1]王逢：许州许昌（今河南许昌）人。历任忠武军都知兵马使、节度使等。传见《旧唐书》卷一百六十一，《新唐书》卷一百七十一。 [2]朱邪赤心（？—887）：沙陀族，姓朱邪。李克用之父。历任代北行营招抚使、振武节度使等，以功赐名李国昌。传见《新唐书》卷二百一十八。 [3]毡车：以毡为篷帷的车子。 [4]衣朱碧：穿红着绿。 [5]类华人：像是汉人。 [6]谍：间谍。 [7]保：防卫。 [8]穴：孔洞。 [9]庚子：正月十一日。 [10]杀胡山：山名。胡注：杀胡山即黑山。在振武北塞外。即在今内蒙古和林格尔西北。 [11]被疮：受到创伤。疮，同创。 [12]以：而。 [13]丙午：正月十七日。 [14]捷奏至：谓报捷的奏章送到朝廷。 [15]思忠：即嗢没斯。事见上卷会昌二年。 [16]思贞：李思贞即阿历支。 [17]爱弘顺：即爱邪勿。二人事见上卷会昌二年。 [18]阙庭：朝廷。庭：同“廷”。按章校，“庭”下有“上从之”三字。 [19]庚戌：正月二十一日。 [20]保：归附、依附。 [21]黑车子：室韦之一部。在今内蒙古巴林左旗以西，呼和浩特东北。 [22]庚申朔：二月一日。 [23]停归义军：会昌二年以嗢没斯所部为归义军，现嗢没斯等入朝，于是撤销该军镇。

辛未[1]，黠戛斯遣使者注吾合索[2]献名马二；诏太仆卿赵蕃饮劳之。甲戌[3]，上引对[4]，班在勃海[5]使之上。

上欲令赵蕃就黠戛斯求安西、北庭，李德裕等上言：“安西去京师七千余里，北庭五千余里，借使[6]得之，当复置都护，以唐兵万人戍之。不知此兵于何处追发[7]，馈运从何道得通，此乃用实费以易虚名，非计也。”上乃止。

中书侍郎、同平章事崔珙罢为右仆射。

黠戛斯求册命[8]，李德裕奏，宜与之结欢，令自将兵求杀使者罪人[9]及讨黑车子。上恐加[10]可汗之名即不修臣礼，踵回鹘故事[11]求岁遗[12]及卖马，犹豫未决。德裕奏：“黠戛斯已自称可汗，今欲借其力，恐不可吝此名。回鹘有平安、史之功，故岁赐绢二万匹，且与之和市[13]。黠戛斯未尝有功于中国，岂敢遽求赂遗乎！若虑其不臣[14]，当与之约，必如回鹘称臣，乃行册命；又当叙同姓[15]以亲之，使执子孙之礼。”上从之。

庚寅[16]，太和公主至京师，改封安定大长公主[17]；诏宰相帅百官迎谒于章敬寺前。公主诣光顺门，去盛服，脱簪珥[18]，谢回鹘负恩、和蕃无状之罪[19]。上遣中使[20]慰谕[21]，然后入宫。阳安等六七公主[22]不来慰问安定公主，各罚俸物及封绢[23]。

赐魏博节度使何重顺名弘敬。

三月，以太仆卿赵蕃为安抚黠戛斯使。上命李德裕草《赐黠戛斯可汗书》，谕以“贞观二十一年[24]黠戛斯先君身自入朝，授左屯卫将军、坚昆[25]都督，迄于天宝，朝贡不绝。比为回鹘所隔，回鹘凌虐诸蕃，可汗能复仇雪怨，茂功[26]壮节[27]，近古无俦[28]。今回鹘残兵不满千人，散投山谷，可汗既与为怨，须尽歼夷[29]；傥[30]留余烬[31]，必生后患。又闻可汗受氏之源，与我同族[32]，国家承北平太守之后，可汗乃都尉苗裔[33]。以此合族，尊卑可知。今欲册命可汗，特加美号，缘未知可汗之意，且遣谕怀[34]。待赵蕃回日，别命使展礼[35]。”自回鹘至塞上及黠戛斯入贡，每有诏敕，上多命德裕草之。德裕请委翰林学士，上曰：“学士不能尽人意，须卿自为之。”

（以上为第二段，写唐武宗纳李德裕之策，羁縻黠戛斯。）

【注释】

[1]辛未：二月十二日。 [2]注吾合索：人名，姓注吾。《新唐书·回鹘传》“索”作“素”。[3]甲戌：二月十五日。 [4]引对：皇帝召见臣下询问对答谓之引对。 [5]勃海：即渤海，少

数民族政权名。唐朝靺鞨族所建。最盛时辖境从今松花江以南至日本海。［6］借使：假使。［7］追发：事后派遣。［8］求册命：请求唐室册封为可汗。［9］求杀使者罪人：黠戛斯遣使者送太和公主，为回鹘乌介可汗所杀。事见《资治通鉴》卷二四六武宗会昌元年。［10］加：给予册封。［11］踵回鹘故事：因袭回鹘旧例。［12］岁遗：唐肃宗借回鹘兵平安史之乱，约定每年送绢二万匹作酬谢，谓之岁遗。［13］和市：唐代宗借回鹘兵讨史朝义，作为酬报，唐立马市，收买回鹘马。每年最高额为十万匹，一马四十匹绢。回鹘多以病弱马充数，是一种不等价交易。［14］虑其不臣：担心黠戛斯不向唐朝称臣。［15］叙同姓：谓黠戛斯与唐同姓，皆汉代李广之后，详见“受氏之源，与我同族”等句。［16］庚寅：三月一日。［17］安定大长公主：《新唐书·诸帝公主传》作“安定公主”。［18］簪珥：插发髻的首饰和耳环。［19］谢回鹘负恩、和蕃无状之罪：唐公主入蕃谓之“和蕃公主”，今太和公主因回鹘犯边，故自罪和蕃无功。无状：无功。［20］中使：中人为使，即以亲近的宦官为使。［21］慰谕：以好话宽慰。［22］七公主：据胡注，有唐顺宗女阳安公主，太和公主之姑；唐宪宗女宣城、真宁、义宁、临真、真源公主；唐穆宗女义昌公主，太和公主之侄。［23］俸物及封绢：宗室所得的俸钱以外的物品和绢帛。［24］贞观二十一年：胡注，当作“二十年”。按《新唐书·回鹘传下》与胡注同，即公元648年。［25］坚昆：羁縻都督府名。贞观二十二年在黠戛斯部设置坚昆都督，故地在今俄罗斯叶尼塞河上游。［26］茂功：盛大的功绩。［27］壮节：壮烈的节操。［28］无俦：无与伦比。［29］歼夷：诛尽、消灭。［30］傥：假使。［31］余烬：喻残兵。［32］受氏之源，与我同族：谓追溯先祖姓氏，黠戛斯与唐同出一族。因唐室李氏为汉李广之后，黠戛斯可汗为李广之孙李陵之后，所以为同姓。［33］承：接续。北平太守：指李广。都尉：指李广孙骑都尉李陵。［34］且遣谕怀：姑且派遣使臣告谕我的心意。［35］展礼：行礼，谓举行册封典礼。

刘沔奏：“归义军回鹘三千余人及酋长四十三人准诏[1]分隶诸道，皆大呼，连营据滹沱河[2]，不肯从命，已尽诛之。回鹘降幽州者前后三万余人，皆散隶诸道。”

李德裕追论[3]维州悉怛谋事[4]云：“维州据高山绝顶，三面临江，在戎虏平川之冲[5]，是汉地入兵之路；初，河、陇[6]并没，唯此独存。吐蕃潜以妇人嫁此州门者，二十年后，两男长成，窃开垒门[7]，引兵夜入，遂为所陷，号曰无忧城。从此得并力于西边[8]，更无虞于南路[9]。凭陵近甸[10]，旰食[11]累朝[12]。贞元中，韦皋欲经略河、湟[13]，须此城为始。万旅尽锐，急攻数年，虽擒论莽热[14]而还，城坚卒不可克。

臣初到西蜀，外扬国威，中缉[15]边备。其维州熟臣信令[16]，空壁来归，臣始受其降，南蛮震慑，山西八国[17]，皆愿内属。其吐蕃合水[18]、栖鸡[19]等城，既失险阨，自须抽归，可减八处镇兵[20]，坐收千余里旧地。’且维州未降前一年，吐蕃犹围鲁州[21]，岂顾盟约！臣受降之初，指天为誓，面许奏闻，各加酬赏。当时不与臣者[22]，望风疾[23]臣，诏臣执送悉怛谋等令彼自戮，臣宁[24]忍以三百余人命弃信偷安！累表陈论，乞垂矜舍[25]，答诏严切[26]，竟令执还。体备三木[27]，舆于竹畚[28]，及将就路，冤叫呜呜，将吏对臣，无不陨涕[29]。其部送者更为蕃帅讥诮，云既已降彼，何用送来！复以此降人戮于汉境之上，恣行残忍，用固携离[30]；至乃掷其婴孩，承以枪槊[31]。绝忠款[32]之路，快凶虐之情，从古已来，未有此事。虽时更[33]一纪[34]，而运属千年[35]，乞追奖忠魂，各加褒赠！”诏赠悉怛谋右卫将军。

臣光曰　论者多疑维州之取舍，不能决牛、李之是非。臣以为昔荀吴围鼓[36]，鼓人或请以城叛，吴弗许，曰：“或以吾城叛，吾所甚恶也，人以城来，吾独何好焉！吾不可以欲城而迩奸[37]。”使鼓人杀叛者而缮守备。是时唐新与吐蕃修好而纳其维州，以利言之，则维州小而信大；以害言之，则维州缓而关中急。然则为唐计者，宜何先乎？悉怛谋在唐则为向化[38]，在吐蕃不免为叛臣，其受诛也又何矜焉！且德裕所言者利也，僧孺所言者义也，匹夫徇利[39]而忘义犹耻之，况天子乎！譬如邻人有牛，逸[40]而入于家，或劝其兄归之，或劝其弟攘[41]之。劝归者曰：“攘之不义也，且致讼。”劝攘者曰“彼尝攘吾羊矣，何义之拘[42]！牛大畜也，鬻[43]之可以富家。”以是观之，牛、李之是非，端[44]可见矣。

（以上为第三段，写李德裕为悉怛谋伸冤求取褒赠。司马光用义利观评论引渡悉怛谋事件。）

【注释】

[1]准诏：按照朝廷命令。 [2]滹沱河：水名。源出山西繁峙县东大戏山，流经代县、定襄（此段即归义军连营占据之处），进河北汇入大清河。 [3]追论：重新审议。 [4]悉怛谋事：李德裕为西川节度时，接受吐蕃维州守将悉怛谋降唐，遭到牛僧孺反对，令将降人送还吐蕃。[5]冲：交通要道。 [6]河、陇：河西与陇右。河西，指今甘肃、青海两省黄河以西，即河西走

廊与湟水流域。陇右，指今陇山以西地区。［7］垒门：寨门。［8］并力于西边：谓吐蕃专心致力侵扰唐的西部疆域岐、陇、邠、泾、灵、夏诸州。［9］无虞于南路：谓吐蕃得维州要塞，就不必戒备其南路西川。［10］凭陵近甸：背依高山，面对成都郊外之地。［11］旰食：晚食。言有吐蕃之忧，不得早食。［12］累朝：谓吐蕃占有维州，成为唐代历朝之忧患。［13］河、湟：河西与湟水流域，即今甘肃河西走廊与青海湟水两岸。［14］论莽热：吐蕃大相。贞元十八年（802）率兵十万解维州之围，兵败被擒。事见《资治通鉴》卷二百三十六德宗贞元十八年。［15］缉：缉理、整治。［16］熟臣信令：《旧唐书·李德裕传》“熟”作“执”。执臣，执事之臣，指悉怛谋。［17］山西八国：即西山八国，计羌女、诃陵、南水、白狗、逋租、弱水、清远、咄霸八酋长国，在今四川大金川一带。［18］合水：城名。即合江守捉城，在今四川茂县西北。［19］栖鸡：城名。故址当在今四川茂县西。［20］八处镇兵：指唐设防西山八国的守军。［21］鲁州：州名。六胡州之一，在关内道宥州西境，今内蒙古鄂托克旗西。［22］不与臣者：对我不友好的人。［23］疾：同“嫉”。［24］宁：难道。［25］乞垂矜舍：请求给予怜悯宽赦。舍，同“赦”。［26］严切：严厉急迫。［27］体备三木：身受枷及桎梏三种刑具。［28］舆于竹畚：用竹箕抬运。［29］陨涕：落泪。［30］用固携离：以这种残虐的方法坚决制止背叛之人。［31］槊：长矛。［32］忠款：忠诚。［33］更：经过。［34］一纪：十二年为一纪。唐文宗太和五年（831）悉怛谋死，至是年恰十二年。［35］运属（zhǔ）千年：谓千载一遇之幸运。属：会，遇。［36］荀吴围鼓：荀吴围攻鼓国而不接受鼓人的叛降。事见《左传》昭公十五年。荀吴，晋臣。鼓，国名。故址在今河北晋县。［37］欲城而迩奸：想要得到城邑而接近奸邪。［38］向化：归向教化。［39］徇利：取利。［40］逸：跑失。［41］攘：窃取。［42］何义之拘：有什么道义可拘束呢！［43］鬻：卖。［44］端：苗头，此指牛李是非的头绪。

夏，四月，辛未[1]，李德裕乞退就闲局[2]，上曰：“卿每辞位，使我旬日[3]不得所[4]。今大事皆未就[5]，卿岂得求去。”

初，昭义节度使刘从谏累表言仇士良罪恶，士良亦言从谏窥伺朝廷[6]。及上即位，从谏有马高九尺[7]，献之，上不受。从谏以为士良所为，怒杀其马，由是与朝廷相猜恨。遂招纳亡命，缮完[8]兵械，邻境皆潜为之备。

从谏榷[9]马牧及商旅，岁入钱五万缗，又卖铁、煮盐亦数万缗。大商皆假以牙职[10]，使通好诸道，因为贩易[11]。商人倚从谏势，所至多陵轹[12]将吏，诸道皆恶之。

从谏疾病，谓妻裴氏[13]曰：“吾以忠直事朝廷，而朝廷不明我志，诸道皆不我与[14]。我死，他人主此军[15]，则吾家无炊火[16]矣！”乃与幕客张谷、陈扬庭[17]谋效河北诸镇[18]，以弟右骁卫将军[19]从素之子稹[20]为牙内都知兵马使，从子匡周为中军兵马使，孔目[21]官王协为押牙亲事[22]兵马使，以奴李士贵为使宅十将兵马使，刘守义、刘守忠、董可武、崔玄度分将牙兵。谷，郓州人；扬庭，洪州人也。

从谏寻薨，稹秘不发丧。王协为稹谋曰：“正当如宝历年样[23]为之，不出百日，旌节自至。但严奉[24]监军，厚遗敕使，四境勿出兵，城中暗为备而已。”使押牙姜崟奏求国医[25]，上遣中使解朝政以医问疾[26]。稹又逼监军崔士康奏称从谏疾病，请命其子稹为留后。上遣供奉官[27]薛士干往谕指云：“恐从谏疾未平，宜且就东都疗之；俟稍瘳，别有任使。仍遣稹入朝，必厚加官爵。”

上以泽潞[28]事谋于宰相，宰相多以为[29]：“回鹘余烬未灭，边境犹须警备，复讨泽潞，国力不支，请以刘稹权知军事。”谏官及群臣上言者亦然。李德裕独曰：“泽潞事体与河朔三镇不同。河朔习乱已久，人心难化，是故累朝以来，置之度外[30]，泽潞近处心腹[31]，一军素称忠义，尝破走朱滔，擒卢从史[32]。顷时[33]多用儒臣为帅，如李抱真[34]成立此军[35]，德宗犹不许承袭，使李缄[36]护丧归东都。敬宗不恤[37]国务，宰相又无远略，刘悟之死，因循以授从谏。从谏跋扈难制，累上表迫胁朝廷，今垂死之际，复以兵权擅付竖子[38]。朝廷若又因而授之，则四方诸镇谁不思效其所为，天子威令不复行矣！”上曰：“卿以何术制之？果可克[39]否？”对曰：“稹所恃者河朔三镇。但得镇、魏不与之同，则稹无能为也。若遣重臣往谕王元逵、何弘敬，以河朔自艰难以来[40]，列圣[41]许其传袭，已成故事，与泽潞不同。今朝廷将加兵泽潞，不欲更出禁军至山东[42]。其山东三州[43]隶昭义者，委两镇攻之；兼令遍谕将士，以贼平之日厚加官赏。苟两镇听命，不从旁沮桡[44]官军，则稹必成擒[45]矣！”上喜曰：“吾与德裕同之，保无后悔。”遂决意讨稹，群臣言者不复入[46]矣。

（以上为第四段，写唐武宗采纳李德裕谋略，用兵泽潞，杜绝内地军镇自为节度。）

【注释】

[1]辛未：四月十三日。[2]闲局：不治事的闲散官。[3]旬日：整十天。比喻长时间。[4]不得所：不知怎样安置自己。意思是整天惶恐，不知如何打发日子。[5]未就：没有取得成功。[6]窥伺朝廷：谓刘从谏暗中侦视朝廷，一旦有可乘之机就图谋不轨。[7]马高九尺：《周礼·夏官·瘦人》："马八尺以上为龙，七尺以上为騋，六尺以上为马。"马高九尺，世所稀有。[8]缮完：修治整齐，即准备充分。[9]榷：征税。[10]假以牙职：将节度使衙前将校之职加授给大商贾。假，借予，指给商贾以加官之号。[11]因为贩易：趁机而贩卖、交易。[12]陵轹：欺压。[13]裴氏：唐肃宗宰相裴冕之支孙。传附《新唐书》卷二百一十四《刘稹传》。[14]与：助。[15]主此军：谓担任昭义军节度使。[16]无炊火：谓断绝后嗣。[17]张谷、陈扬庭：皆刘从谏幕僚。张谷事附《新唐书》卷二百一十四《刘稹传》。[18]效河北诸镇：谓仿效河北三镇，父死子继，世袭节度。[19]右骁卫将军：官名。左右骁卫属十六卫之一。掌宫廷警卫。其长官为上将军、大将军、将军。[20]稹：即刘稹昭义节度使刘从谏之侄。刘从谏死，刘稹自领留后，招致讨伐，失败被族灭。传见《旧唐书》卷一百六十一，《新唐书》卷二百一十四。[21]孔目：官名。掌文书档案。[22]押牙亲事：严衍《通鉴补》"事"改"军"。[23]如宝历年样：唐敬宗宝历元年（825），刘悟死，子从谏袭为节度。事见《资治通鉴》卷二百四十三。[24]严奉：即软禁。表示恭敬侍奉，暗中严加监管。监军为崔士康。[25]国医：御医。[26]以医问疾：带领医生前来询问病情。[27]供奉官：在皇帝身边供职的人。此为宦者担任的内侍者供奉官。[28]泽潞：即昭义军，领泽、潞、邢、洺、磁等州，简称泽潞。[29]宰相多以为：宰相们大多认为。按唐朝宰相不止一人，亦无固定名额，皇帝可随时指定，给以同平章事名义，即为宰相。[30]度外：法度之外。[31]近处心腹：谓靠近朝廷的重要之地。[32]卢从史：德宗、宪宗两朝泽潞节度使。元和三年（808）贬州司马，赐死。传见《旧唐书》卷一百三十二，《新唐书》卷一百四十一。[33]顷时：近时。[34]李抱真（732—794）：字太玄，官至昭义节度使。传见《旧唐书》卷一百三十二，《新唐书》卷一百三十八。[35]李抱真成立此军：事见《资治通鉴》卷二百二十三唐代宗永泰元年。[36]李缄：抱真子，父死，欲为留后，不许，遂护丧归东都。事附两唐书《李抱真传》。[37]恤：忧虑。[38]竖子：小子。指刘稹。[39]克：战胜。[40]自艰难以来：谓自安史之乱以来。[41]列圣：指唐代宗、唐德宗以来各朝皇帝。[42]山东：太行山以东。[43]山东三州：指邢、洺、磁三州，隶属昭义。[44]沮桡：扰乱破坏。沮：阻止。桡：同"挠"。[45]必成擒：必定被擒。[46]入：纳。

上命德裕草诏赐成德节度使王元逵、魏博节度使何弘敬，其略曰："泽潞一镇，与卿事体[1]不同，勿为子孙之谋，欲存辅车[2]之势。但能显立功效，自然福及后昆[3]。"丁丑[4]，上临朝，称其语要切[5]，曰：

"当如此直告之是也！"又赐张仲武诏，以"回鹘余烬未灭，塞上多虞[6]，专委卿御侮"。元逵、弘敬得诏，悚息[7]听命。

解朝政至上党，刘稹见朝政曰："相公[8]危困，不任拜诏[9]。"朝政欲突入[10]，兵马使刘武德、董可武蹑帘而立[11]，朝政恐有他变，遽走出。稹赠赉[12]直数千缗，复遣牙将梁叔文入谢。薛士干入境，俱不问从谏之疾，直为已知其死之意。都押牙郭谊[13]等乃大出军，至龙泉驿[14]迎候敕使，请用河朔事体；又见监军言之，崔士良懦怯，不敢违。于是将吏扶稹出见士众，发丧。士干竟不得入牙门，稹亦不受敕命。谊，兖州人也。解朝政复命，上怒，杖之，配[15]恭陵[16]；囚姜崟、梁叔文。

辛巳[17]，始为从谏辍朝[18]，赠太傅，诏刘稹护丧归东都。又召见刘从素，令以书谕稹，稹不从。丁亥[19]，以忠武节度使王茂元[20]为河阳节度使，邠宁节度使王宰[21]为忠武节度使。茂元，栖曜[22]之子；宰，智兴之子也。

（以上为第五段，写唐武宗严旨责令刘稹入朝。）

【注释】

[1]事体：事情。[2]辅车：即辅车相依。语出《左传》僖公五年："辅车相依，唇亡齿寒"。辅，面颊。车，牙床。[3]后昆：后代子孙。[4]丁丑：四月十九日。[5]要切：紧急而事关重要。[6]虞：忧虑。[7]悚息：恐惧喘息。[8]相公：谓刘从谏。[9]不任拜诏：不能拜谢诏书。任，堪。[10]突入：冲入。[11]蹑帘而立：紧靠堂帘站立。[12]赉（jìn）：同"赆"，礼物。[13]郭谊：刘从谏都押牙。从谏死，拥稹继任。稹兵败，杀稹向朝廷邀功，被诛死。事附《新唐书》卷二百一十四《刘稹传》。[14]龙泉驿：地名。在今山西长治市屯留区东南康庄。[15]配：发配。[16]恭陵：陵墓名。唐高宗太子李弘，年二十四而薨。谥为孝敬皇帝，葬恭陵。在今河南洛阳市偃师区南。[17]辛巳：四月二十三日。[18]辍朝：停止视朝。唐例：朝廷重臣及藩镇大员卒，天子为之辍朝。[19]丁亥：四月二十九日。[20]王茂元（？—843）：濮州濮阳（今河南濮阳）人。历官陈许、河阳节度使。传见《旧唐书》卷一百五十二，《新唐书》卷一百七十。[21]王宰：本名王晏宰，历任邠宁、忠武、河东等节度使。传见《旧唐书》卷一百五十六，《新唐书》卷一百七十二。[22]栖曜（？—803）：即王栖曜，官至鄜坊节度使。两《唐书》与其子王茂元同传。《旧唐书》卷一百五二，《新唐书》卷一百七。

黄州[1]刺史杜牧上李德裕书，自言："尝问淮西将董重质以三州[2]

之众四岁不破[3]之由，重质以为由朝廷征兵太杂，客军[4]数少，既不能自成一军，事须帖付地主[5]。势羸力弱，心志不一，多致败亡。故初战二年，战则必胜，是多杀客军。及二年已后，客军殚少[6]，止[7]与陈许[8]、河阳[9]全军相搏，纵使唐州兵[10]不能因虚取城，蔡州事力亦不支矣。其时朝廷若使鄂州、寿州、唐州只保境，不用进战，但用陈许、郑滑[11]两道全军，帖[12]以宣、润弩手，令其守隘，即不出一岁，无蔡州矣。今者上党之叛，复与淮西不同。淮西为寇仅[13]五十岁，其人味为寇之腴[14]，见为寇之利，风俗益固，气焰已成，自以为天下之兵莫与我敌，根深源阔，取之固难。夫上党则不然。自安、史南下，不甚附隶[15]；建中[16]之后，每奋忠义；是以郧公[17]抱真能窘田悦[18]，走朱滔[19]，常以孤穷寒苦之军，横折[20]河朔强梁[21]之众。以此证验，人心忠赤，习尚专一[22]，可以尽见。刘悟卒，从谏求继，与扶同者[23]，只郓州随来中军二千耳。值宝历多故[24]，因以授之。今才二十余岁，风俗未改[25]，故老[26]尚存，虽欲劫之，必不用命。今成德、魏博虽尽节[27]效顺，亦不过围一城，攻一堡，系累稚老[28]而已。若使河阳万人为垒，窒[29]天井[30]之口，高壁深堑，勿与之战。只以忠武[31]、武宁[32]两军，帖以青州五千精甲，宣、润二千弩手，径捣[33]上党，不过数月，必覆其巢穴矣！”时德裕制置[34]泽潞，亦颇采牧言。

（以上为第六段，写杜牧上书李德裕献平定强藩的策略。）

【注释】

[1]黄州：州名。治所黄冈，在今湖北黄冈市。[2]三州：指淮西节度使所辖申、光、蔡三州。[3]不破：未被（朝廷军队）攻破。[4]客军：从外地调来作战的军队。[5]帖附地主：依附当地主人，即地方势力。[6]殚少：极少。[7]止：只、仅。[8]陈许：指当时讨伐淮西吴元济的李光颜之兵。[9]河阳：谓乌重胤之兵。[10]唐州兵：谓李愬之兵。[11]郑滑：即薛平之兵。[12]帖：益、增添。[13]仅：几乎、长达。[14]味为寇之腴：尝到叛逆作乱的甜头。[15]不甚附隶：指唐肃宗时，安禄山大将蔡希德曾率兵攻上党。上党拒不附贼。[16]建中：唐德宗第一个年号，当公元780—783年。[17]郧公：李抱真封号。[18]窘田悦：陷田悦于困境。窘：困迫。建中二年，魏博节度使田悦叛乱，李抱真与河东节度使马燧出兵，多次打败田悦。[19]走朱滔：唐德宗兴元元年（784）卢龙节度使朱滔为响应其兄朱泚称帝，围攻

贝州，为李抱真与成德节度使王武俊所败，逃归幽州。［20］横折：任情摧折。［21］强梁：强横、凶暴。［22］习尚专一：谓习性风尚专一倾向朝廷。［23］扶同者：指支持刘从谏割据的人。扶同：扶持赞同。［24］宝历多故：指唐敬宗即位，宰相李逢吉专权，排斥异己，故准刘从谏袭领昭义军。宝历，唐敬宗年号，当公元825—827年。［25］风俗未改：指忠于朝廷，遵守文教之风没有改变，不惟河朔三镇，割据成习惯。［26］故老：元老旧臣。［27］尽节：竭尽忠贞之操节。［28］系累稚老：俘获老小。系累：捆绑。［29］窒：堵塞。［30］天井：关名。故址在今山西晋城南太行山上，亦名太行关，为南入怀州、洛阳之险隘。［31］忠武：即王宰之陈许兵。［32］武宁：即李彦佐之徐州兵。［33］径捣：直接攻击。［34］制置：经营筹划。

上虽外尊宠仇士良，内实忌恶之。士良颇觉之，遂以老病求散秩[1]。诏以左卫上将军兼内侍监、知省事[2]。

李德裕言于上曰："议者皆云刘悟有功[3]，稹未可亟诛[4]，宜全恩礼。请下百官议，以尽人情。"上曰："悟亦何功，当时迫于救死耳，非素心[5]徇国也。藉使[6]有功，父子为将相二十余年，国家报[7]之足矣，稹何得复自立！朕以为凡有功当显赏[8]，有罪亦不可苟免[9]也。"德裕曰："陛下之言，诚得理国之要[10]。"

五月，李德裕言太子宾客、分司李宗闵与刘从谏交通[11]，不宜寘[12]之东都。戊戌[13]，以宗闵为湖州刺史。

河阳节度使王茂元以步骑三千守万善[14]；河东节度使刘沔步骑二千守芒车关[15]，步兵一千五百军[16]榆社[17]；成德节度使王元逵以步骑三千守临洺[18]，掠[19]尧山[20]；河中节度使陈夷行以步骑一千守翼城[21]，步兵五百益冀氏[22]。辛丑[23]，制[24]削夺刘从谏及子稹官爵，以元逵为泽潞北面招讨使，何弘敬为南面诏讨使，与夷行、刘沔、茂元合力攻讨。

先是河朔诸镇有自立者，朝廷必先有吊祭使，次册赠使[25]、宣慰使继往商度[26]军情。必不可与节[27]，则别除一官；俟军中不听出，然后始用兵。故常及半岁，军中得缮完为备[28]。至是，宰相亦欲且遣使开谕，上即命下诏讨之。王元逵受诏之日，出师屯赵州[29]。

（以上为第七段，写刘稹不听命入朝，唐武宗即行征讨。）

【注释】

［1］散秩：即散官，有官秩而无固定职守之官员。［2］知省事：主持内侍省事务。［3］有功：指刘悟诛李师道，从而结束淄青平卢叛乱。［4］亟（jí）诛：急于讨伐。［5］素心：本心。［6］藉使：即使。［7］报：回报、酬报。［8］显赏：通报并重赏。［9］苟免：随便免罪。［10］理国之要：治国的要领。［11］交通：交接、往来。［12］寘：同置。［13］戊戌：五月十日。［14］万善：镇名。在今河南沁阳市北。［15］芒车关：关名。在今山西武乡县西北。［16］军：驻屯。［17］榆社：县名。县治在今山西榆社县。［18］临洺：县名。县治在今河北邯郸市永年区。［19］掠：攻击。［20］尧山：县名。县治在今河北隆尧县西。［21］翼城：县名。县治在今山西翼城县。［22］益冀氏：严衍《通鉴补》"益"改"掠"，是。冀氏，县名。县治在今山西安泽县东南。［23］辛丑：五月十三日。［24］制：皇帝命令。［25］册赠使：朝廷所派对已故节度使宣布册功、赠官或谥号的专使。［26］商度（duó）：估量、测度。［27］节：指节度使符节。［28］缮完为备：修葺整治城郭兵器等，作好防备。［29］赵州：州名。治所平棘，在今河北赵县。

壬寅[1]，以翰林学士承旨[2]崔铉[3]为中书侍郎、同平章事。铉，元略之子也。上夜召学士韦琮[4]，以铉名授之，令草制，宰相、枢密皆不之知。时枢密使刘行深、杨钦义皆愿悫[5]，不敢预事，老宦者尤[6]之曰："此由刘、杨懦怯，堕败旧风[7]故也。"琮，乾度[8]之子也。

以武宁节度使李彦佐为晋绛[9]行营诸军节度招讨使。

刘沔自代州还太原[10]。

筑望仙观[11]于禁中。

六月，王茂元遣兵马使马继等将步骑二千军于天井关南科斗店，刘稹遣衙内十将薛茂卿将亲军二千拒之。

黠戛斯可汗遣将军温仵合入贡。上赐之书，谕以速平回鹘、黑车子，乃遣使行册命。

癸酉[12]，仇士良以左卫上将军、内侍监致仕[13]。其党送归私第，士良教以固权宠[14]之术曰："天子不可令闲，常宜以奢靡娱其耳目[15]，使日新月盛，无暇更及他事，然后吾辈可以得志[16]。慎勿使之读书，亲近儒生，彼见前代兴亡，心知忧惧，则吾辈疏斥[17]矣。"其党拜谢而去。

丙子[18]，诏王元逵、李彦佐、刘沔、王茂元、何弘敬以[19]七月中旬五道齐进，刘稹求降皆不得受。又诏刘沔自将兵取仰车关[20]路以临贼境。

（以上为第八段，写大宦官仇士良致仕，教唆宦官控制人君之术。朝廷发兵五路征讨泽潞刘稹。）

【注释】

[1]壬寅：五月十四日。 [2]翰林学士承旨：官名。位在诸学士之上，凡大诏令、大废置等重要政事，皆得专受专对。他人无得参预。 [3]崔铉：字台硕，博陵（今河北蠡县南）人，武宗、宣宗两朝宰相，官终荆南节度使。传见《旧唐书》卷一百六十三，《新唐书》卷一百六十。 [4]韦琮：字礼玉，历官户部侍郎、翰林学士承旨、宰相。传见《新唐书》卷一百八十二。 [5]愿悫（què）：谨慎忠厚。 [6]尤：责怪。 [7]堕败旧风：败坏了原有的制度、惯例。唐自中期以来，朝廷每有大事，须经枢密使同意方可实行。今枢密使刘行深等不敢预事，故曰“堕败旧风”。 [8]乾度：即韦乾度，唐宪宗时任吏部郎中。 [9]绛：州名。治所正平，在今山西新绛。 [10]自代州还太原：刘沔为河东节度使，驻节太原。会昌二年屯军代州防回鹘，现回鹘已被击败逃走，故还军。 [11]望仙观：道观名，又称望仙楼，会昌三年筑于宫中，包括附属廊舍，共539间。 [12]癸酉：六月十六日。 [13]致仕：辞官回家。 [14]固权宠：保持权势宠幸。[15]娱其耳目：使其耳目欢乐。 [16]得志：得行其所欲。 [17]疏斥：疏远弃逐。 [18]丙子：六月十九日。 [19]以：于，在。 [20]仰车关：即芒车关。

吐蕃鄯州[1]节度使尚婢婢，世为吐蕃相，婢婢好读书，不乐仕进[2]，国人敬之；年四十余，彝泰赞普强起之，使镇鄯州。婢婢宽厚沈[3]勇，有谋略，训练士卒多精勇。

论恐热虽名义兵[4]，实谋篡国，忌婢婢，恐袭其后，欲先灭之。是月，大举兵击婢婢，旌旗杂畜千里不绝。至镇西[5]，大风震[6]电，天火烧杀裨将十余人，杂畜以百数，恐热恶之，盘桓不进。婢婢谓其下曰：“恐热之来，视我如蝼蚁，以为不足屠也。今遇天灾，犹豫不进，吾不如迎伏[7]以却[8]之，使其志益骄而不为备，然后可图也。”乃遣使以金帛、牛酒犒师[9]，且致书言：“相公举义兵以匡[10]国难，阖[11]境之内，孰不向风[12]！苟遣一介[13]，赐之折简[14]，敢不承命！何必远辱士众，亲临下藩！婢婢资性愚僻[15]，惟嗜读书，先赞普授以藩维[16]，诚为非据[17]，夙夜惭惕[18]，惟求退居。相公若赐以骸骨，听归田里，乃惬[19]平生之素愿也。”恐热得书喜，遍示诸将曰：“婢婢惟把书卷，安知用兵！

待吾得国，当位以宰相，坐之于家，亦无所用也。”乃复为书，勤厚[20]答之，引兵归。婢婢闻之，抚髀[21]笑曰：“我国无主，则归大唐，岂能事此犬鼠乎！

（以上为第九段，写吐蕃鄯州节度使尚婢婢智拒论恐热。）

【注释】

［1］鄯州：州名。治所湟水，在今青海海东市乐都区。［2］仕进：进身做官。［3］沈：同“沉”。［4］义兵：论恐热以讨綝氏而起兵，故名。事见上卷会昌二年。［5］镇西：军镇名。治所枹罕，在今甘肃临夏市东北。［6］震：雷。［7］伏：同服，服从。指态度谦逊。［8］却：使退。［9］犒师：以酒食慰劳军队。［10］匡：挽救。［11］阖（hé）：全。［12］向风：闻风仰慕。［13］一介：一人。［14］折简：犹言书信。［15］愚僻：笨拙寡陋。［16］藩维：藩国。［17］非据：不应占有。［18］惭惕：羞愧恐惧。［19］惬：满足。［20］勤厚：殷勤厚意。［21］髀（bì）：大腿。

秋，七月，以山南东道节度使卢钧为昭义节度招抚使。朝廷以钧在襄阳[1]宽厚有惠政，得众心，故使领昭义以招怀[2]之。

上遣刑部侍郎兼御史中丞李回[3]宣慰河北三镇，令幽州[4]乘秋早平回鹘，镇、魏[5]早平泽潞。回，太祖之八世孙[6]也。

甲辰[7]，李德裕言于上曰：“臣见曏日河朔用兵，诸道利于出境仰给度支[8]。或阴与贼通，借一县一栅据之，自以为功，坐食转输[9]，延引岁时[10]。今请赐诸军诏指，令王元逵取邢州[11]，何弘敬取洺州，王茂元取泽州[12]，李彦佐、刘沔取潞州，毋得取县。”上从之。

晋绛行营节度使李彦佐自发徐州，行甚缓，又请休兵于绛州，兼请益兵。李德裕言于上曰：“彦佐逗遛[13]顾望[14]，殊无讨贼之意，所请皆不可许，宜赐诏切责[15]，令进军翼城。”上从之。德裕因请以天德防御卫使石雄为彦佐之副，俟至军中，令代之。乙巳[16]，以雄为晋绛行营节度副使，仍诏颜佐进屯翼城。

刘稹上表自陈：“亡父从谏为李训雪冤[17]，言仇士良罪恶，由此为权幸所疾，谓臣父潜怀异志，臣所以不敢举族归朝。乞陛下稍垂宽察，活臣一方[18]！”何弘敬亦为之奏雪[19]，皆不报[20]。李回至河朔，何弘敬、王元逵、张仲武皆具櫜郊迎，立于道左，不敢令人控马[21]，让制使[22]先行，自兵兴以来[23]，未之有也。回明辩[24]有胆气，三镇无不奉诏。

王元逵奏拔宣务栅[25]，击尧山；刘稹遣兵救尧山，元逵击败之。诏切责李彦佐、刘沔、王茂元，使速进兵逼贼境，且称元逵之功以激厉[26]之。加元逵同平章事。

八月，乙丑[27]，昭义大将李丕[28]来降。议者或谓贼故遣丕降，欲以疑误官军。李德裕言于上曰："自用兵半年，未有降者，今安问诚之与诈！且须厚赏[29]以劝将来，但不要置之要地[30]耳。"

上从容言："文宗好听外议[31]，谏官言事多不著名，有如匿名书[32]。"李德裕曰："臣顷在中书[33]，文宗犹不尔[34]。此乃李训、郑注教文宗以术御下[35]，遂成此风。人主但当推诚任人，有欺罔者，威以明刑[36]，孰敢哉！"上善之。

王元逵前锋入邢州境已逾月，何弘敬犹未出师，元逵屡有密表，称弘敬怀两端[37]。丁卯[38]，李德裕上言："忠武累战有功，军声颇振。王宰[39]年力方壮，谋略可称。请赐弘敬诏，以'河阳、河东皆阂山险[40]，未能进军，贼屡出兵焚掠晋、绛。今遣王宰将忠武全军径[41]魏博，直抵磁州，以分贼势。'弘敬必惧，此攻心伐谋之术[42]也。"从之。诏宰悉选步骑精兵自相、魏趣磁州。

甲戌[43]，薛茂卿破科斗寨[44]，擒河阳大将马继等，焚掠小寨一十七，距怀州[45]才十余里。茂卿以无刘稹之命，故不敢入。时议者鼎沸[46]，以为刘悟有功，不可绝其嗣。又，从谏养精兵十万，粮支十年，如何可取！上亦疑之，以问李德裕，对曰："小小进退，兵家之常。愿陛下勿听外议，则成功必矣！"上乃谓宰相曰："为我语朝士：有上疏沮议者，我必于贼境上斩之！"议者乃止。

何弘敬闻王宰将至，恐忠武兵入魏境，军中有变，苍黄[47]出师。丙子[48]，弘敬奏，已自将全军渡漳水[49]，趣磁州。

（以上为第十段，写官军受挫，李德裕劝唐武宗坚定征讨，又用计迫使魏博节度使何弘敬进兵征讨。）

【注释】

［1］襄阳：郡名。治所襄阳，在今湖北襄阳市。为山南东道治所。［2］招怀：招抚安顺。［3］李回：字昭度，唐宗室。会昌五年（845）任宰相。唐宣宗大中元年（847），坐与李德裕亲善，贬湖南观察使，再贬抚州刺史。传见《旧唐书》卷一百七十三，《新唐书》卷一百三十一。［4］幽州：即三镇之卢龙。［5］镇、魏：即三镇之成德、魏博。［6］太祖之八世孙：太祖李虎第六子李祎生李德良，再传六世至李回。［7］甲辰：七月十七日。［8］出境仰给度支：唐制，诸道节度使奉命出征，离开守境，则由中央财政供给军饷。度支，户部第二司，掌国家财政收支。［9］转输：指度支运输供给的军粮。［10］延引岁时：延长时日，指拖延战事。［11］邢州：州名。治所龙冈，在今河北邢台市。［12］泽州：州名。治所晋城，在今山西晋城市。［13］遛：同"留"。［14］顾望：观望。［15］切责：严词责备。［16］乙巳：七月十八日。［17］为李训雪冤：李训谋诛宦官，引刘从谏为外援。故甘露事变后，刘从谏上书，认为宰相王涯、李训等被诛，是由于仇士良的诬陷。事见《资治通鉴》卷二百四十五唐文宗开成元年。［18］一方：偏居一隅。这里指泽潞地方。［19］奏雪：上书雪冤。［20］皆不报：一律不回答，即朝廷拒绝刘稹及何弘敬的请求。［21］控马：上马。谓听任李回骑马前行，不敢阻拦。［22］制使：朝廷使臣称制使，以区别宦官使者之称敕使。［23］自兵兴以来：谓安史之乱以来。［24］明辩：能辨别清楚是非善恶。辩：同"辨"。［25］宣务栅：地名。在尧山县东北，今河北隆尧县西北。［26］厉：同"励"。［27］乙丑：八月九日。［28］李丕：原昭义军大将。刘稹拥兵自立，丕投降朝廷。官至鄜坊节度使。传见《新唐书》卷二百一十四。［29］厚赏：重赏。［30］要地：军事与交通的要害之地。［31］外议：朝野，即朝外的议论。［32］匿名书：匿名信。［33］顷在中书：当时在中书省。李德裕在唐文宗太和七年二月至八年九月任宰相。顷，即时、当时。［34］不尔：不如此。［35］御下：驾驭、控制臣下。［36］威以明刑：公开施加刑罚，以示人主威严。［37］怀两端：心怀观望持两端。［38］丁卯：八月十一日。［39］王宰：王智兴之子，又名王晏宰，出征刘稹最年轻骁勇的将领。官至太原节度使。传见《旧唐书》卷一百五十六，《新唐书》卷一百七十二。［40］阂（hé）山险：指河阳阻于天井关之险，河东阻于石会关、芒车关之险。阂，阻隔、阻碍。［41］径：经过、穿过。［42］此攻心伐谋之术：这是攻破何弘敬的心理战术，破坏他的计谋的办法。何弘敬阳奉阴违，持两端而不出兵讨贼，现命令王宰率全军穿过何弘敬的辖境，何必然被迫出兵，从而破坏其心术。［43］甲戌：八月十八日。［44］科斗寨：寨名。位于天井关南之科斗店。在今山西晋城市南。［45］怀州：州名。治所河内，在今河南沁阳市。［46］鼎沸：嘈杂混乱。［47］苍黄：同"仓皇"。匆忙，慌张。［48］丙子：八月二十日。［49］漳水：水名，源于山西平定县南之少山，中经河北磁县（即何弘敬渡河处），至天津入渤海。

庚辰[1]，李德裕上言："河阳兵力寡弱，自科斗店之败，贼势愈炽。王茂元复有疾，人情危怯，欲退保怀州。臣窃见元和[2]以来诸贼，常视官军寡弱之处，并力攻之，一军不支，然后更攻他处。今魏博未与贼战，西军[3]阕险不进，故贼得并兵南下[4]。若河阳退缩，不惟亏沮[5]军声，兼恐震惊洛师[6]。望诏王宰更不之磁州，亟以忠武军应援河阳；不惟扞蔽[7]东都，兼可临制[8]魏博。若令[9]全军供饷难给，且令发先锋五千人赴河阳，亦足张声势。”甲申[10]，又奏请敕王宰以全军继进，仍急以器械缯帛助河阳窘乏。上皆从之。

王茂元军万善，刘稹遣牙将张巨、刘公直等会薛茂卿共攻之，期以九月朔[11]围万善。乙酉[12]，公直等潜师先过万善南五里，焚雍店。巨引兵继之，过万善，觇[13]知城中守备单弱，欲专有功，遂攻之。日昃[14]，城且拔，乃使人告公直等。时义成军适至[15]，茂元困急，欲帅众弃城走。都虞候孟章谏曰：“贼众自有前郤[16]，半在雍店，半在此，乃乱兵耳。今义成军才至，尚未食，闻仆射[17]走，则自溃矣。愿且强[18]留！”茂元乃止。会日暮，公直等不至，巨引兵退，始登山[19]，微雨晦黑[20]，自相惊曰：“追兵近矣！”皆走，人马相践，坠崖谷死者甚众。

上以王茂元、王宰两节度使共处河阳非宜[21]，庚寅[22]，李德裕等奏：“茂元习吏事而非将才，请以宰为河阳行营攻讨使[23]。茂元病愈，止令镇河阳，病困亦免他虞[24]。”九月，辛卯[25]，以宰兼河阳行营攻讨使。

何弘敬奏拔肥乡、平恩[26]，杀伤甚众。得刘稹榜帖[27]，皆谓官军为贼，云遇之即须痛杀。癸巳[28]，上谓宰相：“何弘敬已克[29]两县，可释前疑。既有杀伤，虽欲持两端，不可得已。”乃加弘敬检校左仆射。

丙午[30]，河阳奏王茂元薨。李德裕奏：“王宰止可令以忠武节度使将万善营兵，不可使兼领河阳，恐其不爱河阳州县，恣为侵扰。又，河阳节度先领怀州刺史，常以判官摄事，割河南五县租赋隶河阳[31]。不若遂[32]置孟州[33]，其怀州别置刺史。俟昭义平日，仍割泽州隶河阳节度，则太行之险不在昭义，而河阳遂为重镇，东都无复忧矣！”上采其言。戊申[34]，以河南尹[35]敬昕为河阳节度、怀孟观察使，王宰将行营以扞敌，听供馈饷而已。

庚戌[36]，以石雄代李彦佐为晋绛行营节度使，令自冀氏取潞州，仍分兵屯翼城以备侵轶[37]。

是月，吐蕃论恐热屯大夏川[38]，尚婢婢遣其将庞结心及莽罗薛吕将精兵五万击之。至河州[39]南，莽罗薛吕伏兵四万于险阻，庞结心伏万人于柳林中，以千骑登山，飞矢系书骂之。恐热怒，将兵数万追之，庞结心阳[40]败走，时为马乏不进之状。恐热追之益急，不觉行数十里，伏兵发，断其归路，夹击之。会大风飞沙，溪谷皆溢，恐热大败，伏尸五十里，溺死者不可胜数，恐热单骑遁归。

石雄代李彦佐之明日，即引兵逾乌岭[41]，破五寨，杀获千计。时王宰军万善，刘沔军石会[42]，皆顾望未进。上得雄捷书，喜甚。冬，十月，庚申[43]，临朝，谓宰相曰："雄真良将！"李德裕因言："比年[44]前潞州市[45]有男子磬折唱[46]曰：'石雄七千人至矣！'刘从谏以为妖言，斩之。破潞州必雄也。"诏赐雄帛为优赏[47]，雄悉置军门，自依士卒例先取一匹，余悉分将士，故士卒乐为之致死[48]。

（以上为第十一段，写官军王宰，石雄两路取胜。）

【注释】

[1]庚辰：八月二十四日。[2]元和：唐宪宗年号，当公元806—820年。[3]西军：谓河东刘沔与晋绛李彦佐之兵。[4]南下：谓自太行南下怀州。[5]亏沮：败坏。[6]洛师：即东都洛阳。[7]扞蔽：屏藩、捍卫。扞，同"捍"。[8]临制：监临控制。[9]若令：据章校，"令"作"虑"。[10]甲申：八月二十八日。[11]九月朔：九月一日。[12]乙酉：八月二十九日。[13]觇（chān）：窥视。[14]日昃：日西钭。[15]义成军适至：王宰以忠武军合义成兵援河阳，此时恰好赶到。[16]前郤（xì）：旧有的嫌隙。郤，同"隙"。[17]仆射：为王茂元加官，故称。[18]强（qiǎng）：勉强。[19]登山：胡注，登太行阪也。[20]晦黑：昏暗、昏黑。[21]非宜：不合适。[22]庚寅：九月四日。[23]攻讨使：官名，掌握军队征讨作战之事。事罢即撤销。[24]他虞：其他想法。[25]辛卯：九月五日。[26]肥乡、平恩：皆县名。肥乡县治在今河北肥乡；平恩县治在今河北曲周县东南。[27]榜帖（tiě）：告示。[28]癸巳：九月七日。[29]克：拔、攻下。[30]丙午：九月二十日。[31]割河南五县租赋隶河阳：建中二年（781）正月置河阳三城节度使，六月又割河南府的河阳、河清、济源、温、王屋五县租赋归于河阳三城，而五县的隶属关系仍归河南府。事见《资治通鉴》卷二百二十七德宗建中二年。[32]不若遂：据章校，"遂"下有"以五县"三字，是。[33]孟州：州名。以河阳等五县所置之州，治所河阳，在今河南孟州市南。[34]戊申：九月二十二日。[35]尹：官

名。唐制，州升为府，其长官改刺史而称尹，专总府事，副长官为少尹，佐助府事。［36］庚戌：九月二十四日。［37］侵轶：侵扰、突袭。［38］大夏川：水名。在今甘肃和政、康乐二县境内。［39］河州：州名。治所枹罕，在今甘肃临夏市东北。［40］阳：同“佯”，假装。［41］乌岭：山名。在今山西翼城县东北。［42］石会：关名。在今山西榆社县西。［43］庚申：十月五日。［44］比年：近年。［45］市：市井。［46］磬折唱：弓着身子唱。磬折，弯腰如磬之形。［47］优赏：超过定规加厚奖赏。［48］致死：效死、拼命。

初，刘沔破回鹘，得太和公主，张仲武疾之，由是有隙；上使李回至幽州和解之，仲武意终不平。朝廷恐其以私憾[1]败事，辛未[2]，徙沔为义成节度使，以前荆南节度使李石为河东节度使。

党项寇盐州，以前武宁节度使李彦佐为朔方灵盐节度使。十一月，邠宁奏党项入寇。李德裕奏：“党项愈炽[3]，不可不为区处[4]。闻党项分隶诸镇[5]，剽掠于此则亡逃归彼[6]。节度使各利其驼马[7]，不为擒送，以此无由禁戢[8]。臣屡奏不若使一镇统之，陛下以为一镇专领党项权太重。臣今请以皇子兼统诸道，择中朝[9]廉干之臣为之副，居于夏州，理其辞讼[10]，庶为得宜。”乃以兖王岐[11]为灵、夏等六道[12]元帅，兼安抚党项大使，又以御史中丞李回为安抚党项副使，史馆修撰郑亚[13]为元帅判官，令赍诏往安抚党项及六镇百姓。

（以上为第十二段，写李德裕安抚党项。）

【注释】

［1］私憾：私人之间的怨恨。［3］辛未：十月十六日。［3］炽：势盛。［4］区处：分部安置。［5］分隶诸镇：时绥、银、灵、盐、夏、邠、宁、延、麟、胜、庆等州皆有党项，分别隶属于各藩镇。［6］剽掠于此则亡逃归彼：谓党项人在甲州劫掠后逃到乙州归附，乙州节度贪其驼马，不递解遣送回甲州，这是造成不能禁止剽掠的原因。［7］驼马：骆驼与马匹。［8］禁戢（jí）：指禁止抄掠。［9］中朝：朝中。［10］辞讼：诉讼。［11］兖王岐：兖王李岐，武宗子，会昌二年封。传见《旧唐书》卷一百七十五，《新唐书》卷八十二。［12］六道：即盐州、夏州、灵州、泾原、振武、邠宁。下文“六镇”，即此六道。［13］郑亚：字子佐，荥阳（今河南荥阳）人，官至桂管观察使。大中二年（848）坐李德裕事，贬循州刺史。传附《旧唐书》卷一百七十八《郑畋传》。

安南经略使武浑役[1]将士治城，将士作乱，烧城楼，劫府库。浑奔广州，监军段士则抚安乱众。

忠武军素号精勇，王宰治军严整，昭义人甚惮之。薛茂卿以科斗寨之功，意望超迁[2]。或谓刘稹曰："留后所求者节耳。茂卿太深入，多杀官军，激怒朝廷，此节所以来益迟也。"由是无赏。茂卿愠怼[3]，密与王宰通谋，十二月，丁巳[4]，宰引兵攻天井关，茂卿小战，遽引兵走，宰遂克天井关守之。关东西寨闻茂卿不守，皆退走，宰遂焚大小箕村[5]。茂卿入泽州，密使谍召宰进攻泽州，当为内应；宰疑，不敢进，失期不至，茂卿拊膺[6]顿足而已。稹知之，诱茂卿至潞州，杀之，并其族[7]，以兵马使刘公直代茂卿，安全庆守乌岭，李佐尧守雕黄岭[8]，郭僚守石会，康良佺守武乡[9]。僚，谊之侄也。

戊辰[10]，王宰进攻泽州，与刘公直战，不利，公直乘胜复天井关。甲戌[11]，宰进击公直，大破之；遂围陵川[12]，克之。河东奏克石会关。

（以上为第十三段，写王宰进兵迟缓，错失一举下泽州的良机。）

【注释】

[1]役：驱使。 [2]超迁：破格提升。 [3]愠怼（duì）：恼怒怨恨。 [4]丁巳：十二月三日。 [5]大小箕村：地名。在天井关西北。 [6]拊膺：拍胸。 [7]并其族：连其族人一并杀戮。 [8]雕黄岭：山名。在今山西长子县西。 [9]武乡：县名，县治在今山西武乡县南。 [10]戊辰：十二月十四日。 [11]甲戌：十二月二十日。 [12]陵川：县名。县治在今山西陵川县。

洺州刺史李恬，石之从兄也。石至太原，刘稹遣军将贾群诣石，以恬书与石云："稹愿举族归命[1]相公，奉从谏丧归葬东都。"石囚群，以其书闻。李德裕上言："今官军四合，捷书日至，贼势穷蹙[2]，故伪输诚款[3]，冀以缓师，稍得自完，复来侵轶。望诏石答恬书云：'前书未敢闻奏。若郎君诚能悔过，举族面缚[4]，待罪境上，则石当亲往受降，护送归阙。若虚为诚款，先求解兵，次望洗雪，则石必不敢以百口[5]保人。'仍望诏诸道，乘其上下离心，速进兵攻讨，不过旬朔[6]，必内自生变。"上从之。右拾遗崔碣[7]上疏请受其降，上怒，贬碣邓城[8]令。

初，刘沔破回鹘，留兵三千戍横水栅[9]；河东行营都知兵马使王逢奏乞益榆社兵[10]，诏河东以兵二千赴之。时河东无兵，守仓库者及工匠皆出从军，李石召横水戍卒千五百人，使都将杨弁将之诣逢，壬午[11]，戍卒至太原[12]。先是，军士出征，人给绢二匹。刘沔之去，竭府库自随，石初至，军用乏，以己绢益之，人才得一匹。时已岁尽，军士求过正旦[13]而行，监军吕义忠累牒趣之[14]。杨弁因众心之怒，又知城中空虚，遂作乱。

（以上为第十四段，写朝廷不接受刘稹归降。太原府发生河东兵变。）

【注释】

[1]归命：归顺。[2]穷蹙(cù)：窘迫。[3]诚款：忠诚。[4]举族面缚：全族背缚出降。面缚，即背缚，两手反绑于背而面向前，表示投降。[5]百口：全家或全族。[6]旬朔：十天或一月。[7]崔碣：字东标，博陵安平（今河北安平）人，官至陕虢观察使，后贬怀州司马。传见《新唐书》卷一百二十。[8]邓城：县名。县治在今湖北襄阳市西北。[9]横水栅：栅名，在今内蒙古杭锦旗西北。[10]乞益榆社兵：本年五月刘沔以河东步兵一千五百人驻屯榆社，兵少，故王逢请求增援。[11]壬午：十二月二十八日。[12]戍卒至太原：从横水栅赴榆社途中须经太原。[13]正旦：正月一日。[14]累牒趣之：多次行文催促出行。

四年（甲子，844年）

春，正月，乙酉朔[1]，杨弁帅其众剽剠[2]城市，杀都头[3]梁季叶，李石奔汾州。弁据军府，释贾群之囚，使其侄与之俱诣刘稹，约为兄弟。稹大喜。石会关守将杨珍闻太原乱，复以关降于稹[4]。

戊子[5]，吕义忠遣使言状，朝议喧然。或言两地皆应罢兵[6]，王宰又上言："游弈将[7]得刘稹表，臣近遣人至泽潞，贼有意归附。若许招纳，乞降诏命！"李德裕上言："宰擅受稹表，遣人入贼中，曾不闻奏，观宰意似欲擅招抚之功。昔韩信破田荣[8]，李靖擒颉利[9]，皆因其请降，潜兵掩袭[10]。止可令王宰失信，岂得损朝廷威命！建立奇功，实在今日，必不可以太原小扰，失此事机。望即遣供奉官至行营，督其进兵，掩其无备，必须刘稹与诸将皆举族面缚，方可受纳。兼遣供奉官至晋绛行营，密谕石雄以王宰若纳刘稹，则雄无功可纪[11]。雄于垂成[12]之际，须自取奇功，失此便。"又为相府与宰书，言："昔王承宗虽逆命，犹遣弟承恭奉表诣张相[13]祈哀[14]，又遣其子知感、知信入朝，宪宗犹未之许。

今刘稹不诣尚书面缚，又不遣血属[15]祈哀，置章表于衢路[16]之间，游弈将不即毁除，实恐非是。况稹与杨弁通奸[17]，逆状如此，而将帅大臣容受其诈，是私惠归于臣下，不赦在于朝廷，事体之间，交[18]恐不可。自今更有章表，宜即所在焚之。惟面缚而来，始可容受。”德裕又上言：“太原人心从来忠顺，止是贫虚，赏犒不足。况千五百人何能为事！”必不可姑息宽纵。且用兵未罢，深虑所在动心。顷张延赏为张朏所逐[19]，逃奔汉州[20]，还入成都。望诏李石、义忠还赴太原行营，召旁近之兵讨除乱者。”上皆从之。

是时，李石已至晋州，诏复还太原。辛卯[21]，诏王逢悉留太原兵守榆社，以易定千骑、宣武兖海步兵三千讨杨弁；又诏王元逵以步骑五千自土门[22]入，应接逢军。忻州刺史李丕奏：“杨弁遣人来为游说，臣已斩之，兼断其北出之路[23]，发兵讨之。”

辛丑[24]，上与宰相议太原事，李德裕曰：“今太原兵皆在外，为乱者止千余人，诸州镇必无应者。计不日诛剪，惟应速诏王逢进军，至城下必自有变。”上曰：“仲武见镇、魏讨泽潞有功，必有慕羡之心，使之讨太原何如？”德裕对曰：“镇州趣太原路最便近[25]。仲武去年讨回鹘，与太原争功，恐其不戢[26]士卒，平人[27]受害。”乃止。

上遣中使马元实至太原，晓谕乱兵，且觇其强弱。杨弁与之酣饮三日，且赂之。戊申[28]，元实自太原还，上遣诣宰相议之，元实于众中大言：“相公须早与之节！”李德裕曰：“何故？”元实曰：“自牙门至柳子列[29]十五里曳地光明甲[30]，若之何取之？”德裕曰：“李相[31]正以太原无兵，故发横水兵赴榆社。库中之甲尽在行营，弁何能遽致如此之众乎？”元实曰：“太原人劲悍，皆可为兵，弁召募所致耳。”德裕曰：“召募须有货财，李相止以欠军士绢一匹，无从可得，故致此乱，弁何从得之？”元实辞屈。德裕曰：“从其有十五里光明甲，必须杀此贼！”因奏称：“杨弁微贼[32]，决不可恕。如国力不及，宁舍刘稹。”河东兵戍榆社者闻朝廷令客军取太原，恐妻孥为所屠灭，乃拥监军吕义忠自取太原。壬子[33]，克之，生擒杨弁，尽诛乱卒。

（以上为第十五段，写朝廷平定太原兵变。）

【注释】

［1］乙酉朔：正月一日。［2］剠：同"掠"。［3］都头：武官名。此指都知兵马使之省称。唐末田令孜募神策新军为五十四都，每都领军称都头。［4］复以关降于稹：石会关在太原与潞州之间，杨弁作乱，派人与刘稹联合，石会关就孤立无援，难以固守，故又投降于刘稹。［5］戊子：正月一日。［6］两地皆应罢兵：即不攻讨刘稹和平定杨弁之乱。两地，指潞州和太原。［7］游弈将：官名。掌巡逻侦察。［8］韩信破田荣：指楚汉相争时，汉将韩信破齐事。田荣，当作"田横"。事见《资治通鉴》卷十汉高祖四年。［9］李靖擒颉利：颉利，即突厥颉利可汗，唐高祖、太宗时常犯边境。贞观四年（630）被李靖打败，俘至京师。事见《资治通鉴》卷一百九十三太宗贞观四年。［10］掩袭：乘其不备而袭击。［11］纪：同"记"。［12］垂成：即将成功。［13］张相：指张弘靖，时为检校吏部尚书、同平章事、河东节度使。其受降王承宗事，见《资治通鉴》卷二百四十宪宗元和十三年。［14］祈哀：祈请哀怜，即请求宽赦。［15］血属：有血缘关系的亲属。［16］衢路：犹言道路。［17］通奸：相互勾结为邪逆之事。［18］交：交通，指王宰与刘稹交往事。［19］张延赏为张朏所逐：事见《资治通鉴》卷二百二十九唐德宗建中四年。张延赏时为剑南西川节度使，张朏为剑南西川兵马使。［20］汉州：州名，治所雒县，在今四川广汉市。［21］辛卯：正月七日。［22］土门：地名。即井陉口，在今河北石家庄市鹿泉区西南。［23］断其北出之路：忻州在太原之北，杨弁经忻州北出，则可煽动羌、吐谷浑、回鹘等与之叛乱，故断其路。［24］辛丑：正月十七日。［25］路最便近：镇州至太原四百三十里。时张仲武为卢龙节度使，驻节幽州。唐武宗之意，使仲武出兵经镇州趋太原。［26］戢：整齐、约束。［27］平人：平民。［28］戊申：正月二十四日。［29］柳子列：地名。因其地植柳树而名。当在太原附近。［30］曳地光明甲：铠甲光亮拖地。［31］李相：即李石，唐文宗朝宰相，故称。［32］微贼：杨弁起于卒伍，故称。［33］壬子：正月二十八日。

二月，甲寅朔[1]，日有食之。

乙卯[2]，吕义忠奏克太原。丙辰[3]，李德裕言于上曰："王宰久应取泽州，今已迁延两月。盖宰与石雄素不相叶[4]，今得泽州，距上党犹二百里，而石雄所屯距上党才百五十里。宰恐攻泽州缀[5]昭义大军，而雄得乘虚入上党独有其功耳。又宰生子晏实，其父智兴爱而子之，晏实今为磁州刺史，为刘稹所质[6]。宰之顾望不敢进，或为此也。"上命德裕草诏赐宰，督其进兵。且曰："朕顾兹小寇，终不贷[7]刑。亦知晏实是卿爱弟，将中大义，在抑私怀[8]。"

丁巳[9]，以李石为太子少傅、分司，以河中节度使崔元式[10]为河东节度使，石雄为河中节度使。元式，元略之弟也。

己未[11]，石雄拔良马[12]等三寨一堡。

辛酉[13]，太原献杨弁及其党五十四人，皆斩于狗脊岭[14]。

壬申[15]，李德裕言于上曰："事固有派发而成功者：陛下命王宰趣磁州，而何弘敬出师；遣客军讨太原，而戍兵先取杨弁。今王宰久不进军，请徙刘沔镇河阳，仍令以义成精兵二千直抵万善，处宰肘腋之下。若宰识朝廷此意，必不敢淹留[16]。若宰进军，沔以重兵在南，声势亦壮。"上曰："善！"戊寅[17]，以义成节度使刘沔为河阳节度使。

王逢击昭义将康良佺，败之。良佺弃石会关，退屯鼓腰岭[18]。

黠戛斯遣将军谛德伊斯难珠等入贡，言欲徙居回鹘牙帐，请发兵之期，集会之地。上赐诏，谕以"今秋可汗击回鹘、黑车子之时，当令幽州、太原、振武、天德四镇出兵要路[19]，邀其亡逸，便申册命，并依回鹘故事。"

朝廷以回鹘衰微，吐蕃内乱，议复河、湟四镇[20]十八州[21]。乃以给事中刘濛[22]为巡边使[23]，使之先备器械糗粮[24]及调吐蕃守兵众寡。又令天德、振武、河东训卒砺兵[25]，以俟今秋黠戛斯击回鹘，邀其溃败之众南来者，皆委濛与节度团练使详议以闻。濛，晏之孙也。

以道士赵归真为右街道门教授先生。

吐蕃论恐热之将岌藏丰赞恶恐热残忍，降于尚婢婢。恐热发兵击婢婢于鄯州，婢婢分兵为五道拒之。恐热退保东谷[26]，婢婢为木栅围之，绝其水原[27]。恐热将百余骑突围走保薄寒山，余众皆降于婢婢。

夏，四月，王宰进攻泽州。

（以上为第十六段，写在朝廷敦促下，王宰、石雄两军进逼刘稹。吐蕃论恐热全军败没。）

【注释】

[1]甲寅朔：二月一日。[2]乙卯：二月二日。[3]丙辰：二月三日。[4]不相叶：王宰父智兴忌石雄得军心，奏其动摇军情，流白州。事见《资治通鉴》卷二百四十四唐文宗太和三年。故此王宰与石雄不相协。[5]缀（zhuì）：牵制。[6]质：作为人质。[7]贷：宽免。[8]私怀：

私情。［9］丁巳：二月四日。［10］崔元式：崔铉叔父，武宗朝历官河东、义成节度使，宣宗朝宰相。传见《旧唐书》卷一百六十三，《新唐书》卷一百六十。［11］己未：二月六日。［12］良马：寨名，在潞州西，在今山西长子县西北。［13］辛酉：二月八日。［14］狗脊岭：地名。按宋白《续通典》，狗脊岭在京城东市。［15］壬申：二月十九日。［16］淹留：久留。［17］戊寅：二月二十五日。［18］鼓腰岭：地名。位于石会关之南，在今山西武乡西北。［19］要路：主要通道。［20］河、湟四镇：河西、陇右、凉州、沙州。［21］十八州：秦、原、河、渭、兰、鄯、阶、成、洮、泯、临、廓、叠、宕、甘、凉、瓜、沙。［22］刘濛：官至大理卿。传见《新唐书》卷一百四十九。［23］巡边使：官名，朝廷所派巡视边防事务的专使。［24］糗（qiǔ）粮：干粮。［25］训卒砺兵：训练士卒，整治武器。［26］东谷：地名，在今甘肃和政县北。［27］原：同“源”。

上好神仙，道士赵归真得幸，谏官屡以为言。丙子[1]，李德裕亦谏曰：“归真，敬宗朝罪人[2]，不宜亲近！”上曰：“朕宫中无事时与之谈道涤烦[3]耳。至于政事，朕必问卿等与次对官，虽百归真不能惑也。”德裕曰：“小人见势利所在，则奔趣之，如夜蛾之投烛。闻旬日以来，归真之门，车马辐凑。愿陛下深戒之！”

戊寅[4]，以左仆射王起同平章事，充山南西道节度使，起以文臣未尝执政，直除使相[5]，前无此比，固辞；上曰：“宰相无内外之异，朕有阙失，卿飞表[6]以闻！”

李德裕以州县佐官太亢[7]，奏令吏部郎中柳仲郢[8]裁减。六月，仲郢奏减一千二百一十四员。仲郢，公绰之子也。

宦官有发仇士良宿恶，于其家得兵仗[9]数千。诏削其官爵，籍没家赀。

秋，七月，辛卯[10]，上与李德裕议以王逢将兵屯翼城，上曰：“闻逢用法太严，有诸？”对曰：“臣亦尝以此诘之，逢言：‘前有白刃，法不严，其谁肯进！’”上曰：“言亦有理，卿更召而戒之！”德裕因言刘稹不可赦。上曰：“固然。”德裕曰：“昔李怀光未平，京师蝗旱，米斗千钱，太仓米供天子及六宫无数旬之储。德宗集百官，遣中使马钦绪询之。左散骑常侍李泌[11]取桐叶拷破[12]，以授钦绪献之。德宗召问其故，对曰：‘陛下与怀光君臣之分，如此叶不可复合矣！’由是德宗意定。既破怀光，遂用为相[13]，独任数年。”上曰：“亦大是奇士”

上闻扬州[14]倡女善为酒令，敕淮南监军选十七人献之。监军请节度使杜悰同选，且欲更择良家美女，教而献之。悰曰：“监军自受敕，悰不敢预闻！”监军再三请之，不从。监军怒，具表其状，上览表默然。左右请并敕节度使同选，上曰：“敕藩方选倡女入宫，岂圣天子所为！杜悰不徇[15]监军意，得大臣体[16]，真宰相才也。朕甚愧之！”遽敕监军勿复选。甲辰[17]，以悰同平章事，兼度支、盐铁转运使。及悰中谢[18]，上劳之曰：“卿不从监军之言，朕知卿有致君[19]之心。今相卿，如得一魏征矣！”

（以上为第十七段，写唐武宗好神仙，敕淮南监军选美，但能听谏而节制。仇士良被削夺官职，家资被籍没。）

【注释】

[1]丙子：四月二十三日。 [2]敬宗朝罪人：唐敬宗宝历二年（826）赵归真被流放岭南。 [3]涤烦：消除烦恼。 [4]戊寅：四月二十五日。 [5]直除使相：从文臣直接被任命为节度使、同平章事。 [6]飞表：急报章表。 [7]亢：同“冗”。 [8]柳仲郢：字谕蒙，京兆华原（今陕西铜州市耀州区）人。历官京兆尹、河南尹，剑南东川、山南西道、天平军等节度使。传见《旧唐书》卷一百六十五，《新唐书》卷一百六十三。 [9]兵仗：兵器。 [10]辛卯：七月十日。 [11]李泌（721—789）：字长源，京兆（今陕西西安市）人，历仕肃宗、代宗、德宗三朝，官至宰相。传见《旧唐书》卷一百三十，《新唐书》卷一百三十九。 [12]挎破：揉破。 [13]遂用为相：贞元三年（787）李泌为相，贞元九年（793）卒于官。 [14]扬州：州名，治所江都。在今江苏扬州。 [15]徇：曲从。 [16]体：体统。 [17]甲辰：七月二十三日。 [18]中谢：官员接受任命后，入朝谢恩称中谢。 [19]致君：谓有致君尧舜之心。语见杜甫《奉赠韦左丞丈二十二韵》：“致君尧舜上，再使风俗淳。”

【点评】

本卷点评李德裕御边、悉怛谋事件的是非、朝廷用兵泽潞等三件史事。

一、李德裕御边。唐朝后期，国力衰竭，对内用兵藩镇，如果唐与周边民族不睦势将卷入两线作战，唐国力将不堪重负。当时周边民族衰弱，不愿与唐朝作战。李德裕为相，专力平藩镇，主张与周边少数民族结和，严厉制止边将兴事邀功。但是该出手时就出手，对侵犯唐疆的敌人，坚决打击、决不手软。李德裕剿抚并用的策略，收到了功效，边境安宁，为李德裕用兵泽潞奠定了基础。

北方回鹘，被西邻黠戛斯打败，诸部逃散。公元840年，回鹘一部分贵族嗢没斯等部到天德军请求内附。天德军驻节天德城，在中受降城西北三十里，在今内蒙古包头市西黄河北岸。天德军使田牟请求出击。当时武宗初立，李德裕为相，力排众议，坚请武宗约束田牟，不许邀功生事。会昌二年（842），嗢没斯等入朝。回鹘乌介可汗率所部侵扰天德、振武两军边塞。第二年，会昌三年（843），唐军大破乌介可汗，乌介逃走。李德裕约束边将邀功，设计分化敌军，部署既定，对顽敌一战成功。

回鹘西边的黠戛斯，打败回鹘，在会昌三年，送太和公主还唐，求册封。太和公主，系宪宗第十七女，下嫁回鹘崇德可汗。回鹘乱，为黠戛斯所得，遣使将公主送回唐朝示好。黠戛斯要求唐朝册封可汗，武宗初不同意，并想向黠戛斯讨回安西、北庭。李德裕上奏，指出当时唐朝国力，无力戍守安西、北庭两都护府，因求地引来纠纷，不是上策，黠戛斯已经自称可汗，求唐册封是借重唐朝以在西方求得尊贵的身价，不如顺水推舟以册封的名义，要求黠戛斯同回鹘一样，向唐称臣，守子孙之礼，借其力攻击回鹘。武宗采纳了，唐朝得利。太和公主回朝后，武宗改封其为安定大长公主，给予了隆重的礼遇。

击败回鹘乌介可汗，表现了李德裕善于用兵；结和黠戛斯，表现了李德裕精于政治。西北党项寇盐州，李德裕不用兵将安抚。李德裕御边，针对不同情况，采用不同的策略，收到功效，提高了唐朝的威望。

二、悉怛谋事件的是非。悉怛谋是吐蕃镇守维州（今四川理县）的边将。文宗太和五年（831），悉怛谋向西川节度使请降。李德裕上靖边破吐蕃之策，欲乘胜出击吐蕃，受到牛僧孺的排斥。其时牛僧孺为相，不愿李德裕建功，说“两国之间不可失信，不要贪一州之地引发吐蕃大举攻唐”。牛僧孺还夸大吐蕃强大，说吐蕃攻唐，三天时间就达到长安，西川远离长安数千里，救不了驾。唐文宗认为牛僧孺说得对，诏令李德裕不受降，把维州及降人退还吐蕃。吐蕃杀一儆百，把悉怛谋等数百人残杀在边境之上。不受降，可退还土地，决不应送还降人，这也是失信，而且是贱视生命。其后吐蕃分裂内战，失败的一方，也不向唐朝请降，认为唐王朝无信义，靠不住。再说，吐蕃乘安史之乱，夺取唐朝河西大片土地，吐蕃守信，就应归还唐朝。两国相交，一方不守信，而要求另一方守信，没这道理。牛僧孺的守信之说是片面道理，不能成立。儒家传统的义利之辨，是将两者对立，其实最高境界的利与义，两者是统一的，两国相交，利与义应是双赢互信。司马光用抽象的义利之辨，说牛僧孺讲的是信，李德裕守的是利，信大利小，肯定牛僧孺，否定李德裕，貌似有理，其实不对。牛僧孺和司马光夸大了吐蕃力量，是不实之词，也是以利害立论。由此可见，利与义是不能断然分割的，胡三省对司马光的话，做了点睛的评论。胡三省说："元祐之初，弃米脂等四寨以与西夏，盖当时国论大指如此。"（《资治通鉴》胡注）会昌三年（843），李德裕重提悉怛谋事件，要唐朝廷为之平反，封赠悉怛谋以慰忠魂。武宗追封悉怛谋为右卫将军，为这一事件的是非画上了明确的句号。

三、朝廷用兵泽潞。泽潞是昭义镇的代称。昭义镇共辖五州，泽潞两州为其核心，在今山西境内。泽州治所晋城，在今山西晋城。潞州治所上党，在今山西潞城。另有三州在河北，为邢、洺、磁三州。邢州治所龙冈，在今河北邢台市。洺州治所永年，在今河北邯郸市永年区。磁州治所滏阳，在今河北磁县。节度使驻潞州。昭义节度使刘从谏参与郑注谋诛宦官，郑注失败，刘从谏上书朝廷斥责仇士良。武宗为仇士良所立，于是刘从谏暗中策划割据。会昌三年，刘从谏死，使侄儿刘稹继位，效河北三镇自立留后，请求朝廷授节。李德裕坚决主张用兵，不准许内地节度使世袭。武宗采纳，用兵泽潞。黄州刺史杜牧上书李德裕献平乱之策，吸取以往朝廷用多镇兵力平乱，互相观望，都不用力，官军虽多，心不齐，结果打败仗。用兵泽潞，只需河阳出兵一万为官军堡垒，堵住天井关隘口，坚壁不与贼战，再用忠武、武宁两镇军队，加上青州五千精甲，从宣、润提调两千弓弩手，集中兵力直取上党，要不了几个月就可攻下贼人的巢穴。李德裕采纳了这个意见。成德、魏博、平卢河北三镇，要引援同类，对朝廷阳奉阴违，他们的本心是支持泽潞割据。李德裕用兵泽潞的主力军采用杜牧的策略，主攻方向不用三镇之兵。平卢守境，专力防御北方，成德、魏博两镇，只限于攻取泽潞镇的河北三州，他们即使不用力，也能使泽潞孤立。对于宦官监军，以往每军监使选用精兵为护身的牙兵，比例为十分之一。两军交战，监军使有精兵卫队护身，逼近前线在阵后高处观望，一见不利，就掉头逃跑，自乱阵脚。李德裕与枢密使杨钦义协商，请监军使，第一，不得干预军政，第二，监军的卫队只抽取百分之一的士兵，有功一体受赏。监军使的卫队少了，不敢深入前沿阵地，只在后面，同样得到奖赏，有利无害。官军攻战的主体明确，少了监军使的捣乱，作战效率提高，取得了平叛的成功。会昌四年（844），泽潞诸将杀刘稹请降，朝廷收复了昭义镇。

会昌年间，李德裕为相，御边打败回鹘，平乱收复昭义镇建立了卓越的功勋。朝廷的声望提高，南衙的地位提升，北司退缩，两者相对平衡，延伸至宣宗朝，稳定局面维持了二十余年。李德裕是当之无愧的晚唐中兴名臣。但李德裕有一个最大的弱点，保持朋党积习。会昌二年（842），唐武宗想用白居易为相，白居易妻族杨氏属于李宗闵一党，白居易又与元稹交好，李德裕切齿，以白居易老病为由，引用白居易之弟白敏中为相，排斥白居易。实际上白居易本人并没有卷入朋党之争，他在唐文宗朝时为了避免朋党牵累，主动求做闲散官，无意争权。当时白居易已七十一岁，又中风已病三四年，已无能力做相。武宗欲用白居易做相，只是给予一个荣誉性的虚职，无碍李德裕办事。倒是白敏中是李宗闵之党，宣宗即位，李德裕吃尽了白敏中的苦头。李德裕心胸猛窄，咎由自取。

卷二四八　唐纪六十四

唐武宗会昌四年至唐宣宗大中三年（844—849年）

【起阏逢困敦（甲子，844年）闰月，尽屠维大荒落（己巳，849年），凡五年有奇】

【大事提要】

本卷记事起公元844年闰七月，讫公元849年，凡五年又六个月。当唐武宗会昌四年至唐宣宗大中三年。即本卷又是记载两朝皇帝交替之间的史事。前两年多的时段，是会昌初中兴政治的延续，政治上有两大成就。一是全面彻底地平定了泽潞的割据之乱，二是唐武宗灭佛。唐武宗与李德裕，可称为有唐一代的明君贤相，又鱼水相投，设若假以时日，有唐中兴有望。可惜武宗好神仙，服食金丹，年三十三中毒死亡。李德裕仇视牛党，加之有功骄恣而四面树敌，也断送了前程。会昌之治伴随武宗之死而终结，宣宗即位，立即斥逐李德裕。白敏中是李德裕提拔的宰相，他没有效法西汉曹参的萧规曹随，维护唐室难得一见的大好局面，而是投宣宗之好，对李德裕恩将仇报，一贬再贬置李德裕于死地。会昌之治也被全盘推翻，佞佛之风再炽，世风与政治迅速衰败，从此，唐王朝一蹶不振。

武宗至道昭肃孝皇帝下

会昌四年（甲子，844年）

闰月，壬戌[1]，以中书侍郎、同平章事李绅同平章事，充淮南节度使。

李德裕奏：“镇州奏事官高迪密陈[2]意见二事：其一，以为‘贼中好为偷兵术[3]，潜抽诸处兵聚于一处，官军多就迫逐[4]，以致失利；经一两月，又偷兵诣他处。官军须知此情，自非来攻城栅，慎勿与战。彼淹留不过三日，须散归旧屯，如此数四[5]空归，自然丧气。官军密遣谍者调其抽兵之处，乘虚袭之，无不捷矣。’其二，‘镇、魏屯兵虽多，终不能分贼势。何则？下营[6]不离故处，每三两月一深入，烧掠而去。贼但固守城栅，城外百姓，贼亦不惜。宜令进营据其要害，以渐逼之。若止如今日，贼中殊[7]不以为惧。’望诏诸将各使知之！”

刘稹腹心将高文端降，言贼中乏食，令妇人挼[8]穗舂之以给军。德裕访文端破贼之策，文端以为：“官军今直攻泽州，恐多杀士卒，城未易得。泽州兵约万五千人，贼常分兵太半[9]，潜伏山谷，伺官军攻城疲弊，则四集[10]救之，官军必失利。今请令陈许军过乾河[11]立寨，自寨城连延筑为夹城[12]，环绕泽州，日遣大军布陈于外以扞[13]救兵。贼见围城将合，必出大战；待其败北，然后乘势可取。”德裕奏请诏示王宰。

文端又言：“固镇寨[14]四崖悬绝，势不可攻。然寨中无水，皆饮涧水，在寨东约一里许。宜令王逢进兵逼之，绝其水道，不过三日，贼必弃寨遁去，官军即可追蹑。前十五里至青龙寨[15]，亦四崖悬绝，水在寨外，可以前法取也。其东十五里则沁州城[16]。”德裕奏请诏示王逢。

文端又言：“都头王钊将万兵戍洺州，刘稹既族薛茂卿，又诛邢洺救援兵马使谈朝义兄弟三人，钊自是疑惧；稹遣使召之，钊不肯入，士卒皆哗噪，钊必不为稹用。但钊及士卒家属皆在潞州，又士卒恐已降为官军所杀，招之必不肯来。惟有谕意于钊，使引兵入潞州取稹，事成之日，许除别道[17]节度使，仍厚有赐与，庶几[18]肯从。”德裕奏请诏何弘敬潜遣人谕以此意。

（以上为第一段，写泽潞叛军战术被官军破解，大将投降，面临灭亡。）

【注释】

[1]壬戌：闰七月十七日。[2]密陈：秘密陈述。[3]偷兵术：指暗中变换部署，集中兵力。[4]就迫逐：向贼兵逼迫追逐。[5]数四：三四次。[6]下营：扎营。[7]殊：甚、很。[8]挼（ruó）：揉搓。[9]太半：大半，三分之二。[10]四集：四面集中。[11]乾河：河名。在今山西翼城县南，西北流入浍水。[12]夹城：指连接营寨的交通甬道墙，为双层墙，中有通道。城，城墙。[13]扞：抵御。[14]固镇寨：寨名。胡三省注：“《九域志》：磁州武安县有固镇镇。”在今河北武安市西。[15]青龙寨：寨名。在今河北临城县。[16]沁州城：即沁源县城，为沁州治所，故称。在今山西沁源县。[17]别道：泽潞以外的其他方镇。[18]庶几：或许。

刘稹年少懦弱，押牙王协、宅内兵马使李士贵用事，专聚货财，府库充溢，而将士有功无赏，由是人心离怨[1]。刘从谏妻裴氏，冕[2]之支孙也，忧稹将败，其弟问，典兵在山东，欲召之使掌军政。士贵恐问至夺己权，且泄其奸状，乃曰："山东之事仰成于五舅[3]，若召之，是无三州[4]也。"乃止。

王协荐王钊为洺州都知兵马使；钊得众心，而多不遵使府约束，同列高元武、安玉言其有贰心。稹召之，钊辞以"到洺州未立少功[5]，实所惭恨，乞留数月，然后诣府。"许之。

王协请税商人[6]，每州遣军将一人主之，名为税商，实籍编户家赀[7]，至于什器[8]无所遗，皆估[9]为绢匹，十分取其二，率[10]高其估。民竭浮财[11]及糗粮输之，不能充，皆恟恟不安。

军将刘溪尤贪残，刘从谏弃不用；溪厚赂王协，协以邢州富商最多，命溪主之。裴问所将兵号"夜飞"，多富商子弟，溪至，悉拘其父兄；军士诉于问，问为之请，溪不许，以不逊语答之。问怒，密与麾下谋杀溪归国[12]，并告刺史崔嘏[13]，嘏从之。丙子[14]，嘏、问闭城，斩城中大将四人，请降于王元逵。时高元武在党山[15]，闻之，亦降。

先是使府赐洺州军士布，人一端，寻有帖以折冬赐。会税商军将至洺州，王钊因人不安，谓军士曰："留后[16]年少[17]，政非己出。今仓库充实，足支十年，岂可不少散之以慰劳之士！使帖不可用也。"乃擅开仓库，给士卒人绢一匹，谷十二石，士卒大喜。钊遂闭城请降于何弘敬。安玉在磁州，闻二州降，亦降于弘敬。尧山都知兵马使魏元谈等降于王元逵，元逵以其久不下，皆杀之。

八月，辛卯[18]，镇、魏奏邢、洺、磁三州降，宰相入贺。李德裕曰："昭义根本尽在山东，三州降，则上党不日有变矣。"上曰："郭谊必枭[19]刘稹以自赎。"德裕曰："诚如圣料。"上曰："于今所宜先处者何事？"德裕请以[20]卢弘止[21]为三州留后，曰："万一镇、魏请占三州，朝廷难于可否。"上从之。诏山南东道兼昭义节度使卢钧乘驿[22]赴镇。

（以上为第二段，写邢洺磁三州降，泽潞丧失东三州屏障，大门洞开。）

【注释】

[1]离怨：离散、怨恨。［2］冕：裴冕，唐肃宗、唐代宗两朝宰相。传见《旧唐书》卷一百一十三，《新唐书》卷一百四十。［3］五舅：裴问排行第五，故称。［4］三州：指昭义所辖山东邢、洺、磁三州。［5］少功：小功。［6］税商人：向商人征税。［7］籍编户家赀：登记百姓家产。编户，即编户之民、百姓。［8］什器：家常所用杂物。［9］估：估价。［10］率（shuài）：大抵，一般。［11］浮财：指能流通的钱财等动产。［12］归国：谓归附朝廷。［13］崔嘏：字乾锡，历官邢州刺史、中书舍人。李德裕贬潮州司马，嘏草拟制书，坐不尽言其罪，贬端州刺史。传见《新唐书》卷一百八十。［14］丙子：闰七月二十五日。［15］高元武在党山：据《旧唐书·武宗纪》："王元逵奏邢州刺史裴问、别将高元武以城降。"与《资治通鉴》异。党山，胡注：恐当作"尧山"。［16］留后：即刘稹。［17］少：稍微。［18］辛卯：八月十一日。［19］枭（xiāo）：斩首悬于木上示众。此处为斩、杀之义。［20］请以：据章校，"以"下有"给事中"三字。是。［21］卢弘止：一作卢弘正。字子强，大历十才子卢纶第三子。历官给事中、工部、户部侍郎，官终宣武节度使。传见《旧唐书》卷一百六十三，《新唐书》卷一百七十七。［22］乘驿：乘用驿站车马。

潞人闻三州降，大惧。郭谊、王协谋杀刘稹以自赎；稹再从兄中军使[1]匡周兼押牙，谊患之，言于稹曰："十三郎[2]在牙院[3]，诸将皆莫敢言事，恐为十三郎所疑而获罪，以上失山东。今诚得十三郎不入，则诸将始敢尽言，采于众人，必获长策。"稹召匡周谕之，使称疾不入。匡周怒曰："我在院中，故诸将不敢有异图；我出院，家必灭矣！"稹固请之，匡周不得已，弹指[4]而出。

谊令稹所亲董可武说稹曰："山东之叛，事由五舅，城中人人谁敢相保！留后今欲何如？"稹曰："今城中尚有五万人，且当闭门坚守耳。"可武曰："非良策也。留后不若束身归朝，如张元益[5]，不失作刺史。且以郭谊为留后，俟得节之日，徐奉太夫人[6]及室家金帛归之东都，不亦善乎？"稹曰："谊安肯如是？"可武曰："可武已与之重誓，必不负也。"乃引谊入。稹与之密约既定，乃白其母，母曰："归朝诚为往事，但恨已晚。吾有弟不能保，安能保郭谊！汝自图之！"稹乃素服出门，以母命署谊都知兵马使。王协已戒[7]诸将列于外厅，谊拜谢稹已，出见诸将，稹治装[8]内丁厅。李士贵闻之，帅后院兵数千攻谊。谊叱之曰："保不自取赏物，乃欲与李士贵同死乎！"军士乃退，共杀士贵。谊易置将吏，部署军士，一夕俱定。

明日，使董可武入谒稹曰："请议公事。"稹曰："何不言之"可武曰："恐惊太夫人。"乃引稹步出牙门，至北宅[9]，置酒作乐。酒酣，乃言："今日之事欲全太尉[10]一家，须留后自图去就，则朝廷必垂矜闵。"稹曰："如所言，稹之心也。"可武遂前执其手，崔玄度自后斩之，因收稹宗族，匡周以下至襁褓中子皆杀之。又杀刘从谏父子所厚善者张谷、陈扬庭、李仲京[11]、郭台、王羽、韩茂章、茂实、王渥、贾庠等凡十二家，并其子侄甥婿无遗。仲京，训之兄；台，行余之子；羽，涯之从孙；茂章、茂实，约之子；渥，璠之子；庠，竦之子也。甘露之乱[12]，仲京等亡归从谏，从谏抚养之。凡军中有小嫌[13]者，谊日有所诛，流血成泥。乃函稹首，遣使奉表及书，降于王宰。首过泽州，刘公直举营恸哭，亦降于宰。

（以上为第三段，写泽潞大将郭谊、王协卖主求荣，杀刘稹投降。）

【注释】

[1]中军使：官名。统领中军事务。中军，节度使直属的精锐亲军。 [2]十三郎：刘匡周排行十三，故称。 [3]牙院：押牙办公处所。 [4]弹指：弹击手指，表示愤怒。 [5]如张元益：元益之父张璠为义武节度使。璠死，军中欲立元益，朝廷不准，任命为代州刺史。元益遂离义成。事见《资治通鉴》卷二百四十六唐文宗开成五年。 [6]太夫人：对刘稹之母裴氏的尊称。 [7]戒：命令。 [8]治装：整理行装。 [9]北宅：昭义节度使别宅，在使宅之北，故称北宅。 [10]太尉：即刘悟。悟死，赠太尉。 [11]李仲京：李训之兄，官至监察御史。事附《新唐书》卷二百一十四《刘稹传》。 [12]甘露之乱：公元835年，李训、郑注以看甘露为名，谋杀宦官，事败被诛，史称甘露之变。事见《资治通鉴》卷二百四十五文宗太和九年。 [13]嫌：仇怨。

乙未[1]，宰以状闻。丙申[2]，宰相入贺。李德裕奏："今不须复置邢、洺、磁留后，但遣卢弘止宣慰三州及成德、魏博两道。"上曰："郭谊宜如何处之？"德裕曰："刘稹騃[3]孺子耳，阻兵拒军，皆谊为之谋主；及势孤力屈，又卖稹以求赏。此而不诛，何以惩恶！宜及诸军在境，并谊等诛之！"上曰："朕意亦以为然。"乃诏石雄将七千人入潞州，以应谣言[4]。杜悰以馈运不给，谓谊等可赦，上熟视不应。德裕曰："今春泽潞未平，太原复扰，自非圣断坚定，二寇何由可平！外议以为若在先朝，赦之久矣。”上曰：“卿不知文宗心地[5]不与卿合，安能议乎！”罢卢钧山南东道，专为昭义节义使。

戊戌[6]，刘稹传首至京师。诏：“昭义五州给复[7]一年，军行所过州县免今年秋税。昭义自刘从谏以来，横增赋敛，悉从蠲免。所籍土团[8]并纵遣[9]归农。诸道将士有功者，等级加赏[10]。”

郭谊既杀刘稹，日望旌节；既久不闻问[11]，乃曰：“必移他镇。”于是阅鞍马，治行装；及闻石雄将至，惧失色[12]。雄至，谊等参贺毕，敕使张仲清曰：“郭都知[13]告身来日当至；诸高班[14]告身在此，晚牙来受之！”乃以河中兵环球场，晚牙[15]，谊等至，唱名[16]引入，凡诸将桀黠[17]拒官军者，悉执送京师。加何弘敬同平章事。丁未[18]，诏发刘从谏尸[19]，暴[20]于潞州市三日；石雄取其尸置球场斩锉[21]之。

戊申[22]，加李德裕太尉、赵国公，德裕固辞。上曰：“恨无官赏卿耳！卿若不应得，朕至不与卿。”

初，李德裕以“韩全义[23]以来，将帅出征屡败，其弊有三：一者，诏令下军前，日有三四，宰相多不预闻。二者，监军各以意见指挥军事，将帅不得专进退[24]。三者，每军各有宦者为监使，悉选军中骁勇数百为牙队，其在陈战斗者，皆怯弱之士；每战，监使自有信旗[25]，乘高立马，以牙队[26]自卫，视军势小卻[27]，辄引旗先走[28]，陈[29]从而溃。”德裕乃与枢密使杨钦义、刘行深议，约敕[30]监军不得预军政，每兵千人听监使取十人自卫，有功随例沾赏[31]。二枢密皆以为然，白上行之。自御回鹘至泽潞罢兵，皆守此制。自非[32]中书进诏意[33]，更无他诏自中[34]出者。号令既简，将帅得以施其谋略，故所向有功。

自用兵以来，河北三镇每遣使者至京师，李德裕常面谕之曰：“河朔兵力虽强，不能自立，须藉朝廷官爵威命[35]以安军情。归语汝使：与其使大将邀宣慰敕使以求官爵，何如自奋忠义，立功立事，结知[36]明主，使恩出朝廷，不亦荣乎！且以耳目所及者言之，李载义在幽州，为国家尽忠平沧景[37]，及为军中所逐，不失作节度使[38]，后镇太原[39]，位至宰相[40]。杨志诚遣大将遮敕使马求官，及为军中所逐，朝廷竟不赦其罪[41]。此二人祸福足以观矣。”德裕复以其言白上，上曰：“要当如此明告之。”由是三镇不敢有异志。

（以上为第四段，写李德裕调度有方，策略得当，军事政治双管齐下，为讨平泽潞立了首功。

【注释】

［1］乙未：八月十五日。［2］丙申：八月十六日。［3］騃（ái）：愚、呆。［4］谣言：即潞州市有男子磬折唱曰：“石雄七千人至矣”事见《资治通鉴》卷二百四十七唐武宗会昌三年。［5］心地：存心。［6］戊戌：八月十八日。［7］给复：免征赋役。［8］所籍土团：登记入册的地方武装集团。［9］纵遣：释放遣散。［10］等级加赏：按位次等级予以奖赏。［11］不闻问：听不到朝廷的消息。［12］惧失色：惊恐而改变面色。［13］郭都知：即郭谊，时为都知兵马使。［14］诸高班：谓诸将。高班，位次高的官员。［15］晚牙：即晚衙。方镇及州县长官一日早晚两次坐衙治事，傍晚一次称晚衙。［16］唱名：高声呼名。［17］桀黠：凶悍狡猾。［18］丁未：八月二十七日。［19］发刘从谏尸：掘开刘谏的坟取尸。发，掘。［20］暴（pù）：同“曝”，暴露。［21］斩锉（cuò）：刀斩锉磨，此指戮尸。［22］戊申：八月二十八日。［23］韩全义：官至夏绥银宥节度使。贞元十四年（798）淮西吴少诚叛，郭全义率十七镇之师讨伐。全义不懂战略，号令全由监军做主，遂败于溵水。传见《旧唐书》卷一百六十二，《新唐书》卷一百四十一。［24］专进退：独自决定军队进退行止。［25］信旗：信号旗，用以指挥军队进退。［26］牙队：护卫亲兵称牙队。牙队是从众军中精挑的勇敢之士。［27］小卻：稍有退却。卻：同“却”。［28］引旗先走：扛着旗子先跑。［29］陈：同“阵”。［30］约敕：告诫约束。［31］沾赏：分得赏赐。［32］自非：如果不是。［33］中书进诏意：中书省进奏的为皇帝所草拟的诏书。［34］中：指禁中。［35］威命：威严的命令，指朝庭诏命。［36］结知：结交而使了解。［37］平沧景：唐文宗太和元年（827）李同捷据沧景叛，卢龙节度使李载义等奉命讨伐，三年叛平。［38］不失作节度使：太和五年（831）李载义为其兵马使杨志诚所逐，朝廷任命为山南西道节度使。［39］后镇太原：太和七年（833）李载义调任河东节度使。［40］位至宰相：太和三年（829）以平沧景功，加李载义同平章事。载义事见《资治通鉴》卷二百四十四至二百四十六。［41］不赦其罪：杨志诚逐李载义，任卢龙节度使。太和八年亦为部下所逐，因曾私制天子衮服，流放岭南，途中诛死。事见《资治通鉴》卷二百四十四至二百四十五。

九月，诏以泽州隶河阳节度。

丁巳[1]，卢钧入潞州。钧素宽厚爱人，刘稹未平，钧已领昭义节度，襄州士卒[2]在行营[3]者，与潞人战，常对陈扬钧之美。及赴镇[4]，入天井关，昭义散卒归之者，钧皆厚抚之，人情大洽，昭义遂安。

刘稹将郭谊、王协、刘公直、安全庆、李道德、李佐尧、刘武德、董可武等至京师，皆斩之。

臣光曰：董重质之在淮西[5]，郭谊之在昭义，吴元济、刘稹，如木偶人在伎儿[6]之手耳。彼二人始则劝人为乱，终则卖主规利[7]，其死固有余罪。然宪宗用之于前，武宗诛之于后，臣愚以为皆失之。何则？赏奸，非义也；杀降，非信也。失义与信，何以为国！昔汉光武待王郎、刘盆子止于不死，知其非力竭则不降故也。樊崇、徐宣、王元、牛邯之徒，岂非助乱之人乎？而光武不杀[8]，盖以既受其降，则不可复诛故也。若既赦而复逃亡叛乱，则其死固无辞矣！如谊等，免死流之远方，没齿不还，可矣；杀之，非也！

（以上为第五段，写卖主求荣的泽潞叛将被斩，司马光评论认为朝廷处置失宜，赏奸、杀降丧失信义。）

【注释】

［1］丁巳：九月七日。［2］襄州士卒：即卢钧属下士兵。卢原为山南东道节度使，辖襄、钧、房、复等州。［3］行营：此指战时状态，谓行军打仗的营垒。［4］赴镇：到昭义镇上任。［5］董重质之在淮西：董重质原淮西大将，为吴元济反叛出谋划策。后吴元济要归顺朝廷，被董阻止。在李愬入蔡州，擒元济前夕，董投降。事见《资治通鉴》卷二百三十九至二百四十唐宪宗元和九年至十二年。［6］伎儿：杂技演员。［7］规利：图利。［8］光武不杀：指东汉开国皇帝光武帝刘秀不杀王郎、刘盆子、樊崇、徐宣、王元、牛邯等敌对首领。新莽末，天下纷乱。王郎诈称汉成帝子刘子舆，称帝于邯郸。刘盆子被赤眉军奉为皇帝，樊崇、徐宣皆赤眉军首领；王元、牛邯均西州割据者隗嚣的部将。上述诸人先后被汉光武帝打败而投降，光武帝受降而不杀。

王羽、贾庠等已为谊所杀，李德裕复下诏称“逆贼[1]王涯、贾悚等已就昭义诛其子孙”，宣告中外，识者非之[2]。刘从谏妻裴氏亦赐死；又令昭义降将李丕、高文瑞、王钊等疏昭义将士与刘稹同恶者，悉诛之，死者甚众。卢钧疑其枉滥[3]，奏请宽之，不从。

昭义属城有尝无礼于王元逵者，元逵推求[4]得二十余人，斩之；余众惧，复闭城自守。戊辰[5]，李德裕等奏：“寇孽既平，尽为国家城镇，岂可令元逵穷兵[6]攻讨！望遣中使赐城内将士敕，招安之，仍诏元逵引兵归镇，并诏卢钧自遣使安抚。”从之。

乙亥[7]，李德裕等请上尊号，且言：“自古帝王，成大功必告天地；又，宣懿太后[8]祔庙[9]，陛下未尝亲谒。”上瞿然[10]曰：“郊庙之礼，诚宜亟行，至于徽[11]称，非所敢当！”凡五上表，乃许之。

李德裕奏：“据幽州奏事官言：诇知回鹘上下离心，可汗欲之安西，其部落言亲戚皆在唐，不如归唐；又与室韦已相失[12]，计其不日来降，或自相残灭。望遣识事[13]中使赐仲武诏，谕以镇、魏已平昭义，惟回鹘未灭，仲武犹带北面招讨使，宜早思立功。”

李德裕怨太子太傅，东都留守牛僧孺、湖州刺史李宗闵，言于上曰：“刘从谏据上党十年，太和中入朝，僧孺、宗闵执政，不留之，加宰相纵去[14]，以成今日之患，竭天下力乃能取之，皆二人之罪也。”德裕又使人于潞州求僧孺、宗闵与从谏交通书疏[15]，无所得，乃令孔目官郑庆言从谏每得僧孺、宗闵书疏，皆自焚毁。诏追庆下御史台按问[16]，中丞李回、知杂郑亚以为信然。河南少尹吕述与德裕书，言稹破报至[17]，僧孺出声叹恨。德裕奏述书，上大怒，以僧孺为太子少保、分司，宗闵为漳州[18]刺史；戊子[19]，再贬僧孺汀州刺史，宗闵漳州长史。

上幸鄠校猎。

十一月，复贬牛僧孺循州长史，宗闵长流[20]封州[21]。

十二月，以忠武节度使王宰为河东节度使，河中节度使石雄为河阳节度使。

上幸云阳校猎。

（以上为第六段，写李德裕报复旧恨，一贬再贬牛僧孺、李宗闵。此牛李党争第五回合。）

【注释】

[1]逆贼：此指王涯、贾悚为逆贼。句意谓王涯、贾悚等人的子孙投靠昭义，遭到郭谊的杀害，是天理昭然。 [2]识者非之：王、贾的子孙投靠昭义，并非叛逆，遭到族灭已属不幸；李德裕又彰明其罪，更属过分，故受到有识之士的非难。 [3]枉滥：指滥施刑狱而使许多人蒙冤。枉，冤枉。 [4]推求：追究。 [5]戊辰：九月八日。 [6]穷兵：竭尽兵力。 [7]乙亥：九月二十五

日。[8]宣懿太后：穆宗妃韦氏乃唐武宗生母，被追谥为宣懿太后。[9]祔庙：将死者神主附于祖庙，以受祭祀，称祔庙。宣懿太后祔太庙穆宗之室。[10]瞿然：惊愕的样子。[11]徽：美。[12]相失：互相失和，即相恶。[13]识事：善于处理事情。[14]加宰相纵去：唐文宗太和六年（832）昭义节度使刘从谏入朝。七年加从谏同平章事，遣归镇。[15]书疏：书信、信札。[16]追庆下御史台按问：把郑庆交付御史台追究审讯。[17]稹破报至：谓报告刘稹灭亡的捷报送至东都。[18]漳州：州名。治所龙溪，在今福建漳州市。[19]戊子：九月辛亥朔，无戊子。戊子，十月九日。[20]长流：长期流放。[21]封州：州名。州治封川县，在今广东封开县。

五年（乙丑，845年）

春，正月，己酉朔[1]，群臣上尊号曰仁圣文武章天成功神德明道大孝皇帝，尊号始无"道"字，中旨[2]令加之。庚戌[3]，上谒太庙；辛亥[4]，祀昊天[5]上帝，赦天下。

筑望仙台于南郊。

庚申[6]，义安太后[7]王氏崩。

以秘书监卢弘宣[8]为义武节度使。弘宣性宽厚而难犯，为政简易，其下便之。河北之法，军中偶语[9]者斩，弘宣至，除其法。诏赐粟三十万斛，在飞狐[10]西，计运致之费逾于粟价，弘宣遣吏守之。会春旱，弘宣命军民随意自往取之，粟皆入境，约秋稔[11]偿之。时成德、魏博皆饥，独易定之境无害。

淮南节度使李绅按江都[12]令吴湘盗用程粮钱[13]，强娶所部百姓颜悦女，估其资装[14]为赃，罪当死。湘，武陵[15]之兄子也，李德裕素恶武陵。议者多言其冤，谏官请覆按[16]，诏遣监察御史崔元藻[17]、李稠覆之。还言："湘盗程粮钱有实；颜悦本衢州[18]人，尝为青州牙推，妻亦士族，与前狱异。"德裕以为无与夺[19]，二月，贬元藻端州司户，稠汀州司户。不复更推[20]，亦不付法司详断，即如绅奏，处湘死。谏议大夫柳仲郢、敬晦[21]皆上疏争之，不纳。稠，晋江人；晦，昕之弟也。

李德裕以柳仲郢为京兆尹；素与牛僧孺善，谢德裕曰："不意太尉恩奖及此，仰报厚德，敢不如奇章公门馆[22]！"德裕不以为嫌[23]。

夏，四月，壬寅[24]，以陕虢观察使李拭为册黠戛斯可汗使。

五月，壬戌[25]，葬恭僖皇后于光陵柏城之外[26]。

门下侍郎、同平章事杜悰罢为右仆射，中书侍郎、同平章事崔铉罢为户部尚书。乙丑[27]，以户部侍郎李回为中书侍郎、同平章事，判户部如故。

祠部奏括[28]天下寺四千六百，兰若[29]四万，僧尼二十六万五百。

诏册黠戛斯可汗为宗英雄武诚明可汗。

秋，七月，丙午朔[30]，日有食之。

上恶僧尼耗蠹[31]天下，欲去之，道士赵归真等复劝之；乃先毁山野招提、兰若，敕上都[32]、东都两街[33]各留二寺，每寺留僧三十人；天下节度、观察使治所及同、华、商[34]、汝州各留一寺，分为三等[35]：上等留僧二十人，中等留十人，下等五人。余僧及尼并大秦穆护[36]、祆僧[37]皆勒归俗。寺非应留者，立期令所在毁撤，仍遣御史分道督之。财货田产并没官，寺材以葺公廨[38]驿舍，铜像、钟磬以铸钱。

以山南东道节度使郑肃检校右仆射、同平章事。

诏发昭义骑兵五百、步兵千五百戍振武，节度使卢钧出至裴村[39]饯之；潞卒素骄，惮于远戍，乘醉，回旗入城，闭门大噪，钧奔潞城[40]以避之。监军王惟直自出晓谕，乱兵击之，伤，旬日而卒。李德裕奏："请诏河东节度使王宰以步骑一千守石会关，三千自仪州路据武安[41]，以断邢、洺之路；又令河阳节度使石雄引兵守泽州，河中节度使韦恭甫发步骑千人戍晋州。如此，贼必无能为[42]。"皆从之。

八月，李德裕等奏："东都九庙[43]神主[44]二十六，今贮于太微宫[45]小屋，请以废寺材复修太庙。"

壬午[46]，诏陈释教[47]之弊，宣告中外。凡天下所毁寺四千六百余区，归俗僧尼二十六万五百人，大秦穆护、祆僧二千余人，毁招提、兰若四万余区[48]。收良田数千万顷，奴婢十五万人。所留僧皆隶主客[49]，不隶祠部。百官奉表称贺。寻又诏东都止留僧二十人，诸道留二十人者减其半，留十人者减三人，留五人者更不留[50]。

五台[51]僧多亡奔幽州。李德裕召进奏官谓曰："汝趣白本使，五台僧为将必不如幽州将，为卒必不如幽州卒，何为虚取容纳之名，染[52]于人口！独不见近日刘从谏招聚无算[53]闲人，竟有何益！"张仲武乃封二刀付居庸关[54]曰："有游僧入境则斩之。"

主客郎中韦博[55]以为事不宜太过，李德裕恶之，出为灵武节度副使。

（以上为第七段，写唐武宗灭佛。）

【注释】

[1]己酉朔：正月一日。 [2]中旨：直接由宫中发出的皇帝旨意称中旨。 [3]庚戌：正月二日。 [4]辛亥：正月三日。 [5]昊天：即天。昊，大。 [6]庚申：正月十二日。 [7]义安太后：即唐穆宗恭僖皇后，生唐敬宗。唐文宗即位之初，以敬宗年号称之为宝历太后；太和五年（831）又以其所居义安殿称之为义安太后。传见《旧唐书》卷五十二，《新唐书》卷七十七。[8]卢弘宣：字子章，历任给事中，剑南东川、义武等节度使。传见《新唐书》卷一百九十七。[9]偶语：相对私语。 [10]飞狐：县名。县治在今河北涞源县。 [11]秋稔：秋天谷物成熟。[12]江都：县名。县治在今江苏扬州市。 [13]程粮钱：官吏公出，计里程给粮，粮重不便长途携带，折算成钱，叫程粮钱。近似今日的旅差费。 [14]资装：资财衣物。 [15]武陵：吴武陵，信州（今江西上饶）人，历任太学博士，韶州刺史。传见《新唐书》卷二百零三。 [16]覆按：再次审查，重新查验。 [17]崔元藻：历任监察御史、武功令等。事附《新唐书》卷一百八十一《李绅传》。 [18]衢州：州名。治所信安，在今浙江衢州市。 [19]无与夺：无定夺，即模棱两可。[20]不复更推：不再重新推究案情。 [21]敬晦：字日彰，河中河东（今山西永济市）人。唐武宗时任谏议大夫，唐宣宗时任御史中丞、刑部侍郎、兖州节度使。传见《新唐书》卷一百七十七。[22]敢不如奇章公门馆：意思是怎敢不像对待牛僧孺那样来对待你呢！奇章公是僧孺先祖牛弘的封号，人们亦用来称僧孺。 [23]嫌：猜忌。 [24]壬寅：四月二十六日。 [25]壬戌：五月十六日。 [26]柏城之外：恭僖皇后原是唐穆宗妃子，故不合葬，而陪葬于光陵柏城之外。柏城，皇帝陵园种柏树，周围筑墙，称作柏城。 [27]乙丑：五月十九日。 [28]括：总括。 [29]兰若：私人所建之寺庙称兰若或招提。 [30]丙午朔：七月一日。 [31]耗蠹：耗损。 [32]上都：唐朝称长安为上都。 [33]两街：左街和右街。 [34]商州：州名。在今陕西商洛市商州区。[35]分为三等：谓寺庙分为三等。上等寺庙所在地有：镇州、魏博、淮南、西川、山南东道、荆南、岭南、汴宋、幽州、东川、鄂岳、浙西、浙东、宣歙、湖南、江西、河南府；中等有：山南西道、河东、郑滑、陈许、潞磁、郓曹、徐泗、凤翔、兖海、淄青、沧齐、易定、福建、同华州；下等有桂管、邕管、黔中、安南、汝、金、商州、容管。 [36]大秦穆护：罗马帝国拜火教传教士。 [37]祆僧：祆教僧人。祆教即拜火教，流行于古波斯及中亚一带，认为世界有善恶二道。把火作为善与光明的象征来崇拜，故称拜火教。南北朝时传入中国，称祆教。 [38]公廨：官署。[39]裴村：地名。位于上党城西，在今山西长治市西。 [40]潞城：县名。县治在今山西长治市潞城区。 [41]武安：县名。县治在今河北武安市。 [42]必无能为：谓潞州四境皆分兵把守（王

宰守北、东，石雄守南，韦恭甫守西），乱兵无法逃奔他镇，一定不会有什么大的作为。［43］东都九庙：太庙原只立于京城，唐中宗神龙元年（705）又立太庙于东都，从此东西二都皆有庙。唐高祖武德元年（618）始立四庙，唐太宗时立六庙，唐睿宗时立七庙，至玄宗开元十年（722）定为九庙。［44］神主：已故帝、后之牌位。［45］太微宫：即老君庙。唐高宗乾封元年（666）追尊老子为太上玄元皇帝。唐玄宗开元二十九年（741）命两京诸州各置玄元皇帝庙。天宝二年（743）改称西京玄元庙为太微宫。［46］壬午：八月七日。［47］释教：即佛教。佛祖姓释迦，故佛教亦称释教。［48］区：处。［49］主客：为礼部所属第四司，掌藩国朝聘之事，其正、副长官为主客郎中、员外郎。释教出自天竺国，故隶属主客。［50］更不留：改为不留一僧。［51］五台：山名。在今山西五台县。［52］染：沾污。［53］无算：无数。［54］居庸关：关名。即今北京市昌平区西北居庸关。［55］韦博：字大业，京兆万年（今陕西西安）人。历官谏议大夫、京兆尹、平卢、昭义等节度使。传见《新唐书》卷一百七十七。

昭义乱兵奉都将李文矩为帅；文矩不从，乱兵亦不敢害。文矩稍以祸福谕之，乱兵渐听命，乃遣人谢卢钧于潞城。钧还入上党，复遣之戍振武；行一驿[1]，乃潜选兵追之；明日，及于太平驿[2]，杀之。具以状闻，且请罢河东、河阳兵[3]在境上者，从之。

九月，诏修东都太庙。

李德裕请置备边库，令户部岁入钱帛十二万缗匹，度支盐铁岁入钱帛十二万缗匹，明年减其三之一，凡诸道所进助军财货皆入焉，以度支郎中判之。

王才人[4]宠冠后庭，上欲立以为后；李德裕以才人寒族，且无子，恐不厌[5]天下之望，乃止。

上饵方士金丹，性加躁急，喜怒不常。冬，十月，上问李德裕以外事，对曰："陛下威断不测，外人颇惊惧。向者星寇逆暴横，固宜以威制之；今天下既平，愿陛下以宽理之，但使得罪者无怨，为善者不惊，则为宽矣。"

以衡山[6]道士刘玄静为银青光禄大夫[7]、崇玄馆学士[8]，赐号广成先生，为之治崇玄馆，置吏铸印。玄静固辞，乞还山，许之。

李德裕秉政日久，好徇爱憎，人多怨之。自杜悰、崔铉罢相，宦官左右言其太专，上亦不悦。给事中韦弘质上疏，言宰相权重，不应更领三司钱谷。德裕奏称：“制置职业[9]，人主之柄。弘质受人教导，所谓贱人[10]图柄臣，非所宜言。”十二月，弘质坐贬官，由是众怒愈甚。

上自秋冬以来，觉有疾，而道士以为换骨。上秘其事，外人但怪上希复游猎，宰相奏事者亦不敢久留。诏罢来年正旦朝会[11]。

吐蕃论恐热复纠合诸部击尚婢婢，婢婢遣庞结藏将兵五千拒之，恐热大败，与数十骑遁去。婢婢传檄[12]河、湟，数[13]恐热残虐之罪曰：“汝辈本唐人，吐蕃无主，则相与[14]归唐，毋为恐热所猎如狐兔也！”于是诸部从恐热者稍稍引去[15]。

是岁，天下户四百九十五万五千一百五十一。

朝廷虽为党项置使[16]，党项侵盗不已，攻陷邠、宁[17]、盐州界城堡，屯叱利寨。宰相请遣使宣慰；上决意讨之。

（以上为第八段，写李德裕骄恣树敌，唐武宗求仙服食金丹。）

【注释】

［1］一驿：唐制，凡三十里置驿，故一驿为三十里。［2］太平驿：位于上党之北，在今山西襄垣县西南。［3］河东、河阳兵：即王宰、石雄为堵截昭义乱卒所率之兵。［4］才人：妃嫔名。唐玄宗以后内官分为四等：妃、六仪、美人、才人。［5］厌：满足、符合。［6］衡山：山名。在今湖南衡山县西。［7］光禄大夫：官名。无职事散官，加银章青绶者，称银青光禄大夫。［8］崇玄馆学士：宗教官员，在崇玄馆内教授玄学生。［9］制置职业：安排官职和工作。［10］贱人：地位低下的人。柄臣：指执政大臣。［11］正旦朝会：正月一皇帝接受群臣朝贺称正旦朝会。［12］传檄：传送公文。檄，一种用以征召、晓谕或声讨的文书。［13］数（shǔ）：列举。［14］相与：共同、一起。［15］稍稍引去：渐渐退出。［16］为党项置使：武宗派侍御史为安抚党项使，分三部招抚党项：崔彦曾安抚邠、宁、延三州；李鄠安抚盐、夏、长泽等州；郑贺安抚灵武、麟、胜等州。［17］邠、宁：皆州名。邠州治所新平，在今陕西彬州市。宁州治所定安，在今甘肃宁县。

六年（丙寅，846年）

春，二月，庚辰[1]，以夏州节度使米暨为东北道招讨党项使。

上疾久未平，以为汉火德，改“洛”为“雒”[2]；唐土德[3]，不可以王气胜君名，三月，下诏改名炎。

上自正月乙卯[4]不视朝，宰相请见，不许；中外忧惧。

初，宪宗纳李锜[5]妾郑氏，生光王怡。怡幼时，宫中皆以为不慧[6]，太和[7]以后，益自韬匿[8]，群居游处，未尝发言。文宗幸十六宅宴集，好诱其言以为戏笑，上性豪迈，尤所不礼。及上疾笃，旬日不能言。诸宦官密于禁中定策，辛酉[9]，下诏称："皇子冲幼，须选贤德，光王怡可立为皇太叔，更名忱，应[10]军国政事令权句当。"太叔见百官，哀戚满容；裁决庶务，咸当于理，人始知有隐德焉。

甲子[11]，上崩。以李德裕摄冢宰。丁卯[12]，宣宗即位。宣宗素恶李德裕之专，即位之日，德裕奉册；既罢，谓左右曰："适[13]近我者非太尉邪？每顾我，使我毛发洒淅[14]。"夏，四月，辛未朔[15]，上始听政。

尊母郑氏为皇太后。

壬申[16]，以门下侍郎、同平章政事李德裕同平章事，充荆南节度使。德裕秉权日久，位重有功，众不谓其遽罢，闻之莫不惊骇。甲戌[17]，贬工部尚书、判盐铁转运使薛元赏为忠州[18]刺史，弟京兆少尹、权知府事元龟为崖州司户，皆德裕之党也。

杖杀道士赵归真等数人，流罗浮山人轩辕集于岭南。五月，乙巳[19]，赦天下。上京[20]两街先听留[21]两寺外，更各增置八寺；僧、尼依前隶功德使[22]，不隶主客，所度僧、尼仍令祠部给牒[23]。

以翰林学士、兵部侍郎白敏中同平章事。

辛酉[24]，立皇子温为郓王，漠为雍王，泾为雅王，滋为夔王，沂为庆王。

六月，礼仪使[25]奏"请复代宗神主[26]于太庙，以敬宗、文宗、武宗同为一代，于庙东增置两室，为九代十一室。"从之。

秋，七月，壬寅[27]，淮南节度使李绅薨。

回鹘乌介可汗之众稍稍降散及冻馁[28]死，所余不及三千人；国相逸隐啜杀乌介于金山[29]，立其弟特勒遏捻为可汗。

八月，壬申[30]，葬至道昭肃孝皇帝于端陵[31]，庙号武宗。

初，武宗疾困，顾王才人曰："我死，汝当如何？"对曰："愿从陛下于九泉！"武宗以巾授之。武宗崩，才人即缢[32]。上闻而矜之，赠贵妃，葬于端陵柏城之内。

以循州司马牛僧孺为衡州长史，封州流人李宗闵为郴州司马，恩州司马崔珙为安州长史，潮州刺史杨嗣复为江州刺史，昭州刺史李珏为郴州刺史，僧孺等五相皆武宗所贬逐，至是，同日北迁。宗闵未离封州而卒。

九月，以荆南节度使李德裕为东都留守，解平章事；以中书侍郎、同平章事郑肃同平章事、充荆南节度使。

以兵部侍郎、判度支卢商[33]为中书侍郎、同平章事。商，翰[34]之族孙也。

（以上为第九段，写唐武宗死，宣宗立，李德裕遭贬。李党失势，武宗所逐牛党互相同日量移。牛李党争至此结束，此为第六回合。自宪宗元和三年（808）至此武宗会昌六年（846），两党争斗，凡四十年。）

【注释】

[1]庚辰：二月九日。 [2]改“洛”为“雒”：汉光武帝改洛阳为雒阳。按照五德相胜说，水胜火，“洛”旁从水，西汉火德，故改。 [3]唐土德四句：唐以土德王天下，即所谓王气；唐武宗名瀍，瀍旁从水，土胜水，即所谓以王气胜君名故唐武宗久病不愈。今改名炎，炎从火，按五行相生说，火生土，用作君主之名可生王气。 [4]乙卯：正月十三日。 [5]李锜：唐宗室。唐德宗时官至润州刺史、镇海军节度使。唐宪宗时，被召入朝为尚书左仆射。锜无意入京师，遂起兵，谋据江东，为属下所擒，腰斩于长安。传见《旧唐书》卷一百一十二，《新唐书》卷二百二十四上。 [6]慧：聪明。 [7]太和：唐文宗第一个年号，当公元827—835年。 [8]韬匿：隐藏情感，大智若愚。 [9]辛酉：三月二十日。 [10]应（yīng）：一切。 [11]甲子：三月二十三日。 [12]丁卯：三月二十六日。 [13]适：刚才。 [14]洒（xiǎn）淅：寒栗，发抖。 [15]辛未朔：四月一日。 [16]壬申：四月二日。 [17]甲戌：四月四日。 [18]忠州：州名。治所临江，在今重庆忠县。 [19]乙巳：五月五日。 [20]上京：首都。 [21]听留：听任保留。 [22]功德使：官名。贞元四年（788）置左、右街功德使，东都功德使、修功德使，管理僧尼。会昌二年（842）划归主客管理。现又隶属于功德使。 [23]牒：即度牒，官府所发之僧尼出家凭证。凭度牒可免赋税、徭役。 [24]辛酉：五月二十一日。 [25]礼仪使：官名。朝廷举行大礼，以大臣掌其事，称礼仪使。 [26]复代宗神主：唐自开元起，定太庙为九室，立九位神主。此后皇帝去世，神主祔庙，则迁出前代一位神主。按“有功者不迁，亲尽者则毁”（《新唐书·礼乐志一》）的原则，太祖、高祖、太宗不迁。开成五年（840）文宗祔庙，代宗神主迁于别室，今请复还于太庙。 [27]壬寅：七月三日。 [28]馁（něi）：饥饿。 [29]金山：山名。即今阿尔泰山，位

于新疆与俄罗斯和蒙古边界。［30］壬申：八月三日。［31］端陵：唐武宗陵，在今陕西三原东北。［32］缢：吊死。［33］卢商（788—859）：字为臣，范阳（今北京）人。唐武宗时官至东川节度使。唐宣宗即位任宰相，后出为武昌军节度使。传见《旧唐书》卷一百七十六，《新唐书》卷一百八十二。［34］翰：卢翰，唐德宗朝宰相。

册黠戛斯可汗使者以国丧未行，或以为僻远小国，不足与之抗衡；回鹘未平，不应遽有建置［1］。诏百官集议，事遂寝。

蛮寇安南，经略使裴元裕帅邻道兵讨之。

以右常侍李景让为浙西观察使。

初，景让母郑氏，性严明，早寡，家贫，居于东都。诸子皆幼，母自教之。宅后古墙因雨隤陷［2］，得钱盈船，奴婢喜，走告母；母往，焚香祝之曰："吾闻无劳而获，身之灾也。天必以先君余庆［3］，矜其贫而赐之，则愿诸孤他日学问有成，乃其志也，此不敢取！"遽命掩而筑之。三子景让、景温［4］、景庄，皆举进士及第。景让官达［5］，发已斑白，小有过，不免捶楚［6］。

景让在浙西，有左都押牙迕景让意，景让杖之而毙。军中愤怒，将为变。母闻之，景让方视事，母出坐听事，立景让于庭而责之曰："天子付汝以方面［7］，国家刑法，岂得以为汝喜怒之资，妄杀无罪之人乎！万一致一方不宁，岂惟上负朝廷，使垂年［8］之母衔羞入地，何以见汝之先人乎！"命左右褫［9］其衣坐之，将挞其背。将佐皆为之请，拜且泣，久乃释之，军中由是遂安。

景庄老于场屋［10］，每被黜，母辄挞景让。然景让终不肯属主司［11］，曰："朝廷取士自有公道，岂敢效人求关节乎！"久之，宰相谓主司曰："李景庄今岁不可不收，可怜彼翁每岁受挞！"由是始及第。

冬，十月，礼院［12］奏禘祭［13］祝文［14］于穆、敬、文、武四室，但称"嗣皇帝臣某昭告［15］"，从之。

甲申［16］，上受三洞法箓［17］于衡山道士刘玄静。

十二月，戊辰朔［18］，日有食之。

（以上为第十段，写李景让母郑氏教子有方，临难不惊。）

【注释】

[1]建置：指册命黠戛斯可汗。[2]隤陷：倒塌陷落。[3]余庆：遗泽，即可延及后人的恩泽。[4]景温：字德己，历任谏议大夫、福建观察使、尚书右丞等官。传附《旧唐书》卷一百八十七下，《新唐书》卷一百七十七《李景让传》。[5]达：显贵。[6]捶楚：打板子。[7]方面：指一方军政事务。[8]垂年：老年。[9]褫（chǐ）：剥去。[10]老于场屋：谓屡试不中。场屋，贡院，科场。[11]主司：主考官。[12]礼院：官署名。属太常寺，掌制定礼仪。[13]祭：祭名。五年一次的宗庙大祭。[14]祝文：祭祀时的祝祷文辞。[15]嗣皇帝臣某昭告：宣宗是穆宗之弟，敬、文、武三宗之叔，故称臣某昭告，而不用"再拜言"的格式。[16]甲申：十月十六日。[17]三洞法箓：书名，道教的秘籍。[18]戊辰朔：十二月一日。

宣宗[1]元圣至明成武献文睿智章仁神聪懿道大孝皇帝上

大中元年（丁卯，847年）

春，正月，甲寅[2]，上祀圜丘，赦天下，改元。

二月，加卢龙节度使张仲武同平章事，赏其破回鹘也。

癸未[3]，上以旱故，减膳彻[4]乐，出宫女，纵鹰隼[5]，止营缮[6]，命中书侍郎、同平章事卢商与御史中丞封敖[7]疏理京城系囚[8]。大理卿马植奏称："卢商等务行宽宥，凡抵极法[9]。一切免死。彼官典犯赃及故杀人[10]，平日大赦所不免，今因疏理而原[11]之，使贪吏无所惩畏，死得衔冤无告，恐非所以消旱灾、致和气也。昔周饥，克殷而年丰；卫旱，讨邢而雨降[12]。是则诛罪戮奸，式[13]合天意，雪冤决滞[14]，乃副圣心也。乞再加裁定。"诏两省五品以上议[15]之。

初，李德裕执政，引白敏中为翰林学士；及武宗崩，德裕失势，敏中乘上下之怒[16]，竭力排之，使其党李咸讼德裕罪，德裕由是自东都留守以太子太保、分司。

左谏议大夫张路等上言："陛下以旱理系囚，虑有冤滞。今所原死罪，无冤可雪，恐凶险侥幸之徒常思水旱为灾，宜如马植所奏。"诏从之，皆论如法。以植为刑部侍郎，充盐铁转运使。

植素以文学政事有名于时，李德裕不之重。及白敏中秉政，凡德裕所薄者，皆不次用之[17]。以卢商为武昌节度使。以刑部尚书、判度支崔元式为门下侍郎，林学士、户部侍郎韦琮为中书侍郎，并同平章事。

闰三月，敕："应会昌五年所废寺，有僧能营葺者，听自居之，有司毋得禁止。"是时君、相务反会昌之政[18]，故僧、尼之弊皆复其旧。

己酉[19]，积庆太后[20]萧氏崩。

五月，幽州节度使张仲武大破诸奚。

吐蕃论恐热乘武宗之丧，诱党项及回鹘余众寇河西[21]，诏河东节度使王宰将代北诸军[22]击之。宰以沙陀朱邪赤心为前锋，自麟州[23]济河，与恐热战于盐州，破走之。

六月，以鸿胪卿李业为册黠戛斯英武诚明可汗使。

上谓白敏中曰："朕昔从宪宗之丧，道遇风雨，百官、六宫四散避去，惟山陵使长而多髯，攀灵驾不去，谁也？"对曰："令狐楚。"上曰："有子乎？"对曰："长子绪[24]今为随州刺史。"上曰："堪为相乎？"对曰："绪少病风痹[25]。次子绹[26]，前湖州[27]刺史，有才器[28]。"上即擢为考功郎中[29]、知制诰。绹入谢，上问以元和故事，绹条对甚悉，上悦，遂有大用之意。

秋，八月，丙申[30]，以门下侍郎、同平章事李回同平章事、充西川节度使。

葬贞献皇后于光陵之侧。

上敦睦[31]兄弟，作雍和殿于十六宅，数临幸，置酒，作乐，击球尽欢。诸王有疾，常亲至卧内[32]存问，忧形于色。

突厥掠漕米[33]及行商，振武节度使史宪忠[34]击破之。

九月，丁卯[35]，以金吾大将军郑光为平卢节度使。光[36]，润州人，太后之弟也。

乙酉[37]，前永宁[38]尉[39]吴汝纳[40]，讼其弟湘罪不至死，"李绅与李德裕相表里，欺罔武宗，枉杀臣弟[41]，乞召江州司户崔元藻等对辨。"丁亥[42]，敕御史台鞫实[43]以闻。冬，十二月，庚戌[44]，御史台奏，据崔元藻所列吴湘冤状，如吴汝纳之言。戊午[45]，贬太子太保、分司李德裕为潮州司马。

吏部奏，会昌四年所减州县官内复增三百八十三员。

（以上为第十一段，写白敏中为相，恩将仇报，一再贬逐李德裕，尽翻会昌的善政，佞佛之风又炽。）

【注释】

［1］宣宗：名怡，即位改名忱，唐宪宗第十二子，唐代第十七位皇帝，公元847—859年在位。谥为“圣武献文孝皇帝”，唐懿宗咸通十三年追谥为“元圣至明成武献文睿智章仁神聪懿道大孝皇帝”。［2］甲寅：正月十七日。［3］癸未：二月十七日。［4］彻：同“撤”，撤除。［5］纵鹰隼：放掉鹰鹞，以示不再打猎。［6］止营缮：停止修建宫室。［7］封敖：官至户部尚书。传见《旧唐书》卷一百六十八，《新唐书》卷一百七十七。［8］疏理京城系囚：清理京师的在押囚犯。［9］抵极法：触犯极刑，即犯死罪。抵，触犯。［10］官典犯赃及故杀人：唐律，官吏贪污受贿以及故意杀人，遇大赦亦不免罪。［11］原：原宥、赦罪。［12］昔周饥，克殷而年丰；卫旱，讨邢而雨降：纣暴虐，周武王出兵伐纣，春秋时邢国侵犯卫国，卫出兵讨邢，都是有道伐无道，故能解除天灾而有丰年。详见《左传》僖公十九年。卫、邢，皆春秋国名。［13］式：乃。［14］决滞：判决积塞。［15］两省五品以上议：指中书省自中书舍人，门下省自给事中以上的官员，皆参决平狱。［16］上下之怒：指唐宣宗和大臣对李德裕专权的不满。［17］不次用之：不按通常次序，即破格任用官员。［18］务反会昌之政：对会昌年间的政务措施，必反其道而行之。［19］己酉：四月十五日。［20］积庆太后：即唐穆宗贞献皇后，唐文宗之母。原居大内，唐武宗时徙居积庆宫，故又称积庆太后。［21］河西：地区名。指今陕北黄河西岸地区。［22］代北诸军：指在代州以北的羌、浑、契苾、沙陀等番兵。［23］麟州：州名。治所新秦，在今陕西神木市北。［24］绪：令狐绪，令狐楚的长子。历任随、寿、汝三州刺史。传见《旧唐书》卷一百七十二，《新唐书》卷一百七十二。［25］风痹：手足麻木症。［26］绹：令狐绹，字子直。大中四年（850）为相，辅政十年。唐懿宗时为河中、宣武、淮南等节度使。唐僖宗时任凤翔节度使。与令狐绪同传。［27］湖州：州名。治所乌程，在今浙江湖州市吴兴区。［28］才器：才能与器度。［29］考功郎中：官名。考功为礼部第四司，掌考核官吏优劣、功过。正、副长官为考功郎中、员外郎。［30］丙申：八月三日。［31］敦睦：亲厚和睦。［32］卧内：寝室、内室。［33］漕米：官府漕运之米。［34］史宪忠：字元贞，魏博节度使史宪诚之弟。历任泾原、朔方、振武等节度使。传见《新唐书》卷一百四十八。［35］丁卯：九月五日。［36］光：郑光，宣宗母孝明皇太后之弟。官终右羽林统军兼太子太保。传见《新唐书》卷二百零六。［37］乙酉：九月二十三日。［38］永宁：县名。县治在今河南洛宁县北。［39］尉：县尉，官名。掌一县治安。［40］吴汝纳：故韶州刺史吴武陵之侄，官至左拾遗。传见《旧唐书》卷一百七十三。［41］枉杀臣弟：淮南节度使李绅按问江都令吴湘盗用程粮钱，判死刑。李德裕不顾官员反对，亦不交付司法机构详加审断而处死吴湘。事见《资治通鉴》卷二百四十八唐武宗会昌五年。［42］丁亥：九月二十五日。［43］鞫实：审问实情。［44］庚戌：十二月十九日。［45］戊午：十二月二十七日。

二年（戊辰，848 年）

正月，甲子[1]，群臣上尊号曰圣敬文思和武光孝皇帝；赦天下。

初，李德裕执政，有荐丁柔立[2]清直可任谏官者，德裕不能用。上即位，柔立为右补阙；德裕贬潮州，柔立上疏讼其冤。丙寅[3]，坐阿附[4]贬南阳[5]尉。

西川节度使李回、桂管观察使郑亚坐前不能直吴湘冤[6]，乙酉[7]，回左迁[8]湖南观察使，亚贬循州刺史，李绅追夺三任告身[9]。中书舍人崔嘏坐草李德裕制不尽言其罪，己丑[10]，贬端州刺史。

回鹘遏捻可汗[11]仰给于奚王石舍朗；及张仲武大破奚众，回鹘无所得食，日益耗散，至是，所存贵人以下不满五百人，依于室韦。使者入贺正[12]，过幽州，张仲武使归取遏捻等；遏捻闻之，夜与妻葛禄、子特勒毒斯等九骑西走，余众追之不及，相与大哭。室韦分回鹘余众为七，七姓[13]共分之；居三日，黠戛斯遣其相阿播帅诸胡兵号七万来取回鹘，大破室韦，悉收回鹘余众归碛北[14]。犹有数帐，潜窜山林，钞盗诸胡；其别部庞勒，先在安西，亦自称可汗，居甘州[15]，总碛西诸诚，种落微弱，时入献见[16]。

二月，庚子[17]，以知制诰令狐绹为翰林学士。上尝以太宗所撰《金镜》[18]授绹，使读之，“至乱未尝不任不肖，至治未尝不任忠贤，”上止之曰：“凡求致太平，当以此言为首。”又书《贞观政要》[19]于屏风，每正色拱手而读之。上欲知百官名数，令狐绹曰：“六品已下，官卑数多，皆吏部注拟[20]；五品以上，则政府制授[21]，各有籍，命曰具员。”上命宰相作《具员御览》五卷，上之，常置于案上。

立皇子泽为濮王。上欲作五王院于大明宫[22]，以处皇子之幼者，召术士[23]柴岳明使相其地[24]。岳明对曰：“臣庶之家，迁徙不常，故有自阳宅[25]入阴宅，阴宅[26]入阳宅。刑克[27]祸福，师有其说，今陛下深拱法宫[28]，万神拥卫，阴阳书本不言帝王家。”上善其言，赐束帛遣之。

夏，五月，己未朔[29]，日有食之。

门下侍郎、同平章事崔元式罢为户部尚书；以兵部侍郎、判度支、户部周墀，刑部侍郎、盐铁转运使马植并同平章事。

初，墀为义成节度使，辟韦澳[30]为判官，及为相，谓澳曰："力小任重，何以相助？"澳曰："愿相公无权。"墀愕然，不知所谓。澳曰："官赏刑罚，与天下共其可否，勿以己之爱憎喜怒移之，天下自理，何权之有！"墀深然之。澳，贯之之子也。

己卯[31]，太皇太后郭氏[32]崩于兴庆宫。

六月，礼院检讨官[33]王皞贬句容[34]令。

初，宪宗之崩，上疑郭太后预其谋；又，郑太后本郭太后侍儿，有宿怨[35]，故上即位，待郭太后礼殊薄[36]。郭太后意怏怏[37]，一日，登勤政楼，欲自陨[38]，上闻之，大怒，是夕，崩，外人颇有异论。

上以郑太后故，不欲以郭后祔宪宗，有司请葬景陵外园；皞奏宜合葬景陵，神主配宪宗室，奏入，上大怒。白敏中召皞诘之，皞曰："太皇太后，汾阳王[39]之孙，宪宗在东宫为正妃，逮事顺宗为妇[40]。宪宗厌代[41]之夕，事出暧昧[42]；太皇太后母天下[43]，历五朝[44]，岂得以暧昧之事遽废正嫡[45]之体乎！"敏中怒甚，皞辞气愈厉。诸相会食[46]，周墀立于敏中之门以俟之，敏中使谢曰："方为一书生所苦，公弟[47]先行。"墀入，至敏中厅问其事，见皞争辩方急，墀举手加颡[48]，叹皞孤直[49]。明日，皞坐贬官。

秋，九月，甲子[50]，再贬潮州司马李德裕为崖州司户，湖南观察使李回为贺州[51]刺史。

前凤翔节度使石雄诣政府[52]自陈黑山、乌岭之功[53]，求一镇以终老。执政以雄李德裕所荐，曰："曩日之功，朝廷以蒲、孟、岐三镇[54]酬之，足矣。"除左龙武统军。雄怏怏而薨。

（以上为第十二段，写唐宣宗思治，却又不分是非功过打击前朝功臣。）

【注释】

［1］甲子：正月三日。［2］丁柔立：官终南阳尉。传见《新唐书》卷一百八十。［3］丙寅：正月五日。［4］阿附：阿谀依附。丁柔立替李德裕讼冤，敢直言，被白敏中等诬以阿附之罪，故史家称言之。［5］南阳：县名。县治在今河南南阳市。［6］不能直吴湘冤：不能公正处置吴湘冤案。［7］乙酉：二月二十四日。［8］左迁：降职。［9］追夺三任告身：即削去生前三项官职。三任是：检校右仆射、平章事、淮南节度使。告身，委任册书。［10］己丑：正月二十八日。

［11］遏捻可汗：乌介可汗之弟。会昌三年（843）乌介被唐军击溃，往依黑车子室韦，为其相逸隐啜所杀。其余众立遏捻为可汗，其食用皆依赖奚王石舍朗供给。［12］使者入贺正：回鹘使者入唐朝贺元旦。正，元正、元旦。［13］七姓：室韦有岭西部、山北部、骆丹部、黄头部、如者部、婆莴部、讷北部，凡七姓。［14］碛北：即漠北，指内蒙古高原大沙漠以北。［15］甘州：州名。治所张掖，在今甘肃张掖市。［16］献见（xiàn）：进献现有土特产品。［17］庚子：二月十日。［18］《金镜》：书名。唐太宗李世民著。［19］《贞观政要》：书名。唐吴兢撰。［20］注拟：注册姓名履历，考询而拟定官职。［21］制授：唐制，授三品以下、五品以上官称制授。即以其名上中书、门下两省审核，然后下制授官。［22］大明宫：宫殿名。又称东内。内有含元、宣政、紫宸三殿。宣政殿左右为中书、门下二省。自唐高宗后，皇帝常居东内。［23］术士：方术之士，讲阴阳灾异占卜星相的人。［24］相其地：观察地势，看风水好坏。［25］阳宅：朝阳的住房。［26］阴宅：朝阴的住房。［27］刑克：指星相家的三刑相胜和五行相克。三刑相胜谓巳酉丑刑申酉戌，则巳刑申，酉刑酉，丑刑戌；寅午戌刑巳午未，则寅刑巳，午刑午，戌刑未；申子辰刑寅卯辰，则申刑寅，子刑卯，辰刑辰；亥卯未刑亥子丑，则亥刑亥，卯刑子，未刑丑。五行相克谓金克木，木克土，土克水，水克火，火克金。［28］深拱法宫：深居宫室。法宫，帝王的正殿、正室。［29］己未朔：五月一日。［30］韦澳：字子斐，唐宪宗宰相韦贯之之子。历任兵部侍郎、京兆尹、河阳节度使等。传见《旧唐书》卷一百五十八，《新唐书》卷一百六十九。［31］己卯：五月二十一日。［32］太皇太后郭氏：即唐宪宗懿安皇后，唐穆宗之母，郭子仪之孙，代宗长女升平公主之女。传见《旧唐书》卷五十二，《新唐书》卷七十七。［33］检讨官：掌修撰，唐于集贤殿书院、礼院设置。［34］句容：县名。县治在今江苏句容市。［35］宿怨：旧怨。［36］礼殊薄：礼仪特别薄，意谓不为礼，态度粗野。［37］怏怏：不快乐、郁闷的样子。［38］自陨：跳楼自杀。［39］汾阳王：即郭子仪，曾封为汾阳王。［40］妇：儿媳。［41］厌代：帝王去世曰厌代。［42］暧昧：蹊跷。［43］母天下：为天下之母。［44］五朝：即穆、敬、文、武、宣宗。［45］正嫡：正室，嫡妻。［46］会食：聚歺。集体用歺。［47］弟：同第。但，只。［48］举手加颡：表示敬重的一种动作。颡，额。［49］孤直：孤高耿直。［50］甲子：九月八日。［51］贺州：州名。治所临贺，在今广西贺州市东南。［52］政府：指宰相处理政务的政事堂。［53］黑山、乌岭之功：黑山指破回鹘，乌岭指平刘从谏。事并见上卷武宗会昌三年。［54］蒲、孟、岐三镇：即河中、河阳、凤翔三节度使。河中治所蒲州，河阳治所孟州，凤翔治所岐州，故简称蒲、孟、岐三镇。

十一月，庚午[1]，万寿公主适[2]起居郎郑颢[3]。颢，絪[4]之孙，登进士第，为校书郎、右拾遗内供奉，以文雅著称。公主，上之爱女，故选颢尚之。有司循旧制请用银装车，上曰："吾欲以俭约化天下，当自亲者始。”令依外命妇[5]以铜装车。诏公主执妇礼，皆如臣庶之法，戒以毋得轻夫族，毋得预时事[6]。又申以手诏曰：“苟违吾戒，必有太平[7]、安乐[8]之祸。”颢弟颛，尝得危疾，上遣使视之，还，问“公主何在？”曰：“在慈恩寺[9]观戏场。”上怒，叹曰：“我怪士大夫家不欲与我家为婚，良有以也[10]！”亟命召公主入宫，立之阶下，不之视[11]。公主惧，涕泣谢罪。上责之曰：“岂有小郎[12]病，不往省视，乃观戏乎！”遣归郑氏。由是终上之世，贵戚皆兢兢守礼法，如山东衣冠之族[13]。

壬午[14]，葬懿安皇后于景陵之侧。

以中书侍郎、同平章事韦琮为太子宾客、分司。

十二月，凤翔节度使崔珙奏破吐蕃，克清水[15]。清水先隶秦州[16]，诏以本州未复，权隶凤翔。

上见宪宗朝公卿子孙，多擢用之。刑部员外郎杜胜[17]次对，上问其家世，对曰：“臣父黄裳[18]，首请宪宗监国。”即除给事中。翰林学士裴谂[19]，度之子也，上幸翰林，面除承旨[20]。

吐蕃论恐热遣其将莽罗急藏将兵二万略地西鄙[21]，尚婢婢遣其将拓跋怀光击之于南谷[22]，大破之，急藏降。

（以上为第十三段，写唐宣宗严教公主守礼。）

【注释】

[1]庚午：十一月十四日。 [2]适：嫁。 [3]郑颢：唐尚宣宗女万寿公主。历任给事中、礼、刑、吏三部侍郎、河南尹。传见《旧唐书》卷一百五十九，《新唐书》卷一百六十五。 [4]絪（751—829）：郑絪，字文明，郑州荥阳（今河南荥阳市）人。宪宗朝宰相。与郑颢同传。 [5]外命妇：受有封号的宫外妇女。 [6]毋得预时事：不要干预政治。 [7]太平：即太平公主，唐高宗女，武则天所生。参与李隆基（玄宗）发动的宫廷政变，诛韦后及安乐公主，拥立唐睿宗。唐玄宗即位后，及欲废玄宗，谋泄，被赐死。传见《旧唐书》卷一百八十三，《新唐书》卷八十三。[8]安乐：即安乐公主，中宗女，韦后所生。中宗神龙时开府置官属，权倾天下。后为李隆基所杀。传见《新唐书》卷八十三。 [9]慈恩寺：寺名。寺内建有大雁塔，在今陕西西安市南郊。 [10]良有以也：的确有道理。 [11]不之视：不看她。 [12]小郎：俗称夫之弟为小郎。[13]衣冠之族：即世族。 [14]壬午：十一月二十六日。 [15]清水：县名。县治在今甘肃清水县西。 [16]秦州：州名。治所成纪，在今甘肃秦安县西北。 [17]杜胜：字斌卿。历任给事

中、户部侍郎、判度支、天平节度使。传见《旧唐书》卷一百四十七，《新唐书》卷一百六十九。［18］黄裳（737—808）：杜黄裳，字遵素，京兆万年（今陕西西安）人。唐宪宗元和初宰相。父子同传。［19］裴谂：名相裴度之子，官至刑部侍郎，封河东郡公。传见《旧唐书》卷一百七十，《新唐书》卷一百七十三。［20］面除承旨：唐宣宗亲自宣布加封裴谂为承旨官，以示恩宠。承旨，官名。翰林学士承旨的简称。翰林学士中资深德重者一人为承旨，为独承密命之意，贞元后，学士承旨多出任宰相。［21］西鄙：唐西部边邑，这里指陇右道的渭州一带。［22］南谷：在今甘肃渭源县西。

三年（己巳，849 年）

春，正月，上与宰相论元和[1]循吏[2]孰为第一，周墀曰："臣尝守土江西[3]，闻观察使韦丹[4]功德被于八州[5]，没四十年，老稚歌思，如丹尚存。"乙亥[6]，诏史馆修撰杜牧撰《丹遗爱碑》以纪之，仍擢其子河阳观察判官宙[7]为御史。

二月，吐蕃论恐热军于河州，尚婢婢军于河源军[8]。婢婢诸将欲击恐热，婢婢曰："不可。我军骤胜而轻敌，彼穷困而致死，战必不利。"诸将不从。婢婢知其必败，据河桥以待之，诸将果败。婢婢收余众，焚桥，归鄯州。

吐蕃秦、原、安乐[9]三州及石门等七关[10]来降；以太仆卿陆耽为宣谕使[11]，诏泾原、灵武、凤翔、邠宁、振武皆出兵应接[12]。

河东节度使王宰入朝，以货结权幸，求以使相领宣武；刑部尚书、同平章事周墀上疏论之，宰遂还镇。驸马都尉韦让求为京兆尹；墀言京兆尹非才望不可为，让议竟寝。墀又谏上开边[13]，由是忤旨。夏；四月，以墀为东川节度使。以御史大夫崔铉为中书侍郎、同平章事，兵部侍郎、判户部魏扶同平章事。

癸巳[14]，卢龙奏节度使张仲武薨，军中立其子节度押牙直方[15]。

翰林学士郑颢言于上曰："周墀以直言入相，亦以直言罢相。"上深感悟，甲午[16]，墀入谢，加检校右仆射。

戊戌[17]，以张直方为卢龙留后。

五月，徐州军乱，逐节度使李廓[18]。廓，程之子也，在镇不治，右补阙郑鲁上言其状，且曰："臣恐新麦未登，徐师必乱；速命良帅，救此一方。”上未之省。徐州果乱，上思鲁言，擢为起居舍人。

以义成节度使卢弘止为武宁节度使。武宁士卒素骄，有银刀都[19]尤甚，屡逐主帅。弘止至镇，都虞候胡庆方复谋作乱；弘止诛之，抚循[20]其余，训以忠义，军府由是获安。

六月，戊甲[21]，以张直方为卢龙节度使。

泾原节度使康季荣取原州及石门、驿藏、木峡、制胜、六盘、石峡六关。秋，七月，丁巳[22]，灵武节度使朱叔明取长乐州[23]。甲子[24]，邠宁节度使张君绪取萧关[25]。甲戌[26]，凤翔节度使李玭取秦州。诏邠宁节度权移军于宁州以应接河西。

八月，乙酉[27]，改长乐州为威州。

河、陇老幼千余人诣阙，己丑[28]，上御延喜门[29]楼见之，欢呼舞跃，解胡服，袭[30]冠带，观者皆呼万岁。诏“募百姓垦辟三州、七关土田，五年不租税[31]；自今京城罪人应配流者皆配十处[32]；四道[33]将吏能于镇戍之地营田者，官给牛及种粮。温池[34]盐利可赡边陲，委度支制置。其三州、七关镇戍之卒，皆倍给衣粮，仍二年一代。道路建置堡栅，有商旅往来贩易[35]及戍卒子弟通传家信，关镇毋得留难。其山南、剑南边境有没蕃州县，亦令量力收复。”

冬，十月，改备边库为延资库。

西川节度使杜悰奏取维州。

闰十一月，丁酉[36]，宰相以克复河、湟请上尊号，上曰：“宪宗常有志复河、湟[37]，以中原方用兵[38]，未遂而崩，今乃克成先志耳。其议加顺、宪二庙尊谥以昭功烈。”

卢龙节度使张直方，暴忍，喜游猎。军中将作乱，直方知之，托言出猎，遂举族逃归京师；军中推牙将周綝为留后。直方至京师，拜金吾大将军。

甲戌[39]，追上顺宗谥曰至德弘道大圣大安孝皇帝；宪宗谥曰昭文章武大圣至神孝皇帝。仍改题神主[40]。

己未[41]，崖州司户李德裕卒。

山南西道节度使郑涯奏取扶州[42]。

（以上为第十四段，写唐室败吐蕃，收复河、湟部分地区。）

【注释】

[1]元和：唐宪宗年号，当公元806—820年。[2]循吏：奉法守职的官吏。[3]江西：江南西道的简称。[4]韦丹：字文明，京兆万年（今陕西西安）人。官至江南西道观察使。在任上兴修水利，灌溉农田，教民盖瓦房等，很有政绩。传见《新唐书》一百九十七。[5]八州：即江南西道所辖洪、江、鄂、岳、虔、吉、袁、抚八州。[6]乙亥：正月二十日。[7]宙：韦宙，官终岭南节度使。与父韦丹同传。[8]河源军：军镇名。治所鄯城，在今青海西宁市。[9]原、安乐：皆州名。原州治所高平，在今宁夏固原市。安乐州治所在今宁夏同心县东北。[10]七关：原州界内有石门、驿藏、制胜、石峡、木靖、木峡、六盘七关，在今宁夏同心县以南，固原市和隆德县以西，甘肃泾原以北。[11]宣谕使：官名。朝廷派遣的宣示皇帝旨意的专使。[12]出兵应接：谓以武力接应三州七关来降，防备与吐蕃作战。[13]开边：胡注谓经略河西。[14]癸巳：四月九日。[15]直方：张直方，卢龙节度使张仲武之子。父死，袭节度使，后任金吾大将军。僖宗时，黄巢入长安，直方欲劫黄巢，被告发，族灭。传见《旧唐书》卷一百八十，《新唐书》卷二百一十二。[16]甲午：四月十日。[17]戊戌：四月十四日。[18]李廓：官至武宁节度使，以诗知名于当时。传见《旧唐书》卷一百六十七，《新唐书》卷一百三十一。[19]都：唐代军队的一种称号。[20]抚循：安抚。[21]戊申：六月二十六日。[22]丁巳：七月六日。[23]长乐州：胡注："长乐"当作"安乐"。[24]甲子：七月十三日。[25]萧关：关名。在今宁夏固原市东南。[26]甲戌：七月二十三日。[27]乙酉：八月四日。[28]己丑：八月八日。[29]延喜门：在皇城东北角。[30]袭：穿戴。[31]不租税：不交纳租税。[32]十处：谓秦、原、安乐三州及石门等七关。[33]四道：即泾原、邠宁、灵武、凤翔。[34]温池：县名。县治在今宁夏盐池县西南。[35]贩易：买卖交易。[36]丁酉：闰十一月十七日。[37]志复河、湟：安史之乱，河、湟地区沦陷于吐蕃，宪宗志欲恢复。详见《资治通鉴》卷二百三十八元和五年。[38]中原方用兵：指唐宪宗先后讨伐成德，平定淮西、淄青，无力顾及河、湟之事。[39]甲戌：十二月二十五日。[40]改题神主：把神主旧谥改为新谥。神主，此指唐顺宗、唐宪宗的灵位。[41]己未：十二月十日。[42]扶州：州名。治所同昌，在今四川九寨沟县东北。

【点评】

本卷点评司马光论赏奸杀降、武宗灭佛、吴湘冤死案、宣宗即位四事。

一、司马光论赏奸杀降。宪宗朝李愬平淮西，淮西大将董重质受李愬招降，李愬保其不死，宪宗欲杀之，李愬谏止。董重质在李愬帐下效力，后被征入朝，授左神武军将军，兼御史中丞，官终夏绥银宥节度使，司马光认为是赏奸。昭义大将郭谊杀主刘稹投降，被械送京师正法，司马光认为是杀降。赏奸与杀降，均处置失当，司马光给予批评。抽象论事，都是降将，一受赏，一被杀，像是不公。就事论事，要看具体环境。董重质之降，是李愬招降，当时董重质手握重兵，为避免董重质垂死挣扎，增加双方伤亡，李愬谕以大义，董重质单骑请降，是弃暗投明，诚心归降，其后报效朝廷，立功边陲。司马光称为赏奸，完全是错误的定性。郭谊投降，是眼看大势已去，用欺诈手段残杀刘稹全族，请降还要求朝廷授予节镇，实属卖主求荣，李德裕主张正法，没有不妥。郭谊请降，前线主将王宰没有保其不死，只是转奏。朝廷将计就计，诏令王宰带重兵入潞，用计抓捕郭谊，如同郭谊诈杀刘稹一样，以其人之道，还治其人之身。朝廷杀郭谊，采用军事手段，可称为诈计杀贼，不应属于杀降。司马光对“杀降”的定性，也属不当。司马光认为，唐武宗应当效法汉光武帝，对于降人应当宽大，可以不杀，可以充军惩罚，既受其降而又杀之，与对待不降死拼的人就没有区别了。受降的最低限度应是许其不死，这个底线不保，谁还来投降。司马光这种处置降人的意见，还是可取的。

二、武宗灭佛。中国历史上有三次灭佛，灭佛的三个皇帝谥号都带“武”字。北魏太武帝公元446年灭佛，北周武帝公元574年灭佛，唐武宗公元845年灭佛。佛教是人类的一种信仰，自有它存在的社会原因。中国儒学兴盛，抵制了佛教的传播。佛教在中国的传播，除了宗教自有原因外，另有两个因素。其一，帝王信奉，希望他的野心得到佛祖保佑，许愿兴佛。如北周武帝灭佛，杨坚许愿，他日得登大位，再燃香火。杨坚篡位成功，不遗余力兴佛。唐太宗、武则天信佛，是利用佛教为我所用。佛徒称唐太宗为当世活佛。武则天从《大云经》中找到了女人当皇帝的依据，自然兴佛。其二，战乱或苛政时代，劳苦大众为逃避兵役、徭役，罪徒为逃避刑罚，也遁入空门。而佛教的泛滥，国家流失人力、财赋，佛教太盛，势必遭抑制。周武帝灭佛，仅在北朝半壁江山，就毁寺庙四万多所，使三百多万僧尼还俗。武宗灭佛，史称“上恶僧尼耗蠹天下”，其次是道士赵归真进言。道教是本土宗教，宣扬成仙长生。帝王都想长生不死，信奉道教，自宪宗以来，包括武宗，都因服食金丹中毒短命，但长生不死的欲望迷了心智，至死不悟。宗教斗争，此消彼长，灭佛的皇帝，都信奉道教。唐武宗灭佛，留有余地，只是限制，不是全灭。长安、洛阳两京，各留四寺，每寺限僧三十人。地方州级行政区，留一寺，分为三等，上等留僧二十人，中等十人，下等五人。全国朝廷令行所到的地方，共毁寺庙四千六百余所，还俗僧尼二十六万余人，收良田数千万顷，奴婢十五万人。李德裕尤憎佛教，命令幽州节度使张仲武在居庸关斩杀五台山逃僧，强令僧人还俗。

既然佛教有他自身存在的原因，又有野心家的助推，单靠政治手段是不可能禁佛的。唐武宗灭佛之时，身体已经大坏，其子年幼，武宗之叔光王李怡对皇位虎视眈眈，正在许愿兴佛。武宗灭佛后一年多内死去，光王李怡果然即帝位，改名李忱，是为宣宗。宣宗即位，不久就罢李德裕相位，立即兴佛。寺庙僧尼，又在全国泛滥起来。

三、吴湘冤死案。这是由一桩小小的恩怨而引起的冤死案，牵涉众多人臣倾轧沉浮，由此可见晚唐时朋党斗争的严重程度。武宗会昌五年（845），淮南节度使李绅审理江都县令吴湘贪污补助出差官吏的程粮钱，又强迫娶了自己管辖下的平民颜悦之女为妻，判其死罪。吴湘是澧州人，吴武陵的侄儿。吴武陵与李德裕两人有个人恩怨。吴武陵，进士登第，官至韶州刺史。李德裕为相时，吴武陵因贪污而遭贬官。吴湘兄吴汝纳，也进士及第，受吴武陵拖累长期没有得到升迁。吴湘案发时，吴汝纳任河南府永宁县尉。吴汝纳怀恨李德裕，就投靠李宗闵、杨嗣复朋党，造作谤言，攻击李德裕。牛党攻击李德裕勾结李绅罗织吴湘之罪，是冤案。谏官奏请复查，惊动朝廷。武宗派御史崔元藻、李稠为专使到江都复查吴湘案。二人回朝报告，吴湘贪污属实，强夺民女为妻不实，颜悦衢州人，曾任青州牙官，其妻出身士族。李德裕借口二人只报告案情，没判定罪行，不能辨是非，将二人贬官。吴湘也不交司法部门重新审理，依照李绅的判决，吴湘被处死，吴湘妻儿被遣送回澧州。宣宗即位，李德裕被贬。永宁县尉吴汝纳上奏为其弟吴湘申冤，经过刑部、御史台、大理寺三司会审，崔元藻调查认为贪污属实，吴湘有罪，但罪不至死。崔元藻说实话却受到不公正贬官。制造吴湘冤狱的高官，除李德裕、李绅外，还有西川节度使李回、桂管观察使郑正，以及前淮南节度使等一大批官员。这次三司复审的有三位宰相崔铉、白敏中、令狐绹卷入，他们是牛党的后继人。吴湘冤死案，是典型的朋党之争，暴露了专制社会的司法黑暗，以及人治大于法治的危害。个人私恨私欲膨胀，道德是非全都被冲毁。李德裕与吴武陵有私怨，凭着手中权力，波及其侄儿吴湘，没有道理。李绅因与李德裕同为翰林学士，结为同党就不问是非，轻罪重判，置人于死地。至于三司覆按，惊动皇帝，诏制宣判，是白敏中等人的小题大做，借此置李党于死地。《旧唐书·宣宗本纪》用大篇幅叙述吴湘案及其审判实属罕见。李德裕、李绅皆贤达之士，专制权欲也扭曲了他们的人性。朋党的实质是争权。在权力面前没有道德是非，这是一个生动的案例。

四、宣宗即位。宣宗李忱，宪宗第十三子，原名李怡，封光王，即位后改名李忱。宣宗即位时已三十七岁，完全在意料之外，但似乎又在意料之中，是冥冥中的必然。宣宗排行十三，前面诸多兄长，按宗法制，怎么也轮不上他。宪宗传位太子穆宗，穆宗传敬宗，此是父子相继。敬宗传文宗，文宗传武宗，此是兄终弟及。从穆宗到武宗，四任皇帝都在穆宗一系。武宗有五子，又有权势宰相李德裕相辅，按常理应由武宗之子来继承。按法理，按形势，李忱都不应做皇帝，结果却是花落李忱之手，实在是偶然又偶然。事后追思，李忱即位又在必然之中，是人谋与形势的必然结合。人谋，是指李忱长期韬晦谋算。李忱做梦都在想当皇帝，能否实现这白日梦，他并没有把握。但李忱抱有一线希望，一种侥幸。他从小装痴装呆，做给皇帝和宦官看。文宗、武宗都看不上他，不以常礼相待，两位皇帝到十六宅与诸王宴集，总是逗李忱说话取乐，戏称他为“光叔”，李忱等待机会，让宦官利用他的痴和对文宗、武宗的不满，破例拥立他做皇帝。形势，是指宦官专权。李忱的成功，正是唐晚时期宦官废立皇帝的产物。《旧唐书·宣宗本纪》载，宣宗十余岁时曾经做梦乘龙上天，他对母后郑氏讲了梦境，母亲告诉他：“这事不能让别人知道，不要再说了。”从此，宣宗几十年韬晦装傻，很不容易，很难得，可以说宣宗创造了历史之最，也表现了他的城府、心计和坚毅。李忱监国之日就表现了他本来就有的才能，办事果决、有主见、有条理，人们这才恍然大悟。

卷二四九　唐纪六十五

唐宣宗大中四年至十三年（850—859年）

【起上章敦牂（庚午，850年），尽屠维单阏（己卯，859年），凡十年】

【大事提要】

本卷记事起公元850年，讫公元859年，凡十年。当唐宣宗大中四年至大中十三年。唐宣宗在位十三年，本卷记事十年，基本上是宣宗一朝的政事。唐宣宗李忱，是唐宪宗的第十三子，按常例他不可能继承帝位。由于李忱是一个有心机的人，从小就装傻，唐文宗、武宗都看不起他，宦官正好利用李忱的痴呆和对文、武二宗的不满，破例立他为帝。唐宣宗即位以后，果断处事，政由己出，宦官和朝官才知道唐宣宗的傻是伪装的。唐宣宗的精明和唐武宗留下的大好局面，使得宣宗一朝保持了十三年的太平，周边也平静。党项归服，吐蕃内战势衰，吐蕃酋长论恐热一支被灭，尚婢婢一支附唐，沙州防御使张义潮乘机收复瓜、伊、西等十一州，率领十一州来归。宣宗本可有一番作为，可惜他刚愎自用，又是一个小心眼的人，为了报复唐文宗、唐武宗，就株连郭太后，说郭太后与宦官合谋害死唐宪宗，以此来表明自己是唐宪宗的合法继承人，而视唐穆宗为逆，穆宗诸子敬、文、武三宗自然也是逆，李德裕为武宗所信任，于是成了逆臣，所以宣宗施政，不问青红皂白，全部推翻会昌之政。李德裕废佛、淘汰冗官，宣宗也要翻过来，大肆兴佛、增置冗官。唐宣宗信任的两个宰相，前期为白敏中，后期为令狐绹，两人只看宣宗脸色办事，令狐绹更是李宗闵的朋党，又依附宦官，由此可想，宣宗一朝的政治是如何败坏的了。宣宗又走唐文宗、武宗的老路，不听劝谏，为求长生食金丹，结果中毒而亡。宦官拥立了唐懿宗，唐政权又回到了宦官手中。

宣宗元圣至明成武献文睿智章仁神聪懿道大孝皇帝下

大中四年（庚午，850年）

春，正月，庚辰朔[1]，赦天下。

二月，以秦州隶凤翔。

夏，四月，庚戌[2]，以中书侍郎、同平章事马植为天平节度使。上之立也，左军中尉马元贽有力焉[3]，由是恩遇冠[4]诸宦者，植与之叙宗姓[5]。上赐元贽宝带，元贽以遗植，植服之以朝，上见而识之，植变色，不敢隐。明日，罢相，收植亲吏董侔，下御史台鞫之，尽得植与元贽交通之状，再贬常州刺史。

六月，戊申[6]，兵部侍郎、同平章事魏扶薨。以户部尚书、判度支崔龟从[7]同平章事。

秋，八月，以白敏中判延资库。

卢龙节度使周綝薨，军中表请以押牙兼马步都知兵马使张允伸[8]为留后，九月，丁酉[9]，从之。

党项为边患，发诸道兵讨之，连年无功，戍馈不已；右补阙孔温裕[10]上疏切谏，上怒，贬柳州司马。温裕，戣之兄子也。

吐蕃论恐热遣僧莽罗蔺真将兵于鸡项关[11]南造桥，以击尚婢婢，军于白土岭[12]。婢婢遣其将尚铎罗榻藏将兵据临蕃军[13]以拒之，不利，复遣磨离罴子、烛卢巩力将兵据氂牛峡[14]以拒之。巩力请"按兵拒险，勿与战，以奇兵绝其粮道，使进不得战，退不得还，不过旬月，其众必溃。"罴子不从。巩力曰："吾宁为不用之人，不为败军之将。"称疾，归鄯州。罴子逆战，败死。婢婢粮乏，留拓跋怀光守鄯州，帅部落三千余人就水草于甘州西。恐热闻婢婢弃鄯州，自将轻骑五千追之，至瓜州[15]，闻怀光守鄯州，遂大掠河西鄯、廓等八州[16]，杀其丁壮，劓刖[17]其羸老及妇人，以槊[18]贯婴儿为戏，焚其室庐，五千里间，赤地[19]殆尽。

冬，十月，辛未[20]，以翰林学士承旨、兵部侍郎令狐绹同平章事。

十一月，壬寅[21]，以翰林学士刘瑑[22]为京西招讨党项行营宣慰使。

以卢龙留后张允伸为节度使。

十二月，以凤翔节度使李业、河东节度使李拭并兼招讨党项使。

吏部侍郎孔温业[23]白执政求外官，白敏中谓同列曰："我辈须自点检，孔吏部不肯居朝廷矣。"温业，戣之弟子也。

（以上为第一段，写党项犯边，吐蕃论恐热残虐鄯州。）

【注释】

[1]庚辰朔：正月一日。[2]庚戌：四月二日。[3]马元贽有力焉：武宗病笃，马元贽为左神策军中尉，立光王（宣宗）为皇太叔，后遂即位。[4]冠：超过。[5]宗姓：同族同姓。[6]戊申：六月二日。[7]崔龟从：字玄告，清河（今河北清河县）人。唐文宗时任中书舍人、户部侍郎。唐宣宗大中四年（850）任宰相，六年罢相，为宣武节度使。撰《续唐历》三十卷。传见《旧唐书》卷一百七十六，《新唐书》卷一百六十。[8]张允伸（？—872）：字逢昌，范阳（今北京）人。官至卢龙节度使。在任二十三年，克勤克俭，军民相安，边境无事。传见《旧唐书》卷一百八十，《新唐书》卷二百一十二。[9]丁酉：九月二十三日。[10]孔温裕：名士孔巢父之侄孙，唐宪宗朝岭南节度使孔戣之侄（两唐书本传均谓孔戣之子）。历任京兆尹、天平节度使。传附《旧唐书》卷一百五十四，《新唐书》卷一百六十三《孔戣传》。[11]鸡项关：关名。在今青海循化县东。[12]白土岭：地名。在今青海循化县北黄河北岸。[13]临蕃军：军镇名。在今青海西宁市西。[14]氂牛峡：地名。在临蕃军西北。[15]瓜州：州名。治所晋昌，在今甘肃瓜州东南。[16]八州：据《新唐书·吐蕃下》有鄯、廓、瓜、肃、伊、西等州。廓州，治所化成，在今青海化隆县西。[17]劓刖：古代酷刑。割鼻曰劓，断足曰刖。[18]槊：古代的一种兵器，即长矛。[19]赤地：本谓灾荒严重，寸草不生。此指地上东西被焚烧得一干二净。[20]辛未：十月二十七日。[21]壬寅：十一月二十八日。[22]刘瑑（zhuàn）：字子全，彭城（今江苏徐州）人。高宗宰相刘仁轨五世孙。大中十一年（857）任宰相。传见《旧唐书》卷一百七十七，《新唐书》卷一百八十二。[23]孔温业：孔戣之侄，历官吏部侍郎、太子宾客。传见《旧唐书》卷一百五十四，《新唐书》卷一百六十三。

五年（辛未，851年）

春，正月[1]，壬戌[2]，天德军奏摄沙州[3]刺史张义潮[4]遣使来降。义潮，沙州人也，时吐蕃大乱，义潮阴结豪杰，谋自拔[5]归唐；一旦[6]，帅众被甲噪于州门，唐人皆应之，吐蕃守将惊走，义潮遂摄州事，奉表来降。以义潮为沙州防御使。

以兵部侍郎裴休为盐铁转运使。休，肃[7]之子也。自太和[8]以来，岁运江、淮米不过四十万斛，吏卒侵盗、沈没，舟达渭仓[9]者什不三四，大堕刘晏之法[10]，休穷究其弊，立漕法十条[11]，岁运米至渭仓者百二十万斛。

上颇知党项之反由边帅利其羊马，数欺夺之，或妄诛杀，党项不胜愤怨，故反，乃以右谏议大夫李福[12]为夏绥节度使。自是继选儒臣以代边帅之贪暴者，行日复面加戒励，党项由是遂安。福，石之弟也。

上以南山、平夏党项[13]久未平，颇厌用兵。崔铉建议，宜遣大臣镇抚。三月，以白敏中为司空、同平章事，充招讨党项行营都统[14]、制置[15]等使，南北两路供军使兼邠宁节度使。敏中请用裴度故事[16]，择廷臣为将佐，许之。夏，四月，以左谏议大夫孙景商为左庶子，充邠宁行军司马；知制诰蒋伸[17]为右庶子，充节度副使。伸，系之弟也。

初，上令白敏中为万寿公主选佳婿，敏中荐郑颢；时颢已婚卢氏，行至郑州，堂帖[18]追还，颢甚衔之，由是数毁敏中于上。敏中将赴镇，言于上曰："郑颢不乐尚主，怨臣入骨髓。臣在政府，无如臣何；今臣出外，颢必中伤，臣死无日矣！"上曰："朕知之久矣，卿何言之晚邪！"命左右于禁中取小柽[19]函以授敏中曰："此皆郑郎谮卿之书也。朕若信之，岂任卿以至今日！"敏中归，置柽函于佛前，焚香事之。

敏中军于宁州，壬子[20]，定远城[21]使史元破党项九千余帐于三交谷[22]，敏中奏党项平。辛未[23]，诏："平夏党项，已就安帖。南山党项，闻出山者迫于饥寒，犹行钞掠，平夏不容，穷无所归；宜委李福存谕，于银、夏境内授以闲田。如能革心向化[24]，则抚如赤子。从前为恶，一切不问，或有抑屈[25]，听于本镇投牒自诉。若再犯疆埸[26]，或复入山林，不受教令，则诛讨无赦。将吏有功者甄奖[27]，死伤者优恤[28]，灵、夏、邠、鄜四道百姓，给复三年，邻道量免[29]租税。向由边将贪鄙，致其怨叛，自今当更择廉良[30]抚之。若复致侵叛，当先罪边将，后讨寇虏。"

吐蕃论恐热残虐，所部多叛；拓跋怀光使人说诱之，其众或散居[31]部落，或降于怀光。恐热势孤，乃扬言于众曰："吾今入朝于唐，借兵五十万来诛不服者，然后以渭州为国城，请唐册我为赞普，谁敢不从！"五月，恐热入朝，上遣左丞李景让就礼宾院[32]问所欲。恐热气色骄倨[33]，语言荒诞，求为河渭节度使；上不许，召对三殿[34]，如常日胡客，劳赐遣还。恐热怏怏而去，复归落门川，聚其旧众，欲为边患。会久雨，乏食，众稍散，才有三百余人，奔于廓州。

六月，立皇子润为鄂王。

（以上为第二段，写沙州刺史张义潮归唐，唐宣宗外放宰相白敏中镇抚党项，吐蕃论恐热势衰。）

【注释】

［1］正月：据章校，“正”作“二”。［2］壬戌：二月十九日。［3］沙州：州名。治所敦煌，在今甘肃敦煌市西。［4］张义潮：沙州敦煌人。安史乱后，河西、陇右沦陷于吐蕃。大中五年，义潮乘吐蕃内乱率众起义，占有瓜、沙等十一州，将这些州图籍献于朝廷，被任命为归义军节度使。［5］自拔：用自己力量从吐蕃统治下解脱出来。［6］一旦：一日、有一天。［7］肃：裴肃，唐德宗时官至浙东观察使。传附《旧唐书》卷一百七十七。［8］太和：唐文宗第一个年号，当公元827—835年。［9］渭仓：即渭桥仓，在今陕西西安东北渭河与灞河交会处。［10］刘晏之法：即根据江、汴、河、渭水力不同而采取分段运输的方法。用此法，每年漕运谷多达百余万石，无斗升沉覆。详见《资治通鉴》卷二百二十六德宗建中元年。［11］十条：具体条文已不可知，主要内容包括令沿河县令监督漕运，佣钱全归漕吏掌管，他官不得侵占。从此漕米悉数运至渭仓，更无沉舟之弊。［12］李福：文宗宰相李石之弟，官至山南东道节度使。传见《旧唐书》卷一百七十二，《新唐书》卷一百三十一。［13］南山、平夏党项：党项在夏州以北川泽的称平夏党项，在盐州以南山谷的称南山党项。［14］都统：官名。遇有出兵征伐之事，朝廷任命的总领各道兵马的统帅。［15］制置：官名。掌经营谋划边防军务。多以朝廷重臣或地方大吏充任。［16］裴度故事：裴度以宣慰处置使督师讨淮西时，自副使、司马、判官、书记皆从朝臣中选择。事见《资治通鉴》卷二百四十宪宗元和十二年。［17］蒋伸：字大直，宣宗初年给事中蒋系之弟。大中末年任宰相，懿宗时任刑部尚书，河中，宣武等节度使。传见《旧唐书》卷一百四十九，《新唐书》卷一百三十二。［18］堂帖：唐朝宰相所下判事文书，因由政事堂出，故称堂帖。［19］柽（chēng）：木名，又名西河柳。［20］壬子：四月十日。［21］定远城：城名。在今宁夏平罗南。［22］三交谷：地名。胡三省作注认为在夏州界。确切地址不详。［23］辛未：四月二十九日。［24］革心向化：洗心改过，归向教化。［25］抑屈：冤屈。［26］疆埸（yì）：疆界。［27］甄奖：选拔奖励。［28］优恤：从优抚恤。［29］量免：酌情减免。［30］廉良：指廉正贤良的边将。［31］散居：据章校，应作“散归”，指论恐热之众离散回归部落。［32］礼宾院：官署名。朝廷接待属国宾客之地。［33］骄倨：傲慢。［34］三殿：殿名。即麟德殿，因一殿有三面，故名。

进士孙樵上言：“百姓男耕女织，不自温饱，而群僧安坐华屋，美衣精馔，率以十户不能养一僧。武宗愤其然，发十七万僧[1]，是天下一百七十万户始得苏息[2]也。陛下即位以来，修复废寺，天下斧斤之声至今不绝，度僧几复其旧矣。陛下纵不能如武宗除积弊，奈何兴之于已废乎！日者[3]陛下欲修国东门，谏官上言，遽为罢役。今所复之寺，岂若东门之急乎？所役之功[4]，岂若东门之劳[5]乎？愿早降明诏，僧未复者勿复，寺未修者勿修，庶几[6]百姓犹得以息肩也。”秋，七月，中书门下奏：“陛下崇奉释氏，群下莫不奔走，恐财力有所不逮，因之生事扰人，望委所在长吏量加撙节[7]。所度僧亦委选择有行业[8]者，若容凶粗之人，则更非敬道也。乡村佛舍，请罢兵日修[9]。”从之。

八月，白敏中奏南山党项亦请降。时用兵岁久，国用颇乏，诏并赦南山党项，使之安业。

冬，十月，乙卯[10]，中书门下奏：“今边事已息，而州府诸寺尚未毕功，望且令成之。其大县远于州府者，听置一寺，其乡村毋得更置佛舍。”从之。

戊辰[11]，以户部侍郎魏謩同平章事，仍判户部。时上春秋已高，未立太子，群臣莫敢言。謩入谢，因言：“今海内无事，惟未建储副，使正人辅导，臣窃以为忧。”且泣。时人重之[12]。

蓬、果[13]群盗依阻鸡山[14]，寇掠三川[15]；以果州刺史王贽弘充三川行营都知兵马使以讨之。

制以党项既平，罢白敏中都统，但以司空、平章事充邠宁节度使。

张义潮发兵略定其旁瓜、伊、西、甘、肃、兰、鄯、河、岷[16]、廓十州，遣其兄义泽奉十一州图籍入见，于是河、湟之地尽入于唐。十一月，置归义军于沙州，以义潮为节度使、十一州观察使；又以义潮判官曹义金为归义军长史。

以中书侍郎、同平章事崔龟从同平章事，充宣武节度使。

右羽林[17]统军张直方坐出猎累日不还宿卫，贬左骁卫将军。

（以上为第三段，写唐宣宗佞佛，僧尼泛滥。张义潮略定河西湟水十一州之地归唐为节度使。）

【注释】

[1]发十七万僧：蓄发还俗的僧人有十七万。 [2]苏息：休养生息。 [3]日者：往日。 [4]功：功效。 [5]劳：劳绩，即辛勤劳作所取得之成效。 [6]庶几（jī）：或许。 [7]量加撙（zǔn）节：酌情节制。 [8]行业：操行品业。 [9]罢兵日修：当时正值朝廷用兵以收复河、湟之地，故言俟罢兵以后再行修复乡村佛舍。 [10]乙卯：十月十七日。 [11]戊辰：十月三十

日。［12］重之：敬重魏謩。因其能言他人所不敢言之事。［13］蓬、果：皆州名。蓬州，治所大寅，在今四川仪陇县南。果州，治所南充，在今四川南充市北。［14］鸡山：山名。在今仪陇、南充交界处。［15］三川：即剑南东川、西川及山南西道。［16］"瓜、伊、西……岷"句：皆州名。伊州，治所伊吾，在今新疆哈密市。西州，治所高昌，在今新疆吐鲁番市东南。兰州，治所金城，在今甘肃兰州市。岷州，治所溢乐，在今甘肃岷县。［17］羽林：军名。分左、右羽林军，置有大将军、统军、将军等官，掌统北衙禁兵，督摄仪仗。

六年（壬申，852 年）

春，二月，王贽弘讨鸡山贼，平之。

是时，山南西道节度使封敖奏巴南[1]妖贼言辞悖慢[2]，上怒甚。崔铉曰："此皆陛下赤子，迫于饥寒，盗弄陛下兵于溪谷间，不足辱大军，但遣一使者可平矣。"乃遣京兆少尹刘潼[3]诣果州招谕之。潼上言请不发兵攻讨，且曰："今以日月之明[4]烛[5]愚迷之众，使之稽颡归命，其势甚易。所虑者，武臣耻不战之功，议者责欲速之效耳。"潼至山中，盗弯弓待之，潼屏左右直前[6]曰："我面受诏赦汝罪，使汝复为平人[7]。闻汝木弓射二百步，今我去汝十步，汝真欲反者，可射我！"贼皆投弓列拜[8]。请降。潼归馆，而王贽弘与中使似先义逸引兵已至山下，竟击灭之。

三月，敕先赐右卫大将军郑光户县及云阳庄[9]并免税役。中书门下奏，以为："税役之法，天下皆同。陛下屡发德音，欲使中外画一[10]，今独免郑光，似稍乖前意。事虽至细，系体[11]则多。"敕曰："朕以郑光元舅之尊贵，欲优异[12]令免征税，初不细思。况亲戚之间，人所难议，卿等苟非爱我，岂进嘉言！庶事能尽如斯，天下何忧不理！有始有卒，当共守之。并依所奏。"

夏，四月，甲辰[13]，以邠宁节度使白敏中为西川节度使。

湖南奏，团练副使冯少端讨衡州贼帅邓裴，平之。

党项复扰边，上欲择可为邠宁帅者而难其人[14]，从容与翰林学士、中书舍人须昌毕諴[15]边事，諴援古据今[16]，具陈方略。上悦曰："吾方择帅，不意颇、牧[17]近在禁廷。卿其为朕行乎！"諴欣然奉命。上欲重其资履[18]，六月壬申[19]，先以诚为刑部侍郎，癸酉[20]，乃除邠宁节度使。

雍王渼[21]薨，追谥靖怀太子。

河东节度使李业纵吏民侵掠杂虏，又妄杀降者，由是北边扰动。闰月，庚子[22]，以太子少师[23]卢钧为河东节度使。业内有所恃，人莫敢言，魏謩独请贬黜；上不许，但徙义成节度使。

卢钧奏度支郎中韦宙为副使。宙遍诣塞下，悉召酋长，谕以祸福，禁唐民毋得入虏境侵掠，犯者必死，杂虏由是遂安。

掌书记李璋[24]杖[25]一牙职，明日，牙将[26]百余人诉于钧，钧杖其为首者，谪戍外镇，余皆罚之，曰："边镇百余人，无故横诉[27]，不可不抑。"璋，绛之子也。

八月，甲子[28]，以礼部尚书裴休同平章事。

獠寇昌、资二州[29]。

冬，十月，邠宁节度使毕诚奏招谕党项皆降。

骁卫将军张直方坐以小过屡杀奴婢，贬恩州司户。

十一月，立宪宗子惴为棣王。

十二月，中书门下奏；"度僧不精，则戒法[30]堕坏；造寺无节，则损费过多。请自今诸州准元敕[31]许置寺外，有胜地灵迹许修复，繁会[32]之县许置一院。严禁私度僧、尼；若官度僧、尼有阙，则择人补之，仍申祠部给牒。其欲远游寻师者，须有本州公验[33]。"从之。

（以上为第四段，写边将王贽弘杀良冒功，邠宁节度使毕诚抚定党项，河东节度使卢钧用纪律抑制骄兵悍将。）

【注释】

[1]巴南：巴水之南。此指今四川南充一带。 [2]悖慢：违逆傲慢。 [3]刘潼：字子固。曹州南华（今山东东明）人。代宗宰相、著名理财家刘晏侄孙。历官昭义、河东、剑南西川等节度使。传见《新唐书》卷一百四十九。 [4]日月之明：谓圣上恩旨，如日月之光，照明四方。[5]烛：照耀。 [6]直前：径直往前。 [7]平人：平民。 [8]列拜：依次叩拜。 [9]庄：庄园、田庄。 [10]中外画一：中官朝官，赏罚标准一致。画一，语出《史记·曹相国世家》："萧何为法，颟若画一。" [11]系体：涉及体制。 [12]优异：厚待异于众人。 [13]甲辰：四月八日。

[14]难其人：谓难得适当的人选。 [15]毕諴：字存之，郓州须昌（今山东东平东）人。唐宣宗时官至河东节度使，唐懿宗朝宰相。传见《旧唐书》卷一百七十七，《新唐书》卷一百八十三。[16]援古据今：援引古今之事作为例证。 [17]颇、牧：廉颇和李牧，皆战国时赵国名将。廉颇以勇气闻名于诸侯，先后战胜齐、魏、燕等国。李牧防守赵国北境，匈奴不敢犯边。颇、牧合传，见《史记》卷八十一。 [18]资履：资历。 [19]六月壬申：六月丙寅朔，无壬申。壬申，七月七日。 [20]癸酉：七月八日。 [21]雍王渼：雍王李渼，唐宣宗子，会昌六年（846）封。“渼”《旧唐书》作“汉”。传见《旧唐书》卷一百七十五，《新唐书》卷八十一。[22]庚子：闰七月六日。[23]太子少师：官名。掌辅导皇太子。唐时多为加官、赠官。 [24]李璋：字重礼，唐宪宗宰相李绛之子。官至宣歙观察使。传见《旧唐书》卷一百六十四，《新唐书》卷一百五十二。 [25]杖：用棍棒拷打。 [26]牙将：衙吏。 [27]横诉：强行控诉。指闹事。 [28]甲子：八月一日。[29]昌、资二州：昌州，治所昌元，在今重庆市荣昌区西北。资州，治所盘石，在今四川资中县。[30]戒法：佛教戒律。 [31]元敕：指大中元年敕。元，同原。 [32]繁会：人物繁多，车船会集之地，谓之繁会。 [33]公验：官府所开具的证件。

七年（癸酉，853年）

春，正月，戊申[1]，上祀圜丘；赦天下。

夏，四月，丙寅[2]，敕：“自今法司[3]处罪，用常行杖。杖脊一，折法杖十[4]；杖臀一，折笞五。使吏用法有常准。”。

冬，十二月，左补阙赵璘请罢来年元会[5]，止御宣政[6]。上以问宰相，对曰：“元会大礼，不可罢。况天下无事。”上曰：“近华州奏有贼光火劫[7]下邽[8]，关中少雪，皆朕之忧，何谓无事！虽宣政亦不可御也！”

上事郑太后甚谨，不居别宫，朝夕奉养。舅郑光历平卢、河中节度使[9]，上与之论为政，光应对鄙浅，上不悦，留为右羽林统军，使奉朝请[10]。太后数言其贫，上辄厚赐金帛，终不复任以民官[11]。

度支奏：“自河、湟平，每岁天下所纳钱九百二十五万余缗，内五百五十万余缗租税，八十二万余缗榷酤[12]，二百七十八万余缗盐利。”

（以上为第五段，写河湟入唐，赋税稍增。）

【注释】

[1]戊申：正月十七日。 [2]丙寅：四月六日。 [3]法司：指掌司法刑狱的官署。如刑部、

大理寺等。［4］折法杖十：杖刑是背、腿、臀分受的刑罚。现规定杖打脊背一下，折合杖臀十下。法杖，胡注谓常行臀杖。［5］元会：皇帝元旦接受群臣朝见叫元会，亦称正旦朝会，正会。［6］止御宣政：只在宣政殿朝会。唐制，元会大礼在太极殿举行，仪式非常隆重。［7］光火劫：明火执仗抢劫。［8］下邽：县名。县治在今陕西渭南市东北。［9］河中节度使：据章校，“使”下有“入朝”二字，自为一句。［10］奉朝请：定期朝见皇帝的一种称谓。宗室、外戚有此名义，即可参加朝会。［11］不复任以民官：不再授以治民之官。民官，治民之官。［12］榷酤：酒类专利。

八年（甲戌，854年）

春，正月，丙戌朔[1]，日有食之。罢元会。

上自即位以来，治弑宪宗之党，宦官、外戚乃至东宫官属，诛窜甚众。虑人情不安，丙申[2]，诏：“长庆之初，乱臣贼子，顷搜擿[3]余党，流窜已尽，其余族从[4]疏远者，一切不问。”

二月，中书门下奏，拾遗、补阙缺员，请更增补。上曰：“谏官要在举职[5]，不必人多，如张道符、牛丛[6]、赵璘辈数人，使朕日闻所不闻足矣。”丛，僧孺之子也。

久之，丛自司勋员外郎[7]出为睦州[8]刺史，入谢，上赐之紫[9]。丛既谢，前言[10]曰：“臣所服绯[11]，刺史所借也。”上遽白：“且赐绯。”上重惜服章[12]，有司常具绯、紫衣数袭[13]从行，以备赏赐，或半岁不用其一，故当时以绯、紫为荣。上重翰林学士，至于迁官，必校岁月[14]，以为不可以官爵私近臣也。

秋，九月，丙戌[15]，以右散骑常侍高少逸为陕虢观察使。有敕使过硖石[16]，怒饼黑，鞭驿吏见血；少逸封其饼以进。敕使还，上责之曰：“深山中如此食岂易得！”谪配恭陵[17]。

立皇子洽为怀王，汭为昭王，汶为康王。

上猎于苑北，遇樵夫，问其县，曰：“泾阳人也。”“令为谁？”曰：“李行言。”“为政何如？”曰：“性执[18]。有强盗数人，军家[19]索之，竟不与，尽杀之。”上归，帖其名于寝殿之柱。冬，十月，行言除海州刺史，入谢，上赐之金紫。问曰：“卿知所以衣紫乎？”对曰：“不知。”上命取殿柱之帖示之。

上以甘露之变，惟李训、郑注当死，自余王涯、贾悚等无罪，诏皆雪其冤。

上召翰林学士韦澳，托以论诗，屏左右与之语曰："近日外间谓内侍[20]权势何如？"对曰："陛下威断，非前朝之比。"上闭目摇首曰："全未，全未！尚畏之在。卿谓策将安出？"对曰："若与外廷议之，恐有太和之变[21]，不若就其中择有才识者与之谋。"上曰："此乃末策。自衣黄、衣绿至衣绯，皆感恩，才衣紫则相与为一[22]矣！"上又尝与令狐绹谋尽诛宦官，绹恐滥及无辜，密奏曰："但有罪勿舍，有阙勿补，自然渐耗，至于尽矣。"宦者窃见其奏，由是益与朝士相恶，南北司如水火矣。

（以上为第六段，写唐宣宗穷治弑宪宗之党，平反甘露之变的蒙冤者，意在谋诛宦官。）

【注释】

[1]丙戌朔：正月一日。 [2]丙申：正月十一日。 [3]搜擿（tì）：搜寻揭发。 [4]族从（zòng）：同族亲属和堂房亲属。 [5]举职：称职。 [6]牛丛：字表龄，唐穆宗、唐文宗两朝宰相牛僧孺之子。官至剑南西川节度使。传见《旧唐书》卷一百七十二，《新唐书》卷一百七十四。 [7]司勋员外郎：官名。司勋为吏部第三司，掌官员的勋级。其正、副长官为郎中、员外郎。 [8]睦州：州名。治所建德，在今浙江建德市东北。 [9]赐之紫：拜为三品官。唐制，三品以上服紫衣。 [10]前言：谢恩之后，进前而言。 [11]服绯：四品官服绯。这里谓牛丛深知唐宣宗重惜官爵，不受三品而就四品。 [12]服章：表示官员品级的衣服及装饰。 [13]袭：衣一套称一袭。 [14]校岁月：查对任职时间。唐制，限年蹑级，不得逾越。 [15]丙戌：九月四日。 [16]硖石：县名。县治在今河南三门峡市东南。 [17]谪配恭陵：降职发配去看守恭陵。恭陵，唐高宗太子李弘陵墓。弘早死，追谥孝敬皇帝。陵在今河南洛阳市偃师区南。 [18]性执：个性固执。这里指坚持原则。 [19]军家：军方。此指北司宦官所掌的军队。 [20]内侍：本为内侍省长官。此泛指宦官。 [21]太和之变：即唐文宗太和八年的甘露之变。 [22]相与为一：谓宦官从衣黄的流外官，衣绿的六七品官，至衣绯的四五品官，皆知感谢圣恩；只要提升到衣紫的三品以上官，则与整个中官沆瀣一气。

九年（乙亥，855年）

春，正月，甲申[1]，成德军奏节度使王元逵薨，军中立其子节度副使绍鼎[2]，癸卯[3]，以绍鼎为成德留后。

二月，以醴泉[4]令李君奭为怀州刺史。初，上校猎渭上[5]，有父老以十数，聚于佛祠，上问之，对曰："醴泉百姓也。县令李君奭有异政[6]，考满当罢[7]，诣府乞留，故此祈佛，冀谐所愿[8]耳。"及怀州刺史阙，上手笔除君奭，宰相莫之测。君奭入谢，上以此奖厉[9]，众始知之。

三月，诏邠宁节度使毕諴还邠州。先是，以河、湟初附，党项未平，移邠宁军于宁州，至是，南山、平夏[10]皆安，威、盐、武[11]三州军食足，故令还理所[12]。

夏，闰四月，诏以"州县差役不均，自今每县据人贫富及役轻重作差科[13]簿，送刺史检署[14]讫，锁[15]于令厅[16]，每有役事[17]委令[18]，据簿定差[19]。"

五月，丙寅[20]，以王绍鼎为成德节度使。

上聪察[21]强记[22]，宫中厮役[23]给[24]洒扫者，皆能识[25]其姓名，才性所任[26]，呼召使令，无差误者。天下奏狱吏卒姓名，一览皆记之。度支奏渍污帛，误书渍为清，枢密承旨孙隐中谓上不之见，辄足成之[27]。及中书覆入[28]，上怒，推按[29]擅改章奏者罚谪之。

上密令翰林学士韦澳纂次[30]诸州境土风物及诸利害[31]为一书，自写而上之，虽子弟[32]不知也，号曰《处分语》[33]。他日，邓州[34]刺史薛弘宗入谢，出，谓澳曰："上处分本州事惊人。"澳询之，皆《处分语》中事也。澳在翰林，上或遣中使宣旨草诏；事有不可者，澳辄曰："兹事须降御札[35]，方敢施行。"淹留至旦[36]，上疏论之；上多从之。

秋，七月，浙东军乱，逐观察使李讷[37]。讷，逊[38]之弟子也，性卞急[39]，遇[40]将士不以礼，故乱作。

淮南饥，民多流亡，节度使杜悰荒[41]于游宴，政事不治。上闻之，甲午[42]，以门下侍郎、同平章事崔铉同平章事，充淮南节度使；丁酉[43]，以悰为太子太傅、分司。

九月，乙亥[44]，贬李讷为朗州[45]刺史，监军王宗景杖四十，配恭陵。仍诏"自今戎臣[46]失律[47]，并坐监军。"以礼部侍郎沈询[48]为浙东观察使。询，传师[49]之子也。

冬，十一月，以吏部侍郎柳仲郢为兵部侍郎，充盐铁转运使。有闾阎医工[50]刘集因缘[51]交通禁中，上敕盐铁[52]补场官[53]。仲郢上言："医工术精，宜补医官；若委务铜盐，何以课其殿最[54]！且场官贱品[55]，非特敕所宜亲[56]，臣未敢奉诏。"上遽批："刘集宜赐绢百匹，遣之。"他日[57]，见仲郢，劳之曰："卿论刘集事甚佳。"

上尝苦不能食，召医工梁新诊脉，治之数日，良已[58]。新因自陈求官，上不许，但敕盐铁使月给钱三千[59]缗而已。

右威卫大将军[60]康季荣前为泾原节度使，擅用官钱二百万缗，事觉，季荣请以家财偿之。上以季荣有开河、湟功，许之。给事中封还敕书，谏官亦上言，十二月，庚辰[61]，贬季荣夔州[62]长史。

江西观察使郑祗德以其子颢尚主通显，固求散地，甲午[63]，以祗德为宾客[64]、分司。

（以上为第七段，写唐宣宗强记，识人过目不忘，时时留心访求贤才，破格录用。）

【注释】

[1]甲申：正月四日。 [2]王绍鼎：官至成德节度使。传见《旧唐书》卷一百四十二,《新唐书》卷二百一十一。 [3]癸卯：正月二十三日。 [4]醴泉：县名。县治在今陕西礼泉县北。[5]渭上：渭水之滨。 [6]异政：优异的政绩。 [7]考满当罢：唐制，凡居官必四考，以为升降。考满，谓四次考试合格。当罢，当免去现职，升任新职。 [8]冀谐所愿：希望如愿。[9]厉：同"励"。 [10]南山、平夏：指南山党项和平夏党项。据章校，"平夏"下有"党项"二字。 [11]威、武：皆州名。威州，治所在今宁夏同心县东北。武州，治所萧关，在今宁夏同心县东南。 [12]还理所：指邠宁节度使从宁州还治邠州。理所，即治所。 [13]差（chāi）科：劳役和赋税的总称。 [14]检署：本义为对文书加封盖印，此为检查核实之义。 [15]锁：被锁在。 [16]令厅：县令的公堂。 [17]役事：徭役之事。 [18]委令：朝廷分派下来的差役令。[19]定差：据章校，"定"应作"轮"。轮差，轮流当差。 [20]丙寅：五月十九日。 [21]聪察：明察。 [22]强（qiǎng）记：记忆力强。 [23]厮役：指干粗杂活的太监。 [24]给（jǐ）：供职。 [25]识（zhì）：记住。 [26]才性所任：凭借才能和天赋。 [27]足（jù）成之：即上文所说将"清"字增添笔画而成"渍"字。 [28]覆入：皇帝将奏章交中书省覆按后，再次上奏，叫覆入。 [29]推按：论罪。 [30]纂次：编次。 [31]利害：利弊。 [32]子弟：指韦澳的兄弟子侄们。 [33]号曰《处分语》：书名叫《处分语》。处分，处理。 [34]邓州：州名。治所穰

县、在今河南邓州市。［35］兹事须降御札：这件事关系重大，还须请示皇上发下手谕，才能执行。此言韦澳善于补正诏令之失而想出的托词。［36］淹留至旦：停留一夜。［37］李讷：字敦正，官至华州刺史。传见《旧唐书》卷一百五十五，《新唐书》卷一百六十三。［38］逊：李逊，字友道，唐宗室，仕于宪宗、穆宗二朝，官至忠武节度使，与李讷同传。［39］卞急：急躁。卞，躁也。［40］遇：对待。［41］荒：沉迷、享乐过度。［42］甲午：七月戊申朔，无甲午。甲午，八月十八日。［43］丁酉：八月二十一日。［44］乙亥：九月二十九日。［45］朗州：州名。治所武陵，在今湖南常德市。［46］戎臣：武将。［47］失律：本义为行军无纪律，此指不堪其任，即失职。［48］沈询：字诚之，官至昭义节度使。传见《旧唐书》卷一百四十九，《新唐书》卷一百三十二。［49］传师（768—827）：沈传师，字子言，苏州吴（今江苏苏州）人。历官翰林学士、中书舍人、湖南、江西等观察使。预修《宪宗实录》。与其子沈询同传。［50］闾阎医工：民间医生。［51］因缘：机遇、机会。［52］盐铁：指盐铁使。［53］场官：官名。唐朝在铜、铁、盐等产地置场，以场官主其事。［54］课其殿最：考核政绩优劣。［55］场官贱品：场官是不入品级的末流小官。［56］非特敕所宜亲：不配由皇帝发下特别诏命来亲自任命。［57］他日：过了几天。［58］良已：确实痊愈了。［59］给钱三千：据章校，“千”应作“十”。［60］威卫大将军：官名。威卫属十六卫，分左右，掌宫禁宿卫。其长官有上将军、大将军、将军等。［61］庚辰：十二月五日。［62］夔州：州名。治所奉节，在今重庆市奉节县。［63］甲午：十二月十九日。［64］宾客：即太子宾客。

十年（丙子，856年）

春，正月，丁巳[1]，以御史大夫郑朗为工部尚书、同平章事。

上命裴休极言时事[2]，休请早建太子，上曰：“若建太子，则朕遂为闲人。”休不敢复言。二月，丙戌[3]，休以疾辞位；不许。

三月，辛亥[4]，诏以“回鹘有功于国[5]，世为婚姻[6]，称臣奉贡，北边无警[7]。会昌[8]中虏廷丧乱，可汗奔亡，属[9]奸臣[10]当轴[11]，遽加殄灭。近有降者云，已厖历[12]今为可汗，尚寓安西，俟其归复牙帐，当加册命。”

上以京兆久不理，夏，五月，丁卯[13]，以翰林学士、工部侍郎韦澳为京兆尹。澳为人公直，既视事，豪贵敛手[14]。郑光庄吏[15]恣横，积年租税不入，澳执而械之。上于延英问澳，澳具奏其状，上曰：“卿何以处之？”澳曰：“欲置于法。”上曰：“郑光甚爱之，何如？”对曰：“陛下自内庭[16]用臣为京兆，欲以清畿甸[17]之积弊；若郑光庄吏积年为蠹[18]，得宽重辟[19]，是陛下之法独行于贫户，臣未敢奉诏。”上曰：“诚如此。但郑光殢我不置[20]；卿与痛杖，贷[21]其死，可乎？”对曰：“臣不敢不奉诏，愿听臣且系之，俟征足乃释之。”上曰：“灼然可[22]。朕为郑光故桡[23]卿法，殊以为愧。”澳归府，即杖之；督租数百斛足，乃以吏归光。

（以上为第八段，写京兆尹韦澳严厉执法，敢惩治皇亲国舅郑光的庄吏。）

【注释】

[1]丁巳：正月十三日。 [2]极言时事：透彻说明当前的政事。 [3]丙戌：二月十三日。 [4]辛亥：三月八日。 [5]有功于国：指回鹘助唐平定安史之乱。 [6]世为婚姻：谓回鹘世尚唐朝公主。 [7]警：警报。 [8]会昌：唐武宗年号，当公元841—846年。 [9]属（zhǔ）：恰值。 [10]奸臣：指李德裕。 [11]当轴：喻官居要职，指主持国政。 [12]已厖历：即厖勒。其称可汗事见《资治通鉴》卷二百四十八大中二年。 [13]丁卯：五月二十五日。 [14]敛手：缩手，表示不敢为所欲为。 [15]庄吏：为地主掌管田庄的人。 [16]自内庭：指从翰林学士擢为京兆尹。翰林学士院在内庭。 [17]畿甸：京城地区称畿甸。 [18]积年为蠹：累年为害。 [19]宽重辟：宽免于重刑。 [20]殢（tì）我不置：对我纠缠不放。 [21]贷：宽免，饶恕。 [22]灼然可：明显可行。 [23]桡：同“挠”。扰乱。

六月，戊寅[1]，以中书侍郎、同平章事裴休同平章事，充宣武节度使。

司农卿韦厪欲求夏州节度使[2]，有术士知之。诣厪门曰：“吾善醮[3]星辰，求官无不如意。”厪信之，夜，设醮具于庭。术士曰：“请公自书官阶一通。”既得之，仰天大呼曰：“韦厪有异志，令我祭天。”厪举家拜泣曰：“愿山人赐百口之命！”家之货财珍玩尽与之。逻者[4]怪术士服鲜衣，执以为盗；术士急，乃曰：“韦厪令我祭天，我欲告之，彼以家财求我耳。”事上闻。秋，九月，上召厪面诘之，具知其冤，谓宰相曰：“韦厪城南甲族[5]，为奸人所诬，勿使狱吏辱之。”立[6]以术士付京兆，杖死，贬厪永州司马。

户部侍郎、判户部、驸马都尉郑颢营求[7]作相甚切。其父祗德[8]与书曰：“闻汝已判户部，是吾必死之年；又闻欲求宰相，是吾必死之白也！”颢惧，累表辞剧务[9]。冬，十月，乙酉[10]，以颢为秘书监。

上遣使诣安西镇抚回鹘，使者至灵武，会回鹘可汗遣使入贡，十一月，辛亥[11]，册拜为嗢禄登里罗汨没密施合俱录毗伽怀建可汗，以卫尉少卿王端章充使。

吏部尚书李景让上言：“穆宗乃陛下兄，敬宗、文宗、武宗乃兄之子，陛下拜兄尚可，拜侄可乎！是使陛下不得亲事七庙也，宜迁四主[12]出太庙，还代宗以下入庙[13]。”诏百官议其事，不决而止。时人以是薄景让[14]。

敕“于灵感、会善二寺置戒坛，僧、尼应填阙者[15]委长老僧选择，给公凭[16]，赴两坛受戒，两京各选大德[17]十人主其事。有不堪者罢之，堪者给牒，遣归本州。不见戒坛公牒，毋得私容。仍先选旧僧、尼，旧僧、尼无堪者，乃选外人。”

壬辰[18]，以户部侍郎、判户部崔慎由为工部尚书、同平章事。上每命相，左右无知者。前此一日，令枢密宣旨于学士院[19]，以兵部侍郎、判度支萧邺[20]同平章事。枢密使王归长、马公儒覆奏：“邺所判度支应罢否？”上以为归长等佑[21]之，即手书慎由名及新命付学士院，仍云“落判户部事”。邺，明[22]之八世孙也。

内园使[23]李敬寔遇郑朗不避马，朗奏之，上责敬寔，对曰：“供奉官例不避。”上曰：“汝衔敕命，横绝可也；岂得私出而不避宰相乎！”命剥色[24]，配南牙[25]。

（以上为第九段，写唐宣宗明察，惩治奸巧术士，用人由己，抑制宦官。）

【注释】

[1]戊寅：六月七日。 [2]夏州节度使：即夏绥节度使。治所夏州，故称。 [3]醮（jiáo）：设坛祈祷。 [4]逻者：巡逻之人。 [5]甲族：世家大族。 [6]立：立即。 [7]营求：谋求。 [8]祗德：据章校，“德”下有“闻之”二字。 [9]剧务：繁重的事务，指户部之事。 [10]乙酉：十月十五日。 [11]辛亥：十一月十一日。 [12]四主：穆、敬、文、武四宗神主。 [13]还代宗以下入庙：唐文宗去世，迁唐代宗入庙，故有此议。 [14]薄景让：鄙薄李景让阿谀唐宣宗而提出迁四主出太庙的主张。 [15]僧、尼应填阙者：僧尼应补充缺额的。据章校，“僧”上有“诸道”二字。 [16]公凭：即公牒、准予剃度出家的证书。 [17]大德：指寺庙能持戒行，具有施

教资格的大和尚。［18］壬辰：十月二十二日。［19］学士院：官署名。为翰林学士供职之处。［20］萧邺：字启之。宣宗时官至宰相。懿宗朝任荆南、西川、河东等节度使。传见《新唐书》卷一百八十二。［21］佑：助。［22］明：萧明，即萧渊明，南朝梁人，封贞阳侯。唐避高祖李渊讳，故只称明。［23］内园使：官名。掌皇宫园圃种植之事。［24］剥色：指褫夺宦官内园使的衣冠品色，即革去官职。［25］配南牙：发配去给南衙朝官服杂役。南牙，即南衙。

十一年（丁丑，857年）

春，正月，丙午[1]，以御史中丞兼尚书右丞夏侯孜[2]为户部侍郎、判户部事。先是，判户部有缺，京兆尹韦澳奏事，上欲以澳补之。辞曰："臣比年[3]心力衰耗，难以处繁剧，屡就陛下乞小镇[4]，圣恩未许。"上不悦。及归，其甥柳玭[5]尤[6]之，澳曰："主上不与宰辅佥议[7]，私欲用我，人必谓我以他歧[8]得之，何以自明！且尔知时事浸不佳乎[9]？由吾曹[10]贪名位所致耳。"丙辰[11]，以澳为河阳节度使。玭，仲郢之子也。

上欲幸华清宫，谏官论之甚切，上为之止。上乐闻规谏[12]，凡谏官论事、门下封驳[13]，苟合于理，多屈意从之；得大臣章疏，必焚香盥手[14]而读之。

二月，辛巳[15]，以门下侍郎、同平章事魏謩同平章事，充西川节度使。謩为相，议事于上前，他相或委曲规讽，謩独正言[16]无所避，上每叹曰："謩绰有祖风[17]，我心重之。"然竟以刚直为令狐绹所忌而出之。

岭南溪洞蛮屡为侵盗；夏，四月，壬申[18]，以右千牛大将军宋涯为安南、邕管宣慰使。五月，乙巳[19]，以涯为安南经略使。容州[20]军乱，逐经略使王球。六月，癸巳[21]，以涯为容管经略使。

甲午[22]，立皇子灌为卫王，漼为广王。

秋，七月，庚子[23]，以兵部侍郎、判度支萧邺同平章事，仍判度支。

教坊[24]祝汉贞，滑稽[25]敏给[26]，上或指物使之口占[27]，摹咏[28]有如宿构[29]，由是宠冠诸优。一日，在上前抵掌[30]诙谐，颇及外事，上正色[31]谓曰："我畜养尔曹[32]，正供戏笑耳，岂得辄预朝政邪！"自是疏之。会其子坐赃，杖死，流汉贞于天德军。

乐工[33]罗程，善琵琶，自武宗朝已得幸；上素晓音律，尤有宠。程恃恩暴横，以睚眦[34]杀人，系京兆狱。诸乐工欲为之请，因上幸后苑奏乐，乃设虚坐，置琵琶，而罗拜[35]于庭，且泣。上问其故，对曰："罗程负陛下，万死，然臣等惜其天下绝艺，不复得奉宴游矣！"上曰："汝曹所惜者罗程艺，朕所惜者高祖、太宗法。"竟杖杀之。

（以上为第十段，写韦澳不接受隆恩升官，唐宣宗不狎昵群小。）

【注释】

[1]丙午：正月七日。[2]夏侯孜：字好学，亳州谯（今安徽亳州市）人。唐宣宗时任户部侍郎、兵部侍郎、盐铁转运使、同平章事。唐懿宗时为剑南西川、河中等节度使。官终太子少保，分司东都。传见《旧唐书》卷一百七十七，《新唐书》卷一百八十二。[3]比年：近年。[4]镇：指藩镇。[5]柳玭：历官给事中、御史大夫。为官廉洁正直，唐昭宗欲用为相，为宦官所阻，乃止。传见《旧唐书》卷一百六十五，《新唐书》卷一百六十三。[6]尤：责怪。[7]佥议：众议。[8]他歧：其他路径、门路。[9]且尔知时事浸不佳乎：何况你要知道当今政治越来越腐败。时事，指当前政治。浸，逐渐。[10]吾曹：我辈、我们。[11]丙辰：正月十七日。[12]规谏：以正言劝诫。[13]封驳：认为皇帝所下诏令不当，封还并加以驳正。[14]盥（guàn）手：洗手。[15]辛巳：二月十三日。[16]正言：合乎正道的直言。[17]有祖风：谓有其五世祖魏征的刚正之风。[18]壬申：四月五日。[19]乙巳：五月九日。[20]容州：州名。治所普宁，在今广西容县。[21]癸巳：六月二十七日。[22]甲午：六月二十八日。[23]庚子：七月五日。[24]教坊：官署名。掌音乐教习、演出等事。有内教坊置于禁中，演奏雅乐，左右教坊置于京都，演奏俗乐。以中官为教坊使主其事。[25]滑（gǔ）稽：言辞诙谐。[26]敏给（jǐ）：敏捷。[27]口占：不起草稿而随口成章称口占。[28]摹咏：描写吟诵。[29]宿构：预先构思。[30]抵掌：击掌。[31]正色：脸色严正。[32]尔曹：汝辈，你们。[33]乐（yuè）工：乐人。[34]睚眦（yázì）：怒目横视，喻小怨小忿。[35]罗拜：围绕而拜。

八月，成德节度使王绍鼎薨。绍鼎沈湎[1]无度，好登楼弹射人以为乐，众欲逐之；会病薨，军中立其弟节度副使绍懿[2]。戊寅[3]，以绍懿为成德留后。

九月，辛酉[4]，以太子太师卢钧同平章事，充山南西道节度使。

冬，十月，己巳[5]，以秦成防御使[6]李承勋为泾原节度使。承勋，光弼[7]之孙也。先是，吐蕃酋长尚延心以河、渭二州部落来降，拜武卫将军[8]，承勋利其羊马之富，诱之入凤林关[9]，居秦州之西。承勋与诸将谋执延心，诬云谋叛，尽掠其财，徙其众于荒远；延心知之，因承勋军宴，坐中谓承勋曰："河、渭二州，土旷人稀，因以饥疫。唐人多内徙三川[10]，吐蕃皆远遁于叠宕[11]之西，二千里间，寂无人烟。延心欲入见天子，请尽帅部众分徙内地，为唐百姓，使西边永无扬尘[12]之警，其功亦不愧于张义潮矣。"承勋欲自有其功，犹豫未许，延心复曰："延心既入朝，部落内徙，但惜秦州无所复恃耳。"承勋与诸将相顾默然。明日，诸将言于承勋曰："明公首开营田[13]，置使府[14]，拥万兵，仰给度支，将士无战守之劳，有耕市[15]之利。若从延心之谋，则西陲无事，朝廷必罢使府，省戍兵，还以秦州隶凤翔[16]，吾属无所复望矣。"承勋以为然，即奏延心为河、渭都游弈使[17]，使统其众居之。

中书侍郎、同平章事郑朗以疾辞位；壬申[18]，以朗为太子太师。

上晚节[19]颇好神仙，遣中使迎道士轩辕集于罗浮山[20]。

王端章册立回鹘可汗，道为黑车子所塞，不至而还。辛卯[21]，贬端章贺州司马。

十一月，壬寅[22]，以成德军留后王绍懿为节度使。

十二月，萧邺罢判度支。

（以上为第十一段，写吐蕃首长尚延心归顺唐朝，智计挫败贪残边将。）

【注释】

[1]沈湎：谓沉溺于酒，嗜酒。 [2]绍懿（？—866）：王绍懿，成德节度使王绍鼎弟。绍鼎死，立为留后。不久正授节度使。传见《旧唐书》卷一百四十二，《新唐书》卷二百一十一。 [3]戊寅：八月十四日。 [4]辛酉：九月二十七日。 [5]己巳：十月五日。 [6]秦成防御使：方镇名。大中三年（849）置。治所秦州，在今甘肃秦安县西北。 [7]光弼（707—764）：李光弼唐朝名将。营州柳城（今辽宁朝阳县）人。契丹族。曾任河东、朔方等节度使。平定安史之乱，战功卓著，升为天下兵马副元帅。先后封为赵国公、临淮郡王、临淮王。绘像凌烟阁。传见《旧唐书》卷一百一十，《新唐书》卷一百三十六。 [8]武卫将军：官名。武卫属南衙禁军十六卫，分左右，掌宫禁宿卫。其长官有上将军、大将军、将军等。 [9]凤林关：关名。在今甘肃临夏市西北黄河南岸。 [10]三川：指平凉川、蔚茹川、落门川，在今宁夏南部和甘肃东南部。 [11]叠、宕：皆州名。叠州，治所合川，在今甘肃迭部县。宕州，治所怀道，在今甘肃舟曲县。 [12]扬尘：扬起尘土，喻战争。 [13]营田：屯田。 [14]使府：指秦成防御使府。 [15]耕市：耕指营田，

市指与吐蕃互通贸易。［16］还以秦州隶凤翔：唐武德二年（619）置秦州，宝应元年（762）陷于吐蕃，大中三年（849）收复，隶属凤翔节度使，不久，置秦成防御使，今还隶凤翔。［17］游弈使：官名。掌管巡逻、侦察之事。［18］壬申：十月八日。［19］晚节：晚年。［20］罗浮山：山名。在今广东博罗县西北。［21］辛卯：十月二十七日。［22］壬寅：十一月八日。

十二年（戊寅，858 年）

春，正月，以康王傅、分司王式[1]为安南都护、经略使。式有才略，至交趾[2]，树芀[3]木为栅[4]，可支数十年。深堑其外，泄城中水，堑外植竹，寇不能冒[5]。选教士卒甚锐。顷之，南蛮[6]大至，去交趾半日程[7]；式意思安闲，遣译谕之[8]，中其要害，蛮一夕引去，遣人谢曰："我自执叛獠[9]耳，非为寇也。"安南都校[10]罗行恭，久专府政，麾下精兵二千，都护中军才羸兵数百；式至，杖其背，黜于边徼[11]。

初，户部侍郎、判度支刘瑑为翰林学士，上器重之。时为河东节度使，手诏征入朝，瑑奏发[12]河东，外人始知之。戊午[13]，以瑑同平章事。瑑，仁轨[14]之五世孙也四。

瑑与崔慎由议政于上前，慎由曰："惟当甄别[15]品流[16]，上酬万一[17]。"瑑曰："昔王夷甫[18]祖尚浮华，妄分流品，致中原丘墟[19]。今盛明之朝，当循名责实[20]，使百官各称其职；而遽以品流为先，臣未知致理之日！"慎由无以对。

轩辕集至长安，上召入禁中，问曰："长生可学乎？"对曰："王者屏欲[21]而崇德，则自然受大遐福[22]，何处更求长生！"留数月，坚求还山。乃遣之。

二月，甲子朔[23]，罢公卿朝拜光陵[24]及忌日行香[25]，悉移宫人于诸陵[26]。

戊辰[27]，以中书侍郎、同平章事崔慎由为东川节度使。

上欲御楼肆赦[28]，令狐绹曰："御楼所费甚广[29]，事须有名；且赦不可数[30]。"上不悦，曰："遣朕于何得名！"慎由曰："陛下未建储宫，四海属望[31]。若举此礼，虽郊祀亦可，况于御楼！"时上饵方士药，已觉躁渴，而外人未知，疑忌方深，闻之，俯首不复言。旬日，慎由罢相。

勃海王彝震卒。癸未[32]，立其弟虔晃为勃海王。

夏，四月，以右街使[33]、驸马都尉刘异为邠宁节度使。异尚安平公主，上妹也。

庚子[34]，岭南都将王令寰作乱，囚节度使杨发[35]。发，苏州人也。

戊申[36]，以兵部侍郎、盐铁转运使夏侯孜同平章事。

五月，丙寅[37]，工部尚书同平章事刘瑑薨。瑑病笃，犹手疏论事，上甚惜之。

以右金吾大将军李燧为岭南节度使，已命中使赐之节，给事中萧倣[38]封还制书；上方奏乐，不暇别召中使，使优人追之，节及燧门而返。倣，俛之从父弟也。辛巳[39]，以泾原节度使李承勋为岭南节度使，发邻道兵讨乱者，平之。

是日，湖南军乱，都将石载顺等逐观察使韩悰，杀都押牙王桂直。悰待将士不以礼，故及于难。

六月，丙申[40]，江西军乱，都将毛鹤逐观察使郑宪。

初，安南都护李涿为政贪暴，强市蛮中马牛，一头止与盐一斗；又杀蛮酋杜存诚。群蛮怨怒，导南诏侵盗边境。

峰州有林西原[41]，旧有防冬兵[42]六千，其旁七绾洞蛮，其酋长曰李由独，常助中国戍守，输租赋。知峰州者言于涿，请罢戍兵，专委由独防遏；于是由独势孤，不能自立，南诏拓东节度使[43]以书诱之，以甥妻其子，补拓东押牙，由独遂帅其众臣于南诏。自是安南始有蛮患；是月，蛮寇安南。

秋，七月，丙寅[44]，宣州都将康全泰作乱，逐观察使郑薰[45]；薰奔扬州。

丁卯[46]，右补阙内供奉张潜上疏，以为："藩府代移[47]之际，皆奏仓库蓄积之数，以羡余多为课绩[48]，朝廷亦因而甄奖。窃惟藩府财赋，所出有常，苟非赋敛过差[49]，及停废将士，减削衣粮，则羡余何从而致！比来南方诸镇数有不宁，皆此故也。一朝有变，所蓄之财悉遭剽掠；又发兵致讨，费用百倍，然则朝廷竟有何利！乞自今藩府长吏，不增赋敛，不减粮赐，独节游宴，省浮费，能致羡余者，然后赏之。"上嘉纳之。

容管奏都虞候来正谋叛，经略使宋涯捕斩之。

初，忠武军精兵皆以黄冒[50]首，号黄头军。李承勋以百人定岭南，宋涯使麾下效其服装，亦定容州。

安南有恶民，屡为乱，闻之，惊曰："黄头军渡海求袭我[51]矣！"相与夜围交趾城，鼓噪："愿送都护北归，我须此城御黄头军。"王式方食，或劝出避之。式曰："吾足一动，则城溃矣。"徐食毕，擐甲[52]，率左右登城，建大将旗，坐而责之，乱者反走。明日，悉捕诛之。有杜守澄者，自齐、梁以来[53]拥众据溪洞，不可制。式离间其亲党，守澄走死。安南饥乱相继，六年无上供[54]，军中无犒赏，式始修贡赋，飨将士。占城[55]、真腊[56]皆复通使。

（以上为第十二段，写王式抚定安南。罗浮山道士轩辕集谏宣宗求长生。）

【注释】

[1]王式：王播之子，有威略，智勇双全。历任方镇，功勋卓著。两唐书传附王播传。[2]交趾：县名。县治在今越南河内市西北。[3]芀（jí）：棘木。[4]栅：栅寨。[5]冒：犯。[6]南蛮：指南诏。[7]程：路程。唐制，凡陆行之程，马日行七十里，步行日五十里。[8]遣译谕之：派出翻译向蛮人宣传。[9]獠：古代少数民族，分布在四川、广西一带。[10]都校：掌兵官。相当于都将。[11]边徼：边塞。[12]发：出发，动身。[13]戊午：正月二十五日。[14]仁轨：刘仁轨，字正则。汴州尉氏（今河南尉氏县）人。历仕太宗、高宗、则天三朝，官至文昌左相、同凤阁鸾台三品。传见《旧唐书》卷八十四，《新唐书》卷一百八。[15]甄别：区别。[16]品流：亦称流品，指出身门第、等级。[17]上酬万一：皇上据此拜授职位。酬，指授官。万一，侥幸、谦词。[18]王夷甫：即西晋王衍，字夷甫。官至中书令、尚书令。身居宰辅，崇尚浮华，妄分官员清浊，酿成大祸。后被石勒杀死。传见《晋书》卷四十三。[19]中原丘墟：指西晋败亡，中原地区成为废墟。[20]循名责实：就其名而求其实，以考察官员是否名实相符。[21]屏（bǐng）欲：去掉欲念。[22]大遐福：指长寿延年的大福气。[23]甲子朔：二月一日。[24]罢公卿朝拜光陵：唐宣宗以内常侍陈弘志弑宪宗之罪归于穆宗，故取消朝拜光陵及忌日行香。光陵，穆宗陵。[25]忌日行香：于先帝去世之日至陵墓进香。[26]移宫人于诸陵：遣去事诸帝未生子女的宫人于其陵园中供奉服侍，侍死如侍生。[27]戊辰：二月五日。[28]御楼肆赦：登楼宣布大赦。当时常例，天子登丹凤门楼宣赦。[29]所费甚广：唐制，凡御楼肆赦，六军十六卫皆有恩赏。[30]数（shuò）：多次，频繁。[31]属（zhǔ）望：注目。[32]癸未：二月二十日。[33]街使：官名。分左右，掌巡察街道。

[34]庚子：四月九日。 [35]杨发：字至之，同州冯翊（今陕西大荔）人。历任苏州刺史、福建观察使、岭南节度使。后贬婺州刺史。传见《旧唐书》卷一百七十七，《新唐书》卷一百八十四。[36]戊申：四月十七日。 [37]丙寅：五月六日。 [38]萧倣：字思道，穆宗宰相萧俛之从弟。唐宣宗时任谏议大夫、给事中。唐懿宗时任义成节度使、兵、吏二部尚书。官至宰相。传见《旧唐书》卷一百七十二，《新唐书》卷一百零一。 [39]辛巳：五月二十一日。 [40]丙申：六月六日。[41]林西原：地名。位于峰州西。在今越南河内市西北。 [42]防冬兵：越南夏季炎热，有瘴气。蛮人于冬时为寇，故置冬防兵。 [43]拓东节度使：南诏方镇名。管辖南诏东部地区，治所拓东城，在今云南昆明市。 [44]丙寅：七月七日。 [45]郑薰：字子溥。唐宣宗时任翰林学士、宣歙观察使。懿宗时任吏部侍郎、尚书左丞。传见《新唐书》卷一百七十七。[46]丁卯：七月八日。[47]代移：交替，移交。 [48]课绩：即考绩。考核官吏工作成绩。 [49]过差：过度，过分。[50]冒：蒙。 [51]求袭我：据章校，“求”当作“来”。 [52]擐(huàn)甲：披甲。 [53]自齐、梁以来：谓杜守澄祖辈自南朝齐、梁以来，即不受管辖，官方亦无法控制。 [54]上供：谓上交朝廷赋税。 [55]占城：国名。古称林邑，唐亦称环王。公元192年建立，17世纪末灭亡。故地在今越南中部。 [56]真腊：国名。即柬埔寨。汉称扶南，明称甘孛智，万历时改称今名。

淮南节度使崔铉奏已出兵讨宣州贼；八月，甲午[1]，以铉兼宣歙观察使[2]。己亥[3]，以宋州刺史温璋[4]为宣州团练使。璋，造之子也。

河南、北、淮南大水，徐、泗水深五丈，漂没数万家。

冬，十月，建州[5]刺史于延陵入辞，上曰：“建州去京师几何？”对曰：“八千里。”上曰：“卿到彼为政善恶，朕皆知之，勿谓其远！此阶前则万里也，卿知之乎？”延陵悸慑失绪[6]，上抚而遣之。到官，竟以不职[7]贬复州[8]司马。

令狐绹拟李远[9]杭州刺史，上曰：“吾闻远诗云：‘长日惟消一局棋’，安能理人！”绹曰：“诗人托此为高兴耳，未必实然。”上曰：“且令往试观[10]之。”上诏刺史毋得外徙[11]，必令至京师，面察其能否，然后除之。令狐绹尝徙其故人为邻州刺史，便道[12]之官。上见其谢上表[13]，以问绹，对曰：“以其道近，省送迎耳。”上曰：“朕以刺史多非其人，为百姓害，故欲一一见之，访问[14]其所施设[15]，知其优劣以行黜陟。而诏命既行，直[16]废格[17]不用，宰相可畏有权！”时方寒，绹汗透重裘[18]。

上临朝，接对群臣如宾客，虽左右近习，未尝见其有惰容[19]。每宰相奏事，旁无一人立者，威严不可仰视。奏事毕，忽怡然[20]曰："可以闲语矣！"因问闾阎细事，或谈宫中游宴，无所不至。一刻[21]许，复整容[22]曰："卿辈善为之，朕常恐卿辈负朕，后日不复得相见。"乃起入宫。令狐绹谓人曰："吾十年秉政[23]，最承恩遇；然每延英奏事，未尝不汗沾衣也！"

初，山南东道节度使徐商[24]，以封疆险阔，素多盗贼，选精兵数百人别置营训练，号捕盗将。及湖南逐帅，诏商讨之。商遣捕盗将二百人讨平之。

崔铉奏克宣州，斩康全泰及其党四百余人。

上以光禄卿[25]韦宙父丹有惠政于江西，以宙为江西观察使，发邻道兵以讨毛鹤。

崔铉以宣州已平，辞宣歙观察使。十一月，戊寅[26]，以温璋为宣歙观察使。

兵部侍郎、判户部蒋伸从容言于上曰："近日官颇易得，人思徼幸。"上惊曰："如此，则乱矣！"对曰："乱则未乱；但徼幸者多，乱亦非难。"上称叹再三。伸起[27]，上三留之，曰："异日不复得独对卿[28]矣。"伸不谕[29]。十二月，甲寅[30]，以伸同平章事。

韦宙奏克洪州，斩毛鹤及其党五百余人。宙过襄州，徐商遣都将韩季友帅捕盗将从行。宙至江州，季友请夜帅其众自陆道间行，比明，至洪州，州人不知，即日讨平之。宙奏留捕盗将二百人于江西，以季友为都虞候。

（以上为第十三段，写唐宣宗威严风采，宰臣敬畏。唐境不宁，此起彼伏叛乱不断。）

【注释】

[1]甲午：八月六日。 [2]宣歙观察使：方镇名。大历时从浙江西道析出宣、歙二州而置。治所宣州。在今安徽宣城市宣州区。 [3]己亥：八月十一日。 [4]温璋：唐文宗礼部尚书温造之子。懿宗时官至京兆尹。以直言敢谏贬振州司马，遂自缢而死。传见《旧唐书》卷一百六十五，《新唐书》卷九十一。 [5]建州：州名。治所建安，在今福建建瓯市。 [6]悸慑失绪：惊慌恐惧，应对错乱而无头绪。 [7]不职：不称职。 [8]复州：州名。治所竟陵，在今湖北天门市。

[9]李远：字求古，著有《龙纪圣异历》一卷，《李远诗集》一卷，《新唐书·艺文志四》著录。[10]观：察看。[11]外徙：指在外任上除授。[12]便道：近道。[13]谢上表：唐例，外任官到任后须上表称谢，谓之谢上表。[14]访问：询问。[15]施设：措施，安排。[16]直：但是。[17]废格：搁置。[18]重裘：厚的皮衣。[19]惰容：面有懈怠之色。[20]怡然：和悦的样子。[21]一刻：指铜漏计时的一刻，约合现在时间的15分钟。[22]整容：整肃面容。[23]十年秉政：令狐绹自大中四年至十三年任宰相，整十年。[24]徐商：字义声，新郑（今河南新郑市）人。唐宣宗时官至御史大夫。唐懿宗时任宰相，官终吏部尚书。传见《旧唐书》卷一百七十九，《新唐书》卷一百一十三。[25]光禄卿：官名。光禄寺掌皇室酒醴膳馐之事。其长官为光禄卿、少卿。[26]戊寅：十一月二十一日。[27]伸起：据章校，"伸"下有"三"字。[28]不复得独对卿：唐制，宰相不单独见皇帝。此句意思是将任用蒋伸为相。[29]伸不谕：蒋伸未能领会皇帝将任用自己为相的意思。[30]甲寅：十二月二十七日。

十三年（己卯，859年）

春，正月，戊午朔[1]，赦天下。

三月，割河东云、蔚、朔三州隶大同军。

夏，四月，辛卯[2]，以校书郎[3]于琮[4]为左拾遗内供奉。初，上欲以琮尚永福公主，既而中寝[5]，宰相请其故，上曰："朕近与此女子会食[6]，对朕辄折匕箸[7]。性情如是，岂可为士大夫妻！"乃更命琮尚广德公主。二公主皆上女。琮，敖之子也。

武宁节度使康季荣不恤士卒，士卒噪而逐之。上以左金吾大将军田牟尝镇徐州，有能名，复以为武宁节度使，一方遂安。贬季荣于岭南。

六月，癸巳[8]，封宪宗子惕为彭王。

初，上长子郓王温，无宠，居十六宅，余子皆居禁中。夔王滋，第三子也，上爱之，欲以为嗣，为其非次[9]，故久不建东宫[10]。

上饵医官李玄伯、道士虞紫芝、山人王乐药，疽发于背。八月，疽甚，宰相及朝士皆不得见。上密以夔王属枢密使王归长、马公儒、宣徽南院使王居方，使立之。三人及右军中尉王茂玄，皆上平日所厚也。独左军中尉王宗实素不同心，三人相与谋，出宗实为淮南监军；宗实已受敕于宣化门外，将自银台门出，左军副使亓元实谓宗实曰："圣人[11]不豫[12]逾月，中尉[13]止隔门起居；今日除改，未可辨也。何不见圣人而出？”宗实感寤，复入，诸门已踵[14]故事增人守捉[15]矣。亓元实翼导宗实直至寝殿，上已崩，东首环泣[16]矣。宗实叱归长等，责以矫诏；皆捧足乞命。乃遣宣徽北院使齐元简迎郓王。壬辰[17]，下诏立郓王为皇太子，权句当军国政事，仍更名漼。收归长、公儒、居方，皆杀之。癸巳[18]，宣遗制，以令狐绹摄冢宰。

宣宗性明察沈断[19]，用法无私，从谏如流，重惜官赏，恭谨节俭，惠爱民物，故大中之政，讫于唐亡，人思咏[20]之，谓之小太宗。

丙申[21]，懿宗即位。癸卯[22]，尊皇太后为太皇太后。以王宗实为骠骑上将军[23]。李玄伯、虞紫芝、王乐皆伏诛。

（以上为第十四段，写唐宣宗驾崩，左军中尉王宗实拥立唐懿宗即位。）

【注释】

［1］戊午朔：正月一日。［2］辛卯：四月五日。［3］校书郎：官名。唐于秘书省及弘文馆均置校书郎，掌校勘典籍，刊正错谬。［4］于琮：懿宗时官至宰相。传见《旧唐书》卷一百四十九，《新唐书》卷一百零四。［5］中寝：中途停下，指终止婚事。［6］会食：相聚而食，即一起吃饭。［7］匕箸：匙和筷子。［8］癸巳：六月九日。［9］非次：不符合排行顺序，即按礼法，依次还轮不到李滋做皇太子。［10］不建东宫：谓不立太子。［11］圣人：谓宣宗。［12］不豫：讳言天子有病，称不豫。豫，快乐。［13］中尉：谓王宗实。［14］踵：因袭。［15］守捉：守卫。［16］东首环泣：谓内侍诸人向东环绕哭泣。［17］壬辰：八月九日。［18］癸巳：八月十日。［19］沈（chén）断：深沉果断。［20］咏：歌颂赞美。［21］丙申：八月十三日。［22］癸卯：八月二十日。［23］骠骑上将军：官名。为武散官之首，非实职。

九月，追尊上母晁昭容[1]为元昭皇太后。

加魏博节度使何弘敬兼中书令，幽州节度使张允伸同平章事。

冬，十月，辛卯[2]，赦天下。

十一月，戊午[3]，以门下侍郎、同平章事萧邺同平章事，充荆南节度使。

十二月，甲申[4]，以翰林学士承旨、兵部侍郎杜审权[5]同平章事。审权，元颖之弟子也。

浙东贼帅裘甫[6]攻陷象山[7]，官军屡败，明州城门昼闭，进逼剡县[8]，有众百人，浙东[9]骚动。观察使郑祗德遣讨击副使[10]刘勃、副将范居植将兵三百，合台州军共讨之。

司空、门下侍郎、同平章事令狐绹执政岁久，忌胜己者，中外侧目，其子滈[11]颇招权受贿。宣宗既崩，言事者竞攻其短，丁酉[12]，以绹同平章事，充河中节度使。以前荆南节度使、同平章事白敏中守司徒、兼门下侍郎、同平章事。

初，韦皋在西川，开青溪道以通群蛮，使由蜀入贡。又选群蛮子弟聚之成都，教以书数[13]，欲以慰悦羁縻[14]之，业成则去，复以他子弟继之。如是五十年，群蛮子弟学于成都者殆以千数，军府颇厌于禀给[15]。又，蛮使入贡，利于赐与，所从傔人[16]浸多，杜悰为西川节度使，奏请节减其数，诏从之。南诏丰祐[17]怒，其贺冬使者留表付嶲州而还。又索习学子弟，移牒[18]不逊，自是入贡不时[19]，颇扰边境。

会宣宗崩，遣中使告哀，时南诏丰祐适卒，子酋龙立，怒曰："我国亦有丧，朝廷不吊祭。又诏书乃赐故王。"遂置使者于外馆[20]，礼遇甚薄。使者还，具以状闻。上以酋龙不遣使来告丧，又名近玄宗讳[21]，遂不行册礼。酋龙乃自称皇帝，国号大礼，改元建极，遣兵陷播州[22]。

（以上为第十五段，写浙东裘甫叛乱，南诏交恶唐室。）

【注释】

[1]昭容：妃嫔名。九嫔之一。九嫔是妃嫔中第二级。[2]辛卯：十月九日。[3]戊午：十一月七日。[4]甲申：十二月三日。[5]杜审权：字殷衡，京兆杜陵（今陕西西安市）人。唐穆宗宰相杜元颖之侄。唐宣宗朝历任礼部侍郎、河中节度使。唐懿宗朝任宰相。后为镇海、忠武等节度使。传见《旧唐书》卷一百七十七，《新唐书》卷九十六。[6]裘甫：即仇甫。浙东宁国（今安徽宁国市）人。浙东义军领袖。起事时众才百人，先后占领象山、剡县、唐兴、上度、余姚等县。有众三万余人，起义达半年之久。后失败，但影响深远，揭开唐末农民起义的序幕。[7]象山：县名。县治在今浙江象山县。[8]剡县：县名。县治在今浙江嵊州市。[9]浙东：浙江东道的简称。唐肃宗乾元元年（758）置。治所越州，在今浙江绍兴市。唐僖宗中和三年（883）改称义胜军。光启三年（887）又改称威胜军。唐昭宗乾宁三年（896）改为镇东军。[10]讨击副使：官名。对出征军官临时任命的官号。[11]滈：令狐滈，令狐绹长子。居家未仕时，仗势骄纵，多行不法，时人称"白衣天子"。后任长安尉、集贤校理、詹事府司直。为众所非，仕途不达。传见《旧唐书》卷一百七十二，《新唐书》卷一百六十六。[12]丁酉：十二月十六日。[13]书

数：六艺的两种科目，文字和算术。［14］羁縻：笼络。［15］禀给：官府供给读书的生员以粮食。禀，同"廪"。［16］傔（qiǎn）人：侍从、副官。［17］丰祐：南诏国王，长庆三年（823）立。［18］移牒：行文。［19］不时：不按时。［20］外馆：客舍。［21］名近玄宗讳：唐玄宗名隆基，"龙"与"隆"同音。［22］播州：州名。治所遵义，今贵州遵义市。

【点评】

本卷点评张义潮归唐、唐宣宗大中之治、唐宣宗明察识奸。

一、张义潮归唐。唐安史之乱，河湟万里山河一夜之间沦陷于吐蕃。唐武宗时，吐蕃发生内乱，急剧衰落。宣宗大中二年（848），沙州人张义潮乘机率汉民逐走吐蕃守将，夺取沙州。第二年，吐蕃所据秦、原、安乐三州七关守将降唐。三州七关千余人到京师阙下朝见唐宣宗，欢声雷动。士民当场脱去吐蕃胡服，换上唐朝衣冠，在场民众感动得高呼万岁。大中五年（851），张义潮收复河西伊、西、瓜、沙、肃、甘、河、兰、廓、鄯、岷十一州，并献图于唐。至此河湟沦陷于吐蕃近一世纪后重回唐朝。吐蕃内乱的时势造就了英雄张义潮，他当初如割地自保，称王河西，唐王朝无可奈何。但他却在藩镇割据称雄、唐王朝焦头烂额之际，毅然归唐，并成为唐西疆屏障。人民文学出版社1984年出版的《敦煌变文集》，其中《张义潮变文》记载，唐大中十一、十二年，张义潮率众打败吐谷浑和回鹘，使唐西北沿边地区免遭侵扰。乱世见真情，唐宣宗封张义潮为归义军节度使，用"归义"二字表彰他的爱国精神。

二、唐宣宗大中之治。唐宣宗李忱是一个精明强干的人，几十年的韬晦忍辱，使他冷眼旁观了许多弊端。宣宗也极为憎恶宦官，他借追究宪宗之死和平反甘露之变被滥杀的大臣，杀了一批宦官。内园使李敬寔途遇宰相郑朗不下马，郑朗上奏，宣宗斥责李敬寔，李敬寔回答说："依惯例。"宣宗说："你受皇帝之命办公事可以不下马，办私事怎么可以不下马！"言外之意，办公事代表皇帝之命，办私事只是一个奴才，怎么胆敢轻视朝官。宣宗命令李敬寔脱去官服，发配到南衙做杂役。宣宗与宰相令狐绹谋诛全部宦官，令狐绹不敢承揽这个差事，以甘露之变为警戒，密奏宣宗，认为可以自然淘汰宦官，方法是有罪不赦，老死不补，让宦官一天天减少，自然耗尽。这个密奏被宦官看见，煽起了宦官敌视南衙的情绪，南衙北司的斗争又激烈起来。

三、唐宣宗明察识奸。司农卿韦厪遭无良方术士勒索诬陷，犯祭天灭族之罪，宣宗识破，杖杀方术士，避免了一桩血案冤狱。宣宗时时留心访求贤才，破格提拔。宣宗外出打猎，接近百姓，了解民情，得知泾阳县令李行言、醴泉县令李君奭深得老百姓拥戴，宣宗提拔李行言为海州刺史、李君奭为怀州刺史。宣宗严格执法。宣宗之舅郑光的庄吏仗势横恣，多年不交租税，京兆尹韦澳将其抓捕归案，宣宗亲自出面说情，韦澳说："交足租税才放人。"宣宗说："朕扰乱执法，很惭愧。"韦澳回府，痛打了国舅郑光的庄吏一顿，庄吏交足了欠租以后，才被放走。泾原节度使康季荣挪用官钱两百万缗，已调入京任右威卫大将军，事情败露，康季荣请求用家财来偿还赎罪。宣宗认为康季荣有开河湟之功，允许了，谏官上奏诤谏，康季荣被贬为夔州长史。宣宗不以私情滥赏官职。太医梁新曾治好了宣宗的病，要求封官，宣宗不答应，给了三千缗赏钱。宣宗一朝，没有兴大狱，政治保持平稳，河湟归唐，岭南乱平，保持了十余年的太平。《旧唐书·宣宗本纪》史臣评论说宣宗"器识深远，久历艰难，备知人间疾苦"。称赞宣宗临驭"一之日权豪敛迹，二之日奸臣畏法，三之日阍寺詟气。由是刑政不滥，贤能效用，百揆四岳，穆若清风，十余年间，颂声载路"。史臣的评论，未免过誉。但宣宗毕竟延续了会昌时期的新气象，维护了唐朝十余年的和平，是值得称道的。

宣宗的缺失，也是沾染了朋党积习。他怀恨文宗、武宗，也为了表明自己是唐宪宗的直接继承人，诬陷唐穆宗母子与宦官同谋害死唐宪宗，则穆宗为逆，诸子敬宗、文宗、武宗自然为逆，那么李德裕就是逆臣，于是大反会昌之政，即使善政，也要推倒。武宗废佛，宣宗兴佛；武宗裁汰州县冗官一千多员，宣宗增设冗官。加之，宣宗所任宰相，前期白敏中、后期令狐绹，均是李宗闵朋党，才能平庸，只对宣宗唯命是从，没有什么建树，唐政治腐败的大环境没有多大的改变，即藩镇割据、宦官专权、朋党交争，依然没有改变。大中之治，不过是唐亡之前的回光返照而已。

卷二五〇　唐纪六十六

唐懿宗咸通元年至八年（860—867 年）

【起上章执徐（庚辰，860 年），尽强圉大渊献（丁亥，867 年），凡八年】

【大事提要】

本卷记事起公元 860 年，讫公元 867 年，凡八年。当唐懿宗咸通元年至咸通八年。懿宗在位十四年，本卷载懿宗前期八年政事。懿宗李漼为宣宗长子，无才无德，没有被宣宗立为太子，是靠宦官拥立为皇帝的。因此懿宗即位，宦官备受宠信，多次临幸诸寺，滥赏无节制。在宦官的导使下，懿宗怠于政事，游宴无度，滥赐乐工为高官。懿宗又笃信佛法，全国兴佛泛滥，僧尼剧增。懿宗还在宫中设讲坛，亲自手录梵夹，唱经开讲。此时唐朝政治已经大坏，宦官与朝官的矛盾急剧上升，宦官欲借拥立懿宗之功，大开杀戒，以朝官不拥立懿宗为由，诛杀宰臣。由于杜悰以利害开导枢密宦官，才避免了一场血腥屠杀。上层统治阶级矛盾尖锐，下层社会各种矛盾更加激化，唐代社会处在大震荡的前夜。浙东裘甫起义就是大震荡的信号。朝廷任用智勇皆备的王式镇压了裘甫起义，唐王朝暂时苟安。边患又起，安南叛乱，南诏乘机入侵。由于宦官当政，所用军镇将领无御敌之才，加之宦官监军掣肘，泱泱大唐竟屡遭败绩，西州、岭南受祸十余年。

懿宗[1]昭圣恭惠孝皇帝上

咸通元年（庚辰，860 年）

春，正月，乙卯[2]，浙东军与裘甫战于桐柏观[3]前，范居植死，刘勍仅以身免。乙丑[4]，甫帅其徒千余人陷剡县，开府库，募壮士，众至数千人；越州大恐。

时二浙[5]久安，人不习战，甲兵朽钝，见[6]卒不满三百；郑祗德更募新卒以益之，军吏受赂，率皆得孱弱[7]者。祗德遣子将[8]沈君纵、副将张公署、望海镇[9]将李珪，将新卒五百击裘甫。二月，辛卯[10]，与甫战于剡西，贼设伏于三溪[11]之南，而陈于三溪之北，壅溪上流，使可涉。既战，阳败走，官军追之，半涉，决壅，水大至，官军大败，三将皆死，官军几尽。

于是山海诸盗及他道无赖亡命之徒，四面云集，众至三万，分为三十二队。其小帅有谋略者推刘暀[12]，勇力推刘庆、刘从简。群盗皆遥通书币，求属麾下。甫自称天下都知兵马使，改元曰罗平，铸印曰天平。大聚资粮，购良工，治器械，声震中原。

丙申[13]，葬圣武献文孝皇帝于贞陵[14]，庙号宣宗。

丙午[15]，白敏中入朝，坠陛[16]，伤腰，肩舆以归。

郑祗德累表告急，且求救于邻道；浙西遣牙将凌茂贞将四百人、宣歙遣牙将白琮将三百人赴之。祗德始令屯郭门[17]及东小江[18]，寻复召还府中以自卫。祗德馈之，比度支常馈多十三倍，而宣、润将士犹以为不足。宣、润[19]将士请土军为导，以与贼战；诸将或称病，或阳坠马，其肯行者必先邀职级[20]，竟不果遣。贼游骑至平水东小江[21]，城中士民储舟裹粮，夜坐待旦，各谋逃溃。

朝廷知祗德懦怯，议选武将代之。夏侯孜[22]曰："浙东山海幽阻[23]，可以计取，难以力攻。西班[24]中无可语者。前安南都护王式[25]，虽儒家子，在安南威服华夷，名闻远近，可任也。"诸相皆以为然。遂以式为观察使[26]，征祗德为宾客。

三月，辛亥朔[27]，式入对，上问以讨贼方略。对曰："但得兵，贼必可破。"有宦官侍侧，曰："发兵，所费甚大。"式曰："臣为国家惜费则不然。兵多贼速破，其费省矣。若兵少不能胜贼，延引岁月，贼势益张，则江、淮群盗将蜂起应之。国家用度尽仰江、淮，若阻绝不通，则上自九庙，下及十军[28]，皆无以供给，其费岂可胜计哉！"上顾宦官曰："当与之兵。"乃诏发忠武、义成、淮南等诸道兵授之。裘甫分兵掠衢、婺州[29]，婺州押牙房郅、散将[30]楼曾、衢州十将方景深将兵拒险，贼不得入。又分兵掠明州，明州之民相与谋曰："贼若入城，妻子皆为葅醢[31]，况货财，能保之乎！"乃自相帅[32]出财募勇士，治器械，树栅，浚沟，断桥，为固守之备。贼又遣兵掠台州，破唐兴[33]。己巳[34]，甫自将万余人掠上虞[35]，焚之。癸酉[36]，入余姚[37]，杀丞、尉；东破慈溪[38]，入奉化[39]，抵宁海[40]，杀其令而据之；分兵围象山。所过俘其少壮，余老弱者蹂践杀之。

及王式除书[41]下，浙东人心稍安。裘甫方与其徒饮酒，闻之不乐。刘晊叹曰："有如此之众而策画未定，良可惜也！今朝廷遣王中丞[42]将兵来，闻其人智勇无敌，不四十日必至。兵马使宜急引兵取越州，凭城郭，据府库，遣兵五千守西陵[43]，循浙江[44]筑垒以拒之，大集舟舰。得间，则长驱进取浙西，过大江[45]，掠扬州[46]货财以自实[47]，还，修石头城[48]而守之，宣歙、江西必有响应者。遣刘从简以万人循海而南，袭取福建。如此，则国家贡赋之地尽入于我矣[49]；但恐子孙不能守耳，终吾身保无忧也。"甫曰："醉矣，明日议之！"唯以甫不用其言，怒，阳醉而出。有进士王辂在贼中，贼客之。辂说甫曰："如刘副使[50]之谋，乃孙权[51]所为也。彼乘天下大乱，故能据有江东[52]；今中国无事，此功未易成也。不如拥众据险自守，陆耕海渔，急则逃入海岛，此万全策也。"甫畏式，犹豫未决。

（以上为第一段，写宰相夏侯孜荐王式讨裘甫。）

【注释】

［1］懿宗：名温，即位更名漼，唐宣宗长子，唐朝第十八任皇帝，公元860—874年在位。［2］乙卯：正月四日。［3］桐柏观：观名。在今浙江天台西北桐柏山上。［4］乙丑：正月十四日。［5］二浙：浙江东、西二道。［6］见：同"现"。［7］孱弱：懦弱。［8］子将：官名。即小将。唐制，每军大将一人，副将二人，总管四人，子将八人。掌布列行阵，部署卒伍等。［9］望海镇：军镇名，隶属明州，在今浙江宁波市镇海区。［10］辛卯：二月十日。［11］三溪：水名。即今浙江曹娥江上游剡溪、澄溪、新昌溪于嵊县西南汇合后的名称。［12］刘晊（？—860）：浙东农民起义军首领之一。大中十三年（859）随裘甫起义，后与官军作战，被俘牺牲。［13］丙申：二月十五日。［14］贞陵：唐宣宗陵，在今陕西泾阳县西北仲山。［15］丙午：二月二十五日。［16］坠陛：从宫殿台阶跌下。［17］郭门：绍兴外城之门。［18］东小江：水名。为剡溪之下游，经嵊县，绍兴，过曹娥庙，故又名曹娥江。至杭州湾入海。［19］宣、润：宣谓宣歙，润指浙西。［20］先邀职级：战前要求提升军职品级。［21］平水东小江：平水镇东的小江。平水镇在绍兴东南，其东有一水，曰小江。［22］夏侯孜：时为宰相。［23］幽阻：幽深险阻。［24］西班：唐

代朝会，文官排列于东，武官排列于西，故称武臣为西班。［25］王式：王播之子，以门荫入仕，擢贤良方正科，文武双全，既有吏才，又有军事才能。大中中为晋州刺史，转安南都护，平息安南动乱。历官浙东观察使，平定裘甫之乱，转武宁节度使，镇压徐州银刀兵变。官终左金吾大将军。式亦交通宦官，为时人诟病。传见《旧唐书》卷一六四，《新唐书》卷一六七。［26］为观察使：据章校，“为”下有“浙东”二字。［27］辛亥朔：三月一日。［28］十军：指左右羽林、龙武、神武、神威，神策十军。元和时撤神武、神威，以其士卒分隶左右神策，但仍保留十军之名。［29］婺州：州名。治所金华，在今浙江金华市。［30］散将：无固定职守的衙将。［31］葅醢（zūhǎi）：把人剁成肉酱的一种酷刑。［32］相帅：一个接着一个。帅，同“率”。［33］唐兴：县名。县治在今浙江天台县。［34］己巳：三月十九日。［35］上虞：县名。县治在今浙江绍兴市上虞区。［36］癸酉：三月二十三日。［37］余姚：县名。县治在今浙江余姚市。［38］慈溪：县名。县治在今浙江慈溪市。［39］奉化：县名。县治在今浙江宁波市奉化区。［40］宁海：县名。县治在今浙江宁海县。［41］除书：任命官职的诏书。［42］王中丞：即王式。时为检校御史中丞。［43］西陵：地名。即今浙江杭州市萧山区西北西兴镇。［44］浙江：水名。在今浙江省。其上源有二，北自新安江，南自兰溪，二水合于建德东南西北流，称浙江，至杭州市东南入海。［45］大江：长江。［46］掠扬州：扬州为淮南节度使治所，江淮之都会。盐铁、度支的财物转运汇聚于此。故刘暀主张掠取。［47］自实：充实自己的军需。［48］石头城：城名。在今江苏南京西清凉山上。城负山面江，南临秦淮河口，历来为交通要冲和军事重镇。［49］贡赋之地尽入于我矣：唐自中世以后，贡赋皆仰仗江南，故云。［50］刘副使：即刘暀。时被义军推为天下都知兵马副使。［51］孙权（182—252）：三国时吴国的建立者。黄龙元年（229）称帝。传见《三国志》卷四十七。［52］江东：地区名。本指今芜湖、南京间长江以东地区。因三国东吴建都建业（今南京），故又称其统治下的全部地区为江东。

夏，四月，式行至柿口[1]，义成军不整，式欲斩其将，久乃释之，自是军所过若无人[2]。至西陵，裘甫遣使请降，式曰：“是必无降心，直欲窥吾所为，且欲使吾骄怠耳。”乃谓使者曰：“甫面缚以来，当免而[3]死。”

乙未[4]，式入越州，既交政，为郑祇德置酒，曰；“式主军政，不可以饮，监军但与众宾尽醉。”迨[5]夜，继以烛，曰：“式在此，贼安能妨人乐饮！”丙申[6]，饯祇德于远郊，复乐饮而归。于是始修军令，告馈饷不足者息矣，称疾卧家者起矣，先求迁职者默矣。

贼别帅洪师简、许会能帅所部降，式曰：“汝降是也，当立效以自异[7]。”使帅其徒为前锋，与贼战有功，乃奏以官。

先是，贼谍入越州，军吏匿而饮食之。文武将吏往往潜与贼通，求城破之日免死及全妻子；或诈引贼将来降，实窥虚实；城中密谋屏语[8]，贼皆知之。式阴察知，悉捕索，斩之；刑将吏尤横猾[9]者，严门禁，无验者不得出入，警夜周密，贼始不知我所为矣。

式命诸县开仓廪以赈贫乏[10]，或曰："贼未灭，军食方急，不可散也。"式曰："非汝所知。"

官军少骑卒[11]，式曰："吐蕃、回鹘比[12]配[13]江、淮者，其人习险阻，便[14]鞍马，可用也。"举籍府中[15]，得骁健者百余人。虏久羁旅，所部遇之无状[16]，困馁[17]甚；式既犒饮[18]，又赒[19]其父母妻子，皆泣拜欢呼，愿效死，悉以为骑卒，使骑将石宗本将之。凡在管内者，皆视此籍之[20]，又奏得龙陂[21]监马二百匹，于是骑兵足矣。

或请为烽燧[22]以调贼远近众寡，式笑而不应；选懦卒，使乘健马，少与之兵，以为候骑[23]，众怪之，不敢问。

（以上为第二段，写王式至浙东，用智计讨贼，开仓振贫，不置烽燧，用懦卒乘健马为候骑。）

【注释】

[1]柿口：地名。地址不详，当在今浙江境内。 [2]所过若无人：所过之处秋毫无犯，像无人经过一样。 [3]而：其。 [4]乙未：四月十五日。 [5]追：至。 [6]丙申：四月十六日。 [7]立效以自异：用自己立功的行动来区别于未投诚的贼众。立效，立功。 [8]屏（bǐng）语：避人而共语。 [9]横猾：专横奸狡。 [10]赈贫乏：救济贫困的民众。 [11]骑（jì）卒：骑兵。 [12]比：近来。 [13]配：发配。指被俘的吐蕃、回鹘人被发配服劳役。 [14]便：熟习。 [15]举籍府中：把隶属于浙江东道观察府的吐蕃人、回鹘人登记、录用。 [16]无状：无礼貌。指被发配的吐蕃、回鹘人遭到不公正的对待。 [17]困馁：困乏饥饿。 [18]犒饮：酬答饮酒，这里指以隆盛的宴会招待被发配来的吐蕃人、回鹘人。 [19]赒（zhōu）：周济。 [20]视此籍之：按照这个办法征集管辖境内的吐蕃人、回鹘人。此，指优待措施，即犒饮其人，周济其家属。 [21]龙陂：地名。在今河南郏县东南，唐置马监于此。 [22]烽燧：即烽火。白天放烟叫烽，夜间举火曰燧。 [23]候骑：侦察骑兵。

于是阅诸营见卒[1]及土团子弟[2]，得四千人，使导军分路讨贼；府下无守兵，更籍土团千人以补之。乃命宣歙将白琮、浙西将凌茂贞帅本军，北来将韩宗政等帅土团，合千人，石宗本帅骑兵为前锋，自上虞趋奉化，解象山之围，号东路军。又以义成将白宗建、忠将[3]游君楚、淮南将万璘帅本军与台州唐兴军合，号南路军。令之曰："毋争险易[4]，毋焚庐舍，毋杀平民以增首级！平民胁从者，募降之。得贼金帛，官无所问。俘获者，皆越人也，释之。"

癸卯[5]，南路军拔贼沃州寨[6]，甲辰[7]，拔新昌寨[8]，破贼将毛应天，进拔[9]唐兴。

白敏中三表辞位，上不许。右补阙王谱上疏，以为："陛下致理[10]之初，乃宰相尽心之日，不可暂阙。敏中自正月卧疾，今四月矣，陛下虽与他相坐语，未尝三刻，天下之事，陛下尝暇与之讲论乎！愿听敏中罢去，延访硕德[11]，以资[12]聪明。"己酉[13]，贬谱为阳翟[14]令。谱，珪[15]之六世孙也。五月，庚戌朔[16]，给事中郑公舆封还贬谱敕书。上令宰相议之，宰相以为谱侵敏中，竟贬之。

辛亥[17]，浙东东路军破贼将孙马骑于宁海。戊午[18]，南路军大破贼将刘晊、毛应天于唐兴南谷[19]，斩应天。

先是，王式以兵少，奏更发忠武、义成军及请昭义军，诏从之。三道兵至越州，式命忠武将张茵将三百人屯唐兴，断贼南出之道；义成将高罗锐将三百人，益以台州土军，径趋宁海，攻贼巢穴；昭义将跌跌戣将四百人，益东路军，断贼入明州之道。庚申[20]，南路军大破贼于海游镇[21]，贼入甬溪洞[22]。戊辰[23]，官军屯于洞口，贼出洞战，又破之。己巳[24]，高罗锐袭贼别帅刘平天寨，破之。自是诸军与贼十九战，贼连败。刘晊谓裘甫曰："向从吾谋入越州，宁有此困邪！"王辂等进士数人在贼中，皆衣绿，晊悉斩之，曰："乱我谋者，此青虫也！"

高罗锐克宁海，收其逃散之民，得七千余人。王式曰："贼窘且饥，必逃入海，入海则岁月间未可擒也。"命罗锐军海口[25]以拒之。又命望海镇将云思益、浙西将王克容将水军巡海澨[26]。思益等遇贼将刘简[27]于宁海东，贼不虞水军遽至，皆弃船走山谷，得其船十七，尽焚之。式曰："贼无所逃矣，惟黄罕岭[28]可入剡，恨无兵以守之。虽然，亦成擒矣！"裘甫既失宁海，乃帅其徒屯南陈馆[29]下，众尚万余人。辛未[30]，东路军破贼将孙马骑于上畽村[31]，贼将王皋惧，请降。

壬申[32]，右拾遗内供奉薛调上言，以为："兵兴以来，赋敛无度，所在群盗，半是逃户，固须翦灭，亦可闵伤。望敕州县税外毋得科率[33]，仍敕长吏严加纠察。"从之。

袁王绅[34]薨。

戊寅[35]，浙东东路军大破裘甫于南陈馆，斩首数千级，贼委弃[36]缯帛盈路，以缓追者。跌跌戣令士卒："敢顾者斩！"毋敢犯者。贼果自黄罕岭遁去，六月，甲申[37]，复入剡。诸军失甫，不知所在，义成将张茵在唐兴获俘，将苦之，俘曰："贼入剡矣。苟舍我，我请为军导。"从之。茵后甫一日至剡，壁其东南[38]，府中闻甫入剡，复大恐，王式曰："贼来就擒耳！"命趣东、南两路军会于剡，辛卯[39]，围之。贼城守甚坚，攻之，不能拔；诸将议绝溪水以渴之[40]，贼知之，乃出[41]战。三日，凡八十三战，贼虽败，官军亦疲。贼请降，诸将出白式，式曰："贼欲少休耳，益谨备之，功垂成矣。"贼果复出，又三战。庚子[42]夜，裘甫、刘晊、刘庆从百余人出降，遥与诸将语，离城数十步，官军疾趋，断其后，遂擒之。壬寅[43]，甫等至越州，式腰斩晊、庆等二十余人，械甫送京师。

剡城犹未下，诸将已擒甫，不复设备。刘从简帅壮士五百突围走；诸将追至大兰山[44]，从简据险自守，秋，七月，丁巳[45]，诸将共攻克之。台州刺史李师望募贼相捕斩之以自赎，所降数百人，得从简首，献之。

诸将还越，式大置酒。诸将乃请曰："某等生长军中，久更[46]行陈[47]，今年得从公破贼，然私[48]有所不谕者，敢问：公之始至，军食方急，而遽散以赈贫乏，何也？"式曰："此易知耳。贼聚谷以诱饥人，吾给之食，则彼不为盗矣，且诸县无守兵，贼至，则仓谷适足资之耳。"又问："不置烽燧，何也？"式曰："烽燧所以趣救兵也，兵尽行，城中无兵以继之，徒惊士民，使自溃乱耳。"又问："使懦卒为候骑而少给兵，何也？"式曰："彼勇卒操利兵[49]，遇敌且不量力而斗；斗死，则贼至不知矣。"皆曰："非所及也！"

封宪宗子愢为信王。

八月，裘甫至京师，斩于东市。加王式检校右散骑常侍，诸将官赏各有差。先是，上每以越盗为忧，夏侯孜曰："王式才有余，不日告捷矣。"孜与式书曰："公专以执裘甫为事，军须[50]细大，此期[51]悉力。"故式所奏求无不从，由是能成其功。

卫王灌[52]薨。

九月，白敏中五上表辞位；辛亥[53]，以敏中为司徒、中书令。

右拾遗句容刘邺[54]上言："李德裕父子为相[55]，有声迹[56]功效，窜逐以来，血属将尽，生涯[57]已空，宜赐哀闵，赠以一官。"冬，十月，丁亥[58]，敕复李德裕太子少保、卫国公，赠左仆射。

己亥[59]，以门下侍郎、同平章事夏侯孜同平章事，充西川节度使。以户部尚书、判度支毕諴为礼部尚书、同平章事。

安南都护李鄠复取播州。

十一月，丁丑[60]，上祀圜丘；赦，改元。

十二月，戊申[61]，安南土蛮引南诏兵合三万余人乘虚攻交趾，陷之。都护李鄠与监军奔武州。

（以上为第三段，写王式平定浙东裘甫之乱。）

【注释】

［1］阅诸营见卒：校阅整编各营的现役军士。见，同"现"。 ［2］土团子弟：地方乡丁。［3］忠将：据张敦仁《通鉴识误》校正，"忠"下脱"武"字。 ［4］毋争险易：各路军队不要争功去抢夺险要或平易之地。 ［5］癸卯：四月二十三日。 ［6］沃州寨：寨名。在今浙江新昌东。［7］甲辰：四月二十四日。 ［8］新昌寨：寨名。在今浙江新昌。 ［9］进拔：据张校，"拔"作"抵"。 ［10］致理：即致治，达到太平盛世。避唐高宗李治讳，改"治"为"理"。 ［11］硕德：具有崇高德望的人。 ［12］资：助。 ［13］己酉：四月二十九日。 ［14］阳翟（zhài）：县名。县治在今河南禹州市。 ［15］珪（570—639）：王珪，字叔玠，太原岐（今山西祁县）人。唐太宗时历任谏议大夫、黄门侍郎、侍中、礼部尚书等。传见《旧唐书》卷七十，《新唐书》卷九十八。［16］庚戌朔：五月一日。 ［17］辛亥：五月二日。 ［18］戊午：五月九日。 ［19］南谷：地名。在今浙江天台县境内。 ［20］庚申：五月十一日。 ［21］海游镇：镇名。在今浙江宁海县南。 ［22］甬溪洞：洞名。在今浙江宁海县西南。 ［23］戊辰：五月十九日。 ［24］己巳：五月二十日。 ［25］海口：地名。在今浙江宁海县三门湾出海处。 ［26］澨（shì）：水滨。 ［27］刘

简：据章校，应作“刘从简”。［28］黄罕岭：山名。在今浙江宁波市奉化区西北。［29］南陈馆：地名。在今浙江宁海县西南。［30］辛未：五月十二日。［31］上畽村：地名。在今浙江宁海县西北。［32］壬申：五月二十三日。［33］科率：征税。［34］袁王绅：袁王李绅，唐顺宗第十九子。贞元二十一年（805）封。传见《旧唐书》卷一百五十，《新唐书》卷八十二。［35］戊寅：五月二十九日。［36］委弃：弃置、扔在一旁。［37］甲申：六月五日。［38］壁其东南：在剡县东南扎营。［39］辛卯：六月十二日。［40］绝溪水以渴之：据胡注，剡城东南临溪，西北负山，城中多凿井以引山泉，非绝溪水所能渴，作史者乃北人臆说耳。［41］出：据章校，“出”作“以”。［42］庚子：六月二十一日。［43］壬寅：六月二十三日。［44］大兰山：山名。在今浙江宁波市奉化区西北。［45］丁巳：七月九日。［46］更（gēng）：经历。［47］行陈（hángzhèn）：战斗队列，此指行军作战。［48］私：私心，个人的心思。［49］彼通卒操利兵：让那些勇于战斗的骑士配备锐利的武器，便于战斗。候骑的职责是瞭望敌人，乘好马，用胆小的人为候骑，他们会见敌而逃，以达到迅速报告敌情的目的。勇士乘劣马，只好战斗，此乃置之死地而后生之斗也。利兵，锐利的兵器。利兵，锐利的兵器。［50］军须：即军需。须，同“需”。［51］期：必。［52］卫王灌：卫王李灌，唐宣宗子。大中十一年（857）封。传见《旧唐书》卷一百七十五，《新唐书》卷八十二。［53］辛亥：九月四日。［54］刘邺：字汉藩，润州句容（今江苏句容市）人。唐懿宗朝官至宰相，唐僖宗时任淮南节度使。传见《旧唐书》卷一百七十七，《新唐书》卷一百八十三。［55］父子为相：李德裕父吉甫，唐宪宗朝宰相。德裕，唐文宗、唐武宗两朝宰相。李德裕有三子。长子李烨，任检校祠部员外郎、汴宋亳观察判官。大中二年，坐德裕贬免州立山县尉。至是量移郴州郴县尉，后卒于桂阳。次子李幼，从李德裕殁于崖州。三子延古，无仕进。［56］声迹：名声和事迹。［57］生涯：生计。［58］丁亥：十月二十三日。［59］己亥：十月二十三日。［60］丁丑：十一月二日。［61］戊申：十二月三日。

二年（辛巳，861年）

春，正月，诏发邕管及邻道兵救安南，击南蛮。

二月，以中书令白敏中兼中书令，充凤翔节度使；以左仆射、判度支杜悰兼门下侍郎同平章事。

一日，两枢密使诣中书[1]，宣徽使[2]杨公庆继至，独揖悰受宣[3]，三相起[4]，避之西轩。公庆出斜封[5]文书以授悰，发之，乃宣宗大渐时[6]请郓王监国奏也。且曰：“当时宰相无名[7]者，当以反法处之。”悰反复读良久，曰：“圣主登极[8]，万方欣戴。今日此文书，非臣下所宜窥。”复封以授公庆，曰：“主上欲罪宰相，当于延英面示圣旨，明行诛谴[9]。”公庆去，悰复与两枢密坐，谓曰：“内外之臣，事犹一体，宰相、枢密共参国政。今主上新践阼[10]，未熟万机，资[11]内外裨补，固当以仁爱为先，刑杀为后，岂得遽赞成杀宰相事！若主上习以性成，则中尉、枢密权重禁闱[12]，岂得不自忧乎[13]！悰受恩六朝[14]，所望致君尧、舜，不欲朝廷以爱憎行法。”两枢密相顾默然，徐曰：“当具以公言白至尊，非公重德，无人及此。”惭悚[15]而退。三相复来见悰，微[16]请宣意，悰无言。三相惶怖[17]，乞存家族，悰曰：“勿为他虑。”既而寂然，无复宣命。及延英开[18]，上色甚悦。

是时士大夫深疾宦官，事有小相涉[19]，则众共弃之。建州进士叶京尝预宣武军宴，识监军之面。既而及第，在长安与同年[20]出游，遇之于涂[21]，马上相揖；因之谤议喧然，遂沈废[22]终身。其不相悦如此。

（以上为第四段，写杜悰以大义责枢密宦官，避免了宰相冤死之祸。）

【注释】

[1]两枢密使诣中书：左右两枢密使来到中书省。枢密使分左右，宦官充任，执掌机要，介于皇帝与丞相之间，传上启下。 [2]宣徽使：总领宫内诸司及三班内侍的名籍，后宦官之势日盛，宣徽使亦得参与机要。 [3]独揖悰受宣：杨公庆只对左仆射、兼门下侍郎同平章事杜悰行揖礼，让他接受诏命。 [4]三相起：指毕诚、杜审权、蒋伸三相起立回避。 [5]斜封：斜着封缄，以区别于外廷所下的正封文书。 [6]大渐时：病情渐重将死之时，据章校，“时”下有“宦官”二字。 [7]当时宰相无名：谓请郓王监国的奏书上只有宦官署名，宰相没有署名，现一律以逆反之罪论处。亦即要杜悰执行诛杀宰相的诏令。无名，没有署名。 [8]登极：指懿宗即位。 [9]明行诛谴：公开进行谴责。[10]新践阼：刚登基即位。[11]资：凭借、依靠。[12]禁闱：宫禁、宫中。 [13]不自忧乎：谓皇帝若杀重臣习以为性，则中尉、枢密亦将不免，岂能不担忧自己。[14]受恩六朝：杜悰历任唐宪宗、穆宗、敬宗、文宗、武宗、宣宗六朝。[15]惭悚：惭愧恐惧。[16]微：隐约。 [17]惶怖：惊慌恐怖。 [18]延英开：开延英殿召对宰相。 [19]小相涉：略微涉及。[20]同年：科举同科考中的人，即同榜之士。[21]涂：同“途”。[22]沈废：沉沦弃置。

福王绾[1]薨。

夏，六月，癸丑[2]，以盐州防御使王宽为安南经略使。时李鄠自武州收集土军，攻群蛮，复取安南；朝廷责其失守，贬儋州司户。鄠初至安南，杀蛮酋杜守澄，其宗党遂诱道[3]群蛮陷交趾。朝廷以杜氏强盛，务在姑息，冀收其力用，乃赠守澄父存诚金吾将军，再举[4]鄠杀守澄之罪，长流[5]崖州。

秋，七月，南诏[6]攻邕州，陷之。先是，广[7]、桂、容三道共发兵三千人戍邕州，三年一代。经略使段文楚[8]请以三道衣粮自募土军[9]以代之，朝廷许之，所募才得五百许人。文楚入为金吾将军，经略使李蒙利其阙额衣粮以自入，悉罢遣三道戍卒，止以所募兵守左、右江[10]，比旧什减七八，故蛮人乘虚入寇。时蒙已卒，经略使李弘源至镇才十日，无兵以御之，城陷，弘源与监军脱身奔峦州[11]，二十余日，蛮去，乃还。弘源坐贬建州司户。文楚时为殿中监[12]，复以为邕管经略使，至镇，城邑居人什不存一。文楚，秀实之孙也。

杜悰上言："南诏向化七十年[13]，蜀中寝兵[14]无事，群蛮率服[15]。今西川兵食单寡，未可轻与之绝，且应遣使吊祭，晓谕清平官等以新王名犯庙讳[16]，故未行册命，待其更名谢恩，然后遣使册命，庶全大体[17]。"上从之。命左司郎中孟穆为吊祭使；未发，会南诏寇嶲州，攻邛崃关，穆遂不行。

冬，十月，以御史大夫郑涯为山南东道节度使；十一月，加同平章事。

（*以上为第五段，写安南叛乱，南诏兴兵攻唐。*）

【注释】

[1]福王绾：福王李绾，唐顺宗第十五子，唐宪宗同母弟。贞元二十一年（805）封。历任光禄勋、魏博节度大使，司空。传见《旧唐书》卷一百五十，《新唐书》卷八十二。 [2]癸丑：六月十日。 [3]道：同"导"。 [4]举：弹劾。 [5]长流：长期流放。 [6]南诏：据章校，"诏"应作"蛮"。 [7]广：即广州都督府，唐高宗永徽以后置，肃宗至德元载（756）改为岭南节度使，治所广州，在今广东广州市。 [8]段文楚：唐代宗朝泾原节度使段秀实之孙。咸通末任云中防御史。李克用欲得云中，引兵攻打，遂被杀。沙陀之乱自此始。传见《新唐书》卷一百五十三。[9]土军：招募当地人组成的军队。 [10]左、右江：皆水名。即广西郁江上源之左、右二江，在今南宁市西南会合。 [11]峦州：州名。即唐初淳州。永贞元年（805）改名峦州。治所永定，在今广西横县西北。 [12]殿中监：官名。为殿中省长官。掌天子乘舆、服饰、饮食、医药等事。副长官为少监。 [13]南诏向化七十年：唐德宗贞元九年（793），云南王异牟寻请求归附唐朝，十年册封异牟寻为南诏王，至咸通二年已六十七年。七十年，乃以整数言之。向化，归向教化。

[14]寝兵：息兵，即无战事。[15]率服：相继服从。[16]名犯庙讳：唐宣宗大中十三年（859）南诏新王酋龙立。“龙”字与唐玄宗李隆基的“隆”字同音犯讳，故不册封酋龙。事见《资治通鉴》卷二百四十九宣宗大中十三年。庙讳，谓犯玄宗名讳。[17]庶全大体：这样做差不多可以顾全大局。

三年（壬午，862年）

春，正月，庚寅朔[1]，群臣上尊号曰睿文明圣孝德皇帝；赦天下。

以中书侍郎、同平章事蒋伸[2]同平章事，充河中节度使。

二月，棣王惴[3]薨。

南诏复寇安南，经略使王宽数来告急，朝廷以前湖南观察使蔡袭代之，仍发许、滑、徐、汴、荆、襄、潭、鄂等道兵各三万人[4]，授袭以御之。兵势既盛，蛮遂引去。邕管经略使段文楚坐变更旧制[5]，左迁威卫将军、分司。

左庶子[6]蔡京，性贪虐多诈，时相[7]以为有吏才，奏遣制置岭南事。三月，京还，奏事称旨[8]，复以京权知[9]太仆卿，充荆襄以南宣慰安抚使。

夏，四月，己亥朔[10]，敕于两街四寺各置戒坛，度人三七日[11]。上奉佛太过，怠于政事，尝于咸泰殿筑坛为内寺尼[12]受戒，两街僧、尼皆入预；又于禁中设讲席，自唱经，手录梵夹[13]；又数幸诸寺，施与[14]无度[15]。吏部侍郎萧倣上疏，以为：“玄祖[16]之道，慈俭为先，素王[17]之风，仁义为首，垂范[18]百代，必不可加。佛者[19]，弃位出家[20]，割爱中之至难[21]，取灭后之殊胜[22]，非帝王所宜慕也。愿陛下时开延英，接对四辅[23]，力求人瘼[24]，虔奉宗祧[25]；思缪[26]赏与滥刑，其殃必至，知胜残而去杀[27]，得福甚多。罢去讲筵[28]，躬勤政事。”上虽嘉奖，竟不能从。

（以上为第六段，写宰相误荐奸人蔡京为荆襄以南安抚使，贻害无穷。唐懿宗佞佛。）

【注释】

[1]庚寅朔：应为庚午朔，正月一日。《新唐书·懿宗纪》亦为“正月庚午，群臣上尊号”。《资

治通鉴》误。［2］蒋伸：蒋义之子，大中末年官至宰相。传附两唐书蒋义传。［3］棣王惴：棣王李惴，唐宪宗子。大中六年（852）封。传见《旧唐书》卷一百七十五，《新唐书》卷八十二。［4］各三万人：据胡注，各三万人，则八道之兵为二十四万，不既多乎！疑“各”字误。据章校，“各”作“合”字。［5］变更旧制：谓募土军以代广、桂、容之戍军。［6］左庶子：东宫官属，正四品上。掌侍从赞相，驳正启奏。［7］时相：当时的宰相。［8］称（chèn）旨：符合皇帝的意旨。［9］权知：临进兼任。［10］己亥朔：四月一日。［11］度人三七日：在二十一天内剃度士民为僧尼。士民出家须由官府批准，唐懿宗信佛，特准长安四寺在二十一天内剃度，不受法律限制。三七日，三个七天，共二十一日。［12］内寺尼：宫人受戒为尼，在宫中佛寺修行，称内寺尼。［13］手录梵夹：唐懿宗亲手抄写佛经。梵夹，梵文佛经写于贝叶之上，重叠成书，以板作夹，用绳串结，故称梵夹。［14］施与：犹施舍。［15］无度：无限度。［16］玄祖：指老子。老子本为道家学派创始人，后被道教奉为始祖。［17］素王：谓孔子。汉朝人以孔子为百代宗师，有帝王之德而无帝王之名，故尊为素王。素，指无爵位。［18］垂范：把榜样留给后人。［19］佛者：指佛祖释迦牟尼。［20］弃位出家：释迦牟尼原为古印度迦毗罗卫国净饭王长子，相传二十九岁时舍弃王子地位，出家修行。［21］割爱中之至难：割舍了人类大爱中最难割舍的爱。指父母之爱和王子之贵。［22］取灭后之殊胜：追求死后的特殊荣幸。释迦牟尼认为佛死后受诸天神王的供养和后人的尊奉，殊荣无比。灭，即灭度，僧人称死亡为灭度。殊胜，绝妙的境地。［23］四辅：相传古代天子有四名辅臣，其官名为前疑、右弼、左辅、后丞。［24］人瘼（mò）：人民疾苦。［25］虔奉宗祧：虔诚地供奉宗庙。祧，远祖之庙。［26］缪：乱。［27］胜残而去杀：制服残暴之人，使其不为恶，就可以不用刑杀。［28］讲筵：讲席，此指僧尼讲经之所。

岭南旧分五管，广、桂、邕、容、安南，皆隶岭南节度使，蔡京奏请分岭南为两道节度；从之。五月，敕以广州为东道，邕州为西道，又割桂管龚[1]、象二州，容管藤、岩[2]二州隶邕管。寻以岭南节度使韦宙为东道节度使，以蔡京为西道节度使。

蔡袭将诸道兵在安南，蔡京忌之。恐其立功，奏称：“南蛮远遁，边徼无虞[3]，武夫邀功，妄占戍兵[4]，虚费馈运。盖以荒陬[5]路远，难于覆验[6]，故得肆其奸诈。请罢戍兵，各还本道。”朝廷从之。袭累奏群蛮伺隙日久，不可无备，乞留戍兵五千人；不听。袭以蛮寇必至，交趾兵食皆阙，谋力两穷，作十必死状[7]申中书[8]；时相信京之言，终不之省。

秋，七月，徐州军乱，逐节度使温璋。

初，王智兴既得徐州，募勇悍之士二千人，号银刀、雕旗、门枪、挟马等七军，常以三百余人自卫，露刃坐于两庑夹幕之下，每月一更[9]。其后节度使多儒臣，其兵浸骄，小不如意，一夫大呼，其众皆和[10]之，节度使辄自后门逃去。前节度使田牟至[11]与之杂坐饮酒，把臂拊背，或为之执板唱歌；犒赐之费，日以万计，风雨寒暑，复加劳来[12]，犹时喧哗，邀求不已。牟薨，璋代之，骄兵素闻璋性严，惮之。璋开怀[13]慰抚，而骄兵终怀猜忌，赐酒食皆不历口[14]，一旦，竟聚噪而逐之。朝廷知璋无辜，乙亥[15]，以璋为邠宁节度使，以浙东观察使王式为武宁节度使。

以前西川节度使、同平章事夏侯孜为左仆射、同平章事。

忠武、义成两军从王式讨裘甫者犹在浙东，诏式帅以赴徐州，骄兵闻之，甚惧。八月，式至大彭馆[16]，始出迎谒。式视事三日，飨两镇将士[17]，遣还镇，擐甲执兵，命围骄兵，尽杀之，银刀都将邵泽等数千人皆死。甲子[18]，敕以徐州先隶淄青[19]道，李洧[20]自归，始置徐海使额。及张建封[21]以威名宠任，特帖濠、泗二州。当时本以控扼淄青、光蔡[22]。自寇孽消弭，而武宁一道职为乱阶。今改为徐州团练使，隶兖海节度；复以濠州归淮南道，更于宿州置宿泗都团练观察使；留将士三千人守徐州，余皆分隶兖、宿。且以王式为武宁节度使，兼徐、泗、濠、宿制置使。委式与监军杨玄质分配将士赴诸道讫，然后将忠武、义成两道兵至汴滑[23]，各遣归本道，身诣京师。其银刀等军逃匿将士，听一月内自首，一切勿问。

（以上为第七段，写王式镇压徐州乱兵。）

【注释】

[1]龚州：州名。治所平南，在今广西平南县。 [2]藤、岩：皆州名。藤州治所镡津，在今广西藤县东北。岩州治所合浦，在今广西合浦县东北。 [3]边徼无虞：边境安定无祸患。[4]妄占戍兵：虚妄地扩充戍守士兵。占，占名，指入编兵员。 [5]荒陬（zōu）：荒远地区。 [6]覆验：审查检验。 [7]状：文书。 [8]申中书：向中书省呈报。 [9]更：替换。[10]和（hè）：应和，附和。 [11]至：以至于。 [12]劳来：慰劳。 [13]开怀：真心诚意。怀，心意。 [14]历口：经口，入口。 [15]乙亥：七月八日。 [16]大彭馆：地名。在今江苏

徐州城外。［17］飨两镇将士，遣还镇：飨，设宴，款待人。王式声称宴送忠武、义成两镇将士回归本镇，使银刀兵无备，并以聚宴为名部署两镇兵诛杀银刀兵。［18］甲子：八月二十八日。［19］淄青：方镇名。唐肃宗上元二年（761）置。治所青州，在今山东青州市。同年，原治营州的平卢节度使南迁青州，遂号淄青平卢节度使。［20］李洧：淄青节度使李正己堂叔父。正己任为徐州刺史。建中二年（781）正己死，子纳叛。洧率州归顺朝廷。乃置徐海观察使，以洧任使职。传见《旧唐书》卷一百二十四，《新唐书》卷一百四十八。［21］张建封（734—800）：唐德宗建中、兴元之际任寿州刺史、濠寿庐三州观察使。抗拒李希烈叛军有功，威望益重。朝廷以徐州咽喉要地，乃任为徐泗濠节度使。传见《旧唐书》卷一百四十，《新唐书》卷一百五十八。［22］光蔡：方镇名。即申光蔡节度使。大历十四年（779）以淮宁军改置，治所蔡州，在今河南汝南。贞元十四年（798）号彰义军。［23］汴滑：方镇名。乾元二年（759）置，治所滑州，在今河南滑县东。上元二年（761）废。此处沿用旧名。

岭南西道节度使蔡京为政苛惨，设炮烙[1]之刑，阖境[2]怨之，遂为邕州军士所逐，奔藤州，诈为敕书及攻讨使印，募乡丁及旁侧土军以攻邕州。众既乌合，动辄溃败，往依桂州，桂州人怨其分裂[3]，不纳。京无所自容，敕贬崖州司户，不肯之官；还，至零陵[4]，敕赐自尽。以桂管观察使郑愚为岭南西道节度使。

冬，十月，丙申朔[5]，立皇子佾为魏王，侹为凉王，佶为蜀王。

十一月，立顺宗子缉为蕲王，宪宗子[illegible]为荣王。

南诏帅群蛮五万寇安南，都护蔡袭告急，敕发荆南、湖南两道兵二千，桂管义征子弟[6]三千，诣邕州受郑愚节度。

岭南东道节度使韦宙奏："蛮寇必向邕州，若不先保护，遽欲远征，恐蛮于后乘虚扼绝饷道。"乃敕蔡袭屯海门[7]，郑愚分兵备御。十二月，袭又求益兵，敕山南东道发弩手千人赴之。时南诏已围交趾，袭婴城固守，救兵不得至。

翼王绰[8]薨。

是岁，嗢末始入贡。嗢末者，吐蕃之奴号也。吐蕃每发兵，其富室多以奴从，往往一家至十数人，由是吐蕃之众多。及论恐热作乱，奴多无主，遂相纠合为部落，散在甘、肃、瓜、沙、河、渭、岷、廓、叠、宕之间，吐蕃微弱者反依附之。

（以上为第八段，写岭南变乱，南诏乘机入寇。）

【注释】

[1]炮烙：原为殷纣王所用的酷刑。用炭烧热铜柱，令人爬行其上，坠下即落入炭中被烧死。[2]阖境：全境。[3]怨其分裂：以其割桂管藤、岩二州隶岭南西道之故。[4]零陵：县名。县治在今湖南永州市零陵区。[5]丙申朔：十月一日。[6]义征子弟：应募从军的人称为义征子弟。[7]屯海门：即令蔡袭弃交趾，退屯海门。然诏书到时，袭已被困，遂死于交趾。[8]翼王绰：即李绰，又名绰，唐顺宗子。贞元二十一年（805）封。传见《旧唐书》卷一百五十，《新唐书》卷八十二。

四年（癸未，863年）

春，正月，庚午[1]，上祀圜丘；赦天下。

是日，南诏陷交趾，蔡袭左右皆尽，徒步力战，身集十矢，欲趣监军船，船已离岸，遂溺海死；幕僚樊绰携其印浮渡江[2]。荆南、江西、鄂岳、襄州将士四百余人，走至城东水际，荆南虞候元惟德等谓众曰："吾辈无船，入水则死，不若还向城与蛮斗，人以一身易二蛮，亦为有利。"遂还向城，入东罗门[3]；蛮不为备，惟德等纵兵杀蛮二千余人，逮夜，蛮将杨思缙始自子城出救之，惟德等皆死。南诏两陷交趾，所杀虏且十五万人。留兵二万，使思缙据交趾城，溪洞夷獠无远近皆降之。诏诸道兵赴安南者悉召还，分保岭南西道[4]。

上游宴无节，左拾遗刘蜕上疏曰："今西凉[5]筑城，应接[6]未决于与夺[7]；南蛮侵轶[8]，干戈悉在于道途。旬月以来，不为无事。陛下不形忧闵以示远近，则何以责其死力！望节娱游[9]，以待远人乂安[10]，未晚。"弗听。

二月，甲午朔[11]，上历[12]拜十六陵[13]。

置天雄军[14]于秦州，以成、河、渭三州隶焉；以前左金吾将军王晏实[15]为天雄观察使。

三月，归义节度使张义潮奏自将蕃、汉兵七千克复凉州。

南蛮寇左、右江，浸逼邕州。郑愚惧，自言儒臣无将略，请任武臣。朝廷召义武节度使康承训[16]诣阙，欲使之代愚，仍诏选军校数人、士卒数百人自随。

中书侍郎、同平章事毕諴以同列多徇私不法，称疾辞位；夏，四月，罢为兵部尚书。

庚戌[17]，群盗入徐州，杀官吏；刺史曹庆讨平之。

康承训至京师，以为岭南西道节度使，发荆、襄、洪、鄂四道[18]兵万人与之俱。

五月，戊辰[19]，以翰林学士承旨、兵部侍郎杨收[20]同平章事。收，发之弟也。与左军中尉杨玄价叙同宗相结，故得为相。

乙亥[21]，废容管，隶岭南西道，复以龚、象二州隶桂管。

戊子[22]，以门下侍郎、同平章事杜审权同平章事，充镇海节度使。

六月，废安南都护府，置行交州于海门镇[23]；以右监门将军[24]宋戎为行交州刺史，以康承训兼领安南及诸军行营。

闰月[25]，以门下侍郎同平章事杜祐同平章事，充凤翔节度使；以兵部侍郎、判度支河南曹确[26]同平章事。

（以上为第九段，写官军在岭南失利，朝廷重新调整岭南行政建制。唐懿宗游宴无节。）

【注释】

[1]庚午：正月七日。[2]渡江：渡马门江，在今广西博白县西南。[3]东罗门：罗城东门。罗城，城墙外加建的小城，以加强防守。[4]岭南西道：据章校，“南”下有“东”字，应为岭南东、西道。[5]西凉：即凉州，治所姑臧，在今甘肃武威市。[6]应（yìng）接：呼应、对待。[7]与夺：放弃或进取。谓谋在西凉筑城，而朝廷对西凉的取舍，尚在犹豫之中。[8]侵轶：侵犯，突袭。[9]望节娱游：此三句意谓希望陛下节制娱乐游戏，等边远地区太平无事之后，再行游乐，并不为晚。[10]远人乂（yì）安：远人，指西北吐蕃，南方南诏。乂（yì）安，太平无事。[11]甲午朔：二月一日。[12]历：一一。[13]十六陵：谓高祖献陵、太宗昭陵、高宗乾陵、中宗定陵、睿宗桥陵、玄宗泰陵、肃宗建陵、代宗元陵、德宗崇陵、顺宗丰陵、宪宗景陵、穆宗光陵、敬宗庄陵、文宗章陵、武宗端陵、宣宗贞陵。[14]天雄军：方镇名。大历八年（773）赐魏博天雄军。十年田承嗣攻取相卫节度使辖地，遂削去军号。咸通四年（863）于秦州置天雄军。天祐元年（904）复魏博天雄军号。秦州不再称天雄军。[15]王晏实：文宗宣武节度使王智兴之孙，武宗河中节度使王宰之子。官至天雄节度使。传见《新唐书》卷一百七十二。[16]康承训：字敬辞，灵州（今宁夏灵武市西南）人。历任义武、岭南西道、义成等节度使。官终左千牛卫大将军。

传见《新唐书》卷一百四十八。［17］庚戌：四月十八日。［18］荆、襄、洪、鄂四道：即荆南、山南东道、江南西道、武昌四节度使。［19］戊辰：五月六日。［20］杨收：字藏之。累官至兵部侍郎、宰相。后流放州，赐死。咸通十二年（871）得昭雪。传见《旧唐书》卷一百七十七，《新唐书》卷一百八十四。［21］乙亥：五月十三日。［22］戊子：五月二十六日。［23］置行交州于海门镇：在海门镇设置交州治所，署理交州事务。行，侨置。［24］右监门将军：官名。左右监门卫属禁军十六卫，掌宫门禁卫及门籍。其长官有上将军、大将军、将军等。［25］闰月：闰六月。［26］曹确：字刚中，河南（今河南洛阳）人。累官至中书侍郎、宰相，终河中节度使。为官廉洁，有雅望。传见《旧唐书》卷一百七十七，《新唐书》卷一百八十一。

秋，七月，辛卯朔[1]，日有食之。

复置安南都护府于行交州，以宋戎为经略使，发山东兵万人镇之。时诸道兵援安南者屯聚岭南，江西、湖南[2]，江西、湖南馈运者皆溯湘江[3]入澪渠[4]、漓水[5]，劳费艰涩[6]，诸军乏食。润州人陈磻石上言，请造千斛大舟，自福建运米泛海，不一月至广州，从之，军食以足。然有司以和雇[7]为名，夺商人舟，委其货于岸侧，舟入海或遇风涛没溺，有司囚系纲吏[8]、舟人，使偿其米，人颇苦之。

八月，岭南东道节度使韦宙奏，蛮必向邕州，请分兵屯容、藤州。

夔王滋[9]薨。

敕以阁门使[10]吴德应等为馆驿使[11]。台谏[12]上言：故事，御史巡驿，不应忽以内人[13]代之。上谕以敕命已行，不可复改。左拾遗刘蜕上言："昔楚子县陈[14]，得申叔一言而复封之；太宗发卒修乾元殿[15]，闻张玄素[16]谏，即日罢之。自古明君所尚者，从谏如流，岂有已行而不改！且敕自陛下出之，自陛下改之，何为不可！"弗听。

黠戛斯遣其臣合伊难支表求经籍及每年遣使走马请历[17]，又欲讨回鹘，使安西以来悉归唐，不许。

冬，十月，甲戌[18]，以长安[19]尉、集贤校理[20]令狐滈为左拾遗。乙亥[21]，左拾遗刘蜕上言："滈专家[22]无子弟之法，布衣行公相之权。"起居郎张云言："滈父绹用李涿为安南，致南蛮至今为梗[23]，由滈纳贿，陷父于恶[24]。"十一月，丁酉[25]，云复上言："滈，父绹执政之时，人号'白衣宰相'[26]。"滈亦上表引避，乃改詹事府司直[27]。

辛巳[28]，废宿泗观察使，复以徐州为观察府，以濠、泗隶焉。

十二月，南诏寇西川。

昭义节度使沈询奴归秦，与询侍婢通，询欲杀之，未果；乙酉[29]，归秦结牙将作乱，攻府第，杀询。

（以上为第十段，写唐懿宗宠信宦官。令狐绹受讥弹。）

【注释】

[1]辛卯朔：七月一日。[2]江西、湖南：下文重书，此四字衍。[3]湘江：水名。与漓水同发源于广西兴安县海阳山，称漓湘；至县北分流向东北入湖南，至零陵与潇水汇合称潇湘；至衡阳与蒸水汇合称蒸湘。[4]澪渠：渠名。即灵渠，秦史禄开凿，是沟通湘、漓二水的我国古代著名水利工程。在广西兴安县境内。[5]漓水：水名。即今漓江。在广西兴安县与湘水分流向西南，经桂林，至梧州。[6]艰涩：指道路阻滞难行。[7]和雇：官府出钱雇用称和雇。[8]纲吏：押运大宗粮食、货物的官吏。[9]夔王滋：夔王李滋，唐宣宗第三子。会昌六年封。传见《旧唐书》卷一百七十五，《新唐书》卷八十二。[10]阁门使：官名。掌供奉朝会，赞引亲王、百官、番客相见，纠弹失仪。由宦官担任。[11]馆驿使：官名。掌管客舍、驿站事务。唐中期两京以御史巡视、主持其事。[12]台谏：台指御史台官员，有侍御史、殿中侍御史、监察御史。掌纠察；谏指谏院官员，有谏议大夫、拾遗、补阙等。掌规谏。[13]内人：据章校，“人”作“臣”。[14]楚子县陈：陈大夫夏征舒弑其君，楚庄王入陈讨伐叛乱，杀夏征舒，而将陈国置为楚县。楚大夫申叔时认为讨叛是义举，而县陈是贪其富，为不义。楚庄王于是重新封立陈国。楚子，楚国始封为子爵，故称。[15]太宗发卒修乾元殿：唐太宗欲修乾元殿，给事中张玄素以修宫殿非今日之急务，不可袭亡隋之弊为理由而加以反对，太宗当即接受谏言。事见《资治通鉴》卷一百九十三唐太宗贞观四年。[16]张玄素（？—664）：历官给事中，邓州刺史，以直言敢谏闻名。传见《旧唐书》卷七十五，《新唐书》卷一百零三。[17]请历：少数民族无历法，每年遣使向汉朝廷请求当年历书。[18]甲戌：十月十五日。[19]长安：县名。县治在今陕西西安市。[20]集贤校理：官名。掌集贤殿书院经籍的校理。[21]乙亥：十月十六日。[22]专家：治家。[23]梗：阻碍。引申为祸害。[24]由滈纳贿，陷父于恶：指令狐滈接受李涿贿赂，使其父令狐绹违法作恶，任用李涿为安南都护。[25]丁酉：十一月八日。[26]白衣宰相：备位充数的宰相。白衣，素衣，喻令狐绹为平头百姓。[27]詹事府司直：官名。太子属官，掌弹劾东宫官员不法。正七品上。[28]辛巳：十二月二十三日。[29]乙酉：十二月二十七日。

五年（甲中，864年）

春，正月，以京兆尹李嫔为昭义节度使，取归秦心肝以祭沈询。

淮南节度使令狐绹为其子滴讼冤。贬张云兴元少尹，刘蜕华阴[1]令，敕曰："虽嘉蹇谔[2]之忠，难逃疏易[3]之责。"

丙午[4]，西川奏，南诏寇巂州，刺史喻士珍破之，获千余人[5]。诏发右神策兵五千及诸道兵戍之。忠武大将颜庆复请筑新安、遏戎二城[6]，从之。

以容管经略使张茵兼句当交州事[7]；益海门镇兵满二万五千人，令茵进取安南。

二月，己巳[8]，以刑部尚书、盐铁转运使李福同平章事、充西川节度使。

甲申[9]，前西川节度使萧邺左迁山南西道观察使。

三月，丁酉[10]，彗星出于娄[11]，长三尺。己亥[12]。司天监[13]奏："按《星经》[14]，是名含誉[15]，瑞星[16]也。"上大喜。"请宣示中外，编诸史策。"从之。

康承训至邕州，蛮寇益炽，诏发许、滑、青、汴、兖、郓、宣、润八道兵以授之。承训不设斥候；南诏帅群蛮近[17]六万寇邕州，将入境，承训乃遣六道兵凡万人拒之，以獠为导，绐之。敌至，不设备，五道兵八千人皆没，惟天平军[18]后一日至，得免。承训闻之，惶怖不知所为。节度副使李行素帅众治壕栅，甫[19]毕，蛮军已合围。留四日，治攻具，将就[20]，诸将请夜分道斫蛮营，承训不许；有天平小校再三力争，乃许之。小校[21]将勇士三百，夜，缒而出，散烧蛮营，斩首五百余级。蛮大惊，间一日，解围去。承训乃遣诸军数千追之，所杀虏不满三百级，皆溪獠[22]胁从者。承训腾奏[23]告捷，云大破蛮贼，中外皆贺。

夏，四月，以兵部侍郎、判户部萧寘同平章事。寘，复[24]之孙也。

加康承训检校右仆射，赏破蛮之功也。自余奏功受赏者，皆承训子弟亲昵[25]；烧营将校不迁一级，由是军中怨怒，声流道路。

五月，敕："徐州土风[26]雄劲，甲士精强，比因罢节[27]，颇多逃匿，宜令徐泗团练使选募军士三千人赴邕州防戍，待岭外事宁，即与代归。"

秋，七月，西川奏两林鬼主邀南诏蛮，败之，杀获甚众；保塞城[28]

使杜守连不从南诏，帅众诣黎州降。

岭南东道节度使韦宙具知康承训所为，以书白宰相；承训亦自疑惧，累表辞疾，乃以承训为右武卫大将军[29]，分司，以容管经略使张茵为岭南西道节度使，复以容管四州别为经略使[30]。

时南诏知邕州空竭，不复入寇，茵久之不敢进军取安南；夏侯孜荐骁卫将军高骈[31]代之，乃以骈为安南都护、本管经略招讨使，茵所将兵悉以授之。骈，崇文[32]之孙也，世在禁军。骈颇读书，好谈今古，两军[33]宦官多誉之，累迁右神策都虞候；党项叛，将禁兵万人戍长武[34]，屡有功，迁秦州防御使，复有功，故委以安南。

冬，十一月，以门下侍郎、同平章事夏侯孜同平章事，充河东节度使。

壬寅[35]，以翰林学士承旨、兵部侍郎路岩[36]同平章事；时年三十六。

（以上为第十一段，写康承训御南诏，谎报军情，朝廷庆功。）

【注释】

[1]华阴：县名。县治在今陕西华阴市。［2］蹇谔：忠直敢言。蹇，同“謇”，正直。[3]疏易：疏忽简率。此指轻率地指责人。［4］丙午：正月十九日。［5］获千余人：胡注，观明年喻士珍以贪狯而失守，则此捷虚张功状也。［6］新安、遏戎二城：胡注，筑于嶲州界。[7]兼句（gōu）当交州事：兼职办理交州事务。［8］己巳：二月十二日。［9］甲申：二月二十七日。［10］丁酉：三月十一日。［11］彗星出于娄：彗星出现在西方娄宿。娄，星名。二十八宿之一，西方白虎七宿的第二宿。［12］己亥：三月十三日。［13］司天监：官名。司天台掌观察天象，稽定历数。隶秘书省。其长官有监、少监。［14］《星经》：记载星象之书。两唐志著录有《石氏星经簿谶》一卷。［15］含誉：星名。瑞星之一。［16］瑞星：古代天文学家所谓吉祥之星。瑞星、妖星、客星、流星统称杂星。［17］近：将近。［18］天平军：即八道兵之郓兵。[19]甫：方，才。［20］就：成。［21］小校：官名。军队的低级官吏。［22］溪獠：居住在山间溪洞的獠族人。［23］腾奏：驿递奏章。［24］复（731—788）：萧复，字履初，唐玄宗朝太子太师萧嵩之孙。唐德宗时官至吏部尚书、同平章事。传见《旧唐书》卷一百二十五，《新唐书》卷一百零一。［25］亲昵：亲近。此指亲近之人。［26］土风：地方风俗习尚。［27］罢节：指咸通三年撤销武宁节度使，改为徐州团练使。［28］保塞城：城名。在今四川冕宁县。［29］右武卫大将军：官名。武卫属禁军十六卫。分左右，掌宫禁宿卫。有上将军、大将军、将军等武官。

[30]容管四州别为经略使：按《新唐书·方镇表》：咸通元年，废容管，以所管十一州隶邕管，未几复置。按《旧唐书·地理志》容管领十州。疑容管"四州"，应为"十州"。 [31]高骈：字千里，幽州（今北京）人。累官至天平、剑南西川、荆南、浙西、淮南等节度使。后为所部叛将杀死。传见《旧唐书》一百八十二，《新唐书》卷二百二十四下。 [32]崇文（745—809）：高崇文，唐宪宗时任剑南东川、西川、邠宁节度使，封南平郡王。传见《旧唐书》卷一百五十一，《新唐书》卷一百七十。 [33]两军：指左、右神策军。 [34]长武：城名。在今陕西长武县西北泾河南岸。唐于此置戍兵。 [35]壬寅：十一月十九日。 [36]路岩：字鲁瞻，魏州冠氏（今山东冠县）人。咸通五年为宰相，后徙剑南西川节度使。因纵容属下亲吏多行不法，免官，赐死。传见《旧唐书》卷一百七十七，《新唐书》卷一百八十四。

六年（乙酉，865年）

春，正月，丁巳[1]，始以懿安皇后[2]配飨宪宗室。时王皞复为礼院检讨官，更申前议[3]，朝廷竟从之。

诸道进私白[4]者，闽中为多，故宦官多闽人。福建观察使杜宣猷每寒食遣吏分祭其先垄[5]，宦官德之，庚申[6]，以宣猷为宣歙观察使，时人谓之"敕使墓户[7]"。

三月，中书侍郎、同平章事萧寘薨。

夏，四月，以前东川节度使高璩[8]为兵部侍郎、同平章事。璩，元裕之子也。

杨收建议，以"蛮寇积年未平，两河兵戍岭南冒瘴雾物故[9]者什六七，请于江西积粟，募强弩三万人，以应接岭南，道近便，仍建节以重其权。"从之。五月，辛丑[10]，置镇南军[11]于洪州。

巂州刺史喻士珍贪狯[12]，掠两林蛮以易金；南诏复寇巂州，两林蛮开门纳之，南诏尽杀戍卒，士珍降之。

壬寅[13]，以桂管观察使严撰[14]为镇南节度使。撰，震[15]之从孙也。

六月，高璩薨。

以御史大夫徐商为兵部侍郎、同平章事。

秋，七月，立皇子侃为郢王，俨为普王。

高骈治兵于海门，未进；监军李维周恶骈，欲去之，屡趣骈使进军。

骈以五千人先济[16]，约维周发兵应援；骈既行，维周拥余众，不发一卒以继之。九月，骈至南定[17]，峰州蛮众近五万，方获田[18]，骈掩击，大破之，收其所获以食军[19]。

冬，十二月，壬子[20]，太皇太后郑氏[21]崩。

（以上为第十二段，写岭南战事，朝廷所用非人，宦官监军制肘，官军无功。）

【注释】

[1]丁巳：正月癸未朔，无丁巳。丁巳，二月六日。[2]懿安皇后：即宪宗贵妃郭氏，郭子仪孙女。大中二年崩。[3]更申前议：即以郭后合葬景陵，神主配宪宗室。事见《资治通鉴》唐宣宗大中二年。[4]私白：亦称私白身，即自阉为宦官的青年。[5]先茔：祖先的坟茔。[6]庚申：二月九日。[7]敕使墓户：时人讥讽杜宣猷的绰号，意为受皇帝诏令替宦官们看守墓户。[8]高璩（qú）：字莹之，渤海（今河北南皮东北）人，唐宣宗朝吏部尚书高元裕之子。咸通五年任宰相，月余去世。传见《旧唐书》卷一百七十一，《新唐书》卷一百七十七。[9]物故：亡故、去世。[10]辛丑：五月二十一日。[11]镇南军：方镇名。咸通六年升江南西道团练观察使为镇南军节度使，治所洪州，在今江西南昌市。[12]贪狯（kuài）：贪财而狡诈。[13]壬寅：五月二十二日。[14]严撰：严震之堂孙。官至江西节度使。宰相杨收有罪，受诛连，赐死。传见《新唐书》卷一百五十八。[15]震（723—799）：严震，字遐闻，梓州盐亭（今四川盐亭）人。官至山南西道节度使、兴元尹。朱泚反，德宗逃难至梁州。震护驾有功，封冯翊郡王。传见《旧唐书》卷一百一十七，《新唐书》卷一百五十八。[16]济：指自海门镇渡海，经北部湾入红河而至南定县。[17]南定：县名。县治在今越南河内东北。[18]获田：在田地里收割庄稼。[19]食（sì）军：供军队食用。[20]壬子：十二月五日。[21]太皇太后郑氏：本宪宗懿安皇后郭氏侍女，生宣宗。懿宗即位，尊为太皇太后。

七年（丙戌，866年）

春，二月，归义节度使张义潮奏北庭回鹘固俊克西州[1]、北庭、轮台[2]、清镇[3]等城。

论恐热寓居廓州，纠合旁侧诸部，欲为边患，皆不从；所向尽为仇敌，无所容[4]。仇人以告拓跋怀光于鄯州，怀光引兵击破之。

三月，戊寅[5]，以河东节度使刘潼为西川节度使。初，南诏围巂州，东蛮浪稽部[6]竭力助之，遂屠其城，卑笼部[7]怨南诏杀其父兄，导忠武戍兵袭浪稽，灭之。南诏由是怨唐。

南诏遣清平官[8]董成等诣成都，节度使李福盛仪卫[9]以见之。故事，南诏使见节度使，拜伏于庭，成等曰："骠信[10]已应天顺人[11]，我见节度使当抗礼[12]。"传言往返，自旦至日中不决；将士皆愤怒，福乃命捽[13]而殴之，因械系于狱。刘潼至镇，释之，奏遣还国。诏召成等至京师，见于别殿，厚赐，劳而遣之。

成德节度使王绍懿，在镇十年，为政宽简，军民便之。疾病，召兄绍鼎之子都知兵马使景崇[14]而告之曰："吾兄以汝之幼，以军政授我。汝今长矣，我复以军政归汝。努力为之。上忠朝廷，下和邻藩，勿坠[15]吾兄之业，汝之功也。"言竟[16]而薨。

闰月，吐蕃寇邠宁，节度使薛弘宗拒却之。

夏，四月[17]，贬前西川节度使李福为蕲王傅。

五月，葬孝明皇后[18]于景陵之侧，主祔别庙[19]。

六月，魏博节度使何弘敬薨，军中立其子左司马全皞[20]为留后。

以王景崇为成德留后。

南诏酋龙遣善阐节度使[21]杨缉[22]助安南节度使段酋迁守交趾，以范昵些为安南都统，赵诺眉为扶邪[23]都统。监陈[24]敕使韦仲宰将七千人至峰州，高骈得以益其军，进击南诏，屡破之。捷奏至海门，李维周皆匿之，数月无声问[25]。上怪之，以问维周，维周奏骈驻军峰州，玩寇[26]不进。上怒，以右武卫将军王晏权代骈镇安南，召骈诣阙，欲重贬之。晏权，智兴之从子也。是月，骈大破南诏蛮于交趾，杀获甚众，遂围交趾城。

（以上为第十三段，写岭南监军李维周瞒上欺下，几败大事。）

【注释】

[1]克西州：大中五年（851）义潮以十一州图籍入唐，西州已在其中。盖当时虽得其图籍，其地仍为吐蕃所占。西州，治前庭，即今新疆吐鲁番市。 [2]轮台：县名。县治在今新疆乌鲁木齐市境。 [3]清镇：即清海镇，在北庭都护府西七百里，今新疆玛纳斯河之西。 [4]无所容：无有容身之地。 [5]戊寅：三月二日。 [6]东蛮浪稽部：南蛮诸部落之一，亦称浪稽蛮，在戎州（今四川宜宾）之北。 [7]卑笼部：南蛮诸部落之一。在雅州（今四川雅安）之西。 [8]清平官：南诏官名。掌辅佐国王决定政事，犹唐之宰相。 [9]盛仪卫：陈列盛大的仪仗卫士队

伍。［10］骠信：夷语国君。南诏自元和三年（808）寻阁劝即位以来，即自称骠信。［11］应天顺人：应天命顺人愿，即称帝之意。［12］抗礼：平礼。［13］捽（zuó）：揪。［14］景崇：王景崇，字孟安，成德节度使王绍鼎之子。绍鼎死，弟绍懿继任。绍懿死，侄景崇继任。封常山王。传见《旧唐书》卷二百四十二，《新唐书》卷二百一十一。［15］坠：丧失。［16］竟：尽，终。［17］四月：据章校，“月”下有“辛巳”二字，即四月七日。［18］孝明皇后：即太皇太后郑氏，谥曰孝明，唐宣宗之母。［19］主祔别庙：郑氏为宪宗侧室，故神主祔于别庙。［20］全皞：何全皞，官至魏博节度使，后为乱军所害。传见《旧唐书》卷一百八十一，《新唐书》卷二百一十。［21］善阐节度使：官名、方镇名。治所南诏善阐府，在今云南昆明市。［22］杨缉：据章校，“缉”下有“思”字。《新唐书·南蛮传》亦作“杨缉思”。［23］扶邪：县名。据胡注，属罗伏州。在今越南海万县南。［24］陈：同阵。［25］声问：音信。［26］玩寇：轻敌。

秋，七月，以何全皞为魏博留后。

冬，十月，甲申[1]，以门下侍郎、同平章事杨收为宣歙观察使。收性侈靡，门吏僮奴多倚为好利。杨玄价兄弟受方镇之赂，屡有请托，收不能尽从；玄价怒，以为叛己，故出之。

拓跋怀光以五百骑入廓州，生擒论恐热，先刖[2]其足，数[3]而斩之，传首京师。其部众东奔秦州，尚延心邀击，破之，悉奏迁于岭南。吐蕃自是衰绝，乞离胡[4]君臣不知所终。

高骈围交趾十余日，蛮困蹙甚，城且下，会得王晏权牒，已与李维周将大军发海门，骈即以军事授韦仲宰，与麾下百余人北归。先是，仲宰遣小使王惠赞，骈遣小校曾衮入告[5]交趾之捷，至海中，望见旌旗东来，问游船[6]，云新经略使与监军也。二人谋曰：“维周必夺表留我，”乃匿于岛间，维周过，即驰诣京师。上得奏，大喜，即加骈检校工部尚书，复镇安南。骈至海门而还。

王晏权暗懦[7]，动禀李维周之命[8]，维周凶贪，诸将不为之用，遂解重围，蛮遁去者太半。骈至，复督励将士攻城，遂克之，杀段酋迁及土蛮为南诏乡导[9]者朱道古，斩首三万余级，南诏遁去。骈又破土蛮附南诏者二洞，诛其酋长，土蛮帅众归附者万七千人。

十一月，壬子[10]，赦天下。诏安南[11]、邕州、西川诸军各保疆域，勿复进攻南诏；委刘潼晓谕，如能更修旧好，一切不问。

置静海军于安南，以高骈为节度使。自李涿侵扰安南，为安南患殆将十年，至是始平。骈筑安南城，周[12]三千步[13]，造屋四十余万间。

十二月，黠戛斯遣将军乙支连几入贡，奏遣鞍马迎册立使[14]及请亥年[15]历日。

以成德留后王景崇为节度使。

上好音乐宴游，殿前供奉乐工常近五百人，每月宴设[16]不减十余，水陆皆备[17]，听乐观优，不知厌倦，赐与动及千缗。曲江、昆明、灞浐[18]、南宫[19]、北苑[20]、昭应[21]、咸阳，所欲游幸即行，不待供置，有司常具音乐、饮食、幄帟[22]，诸王立马以备陪从。每行幸，内外诸司扈从[23]者十余万人，所费不可胜纪。

（以上为第十四段，写高骈败南诏，安南十年之患得以平定。）

【注释】

[1]甲申：十月十三日。[2]刖（yuè）：断足之刑。[3]数（shǔ）：数说其罪。[4]乞离胡：吐蕃达磨赞普之妃綝氏之侄。达磨死，被立为赞普。事见《资治通鉴》卷二百四十六唐武宗会昌二年。[5]入告：入朝禀告。[6]游船：游弋之船，即巡逻船。[7]暗懦：昏庸懦弱。[8]动禀李维周之命：行动都得听从李维周的命令。[9]乡导：乡，同向。乡导即向导。[10]壬子：十一月十一日。[11]安南：据章校，“安南”作“群蛮”。事见《资治通鉴》卷二百四十九唐宣宗大中十二年。[12]周：周围。[13]步：长度单位，一步等于五尺。[14]册立使：官名。唐周边少数族政权及邻国，与唐友好，请求册封。朝廷派遣使臣宣布册命，称册立使。[15]亥年：当年为丙戌。亥年指明年。[16]宴设：宫中置宴称宴设。[17]水陆皆备：宴席上水陆食品一应俱备。[18]灞浐：皆水名。灞水，即今陕西渭河支流灞河。浐水，即今灞河支流浐河。二水皆流经长安附近。[19]南宫：即兴庆宫。在皇城东南，故名。[20]北苑：禁苑。在皇城之北，故名。[21]昭应：县名。县治在今陕西西安市临潼区。城南有华清池。[22]幄帟（wòyì）：幄，帐篷。帟，帐中座上承尘的平幕。[23]扈从（zòng）：随从，侍从。

八年（丁亥，867年）

春，正月，以魏博留后何全皞为节度使。

二月，归义节度使张义潮入朝，以为右神武统军，命其族子[1]淮深守归义。

自安南至邕、广，海路多潜石[2]覆舟，静海节度使高骈募工凿之，漕运无滞。

西川近边六姓蛮[3]，常持两端[4]，无寇则称效顺，有寇必为前锋；卑笼部独尽心于唐，与群蛮为仇，朝廷赐姓李，除为刺史。节度使刘潼遣将将兵助之，讨六姓蛮，焚其部落，斩首五千余级。

乐工李可及善为新声，三月，上以可及为左威卫将军，曹确谏曰："太宗定文武官六百余员，谓房玄龄曰：'朕以待天下贤士，工商杂流[5]，不可处也。'大和中，文宗欲以乐工尉迟璋为王府率[6]，拾遗窦洵直谏，即改光州[7]长史。乞以两朝故事，别除可及官。"不从。

夏，四月，上不豫，群臣希[8]进见。

五月，丙辰[9]，疏理天下系囚，非巨蠹不可赦者，皆递降一等[10]。

秋，七月，壬寅[11]，蕲王缉[12]薨。

怀州民诉旱[13]，刺史刘仁规揭榜禁之[14]，民怒，相与作乱，逐仁规，仁规逃匿村舍。民入州宅[15]，掠其家赀，登楼击鼓，久之乃定。

甲子[16]，以兵部侍郎、充诸道盐铁转运等使、驸马都尉于琮同平章事。

宣歙观察使杨收过华岳庙[17]，施[18]衣物，使巫祈祷；县令诬以为收罪。右拾遗韦保衡[19]复言，收前为相，除严撰江西节度使，受钱百万，又置造船务，人讼其侵隐[20]。八月，庚寅[21]，贬收端州司马。

九月，上疾瘳。

冬，十二月，信王憪[22]薨。

加岭南东道节度使韦宙同平章事。

（以上为第十五段，写唐懿宗荒淫，滥授乐工高官。）

【注释】

[1]族子：同族兄弟之子。 [2]潜石：没于水中之石。 [3]六姓蛮：即蒙蛮、夷蛮、讹蛮、狼蛮、勿邓蛮、白蛮。 [4]持两端：谓脚踏两只船。 [5]杂流：指士流以外出身的人。[6]王府率（lǜ）：亲王府的官员有率，掌侍卫。 [7]光州：州名。治所定城，在今河南潢川县。[8]希：同"稀"。 [9]丙辰：五月十八日。 [10]递降一等：依次减罪一等。 [11]壬寅：七月五日。 [12]蕲王缉：蕲王李缉，唐顺宗第二十二子。咸通三年封。传见《旧唐书》卷一百五十，

《新唐书》卷八十二。［13］诉旱：向官府申诉旱情，以求减免租税。［14］揭榜禁之：张榜禁止诉灾。［15］州宅：州官住宅。［16］甲子：七月二十七日。［17］华岳庙：庙名。在今陕西华阴市。［18］施：施舍。［19］韦保衡：字蕴用，京兆（今陕西西安）人。以驸马都尉而擢为宰相。罢逐宰相杨收、路岩，权倾天下，后被赐死。传见《新唐书》卷一百八十四。［20］侵隐：侵吞隐瞒公款。［21］庚寅：八月二十四日。［22］信王㤭：信王李㤭，唐宪宗子。大中十四年（860）封。传见《旧唐书》卷一百七十五，《新唐书》卷八十二。

【点评】

本卷点评裘甫起义、王式用兵、杜悰不奉诏枉诛宰相三事。

一、裘甫起义。政治昏暗、赋税繁苛、战乱不断，造成百姓处于水深火热之中，这些就是促成唐末农民大起义的社会条件。唐宣宗大中十三年（859），浙东裘甫起义，虽规模不大、时间短，但它吹响农民大起义的号角，虽然失败了，意义却十分重大。唐王朝的总崩溃就是从这一年开始。

唐朝自甘露事变之后，“天下事皆决于北司”。宦官掌控权柄，皇帝终日游宴，不理朝政。唐懿宗更是一个以佞佛而出名的皇帝，他为了迎佛骨，下令“广造浮图、宝帐、香车、幡花、幢盖以迎之，皆饰以金玉、锦绣、珠翠。自京城至寺三百里间，道路车马，昼夜不绝”。唐末官僚贪污，土地高度集中，据《三水小牍》记载，河南许州长葛县令严郜，罢官之后，在当地兼并“良田万顷”，大置庄园。小小县令如此，可见官吏贪赃之一斑。两税法实行不久，由于钱重物轻，老百姓的负担加重一倍。藩镇割据，朝廷用兵，苛税繁重，两税之外，有盐、酒、茶、漆、竹、木、金、银、蔬菜、水果、木炭、食粮、布绢、牲畜等，几乎无物不税。唐政府还以“和籴”、“和市”的名目，用低于市价的价格强买百姓的食粮和布绢、炭等物，有时就是公然抢掠，白居易写的《卖炭翁》一诗生动地反映了宫市宦官贱价强买物品的情形。地方官僚、地主、豪绅凭借权势，还把他们应交的赋税摊派到农民头上，有的十分田地，才税二三，有的豪富“全免科差”。唐文宗太和二年（828），贤良方正刘蕡在科举对策中就指出说：黎民百姓“处处流散，饥者不得食，寒者不得衣”，“官乱人贫，盗贼并起，土崩之势，忧在旦夕”。懿宗时，翰林学士刘允章在《直谏书》中更具体指陈时弊，说当时国有九破，民有八苦。九破是：终年聚兵、蛮夷炽兴、权豪奢僭、大将不朝、广造佛寺、贿赂公行、长吏残暴、赋役不等、食粮人多而赋税人少。八苦是：官吏苛刻、私债征夺、赋税繁多、所由乞敛、替逃人科差、冤屈不得申理、冻无衣无食、病不得医死不得葬。国有九破，说明统治秩序无法维持；民有八苦，说明黎民无法生存，爆发农民大起义的条件成熟了，王仙芝、黄巢应运而生。

安史之乱，破坏了黄河流域的经济；藩镇割据，朝廷在北方广大地区无法征收赋税，江淮地区成了唐王朝的生命线，民众不堪重负，加之这一地区军事薄弱，所以农民起义首先在浙东爆发。裘甫起义时，不过一百多人，第二年即咸通元年（860），有众一千多人，起义军攻破剡县，浙东道以及其他道的饥民，纷纷来归附，众骤增至三万人，还有不少小股起义的民帅来联络，请求作部属。起义军推裘甫为天下都知兵马使，刘晊为副使，自建年号为罗平，铸印曰天平，表示建立公平社会。裘甫分兵攻越、衢、婺、明、台等州，夺得许多县城，多次打败浙东的官军。起义军没有乘胜扩大战果，裘甫不听副使刘晊建议，没夺取越州为根据地，分兵北上渡江攻扬州、取石头城，扰乱唐王朝的生命线，而是固守攻下的几个县城，等待官军来攻。这一消极战法，使裘甫起义只经历八个月就失败了。

二、王式用兵。王式文吏而善用兵，是一位足智多谋的不可多得的儒将。裘甫起义，浙东观察使郑祇德无能，官军接连败北，不断上奏朝廷告急。宰相夏侯孜推荐王式为浙东观察使，王式带兵入浙平叛。王式冷静地估计形势，认为官军取胜，必须要集中优势兵力，后勤要有保障。王式对懿宗说："军队多，能很快平定叛乱，所需费用才节省。如果军队少，拖的时间长，不仅花钱多，还会带来很大风险。万一官军失败，叛军控制了江淮，国家就危险了。"懿宗和宰相们都赞同。朝廷抽调出忠武、义成、淮南等各道官军交给王式统领。夏侯孜向王式担保充足供应。王式信心百倍地率众出征。

王式领兵进入攻战区域，严明纪律，秋毫不犯，肃清间谍，开仓赈济贫民。王式部将说："现在军粮很紧张，不能散发粮食。"王式说："你们不懂。"王式很重视当地的民团，称之为土团。王式把所有的精兵都集中起来参战，只用民团驻守县城。不设置烽火，让胆小的人骑着马充当侦探，不给他们配备齐全武器。众人十分不解。裘甫有骑兵。王式招募当地的吐蕃和回鹘人组成骑兵。一切准备停当，王式分路向起义军发起进攻。起义军前后十九战均遭失败，最后收缩剡县死守。三天之中，双方战斗八十三次，城中妇女也都起来参战，用瓦片石块打击官军。起义军尽管作战英勇，终因寡不敌众而遭失败。王式严令诸将，不准杀俘，不准屠杀平民，不以缴获敌人战利品报功，如果不去追击敌人而去抢夺敌人丢弃的物资，不但无功，还要杀头。裘甫在一次战斗中失利，就丢弃军资诱使王式的军队去争抢，自己好逃窜，结果没有达到目的。

诸将在庆功会上向王式请教打胜仗的原因。将领们说："我们打过多年的仗，这次追随王公，私下不明白王公许多布置，刚来时，军粮严重紧缺，王公却开仓赈济穷人，出战不置烽火台，用胆小鬼侦察敌情，最后却打了胜仗，我们真是搞不懂。"王式说："这道理很简单。贼人多是因为穷没饭吃。官军粮食紧张，军力也不够，守城的部队很弱小，要是守不住，贼人占领了县城，开仓赈贫，这样一来，反叛的人就更多。官军开仓赈贫，就得了人心。设置烽火台，是为了催促救兵。如今守城兵少，没救兵可调，燃烽火，不但无益，反而惊扰士民。用胆小的人乘着快马侦察，他们发现敌人就会逃跑，不会误了情报。”诸将佩服地说：“你的智谋，我们赶不上。”

王式是晚唐不可多得的优秀将领。从官方立场看，王式镇压裘甫起义是讨伐叛贼。用兵用将，要的是优秀人才。咸通三年（862），王式为徐州节度使，残酷地镇压银刀兵的叛乱，尽诛乱兵两千多人，尽管血腥，却表现出了一个优秀军人的刚毅。此后，再没有见王式建功。两唐书本传只有一句交代。《旧唐书》本传载：“徐方平定，天子嘉之。后果历方任，卒。”《新唐书》说：“终左金吾大将军。”其后王仙芝、黄巢之起，为何不见王式身影，是懿宗刻忌功臣，还是朋党排斥，史籍缺载，不可妄测。国家用人之际，良将不能建功，是政治极端腐败的必然。王式未尽其才，使人叹惋！

三、杜悰不奉诏枉诛宰相。杜悰，字永裕，德宗朝宰相杜佑次子。杜悰以门荫入仕，任太子司议郎，尚宪宗岐阳公主，加银青光禄大夫、殿中监、驸马都尉。历仕宪、穆、敬、文、武、宣六代皇帝，官至宰相。唐宣宗长子郓王李温，无宠，居十六宅。第三子夔王李滋，宣宗爱之，居大明宫内院，欲立此为嗣，因非嫡子，所以不立太子。宣宗临终，遗诏枢密使王归长、马公儒立夔王李滋。左军中尉王宗实发动宫廷政变，拥立郓王李温为帝，是为懿宗，改名李漼，杀两枢密及夔王李滋。当时南北司矛盾很深，水火不容。北司宦官想借皇帝废立事件诛杀宰相。咸通二年（861）二月某一天，宫中两枢密与宣徽使杨公庆突然造访中书省，要宰相杜悰单独接诏，内容是懿宗责令杜悰上奏，因其他宰相大臣没有联名立懿宗为帝，以反叛罪论处，如果罪名成立，其他三相将遭到灭族。其他三相为毕諴、杜审权、蒋伸。懿宗之立，本来就是宦官一手操纵，宰相并未预事，如何署名。这是一桩政治大冤案。杜悰机智应对。首先他义正辞严抗旨，封还懿宗手诏，让杨公庆退回懿宗，按制度，皇帝要在延英殿召见大臣讨论，明正典刑。杨公庆走后，杜悰耐心地做两枢密的工作，如果引导皇帝随便开杀戒，今日诛宰相，明日就可能诛枢密。两枢密醒悟，回宫禀报懿宗，懿宗很高兴。皇帝也不愿意轻开杀戒，懿宗是受制于宦官的。两唐书杜悰本传都记载杜悰为人厚道，但无多大能力，不进贤才，没干什么大事。但从不奉诏枉诛宰相一事来看，杜悰是一个很有原则性，也很有智慧的贤人，他冒着杀头风险，几句话化解了一场政治大屠杀，可以说是有勇有谋。他之所以没做出多少大事，因是处在危乱之世，明哲保身也是大雅风范。孔子就说过：“邦有道，危言危行；邦无道，危行言逊。”（《论语·宪问》）《诗·大雅·烝民》曰：“既明且哲，以保其身。”杜悰的行为举止，是符合这些标准的。

卷二五一　唐纪六十七

唐懿宗咸通九年至十年（868—869 年）

【起著雍困敦（戊子，868 年），尽屠维赤奋若（己丑，869 年），凡二年】

【大事提要】

本卷记事起公元 868 年，讫公元 869 年，凡二年，当唐懿宗咸通九年、十年。这两年最大的政治事件是徐州骄兵作乱，祸害淮河两岸，唐王朝遭受沉重打击。起因是徐州兵戍守桂州，朝廷失信更代，戍兵擅自北还。戍兵推举庞勋为帅，庞勋至徐州倡乱，徐州守军囚主帅，迎庞勋，贼势大盛。庞勋求节钺，朝廷不许，发兵征讨，由于诸镇兵作战不力，贼势猖狂。辛谠助杜慆守泗州，成为东南屏障，并成为牵制叛军的重要力量。经过一年多的征战，官军讨平了庞勋之乱，而唐王朝力量受损，更加虚弱。庞勋之乱为王仙芝、黄巢大起义准备了成熟的条件。中原战乱，南诏进一步祸乱西南疆。在内忧外患之际，唐懿宗依然荒淫游宴，实在是一个无可救药的误国昏君。

懿宗昭圣恭惠孝皇帝中

咸通九年（戊子，868 年）

夏，六月，凤翔少尹[1]李师望上言："嶲州控扼南诏，为其要冲，成都道远，难以节制，请建定边军[2]，屯重兵于嶲州，以邛州为理所。"朝廷以为信然，以师望为嶲州刺史[3]，充定边军节度使，眉、蜀、邛、雅、嘉、黎[4]等州观察，统押[5]诸蛮并统领诸道行营、制置等使。师望利于专制方面[6]，故建此策；其实邛距成都才百六十里，嶲距邛千里，其欺罔如此[7]。

初，南诏陷安南，敕徐泗募兵二千赴援，分八百人别戍桂州，初约三年一代。徐泗观察使崔彦曾，慎由之从子也，性严刻[8]；朝廷以徐兵骄，命镇之。都押牙尹戡、教练使[9]杜璋、兵马使徐行俭用事，军中怨之。戍桂州者已六年，屡求代还，戡言于彦曾，以军帑空虚，发兵所费颇多，请更留戍卒一年；彦曾从之。戍卒闻之，怒。

都虞候许佶、军校[10]赵可立、姚周、张行实皆故徐州群盗，州县不能讨，招出之，补牙职。会桂管观察使李丛移湖南，新使未至，秋，七月，佶等作乱，杀都将王仲甫，推粮料判官[11]庞勋为主，劫库兵[12]北还，所过剽掠，州县莫能御。朝廷闻之，八月，遣高品[13]张敬思赦其罪，部送[14]归徐州，戍卒乃止剽掠。

以前静海节度使高骈为右金吾大将军。骈请以从孙浔代镇交趾，从之。

九月，戊戌[15]，以山南东道节度使卢耽为西川节度使；以有定边军之故，不领统押诸蛮安抚等使。

庞勋等至湖南，监军以计诱之，使悉输[16]其甲兵。山南东道节度使崔铉严兵守要害，徐卒不敢入境，泛舟沿江东下。许佶等相与谋曰："吾辈罪大于银刀[17]，朝廷所以赦之者，虑缘道攻劫[18]，或溃散为患耳，若至徐州，必菹醢[19]矣！"乃各以私财造甲兵旗帜。过浙西，入淮南，淮南节度使令狐绹遣使慰劳，给刍米[20]。

都押牙李湘言于绹曰："徐卒擅归，势必为乱；虽无敕令诛讨，藩镇大臣当临事制宜。高邮[21]岸峡[22]而水深狭，请将奇兵伏于其侧，焚荻舟[23]以塞其前，以劲兵蹙其后，可尽擒也。不然，纵之使得渡淮，至徐州，与怨愤之众合，为患必大。"绹素懦怯，且以无敕书，乃曰："彼在淮南不为暴，听其自过，余非吾事也。"

（以上为第一段，写徐州兵戍守桂州，朝廷失信更代，戍兵擅自北还，推粮料判官庞勋为主，庞勋遂煽动戍兵叛乱。）

【注释】

[1]少尹：官名。为府尹之副，从四品下。府尹，从三品。 [2]定边军：方镇名。咸通九年（《新唐书·方镇表》作"八年"）置，治所邛州，在今四川邛崃市。咸通十一年（870）废。重兵置于嶲州，在今四川西昌市。 [3]刺史：一州的行政军事长官。李师望任凤翔府少尹，低于下州刺史。因妄言置定边军，以嶲州为军镇治所，李师望任职刺史，由从四品下，跃升为从三品，上升了

三级。［4］眉、蜀、雅、嘉：皆州名。眉州，治所通义，在今四川眉山市。蜀州，治所晋原，在今四川崇州市。雅州，治所在今四川雅安市。嘉州，治所龙游，在今四川乐山市。黎州，治所在今四川汉源县西北。［5］统押：统率，总管。［6］专制方面：独断一方。［7］欺罔如此：敢于欺骗到这样的程度。成都距离嶲州与邛州距离嶲州不过一百余里，由成都节度使直接控制嶲州没有什么不便，增量定边军多一道领属关系，反而不便。古代如有地图，一眼就可看穿李师望的无知，或揭穿其叵测的居心。［8］严刻：严厉苛刻。［9］教练使：官名。掌军队教练之事。［10］军校：官名。任辅助之职的军官。［11］粮料判官：凡行军，置随军粮料使，兵少的军队置粮料判官。掌军粮供应。［12］库兵：武库中的兵器。［13］高品：内侍省品位高的太监称高品内侍，简称高品。［14］部送：安排遣送。［15］戊戌：九月八日。［16］输：交出。［17］银刀：武宁节度使王智兴之亲兵。智兴离任后，常为乱。朝廷任命王式为武宁节度使率兵讨平。银刀军数千人皆诛死。［18］缘道攻劫：沿路抢劫。缘，通“沿”。［19］菹醢（zúhāi）：捣成肉酱。菹，切碎。醢，肉酱。［20］刍米：粮草。［21］高邮：县名。县治在今江苏高邮市。［22］岸峡：据章校，“峡”作“峻”。［23］荻舟：装载芦苇的船只。

勋招集银刀等都［1］窜匿及诸亡命匿于舟中，众至千人。丁巳［2］，至泗州［3］。刺史杜慆［4］飨之于球场，优人致辞［5］；徐卒以为玩［6］己，擒优人，欲斩之，坐者惊散。慆素为之备，徐卒不敢为乱而止。慆，悰之弟也。

先是，朝廷屡敕崔彦曾慰抚戍卒擅归者，勿使忧疑。彦曾遣使以敕意谕之，道路相望。勋亦申状相继，辞礼甚恭。戊午［7］，行及徐城［8］，勋与许佶等乃言于众曰：“吾辈擅归，思见妻子耳。今闻已有密敕下本军，至则支分［9］灭族矣！丈夫与其自投网罗，为天下笑，曷若［10］相与勠力［11］同心，赴蹈汤火，岂徒脱祸，兼富贵可求！况城中将士皆吾辈父兄子弟，吾辈一唱于外，彼必响应于内矣。然后遵王侍中故事［12］，五十万赏钱，可翘足待也！”众皆呼跃称善。将士赵武等十二人独忧惧，欲逃去，悉斩之，遣使致其首于彦曾，且为申状［13］，称：“勋等远戍六年，实怀乡里；而武等因众心不安，辄萌奸计。将士诚知诖误［14］，敢避诛夷！今既蒙恩全宥［15］，辄共诛首恶以补愆尤［16］。”冬，十月，甲子［17］，使者至彭城，彦曾执而讯之，具得其情，乃囚之。丁卯［18］，勋复于递中［19］申状，称：“将士自负罪戾［20］，各怀忧疑，今已及苻离［21］，尚未释甲。盖以军将尹戡、杜璋、徐行俭等狡诈多疑，必生衅隙，乞且停此三人职任，以安众心，仍乞戍还将士别置二营[22]，共为一将。”

（以上为第二段，写庞勋诡诈，设计偷袭徐州。）

【注释】

[1]都：唐代军队编制的一种称号，藩镇亲军亦称都。[2]丁巳：九月二十七日。[3]泗州：治所临淮，在今江东盱眙县。[4]杜慆：唐武宗、唐宣宗、唐懿宗三朝宰相杜悰之弟。官至义成节度使。传见《新唐书》卷一百六十六。[5]致辞：朝廷或官府举行大宴，惯例由优伶献颂辞，称致辞或致语。[6]玩：戏弄。[7]戊午：九月二十八日。[8]徐城：县名。县治在今江苏盱眙县西北。[9]支分：即肢解。分解四肢的一种酷刑。支，同“肢”。[10]曷若：何如。[11]勠力：并力。[12]王侍中故事：王侍中即王智兴。其为武宁节度副使时，拥兵自立，驱逐节度使崔群。朝廷无力讨伐，遂加任命。事见《资治通鉴》卷二百四十二唐穆宗长庆二年。[13]申状：一种上行公文。[14]诖误：被贻误，受连累。[15]全宥：保全，宽赦。[16]愆尤：过失。[17]甲子：十月四日。[18]丁卯：十月七日。[19]递中：投入驿站递送。[20]罪戾：罪过。[21]苻离：县名。县治在今安徽宿州西北苻离镇。[22]别置二营：另外安置一营。

时戍卒拒[1]彭城止四驿[2]，阖[3]城恟惧。彦曾召诸将谋之，皆泣曰：“比以[4]银刀凶悍，使一军[5]皆蒙恶名，歼夷流窜，不无枉滥[6]，今冤痛之声未已，而桂州戍卒复尔猖狂，若纵使入城，必为逆乱，如此，则阖境涂地[7]矣！不若乘其远来疲弊，发兵击之，我逸彼劳，往无不捷。”彦曾犹豫未决。团练判官温廷皓[8]复言于彦曾曰：“安危之兆，已在目前，得失之机，决于今日。今击之有三难，而舍之有五害：诏释其罪而擅诛之，一难也。帅其父兄，讨其子弟；二难也。枝党[9]钩连，刑戮必多，三难也。然当道[10]戍卒擅归，不诛则诸道戍边者皆效之，无以制御，一害也。将[11]者一军之首，而辄敢害之，则凡为将者何以号令士卒！二害也。所过剽掠，自为甲兵，招纳亡命，此而不讨，何以惩恶！三害也。军中将士，皆其亲属，银刀余党，潜匿山泽，一旦内外俱发，何以支梧[12]！四害也。逼胁军府，诛所忌三将[13]，又欲自为一营，从之则银刀之患复起，违之则托此为作乱之端，五害也。惟明公去其三难，绝其五害，早定大计，以副众望。”

时城中有兵四千三百，彦曾乃命都虞候元密等将兵三千人讨勋，数勋之罪以令士众，且曰：“非惟涂炭平人，实亦汙染[14]将士。傥国家发兵诛讨，则玉石俱焚[15]矣！”又曰：“凡彼亲属，无用忧疑，罪止一身，必无连坐[16]。”仍命宿州出兵苻离，泗州出兵于虹[17]以邀之，且奏其状。彦曾戒元密无伤敕使[18]。

戊辰[19]，元密发彭城，军容甚盛。诸将至任山[20]北数里，顿兵不进，共思所以夺敕使之计，欲俟贼入馆，乃纵兵击之，遣人变服负薪以诇贼。日暮，贼至任山，馆中空无人，又无供给，疑之，见负薪者，执而榜[21]之，果得其情。乃为偶人[22]列于山下而潜遁。比夜，官军始觉之，恐贼潜伏山谷及间道[23]来袭，复引兵退宿于城南，明旦，乃进追之。

（以上为第三段，写徐州官军出兵讨贼。）

【注释】

[1]拒：同“距”。[2]驿：一驿三十里。[3]阖：全。[4]比以：近因。[5]一军：指武宁军。[6]枉滥：无辜受罪，扩大冤狱曰枉滥。[7]涂地：犹“涂炭”，烂泥和炭火。比喻灾难困苦。[8]温廷皓：唐太宗尚书右仆射温彦博裔孙，晚唐著名诗人温庭筠之弟。任徐州从事。后为庞勋所杀。传见《旧唐书》卷一百九十下，《新唐书》卷九十一。据章校，“廷”作“庭”。[9]枝党：谓宗族党羽。[10]当道：本道。[11]将：指都将王仲甫。[12]支梧：支撑。屋顶小柱为支，斜柱为梧。借此为喻。[13]三将：尹戡、杜璋、徐行俭。[14]汙染：牵连，连累。汙，同“污”。[15]玉石俱焚：语出《尚书·胤征》：“火炎昆冈，玉石俱焚。”比喻不分好坏，同归于尽。[16]连坐：一人犯法，他人牵连入罪。[17]虹：县名。县治在今安徽泗县。[18]无伤敕使：时敕使张敬思尚在庞勋军中。[19]戊辰：十月八日。[20]任山：山名。在今江苏徐州市西南。[21]榜（péng）：鞭打。[22]偶人：以土、木做成的假人。据章校，“人”下有“执旗帜”三字。[23]间（jiàn）道：小路。

时贼已至苻离，宿州戍卒五百人出战于濉水[1]上，望风奔溃，贼遂抵宿州。时宿州阙刺史，观察副使焦璐摄州事，城中无复余兵，庚午[2]，贼攻陷之，璐走免。贼悉聚城中货财，令百姓来取之，一日之中，四远云集，然后选募为兵，有不愿者立斩之，自旦至暮，得数千人。于是勒兵乘城，庞勋自称兵马留后。

再宿[3]，官军始至，贼守备已严，不可复攻。先是，焦璐闻苻离败，决汴水以断北路，贼至，水尚浅可涉，比官军至，已深矣。壬申[4]，元密引兵渡水，将围城，会大风，贼以火箭射城外茅屋，延及官军营，士卒进则冒矢石，退则限[5]水火，贼急击之，死者近三百人。元密等以为贼必固守，但为攻取之计。

贼夜使妇人持更[6]，掠城中大船三百艘，备载资粮，顺流而下，欲入江湖为盗；以千缣[7]赠张敬思，遣骑送至汴[8]之东境，纵使西归[9]。

明旦，官军知贼已去，狼狈追之，士卒皆未食，比追及，已饥乏。贼檥舟[10]堤下而陈于堤外，伏千人于舟中，官军将至，陈者皆走入陂中[11]。密以为畏己，纵兵追之；贼自舟中出，夹攻之，自午及申[12]，官军大败。密引兵走，陷于荷涫[13]，贼追及之，密等诸将及监陈敕使[14]皆死，士卒死者殆千人，其余皆降于贼，无一人还徐者。贼问降卒以彭城人情计谋，知其无备，始有攻彭城之志。

乙亥[15]，庞勋引兵北渡濉水，逾山趣彭城。其夕，崔彦曾始知元密败，移牒邻道求救；明日，塞门，选城中丁壮为守备，内外震恐，无复固志[16]。或劝彦曾奔兖州，彦曾怒曰："吾为元帅，城陷而死，职也！"立斩言者。

丁丑[17]，贼至城下，众六七千人，鼓噪动地，民居在城外者，贼皆慰抚，无所侵扰，由是人争归之，不移时[18]，克罗城。彦曾退保子城，民助贼攻之，推草车塞门而焚之，城陷。贼囚彦曾于大彭馆，执尹戡、杜璋、徐行俭，刳而剉之[19]，尽灭其族。勋坐听事[20]，盛陈兵卫，文武将吏伏谒，莫敢仰视。即日，城中愿附从者万余人。

戊寅[21]，勋召温庭皓，使草表求节钺[22]，庭皓曰："此事甚大，非顷刻[23]可成，请还家徐草之。"勋许之。明旦，勋使趣之，庭皓来见勋曰："昨日所以不即拒者，欲一见妻子耳。今已与妻子别，谨来就死。"勋熟视，笑曰："书生敢尔，不畏死邪！庞勋能取徐州，何患无人草表！"遂释之。

（以上为第四段，写叛军庞勋攻占徐州。）

【注释】

［1］濉水：水名。自河南开封分古鸿沟而东流，经杞县、夏邑、安徽濉溪、江苏宿迁入泗水。此指虹县东南一段濉水。［2］庚午：十月十日。［3］再宿：第二夜。［4］壬申：十月十二日。［5］限：阻。［6］持更：打更。［7］缣（jiān）：细绢。［8］汴：指汴州。［9］西归：谓西归长安。［10］檥（yí）舟：船泊岸边。［11］陂中：岸边。［12］自午及申：上午十一时至下午四时。［13］荷渲：地名。在宿州境内。［14］监陈敕使：奉诏命督阵的宦官。陈，读阵。［15］乙亥：十月十五日。［16］固志：固守彭城之志。［17］丁丑：十月十七日。［18］不移时：不多时。［19］刳（kū）而剉（cuò）之：剖腹铡身。［20］听事：指徐州观察使厅堂。［21］戊寅：十月十八日。［22］求节钺：谓请求朝廷任命为节度使。［23］顷刻：片刻。

有周重者，每以才略自负，勋迎为上客，重为勋草表，称："臣之一军，乃汉室兴王之地[1]。顷因节度使刻削军府[2]，刑赏失中[3]，遂致迫逐[4]。陛下夺其节制，翦灭一军[5]，或死或流，冤横无数。今闻本道复欲诛夷，将士不胜痛愤，推臣权[6]兵马留后，弹压十万之师，抚有四州[7]之地。臣闻见利乘时，帝王之资也。臣见利不失，遇时不疑；伏乞圣慈，复赐旌节。不然，挥戈曳戟，诣阙非迟[8]！"庚辰[9]，遣押牙张琯奉表诣京师。

勋以许佶为都虞候，赵可立为都游弈使，党与各补牙职，分将诸军。又遣旧将刘行及将千五百人屯濠州，李圆将二千人屯泗州，梁丕将千人屯宿州，自余要害县镇，悉缮完[10]戍守。徐人谓旌节之至不过旬月[11]，愿效力献策者远近辐凑[12]，乃至光、蔡、淮、浙、兖、郓、沂、密群盗，皆倍道[13]归之，阗溢[14]郛郭[15]，旬日间，米斗直钱二百。勋诈为崔彦曾请翦灭徐州表，其略曰："一军暴卒，尽可翦除；五县[16]愚民，各宜配隶[17]。"又作诏书，依其所请，传布境内。徐人信之，皆归怨朝廷，曰："微桂州将士回戈，吾徒悉为鱼肉矣！"

刘行及引兵至涡口[18]，道路附从者增倍，濠州兵才数百，刺史卢望回素不设备，不知所为，乃开门具牛酒迎之。行及入城，囚望回，自行刺史事。泗州刺史杜慆闻勋作乱，完守备以待之，且求救于江、淮。李圆遣精卒百人先入泗州，封府库，慆遣人迎劳[19]，诱之入城，悉诛之。明日，圆至，即引兵围城，城上矢石雨下，贼死者数百，乃敛兵[20]屯城西。勋以泗州当江、淮之冲[21]，益发兵助圆攻之，众至万余，终不能克。

初，朝廷闻庞勋自任山还趣宿州，遣高品康道伟赍敕书抚慰之。十一月，道伟至彭城。勋出郊迎，自任山至子城三十里，大陈甲兵，号令金鼓响震山谷，城中丁壮，悉驱使乘城。宴道伟于球场，使人诈为群盗降者数千人，诸寨告捷者数十辈；复作求节钺表，附道伟以闻。

（以上为第五段，写庞勋一面四出略地，一面要挟朝廷求节钺。）

【注释】

[1]汉室兴王之地：汉高祖起于沛，唐时沛县属于徐州，故称之以自夸大。 [2]刻削军府：侵害军府官兵利益。 [3]失中：失于中正，即错误、不当。 [4]遂致迫逐：谓士卒所以迫逐节度使，皆其所作所为而导致。 [5]翦灭一军：指王式尽诛银刀等七部。 [6]权：代理。 [7]四州：武宁军领徐、宿、濠、泗等四州。 [8]不然，挥戈曳戟，诣阙非迟：否则统兵指向长安，决不延迟。挥戈曳戟，挥动矛戈，拖曳戟钺，指动员将士。诣阙，指兵锋将直指京师长安。庞勋想要朝廷的节钺，不是卑辞请罪，而是向朝廷下最后通牒，要挟朝廷，实乃南辕北辙，把自己的自新之路断送了。 [9]庚辰：十月二十日。 [10]缮完：整修。 [11]旌节之至不过旬月：朝廷授予庞勋节度使旌旗符节，要不了十天半月就会到。 [12]辐凑：车辐凑集于轴心，比喻人或物集聚一起。辐，车轮中连接轴心与轮圈的直木。 [13]倍道：兼程，一日行两日路程。 [14]阗（tián）溢：充满。 [15]郛（fú）郭：外城。 [16]五县：指徐州所辖彭城、萧、丰、沛、滕五县。 [17]配隶：流放和服劳役。 [18]涡口：涡水入淮之口，在今安徽怀远县东北。 [19]迎劳：欢迎慰问。 [20]敛兵：收兵。 [21]冲：交通要道。

初，辛云京[1]之孙谠[2]，寓居广陵[3]，喜任侠，年五十不仕；与杜慆有旧[4]，闻庞勋作乱，诣泗州，劝慆挈[5]家避之，慆曰："安平享其禄位，危难弃其城池，吾不为也！且人各有家，谁不爱之？我独求生，何以安众！誓与将士共死此城耳！"谠曰："公能如是，仆与公同死！"乃还广陵，与其家诀，壬辰[6]，复如泗州。时民避乱，扶老携幼，塞途而来，见谠，皆止之曰："人皆南走，子独北行，取死何为！"谠不应。至泗州，贼已至城下，谠急棹[7]小舟得入，慆即署团练判官。城中危惧，都押牙李雅有勇略，为慆设守备，帅众鼓噪，四出击贼，贼退屯徐城，众心稍安。

庞勋募人为兵，人利于剽掠，争赴之，至父遣其子，妻勉其夫，皆断锄首而锐之[8]，执以应募。

邻道闻勋据徐州，各遣兵据要害，而官军尚少，贼众日滋，官军数不利。贼遂破鱼台[9]近十县。宋州东有磨山[10]，民逃匿其上，勋遣其将张玄稔围之。会旱，山泉竭，数万口皆渴死。

或说勋曰："留后止欲求节钺，当恭顺尽礼以事天子，外戢[11]士卒，内抚百姓，庶几可得。"勋虽不能用，然国忌犹行香[12]，飨士卒必先西向拜谢[13]。癸卯[14]，勋闻敕使入境，以为必赐旌节，众皆贺。明日，敕使至，但责崔彦曾及监军张道谨，贬其官。勋大失望，遂囚敕使，不听归。

诏以右金吾大将军康承训为义成节度使、徐州行营都招讨使，神武大将军王晏权为徐州北面行营招讨使，羽林将军戴可师为徐州南面行营招讨使，大发诸道兵以隶三帅[15]。承训奏乞沙陀三部落[16]使朱邪赤心及吐谷浑、达靼、契宓酋长各帅其众以自随；诏许之。

（以上为第六段，写辛谠助杜慆守泗州。朝廷大发兵三路讨贼。）

【注释】

[1]辛云京（713—768）：兰州金城（今甘肃兰州）人。唐代宗时官至太原尹，封金城郡王。传见《旧唐书》卷一百一十，《新唐书》卷一百四十七。 [2]谠：辛谠，辛云京之孙。为人慷慨，重然诺，赈人所急。庞勋反，围泗州。辛谠多次突围求救，使州得以保全。以功授亳州刺史。唐僖宗时官终岭南节度使。传见《旧唐书》卷一百八十七下，《新唐书·忠义传》卷一百九十三。[3]广陵：县名。秦置，隋废。此沿用旧称。县治在今江苏扬州市。 [4]有旧：有旧交情。两唐书辛谠本传未言辛谠与杜慆有交情，《旧唐书》本传明确说，两人没有见过面。 [5]挈：带领。[6]壬辰：十一月三日。 [7]棹（zhào）：划船。 [8]断锄首而锐之：折断锄把，把锄头磨锐利作武器。 [9]鱼台：县名。县治在今山东鱼台县西。 [10]磨山：山名。在今河南夏邑县东。[11]戢（jí）：止息。 [12]国忌犹行香：唐自中世以后，遇皇帝、皇后忌日，令京城及各州府于寺观设斋焚香。 [13]西向拜谢：凡方镇飨宴将士，必朝服，率将佐西向望阙谢恩。 [14]癸卯：十一月十四日。 [15]三帅：即康承训、王晏权、戴可师。 [16]三部落：指沙陀、萨葛、安庆三部。

庞勋以李圆攻泗州久不克，遣其将吴迥代之。丙午[1]，复进攻泗州，昼夜不息。时敕使郭厚本将淮南兵千五百人救泗州，至洪泽[2]，畏贼强，不敢进。辛谠请往求救，杜慆许之。丁未[3]夜，乘小舟潜渡淮，至洪泽，说厚本，厚本不听，比明，复还。己酉[4]，贼攻城益急，欲焚水门[5]，城中几不能御；谠请复往求救。

慆曰："前往徒还，今往何益？"谠曰："此行得兵则生返，不得则死之。"慆与之泣别。谠复乘小舟负户突围出，见厚本，为陈利害。厚本将从之，淮南都将袁公弁曰："贼势如此，自保恐不足，何暇救人！"谠拔剑瞋目[6]谓公弁曰："贼百道[7]攻城，陷在朝夕；公受诏救援而逗留不进，岂惟上负国恩！若泗州不守，则淮南遂为寇场，公讵能独存邪！我当杀公而后止[8]耳！"起，欲击之，厚本起，抱止之，公弁仅免。谠乃回望泗州，恸哭终日，士卒皆为之流涕。厚本乃许分五百人与之，仍问将士，将士皆愿行。谠举身[9]叩头以谢将士，遂帅之抵淮南岸，望贼方攻城，有军吏言曰："贼势[10]已似入城，还去则便[11]。"谠逐之，揽得其髻[12]，举剑击之，士卒共救之，曰："千五百人判官，不可杀也。"谠曰："临陈妄言惑众，必不可舍！"众请不能得，乃共夺之。谠素多力[13]，众不能夺。谠曰："将士但登舟，我则舍此人。"众竞登舟，乃舍之。士卒有回顾者，则斫之。驱至淮北，勒兵击贼。慆于城上布兵与之相应，贼遂败走，鼓噪逐之，至晡而还[14]。

庞勋遣其将刘佶[15]将精兵数千助吴迥攻泗州，刘行及自濠州遣其将王弘立引兵会之。戊午[16]，镇海节度使杜审权，遣都头翟行约将四千人救泗州，己未[17]，行约引兵至泗州，贼逆击于淮南，围之，城中兵少，不能救，行约及士卒尽死。先是，令狐绹遣李湘将兵数千救泗州，与郭厚本、袁公弁合兵屯都梁城[18]，与泗州隔淮相望。贼既破翟行约，乘胜围之。十二月，甲子[19]，李湘等引兵出战，大败，贼遂陷都梁城，执湘及郭厚本送徐州；据淮口[20]，漕驿路绝。

康承训军于新兴[21]，贼将姚周屯柳子[22]，出兵拒之。时诸道兵集者才万人，承训以众寡不敌，退屯宋州。庞勋以为官军不足畏，乃分遣其将丁从实等各将数千人南寇舒[23]、庐，北侵沂、海，破沭阳、下蔡、乌江[24]、巢县，攻陷滁州，杀刺史高锡望。又寇和州[25]，刺史崔雍遣人以牛酒犒之，引贼登楼共饮，命军士皆释甲，指所爱二人为子弟，乞全之，其余惟贼所处。贼遂大掠城中，杀士卒八百余人。

泗州援兵既绝，粮且尽，人食薄粥。闰月，己亥[26]，辛谠言于杜慆，请出求救于淮、浙，夜，帅敢死士十人，执长柯[27]斧，乘小舟，潜往斫贼水寨而出。明旦，贼乃觉之，以五舟遮其前，以五千人夹岸追之。贼舟重行迟，谠舟轻行疾，力斗三十余里，乃得免。癸卯[28]，至扬州，见令狐绹；甲辰[29]，至润州，见杜审权。时泗州久无声问，或传已陷，谠既至，审权乃遣押牙赵翼将甲士二千人，与淮南共输米五千斛、盐五百斛以救泗州。

（以上为第七段，写杜慆坚守泗州，成为东南屏障。）

【注释】

[1]丙午：十一月十七日。[2]洪泽：镇名。在今江苏淮安市洪泽区西北原淮河南岸。[3]丁未：十一月十八日。[4]己酉：十一月二十日。[5]水门：泗州城东临淮水之门。[6]瞋（chēn）目：瞪眼以示愤怒。[7]百道：多方。[8]后止：据章校，“止”作“死”。[9]举身：起身。[10]贼势：根据贼方形势。[11]还去则便：还军离去才有利。[12]髻（jì）：挽束在头顶上的头发。[13]素多力：一向力大。[14]至晡而还：到下午三四点钟才返回城中。晡，申时。下午三时至四时。[15]刘佶：张敦仁《通鉴识误》“刘”作“许”。即庞勋都虞候许佶。[16]戊午：十一月二十九日。[17]己未：十一月三十日。[18]都梁城：城名。在今江苏盱眙县南都梁山。[19]甲子：十二月五日。[20]淮口：地名。泗水入淮之口，当在今江苏淮安市西。[21]新兴：镇名。即今安徽涡阳北新兴集。[22]柳子：镇名。在今安徽濉溪西南。[23]舒：州名。治所怀宁，在今安徽潜山市。[24]沭阳、下蔡、乌江：皆县名。沭阳，县治在今江苏沭阳县。下蔡，县治在今安徽凤台县。乌江，县治在今安徽和县东北乌江镇。[25]和州：州名。治所历阳，在今安徽和县。[26]己亥：闰十二月十日。[27]柯：斧柄。[28]癸卯：闰十二月十四日。[29]甲辰：闰十二月十五日。

戴可师将兵三万渡淮，转战而前，贼尽弃淮南之守。可师欲先夺淮口，后救泗州，壬申[1]，围都梁城；城中贼少，拜于城上曰：“方与都头议出降。”可师为之退五里。贼夜遁，明旦，惟空城。可师恃胜不设备，是日大雾，贼将王弘立[2]引兵数万疾径奄至[3]，纵击官军，官军不及成列，遂大败，将士触兵及溺淮死，得免者才数百人，亡器械、资粮、车马以万计，贼传可师及监军、将校首于彭城。

庞勋自谓无敌于天下，作露布[4]，散示诸寨及乡村，于是淮南士民震恐，往往避地江左[5]。令狐绹畏其侵轶，遣使诣勋说谕[6]，许为奏请节钺，勋乃息兵俟命。由是淮南稍得收散卒，修守备。

时汴路既绝，江、淮往来皆出寿州，贼既破戴可师，乘胜围寿州，掠诸道贡献[7]及商人货，其路复绝。勋益自骄，日事游宴，周重谏曰："自古骄满奢逸，得而复失，成而复败，多矣，况未得未成而为之者乎！"

诸道兵大集于宋州，徐州始惧，应募者益少，而诸寨求益兵者相继。勋乃使其党散入乡村，驱人为兵。又见[8]兵已及数万人，资粮匮竭，乃敛富室及商旅财，什取其七八，坐匿财夷宗[9]者数百家。又与勋同举兵于桂州者尤骄暴，夺人资财，掠人妇女，勋不能制，由是境内之民皆厌苦之，不聊生[10]矣！

王晏权兵数退衄[11]，朝廷命泰宁节度使[12]曹翔代晏权为徐州北面招讨使[13]。前天雄节度使何全皞[14]，遣其将薛尤将兵万三千人讨庞勋，翔军于滕、沛[15]，尤军于丰、萧[16]。

是岁，江、淮旱，蝗。

（以上为第八段，写官兵戴可师渡淮，兵败都梁城。）

【注释】

[1]壬申：十二月十三日。 [2]贼将王弘立：据章校，"贼"上有"濠州"二字。 [3]疾径奄至：走捷径迅速来到。 [4]露布：不封缄的文书，犹今之布告。 [5]江左：即江东。古人在地理上以东为左，故名。 [6]说谕：游说使其知晓。 [7]贡献：进贡、贡品。 [8]见：同"现"。 [9]夷宗：夷灭宗族。 [10]不聊生：无法维持生活。 [11]退衄：败退。 [12]泰宁节度使：方镇名。按《新唐书·方镇表二》，昭宗乾宁四年（897）"赐沂海节度使为泰宁军节度使"，则咸通时仍称兖海。《资治通鉴》误。 [13]曹翔为徐州北面招讨使：《通鉴考异》曰："曹翔、马举为徐州南、北招讨使。"又，明年在马举解泗州围事，胡注据此认为《资治通鉴》正文"曹翔为北面招讨使"之下，当有"以马举为淮南节度使、兖南面招讨使"十四字。 [14]前天雄节度使何全皞：何全皞此时为魏博节度使，魏博于昭宗天祐元年（904）始号天雄军，此时不应有此称号，《资治通鉴》误。 [15]滕、沛：皆县名。滕县，县治在今山东滕州市。沛县，县治在今江苏沛县。 [16]丰、萧：皆县名。丰县，县治在今江苏丰县。萧县，县治在今安徽萧县西北。

十年（己丑，869 年）

春，正月，康承训将诸道军七万余人屯柳子之西，自新兴至鹿塘[1]三十里，壁垒相属。徐兵分戍四境，城中不及数千人，庞勋始惧。民多穴地[2]匿其中，勋遣人搜掘为兵，日不过得三二十人。

勋将孟敬文守丰县，狡悍而兵多，谋贰于勋，自为符谶[3]。勋闻之，会魏博攻丰，勋遣腹心将将三千[4]助敬文守丰；敬文与之约共击魏博军，且誉其勇，使为前锋。新军[5]既与魏博战，敬文引兵退走，新军尽没。勋乃遣使绐之曰："王弘立已克淮南，留后欲自往镇之；悉召诸将，欲选一人可守徐州者。"敬文喜，即驰诣彭城。未至城数里，勋伏兵擒之，辛酉[6]，杀之。

丁卯[7]，同昌公主[8]适右拾遗韦保衡，以保衡为起居郎、驸马都尉。公主，郭淑妃[9]之女，上特爱之，倾宫中珍玩以为资送，赐第于广化里，窗户皆饰以杂宝，井栏、药臼、槽匮亦以金银为之，编金缕以为箕筐，赐钱五百万缗，他物称[10]是。

徐贼寇海州。时诸道兵戍海州者已数千人，断贼所过桥柱而弗殊[11]，仍伏兵要害以待之。贼过，桥崩，苍黄[12]散乱，伏兵发，尽殪[13]之。其攻寿州者复为南道军[14]所破，斩获数千人。

辛谠以浙西之军至楚州，敕使张存诚以舟助之。徐贼水陆布兵，锁断淮流，浙西军惮其强，不敢进，谠曰："我请为前锋，胜则继之，败则汝走。"犹不可；谠乃募选军中敢死士数十人，牒补职名，先以米舟三艘、盐舟一艘乘风逆流直进，贼夹攻之，矢著舟板如急雨，及锁，谠帅众死战，斧断其锁，乃得过。城上人喧呼动地，杜慆及将佐皆泣迎之。乙酉[15]，城上望见舟师张帆自东来，识其旗浙西军也；去城十余里，贼列火船拒之，帆止不进。慆令谠帅死士出迎之，乘战舰冲贼陈而过，见张存诚帅米舟九艘，曰："将士在道前却[16]，存诚屡欲自杀，仅得至此，今又不进。"谠扬言："贼不多，甚易与耳。"帅众扬旗鼓噪而前，贼见其势猛锐，避之，遂得入城。

二月，端州司马杨收长流驩州，寻赐死，其僚属党友坐长流岭表者十余人。

初，尚书右丞裴坦[17]子娶收女，资送甚盛，器用饰以犀玉；坦见之，怒曰："破我家矣！"立命坏之。已而收竟以贿败。

康承训使朱邪赤心将沙陀三千骑为前锋，陷陈却敌，十镇[18]之兵伏其骁勇。承训尝引麾下千人渡涣水[19]，贼伏兵围之，赤心帅五百骑奋檛[20]冲围，拔出承训，贼势披靡[21]，因合击，败之。承训数与贼战，贼军屡败。

王弘立自矜[22]淮口之捷，请独将所部三万人破承训，庞勋许之。己亥[23]，弘立引兵渡濉水，夜，袭鹿塘寨，黎明，围之。弘立与诸将临望，自谓功在漏刻[24]。沙陀左右突围，出入如飞，贼纷扰[25]移避，沙陀纵骑蹂[26]之，寨中诸军争出奋击，贼大败。官军蹙之于濉水，溺死者不可胜纪[27]，自鹿塘至襄城[28]，伏尸五十里，斩首二万余级。弘立单骑走免。所驱掠平民皆散走山谷，不复还营，委弃资粮、器械山积。时有敕，诸军破贼，得农民，皆释之，自是贼每与官军遇，其驱掠之民先自溃。庞勋、许佶以弘立骄惰致败，欲斩之，周重为之说勋曰："弘立再胜[29]未赏，一败而诛之，弃功录过，为敌报仇，诸将咸惧矣；不若赦之，责其后效。"勋乃释之。弘立收散卒才数百人，请取泗州以补过，勋益其兵而遣之。

（以上为第九段，写辛谠引浙西兵求援泗州，贼将王弘立亦引兵增泗州之敌。）

【注释】

[1]鹿塘：地名。在今安徽涡阳县东北。 [2]穴地：挖地为穴。 [3]符谶（chèn）：符命和谶语。自作符谶，以证应验天命而为帝王。 [4]将将三千：前"将"字为名词，将领。后"将"字为动词，率领。据胡注，"三千"之下，当有"人"字。 [5]新军：庞勋新募之军。 [6]辛酉：正月三日。 [7]丁卯：正月九日。 [8]同昌公主：唐懿宗女，咸通十一年薨，追赠卫国公主，谥文懿。传见《新唐书》卷八十三。 [9]郭淑妃：懿宗淑妃。黄巢起义，天子仓促出逃，妃不及从，流落闾里，不知所终。传见《新唐书》卷七十七。 [10]称（chèn）：相当。 [11]殊：断绝，分开。 [12]苍黄：同"仓皇"。慌张，匆忙。 [13]殪（yì）：死。 [14]南道军：淮南、浙西之军。 [15]乙酉：正月二十七日。 [16]前却：一进一退，进而又退。 [17]裴坦：字知进。累官礼部侍郎，江西观察使。召为中书侍郎、同平章事，不数月去世。传见《新唐书》卷

一百八十二。［18］十镇：谓义成、魏博、邠宁、义武、凤翔、义昌、兖海、宣武、忠武、天平。［19］涣水：水名。自河南开封东分狼汤渠水东南流经杞县至安徽五河入淮。［20］檛（zhuā）：马鞭。［21］披靡：溃败。［22］矜（qīn）：夸耀。［23］己亥：二月十一日。［24］漏刻：顷刻，片刻。［25］纷扰：混乱。［26］蹂：践踏。［27］纪：同“记”。［28］襄城：即襄城寨，在今安徽濉溪县境。［29］再胜：指一取濠州，二破戴可师。

三月，辛未[1]，以起居郎韦保衡为左谏议大夫，充翰林学士。

徙郢王侃为威王。

康承训既破王弘立，进逼柳子[2]，与姚周一月之间数十战。丁亥[3]，周引兵渡水[4]，官军急击之，周退走，官军逐之，遂围柳子。会大风，四面纵火，贼弃寨走，沙陀以精骑邀[5]之，屠杀殆尽，自柳子至芳城[6]，死者相枕[7]，斩其将刘丰。周将麾下数十人奔宿州，宿州守将梁丕素与之有隙，开城听人，执而斩之。

庞勋闻之大惧，与许佶议自将出战。周重泣言于勋曰：“柳子地要兵精，姚周勇敢有谋，今一旦覆没，危如累卵[8]，不若遂建大号[9]，悉兵四出，决力死战。”又劝杀崔彦曾以绝人望。术士曹君长亦言：“徐州山川不容两帅，今观察使尚在，故留后[10]未兴[11]。”贼党皆以为然。夏，四月，壬辰[12]，勋杀彦曾及监军张道谨、宣慰使仇大夫，僚佐焦璐、温庭皓，并其亲属、宾客、仆妾皆死；断淮南监军郭厚本、都押衙李湘手足，以示康承训军。勋乃集众扬言[13]曰：“勋始望国恩[14]，庶全臣节；今日之事，前志已乖[15]。自此，勋与诸君真反者也，当扫境内之兵，戮力同心，转败为功耳。”众皆称善。于是命城中男子悉集球场，仍分遣诸将比屋大索[16]，敢匿一男子者族其家。选丁壮，得三万人，更造旗帜，给以精兵。许佶等共推勋为天册将军、大会明王。勋辞王爵。

先是，辛谠复自泗州引骁勇四百人迎粮于扬、润，贼夹岸攻之，转战百里，乃得出。至广陵，止于公馆，不敢归家，舟载盐米二万石，钱万三千缗，乙未[17]，还至斗山[18]。贼将王弘芝帅众万余，拒之于盱眙[19]，密布战舰百五十艘以塞淮流，又纵火船逆之。谠命以长叉托过，自卯战及未[20]，众寡不敌，官军不利。贼缚木于战舰，旁出四五尺为战棚[21]，说命勇士乘小舟入其下，矢刃所不能及，以枪揭[22]火牛[23]焚之，战舰既然[24]，贼皆溃走，官军乃得过入城。

庞勋以父举直为大司马，与许佶等留守徐州。或曰："将军方耀兵威，不可以父子之亲，失上下之节。"乃令举直趋拜于庭，勋据案[25]而受之。时魏博屡围丰县，庞勋欲先击之，丙申[26]，引兵发徐州。

戊戌[27]，以前淮南节度使、同平章事令狐绹[28]为太保、分司[29]。

庞勋夜至丰县，潜入城，魏博军皆不之知。魏博分为五寨，其近城者屯数千人，勋纵兵围之，诸寨救之，勋伏兵要路，杀官军二千人，余皆返走。贼攻寨不克，至夜，解围去。官军畏其众，且闻勋自来，诸寨皆宵溃。曹翔方围滕县，闻魏博败，引兵退保兖州[30]。贼悉毁其城栅，运其资粮，传檄徐州，盛自夸大，谓官军为国贼云。

（以上为第十段，写贼首庞勋杀俘，自立为天册将军示与唐决裂，亲自领兵出战，做困兽犹斗。）

【注释】

[1]辛未：三月十三日。[2]柳子：镇名。在今安徽濉溪县西。[3]丁亥：三月二十九日。[4]渡水：指渡涣水。[5]邀：阻截。[6]芳城：地名。一作芳亭，在今安徽濉溪县南。[7]死者相枕：死尸一片，互相叠压。枕，人睡觉垫头的卧具叫枕。以尸为枕，形容死人之多。[8]危如累卵：危险至极。[9]大号：指帝号。[10]留后：扰庞勋。[11]未兴：未能兴起。[12]壬辰：四月五日。[13]扬言：当众声称。[14]望国恩：谓望赐节度使官职。[15]乖：违背，不顺。[16]比屋大索：挨家挨户大肆搜索。[17]乙未：四月八日。[18]斗山：山名。在今江苏盱眙东北。[19]盱眙（xūyí）：县名。县治在今江苏盱眙县。[20]自卯战及未：从清晨五时至午后二时。[21]战棚：一种类似敌楼的木制装置。[22]揭：举。[23]火牛：犹火把。[24]然：同"燃"。[25]据案：凭靠几案。[26]丙申：四月九日。[27]戊戌：四月十一日。[28]令狐绹：因令狐绹在淮南丧师，故罢官称"前淮南节度使"，以马举为淮南节度使。此任命令狐绹为太保、分司。[29]太保、分司：太保，三师之一，名义上的皇帝老师，正一品，实际无职事，无官署，只是尊礼重臣。分司，指分司东都，唐代两京，西京长安，东都洛阳。东都官为闲职。[30]退保兖州：曹翔为兖海节度使，驻节兖州，故退保该地。

马举将精兵三万救泗州，乙巳[1]，分军三道渡淮，至中流，大噪，声闻数里，贼大惊，不测众寡，敛兵屯城西寨。举就围之，纵火焚栅，贼众大败，斩首数千级；王弘立死，吴迥退保徐城，泗州之围始解。泗州被围凡七月，守城者不得寐，面目皆生疮。

庞勋留丰县数日，欲引兵西击康承训，或曰："天时向暑[2]，蚕麦方急[3]，不若且休兵聚食，然后图之。"或曰："将军出师数日，摧[4]七万之众[5]，西军[6]震恐，乘此声势，彼破走必矣，时不可失。"庞举直以书劝勋乘胜进军，勋意遂决。丁未[7]，发丰县，庚戌[8]，至萧，约襄城、留武、小睢[9]诸寨兵合五六万人，以二十九日迟明攻柳子。淮南败卒在贼中者，逃诣康承训，告以其期，承训得先为之备，秣马[10]整众，设伏以待之。丙辰[11]，襄城等兵先至柳子，遇伏，败走。庞勋既自失期，遽引兵自三十里外赴之，比至，诸寨已败，勋所将皆市井白徒[12]，睹官军势盛，皆不战而溃。承训命诸将急追之，以骑兵邀其前，步卒蹙其后，贼狼狈不知所之，自相蹈藉，僵尸数十里，死者数万人。勋解甲服布襦[13]而遁，收散卒，才及三千人，归彭城，使其将张实分诸寨兵屯第城驿[14]。

（以上为第十一段，写官军解围泗州，大败庞勋。）

【注释】

[1]乙巳：四月十八日。[2]向暑：将近伏暑。[3]蚕麦方急：正是急于收获蚕茧和小麦的时节。[4]摧：击败。[5]七万之众：指魏博五寨之兵。[6]西军：指康承训之军，时屯柳子，在丰县之西，故称。[7]丁未：四月二十日。[8]庚戌：四月二十三日。[9]留武、小睢：皆寨名。都在今安徽濉溪县境。[10]秣马：喂饱战马。[11]丙辰：四月二十九日。[12]市井白徒：未经军事训练的商贾之人。[13]布襦：布制短衣。[14]第城驿：地名。在今安徽宿州西。

勋初起，下邳[1]土豪郑镒聚众三千，自备资粮器械以应之，勋以为将，谓之义军。五月，沂州遣军围下邳，勋命镒救之，镒帅所部来降。

六月，陕民作乱，逐观察使崔荛[2]。荛以器韵[3]自矜，不亲政事，民诉旱，荛指庭树曰："此尚有叶，何旱之有！"杖之。民怒，故逐之。荛逃于民舍，渴求饮，民以溺[4]饮之。坐贬昭州司马。

以中书侍郎、同平章事徐商同平章事，充荆南节度使。癸卯[5]，以翰林学士承旨、户部侍郎刘瞻[6]同平章事。瞻，桂州人也。

马举自泗州引兵攻濠州，拔招义、钟离、定远[7]。刘行及设寨于城外以拒守，举先遣轻骑挑战，贼见其众少，争出寨西击之，举引大军数万自他道击其东南，遂焚其寨。贼入固守，举堑其三面[8]而围之，北面临淮，贼犹得与徐州通。庞勋遣吴迥助行及守濠州，屯兵北津[9]以相应，举遣别将渡淮击之，斩获数千，平其寨。

曹翔之退屯兖州也，留沧州卒[10]四千人戍鲁桥[11]，卒擅还，翔曰："以庞勋作乱，故讨之。今沧卒不从约束，是自乱也！"勒兵迎之，围于兖州城外，择违命者二千人，悉诛之。朝廷闻魏博军败，以将军宋威为徐州西北面招讨使，将兵三万屯于丰、萧之间，翔复引兵会之。

秋，七月，康承训克临涣[12]，杀获万人，遂拔襄城、留武、小睢等寨。曹翔拔滕县，进击丰、沛。贼诸寨戍兵多相帅逃匿，保据山林，贼抄掠者过之，辄为所杀，而五八村尤甚。有陈全裕者为之帅，凡叛勋者皆归之，众至数千人，战守之具皆备，环地数千里[13]，贼莫敢近。康承训遣人招之，遂举众来降，贼党益离。蕲县[14]土豪李衮杀贼守将，举城降于承训。沛县守将李直诣彭城计事，裨将朱玫举城降于曹翔。直自彭城还，玫逆击，走之，翔发兵戍沛。玫，邠州人也。勋遣其将孙章、许佶各将数千人攻陈全裕、朱玫，皆不克而还。康承训乘胜长驱，拔第城[15]，进抵宿州之西，筑城而守之。庞勋忧懑不知所为，但祷神饭僧[16]而已。

初，庞勋怒梁丕专杀姚周，黜之，使徐州旧将张玄稔代之治州事[17]，以其党张儒、张实等将城中兵数万拒官军。儒等列寨数重于城外，环水自固[18]；康承训围之。张实夜遣人潜出，以书白勋曰："今国兵[19]尽在城下，西方必虚，将军宜引兵出其不意，掠宋、亳之郊，彼必解围而西，将军设伏要害[20]，迎击其前，实等出城中兵蹙其后，破之必矣！"时曹翔使朱玫击丰，破之，乘胜攻徐城、下邳，皆拔之，斩获万计。勋方忧惧欲走，得实书，即从其策，使庞举直、许佶守徐州，引兵而西。

八月，壬子[21]，康承训焚外寨[22]，张儒等入保罗城，官军攻之，死者数千人，不能克，承训患之，遣辩士于城下招谕之。张玄稔尝戍边有功，虽胁从于贼，心尝[23]忧愤，时将所部兵守子城，夜，召所亲数十人谋归国，因稍令布谕，协同者众，乃遣腹心张皋夜出，以状白承训，约期杀贼将，举城降，至日，请立青旌为应，使众心无疑。承训大喜，从之。九月，丁巳[24]，张儒等饮酒于柳溪亭[25]，玄稔使部将董厚等勒兵于亭西，玄稔先跃马而前，大呼曰："庞勋已枭首于仆射[26]寨中，此辈何得尚存！"士卒竞进，遂斩张儒等数十人。城中大扰，玄稔谕以归国之计，及暮而定。戊午[27]，开门出降。玄稔见承训，肉袒[28]膝行[29]，涕泣谢罪。承训慰劳，即宣敕，拜御史中丞，赐遗甚厚。

（以上为第十二段，写官军节节胜利，合围叛贼庞勋。贼将张玄稔请降，叛贼分崩离析。）

【注释】

[1]下邳：县名。县治在今江苏睢宁县西。[2]崔荛：字野夫，卫州（今河南卫辉）人。累官至吏部侍郎、陕州观察使，终左散骑常侍。传见《旧唐书》卷一百七十七，《新唐书》卷一百四十四。[3]器韵：器度风韵。[4]溺（niào）：同"尿"。民众若一时气愤杀了崔荛，就犯了死刑的国法，而是用尿液来灌这位不恤民情的高官，既教训了这位贪官污吏，也不能犯国法，十分机智幽默，使人忍俊不禁。[5]癸卯：六月十七日。[6]刘瞻：字几之，彭城（今江苏徐州）人。咸通十年为相，因上书言事忤旨，贬州司户。唐僖宗时复任宰相。传见《旧唐书》卷一百七十七，《新唐书》卷一百八十一。[7]招义、钟离、定远：皆县名。招义，县治在今江苏盱眙县西。钟离，县治在今安徽凤阳钟离故城。定远，县治即今安徽定远县。[8]堑其三面：在濠州城三面挖壕沟。[9]北津：渡口名。在濠州城北，淮水北岸。[10]沧州卒：即义昌之兵。[11]鲁桥：地名。在今山东济宁东南鲁桥镇。[12]临涣：县名。县治在今安徽濉溪西北。[13]数千里：据章校，"千"作"十"。[14]蕲县：县名。县治在今安徽宿州市南蕲县集。[15]第城：即第城驿。[16]祷神饭（fǎn）僧：求神祈福和施舍饭食给僧人。[17]治州事：谓治理宿州政事。[18]环水自固：引汴水环绕四周以巩固自己的营寨。[19]国兵：指官军。[20]要害：地势险要之处。[21]壬子：八月二十七日。[22]外寨：宿州城外之寨。[23]尝：胡注，当作"常"。[24]丁巳：九月三日。[25]柳溪亭：亭名。在今安徽宿州市城内。[26]仆射：指康承训，时为检校尚书右仆射。[27]戊午：九月四日。[28]肉袒：裸露上身以示惶恐。[29]膝行：跪地前行以示敬畏。

玄稔复进言:“今举城归国，四远未知，请诈为城陷，引众趋苻离及徐州，贼党不疑，可尽擒也！”承训许之。宿州旧兵三万，承训益以数百骑，皆赏劳而遣之。玄稔复入城，暮发平安火[1]如常日。己未向晨[2]，玄稔积薪数千束，纵火焚之，如城陷军溃之状，直趋苻离，苻离纳之，既入，斩其守将，号令城中，皆听命，收其兵，复得万人，北趋徐州。庞举直、许佶闻之，婴城拒守[3]。

辛酉[4]，玄稔至彭城，引兵围之，按兵未攻，先谕城上人曰:“朝廷唯诛逆党，不伤良人；汝曹奈何为贼城守？若尚狐疑[5]，须臾之间，同为鱼肉矣！”于是守城者稍稍弃甲投兵而下。崔彦曾故吏路审中开门纳官军，庞举直、许佶帅其党保子城，日昃[6]，贼党自北门出，玄稔遣兵追之，斩举直、佶首，余党多赴水死，悉捕戍桂州者亲族，斩之，死者数千人，徐州遂平。

庞勋将兵二万自石山[7]西出，所过焚掠无遗。庚申[8]，承训始知，引兵骑八万西击之，使朱邪赤心将数千骑为前锋。勋袭宋州，陷其南城，刺史郑处冲守其北城，贼知有备，舍去，渡汴，南掠亳州，沙陀追及之。勋引兵循涣水而东，将归彭城，为沙陀所逼，不暇饮食，至蕲，将济水，李衮发桥[9]，勒兵拒之。贼惶惑不知所之，至县西，官军大集，纵击，杀贼近万人，余皆溺死，降者才及千人，勋亦死而人莫之识，数日，乃获其尸。贼宿迁[10]等诸寨皆杀其守将而降。宋威亦取萧县，吴迥独守濠州不下。

冬，十月，以张玄稔为右骁卫大将军、御史大夫。

马举攻濠州，自夏及冬不克，城中粮尽，杀人而食之。官军深堑重围以守之。辛丑[11]夜，吴迥突围走，举勒兵追之，杀获殆尽，迥死于招义。

以康承训为河东节度使、同平章事，以杜慆为义成节度使。上嘉朱邪赤心之功，置大同军[12]于云州，以赤心为节度使，召见，留为左金吾上将军，赐姓名李国昌，赏赉[13]甚厚，以辛谠为亳州刺史。谠在泗州，犯围[14]出迎兵粮，往返凡十二，及除亳州，上表言:“臣之功，非杜慆不能成也！”赐和州刺史崔雍自尽[15]，家属流康州，兄弟五人皆远贬。

（以上为第十三段，写官军讨灭庞勋之乱，朝廷重赏有功将士。）

【注释】

[1]平安火：报平安的烽烟。本为边塞地区烽火台日暮所放，战时亦为各据点平安报信之用。[2]己未向晨：九月五日天色将明之时。[3]婴城拒守：环城固守抗拒。[4]辛酉：九月七日。[5]狐疑：犹豫不决。[6]日昃：日西斜。[7]石山：地名。当在徐州与宋州之间。[8]庚申：九月六日。[9]发桥：毁坏桥梁。[10]宿迁：县名。宝应元年（762）以宿预县改名。县治在今江苏宿迁市东南。[11]辛丑：十月十七日。[12]置大同军：会昌三年（843）已置大同军团练使。四年升为防御使，现升为节度使。[13]赏赉（lài）：赏赐。[14]犯围：冲出重围。[15]赐崔雍自尽：治其开城迎贼之罪。

上荒宴，不亲庶政，委任路岩；岩奢靡，颇通赂遗，左右用事。至德[1]令陈蟠叟因上书召对[2]，言："请破边咸一家，可赡军二年[3]。"上问："咸为谁？"对曰："路岩亲吏。"上怒，流蟠叟于爱州，自是无敢言者。

初，南诏遣使者杨酋庆来谢释董成[4]之囚，定边节度使李师望欲激怒南诏以求功，遂杀酋庆。西川大将恨师望分裂巡属[5]，阴遣人致意南诏，使入寇。师望贪残，聚私货以百万计，戍卒怨怒，欲生食之，师望以计免。朝廷征还，以太府少卿窦滂代之，滂贪残又甚于师望，故蛮寇未至，而定边固已困矣。

是月，南诏骠信酋龙倾国入寇，引数万众击董舂乌部[6]，破之。十一月，蛮进寇嶲州，定边都头安再荣守清溪关，蛮攻之，再荣退屯大渡河北，与之隔水相射九日八夜。蛮密[7]分军开道[8]，逾雪坡[9]，奄[10]至沐源川[11]，滂遣兖海将黄卓帅五百人拒之，举军覆没。十二月，丁酉[12]，蛮衣兖海之衣，诈为败卒，至江[13]岸呼船，已济，众乃觉之，遂陷犍为[14]，纵兵焚掠陵、荣二州[15]之境。后数日，蛮军大集于陵云寺[16]，与嘉州对岸，刺史杨忞与定边监军张允琼勒兵拒之。蛮潜遣奇兵自东津[17]济，夹击官军，杀忠武都将颜庆师，余众皆溃，忞、允琼脱身走。壬子[18]，陷嘉州。庆师，庆复之弟也。

窦滂自将兵拒蛮于大渡河，骠信诈遣清平官数人诣滂结和，滂与语未毕，蛮乘船栰[19]争渡，忠武、徐宿[20]两军结陈[21]抗之。滂惧，自经[22]于帐中。徐州将苗全绪解之，曰："都统何至于是！"全绪与安再荣及忠武将勒兵出战，滂遂单骑宵遁。三将谋曰："今众寡不敌，明旦复战，吾属尽矣；不若乘夜攻之，使之惊乱，然后解去。"于是夜入蛮军。弓弩乱发，蛮大惊，三将乃全军引去。蛮进陷黎、雅，民窜匿山谷，败军所在焚掠。滂奔导江[23]。邛州军资储偫[24]皆散于乱兵之手，蛮至，城已空，通行无碍矣。

诏左神武将军颜庆复将兵赴援。

（以上为第十四段，写唐懿宗荒宴无节，南诏为祸西疆。）

【注释】

［1］至德：县名。县治在今安徽东至县北。［2］召对：被皇帝召见而对答。［3］赡军二年：可供军队两年军饷之用。［4］释董成：董成为南诏所遣入唐使臣，为西川节度使李福所囚，朝廷释之。事见《资治通鉴》卷二百五十唐懿宗咸通七年。［5］分裂巡属：指分西川所辖邛、嶲等七州别立定边军。事见《资治通鉴》卷二百五十一唐懿宗咸通九年。巡属，犹言所辖之地。［6］董春乌部：南蛮之一部，时已内附于西川边塞一带。［7］密：秘密。［8］开道：据章校，"开"上有"伐木"二字。《新唐书·南蛮传》亦作"伐木开道"。［9］雪坡：地名。在今四川峨边县西南。［10］奄：突然。［11］沐源川：水名。在今四川沐川县境内，为岷江支流。［12］丁酉：十二月十四日。［13］江：谓青衣江。［14］犍为：县名。县治在今四川犍为县。［15］陵、荣二州：皆州名。陵州，治所仁寿，在今重庆市荣昌区。荣州，治所旭川，在今四川荣县。［16］陵云寺：寺名。在今四川乐山市南大渡河南岸。［17］东津：渡口名。当在乐山市大渡河上游东岸。［18］壬子：十二月二十九日。［19］栰：同"筏"，渡水用的竹木排。［20］徐宿：即原武宁军所派的军队。［21］结陈：列阵相连。［22］自经：自缢，上吊。［23］导江：县名。县治在今四川都江堰东。［24］储偫：储备。

【点评】

本卷点评庞勋叛乱，辛谠、杜慆忠义，肉食之官令狐绹等三事。

一、庞勋叛乱。本卷主要史事是记载庞勋叛乱以及被剿灭的过程，这是腐朽的政府与野心家之间的互相残杀，无辜戍兵与饥民被利用，惨遭涂炭，其情可悯。庞勋发动的是一场叛乱，不是农民起义。许多历史学者称庞勋领导了徐泗农民起义，是一个错误的定性，应予纠正。

庞勋叛乱由兵变引起。咸通四年（863），南诏攻下安南，朝廷抽调两千徐州兵去支援，分八百人别戍桂林，约定三年轮换。到了咸通九年（868），徐州兵已戍守六年，戍兵多次提出代换，但徐州观察使崔彦曾为了节省军费，不顾戍兵要求，提出再戍守一年，也不做劝谕工作和发放奖赏。戍兵愤怒，都虞候许佶，军校赵可立、姚周、张行实等，原本是盗匪出身，趁机煽动戍兵叛乱，杀戍将王仲甫，推举粮料判官庞勋为首领，抢了武库中的兵器，北还徐州，一路烧杀抢劫，地方州县无力阻止。

兵变发生在七月。八月朝廷派出高品级的宦官张敬思带着唐懿宗赦令向戍兵宣布，护送戍兵回徐州。沿途由政府接待，同时敕令徐泗观察使崔彦曾做好迎接工作，不许追究戍兵擅自回归的罪过。朝廷失信，但已做出了纠正，叛乱本可和平解决。可惜朝廷没有派出强有力的朝官去做戍兵的劝谕工作，也没派新的将领去统率，于是庞勋一路煽动戍兵反叛，又假传情报说朝廷有密令，只等戍兵回徐州后全部杀戮。戍兵群情激动，过淮西，入淮南，招纳亡命，到达泗州时已有千人。庞勋到达宿州，正式反叛，自称兵马留后。先前逃避朝廷镇压而亡命山泽的徐州银刀兵纷纷加入叛乱队伍。庞勋攻破徐州，招募兵员，那些饥民“父遣其子，妻勉其夫”，争相加入。很快叛军达到二十多万人，攻下淮南、淮北多座城镇，切断了江淮通往长安的漕运线，朝廷震动。

庞勋攻破徐州，并没有杀害观察使崔彦曾，也没有杀监军张道谨。庞勋将他们扣为人质，与朝廷讨价还价求节钺，朝廷不允。朝廷征讨大军四面云集，淮南节度使令狐绹答应为庞勋求节钺，庞勋理应请罪改过，或许可得。庞勋不自量力，反而要挟朝廷，说什么“臣立于汉王朝兴起之地，统领十万大军，据有四州之地，圣上若不赐给徐州节度旌节，臣率领的大军，要不了多久就要抵达京师”，一派野心家的语言，并没有一丝解救苍生之情。庞勋已临近败亡，垂死挣扎之际才杀了崔彦曾、监军张道谨等人，集众誓师，其父庞兴直任叛军大司马，晋见庞勋竟然快步走，跪拜于庭，充分暴露出庞勋梦想做皇帝的心理，哪有一点农民起义领袖的气概。因而众叛亲离，叛军将领郑镒、张玄稔投降官军，庞勋在宿县南全军覆没，被官军俘获杀死。一场惊天动地的反叛被讨平。

二、辛谠、杜慆忠义。辛谠，故太原尹辛云京之孙，学《诗》《书》，能击剑，文武双全。曾仕大同防御使李峰幕僚，因事罢职，寓居扬州，目睹政治黑暗，年已五十，不再追求仕进，但仍然心系国事，寻找机会报效国家。泗州刺史杜慆，杜佑之子，杜悰之弟。杜佑、杜悰父子皆位至三公，入朝为相。庞勋叛乱，杜慆时为泗州刺史。泗州，治所临淮，在今江苏盱眙县，是徐州东南淮水南岸的市镇，是东南财赋运往京师运输线上的一个枢纽，影响着军事、政治、经济，是极为重大的地理要冲。杜慆及时做好迎击叛寇的准备，合门百余口留在泗州与城共存亡，坚定地鼓舞士气。辛谠闻之，特地从扬州赶来，进入围城帮助杜慆守城。逃避战乱的人纷纷向东跑，唯独辛谠向西走进入危城。杜慆以寡击众，死守泗州，辛谠多次突围请救兵，筹粮饷，抵挡叛贼重兵攻城达十个月之久，有力地支援了官军困围徐州之乱，更重要的是阻敌于泗州，成为江淮大地东南的屏障。辛谠、杜慆两位忠义之士，在平乱之战中应列首功。他们在国难当头表现出的忠勇与爱国情怀，永垂不朽。

三、肉食之官令狐绹。令狐绹，字子直，令狐楚之子。父子两代官至宰相。令狐绹在文宗朝辅政十年，大中十三年（859）罢相，又历官河中尹、河中晋绛节度使、汴州刺史、宣武军节度使，咸通三年转淮南节度使。庞勋叛军过境，都押衙李湘主张设伏截击。令狐绹说："彼在淮南不为累，听其自过，余非吾事也。"令狐绹认为只要把祸水引向邻郡就没事了。他说"余非吾事"，作为国家重臣，国家之事，就是自己的事，怎么能说与自己无关呢！庞勋反叛后，令狐绹受命为徐州南面招讨使，身兼讨贼重任，泗州告急，李湘带兵救援，令狐绹又受庞勋蒙骗，庞勋声称降朝，令狐绹替庞勋上奏请赐节钺，通告李湘不要进军，不准攻贼，不救泗州，等在淮口受降，结果使李湘放松戒备，遭到叛军偷袭，全军覆没。庞勋俘虏了数千官军，蒸而食之，李湘被切断手脚，向攻战的官军示众。令狐绹丧师被罢官，徐州乱平，令狐绹又被起用，历官凤翔尹、凤翔陇节度使，封赵国公，食邑三千户。令狐绹败军误国，纵贼为祸，应当正法。因为他是大官，又依附宦官，依然飞黄腾达。正如春秋时曹刿所说，肉食者鄙。晚唐政治，肉食者当道于朝，宦官掌控皇帝于内，唐朝除了灭亡，无路可走。

卷二五二　唐纪六十八

唐懿宗咸通十一年至唐僖宗乾符三年（870—876 年）

【起上章摄提格（庚寅，870 年），尽柔兆涒滩（丙申，876 年），凡七年】

【大事提要】

本卷记事公元 870 年，讫公元 876 年，凡七年。当唐懿宗咸通十一年至唐僖宗乾符三年。七年史事唐懿宗、僖宗两代皇帝各三年半。懿宗卒于咸通十四年七月，僖宗继立，到第二年，即懿宗咸通十五年十一月才改元乾符。懿宗晚年游宴、佞佛、滥赏，依然故我，毫无节制。咸通十一年，懿宗长女同昌公主薨，懿宗痛惜不已，厚葬公主，极度挥霍。其时，宰臣互相倾轧，节镇不听朝命，晚唐政治已败坏到极点。南诏寇西川，一度逼近成都。懿宗死，僖宗立，翰林学士卢携上奏，借新君之立，极言民众生活困苦，希望僖宗改善政治。僖宗年少登基，虚岁十三，在宦官的操纵下，只知逸乐，不知治国。悍将高骈入西川，朝廷倚重高骈抗御南诏，高骈却排斥异己，滥杀保卫成都、击退南诏的功臣、西川突将数千人，制造了骇人的冤狱，国家纲纪遭破坏。黎民百姓忍无可忍，王仙芝、黄巢领导的农民大起义，在僖宗初即位的乾符元年（874）、二年（875）终于爆发了。

懿宗昭圣恭惠孝皇帝下

咸通十一年（庚寅，870 年）

春，正月，甲寅朔[1]，群臣上尊号曰睿文英武明德至仁大圣广孝皇帝；赦天下。

西川之民闻蛮寇将至，争走入成都。时成都但有子城，亦无壕，人所占地各不过一席许，雨则戴箕盎[2]以自庇[3]；又乏水，取摩诃池[4]泥汁，澄而饮之。

将士不习武备，节度使卢耽召彭州[5]刺史吴行鲁使摄参谋，与前泸州刺史杨庆复共修守备，选将校，分职事，立战棚，具砲[6]櫑[7]，造器备，严警逻。先是，西川将士多虚职名[8]，亦无禀给。至是，揭榜募骁勇之士，补以实职，厚给粮赐，应募者云集。庆复乃谕之曰："汝曹皆军中子弟，年少材勇[9]，平居[10]无由自进，今蛮寇凭陵[11]，乃汝曹取富贵之秋也，可不勉乎！"皆欢呼踊跃。于是列兵械于庭，使之各试所能，两两角胜，察其勇怯而进退之，得选兵三千人，号曰"突将"。行鲁，彭州人也。

戊午[12]，蛮至眉州，耽遣同节度副使王偃等赍书见其用事之臣杜元忠，与之约和。蛮报曰："我辈行止[13]，只系雅怀[14]。"

路严、韦保衡上言："康承训讨庞勋时，逗桡[15]不进，又不能尽其余党，又贪虏获，不时上功[16]。"辛酉[17]，贬蜀王傅、分司；寻再贬恩州司马。

南诏进军新津[18]，定边[19]之北境也。卢耽遣同节度副使谭奉祀致书于杜元忠，问其所以来之意；蛮留之不还。耽遣使告急于朝，且请遣使与和，以纾[20]一时之患。朝廷命知四方馆[21]事、太仆卿支详为宣谕通和使[22]。蛮以耽待之恭，亦为之盘桓[23]，而成都守备由是粗完[24]。

（以上为第一段，写南诏侵犯西川，直逼成都。）

【注释】

［1］甲寅朔：正月一日。［2］盎：一种腹大口小的瓦器，即缶。［3］庇：遮盖。［4］摩诃池：池名。在今四川成都市东南。［5］彭州：州名。治所九陇，在今四川彭州市。［6］砲：指炮石，古代炮车所抛射的石块。砲，同"炮"。［7］櫑：櫑木，从高处推下以打击敌人的大木头。［8］多虚职名：多为没有实际职务的虚设官位。［9］材勇：有勇力。［10］平居：平日。［11］凭陵：同"冯陵"。侵犯，侵凌。［12］戊午：正月五日。［13］行止：行动举止。［14］只系雅怀：一定让你满意。雅，敬词。［15］逗桡：逗留观望。［16］不时上功：不按时呈报功劳。［17］辛酉：正月八日。［18］新津：县名。县治在今四川成都市新津区。［19］定边：即定边军。［20］纾（shū）：解除。［21］四方馆：官署名。接待四方少数民族使者，负责往来及通商贸易等。［22］宣谕通和使：官名。朝廷派遣的宣旨媾和的使臣。［23］盘桓：逗留不进。［24］粗完：粗略完成。

甲子[1]，蛮长驱而北，陷双流[2]。庚午[3]，耽遣节度副使柳槃往见之，杜元忠授槃书一通，曰："此通和[4]之后，骠信与军府相见之仪[5]也。"其仪以王者自处，语极骄慢。又遣人负彩幕[6]至城南，云欲张陈蜀王厅[7]以居骠信。

癸酉[8]，废定边军，复以七州[9]归西川。

是日，蛮军抵成都城下。前一日，卢耽遣先锋游弈使王昼至汉州诇援军[10]，且趣之。时兴元六千人、凤翔四千人已至汉州，会窦滂以忠武、义成、徐宿四千人自导江奔汉州，就援军以自存。丁丑[11]，王昼以兴元、资、简[12]兵三千余人军于毗桥[13]，遇蛮前锋，与战不利，退保汉州。时成都日望援军之至，而窦滂自以失地[14]，欲西川相继陷没以分其责，每援军自北至，辄说之曰："蛮众多于官军数十倍，官军远来疲弊[15]，未易遽前。"诸将信之，皆狐疑不进。成都十将李自孝阴与蛮通，欲焚城东仓为内应，城中执而杀之。后数日，蛮果攻城，久之，城中无应而止。

二月，癸未朔[16]，蛮合梯[17]冲[18]四面攻成都，城上以钩缳[19]挽之使近，投火沃油焚之，攻者皆死。卢耽以杨庆复、摄左都押牙李骧各帅突将出战，杀伤蛮二千余人，会暮，焚其攻具三千余物而还。蜀人素怯，其突将新为庆复所奖拔，且利于厚赏，勇气自倍，其不得出者，皆愤郁求奋[20]。后数日，贼取民篱，重沓湿而屈之，以为蓬[21]，置人其下，举以抵城而劚之[22]，矢石不能入，火不能然，庆复镕铁汁以灌之，攻者又死。

乙酉[23]，支详遣使与蛮约和。丁亥[24]，蛮敛兵请和。戊子[25]，遣使迎支详。时颜庆复以援军将至，详谓蛮使曰："受诏诣定边约和，今云南乃围成都，则与向日诏旨异矣。且朝廷所以和者，冀其不犯成都也。今矢石昼夜相交，何谓和乎！"蛮见和使不至，庚寅[26]，复进攻城。辛卯[27]，城中出兵击之，乃退。

初，韦皋招南诏以破吐蕃，既而蛮诉以无甲弩，皋使匠教之，数岁，蛮中甲弩皆精利。又，东蛮苴那时、勿邓、梦冲三部助皋破吐蕃有功[28]，其后边吏遇之无状，东蛮怨唐深，自附于南诏，每从南诏入寇，为之尽力，得唐人，皆虐杀之。

朝廷贬窦滂为康州司户，以颜庆复为东川节度使，凡援蜀诸军，皆受庆复节制。癸巳[29]，庆复至新都[30]，蛮分兵往拒之。甲午[31]，与庆复遇，庆复大破蛮军，杀二千余人，蜀民数千人争操芟刀[32]、白棓[33]以助官军，呼声震野。乙未[34]，蛮步骑数万复至，会右武卫上将军宋威以忠武[35]二千人至，即与诸军会战，蛮军大败，死者五千余人，退保星宿山[36]。威进军沱江驿[37]，距成都三十里。蛮遣其臣杨定保诣支详请和，详曰："宜先解围退军。"定保还，蛮围城如故。城中不知援军之至，但见其数来请和，知援军必胜矣。戊戌[38]，蛮复请和，使者十返，城中亦依违[39]答之。蛮以援军在近，攻城尤急，骠信以下亲立矢石之间。庚子[40]，官军至城下与蛮战，夺其升迁桥[41]，是夕，蛮自烧攻具遁去，比明，官军乃觉之。

初，朝廷使颜庆复救成都，命宋威屯绵、汉[42]为后继。威乘胜先至城下，破蛮军功居多，庆复疾之。威饭士欲追蛮军，城中战士亦欲与北军合势俱进，庆复牒威，夺其军，勒归汉州。蛮至双流，阻新穿水[43]，造桥未成，狼狈失度[44]。三日，桥成，乃得过，断桥而去，甲兵服物遗弃于路，蜀人甚恨之。黎州刺史严师本收散卒数千保邛州，蛮围之，二日，不克，亦舍去。

颜庆复始教蜀人筑壅门城[45]，穿堑引水满之，植鹿角[46]，分营铺[47]，蛮知有备，自是不复犯成都矣。

先是，西川牙将有职无官，及拒却南诏，四人以功授监察御史，堂帖[48]，人输堂例钱三百缗[49]；贫者苦之。

（以上为第二段，写官军击退南诏。）

【注释】

[1]甲子：正月十一日。[2]双流：县名。县治在今四川成都市双流区。[3]庚午：正月十七日。[4]通和：往来和好。[5]相见之仪：指信中规定了南诏骠信与西川节度使相见的礼仪，即南诏王以王礼自处。[6]彩幕：彩色帐幕。指南诏行军的将军营帐。[7]张陈蜀王厅：把彩幕设在蜀王厅。蜀王厅，隋蜀王杨秀所筑。宏伟壮丽，在成都城内。[8]癸酉：正月二十日。[9]七州：即邛、眉、蜀、雅、嘉、黎、嶲等七州。[10]诇援军：探问援军消息。诇，探问。

[11]丁丑：正月二十四日。[12]资、简：皆州名。资州治所盘石县，在今四川资中县北。简州，治所阳安，在今四川简阳市。[13]毗桥：桥名。在今四川成都市新都区西南。[14]失地：谓丧失定边军。[15]疲弊：即疲惫、疲敝。弊，通"敝"。[16]癸未朔：二月一日。[17]梯：云梯，攻城用的长梯。[18]冲：冲车，攻城用的战车。[19]钩缳：带绳索的钩子。缳，绳索。[20]求奋：要求出力。[21]以为蓬：当作帐篷。蓬，同"篷"。[22]劚（zhú）之：挖城。[23]乙酉：二月三日。[24]丁亥：二月五日。[25]戊子：二月六日。[26]庚寅：二月八日。[27]辛卯：二月九日。[28]助皋破吐蕃有功：贞元五年（789），剑南节度使韦皋联合东蛮苴那时等在台登大破吐蕃青海、腊城二节度使。事见《资治通鉴》卷二百三十三德宗贞元五年。[29]癸巳：二月十一日。[30]新都：县名。县治在今四川成都市新都区。[31]甲午：二月十二日。[32]芟刀：镰刀。[33]白棓：白木棒。棓，同棒。[34]乙未：二月十三日。[35]忠武：指忠武军。[36]星宿山：山名。在今四川成都北。[37]沱江驿：地名。在星宿山西北。[38]戊戌：二月十六日。[39]依违：模棱两可。[40]庚子：二月十八日。[41]升迁桥：桥名。在成都市北，星宿山南。[42]绵、汉：皆州名。绵州治所巴西，在今四川绵阳东。汉州治所雒县，在今四川德阳市。[43]新穿水：水名。在今四川成都市新津区。[44]失度：南诏军纷乱不堪，失去控制。[45]壅门城：遮掩城门的短墙。[46]植鹿角：在空旷的平地上插立木桩设防。[47]分营铺：分立营房和哨楼。[48]堂帖：故下文云"贪者苦之"。宰相所下的判事文书，帖由政事堂出，故称堂帖。按照堂帖惯例，每人要给升官的四位监察御史交纳贺喜钱三百缗。[49]缗：一千钱为一缗，即一贯。

三月，左仆射、同平章事曹确同平章事，充镇海节度使。

夏，四月，丙午[1]，以翰林学士承旨、兵部侍郎韦保衡同平章事。

徐贼[2]余党犹相聚闾里为群盗，散居兖、郓、青、齐之间，诏徐州观察使夏侯瞳招谕之。

五月，丁丑[3]，以邛州刺史吴行鲁为西川留后。

光州民逐刺史李弱翁，弱翁奔新息[4]。左补阙杨堪[5]等上言："刺史不道，百姓负冤，当诉于朝廷，置诸典刑[6]，岂得群党相聚，擅自斥逐，乱上下之分！此风殆不可长，宜加严诛以惩来者。"

上令百官议处置徐州之宜[7]。六月，丙午[8]，太子少傅李胶等状，以为："徐州虽屡构祸乱[9]，未必比屋顽凶；盖由统御失人，是致奸回[10]乘衅。今使名虽降[11]，兵额尚存，以为支郡则粮饷不给，分隶别藩则人心未服；或旧恶相济[12]，更成披猖[13]。惟泗州向因攻守，结衅已深，宜有更张[14]，庶为两便。”诏从之，徐州依旧为观察使，统徐、濠、宿三州，泗州为团练使，割隶淮南。

加幽州节度使张允伸兼侍中。

（以上为第三段，写西川遭南诏侵扰，徐州历庞勋之乱，朝廷调整人事与行政建制，以为善后。）

【注释】

[1]丙午：四月二十四日。 [2]徐贼：指庞勋叛军。 [3]丁丑：五月二十六日。 [4]新息：县名。县治在今河南息县。 [5]杨堪：文宗朝京兆尹杨虞卿之子，官至吏部员外郎。事附《旧唐书》卷一百七十六，《新唐书》卷一百七十五《杨虞卿传》。 [6]典刑：即刑典、刑法。 [7]宜：事宜。 [8]丙午：六月二十五日。 [9]屡构祸乱：指银刀等七军及桂林戍卒之乱。 [10]奸回：奸邪。 [11]使名虽降：谓降节度使为观察使。按《新唐书·方镇表》，咸通三年罢武宁军节度使，置团练防御使。五年罢防御使，置观察使。 [12]旧恶相济：坏人相互勾结。节度使高于观察使，观察使高于团练使。 [13]披猖：更加猖狂。 [14]宜有更张：谓对泗州归属问题应另行处置。

秋，八月，乙未[1]，同昌公主薨。上痛悼不已，杀翰林医官韩宗劭等二十余人，悉收捕其亲族三百余人系京兆狱。中书侍郎、同平章事刘瞻召谏官使言之，谏官莫敢言者，乃自上言，以为：“修短[2]之期，人之定分。昨公主有疾，深轸[3]圣慈。宗劭等诊疗之时，惟求疾愈，备施方术[4]，非不尽心，而祸福难移，竟成差跌[5]，原[6]其情状，亦可哀矜。而械系老幼三百余人，物议沸腾，道路嗟叹。奈何以达理知命之君，涉肆暴[7]不明之谤！盖由安不虑危，忿不思难之故也。伏愿少回圣虑[8]，宽释系者。”上览疏，不悦。瞻又与京兆尹温璋力谏于上前；上大怒，叱出之。

魏博节度使何全皞年少，骄暴好杀，又减将士衣粮。将士作乱，全皞单骑走，追杀之，推大将韩君雄[9]为留后。成德节度使王景崇为之请旌节；九月，庚戌[10]，以君雄为魏博留后。

丙辰[11]，以刘瞻同平章事，充荆南节度使，贬温璋振州司马。璋叹曰：“生不逢时，死何足惜！”是夕，仰药[12]卒。敕曰：“苟无蠹害[13]，何至于斯！恶实贯盈[14]，死有余责。宜令三日内且于城外权瘗[15]，俟经恩宥[16]，方许归葬，使中外快心，奸邪知惧。”己巳[17]，贬右谏议大夫高湘[18]、比部郎中知制诰杨知至[19]、礼部郎中魏筜等于岭南，皆坐与刘瞻亲善，为韦保衡所逐也。知至，汝士之子；筜，扶之子也。保衡又与路岩共奏刘瞻，云与医官通谋，误投毒药[20]；丙子[21]，贬瞻康州刺史。翰林学士承旨郑畋[22]草瞻罢相制辞曰：“安数亩之居，仍非己有；却四方之赂，惟畏人知。”岩谓畋曰：“侍郎[23]乃表荐刘相也！”坐贬梧州刺史。御史中丞孙瑝坐为瞻所引用，亦贬汀州刺史。路岩素与刘瞻论议多不叶，瞻既贬康州，岩犹不快，阅《十道图》[24]，以驩州去长安万里，再贬驩州司户。

冬，十月，癸卯[25]，以西川留后吴行鲁为节度使。

十一月，辛亥[26]，以兵部尚书、盐铁转运使王铎[27]为礼部尚书、同平章事。铎，起之兄子也。

丁卯[28]，复以徐州为感化军节度。

十二月，加成德节度使王景崇同平章事。以左金吾上将军李国昌为振武节度使。

（以上为第四段，写唐懿宗凭好恶用刑，宰臣进谏遭排斥，节镇不断发生兵变，政治腐败到极点。）

【注释】

[1]乙未：八月十五日。[2]修短：谓人的寿命的长短。[3]深轸：深深思念。[4]方术：犹医术。[5]差跌：失误，失败。差，同“蹉”。[6]原：推究。[7]肆暴：极端暴虐。[8]少回圣虑：稍微改变一下想法。[9]韩君雄：魏州（今河北大名东北）人。官至魏博节度使。唐僖宗赐名允中。传见《旧唐书》卷一百八十一，《新唐书》卷二百一十。[10]庚戌：九月一日。[11]丙辰：九月七日。[12]仰药：服毒药自杀。[13]蠹害：谓为非作歹。[14]恶实贯盈：即恶贯满盈。贯盈，积累到极点。[15]城外权瘗：暂时埋葬在京郊。[16]恩宥：即恩赦，皇帝颁布的特赦。[17]己巳：九月二十日。[18]高湘：字浚之。宋州宁陵（今河南宁陵东南）人。唐僖宗时官终江西观察使。传见《新唐书》卷一百七十七，事附《旧唐书》卷一百六十八。[19]杨知至：唐文宗吏部尚书杨汝士之子。官至户部侍郎。事附《旧唐书》卷一百七十六，《新唐书》卷一百七十五《杨汝士传》。[20]误投毒药：据胡注，“谮言误投毒药，以致同昌公主于死。然既言误矣，又安可以为通谋邪！”[21]丙子：九月二十七日。[22]郑畋：字台文，荥阳（今河南荥阳市）人。唐武宗朝给事中郑亚之子。唐僖宗朝官至宰相。传见《旧唐书》卷一百七十八，

《新唐书》卷一百八十五。［23］侍郎：指郑畋，时为户部侍郎。［24］《十道图》：《新唐书·艺文志》地理类有《十道图》十卷，李吉甫著。［25］癸卯：十月二十五日。［26］辛亥：十一月三日。［27］王铎：字昭范。唐懿宗朝宰相。唐僖宗时再度入相。后出为义成节度使，又徙义昌，过魏州，为魏博节度使乐彦祯之子所劫，遇害死。传见《旧唐书》卷一百六十四，《新唐书》卷一百八十五。［28］丁卯：十一月十九日。

十二年（辛卯，871 年）

春，正月，辛酉[1]，葬文懿公主[2]。韦氏之人[3]争取庭祭[4]之灰，汰[5]其金银。凡服玩，每物皆百二十舆，以锦绣、珠玉为仪卫、明器[6]，辉焕[7]三十余里，赐酒百斛，饼餤[8]四十橐驼，以饲体夫[9]。上与郭淑妃思公主不已，乐工李可及作叹百年曲，其声凄，惋，舞者数百人，发内库杂宝[10]为其首饰，以絁[11]八百匹为地衣[12]，舞罢，珠玑覆地。

以魏博留后韩君雄为节度使。

门下侍郎、同平章事路岩与韦保衡素相表里[13]，势倾天下。既而争权，浸有隙，保衡遂短岩于上。夏，四月，癸卯[14]，以岩同平章事，充西川节度使。岩出城，路人以瓦砾掷之。权京兆尹薛能，岩所擢也，岩谓能曰："临行，烦以瓦砾相饯[15]！"能徐举笏对曰："向来宰相出，府司[16]无例发人防卫。"岩甚惭。能，汾州人也。

五月，上幸安国寺，赐僧重谦、僧澈沉檀讲座[17]二，各高二丈。设万人斋。

秋，七月，以兵部尚书卢耽同平章事，充山南东道节度使。

冬，十月，以兵部侍郎、盐铁转运使刘邺为礼部尚书、同平章事。

（以上为第五段，写唐懿宗厚葬同昌公主，恣意挥霍。同恶相济的宰臣互相倾轧。）

【注释】

［1］辛酉：正月十四日。［2］文懿公主：即同昌公主，谥文懿。［3］韦氏之人：指韦保衡家族之人。［4］庭祭：祭之于韦氏之庭，故曰庭祭。［5］汰：擦洗，冲洗。［6］明器：即冥器，陪葬器物。［7］辉焕：犹辉煌。［8］饼餤（dàn）：糕饼之类食物。［9］体（bèn）夫：抬

运灵柩的人夫。[10]杂宝：各种珠宝。[11]絁（sù）：粗绸。[12]地衣：地毯。[13]相表里：互相呼应。此指路岩、韦保衡两人狼狈为奸。路岩、韦保衡两人，懿宗后期为相，同恶相济，为时人所忌。后两人互相倾轧，先后失势被诛，两唐书均有传。[14]癸卯：四月二十七日。[15]以瓦砾相饯：用砖头瓦片送行。[16]府司：指京兆府主管部门。[17]沉檀讲座：用沉香木、檀香木制作的讲坛。

十三年（壬辰，872年）

春，正月，幽州节度使张允伸得风疾，请委军政[1]就医；许之，以其子简会[2]知留后。疾甚，遣使上表纳旌节；丙申[3]，薨。允伸镇幽州二十三年，勤俭恭谨，边鄙[4]无警，上下安之。

二月，丁巳[5]，以兵部侍郎、同平章事于琮为山南东道节度使，以刑部侍郎、判户部奉天赵隐[6]为户部侍郎、同平章事。

平州刺史张公素[7]，素有威望，为幽人所服。张允伸薨，公素帅州兵来奔丧。张简会惧，三月，奔京师，以为诸卫将军。

夏，四月，立皇子保为吉王，杰为寿王，倚为睦王。

以张公素为平卢[8]留后。

五月，国子司业[9]韦殷裕诣閤[10]门告郭淑妃弟内作坊使[11]敬述阴事；上大怒，杖杀殷裕，籍没其家。乙亥[12]，閤门使田献铦夺紫[13]，改桥陵使[14]，以其受殷裕状故也。殷裕妻父太府[15]少卿崔元应[16]、妻从兄中书舍人崔沆[17]、季父君卿皆贬岭南官；给事中杜裔休[18]坐与殷裕善，亦贬端州司户。沆，铉之子也。裔休，悰之子也。

丙子[19]，贬山南东道节度使于琮为普王[20]傅、分司，韦保衡谮之也。辛巳[21]，贬尚书左丞李当、吏部侍郎王沨、左散骑常侍李都、翰林学士承旨兵部侍郎张裼[22]、前中书舍人封彦卿、左谏议大夫杨塾，癸未[23]，贬工部尚书严祁、给事中李贶、给事中张铎、左金吾大将军李敬仲、起居舍人萧遘[24]、李渎、郑彦特、李藻，皆处之湖、岭[25]之南，坐与琮厚善故也。贶，汉之子；遘，寘之子也。甲申[26]，贬前平卢节度使于埍为凉王府长史、分司，前湖南观察使于瓌为袁州刺史。瓌、埍，皆琮之兄也。寻再贬琮韶州[27]刺史。

琮妻广德公主，上之妹也，与琮偕之韶州，行则肩舆门相对，坐则执琮之带，琮由是获全。时诸公主多骄纵，惟广德动遵法度，事于氏宗亲尊卑无不如礼，内外称之。

六月，以卢龙留后张公素为节度使。

韦保衡欲以其党裴条为郎官[28]，惮左丞李璋方严[29]，恐其不放上[30]，先遣人达意[31]。璋曰："朝廷迁除[32]，不应见问。"秋，七月，乙未[33]，以璋为宣歙观察使。

八月，归义节度使张义潮薨，沙州长史曹义金代领军府；制以义金为归义节度使。是后中原多故，朝命不及，回鹘陷甘州，自余[34]诸州隶归义者多为羌、胡所据。

冬，十二月，追上宣宗谥曰元圣至明成武献文睿智章仁神聪懿道大孝皇帝。

振武节度使李国昌，恃功恣横，专杀长吏[35]。朝廷不能平[36]，徙国昌为大同军防御使，国昌称疾不赴。

（以上为第六段，写唐懿宗护短，宰相韦保衡专权，朝廷黜陟不公，地方藩镇横恣，不听朝命。）

【注释】

[1]委军政：把军政事务托付别人。[2]简会：张简会卢龙节度使张允伸之子，任卢龙节度副使。允伸死，为留后。平州刺史张公素率兵赴丧，简会力不能制，即出奔。传见《旧唐书》卷一百八十，《新唐书》卷二百一十二。[3]丙申：正月二十五日。[4]边鄙：靠近边界的地方，即边境。[5]丁巳：二月十七日。[6]赵隐：字大隐，京兆奉天（今陕西乾县）人。唐宣宗时官至兵部侍郎，唐懿宗咸通末为宰相，唐僖宗时官终吏部尚书。传见《旧唐书》卷一百七十八，《新唐书》卷一百八十二。[7]张公素：范阳（今河北涿州市）人。原卢龙节度使张允伸军校，累迁至平州刺史。允伸卒，任节度使。无几，为卢龙将李茂勋夺其位，贬复州司户参军。传见《旧唐书》卷一百八十，《新唐书》卷二百一十二。[8]平卢：当作"卢龙"。[9]国子司业：官名。国子监副长官。协助祭酒掌儒学训导之政。[10]閤：阁的异体字。[11]内作坊使：官名。掌造内库军器。[12]乙亥：五月六日。[13]夺紫：紫色为三品之服。夺紫，即降其三品之级。[14]桥陵使：官名。掌管皇帝陵园墓寝维修守卫等事。[15]太府：据章校，"府"作"仆"。[16]崔元应：据《旧唐书·懿宗纪》"太仆少卿崔元应州司户"，当作"崔元"。[17]崔沆：字内融，宣宗宰相崔铉之子。僖宗时任宰相。传见《旧唐书》卷一百六十三，《新唐书》卷一百六十。

[18]杜裔休：宪宗宰相杜佑曾孙，懿宗宰相杜悰之子。懿宗朝历官翰林学士、给事中，贬端州司马。传见《新唐书》卷一百六十六。[19]丙子：五月七日。[20]普王：李俨，唐懿宗子，咸通十四年（873）即位，是为唐僖宗。[21]辛巳：五月十二日。[22]张裼（813—877）：字公表，河间（今河北河间）人。唐懿宗时累官至兵部侍郎、翰林学士承旨。唐僖宗时官终天平军节度使。传见《旧唐书》卷一百七十八。[23]癸未：五月十四日。[24]萧遘：兰陵（今山东兰陵西南）人。乾符初任翰林学士、中书舍人、兵部侍郎。黄巢入长安，唐僖宗奔蜀，任为宰相。后为同列孔纬所谮，贬官赐死。传见《旧唐书》卷一百七十九，《新唐书》卷一百一。[25]湖、岭：湖，指湖南节度使。岭，指岭南节度使。[26]甲申：五月十五日。[27]韶州：州名。治所曲江，在今广东韶关市西南。[28]郎官：唐代称尚书省六部各司的长官郎中、员外郎为郎官。[29]方严：方正严明。[30]不放上：谓不令赴省供职。唐制，尚书左、右丞分管六部二十四司。对郎官的除授，如非其人，可以纠劾，不令其赴任就职。[31]达意：表达意思。[32]迁除：对官员的升迁除授。[33]乙未：七月二十七日。[34]自余：其余。[35]长吏：即大吏。指六百石以上的官吏。[36]不能平：极不满意。平。平静，满意。

十四年（癸巳，873年）

春，三月，癸巳[1]，上遣敕使诣法门寺迎佛骨，群臣谏者甚众，至有言宪宗迎佛骨[2]寻晏驾[3]者。上曰："朕生得见之，死亦无恨！"广造浮图[4]、宝帐、香舆、幡花[5]、幢盖[6]以迎之，皆饰以金玉、锦绣、珠翠。自京城至寺三百里间，道路车马，昼夜不绝。夏，四月，壬寅[7]，佛骨至京师，导以禁军兵仗[8]，公私音乐，沸天烛地，绵亘数十里；仪卫之盛，过于郊祀，元和之时不及远矣。富室夹道为彩楼及无遮会[9]，竞为侈靡。上御安福门，降楼膜拜[10]，流涕霑臆[11]，赐僧及京城耆老[12]尝见元和事者金帛。迎佛骨入禁中，三日，出置安国崇化寺。宰相已下竞施金帛，不可胜纪。因下德音[13]，降中外系囚[14]。

（以上为第七段，写唐懿宗佞佛，极度铺张，近乎痴迷。）

【注释】

[1]癸巳：三月二十九日。[2]宪宗迎佛骨：元和十四年（819）宪宗遣中使从法门寺迎佛骨至京师。事见《资治通鉴》卷二百四十宪宗元和十四年。[3]晏驾：讳言帝王死亡，称晏驾，谓宫车当驾而晚出。[4]浮图：梵文音译，佛塔。[5]幡花：彩花。[6]幢盖：羽毛装饰的车盖。[7]壬寅：四月八日。此日为佛祖生日，故此日迎佛骨，礼极隆重。[8]禁军兵仗：全副

武装的禁军。兵仗，兵器。［9］无遮会：佛教举行的所谓免除灾难的法会。［10］膜拜：礼拜神佛或崇敬者的一种仪式。合掌加额，伏地跪拜。［11］霑臆：浸湿前胸。［12］耆（qí）老：老人。六十曰耆，七十曰老。［13］德音：唐时的一种恩诏、特赦。［14］降中外系囚：对中央和地方囚犯减罪一等。

五月，丁亥[1]，以西川节度使路岩兼中书令。

南诏寇西川，又寇黔南[2]，黔中经略使[3]秦匡谋兵少不敌，弃城奔荆南；荆南节度使杜悰囚而奏之。六月，乙未[4]，敕斩匡谋，籍没其家赀，亲族应缘坐[5]者，令有司搜捕以闻。匡谋，凤翔人也。

以中书侍郎、同平章事王铎[6]同平章事，充宣武节度使。时韦保衡挟恩弄权，以刘瞻、于琮先在相位，不礼于己，谮而逐之。王铎，保衡及第[7]时主文[8]也，萧遘[9]，同年进士也，二人素薄保衡之为人，保衡皆摈斥之。

秋，七月，戊寅[10]，上疾大渐，左军中尉刘行深、右军中尉韩文约立少子普王俨。庚辰[11]，制："立俨为皇太子，权句当军国政事。"辛巳[12]，上崩于咸宁殿。遗诏以韦保衡摄冢宰。僖宗即位。八月，丁未[13]，追尊母王贵妃为皇太后，刘行深、韩文约皆封国公[14]。

关东、河南大水。

九月，有司上先太后[15]谥曰惠安。

司徒、门下侍郎、同平章事韦保衡，怨家[16]告其阴事[17]，贬保衡贺州刺史。

乐工李可及流岭南。可及有宠于懿宗，尝为子娶妇，懿宗赐之酒二银壶，启之无酒而中实[18]。右军中尉西门季玄屡以为言，懿宗不听。可及尝大受赐物，载以官车；季玄谓曰："汝他日破家[19]，此物复应以官车载还；非为受赐，徒烦牛足耳！"及流岭南，籍没其家，果如季玄言。

以西川节度使路岩兼侍中，加成德节度使王景崇中书令，魏博节度使韩君雄、卢龙节度使张公素、天平节度使高骈并同平章事。君雄仍赐名允中。

冬，十月，乙未[20]，以左仆射萧倣为门下侍郎、同平章事。

韦保衡再贬崖州澄迈[21]令，寻赐自尽。又贬其弟翰林学士、兵部侍郎保乂[22]为宾州司户，所亲翰林学士、户部侍郎刘承雍[23]为涪州司马。承雍，禹锡之子也。

癸卯[24]，赦天下。

西川节度使路岩，喜声色游宴，委军府政事于亲吏边咸、郭筹，皆先行后申[25]，上下畏之。尝大阅[26]，二人议事，默书纸相示而焚之，军中以为有异图，惊惧不安。朝廷闻之，十一月，戊辰[27]，徙岩荆南节度使。咸、筹潜知其故，遂亡命。

以右仆射萧邺同平章事，充河东节度使。

十二月，己亥[28]，诏送佛骨还法门寺。

再贬路岩为新州[29]刺史。

（以上为第八段，写唐懿宗崩，宦官拥立僖宗，年少即位，斥逐韦保衡等权奸。）

【注释】

[1]丁亥：五月二十四日。[2]黔南：贵州本简称黔，因位于国土之南，故名。[3]黔中经略使：方镇名。开元二十六年（738）置五溪经略使，大历十二年（777）改为黔中经略使。大顺元年（890）赐号武泰军。[4]乙未：六月二日。[5]缘坐：犹连坐，因受牵连而处罪。[6]王铎：字昭范。文宗朝宰相王播之孙。官至宰相，为门生韦保衡排挤出朝。传见《旧唐书》卷一六四，《新唐书》卷一八五。[7]及第：科举考中进士称及第。[8]主文：主考官。[9]萧遘：唐玄宗朝宰相萧嵩第五代孙。高祖萧复，德宗朝宰相。父萧寘，懿宗朝宰相。萧遘与韦保衡同年进士，才貌出众，遭同门韦保衡排斥，由起居舍人，贬为播州司马。僖宗时官至宰相。传见《旧唐书》一七九，《新唐书》卷一〇一。[10]戊寅：七月十六日。[11]庚辰：七月十八日。[12]辛巳：七月十九日。[13]丁未：八月十五日。[14]国公：爵位名。位在郡王之下，郡公之上。[15]先太后：即僖宗生母王贵妃。咸通七年死，故先追尊皇太后，再上谥号。传见《新唐书》卷七十七。[16]怨家：仇人。[17]阴事：隐秘之事。[18]中实：《旧唐书·曹确传》："可及尝为子娶妇，帝赐酒二银樽，启之非酒，乃金翠也。"[19]破家：指被抄家。[20]乙未：十月四日。[21]澄迈：县名。县治在今海南澄迈东北。[22]保乂：韦保乂累官至兵部侍郎。传见《旧唐书》卷一百七十七，《新唐书》卷一百八十四。[23]刘承雍：唐代著名诗人刘禹锡之子，累官至刑部侍郎，后为王仙芝所杀。事附《旧唐书》卷一百六十。[24]癸卯：十月十二日。[25]先行后申：先处理政事，然后向节度使呈报。[26]大阅：大规模检阅军队。[27]戊辰：十一月七日。[28]己亥：十二月八日。[29]新州：州名。治所新兴，在今广东新兴县。

僖宗[1]惠圣恭定孝皇帝上之上

乾符元年（甲午，874 年）

春，正月，丁亥[2]，翰林学士卢携[3]上言，以为："陛下初临大宝[4]，宜深念黎元。国家之有百姓，如草木之有根柢[5]，若秋冬培溉，则春夏滋荣[6]。臣窃见关东去年旱灾，自虢[7]至海[8]，麦才半收，秋稼几无，冬菜至少，贫者硙[9]蓬实[10]为面，蓄槐叶为齑[11]；或更衰羸，亦难收拾[12]。常年不稔[13]，则散之邻境；今所在皆饥，无所依投，坐守乡闾，待尽沟壑。其蠲免余税，实无可征；而州县以有上供[14]及三司钱[15]，督趣甚急，动加捶挞，虽撤屋伐木，雇妻鬻子[16]，止可供所由[17]酒食之费，未得至于府库也。或租税之外，更有他徭；朝廷傥不抚存，百姓实无生计。乞敕州县，应所欠残税，并一切停征，以俟蚕麦；仍发所在义仓[18]，亟加赈给。至深春之后，有菜叶木牙[19]，继以桑椹，渐有可食；在今数月之间，尤为窘急，行之不可稽缓[20]。"敕从其言，而有司竟不能行，徒为空文而已。

（以上为第九段，写卢携上奏，极言当时民众生活之惨状。）

【注释】

[1]僖宗：初名俨，后改名儇，唐懿宗第五子，唐朝第十九位皇帝，公元 873—888 年在位。[2]丁亥：正月二十七日。[3]卢携：字子升，范阳（今河北涿州市）人。乾符元年任翰林学士，四年为相。排斥异己，任人唯亲。黄巢破潼关，罢相，服毒自杀。传见《旧唐书》卷一百七十八，《新唐书》卷一百八十四。[4]大宝：指帝位。[5]根柢：草木的根。柢，亦根。[6]春夏滋荣：春季滋生，夏天茂盛。[7]虢（guó）：州名。治所弘农，在今河南灵宝市。[8]海：指东海。[9]硙（wèi）：磨。[10]蓬实：蓬草之籽。[11]齑（jī）：切碎的腌菜。[12]或更衰羸，亦难收拾：有的百姓更为衰弱，连采野菜的力气都没有。收拾，据章校，作"采拾"。[13]常年不稔：往年无收成。稔，谷熟。[14]上供：指地方应上交朝廷的赋税。唐宪宗时分天下之赋以为三，一曰上供，二曰送使，三曰留州。[15]三司钱：此指户部、度支、盐铁使所征收的商税、杂税，以及粮、盐的赊卖款。[16]雇妻鬻子：卖妻子、儿女。[17]所由：即所由吏。此指催督租税的差役。[18]义仓：国家或地方储粮备荒的仓库。[19]木牙：树芽。牙，同"芽"。[20]稽缓：延迟。

路岩行至江陵[1]，敕削官爵，长流儋州。岩美姿仪，囚于江陵狱再宿，须发皆白。寻赐自尽，籍没其家。岩之为相也，密奏，“三品以上赐死，皆令使者剔取结喉三寸以进，验其必死。”至是，自罹其祸，所死之处乃杨收赐死之榻也。边咸、郭筹捕得，皆伏诛。

初，岩佐崔铉于淮南，为支使[2]，铉知其必贵，曰：“路十[3]终须作彼一官[4]。”既而入为监察御史，不出长安城，十年至宰相。其自监察入翰林也，铉犹在淮南，闻之，曰：“路十今已入翰林，如何得老[5]！”皆如铉言。

以太子少傅于琮同平章事，充山南东道节度使。

二月，甲午[6]，葬昭圣恭惠孝皇帝于简陵[7]，庙号懿宗。

以中书侍郎、同平章事赵隐同平章事，充镇海节度使；以华州刺史裴坦为中书侍郎、同平章事。

以虢州刺史刘瞻为刑部尚书。瞻之贬[8]也，人无贤愚，莫不痛惜。及其还也，长安两市[9]人率钱[10]雇百戏[11]迎之。瞻闻之，改期，由他道而入。

夏，五月，乙未[12]，裴坦薨。以刘瞻为中书侍郎、同平章事。

初，瞻南迁，刘邺附于韦、路[13]，共短之[14]。及瞻还为相，邺内惧。秋，八月，丁巳朔[15]，邺延瞻，置酒于盐铁院[16]，瞻归而遇疾，辛未[17]，薨；时人皆以为邺鸩[18]之也。

以兵部侍郎、判度支崔彦昭[19]为中书侍郎、同平章事。彦昭，群之从子也。兵部侍郎王凝[20]，正雅之从孙也，其母，彦昭之从母[21]。凝、彦昭同举进士，凝先及第，尝衩衣[22]见彦昭，且戏之曰：“君不若举明经[23]。”彦昭怒，遂为深仇。及彦昭为相，其母谓侍婢曰：“为我多作袜履，王侍郎[24]母子必将窜逐[25]，吾当与妹偕行。”彦昭拜且泣，谢曰：“必不敢。”凝由是获免。

（以上为第十段，写奸相路岩害人害己得恶报，正人刘瞻遭小人暗算，王凝侥幸免遭报复。由此可见当时官场险恶。）

【注释】

[1]江陵：县名。县治在今湖北江陵县。 [2]支使：官名。为节度使、观察使的僚属，掌文书之事。 [3]路十：唐人习惯称排行，路岩排行第十，故称。 [4]彼一官：指宰相。 [5]如何得老：怎能到老。路岩为相时仅三十六岁，谓年少得志，如何能善终。 [6]甲午：二月五日。 [7]简陵：唐懿宗陵，在今陕西富平县。 [8]瞻之贬：咸通十一年（870），刘瞻为冤狱囚徒请命遭路岩排斥，贬为康州刺史，再贬州司户。今还京，人人称颂。 [9]两市：长安城中有东、西两市。 [10]率钱：按比例出钱，即出份子。 [11]百戏：歌舞杂技总称百戏。 [12]乙未：五月八日。 [13]韦、路：韦保衡、路岩。 [14]短之：言其短处。 [15]丁巳朔：八月一日。 [16]盐铁院：官署名。掌全国盐铁的生产征榷。刘邺咸通十二年以盐铁使为相，故宴于盐铁院。 [17]辛未：八月十五日。 [18]鸩（zhēn）：以毒酒杀人。 [19]崔彦昭：字思文，宪宗、穆宗两朝宰相崔群之侄。懿宗时任中书舍人、户部侍郎、河阳、河东等节度使。僖宗立，召为兵部侍郎、盐铁转运使，随即拜相。彦昭长于经济，精于吏事，所在颇有政绩。传见《旧唐书》卷一百七十八，《新唐书》卷一百八十三。 [20]王凝（820—878）：字致平。累官至兵部侍郎、领盐铁转运使。以不附权贵，出为宣歙观察使。传见《旧唐书》卷一百六十五，《新唐书》卷一百四十三。 [21]从母：姨母。 [22]衩衣：便服。 [23]明经：唐代科举取士的科目之一，主要考经义。唐代重进士而轻明经，故下文说“彦昭怒”。 [24]王侍郎：谓王凝。 [25]窜逐：放逐，流放。

冬，十月，以门下侍郎、同平章事刘邺同平章事，充淮南节度使。以吏部侍郎郑畋为兵部侍郎，翰林学士承旨、户部侍郎卢携守本官，并同平章事。

十一月，庚寅[1]，日南至[2]，群臣上尊号曰圣神聪睿仁哲孝皇帝；改元[3]。

魏博节度使韩允中薨，军中立其子节度副使简[4]为留后。

南诏寇西川，作浮梁[5]，济大渡河。防河都知兵马使、黎州刺史黄景复俟其半济，击之，蛮败走，断其浮梁。蛮以中军多张旗帜当其前，而分兵潜出上、下流各二十里，夜，作浮梁，诘朝[6]，俱济，袭破诸城栅，夹攻景复。力战三日，景复阳[7]败走，蛮尽锐追之，景复设三伏以待之，蛮过三分之二，乃发伏击之，蛮兵大败，杀二千余人，追至大渡河南而还，复修完城栅而守之。蛮归，至之罗谷[8]，遇国中发兵继至，新旧[9]相合，钲[10]鼓声闻数十里。复寇大渡河，与唐夹水而军，诈云求和，又自上下流潜济，与景复战连日。西川援军不至，而蛮众日益，景复不能支，军遂溃。

十二月，党项、回鹘寇天德军。

感化军奏群盗[11]寇掠，州县不能禁；敕兖、郓等道出兵讨之。

南诏乘胜陷黎州，入邛崃关，攻雅州。大渡河溃兵[12]奔入邛州囚，成都惊扰，民争入城，或北奔他州，城中大为守备，而堑垒比𢒰时严固。骠信使其坦绰[13]节度使牛丛书云："非敢为寇也，欲入见天子，面诉数十年为谗人离间冤抑[14]事。傥蒙圣恩矜恤[15]，当还与尚书[16]永敦邻好。今假道贵府，欲借蜀王厅留止数日，即东上。"丛素懦怯，欲许之，杨庆复以为不可；斩其使者，留二人，授以书，遣还，书辞极数其罪，詈辱之，蛮兵及新津而还。丛恐蛮至，豫焚城外，民居荡尽[17]，蜀人尤之[18]。诏发河东、山南西道、东川兵援之，仍命天平节度使高骈诣西川制置蛮事。

以韩简为魏博留后。

商州刺史王枢以军州空窘[19]，减折籴钱[20]，民相帅以白梃殴之，又殴杀官吏二人。朝廷更除刺史李诰到官，收捕民李叔汶等三十余人，斩之。

初，回鹘屡求册命，诏遣册立使郗宗莒诣其国。会回鹘为吐谷浑、嗢末所破，逃遁不知所之，诏宗莒以玉册[21]、国信[22]授灵盐节度使唐弘夫掌之，还京师。

上年少，政在臣下，南牙、北司互相矛楯[23]。自懿宗以来，奢侈日甚，用兵不息，赋敛愈急。关东[24]连年水旱，州县不以实闻，上下相蒙，百姓流殍[25]，无所控诉，相聚为盗，所在蜂起。州县兵少，加以承平[26]日久，人不习战，每与盗遇，官军多败。是岁，濮州人王仙芝[27]始聚众数千，起于长垣[28]。

（以上为第十一段，写南诏再度侵扰西川。朝廷内外不协，南司北衙，势同水火。）

【注释】

［1］庚寅：十一月五日。［2］日南至：即冬至日。夏至以后，日自北而南；冬至以后，又自南而北。故称冬至为日南至。［3］改元：此月始改元乾符。［4］简：韩简乃魏博节度使韩允中（旧名君雄）之子。父死，袭留后，不久正拜节度使。后为黄巢所署河阳节度使诸葛爽击败，忧愤病死。传见《旧唐书》卷一百八十一，《新唐书》卷二百一十。［5］浮梁：浮桥。［6］诘（jié）朝：明晨。［7］阳：通“佯”，假装。［8］之罗谷：地名。位置不详。疑在黎，嶲二州之间。［9］新旧：新指南诏新发之兵，旧乃败归之兵。［10］钲（zhēng）：古代行军时用的一种打击乐器。形似钟而狭长，有柄可执，铜制。［11］群盗：此为庞勋余部。［12］大渡河溃兵：即黄景复之军。［13］坦绰：南诏清平官首称坦绰，次称市爕，再次称久赞。［14］冤抑：冤屈。［15］矜（jīn）恤：怜惜。［16］尚书：指牛丛。［17］民居荡尽：民房被烧光。［18］蜀人尤之：西川人极为痛恨牛丛。尤，切齿痛恨。［19］空窘：军州府库空乏窘困。［20］减折籴钱：压低对实物的折价，官府从中渔利。折籴，把农民交纳的各种实物折成所应征收的米粟价款叫折籴。［21］玉册：玉制的简册。用于祭祀、封禅、册命等。［22］国信：两国通使作为凭证的符节文书。［23］楯（dùn）：同盾。［24］关东：地区名。指潼关或函谷关以东广大中原地区。［25］流殍（piǎo）：流浪饿死。［26］承平：太平。［27］王仙芝（？—878）：濮州（今山东鄄城县）人。唐末农民起义领袖之一。乾符元年聚众起义，称天补平均大将军。乾符五年，在蕲州黄梅（今湖北黄梅）兵败被杀。［28］长垣：县名。县治在今河南长垣市东北。

二年（乙未，875年）

春，正月，丙戌[1]，以高骈为西川节度使。

辛巳[2]，上祀圜丘；赦天下。

高骈至剑州，先遣使走马开成都门[3]。或曰：“蛮寇逼近成都，相公[4]尚远，万一豨突[5]，奈何？”骈曰：“吾在交趾破蛮[6]二十万众，蛮闻我来，逃窜不暇，何敢辄犯成都！今春气向暖，数十万人蕴积城中，生死共处，污秽郁蒸[7]，将成疠疫[8]，不可缓也！”使者至成都，开城纵民出，各复常业，乘城者皆下城解甲；民大悦。蛮方攻雅州，闻之，遣使请和，引兵去。骈又奏：“南蛮小丑，易以枝梧。今西川新旧兵已多，所发长武、鄜坊、河东兵，徒有劳费，并乞勒还。”敕止河东兵而已[9]。

上之为普王也，小马坊使[10]田令孜[11]有宠，及即位，使知枢密，遂擢为中尉。上时年十四，专事游戏，政事一委令孜，呼为“阿父”。令孜颇读书，多巧数[12]，招权纳贿，除官及赐绯紫皆不关白于上。每见，常自备果食两盘，与上相对饮啗[13]，从容良久而退。上与内园小儿狎昵[14]，赏赐乐工、伎儿，所费动以万计，府藏空竭。令孜说上籍两市商旅宝货悉输内库[15]，有陈诉者，付京兆杖杀之；宰相以下，钳口[16]莫敢言。

高骈至成都，明日，发步骑五千追南诏，至大渡河，杀获甚众，擒其酋长数十人，至成都，斩之。修复邛崃关、大渡河诸城栅，又筑城于戎州马湖镇[17]，号平夷军，又筑城于沐源川，皆蛮入蜀之要路也，各置兵数千戍之。自是蛮不复入寇。骈召黄景复，责以大渡河失守，腰斩之。骈又奏请自将本管[18]及天平、昭义、义成等军共六万人击南诏，诏不许。

先是，南诏督爽[19]屡牒中书[20]，辞语怨望[21]，中书不答。卢携奏称："如此，则蛮益骄，谓唐无以答，宜数其十代[22]受恩以责之。然自中书发牒，则嫌于体敌[23]，请赐高骈及岭南西道节度使辛谠诏，使录诏白[24]，牒与之[25]。"从之。

（以上为第十二段，写高骈入西川，震慑南诏。宦官田令孜得势，专擅朝政。）

【注释】

[1]丙戌：正月二日。[2]辛巳：正月乙酉朔，无辛巳。严衍《通鉴补》"巳"改"卯"，辛卯，正月七日。[3]成都门：指成都城各城门。[4]相公：谓高骈。[5]万一豨突：万一发生意外。豨突，猪受到惊吓则东奔西跑。这里喻人，若成都大开城门，南蛮突至，人将惊骇四散。豨，豕。[6]交趾破蛮：唐懿宗咸通七年（866），高骈大破南诏蛮于交趾。事见《资治通鉴》卷二百五十唐懿宗咸通七年。[7]郁蒸：闷热。[8]疠疫：瘟疫。[9]敕止河东兵而已：朝廷下令只让河东兵回归本镇罢了。[10]小马坊使：官名。掌小马坊养马之事。[11]田令孜：宦官。咸通时任小马坊使，累迁神策军中尉、观军容使，威权震天下。宰相萧遘率群臣上表劾其专国煽祸，请诛之。令孜惧，求为剑南西川监军使。后为养子永平节度使王建所杀。传见《旧唐书》卷一百八十四，《新唐书》卷二百零八。[12]巧数：机巧权数。[13]啗（dàn）：吃。[14]狎昵：亲昵戏耍。[15]籍两市商旅宝货悉输内库：没收长安东、西两市商贾的珍宝奇物，全部收藏在宫中内库。[16]钳口：闭口。[17]马湖镇：镇名。在今四川宜宾市西南。[18]本管：谓西川节度使所管辖之军。[19]督爽：南诏官名。总管三省官，相当于唐宰相。[20]屡牒中书：多次致函唐中书宰相。[21]怨望：怨恨。[22]十代：指酋龙、丰祐之前十代国王，皆受唐恩泽。[23]体敌：地位相等。[24]录诏白：以两镇地方官的口吻抄录诏书，回答南诏。[25]牒与之：以节度使公文形式送递南诏。

三月，以魏博留后韩简为节度使。

去岁，感化军[1]发兵诣灵武防秋，会南诏寇西川，敕往救援[2]。蛮退，遣还；至凤翔，不肯诣灵武，欲擅归徐州。内养[3]王裕本、都将刘逢搜擒唱帅者胡雄等八人，斩之，众然后定。

初，南诏围成都，杨庆复以右职[4]优给募突将以御之，成都由是获全。及高骈至，悉令纳牒[5]。又托以蜀中屡遭蛮寇，人未复业，停其禀给，突将皆忿怨。骈好妖术，每发兵追蛮，皆夜张旗立队，对将士焚纸画人马，散小豆，曰："蜀兵懦怯，今遣玄女[6]神兵前行。"军中壮士皆耻之。又索阖境官有出于胥吏[7]者，皆停之。令民间皆用足陌钱[8]，陌不足者皆执之，劾以行赂，取与皆死。刑罚严酷，由是蜀人皆不悦。

夏，四月，突将作乱，大噪突入府廷；骈走匿于厕间，突将索之，不获。天平都将[9]张杰帅所部数百人被甲入府击突将，突将撤牙前仪注兵仗[10]，无者奋梃挥拳，乘怒气力斗，天平军不能敌，走归营。突将追之，营门闭，不得入。监军使人招谕，许以复职名禀给[11]，久之，乃肯还营，天平军复开门出，为追逐之势，至城北，时方修球场，役者数百人，天平军悉取其首，还，诣府，云"已诛乱者"。骈出见之，厚以金帛赏之。明日，榜谢突将，悉还其职名、衣粮。自是日令诸道将士从己来者更直[12]府中，严兵自卫。

加成德节度使王景崇兼侍中。

浙西狼山[13]镇遏使王郢等六十九人有战功，节度使赵隐赏以职名而不给衣粮，郢等论诉不获[14]，遂劫库兵[15]作乱，行收党众近万人，攻陷苏、常，乘舟往来，泛江入海，转掠二浙，南及福建，大为人患。

五月，以太傅、分司令狐绹同平章事，充凤翔节度使。

司空、同平章事萧倣薨[16]。

六月，以御史大夫李蔚[17]为中书侍郎、同平章事。

辛未[18]，高骈阴籍突将之名，使人夜掩捕之，围其家，挑[19]墙坏户而入，老幼孕病，悉驱去杀之，婴儿或扑[20]于阶，或击于柱，流血成渠，号哭震天，死者数千人，夜，以车载尸投之于江。有一妇人，临刑，戟手大骂曰："高骈！汝无故夺有功将士职名、衣粮，激成众怒；幸而得免，不省己自咎，乃更以诈杀无辜近万人，天地鬼神，岂容汝如此！我必诉汝于上帝，使汝他日举家屠灭如我今日，冤抑污辱如我今日，惊忧惴恐[21]如我今日！"言毕，拜天，怫然[22]就戮。久之，突将有自戍役[23]归者，骈复欲尽族之，有元从[24]亲吏王殷谏曰："相公奉道[25]，宜好生恶杀，此属在外，初不同谋，若复诛之，则自危者多矣！"骈乃止。

（以上为第十三段，写高骈滥杀有功突将，国家纲纪荡然无存。）

【注释】

[1]感化军：方镇名。咸通十一年(870)，徐州观察使升为感化军节度使，天复二年(902)废。[2]敕往救援：诏命入援成都。据章校，"援"下有"未至成都"四字。[3]内养：监军宦官职名。[4]右职：高级职位。[5]纳牒：交出授官证书。[6]玄女：即九天玄女，道教尊奉的神仙。[7]胥吏：小吏。[8]足陌钱：每贯十足为一千文，称足陌钱。[9]天平都将：随高骈自天平军调入西川的随从部将。[10]牙前仪注兵仗：节度使衙前为显示威仪而陈列的兵器。[11]复职名禀给：恢复官职和薪俸。[12]更直：轮流值班。直，同"值"。[13]狼山：山名。在今江苏南通市南。[14]论诉不获：申辩诉说而无结果。[15]劫库兵：抢劫武器库的兵器。兵，兵器。[16]萧倣薨：时为岭南节度使，卒于任上。[17]李蔚(？—879)：字茂休，陇西(今甘肃临洮)人。唐懿宗时累官至宣武、淮南等节度使。唐僖宗即位，召为吏部尚书，乾符二年为宰相。后出为东都留守，六年任河东节度使。传见《旧唐书》卷一百七十八，《新唐书》卷一百八十一。[18]辛未：六月二十日。[19]挑：蜀本作"排"。排，推。[20]扑：谓扑杀，即诛杀。[21]惴(zhuì)恐：恐惧。[22]怫(fú)然：怨恨的样子。[23]戍役：驻守边境。[24]元从：从开始就相随从的人。[25]奉道：信奉道教。

王仙芝及其党尚君长攻陷濮州、曹州，众至数万；天平节度使薛崇出兵击之，为仙芝所败。

冤句人黄巢[1]亦聚众数千人应仙芝。巢少与仙芝皆以贩私盐为事，巢善骑射，喜任侠[2]，粗涉书传，屡举进士不第，遂为盗，与仙芝攻剽州县，横行山东，民之困于重敛[3]者争归之，数月之间，众至数万。

卢龙节度使张公素，性暴戾，不为军士所附。大将李茂勋[4]，本回鹘阿布思之族，回鹘败，降于张仲武；仲武使戍边，屡有功，赐姓名。

纳降军[5]使陈贡言者，幽之宿将，为军士所信服，茂勋潜杀贡言，声云贡言，举兵向蓟；公素出战而败，奔京师。茂勋入城，众乃知非贡言也，不得已，推而立之，朝廷因以为留后。

秋，七月，蝗自东而西，蔽日，所过赤地。京兆尹杨知至奏“蝗入京畿[6]，不食稼，皆抱荆棘而死。”宰相皆贺。

八月，李茂勋为卢龙节度使。

九月，右补阙董禹谏上游畋、乘驴击球；上赐金帛以褒之。邠宁节度使李侃奏为假父[7]华清宫使[8]道雅求赠官，禹上疏论之，语颇侵[9]宦官。枢密使杨复恭[10]等列诉[11]于上。冬，十月，禹坐贬郴州司马。复恭，钦义之养孙也。

昭义军乱，大将刘广逐节度使高湜[12]，自为留后。以左金吾大将军曹翔为昭义节度使。

回鹘还至罗川[13]，十一月，遣使者同罗榆禄入贡；赐拯接绢[14]万匹。

群盗侵淫[15]，剽掠十余州，至于淮南，多者千余人，少者数百人；诏淮南、忠武、宣武、义成、天平五军节度使、监军亟加讨捕及招怀[16]。十二月，王仙芝寇沂州，平卢节度使宋威表请以步骑五千别为一使，兼帅本道兵所在讨贼。仍以威为诸道行营招讨草贼使，仍[17]给禁兵三千、甲骑[18]五百。因诏河南方镇所遣讨贼都头并取威处分[19]。

（以上为第十四段，写王仙芝、黄巢起义。）

【注释】

[1]黄巢（？—884）：曹州冤句（今山东菏泽）人，唐末农民起义领袖。一度攻入长安，建立政权，国号大齐。传见《旧唐书》卷二百，《新唐书》卷二百二十五。 [2]任侠：以行侠自任。 [3]重敛：赋税沉重。 [4]李茂勋：回鹘人，唐武宗会昌年间投降卢龙节度使张仲武，为边将，以功赐姓名李茂勋。官至卢龙节度使。传见《新唐书》卷二百一十二。 [5]纳降军：军镇名。戍守于纳降城，在今北京境内。 [6]蝗入京畿：蝗虫进入京都地区。此三句说蝗虫到了京都地区不食禾稼而自死云云，此为佞臣蒙蔽君主之谀辞，不可信以为真。 [7]假父：义父。 [8]华清宫使：官名。管理华清宫事务，用宦官担任。 [9]侵：触犯，冒犯。 [10]杨复恭：宦官头目，官至枢密使。神策中尉、六军十二卫观军容使。唐僖宗去世，拥立唐昭宗而把持朝政。后被斩首。传

见《旧唐书》卷一百八十四,《新唐书》卷二百零八。 [11]列诉:陈诉。列,陈。 [12]高湜:高湘堂兄。官至礼部侍郎、昭义节度使。传见《旧唐书》卷一百六十八,《新唐书》卷一百七十七。[13]罗川:县名。县治在今甘肃正宁县西北。 [14]拯接绢:为救援接济而赐予的绢。 [15]侵淫:亦作"浸淫",逐渐扩展。 [16]招怀:招抚、招安。 [17]仍:据章校,应作"乃"。[18]甲骑:身披铠甲的骑兵。 [19]取威处分:接受宋威节制。

三年(丙申,876年)

春,正月,天平军奏遣将士张晏等救沂州,还,至义桥[1],闻北境复有盗起,留使扞御;晏等不从,喧噪趣郓州。都将张思泰、李承祐走马出城,裂袖[2]与盟,以俸钱备酒肴[3]慰谕,然后定。诏本军宣慰一切,无得穷诘[4]。

敕[5]福建、江西、湖南诸道观察、刺史,皆训练士卒;又令天下乡村各置弓刀鼓板[6]以备群盗。

赐兖海节度号泰宁军。

三月,卢龙节度使李茂勋请以其子幽州左司马可举[7]知留后,自求致仕[8]。诏茂勋以左仆射致仕,以可举为卢龙留后。

门下侍郎、同平章事崔彦昭罢为太子太傅;以左仆射王铎兼门下侍郎、同平章事。

南诏遣使者诣高骈求和而盗边不息,骈斩其使者。蛮之陷交趾[9]也,虏安南经略判官杜骧妻李瑶。瑶,宗室之疏属[10]也。蛮遣瑶还,递木夹[11]以遗骈,称"督爽牒西川节度使",辞极骄慢。骈送瑶京师。甲辰[12],复牒南诏,数其负累圣[13]恩德、暴犯边境、残贼[14]欺诈之罪,安南、大渡覆败之状[15],折辱之。

(以上为第十五段,写南诏与唐相互敌对冷战。)

【注释】

[1]义桥:地名。位于沂州之西,在今山东临沂市西。 [2]裂袖:犹袒臂。盟誓时的一种动作。 [3]肴:鱼肉类荤菜。 [4]穷诘:寻根问底,追究原委。 [5]敕:诏令。据章校,"敕"上有"二月"二字。 [6]鼓板:战鼓及盾牌。 [7]可举:李可举卢龙节度使李茂勋之子。茂勋致仕,可举继任。后为部将所攻,登楼自焚。传见《旧唐书》卷一百八十,《新唐书》卷二百一十二。[8]致仕:辞官。 [9]蛮陷交趾:指南诏攻没交趾,事见《资治通鉴》卷二百五十唐懿宗咸通六

年。［10］疏属：远族。［11］木夹：递送文件所用的木制夹板。［12］甲辰：三月二十六日。［13］累圣：指历代皇帝。［14］残贼：残害杀戮。［15］覆败之状：指南诏两次被高骈摧败的情况。

原州刺史史怀操贪暴；夏，四月，军乱，逐之。

赐宣武、感化节度、泗州防御使密诏，选精兵数百人于巡内[1]游弈，防卫纲船[2]，五日一具上供钱米平安状闻奏。

五月，昭王汭[3]薨。

以卢龙留后李可举为节度使。

六月，抚王纮[4]薨。

雄州[5]地震裂，水涌，坏州城及公私庐舍俱尽。

秋，七月，以前岩州刺史高杰为左骁卫将军，充沿海水军都知兵马使，以讨王郢。

鄂王润[6]薨。

加魏博节度使韩简同平章事。

宋威击王仙芝于沂州[7]城下，大破之，仙芝亡去。威奏仙芝已死，纵遣诸道兵，身还青州；百官皆入贺。居三日，州县奏仙芝尚在，攻剽如故。时兵始休，诏复发之，士皆忿怨思乱。八月，仙芝陷阳翟、郏城[8]，诏忠武节度使崔安潜[9]发兵击之。安潜，慎由之弟也。又昭义[10]节度使曹翔将步骑五千及义成兵卫东都宫，以左散骑常侍曾元裕为招讨副使，守东都，又诏山南东道节度使李福选步骑二千守汝、邓要路。仙芝进逼汝州，诏邠宁节度使李侃、凤翔节度使令狐绹选步兵一千、骑兵五百守陕州、潼关。

加成德节度使王景崇兼中书令。

九月，乙亥朔[11]，日有食之。

丙子[12]，王仙芝陷汝州[13]，执刺史王镣[14]。镣，铎之从父兄弟也。东都大震，士民挈家逃出城。乙酉[15]，敕赦王仙芝、尚君长罪，除官，以招谕之。仙芝陷阳武[16]，攻郑州，昭义监军判官雷殷符屯中牟，击仙芝，破走之。冬，十月，仙芝南攻唐、邓。

（以上为第十六段，写地方官吏贪暴，激起兵变，王仙芝战败随即势力更盛。）

【注释】

[1]巡内：辖境之内。［2］纲船：运送大宗货物的船队。［3］昭王汭：昭王李汭，唐宣宗第八子，大中八年（854）封。传见《旧唐书》卷一百七十五，《新唐书》卷八十二。［4］抚王纮：抚王李纮，唐顺宗第十七子，贞元二十一年（805）封。历官司空、司徒、太尉。传见《旧唐书》卷一百五十，《新唐书》卷八十二。［5］雄州：州名。位于灵州西南百八十里，在今宁夏灵武西南。［6］鄂王润：鄂王李润，宣宗第六子。大中五年（851）封。传见《旧唐书》卷一百七十五、《新唐书》卷八十二。［7］沂州：州名。治所在今山东临沂市。［8］郏城：县名。县治在今河南郏县。［9］安潜：字进之，清河武城（今山东武城西）人。累官至忠武、西川等节度使。传见《旧唐书》卷一百七十七，《新唐书》卷一百一十四。［10］昭义：据章校，"昭"上有"命"字。［11］乙亥朔：九月一日。［12］丙子：九月二日。［13］汝州：在东都洛阳南。［14］王镣：宰相王铎堂弟。累官至汝州刺史。王仙芝破汝州城，贬为韶州司马。官终太子宾客。传见《旧唐书》卷一百六十四，《新唐书》卷一百八十五。［15］乙酉：九月十一日。［16］阳武：县名。县治在今河南原阳。

西川节度使高骈筑成都罗城，使僧景仙[1]规度[2]，周二十五里，悉召县令庀徒赋役[3]，吏受百钱以上皆死。蜀土疏恶[4]，以甓甃之[5]，环城十里内取土，皆划丘垤平之[6]，无得为坎埳以害耕种[7]；役者不过十日而代，众乐其均，不费扑挞[8]而功办[9]。自八月癸丑[10]筑之，至十一月戊子[11]毕功。

役之始作也，骈恐南诏扬声[12]入寇，虽不敢决来，役者必惊扰，乃奏遣景仙托游行[13]入南诏，说谕骠信使归附中国，仍许妻以公主，因与议二国礼仪，久之不决。骈又声言欲巡边，朝夕通烽火，至大渡河，而实不行，蛮中惴恐。由是讫于城成，边候[14]无风尘[15]之警。先是，西川将吏入南诏，骠信皆坐受其拜，骈以其俗尚浮屠[16]，故遣景仙往，骠信果帅其大臣迎拜，信用其言。

（以上为第十七段，写高骈施巧计加固成都城防。）

【注释】

［1］景仙：僧人名。［2］规度：规划计算。［3］庀（pǐ）徒赋役：准备人徒，分配劳役。成都领十县，高骈将修城工程分摊十县承包。［4］蜀土疏恶：蜀中土质疏松。［5］以甓（pǐ）

甃（zhòu）之：将土制成砖，再用以修建城墙。［6］刬丘垤（dié）平之：铲取小丘之土将原取土处填平。丘垤，小山丘。［7］无得为坎埳：不得将农田造成坑洼，从而损害农耕。［8］扑挞（tà）：笞打。［9］功办：事成。［10］癸丑：八月九日。［11］戊子：十一月十五日。［12］扬声：声言、宣扬。［13］游行：出游、云游。［14］边候：边境瞭望。［15］风尘：比喻战争。［16］浮屠：佛。

王仙芝攻郢、复二州，陷之。

王郢因温州[1]刺史鲁寔请降，寔屡为之论奏[2]，敕郢诣阙。郢拥兵迁延[3]，半年不至，固求望海镇使；朝廷不许，以郢为右率府率[4]，仍令左神策军补以重职，其先所掠之财，并令给与。

十二月，王仙芝攻申[5]、光、庐、寿、舒、通[6]等州。淮南节度使刘邺奏求益兵，敕感化节度使薛能选精兵数千助之。

郑畋以言计不行，称疾逊位[7]，不许；乃上言："自沂州奏捷[8]之后，仙芝愈肆猖狂，屠陷五六州，疮痍[9]数千里。宋威衰老多病，自妄奏[10]以来，诸道尤所不服，今淹留亳州，殊无进讨之意。曾元裕拥兵蕲、黄，专欲望风退缩。若使贼陷扬州，则江南亦非国有。崔安潜威望过人，张自勉骁雄良将，宫苑使李瑑，西平王晟[11]之孙，严而有勇。请以安潜为行营都统，瑑为招讨使代威，自勉为副使代元裕。"上颇采其言。

青、沧[12]军士戍安南，还，至桂州，逐观察使李瓒[13]。瓒，宗闵之子也。以右谏议大夫张禹谟为桂州观察使。

桂管监军李维周骄横，瓒曲奉[14]之，浸不能制[15]。桂管有兵八百人，防御使才得百人，余皆属监军；又预于逐帅[16]之谋，强取两使印[17]，擅补知州官，夺昭州送使钱[18]。诏禹谟并按之。禹谟，彻[19]之子也。

招讨副使、都监杨复光[20]奏尚君长弟让据查牙山[21]，官军退保邓州。复光，玄价[22]之养子也。

王仙芝攻蕲州。蕲州刺史裴偓[23]，王铎知举[24]时所擢进士也。王镣在贼中，为仙芝以书说偓。偓与仙芝约，敛兵不战，许为之奏官；镣亦说仙芝许以如约。偓乃开城延仙芝及黄巢辈三十余人入城，置酒，大陈货贿以赠之，表陈其状。诸宰相多言："先帝不赦庞勋，期年卒诛之。今仙芝小贼，非庞勋之比，赦罪除官，益长[25]奸宄。"王铎固请，许之；乃以仙芝为左神策军押牙兼监察御史，遣中使以告身即蕲州授之。

仙芝得之甚喜，镣、偓皆贺。未退，黄巢以官不及己，大怒曰："始者共立大誓，横行天下，今独取官赴左军，使此五千余众[26]安所归乎！"因殴仙芝，伤其首，其众喧噪不已。仙芝畏众怒，遂不受命，大掠蕲州，城中之人，半驱半杀，焚其庐舍。偓奔鄂州，敕使[27]奔襄州，镣为贼所拘。贼乃分其军三千余人从仙芝及尚君长，二千余人从巢，各分道而去[28]。

（以上为第十八段，写朝廷招抚王仙芝失败，赔了夫人又折兵。）

【注释】

[1]温州：州名。治所永嘉，在今浙江温州市。 [2]论奏：论列情由，呈奏朝廷。 [3]迁延：拖延。 [4]右率府率（lù）：官名。太子率府分左右，掌兵仗、仪卫。其长官为率、副率。[5]申州：州名。治所义阳，在今河南信阳市。 [6]通州：胡注，唐时淮南道未有通州，此必误。参考下文，"通"当作"蕲"。 [7]逊位：让位，退位。 [8]沂州奏捷：指宋威奏破王仙芝于沂州城下。 [9]疮痍：战争给地方造成的创伤。 [10]妄奏：谓奏王仙芝已死。 [11]西平王晟：即李晟，字良器，洮州临潭（今甘肃临洮）人。唐名将。德宗时讨平朱泚叛乱，收复长安，拜凤翔、陇右、泾原三镇节度使，封西平郡王。官至太尉兼中书令。传见《旧唐书》卷一百三十三，《新唐书》卷一百五十四。 [12]青、沧：指平卢军和义昌军。 [13]李瓒：唐文宗宰相李宗闵之子。历任中书舍人、翰林学士，出为桂管观察使。为士卒所逐，贬死。事附《旧唐书》卷一百七十六，《新唐书》卷一百七十四。 [14]曲奉：曲意奉承。 [15]浸不能制：逐渐不能控制。 [16]逐帅：驱逐观察使李瓒。 [17]两使印：观察使和防御使官印。 [18]送使钱：诸州税钱三分之一送节度、观察使，称送使钱。 [19]彻：张彻乃唐穆宗长庆时卢龙节度使判官，死于朱克融之乱。事见《资治通鉴》卷二百四十二唐穆宗长庆元年。 [20]杨复光：杨复恭堂弟。任忠武军监军，与黄巢起义军作战有功，授天下兵马都监。招安黄巢大将朱温。出谋召李克用之兵攻黄巢而收复长安。随即病死。传见《旧唐书》卷一百八十四，《新唐书》卷二百零七。 [21]查牙山：山名。亦作嵖岈山，在今河南遂平县西。 [22]玄价：杨玄价，宦官。唐懿宗咸通时任左神策军中尉。 [23]裴偓：据章校，"偓"作"渥"。 [24]知举：即知贡举。主持进士考试。 [25]益长：更加助长。[26]五千余众：王仙芝、黄巢初起义时，数月之间众至数万。至此才有五千余人，因游动作战，

聚散无常之故。［27］敕使：即授告身之中使。［28］分道而去：从此王仙芝、黄巢分兵作战。王仙芝转战赣、鄂，死于黄梅。黄巢北攻齐、鲁，转向淮南、浙西，进入闽、广。复回师北上，攻陷东都洛阳。又向西进军，攻入长安，称帝。

【点评】

唐懿宗、僖宗交替之际，正是黄巢大起义的前夜。此时唐王朝君不君，臣不臣，朋党交争，丧失人性，政治腐败到极点，人民生活在水深火热之中。本卷点评几件细事，以见当时人心世态之一斑。

一、文人相轻。唐代科举有进士与明经两个途径。考进士用诗赋、对策，重文采，每年一科只取二三十人。明经考经学，明经进士每年每科一百人，容易考取。在仕途上进士与明经待遇不同，入翰林做学士，入阁为相，多取进士出身。王凝和崔昭两人是姨表兄弟。两人母亲郑氏，崔彦昭之母为姐，王凝之母是妹。王凝年十五就明经及第，再登进士甲科，崔昭进士落第。王凝给崔彦昭开了一个玩笑说："你去考明经吧。"崔彦昭大怒。崔彦昭比王凝升迁快，懿宗晚年，两人同任兵部侍郎。僖宗即位，乾符元年（874）。崔彦昭升任宰相。崔彦昭的母亲立即对侍婢们说："赶快给我多做一些鞋袜，王侍郎的母子即将有难，要流配外地，我要去陪伴妹妹。"崔彦昭明白母亲话中所指，哭着下跪对母亲发誓，"决不报复王凝"。由于崔彦昭母亲的智慧和亲情，才化解了崔彦昭与王凝两人的矛盾，王凝这才免遭报复打击。当时朋党结派，文人相轻发展到深仇大恨。有许多人没有王凝那样幸运，不知哪一天，天外横祸就要飞来，自己还不知道是怎么一回事。

二、官场险恶。王铎、刘瞻、于悰、路岩、韦保衡五人，在懿宗朝后期同朝为相。路岩、韦保衡两人品格低下，韦保衡更次。懿宗却最宠这两人。两人狼狈为奸，权倾天下，把王铎、刘瞻、于悰都排斥出朝。王铎是韦保衡进士及第的主考官，起居舍人萧遘是韦保衡的同年，亦在韦保衡的排斥之列。萧遘才能优异，为韦保衡所忌。萧遘又与于悰交好。一大批朝官，凡与于悰交好者都被贬官。有尚书左丞李当、吏部侍郎王沨、左散骑常侍李都、兵部侍郎张裼、前中书舍人封彦卿、左谏议大夫杨塾同日遭贬。又贬工部尚书严祁、给事中李贶、张铎、左金吾大将军李敬仲、起居舍人李渎、郑彦特、李藻等。后路岩与韦保衡两人交恶，韦保衡打小报告给懿宗，路岩被贬出京。路岩名声太臭，出京之日，长安市人围观，向他投掷瓦片。京兆尹薛能是路岩提拔的人，路岩提出要薛能保护他，薛能翻脸不认人，说："宰相出京，京兆府没有派人保护的先例。"刘瞻被排斥出京，刘邺说了坏话。韦保衡倒台，刘瞻回京，刘邺内心不安，请刘瞻做客，在酒中暗中放毒，刘瞻回家后当夜就死了。路岩、韦保衡多行不义，犯了众怒，失势后连续遭贬逐，最后被赐死。路岩任宰相时曾密奏，说："三品以上官赐死，要使者割取三寸长的喉管进呈朝廷，用以验证该人确实已死。"路岩被贬儋州，走到江陵被囚禁在狱中，有诏赐死。这时路岩自己也要被割取三寸喉管，而且所死的狱室，恰是当年路岩害死杨收的地方，路岩也死在杨收死的那一张床上，得了现世报。

唐朝后期的朋党斗争，彼此寻找借口，互相排斥，崩溃是不可避免的了。

三、无行朝官的拍马术。僖宗乾符二年（875），秋七月，蝗虫由东向西铺天盖地飞来，蝗虫所过之地，寸草不留，禾稼吃光，一片赤地。京兆尹杨知至上奏朝廷说："蝗虫侵入京郊，不吃禾稼，成群的闯向荆棘而死。"宰相百官都向僖宗庆贺。胡三省评论说："杨国忠上奏连日大雨不伤害禾稼，韩晃上奏连日大雨没损害盐场。现今杨知至上奏蝗虫不吃禾稼自抱荆棘而死。唐室的朝官欺骗皇上的积习由来已久。"如此这般疯狂地拍马术，已丧失了人性。秦朝赵高指鹿为马，朝官在高压下说谎，还有几分人性，晚唐君臣自欺说谎，丧尽人性。唐之朝官，还不如秦末之朝官。"指鹿为马"与"蝗不食禾"都是亡国之音。没有了真假是非，国不亡何待！

四、无德武人便是屠夫。懿宗咸通十一年（870），南诏侵犯西川，成都兵力不足，杨庆复出赏金招募勇敢之士三千人，号为"突将"，即冲锋陷阵之将。杨庆复依靠这支主力军打退了南诏，立下赫赫战功，保卫了成都。"突将"经过战争洗礼后被正式编入了官军。僖宗乾符二年（875），南诏再次大举入侵西川，朝廷调天平节度使高骈为西川节度使进驻成都。高骈曾在安南打败南诏，朝廷很是依赖他，高骈也自以为能，骄横不可一世。南诏退兵以后，高骈裁减突将，引起突将不满。四月，部分突将要驱逐高骈，监军出面平息骚乱。高骈表面答应不裁减突将，却暗中布置军力，屠杀突将。过了两个月，在六月二十日辛未那一天夜里，高骈采取行动，不但包围突击将军营，而且包围突将的家属，军士越墙破门而入，不分男女老幼、孕妇病人，全部抓去杀死，连婴儿也不能幸免，有的被扑杀在石阶上，有的被摔死在柱子下，血流成河，号哭之声震天动地，一共杀了数千人。有一个妇女愤怒地大骂高骈不得好死。作为一镇节度使的高骈，完全是一个屠夫。朝廷后来任命高骈为扬州大都督府长史、淮南节度使，与黄巢作战，高骈却欲行割据，失去朝廷信任，为其部将所杀，遭灭族。

五、卢携上奏称百姓深陷涂炭。卢携，字子升，范阳人。大中九年进士及第，授集贤校理。咸通中为右拾遗、殿中侍御史，历官长安县令、郑州刺史、谏议大夫，乾符初任翰林学士，拜中书舍人。乾符四年入相。卢携内倚宦官田令孜，外结高骈为援，掌控朝政，随心所欲，是一个权奸。黄巢入长安，卢携罢相，当夜服毒自杀。即使是这样一个权奸，他目睹当时战乱中黎民深重灾难，为了维护唐皇室的统治，也上书言事。乾符元年正月，卢携上奏僖宗，深以国事为忧。卢携上奏说："陛下刚登上帝位，要关心百姓。去年关东地区大旱，秋天庄稼没有收成。贫穷的人把蓬蒿的种子舂碎当面粉，把槐树叶子采来当粮食。现在到处都在闹饥荒，讨饭都没地方，饥民只好坐守在乡间，等死在沟壑。可是州县官府要上供和交三司的税钱，他们就用鞭子去抽打饥民，拆房砍树，逼交税钱。租税之外，还有徭役。朝廷不爱惜百姓，百姓一点谋生的办法也没有。希望皇上敕令各州县立即停收拖欠的残税，还要打开各地的义仓赈济饥民。”朝廷虽然发下照办的敕令，但是各部门并不执行，赈济成了一纸空文。朝命失去了权威，统治不能照旧进行下去，人民没法生活，大起义的条件完全成熟。卢携上奏的当年，即公元 874 年，淮州人王仙芝在长垣起义。次年，即公元 875 年，冤句人黄巢也聚众起义，响应王仙芝。黄巢攻击唐州县，数月间众至数万。唐末黄巢大起义，就这样爆发了。

卷二五三　唐纪六十九

唐僖宗乾符四年至广明元年（877—880 年）

【起强圉作噩（丁酉，877 年），尽上章困敦（庚子，880 年）十月，凡三年有奇】

【大事提要】

本卷记事起公元 877 年，讫公元 880 年十月，凡三年又十个月。当唐僖宗乾符四年至广明元年十月。这一时期最重大的事件是朝廷围剿王仙芝、黄巢农民军，王仙芝和黄巢在大江南北、东南浙闽乃至岭南，流动作战。公元 878 年，王仙芝犯江陵，先胜后败，官军追剿，在今湖北黄梅县大破王仙芝军，杀了王仙芝。第二年，公元 878 年，黄巢退出唐朝重兵设防的河南，转战东南，打击唐朝财赋所出的生命线。黄巢率领农民军走遍长江、闽江、珠江，在大范围内流动作战。公元 880 年，黄巢从广州北上，又回到河南，众数十万，唐军望风溃逃。在黄巢纵横江南之时，北方沙陀人李国昌、李克用父子又反于代地，打击唐王朝，使唐王朝雪上加霜。唐王朝已处在风雨飘摇之中，而唐僖宗仍游宴无度，好走马击球，甚至以击球胜负选节度，任用大将如同儿戏。宦官田令孜专权，宰臣不以国事民生为忧。唐室危如累卵。

僖宗惠圣恭定孝皇帝上之下

乾符四年（丁酉，877 年）

春，正月，王郢诱鲁寔[1]入舟中，执之，将士从寔者皆奔溃。朝廷闻之，以右龙武大将军宋皓为江南诸道招讨使，先征诸道兵外，更发忠武、宣武、感化三道、宣、泗二州兵，新旧合万五千余人，并受皓节度。二月，郢攻陷望海镇，掠明州，又攻台州，陷之；刺史王葆退守唐兴。诏二浙、福建[2]各出舟师以讨之。

王仙芝陷鄂州[3]。

黄巢陷郓州[4]，杀节度使薛崇。

南诏酋龙嗣立以来，为边患殆二十年[5]中国为之虚耗，而其国中亦疲弊。酋龙卒，谥曰景庄皇帝；子法立，改元贞明、承智、大同[6]国号鹤拓[7]，亦号大封人。

法好畋猎酣饮，委国事于大臣。闰月，岭南西道节度使辛谠奏南诏遣陁西[8]段瑳宝等来请和，且言"诸道兵戍邕州岁久，馈饷之费，疲弊中国，请许其和，使羸瘵[9]息肩。"诏许之。谠遣大将杜弘等赍书币，送瑳宝还南诏，但留荆南、宣歙数军戍邕州，自余诸道兵什减其七。

王郢横行浙西，镇海节度使裴璩严兵设备，不与之战，密招其党朱实降之，散其徒六七千人，输器械二十余万，舟航[10]、粟帛称是。敕以实为金吾将军。于是郢党离散；郢收余众，东至明州，甬桥镇遏使刘巨容[11]以筒箭[12]射杀之，余党皆平。璩，谞[13]之从曾孙也。

（以上为第一段，写官军剿灭叛贼王郢。）

【注释】

[1]王郢诱鲁寔：乾符二年（875）原浙西狼山镇遏使王郢，因节度使处事不公而率众叛乱。三年，王郢通过温州刺史鲁寔请降，求望海镇使，朝廷不许，故有此举。 [2]二浙、福建：方镇名。二浙为浙江东道节度使、浙江西道节度使。福建为观察使。二浙、福建，由江南东道分出，今江苏、浙江、福建地区。 [3]鄂州：州治江夏，在今湖北武汉市武昌区。属江南西道。[4]郓州：州治郓城县，在今山东郓城县东。属河南道。 [5]殆二十年：南诏国酋龙于唐宣宗大中十三年（859）嗣位，至乾符四年已十八年。 [6]贞明、承智、大同：是南诏法王即位后使用的三个年号。 [7]鹤拓：鹤拓是南诏的别称，法王的后裔所称，也自称为大封人。胡注认为是"以封为国号"。 [8]陁（tuó）西：南诏官名。军府设陀西，相当于中国的判官。 [9]瘵（zhài）：病。 [10]舟航：连浮桥用的船只。 [11]刘巨容：徐州人，为州大将，累官至山南东道节度使。黄巢入长安，授南面行营招讨使，后兵败入蜀为田令孜所东。传见《新唐书》卷一百八十六。[12]筒箭：藏于竹筒内的暗箭。 [13]谞：裴谞，字士明，绛州闻喜（今山西闻喜）人。历仕唐代宗、唐德宗两朝，累官至兵部侍郎、河南尹、东都副留守。传见《旧唐书》卷一百二十六，《新唐书》卷一百三十。

三月，黄巢陷沂州。

夏，四月，壬申朔[1]，日有食之。

贼帅柳彦璋剽掠江西。

陕州军乱，逐观察使崔碣[2]；贬碣怀州司马。

黄巢与尚让合兵保查牙山。

五月，甲子[3]，以给事中杨损[4]为陕虢观察使。损至官，诛首乱者。损，嗣复之子也。

初，桂管观察使李瓒失政[5]，支使薛坚石屡规正[6]之，瓒不能从。及瓒被逐；坚石摄留务，移牒邻道，禁遏[7]乱兵，一方以安。诏擢坚石为国子博士。

六月，柳彦璋袭陷江州，执刺史陶祥，使祥上表，彦璋亦自附降状。敕以彦璋为右监门将军，令散众赴京师；以左武卫将军刘秉仁为江州刺史。彦璋不从，以战舰百余固[8]湓江[9]为水寨。剽掠如故。

忠武都将李可封戍边还，至邠州，迫胁主帅，索旧欠粮盐，留止四日，阖境震惊。秋，七月，还至许州，节度使崔安潜悉按诛之。

庚申[10]，王仙芝、黄巢攻宋州，三道兵[11]与战，不利，贼遂围宋威于宋州。甲寅[12]，左威卫上将军张自勉将忠武兵七千救宋州，杀贼二千余人，贼解围遁去。

王铎、卢携欲使张自勉以所将兵受宋威节度，郑畋以为威与自勉已有疑忿，若在麾下，必为所杀，不肯署奏[13]。八月，辛未[14]，铎、携诉于上，求罢免；庚辰[15]，畋请归浐川[16]养疾；上皆不许。

王仙芝陷安州。

盐州军乱，逐刺史王承颜，诏高品牛从珪往慰谕之；贬承颜象州司户。承颜及崔碣素有政声[17]，以严肃为骄卒所逐，朝廷与贪暴致乱者同贬，时人惜之。从珪自盐州还，军中请以大将王宗诚为刺史。诏宗诚诣阙，将士皆释罪，仍加优给。

乙卯[18]，王仙芝陷随州，执刺史崔休征。山南东道节度使李福遣其子将兵救随州，战死。福奏求援兵，遣左武卫大将军李昌言将凤翔五百骑赴之，仙芝遂转掠复、郢[19]。忠武大将张贯等四千人与宣武兵援襄州，自申、蔡间道逃归[20]，诏忠武节度使崔安潜、宣武节度使穆仁裕遣人约还[21]。

冬，十月，邠宁节度使李侃奏遣兵讨王宗诚，斩之，余党[22]悉平。

郑畋[23]与王铎、卢携争论用兵于上前，畋不胜，退，复上奏，以为："自王仙芝俶扰[24]，崔安潜首请会兵讨之，继发士卒，罄竭资粮[25]；贼往来千里，涂炭诸州，独不敢犯其境。又以本道兵授张自勉，解宋州围，使江、淮漕运流通，不输寇手。今蒙尽以自勉所将七千兵令张贯将之，隶宋威。自勉独归许州，威复奏加诬毁。因功受辱，臣窃痛之。安潜出师，前后克捷非一，一旦强兵尽付他人，良将空还，若勍敌[26]忽至，何以枝梧！臣请以忠武四千人授威，余三千人使自勉将之，守卫其境，既不侵宋威之功，又免使安潜愧耻。"时卢携不以为然，上不能决。畋复上言："宋威欺罔朝廷，败衄狼藉。又闻王仙芝七状[27]请降，威不为闻奏。朝野切齿，以为宜正军法。迹状如此，不应复典兵权，愿与内大臣[28]参酌，早行罢黜。"不从。

河中军乱，逐节度使刘侔，纵兵焚掠。以京兆尹窦璟为河中宣慰制置使。

黄巢寇掠蕲、黄，曾元裕击破之，斩首四千级。巢遁去。

十一月，己酉[29]，以窦璟为河中节度使。

招讨副使、都监杨复光遣人说谕王仙芝，仙芝遣尚君长等请降于复光[30]，宋威遣兵于道中劫取君长等。十二月，威奏与君长等战于颍州西南，生擒以献；复光奏君长等实降，非威所擒。诏侍御史归仁绍等鞫[31]之，竟不能明；斩君长等于狗脊岭。

黄巢陷匡城[32]，遂陷濮州。诏颍州刺史张自勉将诸道兵击之。

江州刺史刘秉仁乘驿之官，单舟入柳彦璋水寨，贼出不意，即迎拜，秉仁斩彦璋，散其众。

王仙芝寇荆南。节度使杨知温[33]，知至之兄也，以文学进，不知兵，或告贼至，知温以为妄，不设备。时汉水浅狭，贼自贾堑[34]渡。

（以上为第二段，写宰相不和，唐僖宗无识断，诏令是非颠倒，功臣受屈，奸人得势，贼乱难平，兵变不断。）

【注释】

[1]壬申朔：四月一日。[2]崔碣：字东标，博陵安平（今河北安平）人。德宗京兆尹崔纵之孙。历任商州刺史、河南尹、陕虢观察使。军乱，贬怀州司马。传见《新唐书》卷一百二十。[3]甲子：五月二十四日。[4]杨损：字文默，唐文宗宰相杨嗣复之子。唐懿宗时官至殿中侍御史。唐僖宗时官至陕虢观察使、淄青节度使。传见《旧唐书》卷一百七十六，《新唐书》卷一百七十四。[5]失政：政治混乱。[6]规正：劝其改正。[7]禁遏：禁止，阻止。[8]固：固守，坚守。[9]湓江：水名。源出江西瑞昌西南青江，东流至九江西北入长江。此处指九江城外一段。[10]庚申：七月二十一日。[11]三道兵：即平卢、宣武、忠武所派之兵。[12]甲寅：七月十五日。[13]署奏：在奏章上署名。[14]辛未：八月三日。[15]庚辰：八月十二日。[16]浐川：地名。在今陕西西安市东。[17]政声：政治上有声誉。[18]乙卯：九月十七日。[19]郢州：州名。治所京山，在今湖北京山市。[20]自申、蔡间道逃归：谓忠武与宣武兵自许昌开赴襄阳，行至半路，即从申、蔡二州之间小路逃回本镇。[21]约还：约束将士，使还军赴援襄州。[22]余党：逐王承颜之党羽。[23]郑畋：字台文，年十八进士及第。懿宗朝遭白敏中、令狐绹排斥，久不得意。僖宗立，入朝官至宰相，后出为凤翔节度使，阻击黄巢不得西出关中，屏障西川，唐室得此苟延残喘。传见《旧唐书》卷一七八，《新唐书》卷一八五。[24]俶（chù）扰：开始动乱。[25]罄竭资粮：竭本镇所有以供出征战士的物资粮食。[26]勍（qíng）敌：劲敌，强敌。[27]七状：七次上表。[28]内大臣：指两枢密使和左右神策护军中尉。时谓之四贵。[29]己酉：十一月十二日。[30]请降于复光：杨复光时屯邓州，王仙芝在郢州。尚君长请降，中途须经颍州。[31]鞫：审讯，调查。[32]匡城：县名。即长垣县，武德八年（625）改称匡城县。县治在今河南长垣市东北。[33]杨知温：文宗朝刑部尚书杨汝士之子。官终荆南节度使。传见《旧唐书》卷一百七十六，《新唐书》卷一百七十五。[34]贾堑：地名。在今湖北钟祥市南汉水北岸。

五年（戊戌，878年）

春，正月，丁酉朔[1]，大雪，知温方受贺[2]，贼已至城下，遂陷罗城。将佐共治子城而守之，及暮，知温犹不出。将佐请知温出抚士卒，知温纱帽皂裘而行，将佐请知温擐甲以备流矢。知温见士卒拒战[3]，犹赋诗示幕僚，遣使告急于山南东道节度使李福，福悉其众自将救之。时有沙陀五百在襄阳，福与之俱，至荆门[4]，遇贼，沙陀纵骑奋击，破之。仙芝闻之，焚掠江陵而去。江陵城下旧三十万户，至是死者什三四。

壬寅[5]，招讨副使曾元裕大破王仙芝于申州东，所杀万人，招降散遣者亦万人。敕以宋威久病，罢招讨使，还青州[6]，以曾元裕为招讨使，颍州刺史张自勉为副使。

庚戌[7]，以西川节度使高骈为荆南节度使兼盐铁转运使。

振武节度使李国昌之子克用[8]为沙陀副兵马使，戍蔚州。时河南盗贼[9]蜂起，云州沙陀兵马使李尽忠与牙将康君立、薛志勤、程怀信、李存璋等谋曰："今天下大乱，朝廷号令不复行于四方，此乃英雄立功名富贵之秋也。吾属虽各拥兵众，然李振武[10]功大官高，名闻天下，其子勇冠诸军，若辅以举事，代北不足平也。"众以为然。君立，兴唐[11]人；存璋，云州人；志勤，奉诚[12]人也。

会大同防御使段文楚兼水陆发运使，代北荐饥[13]，漕运不继，文楚颇减军士衣米；又用法稍峻，军士怨怒。尽忠遣君立潜诣蔚州说克用起兵，除文楚而代之。克用曰："吾父在振武，俟我禀之。"君立曰："今机事已泄，缓则生变，何暇千里禀命乎！"于是尽忠夜帅牙兵攻牙城，执文楚及判官柳汉璋系狱，自知军州事，遣召克用。克用帅其众趣云州，行收兵，二月，庚午[14]，至城下，众且万人，屯于斗鸡台[15]下。壬申[16]，尽忠遣使送符印，请克用为防御留后。癸酉[17]，尽忠械文楚等五人送斗鸡台下，克用令军士冎[18]而食之，以骑践其骸。甲戌[19]，克用入府舍视事。令将士表求敕命；朝廷不许。

李国昌上言："乞朝廷速除大同防御使；若克用违命，臣请帅本道兵讨之，终不爱一子以负国家。"朝廷方欲使国昌谕克用，会得其奏，乃以司农卿支详为大同军宣慰使，诏国昌语克用，令迎候如常仪，除克用官，必令称惬[20]。又以太仆卿卢简方[21]为大同防御使。

贬杨知温为郴州司马。

曾元裕奏大破王仙芝于黄梅[22]，杀五万余人，追斩仙芝，传首[23]，余党散去。

（以上为第三段，写贼寇祸乱江陵。官军调整部署，破斩王仙芝。）

【注释】

[1]丁酉朔：正月一日。 [2]受贺：凡元旦、冬至，诸州镇长官皆在衙门接受属下将吏祝贺。 [3]拒战：御敌作战。 [4]荆门：县名。县治在今湖北荆门市。 [5]壬寅：正月六日。 [6]还青州：宋威本平卢节度使，故令还其治所。 [7]庚戌：正月十四日。 [8]克用（856—

908）：李克用沙陀人。以镇压黄巢起义有功，授河东节度使，封晋王。以后割据一方，长期与朱温混战。死后其子存勖建立后唐，被尊为太祖。传见《新唐书》卷二百一十八，《旧五代史》卷二，《新五代史》卷一。［9］河南盗贼：谓王仙芝、黄巢等。［10］李振武：即李国昌，李克用之父。［11］兴唐：县名。至德二年（757）改安边县置，县治在今河北蔚县。［12］奉诚：即饶乐都督府，贞元二十二年（648）在奚族地置，治所在今内蒙古宁城县。开元二十三年（735）改名奉诚都督府。［13］荐饥：五谷连年不熟。［14］庚午：二月四日。［15］斗鸡台：地名。在今山西大同市城北。［16］壬申：二月六日。［17］癸酉：二月七日。［18］冎：同"剐"。［19］甲戌：二月八日。［20］惬（qiè）：快意，满意。［21］卢简方：史失其世系。卢钧镇太原，表为节度府判官。累迁江州刺史，擢义昌节度使，入拜太仆卿。出为大同防御史。传见《新唐书》卷一百八十二。［22］黄梅：县名。县治在今湖北黄梅县。［23］传首：将首级传送京师。

黄巢方攻亳州未下，尚让帅仙芝余众归之，推巢为主，号冲天大将军，改元王霸，署官属[1]。巢袭陷沂州、濮州。既而屡为官军所败，乃遗天平节度使张杨[2]书，请奏之。诏以巢为右卫将军，令就郓州解甲[3]；巢竟不至。

加山南东道节度使李福同平章事，赏救荆南之功也。

三月，群盗陷朗州、岳州。曾元裕[4]屯荆、襄，黄巢自滑州略宋、汴，乃以副使张自勉充东南面行营招讨使。黄巢攻卫南[5]，遂攻叶[6]、阳翟。诏发河阳兵千人赴东都，与宣武、昭义兵二千人共卫宫阙[7]；以左神武大将军刘景仁充东都应援防遏使，并将三镇[8]兵，仍听于东都募兵二千人。景仁，昌[9]之孙也。又诏曾元裕将兵径还东都，发义成兵三千守镮辕[10]、伊阙、河阴[11]、武牢。

王仙芝余党王重隐陷洪州，江西观察使高湘奔湖口[12]。贼转掠湖南，别将曹师雄掠宣、润。诏曾元裕、杨复光引兵救宣、润。

湖南军乱，都将高杰逐观察使崔瑾[13]。瑾，郾之子也。

黄巢引兵渡江，攻陷虔、吉、饶[14]、信等州。

（以上为第四段，写黄巢为起义军首领，在河南流窜作战。）

【注释】

［1］署官属：设置属吏。［2］张杨：据章校，"杨"作"裼"。［3］解甲：谓投降。［4］曾元裕：据章校，"曾"上有"招讨使"三字。［5］卫南：县名。县治在今河南滑县东北。［6］叶：

县名。县治在今河南叶县西南旧县镇。［7］卫宫阙：谓防卫东都宫阙。［8］三镇：指河阳、宣武、昭义。［9］昌：刘昌，字公明，汴州开封（今河南开封市）人。唐德宗时官至四镇、北庭行营兼泾原节度使。四镇为唐西域四镇，龟兹、于阗、焉耆、疏勒。传见《旧唐书》一百五十二，《新唐书》卷一百七十。［10］轘辕、伊阙、武牢：皆关名。轘辕关在今河南洛阳市偃师区南轘辕山上。伊阙关在今河南洛阳市南伊阙山上。武牢关即虎牢关，唐避先祖李虎讳，改“虎”为“武”，在今河南荥阳市西北汜水镇。［11］河阴：县名。县治在今河南荥阳市东北。［12］湖口：地名。即今江西鄱阳湖入长江之口。［13］崔瑾：唐文宗朝浙西观察使崔郾第三子。官至湖南观察使。事附《旧唐书》卷一百五十五，《新唐书》卷一百六十三。［14］饶州：州名。治所鄱阳，在今江西鄱阳县。

朝廷以李克用据云中，夏，四月，以前大同军防御使卢简方为振武节度使，以振武节度使李国昌为大同节度使，以为克用必无以拒也。

诏以东都军储不足，贷商旅富人钱谷以供数月之费，仍赐空名[1]殿中侍御史告身五通[2]，监察御史告身十通，有能出家财助国稍多者赐之。时连岁旱、蝗，寇盗充斥，耕桑半废，租赋不足，内藏虚竭[3]，无所佽助[4]。兵部侍郎、判度支杨严[5]三表自陈才短，不能济办[6]，辞极哀切，诏不许。

曹师雄寇湖州，镇海节度使裴璩遣兵击破之。王重隐死，其将徐唐莒据洪州。

饶州将彭幼璋合义营兵[7]克复饶州。

南诏遣其酋望[8]赵宗政来请和亲，无表，但令督爽牒中书，请为弟而不称臣。诏百僚议之，礼部侍郎崔澹[9]等以为：“南诏骄僭无礼，高骈不识大体，反因一僧[10]咕嗫[11]卑辞诱致其使，若从其请，恐垂笑后代。”高骈闻之，上表与澹争辩，诏谕解之。澹，药之子也。

五月，丙申朔[12]，郑畋、卢携议蛮事，携欲与之和亲，畋固争以为不可。携怒，拂衣起，袂罥[13]砚堕地，破之。上闻之，曰：“大臣相诟，何以仪刑四海[14]！”丁酉[15]，畋、携皆罢为太子宾客、分司。以翰林学士承旨、户部侍郎豆卢瑑[16]为兵部侍郎，吏部侍郎崔沆为户部侍郎，并同平章事。

时宰相有好施者，常使人以布囊贮钱自随，行施丐者，每出，褴褛盈路。有朝士以书规之曰："今百姓疲弊，寇盗充斥，相公宜举贤任能，纪纲[17]庶务，捐不急之费[18]，杜私谒之门，使万物各得其所，则家给人足，自无贫者，何必如此行小惠乎！"宰相大怒。

邕州大将杜弘送段磋宝至南诏，逾年而还。甲辰[19]，辛谠复遣摄巡官[20]贾宏、大将左瑜、曹朗使于南诏。

（以上为第五段，写朝廷羁縻南诏。宰臣好施舍，务虚誉，不以国事民生为忧。）

【注释】

[1]空名：空白告身。告身，委任状。 [2]通：量词。一份。 [3]内藏虚竭：指各家各户积蓄耗尽。 [4]无所佽（cì）助：无人出来应诏资助。 [5]杨严：字凛之，唐懿宗宰相杨收之弟。咸通中历任给事中、工部侍郎。杨收为相，请外职，任浙东观察使。乾符中以兵部侍郎判度支。传见《旧唐书》卷一百七十七，《新唐书》卷一百八十四。 [6]济办：办得成功。据章校，"办"下有"乞解使务"四字。 [7]义营兵：地方志愿组织的武装。 [8]酋望：南诏清平官之一，位在大军将之下，久赞之上。 [9]崔澹：唐武宗宰相崔珙之侄，位终吏部侍郎。传见《旧唐书》卷一百七十七，《新唐书》卷一百八十二。 [10]僧：指景仙。景仙出使南诏见《资治通鉴》卷二百五十二唐僖宗乾符三年。 [11]呫嗫（chènniè）：低声絮语。 [12]丙申朔：五月一日。[13]罥（juàn）：挂，缠绕。 [14]仪刑四海：礼仪威严为天下的楷模。 [15]丁酉：五月二日。[16]豆卢瑑：字希真。历仕翰林学士、户部侍郎。乾符五年与崔沆同日拜相。黄巢入长安，被杀。传见《旧唐书》卷一百七十七，《新唐书》卷一百八十三。 [17]纪纲：治理。 [18]捐不急之费：裁减不急需的费用。 [19]甲辰：五月九日。 [20]摄巡官：官名。节度、观察、防御诸使的幕僚，位在判官、推官之下。

李国昌欲父子并据两镇，得大同制书，毁之，杀监军，不受代，与李克用合兵陷遮虏军[1]，进击宁武及岢岚军[2]。卢简方赴振武，至岚州[3]而薨。

丁巳[4]，河东节度使窦瀚发民堑晋阳[5]。己未[6]，以都押牙康传圭为代州刺史，又发土团千人赴代州。土团至城北，娖队不发[7]，求优赏。时府库空竭，瀚遣马步都虞候邓虔往慰谕之，土团冎虔，床舁[8]其尸入府。瀚与监军自出慰谕，人给钱三百，布一端，众乃定。押牙田公锷给乱军钱布，众遂劫之以为都将，赴代州，瀚借商人钱五万缗以助军。朝廷以瀚为不才[9]，六月，以前昭义节度使曹翔为河东节度使。

王仙芝余党剽掠浙西，朝廷以荆南节度使高骈先在天平有威名[10]，仙芝党多郓人，乃徙骈为镇海节度使。

沙陀焚唐林、崞县[11]，入忻州境。

秋，七月，曹翔至晋阳；己亥[12]，捕土团杀邓虔者十三人，杀之。义武兵至晋阳，不解甲，谨噪求优赏，翔斩其十将一人，乃定。发义成、忠武、昭义、河阳兵会于晋阳，以御沙陀。八月，戊寅[13]，曹翔引兵救忻州。沙陀攻岢岚军，陷其罗城。败官军于洪谷[14]，晋阳闭门城守。

黄巢寇宣州，宣歙观察使王凝拒之，败于南陵[15]。巢攻宣州不克，乃引兵攻浙东，开山路七百里，攻剽福建诸州。

九月，平卢军奏节度使宋威薨。

辛丑[16]，以诸道行营招讨使曾元裕领平卢节度使。

壬寅[17]，曹翔暴薨[18]。丙午[19]，昭义兵大掠晋阳，坊市[20]民自共击之[21]，杀千余人，乃溃。

中书侍郎、同平章事李蔚罢为东都留守。以吏部尚书郑从谠[22]为中书侍郎、同平章事。从谠，余庆[23]之孙也。

以户部尚书、判户部事李都同平章事兼河中节度使。

冬，十月，诏昭义节度使李钧、幽州节度使李可举与吐谷浑酋长赫连铎、白义诚、沙陀酋长安庆、萨葛酋长米海万，合兵讨李国昌父子于蔚州。十一月[24]，岢岚军翻城应沙陀。丁未[25]，以河东宣慰使崔季康为河东节度、代北行营招讨使。沙陀攻石州，庚戌[26]，崔季康救之。

十二月，甲戌[27]，黄巢陷福州，观察使韦岫[28]弃城走。

南诏使者赵宗政还其国。中书不答督爽牒，但作西川节度使崔安潜书意，使安潜答之。

崔季康及昭义节度使李钧与李克用战于洪谷，两镇兵败，钧战死。昭义兵还至代州，士卒剽掠，代州民杀之殆尽，余众自鹌鸣谷[29]走归上党。

王郢之乱，临安人董昌[30]以土团讨贼有功，补石镜[31]镇将。

是岁，曹师雄寇二浙，杭州募诸县乡兵各千人以讨之，昌与钱塘刘孟安、阮结、富阳闻人宇、盐官徐及、新城杜棱、余杭凌文举、临平曹信各为之都将，号杭州八都，昌为之长。其后宇卒，钱塘人成及代之。临安人钱镠[32]以骁勇事昌，以功为石镜都知兵马使。

（以上为第六段，写贼乱未平，沙陀部李克昌、李克用父子又反于代北。）

【注释】

[1]遮虏军：军镇名。治所在今山西五寨西北。 [2]宁武及岢岚军：皆军镇名。宁武军治所在今山西宁武。岢岚军治所在今山西岢岚。 [3]岚州：州名。治所宜芳，在今山西岚县北。 [4]丁巳：五月二十二日。 [5]晋阳：县名。县治在今山西太原市南。 [6]己未：五月二十四日。 [7]娖（chuò）队不发：整理好队伍，却不向前进发。 [8]舁（yú）：抬。 [9]不才：没有才能。 [10]在天平有威名：高骈之威名在于交趾破南蛮，以其声威徙镇天平军，故郓人畏惧。 [11]唐林、崞县：皆县名。唐林县治在今山西原平市东南唐林岗。崞县县治在今山西原平市北崞阳镇。 [12]己亥：七月五日。 [13]戊寅：八月十五日。 [14]洪谷：地名。即今山西岢岚县东南洪谷堡。 [15]南陵：县名。县治在今安徽南陵县。 [16]辛丑：九月九日。 [17]壬寅：九月十日。 [18]暴薨：突然死亡。 [19]丙午：九月十四日。 [20]坊市：街市。 [21]自共击之：自发地团结一致讨击乱兵。 [22]郑从谠：字正求。咸通中历任吏部侍郎、河东、宣武、岭南东道等节度使。唐僖宗时任刑部尚书、宰相、河东节度使。传见《旧唐书》卷一百五十八，《新唐书》卷一百六十五。 [23]余庆：郑余庆，字居业，郑州荥阳（今河南荥阳市）人。唐德宗、唐宪宗两朝宰相，封荥阳郡公。传与从谠同卷。 [24]十一月：据章校，“月”下有“甲午”二字。甲午，十一月三日。 [25]丁未：十一月十六日。 [26]庚戌：十一月十九日。 [27]甲戌：十二月十三日。 [28]韦岫：字伯起，京兆万年（今陕西西安）人。父丹、兄宙皆以廉吏闻名。岫官至福建观察使。传见《新唐书》卷一百九十七。 [29]鹞鸣谷：地名。在今山西寿阳县东北。 [30]董昌：杭州临安（今浙江杭州市临安区北）人。木石镜镇将，中和元年（881）拒杭州刺史路审中到任，即自领州事，进义胜军节度使。乾宁二年（895）称帝，国号大越罗平。镇海节度使钱镠出兵讨伐，斩昌，夷其族。传见《新唐书》卷二百二十五下。 [31]石镜：军镇名。治所在今浙江杭州市临安区东南。 [32]钱镠（852—932）：字具美，杭州临安人。唐昭宗朝官至镇海节度使，唐亡，被梁太祖朱温封为吴越王，是为十国之一。传见《旧五代史》卷一百三十三、《新五代史》卷六十七。

六年（己亥，879 年）

春，正月，魏王佾[1]薨。

镇海节度使高骈遣其将张璘、梁缵分道击黄巢，屡破之，降其将秦彦[2]、毕师铎[3]、李罕之[4]、许勍等数十人；巢遂趣广南[5]。彦，徐州人；师铎，冤句人；罕之，项城人也。

贾宏等未至南诏，相继卒于道中，从者死亦太半[6]。时辛谠已病风痹[7]，召摄巡官徐云虔，执其手曰："谠已奏朝廷发使入南诏，而使者相继物故，奈何？吾子既仕则思徇国[8]，能为此行乎？谠恨风痹不能拜耳。"因呜咽流涕。云虔曰："士为知己死！明公见辟[9]，恨无以报德，敢不承命！"谠喜，厚具资装而遣之。

二月，丙寅[10]，云虔至善阐城，骠信见大使抗礼，受副使已下拜。己巳[11]，骠信使慈双羽、杨宗就馆谓云虔曰："贵府牒欲使骠信称臣，奉表贡方物；骠信已遣人自西川入唐，与唐约为兄弟，不[12]则舅甥。夫兄弟舅甥，书币[13]而已，何表贡之有？"云虔曰："骠信既欲为弟、为甥，骠信景庄[14]之子，景庄岂无兄弟，于骠信为诸父，骠信为君，则诸父皆称臣，况弟与甥乎！且骠信之先，由大唐之命，得合六诏为一[15]，恩德深厚，中间小忿，罪在边鄙[16]。今骠信欲修旧好，岂可违祖宗之故事乎！顺祖考[17]，孝也；事[18]大国，义也；息战争，仁也；审[19]名分，礼也。四者，皆令德[20]也，可不勉乎！"骠信待云虔甚厚，云虔留善阐十七日而还。骠信以木夹二授云虔，其一上中书门下，其一牒岭南西道，然犹未肯奉表称贡[21]。

（以上为第七段，写南诏拒绝称臣纳贡。）

【注释】

[1]魏王佾：魏王李佾，唐懿宗子，咸通三年（862）封。传见《旧唐书》卷一百七十五，《新唐书》卷八十二。 [2]秦彦：本名立。原为徐州军卒，加入黄巢起义军，后降于高骈，历任和州刺史，宣歙观察使。光启三年（887）入扬州，自立为帅。后被杀。传附《旧唐书》卷一百八十二《高骈传》。 [3]毕师铎：本为扬州牙将，光启三年囚其帅高骈，迎秦彦入扬州，被署为行军司马，后被杀。 [4]李罕之：陈州项城（今河南沈丘）人。初随黄巢起义，后投降高骈，任光州刺史。此后依违于李克用、朱全忠之间。传见《新唐书》卷一百八十七。 [5]广南：即岭南。 [6]太半：大半，三分之二。 [7]风痹（bì）：手脚麻木之病。 [8]徇国：为国捐躯。 [9]见辟：召我作官。 [10]丙寅：二月六日。 [11]己巳：二月九日。 [12]不：同"否"。 [13]书币：书信和礼物。 [14]景庄：即景庄皇帝，酋龙谥号景庄。 [15]合六诏为一：开元二十六年（738）唐玄宗赐南诏王皮逻阁名蒙归义，封为云南王，准许其合六诏为一。事见《资治通鉴》卷二百一十四唐玄宗开元二十六年。 [16]罪在边鄙：谓南诏与西川因边境小事而动干戈，责任不在朝廷。 [17]祖考：

祖先。［18］事：侍奉。［19］审：明悉。［20］令德：美德。［21］称贡：进贡。

辛未[1]，河东军至静乐[2]，士卒作乱，杀孔目官[3]石裕等。壬申[4]，崔季康逃归晋阳。甲戌[5]，都头张锴、郭昢帅行营兵攻东阳门[6]，入府，杀季康。辛巳[7]，以陕虢观察使高浔为昭义节度使；以邠宁节度使李侃为河东节度使。

三月，天平军节度使张裼薨，牙将崔君裕自知州事[8]，淄州刺史曹全晸讨诛之。

夏，四月，庚申朔[9]，日有食之。

西川节度使崔安潜到官不诘盗[10]，蜀人怪之。安潜曰："盗非所由通容[11]则不能为。今穷核[12]则应坐者众，搜捕则徒为烦扰。"甲子[13]，出库钱千五百缗，分置三市[14]，置榜其上曰："有能告捕一盗，赏钱五百缗。盗不能独为，必有侣[15]，侣者告捕，释其罪，赏同平人。"未几，有捕盗而至者，盗不服，曰："汝与我同为盗十七年，赃皆平分，汝安能捕我！我与汝同死耳。"安潜曰："汝既知吾有榜，何不捕彼以来！则彼应死，汝受赏矣。汝既为所先，死复何辞[16]！"立命给捕者钱，使盗视之，然后冎盗于市[17]，并灭其家。于是诸盗与其侣互相疑，无地容足，夜不及旦，散逃出境，境内遂无一人之盗。

安潜以蜀兵怯弱，奏遣大将赍牒诣陈、许募壮士，与蜀人相杂，训练用之，得三千人，分为三军，亦戴黄帽，号黄头军[18]。又奏乞洪州弩手，教蜀人用弩走丸[19]而射之，选得千人，号神机弩营。蜀兵由是浸强[20]。

（以上为第八段，写西川节度使崔安潜智计除盗，强化蜀兵。）

【注释】

［1］辛未：二月十一日。［2］静乐：县名。县治在今山西静乐县。［3］孔目官：官名。掌管文书档案。［4］壬申：二月十二日。［5］甲戌：二月十四日。［6］东阳门：晋阳城河东节度府门。［7］辛巳：二月二十一日。［8］自知州事：自行执掌知州事。州，指郓州，天平军治所。［9］庚申朔：四月一日。［10］诘盗：审讯盗贼。［11］通容：默许，放纵。指盗贼如无捕盗官的通容是不能为所欲为的。所由，指捕盗官吏。［12］穷核：彻底核查。［13］甲子：四月五日。

[14]三市：指成都城中的蚕市、药市和七宝市。[15]侣：同伙。[16]汝既为所先，死复何辞：你既然被同伙先捕获而告官，按榜文应处死，还有什么话可说。[17]冎盗于市：在闹市把盗贼凌迟处死。冎，同“剐”，古代的一种酷刑，将人一刀刀割死。[18]黄头军：忠武黄头军以勇闻名，故袭其号。[19]走丸：滚动的圆形物，用以为箭靶。[20]浸强：逐渐强悍起来。

凉王侹[1]薨。

上以群盗为忧，王铎曰：“臣为宰相之长[2]，在朝不足分陛下之忧，请自督诸将讨之。”乃以铎守司徒兼侍中，充荆南节度使、南面行营招讨都统。

五月，辛卯[3]，敕赐河东军士银。牙将贺公雅所部士卒作乱，焚掠三城[4]，执孔目官王敬送马步司。节度使李侃与监军自出慰谕，为之斩敬于牙门，乃定。

泰宁节度使李系，晟之曾孙也，有口才而实无勇略，王铎以其家世良将，奏为行营副都统兼湖南观察使，使将精兵五万并土团屯潭州，以塞岭北[5]之路，拒黄巢。

河东都虞候每夜密捕贺公雅部卒[6]，族灭之。丁巳[7]，余党近百人称“报冤将”，大掠三城，焚马步都虞候张锴、府城[8]都虞候郭昢家。节度使李侃下令，以军府不安，曲顺军情，收锴、昢，斩于牙门，并逐其家；以贺公雅为马步都虞候。锴、昢临刑，泣言于众曰：“所杀皆捕盗司[9]密申，今日冤死，独无烈士[10]相救乎！”于是军士复大噪，篡取[11]锴、昢归都虞候司。寻下令，复其旧职，并召还其家；收捕盗司元义宗等三十余家，诛灭之。己未[12]，以马步都教练使朱玫[13]等为三城斩斫使[14]，将兵分捕报冤将，悉斩之，军城始定。

黄巢与浙东观察使崔璆[15]、岭南东道节度使李迢书，求天平节度使，二人为之奏闻；朝廷不许。巢复上表求广州节度使[16]，上命大臣议之。左仆射于琮以为：“广州市舶[17]宝货所聚，岂可令贼得之！”亦不许，乃议别除官。六月，宰相请除巢府率[18]，从之。

河东节度使李侃以军府数有乱，称疾，请寻医。敕以代州刺史康传圭为河东行军司马，征侃诣京师。秋，八月，甲子[19]，侃发晋阳。寻以东都留守李蔚同平章事，充河东节度使。

（以上为第九段，写河东节度使李侃无威略，多次发生兵变。）

【注释】

［1］凉王侹：凉王李侹，唐懿宗子，咸通三年（862）封。传见《旧唐书》卷一百七十五，《新唐书》卷八十二。［2］宰相之长：即首相。［3］辛卯：五月二日。［4］三城：晋阳有东、西、中三城。东城在汾水之东，北齐时筑；西城在汾水之西，春秋时筑；中城在东西二城之间，唐时所筑。［5］岭北：地区名。指五岭之北，今湖南、江西南部。［6］捕贺公雅部卒：据章校，"卒"下有"作乱者"三字。［7］丁巳：五月二十八日。［8］府城：节度使府城，即牙城。［9］捕盗司：官署名。节度府属下机构，掌督捕盗贼。［10］烈士：此指仗义勇为的人。［11］篡取：强力夺取。此指军士劫法场，救下张锴、郭昢两都虞候，送归主管部门都虞候司处理。［12］己未：五月三十日。［13］朱玫：原为州戍将，累官至邠宁节度使。光启二年（886）立嗣襄王煴为帝，自称大丞相，为部将王行瑜所杀。传见《旧唐书》卷一百七十五，《新唐书》卷二百二十四下。［14］斩斫使：临时设置的官名。掌行刑。［15］崔璆：文宗朝浙西观察使崔郾之子，官至浙东观察使。事附《旧唐书》卷一百五十五，《新唐书》卷一百六十三。［16］广州节度使：即岭南东道节度使，治广州，故称。［17］市舶：外国商船。［18］府率（lǜ）：据章校，"府"上有"率"字。率府率，官名。即太子率府率，分左右，掌东宫兵仗、仪卫。［19］甲子：八月七日。

镇海节度使高骈奏："请以权舒州刺史郎幼复充留后，守浙西，遣都知兵马使张璘将兵五千于郴州守险，兵马留后王重任将兵八千于循、潮二州邀遮，臣将万人自大庾岭[1]趣广州击黄巢。巢闻臣往，必当遁逃，乞敕王铎以所部兵三万于梧、桂、昭、永四州守险。"诏不许。

九月，黄巢得率府率告身，大怒，诟执政，急攻广州，即日陷之，执节度使李迢，转掠岭南州县。巢使迢草表述其所怀，迢曰："予代受国恩[2]，亲戚满朝，腕可断，表不可草。"巢杀之。

冬，十月，以镇海节度使高骈为淮南节度使，充盐铁转运使，以泾原节度使周宝[3]为镇海节度使，以山南东道行军司马刘巨容为节度使。宝，平州人也。

黄巢在岭南，士卒罹瘴疫死者什三四，其徒劝之北还以图大事。巢从之。自桂州编大筏数十，乘暴水，沿湘江而下，历衡、永州，癸未[4]，抵潭州城下。李系婴城不敢出战，巢急攻，一日，陷之，系奔朗州。巢尽杀戍兵，流尸蔽江而下。尚让乘胜进逼江陵，众号五十万。时诸道兵未集，江陵兵不满万人，王铎留其将刘汉宏[5]守江陵，自帅众趣襄阳，云欲会刘巨容之师。铎既去，汉宏大掠江陵，焚荡[6]殆尽，士民逃窜山谷。会大雪，僵尸满野。后旬余，贼乃至，汉宏，兖州人也，帅其众北归为群盗。

闰月，丁亥朔[7]，河东节度使李蔚有疾，以供军副使李邵权观察留后，监军李奉皋权兵马留后。己丑[8]，蔚薨。都虞候张锴、郭昢署状绌邵[9]，以少尹丁球知观察留后。

十一月，戊午[10]，以定州已来制置使[11]万年王处存[12]为义武节度使，河东行军司马、雁门关已来制置使康传圭为河东节度使。

黄巢北趣襄阳，刘巨容与江西招讨使淄州刺史曹全晸合兵屯荆门以拒之。贼至，巨容伏兵林中，全晸以轻骑逆战，阳不胜而走，贼追之，伏发，大破贼众，乘胜逐北，比至江陵，俘斩其什七八。巢与尚让收余众渡江东走。或劝巨容穷追，贼可尽也。巨容曰："国家喜负人[13]，有急则抚存将士，不爱官赏[14]，事宁[15]则弃之，或更得罪；不若留贼以为富贵之资。"众乃止。全晸渡江追贼，会朝廷以泰宁都将段彦谟代为招讨使，全晸亦止，由是贼势复振，攻鄂州，陷其外郭，转掠饶、信、池、宣、歙、杭十五州，众至二十万。

康传圭自代州赴晋阳，庚辰[16]，至乌城驿[17]；张锴、郭昢出迎，乱刀斫杀之，至府，又族其家[18]。

十二月，以王铎为太子宾客、分司[19]。

初，兵部尚书卢携尝荐高骈可为都统，至是，骈将张璘等屡破黄巢，乃复以携为门下侍郎、平章事，凡关东节度使，王铎、郑畋所除者，多易置[20]之。

是岁，桂阳[21]贼陈彦谦陷郴州，杀刺史董岳。

（以上为第十段，写黄巢下广州，北上中原，一路势如破竹。官军大胜于江陵，纵寇东走，留贼以为自存之资。）

【注释】

[1]大庾岭：山名。在今江西大余、广东南雄二县之间，历为南北交通要隘。[2]代受国恩：世代蒙受国恩。[3]周宝：字上圭，平州卢龙（今河北卢龙）人。累官至泾原、镇海等节度使，后为钱镠所杀。传见《新唐书》卷一百八十六。[4]癸未：十月二十七日。[5]刘汉宏：王铎部将，大掠江陵后为群盗，后降于崔错，表为宿州刺史，官至浙东节度使。传见《新唐书》卷一百九十。[6]焚荡：烧毁。[7]丁亥朔：闰十月一日。[8]己丑：闰十月三日。[9]绌邵：谓贬斥李邵而推荐丁球。故有下文。[10]戊午：十一月三日。[11]制置使：武官名。唐宣宗大中五年（851）始置，为方面军征讨的最高指挥官，相当于前线总指挥。白敏中首任此职征讨党项人。[12]王处存：京兆万年（今陕西西安市）人。官至义武节度使。传见《旧唐书》卷一百八十二，《新唐书》卷一百八十六。[13]国家喜负人：指朝廷赏罚不公，常常言而无信。[14]不爱官赏：急需用人时，才大加封赏。爱，吝惜。[15]宁：安定，平安。[16]庚辰：十一月二十四日。[17]乌城驿：地名。在今山西盂县西北。[18]族其家：康传圭至乌城驿，即杀张锴、郭昢；到节度使府，又族灭二人之家。[19]为太子宾客、分司：因江陵之败而撤王铎都统之职，置之散地。[20]易置：改换另置。[21]桂阳：县名。县治在今广东连州市。

广明元年（庚子，880年）

春，正月，乙卯朔[1]，改元。

沙陀入雁门关，寇忻、代。二月，庚戌[2]，沙陀二万余人逼晋阳，辛亥[3]，陷太谷[4]。遣汝州防御使博昌诸葛爽[5]帅东都防御兵救河东。

河东节度使康传圭，专事威刑，多复仇怨，强取富人财。遣前遮虏军使苏弘轸击沙陀于太谷，至秦城[6]，遇沙陀，战不利而还，传圭怒，斩弘轸。时沙陀已还代北，传圭遣都教练使张彦球将兵三千追之。壬戌[7]，至百井[8]。军变，还趣晋阳。传圭闭城拒之，乱兵自西明门入，杀传圭；监军周从寓自出慰谕，乃定，以彦球为府城都虞候。朝廷闻之，遣使宣慰曰："所杀节度使，事出一时，各宜自安，勿复忧惧。"

左拾遗侯昌业以盗贼满关东，而上不亲政事，专务游戏，赏赐无度，田令孜专权无上，天文变异[9]，社稷将危，上疏极谏。上大怒，召昌业至内侍省，赐死[10]。

上好骑射、剑槊、法算[11]，至于音律[12]、蒱博[13]，无不精妙；好蹴鞠、斗鸡，与诸王赌鹅，鹅一头至五十缗。尤善击球，尝谓优人石野猪曰："朕若应击球进士举，须为状元。"对曰："若遇尧、舜作礼部侍郎，恐陛下不免驳放[14]。”上笑而已。

度支以用度不足，奏借富户及胡商货财；敕借其半。盐铁转运使高骈上言：“天下盗贼蜂起，皆出于饥寒，独富户、胡商未耳。”乃止。

高骈奏改扬子院[15]为发运使。

（以上为第十一段，写沙陀扰边、节镇兵变、关东流寇猖獗，唐僖宗仍游宴无度，杀戮谏官，田令孜专权，唐王室已在风雨飘摇中。）

【注释】

[1]乙卯朔：正月一日。[2]庚戌：二月二十六日。[3]辛亥：二月二十七日。[4]太谷：县名。县治在今山西晋中市太谷区。[5]诸葛爽：青州博昌（今山东博兴）人。原为县吏，趁战乱之机，先投庞勋，后降于黄巢，又归附朝廷。官终河阳节度使。传见《旧唐书》卷一百八十二，《新唐书》卷一百八十七。[6]秦城：地名。在今山西晋中市太谷区西南。[7]壬戌：三月九日。[8]百井：地名。即今山西阳曲县东北柏井村。[9]天文变异：天象变化异常。如乾符五年发生旱灾，六年出现日蚀等。[10]赐死：胡三省注引《续宝运录》，僖宗拒谏，加给侯昌业的罪名，令宦官季，令宦官刘季远向侯昌业宣布口敕说：“侯昌业出身平民之家，提升官位到亲近皇上，不知谨言慎行，狂妄地上奏一些闲言碎语，诽谤皇上，侮慢公卿，依照国法，不能宽容，赐他自尽”。（译意）。按，侯昌业想挽救唐室而招祸，不可救药的唐王朝二十七年后灭亡，皇家子孙全族被灭。因为救人的人遭祸，被救的人就无人可救。[11]法算：算学，数学。[12]音律：音乐。[13]蒱（pú）博：赌博和下棋。[14]驳放：驳其谬误而予以贬黜。[15]扬子院：官署名。即盐铁转运使扬州巡院的简称。在今江苏扬州南扬子桥附近。旧以留后主持院事。现改名为转运使。

三月，庚午[1]，以左金吾大将军陈敬瑄[2]为西川节度使。敬瑄，许州人，田令孜之兄也。

初，崔安潜镇许昌[3]，令孜为敬瑄求兵马使，安潜不许。敬瑄因令孜得隶左神策军，数岁，累迁至大将军。令孜见关东群盗日炽，阴为幸蜀之计，奏以敬瑄及其腹心左神策大将军杨师立、牛勖、罗元杲镇三川[4]，上令四人击球赌三川，敬瑄得第一筹[5]，即以为西川节度使，代安潜。

辛未[6]，以门下侍郎、同平章事郑从谠同平章事，充河东节度使。康传圭既死，河东兵益骄，故以宰相镇之，使自择参佐。从谠奏以长安令王调为节度副使，前兵部员外郎、史馆修撰刘崇龟[7]为节度判官，前司勋员外郎、史馆修撰赵崇为观察判官，前进士[8]刘崇鲁为推官。时人谓之小朝廷，言名士之多也。崇龟、崇鲁[9]，政会[10]之七世孙也。时承晋阳新乱之后，日有杀掠，从说貌温而气劲[11]，多谋而善断，将士欲为恶者，从说辄先觉，诛之，奸轨[12]惕息[13]。为善者抚待无疑，如张彦球有方略[14]，百井之变，非其本心，独推首乱者杀之，召彦球慰谕，悉以兵柄委之，军中由是遂安。彦球为从说尽死力，卒获其用。

（以上为第十二段，写权奸专政，唐僖宗以击球胜负选节度，如同儿戏。）

【注释】

[1]庚午：三月十七日。 [2]陈敬瑄：田令孜胞兄。令孜本姓陈，咸通中随义父入内侍省为宦者，遂冒姓田。田令孜有宠于僖宗，以故敬瑄得累官至左金吾大将军，迁剑南西川节度使。传见《新唐书》卷二百二十四。 [3]许昌：指许州，时为忠武军治所。 [4]三川：指剑南东川、西川和山南西道。 [5]筹：即筹码。竹、木制成，用来计数或记胜负的工具。 [6]辛未：三月十八日。 [7]刘崇龟：字子长，官终清海军节度使。传见《旧唐书》卷一百七十九，《新唐书》卷九十。 [8]前进士：进士及第而未作官称前进士。 [9]崇鲁：刘崇鲁，字郊文，崇龟之弟。昭宗时官至水部郎中，知制诰。与崇龟同卷。 [10]政会：刘政会，滑州胙县（今河南延津东北）人。仕唐高祖、唐太宗两朝，官至洪州都督。传见《旧唐书》卷五十八，《新唐书》卷九十。 [11]气劲：气势刚劲。 [12]奸轨：即奸宄。 [13]惕息：恐惧。 [14]如张彦球有方略：据章校，“如”作“知”。

淮南节度使高骈遣其将璘等击黄巢屡捷，卢携奏以骈为诸道行营都统。骈乃传檄征天下兵，且广召募，得土客之兵[1]共七万，威望大振，朝廷深倚之。

安南军乱，节度使曾衮出城避之，诸道兵戍邕管者往往自归。

夏，四月，丁酉[2]，以太仆卿李琢[3]为蔚、朔等州招讨都统、行营节度使。琢，听之子也。

张璘渡江击贼帅王重霸，降之；屡破黄巢军，巢退保饶州，别将常宏以其众数万降。璘攻饶州，克之，巢走。时江、淮诸军屡奏破贼，率皆不实，宰相已下表贺，朝廷差[4]以自安。

以李琢为蔚朔节度使，仍充都统。

以杨师立为东川节度使，牛勖为山南西道节度使。

以诸葛爽为北面行营副招讨。

初，刘巨容既还襄阳[5]，荆南监军杨复光以忠武都将宋浩权知府事，泰宁都将段彦謩以兵守其城；诏以浩为荆南安抚使[6]，彦謩耻居其下。浩禁军士翦伐街中槐柳，彦謩部卒犯令，浩杖其背，彦謩怒，挟刃驰入，并其二子杀之。复光奏浩残酷，为众所诛；诏以彦謩为朗州刺史，以工部侍郎郑绍业为荆南节度使。

五月，丁巳[7]，以汝州防御使诸葛爽为振武节度使。

刘汉宏之党浸盛，侵掠宋、兖；甲子[8]，征东方诸道[9]兵讨之。

黄巢屯信州，遇疾疫，卒徒多死。张璘急击之，巢以金啗[10]璘，且致书请降于高骈，求保奏；骈欲诱致之，许为之求节钺。时昭义、感化[11]、义武等军皆至淮南，骈恐分其功，乃奏贼不日当平，不烦诸道兵，请悉遣归；朝廷许之。贼诇知诸道兵已北渡淮，乃告绝[12]于骈，且请战。骈怒，令璘击之，兵败，璘死，巢势复振。

（以上为第十三段，写高骈贪功纵贼，贻害无穷。）

【注释】

[1]土客之兵：土兵，谓淮南之兵；客兵，谓诸道派遣之兵。 [2]丁酉：四月十四日。[3]李琢：名将李晟之孙。沙陀数寇边，李琢乃宿将，故授蔚、朔等州招讨都统、行营节度使、蔚朔节度使，以防御沙陀。传见《新唐书》卷一百五十四。 [4]差：略微、尚可。 [5]还襄阳：乾符六年以山南东道行军司马刘巨容为该道节度使，故还归治所襄阳。 [6]安抚使：官名。唐代前期朝廷派遣巡视战争或水旱灾害地区的使节；后期为掌管一方军事和民政的大员。 [7]丁巳：五月四日。 [8]甲子：五月十一日。 [9]东方诸道：有宣武、忠武、义成、天平、泰宁、平卢、感化等节度使。 [10]啗：以利诱人。 [11]感化军：方镇名。咸通三年（862）罢武宁节度使，五年置徐泗观察使，十一年赐号感化军，治所徐州，在今江苏徐州市。 [12]告绝：宣告决裂。

乙亥[1]，以枢密使西门思恭为凤翔监军。丙子[2]，以宣徽使李顺融为枢密使。皆降白麻[3]，于阁门出案，与将相同。

西川节度使陈敬瑄素微贱，报至蜀，蜀人皆惊，莫知为谁。有青城[4]妖人乘其声势，帅其党诈称陈仆射，马步使[5]瞿大夫[6]觉其妄，执之，沃以狗血，即引服[7]，悉诛之。六月，庚寅[8]，敬瑄至成都。

黄巢别将陷睦州、婺州。

卢携病风不能行，谒告[9]；己亥[10]，始入对，敕勿拜，遣二黄门掖之[11]。携内挟田令孜，外倚高骈，上宠遇甚厚，由是专制朝政，高下在心[12]。既病，精神不完[13]，事之可否决于亲吏杨温、李修，货赂公行。豆卢瑑无他才，专附会携。崔沆时有启陈，常为所沮。

庚子[14]，李琢奏沙陀二千来降。琢时将兵万人屯代州，与卢龙节度使李可举、吐谷浑都督赫连铎共讨沙陀。李克用遣大将高文集守朔州，自将其众拒可举于雄武军。铎遣人说文集归国，文集执克用将傅文达，与沙陀酋长李友金、萨葛都督米海万、安庆都督史敬存皆降于琢，开门迎官军。友金，克用之族父也。

庚戌[15]，黄巢攻宣州，陷之。

刘汉宏南掠申、光。

赵宗政之还南诏也，西川节度使崔安潜表以崔澹之说[16]为是，且曰："南诏小蛮，本云南[17]一郡之地；今遣使与和，彼谓中国为怯，复求尚主，何以拒之！"上命宰相议之。卢携、豆卢瑑上言："大中之末，府库充实。自咸通以来，蛮两陷安南[18]、邕管[19]，一入黔中[20]，四犯西川[21]，征兵运粮，天下疲弊，逾十五年，租赋太半不入京师，三使[22]、内库由兹空竭，战士死于瘴疠，百姓困为盗贼，致中原榛杞[23]，皆蛮故也。前岁冬，蛮不为寇，由赵宗政未归。去岁冬，蛮不为寇，由徐云虔复命，蛮尚有觊望[24]。今安南子城为叛卒所据，节度使[25]攻之未下，自余戍卒[26]，多已自归，邕管客军，又减其半。冬期且至，傥蛮寇侵轶，何以枝梧！不若且遣使臣报复[27]，纵未得其称臣奉贡，且不使之怀怨益深，坚决犯边，则可矣。"乃作诏赐陈敬瑄，许其和亲，不称臣，令敬瑄录诏白，并移书与之，仍增赐金帛。以嗣曹王龟年为宗正少卿充使，以徐云虔为副使，别遣内使[28]，共赍诣南诏。

（以上为第十四段，写官军打败李克用父子，代北暂安。唐与南诏以平等礼构和。）

【注释】

[1]乙亥：五月二十二日。[2]丙子：五月二十三日。[3]皆降白麻：指对西门思恭、李

顺融的任命，都是由阁门出案降白麻，即与朝官将相任命的手续相同。阁门出案，指任命文书由中书省颁出。按唐制故事，凡任命将相，前一日由中书省奏进，第二日降白麻出案。宦官任命由枢密院出令，降黄麻。现宦官任命用将相礼仪，表明唐末宦官的恣横侵权。［4］青城：县名。县治在今四川都江堰市东南。［5］马步使：官名。节度使属下武官，掌马步军。［6］瞿大夫：人名。姓瞿，名大夫。［7］引服：认罪，服罪。［8］庚寅：六月八日。［9］谒告：告假、请假。［10］己亥：六月十七日。［11］掖之：左右扶掖卢携。［12］高下在心：随心所欲。［13］不完：不健全。［14］庚子：六月十八日。［15］庚戌：六月二十八日。［16］崔澹之说：指崔澹不赞成南诏以兄弟之称与唐和亲，遭到当时西川节度使高骈的反对。事见《资治通鉴》卷二百五十三唐僖宗乾符五年。［17］云南：郡名。三国蜀汉建兴三年（225）置，治所弄栋县，在今云南姚安县。南朝齐废。［18］两陷安南：在咸通元年（860）。［19］陷邕管：在咸通二年。五年又围邕州。［20］一入黔中：在咸通十四年。［21］四犯西川：实为六次，咸通二、四、六、十、十一年和乾符元年（874）。［22］三使：即户部、度支、盐铁。［23］榛杞：草木丛生，比喻荒芜。［24］觊（jì）望：希图。［25］节度使：指曾兖时为安南节度使。［26］自余戍卒：指诸道派戍邕管的士兵。自余，其余、其他。［27］报复：回复、答复。［28］内使：即中使。

秋，七月，黄巢自采石[1]渡江，围天长、六合[2]，兵势甚盛。淮南将毕师铎言于高骈曰："朝廷倚公为安危，今贼数十万众乘胜长驱，若涉无人之境，不据险要之地以击之，使逾长淮[3]，不可复制，必为中原大患。"骈以诸道兵已散，张璘复死，自度力不能制，畏怯不敢出兵，但命诸将严备，自保而已，且上表告急，称："贼六十余万屯天长，去臣城无五十里。"先是，卢携谓"骈有文武长才[4]，若悉委以兵柄[5]，黄巢不足平。"朝野虽有谓骈不足恃者，然犹庶几望之。及骈表至，上下失望，人情大骇。诏书责骈散遣诸道兵，致贼乘无备渡江。骈上表言："臣奏闻遣归，亦非自专。今臣竭力保卫一方，必能济办；但恐贼迤逦[6]过淮，宜急敕东道[7]将士善为御备。"遂称风痹，不复出战。

诏河南诸道发兵屯溵水[8]，泰宁节度使齐克让屯汝州，以备黄巢。

辛酉[9]，以淄州刺史曹全晸为天平节度使、兼东面副都统。

刘汉宏请降；戊辰[10]，以为宿州刺史。

李克用自雄武军引兵还击高文集于朔州，李可举遣行军司马韩玄绍邀之于药儿岭[11]，大破之，杀七千余人，李尽忠、程怀信[12]皆死；又败之于雄武军之境，杀万人，李琢、赫连铎进攻蔚州，李国昌战败，部众皆溃，独与克用及宗族北入达靼。诏以铎为云州刺史、大同军防御使；吐谷浑白义成为蔚州刺史；萨葛米海万为朔州刺史；加李可举兼侍中。

达靼本靺羯[13]之别部也，居于阴山。后数月，赫连铎阴赂达靼，使取李国昌父子，李克用知之，时与其豪帅[14]游猎，置马鞭、木叶或悬针，射之无不中，豪帅心服。又置酒与饮，酒酣，克用言曰："吾得罪天子，愿效忠而不得。今闻黄巢北来，必为中原患，一旦天子若赦吾罪，得与公辈南向共立大功，不亦快乎！人生几何，谁能老死沙碛邪！"达靼知无留意[15]，乃止。

八月，甲午[16]，以前西川节度使崔安潜为太子宾客、分司。

九月，东都奏："汝州所募军李光庭等五百人自代州还，过东都，烧安喜门[17]，焚掠市肆，由长夏门[18]去。"

黄巢众号十五万，曹全晸以其众六千与之战，颇有杀获；以众寡不敌，退屯泗上[19]，以俟诸军至，并力击之；而高骈竟不之救，贼遂击全晸，破之。

徐州遣兵三千赴溵水，过许昌。徐卒素名凶悖，节度使薛能[20]，自谓前镇彭城，有恩信于徐人，馆之球场。及暮，徐卒大噪，能登子城楼问之，对以供备疏阙[21]，慰劳久之，方定；许人大惧。时忠武亦遣大将周岌诣溵水，行未远，闻之，夜，引兵还，比明，入城，袭击徐卒，尽杀之；且怨能之厚徐卒也，遂逐之。能将奔襄阳，乱兵追杀之，并其家。岌自称留后。汝、郑把截制置使齐克让恐为岌所袭，引兵还兖州[22]，诸道屯溵水者皆散。黄巢遂悉众渡淮，所过不虏掠，惟取丁壮以益兵。

先是征振武节度使吴师泰为左金吾大将军，以诸葛爽代之。师泰见朝廷多故，使军民上表留己。冬，十月，复以师泰为振武节度使，以爽为夏绥节度使。

黄巢陷申州，遂入颍、宋、徐、兖之境，所至吏民逃溃。

群盗陷澧州，杀刺史李询、判官皇甫镇。镇举进士二十三上[23]，不中第，询辟之。贼至，城陷，镇走，问人曰："使君[24]免乎？"曰："贼执之矣。"镇曰："吾受知[25]若此，去将何之！"遂还诣贼，竟与同死。

（以上为第十五段，写黄巢渡长江，过淮河，纵横河南。）

【注释】

[1]采石：地名。即采石戍，在今安徽马鞍山南长江南岸。 [2]天长、六合：皆县名。天长县治在今安徽天长市。六合县治在今江苏南京市六合区。 [3]长淮：关名。在今安徽凤阳西北淮河南岸。 [4]长才：英才，高才。 [5]悉委以兵柄：即以高骈为诸道行营都统。兵柄，兵权。[6]迤逦（xǐyǐ）：连续不断。 [7]东道：关东诸道。 [8]溵水：县名。县治在今河南商水县南。 [9]辛酉：七月九日。 [10]戊辰：七月十六日。 [11]药儿岭：山名。在今河北宣化东。[12]李尽忠、程怀信：皆沙陀将，与李克用同在蔚朔起兵。 [13]靺羯：少数民族名。周称肃慎，汉魏曰挹娄，北魏称勿吉，隋唐曰靺羯。唐时分为黑水靺羯与粟末靺羯二部。黑水靺羯居住在黑龙江下游；粟末靺羯于武后圣历元年（698）建立渤海国，位于松花江和牡丹江流域。 [14]豪帅：主帅。 [15]知无留意：知其志大，不肯久留而吞并其部落，故不杀。 [16]甲午：八月十三日。[17]安喜门：洛阳东北门。[18]长夏门：洛阳东南门。[19]泗上：即泗州。[20]节度使薛能：薛能时为忠武节度使，驻节许昌。 [21]供备疏阙：供应准备粗劣不全。 [22]还兖州：齐克让本泰宁节度使，故还本镇治所。 [23]举进士二十三上：参加进士科考试二十三次。上，谓上京城应礼部试。 [24]使君：指刺史李询。 [25]受知：谓受知遇之恩。

【点评】

本卷点评王仙芝之死、黄巢流动作战、刘巨容纵寇以为资、僖宗游宴等四事。

一、王仙芝之死。王仙芝是唐末大起义的发难者。僖宗乾符元年（874）底，王仙芝在长垣（今河南长垣东北）起义，有众数千。王仙芝自称天补平均大将军兼海内诸豪都统，传檄诸道，指陈吏贪赋重，赏罚不平，切中当时弊病，各地民众纷纷响应。第二年，即公元875年六月，王仙芝与其党尚君长攻破濮、曹二州，又打败天平节度使薛崇。这时冤句人黄巢起义响应，声势大振。当时淮南、忠武、宣武、义成、天平五镇民众同时起义，攻击州县，拖住各镇的官军。乾符三年（876），唐朝廷下令天下乡村各备弓刀器械，组织地方土团配合官军围剿叛贼。官军诸道行营招讨草贼使宋威在沂州打败王仙芝，起义军转入河南，攻破汝州，东都大震。随后南下攻唐州、邓州，关东各州县守城自保，起义军各个击破，攻下郢州、复州，又攻申、光、卢、寿、舒等州，淮南告急。

起义军形势高涨，朝廷害怕失去扬州，贡赋断绝，惶恐失措之时，蕲州刺史裴偓开门请王仙芝、黄巢进城，游说王仙芝归唐，裴偓向朝廷上奏请求官位。朝廷派中使授给王仙芝左神策军押牙监察御史，黄巢不从，责骂王仙芝，王仙芝不敢接受官职，但两人关系破裂，起义军分为两部，王仙芝、黄巢各率领一部，分头转战。

乾符四年（877），王仙芝攻破鄂州，又破安州、随州。王仙芝虽然取得胜利，但已无斗志，七次向官军提出投降，招讨使宋威都不向朝廷转奏。宋威看不起王仙芝，决心打败王仙芝立功。招讨副使宦官杨复光暗中联络王仙芝，王仙芝派尚君长直接向朝廷投降。宋威派兵截击俘获尚君长，虚报战胜擒获贼首。王仙芝请降，遭到了官军的愚弄。起义军分裂，势力削弱，王仙芝向官军摇尾，士气低落。朝廷将尚君长正法。乾符五年（878），官军在申州大破王仙芝，追击到黄梅斩杀了王仙芝。一个起义军首领，变节利用起义军的鲜血来染红一顶官帽，结果可耻地失败了。王仙芝轰轰烈烈闹了五年，给了唐政权以沉重的打击，却又因为他自己的背叛行为，葬送了这一支起义军，大大削弱了对唐朝的义军力量，使起义转入低潮。

二、黄巢流动作战。黄巢和王仙芝都是贩私盐出身。盐铁专卖，是封建专制政权的一大经济支柱。盐是生活必需品，盐利是朝廷的重要收入。唐玄宗时，盐价每斗十钱，唐肃宗时加到一百钱，涨了十倍。唐德宗时涨到每斗三百七十钱。盐税从每岁四十万缗开始，到唐代宗时已增到每岁达六百万缗，占朝廷赋税之半，宫廷费用、军队粮饷、百官俸禄都靠盐税支撑。在重利之下，贩私盐行为猖獗。从唐德宗时起，课以重罚，朝廷派大批官吏查禁私盐，凡卖私盐一石以上，处以死刑；一斗以上，处以杖刑；卖盐一升，也要处罚。于是，贩私盐的人结伙成群与官府斗争，必须有计谋和勇力，长期的斗争，产生了领袖。王仙芝和黄巢都是私盐犯，在与官府斗争中积累了经验，尤其是黄巢，善骑射，喜任侠，有勇有谋，是一位杰出的首领。黄巢能文能武。他涉猎经传，却屡次进士不第，于是聚众响应王仙芝。私盐贩与起义群众相结合，成了一支有组织的队伍，因此官军屡讨不胜。

唐中期以后，府兵制破坏，雇佣兵成为唐政权的支柱。各地的雇佣兵分为三种情况。河北、河南军事重镇是骄兵悍将，特别是节度使的亲兵卫队，更是一群亡命之徒，往往一个人倡乱，群起附和。各节度时常发生的兵变，就是由这群骄兵悍将发起的。骄兵悍将纪律差，但战斗力强。庞勋的骨干就是这样一群武装。再一类是弱兵，军事上次要的镇，如淮南各道，有兵有将，战斗力不强，但听从朝廷指挥。第三类是虚兵，军事上不重要的地方，兵不足额，少训练，根本没有战斗力，江南东道、西道各镇就多虚兵，尤以江南东道为最。例如浙江东道设都团练观察使，治越州，辖有越、台、明等八州，各州兵都不满三百。黄巢针对这种情况，他出击避实就虚，采取大范围流动作战与官军周旋，力量壮大向中原进攻，作战不利向江淮以南转移，不守城池，流动就食。历代农民起义，总是以流动形式蓄聚力量，被称为流寇。但是黄巢流动作战，在中国农民战争史上空前绝后。他从山东转战河南，王仙芝战死，起义军转入低潮。黄巢渡过长江，转战江南东西两道，纵横今江浙闽地区，然后进入岭南，下广州，待力量壮大，北上中原，再入河南，最后破两京，在长安建立政权。黄巢流动作战，在大半个中国横冲直撞，行程数万里，创造了农民起义运动战的奇迹。

三、刘巨容纵寇以为资。刘巨容，徐州人，行伍出身为州大将。庞勋叛乱，刘巨容逃出投归官军，授埇桥镇遏使，以讨浙西王郢功，徙楚州团练使。黄巢乱江淮，朝廷任命刘巨容为襄州行军司马，不久升任山南东道节度使。乾符元年（879），黄巢由广州北上，刘巨容阻击黄巢于荆门关，大破黄巢，起义军几乎全军覆没。刘巨容生俘起义军将领十三人，黄巢乘船顺江东走，诸将乘胜追击，要擒斩黄巢。刘巨容制止追击，对诸将说："朝廷经常忘恩负义，有事时就加官厚赏，国家无事就忘了功臣，不如留下黄巢，作为发财的资本。"诸将认为说得对，放跑了黄巢。王夫之认为，武人骄悍而愚笨，不懂得国家没有了，个人身家性命也保不住，痛斥刘巨容的行为是奸巧人的借口，懿宗、僖宗虽然无道，但也没有滥杀功臣，而刘巨容负国，将遭天诛地灭。后来黄巢入长安，僖宗逃奔四川，刘巨容兵败入蜀，被田令孜所杀。王夫之所云，刘巨容将遭"天宪"即指此。（《读通鉴论》卷二十七）

四、僖宗游宴。僖宗李儇，唐懿宗第五子。李儇，原名李俨，被封普王，即位后改名李儇。李儇即位时只有十二岁，还是一个嬉游无节制的少年，在宦官引导下，整天地纵乐游宴击球，不知治国为何物。朝政被宦官左军中尉刘行深、右军中尉韩文约，随后是田令孜掌控，小人当道，是非颠倒。当时中外大臣，只有宰相郑畋一人忧心国事，与王铎、卢携两相政见不合，常常在僖宗面前激烈争论。招讨使宋威无能，征讨失败，被黄巢围困于宋州，忠武大将张自勉率领忠武兵救援，解了宋州之围，宋威反而嫉妒，要兼统张自勉的忠武兵。王铎、卢携支持宋威，郑畋坚决反对，如果让张自勉隶属宋威，功臣将要受害。僖宗不辨是非，支持王铎、卢携，站在了奸佞一边。王铎、卢携、宋威等，均依附宦官，常常颠倒是非，使英雄夺气。刘巨容纵寇以为资，不无原因。僖宗爱好骑射，舞枪弄棒、算术、音律，样样精通，尤长于击球，常与诸王斗鸡斗鹅，整天嬉游无度，就是不关心国事。僖宗对身边的人说："国家开展击球考试，朕一定是状元。"身边的人开玩笑回答说："要是尧舜在世当主考，陛下一定要落榜。"僖宗听了，哈哈大笑。

由于僖宗只是一个爱玩耍的顽童，被宦官看中，懿宗病危，宦官杀了太子及年长的诸王，立了僖宗。自幼与僖宗"同卧起"的宦官田令孜，青云直上，僖宗呼之为"父"，把"政事一委之"，田令孜为中尉，掌控了朝政。田令孜，蜀郡人，本姓陈，字仲则，随义父改为田姓入宫为宦官。田令孜替其兄陈敬瑄谋求西川节度使职位，怂恿僖宗击球定胜负。左神策大将杨师立、牛勖、罗元杲三人都是田令孜的心腹，由他们三人与陈敬瑄四人一起击球，三人故意输给了陈敬瑄，就这样陈敬瑄得了西川节度使职位。田令孜已经在安排逃蜀计划，唐朝处于风雨飘摇之中。

卷二五四　唐纪七十

唐僖宗广明元年至中和二年（880—882年）

【起上章困敦（庚子，880年）十一月，尽玄黓摄提格（壬寅，882年）四月，凡一年有奇】

【大事提要】

本卷记事起公元880年十一月，讫公元882年四月，凡一年又六月。当唐僖宗广明元年十一月至中和二年四月。此时期，黄巢高奏凯歌，破东都，入长安，称帝建国号大齐，农民起义军势力达于巅峰。宦官田令孜劫持僖宗效唐玄宗入蜀。西川节度使陈瑄为田令孜死党。故田令孜入蜀，作威作福，祸害西川，陈敬瑄为虎作伥，驱良为盗。流亡的唐皇室，走到哪里，把腐败带到哪里。凤翔节度使郑畋，阻击黄巢，传檄诸镇兵联手讨贼，诸镇响应，一度攻入长安。但官军纪律败坏，入京师大肆抢劫，黄巢乘机杀回马枪，再入长安。黄巢初入长安纪律严明，受到京师民众欢迎。黄巢大杀百官，灭唐宗室，煽起了部属流寇习气，失去了民心。黄巢再入长安，于是大杀士民，注定了他的失败。唐朝气数将尽，黄巢又非真龙天子，各地拥有强兵的藩镇，野心日炽，军阀割据称雄的局面正在到来。

僖宗惠圣恭定孝皇帝中之上

广明元年（庚子，880年）

十一月，河中都虞候王重荣[1]作乱，剽掠坊市俱空。

宿州刺史刘汉宏怨朝廷赏薄，甲寅[2]，以汉宏为浙东观察使。

诏河东节度使郑从谠以本道兵授诸葛爽及代州刺史朱玫，使南讨黄巢。乙卯[3]，以代北都统李琢为河阳节度使[4]。

初，黄巢将渡淮，豆卢瑑请以天平节钺授巢，俟其到镇讨之。卢携曰："盗贼无厌[5]，虽与之节，不能止其剽掠，不若急发诸道兵扼泗州，汴州节度使为都统，贼既前不能入关，必还掠淮、浙，偷生海渚[6]耳"

从之。既而淮北[7]相继告急，携称疾不出，京师大恐。庚申[8]，东都奏黄巢入汝州境。

辛酉[9]，以王重荣权知河中留后，以河中节度使同平章事李都为太子少傅。

汝郑把截制置都指挥使[10]齐克让奏黄巢自称天补大将军，转牒诸军云，“各宜守垒，勿犯吾锋！吾将入东都，即至京邑[11]，自欲问罪[12]，无预[13]众人。”上召宰相议之。豆卢瑑、崔沆请发关内诸镇及两神策军守潼关。壬戌[14]，日南至。上开延英，对宰相位下。观军容使田令孜奏：“请选左右神策军弓弩手守潼关，臣自为都指挥制置把截使。”上曰：“侍卫将士，不习征战，恐未足用。”令孜曰：“昔安禄山搆逆[15]，玄宗幸蜀以避之。”崔沆曰：“禄山众才五万，比之黄巢，不足言矣。”豆卢瑑曰：“哥舒翰[16]以十五万众不能守潼关，今黄巢众六十万，而潼关又无哥舒之兵[17]。若令孜为社稷计，三川帅臣[18]皆令孜腹心，比于玄宗则有备矣。”上不怿，谓令孜曰：“卿且为朕发兵守潼关。”是日，上幸左神策军，亲阅将士。令孜荐左军马军将军张承范、右军步军将军王师会、左军兵马使赵珂。上召见三人，以承范为兵马先锋使兼把截潼关制置使，师会为制置关塞粮料使，珂为句当寨栅使[19]，令孜为左右神策军内外八镇及诸道兵马都指挥制置招讨等使，飞龙使杨复恭为副使。

（以上为第一段，写黄巢进逼东都，田令孜动议僖宗效唐玄宗入蜀，注定了两京不守。）

【注释】

[1]王重荣（？—887）：太原祁（今山西祁县）人。官终河中节度使。因镇压黄巢起义军有功，封琅琊郡王。传见《旧唐书》卷一百八十二，《新唐书》卷一百八十七。 [2]甲寅：十一月四日。 [3]乙卯：十一月五日。 [4]以代北都统李琢为河阳节度使：代北已定，李琢内徙，亦以防备黄巢。 [5]无厌：不满足。 [6]海渚：海边。 [7]淮北：指今浙江、安徽、河南三省淮河以北之地。 [8]庚申：十一月十日。 [9]辛酉：十一月十一日。 [10]把截制置都指挥使：官名。临时设置的军队指挥官，以堵截黄巢起义军。 [11]京邑：京师长安。 [12]问罪：谴责朝廷的罪恶。 [13]无预：无关、无涉。 [14]壬戌：十一月十二日。 [15]搆逆：叛逆、反叛。 [16]哥舒翰：突厥人。官至陇右节度使，后兼河西节度使。天宝十四载（755）安禄山反，哥舒翰守潼关，兵败，被叛军所俘，后为安庆绪杀害。 [17]无哥舒之兵：谓连十五万兵也没有。

[18]三川帅臣：指西川节度使陈敬瑄、东川节度使杨师立、山南西道节度使牛勖。［19］句当寨栅使：官名。临时因事命官，掌防御工事。句，勾当，掌管，主持。

癸亥[1]，齐克让奏："黄巢已入东都境，臣收军退保潼关，于关外置寨。将士屡经战斗，久乏资储，州县残破，人烟殆绝，东西南北不见王人[2]，冻馁交逼，兵械刓弊[3]，各思乡闾，恐一旦溃去，乞早遣资粮及援军。"上命选两神策弩手得二千八百人，令张承范等将以赴之。

丁卯[4]，黄巢陷东都，留守刘允章[5]帅百官迎谒；巢入城，劳问[6]而已，闾里晏然。允章，迺[7]之曾孙也。田令孜奏募坊市人数千以补两军。

辛未[8]，陕州奏东都已陷。壬申[9]，以田令孜为汝、洛[10]、晋、绛、同、华都统，将左、右军[11]东讨。是日，贼陷虢州。

以神策将罗元杲为河阳节度使。

以周岌为忠武节度使。初，薛能遣牙将上蔡秦宗权[12]调发至蔡州，闻许州乱，托云赴难，选募蔡兵，遂逐刺史，据其城。及周岌为节度使，即以宗权为蔡州刺史。

乙亥[13]，张承范等将神策弩手发京师。神策军士皆长安富家子，赂宦官窜名[14]军籍，厚得禀赐，但华衣怒马[15]，凭势使气[16]，未尝更战陈[17]；闻当出征，父子聚泣，多以金帛雇病坊[18]贫人代行，往往不能操兵[19]。是日，上御章信门楼临遣之。承范进言："闻黄巢拥数十万之众，鼓行而西[20]，齐克让以饥卒万人依托关外，复遣臣以二千余人屯于关上，又未闻为馈饷之计，以此拒贼，臣窃寒心。愿陛下趣诸道精兵早为继援。"上曰："卿辈第行，兵寻至矣！"丁丑[21]，承范等至华州。会刺史裴虔余徙宣歙观察使，军民皆逃入华山[22]，城中索然[23]，州库唯尘埃鼠迹，赖仓中犹有米千余斛，军士裹三日粮而行。

十二月，庚辰朔[24]，承范等至潼关，搜菁中[25]，得村民百许，使运石汲水，为守御之备；与齐克让军皆绝粮，士卒莫有斗志。是日，黄巢前锋军抵关下，白旗满野，不见其际，克让与战，贼小却，俄而巢至，举军大呼，声振河、华[26]。克让力战，自午至酉[27]始解，士卒饥甚，遂喧噪，烧营而溃，克让走入关。关左有谷，平日禁人往来，以榷征税，谓之“禁坑”。贼至仓猝，官军忘守之，溃兵自谷而入，谷中灌木寿藤[28]茂密如织，一夕践为坦涂。承范尽散其辎囊[29]以给士卒，遣使上表告急，称：“臣离京六日，甲卒未增一人，馈饷未闻影响[30]。到关之日，巨寇已来，以二千余人拒六十万众，外军[31]饥溃，蹋[32]开禁阬。臣之失守，鼎镬[33]甘心；朝廷谋臣，愧颜何寄！或闻陛下已议西巡[34]，苟銮舆一动，则上下土崩。臣敢以犹生之躯奋冒死之语，愿与近密[35]及宰臣熟议[36]，急征兵以救关防，则高祖、太宗之业庶几犹可扶持，使黄巢继安禄山之亡，微臣胜哥舒翰之死[37]！”

辛巳[38]，贼急攻潼关，承范悉力拒之，自寅及申[39]，关上矢尽，投石以击之。关外有天堑，贼驱民千余人入其中，掘土填之，须臾，即平，引兵而度。夜，纵火焚关楼俱尽。承范分兵八百人，使王师会守禁阬，比至，贼已入矣。壬午[40]旦，贼夹攻潼关，关上兵皆溃，师会自杀，承范变服[41]帅余众脱走。至野狐泉[42]，遇奉天[43]援兵二千继至，承范曰：“汝来晚矣！”博野、凤翔军还至渭桥[44]，见所募新军衣裘温鲜，怒曰：“此辈何功而然，我曹反冻馁！”遂掠之，更为贼乡导，以趣长安。

贼之攻潼关也，朝廷以前京兆尹萧廪[45]为东道转运粮料使；廪称疾，请休官，贬贺州司户。

黄巢入华州，留其将乔钤守之。河中留后王重荣请降于贼。癸未[46]，制以巢为天平节度使。

甲申[47]，以翰林学士承旨、尚书左丞王徽[48]为户部侍郎，翰林学士、户部侍郎裴澈为工部侍郎，并同平章事。以卢携为太子宾客、分司。田令孜闻黄巢已入关，恐天子责己，乃归罪于携而贬之，荐徽、澈为相。是夕，携饮药死。澈，休之从子也。

百官退朝，闻乱兵入城，布路[49]窜匿。令孜帅神策兵五百奉帝自金光门[50]出，惟福、穆、泽、寿四王及妃嫔数人从行，百官皆莫知之。上奔驰昼夜不息，从官多不能及。车驾既去，军士及坊市民竞入府库盗金帛。

（以上为第二段，写黄巢陷东都，破潼关，唐僖宗与宦官仓皇出逃，百官皆莫知之。）

【注释】

［1］癸亥：十月十三日。［2］王人：王臣。［3］兵械刓弊：兵器损坏，锋刃用钝。［4］丁卯：十一月十七日。［5］刘允章：累官至翰林学士承旨、礼部侍郎，迁东都留守。传见《旧唐书》卷一百五十三，《新唐书》卷一百六十。［6］劳问：慰问。［7］迺：刘迺，字永夷，河南伊阙（今河南伊川）人。德宗时任兵部侍郎。朱泚反，召迺，不从。后绝食死。传见《旧唐书》卷一百五十三，《新唐书》卷一百九十三。［8］辛未：十一月二十一日。［9］壬申：十一月二十二日。［10］洛州：州名。唐初置，治所洛阳，在今河南洛阳东北。开元元年（713）改为河南府。［11］左、右军：即左、右神策军。［12］秦宗权：上蔡（今河南上蔡）人。原为忠武军牙将，累官至蔡州刺史、奉国军节度使。中和三年（883）因战败投降黄巢。巢死，称帝。后为部将申丛所囚，解至京师处死。传见《旧唐书》卷二百，《新唐书》卷二百二十五。［13］乙亥：十一月二十五日。［14］窜名：挂名。［15］华衣怒马：鲜艳的衣服，健壮的马匹。［16］凭势使气：凭借宦官的势力而气焰嚣张。［17］更（gēng）战陈：经历过战斗。陈，同“阵”。［18］病坊：唐代公家所设收养病人的处所。［19］不能操兵：拿不动武器。［20］鼓行而西：整队向西行进，直指长安。鼓，击鼓进军。［21］丁丑：十一月二十七日。［22］华山：山名。在今陕西华阴市南。［23］索然：空寂。［24］庚辰朔：十二月一日。［25］菁（jìng）中：林草茂盛之处。［26］声振河、华：谓黄巢军队声势之盛，震撼山河。华，指华山，东临黄河。［27］自午至酉：从上午11时至下午7时。［28］寿藤：蔓生植物的一种。［29］辎囊：辎谓辎重，随军公用物资；囊谓私囊，个人的行装物品。［30］影响：消息。［31］外军：指齐克让的泰宁军。［32］蹋：踏。［33］鼎镬：谓受鼎镬之刑，即被烹。［34］西巡：谓西行入蜀。［35］近密：指两中尉、两枢密。［36］熟议：周密地商议。据章校，“议”下有“未可轻动”四字。［37］微臣胜哥舒翰之死：我为国捐躯重于哥舒翰被俘投降而死。［38］辛巳：十二月二日。［39］自寅及申：从半夜三点至午后四点。［40］壬午：十二月三日。［41］变服：换上便衣。［42］野狐泉：地名。在今陕西潼关东北旧潼关之西。［43］奉天：县名。县治在今陕西乾县。［44］渭桥：桥名。又名中渭桥，在今陕西咸阳东渭河上。［45］萧廪：字富侯，懿宗宰相萧倣之子。官至谏议大夫知制诰，京兆尹。传见《旧唐书》卷一百七十二，《新唐书》卷一百零一。［46］癸未：十二月四日。［47］甲申：十二月五日。［48］王徽（？—890）：字昭文，京兆杜陵（今陕西西安长安区东北）人。历任翰林学士承旨、户兵二部侍郎、尚书左丞，广明元年十二月拜相。是日黄巢入潼关，僖宗出奔，故未能治事。昭宗时任吏部尚书，进右仆射。传见《旧唐书》卷一百七十八，《新唐书》卷一百八十五。［49］布路：分路，分散。［50］金光门：长安城西面有三座门，中门名金光门。

晡时[1]，黄巢前锋将柴存入长安，金吾大将军张直方帅文武数十人迎巢于霸上[2]。巢乘金装肩舆[3]，其徒皆被发，约[4]以红缯，衣锦绣，执兵以从，甲骑如流，辎重塞涂，千里络绎不绝。民夹道聚观，尚让历喻之曰："黄王起兵，本为百姓，非如李氏不爱汝曹，汝曹但安居无恐。"巢馆于田令孜第，其徒为盗久，不胜富[5]，见贫者，往往施与之。居数日，各出大掠，焚市肆[6]，杀人满街，巢不能禁；尤憎官吏，得者皆杀之。

上趣骆谷[7]，凤翔节度使郑畋谒上于道次[8]，请车驾留凤翔。上曰："朕不欲密迩[9]巨寇，且幸兴元，征兵以图收复。卿东扞贼锋，西抚诸蕃，纠合邻道，勉建大勋。"畋曰："道路梗塞[10]，奏报难通，请得便宜从事。"许之。戊子[11]，上至壻水[12]，诏牛勖、杨帅立、陈敬瑄，喻以京城不守，且幸兴元，若贼势犹盛，将幸成都，宜豫为备拟[13]。

庚寅[14]，黄巢杀唐宗室在长安者无遗类。辛卯[15]，巢始入宫。壬辰[16]，巢即皇帝位于含元殿；画皂缯为衮衣[17]，击战鼓数百以代金石之乐。登丹凤楼，下赦书；国号大齐，改元金统。谓广明之号[18]，去唐下体而著黄家日月，以为己符瑞。唐官三品以上悉停任，四品以下位如故。以妻曹氏为皇后。以尚让为太尉兼中书令，赵璋兼侍中，崔璆、杨希古[19]并同平章事，孟楷、盖洪为左右仆射、知左右军事[20]，费传古为枢密使。以太常博士皮日休[21]为翰林学士。璆[22]，邠之子也，时罢浙东观察使，在长安，巢得而相之。

诸葛爽以代北行营兵屯栎阳[23]，黄巢将砀山朱温[24]屯东渭桥[25]，巢使温诱说之，爽遂降于巢。温少孤贫，与兄昱、存随母王氏依萧县刘崇家，崇数笞辱之，崇母独怜之，戒家人曰："朱三非常人也，汝曹善遇之。"巢以诸葛爽为河阳节度使，爽赴镇，罗元杲发兵拒之，士卒皆弃甲迎爽，元杲逃奔行在。

郑畋还凤翔，召将佐议拒贼，皆曰："贼势方炽，宜且从容以俟兵集，乃图收复。"畋曰："诸君劝畋臣贼乎！"因闷绝仆地，甃伤其面[26]，自午至明旦，尚未能言。会巢使者以赦书至，监军袁敬柔与将佐序立[27]宣示，代畋草表署名以谢巢。监军与巢使者宴，乐奏，将佐以下皆哭；使者怪之，幕客孙储[28]曰：“以相公风痹[29]不能来，故悲耳。”民间闻者无不泣。畋闻之曰：“吾固知人心尚未厌唐，贼授首[30]无日矣！”乃刺指血为表，遣所亲间道诣行在，召将佐谕以逆顺，皆听命，复刺血与盟，然后完城堑，缮器械，训士卒，密约邻道合兵讨贼，邻道皆许诺发兵，会于凤翔。时禁兵分镇关中者[31]尚数万，闻天子幸蜀，无所归，畋使人招之，皆往从畋，畋分财以结其心，军势大振。

丁酉[32]，车驾至兴元，诏诸道各出全军收复京师。

己亥[33]，黄巢下令，百官诣赵璋第投名衔[34]者，复其官。豆卢瑑、崔沆及左仆射于琮、右仆射刘邺、太子少师裴谂、御史中丞赵濛、刑部侍郎李溥、京兆尹李汤[35]扈从不及，匿民间，巢搜获，皆杀之。广德公主[36]曰：“我唐室之女，誓与于仆射俱死！”执贼刃不置[37]，贼并杀之。发卢携尸，戮之于市。将作监郑綦、库部郎中郑系义不臣贼，举家自杀。左金吾大将军张直方虽臣于巢，多纳亡命，匿公卿于复壁，巢杀之。

初，枢密使杨复恭荐处士河间张浚[38]，拜太常博士，迁度支员外郎。黄巢逼潼关，浚避乱商山[39]。上幸兴元，道中无供顿[40]，汉阴[41]令李康以骡负糗粮[42]数百驮[43]献之，从行军士始得食。上问康：“卿为县令，何能如是？”对曰：“臣不及此，乃张浚员外教臣。”上召浚诣行在，拜兵部郎中。

义武节度使王处存闻长安失守，号哭累日，不俟诏命，举军入援，遣二千人间道诣兴元卫车驾。

黄巢遣使调发河中，前后数百人，吏民不胜其苦。王重荣谓众曰：“始吾屈节[44]以纾[45]军府之患，今调财不已，又将征兵，吾亡无日矣！不如发兵拒之。”众皆以为然，乃悉驱巢使者杀之。巢遣其将朱温自同州，弟黄邺自华州，合兵击河中，重荣与战，大破之，获粮仗[46]四十余船，遣使与王处存结盟，引兵营于渭北[47]。

陈敬瑄闻车驾出幸，遣步骑三千奉迎，表请幸成都。时从兵浸多，兴元储偫[48]不丰，田令孜亦劝上；上从之。

（以上为第三段，写黄巢破长安，称帝建国号大齐，大杀百官和唐宗室。唐僖宗蒙尘至兴元。）

【注释】

［1］晡时：午后申时，当下午三点至五点。［2］霸上：地名。在今陕西西安东灞河西岸。霸，一作灞。［3］金装肩舆：用黄金装饰以人工扛抬的交通工具，犹今滑竿。［4］约：束、缠。［5］不胜富：不习惯于富裕。［6］市肆：市中店铺。［7］骆谷：谷名。关中通往汉中的谷道之一，在今陕西周至南。［8］道次：路上临时停留之所。［9］密迩：切近、靠近。［10］梗塞：阻塞，不通。［11］戊子：十二月九日。［12］壻水：水名。源出陕西佛坪，流经城固入汉水。今称壻水。［13］备拟：备待，作好准备以待需时。［14］庚寅：十二月十一日。［15］辛卯：十二月十二日。［16］壬辰：十二月十三日。［17］画皂缯为衮衣：在黑色绸缎上画出龙纹图案以作礼服。［18］广明之号：广明这个年号，是将“唐”字去“丑”“口”而加“黄”字为“廣”，合“日”“月”而为“明”；亦即“廣明”乃黄家日月，表明“黄”当代“唐”。故黄巢认为广明之号是自己的符瑞。［19］崔璆、杨希古：唐降官，余皆起义军将领。［20］知左右军事：黄巢之军分左右，交付二人分别掌管。［21］皮日休：字袭美，晚唐诗人。咸通中官太常博士，投降黄巢，任翰林学士。《新唐书·艺文志》著录《皮日休集》十卷。［22］璆：崔邠之子，据两唐书，璆为郾之少子。邠，郾之兄。《资治通鉴》误。［23］栎阳：县名。县治在今陕西西安市临潼区北。［24］朱温（852—912）：宋州砀山（今安徽砀山）人。乾符四年（877）参加黄巢起义，任同州防御使。中和二年（882）降唐，官至宣武节度使。天祐元年（904）杀唐昭宗，立哀帝。四年废帝自立，国号梁。传见两《五代史》卷一。［25］东渭桥：桥名。在今陕西西安市东北渭河上。［26］甃伤其面：郑畋仆地时脸被瓦砾刺伤。［27］序立：按官职高低以次站立。［28］孙储：历官天雄节度使，兵部尚书兼京兆尹。事附《新唐书》卷一百八十三《孙偓传》。［29］风痹：得了中风的病。［30］授首：被杀。［31］禁兵分镇关中者：即神策军驻扎好畤、麟游等关中八处之兵。［32］丁酉：十二月十八日。［33］己亥：十二月二十日。［34］名衔：犹名片，上书其官位姓名。［35］李汤（？—880）：唐文宗宰相李宗闵之侄。累官给事中、京兆尹。事附《旧唐书》卷一百七十六，《新唐书》卷一百七十四《李宗闵传》。［36］广德公主：宣宗女，于琮之妻。传见《新唐书》卷八十三。［37］不置：不放。［38］张浚：字禹川，河间（今河北河间）人。历任太常博士、谏议大夫、兵部侍郎、宰相。后讨李克用，兵败，贬连州刺史，官终尚书右仆射。传见《旧唐书》卷一百七十九，《新唐书》卷一百八十五。［39］商山：山名。一名商洛山，在今陕西商商洛市东南。［40］供顿：供应，即提供食宿及行旅所需之物。［41］汉阴：县名。县治在今陕西石泉县东南汉江西南岸石泉嘴。［42］糗（qiǔ）粮：干粮。［43］驮（tuó）：牲畜负载之物曰驮。亦作量词，一驮百斤。［44］屈节：折节。［45］纾（shū）：解除，延缓。［46］粮仗：粮食与兵器。［47］渭北：渭水北岸。［48］储偫（zhì）：储备。

中和元年（辛丑，881年）

春，正月，车驾发兴元。加牛勖同平章事。陈敬瑄以扈从之人骄纵难制，有内园小儿[1]先至成都，游于行宫，笑曰："人言西川是蛮，今日观之，亦不恶！"敬瑄执而杖杀之，由是众皆肃然。敬瑄迎谒于鹿头关[2]。辛未[3]，上至绵州，东川节度使杨师立谒见。壬申[4]，以兵部侍郎、判度支萧遘同平章事。

郑畋约前朔方节度使唐弘夫、泾原节度使程宗楚同讨黄巢。巢遣其将王晖赍诏召畋，畋斩之，遣其子凝绩诣行在，凝绩追及上于汉州。

丁丑[5]，车驾至成都，馆于府舍。

上遣使[6]趣高骈讨黄巢，道路相望，骈终不出兵。上至蜀，犹冀骈立功，诏骈巡内刺史及诸将有功者，自监察至常侍，听[7]以墨敕[8]除讫奏闻。

裴澈自贼中奔诣行在。时百官未集，乏人草制，右拾遗乐朋龟谒田令孜而拜之，由是擢为翰林学士。张浚先亦拜令孜。令孜尝召宰相及朝贵[9]饮酒，浚耻于众中拜令孜，乃先谒令孜谢酒[10]。及宾客毕集[11]，令孜言曰："令孜与张郎中清浊异流[12]，尝蒙中外，既虑玷辱[13]，何惮改更，今日于隐处谢酒则又不可。"浚渐惧无所容。

二月，乙卯朔[14]，以太子少师王铎守司徒兼门下侍郎、同平章事。

丙申[15]，加郑畋同平章事。

加淮南节度使高骈东面都统，加河东节度使郑从谠兼侍中，依前行营招讨使。代北监军陈景思帅沙陀酋长李友金及萨葛、安庆、吐谷浑诸部入援京师。至绛州，将济河；绛州刺史瞿稹，亦沙陀也，谓景思曰："贼势方盛，未可轻进，不若且还代北募兵。"遂与景思俱还雁门。

以枢密使杨复光为京西南面行营都监。

黄巢以朱温为东南面行营都虞候，将兵攻邓州；三月，辛亥[16]，陷之，执刺史赵戒[17]，因戍邓州以扼荆、襄。

壬子[18]，加陈敬瑄同平章事。甲寅[19]，敬瑄奏遣左黄头军[20]使李铤将兵击黄巢。

辛酉[21]，以郑畋为京城四面诸军行营都统。赐畋诏："凡蕃、汉将士赴难有功者，并听以墨敕除官。”畋奏以泾原节度使程宗楚为副都统，前朔方节度使唐弘夫为行军司马。黄巢遣其将尚让、王播[22]帅众五万寇凤翔，畋使弘夫伏兵要害，自以兵数千，多张旗帜，疏陈[23]于高冈。贼以畋书生，轻之，鼓行而前，无复行伍[24]，伏发，贼大败于龙尾陂[25]，斩首二万余级，伏尸数十里。

有书尚书省门为诗以嘲贼者，尚让怒，应[26]在省官及门卒，悉抉目[27]倒悬之；大索城中能为诗者，尽杀之，识字者给贱役，凡杀三千余人。

瞿稹、李友金至代州，募兵逾旬，得三万人，皆北方杂胡，屯于崞西[28]，犷悍暴横，稹与友金不能制。友金乃说陈景思曰：“今虽有众数万，苟无威信之将以统之，终无成功。吾兄司徒[29]父子，勇略过人，为众所服；骠骑[30]诚奏天子赦其罪，召以为帅，则代北之人一麾响应[31]，狂贼不足平也！”景思以为然，遣使诣行在言之；诏如所请。友金以五百骑赍诏诣达靼迎之，李克用帅达靼诸部[32]万人赴之。

群臣追从车驾者稍集成都，南北司朝者近二百人，诸道及四夷贡献不绝，蜀中府库充实，与京师无异，赏赐不乏，士卒欣悦。

黄巢得王徽，逼以官，徽阳瘖[33]，不从；月余，逃奔河中，遣人间道奉绢表诣行在。诏以徽为兵部尚书。

前夏绥节度使诸葛爽复自河阳奉表白归[34]，即以为河阳节度使。

宥州[35]刺史拓跋思恭[36]，本党项羌也，纠合夷、夏兵会鄜延节度使[37]李孝昌于鄜州，同盟讨贼。

奉天镇使齐克俭遣使诣郑畋求自效。甲子[38]，畋传檄天下藩镇，合兵讨贼。时天子在蜀，诏令不通，天下谓朝廷不能复振，及得畋檄，争发兵应之。贼惧，不敢复窥京西。

（以上为第四段，写凤翔节度使郑畋阻击黄巢，传檄诸镇，合兵讨贼，防止了崩溃局势。）

【注释】

[1]内园小儿：在皇宫园圃种植瓜果蔬菜及服杂役的年少宦者。[2]鹿头关：关名。在今四川德阳市东北鹿头山上。[3]辛未：正月二十二日。[4]壬申：正月二十三日。[5]丁丑：

正月二十八日。［6］遣使：据章校，“遣”下有“中”字。［7］听：听任，同意。［8］墨敕：本指皇帝不经外廷而亲笔书写下达的命令，此指授权高骈先以墨敕除授官职，事毕奏报。［9］朝贵：朝中有权势的贵官。［10］先谒令孜谢酒：张浚在宴会前独自去拜见田令孜谢酒。［11］宾客毕集：宾客全部到齐。［12］清浊异流：进士及第作官称清流，依托宦官作官为浊流。浊流官出身不正，受人轻视。［13］既虑玷辱：既然顾虑受牵连被玷污。田令孜不满张浚偷偷摸摸地巴结自己，于是在大庭广众下揭露张浚，说你既然顾虑向我跪拜玷污了你的清名，何必害怕改弦更张，可今日在隐蔽处向我跪拜谢酒，这是不可以的。［14］乙卯朔：二月朔日为己卯。“乙”当为“己”。己卯，二月一日。［15］丙申：二月十八日。［16］辛亥：三月三日。［17］赵戒：据章校，“戒”作“戎”。［18］壬子：三月四日。［19］甲寅：三月六日。［20］黄头军：此为崔安潜所置西川黄头军。［21］辛酉：三月十三日。［22］王播：《新唐书》作“王璠”。［23］疏陈：布阵。［24］无复行伍：不再排成队列。［25］龙尾陂：地名。一作龙尾坡，在今陕西岐山东。［26］应：一应，一切。［27］抉目：挖出眼珠。［28］崞西：崞县之西。［29］司徒：指李国昌，以平庞勋功检校司徒。［30］骠骑：骠骑大将军从一品，为武散官第一等。自高力士以来，宦者多加此官。这里借以称陈景思。［31］一麾响应：一招手，人们就像回声一样立即应和。［32］李克用帅达靼诸部：陈景思请赦李国昌父子，而克用独至，因国昌已老之故。［33］阳瘖：装哑。［34］自归：广明元年诸葛爽投降黄巢，现又归附朝廷。［35］宥州：州名。治所长泽，在今内蒙古鄂托克旗东南。［36］拓跋思恭：党项人。咸通末窃据宥州，称刺史。黄巢入长安，出兵镇压，唐僖宗任命为左武卫将军，权知夏绥节度使。巢平，封夏国公，赐姓李。事附《新唐书》卷二百二十一上。［37］鄜延节度使：方镇名。上元元年（760）置，领鄜、坊、丹、延四州。中和二年（882）赐号保大军，治所鄜州，在今陕西富县。［38］甲子：三月十六日。

夏，四月，戊寅朔[1]，加王铎兼侍中。

以拓跋思恭权知夏绥节度使。

黄巢以其将王玫为邠宁节度使，邠州通塞镇[2]将朱玫起兵诛之，让别将李重古为节度使，自将兵讨巢。

是时，唐弘夫屯渭北，王重荣屯沙苑[3]，王处存屯渭桥，拓跋思恭屯武功[4]，郑畋屯盩厔[5]。弘夫乘龙尾之捷，进薄长安。

壬午[6]，黄巢帅众东走，程宗楚先自延秋门[7]入，弘夫继至，处存帅锐卒五千夜入城。坊市民喜，争欢呼出迎官军，或以瓦砾击贼，或拾箭以供官军。宗楚等恐诸将分其功，不报凤翔、鄜夏[8]，军士释兵入第舍，掠金帛、妓妾。处存令军士系白𦈡[9]为号，坊市少年或窃其号以掠人。贼露宿霸上，调知官军不整，且诸军不相继，引兵还袭之，自诸门分入，大战长安中，宗楚、弘夫死，军士重负[10]不能走，是以甚败，死者什八九。处存收余众还营。

丁亥[11]，巢复入长安，怒民之助官军，纵兵屠杀[12]，流血成川，谓之洗城。于是诸军皆退，贼势愈炽。

贼所署同州刺史王溥、华州刺史乔谦、商州刺史宋声严闻巢弃长安，皆率众奔邓州，朱温斩溥、谦，释严，使还商州。

庚寅[13]，拓跋思恭、李孝昌与贼战于土桥[14]，不利。

诏以河中留后王重荣为节度使。

（以上为第五段，写官军克长安，军纪败坏而败。黄巢再入长安，大杀士民。）

【注释】

[1]戊寅朔：四月一日。 [2]通塞镇：军镇名。治所在今陕西彬州市。 [3]沙苑：地名。又名沙阜、沙窝，在今陕西大荔县南洛、渭二河之间，东西八十里，南北三十里。 [4]武功：县名。县治在今陕西眉县东渭河南岸。 [5]盩厔（zhōuzhì）：县名。县治在今陕西周至县。 [6]壬午：四月五日。 [7]延秋门：长安禁苑城西之门。 [8]不报凤翔、鄜夏：不向凤翔节度使郑畋和鄜延节度使李孝昌及夏绥节度使拓拔思恭通报进城之事。 [9]繻（xū）：束发用的丝带。 [10]重负：士兵掠夺财物甚多，负担沉重。 [11]丁亥：四月十日。 [12]纵兵屠杀：据《新唐书》载“杀八万人”。 [13]庚寅：四月十三日。 [14]土桥：据章校：“土”作“王”。王桥，地名。在今陕西西安西北汉长安城东。

贼众上黄巢尊号曰承天应运启圣睿文宣武皇帝。

有双雉[1]集广陵府舍，占者以为野鸟来集，城邑将空之兆。高骈恶之，乃移檄四方，云将入讨黄巢，悉发巡内兵八万，舟二千艘，旌旗甲兵甚盛。五月，乙未[2]，出屯东塘[3]。诸将数请行期，骈托风涛为阻，或云时日不利，竟不发。

李克用牒河东，称奉诏将兵五万讨黄巢，令具顿递[4]，郑从谠闭城以备之。克用屯于汾东，从谠犒劳，给其资粮，累日不发。克用自至城下大呼，求与从谠相见，从谠登城谢之。癸亥[5]，复求发军赏给[6]，从谠以钱千缗、米千斛遗之。甲子[7]，克用纵沙陀剽掠居民，城中大骇。从谠求救于振武节度使契苾璋，璋引突厥、吐谷浑救之，破沙陀两寨，克用追战至晋阳城南，璋引兵入城，沙陀掠阳曲、榆次[8]而归。

黄巢之克长安也，忠武节度使周岌降之。岌尝夜宴，急召监军杨复光[9]，左右曰："周公臣贼，将不利于内侍[10]，不可往。"复光曰："事已如此，义不图全。"即诣之。酒酣，岌言及本朝，复光泣下，良久，曰："丈夫所感者恩义耳！公自匹夫为公侯，奈何舍十八叶[11]天子而臣贼乎！"岌亦流涕曰："吾不能独拒贼，故貌奉而心图之。今日召公，正为此耳。"因沥酒为盟。是夕，复光遣其养子守亮杀贼使者于驿。

时秦宗权据蔡州，不从岌命，复光将忠武兵三千诣蔡州。说宗权同举兵讨巢。宗权遣其将王淑将兵三千从复光击邓州，逗留不进，复光斩之，并其军，分忠武八千人为八都，遣牙将鹿晏弘、晋晖、王建[12]、韩建、张造、李师泰、庞从等八人将之。王建，舞阳人；韩建，长社[13]人；晏弘、晖、造、师泰，皆许州人也。复光帅八都与朱温战，败之，遂克邓州，逐北至蓝桥[14]而还。

昭义节度使高浔会王重荣攻华州，克之。

六月，戊戌[15]，以郑畋为司空兼门下侍郎、同平章事，都统如故。

李克用遇大雨，引兵北还，陷忻、代二州，因留居代州。郑从谠遣教练使论安等军百井以备之。

邠宁节度副使朱玫屯兴平[16]，黄巢将王播围兴平，玫退屯奉天及龙尾陂。

西川黄头军使李铤将万人，巩咸将五千人，屯兴平，为二寨，与黄巢战，屡捷；陈敬瑄遣神机营使高仁厚[17]将二千人益之。

秋，七月，丁巳[18]，改元，赦天下。

庚申[19]，以翰林学士承旨、兵部侍郎韦昭度[20]同平章事。

论安自百井擅还，郑从谠不解靴衫[21]斩之，灭其族。更遣都头温汉臣将兵屯百井。契苾璋引兵还振武。

（以上为第六段，写讨贼藩镇，强力者野心勃发，高骈据扬州按兵不出，图谋割据；沙陀李克用奉诏勤王，趁火打劫，抢掠太原近郊而退还。）

【注释】

[1]雉（zhì）：野鸡。[2]乙未：五月戊申朔，无乙未。章校："乙"作"己"。己未，五月十二日。[3]东塘：地名。在今江苏扬州市东。[4]顿递：沿途备酒食，置邮驿以供军用称顿递。[5]癸亥：五月十六日。[6]赏给：赏钱和粮饷。[7]甲子：五月十七日。[8]阳曲、榆次：皆县名。阳曲，县治在今山西太原市北阳曲镇。榆次，县治在今山西晋中市榆次区。[9]召监军杨复光：杨复光为忠武监军，原屯邓州，后朱温攻陷邓州，复光遂至许州依周岌。[10]内侍：此指杨复光。[11]十八叶：自唐高祖至僖宗十八世。叶，世、代。[12]王建（847—918）：字光图，许州舞阳（今河南舞阳）人。累官壁州刺史，后攻占剑南二川，被封蜀王。后梁代唐，建亦在成都称帝，国号蜀。传见《旧五代史》卷一百三十六，《新五代史》卷六十三。[13]长社：县名。县治在今河南许昌市。[14]蓝桥：地名。在今陕西蓝田县东南。[15]戊戌：六月二十二日。[16]兴平：县名。县治在今陕西兴平市。[17]高仁厚：原为西川节度使陈敬瑄部将，累官眉州刺史、剑南东川节度使。后被陈敬瑄斩首。传见《新唐书》卷一百八十九。[18]丁巳：七月十一日。[19]庚申：七月十四日。[20]韦昭度：字正纪，京兆（今陕西西安）人。乾符中历任中书舍人、兵部侍郎，唐僖宗、唐昭宗两朝两度入相。奸相崔昭纬勾结藩镇上书谴贬昭度，不久被静难军节度使王行瑜杀害，传见《旧唐书》卷一百七十九，《新唐书》卷一百八十五。[21]靴衫：乘马时的穿着。指身着武装。

初，车驾至成都，蜀军赏钱人三缗。田令孜为行在都指挥处置使，每四方贡金帛，辄颁赐从驾诸军无虚日，不复及蜀军，蜀军颇有怨言。丙寅[1]，令孜宴土客都头[2]，以金杯行酒，因赐之，诸都头皆拜而受。西川黄头军使郭琪独不受，起言曰："诸将月受俸料[3]，丰赡有余，常思难报，岂敢无厌！顾蜀军与诸军同宿卫，而赏赉悬殊，颇有觖望[4]，恐万一致变。愿军容减诸将之赐以均蜀军，使土客如一，则上下幸甚！"令孜默然有间，曰："汝尝有何功？"对曰："琪生长山东，征戍边鄙，尝与党项十七战，契丹十余战，金创[5]满身；又尝征吐谷浑，伤胁肠出，线缝复战。"令孜乃自酌酒于别樽以赐琪。琪知其毒，不得已，再拜饮之；归，杀一婢，吮其血以解毒，吐黑汁数升，遂帅所部作乱。丁卯[6]，焚掠坊市。令孜奉天子保东城，闭门登楼，命诸军击之。琪引兵还营，陈敬瑄命都押牙安金山将兵攻之，琪夜突围出，奔广都[7]，从兵皆溃，独厅吏一人从，息于江岸；琪谓厅吏曰："陈公[8]知吾无罪；然军府惊扰，不可以莫之安也[9]。汝事吾能始终，今有以报汝。汝赍吾印剑诣陈公曰：‘郭琪走渡江，我以剑击之，坠水，尸随湍流下矣；得其印剑以献。’陈公必据汝所言，榜悬印剑于市以安众。汝当获厚赏，吾家亦保无恙[10]。吾自此适广陵，归高公[11]，后数日，汝可密以语吾家也。”遂解印剑授之而逸[12]。厅吏以献敬瑄，果免琪家。

上日夕专与宦者同处，议天下事，待外臣[13]殊疏薄。庚午[14]，左拾遗孟昭图上疏，以为：“治安之代，遐迩犹应同心；多难之时，中外[15]尤当一体。去冬车驾西幸，不告南司，遂使宰相、仆射以下悉为贼所屠[16]，独北司平善[17]。况今朝臣至者，皆冒死崎岖，远奉君亲，所宜自兹同休等戚[18]。伏见前夕黄头军作乱。陛下独与令孜、敬瑄及诸内臣闭城登楼，并不召王铎已下及收朝臣入城；翌日[19]，又不对宰相，又不宣慰朝臣。臣备位谏官，至今未知圣躬安否，况疏冗[20]乎！傥群臣不顾君上，罪固当诛；若陛下不恤群臣，于义安在！夫天下者，高祖、太宗之天下，非北司之天下；天子者，四海九州之天子，非北司之天子。北司未必尽可信，南司未必尽无用。岂天子与宰相了无关涉[21]，朝臣皆若路人！如此，恐收复之期，尚劳圣虑，尸禄[22]之士，得以宴安。臣躬被宠荣，职在裨益[23]，虽遂事[24]不谏，而来者可追。”疏入，令孜屏不奏。辛未[25]，矫诏贬昭图嘉州司户，遣人沉于蟆颐津[26]，闻者气塞[27]而莫敢言。

（以上为第七段，写宦官田令孜祸害西川。）

【注释】

[1]丙寅：七月二十日。[2]土客都头：蜀军和从驾入蜀诸军的各部领军。[3]俸料：俸金、禄米。[4]觖（jué）望：抱怨。[5]金创（chuāng）：中医名词，指金刃对人体所攻之创伤。[6]丁卯：七月二十一日。[7]广都：县名。县治在今四川成都市双流区东南。[8]陈公：谓陈敬瑄。[9]不可以莫之安也：不可以在没有清除我之前使军府安定。[10]无恙：无忧。引申为平安、完整。[11]高公：指淮南节度使高骈，时驻节广陵。[12]逸：逃亡。[13]外臣：外廷之臣，即朝官。[14]庚午：七月二十四日。[15]中外：宫中与外廷。[16]为贼所屠：指宰相豆卢瑑、崔沆，仆射于琮等。[17]平善：平安完好。[18]同休等戚：即休戚与共。休戚，喜乐悲伤。[19]翌日：明日。[20]疏冗：指居于散位之官。[21]了无关涉：全无关系。[22]尸禄：居位食禄而不作事。[23]职在裨益：谏官之责在于裨补缺漏。[24]遂事：已经完成之事。[25]辛未：七月二十五日。[26]蟆颐津：津渡名。在今四川眉山东。[27]气塞：

闷气。

鄜延节度使李孝昌、权夏州节度使拓跋思恭屯东渭桥，黄巢遣朱温拒之。

以义武节度使王处存为东南面行营招讨使，以邠宁节度副使朱玫为节度使。

八月，己丑[1]夜，星交流如织，或大如杯碗，至丁酉[2]乃止[3]。

武宁节度使[4]支详，遣牙将时溥[5]、陈璠将兵五千人关讨黄巢，二人皆详所奖拔[6]也。溥至东都，矫称详命，召师还与璠合兵，屠河阴，掠郑州而东。及彭城，详迎劳，犒赏甚厚。溥遣所亲说详曰："众心见迫，请公解印以相授。"详不能制，出居大彭馆，溥自知留务。璠谓溥曰："支仆射有惠于徐人，不杀，必成后悔。"溥不许，送详归朝。璠伏甲于七里亭[7]，并其家属杀之。诏以溥为武宁留后。溥表璠为宿州刺史，璠到官贪虐，溥以都将张友代还，杀之。

杨复光奏升蔡州为奉国军，以秦宗权为防御使。寿州屠者王绪与妹夫刘行全聚众五百，盗据本州，月余，复陷光州，自称将军，有众万余人；秦宗权表为光州刺史。固始县[8]佐[9]王潮[10]及弟审邽[11]、审知皆以材气知名，绪以潮为军正[12]，使典资粮，阅[13]士卒，信用之。

高浔与黄巢将李详战于石桥[14]，浔败，奔河中，详乘胜复取华州。巢以详为华州刺史。

以权知夏绥节度使拓跋思恭为节度使。

宗正少卿嗣曹王龟年自南诏还[15]，骠信上表款附[16]，请悉遵诏旨。

李孝昌[17]、拓跋思恭与尚让、朱温战于东渭桥，不利，引去。

初，高骈与镇海节度使周宝俱出神策军，骈以兄事宝。及骈先贵有功，浸轻之[18]；既而封壤相邻[19]，数争细故，遂有隙。骈檄宝入援京师，宝治舟师[20]以俟之，怪其久不行；访诸幕客，或曰："高公幸朝廷多故，有并吞江东之志，声云入援，其实未必非图我也！宜为备。"宝未之信，使人觇骈，殊无北上意。会骈使人约宝面会瓜州议军事，宝遂以言者为然，辞疾不往，且谓使者曰："吾非李康，高公复欲作家门功勋[21]

以欺朝廷邪！”骈怒，复遣使责宝，“何敢轻侮大臣？”宝诟之曰：“彼此夹江为节度使，汝为大臣，我岂坊门卒[22]邪！”由是遂为深仇。

骈留东塘百余日，诏屡趣之，骈上表，托以宝及浙东观察使刘汉宏将为后患。辛亥[23]，复罢兵还府，其实无赴难心，但欲禳雉集之异[24]耳。

高骈召石镜镇将董昌至广陵，欲与之俱击黄巢。昌将钱镠说昌曰：“观高公无讨贼心，不若以扞御乡里为辞而去之。”昌从之，骈听昌还。会杭州刺史路审中将之官，行至嘉兴[25]，昌自石镜引兵入杭州，审中惧而还。昌自称杭州都押牙、知州事，遣将吏请于周宝。宝不能制，表为杭州刺史。

临海[26]贼杜雄陷台州。

辛酉[27]，立皇子震为建王。

昭义十将成麟杀高浔[28]，引兵还据潞州；天井关戍将孟方立起兵攻麟，杀之。方立，汧州[29]人也。

忠武监军杨复光屯武功。

永嘉[30]贼朱褒陷温州。

凤翔行军司马李昌言将本军屯兴平[31]。时凤翔仓库虚竭[32]，犒赏稍薄，粮馈不继，昌言知府中兵少，因激怒其众，冬，十月，引军还袭府城。郑畋登城与士卒言，其众皆下马罗拜曰：“相公诚无负我曹。”畋曰：“行军苟能戢兵[33]爱人，为国灭贼，亦可以顺守[34]矣。”乃以留务委之。即日西赴行在。

天平节度使、南面招讨使曹全晸与贼战死，军中立其兄子存实为留后。

十一月，乙巳[35]，孟楷、朱温袭鄜、夏二军[36]于富平，二军败，奔归本道。

郑畋至凤州[37]，累表辞位；诏以畋为太子少傅、分司。以李昌言为凤翔节度行营招讨使。

以门下侍郎、同平章事裴澈为鄂岳观察使。

加镇海节度使周宝同平章事。

遂昌[38]贼卢约陷处州。

十二月，江西将闵勖[39]戍湖南，还，过潭州，逐观察使李裕，自为留后。

以感化留后时溥为节度使。

赐夏州[40]号定难军。

初，高骈镇荆南[41]，补武陵蛮雷满为牙将，领蛮军，从骈至淮南，逃归，聚众千人，袭朗州，杀刺史崔翥，诏以满为朗州留后。岁中[42]，率三四引兵寇荆南，入其郛[43]，焚掠而去，大为荆人之患。

陬溪人周岳尝与满猎，争肉而斗，欲杀满，不果。闻满据朗州，亦聚众袭衡州，逐刺史徐颢，诏以岳为衡州刺史。石门[44]蛮向瓌亦集夷獠数千攻陷澧州，杀刺史吕自牧，自称刺史。

王铎以高骈为诸道都统无心讨贼，自以身为首相，发愤请行；恳款[45]流涕，至于再三；上许之。

（以上为第八段，写官军诸镇讨贼，不尽心国是，却是野心日增，养成骄兵悍将，祸国殃民。）

【注释】

［1］己丑：八月十三日。［2］丁酉：八月二十一日。［3］乃止：才停下来。［4］武宁节度使：按《新唐书·方镇表二》，咸通十一年（870）“置徐泗观察使，寻赐号感化军节度使。”自此讫于唐亡，未曾复武宁旧称，故武宁，当作“感化”。《资治通鉴》误。［5］时溥（？—893）：徐州彭城（今江苏徐州）人。初为武宁军牙将，后军乱，遂为节度使。镇压黄巢起义军有功，拜蔡州行营兵马都统。在与朱全忠争战中失败，自焚而死。传自《旧唐书》卷一百八十二，《新唐书》卷一百八十八。［6］奖拔：奖励提拔。［7］七里亭：地名。在今江苏徐州西北，离城七里，故名。［8］固始县：县名。县治在今河南固始县。［9］佐：佐史，属吏。［10］王潮：字信臣，光州固始人。初为县史，参加王绪军任军正，不久被推为将军，据有福建五州之地，昭宗任为观察使。召还流民，定赋劝农，人赖以安。传见《新唐书》卷一百九十。［11］审邽、审知：皆王潮之弟。审邽任泉州刺史，审知在王潮病时权知节度。二人事·附《王潮传》。［12］军正：官名。军中执法之官。［13］阅：检视、巡察。［14］石桥：地名。在今陕西渭南市华州区西。［15］自南诏还：嗣曹王李龟年，广明元年（880）出使南诏，事见《资治通鉴》卷二百五十三僖宗广明元年六月。［16］款附：诚心归附。［17］李孝昌：据章校，“李”上有“九月”二字。［18］浸轻之：逐渐看不起周宝。［19］封壤相邻：淮南节度使与镇海军疆土相邻，以长江为界。封壤，封

疆、疆界。［20］舟师：水军。［21］作家门功勋：指高崇文斩东川节度使李康。事见《资治通鉴》卷二百三十七宪宗元和元年。家门，家族。高崇文乃高骈之祖。［22］坊门卒：长安城居住区共一百零六坊，坊皆有墙有门，门皆有守卒。［23］辛亥：九月六日。［24］禳雉集之异：发兵出城，屯于东塘，应雉集城空之异兆，以消除此灾。［25］嘉兴：县名。县治在今浙江嘉兴市西南。［26］临海：县名。县治在今浙江临海市。［27］辛酉：九月十六日。［28］成麟杀高浔：因高浔石桥战败之故。此为借口，实欲自任节度使。［29］汧州：据章校，当作邢州。［30］永嘉：县名。县治在今浙江温州市。［31］兴平：县名。县治在今陕西兴平市。［32］虚竭：空尽。［33］戢兵：本义息兵。此为收敛约束士兵。［34］顺守：以武力夺天下为逆取，以文教治天下为顺守。此引申为以武力逐帅为逆取，讨贼立功而任节度使为顺守。［35］乙巳：十一月一日。［36］鄜、夏二军：即李孝昌鄜延之兵与拓拔思恭夏绥之兵。［37］凤州：州名。治所梁泉，在今陕西凤县东北。［38］遂昌：县名。县治在今浙江遂昌。［39］闵勖：《新唐书·僖宗纪》及散见之处皆作“闵顼”。［40］夏州：即夏绥节度使，驻节夏州，故又称夏州节度使。［41］高骈镇荆南：事在僖宗乾符五年（878）。［42］岁中：一年之中。［43］郛（fú）：古代指城外面围着的大城。［44］石门：县名。县治在今湖南石门。据章校，“门”下有“洞”字。［45］恳款：诚恳，恳切。

二年（壬寅，882 年）

春，正月，辛亥[1]，以王铎兼中书令，充诸道行营都都统，权知义成节度使，俟罢兵复还政府[2]。高骈但领盐铁转运使[3]，罢其都统及诸使。听王铎自辟将佐，以太子少师崔安潜为副都统。辛未[4]，以周岌、王重荣为都都统左右司马，诸葛爽及宣武节度使康实为左右先锋使，时溥为催遣纲运租赋防遏使[5]。以右神策观军容使西门思恭为诸道行营都都监。又以王处存、李孝昌、拓跋思恭为京城东北西面都统，以杨复光为南面行营都监使。又以中书舍人郑昌图为义成节度行军司马，给事中郑畯为判官，直弘文馆王抟[6]为推官，司勋员外郎裴贽[7]为掌书记。昌图，从谠之从祖兄弟；畯，畋之弟；抟，玙[8]之曾孙；贽，坦之子也。又以陕虢观察使王重盈为东面都供军使。重盈，重荣之兄也。

黄巢以朱温为同州刺史，令温自取之。二月，同州刺史米诚奔河中，温遂据之。

己卯[9]，以太子少傅、分司郑畋为司空兼门下侍郎、同平章事，召诣行在，军务一以咨之。以王铎判户部事。

朱温寇河中，王重荣击败之。

以李昌言为京城西面都统，朱玫为河南[10]都统。

泾原节度使胡公素薨，军中请命于都统王铎，承制以大将张钧为留后。

李克用寇蔚州，三月，振武节度使契苾璋奏与天德、大同共讨克用。诏郑从谠与相知[11]应接。

陈敬瑄多遣人历县镇调事，谓之寻事人，所至多所求取。有二人过资阳镇[12]，独无所求。镇将[13]谢弘让邀之，不至；自疑有罪，夜，亡入群盗中。明旦，二人去，弘让实无罪也。捕盗使杨迁诱弘让出首[14]而执以送使[15]，云讨击擒获，以求功。敬瑄不之问，杖弘让脊二十，钉于西城二七日[16]，煎油泼之，又以胶麻[17]掣其疮，备极惨酷，见者冤之。又有邛州牙官阡能，因公事违期，避杖，亡命为盗，杨迁复诱之。能方出首，闻弘让之冤，大骂杨迁，发愤为盗，驱掠良民，不从者举家杀之，逾月，众至万人，立部伍，署职级[18]，横行邛、雅二州间，攻陷城邑，所过涂地。先是，蜀中少盗贼，自是纷纷竞起，州县不能制。敬瑄遣牙将杨行迁将三千人，胡洪略、莫匡时各将二千人以讨之。

（以上为第九段，写西川节度使陈敬瑄驱良为盗。）

【注释】

[1]辛亥：正月八日。[2]政府：唐时称宰相治理政务之处为政府，即政事堂。[3]但领盐铁转运使：淮南为南北交通要冲，故仍保留高骈盐铁转运使之职。[4]辛未：正月二十八日。[5]时溥为催遣纲运租赋防遏使：江南纲运，自江淮而来，皆由徐州境内通过，故以时溥任此职。[6]王抟：字昭义，历任苏州刺史，户部侍郎判度支。昭宗乾宁初拜相。后贬溪州刺史，又贬崖州司户，赐死。传见《新唐书》卷一百一十六。[7]裴贽：字敬臣，历任右补阙，御史中丞、刑部尚书。昭宗拜为宰相。朱全忠谋篡位，贬贽青州司户，被杀。传见《新唐书》卷一百八十二。[8]玙：王玙，历唐仕玄宗、肃宗二朝，任祠祭使，太常卿。以言鬼神之事有宠于唐肃宗，位至宰相。传见《旧唐书》卷二百三十,《新唐书》卷一百零九。[9]己卯：二月六日。[10]河南：指今陕西大荔县朝邑镇与山西永济市蒲州镇之间黄河西岸。因黄河在此局部流向东南，古称南岸。[11]相知：互相关照。时郑从谠为河东节度使，故有此诏。[12]资阳镇：县镇名。在今四川资阳市东。[13]镇将：官名。掌一镇治安。[14]出首：自首。[15]送使：送往节度使府。[16]二七日：三月十四日。[17]胶麻：涂胶的麻布。[18]署职级：任命官吏，分职务，级别等。

以右神策将军齐克俭为左右神策内外八镇兼博野、奉天节度使。

赐鄜坊军号保大。

夏，四月，甲午[1]，加陈敬瑄兼侍中。

赫连铎、李可举与李克用战，不利。

初，高骈好神仙，有方士吕用之坐妖党亡命归骈，骈厚待之，补以军职。用之，鄱阳[2]茶商之子也，久客广陵，熟其人情，炉鼎[3]之暇，颇言公私利病，故骈愈奇之，稍加信任。骈旧将梁缵、陈珙、冯绶、董瑾、俞公楚、姚归礼素为骈所厚，用之欲专权，浸以计去之，骈遂夺缵兵，族珙家，绶、瑾、公楚、归礼咸见疏。

用之又引其党张守一、诸葛殷共蛊惑骈。守一本沧、景村民，以术干骈，无所遇，穷困甚，用之谓曰："但与吾同心，勿忧不富贵。"遂荐于骈，骈宠待埒于用之。殷始自鄱阳来，用之先言于骈曰："玉皇[4]以公职事繁重，辍左右尊神一人佐公为理，公善遇之；欲其久留，亦可縻[5]以人间重职。"明日，殷谒见，诡辩风生，骈以为神，补盐铁剧职[6]。骈严洁，甥侄辈未尝得接坐[7]。殷病风疽[8]，搔扪不替手[9]，脓血满爪，骈独与之同席促膝，传杯器而食。左右以为言，骈曰："神仙以此试人耳！"骈有畜犬，闻其腥秽，多来近之。骈怪之，殷笑曰："殷尝于玉皇前见之，别来数百年，犹相识。"骈与郑畋有隙，用之谓骈曰："宰相有遣剑客来刺公者，今夕至矣！"骈大惧，问计安出。用之曰："张先生尝学斯术，可以御之。"骈请于守一，守一许诺。乃使骈衣妇人之服，潜于他室，而守一代居骈寝榻中，夜掷铜器于阶，令铿然有声，又密以囊盛彘[10]血，洒于庭宇[11]，如格斗之状。及旦，笑谓骈曰："几落奴手！"骈泣谢曰："先生于骈，乃更生[12]之惠也！"厚酬以金宝。有萧胜者，赂用之，求盐城监[13]，骈有难色，用之曰："用之非为胜也，近得上仙书云，有宝剑[14]在盐城井中，须一灵官[15]往取之。以胜上仙左右之人，欲使取剑耳。"骈乃许之。胜至监数月，函一铜匕首[16]以献，用之见，稽首曰："此北帝[17]所佩，得之，则百里之内五兵[18]不能犯。"骈乃饰以珠玉，常置坐隅。用之自谓磻溪[19]真君，谓守一乃赤松子[20]，殷乃葛将军，胜乃秦穆公之婿[21]也。

用之又刻青石为奇字[22]云："玉皇授白云先生高骈。"密令左右置道院香案。骈得之，惊喜。用之曰："玉皇以公焚修功著[23]，将补真官[24]，计鸾鹤不日当降此际，用之等谪限[25]亦满，必得陪幢节[26]，同归上清[27]耳！"是后，骈于道院庭中刻木鹤，时著羽服[28]跨之，日夕斋醮[29]，炼金烧丹，费以巨万计。

用之微时[30]，依止[31]江阳[32]后土庙[33]，举动祈祷[34]。及得志，白骈崇大[35]其庙，极江南工材[36]之选，每军旅大事，以少牢[37]祷之。用之又言神仙好楼居，说骈作迎仙楼，费十五万缗，又作延和阁，高八丈。

用之每对骈呵叱[38]风雨，仰揖空际，云有神仙过云表[39]。骈辄随而拜之。然常厚赂骈左右，使伺骈动静，共为欺罔，骈不之寤。左右小有异议者，辄为用之陷死不旋踵[40]，但潜抚膺鸣指[41]，口不敢言。骈倚用之如左右手，公私大小之事皆决于用之，退贤进不肖，淫刑滥赏，骈之政事于是大坏矣！

用之知上下怨愤，恐有窃发[42]，请置巡察使，骈即以用之领之，募险狯[43]者百余人，纵横闾巷间，谓之"察子"，民间呵妻詈子，靡不知之。用之欲夺人货财，掠人妇女，辄诬以叛逆，搒掠[44]取服[45]，杀其人而取之，所破灭者数百家，道路以目，将吏士民虽家居，皆重足[46]屏气。

用之又欲以兵威胁制[47]诸将，请选募诸军骁勇之士二万人，号左、右莫邪都[48]。骈即以张守一及用之为左、右莫邪军使，署置将吏如帅府，器械精利，衣装华洁，每出入，导从[49]近千人。

用之侍妾百余人，自奉[50]奢靡，用度不足，辄留三司纲[51]输其家。

用之犹虑人泄其奸谋，乃言于骈曰："神仙不难致，但恨学者不能绝俗累[52]，故不肯降临耳！"骈乃悉去宾客[53]，谢绝人事，宾客、将吏皆不得见；有不得已见之者，皆先令沐浴斋祓[54]，然后见，拜起才毕，已复引出。由是用之得专行威福，无所忌惮，境内不复知有骈矣。

王铎将两川、兴元之军屯灵感寺，泾原屯京西，易定、河中屯渭北，邠宁、凤翔屯兴平，保大、定难屯渭桥，忠武屯武功，官军四集。黄巢势已蹙，号令所行不出同、华[55]。民避乱皆入深山筑栅自保，农事俱废，长安城中斗米直三十缗。贼卖人[56]于官军以为粮，官军或执山寨之民鬻之，人直数百缗，以肥瘠论价。

（以上为第十段，写高骈好神仙，受奸邪巫师控制。）

【注释】

[1]甲午：四月二十二日。[2]鄱阳：县名。县治在今江西鄱阳县。[3]炉鼎：指方士炼丹等事。[4]玉皇：即玉皇大帝，道教所崇奉的天神。[5]縻：羁縻，笼络。[6]剧职：重要的职务。[7]接坐：同席而坐。[8]风疽：疠疮，恶疮。[9]搔扪不替手：抓痒搔摩不离手。[10]彘（zhì）：猪。[11]庭宇：庭院。[12]更（gēng）生：再生，重新获得生命。[13]盐城监：官名。盐城县南有盐亭，为海岸煮盐之所。置监以管盐亭一百二十三座。盐城县治在今江苏盐城市。[14]官剑：据章校，“官”作“宝”。[15]灵官：仙官。[16]函匕首：将匕首装入匣中。[17]北帝：即北方黑帝，五天帝之一。[18]五兵：五种兵器。说法不一，《汉书》作“矛、戟、弓、剑、戈”。[19]磻溪：水名。在今陕西宝鸡市东南。传说吕尚（姜太公）钓鱼之处。用之姓吕，故附会以为仙。[20]赤松子：神农时雨师，传说中的仙人。[21]秦穆公之婿：即萧史，善吹箫，秦穆公以女弄玉嫁之。后夫妻二人乘龙凤升天。萧胜亦以姓附会。[22]奇字：王莽时六书之一，据战国文字改变而成。[23]焚修功著：焚香修行功德显著。[24]真官：仙官，即有官职的仙人。[25]谪限：仙人谪降人间的期间。[26]幢（chuáng）节：旌旗符节，为节度使的仪仗。此指高骈。[27]上清：道教以为在人界、天界之外，还有三清仙境，为太清、玉清、上清三界，均仙人居住之处。[28]羽服：用鸟的羽毛织成的衣服。此谓高骈幻想穿上羽服即可像鸟一样飞上天堂。[29]斋醮（jiào）：供斋醮神，是道教设坛祈祷的一种仪式。醮，祭祀。[30]微时：未显贵之时。[31]依止：依傍栖息。[32]江阳：县名。县治在今江苏扬州。[33]后土庙：土神庙。在扬州城东南。[34]举动祈祷：一举一动必先祈祷。[35]崇大：修高加大。[36]工材：工料。[37]少（shào）牢：用猪、羊祭祀称少牢。[38]呵叱：犹呼唤。[39]云表：云外。[40]不旋踵：来不及转动脚跟，形容迅速。[41]但潜抚膺鸣指：憎恨吕用之的人，只能暗地里捶胸弹指，敢怒不敢言。潜，暗中，偷偷的。抚膺，捶胸。气愤之状。鸣指，弹指。[42]窃发：暗中告发。[43]险狯（kuài）：险恶奸猾。[44]搒（péng）掠：拷打。[45]取服：使人服罪。[46]重足：迭足而立，不敢移动，形容恐惧。[47]胁制：强迫，控制。[48]莫邪（yé）都：以宝剑莫邪之名命其军，取其锐利之义。[49]导从：前呼后拥的侍卫人员。[50]自奉：自己的生活供养。[51]留三司纲：扣留户部、度支、盐铁三司从淮南发往朝廷的纲运。[52]绝俗

累：弃绝人间俗事。俗累，指生活琐事。［53］悉去宾客：据章校，“宾客”作“姬妾”。［54］斋祓（fú）：斋戒祈福。［55］不出同、华：时黄巢大将朱温占据同州，李详占据华州，其余地方非巢所有，故号令只行此二州。［56］贼卖人：据章校，“卖”作“买”。“买人于官军以为粮”，乃旧史家所载，传闻之辞，未必为实。

【点评】

本卷点评僖宗入蜀前后的政治事件，着重讨论三题：黄巢入长安、郑畋阻击黄巢、田令孜为害西川。

一、黄巢入长安。僖宗广明元年（880）十二月，黄巢入长安。十二月五日，田令孜率神策军五百拥僖宗奔成都，军士抢劫府库。同日，黄巢先锋将柴存入长安，唐金吾大将军张直方率文武数十人迎黄巢于霸上。黄巢乘金装肩舆入城，长安居民夹道聚观。尚让告谕市民说：“黄王起兵，本为百姓，不像李氏不爱百姓，众百姓安居不要害怕。”黄巢军士，看见贫苦市民，往往施舍，而抓到当官的，捉一个杀一个，捉两个杀一双。皇帝李氏子孙，留在长安的全部被杀。十二月十三日，黄巢称帝，国号大齐，改元金统，以妻曹氏为皇后。以尚让、赵璋、崔璆、杨希古为宰相，孟楷、盖洪为左右军中尉，朱温、张言、李逵等为诸卫大将军、四面游弋使，皮日休为翰林学士，王播为京兆尹。唐朝官吏四品以上停职，四品以下留任。这是起义军发展最盛的时期。

二、郑畋阻击黄巢。唐僖宗西逃入蜀，敕令凤翔节度使郑畋阻击黄巢，可便宜从事。凤翔监军袁敬柔接受黄巢的招降，设宴款待黄巢的使者，凤翔的将官都悲伤哭泣。郑畋当时得了中风病，没有参加宴会。郑畋听到将佐哭泣的消息，感慨地说：“人心尚未厌弃唐朝，贼人要不了多久就会被消灭。”于是刺破手指写血表上奏朝廷，召集将佐晓谕忠义，又刺血立誓，激励将士，然后修守备、训士卒，军势大振。朝廷任用郑畋为京城四面诸军行营都统，授予郑畋用墨敕任用将官的特殊职权。驻守关中各地的神策军都接受郑畋的指挥。黄巢派尚让、王播领兵五万来攻凤翔，尚让认为郑畋是书生不懂军事，骄傲轻敌，被郑畋打得大败。郑畋阻止了黄巢向西发展，并传檄诸道，各镇响应，合兵围困长安。黄巢流动作战，有效打击唐官兵，但没有建立根据地，一味流寇作战，犯了致命错误。正如王夫之所说：“黄巢之易使坐毙也，非禄山、朱泚之比也。”安禄山根植于幽燕，收地两千余里，有后勤补给。朱泚为逆，有朱滔在卢龙为外援，李纳、王武俊与之为唇齿，尚且相继败亡。而黄巢攻陷广州随后丢弃，践踏湖、湘随后丢弃，渡江淮随后丢弃，甚至攻破东都也不留兵防守，数十万大军全部进入长安，实际上全部钻入了唐官军的口袋。郑畋据盩厔、泾原镇兵据渭北，河中镇兵据沙苑，易定镇兵据渭桥，鄜延、中武二镇兵据武功，邠宁镇兵据兴平。黄巢称帝后，很快腐化，醉生梦死，几十万起义士兵本是朴素的农民，为了推翻腐败的唐朝，他们义无反顾地追随黄巢，希望摆脱苦难，结果被黄巢带入了不是饿死、就是战死的绝境。黄巢没有长远眼光，没有治国方略，不能吸收人才，只是报仇血战，滥杀唐官，成了一个强盗，也只是一个草头王。因此黄巢入长安是他事业的顶点，也是他失败的起点。郑畋阻击黄巢取得成功，就是这一胜败的转折点。

三、田令孜为害西川。黄巢入长安，田令孜挟帝西逃西川，效唐玄宗入蜀。僖宗怕田令孜在路途中把自己甩掉，沿路给他加官晋爵，先封他为十军十二卫观军容制置左右神策护驾使，又封他为左金吾卫上将军，兼判四卫事，爵晋国公。田令孜权力越来越大，僖宗在蜀不得召见宰相，不能与群臣相谋，群臣求见不许，一切听令田令孜。僖宗在蜀如同囚徒，心情十分郁闷，于是田令孜导引僖宗日夜吃酒行乐，嫔妃围绕，万岁之声不绝于耳，同时谎报军情，安慰僖宗。

田令孜歧视蜀军，赏赐不均，激起了“黄头军”兵变。“黄头军”原是成都为“防蛮”招募的一支军队，因戴黄帽而称黄头军。田令孜犒赏从驾诸军无虚日，尽赐田宅，而不及黄头军，黄头军怨声四起。田令孜又宴请诸将，用黄金杯行酒，喝完即赏赐。黄头军将领郭琪不肯饮酒，起身说：“希望军容使一碗水端平，也给蜀军一些赏赐。”田令孜听了很不高兴说：“你有什么功劳吗？”郭琪回答说：“战党项，逼契丹，数十战，这就是我郭琪的功劳。”田令孜冷笑着说：“知道了。”然后密令以鸩毒注酒中，端杯庆贺郭琪。郭琪明知有毒，勉强饮毕，驰马回营，杀一奴婢，喝了她的鲜血，方得解毒不死。于是郭琪发动兵变，徙营房，四处抢掠，成都大乱。田令孜急忙挟僖宗躲到东城自守。陈敬瑄打败了黄头军，成都才平静下来。左拾遗孟昭图激于义愤，上奏弹劾田令孜，说：“且天下者，高祖、太宗之天下，非北司之天下；陛下固九州天子，非北司天子，北司岂悉忠于南司？如是，君臣何以同安危？”疏入，田令孜扣下不上奏，还假传诏令贬孟昭图为嘉州司户参军。孟昭图赴任，田令孜派人在半道把孟昭图投入水中活活淹死。田令孜兄，西川节度使陈敬瑄仗势横行，逼迫蜀中良民纷纷为盗。京师的腐败积习，伴随流亡朝廷带到了蜀地，宦官专权的政治，也被田令孜带进了西川流亡的小朝廷中来。